Der grüne
Heinrich

Könemann Verlagsgesellschaft mbH
Bonner Str. 126, D-50968 Köln

Herausgegeben von Rolf Toman
Herstellungsleiter: Detlev Schaper
Covergestaltung: Peter Feierabend
Satz und Gestaltung: Thomas Paffen, Münster
Printed in Hungary
ISBN 3-89508-696-7

Gottfried Keller

Der grüne Heinrich

Zweite Fassung

Könemann

Erster Teil

Erstes Kapitel

Lob des Herkommens

Mein Vater war ein Bauernsohn aus einem uralten Dorfe, welches seinen Namen von dem Alemannen erhalten hat, der zur Zeit der Landteilung seinen Spieß dort in die Erde steckte und einen Hof baute. Nachdem im Verlauf der Jahrhunderte das namengebende Geschlecht im Volke verschwunden, machte ein Lehenmann den Dorfnamen zu seinem Titel und baute ein Schloß, von dem niemand mehr weiß, wo es gestanden hat; ebensowenig ist bekannt, wann der letzte »Edle« jenes Stammes gestorben ist. Aber das Dorf steht noch da, seelenreich und belebter als je, während ein paar Dutzend Zunamen unverändert geblieben und für die zahlreichen, weitläufigen Geschlechter fort und fort ausreichen müssen. Der kleine Gottesacker, welcher sich rings an die trotz ihres Alters immer weiß geputzte Kirche legt und niemals erweitert worden ist, besteht in seiner Erde buchstäblich aus den aufgelösten Gebeinen der vorübergegangenen Geschlechter; es ist unmöglich, daß bis zur Tiefe von zehn Fuß ein Körnlein sei, welches nicht seine Wanderung durch den menschlichen Organismus gemacht und einst die übrige Erde mit umgraben geholfen hat. Doch ich übertreibe und vergesse die vier Tannenbretter, welche jedesmal mit in die Erde kommen und den ebenso alten Riesengeschlechtern auf den grünen Bergen rings entstammen; ich vergesse ferner die derbe ehrliche Leinwand der Grabhemden, welche auf diesen Fluren wuchs, gesponnen und gebleicht wurde, und also so gut zur Familie gehört, wie jene Tannenbretter, und nicht hindert, daß die Erde unseres Kirchhofes so schön kühl und schwarz sei, als irgend eine. Es wächst auch das grünste Gras darauf, und die Rosen nebst dem Jasmin wuchern in göttlicher Unordnung und Überfülle, so daß nicht einzelne Stäudlein auf ein frisches Grab gesetzt, sondern das Grab muß in den Blumenwald hineingehauen werden, und nur der Totengräber kennt genau die Grenze in diesem Wirrsal, wo das frisch umzugrabende Gebiet anfängt.

Das Dorf zählt kaum zweitausend Bewohner, von welchen je ein paar hundert den gleichen Namen führen; aber höchstens zwanzig bis dreißig von diesen pflegen sich Vetter zu nennen, weil die Erinnerungen selten bis zum Urgroßvater hinaufsteigen. Aus der unergründlichen Tiefe der Zeiten an das Tageslicht gestiegen, sonnen sich diese Menschen darin, so gut es gehen will, rühren sich und wehren sich ihrer Haut, um wohl oder wehe wieder in der Dunkelheit zu verschwinden, wenn ihre Zeit gekommen ist. Wenn sie ihre Nasen in die Hand nehmen, so sind sie sattsam überzeugt, daß sie eine ununterbrochene Reihe von zweiunddreißig Ahnen besitzen müssen, und anstatt dem natürlichen Zusammenhange derselben nachzuspüren, sind sie vielmehr bemüht, die Kette ihrerseits nicht ausgehen zu lassen. So kommt es, daß sie alle möglichen Sagen und wunderlichen Geschichten ihrer Gegend mit der größten Genauigkeit erzählen können, ohne zu wissen, wie es zugegangen ist, daß der Großvater die Großmutter nahm. Alle Tugenden glaubt jeder selbst zu besitzen, wenigstens diejenigen, welche nach seiner Lebensweise für ihn wirkliche Tugenden sind, und was die Missetaten betrifft, so hat der Bauer so gut Ursache, wie der Herr, die seiner Väter in Vergessenheit begraben zu wünschen; denn er ist zuweilen trotz seines Hochmutes auch nur ein Mensch.

Ein großes rundes Gebiet von Feld und Wald bildet ein reiches unverwüstliches Vermögen der Bewohner. Dieser Reichtum blieb sich von jeher so ziemlich gleich; wenn auch hie und da eine Braut einen Teil verschleppt, so unternehmen die jungen Bursche dafür häufige Raubzüge bis auf acht Stunden weit und sorgen für hinlänglichen Ersatz, sowie dafür, daß die Gemütsanlagen und körperlichen Physiognomien der Gemeinde die gehörige Mannigfaltigkeit bewahren, und sie entwickeln hierin eine tiefere und gelehrtere Einsicht für ein frisches Fortgedeihen, als manche reiche Patrizier- oder Handelsstadt und als die europäischen Fürstengeschlechter.

Die Einteilung des Besitzes aber verändert sich von Jahr zu Jahr ein wenig und mit jedem halben Jahrhundert fast bis zur Unkenntlichkeit. Die Kinder der gestrigen Bettler sind heute die Reichen im Dorfe, und die Nachkommen dieser treiben sich morgen mühsam in der Mittelklasse umher, um entweder ganz zu verarmen oder sich wieder aufzuschwingen.

Mein Vater starb so früh, daß ich ihn nicht mehr von *seinem* Vater konnte erzählen hören; ich weiß daher so gut wie nichts von diesem Manne; nur so viel ist gewiß, daß damals die Reihe einer ehrbaren Unvermöglichkeit an seiner engeren Familie war. Da ich nicht annehmen mag, daß der ganz unbekannte Urgroßvater ein liederlicher Kauz gewesen sei, so halte ich es für wahrscheinlich, daß sein Vermögen durch eine zahlreiche Nachkommenschaft zersplittert wurde; wirklich habe ich auch eine Menge entfernter Vettern, welche ich kaum noch zu unterscheiden weiß, die, wie die Ameisen krabbelnd, bereits wieder im Begriffe sind, ein gutes Teil der viel zerhackten und durchfurchten Grundstücke an sich zu bringen. Ja, einige Alte unter denselben sind in der Zeit schon wieder reich gewesen und ihre Kinder wieder arm geworden.

Dazumal war es nicht ganz mehr jene Schweiz, welche dem Legationssekretär Werther so erbärmlich vorgekommen ist, und wenn auch die junge Saat der französischen Ideen durch einen ungeheuren Schneefall östreichischer, russischer und selbst französischer Quartierbilletts bedeckt worden war, so gestattete doch die Mediationsverfassung einen gelinden Nachsommer und verhinderte meinen Vater nicht, die Kühe, die er weidete, eines Morgens stehen zu lassen und nach der Stadt zu gehen, um ein gutes Handwerk zu erlernen. Von da an verscholl er so ziemlich für seine Mitbürger; denn nach harten, aber gut bestandenen Lehrjahren führte ihn sein Trieb, einen immer kühnern Schwung nehmend, in die Ferne, und er durchschweifte als ein geschickter Steinmetz entlegene Reiche. Indessen aber hatte der sanftknisternde Papierblumenfrühling, welcher nach der Schlacht bei Waterloo aufging, wie überall hin, so auch in alle Winkel der Schweiz sein bläuliches Kerzenlicht verbreitet; auch in meines Vaters Geburtsdorf, dessen Bewohner in den neunziger Jahren ebenfalls entdeckt hatten, daß sie seit undenklichen Zeiten mitten in einer Republik lebten, war die ehrwürdige Dame Restauration mit allen ihren Schachteln und Kartons feierlich eingezogen und richtete sich in dem Neste so gut ein, als sie konnte. Schattige Wälder, Höhen und Täler mit den angenehmsten Freudenplätzen, ein fischreicher, klarer Fluß und die Wiederholung aller dieser guten Dinge in einer weiten, belebten Nachbarschaft, welche sogar noch mit einigen bewohnten Schlössern geziert war, zogen den einwohnenden Herrschaften eine Menge jagender, fischender, tanzender, singender, essender und trinkender Gäste aus der Stadt zu. Man bewegte sich umso leichter, als man den Reifrock und die Perücke weislich da liegen ließ, wohin sie die Revolution geworfen hatte, und das griechische Kostüm der Kaiserzeit, wenn auch in diesen Gegenden etwas nachträglich, angetan hatte. Die Bauern sahen mit Verwunderung die weißumflorten Göttergestalten ihrer vornehmen Mitbürgerinnen, ihre sonderbaren Hüte und noch merkwürdigeren Taillen, welche dicht unter den Armen gegürtet waren. Die Herrlichkeit des aristokratischen Regiments entfaltete sich am höchsten im Pfarrhause. Die reformierten Landgeistlichen der Schweiz waren keine armen, demütigen Schlucker, wie ihre Amtsbrüder im protestantischen Norden. Da alle Pfründen im Lande fast ausschließlich den Bürgern der herrschenden Städte offen standen, so bildeten sie zu den weltlichen Ehrenstellen eine Ergänzung im Systeme der Herrschaft, und die Pfarrer, deren Brüder das Schwert und die Waage handhabten, nahmen teil an der Glorie, wirkten und regierten auf ihre Weise im Sinne des Ganzen kräftig mit oder überließen sich einem sorgenfreien, vergnüglichen Dasein. Sehr oft waren sie von Haus reich, und die ländlichen Pfarrhäuser glichen eher den Landsitzen großer Herren; auch gab es eine Menge adeliger Seelenhirten, welche die Bauern Junker Pfarrer nennen mußten. Ein solcher war nun zwar der Pfarrer meines Heimatdorfes nicht, auch nichts weniger als ein reicher Mann; doch sonst einer alten Stadtfamilie angehörend, vereinigte er in seiner Person und in seinem Hauswesen allen Stolz, Kastengeist und Lustbarkeit eines warmgesessenen Städtetumes. Er tat sich etwas darauf zu gut, ein Aristokrat zu heißen, und vermischte seine geistliche Würde ungezwungen mit einem derben, militärisch-junkerhaften Anstriche; denn man wußte dazumal noch nichts, weder von dem Namen noch von dem Wesen des modernen Traktätlein-Konservatismus. Es ging in seinem Hause geräuschvoll und lustig her; die Pfarrkinder steuerten reichlich, was Feld und Stall abwarf, die Gäste holten sich selbst aus dem Forste Hasen, Schnepfen und Rebhühner, und da Treibjagden doch nicht landesüblich waren, so wurden die Bauern dafür zu großen Fischzügen freundschaftlich angehalten, was jedesmal ein Fest gab, und so war das Pfarrhaus nie ohne Freude und

Lärm. Man durchzog das Land rings umher, stattete Besuche ab in Masse und empfing solche, schlug Zelte auf und tanzte darunter oder spannte sie über die lauteren Bäche, und die Griechinnen badeten darunter; man überfiel in hellen Haufen eine einsame kühle Mühle oder fuhr in vollgepfropften Nachen auf Seen und Flüssen, der Pfarrer immer voran mit einer Entenflinte über dem Rücken oder ein mächtiges spanisches Rohr in der Hand.

Geistige Bedürfnisse waren in diesen Kreisen nicht viele vorhanden; die weltliche Bibliothek des Pfarrers bestand, wie ich sie noch gesehen habe, aus einigen altfranzösischen Schäferromanen, Geßners Idyllen, Gellerts Lustspielen und einem stark zerlesenen Exemplar des Münchhausen. Zwei oder drei einzelne Bände von Wieland schienen aus der Stadt geliehen und nicht mehr zurückgeschickt worden zu sein. Man sang Höltys Lieder, und nur die Jugend führte etwa einen Matthisson mit sich. Der Pfarrer selbst, wenn einmal von dergleichen Dingen die Rede war, pflegte seit dreißig Jahren regelmäßig zu fragen: »Haben Sie Klopstocks Messias gelesen?« und wenn das, wie natürlich, bejaht wurde, schwieg er vorsichtig. Im übrigen gehörten die Gäste nicht zu jenen feinsten Kreisen, welche die Kultur der herrschenden Interessen durch erhöhte Geistestätigkeit pflegen und durch eine edle Bildung zu befestigen suchen, sondern zu der gemütlichen Klasse, welche sich darauf beschränkt, die Früchte jener Bemühungen zu genießen und sich ohne weiteres Kopfzerbrechen lustig zu machen, solange es Kirchweih ist.

Aber diese ganze Herrlichkeit barg bereits den Keim ihres Zerfalles in sich selbst. Der Pfarrer hatte einen Sohn und eine Tochter, welche beide in ihren Neigungen von denjenigen ihrer Umgebung abwichen. Während der Sohn, ebenfalls ein Geistlicher und dazu bestimmt, seinem Vater im Amte zu folgen, vielfache Verbindungen mit jungen Bauern anknüpfte, mit ihnen ganze Tage auf dem Felde lag oder auf Viehmärkte fuhr und mit Kennerblick die jungen Kühe betastete, hing die Tochter, so oft sie nur immer konnte, die griechischen Gewänder an den Nagel und zog sich in Küche und Garten zurück, dafür sorgend, daß die unruhige Gesellschaft etwas Ordentliches zu beißen fand, wenn sie von ihren Fahrten zurückkehrte. Auch war diese Küche nicht der schwächste Anziehungspunkt für die genäschigen Städtebewohner, und der große gutbebaute Garten zeugte für einen ausdauernden Fleiß und treffliche Ordnungsliebe.

Der Sohn endigte sein Treiben damit, daß er eine begüterte rüstige Bauerntochter heiratete, in ihr Haus zog und alle sechs Werktage hindurch ihre Äcker und ihr Vieh bestellte. In Anwartschaft seines höheren Amtes übte er sich, als Säemann den göttlichen Samen in wohlberechneten Würfen auszustreuen und das Böse in Gestalt von wirklichem Unkraut auszujäten. Der Schrecken und der Zorn hierüber waren groß im Pfarrhause, zumal, wenn man bedachte, daß die junge Bäuerin einst als Hausfrau dort einziehen und herrschen sollte, sie, welche weder mit der gehörigen Anmut im Grase zu liegen, noch einen Hasen standesgemäß zu braten und aufzutragen wußte. Deshalb war es der allgemeine Wunsch, daß die Tochter, welche allmählich schon über ihre erste Jugend hinausgeblüht hatte, entweder einen standesgetreuen jungen Geistlichen ins Haus locken oder sonst noch lange die zusammenhaltende Kraft desselben bleiben möchte. Aber auch diese Hoffnungen schlugen fehl.

Zweites Kapitel

Vater und Mutter

Denn eines Tages geschah es, daß das ganze Dorf in große Bewegung gesetzt wurde durch die Ankunft eines schönen, schlanken Mannes, der einen feinen grünen Frack trug nach dem neuesten Schnitte, eng anliegende weiße Beinkleider und glänzende Suwarowstiefeln mit gelben Stulpen. Wenn es regnerisch aussah, so führte er einen rotseidenen Schirm mit sich, und eine große goldene Uhr von feiner Arbeit gab ihm in den Augen der Bauern einen ungemein vornehmen Anstrich. Dieser Mann bewegte sich mit einem edeln Anstande in den Gassen des Dorfes umher und trat freundlich und leutselig in die niederen Türen, verschiedene alte Mütterchen und Gevattern aufsuchend, und war niemand anders als der weitgereiste Steinmetzgeselle Lee, welcher seine lange Wanderschaft ruhmvoll beendigt hatte. Man kann wohl sagen ruhmvoll, wenn man bedenkt, daß er vor zwölf Jahren, als ein vierzehnjähriger Knabe, arm und bloß aus dem Dorfe gewandert war, hierauf bei seinem Meister die Lehrzeit durch lange Arbeit abverdienen mußte, mit einem dürftigen Felleisen und wenig Geld in die Fremde zog und nun solchergestalt als ein förmlicher Herr, wie ihn die Landleute nannten, zurückkehrte. Denn unter dem niedern Dache seiner Verwandten standen zwei mächtige Kisten, von denen die eine ganz mit Kleidern und seiner Wäsche, die andere mit Modellen, Zeichnungen und Büchern angefüllt war. Es gab etwas Schwungvolles in dem ganzen Wesen des etwa sechsundzwanzig Jahre alten Mannes; seine Augen glühten wie von einem anhaltenden Glanze innerer Wärme und Begeisterung, er sprach immer hochdeutsch und suchte das Unbedeutendste von seiner schönsten und besten Seite zu fassen. Er hatte ganz Deutschland vom Süden bis zum Norden durchreist und in allen großen Städten gearbeitet; die Zeit der Befreiungskriege in ihrem ganzen Umfange fiel mit seinen Wanderjahren zusammen, und er hatte die Bildung und den Ton jener Tage in sich aufgenommen, insofern sie ihm verständlich und zugänglich waren; vorzüglich teilte er das offene und treuherzige Hoffen der guten Mittelklassen auf eine bessere, schönere Zeit der Wirklichkeit, ohne von den geistigen Überfeinerungen und Wunderseligkeiten etwas zu wissen, die in manchen Elementen dazumal durch die höhere Gesellschaft wucherten.

Es waren nur wenige gleichgesinnte Arbeitsgenossen, welche die ersten, seltenen und verborgenen Keime bildeten zu der Selbstveredelung und Aufklärung, so den wandernden Handwerkerstand zwanzig Jahre später durchdrangen, und welche einen Stolz darauf setzten, die besten und gesuchtesten Arbeiter zu sein, und dadurch, verbunden mit Fleiß und Mäßigkeit, die Mittel erlangten, auch ihren Geist zu bilden und äußerlich wie innerlich schon in ihren Wanderjahren als achtungswerte, tüchtige Männer dazustehen. Überdies war dem Steinhauer in den großen Werken altdeutscher Baukunst ein Licht aufgegangen, welches seinen Pfad noch mehr erleuchtete, indem es ihn mit heitern Künstlerahnungen erfüllte und den dunkeln Trieb jetzt erst zu rechtfertigen schien, welcher ihn von der grünen Weide hinweg dem gestaltenden Leben der Städte zugeführt hatte. Er lernte zeichnen mit eisernem Fleiße, brachte ganze Nächte und Feiertage damit zu, Werke und Muster aller Art durchzupausen, und nachdem er den Meißel zu den kunstreichsten Gebilden und Verzierungen führen gelernt und ein vollkommener Handarbeiter geworden war, ruhte er nicht, sondern studierte den Steinschnitt und sogar solche Wissenschaften, welche andern Zweigen des Bauwesens angehören. Er suchte überall an großen öffentlichen Bauten unterzukommen, wo es viel zu sehen und zu lernen gab, und brachte es durch seine Aufmerksamkeit bald dahin, daß ihn die Baumeister ebensoviel auf ihren Arbeitszimmern am Zeichnen- oder Schreibtische verwendeten, als auf dem Bauplatze. Daß er dort nicht feierte, sondern manche Mittagsstunde damit zubrachte, alles mögliche durchzuzeichnen und alle Berechnungen zu kopieren, welche er erhaschen konnte, versteht sich von selbst. So wurde er zwar kein akademischer Künstler mit einer allseitigen Durchbildung, aber doch ein Mann, welcher wohl den kühnen Vorsatz fassen durfte, in der Hauptstadt seiner Heimat ein wackerer Bau- und Maurermeister zu werden. Mit dieser ausgesprochenen Absicht trat er nun auch im Dorfe zur großen Bewunderung seiner Sippschaft auf, und das Erstaunen wurde noch größer, als er, mit einem zierlichen Manschettenhemde bekleidet und sein reinstes Hochdeutsch sprechend, sich mitten unter die französisch-griechischen Gestalten des Pfarrhauses mischte und um die Pfarrerstochter warb. Der ländlich gesinnte Bruder mochte hierzu eine Vermittelung, wenigstens ein aufmunterndes Beispiel darbieten; die Jungfrau schenkte dem blühenden Freier bald ihr Herz, und die Verwirrung, welche dadurch zu entstehen drohte, löste sich schnell, als die Eltern der Braut kurz hinter einander starben.

Also hielten sie eine stille Hochzeit und zogen in die Stadt, sich weiter nicht nach der glanzvollen Vergangenheit des Pfarrhauses umsehend, in welches alsobald der junge Pfarrer mit ganzen Wagen voll Sensen, Sicheln, Dreschflegeln, Rechen, Heugabeln, mit gewaltigen Himmelbetten, Spinnrädern und Flachshecheln und mit seiner kekken, frischen Frau einzog, welche mit ihrem geräucherten Speck und mit ihren derben Mehlklößen schnell sämtliche Musselingewänder, Fächer und Sonnenschirmchen aus Haus und Garten vertrieben hatte. Nur eine Wand voll vortrefflicher Jagdgewehre, die auch der Nachfolger zu führen wußte, lockte im Herbst einzelne Jäger auf das

Dorf und unterschied das Pfarrhaus einigermaßen von einem Bauernhause.

In der Stadt fing jener junge Baumeister damit an, daß er einige Arbeiter anstellte, und, selbst arbeitend vom Morgen bis zum Abend, kleinere Aufträge aller Art annahm und darin so viel Geschick und Zuverlässigkeit zeigte, daß noch vor Ablauf eines Jahres sein Geschäft sich erweiterte und sein Kredit sich begründete. Er war so erfinderisch und einsichtsvoll, gewandt und schnell beraten, daß bald viele Bürger seinen Rat und seine Arbeit suchten, wenn sie im Zweifel waren, wie sie etwas verändern oder neu bauen lassen sollten. Dabei war er immer bestrebt, das Schöne mit dem Nützlichen zu verbinden, und war froh, wenn ihn seine Kunden nur gewähren ließen, so daß sie manche Zierde, manches Fenster und Gesims von reineren Verhältnissen erhielten, ohne daß sie deswegen den Geschmack ihres Baumeisters teurer bezahlen mußten.

Seine Frau aber führte mit wahrem Fanatismus das Hauswesen, welches durch verschiedene Arbeiter und Dienstboten schnell erweitert wurde. Sie beherrschte mit Kraft und Meisterschaft das Füllen und Leeren einer Anzahl großer Speisekörbe und war der Schrecken der Marktweiber und die Verzweiflung der Schlächter, welche alle Gewalt ihrer alten Rechte aufbieten mußten, einen Knochensplitter mit auf die Waage zu bringen, wenn das Fleisch für die Frau Lee gewogen wurde. Obgleich Meister Lee fast keine persönlichen Bedürfnisse hatte und unter seinen zahlreichen Grundsätzen derjenige der Sparsamkeit in der ersten Reihe stand, so war er doch so gemeinnützig und großherzig, daß das Geld für ihn nur Wert hatte, wenn etwas damit ausgerichtet oder geholfen wurde, sei es durch ihn oder durch andere; daher verdankte er es nur seiner Frau, welche keinen Pfennig unnütz ausgab und den größten Ruhm darein setzte, jedermann weder um ein Haar zu wenig noch zu viel zukommen zu lassen, daß er nach Verfluß von zwei oder drei Jahren schon Ersparnisse vorfand, welche seinem unternehmenden Geist nebst dem Kredite, den er bereits genoß, eine reichlichere Nahrung darboten. Er kaufte alte Häuser an für eigene Rechnung, riß sie nieder und baute an der Stelle stattliche Bürgerhäuser, in welchen er eine Menge Einrichtungen fremder oder eigener Erfindung anbrachte. Diese verkaufte er mehr oder weniger vorteilhaft, sogleich zu neuen Unternehmungen schreitend, und alle seine Gebäude trugen das Gepräge eines beständigen Strebens nach Formen- und Gedankenreichtum. Wenn ein gelehrter Architekt auch oft nicht wußte, wohin er alle angebrachten Ideen zählen sollte, und vieles der Unklarheit oder Unharmonie zeihen mußte, so gestand er doch immer, daß es Gedanken seien, und belobte, wenn er unbefangen war, den schönen Eifer dieses Mannes mitten in der geistesarmen und nüchternen Zeit des Bauwesens, wie sie wenigstens in den abgelegenen Provinzen des Kunstgebietes bestand.

Dies tätige Leben versetzte den unermüdlichen Mann in den Mittelpunkt eines weiten Kreises von Bürgern, welche alle zu ihm in Wechselwirkung traten, und unter diesen bildete sich ein engerer Ausschuß gleichgesinnter und empfänglicher Männer, denen er sein rastloses Suchen nach dem Guten und Schönen mitteilte. Es war nun um die Mitte der zwanziger Jahre, wo in der Schweiz eine große Anzahl gebildeter Männer aus dem Schoße der herrschenden Klassen selbst, die abgeklärten Ideen der großen Revolution wieder aufnehmend, einen frucht- und dankbaren Boden für die Julitage vorbereiteten und die edeln Güter der Bildung und Menschenwürde sorgsam pflegten. Zu diesen bildete Lee mit seinen Genossen, an seinem Orte, eine tüchtige Fortsetzung im arbeitenden Mittelstande, welcher von jeher aus der Tiefe des Volkes auf den Landschaften umher seine Wurzeln trieb und sich erneuerte. Während jene Vornehmen und Gelehrten die künftige Form des Staates, philosophische und Rechtswahrheiten besprachen und im allgemeinen die Fragen schönerer Menschlichkeit zu ihrem Gebiete machten, wirkten die rührigen Handwerker mehr unter sich und nach unten hin, indem sie einstweilen ganz praktisch so gut als möglich sich einzurichten suchten. Eine Menge Vereine, öfter die ersten in ihrer Art, wurden gestiftet, welche meistens irgend eine Versicherung zum Wohle der Mitglieder und ihrer Angehörigen zum Zwecke hatten. Schulen wurden gesellschaftsweise gegründet, um den Kindern des gemeinen Mannes eine bessere Erziehung zu sichern; kurz, eine Menge Unternehmungen dieser Art, zu jener Zeit noch neu und verdienstlich, gab den braven Leuten zu schaffen und Gelegenheit, sich daran emporzubilden.

Denn in zahlreichen Zusammenkünften mußten Statuten aller Art entworfen, beraten, durchgesehen und angenommen, Vorsteher gewählt und nach außen wie nach innen Rechte und Formen erklärt und gewahrt werden.

Zu diesen verschiedenen Elementen kam und berührte sie gemeinschaftlich der griechische Freiheitskampf, welcher auch hier, wie überall, zum erstenmal in der allgemeinen Ermattung die Geister wieder erweckte und erinnerte, daß die Sache der Freiheit diejenige der ganzen Menschheit sei. Die Teilnahme an den hellenischen Betätigungen verlieh auch den nicht philologischen Genossen zu ihrer übrigen Begeisterung einen edeln kosmopolitischen Schwung und benahm den hellgesinnten Gewerbsleuten den letzten Anflug von Spieß- und Pfahlbürgertum. Lee war überall mit voran, ein zuverlässiger, hingebender Freund für alle, seines reinen Charakters und seiner gehobenen Gesinnung wegen allgemein geachtet, ja geehrt. Er war umso glücklicher zu nennen, als er dabei nicht von Eitelkeit befangen war; und erst jetzt fing er von neuem an zu lernen und nachzuholen, was ihm erreichbar war. Er trieb auch seine Freunde dazu an, und es gab bald keinen derselben mehr, der nicht eine kleine Sammlung geschichtlicher und naturwissenschaftlicher Werke aufzuweisen hatte. Da fast allen in ihrer Jugend die gleiche dürftige Erziehung zu teil geworden, so ging ihnen nun besonders bei ihrem Eindringen in die Geschichte ein reiches und ergiebiges Feld auf, welches sie mit immer größerer Freude durchwandelten. Ganze Stuben voll waren sie an Sonntagsmorgen beisammen, disputierten und teilten sich die immer neuen Entdeckungen mit, wie allezeit die gleichen Ursachen die gleichen Wirkungen hervorgebracht hätten und dergleichen. Wenn sie auch Schiller auf die Höhen seiner philosophischen Arbeiten nicht zu folgen vermochten, so erbauten sie sich umsomehr an seinen geschichtlichen Werken, und von diesem Standpunkte aus ergriffen sie auch seine Dichtungen, welche sie auf diese Weise ganz praktisch nachfühlten und genossen, ohne auf die künstlerische Rechenschaft, die jener Große sich selber gab, weiter eingehen zu können. Sie hatten die größte Freude an seinen Gestalten und wußten nichts Ähnliches aufzufinden, das sie so befriedigt hätte. Seine gleichmäßige Glut und Reinheit des Gedankens und der Sprache war mehr der Ausdruck für ihr schlichtes, bescheidenes Treiben, als für das Wesen mancher Schillerverehrer der gelehrten heutigen Welt. Aber einfach und durchaus praktisch, wie sie waren, fanden sie nicht volles Genügen an der dramatischen Lektüre im Schlafrock; sie wünschten diese bedeutsamen Begebenheiten leibhaftig und farbig vor sich zu sehen, und weil von einem stehenden Theater in den damaligen Schweizerstädten nicht die Rede war, so entschlossen sie sich, wiederum angefeuert von Lee, kurz und spielten selbst Komödie, so gut sie konnten. Die Bühne und die Maschinen waren freilich schneller und gründlicher hergestellt, als die Rollen erlernt wurden, und mancher suchte sich über den Umfang seiner Aufgabe selbst zu täuschen, indem er mit vergrößerter Kraft Nägel einschlug und Latten entzwei sägte; doch ist es nicht zu leugnen, daß ein großer Teil der Gewandtheit im Ausdruck und des äußeren Anstandes, welche fast allen jenen Freunden eigen geblieben ist, auf Rechnung solcher Übungen gesetzt werden darf. Wie sie älter wurden, ließen sie dergleichen Dinge wieder bleiben, aber sie behielten den Sinn für das Erbauliche in jeder Beziehung getreulich bei. Würde man heutzutage fragen, wo sie denn die Zeit zu alledem hergenommen haben, ohne ihre Arbeit und ihr Haus zu vernachlässigen: so wäre zu antworten, daß es erstens noch gesunde und naive Männer und keine Grübler waren, welche zu jeder Tat und jeder außerordentlichen Arbeit einen Schatz von Zeit verschwenden mußten, indem sie alles zerfaserten und breitquetschten, ehe es genießbar war, und daß zweitens die täglichen Stunden von sieben bis zehn Uhr abends, gleichmäßig benutzt, eine viel ansehnlichere Masse von Zeit ausmachen, als der Bürger heute glaubt, welcher dieselben hinter dem Weinglase im Tabaksqualm verbrütet. Man war damals noch nicht einer Rotte von Schenkwirten tributpflichtig, sondern zog es vor, im Herbste das edle Gewächs selbst einzukellern, und es war keiner dieser Handwerker, vermöglich oder arm, der sich nicht geschämt hätte, am Schlusse der abendlichen Zusammenkünfte ein Glas derben Tischweines mangeln zu lassen oder denselben aus der Schenke holen zu müssen. Während des Tages sah man keinen, oder höchstens flüchtig und heimlich, vor den Gesellen es verbergend, ein Buch oder eine Papierrolle in die Werkstatt eines anderen bringen, und sie sahen alsdann aus wie Schulknaben, welche unter dem Tische den Plan zu einer rühmlichen Kriegsunternehmung zirkulieren lassen.

Doch sollte dies aufgeregte Leben auf andere Weise Unheil bringen. Lee hatte sich, bei seinen gehäuften Arbeiten in steter Anstrengung, eines Tages stark erhitzt und achtlos nachher erkältet, was den Keim gefährlicher Krankheit in ihn legte. Anstatt sich nun zu schonen und auf jede Weise in acht zu nehmen, konnte er es nicht lassen, sein Treiben fortzusetzen und überall mit Hand anzulegen, wo etwas zu tun war. Schon seine vielfältigen Berufsgeschäfte nahmen seine volle Tätigkeit in Anspruch, welche er nicht plötzlich schwächen zu dürfen glaubte. Er rechnete, spekulierte, schloß Verträge, ging weit über Land, um Einkäufe zu besorgen, war im gleichen Augenblick zuoberst auf den Gerüsten und zuunterst in den Gewölben, riß einem Arbeiter die Schaufel aus der Hand und tat einige gewichtige Würfe damit, ergriff ungeduldig den Hebebaum, um eine mächtige Steinlast herumwälzen zu helfen, hob, wenn es ihm zu lange ging, bis Leute herbeikamen, selbst einen Balken auf die Schultern und trug ihn keuchend an Ort und Stelle, und statt dann zu ruhen, hielt er am Abend in irgend einem Verein einen lebhaften Vortrag oder war in später Nacht ganz umgewandelt auf den Brettern, leidenschaftlich erregt, mit hohen Idealen in einem mühsamen Ringen begriffen, welches ihn noch weit mehr anstrengen mußte, als die Tagesarbeit. Das Ende war, daß er plötzlich dahinstarb, als ein junger, blühender Mann, in einem Alter, wo andere ihre Lebensarbeit erst beginnen, mitten in seinen Entwürfen und Hoffnungen und ohne die neue Zeit aufgehen zu sehen, welcher er mit seinen Freunden zuversichtlich entgegenblickte. Er ließ seine Frau mit einem fünfjährigen Kinde allein zurück, und dies Kind bin ich.

Der Mensch rechnet immer das, was ihm fehlt, dem Schicksale doppelt so hoch an, als das, was er wirklich besitzt; so haben mich auch die langen Erzählungen der Mutter immer mehr mit Sehnsucht nach meinem Vater erfüllt, welchen ich nicht mehr gekannt habe. Meine deutlichste Erinnerung an ihn fällt sonderbarerweise um ein volles Jahr vor seinen Tod zurück, auf einen einzelnen schönen Augenblick, wo er an einem Sonntag abend auf dem Felde mich auf den Armen trug, eine Kartoffelstaude aus der Erde zog und mir die anschwellenden Knollen zeigte, schon bestrebt, Erkenntnis und Dankbarkeit gegen den Schöpfer in mir zu erwecken. Ich sehe noch jetzt das grüne Kleid und die schimmernden Metallknöpfe zunächst meinen Wangen und seine glänzenden Augen, in welche ich verwundert sah von der grünen Staude weg, die er hoch in die Luft hielt. Meine Mutter rühmte mir nachher oft, wie sehr sie und die begleitende Magd erbaut gewesen seien von seinen schönen Reden. Aus noch früheren Tagen ist mir seine Erscheinung ebenfalls geblieben durch die befremdliche Überraschung der vollen Waffenausrüstung, in welcher er eines Morgens Abschied nahm, um mehrtägigen Übungen beizuwohnen; da er ein Schütze war, so ist auch dies Bild mit der lieben grünen Farbe und mit heiterem Metallglanze für mich ein und dasselbe geworden. Aus seiner letzten Zeit aber habe ich nur noch einen verworrenen Eindruck behalten, und besonders seine Gesichtszüge sind mir nicht mehr erinnerlich.

Wenn ich bedenke, wie heiß treue Eltern auch an ihren ungeratensten Kindern hangen und dieselben nie aus ihrem Herzen verbannen können, so finde ich es höchst unnatürlich, wenn sogenannte brave Leute ihre Erzeuger verlassen und preisgeben, weil dieselben schlecht sind und in der Schande leben, und ich preise die Liebe eines Kindes, welches einen zerlumpten und verachteten Vater nicht verläßt und verleugnet, und begreife das unendliche, aber erhabene Weh einer Tochter, welche ihrer verbrecherischen Mutter noch auf dem Schafotte beisteht. Ich weiß daher nicht, ob es aristokratisch genannt werden kann, wenn ich mich doppelt glücklich fühle, von ehrlichen und geachteten Eltern abzustammen, und wenn ich vor Freude errötete, als ich, herangewachsen, zum ersten Male meine bürgerlichen Rechte ausübte in bewegter Zeit und in Versammlungen mancher bejahrte Mann zu mir herantrat, mir die Hand schüttelte und sagte, er sei ein Freund meines Vaters gewesen und er freue sich, mich auch auf dem Platze erscheinen zu sehen; als dann noch mehrere kamen und jeder den »Mann« gekannt haben und hoffen wollte, ich werde ihm würdig nachfolgen. Ich kann mich nicht enthalten, so sehr ich die Torheit einsehe, oft Luftschlösser zu bauen und zu berechnen, wie es mit mir gekommen wäre, wenn mein Vater gelebt hätte, und wie mir die Welt in ihrer Kraftfülle von frühester Jugend an zugänglich gewesen wäre; jeden Tag hätte mich der treffliche Mann weiter geführt und würde seine zweite Jugend in mir verlebt haben. Wie mir das Zusammenleben zwischen Brüdern ebenso fremd als beneidenswert ist und ich nicht begreife, wie solche meistens auseinander weichen und ihre Freundschaft außerwärts suchen, so erscheint mir auch, ungeachtet ich es täglich sehe, das Verhältnis zwischen einem Vater und einem erwachsenen Sohne umso neuer, unbegreiflicher und glückseliger, als ich Mühe habe, mir dasselbe auszumalen und das nie Erlebte zu vergegenwärtigen.

So aber muß ich mich darauf beschränken, je mehr ich zum Manne werde und meinem Schicksale entgegenschreite, mich zusammenzufassen und in der Tiefe meiner Seele still zu bedenken: Wie würde Er nun an deiner Stelle handeln oder was würde Er von deinem Tun urteilen, wenn er lebte. Er ist vor der Mittagshöhe seines Lebens zurückgetreten in das unerforschliche All und hat die überkommene goldene Lebensschnur, deren Anfang niemand kennt, in meinen schwachen Händen zurückgelassen, und es bleibt mir nur übrig, sie mit Ehren an die dunkle Zukunft zu knüpfen oder vielleicht für immer zu zerreißen, wenn auch ich sterben werde. – Nach vielen Jahren hat meine Mutter, nach langen Zwischenräumen, wiederholt geträumt, der Vater sei plötzlich von einer langen Reise aus weiter Ferne, Glück und Freude bringend, zurückgekehrt, und sie erzählte es jedesmal am Morgen, um darauf in tiefes Nachdenken und in Erinnerungen zu versinken, während ich, von einem heiligen Schauer durchweht, mir vorzustellen suchte, mit welchen Blicken mich der teure Mann ansehen und wie es unmittelbar werden würde, wenn er wirklich eines Tages so erschiene.

Je dunkler die Ahnung ist, welche ich von seiner äußern Erscheinung in mir trage, desto heller und klarer hat sich ein Bild seines innern Wesens vor mir aufgebaut, und dies edle Bild ist für mich ein Teil des großen Unendlichen geworden, auf welches mich meine letzten Gedanken zurückführen und unter dessen Obhut ich zu wandeln glaube.

Drittes Kapitel

Kindheit. Erste Theologie. Schulbänklein

Die erste Zeit nach dem Tode meines Vaters war für seine Witwe eine schwere Zeit der Trauer und Sorge. Seine ganze Verlassenschaft befand sich im Zustande des vollen Umschwunges und erforderte weitläufige Verhandlungen, um sie ins reine zu bringen. Eingegangene Verträge waren mitten in ihrer Erfüllung abgebrochen, Unternehmungen gehemmt, große laufende Rechnungen zu bezahlen und solche einzuziehen an allen Ecken und Enden; Vorräte von Baustoffen mußten mit Verlust verkauft werden, und es war zweifelhaft, ob bei der augenblicklichen Lage der Verhältnisse auch nur ein Pfennig übrig bleiben würde, wovon die bekümmerte Frau leben sollte. Gerichtsmänner kamen, legten Siegel an und lösten sie wieder; die Freunde des Verstorbenen und zahlreiche Geschäftsleute gingen ab und zu, halfen und ordneten; es wurde durchgesehen, gerechnet, abgesondert, gesteigert. Käufer und neue Unternehmer meldeten sich, suchten die Summen herunterzudrücken oder mehr in Beschlag zu nehmen, als ihnen gebührte, es war ein Geräusch und eine Spannung, daß meine Mutter, welche immer mit wachsamen Augen dabei stand, zuletzt nicht mehr wußte, wie sie sich helfen sollte. Allmählich klärte sich die Verwirrung auf, ein Geschäft um das andere war abgetan, alle Verbindlichkeiten gelöst und die Forderungen gesichert, und es zeigte sich nun, daß das Haus, in welchem wir zuletzt wohnten, als einziges Vermögen übrig blieb. Es war ein altes hohes Gebäude, mit vielen Räumen und von unten bis oben bewohnt, wie ein Bienenkorb. Der Vater hatte es gekauft in der Absicht, ein neues an dessen Stelle zu setzen; da es aber von altertümlicher Bauart war und an Türen und Fenstern wertvolle Überbleibsel künstlicher Arbeit trug, so konnte er sich schwer entschließen, es einzureißen, und bewohnte es indessen nebst einer Anzahl von Mietsleuten. Auf diesem Hause blieben zwar noch einige fremde Kapitalien haften, jedoch hatte es der rührige Mann in der Schnelligkeit so gut eingerichtet und vermietet, daß ein jährlicher Überschuß an Mietgeldern den Hinterlassenen ein bescheidenes Auskommen sicherte.

Das erste, was meine Mutter begann, war eine gänzliche Einschränkung und Abschaffung alles Überflüssigen, wozu voraus jede Art von dienstbaren Händen gehörte. In der Stille dieses Witwentumes fand ich mein erstes deutliches Bewußtsein, welches seinen Inhaber zur Übung treppauf und -ab im Innern des Hauses umherführte. Die untern Stockwerke sind dunkel, sowohl in den Gemächern wegen der Enge der Gassen, als auf den Treppenräumen und Fluren, weil alle Fenster für die Zimmer benutzt wurden. Einige Vertiefungen und Seitengänge gaben dem Raume ein düsteres und verworrenes Ansehen und blieben noch zu entdeckende Geheimnisse für mich; je höher man aber steigt, desto freundlicher und heller wird es, indem der oberste Stock, den wir bewohnten, die Nachbarhäuser überragt. Ein hohes Fenster wirft reichliches Licht auf die mannigfaltig gebrochenen Treppen und wunderlichen Holzgalerien des luftigen Estrichs, welcher einen hellern Gegensatz zu den kühlen Finsternissen der Tiefe bildet. Die Fenster unserer Wohnstube gingen auf eine Menge kleiner Höfe hinaus, wie sie oft von einem Häuserviertel umschlossen werden und ein verborgenes behagliches Gesumme enthalten, welches man auf der Straße nicht ahnt. Den Tag über betrachtete ich stundenlang das innere häusliche Leben in diesen Höfen; die grünen Gärtchen in denselben schienen mir kleine Paradiese zu sein, wenn die Nachmittagssonne sie beleuchtete und die weiße Wäsche darin sanft flatterte, und wunderfremd und doch bekannt kamen mir die Leute vor, welche ich fern gesehen hatte, wenn sie plötzlich einmal in unsrer Stube standen und mit der Mutter plauderten. Unser eigenes Höfchen enthielt zwischen hohen Mauern ein ganz kleines Stückchen Rasen mit zwei Vogelbeerbäumchen; ein nimmermüdes Brünnchen ergoß sich in ein ganz grün gewordenes Sandsteinbecken, und der enge Winkel ist kühl und fast schauerlich, ausgenommen im Sommer, wo die Sonne täglich einige Stunden lang darin ruht. Alsdann schimmert das verborgene Grün durch den dunkeln Hausflur so kokett auf die Gasse, wenn die Haustür aufgeht, daß den Vorübergehenden immer eine Art Gartenheimweh befällt. Im Herbste werden diese Sonnenblicke kürzer und milder, und wenn dann die Blätter an den zwei Bäumchen gelb und die Beeren brennend rot werden, die alten Mauern so wehmütig vergoldet sind und das Wässerchen einigen Silberglanz dazu gibt, so hat dieser kleine abgeschiedene Raum einen so wunderbar melancholischen Reiz, daß er dem Gemüte ein Genüge tut wie die weiteste Landschaft. Gegen Sonnenuntergang jedoch stieg meine Aufmerksamkeit an den Häusern in die Höhe und immer höher, je mehr sich die Welt von Dächern, die ich von unserm Fenster aus übersah, rötete und vom schönsten Farbenglanze belebt wurde. Hinter diesen Dächern war für einmal meine Welt zu Ende; denn den duftigen Kranz von Schneegebirgen, welcher hinter den letzten Dachfirsten halb sichtbar ist, hielt ich, da ich ihn nicht mit der festen Erde verbunden sah, lange Zeit für eins mit den Wolken. Als ich später zum ersten Male rittlings auf dem obersten Grate unseres hohen, ungeheuerlichen Daches saß und die ganze ausgebreitete Pracht des Sees übersah, aus welchem die Berge in festen Gestalten, mit grünen Füßen aufstiegen, da kannte ich freilich ihre Natur schon von ausgedehnteren Streifzügen im Freien; für jetzt aber konnte mir die Mutter lange sagen, das seien große Berge und mächtige Zeugen von Gottes Allmacht, ich vermochte sie darum nicht besser von den Wolken zu unterscheiden, deren Ziehen und Wechseln mich am Abend fast ausschließlich beschäftigte, deren Name aber ebenso ein leerer Schall für mich war, wie das Wort Berg. Da die fernen Schneekuppen bald verhüllt, bald heller oder dunkler, weiß oder rot sichtbar waren, so hielt ich sie wohl für etwas Lebendiges, Wunderbares und Mächtiges, wie die Wolken, und pflegte auch andere Dinge mit dem Namen Wolke oder Berg zu belegen, wenn sie mir Achtung und Neugierde einflößten. So nannte ich, ich höre das Wort noch schwach in meinen Ohren klingen und man hat es mir nachher oft erzählt, die erste weibliche Gestalt, welche mir wohlgefiel und ein Mädchen aus der Nachbarschaft war, die weiße Wolke, von dem ersten Eindrucke, den sie in einem weißen Kleide auf mich gemacht hatte. Mit mehr Richtigkeit nannte ich vorzugsweise ein langes hohes Kirchendach, das mächtig über alle Giebel emporragte, den Berg. Seine gegen Westen gekehrte große Fläche war für meine Augen ein unermeßliches Feld, auf welchem sie mit immer neuer Lust ruhten, wenn die letzten Strahlen der Sonne es beschienen, und diese schiefe, rotglühende Ebene über der dunkeln Stadt war für mich recht eigentlich das, was die Phantasie sonst unter seligen Auen oder Gefilden versteht. Auf diesem Dache stand ein schlankes, nadelspitzes Türmchen, in welchem eine kleine Glocke hing und auf dessen Spitze sich ein glänzender goldener Hahn drehte. Wenn in der Dämmerung das Glöckchen läutete, so sprach meine Mutter von Gott und lehrte mich beten; ich fragte: »Was ist Gott? ist es ein Mann?« und sie antwortete: »Nein, Gott ist ein Geist!« Das Kirchendach versank nach und nach in grauen Schatten, das Licht klomm an den Türmchen hinauf, bis es zuletzt nur noch auf dem goldenen Wetterhahne funkelte, und eines Abends fand ich mich plötzlich des bestimmten Glaubens, daß dieser Hahn Gott sei. Er spielte auch eine unbestimmte Rolle der Anwesenheit in den kleinen Kindergebeten, welche ich mit vielem Vergnügen herzusagen wußte. Als ich aber einst ein Bilderbuch bekam, in dem ein prächtig gefärbter Tiger ansehnlich dasitzend abgebildet war, ging meine Vorstellung von Gott allmählich auf diesen über, ohne daß ich jedoch, so wenig wie vom Hahne, je eine Meinung darüber äußerte. Es waren ganz innerliche Anschauungen, und nur wenn der Name Gottes genannt wurde, so schwebte mir erst der glänzende Vogel und nachher der schöne Tiger vor. Allmählich mischte sich zwar nicht ein klareres Bild, aber ein edlerer Begriff in meine Gedanken. Ich betete mein Unservater, dessen Einteilung und Abrundung mir das Einprägen leicht und das Wiederholen zu einer angenehmen Übung gemacht hatte, mit großer Meisterschaft und vielen Variationen, indem ich diesen oder jenen Teil doppelt und dreifach aussprach oder nach raschem und leisem Hersagen eines Satzes den folgenden langsam und laut betonte und dann rückwärts betete und mit den Anfangsworten »Vater unser« schloß. Aus diesem Gebete hatte sich eine Ahnung in mir niedergeschlagen, daß Gott ein Wesen sein müsse, mit welchem sich allenfalls ein vernünftiges Wort sprechen ließe, eher, als mit jenen Tiergestalten.

So lebte ich in einem unschuldig vergnüglichen Verhältnisse mit dem höchsten Wesen, ich kannte keine Bedürfnisse und keine Dankbarkeit, kein Recht und kein Unrecht, und ließ Gott herzlich einen guten Mann sein, wenn meine Aufmerksamkeit von ihm abgezogen wurde.

Ich fand aber bald Veranlassung, in ein bewußteres Verhältnis zu ihm zu treten und zum erstenmal meine menschlichen Ansprüche zu ihm zu erheben, als ich, sechs Jahre alt, mich eines schönen Morgens in einen melancholischen Saal versetzt sah, in welchem etwa fünfzig bis sechzig kleine Knaben und Mädchen unterrichtet wurden. In einem Halbkreise mit sieben andern Kindern um eine Tafel herum stehend, auf welcher große Buchstaben prangten, lauschte ich sehr still und gespannt auf die Dinge, die da kommen sollten. Da wir sämtlich Neulinge waren, so wollte der Oberschulmeister, ein ältlicher Mann mit einem großen groben Kopfe, die erste Leitung selbst für eine Stunde besorgen und forderte uns auf, abwechselnd die sonderbaren Figuren zu benennen. Ich hatte schon seit geraumer Zeit einmal das Wort Pumpernickel gehört, und es gefiel mir ungemein, nur wußte ich durchaus keine leibliche Form dafür zu finden. und niemand konnte mir eine Auskunft geben, weil die Sache, welche diesen Namen führt, einige hundert Stunden weit zu Hause war. Nun sollte ich plötzlich das große P benennen, welches mir in seinem ganzen Wesen äußerst wunderlich und humoristisch vorkam, und es ward in meiner Seele klar und ich sprach mit Entschiedenheit: »Dieses ist der Pumpernickel!« Ich hegte keinen Zweifel, weder an der Welt, noch an mir, noch am Pumpernickel, und war froh in meinem Herzen; aber je ernsthafter und selbstzufriedener mein Gesicht in diesem Augenblicke war, desto mehr hielt mich der Schulmeister für einen durchtriebenen und frechen Schalk, dessen Bosheit sofort gebrochen werden müßte, und er fiel über mich her und schüttelte mich eine Minute lang so wild an den Haaren, daß mir Hören und Sehen verging. Dieser Überfall kam mir seiner Fremdheit und Neuheit wegen wie ein böser Traum vor, und ich machte augenblicklich nichts daraus, als daß ich, stumm und tränenlos, aber voll innerer Beklemmung den Mann ansah. Die Kinder haben mich von jeher geärgert, welche, wenn sie gefehlt haben oder sonst in Konflikt geraten, bei der leisesten Berührung oder schon bei deren Annäherung in ein abscheuliches Zetergeschrei ausbrechen, das einem die Ohren zerreißt; und wenn solche Kinder gerade dieses Geschreies wegen oft doppelte Schläge bekommen, so litt ich am entgegengesetzten Extrem und verschlimmerte meine Händel stets dadurch, daß ich nicht imstande war, eine einzige Träne zu vergießen vor meinen Richtern. Als daher der Schulmeister sah, daß ich nur erstaunt nach meinem Kopfe langte, ohne zu weinen, fiel er noch einmal über mich her, um mir den vermeintlichen Trotz und die Verstocktheit gründlich auszutreiben. Ich litt nun wirklich; anstatt aber in ein Geheul auszubrechen, rief ich flehentlich in meiner Angst: »Sondern erlöse uns von dem Bösen!« und hatte dabei Gott vor Augen, von dem man mir so oft gesagt hatte, daß er dem Bedrängten ein hilfreicher Vater sei. Für den guten Lehrer aber war dies zu stark; der Fall war nun zum außerordentlichen Ereignisse gediehen, und er ließ mich daher stracks los, mit aufrichtiger Bekümmernis darüber nachdenkend, welche Behandlungsart hier angemessen sei. Wir wurden für den Vormittag entlassen, der Mann führte mich selbst nach Hause. Erst dort brach ich heimlich in Tränen aus, indem ich abgewandt am Fenster stand und die ausgerissenen Haare aus der Stirn wischte, während ich anhörte, wie der Mann, der mir im Heiligtum unserer Stube doppelt fremd und feindlich erschien, eine ernsthafte Unterredung mit der Mutter führte und versichern wollte, daß ich schon durch irgend ein böses Element verdorben sein müßte. Sie war nicht minder erstaunt, als wir beiden andern, indem ich, wie sie sagte, ein durchaus stilles Kind wäre, welches bisher noch nie aus ihren Augen gekommen sei und keine groben Unarten gezeigt hätte. Allerlei seltsame Einfälle hätte ich allerdings bisweilen; aber sie schienen nicht aus einem schlimmen Gemüte zu kommen, und ich müßte mich wohl erst ein wenig an die Schule und ihre Bedeutung gewöhnen. Der Lehrer gab sich zufrieden, doch mit Kopfschütteln, und war innerlich überzeugt, wie sich aus wiederholten Fällen ergab, daß ich gefährliche Anlagen zeige. Er sagte auch sehr bedeutsam beim Abschiede, daß stille Wasser gewöhnlich tief wären. Dieses Wort habe ich seither in meinem Leben öfters hören müssen, und es hat mich immer gekränkt, weil es keinen größeren Plauderer gibt, als mich, wenn ich zutraulich bin. Ich habe aber bemerkt, daß viele Menschen, welche immer das große Wort führen, aus denen nie klug werden, welche ihretwegen nie zu Worte kommen; sie fassen dann ein ungünstiges Vorurteil, sobald sie mit Schwatzen fertig sind und es still geworden ist. Sprechen jene aber einmal unerwarteterweise, so kommt es ihnen noch verdächtiger vor. Im Umgange mit stillen Kindern aber kann es ein wahres Unglück werden, wenn die großen Schwätzer sich nicht anders zu helfen wissen, als mit dem Gemeinplatze: Stille Wasser sind tief!

Am Nachmittage wurde ich wieder in die Schule geschickt, und ich trat mit großem Mißtrauen in die gefährlichen Hallen, welche die Verwirklichung seltsamer und beängstigender Träume zu sein schienen. Ich bekam aber den bösen Schulmann nicht zu Gesicht; er hielt sich in einem Verschlage auf, welcher eine Art Geheimzimmer vorstellte und ihm zur Einnahme von kleinen Kollationen diente. An der Türe dieses Verschlages befand sich ein rundes Fensterchen, durch welches der Tyrann öfters den Kopf zu stecken pflegte, wenn draußen ein Geräusch entstand. Die Glasscheibe dieses Fensterchens fehlte seit geraumer Zeit, so daß er durch den leeren Rahmen sein Haupt weit in die Schulstube hineinstrecken konnte zur sattsamen Umsicht. An diesem verhängnisvollen Tage nun hatte der Hausmeister gerade während der Mittagszeit die fehlende Scheibe ersetzen lassen, und ich schielte eben ängstlich nach derselben, als sie mit hellem Klirren zersprang und der umfangreiche Kopf meines Widersachers hindurchfuhr. Die erste Bewegung in mir war ein Aufjauchzen der herzlichsten Freude, und erst, als ich sah, daß er übel zugerichtet war und blutete, da wurde ich betreten und es ward zum dritten Male klar in meiner Seele und ich verstand die Worte: Und vergib uns unsere Schulden, wie auch wir vergeben unsern Schuldigern! So hatte ich an diesem ersten Tage schon viel gelernt; zwar nicht, was der Pumpernickel sei, wohl aber, daß man in der Not einen Gott anrufen müsse, daß derselbe gerecht sei und uns zu gleicher Zeit lehre, keinen Haß und keine Rache in uns zu tragen. Aus dem Gebote, seinen Beleidigern zu vergeben, entsteht, wenn es befolgt wird, von selbst die Kraft, auch seine Feinde zu lieben; denn für die Mühe, welche uns jene Überwindung kostet, fordern wir einen Lohn, und dieser liegt zunächst und am natürlichsten in dem Wohlwollen, welches wir dem Feinde schenken, da er uns einmal nicht gleichgültig bleiben kann. Wohlwollen und Liebe können nicht gehegt werden, ohne den Träger selbst zu veredeln, und sie tun dieses am glänzendsten, wenn sie dem gelten, was man einen Feind oder Widersacher nennt. Diese eigentümlichste Hauptlehre des Christentums fand eine große Empfänglichkeit in mir vor, da ich, leicht verletzt und aufgebracht, immer ebenso schnell bereit war, zu vergessen und zu vergeben, und es hat mich später, als mein Sinn sich der Offenbarungslehre zu verschließen anfing, lebhaft beschäftigt, zu ermitteln, inwiefern jenes Gesetz nur der Ausdruck eines schon in der Menschheit vorhandenen und erkannten Bedürfnisses sei; denn ich sah, daß es nur von einem bestimmten Teile der Menschen rein und uneigennützig befolgt wurde, von denjenigen nämlich, welche ihre natürlichen Gemütsanlagen dazu trieben. Die andern, welche ihr ursprüngliches Rachegefühl überwanden und auf das Vergeltungsrecht mit Mühe verzichteten, schienen mir oft dadurch mehr Vorteil über ihren Feind zu gewinnen, als sich mit dem Begriffe der reinen Selbstentäußerung vertrug; weil zufolge der tiefen Vernunft und Klugheit, die zugleich im Verzeihen liegt, der Widersacher allein es ist, welcher sich in seiner unfruchtbaren Wut aufreibt und vernichtet. Dies Verzeihen ist es auch, was in großen geschichtlichen Kämpfen die Überlegenheit des Siegers, nachdem er einen Handel männlich ausgefochten hat, vermehrt und beurkundet, daß dieselbe auch moralisch eine reif gewordene ist. So ist das Schonen und Aufrichten des gebeugten Gegners mehr Sache der allgemeinen Weltweisheit; das eigentliche Lieben aber des Feindes in voller Blüte und solange er uns Schaden zufügt, habe ich nirgends gesehen.

Viertes Kapitel

Lob Gottes und der Mutter. Vom Beten

Im Verlaufe der ersten Schuljahre fand ich nun häufige Gelegenheit, meinen Verkehr mit Gott zu erweitern, da die kleinen Erlebnisse sich vermehrten. Ich hatte mich bald in den Weltlauf ergeben und tat, wie die andern Kinder, was ich nicht lassen konnte. Dadurch war ich abwechselnd zufrieden und geriet in Bedrängnis, wie es das Wohlverhalten oder die Vernachlässigung meiner Pflichten nebst allerhand kindischem Unfuge mit sich brachten. In jeder üblen Lage aber rief ich Gott an und betete in meinem Innern in wenigen wohlgesetzten Worten, wenn die Krisis zu reifen begann, um eine günstige Entscheidung und um Rettung aus der Gefahr, und ich muß zu meiner Schande gestehen, daß ich immer entweder das Unmögliche oder das Ungerechte verlangte. Oft war es der Fall, daß meine Sünden übersehen wurden; und alsdann ließ ich es nicht an herzlichen Dankgebeten aus dem Stegreife fehlen, welche umso vergnüglicher waren, als mir der Sinn für die Verdientheit der Strafe so lange verschlossen blieb, bis ich bewußte Fehler beging. So bestand der Stoff meiner Anrufungen aus der wunderlichsten Mischung; das eine Mal bat ich um die gelungene Probe eines schwierigen Rechenexempels, oder daß der Vorgesetzte für einen Tintenklecks in meinem Hefte mit Blindheit geschlagen werde; das andere Mal, ein zweiter Josua, um Stillstand der Sonne, wenn ich mich zu verspäten drohte, oder auch um Erlangung eines fremden leckeren Backwerkes. Als die Jungfrau, welche ich die weiße Wolke nannte, einst für lange Zeit verreiste und eines Abends bei uns Abschied nahm, während ich schon in meinem Bettchen lag, jedoch alles hörte, bat ich meinen himmlischen Vater in sehnlichen Ausdrücken, er möchte bewirken, daß sie mich hinter meinen Vorhängen nicht vergesse und noch einmal tüchtig küsse. Ich schlief über der steten Wiederholung des gleichen kurzen Satzes endlich ein und weiß zur Stunde noch nicht, ob meine Bitte in Erfüllung gegangen ist.

Eines Tages wurde ich zur Strafe über die Mittagszeit in der Schule zurückbehalten und eingeschlossen, so daß ich erst auf den Abend zu essen bekam. Das war das erste Mal, wo ich den Hunger kennen und zugleich die Ermahnungen meiner Mutter verstehen lernte, welche mir Gott vorzüglich als den Erhalter und Ernährer jeglicher Kreatur anpries und als den Schöpfer unsers schmackhaften Hausbrotes darstellte, der Bitte gemäß: Gib uns heut unser tägliches Brot! Überhaupt gewann ich für die Nahrungsdinge Interesse und manche Einsicht in die Beschaffenheit derselben, indem ich fast ausschließlich den Verkehr von Frauen mit ansah, dessen Hauptinhalt der Erwerb und die Besprechung von Lebensmitteln war. Auf meinen Wanderungen durch das Haus drang ich allmählich tiefer in den Haushalt der Mitbewohner ein und ließ mich oft aus ihren Schüsseln bewirten, und undankbarerweise schmeckten mir die Speisen überall besser, als bei meiner Mutter. Jede Hausfrau verleiht, auch wenn die Rezepte ganz die gleichen sind, doch ihren Speisen durch die Zubereitung einen besondern Geschmack, welcher ihrem Charakter entspricht. Durch eine kleine Bevorzugung eines Gewürzes oder eines Krautes, durch größere Fettigkeit oder Trockenheit, Weichheit oder Härte, bekommen alle ihre Speisen einen bestimmten Charakter, welcher das genäschige oder nüchterne, weichliche oder spröde, hitzige oder kalte, das verschwenderische oder geizige Wesen der Köchin ausspricht, und man erkennt sicher die Hausfrau aus den wenigen Hauptspeisen des Bürgerstandes; ich meinerseits, als ein frühzeitiger Kenner, habe aus einer bloßen Fleischbrühe den Instinkt geschöpft, wie ich mich zu der Meisterin derselben zu verhalten habe. Die Speisen meiner Mutter hingegen ermangelten sozusagen aller und jeder Besonderheit. Ihre Suppe war nicht fett und nicht mager, der Kaffee nicht stark und nicht schwach, sie verwendete kein Salzkorn zu viel und keines hat je gefehlt; sie kochte schlecht und recht, ohne Manieriertheit, wie die Künstler sagen, in den reinsten Verhältnissen; man konnte von ihren Speisen eine große Menge genießen, ohne sich den Magen zu verderben. Sie schien mit ihrer weisen und maßvollen Hand, am Herde stehend, täglich das Sprüchwort zu verkörpern: Der Mensch ißt, um zu leben, und lebt nicht, um zu essen! Nie und in keiner Weise war ein Überfluß zu bemerken und ebensowenig ein Mangel. Diese nüchterne Mittelstraße langweilte mich, der ich meinen Gaumen dann und wann anderswo bedeutend reizte, und ich begann, über ihre Mahlzeiten eine scharfe Kritik zu üben, sobald ich satt und die letzte Gabel voll vertilgt war. Da ich mit meiner Mutter immer allein bei Tische saß und sie lieber auf Gespräch und Unterhaltung dachte, als auf ein genaues Erziehungssystem, so wies sie mich nicht kurz und strafend zur Ruhe, sondern widerlegte mich mit Beredsamkeit und stellte mir hauptsächlich vor, auf Menschenschicksale und Lebensläufe übergehend, wie ich vielleicht eines Tages froh sein würde, an ihrem Tische zu sitzen und zu essen; dann werde sie aber nicht mehr da sein. Obgleich ich dazumal nicht recht einsah, wie das zugehen sollte, so wurde ich doch jedesmal gerührt und von einem geheimen Grauen ergriffen und so für einmal geschlagen. Machte sie alsdann auch noch auf die Undankbarkeit aufmerksam, welche ich gegen Gott beging, indem ich seine guten Gaben tadelte, so hütete ich mich mit einer heiligen Scheu, den allmächtigen Geber ferner zu beleidigen, und versank in Nachdenken über seine trefflichen und wunderbaren Eigenschaften.

Nun geschah es aber, daß in dem Maße, als ich ihn deutlicher erfaßte und sein Wesen mir unentbehrlicher und ersprießlicher wurde, mein Umgang mit Gott sich verschämt zu verschleiern begann und, als meine Gebete einen gewissen Sinn erhielten, mich eine wachsende Scheu beschlich, sie laut herzusagen. Meine Mutter war eines einfachen und nüchternen Gemütes und nichts weniger, als das, was man eine warm andächtige Frau nennt, sondern schlechthin gottesfürchtig. Ihr Gott war nicht der Befriediger und Erfüller einer Menge dunkler und drangvoller Herzensbedürfnisse, sondern klar und einfach der vorsorgende und erhaltende Vater, die Vorsehung. Ihr gewöhnliches Wort war: Wer Gott vergißt, den vergißt er auch; von der inbrünstigen Gottesliebe dagegen hörte ich sie nie reden. Desto eifriger aber hielt sie darauf; es wurde ihr in unserer Verlassenheit für die lange und dunkle Zukunft eine Hauptsache, daß Gott der Ernährer und Beschützer mir immer vor Augen sei, und sie legte mit andauernder Sorge den Grund zu einem lebendigen Gottvertrauen in mich.

Infolge dieses rührenden Bestrebens und auf das Zureden einer nichtsnutzigen Heuchlerin wollte sie eines Sonntags, als wir uns eben zu Tische gesetzt hatten, das Tischgebet einführen, welches bis dahin nicht üblich gewesen in unserm Hause, und sagte mir zu diesem Zwecke ein kleines altes Volksgebet vor, mit der Aufforderung, es jetzt und in Zukunft nachzubeten. Aber wie erstaunte sie, als ich nur die ersten Worte trocken hervorbrachte und dann plötzlich verstummte und nicht weiter konnte!

Das Essen dampfte auf dem Tische, es war ganz still in der Stube, die Mutter wartete, aber ich brachte keinen Laut hervor. Sie wiederholte ihr Verlangen, aber ohne Erfolg; ich blieb stumm und niedergeschlagen, und sie ließ es für diesmal bewenden, da sie mein Benehmen für eine gewöhnliche Kinderlaune hielt. Am folgenden Tage wiederholte sich der Auftritt, und sie wurde nun ernstlich bekümmert und sagte: »Warum willst du nicht beten? Schämst du dich?« Das war nun zwar der Fall, ich vermochte es aber nicht zu bejahen, weil, wenn ich es getan, es doch nicht wahr gewesen wäre in dem Sinne, wie sie es verstand. Der gedeckte Tisch kam mir vor wie ein Opfermahl, und das Händefalten nebst dem feierlichen Beten vor den duftenden Schüsseln wurde zu einer Zeremonie, welche mir alsobald unbesieglich widerstand. Es war nicht Scham vor der Welt, wie es der Priester zu nennen pflegt; denn wie sollte ich mich vor der einzigen Mutter schämen, vor welcher ich bei ihrer Milde nichts zu verbergen gewohnt war? Es war Scham vor mir selber; ich konnte mich selbst nicht sprechen hören, und habe es auch nie mehr dazu gebracht, in der tiefsten Einsamkeit und Verborgenheit laut zu beten.

»Nun sollst du nicht essen, bis du gebetet hast!« sagte die Mutter, und ich stand auf und ging vom Tische weg in eine Ecke, wo ich in große Traurigkeit verfiel, die mit einigem Trotze vermischt war. Meine Mutter aber blieb sitzen und tat so, als ob sie essen würde, obgleich sie es nicht konnte, und es trat eine Art düstrer Spannung zwischen uns ein, wie ich sie noch nie gefühlt hatte und die mir das Herz beklemmte. Sie ging schweigend ab und zu und räumte den Tisch ab; als jedoch die Stunde nahte, wo ich wieder zur Schule gehen sollte, brachte sie mein Essen, indem sie sich die Augen wischte, als ob ein Stäubchen darin wäre, wieder herein und sagte: »Da kannst du essen, du eigensinniges Kind!« worauf ich meinerseits unter einem Ausbruche von Schluchzen und Tränen mich hinsetzte und es mir tapfer schmecken ließ, sobald die heftige Bewegung nachließ. Auf dem Wege zur Schule ließ ich es nicht an einem vergnügten Dankseufzer fehlen für die glückliche Befreiung und Versöhnung.

Als ich in späteren Jahren im Heimatdorfe auf Besuch war, wurde ich an das Ereignis lebhaft erinnert durch eine Geschichte, welche sich vor mehr als hundert Jahren mit einem Kinde dort zugetragen hatte und einen tiefen Eindruck auf mich machte. In einer Ecke der Kirchhofmauer war eine kleine steinerne Tafel eingelassen, welche nichts als ein halb verwittertes Wappen und die Jahrzahl 1713 trug. Die Leute nannten diesen Platz das Grab des Hexenkindes und erzählten allerlei abenteuerliche und fabelhafte Geschichten von demselben, wie es ein vornehmes Kind aus der Stadt, aber in das Pfarrhaus, in welchem dazumal ein gottesfürchtiger und strenger Mann wohnte, verbannt gewesen sei, um von seiner Gottlosigkeit und unbegreiflich frühzeitigen Hexerei geheilt zu werden. Dieses sei aber nicht gelungen; vorzüglich habe es nie dazu gebracht werden können, die drei Namen der höchsten Dreieinigkeit auszusprechen, und sei in dieser gottlosen Halsstarrigkeit verblieben und elendiglich verstorben. Es sei ein außerordentlich feines und kluges Mädchen in dem zarten Alter von sieben Jahren und dessenungeachtet die allerärgste Hexe gewesen. Besonders hätte es erwachsene Mannspersonen verführt und es ihnen angetan, wenn es sie nur angeblickt, daß selbe sich sterblich in das kleine Kind verliebt und seinetwegen böse Händel angefangen hätten. Sodann hätte es seinen Unfug mit dem Geflügel getrieben und insbesondere alle Tauben des Dorfes auf den Pfarrhof gelockt und selbst den frommen Herrn verhext, daß er dieselben öfters inbehalten, gebraten und zu seinem Schaden gespeist habe. Selbst die Fische im Wasser habe es gebannt, indem es tagelang am Ufer saß und die alten klugen Forellen verblendete, daß sie bei ihm verweilten und in großer Eitelkeit vor ihm herumschwänzelten, sich in der Sonne spiegelnd. Die alten Frauen pflegten diese Sage als Schreckmännchen für die Kinder zu gebrauchen, wenn sie nicht fromm waren, und fügten noch viele seltsame und phantastische Züge hinzu. Im Pfarrhause hingegen hing wirklich ein altes dunkles Ölgemälde, das Bildnis dieses merkwürdigen Kindes enthaltend. Es war ein außerordentlich zart gebautes Mädchen in einem blaßgrünen Damastkleide, dessen Saum in einem weiten Kreise starrte und die Füßchen nicht sehen ließ. Um den schlanken feinen Leib war eine goldene Kette geschlungen und hing vorn bis auf den Boden herab. Auf dem Haupte trug es einen kronenartigen Kopfputz aus flimmernden Gold- und Silberflittern, von seidenen Schnüren und Perlen durchflochten. In seinen Händen hielt das Kind den Totenschädel eines andern Kindes und eine weiße Rose. Noch nie habe ich aber ein so schönes, liebliches und geistreiches Kinderantlitz gesehen, wie das blasse Gesicht dieses Mädchens; es war eher schmal als rund, eine tiefe Trauer lag darin, die glänzenden dunkeln Augen sahen voll Schwermut und wie um Hilfe flehend auf den Beschauer, während um den geschlossenen Mund eine leise Spur von Schalkheit oder lächelnder Bitterkeit schwebte. Ein schweres Leiden schien dem ganzen Gesichte etwas Frühreifes und Frauenhaftes zu verleihen und erregte in dem Beschauenden eine unwillkürliche Sehnsucht, das lebendige Kind zu sehen, ihm schmeicheln und es liebkosen zu dürfen. Es war auch der Erinnerung des alten Dorfes unbewußt lieb und wert, und in den Erzählungen und Sagen von ihm war ebensoviel unwillkürliche Teilnahme als Abscheu zu bemerken.

Die eigentliche Geschichte war nun die, daß das kleine Mädchen, einer adeligen, stolzen und höchst orthodoxen Familie angehörig, eine hartnäckige Abneigung gegen Gebet und Gottesdienst jeder Art zeigte, die Gebetbücher zerriß, welche man ihm gab, im Bette den Kopf in die Decke hüllte, wenn man ihm vorbetete, und kläglich zu schreien anfing, wenn man es in die düstere, kalte Kirche brachte, wo es sich vor dem schwarzen Manne auf der Kanzel zu fürchten vorgab. Es war ein Kind aus einer unglücklichen ersten Ehe und mochte sonst schon ein Stein des Anstoßes sein. So beschloß man, als es durch keine Mittel von der unerklärlichen Unart abgebracht werden konnte, das Kind jenem wegen seiner Strenggläubigkeit berühmten Pfarrherrn versuchsweise in Pflege zu geben. Wenn schon die Familie die Sache als ein befremdliches und ihrem Rufe Unehre bringendes Unglück auffaßte, so betrachtete der dumpfe, harte Mann dieselbe vollends als eine unheilvolle infernalische Erscheinung, welcher mit aller Kraft entgegenzutreten sei. Demgemäß nahm er seine Maßregeln, und ein altes vergilbtes *»diarium«*, von ihm herrührend und im Pfarrhause aufbewahrt, enthält einige Notizen, welche über sein Verfahren sowie das weitere Schicksal des unglücklichen Geschöpfes hinreichenden Aufschluß geben. Folgende Stellen habe ich mir ihres seltsamen Inhaltes wegen abgeschrieben und will sie diesen Blättern einverleiben und so die Erinnerung an jenes Kind in meinen eigenen Erinnerungen aufbewahren, da sie sonst verloren gehen würde.

Fünftes Kapitel

Das Meretlein

Heute habe ich von der hochgeborenen und gottesfürchtigen Frau von M. das schuldende Kostgeld für das erste Quartal richtig erhalten, alsogleich *quittiret* und Bericht erstattet. Ferner der kleinen Meret (Emerentia) ihre wöchentlich zukommende *Correction* ertheilt und verscherpft, indeme sie auf die Bank legte und mit einer neuen Ruthen züchtigte, nicht ohne *Lamentiren* und Seufzen zum Herren, daß Er das traurige Werk zu einem guten Ende führen möge. Hat die Kleine zwaren jämmerlich geschrieen und de- und wehmüthig um *Pardon* gebeten, aber nichts desto weniger nachher in ihrer Verstocktheit verharret und das Liederbuch verschmähet, so ich ihr zum Lernen vorgehalten. Habe sie derowegen kürzlich verschnauffen lassen und dann in Arrest gebracht in die dunkle Speckkammer, allwo sie gewimmert und geklaget, dann aber still geworden ist, bis sie urplötzlich zu singen und *jubiliren* angefangen, nicht anders, wie die drey seligen Männer im Feuerofen, und habe ich zugehöret und erkennt, daß sie die nämliche *versificirten* Psalmen gesungen, so sie sonsten zu lernen *refusirete,* aber in so unnützlicher und weltlicher Weise, wie die thörichten und einfältigen Ammen- und Kindslieder haben; so daß ich solches Gebahren für eine neue Schalkheit und Mißbrauch des Teufels zu nemen gezwungen ward.«

Ferner:

»Ist ein höchst *lamentables* Schreiben *arriviret* von *Madame,* welche in Wahrheit eine fürtreffliche und rechtgläubige *Person* ist. Sie hat besagten Brief mit ihren Thränen benetzet und mir auch die große Bekümmerniß des Herren Gemahls vermeldet, daß es mit der kleinen Meret nicht besser gehen will. Und ist dieses gewißlich eine große *Calamität,* so diesem hochansehnlichen und berühmten Geschlecht zugestoßen, und möchte man der Meinung seyn, mit *Respect* zu sagen, daß sich die Sünden des Herren Großpapa väterlicher Seits, welches ein gottloser Wütherich und schlimmer *Cavalier* ware, an diesem armseligen Geschöpflein vermerken lassen und rechen. Habe mein *Tractament* mit der Kleinen *changiret* und will nunmehr die

Hungerkur *probiren.* Auch habe ich ein Röcklein von grobem Sacktuch durch meine Ehefrau selbsten anfertigen lassen und verbothen, der Meret ein ander *Habit* anzulegen, sintemal diese Bußkleidung ihr am besten *conveniret.* Verstocktheit auf dem gleichen *Puncto.*«

»Sahe mich heute gezwungen, die kleine *Demoiselle* von allem Verkehr und Unterhalt mit denen Baurenkindern abzusperren, weil sie mit selbigen in das Holz gelauffen, allda gebadet im Holzweiher, das Bußhemdlein, so ich ihr *ordiniret,* an einen Baumast gehenkt hat und nackent davor gesprungen und getanzt und auch ihre Gespanen zu frechem Spott und Unfug aufgereizet. Beträchtliche *Correction.*«

»Heut ein großer *Spectakel* und Verdruß. Kame ein großer, starker Schlingel, der junge Müllerhans, und richtete mir Händel an von wegen der Meret, welche er alltäglich schreien und heulen zu hören vorgegeben, und *disputirte* ich mit demselben, als auch der junge Schulmeister, der Tropf, herankam und drohete, mich zu verklagen, und fiel über die schlimme *Creatur* her, herzete und küssete sie etc. etc. Ließ den Schulmeister alsogleich *arretiren* und zum Landvogt führen. Dem Müllerhans muß ich auch noch beikommen, obgleich selbiger reich und gewaltthätig ist. Möchte bald selber glauben, was die Bauersleute sagen, daß das Kind eine Hexe sey, wenn diese *Opinion* nicht der Vernunft widerspräche. Jeden Falls steckt der Teufel in ihr und habe ich ein schlimmes Stück Arbeit übernommen.«

»Diese ganze Woche habe ich einen Mahler im Hause *tractiret,* so mir *Madame* übersendet, damit er das *Portrait* der kleinen Fräulein anfertige. Die bedrängte *Familie* will das Geschöpfe nicht mehr zu sich nemen und allein zum traurigen Angedenken und zur bußfertigen Anschauung, auch von wegen der großen Schönheit des Kindes, ein *Conterfey* behalten. Insbesundere will der Herr nicht von dieser *Idee* lassen. Meine Ehefrau verabreicht dem Mahler alltäglich zwei Schoppen Wein, woran er nicht genug zu haben scheinet, da er allabendlich in den rothen Löwen gehet und dort mit dem *Chirurgo* spielet. Ist ein hochfahrendes *Subject* und setze ihm daher öfter ein Schnepfen oder ein Hechtlein vor, welches in dem *Quartal Conto* der *Madame* zu vermerken ist. Wollte anfenglich mit der Kleinen sein Wesen und Freundlichkeit treiben und hat sie sich sogleich an ihn *attachiret,* daher ich ihme bedeutet habe, mir in meinem *Procedere* nicht zu *interveniren.* Wie man der Kleinen ihr verwahrte *Habit* und Sonntagsstaat herfürgehohlt und angelegt benebst der Schapell und der Gürtlen, so hat sie großen *Plaisir* gezeiget und zu tanzen begonnen. Diese ihre Freude ist aber bald verbittert worden, als ich nach dem Befelch der Frau *Mama* 1 Todtenschedel hohlen ließe und in die Hand zu tragen gab, welchen sie *partout* nicht nemen wollen und hernachmalen weinend und zitternd in der Hand gehalten, wie wenn es ein feurig Eisen wär. Zwaren hat der Mahler behauptet, er könne den Schedel außwendig mahlen, weil solcher zu denen allerersten Elementen seiner Kunst gehöre, habe es aber nicht zugegeben, sintemal *Madame* geschrieben hat: ›Was das Kind leidet, das leiden auch wir, und ist uns in seinem Leiden selbst Gelegenheit zur Buße gegeben, so wir für ihn's thun können; derohalb brechen Ew. Wohlehrwürden in Nichts ab, Euere Fürsorge und *Education* betreffend. Wenn das Töchterlein dereinst, wie ich zum allmächtigen und barmherzigen Gott verhoffe, hier oder dort erleuchtet und gerettet seyn wird, so wird es ohnzweifelhaft sich höchlich erfreuen, ein gutes Theil seiner Buße schon mit seiner Verstocktheit abgetan zu haben, welche über ihn's zu verhängen, der unerforschliche Meister beliebt hat!‹ Diese tapferen Worte vor Augen, habe ich auch diese Gelegenheit für dienlich erachtet, der Kleinen mit dem Schedel eine ernsthafte Buße anzuthun. Man hat übrigens einen kleinen leichten Kindsschedel gebrauchet, dieweill der Mahler sich beschwehret, daß der große Mannsschedel zu unförmlich seye für die kleinen Händlein, in Betracht seiner Kunst-*Regula,* und hat sie denselben nachher lieber gehalten; auch hat ihr der Mahler ein weißes Röslein dazugesteckt, was ich wohl leiden mochte, weil es als ein gutes *Symbolum* gelten kann.«

»Habe heut plötzlich ein *Contreordre* erhalten in Betreff des *Tableau* und soll nun selbiges nicht nach der Stadt *spediren,* sondern hier behalten. Es ist Schad um die brave Arbeit, so der Mahler gemacht hat, weil er ganz *charmiret* war von der Anmuth des Kinds. Hätt' ich es früher gewußt, so hätt' der Mann für diesen Kostenaufwand mein eigen *Conterfey* auf das Tuch mahlen können, wenn die schönen *Victualien* nebst Lohn einmal drauff gehen sollen.«

»Es ist mir fernerer Befelch zu Handen gekommen, mit aller weltlichen *Instruction* abzubrechen, besonders mit dem Französischen, da solches nicht mehr nöthig erachtet werde, so wie auch meine Gemahlin den Unterricht auf dem Spinett *sistiren* solle, was der Kleinen leid zu thun scheinet. Vielmehr soll ich sie fortan als ein einfaches Pflegekind *tractiren* und allein fürsorgen, daß sie kein öffentlich Aergerniß gebe.«

»Vorgestern ist uns die kleine Meret *desertiret* und haben wir große Angst empfunden, bis daß sie heute Mittag um 12 Uhr zu obrist auf dem Buchenloo ausgespüret wurde, wo sie entkleidet auf ihrem Bußhabit an der Sonne saß und sich baß wärmete. Sie hatt' ihr Haar ganz aufgeflochten und ein Kränzlein von Buchenlaub darauff gesetzet, so wie ein *dito* Scherpen um den Leib gehenkt, auch ein *Quantum* schöner Erdbeeren vor sich liegen gehabt, von denen sie ganz voll und rundlich gegessen war. Als sie unser ansichtig ward, wollte sie wiederum Reißaus nemen, schämete sich aber ihrer Blöße und wollte ihr Habitlein überziehen, dahero wir sie glücklich *attrapiret.* Sie ist nun krank und scheinet *confuse* zu seyn, da sie keine vernünftige Antwort giebet.«

»Mit dem Meretlein gehet es wiederum besser, jedoch ist sie mehr und mehr verändert und wird des Gänzlichen dumm und stumm. Die *Consultation* des herbeygerufenen *Medici* verlautet dahin, daß sie irr- oder blödsinnig werde und nunmehr der *medicinischen* Behandlung anheim zu stellen sey; er *offerirte* sich auch zu derselbigen und hat verheißen, das Kind wieder auf die Beine zu bringen, wenn es in seinem Hause *placiret* würde. Ich merke aber schon, daß es dem *Monsieur Chirurgo* nur um die gute Pension benebst denen *Präsenten* von *Madame* zu thun seye, und berichtete derohalb, was ich für gut befunden, nemlich daß der Herr seinen *Plan* nunmehr an ein Ende zu führen scheine mit seiner *Creatur* und daß Menschenhände hieran Nichts *changiren* möchten und dürften, wie es in Wirklichkeit auch ist.«

Nach Übeschlagung von fünf bis sechs Monaten heißt es weiter:

»Es scheinet dieses Kind in seinem blöden Zustande einer trefflichen Gesundheit zu genießen und hat ganz muntere rothe Backen bekommen. Hält sich nun den ganzen Tag in den Bohnen auf, wo man sie nicht siehet und weiter nicht um sie bekümbert, zumalen sie weiter kein Aergerniß giebet.«

»Das Meretlein hat sich in Mitten des Bohnenplatz einen kleinen *Salon arrangiret,* so man entdecket, und hat dorten artliche *Visites acceptiret* von denen Baurenkindern, welche ihme Obst und andere *Victualia* zugeschleppet, so sie gar zierlich vergraben und in Vorrath gehalten hat. Daselbst hat man auch jenen kleinen Kindsschedel begraben gefunden, welcher längst abhanden gekommen und dahero dem Küster nicht *restituiret* werden konnte. Dergleichen auch die Spatzen und andere Vögel herbeygezogen und zahm gemacht, daß die den Bohnen viel Abbruch gethan und ich jedoch nicht mehr in die Bohnenstauden schießen können, von wegen der kleinen Insaß. *Item* hat sie mit einer giftigen Schlangen ihr Spiel gehabt, welche durch den Hag gebrochen und sich bei ihr eingenistet; *in summa,* man hat sie wieder in Haus nemen und inne behalten müssen.«

»Die rothen Backen sind wiederum von ihr gewichen und behauptet der *Chirurgus,* sie werde es nicht mehr lang *prästiren.* Habe auch schon an die Eltern geschrieben.«

»Heut vor Tag schon muß das arme Meretlein aus seinem Bettlein entkommen, in die Bohnen hinauß geschlichen und dort verschieden seyn; denn wir haben sie alldort für todt gefunden in einem Grüblein, so sie in den Erdboden hinein gewühlet, als ob sie hineinschlüpfen wollen. Sie ist ganz gestabet gewesen und ihr Haar so wie ihr Hemdlein feucht und schwer vom Thau, als welcher auch in lauteren Tropfen auf ihren fast röthlichen Wänglein gelegen, nicht anders, denn auf einem Apfelblust. Und haben wir einen heftigen Schrecken bekommen und bin ich in große Verlegenheit und *Confusion* gerathen den heutigen Tag, dieweill die Herrschaft aus der Stadt angelanget, just wie meine Ehefrau verreiset ist nach K., um allda einiges *Confect* und *Provision* einzukaufen, damit die Herrschaften höflichst zu *tractiren.* Wußte derohalb nicht, wo mir der Kopf gestanden, und war ein großes Rennen und Laufen, und sollten die Mägde das Leichlein waschen und ankleiden, und zugleich für ein guten Imbiß sorgen. Endlich habe ich den grünen Schinken braten lassen, so meine Frau vor acht Tagen in Essig geleget, und hat der Jakob drei Stück von denen zahmen Forellen gefangen, welche noch hin und wieder an den Garten kommen, obgleich man die selige (?!) Meret nicht mehr zum Wasser hinauß gelassen. Habe zum Glück mit diesen Speißen noch ziemliche Ehre eingeleget und haben dieselbigen der *Madame* wohl geschmecket. Ist eine große Traurigkeit gewesen und haben wir mehr denn zwei Stunden in Gebeth und Todesbetrachtungen verbracht, desgleichen in *melankolischen* Reden von der unglückseligen Krankhaftigkeit des verstorbenen Mägdleins, da wir nun annemen müssen zu unserem vermehrten Trost, daß selbe in einer *fatalen Disposition* des Bluts und Gehirns ihren Ursprung gehabt. Daneben haben wir auch von den sonstigen großen Gaben des Kinds geredet und von seinen oftmaligen klugen und anmuthigen Einfällen und *Impromptus* und Alles nicht zusammenreimen können in unserer irdischen Kurzsichtigkeit. Morgens am Vormittag wird man dem Kind ein Christlich Begräbniß geben und ist die *Präsenz* der fürnehmen Eltern dazu kommlich, ansonsten die Pauren sich widersatzen mögten.«

»Dieses ist der allerwunderbarste und schreckhafteste Tag gewesen, nicht nur allein, seit wir mit dieser unseligen *Creatur* zu schaffen, sondern der mir überhaupt in meiner ruhsamen *Existenz* aufgestoßen ist. Denn als die Stunde gekommen und es zehn Uhr geschlagen, haben wir uns hinter dem Leichlein her in Bewegung gesetzet und nach dem Gottesacker begeben, indessen der Sigrist die kleine Glocken geläutet, was er aber nicht mit sehrem Fleiße gethan, dieweill es fast erbärmlich geklungen und das Geläute zur Halbpart vom starken Winde verschlungen worden, der unwirsch gewehet hat. Und war auch der Himmel ganz dunkel und schwül, sowie der Kirchhof von Menschen entblößet außer unserer kleinen *Compagnie,* hergegen außerhalb denen Mauren die ganze Baursame vereiniget und hat neugierig die Köpfe herüber gerecket. Wie man aber so eben das Todtenbäumlein in das Grab hinunter senken wollen, hat man ein seltsamen Schrei gehört aus dem Todtenbäumlein hervor, so daß Wir auf das Heftigste erschrocken sind und der Todtengräber auf und davon gesprungen ist. Der *Chirurgus* aber, welcher auch herzugeloffen, hat schleunigst den Deckel losgemacht und abgehebt, und hat sich das Tödlein als lebendig aufgerichtet und ist ganz behende aus dem Gräblein gekrochen und hat uns angeblicket. Und wie im selbigen Moment die Strahlen Phöbi seltsam und stechend durch die Wolken gedrungen, so hat es in seinem gelblichen Brokat und mit dem glitzrigen Krönlein ausgesehen, wie ein Feyen- oder Koboltskind. Die Frau *Mama* ist alsobald in eine starke Ohnmacht verfallen und der Herr v. M. weinend zur Erde gestürzet. Ich selbst habe mich vor Verwunderung und Schrecken nicht gerühret und in diesem Moment steif an ein Hexenthum geglaubt. Das Mägdlein aber hat sich bald ermannt und ist über den Kirchhof davon und zum Dorf hinauß gezwirbelt, wie eine Katz, daß alle Leute voll Entsetzen heimgeflohen sind und ihre Thüren verriegelt haben. Zu selbiger Zeit ist just die Schulzeit aus gewesen und ist der Kinderhaufen auf die Gaß gekommen, und als das kleine Zeugs die Sache gesehen, hat man die Kinder nicht halten können, sondern ist eine große Schaar dem Leichlein nachgelaufen und hat es verfolget und hintendrein ist noch der Schulmeister mit dem Bakel gesprungen. Es hat aber immer ein zwanzig Schritt Vorsprung gehabt und nicht eher Halt gemacht, als bis es auf dem Buchenloo angekommen und leblos umgefallen ist, worauf die Kinder um dasselbige herumgekrabbelt und es vergeblich gestreichelt und *caressiret* haben. Dieses Alles haben wir nach der Hand erfahren, weill wir mit großer Noth in das Pfarrhaus uns *salviret* und in tiefer *desolation* verharret sind, bis man das Leichlein wiederum gebracht hat. Man hat es auf ein *Matraz* gelegt und ist die Herrschaft darauf verreiset mit Hinterlassung einer kleinen Steintafell, worein Nichts als das Familienwappen und Jahrzahl gehauen ist. Nunmehr liegt das Kind wieder für todt und getrauen wir uns nicht, zu Bett zu gehen aus Furcht. Der *Medicus* sitzet aber bei ihm und meint nun, es sei endlich zur Ruh gekommen.«

»Heute hat der *Medicus* nach unterschiedlichen Experimenten erklärt, daß das Kind wirklich todt seye, und ist es nun in der Stille beigesetzt worden und nichts Weiteres *arrivirt* u. s. f.«

Sechstes Kapitel

Weiteres vom lieben Gott. Frau Margret und ihre Leute

Ich kann nicht sagen, daß, nachdem Gott einmal die bestimmte und nüchterne Gestalt eines Ernährers und Aushelfers für mich gewonnen hatte, er mein Herz in jenem Alter mit zarteren Empfindungen oder tiefgehenden Gemütsfreuden erfüllte, zumal er aus dem glänzenden Gewande des Abendrotes sich verloren, um in viel späterer Zeit es wieder aufzunehmen. Wenn meine Mutter von Gott und den heiligen Dingen sprach, so fuhr sie fort, vorzüglich im alten Testamente zu verweilen, bei der Geschichte der Kinder Israel in der Wüste, oder bei den Kornhändeln Josephs und seiner Brüder, bei der Witwe Ölkrug und dergleichen oder ausnahmsweise bei der Speisung der fünftausend Männer im neuen Testamente. Alle diese Ereignisse gefielen ihr ausnehmend wohl und sie trug mir dieselben mit warmer Beredsamkeit vor, während letztere mehr einem pflichtgemäß frommen Erzählen Raum gab, wenn das bewegte und blutige Drama von Christi Leidensgeschichte entwickelt wurde. So sehr ich daher den lieben Gott respektierte und in allen Fällen bedachte, so blieben mir doch die Phantasie und das Gemüt leer, solange ich keine neue Nahrung schöpfte, außer den bisherigen Erfahrungen; und wenn ich keine Veranlassung hatte, irgend einen angelegentlichen Gebetvortrag abzufassen, so war mir Gott nachgerade eine farblose und langweilige Person, die mich zu allerlei Grübeleien und Sonderbarkeiten reizte, zumal ich sie bei meinem vielen Alleinsein doch nicht aus dem Sinne verlor.

So gereichte es mir eine Zeitlang zu nicht geringer Qual, daß ich eine krankhafte Versuchung empfand, Gott derbe Spottnamen, selbst Schimpfworte anzuhängen, wie ich sie etwa auf der Straße gehört hatte. Mit einer Art behaglicher und mutwillig zutraulicher Stimmung begann immer diese Versuchung, bis ich nach langem Kampfe nicht mehr widerstehen konnte und im vollen Bewußtsein der Blasphemie eines jener Worte hastig ausstieß, mit der unmittelbaren Versicherung, daß es nicht gelten solle, und mit der Bitte um Verzeihung; dann konnte ich nicht umhin, es noch einmal zu wiederholen, wie auch die reuevolle Genugtuung, und so fort, bis die seltsame Aufregung vorüber war. Vorzüglich vor dem Einschlafen pflegte mich diese Erscheinung zu quälen, obgleich sie nachher keine Unruhe oder Uneinigkeit in mir zurückließ. Ich habe später gedacht, daß es wohl ein unbewußtes Experiment mit der Allgegenwart Gottes gewesen sei, welche ebenfalls anfing, mich zu beschäftigen, und daß damals das dunkle Gefühl in mir lebendig geworden sei: Vor Gott könne keine Minute unseres inneren Lebens verborgen und wirklich strafbar sein, sofern er das lebendige Wesen für uns sei, für das wir ihn halten.

Indessen hatte ich eine Freundschaft geschlossen, welche meiner suchenden Phantasie zu Hilfe kam und mich von diesen unfruchtbaren Quälereien erlöste, indem sie, bei der Einfachheit und Nüchternheit meiner Mutter, für mich das wurde, was sonst sagenreiche Großmütter und Ammen für die stoffbedürftigen Kinder sind.

In dem Hause gegenüber befand sich eine offene dunkle Halle, ganz mit Trödelkram angefüllt. Die Wände waren mit alten Seidengewändern, gewirkten Stoffen und Teppichen aller Art behangen. Rostige Waffen und Gerätschaften, schwarze, zerrissene Ölgemälde bekleideten die Eingangspfosten und verbreiteten sich zu beiden Seiten an der Außenseite des Hauses; auf einer Anzahl altmodiger Tische und Geräte stand wunderliches Glasgeschirr und Porzellan aufgetürmt, mit allerhand hölzernen und irdenen Figuren vermischt. In den tieferen Räumen waren Berge von Betten und Hausgeräten übereinander geschichtet, und auf den Hochebenen und Absätzen derselben, manchmal auf einem gefährlichen einsamen Grate, stand überall noch eine schnörkelhafte Uhr, ein Kruzifix oder ein wächserner Engel und dergleichen. Im tiefsten Hintergrunde aber saß jederzeit eine bejahrte, dicke Frau in altertümlicher Tracht, in einem trüben Helldunkel, während ein noch älteres, spitziges, eisgraues Männchen mit Hilfe einiger Untergebenen in der Halle herumhantierte und eine zahlreiche Menge Leute abfertigte, welche fortwährend ab und zu ging. Die Seele des Geschäftes war aber die Frau, und von ihr aus gingen alle Befehle und Anordnungen, ungeachtet sie sich nie von ihrem Platze bewegte und man sie noch weniger je auf einer Straße gesehen hatte. Sie trug immer bloße Arme und hatte schneeweiße Hemdsärmel, auf eine künstliche Weise gefältelt, wie man es sonst nirgends mehr sah und es vielleicht vor hundert Jahren schon so getragen wurde. Es war die originellste Frau von der Welt, welche vor vier Jahrzehnten mit ihrem Manne blutarm und unwissend in die Stadt gezogen, um da ihr Brot zu suchen. Nachdem sie mit Tagelohn und saurer Arbeit eine Reihe von mühseligen Jahren durchgekämpft hatte, gelang es ihr, einen Trödelkram zu errichten, und erwarb sich mit der Zeit durch Glück und Gewandtheit in ihren Unternehmungen einen behaglichen Wohlstand, welchen sie auf die eigentümlichste Weise beherrschte. Sie konnte nur schwierig Gedrucktes lesen, hingegen weder schreiben noch in arabischen Zahlen rechnen, welche letzren zu kennen ihr nie gelang; sondern ihre ganze Rechenkunst bestand in einer römischen Eins, einer Fünf, einer Zehn und einer Hundert. Wie sie diese vier Ziffern in ihrer frühen Jugend, in einer entlegenen und vergessenen Landesgegend überkommen hatte, überliefert durch einen Jahrtausend alten Gebrauch, so handhabte sie dieselben mit einer merkwürdigen Gewandtheit. Sie führte kein Buch und besaß nichts Geschriebenes, war aber jeden Augenblick imstande, ihren ganzen Verkehr, der sich oft auf mehrere Tausende in lauter kleinen Posten belief, zu übersehen, indem sie mit großer Schnelligkeit das Tischblatt mittelst einer Kreide, deren sie immer einige Endchen in der Tasche führte, mit mächtigen Säulen jener vier Ziffern bedeckte. Hatte sie aus ihrem Gedächtnisse alle Summen solchergestalt aufgesetzt, so erreichte sie ihren Zweck einfach dadurch, daß sie mit dem nassen Finger eine Reihe um die andere ebenso flink wieder auslöschte, als sie dieselben aufgesetzt hatte, und dabei zählend die Resultate zur Seite aufzeichnete. So entstanden neue kleinere Zahlengruppen, deren Bedeutung und Benennung niemand kannte, als sie, da es immer nur die gleichen vier nackten Ziffern waren und für andere aussahen, wie eine altheidnische Zauberschrift. Dazu kam noch, daß es ihr nie gelingen wollte, mit Bleistift oder Feder oder auch nur mit einem Griffel auf einer Schiefertafel das gleiche Verfahren vorzunehmen, indem sie nicht nur räumlich einer ganzen Tischplatte bedurfte, sondern auch nur mittelst der weichen Kreide ihre markigen Zeichen zu bilden imstande war. Sie beklagte oft, daß sie sich gar nichts Fixiertes aufbewahren könne, war aber gerade dadurch zu ihrem außerordentlichen Gedächtnisse gelangt, aus welchem jene wimmelnden Zahlenmassen plötzlich gestalt- und lebenvoll erschienen, um ebenso rasch wieder zu verschwinden. Das Verhältnis zwischen Einnahme und Ausgabe machte ihr nicht viel zu schaffen; sie bestritt alle häuslichen Bedürfnisse und sonstige Ausgaben vorweg aus dem gleichen Säckel, welcher auch den Geschäftsverkehr begründete, und wenn eine überflüssige Summe Geldes beieinander war, so wechselte sie dieses sogleich in Gold um und verwahrte dasselbe in ihrer Schatztruhe, wo es für immer liegen blieb, wenn nicht ein Teil davon für eine besondere Unternehmung oder für ein ausnahmsweises Darlehen herausgenommen wurde, da sie sonst auf Zinsen kein Geld auslieh. Sie hatte besonders mit Landleuten von allen Seiten her Verkehr, welche sich ihre gerätschaftlichen Bedürfnisse bei ihr holten, und gab ihre Waren jedermann auf Borg, gewann oft viel dabei und verlor auch oft. So kam es, daß eine Menge von Leuten von ihr abhängig waren oder in einem verbindlichen oder feindlichen Verhältnisse zu ihr standen, und daß sie beständig von Nachsichtsuchenden oder Bezahlenden umlagert war, welche ihr, zur Beherzigung oder als Dank, die mannigfaltigsten Gaben darbrachten, nicht anders, als einem Landpfleger oder einer Äbtissin. Feld- und Baumfrüchte jeder Art, Milch, Honig, Trauben, Schinken und Würste wurden ihr in gewichtigen Körben zugetragen, und diese Vorräte bildeten die Grundlage zu einem stattlichen Wohlleben, welches alsobald begann, wenn das geräuschvolle Gewölbe geschlossen war und in der noch seltsameren Wohnstube das häusliche Abendleben zur Geltung kam.

Dort hatte Frau Margret diejenigen Gegenstände zusammengehäuft und als Zierat angebracht, welche ihr in ihrem Handel und Wandel am besten gefallen, und sie nahm keinen Anstand, etwas für sich aufzubewahren, wenn es ihr Interesse erweckte. An den Wänden hingen alte Heiligenbilder auf Goldgrund und in den Fenstern gemalte Scheiben, und allen diesen Dingen schrieb sie irgend eine merkwürdige Geschichte oder sogar geheime Kräfte zu, was ihr dieselben heilig und unveräußerlich machte, so sehr auch Kenner sich manchmal bemühten, die wirklich wertvollen Denkmäler ihrer Unwissenheit zu entreißen. In einer Truhe von Ebenholz bewahrte sie goldene Schaumünzen, seltene Talerstücke, Filigranarbeiten und andere köstliche Spielereien, für welche sie eine große Vorliebe trug und die sie nur wieder veräußerte, wenn ein besonderer Gewinn sich damit verband. Endlich war auf einem Wandgestelle eine beträchtliche Zahl unförmlicher alter Bücher aufgespeichert, welche sie mit großem Eifer zusammenzusuchen pflegte. Es waren verschiedene Bibeln, alte Kosmographien mit zahllosen Holzschnitten, fabelgespickte Reisebeschreibungen, vorzüglich kuriose Mythologien aus dem vorigen Jahrhundert mit großen zusammengefalteten Kupferstichen, welche vielfach zerknittert und zerrissen waren; sie nannte diese naiv geschriebenen Werke schlechtweg Heiden- oder auch Götzenbücher. Ferner hielt sie eine reiche Sammlung solcher Volksschriften, welche Nachricht gaben von einem fünften Evangelisten, von den Jugendjahren Jesu, noch unbekannten Abenteuern desselben in der Wüste, von einer Auffindung seines wohlerhaltenen Leichnams nebst Dokumenten, von der Erscheinung und den Bekenntnissen eines in der Hölle leidenden Freigeistes; einige Chroniken, Kräuterbücher und Prophezeiungen vervollständigten diese Sammlung. Für Frau Margret hatte ohne Unterschied alles, was gedruckt war, wie die mündlichen Überlieferungen des Volkes, eine gewisse Wahrheit, und die ganze Welt in allen ihren Spiegelungen, das fernste sowohl, wie ihr eigenes Leben, waren ihr gleich wunderbar und bedeutungsvoll; sie trug noch den ungebrochenen Aberglauben vergangener Zeiten an sich ohne Verfeinerung und Schliff. Mit neugieriger Liebe erfaßte sie alles und nahm es als bare Münze, was ihrer wogenden Phantasie dargeboten wurde, und sie bekleidete es alsbald mit den sinnlich greifbaren Formen der Volkstümlichkeit, welche massiven metallenen Gefäßen gleichen, die trotz ihres hohen Alters durch den steten Gebrauch immer glänzend geblieben sind. Alle die Götter und Götzen der alten und jetzigen heidnischen Völker beschäftigten sie durch ihre Geschichte und ihr äußeres Aussehen in den Abbildungen, hauptsächlich auch daher, daß sie dieselben für wirkliche lebendige Wesen hielt, welche durch den wahren Gott bekämpft und ausgerottet würden; das Spuken und Umgehen solcher halb überwundenen schlimmen Käuze war ihr ebenso schauerlich anziehend, wie das grauenvolle Treiben eines Atheisten, unter welchem sie nichts anderes verstand und verstehen konnte, als einen Menschen, welcher seiner Überzeugung von dem Dasein Gottes zum Trotz dasselbe hartnäckig und mutwillig leugne. Die großen Affen und Waldteufel der südlichen Zonen, von denen sie in ihren alten Reisebüchern las, die fabelhaften Meermänner und Meerweibchen waren nichts anderes, als ganze gottlose, nun vertierte Völker oder solche einzelne Gottesleugner, welche in diesem jammervollen Zustande, halb reuevoll, halb trotzig, Zeugnis gaben von dem Zorne Gottes und sich zugleich allerlei mutwillige Neckereien mit den Menschen erlaubten.

Wenn nun am Abend das Feuer prasselte, die Töpfe dampften, der Tisch mit den soliden volkstümlichen Leckereien bedeckt wurde und Frau Margret behaglich und ansehnlich auf ihrem zierlich eingelegten Stuhle saß, so begann sich nach und nach eine ganz andere Anhängerschaft und Gesellschaft einzufinden, als die den Tag über in dem Gewölbe zu sehen gewesen. Es waren dies arme Frauen und Männer, welche, teils durch den Duft des gastlichen Tisches, teils durch die belebte Unterhaltung von höheren Dingen angezogen, hier mannigfache Erholung von den Mühen des Tages suchten und fanden. Mit Ausnahme einiger weniger heuchlerischer Schmarotzer hatten sonst alle ein aufrichtiges Bedürfnis, sich durch Gespräche und Belehrungen über das, was ihnen nicht alltäglich war, zu erwärmen und besonders in betreff des Religiösen und Wunderbaren eine gewürztere Nahrung zu suchen, als die öffentlichen Kulturzustände ihnen darboten. Nichtbefriedigung des Gemütes, ungelöschter Durst nach Wahrheit und Erkenntnis, erlebte Schicksale, hervorgerufen durch die versuchte Befriedigung solcher unruhigen Triebe in der sinnlichen Welt, führten diese Leute hier zusammen und überdies noch in mancherlei seltsame Sekten hinein, von deren innerem Leben und Treiben sich Frau Margret fleißig Bericht erstatten ließ; denn sie selbst war zu weltlich und bequem, als daß sie so weit gegangen wäre, dergleichen mitzumachen. Vielmehr tadelte sie mit scharfen Worten die Kopfhänger und wurde sarkastisch und bitter, wenn sie allzu mystischen Unrat merkte. Sie bedurfte das Wunderbare und Geheimnisvolle, aber in der Sinnenwelt, in Leben und Schicksal, in der äußern wechselvollen Erscheinung; von innern Seelenwundern, bevorzugten Stimmungen, Auserwählten und dergleichen mochte sie nichts hören und kanzelte ihre Gäste tüchtig herunter, wenn sie mit solchen Dingen auftreten wollten. Außer daß Gott als der kunst- und sinnreiche Schöpfer all der wunderbaren Dinge und Vorkommnisse für sie existierte, war er ihr vorzüglich in Einer Richtung noch merk- und preiswürdig: nämlich als der treue Beiständer der klugen und rührigen Leute, welche, mit nichts und weniger als nichts anfangend, ihr Glück in der Welt selbst machen und es zu etwas Ordentlichem bringen. Deshalb fand sie ihre größte Freude an jungen Leuten, welche sich aus einer dunklen dürftigen Abkunft heraus durch Talent, Sparsamkeit und Klugheit in eine gute Stellung gearbeitet hatten und wohl gar hohe Protektion genossen. Das Heranwachsen des Wohlstandes solcher Schützlinge war ihr wie eine eigene Sache angelegen, und wenn dieselben endlich dahin gediehen waren, einen bescheidenen Aufwand mit gutem Gewissen geltend zu machen, so fühlte sie selbst die größte Genugtuung, ihrerseits reichlich beizusteuern und sich des Glanzes mitzufreuen. Sie war von Grund aus wohltätig und gab immer mit offenen Händen, den Armen und arm Bleibenden im gewöhnlichen abgeteilten Maße, denjenigen aber, bei welchen Hab und Gut anschlug, mit wahrer Verschwendung für ihre Verhältnisse. Es lag meistens ganz in der Natur solcher Emporkömmlinge, neben ihren anderweitigen größern Beziehungen auch die Gunst dieser seltsamen Frau sorglich zu pflegen, bis sie durch einen jüngern Nachwuchs endlich verdrängt wurden, und so fand man nicht selten diesen oder jenen feingekleideten und vornehm aussehenden Mann unter den armen Gläubigen, der durch sein gemessenes Betragen dieselben verschüchterte und unbehaglich machte. Auch nahmen sie wohl, wenn er abwesend war, Veranlassung, der Frau Weltsinn und Lust an irdischer Herrlichkeit vorzuwerfen, was dann jedesmal lebhafte Erörterungen und Streitreden hervorrief.

Von ihrer Freude an gedeihlichem Erwerb und emsiger Tätigkeit mochte es auch kommen, daß mehrere Schacherjuden in den Kreis ihrer Wohlgelittenen aufgenommen waren. Die Unermüdlichkeit und stetige Aufmerksamkeit dieser Menschen, welche öfter bei ihr verkehrten und ihre schweren Lasten abstellten, volle Geldbeutel aus unscheinbarer Hülle hervorzogen und ihr zum Aufbewahren anvertrauten, ohne irgend ein Wort oder eine Schrift zu wechseln, ihre billige Gutmütigkeit und neugierige Bescheidenheit neben der unberückbaren Pfiffigkeit im Handeln, ihre strengen Religionsgebräuche und biblische Abstammung, sogar ihre feindliche Stellung zum Christentum und die groben Vergehungen ihrer Voreltern machten diese vielgeplagten und verachteten Leute der guten Frau höchst interessant und gern gesehen, wenn sie sich bei den abendlichen Zusammenkünften vorfanden, am Herde der Frau Margret Kaffee kochten oder sich einen Fisch buken. Wenn die fromm christlichen Frauen ihnen schonend vorhielten, wie es noch nicht gar zu lange her sei, daß die Juden doch schlimme Käuze gewesen, Christenkinder geraubt und getötet und Brunnen vergiftet hätten, oder wenn Margret behauptete, der ewige Jude Ahasverus hätte vor zwölf Jahren einmal im schwarzen Bären übernachtet, und sie hätte selbst zwei Stunden vor dem Hause gepaßt, um ihn abreisen zu sehen, jedoch vergeblich, da er schon vor Tagesanbruch weitergewandert sei, dann lächelten die Juden gar gutmütig und fein, und ließen sich nicht aus ihrer guten Laune bringen.

Da sie jedoch ebenfalls Gott fürchteten und eine scharf ausgeprägte Religion hatten, so gehörten sie noch eher in diesen Kreis, als man zwei weitere Personen darin vermutet hätte, welche allerdings irgend anderswo zu suchen waren, als gerade hier; und doch schienen sie eine Art unentbehrlichen Salzes für die wunderliche Mischung zu sein.

Siebentes Kapitel

Fortsetzung der Frau Margret

Es waren dies zwei erklärte Atheisten. Der eine, ein schlichter, einsilbiger Schreinersmann, welcher schon manches Hundert Särge gefertigt und zugenagelt hatte, war ein braver Mann und versicherte dann und wann einmal mit dürren Worten, er glaube ebensowenig an ein ewiges Leben, als man von Gott etwas wissen könne. Im übrigen hörte man nie eine freche Rede oder ein Spottwort von ihm; er rauchte gemütlich sein Pfeifchen und ließ es über sich ergehen, wenn die Weiber mit fließenden Bekehrungsreden über ihn herfuhren. Der andere war ein bejahrter Schneidersmann mit grauen Haaren und mutwilligem, unnützem Herzen, der schon mehr als einen schlimmen Streich verübt haben mochte. Während jener sich still und leidend verhielt und nur selten mit seinem dürren Glaubensbekenntnisse hervortrat, verfuhr dieser angriffsweise und machte sich ein Vergnügen daraus, die gläubigen Seelen durch derbe Zweifel und Verleugnungen, rohe Späße und Profanationen zu verletzen und zu erschrecken, als ein rechter Eulenspiegel das einfältige Wort zu verdrehen und mit dick aufgetragenem Humor in den armen Leuten eine sündhafte Lachlust zu reizen. Er besaß weder großen Verstand, noch Pietät für irgend etwas, selbst für die Natur nicht, und schien einzig ein persönliches Bedürfnis zu haben, das Dasein Gottes zu leugnen oder wegzuwünschen, indessen der Schreiner sich bloß nicht viel daraus machte, hingegen auf seinen Wanderjahren die Welt aufmerksam betrachtet hatte, sich fortwährend noch unterrichtete und von allerlei merkwürdigen Dingen mit Liebe zu sprechen wußte, wenn er auftaute. Der Schneider fand nur Gefallen an Ränken und Schwänken und lärmenden Zänkereien mit den begeisterten Weibern; auch sein Verhalten zu den Juden, gegenüber demjenigen des Sargmachers, war bezeichnend. Während dieser wohlwollend und freundlich mit ihnen verfuhr, als mit seinesgleichen, neckte und quälte sie der Schneider, wo er nur konnte, und verfolgte sie mit echt christlichem Übermute mit allen trivialen Judenspäßen, die ihm zu Gebote standen, so daß die armen Teufel manchmal wirklich böse wurden und die Gesellschaft verließen. Frau Margret pflegte alsdann auch ungeduldig zu werden und verwies den Dämon aus dem Hause; aber er fand sich bald wieder ein und wurde immer wieder gelitten, wenn er sein altes Wesen mit etwas Vorsicht und glatten Worten wieder begann. Es war, als wenn die viel redenden und disputierenden Genossen seiner als eines lebendigen Exempels des Atheismus bedurften, wie *sie* ihn verstanden; denn dies war er am Ende auch, indem es sich nicht undeutlich erwies, daß er den Gedanken Gottes und der Unsterblichkeit mehr zu unterdrücken suchte, weil er ihn in einem kleinlichen und nutzlosen Treiben beschränkte und belästigte, und als er späterhin starb, tat er dies so verzagt und zerknirscht, heulend und zähneklappend und nach Gebet verlangend, daß die guten Leute einen glänzenden Triumph feierten, indessen der Schreiner ebenso ruhig und unangefochten seinen letzten Sarg hobelte, welchen er sich selbst bestimmte, wie einst seinen ersten.

Dieser Art war die Versammlung, welche an vielen Abenden, zumal im Winter, bei Frau Margret zu treffen war, und ich weiß nicht, wie es kam, daß ich mich plötzlich am Tage oft in dem kurzweiligen Gewölbe mitten unter den Geschäftigen und am Abend zu den Füßen der Frau sitzen fand, welche mich in große Gunst genommen hatte. Ich zeichnete mich durch meine große Aufmerksamkeit aus, wenn die wunderbarsten Dinge von der Welt zur Sprache kamen. Die theologischen und moralischen Untersuchungen verstand ich freilich in den ersten Jahren noch nicht, obschon sie oft kindlich genug waren; jedoch nahmen sie auch schon damals nicht zu viele Zeit in Anspruch, da sich die Gesellschaft immer bald genug auf das Gebiet der Begebenheiten und sinnlichen Erfahrungen, und damit auf eine Art von naturphilosophischem Feld hinüber verfügte, wo ich ebenfalls zu Hause war. Man suchte vorzüglich die Erscheinungen der Geisterwelt, so wie die Ahnungen, Träume u. s. w. in lebendigen Zusammenhang zu bringen und drang mit neugierigem Sinne in die geheimnisvollen Lokalitäten des gestirnten Himmels, in die Tiefe des Meers und der feuerspeienden Berge, von denen man hörte, und alles wurde zuletzt auf die religiösen Meinungen zurückgeführt. Es wurden Bücher von Hellsehenden, Berichte über merkwürdige Reisen durch verschiedene Himmelskörper und ähnliche Aufschlüsse gelesen, nachdem sie der Frau Margret zur Anschaffung empfohlen worden, und alsdann darüber gesprochen und die Phantasie mit den kühnsten Gedanken angefüllt. Der eine oder andere fügte dann noch aufgeschnappte Berichte aus der Wissenschaft hinzu, wie er von dem Bedienten eines Sternguckers gehört hatte, daß man durch dessen Fernrohr lebendige Wesen im Monde und feurige Schiffe in der Sonne sehen könne. Frau Margret hatte immer die lebendigste Einbildungskraft und bei ihr ging alles in Fleisch und Blut über. Sie pflegte mehrmals in der Nacht aufzustehen und aus dem Fenster zu schauen, um nachzusehen, was in der stillen dunklen Welt vorging, und immer entdeckte sie einen verdächtigen Stern, der nicht wie gewöhnlich aussah, ein Meteor oder einen roten Schein, welch allem sie gleich einen Namen zu geben wußte. Alles war ihr von Bedeutung und belebt; wenn die Sonne in ein Glas Wasser schien und durch dasselbe auf den hellpolierten Tisch, so waren die sieben spielenden Farben für sie ein unmittelbarer Abglanz der Herrlichkeiten, welche im Himmel selbst sein sollten. Sie sagte: »Seht ihr denn nicht die schönen Blumen und Kränze, die grünen Geländer und die roten Seidentücher? diese goldenen Glöcklein und diese silbernen Brunnen?« und so oft die Sonne in die Stube schien, machte sie das Experiment, um ein wenig in den Himmel zu sehen, wie sie meinte. Ihr Mann und der Schneider lachten sie dann aus, und der erste nannte sie eine phantastische Kuh. Jedoch auf einem festeren Boden stand sie, wenn von Geistererscheinungen die Rede war, denn hier besaß sie unleugbare Erfahrungen die Menge, welche sie schon Schweiß genug gekostet hatten; und fast alle andern wußten auch davon zu erzählen. Seit sie nicht mehr aus dem Hause kam, waren freilich ihre Erlebnisse auf ein häufiges Pochen und Rumoren in alten Wandschränken und etwa auf das Umherschleichen eines schwarzen Schafes in der nächtlichen Straße beschränkt, wenn sie um Mitternacht oder gegen Morgen ihre Inspektionen aus dem Fenster hielt. Auch geschah es wohl, daß sie ein kleines Männchen vor der Haustür entdeckte, welches, während sie mit scharfen kritischen Augen dasselbe beobachtete, plötzlich in die Höhe wuchs bis unter ihr Fenster, daß sie dasselbe kaum noch zuschlagen und sich ins Bett flüchten konnte. Hingegen in ihrer Jugend war es lebhafter hergegangen, als sie, besonders noch auf dem Lande, bei Tag und Nacht durch Feld und Wald zu gehen hatte. Da waren kopflose Männer stundenweit ihr zur Seite gegangen und näher gerückt, je eifriger sie betete; umgehende Bauern standen auf ihren ehemaligen Grundstücken und streckten flehend die Hand nach ihr aus; Gehenkte rauschten von hohen Tannen hernieder mit schreckbarem Geheul und liefen ihr nach, um in den heilsamen Bereich einer guten Christin zu kommen, und sie schilderte mit ergreifenden Worten den peinlichen Zustand, in dem sie sich befand, wenn sie nicht unterlassen konnte, die unheimlichen Gesellen von der Seite anzuschielen, während sie doch wußte, daß dieses höchst schädlich sei. Einige Male war sie auch ganz aufgeschwollen auf der Seite, wo die Gespenster gelaufen waren, und mußte den Doktor herbeirufen. Ferner erzählte sie von den Zaubereien und bösen Künsten, welche zur Zeit ihrer Jugend, gegen das Ende des vorigen Jahrhunderts, noch gäng und gäbe waren unter den Bauern. Da waren in ihrer Heimat reiche gewaltige Bauernfamilien, welche alte Heidenbücher besaßen, mittelst deren sie den schlimmsten Unfug trieben. Daß sie mit offener Flamme Löcher durch Strohbunde brennen konnten, ohne diese zu zerstören, oder das Wasser bannen, oder den Rauch aus den Schornsteinen in beliebiger Richtung aufsteigen und possierliche Figuren bilden zu lassen verstanden, gehörte nur zu den unschuldigen Scherzen. Aber greulich war es, wenn sie ihre Feinde langsam töteten, indem sie für dieselben drei Nägel in einen Weidenbaum schlugen unter den gehörigen Sprüchen (Margrets Vater siechte lange Zeit infolge dieser freundschaftlichen Manipulation, bis sie entdeckt und er durch Kapuziner gerettet wurde), oder wenn sie den armen Leuten das Korn in der Ähre verbrannten, um sie nachher zu verhöhnen, wenn sie hungerten und Not litten. Man hatte zwar die Genugtuung, daß der Teufel den einen oder andern mit großem Aufwand abholte, wenn er reif war; allein das geriet den gerechten Leuten selbst wieder zum Schrecken, und es war eben nicht angenehm, den blutigen Schnee und die gelassenen Haare auf dem Platze zu sehen, wie es der Erzählerin selbst begegnet war. Solche Bauern hatten Geld genug und maßen es bei Hochzeiten und Leichenfeiern einander in Scheffeln und Wannen zu. Die Hochzeiten waren dazumal noch sehr großartig. Sie hatte selbst noch eine solche gesehen, wo sämtliche Gäste, Männer und Weiber, beritten waren und nahe an hundert Pferde beisammen. Die Weiber trugen Kronen von Flittergold und seidene Kleider mit drei- bis vierfach umgewundenen Ketten von zusammengerollten Dukaten; aber der Teufel ritt unsichtbar mit, und es ging nach dem Nachtessen nicht am ehrbarsten zu. Diese Bauern hatten während einer großen Hungersnot in den siebziger Jahren ihren Hauptspaß daran, mit zwölf Dreschern in weit geöffneten Scheunen zu dreschen, dazu einen blinden Geiger aufspielen zu lassen, welcher auf einem großen Brote sitzen mußte, und nachher, wenn genug hungrige Bettler vor der Scheune versammelt waren, die grimmigen Hunde in den wehrlosen Haufen zu hetzen. Bemerkenswert war es, daß der Volksglaube diese reichen Dorftyrannen vielfach die verbauerten Nachkommen der alten Zwingherren sein ließ, unter welchen man alle ehemaligen Bewohner der vielen Burgen und Türme verstand, die im Lande zerstreut waren.

Ein anderes ergiebiges Feld für abenteuerliche Kunden war der Katholizismus mit seinen hinterlassenen leeren Klosterräumen und den noch lebendigen Klöstern, welche etwa in der katholisch gebliebenen Nachbarschaft sich befanden. Dazu trugen die Ordensgeistlichen der letztern vieles bei, besonders die Kapuziner, welche sich heute noch mit den Scharfrichtern freundschaftlich in die Arbeit teilen, bei den abergläubischen reformierten Bauern Teufelsbannerei und Sympathiekünste zu treiben. In einigen abgelegenen Landesgegenden herrschte damals ein bewußtloser verkommener Protestantismus; die Landleute standen nicht etwa *über* den katholischen, als hinwegsehend über verdummte Menschen, sondern sie glaubten alle Märchen derselben getreulich mit, nur hielten sie den Inhalt für übel und verwerflich, und sie lachten nicht über den Katholizismus, sondern sie fürchteten sich vor demselben, als vor einer unheimlichen heidnischen Sache. Ebensowenig, als es ihnen möglich war, sich unter einem Freigeiste einen Menschen vorzustellen, welcher wirklich in seinem Innern nichts glaube, so wenig waren sie imstande, von jemandem anzunehmen, daß er zu vieles glaube; ihr Maß bestand einzig darin, sich nur zu denjenigen geglaubten Dingen zu bekennen, welche vom Guten und nicht vom Bösen seien.

Der Mann der Frau Margret, Vater Jakoblein genannt, von ihr schlechthin Vater, war fünfzehn Jahre älter als sie, und näherte sich den Achtzigen. Er besaß eine fast ebenso lebhafte Einbildungskraft, wie seine Frau, dabei reichten seine Erinnerungen noch tiefer in die Sagenwelt der Vergangenheit zurück; doch faßte er alles von einer spaßhaften Seite auf, da er von jeher ein spaßhaftes und ziemlich unnützes Männlein gewesen war, und so wußte er ebenso viel lächerlichen Spuk und verdrehte Menschengeschichten zu erzählen, als seine Frau ernsthafte und schreckliche. In seine frühste Jugend waren noch die letzten Hexenprozesse gefallen, und er beschrieb mit Humor aus der mündlichen Überlieferung geschöpfte Hexensabbate und Bankette ganz genau so, wie man sie noch in den aktenmäßigen Geschichten jener Prozesse, in den weitläufigen Anklagen und erzwungenen Geständnissen liest. Dieses Gebiet sagte ihm besonders zu, und er versicherte feierlich von einigen seltsamen Personen, daß sie sehr wohl auf dem Besenstiele zu reiten verständen, versprach auch von einem Tage zum andern, solange er lebte, von einem Hexenmeister seiner Bekanntschaft die Salbe herbeizuschaffen, mit welcher die Besen bestrichen würden, um darauf aus dem Schornsteine fahren zu können. Dieses gedieh mir immer zum größten Jubel, besonders wenn er mir die projektierte Fahrt bei schönem Wetter, wo ich dann vorn auf dem Stiele sitzen sollte, von ihm festgehalten, mit lustigen Aussichten ausmalte. Er nannte mir manchen schönen Kirschbaum auf einer Höhe, oder einen trefflichen Pflaumenbaum aus seiner Bekanntschaft, bei welchem Halt gemacht und genascht, oder einen delikaten Erdbeerschlag in diesem oder jenem Walde, wo tapfer geschmaust werden solle, indessen der Besen an eine Tanne gebunden würde. Auch benachbarte Jahrmärkte wollten wir besuchen und in die verschiedenen Schaubuden, ohne Eintrittsgeld, durch das Dach eindringen. Bei einem befreundeten Pfarrherrn auf einem Dorfe müßten wir freilich, wenn wir anders von seinen berühmten Würsten etwas zu beißen bekommen wollten, den Besen im Holze verstecken und vorgeben, wir seien zu Fuß gekommen, um bei dem herrlichen Wetter den Herrn Pfarrer ein bißchen heimzusuchen; hingegen bei einer reichen Hexenwirtin in einem andern Dorfe müßten wir keck zum Schornstein hineinfahren, damit sie, in der törichten Meinung, ein Paar angehender hoffnungsvoller Hexer bei sich zu sehen, uns mit ihren vortrefflichen Pfannkuchen mit Speck und mit frischem Honig ohne Rückhalt bewirte. Daß unterwegs auf hohen Bäumen und Felsen Einsicht in die seltensten Vogelnester genommen und das Tauglichste von jungen Vögeln ausgesucht würde, verstand sich von selbst. Wie alles ohne Schaden zu unternehmen sei, dafür hatte er bereits eine Auskunft und kannte die Formel, mit welcher der Teufel, nach beendigtem Vergnügen, um einen Teil gebracht würde.

Auch in dem Gespensterwesen war er sehr erfahren; doch auch hier verdrehte sich ihm alles zum Lustigen. Die Angst, welche er bei seinen Abenteuern empfunden, war immer eine höchst komische und endete öfter mit einem pfiffigen Streiche, welchen er den Quälgeistern gespielt haben wollte.

Auf diese Weise ergänzte er trefflich das phantastische Wesen seiner Frau, und ich hatte so die Gelegenheit, unmittelbar aus der Quelle zu schöpfen, was man sonst den Kindern der Gebildeten in eigenen Märchenbüchern zurecht macht. Wenn der Stoff auch nicht so unverfänglich war, wie in diesen, und nicht für eine so unschuldige kindliche Moral berechnet, so enthielt er nichtsdestoweniger immer eine menschliche Wahrheit und machte, besonders da in dem vielfältigen Sammelkrame der Frau Margret eine reiche Fundgrube die sinnliche Anschauung vervollständigte, meine Einbildungskraft freilich etwas frühreif und für starke Eindrücke empfänglich, etwa wie die Kinder des Volkes früh an die kräftigen Getränke der Erwachsenen gewöhnt werden. Denn was ich hörte, beschränkte sich nicht allein auf diese übersinnliche Fabelwelt; sondern die Leute besprachen auch auf die leidenschaftlichste Weise ihre eigenen und fremde Schicksale, und hauptsächlich das lange Leben der Frau Margret und ihres Mannes war reich an ernsten und heitern Geschichten, an Beispielen der Gerechtigkeit und Ungerechtigkeit, der Gefahr, Not, Verwickelung und Befreiung: Hunger, Krieg und Aufruhr hatten sie gesehen; jedoch ihr eigenes Verhältnis zueinander war so sonderbar von Leidenschaften bewegt, und es traten so ursprünglich dämonische Gewalten der Menschennatur darin zu Tage, daß ich mit kindlich erstauntem Auge in die wilde Flamme sah und schon tiefe Eindrücke empfing.

Während nämlich die Frau Margret die bewegende und erhaltende Kraft in ihrem Haushalte war, den Grund zum jetzigen Wohlstand gelegt hatte und jederzeit das Heft in den Händen hielt, war ihr Mann einer von denjenigen, welche nichts Eigenes gelernt haben noch tun können und daher darauf angewiesen sind, mehr den Handlanger einer tatkräftigen Frau zu machen und auf eine müßige Weise unter dem Schilde ihres Regimentes ein ruhmloses Dasein zu führen. Als die Frau, besonders in frühern Jahren, durch kecke Benutzung der Zeitläufe und originelle Handstreiche in wörtlichem Sinne Gold zusammenhäufte, spielte er nur die Rolle eines dienstbaren Hauskoboldes, welcher, wenn er seine Handleistungen getan hatte, mit dem, was ihm die Frau gab, sich gütlich tat und dazu allerhand Späße trieb, welche männiglich ergötzten. Sein unmännlicher Mangel an Rat und Zuverlässigkeit, die Erfahrung, daß sie in kritischen

Fällen nie einen kräftigen Schutz in ihm fand, ließen Frau Margret auch seine sonstigen Leistungen übersehen und erklärten die unbefangene Art, mit welcher sie ihn ohne weiteres von der Mitherrschaft über die Geldtruhe ausschloß. Es hatte auch lange Zeit keines von beiden ein Arges dabei, bis einige Ohrenbläser, worunter auch jener ränkesüchtige Schneider, dem Manne das Demütigende seiner Lage vorhielten und ihn aufhetzten, endlich eine Teilung des Erworbenen und vollständige Mitherrschaft zu verlangen.

Sogleich schwoll ihm der Kamm gewaltig, und er drohte, die schlimmen Ratgeber hinter sich, der bestürzten Frau mit den Gerichten, wenn sie nicht seinen Anteil an dem »gemeinschaftlich erworbenen« Gute herausgäbe. Sie fühlte wohl, daß es mehr um einen gewaltsamen Raub, als um ein ehrliches Rechthalten zu tun sei, und sträubte sich mit aller Kraft dagegen, zumal sie wußte, daß sie nach wie vor die einzig erhaltende Kraft im Hause sein würde. Sie hatte aber die Gesetze gegen sich, da diese nicht auf eine Ausscheidung der beitragenden Kräfte eingehen konnten, und zudem gab der Mann vor, sich allerlei mutwilliger Anklagen bedienend, sich nach geschehener Teilung von ihr trennen zu wollen, so daß sie betäubt und beschwatzt wurde und, krank und halb bewußtlos, die Hälfte von allem Besitze herausgab. Er nähete sogleich seine schimmernden Goldstücke, je nach der Art, in lange, wurstartige Beutel, legte dieselben in einen Koffer, den er am Boden festnagelte, setzte sich darauf und schlug seinen Helfershelfern, welche auch ihren Anteil zu erschnappen gehofft hatten, ein Schnippchen. Im übrigen blieb er bei seiner Frau und lebte nach wie vor bei und von ihr, indem er nur dann zu seinem Schatze griff, wenn er eine Privatliebhaberei befriedigen wollte. Sie erholte sich indessen wieder und hatte nach einiger Zeit ihren eigenen Schatz wieder vervollständigt und mit den Jahren verdoppelt; aber ihr einziger Gedanke war seit jenem Tage der Teilung, mit der Zeit wieder in den Besitz des Entrissenen zu gelangen, und das war nur möglich durch den Tod ihres Mannes. Daher ging ihr jedesmal ein Stich durch das Herz, wenn er ein Goldstück umwechselte, und sie harrte unverwandt auf seinen tod. Er hingegen wartete ebenso sehnlich auf den ihrigen, um Herr und Meister des ganzen Vermögens zu werden und in voller Unabhängigkeit den

Rest seines langen Lebens zuzubringen. Dieses grauenhafte Verhältnis hätte man freilich auf den ersten Blick nicht geahnt; denn sie lebten zusammen wie zwei gute alte Leutchen und nannten sich nur Vater und Mutter. Insbesondere blieb die Margret in allem einzelnen auch gegen ihn die gute und freigebige Frau, die sie sonst war, und sie hätte vielleicht ohne den vierzigjährigen Lebensgenossen und sein spaßhaftes Umhertreiben nicht einen Tag leben können; auch ihm war es mittlerweile wohl genug, und er besorgte mit humoristischer Geschäftigkeit die Küche, während sie im Kreise ihrer schwärmerischen Genossen die überfüllte Phantasie entzügelte.

Doch in jeder Jahreszeit einmal, wenn in der Natur die großen Veränderungen geschahen und die alten Menschen an die schnelle Vergänglichkeit ihres Lebens erinnerten und ihre körperlichen Gebrechen fühlbarer wurden, erwachte, meistens in dunklen schlaflosen Nächten, ein entsetzlicher Streit zwischen ihnen, daß sie aufrecht in ihrem breiten altertümlichen Bette saßen, unter dem Einen buntbemalten Himmel, und bis zum Morgengrauen, bei geöffneten Fenstern, sich die tödlichen Beleidigungen und Zankworte zuschleuderten, daß die stillen Gassen davon widerhallten. Sie warfen sich die Vergehungen einer fern abliegenden, sinnlich durchlebten Jugend vor und riefen Dinge durch die lautlose Nacht aus, welche lange vor der Wende dieses Jahrhunderts in Bergen und Gefilden geschehen, wo seitdem ganze dichte Wälder entweder gewachsen oder verschwunden und deren Teilnehmer längst in ihren Gräbern vermodert waren.

Dann stellten sie sich darüber zur Rede, welchen Grund das eine denn zu haben glaube, das andere überleben zu können? und verfielen in einen elenden Wettstreit, wer von ihnen wohl noch die Genugtuung haben werde, den anderen tot vor sich zu sehen.

Wenn man am Tage darauf in ihr Haus kam, so wurde der greuliche Streit vor jedem Eintretenden, ob fremd oder bekannt, fortgeführt, bis die Frau erschöpft war und in Weinen und Beten verfiel, indes der Mann anscheinend munterer wurde, lustige Weisen pfiff, sich einen Pfannkuchen buk und fortwährend irgend eine Flause dazu hermurmelte. Er konnte auf diese Weise einen ganzen Morgen hindurch nichts sagen, als immer: »Einundfunfzig! einundfunfzig! einundfunfzig!« oder zur Abwechselung einmal: »Ich weiß nicht, ich glaube immer, die alte Kunzin da drüben ist heute früh spazieren geritten! Sie hat gestern einen neuen Besen gekauft! Ich habe so was in der Luft flattern sehen, das sah ungefähr aus, wie ihr roter Unterrock; sonderbar! Hm! Einundfunfzig u. s. f.« Dabei hatte er Gift und Tod im Herzen und wußte, daß seine Frau durch das Betragen doppelt litt; denn sie hatte keine Bosheit noch Mutwillen, um den Kampf auf diese Weise fortzusetzen. Was aber beide in diesem Zustande sich zu leide taten, bestand dann gewöhnlich in einer verschwenderischen Freigebigkeit, womit sie alles beschenkten, was ihnen nahe kam, gleichsam als wollte eines vor des anderen Augen den Besitz aufzehren, nach dem ein jedes trachtete.

Der Mann war gerade kein gottloser Mensch, sondern ließ, indem er in der gleichen wunderlichen Art, wie an Gespenster und Hexen, so auch an Gott und seinen Himmel glaubte, denselben einen guten Mann sein und dachte nicht im mindesten daran, sich auch um die moralischen Lehren zu bekümmern, welche aus diesem Glauben entspringen sollten; er aß und trank, lachte und fluchte und machte seine Schnurren, ohne je zu trachten, sein Leben mit einem ernstern Grundsatze in Einklang zu bringen. Aber auch der Frau fiel es niemals ein, daß ihre Leidenschaften mit dem religiösen Gebaren im Widerspruche sein könnten, und sie zeichnete sich vor ihren schmausenden Adeptinnen darin aus, daß sie niemals dem Ausdrucke dessen, was sie bewegte, einen Zügel anlegte. Sie liebte und haßte, segnete und verwünschte und gab sich unverhüllt und ungehemmt allen Regungen ihres Gemütes hin, ohne je an eine eigene mögliche Schuld zu denken, und sich unbefangenerweise stets auf Gott und seinen mächtigen Einfluß berufend.

Jede der Ehehälften hatte eine zahlreiche Verwandtschaft blutarmer Leute, welche im Lande zerstreut wohnten. Diese teilten unter sich die Hoffnung auf das gewichtige Erbe umso mehr, als Frau Margret, zufolge ihrer hartnäckigen Abneigung gegen unverbesserlich arm Bleibende, ihnen nur spärliche Gaben von ihrem Überflusse zukommen ließ und sie nur an Feiertagen gastlich speiste und tränkte. Alsdann erschienen von beiden Seiten her die alten Vettern und Basen, Schwestern und Schwäger mit ausgehungerten langnasigen Töchtern und bleichen Söhnen und trugen Säcklein und Körbe herbei, welche die kümmerlichen Gaben ihrer Armut enthielten, um die alten launenhaften Leute für sich zu gewinnen, und worin sie reichere Gegenspenden nach Hause zu tragen hofften. Diese Sippschaft war schroff in zwei Lager geschieden, die sich in dem Streite, der zwischen den Hauptpersonen herrschte, ebenfalls den Hoffnungen auf den früheren Tod des Gegners hingaben, um einst ein vergrößertes Erbe zu erhalten. Sie haßten und befeindeten sich ebenso stark untereinander, als die Leidenschaften Margrets und ihres Mannes das Vorbild dazu abgaben, und es entstand jedesmal, nachdem die zahlreiche Gesellschaft sich an dem ungewohnten Überflusse gesättigt und gewärmt hatte und der Übermut den anfänglichen Zwang auflöste, ein mächtiger Zank zwischen beiden Parteien, daß sich die Männer die übrig gebliebenen Schinken, ehe sie dieselben in ihre Reisesäcke steckten, um die Köpfe schlugen und die armen Weiber sich gegenseitig unter die blassen spitzigen Nasen schimpften und über dem befriedigten Magen ein Herz voll Neid und Ärger auf den Heimweg trugen. Ihre Augen funkelten stechend unter den dürftig aufgeputzten Sonntagshauben hervor, wenn sie mit langen Schritten, die vollgepfropften Bündel unter dem Arme, aus dem Tore zogen und sich grollend auf den Scheidewegen trennten, um den entlegenen Hütten zuzueilen.

Solcherweise ging es viele Jahre, bis die alte Frau Margret mit dem Sterben den Anfang machte und in jenes fabelhafte Reich der Geister und Gespenster selber hinüberging. Sie hinterließ unerwarteterweise ein Testament, welches einen einzelnen jungen Mann zum alleinigen Erben einsetzte; es war der letzte und jüngste jener Günstlinge, an deren Gewandtheit und Wohlergehen sie ihre Freude gehabt hatte, und sie war mit der Überzeugung gestorben, daß ihr gutes Gold nicht in ungeweihte Hände übergehe, sondern die Kraft und die Lust tüchtiger Leute sein werde. Bei ihrem Leichenbegängnisse fanden sich sämtliche Verwandte beider Ehegatten ein, und es war ein großes Geheul und Gelärm, als sie sich also getäuscht fanden. Sie vereinigten sich in ihrem Zorne alle gegen den glücklichen Erben, welcher ganz ruhig seine Habe einpackte, was irgend von Nutzen war, und auf einen großen Wagen lud. Er überließ den armen Leuten nichts, als die vorhandenen Vorräte an Lebensmitteln und die gesammelten Seltsamkeiten und Bücher der Seligen, insofern sie nicht von Gold, Silber oder sonstigem Gehalte waren. Drei Tage und drei Nächte blieb der wehklagende Schwarm in dem Trauerhause, bis der letzte Knochen zerschlagen und dessen Mark mit dem letzten Bissen Brot aufgetunkt war. Sodann zerstreuten sie sich allmählich, ein jeder mit dem Andenken, das er noch erbeutet hatte. Der eine trug einen Pack Heiden- und Götzenbücher auf der Schulter, mit einem tüchtigen Stricke zusammengebunden und mit einem Scheite geknebelt, und unter dem Arme ein Säcklein getrockneter Pflaumen; der andere hing ein Muttergottesbild an seinem Stabe über den Rücken und wiegte auf dem Kopfe eine kunstreich geschnitzte Lade, sehr geschickt mit Kartoffeln angefüllt in allen ihren Fächern. Hagere lange Jungfrauen trugen zierliche altmodische Weidenkörbe und buntbemalte Schachteln, angefüllt mit künstlichen Blumen und vergilbtem Flitterkram; Kinder schleppten wächserne Engel in den Armen oder trugen chinesische Krüge in den Händen; es war, als sähe man eine Schar Bilderstürmer aus einer geplünderten Kirche kommen. Doch gedachte ein jeder seine Beute als ein wertes Angedenken an die Verstorbene aufzubewahren, sich schließlich an das genossene Gute erinnernd, und zog mit Wehmut seine Straße, indessen der Haupterbe, neben seinem Wagen einherschreitend, plötzlich halt machte, sich besann, darauf die ganze Ladung einem Trödler verkaufte und auch nicht einen Nagel aufbewahrte. Dann ging er zu einem Goldschmied und verkaufte demselben die Schaumünzen, Kelche und Ketten, und zog endlich mit rüstigen Schritten aus dem Tore, ohne sich umzusehen, mit seiner dicken Geldkatze und seinem Stabe. Er schien froh zu sein, eine verdrießliche und langwierige Angelegenheit erledigt zu sehen.

In dem Hause aber blieb der alte Mann allein und einsam zurück mit dem zusammengeschmolzenen Reste jener früheren Teilung. Er lebte noch drei Jahre und starb gerade an dem Tage, wo das letzte Goldstück gewechselt werden mußte. Bis dahin vertrieb er sich die Zeit damit, daß er sich vornahm und ausmalte, wie er im Jenseits seine Frau harangieren wolle, wenn sie da »mit ihren verrückten Ideen herumschlampe«, und welche Streiche er ihr angesichts der Apostel und Propheten spielen würde, daß die alten Gesellen was zu lachen bekämen. Auch an manchen Toten seiner Bekanntschaft erinnerte er sich und freute sich auf die Wiederbelebung verjährten Unfuges beim Wiedersehen. Ich hörte ihn immer nur in solch lustiger Art vom zukünftigen Leben sprechen. Er war nun blind und bald neunzig Jahre alt, und wenn er, von Schmerzen, Trübsal und Schwäche heimgesucht, traurig und klagend wurde, so sprach er nichts von diesen Dingen, sondern rief immer, man sollte die Menschen totschlagen, ehe sie so alt und elend würden.

Endlich ging er aus, wie ein Licht, dessen letzter Tropfen Öl aufgezehrt ist, schon vergessen von der Welt, und ich, als ein herangewachsener Mensch, war vielleicht der einzige Bekannte früherer Tage, welcher dem zusammengefallenen Restchen Asche zu Grabe folgte.

Achtes Kapitel

Kinderverbrechen

Gleich dem Chorus in den Schauspielen der Alten hatte ich von meiner frühsten Jugend an das Leben und die Ereignisse in diesem nachbarlichen Hause betrachtet und war ein allezeit aufmerksamer Teilnehmer. Ich ging ab und zu, setzte mich in eine Ecke oder stand mitten unter den Handelnden und Lärmenden, wenn etwas vorfiel. Ich holte die Bücher hervor und verlangte, wessen ich von den Sehenswürdigkeiten bedurfte, oder spielte mit den Schmucksachen der Frau Margret. Alle die mannigfaltigen Personen, welche in das Haus kamen, kannten mich, und jeder war freundlich gegen mich, weil dieses meiner Beschützerin so behagte. Ich aber machte nicht viele Worte, sondern gab acht, daß nichts von den geschehenden Dingen meinen Augen und Ohren entging. Mit all diesen Eindrücken beladen, zog ich dann über die Gasse wieder nach Hause und spann in der Stille unserer Stube den Stoff zu großen träumerischen Geweben aus, wozu die erregte Phantasie den Einschlag gab. Sie verflochten sich mir mit dem wirklichen Leben, daß ich sie kaum von demselben unterscheiden konnte.

Daraus nur mag ich mir unter anderem eine Geschichte erklären, welche ich ungefähr in meinem siebenten Jahre anrichtete, und die ich sonst gar nicht begreifen könnte. Ich saß einst hinter dem Tische, mit irgend einem Spielzeuge beschäftigt, und sprach dazu einige unanständige, höchst rohe Worte vor mich hin, deren Bedeutung mir unbekannt war und die ich auf der Straße gehört haben mochte. Eine Frau saß bei meiner Mutter und plauderte mit ihr, als sie die Worte hörte und meine Mutter aufmerksam darauf machte. Sie fragte mich mit ernster Miene, wer mich diese Sachen gelehrt hätte, insbesondere die fremde Frau drang in mich, worüber ich mich verwunderte, einen Augenblick nachsinnend, und dann den Namen eines Knaben nannte, den ich in der Schule zu sehen pflegte. Sogleich fügte ich noch zwei oder drei andere hinzu, sämtlich Jungen von zwölf bis dreizehn Jahren, mit denen ich kaum noch ein Wort gesprochen hatte. Einige Tage darauf behielt mich der Lehrer zu meiner Verwunderung nach der Schule zurück, sowie jene vier angegebenen Knaben, welche mir wie halbe Männer vorkamen, da sie an Alter und Größe mir weit vorgeschritten waren. Ein geistlicher Herr erschien, welcher gewöhnlich den Religionsunterricht gab und sonst der Schule vorstand, setzte sich mit dem Lehrer an einen Tisch und hieß mich neben ihn sitzen. Die Knaben hingegen mußten sich vor dem Tische in eine Reihe stellen und harrten der Dinge, die da kommen sollten. Sie wurden nun mit feierlicher Stimme gefragt, ob sie gewisse Worte in meiner Gegenwart ausgesprochen hätten; sie wußten nichts zu antworten und waren ganz erstaunt. Hierauf sagte der Geistliche zu mir: »Wo hast du die bewußten Dinge gehört von diesen Buben?« Ich war sogleich wieder im Zuge und antwortete unverweilt mit trockener Bestimmtheit: »Im Brüderleinsholze!« Dieses ist ein Gehölz, eine Stunde von der Stadt entfernt, wo ich in meinem Leben nie gewesen war, das ich aber oft nennen hörte. »Wie ist es dabei zugegangen, wie seid ihr dahin gekommen?« fragte man weiter. Ich erzählte, wie mich die Knaben eines Tages zu einem Spaziergange überredet und in den Wald hinaus mitgenommen hätten, und ich beschrieb einläßlich die Art, wie etwa größere Knaben einen kleinern zu einem mutwilligen Streifzuge mitnehmen. Die Angeklagten gerieten außer sich und beteuerten mit Tränen, daß sie teils seit langer Zeit, teils gar nie in jenem Gehölze gewesen seien, am wenigsten mit mir! Dabei sahen sie mit erschrecktem Hasse auf mich, wie auf eine böse Schlange, und wollten mich mit Vorwürfen und Fragen bestürmen, wurden aber zur Ruhe gewiesen und ich aufgefordert, den Weg anzugeben, welchen wir gegangen. Sogleich lag derselbe deutlich vor meinen Augen, und angefeuert durch den Widerspruch und das Leugnen eines Märchens, an welches ich nun selbst glaubte, da ich mir sonst auf keine Weise den wirklichen Bestand der gegenwärtigen Szene erklären konnte, gab ich nun Weg und Steg an, die an den Ort führen. Ich kannte dieselben nur vom flüchtigen Hörensagen, und obgleich ich kaum darauf gemerkt hatte, stellte sich nun jedes Wort zur rechten Zeit ein. Ferner erzählte ich, wie wir unterwegs Nüsse heruntergeschlagen, Feuer gemacht und gestohlene Kartoffeln gebraten, auch einen Bauernjungen jämmerlich durchgebleut hätten, welcher uns hindern wollte. Im Walde angekommen, kletterten meine Gefährten auf hohe Tannen und jauchzten in der Höhe, den Geistlichen und den Lehrer mit Spitznamen benennend. Diese Spitznamen hatte ich, über das Äußere der beiden Männer nachsinnend, längst im eigenen Herzen ausgeheckt, aber nie verlautbart; bei dieser Gelegenheit brachte ich sie zugleich an den Mann, und der Zorn der Herren war ebenso groß, als das Erstaunen der vorgeschobenen Knaben. Nachdem sie wieder von den Bäumen heruntergekommen, schnitten sie große Ruten und forderten mich auf, auch auf ein Bäumchen zu klettern und oben die Spottnamen auszurufen. Als ich mich weigerte, banden sich mich an einen Baum fest und schlugen mich so lange mit den Ruten, bis ich alles aussprach, was sie verlangten, auch jene unanständigen Worte. Indessen ich rief, schlichen sie sich hinter meinem Rücken davon, ein Bauer kam in demselben Augenblicke heran, hörte meine unsittlichen Reden und packte mich bei den Ohren. »Wart, ihr bösen Buben!« rief er, »diesen hab' ich!« und hieb mir einige Streiche. Dann ging er ebenfalls weg und ließ mich stehen, während es schon dunkelte. Mit vieler Mühe riß ich mich los und suchte den Heimweg in dem dunklen Wald. Allein ich verirrte mich, fiel in einen tiefen Bach, in welchem ich bis zum Ausgange des Waldes teils schwamm, teils watete, und so, nach Bestehung mancher Gefährde, den rechten Weg fand. Doch wurde ich noch von einem großen Ziegenbocke angegriffen, bekämpfte denselben mit einem rasch ausgerissenen Zaunpfahl und schlug ihn in die Flucht.

Noch nie hatte man in der Schule eine solche Beredsamkeit an mir bemerkt, wie bei dieser Erzählung. Es kam niemand in den Sinn, etwa bei meiner Mutter anfragen zu lassen, ob ich eines Tages durchnäßt und nächtlich nach Hause gekommen sei? Dagegen brachte man mit meinem Abenteuer in Zusammenhang, daß der eine und andere der Knaben nachgewiesenermaßen die Schule geschwänzt hatte, gerade um die Zeit, welche ich angab. Man glaubte meiner großen Jugend sowohl, wie meiner Erzählung; diese fiel ganz unerwartet und unbefangen aus dem blauen Himmel meines sonstigen Schweigens. Die Angeklagten wurden unschuldig verurteilt als verwilderte bösartige junge Leute, da ihr hartnäckiges und einstimmiges Leugnen und ihre gerechte Entrüstung und Verzweiflung die Sache noch verschlimmerten; sie erhielten die härtesten Schulstrafen, wurden auf die Schandbank gesetzt und überdies noch von ihren Eltern geprügelt und eingesperrt.

Soviel ich mich dunkel erinnere, war mir das angerichtete Unheil nicht nur gleichgültig, sondern ich fühlte eher noch eine Befriedigung in mir, daß die poetische Gerechtigkeit meine Erfindung so schön und sichtbarlich abrundete, daß etwas Auffallendes geschah, gehandelt und gelitten wurde, und das infolge meines schöpferischen Wortes. Ich begriff gar nicht, wie die mißhandelten Jungen so lamentieren und erbost sein konnten gegen mich, da der treffliche Verlauf der Geschichte sich von selbst verstand und ich hieran so wenig etwas ändern konnte, als die alten Götter am Fatum.

Die Betroffenen waren sämtlich, was man schon in der Kinderwelt rechtliche Leute nennen könnte, ruhige, gesetzte Knaben, welche bisher keinen Anlaß zu scharfem Tadel gegeben, und aus denen seither stille und arbeitsame junge Bürger geworden. Umso tiefer wurzelte in ihnen die Erinnerung an meine Teufelei und das erlittene Unrecht, und als sie es jahrelang nachher mir vorhielten, erinnerte ich mich ganz genau wieder an die vergessene Geschichte, und fast jedes Wort ward wieder lebendig. Erst jetzt quälte mich der Vorfall mit verdoppelter nachhaltiger Wut, und so oft ich daran dachte, stieg mir das Blut zu Kopfe, und ich hätte mit aller Gewalt die Schuld auf jene leichtgläubigen Inquisitoren schieben, ja sogar die plauderhafte Frau anklagen mögen, welche auf die verpönten Worte gemerkt und nicht geruht hatte, bis ein bestimmter Ursprung derselben nachgewiesen war. Drei der ehemaligen Schulgenossen verziehen mir und lachten, als sie sahen, wie mich die Sache nachträglich beunruhigte, und sie freuten sich, daß ich zu ihrer Genugtuung mich alles einzelnen so wohl erinnerte. Nur der vierte, der viel Mühe mit dem Leben hatte, konnte niemals einen Unterschied machen zwischen der Kinderzeit und dem späteren Alter, und trug mir die angetane Unbilde so nach, als ob ich sie erst heute, mit dem Verstande eines Erwachsenen, begangen hätte. Mit dem tiefsten Hasse ging er an mir vorüber, und wenn er mir beleidigende Blicke zuwarf, so vermochte ich sie nicht zu erwidern, weil das frühe Unrecht auf mir ruhte und keiner es vergessen konnte.

Neuntes Kapitel

Schuldämmerung

Ich hatte mich nunmehr in der Schule zurecht gefunden und befand mich wohl in derselben, da das erste Lernen rasch aufeinander folgte und täglich fortschritt. Auch die Einrichtung der Schule hatte viel Kurzweiliges; ich ging gern und eifrig hinein, sie bildete mein öffentliches Leben und war mir ungefähr, was den Alten die Gerichtsstätte und das Theater. Es war keine öffentliche Anstalt, sondern das Werk eines gemeinnützigen Vereins und dazu bestimmt, bei dem damaligen Mangel guter unterer Volksschulen, den Kindern dürftiger Leute eine bessere Erziehung zu verschaffen, und sie hieß daher Armenschule. Die Pestalozzi-Lancastersche Unterrichtsweise wurde angewendet, und zwar mit einem Eifer und einer Hingebung, welche gewöhnlich nur Eigenschaften von leidenschaftlichen Privatschulmännern zu sein pflegen. Mein Vater hatte bei seinen Lebzeiten für die Einrichtung und für die Ergebnisse dieser Anstalt, die er zuweilen besuchte und in Augenschein nahm, geschwärmt und oft den Entschluß ausgesprochen, meine ersten Schuljahre in derselben verfließen zu lassen, schon darin eine Erziehungsmaßregel suchend, daß ich mit den ärmsten Kindern der Stadt meine frühsten Jugendjahre zubrächte, und aller Kastengeist und Hochmut so im Keime erstickt würden. Diese Absicht war für meine Mutter ein heiliges Vermächtnis und erleichterte ihr die Wahl der ersten Schule für mich. In einem großen Saale wurden etwa hundert Kinder unterrichtet, zur Hälfte Knaben, zur Hälfte Mädchen, vom fünften bis zum zwölften Jahre. Sechs lange Schulbänke standen in der Mitte, von dem einen Geschlechte besetzt; jede bildete eine Altersklasse, und davor stand ein vorgeschrittener Schüler von elf bis zwölf Jahren und unterrichtete die ganze Bank, welche ihm anvertraut war, indessen das andere Geschlecht in Halbkreisen um sechs Pulte herum stand, die längs den Wänden angebracht waren. Inmitten jedes Kreises saß auf einem Stühlchen ebenfalls ein unterrichtender Schüler oder eine Schülerin. Der Hauptlehrer thronte auf einem erhöhten Katheder und übersah das Ganze, zwei Gehilfen standen ihm bei, machten die Runde durch den ziemlich düstern Saal, hier und dort einschreitend, nachhelfend und die gelehrtesten Dinge selbst beibringend. Jede halbe Stunde wurde mit dem Gegenstande gewechselt; der Oberlehrer gab ein Zeichen mit einer Klingel, und nun wurde ein treffliches Manöver ausgeführt, mittelst dessen die hundert Kinder in vorgeschriebener Bewegung und Haltung, immer nach der Klingel, aufstanden, sich kehrten, schwenkten und durch einen wohl berechneten Marsch in einer Minute die Stellung wechselten, so daß die früher funfzig Sitzenden nun zu stehen kamen und umgekehrt. Es war immer eine unendlich glückliche Minute, wenn wir, die Hände reglementarisch auf dem Rücken verschränkt, die Knaben bei den Mädchen vorbei marschierten und unsern soldatischen Schritt gegen ihr Gänsegetrippel hervorzuheben suchten. Ich weiß nicht, war es eine artige herkömmliche Nachlässigkeit, oder gar eine Absicht, daß es erlaubt war, Blumen mitzubringen und während des Unterrichts in den Händen zu halten, wenigstens habe ich diese hübsche Lizenz in keiner andern Schule mehr gefunden; aber es war immer gut anzusehen während des lustigen Marsches, wie fast jedes Mädchen eine Rose oder eine Nelke in den Fingern auf dem Rücken hielt, während die Buben die Blumen im Munde trugen, wie Tabakspfeifen, oder dieselben burschikos hinter die Ohren steckten. Es waren alles Kinder von Holzhackern, Tagelöhnern, armen Schneidern, Schustern und von almosengenössigen Leuten. Bessere Handwerker durften ihres Ranges und Kredits wegen die Schule nicht benutzen. Daher war ich der best und reinlichst gekleidete unter den Buben und galt für halb vornehm, obgleich ich bald sehr vertraulich war mit den buntscheckig geflickten armen Teufeln, ihren Sitten und Gewohnheiten, insofern sie mir nicht allzu fremd und unfreundlich waren. Denn obgleich die Kinder der Armen nicht schlimmer und etwa boshafter sind, als die der Reichen oder sonst Geborgenen, im Gegenteil eher unschuldiger und gutmütiger, so haben sie doch manchmal äußerliche grinsende Derbheiten in ihren Gebärden, welche mich bei einigen Mitschülern abstießen.

Die Kleidung, welche ich damals erhielt, war grün, da meine Mutter aus den Uniformstücken des Vaters eine Tracht für mich schneiden ließ, für den Sonntag einen Anzug und für die Werktage einen. Auch fast alle nachgelassenen bürgerlichen Gewänder waren von grüner Farbe; bis zu meinem zwölften Jahre aber reichte der Nachlaß zur Herstellung von grünen Jacken und Röcklein aus bei der großen Strenge und Aufmerksamkeit der Mutter für Schonung und Reinhaltung der Kleider, so daß ich von der unveränderlichen Farbe schon früh den Namen »grüner Heinrich« erhielt und in unserer Stadt trug. Als solcher machte ich in der Schule und auf der Gasse bald eine bekannte Figur und benutzte meine grüne Popularität zur steten Fortsetzung meiner Beobachtungen und chorartiger Teilnahme an allem, was geschah und gehandelt wurde. Ich drang mit den verschiedensten Kindern, je nach Bedürfnis und Laune, in die elterlichen Häuser und war als ein vermeintlich stilles gutes Kind gern gesehen, während ich mir genau den Haushalt und die Gebräuche der armen Leute ansah und dann wieder wegblieb, um mich in mein Hauptquartier bei der Frau Margret zurückzuziehen, wo es am Ende immer am meisten zu sehen gab. Sie freute sich, daß ich bald imstande war, nicht nur das Deutsche geläufig vorlesen, sondern auch die in ihren alten Büchern häufigen lateinischen Lettern erklären zu können, sowie die arabischen Zahlen, die sie nie verstehen lernte. Ich verfertigte ihr auch allerlei Notizen in Frakturschrift auf Papierzettel, welche sie aufbewahren und bequem lesen konnte, und wurde auf diese Weise ihr kleiner Geheimschreiber. Schon sah sie, die mich für ein großes Genie hielt, einen ihrer zukünftigen, klugen Glückmacher in mir und war im voraus meiner glänzenden Laufbahn froh. Wirklich machte mir das Lernen weder Mühe noch Kummer, und ich war, ohne zu wissen wie, zu der Würde herangediehen, die kleineren Genossen unterrichten zu dürfen. Dieses geriet mir zu einer neuen Lust, vorzüglich weil ich, ausgerüstet mit der Macht, zu lohnen und zu strafen, kleine Schicksale kombinieren, Lächeln und Tränen, Freund- und Feindschaft hervorzaubern konnte. Sogar die Frauenliebe spielte ihre ersten schwachen Morgenwölkchen dazwischen. Wenn ich in einem Halbkreise von neun bis zehn kleinen Mädchen saß, so war der erste ehrenvollste Platz bald zunächst meiner Seite, bald war es der letzte, je nach der Gegend in dem großen Saale. So geschah es, daß ich die Mädchen, welche ich gern sah, entweder fortwährend oben hielt in der Region des Ruhmes und der Tugend, oder aber sie stets niederdrückte in die dunkle Sphäre der Sünde und der Vergessenheit, in beiden Fällen immer zunächst meinem tyrannischen Herzen. Dieses aber wurde selbst reichlich mitbewegt, wenn ich oft von der ohne Verdienst erhobenen Schönen kein Lächeln des Dankes erhielt, wenn sie die unverdiente Ehre hinnahm, als ob sie ihr gebührte, und es mir durch mutwillige rücksichtslose Streiche unendlich erschwerte, sie auf der glatten Höhe zu halten ohne auffallende Ungerechtigkeit.

Nur zwei Dinge waren mir in dieser Schule quälend und unheimlich und sind eine unliebliche Erinnerung geblieben. Das eine war die düstere kriminalistische Weise, in welcher die Schuljustiz gehandhabt wurde. Es lag dies teils noch im Geiste der alten Zeit, an deren Grenze wir standen, teils in einer Privatliebhaberei der Personen, und harmonierte übel mit dem übrigen guten Ton. Es wurden ausgesuchte peinliche und infamierende Strafen angewendet auf dies zarte Lebensalter, und es verging fast kein Monat ohne eine feierliche Exekution an irgend einem armen Sünder. Zwar wurden meistens wirkliche Bösewichter betroffen; es war aber immerhin verkehrt, indem es die Kinder zu einem frühen geläufigen Verdammen hinführte; so schon ist es eine seltsame Erscheinung, daß die Kinder, selbst wenn sie das Bewußtsein des gleichen Fehlers in sich haben, aber verschont geblieben sind, ein bestraftes und bezeichnetes verachten, verfolgen und verhöhnen, bis die letzten Wirkungen verklungen oder die Verfolger selbst in das Netz gefallen sind. Solange das goldene Zeitalter nicht gekommen, müssen kleine Buben geprügelt werden; allein einen widerlichen Eindruck machte es, wenn ein unglücklicher Sünder nach gehaltener Standrede in ein abgelegenes Zimmer geführt, dort ausgezogen, auf eine Bank gelegt und abgehauen wurde; oder als einmal ein ziemlich großes Mädchen mit einer umgehängten Tafel auf einem hohen Schranke sitzen mußte, einen ganzen Tag lang. Ich hatte tiefes Mitlied mit ihr, obgleich sie etwas Großes begangen haben mochte. Vielleicht war sie auch unschuldig verurteilt! Ein paar Jahre später ertränkte sich das gleiche Mädchen während des Konfirmationsunterrichtes, ich weiß nicht mehr weshalb, erinnere mich aber noch der trauernden Teilnahme, welche ich für die Tote hegte, als ich sie zu Grabe tragen sah, gefolgt von einer großen Schar weißgekleideter Mädchen zwischen fünf- und sechzehn Jahren, welche Blumen trugen. Man erwies ihr, ungeachtet ihres unchristlichen Todes, diese Ehre ihrer Jugend wegen, weil man zugleich das grelle Ereignis damit verhüllen und mäßigen konnte.

Die andere peinliche Erinnerung an jene Schulzeit sind mir der Katechismus und die Stunden, während deren wir uns damit beschäftigen mußten. Ein kleines Buch voll hölzerner, blutloser Fragen und Antworten, losgerissen aus dem Leben der biblischen Schriften, nur geeignet, den dürren Verstand bejahrter und verstockter Menschen zu beschäftigen, mußte während der so unendlich scheinenden Jugendjahre in ewigem Wiederkäuen auswendig gelernt und in verständnislosem Dialoge hergesagt werden. Harte Worte und harte Bußen waren die Aufklärungen, beklemmende Angst, keines der dunklen Worte zu vergessen, die Anfeuerung zu diesem religiösen Leben. Einzelne Psalmstellen und Liederstrophen, ebenfalls aus allem Zusammenhange gezerrt und deshalb unlieber einzuprägen, als ein ganzes organisches Gedicht, verwirrten das Gedächtnis, anstatt es zu üben. Wenn man diese, gegen die verwilderte Sündhaftigkeit ausgewachsener Menschen gerichteten, vierschrötigen nackten Gebote neben den übersinnlichen und unfaßlichen Glaubenssätzen gereiht sah, so fühlte man nicht den Geist wehen einer sanften menschlichen Entwickelung, sondern den schwülen Hauch eines rohen und starren Barbarentums, wo es einzig darauf ankommt, den jungen, zarten Nachwuchs auf der Schnell- und Zwangbleiche so früh als möglich für den ganzen Umfang des bestehenden Lebens und Denkens fertig und verantwortlich zu machen. Die Pein dieser Disziplin erreichte ihren Gipfel, wenn mehrere Male im Jahre die Reihe an mich kam, am Sonntage in der Kirche, vor der ganzen Gemeinde, mit lauter vernehmlicher Stimme das wunderliche Zwiegespräch mit dem Geistlichen zu führen, welcher in weiter Entfernung von mir auf der Kanzel stand, und wo jedes Stocken und Vergessen zu einer Art Kirchenschande gereichte. Viele Kinder schöpften zwar gerade aus dieser Sitte die Kunst, mit Salbung und Zungengeläufigkeit, wohl gar mit ihrer Frechheit zu prunken, und der Tag geriet ihnen immer zu einem Triumph- und Freudentag. Gerade bei diesen erwies es sich aber jederzeit, daß alles eitel Schall und Rauch gewesen. Es gibt geborene Protestanten, und ich möchte mich zu diesen zählen, weil nicht ein Mangel an religiösem Sinne, sondern, freilich mir unbewußt, ein letztes feines Räuchlein verschollener Scheiterhaufen, durch die hallende Kirche schwebend, mir den Aufenthalt widerlich machte, wenn die eintönigen Gewaltsätze hin und her geworfen wurden. Nicht als ob ich mir einbilden wollte, ein scharfsinnig polemisches Wunderkind gewesen zu sein; sondern es war einzig Sache des angeborenen Gefühles.

So wurde ich gewaltsam auf meinen Privatverkehr mit Gott zurückgedrängt, und ich beharrte auf meiner Sitte, meine Gebete und Verhandlungen selbst zu bestreiten nach meinem Bedürfnisse, und sie auch in Ansehung der Zeit nur dann anzuwenden, wenn ich ihrer bedurfte. Einzig das Vaterunser wurde morgens und abends regelmäßig, aber lautlos gebetet.

Aber auch aus meinem inneren und äußeren Spiel- und Lustleben wurde der liebe Gott verdrängt und konnte weder durch die Frau Margret noch durch meine Mutter darin erhalten werden. Für lange Jahre wurde mir der Gedanke Gottes zu einer prosaischen Vorstellung, in dem Sinne, wie die schlechten Poeten das wirkliche Leben für prosaisch halten im Gegensatze zu dem erfundenen und fabelhaften. Das Leben, die sinnliche Natur waren merkwürdigerweise mein Märchen, in dem ich meine Freude suchte, während Gott für mich zu der notwendigen, aber nüchternen und schulmeisterlichen Wirklichkeit wurde, zu welcher ich nur zurückkehrte, wie ein müdgetummelter, hungriger Knabe zur alltäglichen Haussuppe, und mit der ich so schnell fertig zu werden suchte als möglich. Solches bewirkte die Art und Weise, wie die Religion und meine Kinderzeit zusammengekuppelt wurden. Wenigstens kann ich mich, trotzdem daß jene ganze Zeit wie ein heller Spiegel vor mir liegt, nicht entsinnen, daß ich vor dem Erwachen der Vernunft je einen Andachtschauer, wenn auch noch so kindlich, empfunden hätte.

Ich betrachte diese halb gottlose Zeit gerade der weichsten und bildsamsten Jahre, welche deren wohl sieben bis achte andauerte, als eine kalte öde Strecke, und weise die Schuld einzig auf den Katechismus und seine Handhaber. Denn wenn ich recht scharf in jenen vergangenen dämmerhaften Seelenzustand zurückzudringen versuche, so entdecke ich noch wohl, daß ich den Gott meiner Kindheit nicht liebte, sondern nur brauchte. Jetzt erst wird mir der trübe kalte Schleier ganz deutlich, welcher über jener Zeit liegt und mir dazumal die Hälfte des Lebens verhüllte, mich blöde und scheu machte, daß ich die Leute nicht verstand und mich selbst nicht zu erkennen geben konnte, so daß die Erzieher vor mir standen, als vor einem Rätsel, und sagten: »Dieses ist ein seltsames Gewächs, man weiß nicht viel damit anzufangen!«

Zehntes Kapitel

Das spielende Kind

Desto eifriger verkehrte ich im stillen mit mir selbst, in der Welt, die ich mir allein zu bauen gezwungen war. Meine Mutter kaufte mir nur äußerst wenig Spielzeug, immer und einzig darauf bedacht, jeden Heller für meine Zukunft zu sparen, und erachtete in ihrem Sinne jede Ausgabe für überflüssig, welche nicht unmittelbar für das Notwendigste geopfert wurde. Sie suchte mich dafür durch fortwährende mündliche Unterhaltungen zu beschäftigen, und erzählte mir tausend Dinge aus ihrem vergangenen Leben sowohl, wie aus dem Leben anderer Leute, indem sie in unserer Einsamkeit selbst eine süße Gewohnheit darin fand. Aber diese Unterhaltung sowie das Treiben im wunderlichen Nachbarhause konnte doch zuletzt meine Stunden nicht ausfüllen, und ich bedurfte eines sinnlichen Stoffes, welcher meiner Gestaltungslust anheimgegeben war. So war ich bald darauf angewiesen, mir mein Spielzeug selbst zu schaffen. Das Papier, das Holz, die gewöhnlichen Aushelfer in diesem Falle, waren schnell abgebraucht, besonders da ich keinen Mentor hatte, welcher mich mit Handgriffen und Künsten bekannt machte. Was ich so bei den Menschen nicht fand, das gab mir die stumme Natur. Ich sah aus der Ferne bei andern Knaben, daß sie artige kleine Naturaliensammlungen besaßen, besonders Steine und Schmetterlinge, und von ihren Lehrern und Vätern angeleitet wurden, dergleichen selbst auf ihren Ausflügen zu suchen. Ich ahmte dieses nun auf eigene Faust nach und begann gewagte Reisen längs der Bach- und Flußbette zu unternehmen, wo ein buntes Geschiebe an der Sonne lag. Bald hatte ich eine gewichtige Sammlung glänzender und farbiger Mineralien beisammen, Glimmer, Quarze und solche Steine, welche mir durch ihre abweichende Form auffielen. Glänzende Schlacken, aus Hüttenwerken in den Strom geworfen, hielt ich ebenfalls für wertvolle Stücke, Glasflüsse für Edelsteine, und der Trödelkram der Frau Margret lieferte mir einigen Abfall an polierten Marmorscherben und halb durchsichtigen Alabasterschnörkeln, welche überdies noch eine antiquarische Glorie durchdrang. Für diese Dinge verfertigte ich Fächer und Behälter und legte ihnen wunderlich beschriebene Zettel bei. Wenn die Sonne in unser Höfchen schien, so schleppte ich den ganzen Schatz hinunter, wusch Stück für Stück in dem kleinen Brünnlein und breitete sie nachher an der Sonne aus, um sie zu trocknen, mich an ihrem Glanze erfreuend. Dann ordnete ich sie wieder in die Schachteln und hüllte die glänzendsten Dinge sorglich in Baumwolle, welche ich aus den großen Ballen am Hafenplatze und beim Kaufhause gezupft hatte. So trieb ich es lange Zeit; allein es war nur der äußere Schein, der mich erbaute, und als ich sah, daß jene Knaben für jeden Stein einen bestimmten Namen besaßen und zugleich viel Merkwürdiges, was mir unzugänglich war, wie Kristalle und Erze, auch ein Verständnis dafür gewannen, welches mir durchaus fremd war, so starb mir das ganze Spiel ab und betrübte mich. Dazumal konnte ich nichts Totes und Weggeworfenes um mich liegen sehen; was ich nicht brauchen konnte, verbrannte ich hastig oder entfernte es weit von mir; so trug ich eines Tages die sämtliche Last meiner Steine mit vieler Mühe an den Strom hinaus, versenkte sie in die Wellen und ging ganz traurig und niedergeschlagen nach Hause.

Nun versuchte ich es mit den Schmetterlingen und Käfern. Meine Mutter verfertigte mir ein Garn und ging oft selbst mit mir auf die Wiesen hinaus; denn die Einfachheit und Billigkeit dieser Spiele leuchteten ihr ein. Ich fing zusammen, wessen ich habhaft werden konnte, und setzte eine Anzahl Raupen in Gefangenschaft. Allein ich kannte die Speise dieser letzteren nicht und wußte sie sonst nicht zu behandeln, so daß kein Schmetterling aus meiner Zucht hervorging. Die lebendigen Schmetterlinge aber, welche ich fing, wie die glänzenden Käfer, machten mir saure Mühe mit dem Töten und dem Unversehrterhalten; denn die zarten Tiere behaupteten eine zähe Lebenskraft in meinen mörderischen Händen, und bis sie endlich leblos waren, fand sich Duft und Farbe zerstört und verloren, und es ragte auf meinen Nadeln eine zerfetzte Gesellschaft erbarmungswürdiger Märtyrer. Schon das Töten an sich selbst ermüdete mich und regte mich zu sehr auf, indem ich die zierlichen Geschöpfe nicht leiden sehen konnte. Dieses war keine unkindliche Empfindsamkeit; mir widerwärtige oder gleichgültige Tiere konnte ich so gut mißhandeln wie alle Kinder; es war vielmehr ein ungerechtes Mitgefühl für diese bunteren Kreaturen, denen ich wohlgewogen war. Jeder der unseligen Reste machte mich umso melancholischer, als es das Denkmal eines im Freien zugebrachten Tages und eines Abenteuers war. Die Zeit von seiner Gefangennehmung bis zu seinem qualvollen Tode war ein Schicksal, welches mich mitberührte, und die stummen Überbleibsel redeten eine vorwurfsvolle Sprache zu mir.

Auch diese Unternehmung scheiterte endlich, als ich zum ersten Male eine große Menagerie sah. Sogleich faßte ich den Entschluß, eine solche anzulegen, und baute eine Menge Käfige und Zellen. Mit vielem Fleiße wandelte ich dazu kleine Kästchen um, verfertigte deren aus Pappe und Holz und spannte Gitter von Draht oder Zwirn davor, je nach der Stärke des Tieres, welches dafür bestimmt war. Der erste Insasse war eine Maus, welche mit eben der Umständlichkeit, mit welcher ein Bär installiert wird, aus der Mausefalle in ihren Kerker hinübergeleitet wurde. Dann folgte ein junges Kaninchen; einige Sperlinge, eine Blindschleiche, eine größere Schlange, mehrere Eidechsen verschiedener Farbe und Größe; ein mächtiger Hirschkäfer mit vielen andern Käfern schmachteten bald in den Behältern, welche ordentlich aufeinander getürmt waren. Mehrere große Spinnen versahen in Wahrheit die Stelle der wilden Tiger für mich, da ich sie entsetzlich fürchtete und nur mit großem Umschweife gefangen hatte. Mit schauerlichem Behagen betrachtete ich die Wehrlosen, bis eines Tages eine Kreuzspinne aus ihrem Käfige brach und mir rasend über Hand und Kleid lief. Der Schrecken vermehrte jedoch mein Interesse an der kleinen Menagerie, und ich fütterte sie sehr regelmäßig, führte auch andere Kinder herbei und erklärte ihnen die Bestien mit großem Pomp. Ein junger Weih, welchen ich erwarb, war der große Königsadler, die Eidechsen Krokodile, und die Schlangen wurden sorgsam aus ihren Tüchern hervorgehoben und einer Puppe um die Glieder gelegt. Dann saß ich wieder stundenlang allein vor den trauernden Tieren und betrachtete ihre Bewegungen. Die Maus hatte sich längst durchgebissen und war verschwunden, die Blindschleiche war längst zerbrochen, sowie die Schwänze sämtlicher Krokodile, das Kaninchen war mager wie ein Gerippe und hatte doch keinen Platz mehr in seinem Käfig, alle übrigen Tiere starben ab und machten mich melancholisch, so daß ich beschloß, sie alle zu töten und zu begraben. Ich nahm ein dünnes langes Eisen, machte es glühend und drang mit zitternder Hand damit durch die Gitter und begann ein greuliches Blutbad anzurichten. Aber die Geschöpfe waren mir alle lieb geworden, auch erschreckte mich das Zucken des zerstörten Organismus und ich mußte innehalten. Ich eilte in den Hof hinunter, machte eine Grube unter den Vogelbeerbäumchen, worin ich die ganze Sammlung, tote, halbtote und lebende, in ihren Kasten kopfüber warf und eilig verscharrte. Meine Mutter sagte, als sie es sah, ich hätte die Tiere nur wieder ins Freie tragen sollen, wo ich sie geholt hätte, vielleicht wären sie dort wieder gesund geworden. Ich sah dies ein und bereute meine Tat; der Rasenplatz war aber lange eine schauerliche Stätte für mich, und ich wagte nie jener kindlichen Neugierde zu gehorchen, welche es immer antreibt, etwas Begrabenes wieder auszugraben und anzusehen.

Bei Frau Margret tat sich mir die nächste Spielerei auf. In einer verrückten Theosophie, welche ich unter ihren Büchern fand, war eine Anweisung enthalten, die vier Elemente zu veranschaulichen, nebst andern kindischen Experimenten und den dazu gehörigen Tafeln. Nach diesen Vorschriften nahm ich eine große Phiole, füllte sie zum Vierteile mit Sand, zum Vierteile mit Wasser, dann mit Öl, und das letzte Vierteil ließ ich leer, das heißt mit Luft gefüllt. Die Materien sonderten sich nach ihrer Schwere auseinander und stellten nun in dem geschlossenen Raume die vier Elemente vor, Erde, Wasser, Feuer (das Brennöl) und Luft. Ich schüttelte sie tüchtig durcheinander, daraus entstand das Chaos, welches sich wieder aufs schönste abklärte, und ich saß sehr vergnügt vor der höchst gelehrten Erscheinung.

Dann nahm ich Bogen Papier und zeichnete darauf, nach den Angaben jenes Buches, große Sphären mit Kreisen und Linien kreuz und quer, farbig begrenzt und mit Zahlen und lateinischen Lettern besetzt. Die vier Weltgegenden, Zonen und Pole, Himmelsräume, Elemente, Temperamente, Tugenden und Laster, Menschen und Geister, Erde, Hölle, Zwischenreich, die sieben Himmel, alles war toll und doch nach einer gewissen Ordnung durcheinander geworfen und gab ein angestrengtes, lohnendes Bemühen. Alle Sphären wurden mit entsprechenden Seelen bevölkert, welche darin gedeihen konnten. Ich bezeichnete sie mit Sternen, und diese mit Namen; der glückseligste war mein Vater, zunächst dem Auge Gottes, noch innerhalb des Dreieckes, und schien durch dieses allsehende Auge auf die Mutter und mich herunterzuschauen, welche in den schönsten Gegenden der Erde spazierten. Meine Widersacher aber schmachteten sämtlich in der Hölle, wo der Böse mit einem ansehnlichen Schwanze begabt war. Je nach dem Verhalten der Menschen veränderte ich ihre Stellungen, beförderte sie in reinere Gegenden oder setzte sie zurück, wo Heulen und Zähnklappern herrschte. Manchen ließ ich prüfungsweise im Unbestimmten schweben, sperrte auch wohl zwei, die sich im

Leben nicht ausstehen mochten, zusammen in eine abgelegene Region, indessen ich zwei andere, die sich gern hatten, trennte, um sie nach vielen Prüfungen zusammenzubringen an einem glückseligeren Orte. Ich führte so ganz im geheimen eine genaue Übersicht und Schicksalsbestimmung aller mir bekannten Leute, jung und alt.

In der Theosophie war ferner anbefohlen, geschmolzenes Wachs in Wasser zu gießen, um ich weiß nicht mehr was zu versinnbildlichen. Ich füllte mehrere Arzneigläser mit Wasser und belustigte mich an den Bildungen, welche durch das hineingegossene Wachs entstanden, verschloß die Gläser und vermehrte dadurch meine gelehrte Sammlung. Dieses Gläserwesen sagte mir sehr zu, und ich fand einen neuen Stoff dafür, als ich einst mit tiefem Grauen durch eine anatomische Sammlung lief, welche dem Krankenhause beigegeben war. Einige Reihen von Embryonen und Föten in ihren Gläsern jedoch erwarben sich meinen lebhaften Beifall und boten einen trefflichen Gegenstand für meine Sammlung dar, indem ich dergleichen nachzubilden versuchte. In einem Schranke verwahrte die Mutter die aufgeschichtete Leinwand ihrer Mußezeit in rohen und gebleichten Stücken, und daselbst lagen auch, verborgen und vergessen, mehrere Scheiben reinlichen Wachses, die verjährten Zeugen einer einstigen fleißigen Bienenzucht. Von diesen brach ich immer ansehnlichere Stücke los und formte nun im kleinen solche großköpfige wunderliche Burschen, wie ich sie gesehen, und bestrebte mich, die Verschiedenheit ihrer phantastischen Bildung noch zu vergrößern. Ich trieb Gläser auf, soviel ich konnte, von allen Formen und Größen, und richtete die Bildwerke darnach ein. In langen schmalen Kölnischwasserflaschen, denen ich die Hälse abschlug, baumelten ebenso lange schmächtige Gesellen an ihrem Faden, in kurzen dicken Salbengläsern hausten knollenartige Gewächse. Statt mit Weingeist füllte ich die Gläser mit Wasser an und gab jedem Bewohner derselben einen Namen, welcher meinem humoristischen Interesse entsprach, das über der belustigenden Arbeit aus dem bloß gelehrten entstand. Es waren schon einige dreißig Mitglieder dieses schönen Vereins beisammen und das Wachs nahezu aufgebraucht, als ich meine Geschöpfe taufte mit Namen, wie: Schnurper, Fark, Vogelmann, Säbelbein, Schneider, Schmerbauch, Nabelhans, Wachsbeißer, Wächserich, Honigteufel und dergleichen, und ich empfand ein dauerndes Vergnügen, indem ich zugleich für jeden eine kurze Lebensbeschreibung verfaßte, die sich in dem Berge zugetragen hatte, aus welchem nach unserm Ammenmärchen die kleinen Kinder geholt werden. Ich verfertigte auch eigene Sphärentafeln für sie, worauf jeder verzeichnet war mit seiner tugendlichen oder schlimmen Aufführung, und wenn einer mein Mißfallen erregte, so wurde er so gut an einen schlechteren Ort gebracht als die lebendigen Leute. Ich trieb diese Dinge alle in einer abgelegenen Kammer, wo ich eines Abends in der Dämmerung alle Gläser auf meinen Lieblingstisch stellte, ein altes braunes Möbel mit etlichen Auszügen. Ich reihte die Gläser in einen großen Kreis, die vier Elemente in der Mitte, und breitete meine bunten Tabellen aus, beleuchtet von einigen Wachsmännern, denen Dochte aus erhobenen Händen brannten, und vertiefte mich nun in die Konstellationen auf den Karten, während ich die betreffenden Schicksalsträger einzeln vortreten ließ und musterte, den Wächserich und den Hürlimann, den Meyer oder den Vogelmann. Von ungefähr stieß ich an den Tisch, daß alle Gläser erzitterten und die Wachsmännchen schwankten und zappelten. Dies gefiel mir, so daß ich anfing, nach dem Takte auf den Tisch zu schlagen, wozu die Gesellen tanzten; ich schlug immer stärker und wilder und sang dazu, bis die Gläser wie toll aneinander schlugen und erklangen. Auf einmal schneuzte es in einer Ecke, ein Paar feurige Augen funkelten hervor. Eine fremde große Katze war in die Kammer gesperrt, hatte sich bisher ruhig verhalten und wurde nun scheu. Ich wollte sie verscheuchen, da stellte sie sich drohend gegen mich, sträubte die Haare und pfauchte gewaltig; ich machte in der Angst ein Fenster auf und warf ein Glas nach ihr, sie sprang hinauf, konnte aber nicht weiter gelangen und kehrte sich wieder gegen mich. Nun schleuderte ich einen Wachsmann um den andern auf sie, sie schüttelte sich furchtbar und rüstete sich zum Sprunge, und als ich zuletzt die vier Elemente ihr an den Kopf warf, fühlte ich ihre Krallen an meinem Halse. Ich fiel am Tische nieder, die Lichter löschten aus und ich schrie in der Dunkelheit, obgleich die Katze schon wieder weg war. Meine Mutter trat herein, während dieselbe hinausschlüpfte, und fand mich halb bewußtlos am Boden liegen mitten in den Glasscherben, Wasserbächen und Kobolden. Sie hatte nie auf mein Treiben in der Kammer geachtet, zufrieden, daß ich so still und vergnüglich war, und wußte sich nun meine verwirrte Erzählung umsoweniger zu reimen. Inzwischen entdeckte sie die gewaltige Abnahme ihres Wachses und betrachtete nun mit einigem Zorne die Trümmer der untergegangenen Welt.

Die Sache machte Aufsehen. Frau Margret ließ sich erzählen und die bemalten Bogen nebst übrigen Trümmern zeigen, und fand alles höchst bedenklich. Sie befürchtete, daß ich am Ende in ihren Büchern gefährliche Geheimnisse geschöpft hätte, welche bei ihrem mangelhaften Lesen ihr selbst unzugänglich wären, und verschloß die bedenklichsten Bücher mit höchst bedeutungsvollem Ernste. Jedoch konnte sie sich einer gewissen Genugtuung nicht erwehren, da es sich zu bestätigen schien, wie hinter diesen Sachen mehr stecke, als man geglaubt habe. Sie war der festen Meinung, daß ich auf dem besten Wege gewesen sei, durch ihre Bücher ein angehender Zaubermann zu werden.

Elftes Kapitel

Theatergeschichten. Gretchen und die Meerkatze

Über solchen Mißgeschicken verleidete mir die einsame Beschäftigung im Hause, und ich schloß mich nun einigen Knaben an, welche sich gut zu unterhalten schienen, indem sie in einem großen alten Fasse Komödie spielten. Sie hatten einen Vorhang davorgezogen und ließen eine begünstigte Anzahl Kinder respektvoll harren, bis sie ihre geheimnisvollen Vorbereitungen geendet. Dann wurde das Heiligtum geöffnet, einige Ritter in papiernen Rüstungen führten ein gedrängtes Zwiegespräch tüchtiger Schimpfreden, um sich darauf schleunigst durchzubleuen und unter dem Fallen des durchlöcherten Teppichs tot hinzustrecken. Ich wurde bald eingeweiht als ein anstelliger Junge und brachte vor allem einen bestimmteren Stoff in das Faß, indem ich kurze Handlungen aus der biblischen Geschichte oder den Volksbüchern auszog und die vorkommenden Reden wörtlich abschrieb und durch einige Wendungen verband. Ich fand auch, daß es wünschbar wäre, wenn die Helden einen besonderen Eingang hätten, um vorher ungesehen auftreten zu können. Deshalb wurde in die Hinterwand ein Loch gesägt, geschnitten und gekratzt, bis ein Wohlgewappneter bescheiden durchkriechen konnte, was sehr possierlich aussah, wenn er mit seinen donnernden Reden begann, ehe er sich völlig aufgerichtet hatte. Sodann wurden grüne Zweige geholt, um das Innere des Fasses in einen Wald umzuwandeln; ich nagelte sie ringsherum fest und ließ nur oben das Spundloch frei, durch welches überirdische Stimmen herniederzuschallen hatten. Ein Knabe brachte eine ansehnliche Tüte Theatermehl und hiermit ein neues prächtiges Element in unsere Bestrebungen.

Eines Tages wurde David und Goliath gegeben. Die Philister standen auf dem Plane, führten sich heidnisch auf und traten vor das Faß hinaus in das Proszenium. Dann krochen die Kinder Israel herein, lamentierten und waren verzagt und traten auf die andere Seite des Einganges, als Goliath, ein großer Bengel, erschien und übermütige Possen machte zum großen Gelächter beider Heere und des Publikums, bis David, ein unterwachsener bissiger Junge, plötzlich dem Unfug ein Ende machte und dem Riesen aus seiner Schleuder, die er trefflich führte, eine große Roßkastanie an die Stirne schleuderte. Darüber wurde dieser wütend und hieb dem David ebenso derb auf den Kopf, und sogleich waren beide im heftigsten Raufen ineinander verknäuelt. Die Zuschauer und die beiden Chöre klatschten Beifall und nahmen Partei; ich selbst saß rittlings oben auf dem Fasse, ein Lichtstümpfchen in der einen und eine tönerne Pfeife mit Kolophonium in der andern Hand, und blies als Zeus gewaltige ununterbrochene Blitze durch das Spundloch hinein, daß die Flammen durch das grüne Laub züngelten und das Silberpapier auf Goliaths Helm magisch erglänzte. Dann und wann guckte ich schnell durch das Loch hinunter, um dann die tapfer Kämpfenden ferner wieder mit Blitzen anzufeuern, und hatte kein Arges, als die Welt, welche ich zu beherrschen wähnte, plötzlich auf ihrem Lager wankte, überschlug und mich aus meinem Himmel schleuderte; denn Goliath hatte endlich den David überwunden und mit Gewalt an die Wand geworfen. Es gab ein großes Geschrei, der Eigentümer des Fasses kam heran und schloß das rollende Haus, nicht ohne Schelten und ausgeteilte

Püffe, als er die willkürlichen Veränderungen entdeckte, welche angebracht waren.

Jedoch vermißten wir dies verbotene Paradies nicht allzusehr, da bald darauf eine deutsche Schauspielergesellschaft in unsere Stadt kam, um mit obrigkeitlicher Bewilligung vor den Bewohnern das leichte Haus der Leidenschaft in einem vollkommeneren Maße aufzubauen, als bisher von Liebhabern und Kindern geschehen war. Der wandernde Künstlerverein schlug seinen Sitz in einem Gasthause der Stadt auf, wandelte den geräumigen Tanzsaal in ein Theater um und füllte zugleich alle bescheideneren Zimmer und Räume mit seinem häuslichen Leben. Nur der Direktor bewohnte vornehm ein glänzenderes Gemach.

Übrigens zog uns das belebte Haus nicht nur während der abendlichen Vorstellungen an, sondern wir hatten auch während des Tages genug vor demselben zu stehen und zu beobachten, teils um die bewunderten Helden und Königinnen in ihrer verwegenen und anmutigen Tracht und Haltung aus und ein gehen zu sehen, teils um keine Maschine, keinen Korb mit roten Mänteln und Degen, kein Requisit aus den Augen zu verlieren, welches hineingetragen wurde. Vorzüglich hielten wir uns auch vor einem offenen Hintergebäude auf, wo ein kühner Maler inmitten einer Anzahl Töpfe, aufrechtstehend und die eine Hand in der Hosentasche, mit einem unendlich verlängerten Pinsel Wunder auf das ausgebreitete Tuch oder Papier warf. Ich erinnere mich deutlich des tiefen Eindruckes, welchen die einfache und sichere Art auf mich machte, mit welcher er duftige und durchsichtige weiße Vorhänge um die Fenster eines roten Zimmers zauberte; mit den wenigen weißen, wohlangebrachten Strichen und Tupfen auf dem roten Grunde ging ein Licht in mir auf, der ich vor solchen Dingen, wenn sie in der nächtlichen Beleuchtung vor mir standen, begriffslos gestaunt hatte. Es dämmerte die erste Einsicht in das Wesen der Malerei; das freie Auftragen von dicht deckenden Farben auf durchsichtige Unterlagen machte mir vieles klar; ich begann nachher der Grenze dieser zwei Gebiete nachzuspüren, wo ich ein Gemälde zu sehen bekam, und meine Entdeckungen hoben mich über den wehrlosen Wunderglauben hinaus, welcher es aufgibt, jemals dergleichen selbst zu verstehen.

An den Abenden, wo gespielt wurde, waren wir vollzählig und unfehlbar auf unserm Platze und schlichen wie die Katzen um das Gebäude herum. Da ich bei der Sparsamkeit meiner Mutter keine Möglichkeit sah, auf legalem Wege in das Innere des Kunsttempels zu gelangen, so befand ich mich doppelt wohl bei meinen Genossen der Armenschule, welche ebenfalls darauf angewiesen waren, entweder durch kleine Dienstleistungen oder durch verwegene Schlauheit durchzuschlüpfen. Es gelang mir auch mehrere Male, mich mit klopfendem Herzen in den angefüllten Saal zu schleichen, und überflog mit befriedigten Blicken die Dekorationen, wenn der Vorhang aufging, dann die Kostüme und Trachten der Spieler, um endlich, nachdem schon Erkleckliches gesprochen war, mich in das Studium der Fabel zu vertiefen. Ich war bald ein großer Kenner und disputierte reichlich, unter angenommener Kaltblütigkeit, mit meinen Freunden. Dieser Zwiespalt, die angenommene kennerhafte Ruhe und das unausbleibliche leidenschaftliche Hingeben auch an das verworfenste Stück, fing an mich zu ärgern, und ich sehnte mich auch sonst, mit Einem Schlage hinter die Kulissen zu kommen und das berückende Spiel und seine Spieler, wie ihre Mittel in der Nähe zu besehen; denn es bedünkte mich, daß es dort besser zu leben sein müsse, als irgendwo in der Welt, leidenschaftslos und überlegen. Doch dachte ich nicht so leicht an eine Erfüllung meines Wunsches, als ein günstiger Stern dieselbe unverhofft darbrachte.

Wir standen eines Abends ziemlich mutlos vor einer Seitentür, als eben der Faust gegeben wurde. Wir hatten gehört, daß man den famosen Doktor Faust, den wir genugsam kannten, nebst dem Teufel und allen seinen Herrlichkeiten sehen würde, fanden aber heute alle Hindernisse unübersteiglich, welche auf unsern gewohnten Schlupfwegen sich entgegenstellten. So hörten wir betrübt die Klänge der Ouvertüre, welche von den vornehmen Liebhabern der Stadt aufgeführt wurde, und zerbrachen die Köpfe über einem noch möglichen Eindringen. Es war ein dunkler Herbstabend und regnete kühl und anhaltend. Es fror mich, und ich dachte ans Nachhausegehen, zumal sich die Mutter über das abendliche Umhertreiben beklagt hatte, als die dunkle Tür sich öffnete, ein dienstbarer Geist heraussprang und rief: »Heda, ihr Buben! Drei oder vier von euch mögen hereinkommen, die sollen einmal mitspielen!« Auf dieses Zauberwort drängten sich sogleich die stärksten in das Haus; denn dies war ein Fall, wo ein jeder nur an sich selbst denken durfte. Er wies sie aber zurück, indem er sie für zu groß und dick erklärte und mich, der ich ohne sonderliche Hoffnungen im Hintergrunde stand, heranrief und sagte: »Der da ist recht, der wird eine gute Meerkatze sein!« Dazu ergriff er noch zwei andere, schmächtig gewachsene Jungen, schloß die Tür hinter uns und marschierte an unserer Spitze nach einem kleinen Saale, welcher als Garderobe diente. Dort hatten wir nicht Zeit, die aufgehäuften Gewänder, Waffen und Rüstungen zu betrachten; denn wir wurden schnell unserer Kleider entledigt und in abenteuerliche Pelze gesteckt, welche vom Kopf bis zum Fuße eine Hülle bildeten. Das Meerkatzengesicht konnte wie eine Kapuze zurückgeschlagen werden, und als wir solchergestalt verwandelt dastanden, die langen Schwänze in der Hand haltend, lächelten wir ganz vergnügt und beglückwünschten uns nun erst.

Nun wurden wir auf die Bühne geführt, wo wir von zwei großen Meerkatzen lustig begrüßt und in aller Eile für unsere bevorstehende Aufgabe unterrichtet wurden. Wir begriffen dieselbe bald und leisteten eine gelungene Probe verschiedener Purzelbäume und Affensprünge, spielten auch zierlich mit einer Kugel, so daß wir bis zu unserm Auftreten entlassen wurden. Wir spazierten gravitätisch unter dem Gedränge herum, das sich auf dem schmalen Raume zwischen den vier wirklichen und den gemalten Wänden schob und mischte; ich schaute unverwandt bald auf die Bühne, bald hinter die Kulissen, und beobachtete mit hoher Freude, wie aus dem unkenntlichen, unterdrückt lärmenden und streitenden Chaos sich still und unmerklich geordnete Bilder und Handlungen ausschieden und auf dem freien, hellen Raume erschienen, wie in einer jenseitigen Welt, um wieder ebenso unbegreiflich in das dunkle Gebiet zurückzutauchen. Die Schauspieler lachten, scherzten, koseten und zankten, hier und da ging einer plötzlich von seiner Gruppe weg und stand in einem Augenblicke einsam und feierlich mitten in dem Zauberbanne und machte ein so frommes Gesicht gegen die mir unsichtbare Zuschauerwelt hinaus, als ob er vor den versammelten Göttern stände. Ehe ich mich dessen versah, war er wieder mit einem Sprunge unter uns und setzte die unterbrochenen Schimpf- oder Schmeichelreden fort, indessen schon irgend ein anderer sich ausgeschieden hatte, um es ebenso zu machen. Die Menschen führten ein doppeltes Leben, wovon das eine ein Traum sein mochte; aber ich wurde nicht klug daraus, welches davon der Traum und welches für sie die Wirklichkeit war. Lust und Leid schienen mir in beiden Teilen gleich gemischt vorhanden zu sein; doch im innern Raume der Bühne, wenn der Vorhang geöffnet war, schien Vernunft und Würde und ein heller Tag zu herrschen und somit das wirkliche Leben zu bilden, während, sobald der Vorhang sank, alles in trübe, traumhafte Verwirrung zerfiel. Auch dünkte es mich, daß diejenigen, welche sich in diesem wüsten Traume am heftigsten und leidenschaftlichsten gebärdeten, dort in dem bessern Stück Leben die edelsten und ausdrucksvollsten Gestalten waren; diejenigen aber, welche in der Nähe ruhig, kalt und friedfertig herumstanden, in jenem Glanze eine ziemlich traurige Rolle spielten. Der Text des Stückes war die Musik, welche das Leben in Schwung brachte. Sobald sie schwieg, stand der Tanz still, wie eine abgelaufene Uhr. Die Verse des Faust, welche jeden Deutschen, sobald er einen davon hört, elektrisieren, diese wunderbar gelungene und gesättigte Sprache klang fortwährend wie eine edle Musik, machte mich froh und setzte mich mit in Erstaunen, obgleich ich nicht viel mehr davon verstand, als eine wirkliche Meerkatze.

Indessen fühlte ich mich plötzlich beim Schwanze gefaßt und rücklings in die Hexenküche gezogen, wo bereits sämtliche Katzen umhersprangen und ein Schein und Gefunkel unzähliger Gesichter und Augen aus dem Parterre hereinschimmerte. Ich hatte bisher über meinen Betrachtungen die zu Tage getretene Dekoration der Hexenküche übersehen und daher vieles nachzuholen; denn die phantastischen Dinge um mich her, die Zerrbilder und Gespenster reizten mich sowohl, wie das Treiben Mephistos, der Hexe und der andern Meerkatzen. Als ob ich nicht selbst eine Meerkatze wäre und meine Aufgabe zu erfüllen hätte, vergaß ich ganz die eingelernten Sprünge und Possen und sah ruhig und selbstvergessen den anderen zu. Nun schaute Faust voll Entzücken in den Zauberspiegel, und es nahm mich höchlich wunder, was es dort zu sehen gebe? Indem ich in der gleichen Richtung nachahmend hinsah, gingen meine Blicke dem leeren, gemalten Spiegel vorbei hinter die Kulisse und entdeckten dort in der Wirrnis des jenseitigen Lebens das Bild, welches Faust zu sehen vorgab. Gretchen war unterdessen auf die Bühne gekommen und legte sich, einige tief bewegte Worte nach rückwärts rufend, eben die letzte Schminke auf, nachdem sie sich Augen und Wangen mit einem weißen Tuche sorglich und fest getrocknet, als ob sie geweint hätte. Es war eine sehr schöne Frau, von welcher ich kein Auge mehr abwandte, ungeachtet der heimlichen Püffe und Schelten, welche ich von meinen fleißigen Mitmeerkatzen erhielt. So verlangte ich, der ich mich vorher nach dieser höheren Sphäre gesehnt hatte, nun nichts weiter, als dorthin zurückzukehren, wo die volle schöne Frauengestalt wandelte.

Die Zeit unseres Wirkens ging endlich vorüber, und ich machte meinen ersten und einzigen guten Sprung, als ich leidenschaftlich vom Schauplatze abtrat oder sprang, und mich möglichst in die Nähe des gesehenen Bildes zu bringen suchte. Aber in demselben Augenblicke befand sie sich ihrerseits einsam in der Handlung, und ich konnte sie nur wieder von ferne sehen.

Sie schien irgend einen tiefen Verdruß in sich zu tragen, und daher war ihr Spiel halb aus Anmut und halb aus sichtbarem Zorne gemengt. Diese Mischung brachte zwar kein gutes Gretchen hervor, aber sie verlieh der Spielerin einen eigentümlichen Reiz; ich nahm Partei für sie gegen ihre unbekannten Feinde und dachte mir sogleich den Roman aus, in welchen sie etwa verwickelt sein möchte. Doch löste sich dieses flüchtige Gespinste bald auf und verschmolz sich mit der dargestellten Dichtung, als Gretchens Schicksal tragisch wurde. Als sie im Kerker auf dem Stroh lag und nachher irre redete, spielte sie so meisterhaft, daß ich furchtbar erschüttert ward und doch in durstig heißer Aufregung das Bild des im grenzenlosesten Unglücke versunkenen Weibes in mich hineintrank; denn ich hielt das Unglück für wirklich und war ebenso erstaunt als gesättigt durch die Szene, welche an Stärke alles übertraf, was ich bisher gesehen oder gehört hatte.

Der Vorhang war gefallen, und alles lief auf dem Theater bunt durcheinander, während ich einigen Papieren nachschlich, welche ich in den Händen des Direktors und der Künstler vorhin bemerkte und in einem Winkel hinter einer gemalten Mauer fand. Ich gelüstete sehr, Einsicht zu nehmen von dem Geschriebenen, welches so große Wirkung hervorgebracht; daher war ich bald in das Lesen der Rollen versenkt. Aber obgleich ich die körperlichen Erscheinungen gefaßt und empfunden hatte, so waren doch nun die geschriebenen Worte, als die Zeichensprache eines gereiften und großen männlichen Geistes, dem unwissenden Kinde vollkommen unverständlich; der kleine Eindringling fand sich bescheidentlich wieder vor die verschlossene Türe einer höheren Welt gestellt, und ich schlief über meinen Forschungen schnell und fest ein.

Als ich wieder erwachte, war das Theater leer und still, die Lampen ausgelöscht, und der Vollmond goß sein Licht zwischen den Kulissen über die seltsame Unordnung herein. Ich wußte nicht, wie mir geschah, noch wo ich mich befand; doch als ich meine Lage erkannte, ward ich voll Furcht und suchte einen Ausgang, fand aber die Türen verschlossen, durch welche ich hereingekommen war. Nun schickte ich mich in das Geschehene und begann von neuem, alle Seltsamkeiten dieser Räume zu untersuchen. Ich betastete die raschelnden, papiernen Herrlichkeiten und legte das Mäntelchen und den Degen des Mephistopheles, welche auf einem Stuhl lagen, über meinen Meerkatzenhabit um. So spazierte ich in dem hellen Mondscheine auf und nieder, zog den Degen und fing an zu gestikulieren. Dann entdeckte ich die Maschinerie des Vorhanges, und es gelang mir, denselben aufzuziehen. Da lag der Zuschauerraum dunkel und schwarz vor mir, wie ein erblindetes Auge; ich stieg in das Orchester hinab, wo die Instrumente umherlagen und nur die Violinen sorgfältig in Kästchen verschlossen waren. Auf den Pauken lagen die schlanken Hämmer, welche ich ergriff und zagend gegen das Fell schlug, daß es einen dumpf grollenden Ton gab. Jetzt wurde ich kühner und schlug stärker, bis es zuletzt wie ein Gewitter durch den leeren, mitternächtlichen Saal hallte. Ich ließ den Donner anschwellen und wieder abnehmen, und wenn er verklang, so dünkten mich die unheimlichen Pausen noch schöner, als das Geräusch selbst. Endlich erschrak ich über meinem Tun, warf die Schlegel hin und getraute mir kaum, über die Bänke des Parterre hinwegzusteigen und mich zuhinterst an der Wand hinzusetzen. Ich fror und wünschte, zu Hause zu sein, auch ward es mir bange in meiner Einsamkeit. Die Fenster in diesem Teile des Saales waren dicht verschlossen, so daß nur die Bühne, welche immer noch den Kerker vorstellte, durch das Mondlicht magisch beleuchtet war. Im Hintergrunde stand das Pförtchen noch offen, wo Gretchen gelegen hatte, ein bleicher Strahl fiel auf das Strohlager; ich dachte an das schöne Gretchen, welches nun hingerichtet sein werde, und der stille, mondhelle Kerker kam mir zauberhafter und heiliger vor, als dem Faust einst Gretchens Kammer. Ich stützte meinen Kopf auf beide Hände und sah mit sehnenden Blicken hinüber, besonders in die vom Lichte halb bestreifte Vertiefung, wo das Stroh lag. Da regte es sich im Dunkel, atemlos sah ich hin, und jetzt stand eine weiße Gestalt in jenem Winkel; es war Gretchen, wie ich sie zuletzt gesehen hatte. Mich schauerte es vom Wirbel bis zur Zehe, meine Zähne schlugen zusammen, während doch ein mächtiges Gefühl glücklicher Überraschung mich durchzuckte und erwärmte. Ja, es war Gretchen, es war ihr Geist, obgleich ich in der Entfernung ihre Züge nicht unterscheiden konnte, was die Erscheinung noch geisterhafter machte. Sie schien mit dunklen Blicken in dem Raume umherzusuchen, ich richtete mich empor, es zog mich vorwärts, wie mit gewaltigen, unsichtbaren Händen, und während mein Herz hörbar klopfte, schritt ich über die Bänke gegen das Proszenium hin, jeden Schritt einen Augenblick anhaltend. Die Pelzumhüllung machte meine Füße unhörbar, so daß mich die Gestalt nicht bemerkte, bis ich, an dem Souffleurkasten hinaufklimmend, in meiner befremdlichen Tracht vom ersten Mondstrahle bestreift wurde. Ich sah, wie sie entsetzt ihr glühendes Auge auf mich richtete und, doch lautlos, zusammenfuhr. Einen leisen Schritt trat ich näher und hielt wieder ein; meine Augen waren weit geöffnet, ich hielt die Hände zitternd erhoben, indes ich, von einem frohen Feuer des Mutes durchströmt, auf das Phantom losging. Da rief es mit gebieterischer Stimme: »Halt! kleines Ding! was bist du?« und streckte drohend den Arm gegen mich aus, daß ich fest auf der Stelle gebannt blieb. Wir sahen uns unverwandt an; ich erkannte jetzt ihre Züge wohl, sie hatte ein weißes Nachtkleid umgeschlagen, Hals und Schultern waren entblößt und gaben einen milden Schein, wie nächtlicher Schnee. Ich witterte alsogleich das warme Leben, und der abenteuerliche Mut, den ich dem

Gespenste gegenüber empfunden hatte, verwandelte sich in die natürliche Blödigkeit vor dem lebendigen Weibe. Sie hingegen war immer noch zweifelhaft über meine dämonische Erscheinung, und sie rief daher noch einmal: »Wer seid Ihr, kleiner Bursch?« Kleinlaut antwortete ich: »Ich heiße Heinrich Lee und bin eine von den Meerkatzen; man hat mich hier eingeschlossen!«

Da trat sie auf mich zu, streifte meine Maske zurück, faßte mein Gesicht zwischen ihre Hände und rief, indem sie laut lachte: »Herr Gott! das ist die aufmerksame Meerkatze! Ei, du kleiner Schalk! bist du es, der den Lärm gemacht hat, als ob ein Gewitter im Hause wäre?« »Ja!« sagte ich, indem meine Augen fortwährend auf dem weißen Raume ihrer Brust hafteten und mein Herz zum ersten Male wieder so andächtig erfreut war, wie einst, wenn ich in das glänzende Feld des Abendrotes geschaut und den lieben Gott darin geahnt hatte. Dann betrachtete ich in vollkommener Ruhe ihr schönes Gesicht und gab mich unbefangen dem süßen Eindrucke ihres reizenden Mundes hin. Sie sah mich eine Weile still und ernsthaft an, dann sprach sie: »Mich dünkt, du bist ein guter Junge; doch wenn du einst groß geworden, wirst du ein Lümmel sein, wie alle!« Und hiermit schloß sie mich an sich und küßte mich mehrere Male auf meinen Mund, der nur dadurch leise bewegt wurde, daß ich heimlich, von ihren Küssen unterbrochen, ein herzliches Dankgebet an Gott richtete für das herrliche Abenteuer.

Hierauf sagte sie: »Es ist nun am besten, du bleibest bei mir, bis es Tag ist; denn Mitternacht ist längst vorüber!« und sie nahm mich bei der Hand und führte mich durch einige Türen in ihr Zimmer, wo sie vorher schon geschlafen hatte und durch mein nächtliches Spuken geweckt worden war. Dort ordnete sie am Fußende ihres Bettes eine Stelle zurecht, und als ich darauf lag, hüllte sie sich dicht in einen sammetnen Königsmantel, legte sich der Länge nach auf das Bett und stützte ihre leichten Füße gegen meine Brust, daß mein Herz ganz vergnüglich unter denselben klopfte. Somit entschliefen wir und glichen in unserer Lage nicht übel jenen alten Grabmälern, auf welchen ein steinerner Ritter ausgestreckt liegt mit einem treuen Hunde zu Füßen.

Zwölftes Kapitel

Die Leserfamilie. Lügenzeit

Infolge der Sorge und Verwirrung, welche durch mein nächtliches Wegbleiben entstanden, war mir das abendliche Umhertreiben und der Besuch des Theaters streng untersagt worden; auch am Tage wurde ich sorgfältiger beaufsichtigt und in meinem Umgange mit den Kindern der armen Leute beschränkt, welchen man fälschlicherweise eine verderbliche und ansteckende Ungebundenheit zuschrieb. So hatten die fremden Schauspieler die Stadt verlassen, ohne daß ich jene Frau, der mein Herz nun ganz gehörte, wiedergesehen. Als ich vernahm, daß die Gesellschaft fortgereist sei, bemächtigte sich meiner eine tiefe Traurigkeit, welche längere Zeit anhielt. Je unbekannter mir die Gegend war, wo sie hingezogen sein mochte, desto mehr war mir alles Land, welches jenseits der Berge lag, ein Land unbestimmter Wünsche und dunklen Verlangens.

Um diese Zeit schloß ich mich enger an einen Knaben, dessen erwachsene, lesebegierige Schwestern eine Unzahl schlechter Romane zusammengetragen hatten. Verloren gegangene Bände aus Leihbibliotheken, geringer Abfall, aus vornehmen Häusern oder von Trödlern erstanden, lagen in der Wohnung dieser Leute auf Gesimsen, Bänken und Tischen umher, und an Sonntagen konnte man nicht nur die Geschwister und ihre Liebhaber, sondern Vater und Mutter und wer sonst noch da war, in die Lektüre der schmutzig aussehenden Bücher vertieft finden. Die Alten waren törichte Leute, welche in dieser Unterhaltung Stoff zu törichten Gesprächen suchten; die Jungen hingegen erhitzten ihre Vorstellungskraft an den gemeinen unpoetischen Machwerken, oder vielmehr, sie suchten hier die bessere Welt, welche die Wirklichkeit ihnen nicht zeigte. Die Romane zerfielen hauptsächlich in zwei Arten. Die eine enthielt den Ausdruck der üblen Sitten des vorigen Jahrhunderts in jämmerlichen Briefwechseln und Verführungsgeschichten, die andere bestand aus derben Ritterromanen. Die Mädchen hielten sich mit großem Interesse an die erste Art und ließen sich dazu von ihren teilnehmenden Liebhabern sattsam küssen und liebkosen; uns Knaben waren aber diese prosaischen und unsinnlichen Schilderungen einer verwerflichen Sinnlichkeit glücklicherweise noch ungenießbar, und wir begnügten uns damit, irgend eine Rittergeschichte zu ergreifen und uns mit derselben zurückzuziehen. Die unzweideutige Genugtuung, welche in diesen groben Dichtungen waltete, war meinen angeregten Gefühlen wohltätig und gab ihnen Gestalt und Namen. Wir wußten die schönsten Geschichten bald auswendig und spielten sie, wo wir gingen und standen, mit immer neuer Lust ab, auf Estrichen und Höfen, in Wald und Berg, und ergänzten das Personal vorweg aus willfährigen Jungen, die in der Eile abgerichtet wurden. Aus diesen Spielen gingen nach und nach selbst erfundene fortlaufende Geschichten und Abenteuer hervor, welche zuletzt dahin ausarteten, daß jeder seine große Herzens- und Rittergeschichte besaß, deren Verlauf er dem andern mit allem Ernste berichtete, so daß wir uns in ein ungeheures Lügennetz verwoben und verstrickt sahen; denn wir trugen unsere erfundenen Erlebnisse gegenseitig einander so vor, als ob wir unbedingten Glauben forderten, und gewährten uns denselben auch, in eigennütziger Absicht, scheinbar. Mir wurde diese trügliche Wahrhaftigkeit leicht, weil der Hauptgegenstand unserer Geschichten beiderseits immer eine glänzende und ausgezeichnete Dame unserer Stadt war und ich diejenige, die ich für meine Lügen auserwählt, bald mit meiner wirklichen Neigung und Verehrung bekleidete. Daneben hatten wir mächtige Feinde und Nebenbuhler, als welche wir angesehene, ritterliche Offiziere bezeichneten, die wir oft zu Pferde sitzen sahen. Verborgene Reichtümer waren in unserer Gewalt, und wir bauten aus denselben wunderbare Schlösser an entlegenen Punkten, welche wir mit wichtiger Geschäftsmiene zu beaufsichtigen vorgaben. Jedoch beschäftigte sich die Einbildungskraft meines Genossen überdies mit allerhand Kniffen und Ränken und war eher auf Besitz und leibliches Wohlsein gerichtet, in welcher Beziehung er die sonderbarsten Dinge erfand, während ich alle Erfindungsgabe auf meine erwählte Geliebte verwandte und seine kleinlichen und mühsamen Geldverhältnisse, welche er unablässig zusammenträumte, mit einer kolossalen Lüge von einem gehobenen unermeßlichen Schatze überbot und kurz abfertigte. Dieses mochte ihn ärgern, und während ich, zufrieden in meiner ersonnenen Welt, mich wenig um die Wahrheit seiner Prahlereien bekümmerte, fing er an, mich mit Zweifeln an der Wahrheit der meinigen zu quälen und auf Beweise zu dringen. Als ich einst flüchtig von einer mit Gold und Silber gefüllten Kiste erzählte, welche ich in unserem Kellergewölbe stehen hätte, drang er auf das heftigste darauf, dieselbe zu sehen. Ich gab ihm eine Stunde an, zu welcher dies möglich wäre, und er fand sich pünktlich ein und versetzte mich in eine Verlegenheit, an welche ich im mindesten bisher noch nie gedacht hatte. Aber schnell hieß ich ihn eine Weile warten vor dem Hause und eilte in die Stube zurück, wo in dem Schreibtisch meiner Mutter ein hölzernes Kästchen stand, welches einen kleinen Schatz an alten und neuen Silbermünzen und einige Dukaten enthielt. Dieser Schatz umfaßte einesteils die Patengeschenke aus der Kinderzeit meiner Mutter, andernteils meine eigenen und war sämtlich mein erklärtes Eigentum. Die Hauptzierde aber war eine mächtige goldene Schaumünze von der Größe eines Talers und bedeutendem Werte, welche Frau Margret in einer guten Stunde mir geschenkt und der Mutter in sichern Verwahrsam gegeben hatte zum treuen Angedenken, wenn ich einst erwachsen, sie hingegen nicht mehr sein werde. Ich durfte das Kästchen hervornehmen und den glänzenden Schatz beschauen, so oft ich wollte; auch hatte ich denselben schon in allen Gegenden des Hauses herumgetragen. Ich nahm ihn also jetzt und trug ihn in das Gewölbe hinunter und legte das Kästchen in eine Kiste, welche mit Stroh gefüllt war. Dann hieß ich den Zweifler mit geheimnisvoller Gebärde hereinkommen, lüftete den Deckel der Kiste ein wenig und zog das Kästchen hervor. Als ich es öffnete, blinkten ihm die blanken Silberstücke gar hell entgegen; als ich aber die Dukaten und zuletzt die große Münze hervornahm, daß sie im Zwielichte seltsam funkelte und der alte Schweizer mit dem Banner, der darauf geprägt war, sowie der Kranz von Wappenschilden zu Tage traten, da machte er große Augen und wollte mit allen fünf Fingern in das Kästchen fahren. Ich schlug es aber zu, legte es wieder in die Kiste und sagte: »Siehst du, solcher Dinge ist die Kiste voll!« Damit schob ich ihn aus dem Keller und zog den Schlüssel ab. Er war nun für einmal geschlagen; denn obgleich er von der Unwirklichkeit unserer Märchen überzeugt war, so gestattete ihm doch der bisher festgehaltene Ton unseres Verkehrs nicht, weiter zu dringen, da es auch hier die rücksichtsvolle Höflichkeit des Lebens erforderte, den mit guter Manier vorgetragenen blauen Dunst bestehen zu lassen. Vielmehr gab meinem Freunde diese vorläufige Toleranz Gelegenheit, mich zu weiteren Lügen zu reizen und auf immer bedenklichere Proben zu stellen.

Wir trafen bald darauf, als es gerade Meßzeit war, am Seeufer zusammen, vor den Krambuden flanierend, die dort in langen Straßen sich aneinander reihten, und begrüßten uns wie Macbeths Hexen mit: »Was hast du geschafft?« Wir standen vor dem Magazine eines Italieners, welcher neben südlichen Eßwaren auch glänzende Bijouterien und Spielereien feil bot. Feigen, Mandeln und Datteln, Kisten voll reinlich weißer Makkaroni, besonders aber Berge ungeheurer Salamiwürste reizten den Sinn meines Gesellen zu kühnen Phantasien, indessen ich zierliche Frauenkämme, Ölfläschchen und Schalen voll schwarzer Räucherkerzchen betrachtete und ungefähr dachte, wo diese Dinge gebraucht würden, da wäre es gut sein. »Ich habe soeben«, begann mein Lügengefährte, »solch eine Salamiwurst gekauft, zur Probe, ob ich für mein nächstes Bankett eine Kiste voll anschaffen soll. Ich habe sie angebissen, fand sie aber abscheulich und schleuderte sie in den See hinaus; die Wurst muß noch dort schwimmen, ich sah sie den Augenblick noch.« Wir blickten auf den schimmernden Wellenspiegel hinaus, wo zwischen den Marktschiffen wohl etwa ein Apfel oder ein Salatblatt umhertrieb, aber keine Salami zu sehen war. »Ei, es wird wohl ein Hecht danach geschnappt haben!« sagte ich gutmütig, und er gab diese Möglichkeit zu und fragte mich, ob ich nicht auch Einkäufe machen wolle? »Freilich«, erwiderte ich, »ich möchte wohl diese Kette haben für meine Geliebte!« und wies auf eine unechte, aber hell vergoldete Halskette. Jetzt ließ er mich nicht mehr los, sondern umwickelte mich mit einem moralischen Zwangsnetze, indem ihm die Neugierde, ob ich wirklich über meinen geheimnisvollen Schatz frei verfüge, die Worte dazu lieh. So hatte ich keinen andern Ausweg, als nach Hause zu laufen und mir mit meinem Sparkästchen zu schaffen zu machen. Einige Augenblicke nachher ging ich wieder davon, einige glänzende Silberstücke in der festverschlossenen Hand, mit klopfender Brust dem Markte zu, wo mein lauernder Dämon mich empfing. Wir handelten um die Kette, oder gaben vielmehr, was der Italiener forderte; ich wählte noch ein Armband von Agatplatten und einen Ring mit einer roten Glaspaste; der Kaufmann besah mich und die schönen Gulden mit wunderlichen Blicken, steckte sie aber nichtsdestoweniger ein; ich aber wurde schon auf dem Wege nach dem Hause fortgedrängt, wo meine Dame wohnte. Auf einem abgelegenen Platze standen etwa sechs Herrenhäuser, deren Besitzer sich durch den Seidenhandel auf der Höhe früherer Vornehmheit erhielten. Weder eine Schenke noch ein sonstiges niederes Gewerbe zeigte sich in dieser Gegend, welche still und einsam in ihrer Reinlichkeit ruhte; das Pflaster war weißer und besser, als in anderen Stadtteilen, und kostbare eiserne Hofgeländer begrenzten dasselbe. In dem größten und vornehmsten dieser Häuser wohnte der Gegenstand meiner Lügen, eine jener jungen, anmutigen Damen, welche, gut und elegant gewachsen, mit rosiger Gesichtsfarbe, großen, lachenden Augen und freundlichen Lippen, mit reichen Locken, wehenden Schleiern und seidenen Gewändern die Unerfahrenheit berücken und selbst gefurchte Stirnen aufheitern, sozusagen die Schönheit schlechthin darstellend. Wir standen schon vor dem prächtigen Portale und mein Begleiter schloß seine Überredungen, daß ich jetzt oder nie meiner Gebieterin die Geschenke überbringen müßte, endlich dadurch, daß er frech den glänzenden Griff der Hausglocke packte und anzog. Aber trotz seiner Frechheit, würde ein Aristokrat sagen, reichte doch die Energie seines Plebejertumes nicht aus, ein kräftiges Geklingel hervorzubringen; es gab nur einen einzigen zaghaften Ton, welcher im Innern des großen Hauses verhallte. Nach einigen Sekunden ruckte der eine Torflügel um ein unmerkliches, und mein Begleiter schob mich hinein, was ich, aus Furcht vor allem Geräusche, willenlos geschehen ließ. Da stand ich in unsäglicher Beklemmung neben einer breiten steinernen Treppe, welche sich oben zwischen geräumigen Galerien verlor. Ich hielt Armband und Ring in die Hand gepreßt, und die Kette quoll teilweise zwischen den Fingern hervor; in der Höhe ertönten Tritte, welche von allen Seiten widerhallten, und jemand rief herunter, wer da sei? Doch hielt ich mich still, man konnte mich nicht sehen und ging wieder, Türen hinter sich zuschlagend. Nun stieg ich langsam die Treppe hinan, mich vorsichtig umsehend; an allen Wänden hingen große Ölgemälde, entweder wunderliche Landschaften oder grobe Stilleben enthaltend; die Decken waren in weißer Stukkatur gearbeitet mit kleinen Fresken dazwischen, und in abgemessenen Entfernungen standen hohe dunkelbraune Türen von Nußbaumholz, eingefaßt von Säulen und Giebeln von der gleichen Art, alles glänzend poliert. Jeder meiner Schritte erweckte Geräusch in den Wölbungen, ich wagte kaum zu gehen und dachte doch nicht daran, was ich sagen wollte, wenn ich überrascht würde. Vor jeder Tür lag eine Strohmatte, aber vor einer allein lag eine besonders reich und zierlich geflochtene von farbigem Stroh; daneben stand ein altes, vergoldetes Tischchen und auf diesem ein Arbeitskörbchen mit Strickzeug, einigen Äpfeln und einem hübschen, silbernen Messerchen zu äußerst am Rande, als ob es soeben hingestellt wäre. Ich vermutete, daß hier der Aufenthalt des Fräuleins sei, und im Augenblicke nur an sie denkend, legte ich meine Kleinodien mitten auf die Matte, nur den Ring zu unterst in das Körbchen auf einen feinen Handschuh. Dann aber eilte ich trepphinunter aus dem Hause, wo ich meinen Quälgeist ungeduldig meiner wartend fand. »Hast du es getan?« rief er mir entgegen. »Ja freilich«, erwiderte ich mit leichterem Herzen. »Das ist nicht wahr«, sagte er wieder, »sie sitzt ja die ganze Zeit an jenem Fenster dort und hat sich nicht gerührt.« Wirklich war die schöne Frau hinter dem glänzenden Fenster sichtbar und gerade in der Gegend des Hauses, wo jene Zimmertür sein mochte. Ich erschrak heftig, sagte aber: »Ich schwöre dir, ich habe die Kette und das Armband zu ihren Füßen gelegt und den Ring an ihren Finger gesteckt!« »Bei Gott?« »Ja, bei Gott!« rief ich. »Nun mußt du ihr aber noch eine Kußhand zuwerfen, und wenn du es nicht tust, so hast du falsch geschworen; sieh, sie schaut gerade herunter!« Wirklich ruhten ihre glänzenden Augen auf uns; aber der Einfall meines Freundes war ein teuflischer; denn lieber hätte ich dem Teufel selbst ins Gesicht gespien, als diese Zumutung erfüllt. Durch meinen jesuitischen Schwur war ich aber erst recht in die Klemme geraten, es gab keinen Ausweg. Rasch küßte ich meine Hand und bewegte sie gegen das Fenster hinauf. Das Mädchen hatte uns aufmerksam angesehen und lachte nun ganz unbändig, indem es freundlich herunter nickte; doch ich lief, so schnell ich konnte, davon. Das Maß war gefüllt, und als mein Gefährte mich in der nächsten Straße wieder erreichte, trat ich vor ihn hin und sagte: »Wie ist's eigentlich mit deiner Salamiwurst? meinst du, dieselbe sei hinreichend, dergleichen Sachen, wie ich bestehe, das Gegengewicht zu halten?« Damit warf ich ihn unversehens nieder und schlug ihn mit der Faust ins Gesicht, bis mich ein Mann weghob und rief: »Die Teufelsjungen müssen sich doch immer raufen!«

Das war das allererste Mal in meinem Leben, daß ich einen Schul- und Jugendgenossen schlug; ich konnte denselben nicht mehr ansehen, und zugleich war ich vom Lügen für einmal gründlich geheilt.

In dem lesebeflissenen Hause wurden indessen der Vorrat an schlechten Büchern und die Torheit immer größer. Die Alten sahen mit seltsamer Freude zu, wie die arme Töchter immer tiefer in ein einfältig verbuhltes Wesen hineingerieten, Liebhaber auf Liebhaber wechselten und doch von keinem heimgeführt wurden, so daß sie mitten in der übelriechenden Bibliothek sitzen blieben mit einer Herde kleiner Kinder, welche mit den zerlesenen Büchern spielten und dieselben zerrissen. Die Lesewut wuchs nichtsdestominder fortwährend, weil sie nun Zank, Not und Sorge vergessen ließ, so daß man in der Behausung nichts sah, als Bücher, aufgehängte Windeln und die vielfältigen Erinnerungen an die Galanterie der ungetreuen Ritter, wie gemalte Blumenkränze mit Sprüchen, Stammbücher voll verliebter Verse und Freundschaftstempel, künstliche Ostereier, in welchen ein kleiner Amor verborgen lag und dergleichen. Alles in allem genommen will es mir scheinen, daß auch dieses Elend sowohl, wie das entgegengesetzte Extrem, die religiöse Sektiererei und das fanatische Bibelauslegen armer Leute, wie ich es im Hause der Frau Margret fand, nur die Spur derselben Herzensbedürfnisse und das Suchen nach einer bessern Wirklichkeit gewesen sei.

Bei dem Sohne dieses Hauses machte sich, als er größer wurde, die vielgeübte Phantasie auf andere, nicht minder bedenkliche Weise geltend. Er wurde sehr genußsüchtig, lag schon als Handelslehrling in den Wirtshäusern als ein eifriger Spieler und war bei jedem öffentlichen Vergnügen zu sehen. Dazu brauchte er viel Geld, und um sich dieses zu verschaffen, verfiel er auf die sonderbarsten Erfindungen, Lügen und Ränke, welche ihm nur eine Art Fortsetzung der früheren Romantik waren. Jedoch hielt dies nur halb verdächtige Treiben nicht lange vor, vielmehr sah er sich bald darauf verwiesen, zuzugreifen, wo er konnte. Denn er gehörte zu jenen Menschen, die nicht gesonnen sind, sich in ihren Begierden im mindesten zu beschränken, und in der Gemeinheit ihrer Gesinnung dem Nächsten mit List oder Gewalt das entreißen, was er gutwillig nicht lassen will. Diese niedere Gesinnung ist gleichmäßig der Ursprung scheinbar ganz verschiedener Erscheinungen. Sie beseelt den ungeliebten Herrscher, der, in seinem Dasein jedem Kind im Lande ein Überdruß, doch nicht von seiner Stelle weicht und nicht zu stolz ist, sich vom Herzblute des verachteten und gehaßten Volkes zu nähren; sie ist der Kern der Leidenschaftlichkeit eines Verliebten, welcher, nachdem er einmal die bestimmte Erklärung der Nichterwiderung erhalten hat, sich nicht sogleich bescheidet, sondern mit gewaltsamer Aufdringlichkeit ein fremdes Leben verbittert; wie in allen diesen Zügen, lebt sie endlich auch in der Selbstsucht des Betrügers und Diebes jeglicher Art, groß und klein; überall ist sie ein unverschämtes Zugreifen, zu welchem mein ehemaliger Gefährte nun auch seine Zuflucht nahm. Ich hatte ihn im Verlaufe der Zeit ganz aus den Augen verloren, während er schon mehrere Male im Gefängnisse gesessen hatte, und dachte eines Tages an nichts weniger, als an ihn, da ich einen verkommenen Menschen durch die Häscher dem Zuchthause zuführen sah. In demselben ist er seither gestorben.

Dreizehntes Kapitel

Waffenfrühling. Frühes Verschulden

Ich war nun zwölf Jahre alt, so daß meine Mutter auf meine weitere Schulbildung denken mußte. Der Plan des Vaters, daß ich der Reihe nach die von gemeinnützigen Vereinen begründeten Privatanstalten besuchen sollte, war nun zerschnitten, indem dieselben inzwischen durch wohleingerichtete öffentliche Schulen überflüssig geworden; denn die abermalige Regeneration der Schweiz hatte zuerst auf diesen Punkt ihr Augenmerk gerichtet. Der alte Gelehrten- und Lehrerstand der Städte wurde durch einberufene deutsche Schulmänner reichlich erweitert und in den meisten Kantonen an eine große Zwillingsschule verteilt, welche aus einem Gymnasium und einer Realschule bestand. Bei der letzteren brachte mich die Mutter nach mehreren Beratungen und feierlichen Gängen unter, und die Leistungen meiner bescheidenen Armenschule, aus welcher ich halb wehmütig und halb fröhlich schied, erwiesen sich bei der Aufnahmeprüfung so genügend, daß ich neben den Zöglingen der guten alten Stadtschulen vollkommen bestand. Denn diese wohlhabenden Bürgerkinder waren nun ebenfalls auf die neuen Einrichtungen angewiesen. So fand ich mich plötzlich in eine ganz andere Umgebung versetzt. Statt wie früher der bestgekleidete und vornehmste meiner Mitschüler zu sein, war ich in meinen grünen Jäckchen, welche ich aufs äußerste ausnutzen mußte, nun einer der unansehnlichsten und bescheidensten, und das nicht nur in Betracht der Kleidung, sondern auch des Benehmens. Die Mehrzahl der Knaben gehörte dem altherkömmlichen Bürgerstande an; einige waren vornehme feine Herrenkinder und einige hinwieder stammten von reichen Dorfmagnaten; alle aber hatten ein sicheres Auftreten und Gebaren, entschiedene Manieren und einen fixen Jargon im Sprechen und Spielen, vor welchem ich blöde und unsicher dastand. Wenn sie sich stritten, so schlugen sie sich gleich mit raschen Bewegungen ins Gesicht, daß es klatschte, und mehr Mühe, als das neue Lernen, machte mir das Zurechtfinden in diese neue Umgangsweise, wenn ich nicht zu viel Unbilden erleiden wollte. Ich erkannte nun erst, wie mild und gutmütig die Gesellschaft der armen Kinder gewesen war, und schlüpfte noch oft zu ihnen, die mich mit wehmütigem Neide von meinen jetzigen Verhältnissen erzählen hörten. In der Tat brachte jeder Tag neue Veränderungen in meine bisherige Lebensweise. Seit alter Zeit war die Jugend der Städte in den Waffen geübt worden, vom zehnten Jahre an bis beinahe zum wirklichen Militärdienste des Jünglingsalters; nur war es mehr eine Sache der Lust und des freien Willens gewesen, und wer seine Kinder nicht wollte teilnehmen lassen, war nicht gezwungen. Nun aber wurden die Waffenübungen für die sämtliche schulpflichtige Jugend gesetzlich geboten, so daß jede Kantonsschule zugleich ein soldatisches Korps bildete. Mit den kriegerischen Übungen war das Turnen verwandt, zu welchem wir ebenfalls angehalten wurden, so daß ein Abend exerziert und den andern gesprungen, geklettert und geschwommen wurde. Ich war bisher aufgewachsen wie ein Gras, mich biegend und schmiegend, wie jedes Lüftchen der Lebensregungen und der Laune es wollte; niemand hatte mir gesagt, mich gerad zu halten, kein Mann mich an See und Fluß geführt und da hineingeworfen, nur in der Aufregung hatte ich ein und andern Sprung getan, den ich mit Vorsatz nicht zu wiederholen vermochte. Mein Temperament aber hatte mich nicht dazu getrieben, wie etwa die Söhne anderer Witwen, da ich keinen Wert darauf legte und viel zu beschaulich war. Meine jetzigen Schulgenossen hingegen bis auf den kleinsten herab schwammen alle wie die Fische im See herum, sprangen und kletterten, und hauptsächlich wohl nur ihr Spott nötigte mich, mir einige Haltung und Gewandtheit zu erwerben, da sonst mein Eifer bald erkaltet wäre.

Aber noch viel tiefer sollten die Veränderungen in mein Leben einschneiden. Ich trieb mich in einer Genossenschaft herum, welche sämtlich mit einem mehr oder minder genugsamen Taschengelde versehen war, teils aus häuslicher Wohlhabenheit, teils auch nur infolge herkömmlichen Brauches und sorgloser Prahlerei der Eltern. An Gelegenheit, Ausgaben zu machen, fehlte es noch weniger, da nicht nur bei den gewöhnlichen Übungen und Spielen auf den entlegenen Plätzen Obst und Backwerk zu kaufen üblich war, sondern auch bei größeren Turnfahrten und militärischen Ausflügen mit klingendem Spiel es für männlich galt, sich in den entfernten Dörfern hinter Brot und Wein zu setzen. Dazu kamen noch die Ausgaben für allerhand Spielereien, welche in der Schule abwechselnd Mode wurden unter dem Vorwande nützlicher Beschäftigung, ferner der lehrreiche Besuch aller fremden Sehenswürdigkeiten, von welch allem sich regelmäßig entfernt halten zu müssen einen unerträglichen Anstrich von Dürftigkeit und Verlassenheit verlieh. Meine Mutter bestritt mit gewissenhaftem Sinne alle die ungewohnten Ausgaben für Lehrmittel, Instrumente und Material und gab mir hierin sogar für eine gewisse Verschwendung Raum. Mit den feinen Zirkeln des Vaters durchstach ich das schönste Papier in der Klasse; jede Gelegenheit nahm ich wahr, ein neues Heft zu errichten, und meine Bücher waren immer dauerhaft gebunden. Allein in allem andern, das nur entfernt unnötig schien, beharrte sie eigensinnig auf dem Grundsatze, daß kein Pfennig unnütz dürfe ausgegeben werden und daß ich dies frühzeitig lernen müsse. Nur für die Hauptausflüge und Unternehmungen, von denen wegzubleiben ein zu großer Schmerz für mich gewesen wäre, gab sie mir ein kärgliches Geld, welches jedesmal schon in der Mitte des frohen Tages aufgezehrt war. Dabei hielt sie mich in weiblicher Unkenntnis der Welt nicht etwa in der Abgeschiedenheit zurück, wie es sich zu ihrer strengen Sparsamkeit geschickt hätte, sondern ließ mich meine ganze Zeit in der Gemeinschaft der anderen zubringen, mich nur unter lauter wohlgezogenen Knaben und unter der Aufsicht des großen, angesehenen Lehrerpersonales wähnend, während gerade dadurch das Mitmachen und Vergleichen unvermeidlich wurde und ich in tausend Verlegenheiten und schiefe Stellungen geriet. In der Einfachheit und Unschuld ihres Gemütes und ihres Lebenslaufes hatte sie keine Ahnung von dem unheilvollen Giftkraute, welches falsche Scham genannt wird und in den frühesten Tagen des Lebens umsomehr zu wuchern beginnt, als es von der Dummheit der alten Menschen eher gehätschelt und gepflegt, als ausgereutet wird. Unter tausend Jugendfreunden und Mitgliedern von Pestalozzi-Stiftungen gibt es vielleicht keine zwölf, welche aus ihren eigenen Erinnerungen sich noch auf das ABC des kindlichen Gemütes besinnen und wissen, wie sich daraus die verhängnisvollen Worte bilden, und man darf sie eigentlich nicht einmal darauf aufmerksam machen, sonst werfen sie sich sogleich auf dieses Gebiet und errichten darüber ein Statut.

Auf Pfingsten ward einst ein großer jugendlicher Feldzug angeordnet; sämtliche kleine Mannschaft, einige Hundert an der Zahl, sollte mit klingendem Spiel ausrücken und, über Berg und Tal marschierend, die bewaffnete Jugend einer benachbarten Stadt besuchen, um mit derselben gemeinschaftliche Paraden und Übungen abzuhalten. Es herrschte eine allgemeine Aufregung, gemischt aus der Freude der Erwartung und aus der Lust der Vorbereitung. Kleine Tornister wurden vorschriftsmäßig bepackt, Patronen wurden so viele als möglich über die bestimmte Zahl angefertigt, unsere Zweipfünderkanonen sowie die Fahnen bekränzt, und überdies ging unter der Hand das Gerede, wie unsere Nachbarn nicht nur schmucke und gedrillte Soldaten, sondern auch aufgeweckte und lustige Zecher und

Kameraden wären, daß es also nicht nur gelte, sich möglichst blank und strack zu halten, sondern jeder sich gut mit Taschengeld zu versehen hätte, um den berühmten Nachbarn auf jede Weise die Stirne zu bieten. Dazu wußten wir, daß dort die weibliche Jugend ebenfalls teilnehmen, festlich gekleidet und bekränzt uns beim Einmarsche begrüßen und daß nach dem gemeinschaftlichen Mahle getanzt würde. Auch in dieser Hinsicht waren wir nicht gesonnen, uns etwas zu vergeben; es hieß, jeder solle sich weiße Handschuhe verschaffen, um beim Balle ebenso galant als militärisch zu erscheinen, und alle diese Dinge wurden hinter dem Rücken der Aufseher mit solcher Wichtigkeit verhandelt, daß es mir angst und bange ward, allem zu genügen. Zwar war ich einer der ersten, der die Handschuhe aufzuweisen hatte, indem meine Mutter auf meine Klage aus den begrabenen Vorräten ihrer Jugend ein Paar lange Handschuhe von feinem weißem Leder hervorzog und unbedenklich die Hände vorn abschnitt, welche mir vortrefflich paßten. Hingegen in betreff des Geldes lebte ich der betrübten Aussicht, jedenfalls eine gedrückte und enthaltsame Rolle spielen zu müssen. In solchen Betrachtungen saß ich am Vorabend der Freudentage in einem Winkel, als mir plötzlich ein Gedanke durch den Kopf fuhr, ich das Hinausgehen der Mutter abwartete und dann zu dem Möbel eilte, das mein kleines Schatzkästchen barg. Ich öffnete es zur Hälfte und nahm unbesehen ein großes Geldstück heraus, das zu oberst lag; die anderen rückten alle ein klein wenig von der Stelle und machten ein leises Silbergeräusch, in dessen klangvoller Reinheit jedoch eine gewisse Gewalt ertönte, die mich schaudern machte. Schnell brachte ich meine Beute zur Seite, befand mich aber nun in einer sonderbaren Stimmung, die mich scheu und wortkarg gegen die Mutter werden ließ. Denn wenn der frühere Eingriff mehr die Folge eines vereinzelten äußeren Zwanges gewesen und mir kein böses Gewissen hinterlassen hatte, so war das jetzige Unterfangen freiwillig und vorsätzlich; ich tat etwas, wovon ich wußte, daß es die Mutter nimmer zugeben würde; auch die Schönheit und der Glanz der Münze schienen von der profanen Verausgabung abzumahnen. Jedoch verhinderte der Umstand, daß ich mich selbst bestahl zum Zwecke der Nothilfe in einem kritischen Falle, ein eigentliches Diebsgefühl; es war mehr etwas von dem Bewußtsein, welches im verlorenen Sohne dämmern mochte, als er eines schönen Morgens mit seinem väterlichen Erbteil auszog, es zu verschwenden.

Am Pfingsttage war ich schon früh auf den Füßen; unsere Trommler, als die allerkleinsten auch die muntersten Burschen, durchzogen in ansehnlichem Haufen die Stadt, umschwärmt von marschbereiten Schülern, und ich beeilte mich, zu ihnen zu stoßen. Meine Mutter hatte aber noch gar viel zu besorgen; sie füllte meinen Tornister mit Eßwaren, hing mir ein artiges Reisefläschchen um, mit Wein gefüllt, steckte mir noch hie und da etwas in die Taschen und gab mir gute Verhaltungsregeln. Ich hatte längst mein Gewehr auf der Schulter und die Patrontasche umgehängt, worin auch mein großer Taler steckte, und wollte mich endlich ihren Händen entreißen, als sie ganz verwundert sagte, ich werde doch etwas Geld mitnehmen wollen? Hierauf nahm sie das bereits Abgezählte hervor und unterwies mich, wie ich es einzuteilen hätte. Es war zwar nicht überreichlich, aber doch anständig und vollkommen hinreichend und selbst für unvorhergesehene Fälle berechnet. In einem Papiere war noch ein besonderes Stück eingewickelt, welches ich in dem gastfreundlichen Hause, wo ich einquartiert würde, den Dienstboten zu geben hätte. Wenn ich die Sache recht betrachtete, so war dies auch die erste Gelegenheit, wo eine solche Ausstattung eigentlich notwendig schien, und die Mutter ließ es also nicht an dem Ihrigen fehlen. Aber nichtsdestominder war ich überrascht; ich geriet in die größte Verlegenheit und Aufregung, und indem ich die Treppen hinunterstieg, drangen mir seltenerweise Tränen aus den Augen, daß ich sie hinter der Haustür abtrocknen mußte, ehe ich auf die Straße trat und zu dem fröhlichen Haufen stieß. Der allgemeine Jubel hätte in meinem Gemüte, welches durch die liebevolle Sorge der Mutter bewegt war, einen umso empfänglicheren Grund gefunden, wenn nicht der Taler in der Tasche mir wie ein Stein auf dem Herzen gelegen hätte. Jedoch als sich die ganze Schar zusammenfand, das Kommando ertönte und wir uns ordneten und abzogen, wurden meine düsteren Gedanken gewaltsam unterdrückt, und als ich, zur Vorhut eingeteilt, schon auf den freien Höhen ging unter dem morgenfrischen Himmel, und der lange Zug schimmernd und singend, mit wehender Fahne, sich zu unsern Füßen heranbewegte, da vergaß ich alles und lebte nur dem Augenblicke, welcher, Perle für Perle, von der glänzenden Schnur der nächsten Erwartung fiel. Wir führten ein lustiges Vorhutleben; ein alter Kriegsmann, in fremden Diensten ergraut und nun dazu verwendet, uns kleinen Nesthüpfern das Handwerk beizubringen, leitete uns an zu allerlei Schabernack und ließ sich unablässig bestürmen, aus unsern Feldflaschen zu trinken, was er mit scharfer Kritik des Inhaltes tat. Wir waren stolz, keinen der Schulmänner bei uns zu haben, welche die große Kolonne begleiteten, und hörten andächtig die Kriegsabenteuer, so uns der alte Soldat erzählte.

Zur Mittagszeit machte der Zug in einem sonnigen unbewohnten Talkessel halt; der wilde Boden war mit vielen einzelnen Eichen besetzt, um welche sich das junge Volk lagerte. Wir Leute der Vorhut aber standen auf einem Berge und schauten zufrieden auf das fröhliche Gewühl hinunter. Wir waren still geworden und schlürften den stillen glanzvollen Tag ein; der alte Feldwebel lag froh an der Erde und blinzte in den ruhevollen Horizont hinaus, über blaue Ströme und Seen hin. Obgleich wir noch nichts von landschaftlicher Schönheit zu sagen wußten und einige vielleicht in ihrem Leben nie dazu kamen, fühlten wir alle doch ganz die Natur, und das umsomehr, als wir mit unserem Freudenzuge eine würdige Staffage in der Landschaft bildeten, selbst handelnd darin auftraten und daher der empfindsamen Sehnsucht untätiger Naturbewunderer enthoben waren. Denn ich habe erst später erfahren und eingesehen, daß das müßige und einsame Genießen der gewaltigen Natur das Gemüt verweichlicht und verzehrt, ohne dasselbe zu sättigen, während ihre Kraft und Schönheit es stärkt und nährt, wenn wir selbst auch in unserm äußern Erscheinen etwas *sind* und bedeuten, ihr gegenüber. Und selbst dann ist sie in ihrer Stille uns manchmal noch zu gewaltig; wo kein rauschendes Wasser ist und gar keine Wolken ziehen, da macht man gern ein Feuer, um sie zur Bewegung zu reizen und sie nur ein bißchen atmen zu sehen. So trugen wir einiges Reisig zusammen und fachten es an; die roten Kohlen knisterten so leis und angenehm, daß auch unser graue und rauhe Führer vergnügt hineinsah, während der blaue Rauch dem Heerhaufen im Tale ein Zeichen unseres Aufenthaltes war; trotz der mittäglichen Sonnenhitze schien uns die erhöhte Glut des Feuers lieblich; wir verlöschten es ungern, als wir abzogen. Gar zu gern hätten wir einige Schüsse in die stille Luft gesandt, wenn es nicht streng untersagt gewesen wäre; ein Knabe hatte schon geladen und mußte den Schuß kunstgerecht wieder aus dem Gewehre ziehen, was ihm so peinlich war, als einem Schwätzer das Unterdrücken eines Geheimnisses.

Im Scheine des Abendgoldes sahen wir endlich die befreundete Stadt vor uns, aus deren mit Blumen und grünen Zweigen bekleidetem, altertümlichem Tore die so wie wir gerüstete Jugend uns entgegentrat, umgeben von den schaulustigen und freundlichen Eltern und Geschwistern. Ihre Artillerie löste uns zu Ehren eine Anzahl von Schüssen; wir betrachteten mit kritischem Auge, wie die kleinen Kanoniere neben der Mündung mit ebenso zierlicher Verrenkung sich zurückbogen, wenn die Lunte sich dem Brander näherte, und nach dem Schusse ebenso hampelmännisch sich mit dem Wischer auslegten, wie das alles bei uns üblich war. Noch mehr Ursache zur Eifersucht gaben uns die hübschen Perkussionsgewehre, womit unsere Kameraden einherzogen, da wir selbst nur alte Steinschlösser hatten, welche sich dann und wann erlaubten, zu versagen. Die Regierung dieses Kantons stand ein wenig im Geruche, in ihrem aufgeweckten Sinne für alles Gute und Schöne manchmal mehr Aufwand zu machen, als sich mit haushälterischer Bedächtigkeit vertrüge, und hatte demgemäß für ihre Schuljugend solche neue Waffen beschafft zu einer Zeit, wo dergleichen erst bei größeren Militärstaaten in der Einführung begriffen waren. So hörten wir denn, während unsere Freunde uns wohlgefällig erklärten, wie bei ihnen während der Ladung die Bewegung von »Pulver auf Pfann'« nun wegfiele, unsere erwachsenen Begleiter heimlich einen bedächtigen Tadel über solchen Aufwand aussprechen. Doch waren wir endlich ermüdet und gaben uns willig den Einladungen der Familien hin, welche sich so eifrig um unsere Beherbergung stritten, daß unsere ganze Schar in ihren offenen Armen so schnell verschwand, wie ein flüchtiger Regenschauer im heißen durstigen Erdreiche. Wir sahen uns nun vereinzelt in die Mitte häuslicher Wirtlichkeit versetzt als Gegenstand festlichen Wohlwollens und belohnten diese Gastfreundschaft dadurch, daß wir, als ob wir in Feindesland wären, beim Schlafengehen unsere Flintchen mitnahmen und neben die großen Gastbetten stellten, welche zu ersteigen wir alle unsere Turnerkünste aufbieten mußten.

Das Fest des anderen Tages erfüllte alle Erwartungen. Der Wetteifer ließ beide Parteien bei den Übungen gleich wohl bestehen; gegen die Perkussionsgewehre unserer Nebenbuhler aber hatten wir einen anderen Trumpf auszuspielen. Indem ihre Artillerie nämlich nur blind zu schießen gewohnt war und keine Kugeln kannte, schoß die unserige so geschickt nach dem Ziele, daß das bei solcher Gelegenheit stehende Sprüchwort: Die Kleinen machten es wahrlich besser, denn die Großen! diesmal nicht ganz unrichtig war und die Nachbarn dem ernsthaften Richten der Geschütze verwundert zuschauten.

Ein großes Festmahl, welches einige Tausend junge und alte Menschen vereinigte, wurde auf einer grünen Wiese eingenommen. Beliebte Jugendfreunde hielten Tischreden und trafen in denselben das Rechte, indem sie, anstatt uns in hohlem, frühreifem Ernste zu halten, in reinem Humor den Ton unschuldiger Fröhlichkeit anstimmten, ihr Alter vergaßen, ohne kindisch zu tun, und uns dadurch desto leichter lehrten, die Freude nicht ohne Witz zu genießen. Darauf zog eine Reihe feiner Mädchen aus dem Tore an uns vorbei auf einen geebneten Rasenplatz und lud uns mit Gesang zu Spiel und Tänzen ein. Sie waren alle weiß und rot gekleidet und entfalteten sich in der lieblichsten Blüte vom kindlichen Lockenkopfe bis zur angehenden Jungfrau; hinter dem weiten Kranze ragte manch weibliches Haupt in reifer Schönheit, um die zarten Pflänzlinge zu überwachen und bei guter Gelegenheit selbst noch ein bißchen jugendlicher über den Rasen zu schlüpfen, als in sonstigen Tagen erlaubt war. Hatten doch die Männer ihrerseits die Gelegenheit auch ersehen und die Lust der Kinder bereits zu ihrer eigenen Sache erklärt und schon mit mancher Flasche besiegelt! Unsere tapfere Schar näherte sich in dichtem Haufen dem flüsternden Kreise der Schönen, keiner wollte recht der vorderste sein; unsere Sprödigkeit ließ uns fast feindlich und düster aussehen, während das Anziehen der weißen Handschuhe ein weitgehendes Flimmern und Schimmern verursachte. Doch es zeigte sich nun, daß die Hälfte der Handschuhe überflüssig war, indem wir in zwei verschiedene Teile zerfielen, in solche Knaben nämlich, welche größere Schwestern zu Hause hatten, und in solche, welche dieses angenehme

Glück nicht kannten. Die ersteren zeigten sich alle als zierliche Tänzer, welche bald gesucht und ausgezeichnet wurden, indessen die letzteren wie ungeleckte Bären über den Rasen stolperten und nach einigen mißlungenen Abenteuern sich aus den Reihen stahlen und bei den Trinktischen zusammenfanden, wo wir mit energischem Gesang ein wildes Soldatenleben führten, als rauhe Krieger und Weiberfeinde, und uns gegenseitig einzubilden suchten, daß die Mädchen doch häufig nach unserem tüchtigen Treiben herüber schielten. Unser Zechen bestand zwar mehr in einer bescheidenen Nachahmung der Alten und überwand den natürlichen Widerwillen gegen Unmäßigkeit nicht, der noch in jenem Lebensalter liegt; doch bot es hinglänglichen Spielraum für unsere kleinen Leidenschaften. Der Weinbau dieser Landschaft war bedeutender und edler als bei uns; daher hatten unsere jungen Nachbarn schon eine entschiedenere Färbung in ihrer Fröhlichkeit und vertrugen ein stärkeres Glas Wein, als wir, so daß sie ihren Ruf vollkommen rechtfertigten. Da galt es nun, sich hervorzutun; ich gab mich diesem Bestreben ohne Rückhalt hin, meine wohlversehene Kasse verlieh mir die nötige Sicherheit und Freiheit, und dieser folgte alsobald eine gewisse Achtung meiner Umgebung. Wir durchzogen Arm in Arm die Stadt und die Lustplätze vor derselben; das schöne Wetter, die Freude, der Wein regten mich auf und machten mich geschwätzig und ausgelassen, keck und gewandt; aus einem stillen und blöden Fernesteher war ich urplötzlich ein lauter Tonangeber geworden, der sich in übermütigen Bemerkungen und Erfindung von Schwänken erging und welchen die übrigen Wortführer, die sich bisher wenig aus mir gemacht, sogleich anerkannten und hätschelten. Die Eigenschaft als Fremder, der neue Schauplatz erhöhte noch die Stimmung. Es ist schwer zu entscheiden, was größer war, ob meine Redseligkeit, mein Freudenrausch, oder meine erwachte Eitelkeit; kurz, ich schwamm in einem ganz neuen Glücke, welches am dritten Tage womöglich noch zunahm, als wir heimwärts zogen und die allseitige Zufriedenheit sowie die freiere Ordnung und Haltung eine neue Reihe fröhlicher Auftritte veranlaßten.

Als ich mit Sonnenuntergang das Haus meiner Mutter betrat, bestaubt und sonnverbrannt, die Mütze mit einem Tannenreise geschmückt, die Mündung des Gewehrchens und der eigene Mund prahlerisch von Pulver geschwärzt, da war ich nicht mehr der Gleiche, wie ich ausgezogen, sondern einer, der sich mit den kecksten Führern der Knabenwelt in verschiedene Verabredungen und Versprechungen eingelassen hatte zur Fortsetzung des begonnenen Tones. Hauptsächlich sollten die tanzkundigen Feintuer oder Weichlinge, wie wir sie nannten, verhindert werden, uns bei der einheimischen Schönheit etwa in den Schatten zu stellen; wir wollten daher ihren zierlichen Künsten ein derbes militärisches Wesen, kühne Taten und allerlei Streifereien und Unternehmungen entgegensetzen zur Begründung eines bedenklichen Ruhmes. Voll von diesen Ideen und noch voll der durchlebten Freude, die ich so wenig erschöpft hatte, als sie mich, fühlte ich mich in der besten Laune und erging mich in unserem Hause in lauten Erzählungen und prahlerischem, barschem Wesen, bis ich durch einige magische Witzkörner, die meine Mutter in die unbescheidene Brandung warf, für einmal zu Ruhe und Schlaf gebracht wurde.

Vierzehntes Kapitel

Prahler, Schulden, Philister unter den Kindern

Meine neuen Freunde ließen mir nicht Zeit, aus meiner Verirrung zu kommen; schon der nächste Tag, an dem ich, selbst eine Art von Größe, in der renommiertesten Gesellschaft unserer Stadt zu sehen war, weckte alle neuen Erinnerungen wieder; die Nachklänge des Festes gaben Gelegenheit, den Rest meiner Barschaft anzubringen und dagegen erneute Lorbeeren einzutauschen. Für einen der nächsten Sonntage wurde ein großer Spaziergang verabredet, welcher wieder eine Demonstration gegen die Feinspinner werden sollte. In meinem Leichtsinn hatte ich nicht bedacht, woher ich die nötigen Mittel nehmen wolle, also auch keinen Vorsatz gefaßt; als aber der Augenblick da war, griff ich wieder in den Schrein, ohne etwas anderes zu fühlen, als das zwingende Bedürfnis und eine Art dunklen Entschlusses, daß es das letzte Mal sei.

So ging es den ganzen kurzen Sommer hindurch. Die veranlassende Laune war längst verflogen, die Teilnehmer hatten sich dem ordentlichen Lauf der Dinge wieder gefügt; auch über mich hätten Maß und Bescheidenheit ihre Herrschaft wieder gewonnen, wenn nicht eine andere Leidenschaft aus der Sache erwachsen wäre, nämlich die des unbeschränkten Geldausgebens, der Verschwendung an sich. Es reizte mich, jeden Augenblick die kleinen Herrlichkeiten, wonach jenes Alter gelüstet, kaufen zu können; immer hatte ich die Hand in der Tasche, um mit Münzen hervorzufahren. Gegenstände, welche Knaben sonst eintauschen, kaufte ich nur mit barem Gelde, gab solches an Kinder, Bettler und beschenkte einige Gesellen, die meinen Schweif bildeten und meine Verblendung benutzten, solange es ging. Denn es war eine wirkliche Verblendung. Ich bedachte im mindesten nicht, daß die Sache doch ein Ende nehmen müsse; nie mehr öffnete ich das Kästchen ganz und übersah das Geld, sondern schob nur die Hand unter den Deckel, um ein Stück herauszunehmen, und überdachte auch nie, wie viel ich schon verschleudert haben müsse. Ich empfand auch keine Angst vor der Entdeckung; in der Schule und bei meinen Arbeiten hielt ich mich nicht schlimmer, als früher, eher besser, weil keine unbefriedigten Wünsche mich zu träumerischem Müßiggange verleiteten und die vollkommene Freiheit des Handelns, welche ich beim Geldausgeben empfand, sich auch im Arbeiten durch eine gewisse Raschheit und Entschlossenheit äußerte. Zudem fühlte ich das dunkle Bedürfnis, das unsichtbare Unheil, welches über mir sich sammelte, durch sonstige Pflichterfüllung einigermaßen aufzuwiegen.

Jedoch trotz allem befand ich mich jenen ganzen Sommer hindurch in einem unheimlichen und peinvollen Zustande, dessen Erinnerung, verbunden mit derjenigen an den blauen Himmel und Sonnenschein, an die stillen grünen Waldschenken, in welche wir uns zu heimlichen Gelagen verkrochen, eine seltsame Empfindung wachruft. Meine Genossen mußten längst gemerkt haben, daß es mit meinem Gelde nicht mit rechten Dingen zugehe; aber sie hüteten sich sorgfältig, einen Verdacht zu äußern oder die leiseste Frage an mich zu tun; vielmehr stellten sie sich, als ob sich alles von selbst verstünde, waren mir stillschweigend behilflich, die auffälligen blanken Silberstücke umzuwechseln, ohne in Erörterungen einzugehen, und als die Herrlichkeit ein Ende nahm, wandten sie sich ganz trocken und unbeteiligt von mir, ganz wie erwachsene brave Geschäftsleute, welche in aller Seelenruhe auch den Gewinn der Unredlichen an sich bringen, ohne über den Ursprung desselben Forschungen anzustellen. Dies vorausgeahnte Benehmen drückte mich umsomehr, als ich bald bemerkte, daß sie sich sonderbar gemessen gegen mich betrugen und nur wärmer wurden, wenn ich wieder ein Geldstück auf die Straße brachte, daneben aber sich anderweitig über mich zu besprechen schienen. Während jedoch die kleinliche und gewöhnliche Art der Mehrzahl keine heftige und leidenschaftliche Trennung bedingte, sollte mir die energische Selbstsucht eines einzigen und der daraus entspringende Haß Kummer und Leiden bereiten, wie sie wohl selten in diesem Alter sich zeigen. Derselbe war ein kleiner Bursche mit kleinen regelmäßigen Gesichtszügen, mit zierlichen Sommersprossen ganz bedeckt. Er besaß einen frühreifen Verstand, lernte fleißig und genau, bestrebte sich gegen ältere Leute, besonders gegen Frauen, in wohlgesetzten, altklugen Worten auszudrücken, und galt daher für einen ordentlichen, höchst brauchbaren Jungen. Er war fast in allen Übungen geschickt, durch Aufmerksamkeit und Ausdauer, und brachte alles, was er unternahm, auf eine niedliche Weise zustande. Meierlein, so hieß er, besaß aber kein tieferes Talent; in seinen verschiedensten Unternehmungen war nie etwas Neues oder Eigenes sichtbar, sondern er brachte nur das gut zuwege, was er sich vorgemacht sah, und ihn beseelte nur ein unablässiges Bedürfnis, sich alles Erdenkliche anzueignen. Deshalb konnte er ebensowohl eine vollkommene und reinliche Papparbeit hervorbringen, als über einen Graben setzen oder ballschlagen, oder mit einem Steinchen eine bezeichnete Stelle an einer Mauer treffen, alles durch langsame und anhaltende Übung; seine Schulhefte waren korrekt und in bester Ordnung, seine Schrift klein und zierlich, besonders seine Zahlen wußte er ausnehmend angenehm und rundlich in Reihen zu setzen. Seine vorzüglichste Gabe aber war eine gewisse Fähigkeit, mit verständiger Besprechung alles zu überspinnen, Verhältnisse auszuklügeln und mit vielsagender Miene Aufschlüsse und Vermutungen aufzustellen, welche über unser Alter hinausgingen. Dabei stets ein zuverlässiger und kurzweiliger Gesell, gesucht und nützlich, fing er wenig

Streit an, focht aber einen solchen höchst hartnäckig aus, und er blieb umso respektierter, als er immer wohlbedächtig auf der Seite stand, wo das wirkliche oder erlogene Recht sich behauptete.

Er war anderthalb Jahre älter als ich, hatte sich indessen enger an mich geschlossen, als alle übrigen, so daß wir eine besondere Freundschaft pflagen und jeden freien Augenblick zusammen steckten. Er ergänzte mich vortrefflich und sagte mir daher sehr zu. Meine Unternehmungen gingen immer auf das Phantastische, Bunte und Wirksame aus, während er durch Genauigkeit und Sorgfalt der mechanischen Arbeit meinen flüchtigen und rohen Entwürfen Zweck und Ordnung verlieh. Meierlein ließ mein Geheimnis ebenso vorsichtig bestehen, wie die anderen, obwohl es für seine verständige Aufmerksamkeit noch weniger eines sein konnte; doch ließ er nicht ebenso zwischendurch seine Einsicht ahnen, sondern bestrebte sich vielmehr, mich von den zu leichtsinnigen Ausgaben abzuhalten und meine Wünsche auf scheinbar nützliche und gute Dinge zu richten mit gesetzten Worten, was dem Verkehr mit ihm einen soliden Anstrich gab. Nur für sich selbst war er mit noch größerem Eifer bedacht, als die übrigen, und sich nicht begnügend mit meiner unmittelbaren Freigebigkeit, errichtete er mit großer Einsicht ein Schuldverhältnis zwischen mir und ihm, indem er sich haushälterisch aus meinem Gelde eine kleine Kasse ansammelte, aus welcher er mir, wenn ich augenblicklich nicht über mein Kästchen konnte, mäßige Vorschüsse machte, die wir gemeinsam verbrauchten und die er in ein niedlich angefertigtes Büchelchen eintrug, dessen Seiten mit Soll und Haben ansehnlich überschrieben waren. Überdies wußte er mir eine Menge kindischer Gegenstände zu verkaufen, deren Betrag er fleißig in sein Buch setzte. Seine Gewandtheit in den verschiedensten Übungen verwertete er ebenfalls; er war mein dienstbarer Dämon, der alles konnte und alles in Angriff nahm, was wir wünschten, aber jede Dienstleistung durch kleine Münzsorten in meinem Schuldregister bezeichnete. Auf Spaziergängen reizte er mich stets, seine Geschicklichkeit auf die Probe zu stellen. »Soll ich mit diesem Steinchen jenes dürre Blatt treffen?« sagte er, und ich erwiderte: »Das kannst du nicht!« »Willst du mir einen Batzen schuldig sein, wenn ich es tue?« »Ja!« und er traf es und erschwerte unter den gleichen Bedingungen die

Aufgabe manchmal dreimal hintereinander, ohne sie je zu verfehlen. Dann schrieb er die Summe genau in sein Buch mit allerliebsten wohlgestalteten Zahlen, was mir solches Vergnügen gewährte, daß ich laut auflachte. Er aber sagte ernsthaft, da sei gar nichts zu lachen, ich sollte bedenken, daß ich alles einmal berichtigen müßte und daß sein Büchlein eine ordentliche Bedeutung und Gültigkeit hätte vor jedem Geschäftsmann! Dann veranlaßte er mich wieder zu zahlreichen Wetten, ob zum Beispiel ein Vogel sich auf diesen oder jenen Pfahl setzen, ob ein vom Winde bewegter Baum sich das nächste Mal so oder so tief niederbeugen, ob am Gestade des Sees mit dem fünften oder sechsten Wellenschlage eine große Welle ankommen würde. Wenn bei diesem Spiele der Zufall mich manchmal gewinnen ließ, so setzte er in seinem Buche auf die Seite des *Soll* mit wichtiger Miene ein knappes Zählchen, welches sich in seiner Einsamkeit höchst wunderlich ausnahm und mir neuen Stoff zum Lachen, ihm hingegen zu ernsthaften Redensarten gab. Er suchte mich eifrigst zu überzeugen, daß Schulden eine wichtige Ehrensache seien, und eines Tages, als der Sommer sich seinem Ende nahte, überraschte mich Meierlein mit der Nachricht, daß er nun »abgerechnet« habe, und zeigte mir eine runde Zahl von mehreren Gulden nebst einigen Kreuzern und Pfennigen und bemerkte dabei, daß es nun schicklich wäre, wenn ich darauf dächte, ihm den Betrag einzuhändigen, indem er wünsche, aus seinen Ersparnissen sich ein schönes Buch zu kaufen. Doch erwähnte er hierüber die nächsten zwei Wochen nichts mehr und legte inzwischen eine neue Rechnung an, welches er mit vermehrtem Ernste tat und wobei er ein seltsames Betragen annahm. Er wurde nicht unfreundlich, aber die alte Fröhlichkeit und Unbefangenheit unseres Verkehrs war verschwunden. Eine große Niedergeschlagenheit beschlich mich, welche Meierlein durchaus nicht zu stören schien; vielmehr verfiel er selber in einen elegischen Ton, ungefähr wie er Abraham überkommen haben mochte, als er mit seinem Sohne Isaak den vermeintlich letzten Gang tat. Nach einiger Zeit wiederholte er seine Mahnung, diesmal mit Entschiedenheit, doch nicht unfreundlich, sondern mit einer gewissen Wehmut und väterlichem Ernste. Nun erschrak ich und fühlte eine heftige Beklemmung, indessen ich versprach, die Sache abzumachen. Jedoch konnte ich mich nicht ermannen, die Summe zu nehmen, und verlor selbst den Mut, meine gewöhnlichen Eingriffe fortzusetzen. Das Gefühl meiner Lage hatte sich jetzt ganz ausgebildet; ich schlich trübselig umher und wagte nicht zu denken, was nun kommen sollte. Ich empfand eine beängstigende Abhängigkeit gegen meinen Freund; seine Gegenwart war mir drückend, seine Abwesenheit aber peinlich, da es mich immer zu ihm hintrieb, um nicht allein zu sein und vielleicht eine Gelegenheit zu finden, ihm alles zu gestehen und bei seiner Vernunft und Einsicht Rat und Trost zu finden. Aber er hütete sich wohl, mir diese Gelegenheit zu bieten, wurde immer gemessener im Umgange und zog sich zuletzt ganz zurück, mich nur aufsuchend, um seine Forderung nun mit kurzen, fast feindlichen Worten zu wiederholen. Er mochte ahnen, daß eine Krisis für mich nahe bevorstehe; daher war er besorgt, noch vor dem Ausbruche derselben sein so lang und sorglich gepflegtes Schäfchen ins Trockene zu bringen. Und er hatte recht. Um diese Zeit war meine Mutter durch die verspätete Mitteilung eines Bekannten aufmerksam gemacht worden; sie erfuhr endlich mein bisheriges Treiben außer dem Hause, woran hauptsächlich die übrigen Kumpane schuld sein mochten, die sich schon früher von mir gewendet hatten, als meine Niedergeschlagenheit begonnen.

Eines Tages, als ich am Fenster stand und für meine Blicke auf den besonnten Dächern, im Gebirge und am Himmel stille Ruhepunkte und die vorwurfsvolle Stube hinter mir zu vergessen suchte, rief mich die Mutter mit ungewohnter Stimme beim Namen; ich wandte mich um, da stand sie neben dem Tische und auf demselben das geöffnete Kästchen, auf dessen Boden zwei oder drei Silberstücke lagen.

Sie richtete einen strengen und bekümmerten Blick auf mich und sagte dann: »Schau einmal in dies Kästchen!« Ich tat es mit einem halben Blicke, der mich seit langer Zeit zum ersten Male wieder den wohlbekannten inneren Raum der geplünderten Lade sehen ließ. Er gähnte mir vorwurfsvoll entgegen. »Es ist also wahr«, fuhr die Mutter fort, »was ich habe hören müssen, und was sich nun bestätigt, daß sich mein guter und sorgloser Glaube, ein braves und gutartiges Kind zu besitzen, so grausam getäuscht sieht?« Ich stand sprachlos da und sah in eine Ecke; das Gefühl des Unglückes und der Vernichtung kreiste in meinem Inneren so stark und gewaltig, als es nur immer im langen und vielfältigen Menschenleben vorkommen kann; aber durch die dunkle Wolke blitzte bereits ein lieblicher Funke der Versöhnung und Befreiung. Der offene Blick meiner Mutter auf meine unverhüllte Lage fing an den Alp zu bannen, der mich bisher gedrückt hatte; ihr strenges Auge war mir wohltätig und löste meine Qual, und ich fühlte in diesem Augenblicke eine unsägliche Liebe zu ihr, welche meine Zerknirschung durchstrahlte und fast in einen glückseligen Sieg verwandelte, während meine Mutter tief in ihrem Kummer und in ihrer Strenge beharrte. Denn die Art meines Vergehens hatte ihre empfindliche Seite, sozusagen ihren Lebensnerv getroffen: einesteils das kindliche blinde Vertrauen ihrer religiösen Rechtlichkeit, andernteils ihre ebenso religiöse Sparsamkeit und unwandelbare Lebensfrage. Sie hatte keine Freude beim Anblick des Geldes; nie übersah sie unnötigerweise ihre Barschaft; aber jedes Guldenstück war ihr beinahe ein heiliges Symbolum des Schicksals, wenn sie es in die Hand nahm, um es gegen Lebensbedürfnisse auszutauschen. Deshalb war sie nun weit schwerer mit Sorge erfüllt, als wenn ich irgend etwas anderes begangen hätte. Wie um sich gewaltsam vom Gegenteile zu überzeugen, hielt sie mir alles deutlich und gemessen vor und fragte dann wiederholt: »Ist es denn wirklich wahr? Gestehe!« Worauf ich ein kurzes Ja hervorbrachte und mich meinen Tränen überließ, ohne indessen viel Geräusch zu machen; denn ich war nun völlig befreit und fast vergnügt.

Sie ging tief bewegt auf und nieder und sprach: »So weiß ich nun nicht, was werden soll, wenn du dich nicht fest und für immer bessern willst!« Damit legte sie das Kästchen wieder in ihren Schreibtisch und ließ den Schlüssel desselben an dem gewohnten Ort.

»Sieh«, sagte sie, »ich weiß nicht, ob du, wenn du deine paar Geldstücke noch verbraucht hättest, alsdann auch nach meinem Gelde, welches ich so sparen muß, gegriffen haben würdest; es wäre nicht unmöglich gewesen; aber mir ist es unmöglich, dasselbe vor dir zu verschließen. Ich lasse daher den Schlüssel stecken, wie bisher, und muß es darauf ankommen lassen, ob du freiwillig dich zum Bessern wendest; denn sonst würde doch alles nichts helfen, und es wäre gleichgültig, ob wir beide ein bißchen früher oder später unglücklich würden!«

Es begannen gerade acht Tage Ferien; ich blieb von selbst im Hause und suchte alle Winkel auf, in denen ich den Frieden und die Ruhe der früheren Tage wieder fand. Ich war gründlich still und traurig, zumal die Mutter ihren Ernst beibehielt, ab und zu ging, ohne vertraulich mit mir zu sprechen. Am traurigsten war das Essen, wenn wir an unserm kleinen Eßtischchen saßen und ich nichts zu sagen wagte oder wünschte, weil ich das Bedürfnis dieser Trauer selbst fühlte und mir sogar darin gefiel, während meine Mutter in tiefen Gedanken saß und manchmal einen Seufzer unterdrückte.

Fünfzehntes Kapitel

Frieden in der Stille. Der erste Widersacher und sein Untergang

So verharrte ich im Hause und gelüstete nicht im mindesten ins Freie und zu meinen Genossen. Höchstens betrachtete ich einmal aus dem Fenster, was auf der Straße vorfiel, und zog mich sogleich wieder zurück, als ob die unheimliche Vergangenheit zu mir heranstiege. Unter den Trümmern und Erinnerungen meines verflogenen Wohlstandes befand sich ein großer Farbenkasten, welcher gute Farbentafeln enthielt, statt der harten Steinchen, die man sonst den Knaben für Farben gibt. Ich hatte schon durch Meierlein erfahren, daß man nicht unmittelbar mit dem Pinsel diese Täfelchen aushöhlen, sondern dieselben in Schalen mit Wasser anreiben müsse. Sie gaben reichliche, gesättigte Tinten, ich fing an, mit diesen Versuche anzustellen, und lernte sie mischen. Besonders entdeckte ich, daß Gelb und Blau das verschiedenste Grün herstellten, was mich sehr freute; daneben fand ich die violetten und braunen Töne. Ich hatte schon längst mit Verwunderung eine alte in Öl gemalte Landschaft betrachtet, die an unserer Wand hing; es war ein Abend; der Himmel, besonders der unbegreifliche Übergang des Gelben ins Blaue, die Gleichmäßigkeit und Sanftheit desselben reizte mich stark an, ebensosehr der Baumschlag, der mich unvergleichlich dünkte. Obgleich das Bild unter dem Mittelmäßigen stand, schien es mir ein bewundernswertes Werk zu sein, denn ich sah die mir bekannte Natur um ihrer selbst willen mit einer gewissen Technik nachgebildet. Stundenlang stand ich auf einem Stuhle davor und versenkte den Blick in die anhaltlose Fläche des Himmels und in das unendliche Blattgewirre der Bäume, und es zeugte eben nicht von größter Bescheidenheit, daß ich plötzlich unternahm, das Bild mit meinen Wasserfarben zu kopieren. Ich stellte es auf den Tisch, spannte einen Bogen Papier auf ein Brett und umgab mich mit alten Untertassen und Tellern; denn Scherben waren bei uns nicht zu finden. So rang ich mehrere Tage lang auf das mühseligste mit meiner Aufgabe; aber ich fühlte mich glücklich, eine so wichtige und andauernde Arbeit vor mir zu haben; vom frühen Morgen bis zur Dämmerung saß ich daran und nahm mir kaum Zeit zum Essen. Der Frieden, welcher in dem gutgemeinten Bilde atmete, stieg auch in meine Seele und mochte von meinem Gesichte auf die Mutter hinüberscheinen, welche am Fenster saß und nähte. Noch weniger, als ich den Abstand des Originales von der Natur fühlte, störte mich die unendliche Kluft zwischen meinem Werke und seinem Vorbilde. Es war ein formloses, wolliges Geklecksel, in welchem der gänzliche Mangel jeder Zeichnung sich innig mit dem unbeherrschten Materiale vermählte; wenn man jedoch das Ganze aus einer tüchtigen Entfernung mit dem Ölbilde vergleicht, so kann man noch heute darin einen nicht ganz zu verkennenden Gesamteindruck finden. Kurz, ich wurde zufrieden über meinem Tun, vergaß mich und fing manchmal an zu singen, wie früher, erschrak jedoch darüber und verstummte wieder. Doch vergaß ich mich immer mehr und summte anhaltender vor mich hin; wie Schneeglöckchen im Frühjahr tauchte ein und das andere freundliche Wort meiner Mutter hervor, und als die Landschaft fertig war, fand ich mich wieder zu Ehren gezogen und das Vertrauen der Mutter hergestellt. Als ich eben den Bogen vom Brette löste, klopfte es an die Tür und Meierlein trat feierlich herein, legte seine Mütze auf einen Stuhl, zog sein Büchlein hervor, räusperte sich und hielt einen förmlichen Vortrag an meine Mutter, indem er in höflichen Worten Klage gegen mich einlegte und die Frau Lee wollte gebeten haben, meine Verbindlichkeiten zu erfüllen; denn es würde ihm leid tun, wenn es zu Unannehmlichkeiten kommen sollte! Damit überreichte der kleine Knirps sein unvermeidliches Buch und bat gefällige Einsicht zu nehmen. Meine Mutter sah ihn mit großen Augen an, dann auf mich, dann in das Büchelchen und sagte: »Was ist das nun wieder?« Sie durchging die reinlichen Rechnungen und sagte: »Also auch noch Schulden? Immer besser, ihr habt das Ding wenigstens großartig betrieben!« während Meierlein immer rief: »Es ist alles in bester Ordnung, Frau Lee! Diesen letzten Posten nach der Hauptrechnung bin ich jedoch erbötig nachzulassen, wenn Sie mir jene berichtigen wollten.« Sie lachte ärgerlich und rief: »Ei ei! So so? Wir wollen die Sache einmal mit deinen Eltern besprechen, Herr Schuldenvogt! Wie sind denn diese artigen Schulden eigentlich entstanden?« Da reckte sich der Bursche empor und sagte: »Ich muß mir ausbitten, ganz in der Ordnung!« Die Mutter aber fragte mich streng, da ich ganz verblüfft und in neuer Beklemmung dagestanden: »Bist du dem Jungen dieses schuldig und auf welche Weise? Sprich!« Ich stotterte verlegen Ja und einige Tatsachen über die Natur der Schulden. Da hatte sie schon genug und jagte den Meierlein mit seinem Buche aus der Stube, daß er sich mit frechen Gebärden davon machte, nachdem er noch einen drohenden Blick auf mich geworfen. Nachher befragte sie mich weitläufig über den ganzen Hergang und geriet in großen Zorn; denn es war vorzüglich das ehrbare Aussehen dieses Knaben gewesen, welches in ihr von meinen Vergehungen keine Ahnung aufkommen ließ. Sodann nahm sie Gelegenheit, gründlicher auf alles Geschehene einzutreten und mir eindringliche Vorstellungen zu machen, aber nicht mehr im Tone der strengen und strafenden Richterin, sondern der mütterlichen Freundin, die bereits verziehen hat. Und nun war alles gut.

Allein doch nicht alles. Denn als ich nun wieder in die Schule trat, bemerkte ich, daß mehrere Schüler, um Meierlein versammelt, die Köpfe zusammensteckten und mich höhnisch ansahen. Ich ahnte nichts Gutes, und als die erste Stunde zu Ende war, welche der Rektor der Schule selbst gegeben, trat mein Gläubiger respektvoll vor ihn hin, sein Büchlein in der Hand, und erhob in geläufiger Rede seine Anklage wider mich. Alles war gespannt und horchte auf, ich saß wie auf Kohlen. Der Rektor stutzte, durchsah das Heft und begann das Verhör, welches Meierlein zu beherrschen suchte. Aber der Vorsteher gebot ihm Stille und forderte mich zum Sprechen auf. Ich gab einige kümmerliche Nachricht und hätte gern alles verschwiegen; doch der Mann rief plötzlich: »Genug, ihr seid Taugenichtse und werdet bestraft!« Damit trat er zu den aufliegenden Tabellen und bedachte jeden von uns mit einer scharfen Note. Meierlein sagte betreten: »Aber, Herr Professor –« »Still«, rief dieser und nahm das verhängnisvolle Buch, welches er in tausend Stücke zerriß, »wenn noch ein Wort darüber verlautet oder sich dergleichen wiederholt, so werdet ihr eingesperrt und als ein paar recht bedenkliche Gesellen abgestraft! Pack' dich!«

Während der übrigen Unterrichtsstunden schrieb ich ein Briefchen meinem Widersacher, worin ich ihn versicherte, daß ich ihm nach und nach meine Schuld abtragen und ihm jeden Kreuzer zustellen wolle, den ich von nun an ersparen könnte. Ich rollte das Papier zusammen, ließ es unter den Tischen zu ihm hin befördern und erhielt die Antwort zurück: Sogleich alles oder nichts! Nach Beendigung der Schule, als der Lehrer fort war, stellte sich der Dämon an der Tür auf, umgeben von einer schaulustigen Menge, und wie ich hinausgehen wollte, vertrat er mir den Weg und rief: »Seht den Schelm! Er hat den ganzen Sommer hindurch Geld gestohlen und mich um fünf Gulden dreißig Kreuzer betrogen! Wißt es alle und seht ihn an!« »Ein artiger Schelm, der grüne Heinrich!« ertönte es nun von mehreren Seiten, ich rief ganz glühend: »Du bist selbst ein Schelm und Lügner!« Allein ich wurde überschrien, fünf oder sechs boshafte Burschen, welche stets einen Gegenstand der Mißhandlung suchten, scharten sich um Meierlein, folgten mir nach und ließen Schimpfworte ertönen, bis ich in meinem Hause war. Von jetzt an wiederholten sich solche Vorgänge beinahe täglich; Meierlein warb sich eine förmliche Verbindung zusammen, und wo ich ging, hörte ich irgend einen Ruf hinter mir. Ich hatte mein renommistisches Benehmen schon verloren und war wieder ungeschickt und blöde geworden; das reizte den Mutwillen und die Spottsucht meiner Verfolger, bis sie endlich müde wurden. Es waren alles solche Kumpane, welche selbst schon irgend einen Streich verübt oder nur auf Gelegenheit warteten, Werg an die Kunkel zu bekommen. Es war auffallend, daß Meierlein trotz seines altklugen und fleißigen Wesens sich nicht zu ähnlich beschaffenen Naturen hielt, sondern immer in Gesellschaft der Leichtsinnigen, der Mutwilligen und Törichten zu sehen war, wie mit mir und den übrigen. Indessen nahmen nun die Ruhigen und Unbescholtenen unseres Alters teil gegen das verfolgungssüchtige Wesen jener, beschützten mich zu wiederholten Malen vor ihren Anfällen und ließen mich überhaupt weder Verachtung noch Unfreundlichkeit fühlen, so daß ich mehr als einem herzlich zugetan wurde, den ich vorher kaum beachtet hatte. Zuletzt blieb Meierlein ziemlich allein mit seinem Grolle, der aber dadurch nur heftiger und wilder wurde, so wie auch in mir jedes Vorgefühl einer Versöhnung erstarb. Wenn wir uns begegneten, so suchte ich wegzublicken und ging stumm vorüber; er aber rief mir laut ein giftiges und tödliches Wort zu, wenn wir allein in der Gegend oder nur fremde Menschen zugegen; waren wir aber nicht allein, so murmelte er dasselbe leise vor sich hin, daß nur ich es hören konnte. Ich haßte ihn nun wohl so bitter, als er mich hassen konnte; aber ich wich ihm aus und fürchtete den Augenblick, wo es einmal zur Abrechnung käme. So ging es ein volles Jahr lang und der Herbst war wieder gekommen, wo eine große militärische Schlußübung stattfinden sollte. Wir freuten uns immer auf diesen Tag, weil wir da nach Herzenslust schießen durften. Aber für mich waren alle gemeinsamen Freuden trüb und kalt geworden, da mein Feind zugleich teilnahm und öfter in meine Nähe geriet. Diesmal wurde unsere Schar in zwei Hälften geteilt, von denen die eine den waldigen und steilen Gipfel einer Anhöhe besetzen, die andere aber den Fluß überschreiten, den Hügel umgehen und einnehmen sollte. Ich gehörte zu dieser, mein Feind zu jener Abteilung. Wir hatten schon die ganze Woche vorher einen kleinen Brückenkopf gebaut und leichte Palisaden zugespitzt und eingerammelt, während einige Zimmerleute eine Brücke über das seichte Wasser geschlagen. Nun erzwangen wir mit unserem Geschütze höherer Verabredung gemäß den Übergang und trieben rüstig den Feind berghinan. Die Hauptmasse zog auf einem schneckenförmigen Fahrweg aufwärts, indessen eine weitgedehnte Plänklerkette das Gebüsch säuberte und über Stock und Stein vorwärts drang. Bei dieser war das größte Vergnügen und auch die stärkste Aufregung; die einzelnen Leute rückten sich auf den Leib, die zum Rückzuge bestimmten wollten durchaus nicht weichen, man brannte sich die Schüsse fast ins Gesicht, und mehr als ein Ladstock schwirrte, im Eifer vergessen, durch die Bäume, und nur das Glück der Jugend verhütete ernstliche Unfälle; auch war der alte Feldwebel, welcher die Plänkler beaufsichtigte, genötigt, mit seinem Stocke dazwischenzuschlagen und reichlich zu fluchen, um die Disziplin einigermaßen zu wahren. Ich befand mich auf einem äußersten Flügel dieser Kette, teilte aber die Aufregung meiner Kameraden nicht, sondern ging gedankenlos vorwärts, ruhig und melancholisch meine Schüsse abgebend und mein Gewehr wieder ladend. Bald hatte ich mich von den übrigen verloren und befand mich mitten am Abhange einer wilden, mir unbekannten Schlucht, in deren Tiefe ein Bächlein rieselte und die mit altem Tannenwalde erfüllt war. Der Himmel hatte sich bedeckt, es ruhte eine düstere und doch weiche Stimmung auf der Landschaft; das Schießen und Trommeln aus der Ferne hob noch die tiefe Stille der unmittelbaren Nähe, ich stand still und lehnte mich ausruhend auf das Gewehr, indem ich einer halb weinerlichen, halb trotzigen Laune anheimfiel, welche mich öfter beschlichen hat gegenüber der großen Natur und welche der Bedrängten Frage nach Glück ist. Da hörte ich Schritte in der Nähe, und auf dem schmalen Felspfade, in der tiefen Einsamkeit, kam mein Feind daher; das Herz klopfte mir heftig, er sah mich stechend an und sandte mir gleich darauf einen Schuß entgegen, so nah, daß mir einige Pulverkörner ins Gesicht fuhren. Ich stand unbeweglich und starrte ihn an; hastig lud er sein Gewehr wieder, ich sah ihm immer zu; dies verwirrte ihn und machte ihn wütend, und in unsäglicher Verblendung der Gescheitheit, der vermeintlichen Dummheit und Gutmütigkeit mitten ins Gesicht zu schießen, wollte er in dichter Nähe eben wieder anlegen, als ich, meine Waffe wegwerfend, auf ihn losfuhr und ihm die seinige entwand. Sogleich waren wir ineinander verschlungen, und nun rangen wir eine volle Viertelstunde miteinander, stumm und erbittert, mit abwechselndem Glücke. Er war behend, wie eine Katze, wandte hundert Mittel an, um mich zu Falle zu bringen, stellte mir das Bein, drückte mich mit dem Daum hinter den Ohren, schlug mir an die Schläfe und biß mich in die Hand, und ich wäre zehnmal unterlegen, wenn mich nicht eine stille Wut beseelt hätte, daß ich aushielt. Mit tödlicher Ruhe klammerte ich mich an ihn, schlug ihm gelegentlich die Faust ins Gesicht, Tränen in den Augen, und empfand dabei ein wildes Weh, welches ich sicher bin, niemals tiefer zu empfinden, ich mag noch so alt werden und das Schlimmste erleben. Endlich glitten wir aus auf den glatten Nadeln, welche den Boden bedeckten, er fiel unter mich und schlug das Hinterhaupt dermaßen wider eine Fichtenwurzel, daß er für einen Augenblick gelähmt wurde und seine Hände sich öffneten. Sogleich sprang ich unwillkürlich auf, er tat das Gleiche; ohne uns anzusehen, ergriff jeder sein Gewehr und verließ den unheimlichen Ort. Ich fühlte mich an allen Gliedern erschöpft, erniedrigt und meinen Leib entweiht durch dieses feindliche Ringen mit einem ehemaligen Freunde.

Von dieser Zeit an trafen wir nie wieder zusammen; er mochte aus meiner verzweifelten Entschlossenheit herausgefühlt haben, daß er im ganzen doch an den Unrechten gerate, und vermied jetzt jede Reibung. Aber der Streit war unentschieden geblieben, und unsere Feindschaft dauerte fort; ja sie nahm zu an innerer Kraft, während wir uns in den Jahren, die vergingen, nur selten sahen. Jedes Mal aber reichte hin, den begrabenen Haß aufs neue zu wecken. Wenn ich ihn sah, so war mir seine Erscheinung, abgesehen von der Ursache unserer Entzweiung, an sich selbst unerträglich, vertilgungswürdig; ich empfand keine Spur von der milden Wehmut, welche sich sonst beim Anblicke eines verfeindeten Freundes mit dem Unwillen vermischt; ich fühlte den reinen Widerwillen und daß, wie sonst Jugendfreunde für das ganze Leben eine Zuneigung bewahren, dieser für die gleiche Dauer mein Jugendfeind sein würde. Ähnliche Empfindungen mochte er bei meinem Anblick erfahren, wozu noch der Umstand kam, daß die anfängliche Ursache unserer Feindschaft, die Geschichte des Schuldbuches, für ihn an sich selbst unvergeßlich sein mußte. Er war unterdessen in ein Comptoir getreten, hatte seine eigentümlichen Fähigkeiten fort und fort ausgebildet, erwies sich als sehr brauchbar, klug und vielversprechend, und erwarb sich die Neigung seines Vorgesetzten, eines schlauen und gewandten Geschäftsmannes; kurz, er fühlte sich glücklich und sah voll Hoffnung auf sein zukünftiges Selbstwirken. So kann ich mir gar wohl denken, daß die arge Enttäuschung, welche sein erster jugendlicher Versuch, ein Geschäft zu machen, erfuhr, für ihn ebenso nachhaltig schmerzlich sein mußte, als einer kindlichen Dichter- oder Künstlernatur der erste verneinende Hohn, welcher ihren naiven und harmlosen Versuchen zuteil wird.

Wir waren schon konfirmiert, er etwa achtzehn, ich sechzehn Jahre alt; wir begannen uns selbständiger zu bewegen und lernten nun Verhältnisse und Menschen kennen. Wenn wir an öffentlichen Orten zusammentrafen, so vermieden wir, uns anzusehen, aber jeder weihte seine Freunde in seinen Haß ein, welcher manchmal umso gefährlicher zu wirken und auszubrechen drohte, als nun ein jeder mit solchen jungen Leuten umging, die seiner Beschäftigung und seinem Wesen entsprachen und also einen empfänglichen Boden für eine weiterzündende Feindschaft bildeten. Deswegen dachte ich mit Sorge an die Zukunft, und wie das denn nun das ganze Leben hindurch in der so engen Stadt gehen sollte? Allein diese Sorge war unnütz, indem ein trauriger Fall ein frühes Ende herbeiführte. Der Vater meines Widersachers hatte ein altes wunderliches Gebäude gekauft, welches früher eine städtische Ritterwohnung gewesen und mit einem starken Turme versehen war. Dies Gebäude wurde nun wohnlich eingerichtet und in allen Winkeln mit Veränderungen heimgesucht. Für den Sohn war dies eine goldene Zeit, da nicht nur das Unternehmen überhaupt eine Spekulation vorstellte, sondern auch eine Menge Geschicklichkeiten an den Mann gebracht werden konnten. Jede Minute, die er frei hatte, steckte er unter den Bauleuten, ging ihnen an die Hand und übernahm viele Arbeiten ganz, um sie zu ersetzen und zu sparen. Mein Weg zur Arbeit führte mich alltäglich an diesem Hause vorüber, und immer sah ich ihn zwischen zwölf und ein Uhr, wenn alle Arbeiter ruhten, und am Abend wieder, mit einem Farbentopfe oder mit einem Hammer unter Fenstern oder auf Gerüsten stehen. Er war seit der Kinderzeit fast gar nicht mehr gewachsen und sah in seiner Emsigkeit, an den ungeheuerlichen Mauern hängend, höchst seltsam aus; ich mußte unwillkürlich lachen und hätte fast einem freundlicheren Gefühle Raum gegeben, da er in diesem Wesen doch liebenswürdig und tüchtig erschien, wenn er nicht einst die Gelegenheit wahrgenommen hätte, einen ansehnlichen Pinsel voll Kalkwasser auf mich herunterzuspritzen.

Eines Tages, als ich des Hauses bereits ansichtig war, führte mich mein milder Stern durch eine Seitenstraße einen andern Weg; als ich einige Minuten später wieder in die Hauptstraße einbog, sah ich viele erschreckte Leute aus der Gegend jenes Hauses herkommen, welche eifrig sprachen und lamentierten. Um die Wegnahme einer alten Windfahne auf dem Turme zu bewerkstelligen, hatten die Bauleute erklärt, ein erhebliches Gerüste anbringen zu müssen. Der Unglückliche, der sich alles zutraute, wollte die Kosten sparen und während der Mittagsstunde die Fahne in aller Stille abnehmen, hatte sich auf das steile hohe Dach hinausbegeben, stürzte herab und lag in diesem Augenblicke zerschmettert und tot auf dem Pflaster.

Es durchfuhr mich, als ich die Kunde vernommen und schnell meines Weges weiter ging, wohl ein Grauen, verursacht durch den Fall, wie er war; aber ich mag mich durchwühlen, wie ich will, ich kann mich auf keine Spur von Erbarmen oder Reue entsinnen, die mich durchzuckt hätte. Meine Gedanken waren und blieben ernst und dunkel; aber das innerste Herz, das sich nicht gebieten läßt, lachte auf und war froh. Wenn ich ihn leiden gesehen oder seinen Leichnam geschaut, so glaube ich zuversichtlich, daß mich Mitleid und Reue ergriffen hätten; doch das unsichtbare Wort, mein Feind sei mit Einem Schlage nicht mehr, gab mir nur Versöhnung, aber die Versöhnung der Befriedigung und nicht des Schmerzes, der Rache und nicht der Liebe. Ich konstruierte zwar, als ich mich besonnen, rasch ein künstliches und verworrenes Gebet, worin ich Gott um Verzeihung, um Mitleid, um Vergessenheit bat; mein Inneres lächelte dazu, und noch heute, nachdem wieder Jahre vorübergegangen, fürchte ich, daß meine nachträgliche Teilnahme an jenem Unglücke mehr eine Blüte des Verstandes, als des Herzens sei, so tief hatte der Haß gewurzelt!

Sechzehntes Kapitel

Ungeschickte Lehrer, schlimme Schüler

Um wieder zu jener Schulzeit zurückzukehren, so kann ich nicht bekennen, daß dieselbe hell und glücklich gewesen sei. Der Kreis des zu Erfahrenden hatte sich nun erweitert, die Ansprüche waren ernster geworden, ich hatte ein dunkles Gefühl, daß es sich um Wichtiges und

Schönes handle, und auch einen gewissen Drang, diesem Gefühle zu genügen. Aber die Übergänge von einer Stufe zur anderen waren mir nie klar und gingen mir öfter verloren. Das Übel lag aber hauptsächlich in den Übergangszuständen der Schule selbst, da die Lehrerschaft noch aus alten Teilen, nämlich unbeschäftigten Theologen der Landeskirche, die aus Liebhaberei oder Bedürfnis alle möglichen Lehrfächer zu übernehmen gewöhnt waren, und aus neuen durchgebildeten Fachlehrern bestand und daher keine gleichmäßige und ineinander greifende Lehrweise hervorbrachte. Jene Theologen verfuhren nach alten Gewohnheiten und persönlichen Launen, sprangen von den Gegenständen ab, wenn es ihnen beliebte, und behandelten alles mehr als Dilettanten, während die weltlichen Berufslehrer wiederum ganz verschiedene Manieren und Methoden handhabten, die ihrerseits auch noch nicht erprobt waren. Hieraus ergab sich als Hauptübel überdies eine ungleiche und unsichere Behandlung der Jugend und die Möglichkeit jener wunderlichen Katastrophen und Abenteuer, deren Opfer bald der Lehrer, bald der Schüler wurde.

Es lehrte an unserer Schule ein Mann, welcher mit gutem Willen und ehrlichem Sinn eine große Unerfahrenheit, mit der Jugend umzugehen, und ein schwächliches und seltsames Äußeres verband. Er hatte in dem Kampfe, welcher den Umschwung der Dinge und besonders das erneute Schulwesen herbeiführte, tapfer mitgewirkt und war in der altgesinnten Stadt als ein leidenschaftlicher Liberaler verschrien. Wir Knaben waren allzumal gute Aristokraten, mit Ausnahme derer, die vom Lande kamen. Auch ich, obgleich meines Ursprunges halber auch ein Landmann, aber in der Stadt geboren, heulte mit den Wölfen und dünkte mich in kindischem Unverstande glücklich, auch ein städtischer Aristokrat zu heißen. Meine Mutter politisierte nicht, und sonst hatte ich kein nahestehendes Vorbild, welches meine unmaßgeblichen Meinungen hätte bestimmen können. Ich wußte nur, daß die neue radikale Regierung einige alte Türme und Mauerlöcher vertilgt hatte, welche Gegenstand unserer besonderen Zuneigung gewesen, und daß sie aus verhaßten Landleuten und Emporkömmlingen bestand. Hätte mein Vater, der zu diesen gehörte, noch gelebt, so wäre ich ohne Zweifel ein ganz liberales Männlein gewesen.

Gleich beim Beginne der neuen Schulen, als der ungeschickte Lehrer seine Tätigkeit mit vieler Gemütlichkeit antrat, brachte ein Schüler, der Sohn eines fanatischen Stadtbürgers, mit wichtigen Worten die Nachricht unter uns, wie der Lehrer geschworen hätte, uns Aristokratenkinder mit eiserner Rute zu bändigen. Er war nämlich in einer Gesellschaft aufmerksam gemacht worden, wie er es teilweise mit einer durch altes Herkommen übermütigen und ausgelassenen Stadtjugend zu tun haben würde, worauf er antwortete, er werde mit den Bürschlein schon fertig zu werden wissen. Auf obige Weise dargestellt, wurde diese Rede nun, wahrscheinlich nicht ohne Zutun der Alten, unter unsere verstandlose Masse geworfen, und sie begann sogleich zu wirken. Wir nahmen den Handschuh auf; die Verwegensten eröffneten einen geordneten Widerstand und ein leichtes Geplänkel des Unfuges. Schon dies verwirrte ihn, und anstatt mit Sarkasmen und ruhiger, überlegener Entschiedenheit die Angreifer zurückzuwerfen, rückte er sogleich mit seiner Hauptmacht und dem schweren Geschütze vor, indem er jeden kleinen Mutwillen, auch jede unabsichtliche Tat blindlings mit den schwersten und einflußreichsten Strafen belegte, die ihm zu Gebote standen und welche sonst nur in seltenen Fällen angewandt wurden. Dadurch entzog er sich in unsern Augen den guten Rechtsboden, da wir in der Abschätzung des Verhältnisses zwischen Strafe und Vergehen eine große Übung besaßen. Seine Strafen wurden bald wertlos und zuletzt eine Ehrensache, ein Martyrium. Es entstand offener Lärm in den Stunden, welcher sich auch in die anderen Säle verbreitete, wo der Gehetzte zu erscheinen hatte. Nun beging er einen neuen Fehlgriff; statt die Bewegung in sich selbst zerfallen zu lassen und eine Zeitlang ihr zu stehen, fing er an, jeden Schüler aus der Stube zu jagen, der das Geringste verübte. Eine unschuldig gestellte Frage an ihn, das absichtliche oder unabsichtliche Fallenlassen eines Gegenstandes reichte hin, ins Freie befördert zu werden. Wir merkten uns dies, und bald hielt er regelmäßig nur mit zwei oder drei Frommen seinen Unterricht, während der helle Haufen vor der Türe sich auf seine Kosten belustigte. Das Einschreiten oberer Behörden oder auch seine eigene Energie, wenn er, trotz des Verbotes, die Schüler zu schlagen, einige ein einziges Mal bei den Köpfen genommen und tüchtig durchgebleut hätte, würden hingereicht haben, die Ruhe herzustellen. Zu letzterem besaß er nicht die geeignete Persönlichkeit; das erstere unterblieb, da die unmittelbar folgende Instanz aus Pflegern bestand, welche dem Verfolgten abgeneigt waren und so lang als möglich die Vorfälle nicht zu bemerken schienen. Die Schüler erzählten in ihren Familien mit Ruhmredigkeit ihre Taten, wobei sie nicht unterließen, den Lehrer als den schreckbarsten Popanz darzustellen. Die behäbigen Bürger, sich mit Wohlgefallen ihrer eigenen Knabenstreiche erinnernd und in der Erfahrung der alten Zeit aufgewachsen, daß die Schule nur eine Art Unterkommen bilde, bis das würdige Bürgerkind, ohne sich den Kopf zerbrechen zu müssen, in das behagliche Privilegien- und Zunftwesen der guten alten Stadt aufgenommen würde, bestärkten ihre Söhnlein durch unverhohlenes Lächeln, wo nicht durch direkte Aufreizung, in ihrem Treiben. Obgleich die Sache längst Aufsehen gemacht hatte, wurde sie nach oben hin stets so geschildert, als ob alle Schuld an dem Verfolgten läge; es kam etwa ein Herr in die Stunde, um selbst zu sehen; dann hüteten wir uns aber wohl, etwa zu beginnen, so wie wir auch in den Stunden der übrigen Lehrer uns doppelt ruhig verhielten. Der Unglückliche war ein Ableiter für allen bösen Stoff, welcher in der Schule steckte. So schleppte er sich beinahe ein Jahr lang hin, bis er endlich für eine Zeitlang suspendiert wurde. Er wäre so gerne ganz weggeblieben, indem er Schaden an seiner Gesundheit litt und ganz abmagerte; aber eine zahlreiche Familie schrie nach Brot, und er war auf diesen Beruf angewiesen. So trat er eines Tages seinen Leidensweg wieder an, so versöhnlich und bescheiden als möglich; allein er fand keine Barmherzigkeit; ein wilder Jubel brach los, das alte Unwesen wiederholte sich, und er mußte nach wenigen Tagen gänzlich entlassen werden.

Ich hatte mich lange Zeit ziemlich ruhig verhalten und nur den zahlreichen Auftritten behaglich zugesehen. Gegen den Mann selbst verging ich mich nicht ein einziges Mal, da es mir widerstrebte, einem Erwachsenen gegenüber aufzutreten. Erst als das Hinausschieben der ganzen Klasse begann, suchte ich auch teilzunehmen und bewerkstelligte dies durch kleine Streiche oder wischte auch so mit hinaus; denn erstens ging es sehr lustig her draußen, und zweitens hätte ich um keinen Preis bei den wenigen verpönten Gerechten bleiben mögen, welche in der Stube saßen. Desto lauter wurde ich, wenn ich einmal draußen war, half Aufzüge und Umgänge anordnen und überließ mich, nach langer Zurückgezogenheit, einer so wilden Freude, daß mir das Herz heftig klopfte und mein Blut ganz in Wallung war, wenn wir bei dem folgenden Lehrer wieder an unseren Plätzen saßen. Ich kann mir fest gestehen, daß ich mich damals über die Freude selbst freute und keinerlei Bosheit in mir trug. Vielmehr empfand ich ein heimliches Mitleid mit dem Armen, welches ich zu äußern aber unterließ, um nicht lächerlich zu werden. Einst traf ich ihn ganz allein auf einem Feldwege; er schien einen Erholungsgang zu machen; unwillkürlich zog ich ehrerbietig meine Mütze, was ihn so freute, daß er mir zuvorkommend dankte und mich dabei so märterlich ansah, als ob er um Barmherzigkeit flehte. Ich wurde gerührt und dachte, daß es anders werden müsse. Gleich am nächsten Tage trat ich zu einer Gruppe der wildesten Mitschüler, um geradezu am rechten Flecke anzugreifen und ein Wort des Mitgefühls, des Nachdenkens unter sie zu werfen; ich hatte den richtigen Instinkt, daß dieses gewiß, wenn auch nicht augenblicklich, weiter wirken und die Laune der Menge anziehen würde. Sie sprachen eben von dem Lehrer, hatten eben einen neuen Spitznamen erfunden, der so komisch klang, daß alles bester Laune war und auflachte; die vorbedachten Worte verdrehten sich mir auf der Zunge, und anstatt meine Pflicht zu tun, verriet ich ihn und mein besseres Selbst, indem ich das gestrige Abenteuer auf eine Weise vortrug, die der gegenwärtigen Stimmung vollkommen entsprach und dieselbe erhöhte!

Nach seiner Entfernung wurde es still unter uns; die Lärmbedürftigen und Schlimmgesinnten wandten sich unbehaglich hin und her, zehrten von der Erinnerung und konnten sich nicht zurechtfinden. Eines Abends, nach dem Schlusse des Unterrichts, ging ich ruhig meiner Wege und näherte mich meiner Wohnung, als ich rufen hörte: »Grüner Heinrich! hierher!« Ich kehrte mich um und erblickte in einer anderen Straße eine ansehnliche Schar Schüler, welche durcheinander trieben wie ein Ameisenhaufen und sehr geschäftig schienen. Ich erreichte sie, man teilte mir mit, daß man in Gesamtheit dem verabschiedeten Lehrer noch einen Besuch abstatten und ein rechtes Schlußvergnügen veranstalten wolle, und forderte mich auf, teilzunehmen. Der Plan wollte mir gar nicht einleuchten, ich lehnte kurz ab und ging weg. Jedoch die Neugier drehte mich, daß ich von ferne nachzog und sehen wollte, wie es abliefe. Der Haufen bewegte sich vorwärts; andere Schulen, deren Bestandteile um diese Zeit alle in den Gassen wimmelten, wurden angeworben, daß bald ein Zug von hundert Jungen aller Art sich fortwälzte. Die Bürger standen unter den Türen und betrachteten mit Verwunderung das Tun, ich hörte einen sagen: »Was mögen die Teufelsbuben nur wieder vorhaben? Die sind bei Gott fast so munter, als wir gewesen sind!« Diese Worte klangen in meinen Ohren wie Kriegsdrommeten, meine Füße wurden lebendiger und schon trat ich dem letzten Manne des Zuges auf die Fersen. Es war ein unsägliches Vergnügen in der Menge, hervorgerufen durch das improvisierte Beisammensein aus eigener Machtvollkommenheit. Ich wurde immer wärmer, schob mich vorwärts und sah mich plötzlich bei der Spitze angelangt, wo die hohen Häupter gingen und mich begrüßten. »Der grüne Heinrich ist doch noch gekommen!« hieß es, der Name erschallte längs des ganzen Zuges und vermehrte den Stoff zu Geräusch und spielerischer Freude. Mir schwebten sogleich gelesene Volksbewegungen und Revolutionsszenen vor. »Wir müssen uns in gleichmäßigere Glieder abteilen«, sagte ich zu den Rädelsführern, »und in ernstem Zuge ein Vaterlandslied singen!« Dieser Vorschlag wurde beliebt und sogleich ausgeführt; so durchzogen wir mehrere Straßen, die Leute sahen uns mit Staunen nach; ich schlug vor, noch einen Umweg zu machen und dies Vergnügen so lange als möglich andauern zu lassen. Auch dies geschah, allein zuletzt langten wir doch am Ziele an. »Was wollen wir nun eigentlich beginnen?« fragte ich, »ich dächte, wir sängen hier ein Lied und zögen dann wieder mit einem Hurra davon!« »Ins Haus, ins Haus!« tönte es zur Antwort, »wir wollen ihm eine Dankrede für sein Wirken abstatten!« »So sollen wenigstens alle für einen stehen und keiner davon laufen, damit alle die gleiche Strafe tragen, wenn es etwas absetzt!« rief ich, worauf der ganze Schwarm in das kleine enge Haus einströmte und die Treppen hinantobte. Ich blieb an der Haustüre stehen, um die vorzeitige Flucht einzelner Mitschuldiger zu verhindern. Es tönte ein furchtbarer Lärm im Innern, die Knaben waren ganz berauscht von ihrer eigenen Aufregung; der Gesuchte lag krank in einem verschlossenen Zimmer, die Frauen suchten erschrocken die übrigen Türen zu verschließen und sahen sich aus den Fenstern nach Hilfe um. Doch schämten sie sich zu rufen; die Nachbarn wußten nicht, was alles zu bedeuten hätte, und sahen höchst verwundert zu; ich blieb mit nichts weniger als heiteren Gedanken auf meinem Posten. Das Haus war von unten bis oben angefüllt, die Lärmenden erschienen unter den Dachluken, warfen alte Körbe heraus und stiegen sogar auf das Dach, die Luft mit ihrem Geschrei erfüllend. Ein altes Weib brach endlich beherzt aus einem Kämmerchen hervor und trieb den ganzen Schwarm mit einem Besen allmählich aus dem Hause.

Dies Attentat war denn doch zu auffällig gewesen, als daß die oberen Behörden länger hätten zusehen können. Sie verlangten eine strenge Untersuchung. Wir wurden in einem Saale versammelt und einzeln aufgerufen, um vor ein Tribunal zu treten, welches in einer Nebenstube saß. Das Verhör dauerte einige Stunden, die Zurückkehrenden gingen sogleich weg, ohne Bericht zu geben; zwei Dritteile der Versammelten waren schon fort, und noch wurde ich nicht aufgerufen: dagegen bemerkte ich, daß zuletzt alle, welche aus der Verhörstube kamen, mich ansahen, ehe sie weggingen. Zuletzt hieß es, der ganze Rest solle hereinkommen mit Ausnahme des grünen Heinrich.

Endlich kam die Reihe an mich; der letzte Trupp erschien wieder und hieß mich hineingehen. Ich wollte fragen, was denn vorginge, erhielt aber keine Antwort; vielmehr sputeten sie sich ängstlich von hinnen. So trat ich in die Nebenstube, halb von Neugierde vorwärts gedrängt, halb von jener beklemmenden Furcht zurückgehalten, welche die Jugend vor den Alten empfindet, wenn sie in ihnen an Verstand überlegene und allmächtige Wesen voraussetzt. Es saßen zwei Herren am oberen Ende eines langen Tisches, an dessen Fuß ich stand, einige Stücke Papier und ein Schreibzeug vor sich. Der eine war der nächste Vorsteher der Schule, der auch selbst Unterricht erteilte und mich kannte, der andere ein höherer gelehrter Herr, welcher wenig sagte. Zu jenem stand ich in einem eigentümlichen Verhältnisse; er war ein gemütlicher Poltron, gern viele Worte machend und froh, wenn ein Schüler durch bescheidene Widerrede ihm Gelegenheit gab, sich gründlich über ein Faktum zu verbreiten. Im Anfange hatte er mir wohlgewollt, da ich gerade bei ihm mich ziemlich gut aufführte; aber meine Eigenschaft, den Vorwürfen, Ermahnungen und Strafen bei vorkommenden Fällen ein unwandelbares Schweigen entgegenzusetzen, hatte mir seine Abneigung zugezogen. Das ängstliche Leugnen, die Zungengeläufigkeit, Strafe von sich abzuwenden, das hartnäckige Feilschen um dieselbe waren mir unmöglich; glaubte ich eine solche verdient zu haben, so nahm ich sie schweigend hin; schien sie mir zu ungerecht, so schwieg ich ebenfalls, und nicht aus Trotz, sondern ich lachte innerlich ganz frohmütig darüber und dachte, der Richter hätte das Pulver auch nicht erfunden. Darum hielt mich der Herr für einen unbrauchbaren, bedenklichen Burschen und fuhr mich nun mit drohender Miene an: »Hast du an dem Skandale teilgenommen? Schweig! leugne nicht, es wird nichts helfen!« Ich brachte ein leises Ja hervor, der weiteren Dinge gewärtig. Doch wie um mich in seinen Augen, da ihm einmal zur Weckung guter Laune durchaus ein gründlicher Wortwechsel nötig war, noch zu retten, tat er, als ob er ein Nein vernommen hätte, und schrie: »Wie, was? Heraus mit der Wahrheit!« »Ja!« wiederholte ich etwas lauter. »Gut, gut, gut!« sagte er, »du wirst gewiß noch einen finden, der dir gewachsen ist, einen Stein, der eine Beule in deine eiserne Stirne schlägt!« Diese Worte beleidigten mich und taten mir weh; denn sie schienen nicht nur eine arge Verkennung zu enthalten, sondern auch eine ungehörige Voraussagung der Zukunft, eine persönliche Bitterkeit zu sein. Er fuhr fort: »Hast du auf dem Wege vorgeschlagen, einen förmlichen Zug zu ordnen und ein Lied zu singen?« Diese Frage machte mich stutzen; meine Genossen hatten also mich verraten und deshalb ohne Zweifel sich rein gewaschen; ich schwankte, ob ich nicht leugnen könne, aber es kam wieder ein Ja hervor. »Hast du am Hause erklärt, daß keiner sich zurückziehen dürfe und dieser Erklärung durch Bewachung der Tür Folge gegeben?« Das bejahte ich unbedenklich, da es mir weder eine Schande, noch ein besonderes Vergehen zu sein schien. Diese beiden Momente, aus den ersten Fragen an die Mitschuldigen schon zu Tage getreten, schienen dem Herrn auf den Haupturheber hinzudeuten; sie ragten auch wohl am faßbarsten aus all dem wirren Treiben hervor, und er hatte allein auf sie hin verhört. Jeder bejahte regelmäßig die Frage danach und war froh, nicht über sich selbst sprechen zu müssen.

Ich wurde entlassen und ging etwas bewegt, doch gemächlich nach Hause; das Ganze schien mir nicht sehr würdig zu verlaufen. Zwar fühlte ich eine tiefe Reue, aber nur gegen den mißhandelten Lehrer. Zu Hause erzählte ich der Mutter den ganzen Vorgang, worauf sie mir eben eine Strafrede halten wollte, als ein Amtsdiener hereintrat mit einem großen Briefe. Dieser enthielt die Nachricht, daß ich von Stund an und für immer von dem Besuche der Schule ausgeschlossen sei. Das Gefühl des Unwillens und erlittener Ungerechtigkeit, welches sich sogleich in mir äußerte, war so überzeugend, daß meine Mutter nicht länger bei meiner Schuld verweilte, sondern sich ihren eigenen bekümmerten Gefühlen überließ, da der große und allmächtige Staat einer hilflosen Witwe das einzige Kind vor die Türe gestellt hatte mit den Worten: Es ist nicht zu brauchen!

Wenn über die Rechtmäßigkeit der Todesstrafe ein tiefer und anhaltender Streit obwaltet, so kann man füglich die Frage, ob der Staat das Recht hat, ein Kind oder einen jungen Menschen, die gerade nicht tobsüchtig sind, von seinem Erziehungssysteme auszuschließen, zugleich mit in den Kauf nehmen. Gemäß jenem Vorgange wird man mir, wenn ich im späteren Leben in eine ähnliche ernstere Verwickelung gerate, bei gleichen Verhältnissen und Richtern wahrscheinlich den Kopf abschneiden; denn ein Kind von der allgemeinen Erziehung ausschließen, heißt nichts anderes, als seine innere Entwicklung, sein geistiges Leben köpfen. In der Tat haben auch häufig die öffentlichen Bewegungen der Erwachsenen, von welchen solche Kinderaufläufe ein Abbild genannt werden können, mit Enthauptungen geendet.

Der Staat hat nicht danach zu fragen, ob die Bedingungen zu einer weiteren Privatausbildung vorhanden seien, oder ob trotz seines Aufgebens das Leben den Aufgegebenen doch nicht fallen lasse, sondern manchmal noch etwas Rechtes aus ihm mache: er hat sich nur an seine Pflicht zu erinnern, die Erziehung jedes seiner Kinder zu überwachen und weiter zu führen. Auch ist am Ende diese Erscheinung weniger wichtig in bezug auf das Schicksal solcher Ausgeschlossenen, als daß sie den wunden Fleck auch der besten unserer

Einrichtungen bezeichnet, die Trägheit nämlich und Bequemlichkeit der mit diesen Dingen Beauftragten, welche sich für Erzieher ausgeben.

Siebzehntes Kapitel

Flucht zur Mutter Natur

Der Kummer und die Niedergeschlagenheit meinerseits waren nicht allzu groß; ich hatte dem Lehrer des Französischen einige Bücher zurückzustellen, da er mir mit Wohlwollen ehrwürdige Franzbände französischer Klassiker zu leihen pflegte. Auch führte er mich einige Male in einer großen Bibliothek umher, mir respektvolle Vorbegriffe vom Bücherwesen beibringend. Als ich zu ihm kam, drückte er mir sein Bedauern über das Geschehene aus und gab mir zu verstehen, wie ich es nicht allzu hoch aufzunehmen hätte, da seines Wissens die Mehrzahl der Lehrer, gleich ihm, nicht unzufrieden mit mir wären. Ferner lud er mich ein, ihn zu besuchen und seinen Rat zu holen, wenn ich Lust hätte, das Französische weiter zu betreiben. Ich sah ihn zwar nicht wieder im Wechsel der Zeit; aber seine Worte gaben mir eine gewisse Genugtuung, daß ich mich nun frei fühlte, wie der Vogel in der Luft, zumal ich die Bedeutung des Augenblickes und die Wichtigkeit der Zukunft nicht zu übersehen vermochte.

Meine Mutter hingegen befand sich in großer Bedrängnis; sie konnte bestimmt annehmen, daß der Vater meine Schulbildung jetzt noch nicht abgeschlossen haben würde, wenn er noch lebte, und doch sah sie bei ihren beschränkten Mitteln keine Möglichkeit, mir Privatlehrer zu halten oder mich auf eine auswärtige Schule zu schicken, noch konnte sie sich den Beruf denken, welchen ich nun am besten ergriffe, da gerade für eine einsichtsvollere Selbstbestimmung der erweiterte Gesichtskreis der nun verschlossenen höheren Klassen hätte Gelegenheit bieten sollen. Meine häusliche Beschäftigung hatte in letzter Zeit beinahe ausschließlich im Zeichnen und Malen bestanden, und auch in dieser Hinsicht befand ich mich in einem sonderbaren

Verhältnis zur Schule. Dort galt ich für nichts weniger, als für einen talentvollen Zeichner. Monatelang klebte der gleiche Bogen auf meinem Reißbrette; ich quälte mich verdrossen ab, einen kolossalen Kopf oder ein Ornament mit dem mageren Bleistifte zu kopieren; Dutzende von Linien wurden ausgelöscht, bis die richtige stehen blieb, das Papier wurde beschmutzt und durchgerieben und verkündete einen faulen und verdrießlichen Zeichner. Sobald ich aber nach Hause kam, warf ich diese Schulkunst beiseite und machte mich mit eifrigem Fleiße hinter meine Hauskunst. Nach jenem ersten Versuche, eine gemalte Landschaft zu kopieren, hatte ich fortgefahren, dergleichen Gebilde in Wasserfarben hervorzubringen; da ich nun aber weiter keine Vorbilder besaß, mußte ich sie auf eigene Faust ins Leben rufen und tat dieses mit anhaltendem Fleiße. Der gemalte Ofen unserer Stube enthielt eine Menge kleiner Landschaftsmotive, eine Burg, eine Brücke, einige Säulen an einem See und solches mehr; ein altes Stammbuch der Mutter, sowie eine kleine Bibliothek verjährter Damenkalender aus ihrer Jugend bargen einen Schatz sentimentaler Landschaftsbilder, dem lyrischen Texte entsprechend, mit Tempeln, Altären und Schwänen auf Teichen, mit Liebespaaren in Kähnen sitzend und dunklen Hainen, deren Bäume mir unvergleichlich gestochen schienen. Aus allem diesem zusammen bildete sich eine höchst unschuldige und sozusagen elementare Poesie, welche meinem eifrigen Machen zu Grunde lag und mich während desselben beglückte. Ich erfand eigene Landschaften, worin ich alle poetischen Motive reichlich zusammenhäufte, und ging von diesen auf solche über, in denen ein einzelnes vorherrschte, zu welchem ich immer den gleichen Wanderer in Beziehung brachte, mit welchem ich halb bewußt mein eigenes Wesen ausdrückte. Denn nach dem immerwährenden Mißlingen meines Zusammentreffens mit der übrigen Welt hatte eine ungebührliche Selbstbeschauung und Eigenliebe angefangen, mich zu beschleichen; ich fühlte ein weichliches Mitleid mit mir selbst und liebte es, meine Person symbolisch in die interessanten Szenen zu versetzen, welche ich erfand. Diese Figur, in einem grünen romantisch geschnittenen Kleide, eine Reisetasche auf dem Rücken, starrte in Abendröten und Regenbogen, ging auf Kirchhöfen oder im Walde, oder wandelte auch wohl in glückseligen Gärten voll Blumen und bunter Vögel. Das Machwerk an der beträchtlichen Sammlung solcher Bilder, welche sich bereits angehäuft hatte, blieb immer auf dem nämlichen Standpunkte gänzlicher Erfahrungs- und Unterrichtslosigkeit; nur eine gewisse Keckheit und Fertigkeit im Auftragen der grellen Farben, welche ich durch die unablässige Übung erwarb, verbunden mit der kühnen Absicht meiner Unternehmungen überhaupt, unterschied mein Treiben einigermaßen von sonstigen knabenhaften Spielen mit Bleistift und Farbe und mochte meinen vorläufigen Ausspruch, daß ich ein Maler werden wolle, veranlassen. Doch wurde jetzt nicht näher darauf eingegangen, sondern bestimmt, daß ich einige Zeit in dem ländlichen Pfarrhause bei dem Bruder der Mutter zubringen sollte, um über die nächsten Monate meines Ungemaches auf gute Weise hinwegzukommen, indessen eine taugliche Zukunft für mich ermittelt würde.

Das Heimatdorf lag in einem äußersten Winkel des Landes; ich war noch nie dort gewesen, sowie auch die Mutter seit manchen Jahren es nicht mehr besucht hatte und die dortigen Verwandten, mit seltenen Ausnahmen, nie in der Stadt erschienen. Nur der Oheim Pfarrer kam jedes Jahr einmal auf seinem Klepper geritten, um an einer Kirchenversammlung teil zu nehmen, und schied immer mit kordialen Einladungen, endlich einmal hinauszuwandern. Er erfreute sich eines halben Dutzends Söhne und Töchter, welche mir noch so unbekannt waren, wie ihre Mutter, meine rüstige Muhme und geistliche Bäuerin. Außerdem lebten dort zahlreiche Verwandte des Vaters, vor allen auch seine leibliche Mutter, eine hochbejahrte Frau, welche, schon längst an einen zweiten, reichen und finstern Mann verheiratet, unter dessen harter Herrschaft in tiefer Zurückgezogenheit lebte und nur selten mit den Hinterlassenen ihres früh gestorbenen Sohnes einen sehnsüchtigen Gruß aus der Ferne wechselte. Das Volk lebte noch in der stillen Einschränkung und Entsagung vergangener Jahrhunderte, wo besonders die Frauen, wenn sie einmal durch einige Meilen getrennt waren, einander nicht wieder, oder nur bei seltenen, hochwichtigen Ereignissen sahen, bei welchen es alsdann wahrhaft episch herging und Tränen der Rührung und schmerzlicher oder froher Erinnerung ihren Augen entflossen, während die Männer wohl sich vom Orte bewegten, aber in ernstem Geschäftssinne an den Türen halbverschollener Verwandter vorübergingen, wenn sie keinen Rat zu bringen oder zu holen hatten. Jetzt ist das Volk wieder lebendiger geworden; durch die erleichterten Verkehrsmittel, durch das wieder erstandene öffentliche Leben und zahlreiche Volksfeste veranlaßt, bewegt es sich fröhlich von der Stelle und macht damit zugleich seinen Geist wieder jung und fruchtbar, und nur beschränkte Eiferer predigen noch gegen die festliche Wanderlust derer, die den Pflug führen, und ihrer Kinder.

Meine Mutter befahl mir, insbesondere der einsamen überlebenden Großmutter so viele Zeit als möglich zu widmen und in Ehrerbietung und Liebe bei ihr auszuharren, solange es ihr gefiele, mich um sich zu haben, und von meinem Vater, ihrem Sohne, zu reden.

So machte ich mich eines Morgens vor Sonnenaufgang auf die Füße und trat den weitesten Weg an, den ich bis dahin unternommen hatte. Ich genoß zum ersten Male das Morgengrauen im Freien und sah die Sonne über nachtfeuchten Waldkämmen aufgehen. Ich wanderte den ganzen Tag, ohne müde zu werden, kam durch viele Dörfer und war wieder stundenlang allein in gedehnten Waldungen oder auf freien heißen Höhen, mich oft verirrend, aber die verlorene Zeit nicht bereuend, weil ich fortwährend in meinen Gedanken beschäftigt war und zum erstenmal, durch mein stilles Wandern bewegt, von der ernsten Betrachtung des Schicksals und der Zukunft erfüllt wurde. Kornblumen und roter Mohn und in den Wäldern bunte Pilze begleiteten mich längs der ganzen Straße; wunderschöne Wolken bildeten sich unablässig und zogen am tiefen stillen Himmel dahin; ich ging immer zu, indessen mich das selbstgefällige Mitleid mit mir selbst, welches mir die Welt aufgedrängt hatte, wieder überkam, bis ich gegen alle Gewohnheit bitterlich weinte. Ich wußte mich vor Betrübnis nicht zu lassen und saß an einer schattigen Quelle nieder, immer schluchzend, bis ich mich schämte, mein Gesicht wusch und über mich selbst erbost den Rest des Weges zurücklegte. Endlich sah ich das Dorf zu meinen Füßen liegen in einem grünen Wiesentale, welches von den Krümmungen eines leuchtenden kleinen Flusses durchzogen und von belaubten Bergen umgeben war. Die Abendsonne lag warm auf dem Tale, die Kamine rauchten freundlich, einzelne Rufe klangen herüber. Bald befand ich mich bei den ersten Häusern, ich fragte nach dem Pfarrhofe, und die Leute, welche an meinen Augen und meiner Nase erkannten, daß ich zu dem Geschlechte der Lee gehöre, fragten mich, ob ich vielleicht ein Sohn des verstorbenen Baumeisters sei?

So gelangte ich zu der Wohnung meines Oheims, welche von dem rauschenden Flüßchen bespült und mit großen Nußbäumen und einigen hohen Eschen umgeben war; die Fenster blinkten zwischen dichtem Aprikosen- und Weinlaube hervor, und unter einem derselben stand mein dicker Oheim in grüner Jacke, ein silbernes Waldhörnchen, in welchem eine Zigarre rauchte, im Munde und eine Doppelflinte in der Hand. Ein Flug Tauben flatterte ängstlich über dem Hause und drängte sich um den Schlag, mein Oheim sah mich und rief sogleich: »Ha ha, da kommt unser Neffe! das ist gut, daß du da bist, schnell heraufspaziert!« Dann sah er plötzlich in die Höhe, schoß in die Luft, und ein schöner Raubvogel, welcher über den Tauben gekreist hatte, fiel tot zu meinen Füßen. Ich hob ihn auf und trug ihn, durch diesen tüchtigen Empfang angenehm begrüßt, meinem Oheim entgegen.

In der Stube fand ich ihn allein neben einer langen Tafel, die für viele Personen gedeckt war. »Eben kommst du recht!« rief er, »wir halten heute das Erntefest, gleich wird das Volk da sein!« Dann schrie er nach seiner Frau, sie erschien mit zwei mächtigen Weingefäßen, stellte sie ab und rief: »Ei ei, was ist das für ein Bleichschnabel, für ein Milchgesicht? Warte, du sollst nicht mehr fort, bis du so rote Bakken hast, wie dein seliger Vater! Wie geht's der Mutter, was ist das, warum kommt sie nicht mit?« Sogleich richtete sie mir an der Tafel ein vorläufiges Mahl zu und schob mich, als ich zögerte, ohne weiteres auf den Stuhl und befahl mir, stracks zu essen und zu trinken. Indessen näherte sich Geräusch dem Hause, der hohe Garbenwagen schwankte unter den Nußbäumen heran, daß er die untersten Äste streifte, die Söhne und Töchter mit einer Menge anderer Schnitter und Schnitterinnen gingen nebenher unter Gelächter und Gesang; der Oheim, seine Flinte reinigend, schrie ihnen zu, ich wäre da, und bald fand ich mich mitten im fröhlichen Getümmel. Erst spät in der Nacht legte ich mich zu Bette bei offenem Fenster; das Wasser rauschte dicht unter demselben, jenseits klapperte eine Mühle, ein majestätisches Gewitter zog durch das Tal, der Regen klang wie Musik und der Wind in den Forsten der nahen Berge wie Gesang; und die kühle erfrischende Luft atmend, schlief ich sozusagen an der Brust der gewaltigen Natur ein.

Achtzehntes Kapitel

Die Sippschaft

Am frühen Morgen, als Sonnenglanz durch das Laubwerk ins Zimmer drang, wurde ich auf eigentümliche Weise geweckt. Ein junger Edelmarder mit zartem Pelze saß auf meiner Brust und beschnüffelte mit den feinen hastigen Atemstößen seiner spitzen kühlen Schnauze meine Nase und huschte, als ich die Augen aufschlug, unter die Bettdecke, blinzelte da und dort hervor und versteckte sich wieder. Als ich aus dieser Erscheinung nicht klug wurde, brachen meine jungen Vettern aus ihrer Schlafkammer, in welcher sie gelauscht hatten, lachend hervor, veranlaßten das behende Tier zu den anmutigsten und possierlichsten Sprüngen und erfüllten das Zimmer mit Fröhlichkeit. Dadurch herangelockt, drang eine Meute schöner Hunde herein, ein zahmes Reh erschien neugierig unter der Tür, eine prachtvolle graue Katze folgte und schmiegte sich durch das Getümmel, die spielenden und zutäppischen Hunde würdevoll abweisend; Tauben saßen auf dem Fenster, Menschen und Tiere, die ersteren kaum halb angezogen, jagten sich durcheinander. Alle aber hielt der kluge Marder zum besten und schien viel eher mit uns zu spielen, als wir mit ihm. Nun erschien auch der Oheim mit dem rauchenden Waldhörnchen, uns eher noch zu Unfug anspornend, als abwehrend; seine frisch blühenden Töchter folgten ihm, um nach der Ursache des Geräusches zu sehen und uns zu Frühstück und Ordnung zu rufen, mußten sich aber bald ihrer Haut wehren, da ein Krieg allgemeiner Neckerei sich gegen sie entspann, an dem sogar die Hunde teilnahmen, welche sich die Parole der erlaubten Ausgelassenheit am frühen Morgen nicht zweimal geben ließen, sondern sich tapfer an die starken Kleidersäume der scheltenden Mädchen hingen. Ich saß an dem offenen Fenster und atmete die balsamische Morgenluft; die glitzernden Wellen des raschen Flüßchens flimmerten wilder an der weißen Zimmerdecke, und ihr Reflex überstrahlte das Angesicht jenes seltsamen Kindes Meret, dessen altertümliches Bild an der Wand hing. Es schien unter dem Wechseln des spielenden Silberscheines zu leben und vermehrte den Eindruck, den alles auf mich machte. Dicht unter dem Fenster wurde Vieh getränkt, Kühe, Ochsen, junge Rinder, Pferde und Ziegen gingen in der Mitte des klaren Wassers, tranken in bedächtigen Zügen und sprangen mutwillig davon; das ganze Tal war lebendig und glänzte vor Frische, und sein Rauschen vermischte sich mit dem Gelächter in meinem Zimmer; ich fühlte mich glücklicher, als ein junger Fürst, bei welchem glänzendes Lever gehalten wird. Endlich erschien die Muhme und befahl uns ohne Widerstand zum Frühstück.

Ich sah mich wieder an den langen Tisch versetzt, um welchen die zahlreiche Familie mit ihren Schützlingen und Tagewerkern versammelt war. Letztere kamen schon von mehrstündiger Arbeit und erholten sich von der ersten leichten Müde, von der erstarkten Sonne als Morgengruß gesendet. Alles aß kräftige Hafersuppe, in welche reichlich Milch gegossen wurde; nur am obern Ende, zwischen Vater, Mutter und der ältesten Tochter, herrschte die Kaffeetasse, und ich, als Gast diesem vornehmen Anhängsel beigefügt, sah mit Neid in die frische Suppenregion hinüber, wo fröhliche Späße getauscht wurden. Doch bald brach die Gesellschaft wieder auf, um zur Arbeit auf dem fernen heißen Felde oder in Scheunen und Stall sich zu zerstreuen. Die Auszüge des Tisches wurden ineinander geschoben, daß er, eine schwere Masse glänzenden Nußbaumholzes, still in der geleerten Stube stand, bis die Hausfrau einen mächtigen Korb Hülsenfrüchte darauf schüttete, um sie für das Mittagsmahl vorzubereiten, und dem Oheim kaum für seine Hefte Raum ließ, in welchen er den diesjährigen Ertrag seiner Felder aufschrieb, mit den früheren Jahrgängen, und überdies noch das Verhalten der einzelnen Äcker untereinander verglich. Der jüngste Sohn, etwa in meinem Alter, mußte ihm, hinter seinem Stuhle stehend, Bericht erstatten, und als er seiner Pflicht genügt hatte, forderte er mich auf, mit ihm hinauszustreifen und etwa mit zu arbeiten, wo es uns am besten gefiele, vorzüglich aber uns bei dem Zwischenimbiß einzufinden, der auf dem Felde gehalten würde, und wo es an Scherz nicht fehle. Indessen erschien aber ein Sendbote der Großmutter, die von meiner Ankunft gehört hatte und mich einlud, sogleich zu ihr zu kommen. Mein Vetter bot sich mir zur Begleitung an; ich putzte mich, nicht ohne Ziererei, halb einfach ländlich, halb komödiantisch heraus, und wir gingen auf den Weg, welcher zuerst über den Kirchhof führte, der auf einer kleinen Höhe gelegen ist. Dort duftete es gewaltig von tausend Blumen, eine flimmernde, summende Welt von Licht, Käfern und Schmetterlingen, Bienen und namenlosen Glanztierchen webte über den Gräbern hin und her. Es war ein feines Konzert bei beleuchtetem Hause, wogte auf und nieder, erlöschte bis auf das gehaltene Singen eines einzelnen Insektes, belebte sich wieder und schwellte mutwillig und volltönig an; dann zog es sich in die Dunkelheiten zurück, welche die Jasmin- und Holunderbüsche über den Grabzeichen bildeten, bis eine brummende Hummel den Reigen wieder ans Licht führte; die Blumenkelche nickten im Rhythmus vom fortwährenden Absitzen und Auffliegen der Musikanten. Und unter diesem zarten Gewebe lag das Schweigen der Gräber und der Jahrhunderte seit den Tagen, wo dieser Zweig alemannischen Volkes sich hier festgesetzt und die erste Grube gegraben. Ihr Wort, Spuren ihrer Sitte und ihrer Gesetze leben noch im grünen Gau, auf den Berghöfen, in den kleinen grauen Steinstädten, die an den Flüssen hangen oder an Halden lehnen. Ich empfand eine Art von Scheu, vor die ergraute Frau zu treten, die ich noch nie gesehen und mir eher als eine gestorbene Vorfahrin, denn als eine lebendige Großmutter erschien. Auf engen Pfaden, unter fruchtbeschwerten Bäumen hin, um stille Gehöfte herum gelangten wir endlich vor ihr Haus, welches in tief grünem schweigendem Schatten lag: sie stand unter der braunen Tür und schien, die Hand über den Augen, sich nach mir umzusehen. Sogleich führte sie mich in die Stube hinein und hieß mich mit sanfter Stimme willkommen, ging zu einem blanken zinnernen Gießfasse, welches in gebohnter Eichenholznische über einer schweren zinnernen Schale hing, drehte den Hahn und ließ sich das klare Wasser über die kleinen gebräunten Hände strömen. Dann setzte sie Wein und Brot auf den Tisch, stand lächelnd, bis ich getrunken und gegessen hatte, und setzte sich hierauf ganz nahe zu mir, da ihre Augen schwach waren, betrachtete mich unverwandt, während sie nach der Mutter und unserem Ergehen fragte und doch zugleich in Erinnerung früherer Zeit versunken schien. Auch ich sah sie aufmerksam und ehrerbietig an und behelligte sie nicht mit kleinen Berichten, welche mir nicht hierher zu gehören schienen. Sie war schlank und fein gewachsen, trotz ihres hohen Alters beweglich und aufmerksam, keine Städterin und keine Bäuerin, sondern eine wohlwollende Frau; jedes Wort, das sie sprach, war voll Güte und Anstand, Duldung und Liebe, von aller Schlacke übler Gewohnheit gereinigt, gleichmäßig und tief. Es war noch ein Weib, bei dem man begreifen konnte, wie die Alten das verdoppelte Wergeld des Mannes forderten, wenn es erschlagen oder beschimpft wurde.

Ihr Mann erschien, ein diplomatischer und gemessener Bauer; er begrüßte mich mit freundlicher Teilnahmlosigkeit, und nachdem er mit Einem Blicke gesehen, daß ich eine ähnliche »phantastische« Natur wie mein Vater und deshalb in der Zukunft weder Ansprüche noch Streitigkeiten zu befürchten seien, ließ er seine Frau in ihrer Freude gewähren, gab ihr sogar gelassen zu verstehen, daß sie mich nach Gefallen bewirten dürfe, und ging wieder seine Wege.

Ich blieb einige Stunden bei ihr, ohne daß wir viel sprachen; sie saß stillvergnügt neben mir und schlief endlich lächelnd ein. Über ihre geschlossenen Augen ging eine leise Bewegung wie das Wallen eines Vorhanges, hinter welchem etwas vorgeht, man ahnte, daß sich dort Bilder in zartem, verjährtem Sonnenscheine zeigten, und die freundlichen Lippen verkündeten es in schwachen Regungen. Als ich mich erhob, um behutsam fortzugehen, erwachte sie sogleich, hielt mich an und betrachtete mich fremd; wie in ihrer Person das meinem Dasein Vorhergegangene groß und unvermittelt vor mir stand, mochte ich als die Fortsetzung ihres Lebens, als ihre Zukunft dunkel und rätselhaft vor ihr stehen, da meine Tracht wie meine Sprache von allem abwich, worin sie sich lebenslang bewegt hatte. Sie schritt gedankenvoll in die Nebenkammer, wo sie in einem hohen Schranke einen Vorrat neuer Kleinigkeiten aufbewahrte, die sie von fahrenden Krämern zu kaufen pflegte, um sie gelegentlich an das junge Volk zu verschenken. Statt eines mächtigen Taschentuches ergriff sie, ihres blöden Gesichtes wegen, ein kleines rotseidenes Halstuch, wie es Landmädchen tragen, und gab mir es, noch in das gleiche Papier gewickelt, in dem sie es gekauft. Ich mußte ihr versprechen, jeden Tag zu kommen und nächstens einmal dort zu speisen.

Mein Vetter hatte sich längst entfernt, und ich suchte allein meinen Heimweg, das rote Tüchelchen in der Tasche. Bei einem Hause vorbeigehend, bemerkte ich einige derbe Kinder, welche wie der Blitz hineinliefen und dort lärmend etwas riefen. Eine Frau kam heraus, holte mich ein, kündigte sich als Base an und fragte, ob ich denn nichts von ihr und ihrer Familie wisse? Ich bejahte die Frage, indem ich mich entschuldigte, sie nicht gekannt zu haben. Sie nötigte mich nun in das Haus, wo es von frischgebackenem Brote duftete und eine lange Treppe von unten bis oben mit großen viereckigen und runden Kuchen bedeckt war, auf jeder Staffel einer, um zu verkühlen. Während diese Base, ein rüstiges Weib in voller Blüte der Arbeitslust und Kraft, schnell ihre Haare zurückstrich und eine Schürze umband, hockten die Kinder alle hinter dem heißen Ofen und guckten scheu, doch kichernd hervor. Meine neue Gönnerin verkündigte, daß ich gerade zu einer guten Stunde gekommen sei, da sie heute gebacken hätte; zerschnitt sogleich einen großen Kuchen in vier Stücke und setzte Wein dazu, um dann den Tisch für das Mittagsmahl zu decken. Dieses Haus hatte nicht den patriarchalischen Anstrich, wie dasjenige der Großmutter; man sah keine Geräte von Nußbaum, sondern nur von Tannenholz; die Wände waren noch von frischer Holzfarbe, die Ziegel auf dem Dache hellrot, wie das zu Tage tretende Gebälke, und vor dem Hause wenig oder kein Baumschatten; die Sonne lag heiß auf dem weiten Gemüsegarten, in welchem nur ein bescheidenes Blumenrevier verkündete, daß diese Haushaltung einen jungen Wohlstand zu begründen im Begriffe und vor der Hand an den prosaischen Nutzen gewiesen sei. Nun kam der Mann vom Felde mit dem ältesten Knaben, besorgte, obgleich er vernahm, daß ich in der Stube sei, erst seine Ochsen und Kühe, wusch sich am Brunnen gemächlich die Hände und trat dann, dieselben mir reichend, fest und ruhig herein, sogleich nachsehend, ob seine Frau mich gehörig bewirte. Dabei zeigten die Leute keinerlei Ziererei, als ob ihre Gaben zu gering wären; denn der Bauer ist der einzige, welcher nur *sein*

Brot als das beste erachtet und es als solches jedermann anbietet. Seine Leckerbissen sind die Erstlinge jeder Frucht; die neue Kartoffel, die erste Birne, die Kirschen und die Pflaumen gehen ihm über alles, und er schätzt sie so hoch, daß er wunder glaubt was zu gewinnen, wenn er von fremden Bäumen im Vorübergehen eine Handvoll erhaschen kann, während er an den bunten Leckereien der Städte gleichgültig vorübergeht. Diese Überzeugung, daß er das Beste und Gesundeste biete, geht auf den Gast über, welcher sich alsbald einer kräftigen Eßlust hingibt, ohne sie zu bereuen. Darum saß ich schmächtiges »Vetterlein« wieder tapfer schmausend hinter dem Tische, obgleich ich heute schon ein Erkleckliches getan hatte. Mit Wohlwollen überhäuften mich die Verwandten und betrachteten mich, wie jeden Städter, der nicht ein Zinsherr ist, als einen Hungerschlucker. Sie führten ein lebhaftes Gespräch über unser Schicksal und befragten mich des genauesten nach allen unseren Umständen.

Nachdem ich noch den Stall besehen und in der Scheune jeder Kuh eine Gabel voll Klee hinübergeschoben, verabschiedete ich mich; die Base ließ es sich aber nicht nehmen, mich ein Stück Weges zu begleiten, um mich schnell noch einer anderen Base vorzustellen, wo ich mich nicht lange aufzuhalten brauche für dieses Mal. Ich fand eine freundliche Matrone, nicht ganz von dem edlen und feinen Wesen meiner Großmutter, aber doch anständig und wohlwollend. Sie wohnte allein mit einer Tochter, welche früher, einer häufigen Sitte gemäß, zwei Jahre in der Stadt gedient, dann einen vermöglichen Bauern geheiratet hatte und nach dessen baldigem Tode nun als Witwe lebte. Kaum zweiundzwanzig Jahre alt, war sie von hohem und festem Wuchse, ihr Gesicht hatte den ausgeprägten Typus unseres Geschlechtes, aber durch eine ungewöhnliche Schönheit verklärt; besonders die großen braunen Augen und der Mund mit dem vollen runden Kinn machten augenblicklichen Eindruck. Dazu schmückte sie ein schweres dunkles, fast nicht zu bewältigendes Haar. Sie galt für eine Art Lorelei, obschon sie Judith hieß, auch niemand etwas Bestimmtes oder Nachteiliges von ihr wußte. Dies Weib trat nun herein, vom Garten kommend, etwas zurückgebogen, da sie in der Schürze eine Last frisch gepflückter Ernteäpfel und darüber eine Masse gebrochener Blumen trug. Dies schüttete sie alles auf den

Tisch, wie eine reizende Pomona, daß ein Gewirre von Form, Farbe und Duft sich auf der blanken Tafel verbreitete. Dann grüßte sie mich mit städtischem Akzente, indessen sie aus dem Schatten eines breiten Strohhutes neugierig auf mich herabsah, sagte, sie hätte Durst, holte ein Becken mit Milch herbei, füllte eine Schale davon und bot sie mir an; ich wollte sie ausschlagen, da ich schon genug genossen hatte, allein sie sagte lachend: »Trinkt doch!« und machte Anstalt, mir das Gefäß an den Mund zu halten. Daher nahm ich es und schlürfte nun den marmorweißen und kühlen Trank mit Einem Zuge hinunter und mit demselben ein unbeschreibliches Behagen, wobei ich sie ganz ruhevoll ansah und so ihrer stolzen Ruhe das Gleichgewicht hielt. Wäre sie ein Mädchen von meinem Alter gewesen, so hätte ich ohne Zweifel meine Unbefangenheit nicht bewahrt. Doch war dies alles nur ein Augenblick, und als ich mir darauf mit den Blumen zu schaffen machte, zwang sie sogleich einen großen Strauß von Rosen, Nelken und starkduftenden Kräutern zusammen und steckte mir denselben wie ein Almosen in die Hand; das alte Mütterchen füllte meine Taschen mit Äpfeln, daß ich nun, mit Gaben förmlich beladen, ohne Widerrede gedemütigt von dannen zog, von sämtlichen Frauen zu fleißigem Besuche bei ihnen, wie bei den noch übrigen Verwandten, aufgefordert.

Neunzehntes Kapitel

Neues Leben

Es war schon tiefer Nachmittag, als ich endlich das Haus meines Oheims wieder fand, und zwar verschlossen, weil alle Bewohner ins Freie gegangen; doch wußte ich, daß ich durch Scheune und Stall ein Schlupfloch finden würde. In der Scheune sprang mir das Reh entgegen und schloß sich mir unverweilt an; im Stalle sahen sich die Kühe nach mir um, und ein lediges Rind tappte halbwegs auf mich zu und machte Anstalt, einen vertraulichen Satz gegen mich zu nehmen, daß ich mich furchtsam in den nächsten Raum salvierte, der ganz mit Ackergerätschaften und Holzgerümpel angefüllt war. Aus dem dunklen Wirrsal hervor schoß mit vergnüglichem Murren der Marder, welcher sich hier einsam gelangweilt hatte, und saß mir im Augenblicke auf dem Kopfe, mir mit dem Schwanz um die Backen schlagend und vor Freude tollen Unsinn treibend, daß ich laut lachen mußte. So gelangte ich mit meiner Gesellschaft in den helleren, bewohnten Teil des Hauses und fand endlich die Wohnstube, wo ich meine Bürde von Blumen, Früchten und Tieren abwarf. Auf dem Tische stand mit Kreide geschrieben, wo ich zu essen finden würde, im Falle ich Lust hätte, nebst allerlei beigefügten Witzen des jungen Volkes; aber ich zog vor, mir das Geburtshaus meiner Mutter nun gemächlich anzusehen.

Der Oheim hatte schon seit einigen Jahren dem geistlichen Stande entsagt, um sich ganz seinen Neigungen hinzugeben. Da die Gemeinde ohnehin willens war, ein neues Pfarrhaus zu bauen, kaufte der Oheim dazumal das alte Pfarrhaus von ihr, welches ursprünglich eigentlich der Landsitz eines Herren gewesen war und daher steinerne Treppen mit Eisengeländern, in Gips gearbeitete Plafonds, einen Saal mit einem Kamine, viele Zimmer und Räume und überall eine Unzahl fast schwarzer Ölgemälde enthielt. In dieses Wesen hinein hatte der Oheim, unter das gleiche Dach, seine Landwirtschaft geschoben, indem er einen Teil der Wohnung herausgebrochen, daß sich beide Elemente, das junkerhafte und das bäuerliche, verschmolzen und durch wunderliche Türen und Durchgänge verbanden. Aus einem mit Jagden bemalten und mit alten theologischen Werken versehenen Zimmer sah man sich, wenn man eine Tapetentür öffnete, plötzlich auf den Heuboden versetzt. Unter dem Dache fand ich eine kleine Mansarde, deren Wände mit alten Hirschfängern und Galanteriedegen, sowie mit unbrauchbarem Schießgewehr bedeckt waren; eine lange spanische Klinge mit trefflich gearbeitetem stählernem Griffe war ein Prachtstück und mochte schon seltsame Tage gesehen haben. Ein paar Folianten lagen bestäubt in der Ecke; in der Mitte des Zimmers stand ein mit Leder bezogener zerfetzter Lehnstuhl, so daß nur der Don Quixote fehlte, um das Ganze zu einem Bilde zu machen. Übrigens setzte ich mich behaglich hinein und dachte an den guten Herrn, dessen Geschichte ich einst aus dem Französischen des Mr. Florian übersetzt hatte. Ich hörte ein seltsames Geräusch, Gurren und Krabbeln an der Wand, schlug einen hölzernen Schieber zurück und steckte den Kopf hindurch in den heißen Taubenschlag, welcher alsobald in solchen Alarm geriet, daß ich mich zurückziehen mußte. Ferner entdeckte ich die Schlafzimmer der Töchter, stille Gelasse mit grünen Fenstergärtchen und überdies von treuen Baumwipfeln bewacht, mit geretteten Stücken blumiger Tapeten bekleidet, wo die Rokokospiegel des ehemaligen Herrensitzes eine ehrenvolle Zuflucht im Alter gefunden hatten; so auch die große Kammer der Söhne, welche mit den Spuren einiger nicht zu tiefen Studien und den Werkzeugen des ländlichen Müßigganges, mit Angelzeug und Vogelgarnen, verziert war.

Gegen Osten sahen die Fenster des Hauses in das Wirrsal von Obstbäumen und Dachgiebeln des Dorfes, aus welchem der erhöhte Kirchhof mit der weißen Kirche wie eine geistliche Festung emporragte; nach der Abendseite schaute die hohe lange Fensterflucht des Saales über ein sattgrünes Wiesental, durch welches sich der Fluß in vielen Armen und Windungen buchstäblich silbern schlängelte, da er höchstens zwei Fuß tief war und wie Brunnenwasser in lebendigen heftigen Wellen über weißes Geschiebe floß. Jenseits dieses Wiesengrundes stieg eine waldige Berghalde auf, an welcher alle Laubarten durcheinander wogten, von grauen Felswänden und Kuppen unterbrochen. Die untergehende Sonne aber hatte einen freien Ausgang über fernere Blauberge und übergoß das Tal alle Abend mit Glut, daß man an den Fenstern des Saales im Roten saß, ja die Röte drang durch diesen hin, wenn seine Türen geöffnet, ins Innere des Hauses und überzog Gänge und Wände. Gemüse- und Blumengärten, vernachlässigte Zwischenräume, Holunderbüsche und eingefaßte Quellen, alles von Bäumen überschattet, bildeten eine reizende Wildnis weit herum und dehnten sich noch mittelst einer kleinen Brücke über das Wasser hinaus. Die etwas weiter oben liegende Mühle aber gab sich nur durch das Geräusch und durch das Blitzen und Stäuben des Rades kund, welches unter den Bäumen durchleuchtete. Das Ganze war eine Verschmelzung von Pfarrei, Bauernhof, Villa und Jägerhaus, und mein Herz jubelte, als ich alles entdeckte und übersah, umgaukelt von der geflügelten und vierfüßigen Tierwelt. Hier war überall Farbe und Glanz, Bewegung, Leben und Glück, reichlich, ungemessen, dazu Freiheit und Überfluß, Scherz und Wohlwollen. Der erste

Gedanke war eine freie ungebundene Tätigkeit. Ich eilte auf mein Zimmer, welches auch nach der Abendseite lag, und begann meine indessen angekommenen Sachen auszupacken, meine Schulbücher und abgebrochenen Hefte, welche ich so gut möglich noch zu pflegen gedachte, vorzüglich aber einen ansehnlichen Vorrat von Papier verschiedener Art, Federn, Bleistifte und Farben, vermittelst deren ich schreiben, zeichnen, malen wollte, weiß Gott, was alles! In diesem Augenblicke wandelte sich der bisherige Spieltrieb in eine ganz neuartige Lust zu Schaffen und Arbeit, zu bewußtem Gestalten und Hervorbringen um. Mehr als alles vorhergehende Ungemach weckte dieser *eine,* so einfache und doch so reiche Tag den ersten Schein der Klarheit, die Morgendämmerung der reiferen Jugend in mir auf. Als ich meine bisher übermalten Streifen und Bogen auf dem großen Bette ausbreitete, daß es mit wunderlich bunter Decke bezogen war, fühlte ich mich mit einem Male über diese Dinge hinausgerückt und mit dem Bedürfnis auch den Willen, sogleich einen Fortschritt aus mir selbst hervorzuzwingen.

Mein Oheim trat, von einer Aufsichtswanderung zurückgekehrt, zu mir herein und sah mich mit Verwunderung von meinem Krame umgeben. Die kindliche Renommisterei und Keckheit meiner Machwerke, die marktschreierischen Farben imponierten seinem ungeübten Auge, und er rief: »Ei, du bist ja ein ganzer Maler, Herr Neveu! Das ist nun recht; da hast du ja auch eine Menge Papier und Farben? Gut! Was hast du hier für Sachen, wo hast du sie hergenommen?« Ich erwiderte, daß ich alles aus dem Kopfe gemacht hätte. »Ich will dir nun andere Aufgaben stellen«, sagte er, »du sollst nun unser Hofmaler sein! Gleich morgen sollst du versuchen, unser Haus zu zeichnen mit Gärten und Bäumen und alles genau nachbilden! Auch kann ich dir manchen schönen Punkt in unserer Gegend zeigen, wo du interessante Prospekte aufnehmen magst; das wird dich üben und dir nützlich sein. Ich wollte selbst, ich hätte dergleichen geübt. Halt, ich kann dir einige hübsche Sachen zeigen, welche von einem Herrn herrühren, der vor vielen Jahren oft bei uns zu Gast war, als wir immer Besuch aus der Stadt hatten. Er malte zu seinem Vergnügen in Öl, in Wasserfarben und stach in Kupfer oder radierte, wie er es nannte, und war geschickt, trotz einem Künstler!«

Er holte eine alte Mappe herbei, welche mit einer ansehnlichen Schnur umwickelt war, und indem er sie öffnete, sagte er: »Ich habe bei Gott diese Dinge längst vergessen, ich seh' sie selbst einmal gern wieder! Der gute Junker Felix liegt in Rom begraben, schon manches lange Jahr; er war ein alter Junggesell, trug gepuderte Haare und ein Zöpfchen noch anfangs der zehner Jahre; er malte und radierte den ganzen Tag, ausgenommen im Herbste, wo er mit uns jagte. Damals, zu Anfang der zehner Jahre, kamen ein paar junge Herren aus Italien zurück, worunter ein Malergenie. Diese Bursche machten einen Teufelslärm und behaupteten, die ganze alte Kunst sei verkommen und würde eben jetzt in Rom wiedergeboren von deutschen Männern. Alles, was vom Ende des vorigen Jahrhunderts her datiere, das Geschwätz des sogenannten Goethe von Hackert, Tischbein und dergleichen, das sei alles Lumperei, eine neue Zeit sei angebrochen. Diese Redensarten störten meinen armen Felix urplötzlich in seinem bisherigen Lebensfrieden; umsonst suchten ihn seine alten Künstlerfreunde, mit denen er schon manchen Zentner Tabak verraucht hatte, gelassen zur Ruhe zu bringen, indem sie sagten, er möge doch die jungen Fänte schreien lassen, die Zeit werde so gut über sie hinweggehen, wie über uns! Alles umsonst! Eines Morgens schloß er seinen hagestolzlichen Kunsttempel zu und rannte wie verrückt nach dem St. Gotthard hinüber, und kam nicht wieder. Nachdem ihm die Halunken zu Rom den Zopf abgeschnitten bei einer Sauferei, verlor er allen Halt und alle Ehrbarkeit und starb in seinen alten Tagen nicht an Altersschwäche, sondern an dem römischen Wein und an den römischen Weibsbildern. Diese Mappe ließ er zufällig bei uns zurück.«

Wir durchblätterten nun die vergilbten Papiere; es waren ein Dutzend Baumstudien in Kreide und Rotstift, nicht sehr körperlich und sicher gezeichnet, doch von einem eifrigen dilettantischen Streben zeugend, nebst einigen verblaßten Farbenskizzen und einer großen in Öl gemalten Eiche. »Dies nannte er Baumschlag«, sagte mein Oheim, »und machte ein großes Wesen daraus. Das Geheimnis desselben hatte er im Jahre 1780 in Dresden erlernt bei seinem verehrten Meister Zink, oder wie er ihn nannte: ›Es gibt‹, pflegte er zu sagen, ›zwei Klassen von Bäumen, in welche alle zerfallen, in die mit runden und die mit gezackten Blättern. Daher gibt es zwei Manieren, die gezackte Eichenmanier und die gerundete Lindenmanier!‹ Wenn er bestrebt war, unsern jungen Damen das geläufige Schreiben dieser Manieren beizubringen, so sagte er, sie müßten sich vor allem an einen gewissen Takt gewöhnen, zum Beispiel beim Zeichnen dieser oder jener Blattart zählen: ›*Eins,* zwei, drei – *vier,* fünf, sechs!‹ ›Das ist ja der Walzertakt!‹ schrien die Mädchen und begannen um ihn herumzutanzen, bis er wütend aufsprang, daß ihm der Zopf wackelte!«

So gewann ich auf dem seltsamen Wege einer Tradition, deren Träger selbst der Sache fremd war, den ersten Anhaltspunkt. Ich betrachtete die Blätter stumm und aufmerksam und bat mir die Mappe zur freien Verfügung aus. Sie enthielt überdies noch eine Anzahl radierter Landschaften, einige Waterloos, einige idyllische Haine von Geßner mit sehr hübschen Bäumen, deren Poesie mich frappierte und sogleich einnahm, bis ich eine Radierung von Reinhardt entdeckte, gelb und beschmutzt, knapp am Rande beschnitten, deren Kraft, Schwung und Gesundheit mächtig zu mir sprach und aus dem verzettelten Stückchen Papier gewaltig herausleuchtete. Während ich staunend das Blatt in der Hand hielt (ich hatte bis jetzt nie etwas wahrhaft Künstlerisches gesehen), kam der Oheim wieder und rief: »Komm mit, Neveu Maler! der Herbst wird bald genug da sein, und da müssen wir sehen, wie es vorläufig um die Häslein und Füchslein, um Hühner und derlei Volk steht! Es ist ein schöner Abend, wir wollen ohne Gewehr ein bißchen auf den Anstand gehen, da kann ich dir zugleich hübsche Prospekte zeigen.«

Er ergriff aus einem Winkel, wo eine Menge alter spanischer Rohre versammelt war, einen tüchtigen Stock, gab mir auch einen solchen, pustete aus seinem Waldhörnchen den abgebrannten Zigarrenstumpf heraus, steckte einen frischen Glimmstengel hinein, pfiff aus dem Fenster in weithin schallenden Tönen, worauf sogleich die Hunde aus allen Ecken des Dorfes wie der Blitz herbeisprangen, und wir zogen, umgeben von den bellenden Tieren, dem abendlichen Bergwalde zu.

Bald war die Meute weit voraus und im Gehölze verschwunden; aber kaum begannen wir die Höhe hinanzusteigen, so hörten wir sie über uns anschlagen und in voller Jagd am Berge hinziehen, daß die Schluchten widerhallten. Meinem Oheim lachte das Herz, er zog mich vorwärts und behauptete, wir müßten rasch nach einer kleinen Waldwiese eilen, um das Tier zu sehen; doch auf dem Wege horchte er auf und änderte die Richtung, indem er rief: »Es ist bei Gott ein Fuchs! *dorthin* müssen wir gehen, schnell, pst!« Kaum hatten wir einen schmalen Pfad betreten, welcher neben einem trockenen Waldbache hinlief, zwischen zwei bewachsenen Abhängen, als er mich plötzlich anhielt und lautlos vorwärts wies, ein rötlicher Streif schoß still über Weg und Schlucht, herab, hinauf, und eine Minute nachher heulten die sechs Hunde hintendrein. »Hast du ihn gesehen?« sagte der Oheim, so vergnügt, als ob er am Vorabend seiner Hochzeit stände; dann fuhr er fort: »Sie haben ihn verloren, doch in jenem Schlag müssen sie notwendig ein Häschen auftun! Wir wollen vollends hier hinaufgehen!« Wir gelangten auf eine kleine Hochebene, welche ein von der sinkenden Sonne gerötetes Haferfeld war, umsäumt von stillglühenden Föhren. Hier hielten wir an und stellten uns am Rande auf, in wohligem Schweigen, unfern eines verwachsenen Weges, der ins Dunkle führte. Wir mochten so eine Viertelstunde gewartet haben, als das Gebell in großer Nähe plötzlich wieder begann und mein Oheim mich anstieß. Zugleich bewegte sich der Hafer vor uns, er flüsterte: »Was Teufel ist denn da los?« und es erschien eine riesenhafte Bauernkatze, welche uns ansah und davonschlich. In großem Zorne rief der geistliche Herr: »Du vermaledeite Bestie, was hast denn *du* hier zu schaffen? Da sieht man, wo die jungen Hasen hinkommen! Wart, ich will dir jagen helfen!« und er schleuderte ihr einen mächtigen Stein nach. Sie sprang wieder mitten in den Hafer hinein, indessen die Hunde an uns vorüberbrausten und mein zorniger Oheim ganz verblüfft sagte: »Da! nun haben wir den Hasen nicht gesehen!«

»Genug für heute«, sagte er, »nun laß uns noch da vornenhin gehen, wo du das Hochgebirge sehen kannst, dem du jetzt ein bißchen ferner gerückt bist.«

Am entgegengesetzten Rande des hohen Feldes, wo die Föhren sich lichteten, sah man über zuerst grüne, dann immer blauer werdende Bergrücken hin nach dem Gebirge im Süden, welches in seiner ganzen Ausdehnung von Ost nach West vor uns lag, von den Appenzeller Kuppen bis zu den Berner Alpen, aber so fern wie ein Traum.

Dadurch wurde ich auch auf den Charakter der mich umgebenden Landschaft aufmerksamer. Dieselbe war schon mehr in der Art, wie ich mir deutsches Gebirge vorstelle, grün, felsig und bebaut. Eine Menge Täler und Einschnitte, von Gewässern durchzogen, versprachen eine reiche Zuflucht für fortwährende Streifereien; vorzüglich war es ein rechtes Waldland.

Indessen wir auf einem anderen Wege nach Hause kehrten, wechselten die reizenden Bilder vor meinen Augen bis in die Schatten der Nacht hinein und schlossen mit dem hellsten Mondscheine, der auf Mühle, Pfarrhaus und auf dem Wasser flimmerte, als wir anlangten. Die jungen Leute jagten sich auf dem Platze unter den Eschen umher und drängten einander in das Flüßchen, die Töchter sangen im Garten, und die Muhme rief aus dem Fenster, ich sei ein Landstreicher, den man den ganzen Tag nie gesehen habe.

Zwanzigstes Kapitel

Berufsahnungen

Der nächste junge Tag ließ mich von allen Seiten mit dem Rufe: Maler! begrüßen. »Guten Morgen, Maler!« »Haben der Herr Maler wohl geruht?« »Maler, zum Frühstück!« hieß es, und das Völklein handhabte diesen Titel mit derjenigen gutmütig spottenden Freude, welche es immer empfindet, wenn es für einen neuen Ankömmling, den es nicht recht anzugreifen wußte, endlich eine geläufige Bezeichnung gefunden hat. Ich ließ mir jedoch den angewiesenen Rang gern gefallen und nahm mir im stillen vor, denselben nie mehr aufzugeben. Ich brachte aus Pflichtgefühl die erste Morgenstunde noch über meinen Schulbüchern zu, mich selbst unterrichtend; aber mit dem grauen Löschpapier dieser melancholischen Werke kam die Öde und die Beklemmung der Vergangenheit wieder heran; jenseits des Tales lag der Wald in silbergrauem Duft, die Terrassen hoben sich merklich voneinander los; ihre laubigen Umrisse, von der Morgensonne bestreift, waren hellgrün, jede bedeutende Baumgruppe zeichnete sich groß und schön in dem zusammenhaltenden Dufte und schien ein Spielwerk für die nachahmende Hand zu sein; meine Schulstunde wollte aber nicht vorübergehen, obschon ich längst nicht mehr aufmerkte.

Ungeduldig ging ich, ein Lehrbuch der Physik in der Hand, hin und her und durch mehrere Zimmer, bis ich in einem derselben die weltliche Bibliothek des Hauses entdeckte; ein breiter alter Strohhut, wie ihn die Mädchen zur Feldarbeit brauchen, hing darüber und verbarg sie beinahe ganz. Wie ich denselben aber wegnahm, sah ich eine kleine Schar guter Franzbände mit goldenem Rücken, ich zog einen Quartband hervor, blies den dichten Staub davon und schlug die Geßnerschen Werke auf, in dickem Velinpapier, mit einer Menge Vignetten und Bildern geschmückt. Überall wo ich blätterte, war von Natur, Landschaft, Wald und Flur die Rede; die Radierungen, von Geßners Hand mit Liebe und Begeisterung gemacht, entsprachen diesem Inhalte; ich sah meine Neigung hier den Gegenstand eines großen, schönen und ehrwürdigen Buches bilden. Als ich aber auf den Brief über die Landschaftmalerei geriet, worin der Verfasser einem jungen Manne guten Rat erteilt, las ich denselben überrascht vom Anfang bis zum Ende durch. Die unschuldige Naivität dieser Abhandlung war mir ganz faßlich; die Stelle, wo geraten wird, mannigfaltig gebrochene Feld- und Bachsteine auf das Zimmer zu tragen und danach Felsenstudien zu machen, entsprach meinem noch halbkindlichen Wesen und leuchtete mir ungemein in den Kopf. Ich liebte sogleich diesen Mann und machte ihn zu meinem Propheten. Nach mehr Büchern von ihm suchend, fand ich ein kleines Bändchen, nicht von ihm, aber seine Biographie enthaltend. Auch dieses las ich auf der Stelle ganz durch. Er war ebenfalls ein hoffnungsloser Schüler gewesen, indessen er auf eigene Faust schrieb und künstlerischen Beschäftigungen nachhing. Es war in dem Werklein viel von Genie und eigener Bahn und solchen Dingen die Rede, von Leichtsinn, Drangsal und endlicher Verklärung, Ruhm und Glück. Ich schlug es still und gedankenvoll zu, dachte zwar nicht sehr tief, war jedoch, wenn auch nicht klar bewußt, für die Bande geworben.

Es ist bei der besten Erziehung nicht zu verhüten, daß dieser folgenreiche und gefährliche Augenblick nicht über empfängliche junge Häupter komme, unbemerkt von aller Umgebung, und wohl nur wenigen ist es vergönnt, daß sie erst das leidige Wort Genie kennen lernen, nachdem sie unbefangen und arglos bereits ein gesundes Stück Leben, Lernen, Schaffen und Gelingen hinter sich haben. Ja, es ist überhaupt die Frage, ob nicht zu dem bescheidensten Gelingen eine dichte Unterlage von bewußten Vorsätzen und allem Apparate der Geniesucht gehöre, und der Unterschied mag oft nur darin bestehen, daß das wirkliche Genie diesen Apparat nicht sehen läßt, sondern vorweg verbrennt, während das bloß vermeintliche ihn mit großem Aufwande hervorkehrt und wie ein verwitterndes Baugerüst stehen läßt am unfertigen Tempel.

Den berückenden Trank schöpfte ich jedoch nicht aus einem anspruchsvollen und blendenden Zauberbecher, sondern aus einer bescheidenen lieblichen Hirtenschale; denn bei allen Redensarten war dies Geßnersche Wesen durchaus einfacher und unschuldiger Natur und führte mich für einmal nur mit etwas mehr Bewußtsein unter grüne Baumschatten und an stille Waldquellen.

In der Biographie machte ich auch die Bekanntschaft mit dem alten Sulzer, welcher in Berlin des jungen Geßner Gönner gewesen; wie ich nun unter den Büchern einige Bände der »Theorie der schönen Künste« bemerkte, nahm ich sie als in mein neuentdecktes Gebiet gehörig in Beschlag. Dies Buch muß seinerzeit eine gewaltige Verbreitung gefunden haben, da man es fast in allen alten Bücherschränken findet und es auf allen Auktionen spukt und für wenig Geld erstanden werden kann. Gleich einer jungen Katz im Grasgarten fuhr ich in der enzyklopädischen Einrichtung des längst obsolet gewordenen Buches herum, alles für bare Münze nehmend und hundert vorläufige und unverstandene Gesichtspunkte ergreifend, und als der Mittag herannahte, war mein Kopf von Gelehrsamkeit vollgepfropft; ich fühlte beinahe selbst den gravitätischen Stolz in meinen gekräuselten Lippen und aufgespannten Augen und schleppte sämtliche Kunstliteratur in mein Zimmer hinüber zu der Mappe des Junker Felix.

Kaum nahm ich mir nach Tische noch Zeit, bei der Großmutter einen kurzen Besuch abzustatten, ein kleines Testamentchen mit Goldschnitt und silbernem Schlößchen, das sie für mich bestimmt hatte, einzustecken, und eilte wieder davon. Die Großmutter sah mir, soweit ihre schwachen Augen reichten, etwas wehmütig nach; denn sie hatte mir die heilige Gabe mit besonderer Liebe und Feierlichkeit einhändigen wollen. Aber ich schwand ihr eilig aus dem Gesichte, allein begierig, meine angefachte Kunsteinsicht an den Mann oder vielmehr an die Bäume zu bringen.

Mit einer Mappe und Zubehör versehen, lief ich bereits unter den grünen Hallen des Bergwaldes hin, jeden Baum betrachtend, aber nirgends eigentlich einen Gegenstand sehend, weil der stolze Wald eng verschlungen, Arm in Arm stand und mir keinen seiner Söhne einzeln preisgab; die Sträucher und Steine, die Kräuter und Blumen, die Formen des Bodens schmiegten und duckten sich unter den Schutz der Bäume und verbanden sich überall mit dem großen Ganzen, welches mir lächelnd nachsah und meiner Ratlosigkeit zu spotten schien. Endlich trat ein gewaltiger Buchbaum mit reichem Stamme und prächtigem Mantel und Krone herausfordernd vor die verschränkten Reihen, wie ein König aus alter Zeit, der den Feind zum Einzelkampfe aufruft. Dieser Recke war in jedem Aste und jeder Laubmasse so fest und klar, so lebens- und gottesfreudig, daß seine Sicherheit mich blendete und ich mit leichter Mühe seine Gestalt bezwingen zu können wähnte. Schon saß ich vor ihm, und meine Hand lag mit dem Stifte auf dem weißen Papiere, indessen eine geraume Weile verging, eh ich mich zu dem ersten Strich entschließen konnte; denn je mehr ich den Riesen an einer bestimmten Stelle genauer ansah, desto unnahbarer schien mir dieselbe, und mit jeder Minute verlor ich mehr meine Unbefangenheit. Endlich wagte ich, von unten anfangend, einige Striche und suchte den schön gegliederten Fuß des mächtigen Stammes festzuhalten; aber was ich machte, war leben- und bedeutungslos; die Sonnenstrahlen spielten durch das Laub auf dem Stamme, beleuchteten die markigen Züge und ließen sie wieder verschwinden, bald lächelte ein grauer Silberfleck, bald eine saftige Moosstelle aus dem Helldunkel, bald schwankte ein aus den Wurzeln sprossendes Zweiglein im Lichte, ein Reflex ließ auf der dunkelsten Schattenseite eine neue mit Flechten bezogene Linie entdecken, bis alles wieder verschwand und neuen Erscheinungen Raum gab, während der Baum in seiner Größe immer gleich ruhig dastand und in seinem Innern ein geisterhaftes Flüstern vernehmen ließ. Aber hastig und blindlings zeichnete ich weiter, mich selbst betrügend, baute Lage auf Lage, mich ängstlich nur an die Partie haltend, welche ich gerade zeichnete, und gänzlich unfähig, sie in ein Verhältnis zum Ganzen zu bringen, abgesehen von der Formlosigkeit der einzelnen Striche. Die Gestalt auf meinem Papiere wuchs ins Ungeheuerliche, besonders in die Breite, und als ich an die Krone kam, fand ich keinen Raum mehr für sie und mußte sie, breit gezogen und niedrig, wie die Stirne eines Lumpen, auf den unförmlichen Klumpen zwingen, daß der Rand des Bogens dicht am letzten Blatte stand, während der Fuß unten im Leeren taumelte. Wie ich aufsah und endlich das Ganze überflog, grinste ein lächerliches Zerrbild mich an, wie ein Zwerg aus einem Hohlspiegel; die lebendige Buche aber strahlte noch einen Augenblick in noch größerer Majestät als vorher, wie um meine Ohnmacht zu verspotten; dann trat die Abendsonne hinter den Berg, und mit ihr verschwand der Baum im Schatten seiner Brüder. Ich sah nichts mehr, als Eine grüne Wirrnis und das Spottbild auf meinen Knien. Ich zerriß dasselbe, und so hochmütig und anspruchsvoll ich in den Wald gekommen, so kleinlaut und gedemütigt war ich nun. Ich fühlte mich abgewiesen und hinausgeworfen aus dem Tempel meiner jugendlichen Hoffnung; der tröstende Inhalt des Lebens, den ich gefunden zu haben wähnte, entschwand meinem innern Blicke, und ich kam mir nun vor, wie ein wirklicher Taugenichts, mit welchem wenig anzufangen sei. Ich brach verzagt und weinerlich auf, mit gebrochenem Mute nach einem andern Gegenstande suchend, welcher sich barmherziger gegen mich erwiese. Allein die Natur, mehr und mehr sich verdunkelnd und verschmelzend, ließ mir kein Almosen ab; in meiner Bedrängnis tat sich mir das Wort kund »Aller Anfang ist schwer«, und damit die Einsicht, daß ich ja erst jetzt anfange und diese Mühsal eben den Unterschied von dem früheren Spielwerke begründe. Aber die Einsicht stimmte mich nur trauriger, da mir Mühseligkeit und saurer Fleiß bisher unbekannte Dinge gewesen waren. Ich nahm meine Zuflucht endlich wieder einmal zu Gott, der mir im Rauschen des Waldes und in meinem eingebildeten Elende wieder nahe getreten, und bat ihn flehentlich, mir zu helfen um meiner Mutter willen, deren sorgenvoller Einsamkeit ich nun auch gedachte.

Da traf ich auf eine junge Esche, welche mitten in einer Waldlücke auf einem niedrigen Erdwalle emporwuchs, von einer sickernden Quelle getränkt. Das Bäumchen hatte einen schwanken Stamm von nur zwei Zoll Dicke und trug oben eine zierliche Laubkrone, deren regelmäßig gereihte Blätter zu zählen waren und sich, sowie der Stamm, einfach, deutlich und anmutig auf das klare Gold des Abendhimmels zeichneten. Weil das Licht hinter der Pflanze war, sah man nur den scharfen Umriß des Schattenbildes; es schien wie absichtlich zur Übung eines Schülers hingestellt.

Ich setzte mich noch einmal hin und wollte flugs das kindliche Stämmchen mit zwei parallelen Linien auf mein Papier stehlen; aber noch einmal wurde ich gehöhnt, indem der einfache, grünende Stab im selben Augenblicke, wo ich ihn zu zeichnen und genauer anzusehen begann, eine unendliche Feinheit der Bewegung annahm. Die beiden aufstrebenden Linien schmiegten sich in allen kaum merklichen Biegungen so streng aneinander, sie verjüngten sich nach oben so fein und die jungen Äste gingen endlich in so gemessenen Winkeln daraus hervor, daß um kein Haar abgewichen werden durfte, wenn das Bäumchen seine schöne Gestalt behalten sollte. Doch nahm ich mich zusammen und klammerte mich ängstlich und aufmerksam an jede Bewegung meines Vorbildes, woraus endlich nicht eine sichere und elegante Skizze, sondern ein zaghaftes, aber ziemlich treues Gebilde hervorging. Ich fügte, einmal im Zuge, mit Andacht die nächsten Gräser und Würzelchen des Bodens hinzu und sah nun auf meinem Blatte eines jener frommen nazarenischen Stengelbäumchen, welche auf den Bildern der alten Kirchenmaler und ihrer heutigen Epigonen den Horizont so anmutig und naiv durchschneiden. Ich war zufrieden mit meiner bescheidenen Arbeit und betrachtete sie noch lange abwechselnd mit der schlanken Esche, die sich im leisen Abendhauche wiegte und mir wie ein freundlicher Himmelsbote erschien. Als ob ich wunder was verrichtet hätte, zog ich hoch vergnügt dem Dorfe zu, wo meine Verwandten begierig waren, die Früchte meiner mit so viel Anspruch unternommenen Waldfahrt zu sehen. Nachdem ich aber mein Bäumlein mit seinen höchstens vier Dutzend Blättern hervorgezogen, löste sich die Erwartung in ein allgemeines Lächeln auf, welches bei den Unbefangensten zum Gelächter wurde;

nur dem Oheim gefiel es, daß man doch gleich ein junges Eschchen erkannte, und er munterte mich auf, unverdrossen fortzufahren und die Waldbäume recht zu studieren, wozu er mir als Forstmann behilflich sein wolle. Er besaß noch so viel städtische Erinnerung, daß ihm dergleichen nicht lächerlich vorkam; auch mochten leidenschaftliche Jäger von jeher die Malerei wohl leiden, insofern sie den Schauplatz ihrer Freuden und ihre Taten selbst verherrlicht. Daher begann er nach dem Abendessen noch sogleich einen Kursus mit mir und sprach von den Eigentümlichkeiten der Bäume und von den Stellen, wo ich die lehrreichsten Exemplare finden würde. Zuvörderst aber empfahl er mir, die Studien des Junkers Felix zu kopieren, was ich an den folgenden Tagen mit großem Eifer tat, indessen wir an den schönen Abenden unsere Spürgänge für die nächste Jagdzeit fortsetzten und dabei die reizendsten Gründe und Höhen durchstreiften, umgeben und begleitet von der reichen Baumwelt.

So ging die erste Woche meines ländlichen Aufenthaltes angenehm zu Ende, und um diese Zeit wußte ich schon etwelche Bäume voneinander zu unterscheiden und freute mich, die grünen Gesellen mit ihren Namen begrüßen zu können; nur hinsichtlich der Kräuterdecke des feuchten oder trockenen Bodens bedauerte ich erst jetzt wieder lebhaft die Unterbrechung der botanischen Anfänge in der Schule, da ich wohl fühlte, daß für die Kenntnis dieser kleinen, aber weit mannigfaltigeren Welt einige grobe Umrisse nicht genügten; und doch hätte ich so gern die Namen und Eigenschaften aller der blühenden Dinge gekannt, welche den Boden bedeckten.

Einundzwanzigstes Kapitel

Sonntagsidylle. Der Schulmeister und sein Kind

Auf den ersten Sonntag meiner Anwesenheit war schon ein Besuch verabredet worden, welchen wir jungen Leute hinter dem Walde abstatten wollten. Dort wohnte auf einem einsamen und abgelegenen Hofe ein Bruder meiner Tante mit einer jungen Tochter, welche mit meinen Basen eine eifrige Mädchenfreundschaft pflag. Ihr Vater war früher Dorfschulmeister gewesen, hatte aber nach dem Tode seiner Frau sich in jenen beschaulichen Waldhof zurückgezogen, da er ein hinlängliches Vermögen besaß und das gerade Gegenteil meines Oheims darstellte. Während dieser, von städtischer Abkunft und in einigen geistlichen Studien aufgewachsen, dieses alles hinter sich geworfen und vergessen hatte, um sich ganz der braunen Ackererde und dem wilden Forste hinzugeben, strebte jener, von bäurischem Herkommen und bescheidener Bildung, allein nach milden und feinen Sitten, nach dem Leben und Ruhme eines Weisen und Gerechten, und vertiefte sich in beschauliche geistliche und philosophische Spekulationen, betrachtete die Natur nach Anleitung einiger Bücher, und freute sich, vernünftige Gespräche anzuknüpfen, so oft sich hierzu die Gelegenheit bot, wobei er eine große Artigkeit zu entfalten bestrebt war. Sein Töchterchen, ungefähr von vierzehn Jahren, lebte still und fein in dem milden Lichte solcher Gesinnungsweise, und stellte nach den Wünschen ihres Vaters eher ein zartes Pfarrerskind vor, denn eine Landmannstochter, indessen die weibliche Nachkommenschaft meines Oheims, zur derben Arbeit gehalten, einen starken Anhauch von Regen und Sonnenschein zeigte, welcher sie aber viel eher zierte als entstellte und dem Glanze ihrer frischen Augen entsprach.

Meine drei Basen, von zwanzig, sechzehn und vierzehn Jahren, mit städtisch verwelschten Namen: Margot, Lisette und Caton, hielten am Sonntag nachmittag lange Konferenz in ihren Kämmerchen, einander wechselseitig besuchend und die Türen hinter sich abschließend. Wir Burschen, deren Toilette längst beendigt war, harrten ungeduldig und konnten nur durch Schlüssellöcher und Türspalten bemerken, daß die Kleiderschränke weit geöffnet und die Mädchen mit wichtigen Gebärden ratschlagend davor standen. Um uns die Zeit zu vertreiben, begannen wir die andächtigen Töchter zu necken und drangen endlich mit hellem Haufen in ihre Mitte, über einen mächtigen Schrank herfallend, um die Nasen in die hundert Schächtelchen, Büchschen und Heimlichkeiten zu stecken. Aber mit dem Mute wilder Löwinnen, denen man die Jungen rauben will, wurden wir hinausgeworfen und führten vor den Türen einen vergeblichen Kampf, dieselben wieder aufzubrechen. Da gingen sie mit einem Male nach einer kurzen Stille von selber auf und heraus traten, verschämt und unwillig und doch siegbewußt, die drei armen Kinder, bunt und prächtig, nach der vorjährigen Mode gekleidet, mit vorweltlichen Parasols und wunderbar geformten Ridiküls, der eine einem Sterne gleich, der andere einem Halbmonde, der dritte ein Mitteldding zwischen Husarentasche und Lyra.

Dies alles mußte umso größeren Eindruck machen, wenn man bedachte, daß die guten Mädchen Autodidaktinnen waren und in Sachen des Putzes ganz allein und ratlos in der Welt dastanden; denn ihre Mutter hatte einen Abscheu vor aller Stadtkleidung und riß jedesmal, wenn sie aus der Kirche kam, die Spitzenhaube, welche sie als Pfarrfrau trug, sogleich herunter. Die Damen des neuen Pfarrers, außerdem die einzigen im Dorfe, waren stolz, unzugänglich und bezogen ihren Putz fertig aus der Stadt. So waren meine Basen ganz auf sich selbst, auf eine Dorfnähterin und auf einige Traditionen des Hauses gewiesen, welche sie als eifrige Forscherinnen der dunklen Vergangenheit entlockten. Deswegen waren ihre Erfolge doppelt achtungswert, und wenn wir sie mit einem spöttischen Ah! empfingen bei ihrer heutigen Erscheinung, so war dieser Spott nur ein verstellter und die Maske einer aufrichtigen Bewunderung.

Indessen entsprach unsere Tracht an kühner und eleganter Mischung vollkommen derjenigen der Jungfrauen. Die Vettern trugen Jacken von ziemlich grobem Tuche, welchen aber der Dorfschneider einen kecken, ja höchst gewagten Zuschnitt gegeben hatte. Diese Jacken waren mit einer Unzahl blanker Knöpfe besetzt, auf welchen die Tiere des Waldes gepreßt in jagdgerechten Sprüngen erschienen, und welche der Oheim einst bei guter Gelegenheit im großen eingehandelt und sich so für Kind und Kindeskind versehen hatte. Die abgefallenen Stücke dieser Zierat gingen unter der Dorfjugend als gangbare Münze und wogen beim Spiele sechs Horn- oder Bleiknöpfe auf. Ich selber trug zu meinem grünen Kadettenrock mit roten Schnürchen weiße Beinkleider, keine Weste über dem burschikosen Hemde, hingegen das rote Seidentuch der Großmutter malerisch umgeschlungen, und überdies hing die goldene Uhr meines Vaters, die ich ererbt, aber nie in Ordnung zu halten verstand, an einem blauen Bande mit gestickten Blumen, das ich den Schachteln meiner

Mutter entnommen hatte. Von der Mütze hatte ich längst den philiströsen Schirm abgetrennt, daß sie die Stirn frei ließ, und ich mochte wie ein vollendeter Jahrmarktsbursche aussehen. Menschen, welche etwas Besseres und Tieferes ahnen und wünschen, werden sich, wie ich glaube, mehr und mehr aller lächerlichen Äußerlichkeiten enthalten, je mehr sie dem geahnten Wesen durch Erfahrung und Tat nahe treten; je weiter sie aber noch davon entfernt sind, desto mehr klammern sie sich an solche Schnörkeleien. Allein gerade diese Äußerlichkeit verhindert oft das Innere, sich rasch zu entwickeln, wenn nicht ein Mann und Vater vorhanden ist, welcher sie mit gesundem Spotte beschneidet und unterdrückt, indessen er dem aufstrebenden Sohne das Wahre mit fester Hand vorzeichnet.

Man konnte auf zwei Wegen zu der Wohnung des alten Schulmeisters gelangen; entweder mußten wir einen langgedehnten Berg hinter dem Dorfe ersteigen und, längs auf demselben fortgehend, endlich jenseits niedersteigen, wo wieder ein Tal lag, ähnlich dem unserigen, nur kleiner und runder und beinahe ganz mit einem tiefen dunklen See erfüllt; oder wir konnten längs des Flusses unser Tal durchwandern und mit dem in Gehölzen sich verlierenden Wasser um den Berg herum an den See gelangen, in welchem jenes mündete und das befreundete Haus sich spiegelte.

Wir zogen es vor, mit dem kurzweiligen Flüßchen den Hinweg zurückzulegen und erst in der Abendkühle über den Berg heimzukehren, und unsere bunte, weithin glänzende Gesellschaft bewegte sich bald durch das grüne Tal hin, bis wir in eine reizende Wildnis gelangten, wo der Wald von beiden Seiten an das Gewässer niederstieg und dasselbe kühl und dunkel überschattete. Bald faßte er es mit undurchdringlichen Laubwänden ein, daß wir die überhangenden Zweige zurückbiegen mußten; bald weitete er sich aus und ließ eine Schar lichter, hoher Tannen auf sonnigem Boden vorrücken; dann lagen herabgestürzte Felsblöcke am Rande und im Wasser und verursachten Wasserfälle, indessen zurückgebliebene Trümmer aus dem Gebüsche der Abhänge hervorragten; kleine Seitenwege lockten ins Dunkel, und überall enthüllten sich die lieblichsten Geheimnisse. Die roten, blauen und weißen Gewänder der Mädchen leuchteten herrlich in dem dunklen Grün, die Vettern sprangen von Stein zu Stein, daß ihre Goldknöpfe aufblitzten und mit den Silberkringeln der Wellen wetteiferten. Allerhand Getier machte sich sichtbar; hier sahen wir die Federn einer wilden Taube, die unzweifelhaft von einem Raubvogel zerrissen worden, dort schoß eine Schlange durch die Uferwellen über die glatten Kiesel hin, und in einer abgetrennten Untiefe hatte sich eine schimmernde Forelle gefangen, welche mit ihrer Schnauze ängstlich an den abschließenden Steinen herumtastete, bei unserer Annäherung aber einen Sprung machte und im strömenden Elemente verschwand.

So waren wir unbemerkt um den Berg herumgekommen, die holde Wildnis erweiterte sich und ließ mit einem Male den stillen, dunkelblauen, mit Silber besprengten See sehen, der mit seiner friedevollen Umgebung im lautlosen Glanze eines Sonntagnachmittages ruhte. Ein schmaler Streifen bebauter Erde zog sich um den See herum, hinter demselben setzte sich überall der ansteigende Wald fort, welcher aber da und dort wieder ein stilles Ackerfeld bergen mußte, da hie und da ein rotes Dach oder eine blaue Rauchsäule aus dem Dickicht emporstieg. Nur auf der Sonnenseite lag ein ansehnlicher Weinberg und zu Füßen desselben das Haus des Schulmeisters, dicht am See; unmittelbar über den obersten Pfahlreihen aber hing der reine tiefe Himmel, und dieser spiegelte sich in dem glatten Wasser, bis wo er durch den gelben Kornstreifen, die Kleefelder und den dahinter liegenden Wald, welche alle sich gänzlich unverändert in der Flut auf den Kopf stellten, begrenzt wurde. Das Haus war weiß getüncht, das Fachwerk rot angestrichen und die Fensterladen mit großen Muscheln bemalt; aus den Fenstern wehten weiße Vorhänge, und aus der Haustüre trat, ein zierliches Treppchen herunter, das junge Bäschen, schlank und zart wie eine Narzisse, in einem weißen Kleide, mit goldbraunen Haaren, blauen Äuglein, einer etwas eigensinnigen Stirne und einem lächelnden Munde. Auf den schmalen Wangen wallte ein Erröten über das andere hin, das feine Glockenstimmchen klang kaum vernehmbar und verhallte alle Augenblicke wieder. Durch ein duftendes Rosen- und Nelkengärtchen führte uns Anna, nachdem sie sich mit meinen Basen so zärtlich und feierlich begrüßt hatte, als ob sie einander ein Jahrzehnt nicht gesehen, in das vor Reinlichkeit und Aufgeräumtheit widerhallende Haus, wo uns ihr Vater, in einem saubern grauen Fracke und weißer Halsbinde, in gestickten Pantoffeln einhergehend, herzlich und zufrieden willkommen hieß. Er hatte den beschaulichen Sonntag über Büchern zugebracht, welche noch auf dem Tische lagen, und mochte nun froh sein, unverhofft eine so hübsche Anzahl Zuhörer für seine Beredsamkeit vor sich zu sehen. Als ich ihm vorgestellt wurde, schien er sich besonders zu freuen, seine Manieren und gelehrten Reden mit Anerkennung an den Mann bringen zu können, da er mich mitten aus dem blühendsten höheren Schulwesen herkommend vermutete. Er hatte auch alle Ursache, sich an mich zu halten; denn schon waren meine Vettern wieder verschwunden, noch ehe der Schulmeister einen Stoff ergriffen, und ich sah, wie sie draußen am Ufer alle drei ihre Köpfe tief in die Öffnung eines Fischkastens steckten, daß man nichts von ihnen sehen konnte, als ihre sechs Beine. Sie untersuchten aufmerksam den Fischbestand ihres Oheims, indessen die Schwestern seinem Töchterchen und einer alten Magd in Küche und Garten gefolgt waren.

Der Schulmeister merkte bald, daß ich ein williger Zuhörer und auf seine Fragen nach Vermögen einzugehen bereit sei. Nachdem er mich über die neuen Schuleinrichtungen angelegentlich befragt, fuhr er fort: »Aber etwas bunt muß es doch noch zugehen! Da habe ich eben in der Zeitung gelesen, daß in einer Abteilung unserer Kantonsschule die bekannten Störungen endlich dadurch gehoben worden, daß man den untauglichen Lehrer und den unnützesten Schüler, einen wahren kleinen Revolutionär, zugleich entfernt und dadurch die Ruhe gründlich hergestellt habe. Daß man nun den Lehrer entlassen hat, scheint mir ganz vernünftig, wenn man ihn nur anderweitig versorgt; hingegen mit dem Schüler will es mir nicht recht einleuchten; es will mich bedünken, als ob man demselben damit verdeutet habe: Du bist nun außer unsere Gemeinschaft gestellt und magst zusehen, was du aus dir machst! Dies ist nicht christlich gehandelt, und unser Herr und Meister würde das verirrte Schaf gewiß zunächst unter die Falten seines Mantels genommen haben. Kennt Ihr, liebes Vettermännchen, den verstoßenen Knaben?«

Der Mann weckte durch diese Frage die peinvollen Erinnerungen und durch ihre Fassung zugleich eine tiefe Wehmut in mir auf, und ich antwortete kleinlaut, ich wäre es selbst.

Ganz erstaunt trat er einen Schritt zurück und betrachtete mich mit großen Augen; er war verlegen, einen angehenden Teufel in so harmloser Gestalt so nahe vor sich zu sehen. Doch hatte ich ihn schon ein wenig für mich eingenommen, und mein stilles Verhalten mochte ihn belehren, daß er mit seiner vorher ausgesprochenen milden Ansicht nicht das Unrechte getroffen.

»Ich habe mir es doch gleich gedacht«, versetzte er, »daß die Sache ein Häklein habe; denn ich sehe und will es gern glauben, daß der Vettermann ein junger Mensch ist, mit dem sich ein vernünftiges Wort reden läßt! Doch erzählt mir nun den Verlauf dieser schlimmen Geschichte recht getreulich, es nimmt mich sehr wunder, wie sich darin die Schuld und das Unrecht verteilen!«

Nachdem ich dem freundlichen Schulmeister den ganzen Hergang aufrichtig und weitläufig, zuletzt etwas leidenschaftlich berichtet, da ich zum erstenmal seither mein Herz leeren konnte, besann er sich eine Weile, indem er verschiedene »hm!« und »so so!« hervorstieß, und fuhr dann fort:

»Das ist ein ganz eigenes Geschick! Zuerst müsset Ihr nun Euch nicht überheben und etwa einen hochmütigen Groll auf das Erlittene begründen, welcher Euch für das ganze Leben schädlich sein könnte! Ihr müsset bedenken, daß Ihr doch das Unrecht und den Mutwillen der übrigen geteilt habt, und Euch hiernach glücklich preisen, daß Ihr in so frühem Alter schon von Gott selbst eine ernste Strafe und Belehrung empfangen; denn das, was Euch widerfahren, ist nicht die Gerechtigkeit der Menschen, sondern ein unmittelbares Eingreifen des Herrn der Welt, womit er Euch frühzeitig gewürdigt und gezeigt hat, daß er mit Euch nicht zu spaßen gedenkt, sondern Euch seine eigenen strengen Wege führen will. Nachdem Ihr also dieses scheinbare Unglück dankbar und reuevoll angenommen und das vermeintliche Unrecht vergeben und vergessen, müßt Ihr allein darauf bedacht sein, dem Ernste dieses Erlebnisses entsprechend fortzuleben, und gewärtig, daß jede Abweichung von der Bahn der Tugend sich an Euch empfindlicher rächen werde, als an anderen, auf daß Ihr dadurch in der Übung des Guten gerade fleißiger und stärker werdet, als viele, denen nicht solches geschieht. Nur auf diese Weise vermag das Ereignis etwas Heilbringendes zu sein; ohne dies aber würde es nur eine fatale und ärgerliche Geschichte bleiben, mit welcher ein so junges Leben zu beladen nicht die Absicht und das Vergnügen Gottes sein kann. Freilich ist nun die Wahl eines Berufes das Nächste und Wichtigste, und wer weiß, ob nicht Euere Bestimmung ist, gerade durch diese plötzliche Bedrängnis Euch früher zu entscheiden, als sonst geschehen wäre! Gewiß habt Ihr schon die Lust zu irgend einem besonderen Berufe in Euch verspürt?«

Diese Reden gefielen mir ausnehmend wohl; obgleich ich den ernsten moralischen Sinn derselben nicht sonderlich faßte, so ergriff ich doch den Gedanken an eine höhere Bestimmung und Leitung Gottes höchst lebendig und dünkte mich glücklich, mich unter dem besonderen Schutze Gottes in meinen Neigungen zu wissen; es ging mir ein heller Stern auf, und ich sagte unumwunden: »Ja, ich möchte ein Maler werden!«

Bei dieser Antwort stutzte mein neuer Freund fast noch mehr, als bei dem früheren Geständnisse, weil er in seiner Abgeschiedenheit von allem Verkehre der Welt am wenigsten an dies Wort gedacht hatte. Doch besann er sich ebenfalls schnell und sprach:

»Ein Maler? Ei sieh, das ist seltsam! Doch lasset sehen! Es war allerdings eine Zeit, wo es Maler gegeben hat, welche von göttlichem Geiste erfüllt waren, welche den dürstenden Völkern einen Trunk himmlischen Lebens reichten in Ermangelung des lebendigen Wortes, das wir jetzt haben. Allein so wie schon dazumal diese Kunst nur zu bald ein eitler Flitterkram der hochmütigen Kirche geworden, so scheint sie mir heutzutage vollends ohne inneren Kern und ein bloßes Gebaren der menschlichen Eitelkeit und Fratzenhaftigkeit zu sein. Ich habe zwar durchaus keine Kenntnis von den Künsten, wie sie jetzo in der Welt praktiziert werden, kann mir aber desto weniger vorstellen, wie sich ein ernsthaftes und geistiges Leben dabei führen läßt! Habt Ihr denn so große Lust und Geschick, allerlei unnützes Bildwerk zu verfertigen oder wohl gar Menschengesichter für Bezahlung abzubilden?«

»Zuvörderst will ich ein Landschaftsmaler werden«, erwiderte ich, »und habe dazu allerdings große Lust und hoffe, der liebe Gott werde mir auch das Geschick geben!«

»Ein Landschaftsmaler? das heißt, merkwürdige Städte, Gebirge und Weltgegenden abbilden? Hm! Dieses scheint mir nicht so übel zu sein, da lernt man wenigstens die Welt kennen und kommt weit umher; Länder, Meere und allenfalls auch die Menschen dazu; aber dazu gehört besonderer Mut und eigenes Glück, wie mich dünkt, und vor allem soll, meines Erachtens, ein junger Mensch darauf denken, wie er im Lande bleiben und sich redlich nähren, auch seinen Mitbürgern sich nützlich und seinen Eltern dienstbar erweisen kann!«

»Die Landschaftsmalerei, die ich im Sinne habe, ist nicht sowohl, was Ihr hiermit darunter versteht, Herr Vetter! als etwas ganz anderes!«

»Nun, und das wäre?«

»Sie besteht nicht darin, daß man merkwürdige und berühmte Orte aufsucht und nachmacht, sondern darin, daß man die stille Herrlichkeit und Schönheit der Natur betrachtet und abzubilden sucht, manchmal eine ganze Aussicht, wie diesen See mit den Wäldern und Bergen, manchmal einen einzigen Baum, ja nur ein Stücklein Wasser und Himmel.«

Da der Vetter hierauf nichts entgegnete, sondern auf eine Fortsetzung zu warten schien, fuhr ich auch fort und geriet nun meinerseits in eine ordentliche Begeisterung und Beredsamkeit hinein. Der zwischen Sonnenglanz und Waldesschatten schwebende See ruhte majestätisch vor den klaren Fenstern; von fernem Bergrücken schienen einige schlanke Eichen, die in die himmelhohe Sonntagsluft stiegen, mir zuzuwinken, fern, leise, aber eindringlich; ich blickte unverwandt nach ihnen, wie auf eine höhere Erscheinung, indem ich sprach:

»Warum sollte dies nicht ein edler und schöner Beruf sein, immer und allein vor den Werken Gottes zu sitzen, die sich noch am heutigen Tag in ihrer Unschuld und ganzen Schönheit erhalten haben, sie zu erkennen und zu verehren und ihn dadurch anzubeten, daß man sie in ihrem Frieden wiederzugeben versucht? Wenn man nur ein einfältiges Sträuchlein abzeichnet, so empfindet man eine Ehrfurcht vor jedem Zweige, weil derselbe so gewachsen ist und nicht anders nach den Gesetzen des Schöpfers; wenn man aber erst fähig ist, einen ganzen Wald oder ein weites Feld mit seinem Himmel wahr und treu zu malen, und wenn man endlich dergleichen aus seinem Innern selbst hervorbringen kann, ohne Vorbild, Wälder, Täler und Gebirgszüge, oder nur kleine Erdwinkel, frei und neu, und doch nicht anders, als ob sie irgendwo entstanden und sichtbar sein müßten, so dünkt mich diese Kunst eine Art wahren Nachgenusses der Schöpfung zu sein. Da lässet man die Bäume in den Himmel wachsen und darüber die schönsten Wolken ziehen und beides sich in klaren Gewässern spiegeln! Man spricht, es werde Licht! und streut den Sonnenschein beliebig über Kräuter und Steine und läßt ihn unter schattigen Bäumen erlöschen. Man reckt die Hand aus und es steht ein Unwetter da, welches die braune Erde beängstigt, und läßt nachher die Sonne in Purpur untergehen! Und dies alles, ohne sich mit schlechten Menschen vertragen zu müssen; es ist kein Mißton im ganzen Tun!«

»Gibt es denn eine solche Art der Kunst und wird sie anerkannt?« fragte der gute Schulmeister ganz verblüfft.

»Jawohl«, erwiderte ich, »in den Städten, in den Häusern der Vornehmen, da hängen schöne glänzende Gemälde, welche meistens stille grüne Wildnisse vorstellen, so reizend und trefflich gemalt, als sähe man in Gottes freie Natur, und die eingeschlossenen gefangenen Menschen erfrischen ihre Augen an den unschuldigen Bildern und nähren diejenigen reichlich, welche sie zustande bringen!«

Der Schulmeister trat an das Fenster und schaute etwas überrascht hinaus.

»Also dieser kleine See zum Beispiel, diese meine holdselige Einsamkeit würde ein genugsamer Gegenstand sein für die Kunst, obgleich niemand den Namen kennte, bloß wegen der Milde und Macht Gottes, die sich auch hier offenbart?«

»Ja gewiß! ich hoffe noch, Euch diesen See mit seinem dunklen Ufer, mit dieser Abendsonne so zu malen, daß Ihr mit Vergnügen diesen Nachmittag darin erkennen sollt und selbst sagen müßt, es sei weiter hierzu nichts nötig, um bedeutend zu sein, das heißt, wenn ich ein Maler werden kann und etwas Rechtes lerne!« setzte ich hinzu.

»Jetzt habe ich alter Mensch wieder etwas Neues gelernt«, sagte mein Vetter gerührt, »es ist doch höchst merkwürdig, in wie vielen Weisen der menschliche Geist sich äußern kann. Mir scheint, Ihr seid auf einem guten und frommen Wege, und wenn Ihr ein solches Stück zustande bringen könnt, so möchte es leichtlich so verdienstvoll sein, als ein gutes geistliches Frühlings- oder Erntelied. He, ihr Knaben!« rief er den jungen Fischkennern zu, welche immer noch an ihrem Geschäfte waren, »holt ein Gefäß und sucht ein tüchtiges Gericht Fische aus, Aale, Forellen oder Hechte, daß die Weiber sie backen können!«

Indessen waren die Mädchen wieder in die Stube gekommen und hatten teilweise unser Gespräch angehört, so daß der redselige Mann nicht verlegen war, auf einen neuen Stoff überzugehen und alle für denselben pflichtig zu machen. Ich selbst wurde wieder still und ziemlich befangen, da die zierliche Anna ungehört wieder da war und leise mit einer Base flüsterte. Der Alte sprach nun von der Ernte, von den Weinhoffnungen, von den Baumfrüchten mit den Mädchen, aber alles in einer feinen und salbungsvollen Weise, mir nebenbei manche Aufklärung gebend, wenn er meine Unbekanntschaft mit diesen Dingen voraussetzte. Ich aber sagte fürder nichts, sondern befand mich glücklich und wohlgemut in der Nähe des lieblichen Mädchens, ohne sie jedoch anzusehen, und nur angenehm berührt, wenn sie einmal ihr Stimmchen erhob.

Ein lieblicher Speiseduft verbreitete sich, zog die Knaben herbei und veranlaßte den Schulmeister, auf ein Zeichen der alten Köchin, zum Aufbruch in das obere Stockwerk aufzufordern. Dort war ein kleiner, heller und kühler Saal, welcher zwischen seinen ganz geweißten Wänden nichts enthielt, als einen länglichen Tisch, Stühle und eine alte Hausorgel. Der Tisch war gedeckt, wir setzten uns zu einem fröhlichen Abendessen, welches aus den Fischen bestand, so die Vettern mit wenig Bescheidenheit ausgewählt hatten. Ländliches Backwerk und Früchte und ein milder heller Wein, an der Höhe hinter dem Hause gewachsen, bereicherten das einfache und in seiner Art doch festliche Mahl; der Alte würzte es mit sinnigen Reden, die Jungen scherzten und gaben sich naive Rätsel und Wortspiele auf, und dies alles übergoldete ein gehobener sonntäglicher Ton, anders, als ob man zu Hause, und anders, als ob man in einer gewöhnlichen Bauernfamilie wäre. Als wir uns genugsam erfrischt, schritt der Schulmeister zu der Orgel hin und öffnete dieselbe, daß die glänzende Pfeifenreihe zu Tage trat und das Innere der beiden Flügeltürchen das gemalte Paradies zeigte mit Adam und Eva, Blumen und Tieren. Er setzte sich davor; wir mußten uns in einen Kreis um ihn herumstellen, Anna teilte einige alte Musikbücher aus, und nachdem ihr Vater etwas präludiert, sangen wir zu seinem Spiele und Vorsang einige schöne kirchliche Sommerlieder und hernach einen künstlichen Kanon. Wir sangen in heiterer Freude und aus voller Brust und doch mit Maß und Haltung; die Dankbarkeit gegen den Augenblick brachte bessere Musik hervor, als die strengste Schulprobe, und ich selbst ließ mein inneres Glück unbefangen und frei in den Gesang strömen; denn dieser Tag war für mich wieder neuer und schöner, als alle früheren. Wenn wir einen Vers geendigt hatten, erklang über den See her, von einer Wand im Walde, ein harmonisch verhallendes Echo, die Orgeltöne und Menschenstimmen verschmelzend zu einem neuen wunderbaren Tone, und zitterte eben aus, indem wir selbst den Gesang wieder anhoben. An verschiedenen Stellen, in der Höhe und Tiefe, wurden freudige Menschenstimmen wach, welche ihre Lust in die still webenden Lüfte sangen und jauchzten, so daß unser Kanon, mit welchem wir schlossen, sozusagen sich über das ganze Tal verbreitete.

Doch nun mußten wir aufbrechen, da die Sonne sich schon den Bergen näherte; der Schulmeister entließ uns mit Zufriedenheit und verabschiedete mich mit entschiedenen Zeichen seines Wohlwollens. Ich mußte ihm versprechen, auf meinen Streifzügen so oft als möglich in sein Tal zu kommen und in seinem Hause meinen Sitz aufzuschlagen, als ob er ebenfalls mein Oheim wäre. Anna wollte uns noch bis auf die Berghöhe begleiten, und so machten wir uns viel aufgeregter und lauter auf den Weg, als wir gekommen waren. Die Mädchen, so schon durch ein Nichts, durch die bloße freie Gelegenheit in die höchste Stimmung reiner mutwilliger Lust versetzt, sangen fort und fort mit glänzenden Augen und verlockten uns mit zu singen, indem sie Welt- und Vaterlandslieder anstimmten. Dazwischen machte sich eine gegenseitige Neckerei mit Herzensangelegenheiten unter den Geschwistern geltend, das ganze süße Geplauder jenes hoffnungsreichen Alters befreite sich aus den offenen Gemütern und umspann alle mit gern gehörten Anspielungen, verstelltem Widerstande und schelmischer Rückantwort. Nur Anna schien vor den

Angriffen sicher zu sein, während sie hie und da einen schüchternen Scherz hinwarf, und ich sagte gar nichts dazu, weil mein Herz voll war von den Begebnissen des Tages. Wir standen nun auf der Höhe, welche im Glanze der untergehenden Sonne schimmerte; vor mir schwebte die federleichte, verklärte Gestalt des jungen Mädchens, und neben ihr glaubte ich den lieben Gott lächeln zu sehen, den Freund und Schutzpatron der Landschaftsmaler, als welchen ich ihn heute in dem Gespräche mit dem Schulmeister entdeckt hatte. Das scheidende Mädchen errötete noch stärker in die Abendröte hinein, als sie zuletzt auch mir die Hand bot. Wir berührten uns kaum mit den Fingerspitzen und nannten uns höflich Sie; aber die Vettern lachten uns aus, und die Basen verlangten ernsthaft, daß wir uns mit Du anreden sollten, da hier zu Lande nichts anderes geduldet würde unter jungen Leuten.

So wechselten wir unsere Taufnamen, verzagt und spröde; aber der meinige schlüpfte wie ein Flötenton in mein Ohr, und als Anna schnell und ängstlich im Schatten ihrer Bergseite verschwand und wir auf der unserigen niederstiegen, hatte ich zwei Dinge erworben: einen großen und mächtigen Kunstgönner, der unsichtbar über der dämmernden Welt hauste, und ein zartes Frauenbildchen, welches ich unverweilt in meinem Herzen aufzustellen wagte.

Zweiter Teil

Erstes Kapitel

Berufswahl. Die Mutter und die Ratgeber

Ich konnte den unbestimmten Zwischenzustand nun nicht länger ertragen, sondern suchte unter meinen Sachen nach feinem Papier, um einen Brief an meine Mutter zu schreiben, den ersten in meinem Leben. Als ich ganz zu oberst am Rande das »Liebe Mutter!« hinsetzte, schwebte sie mir in einem neuen Lichte vor; ich empfand diesen Fortschritt und Ernst des Lebens wohl, und meine Schreibgeläufigkeit ließ mich anfänglich im Stiche und kaum die ersten Sätze finden. Doch führten mich die Schilderungen meiner Reise und der sonstigen Erlebnisse bald vorwärts, und meine Beschreibung fiel nur allzu geschmückt und prahlerisch aus. Ich trug ein großes Behagen zur Schau und ein gewisses, sonderbares Bestreben, welches sich nachher mehrmals wiederholte, auf meine Mutter mit einem glücklichen Befinden und mit meinen verschiedenen Taten und Abenteuern eine Art Eindruck zu bewirken, eine förmliche Sucht, auf drollige Weise sie zu unterhalten und zugleich dadurch mich geltend zu machen. Alsdann ging ich auf den Zweck meines Schreibens über und erklärte unverhohlen, daß ich nun durchaus glaubte, ein Maler werden zu müssen; und infolgedessen bat ich sie, sich vorläufig umzusehen und mit den verschiedenen Erfahrenen unserer Bekanntschaft sich zu beraten. Die Familienberichte und Grüße, sowie einige wichtige Aufträge über kleine Gegenstände bildeten den Schluß des Briefes; ich faltete ihn eng und künstlich zusammen und verschloß ihn mit meinem Leibsiegel, einem Hoffnungsanker, welchen ich längst in ein weiches Stückchen Alabaster gegraben hatte und nun zum erstenmal gebrauchte.

Nach dem Empfange dieses Briefes begab sich meine Mutter in ihre Staatskleidung, schlicht und einfarbig, bauschte ein frisches Taschentuch zusammen, das sie in die Hand nahm, und begann feierlich ihren Rundgang bei den ihr zugänglichen Autoritäten.

Zuerst sprach sie bei einem angesehenen Schreinermeister vor, welcher viel in guten Häusern verkehrte und Weltkenntnis besaß. Als Freund meines seligen Vaters hielt er in Freundschaft zu uns, so wie er auch die Bildungsversuche jenes Kreises eifrig fortsetzte. Nachdem er Vortrag und Bericht der Mutter ernstlich angehört, erwiderte er kurzweg, das sei nichts und hieße so viel, als das Kind einer liederlichen und ungewissen Zukunft anheimstellen. Hingegen wußte der Schreiner besseren Rat, wenn einmal etwas Künstlerisches ergriffen werden müsse. Ein junger Vetter von ihm hatte sich in einer entfernteren Stadt als Landkartenstecher ausgebildet und genoß eines guten Auskommens, so daß er in den Augen seiner Sippschaft als etwas Rechtes dastand. Daher erbot sich der Ratgeber, mich aus besonderer Freundschaft in der Nähe dieses Mannes unterzubringen, wo ich dann, wenn wirklich etwas Tüchtiges in mir stäke, es nicht nur bis zum Stechen, sondern zum Selbstentwerfen der Landkarten bringen könne, indem ich meine Zeit wohl anwende zur Erwerbung der nötigen Kenntnisse. Dies wäre dann ein feiner, ehrenvoller und zugleich ein nützlicher und in das große Leben passender Beruf.

Mit vermehrten Sorgen und Zweifeln gelangte meine Mutter zum zweiten Gönner und auch einem Freunde ihres Mannes. Derselbe war ein Fabrikant von farbigen und bedruckten Tüchern, welcher sein ursprünglich geringes Geschäft nach und nach erweitert hatte und sich eines wachsenden Wohlstandes erfreute. Er erwiderte den Bericht meiner Mutter folgendermaßen:

»Dieses Ereignis, daß der junge Heinrich, der Sohn unseres unvergeßlichen Freundes, sich für eine künstlerische Laufbahn erklärt, und die Nachricht, daß er schon lange sich vorzugsweise mit Stift und Farben beschäftigt, kommt sehr erfreulich einer Idee entgegen, die ich schon einige Zeit in bezug auf den Knaben hege. Es entspricht ganz dem Geiste seines wackern Vaters, daß er seine Neigung einer feineren Tätigkeit zuwendet, zu welcher Talente und ein höherer Schwung erforderlich sind; allein diese Neigung muß auf eine solide und vernünftige Bahn gelenkt werden. Nun ist Euch, werteste Frau und Freundin, die Art meines nicht unbedeutenden Geschäftes bekannt; ich fabriziere bunte Stoffe, und wenn ich einen leidlichen Verdienst erzwecke, so geschieht es hauptsächlich dadurch, daß ich mit Aufmerksamkeit und Raschheit allezeit die neuesten und gangbarsten Dessins zu bringen und selbst den herrschenden Geschmack durch ganz Neues und Originelles zu überbieten suche. Hierzu sind eigene Zeichner vorhanden, deren Aufgabe es ist, lediglich neue Dessins zu erfinden und, in der behaglichen Stube sitzend, nach Herzenslust Blumen, Sterne, Ranken, Tupfen und Linien durcheinander zu werfen. In meiner Anstalt habe ich drei solcher Leute, denen ich ein lästerliches Geld bezahlen und sie obenhinein noch sehr glimpflich behandeln muß. Sie sind, obgleich sie ziemlich geschickt den Gang des Geschäftes begreifen und verfolgen, doch nur zufällig zu diesem Berufe gekommen und durch keinerlei innere Kraft vorher bestimmt. Was könnte mir nun willkommener sein, als ein junger Mensch, der mit solcher Energie sich für Papier und Farben erklärt, in so frühem Alter, der den ganzen Tag, ohne weitere Anregung, Bäume und Blumengärtchen malt? Wir wollen ihm schon Blumen genug verschaffen, in geordneten Reihen soll er sie auf die Tücher zaubern, unerschöpflich, immer neu; er soll aus der reichen Natur die wunderbarsten und zierlichsten Gebilde abstrahieren, welche meine Konkurrenten zur Verzweiflung bringen! Kurz, gebt mir Euren Sohn ins Haus! Ich werde ihn bald so weit gebracht haben, wie die anderen, und wenn er einige Jahre älter ist, so tun wir ihn nach Paris, wo die Sache ins Große betrieben wird und die ausgezeichnetsten Dessinateurs der verschiedensten Industriezweige leben wie die Fürsten und von den Geschäftsleuten auf Händen getragen werden. Hat er dort sich gehörig emporgeschwungen und seine Erfahrung bereichert, so ist er ein gemachter Mann und kann sein Los selbst bestimmen. Will er alsdann sich wieder mit mir verbinden, so wird das mir zur Freude und zum Vorteil gereichen; findet er aber sein Glück anderswo, so habe ich nichtsdestoweniger meine Zufriedenheit daran. Bedenket Euch, ich glaube mich nicht zu täuschen!«

Er führte hierauf meine Mutter in seinem Geschäfte herum und zeigte ihr die bunten Herrlichkeiten, die geschnittenen Holzmödel und vor allem die kühnen Kompositionen seiner Zeichner. Es leuchtete ihr alles vollkommen ein und erfüllte sie wieder mit Hoffnung. Abgesehen von dem gesicherten und reichlichen Erwerbe, welchen ein gewandter Geschäftsmann verbürgte, war ja diese ganze Kunst dem Dienste der Frauen gewidmet und so reinlich und friedsam, daß ein Sohn in ihrem Schoße wohl geborgen schien. Auch mochte es vielleicht eine Ader verzeihlicher Eitelkeit erwecken, wenn sie sich in einen der bescheideneren Stoffe meiner Erfindung gekleidet dachte. Sie war so mit diesen angenehmen Gedanken beschäftigt, daß sie für diesmal ihre Wanderung einstellte, um sich ganz in denselben zu ergehen.

Der folgende Tag jedoch rief sie wieder zur Erfüllung der sonst väterlichen Pflicht auf und führte sie mit neuen Sorgen und Zweifeln auf den Weg. Sie gelangte zu einem dritten Freunde des Vaters, einem Schuster, der im Geruche tiefen Verstandes und eines gewaltigen Politikers lebte. Seit dem Tode meines Vaters war er durch die Zeitereignisse in eine strenger demokratische Richtung hineingetreten. Nach mißlaunischer Anhörung des Berichtes und des Erfolges der gestrigen Bemühungen brach er barsch los:

»Maler, Landkartenmacher, Blümchenzeichner, Stubensitzer, Herrenknecht! Handlanger der Geldaristokraten, Gehilfe des Luxus und der Verweichlichung, als Landkartenmacher sogar direkter Vorschubleister des bestialischen Kriegswesens! Handwerk, ehrliche und schwere Handarbeit ist uns vonnöten, gute Frau! Wenn Euer Mann lebte, so würde er den Jungen so gewiß durch schwere Handarbeit ins Leben führen, als zwei mal zwei vier sind! Zudem ist der Junge schon ein bißchen schwächlich und verwöhnt durch Eure Weiberwirtschaft; laßt ihn Maurer oder Steinmetz werden, oder besser, gebt ihn mir, so wird er die gehörige Demut und damit den rechten Stolz eines Mannes aus dem Volke gewinnen, und bis er imstande ist, einen guten Schuh fix und fertig zu arbeiten, soll er gelernt haben, was ein Bürger ist, wenn er anders seinem Vater nachfolgt, den wir sehr vermissen, wir andere Handwerksleute! Besinnt Euch, Frau Lee! von der Pike auf dienen, das macht den Mann! Waren die neuen Schuhe doch nicht zu eng, die ich letzthin schickte?«

Die Frau Lee ging aber nicht sonderlich erbaut fort und murmelte vor sich her: »Schlag du nur deine hölzernen Zwecke ein, bei mir erreichst du deinen Zweck nicht, Herr Schuster, ungehobelter Mann! Bleib nur bei deinem Leisten und warte, bis mein Kind kommt, dir Gesellschaft zu leisten! Draht ist nicht Rat! Wenn du Gott fürchten würdest, so brauchtest du nicht vor dem Gerber zu fliehen! Wer Pech angreift, besudelt sich!« Unter solchen Sarkasmen, welche sie nachher wiederholte, so oft sie auf diese Unterredung zu sprechen kam, zog sie die Klingel an einem hohen und schönen Hause, welches der Vater einst für einen vornehmen Herrn gebaut hatte. Es war ein feiner und ernster Mann, der in den Staatsgeschäften stand, nicht viele Worte machte, jedoch für uns einige Geneigtheit zeigte und schon mehrmals mit entscheidendem Rat an die Hand gegangen war. Als er vernommen, warum es sich handelte, erwiderte er mit höflich ablehnenden Worten:

»Es tut mir leid, gerade in dieser Angelegenheit nicht dienen zu können! Ich verstehe so viel wie nichts von der Kunst! Nur weiß ich, daß auch für das ausgezeichnetste Talent lange Studienjahre und bedeutende Mittel erforderlich sind. Wir haben wohl große Genies, welche sich durch besondere Widerwärtigkeiten endlich emporgeschwungen; allein um zu beurteilen, ob Ihr Sohn hierzu nur die geringsten Hoffnungen biete, dazu besitzen wir in unserer Stadt gar keine berechtigte Person! Was hier an Künstlern und dergleichen lebt, ist ziemlich entfernt von dem, was ich mir unter wirklicher Kunst vorstelle, und ich könnte nie raten, einem ähnlichen verfehlten Ziele entgegenzugehen.« Dann besann er sich eine Weile und fuhr fort: »Betrachten Sie mit Ihrem Sohne die ganze Sache als eine kindische Träumerei; kann er sich entschließen, sich von mir in einer unserer Kanzleien unterbringen zu lassen, so will ich hierzu gern die Hand bieten und ihn im Auge behalten. Ich habe gehört, daß er nicht ohne Talent sei, besonders in schriftlichen Arbeiten. Würde er sich gut halten, so könnte er sich mit der Zeit ebensogut zu einem Verwaltungsmanne emporarbeiten, als mancher andere wackere Mann, welcher ebenso von unten angefangen und als armer Schreiberjunge in unsere Kanzleien getreten ist. Letztere Bemerkung mache ich übrigens nicht, um irgend große Hoffnungen zu erregen, sondern nur um Ihnen zu zeigen, daß der Knabe auch auf diesem Wege nicht unbedingt an ein dunkles und dürftiges Los gebunden ist.«

Diese Rede, indem sie meiner Mutter eine ganz neue Aussicht eröffnete, warf sie gänzlich in Ungewißheit zurück, ob sie nicht ernstlich mich zur Änderung meines Sinnes bestimmen solle. Denn hier war noch mehr, als beim Fabrikanten, die Bürgschaft eines angesehenen und seiner Worte sicheren Mannes zur Hand, welcher einen großen Teil unserer Verhältnisse ebenso klar durchschaute als mit beherrschte und imstande war, diejenigen über dem Wasser zu halten, die sich seinem Rate anvertrauten.

Sie schloß hier ihren beschwerlichen Gang und beschrieb mir in einem großen Briefe sämtlichen Erfolg desselben, jedoch die Vorschläge des Fabrikanten und des Staatsmannes besonders hervorhebend, und ermahnte mich, meinen bestimmten Entschluß noch hinauszuschieben und eher darauf zu denken, auf welche Weise ich am füglichsten im Lande bleiben, mich redlich nähren, ihr selbst ein Trost und eine Stütze des Alters und doch meinen natürlichen Anlagen gerecht werden könne; denn daß sie je dazu helfen würde, mich gewaltsam zu einem mir widerstrebenden Lebensberufe zu bestimmen, davon sei keine Rede, da sie hierüber die Grundsätze des Vaters genugsam kenne und es ihre einzige Aufgabe wäre, annähernd so zu verfahren, wie er getan haben würde.

Dieser Brief war überschrieben »Mein lieber Sohn!« und das Wort Sohn, das ich zum ersten Male hörte von ihr, rührte mich und schmeichelte mir aufs eindringlichste, daß ich für den übrigen Inhalt sehr empfänglich und dadurch an mir selbst irre und in Zweifel gesetzt wurde. Ich fühlte mich ganz allein und wehrlos mit meinen grünen Bäumen gegenüber dem ernsten kalten Weltleben und seinen Lenkern. Aber während ich schon begann, mich mit dem Gedanken vertraut zu machen, auf immer vom geliebten Walde zu scheiden, gab ich mich nur umso inniger der Natur hin und schweifte den ganzen Tag in den Bergen, und die drohende Trennung ließ mich manches angehende Verständnis sicherer ergreifen, als es sonst geschehen wäre. Ich hatte schon viele Studien des Junker Felix nachgezeichnet und dadurch einige Ausdrucksweise gewonnen, so daß meine Blätter wenigstens ordentlich weiß und schwarz wurden von Stift und Tusche.

Zweites Kapitel

Judith und Anna

Oft, am Morgen oder am Abend, stand ich auf der Höhe über dem tiefen See, wo unten der Schulmeister mit seinem Töchterchen wohnte, oder ich hielt mich auch einen ganzen Tag an einer Stelle des Abhanges auf, unter einer Buche oder Eiche, und sah das Haus abwechselnd im Sonnenscheine oder im Schatten liegen; aber je länger ich zauderte, desto weniger konnte ich es über mich gewinnen, hinabzugehen, da mir das Mädchen fortwährend im Sinne lag und ich deshalb glaubte, man würde mir auf der Stelle ansehen, daß ich seinetwegen käme. Meine Gedanken hatten von der feinen Erscheinung Annas plötzlich so vollständigen Besitz ergriffen, daß ich alle Unbefangenheit ihr gegenüber im gleichen Augenblicke verlor und mit vorwitziger Ziererei von ihrer Seite sofort das Gleiche voraussetzte. Indem ich jedoch mich nach dem Wiedersehen sehnte, war mir die Zwischenzeit und meine Unentschlossenheit gar nicht peinlich und unerträglich, vielmehr gefiel ich mir in diesem gedanken- und erwartungsvollen Zustande und sah einem zweiten Begegnen eher mit Unruhe entgegen. Wenn meine Basen von ihr sprachen, tat ich, als hörte ich es nicht, indessen ich doch nicht von der Stelle wich, solange das Gespräch dauerte, und wenn sie mich fragten, ob es denn nicht ein allerliebstes Kind sei, erwiderte ich ganz trocken: »Ja, gewiß!«

Auf meinen Wegen war ich häufig am Hause der schönen Judith vorübergekommen, und da ich eben deswegen, weil sie ein schönes Weib war, auch einige Befangenheit fühlte und Anstand nahm einzutreten, von ihr gebieterisch hereingerufen und festgehalten worden. Nach der Weise der aufopfernden und nimmermüden alten Frauen und auch aus unentbehrlicher Gewohnheit befand sich ihre Mutter beinahe immer auf dem warmen Felde, während die kräftige Tochter das leichtere Teil erwählte und im kühlen Haus und Garten gemächlich waltete. Deswegen war diese bei gutem Wetter regelmäßig allein zu Hause und sah es gern, wenn jemand, den sie leiden mochte, bei ihr vorkehrte und mit ihr plauderte. Als sie meine Malerkünste entdeckt hatte, trug sie mir sogleich auf, ihr ein Blumensträußchen zu malen, welches sie mit Zufriedenheit in ihr Gesangbuch legte. Sie besaß ein kleines Stammbüchelchen von der Stadt her, das nur zwei oder drei Inschriften und eine Menge leerer Blätter mit Goldschnitt enthielt; von diesen gab sie mir bei jedem Besuche einige, daß ich eine Blume oder ein Kränzchen darauf male (Farben und Pinsel hatte ich schon bei ihr zurückgelassen, und sie verwahrte dieselben sorgfältig); dann wurde ein Vers oder witziger Spruch darunter geschrieben und ihr Kirchenbuch mit solchen Bildchen, die ich in wenigen Minuten anfertigte, gefüllt. Die Verse wurden einer großen Sammlung bedruckter Papierstreifchen entnommen, welche sie als Überbleibsel früher genossenen Zuckerzeuges aufbewahrte. Durch diesen Verkehr war ich heimisch und vertraut bei ihr geworden, und, indem ich immer an die junge Anna dachte, hielt ich mich gern bei der schönen Judith auf, weil ich in jener unbewußten Zeit ein Weib für das andere nahm und nicht im mindesten eine Untreue zu begehen glaubte, wenn ich im Anblicke der entfalteten vollen Frauengestalt behaglicher an die abwesende zarte Knospe dachte, als anderswo, ja als in Gegenwart dieser selbst. Manchmal traf ich sie am Morgen, wie sie ihr üppiges Haar kämmte, welches geöffnet bis auf ihre Hüften fiel. Mit dieser wallenden Seidenflut fing ich neckend an zu spielen, und Judith pflegte bald, ihre Hände in den Schoß legend, den meinigen ihr schönes Haupt zu überlassen und lächelnd die Liebkosungen zu erdulden, in welche das Spiel allmählich überging. Das stille Glück, welches ich dabei empfand, nicht fragend, wie es entstanden und wohin es führen könne, wurde mir Gewohnheit und Bedürfnis, daß ich bald täglich in das Haus huschte, um eine halbe Stunde dort zuzubringen, eine Schale Milch zu trinken und der lachenden Frau die Haare aufzulösen, selbst wenn sie schon geflochten waren. Dies tat ich aber nur, wenn sie ganz allein und keine Störung zu befürchten war, sowie sie auch nur dann es sich gefallen ließ, und diese stillschweigende Übereinkunft der Heimlichkeit lieh dem ganzen Verkehre einen süßen Reiz.

So war ich eines Abends, vom Berge kommend, bei ihr eingekehrt; sie saß hinter dem Hause am Brunnen und hatte soeben einen Korb grünen Salat gereinigt; ich hielt ihre Hände unter den klaren Wasserstrahl, wusch und rieb dieselben, wie einem Kinde, ließ ihr kalte

Wassertropfen in den Nacken träufeln und spritzte ihr solche endlich mit unbeholfenem Scherze ins Gesicht, bis sie mich beim Kopfe nahm und ihn auf ihren Schoß preßte, wo sie ihn ziemlich derb zerarbeitete und walkte, daß mir die Ohren sausten. Obgleich ich diese Strafe halb und halb bezweckt hatte, wurde sie mir doch zu arg; ich riß mich los und faßte meine Feindin, nach Rache dürstend, nun meinerseits beim Kopfe. Doch leistete sie, indem sie immer sitzen blieb, so kräftigen Widerstand, daß wir beide zuletzt heftig atmend und erhitzt den Kampf aufgaben und ich, beide Arme um ihren weißen Hals geschlungen, ausruhend an ihr hangen blieb; ihre Brust wogte auf und nieder, indessen sie, die Hände erschöpft auf ihre Knie gelegt, vor sich hin sah. Meine Augen gingen den ihrigen nach in den roten Abend hinaus, dessen Stille uns umfächelte; Judith saß in tiefen Gedanken versunken und verschloß, die Wallung ihres aufgejagten Blutes bändigend, in ihrer Brust innere Wünsche und Regungen fest vor meiner Jugend, während ich, unbewußt des brennenden Abgrundes, an dem ich ruhte, mich arglos der stillen Seligkeit hingab und in der durchsichtigen Rosenglut des Himmels das feine, schlanke Bild Annas auftauchen sah. Denn nur an sie dachte ich in diesem Augenblicke; ich ahnte das Leben und Weben der Liebe, und es war mir, als müßte ich nun das gute Mädchen alsogleich sehen. Plötzlich riß ich mich los und eilte nach Hause, von wo mir der schrille Ton einer Dorfgeige entgegenklang. Sämtliche Jugend war in dem geräumigen Saale versammelt und benützte den kühlen, müßigen Abend, nach den Weisen des herbeigerufenen Geigers sich gegenseitig im Tanze zu unterrichten und zu üben; denn die älteren Glieder der Sippschaft befanden für gut, auf die Feste des nahenden Herbstes den jüngeren Nachwuchs vorzubereiten und dadurch sich selbst ein vorläufiges Tanzvergnügen zu verschaffen. Als ich in den Saal trat, wurde ich aufgefordert, sogleich teilzunehmen, und indem ich mich fügte und unter die lachenden Reihen mischte, ersah ich plötzlich die errötende Anna, welche sich hinter denselben versteckt hatte. Da war ich sehr zufrieden und innerlich hoch vergnügt; aber obgleich schon Wochen vergangen, seit ich sie zum ersten Male gesehen, ließ ich meine Zufriedenheit nicht merken und entfernte mich, nachdem ich sie kurz begrüßt, wieder von ihr, und als meine Basen mich aufforderten, mit ihr, die gleichfalls anfing, einen Tanz zu tun, suchte ich ungefällig und unter tausend Ausflüchten auszuweichen. Dieses half nichts; widerstrebend fügten wir uns endlich und tanzten, einander nicht ansehend und uns kaum berührend, etwas ungeschickt und beschämt einmal durch den Saal. Ungeachtet es mir schien, als ob ich einen jungen Engel an der Hand führte und im Paradiese herumwalzte, trennten wir uns doch nach der Tour so schleunig wie Feuer und Wasser und waren in selbem Augenblicke an den entgegengesetzten Enden des Saales zu sehen. Ich, der ich kurz vorher unbefangen und mutwillig die Wangen der großen und schönen Judith zwischen meine Hände gepreßt, hatte jetzt gezittert, die schmale, fast wesenlose Gestalt des Kindes zu umfangen und dieselbe fahren lassen, wie ein glühendes Eisen. Sie verbarg sich ihrerseits wieder hinter die fröhlichen Mädchen und ließ sich so wenig mehr in die Reihen bringen als ich; hingegen bestrebte ich mich, meine Worte an die Gesamtheit zu richten und so zu stellen, daß sie von Anna auch hingenommen werden mußten, und bildete mir ein, sie meine es mit den wenigen Wörtchen, die sie hören ließ, ebenfalls so.

Sie war, da sie mit den Töchtern meines Oheims einen lebhaften Taubenverkehr führte, mit einem Körbchen voll junger Täubchen angekommen, was hauptsächlich das Heraufrufen des vorbeiziehenden Geigers veranlaßt hatte. Nun wurde verabredet, daß die Tanzübungen mehrere Male wiederholt werden sollten. Für jetzt aber war es notwendig, da es dunkel geworden, daß jemand die Anna nach Hause begleite, und dazu wurde ich ausersehen. Diese Kunde klang mir zwar wie Musik; doch drängte ich mich nicht sonderlich vor; denn es erwachte ein Stolz in mir, der es mir fast unmöglich machte, gegen das junge Ding freundlich zu tun, und je lieber ich es in meinem Herzen gewann, desto mürrischer und unbeholfener wurde mein Äußeres. Das Mädchen aber blieb immer gleich, ruhig, bescheiden und fein, und band gelassen seinen breiten Strohhut um, auf welchem eine Rose lag; der Nachtkühle wegen brachte die Muhme einen prachtvollen weißen Staatsshawl aus alter Zeit, mit Astern und Rosen besäet, den man um ihr blaues, halb ländliches Kleid schlug, daß sie mit ihren Goldhaaren und dem feinen Gesichtchen aussah, wie eine junge Engländerin aus den neunziger Jahren. So wandte sie sich nun anscheinend ganz ruhig zum Gehen, gewärtig, wer sie begleiten würde, aber sich deswegen nicht unentschlossen aufhaltend. Sie lächelte, durch den Mutwillen der Basen belebt und gedeckt, über meine Ungeschicklichkeit, ohne sich nach mir umzublicken, und vermehrte so meine Verlegenheit, da ich gegenüber den zusammenhaltenden und verschworenen Mädchen allein dastand und fast willens war, im Saale zurückzubleiben. Doch erbarmte sich die älteste Base meiner und rief mich noch einmal entschieden heran, so daß es mit meiner Ehre verträglich war, mich wenigstens dem Zuge anzuschließen, der sich vor das Haus bewegte. Wir gingen gemeinschaftlich bis an das Ende des Dorfes, wo der Berg anhub, über welchen Anna zu gehen hatte. Dort wurde Abschied genommen: ich stand im Hintergrunde und sah, wie sie ihr Tuch zusammenfaßte und sagte: »Ach, wer will nun eigentlich mit mir kommen?« Indessen die Mädchen schalten und sagten: »Nun, wenn der Herr Maler so unartig ist, so muß eben jemand anders dich begleiten!« und ein Bruder rief: »Ei, wenn es sein muß, so gehe ich schon mit, obgleich der Maler ganz recht hat, daß er nicht den Jungfernknecht spielt, wie ihr es immer gern einführen möchtet!« Ich trat aber hervor und sagte barsch: »Ich habe gar nicht behauptet, daß ich es nicht tun wolle, und wenn es der Anna recht ist, so begleite ich sie schon.« »Warum sollte es mir nicht recht sein?« erwiderte sie, und ich schickte mich an, neben ihr herzugehen. Allein die übrigen riefen, ich müßte sie durchaus am Arme führen, da wir so feine Stadtleutchen seien; ich glaubte dies und schob meinen Arm in den ihrigen, sie zog ihn rasch zurück und faßte *mich* unter den Arm, sanft, aber entschieden, indem sie lächelnd nach dem spottenden Volke zurücksah; ich merkte meinen Fehler und schämte mich dergestalt, daß ich, ohne zu sprechen, den Berg hinanstürmte und das arme Kind mir beinahe nicht folgen konnte. Sie ließ sich dies nicht ansehen, sondern schritt tapfer aus, und sobald wir allein waren, fing sie ganz geläufig und sicher an zu plaudern über die Wege, welche sie mir zeigen mußte, über das Feld, über den Wald, wem diese und jene Parzelle gehöre und wie es hier und dort vor wenigen Jahren noch gewesen sei. Ich wußte wenig zu erwidern, während ich aufmerksam zuhörte und jedes Wort wie einen Tropfen Muskatwein verschlang; meine Eile hatte schon nachgelassen, als wir die Höhe des Berges erreichten und auf seiner Ebene gemächlich dahingingen. Der funkelnde Sternhimmel hing weit gebreitet über dem Lande, und doch war es dunkel auf dem Berge, und die Dunkelheit band uns näher zusammen, da wir, unsere Gesichter kaum sehend, einander auch besser zu hören glaubten, wenn wir uns fest zusammenhielten. Das Wasser rauschte vertraulich im fernen Tale, hie und da sahen wir ein mattes Licht auf der dunklen Erde glimmen, welche sich massenhaft mit ihrem schwarzen Schatten vom Himmel sonderte, der sie am Rande mit einem blassen Dämmergürtel umgab. Ich beachtete dieses alles, lauschte den Worten meiner Begleiterin und bedachte zugleich für mich meine Freude und meinen Stolz, eine Geliebte am Arme zu führen, als welche ich sie ein für allemal betrachtete. Wir sprachen nun ganz munter und aufgeräumt von tausend Dingen, von gar nichts, dann wieder mit wichtigen Worten von unseren gemeinsamen Verwandten und ihren Verhältnissen, wie alte kluge Leute. Je näher wir ihrer Wohnung kamen, deren Licht bereits in der Tiefe glühte wie ein Leuchtwurm, desto sicherer und lauter wurde Anna; ihre Stimme klingelte unaufhörlich und fein, gleich einem fernen Vesperglöckchen; ich setzte ihren artigen Einfällen die besten meiner eigenen Erfindung entgegen, und doch hatten wir uns den ganzen Abend noch nie unmittelbar angeredet, und das Du war seit jenem einen Male nie mehr zwischen uns gefallen. Wir hüteten es, wenigstens ich, im Herzen gleich einem goldenen Sparpfennige, den man auszugeben gar nicht nötig hat; oder es schwebte wie ein Stern weit vor uns in neutraler Mitte, nach welchem sich unsere Reden und Beziehungen richteten und sich dort vereinigten, wie zwei Linien in einem Punkte, ohne sich vorher unzart zu berühren. Erst als wir in der Stube waren und ihren sie erwartenden Vater begrüßt hatten, nannte sie, die Ereignisse des Abends froh erzählend, beiläufig ganz unbefangen meinen Namen, so oft es erforderlich war, und nahm, unter dem Schutze ihres Vaterhauses, wo sie sich geborgen fühlte, wie eine Taube im Neste, unbesehens das Wörtchen Du hervor und warf es unbekümmert hin, daß ich es nur aufzunehmen und ebenso arglos zurückzugeben brauchte. Der Schulmeister machte mir Vorwürfe über mein langes Ausbleiben, und um sicher zu gehen, forderte er mich zu dem Versprechen auf, gleich am nächsten Morgen früh zu kommen und den ganzen Tag an seinem See zuzubringen. Anna übergab mir den Shawl, den ich wieder zurücktragen sollte; dann leuchtete sie mir vor das Haus und sagte adieu mit jenem angenehmen Tone, der ein anderer ist nach einer stillschweigend geschlossenen Freundschaft, als vorher. Kaum war ich aus dem Bereiche des Hauses, so schlug ich das blumige weiche Tuch, das mir eine Wolke des Himmels zu sein dünkte, um Kopf und Schultern, und tanzte darin wie ein Besessener über den nächtlichen Berg. Als ich auf seiner Höhe war unter den Sternen, schlug es unten im Dorfe Mitternacht; die Stille war nun nah und fern so tief geworden, daß sie in ein geisterhaftes Getöse überzugehen schien, und nur, wenn sich diese Täuschung zerstreute und man gesammelt horchte, rauschte und zog unten der Fluß. Ein seliger Schauer schien, als ich einen Augenblick stand wie festgebannt, rings vom Gesichtskreise heranzuzittern an den Berg, in immer engeren Zirkeln bis dicht an mein Herz. Ich entledigte mich andächtig meiner närrischen Umhüllung, legte sie zusammen, stieg träumend den Abhang hinunter und fand den Weg nach Hause, ohne auf ihn acht zu geben.

Drittes Kapitel

Bohnenromanze

Am nächsten Morgen legte ich denselben Weg, der von Tau und Sonne funkelte und blitzte, mit meinem Geräte beladen, zurück und sah bald den See unter dem Morgendufte hervorleuchten. Haus und Garten waren vom jungen Tag übergoldet und warfen ihr kristallenes Gegenbild in die Flut; zwischen den Beeten bewegte sich eine blaue Gestalt, so fern und klein, wie in einem Nürnberger Spielzeuge; das Bild verschwand wieder hinter den Bäumen, um bald desto größer und näher hervorzutreten und mich in seinen Rahmen mit aufzunehmen. Schulmeisters hatten mit dem Frühstücke auf mich gewartet; ich war sehr eßlustig geworden durch den weiten Weg und sah mich daher mit großer Zufriedenheit hinter dem Tische, während Anna die Tugenden eines Hausmütterchens aufs lieblichste spielen ließ und sich endlich neben mich setzte und so zierlich und mäßig an dem Essen nippte wie eine Elfe, und als ob sie keine irdischen Bedürfnisse hätte. Ich sah sie indes kaum eine Stunde nachher mit einem mächtigen Stück Brot in der Hand und, mir auch ein solches bringend, unbefangen und tüchtig dreinbeißen mit ihren kleinen weißen Zähnen, und dies begierige Essen im Gehen und Plaudern stand ihr ebenso wohl an, wie vorher der bescheidene Anstand am Tische.

Nach dem Frühstücke war der Vater mit der alten Magd in seinen Weinberg gestiegen, um von den reifenden Trauben das Laub zu brechen, welches den Sonnenstrahlen den Zugang versperrte. Die Besorgung des Weinberges war, nebst dem Schlagen und Kleinmachen des Holzes, seine Hauptarbeit in seinem beschaulichen Leben. Ich aber sah mich nach einem Gegenstande meiner Tätigkeit um. Anna hatte eine mächtige Wanne voll grüner Bohnen der Schwänzchen zu entledigen und an lange Fäden zu reihen, um sie zum Dörren vorzubereiten. Damit ich in ihrer Nähe bleiben konnte, gab ich vor, ich müßte nun zur Abwechselung einmal Blumen nach der Natur malen, und bat sie, mir einen Strauß derselben zu brechen. Der Zusammenstellung wegen begleitete ich sie in den Garten, und nach einer guten halben Stunde hatten wir endlich eine hübsche Menge beisammen und setzten sie in ein altmodisches Prunkglas und dieses auf einen Tisch, der in einer Weinlaube hinter dem Hause stand; Anna schüttete ihre Bohnen rings darum her, und wir setzten uns einander gegenüber, bis zur Mittagsstunde arbeitend und von unseren beiderseitigen Lebensläufen erzählend. Ich war nun ganz erwärmt und heimisch geworden und begann bald mit der Überlegenheit eines Bruders dem guten Kinde mit wichtigen Urteilen, eingestreuten Bemerkungen und Belehrungen zu imponieren, indessen ich meine Blumen mit verwegenen bunten Farben anlegte und sie mir erstaunt und vergnügt zuschaute, über den Tisch gebeugt und ein Büschel Bohnen in der einen, das kleine Taschenmesserchen in der anderen Hand. Ich brachte den Strauß in natürlicher Größe auf einen Bogen und gedachte damit ein rechtes Prunkstück im Hause zurückzulassen. Inzwischen kam die Magd vom Berge und forderte meine Gespielin auf, ihr zum Bereiten des Essens behilflich zu sein. Diese kurze Trennung, dann das Wiedersehen am Tische, die Ruhestunde nach demselben, das Billigen meiner vorgeschrittenen Arbeit von seiten des Schulmeisters, gewürzt mit weisen Sprüchen, und endlich die Aussicht auf ein abermaliges Zusammensein bis zum Abend in der Laube veranlaßten ebensoviele angenehme Bewegungen und Zwischenspiele. Anna schien auch meines Sinnes zu sein, da sie eben wieder einen ansehnlichen Haufen Bohnen auf den Tisch schüttete, welcher bis zum Abend auszureichen schien. Allein die Haushälterin erschien plötzlich und erklärte, daß Anna mit in den Weinberg müßte, damit man heute mit demselben noch fertig würde und eines kleinen Überbleibsels wegen nicht am anderen Tage hinzugehen brauche. Diese Erklärung betrübte mich, und ich ward sehr ärgerlich über die alte Frau; Anna hingegen brach sogleich willig und freundlich auf und bezeigte weder Freude noch Verdruß über die Änderung ihres Planes. Die Alte, als sie mich bleiben sah, sagte, ob ich nicht auch mit komme, ich werde doch nicht allein hier sein wollen, und es sei recht schön im Weinberge. Allein ich war nun schon zu tief betrübt und unwillig und erklärte, ich müßte meine Zeichnung zu Ende führen. Bald saß ich allein in der einsamen Gegend und der Nachmittagsstille und fühlte mich nun doch wieder zufrieden. Auch kam dieses Alleinsein meinem Machwerke zugut, indem ich mir mehr Mühe gab, die natürlichen Blumen vor mir wirklich zu benützen und an ihnen zu lernen, während ich am Vormittage mehr nach meiner früheren Kindermanier drauf losgepinselt hatte. Ich mischte die Farben genauer und verfuhr reinlicher und aufmerksamer mit den Formen und Schattierungen, und dadurch entstand ein Bild, welches an der Wand unschuldiger Landbewohner etwas vorstellen konnte.

Darüber verfloß die Zeit schnell und leicht und brachte den Abend, indessen ich mit Liebe die Zeichnung nach meiner Einsicht vervollkommnete und überall ein Blatt oder einen Stiel ausbesserte und einen Schatten verstärkte. Die Neigung für das Mädchen lehrte mich dies gewissenhafte Fertigmachen und Durchgehen der Arbeit, welches ich bis dahin noch nicht gekannt; und als ich gar nichts mehr anzubringen sah, schrieb ich in eine Ecke des Blattes »Heinrich Lee *fecit.*« und unter den Strauß mit gotischer Schrift den Namen der künftigen Eigentümerin.

Der Weinberg mußte inzwischen noch ein großes Stück Arbeit gegeben haben, denn schon schwebte die Sonne dicht über dem Waldrande und warf ein feuerfarbenes Band über das dunkelnde Gewässer her, und noch hörte ich nichts von meinen Gastfreunden. Ich setzte mich auf die Stufen vor dem Hause; die Sonne ging hinab und ließ eine tiefe Goldglut zurück, welche auf alles einen Nachglanz verbreitete und das Bild auf meinen Knien wunderbar verklärte und etwas Rechtem gleichsehen ließ. Da ich sehr früh aufgestanden war und in diesem Augenblicke auch sonst nichts Besseres zu tun wußte, schlief ich allmählich ein, und als ich erwachte, standen die Zurückgekehrten in der vorgerückten Dämmerung bei mir und am dunkelblauen Himmel wieder die Sterne. Meine Malerei wurde nun in der Stube bei Licht besehen, die Magd schlug die Hände über dem Kopf zusammen und hatte noch nie etwas Ähnliches erblickt; der Schulmeister fand mein Werk gut und belobte meine Artigkeit gegen sein Töchterchen mit schönen Worten und freute sich darüber; Anna lächelte vergnügt auf das Geschenk, wagte aber nicht, es anzurühren, sondern ließ es auf dem flachen Tische liegen und guckte nur hinter den anderen hervor darüber hin. Wir nahmen nun das Nachtmahl ein, nach welchem ich aufbrechen wollte; aber der Schulmeister verhinderte mich daran und gab Befehl, mir ein Lager zu bereiten, da ich mich auf dem dunklen Berge unfehlbar verirren würde. Obgleich ich einwandte, daß ich den nächtlichen Weg ja schon einmal zurückgelegt hätte, ließ ich mich doch leicht bereden, aus bloßer Freundschaft da zu bleiben, worauf wir in den kleinen Saal mit der Orgel gingen. Der Schulmeister spielte, und Anna und ich sangen dazu einige Abendlieder und, der Magd zu Gefallen, welche gern mitsang, einen Psalm, den sie mit heller Stimme beherrschte. Dann ging der Alte zu Bette. Doch jetzt begann erst die Herrschaft der alten Katherine, welche unten in der Stube einen ungeheuren Vorrat von Bohnen aufgetürmt hatte, welche heute nacht noch sämtlich bearbeitet werden sollten. Denn da sie nachts nicht viel schlafen konnte, beharrte sie hartnäckig auf der ländlichen Sitte, dergleichen Dinge bis tief in die Nacht hinein vorzunehmen. So saßen wir bis um ein Uhr um den grünen Bohnenberg herum und trugen ihn allmählich ab, indem jedes einen tiefen Schacht vor sich hineingrub und die Alte den ganzen Vorrat ihrer Sagen und Schwänke heraufbeschwor und uns beide in wacher Munterkeit erhielt. Anna, welche mir gegenüber saß, baute ihren Hohlweg in die Bohnen hinein mit vieler Kunst, eine Bohne nach der andern herausnehmend, und grub unvermerkt einen unterirdischen Stollen, so daß plötzlich ihr kleines Händchen in meiner Höhle zu Tage trat, als ein Bergmännchen, und von meinen Bohnen wegschleppte in die grauliche Finsternis hinein. Katherine belehrte mich, daß Anna der Sitte gemäß verpflichtet sei, mich zu küssen, wenn ich ihre Finger erwischen könne, jedoch dürfe der Berg darüber nicht zusammenfallen, und ich legte mich deshalb auf die Lauer. Nun grub sie sich noch verschiedene Wege und begann mich auf die listigste Weise zu necken; die Hand in der Tiefe des Bohnengebirges versteckt, sah sie mich über dasselbe her mit ihren blauen Augen neckisch an, indessen sie hier eine Fingerspitze hervorgucken ließ, dort die Bohnen bewegte, wie ein unsichtbarer Maulwurf, dann plötzlich mit der ganzen Hand hervorschoß und wieder zurückschlüpfte, wie ein Mäuschen ins Loch, ohne daß es mir je gelang, sie zu haschen. Sie trieb es so weit, mir immer auf die Augen sehend, daß sie plötzlich eine Bohne, die ich eben ergreifen wollte, meinen Fingern entzog, ohne daß ich wußte, wo dieselbe hingekommen. Katherine bog sich zu mir herüber und flüsterte mir ins Ohr: »Laßt sie nur machen, wenn ihr der Bau endlich zusammenbricht über den vielen Löchern, so muß sie Euch auf jeden Fall küssen!« Anna wußte jedoch sogleich, was die Alte zu mir sagte; sie sprang auf, tanzte dreimal um sich selbst herum, klatschte in die Hände und rief:« Er bricht nicht, er bricht nicht, er bricht nicht!« Beim dritten Male gab Katherine mit ihrem Fuße dem Tische schnell einen Stoß, und der unterhöhlte Berg stürzte jammervoll zusammen. »Gilt nicht, gilt nicht!« rief Anna so laut und sprang so ausgelassen im Zimmer umher, wie man es gar nicht hinter ihr vermutet hätte. »Ihr habt an den Tisch gestoßen, ich hab' es wohl gesehen!«

»Es ist nicht wahr«, behauptete Katherine, »Heinrich bekommt einen Kuß von dir, du Hexe!«

»Ei schäme dich doch, so zu lügen, Katherine«, sagte das verlegene Kind, und die unerbittliche Magd erwiderte: »Sei dem, wie ihm wolle, der Berg ist gefallen, ehe du dich dreimal gedreht hast, und du bist dem Herrn Heinrich einen Kuß schuldig!«

»Den will ich auch schuldig bleiben«, rief sie lachend, und ich, selbst froh, der feierlichen Zeremonie entflohen zu sein, und doch die Sache zu meinem Vorteile lenkend, sagte: »Gut, so versprich mir, daß du mir immer und jederzeit einen Kuß schuldig sein willst!«

»Ja, das will ich!« rief sie und schlug leichtsinnig und mutwillig auf meine dargebotene Hand, daß es schallte. Sie war jetzt überhaupt so lebendig, laut und beweglich wie Quecksilber und schien ein ganz anderes Wesen zu sein, als am Tage. Die Mitternacht schien sie zu verwandeln, ihr Gesichtchen war ganz gerötet, und ihre Augen glänzten vor Freude. Sie tanzte um die unbehilfliche Katherine herum, neckte sie und wurde von ihr verfolgt, es entstand eine Jagd in der Stube umher, in welche ich auch verwickelt wurde. Die alte Katherine verlor einen Schuh und zog sich keuchend zurück, aber Anna ward immer wilder und behender. Endlich haschte ich sie und hielt sie fest, sie legte ohne weiteres ihre Arme um meinen Hals, näherte ihren Mund dem meinigen und sagte leise, vom hastigen Atmen unterbrochen:

Es wohnt ein weißes Mäuschen
Im grünen Bergeshaus;
Der Berg, der will zerfallen,
Das Mäuslein flieht daraus;

worauf ich in gleicher Weise fortfuhr:

Man hat es noch gefangen,
Am Füßchen angebunden
Und um die Vordertätzchen
Ein rotes Band gewunden;

dann sagten wir beide im gleichen Rhythmus und indem wir uns geruhig hin und her wiegten:

Es zappelte und schrie:
Was hab' ich denn verbrochen?
Da hat man ihm ins Herzlein
Ein' goldnen Pfeil gestochen.

Und als das Liedchen zu Ende war, lagen unsere Lippen dicht aufeinander, aber ohne sich zu regen; wir küßten uns nicht und dachten gar nicht daran, nur unser Hauch vermischte sich auf der neuen, noch ungebrauchten Brücke, und das Herz blieb froh und ruhig.

Am andern Morgen war Anna wieder wie gewöhnlich, still und freundlich; der Schulmeister begehrte die Zeichnung bei Tage zu besehen, und da ergab es sich, daß sie von Anna schon in den unzugänglichsten Gelassen ihres Kämmerchens verwahrt und begraben worden. Sie mußte dieselbe aber wieder hervorholen, was sie ungern tat; der Vater nahm einen Rahmen von der Wand, in welchem eine vergilbte und verdorbene Gedächtnistafel der Teuerung von 1817 hing, nahm sie heraus und steckte den frischen bunten Bogen hinter das Glas. »Es ist endlich Zeit, daß wir dies traurige Denkmal von der Wand nehmen«, sagte er, »da es selber nicht länger vorhalten will. Wir wollen es zu anderen verschlossenen und verborgenen Denkzeichen legen und dafür dieses blühende Bild des Lebens aufpflanzen, das uns unser junger Freund geschaffen. Da er dir die Ehre erwiesen hat, liebes Ännchen, deinen Namen unter die Blumen zu setzen, so mag die Tafel zugleich deine Ehren- und Denktafel in unserem Hause sein und ein Vorbild, immer heiter, mit geschmückter Seele und schuldlos zu leben, wie diese zierlichen und ehrbaren Werke Gottes!«

Nach Tisch machte ich mich endlich bereit zur Rückkehr; Anna erinnerte sich, daß heute wieder Tanzübung stattfinde, und erbat sich die Erlaubnis, gleich mit mir gehen zu dürfen. Zugleich verkündete sie, daß sie bei ihren Basen übernachten würde, um nicht wieder so spät über den Berg zu müssen. Wir wählten den Weg längs des Flüßchens, um im Schatten zu gehen; und da dieser Pfad öfter feucht war und von Wasserpflanzen und Gesträuchen beengt, schürzte sie das hellgrüne, mit roten Punkten besetzte Kleid, nahm den Strohhut der überhängenden Zweige wegen in die Hand und schritt neben mir her durch das Helldunkel, durch welches die heimlich leuchtenden Wellen über rosenrote, weiße und blaue Steine rieselten. Ihre Goldzöpfe hingen tief über den Nacken hinab, ihr Gesicht war von einer weißen Krause von eigener Erfindung eingefaßt, und dieselbe bedeckte noch die jungen schmalen Schultern. Sie sagte nicht viel und schien sich ein wenig der vergangenen Nacht zu schämen; überall, wo ich nichts gewahrte, sah sie späte Blüten und brach dieselben, daß sie bald alle Hände voll zu tragen hatte. An einer Stelle, wo das Wasser sich in einer Erweiterung des Bettes sammelte und stille stand, warf sie ihre sämtliche Last zu Boden und sagte: »Hier ruht man aus!« Wir setzten uns an den Rand des Teiches; Anna flocht einen Kranz aus den kleinen vornehmen Waldblumen und setzte ihn auf. Nun sah sie ganz aus wie ein holdseliges Märchen; aus der Flut schaute ihr Bild lächelnd herauf, das weiß und rote Gesicht wie durch ein dunkles Glas fabelhaft überschattet. Aus der gegenüberliegenden Seite des Wassers, nur zwanzig Schritte von uns, stieg eine Felswand empor, beinahe senkrecht und nur mit wenigem Gesträuche behangen. Ihre Steile verkündete, wie tief hier das kleine Gewässer sein müsse, und ihre Höhe betrug diejenige einer großen Kirche. An der Mitte derselben war eine Vertiefung sichtbar, die in den Stein hineinging und zu welcher man durchaus keinen Zugang entdeckte. Es sah aus wie ein recht breites Fenster an einem Turme. Anna erzählte, daß diese Höhle die Heidenstube genannt würde. »Als das Christentum in das Land drang«, sagte sie, »da mußten sich die Heiden verbergen, welche nicht getauft sein wollten. Eine ganze Haushaltung mit vielen Kindern flüchtete sich in das Loch dort oben, man weiß gar nicht auf welche Weise. Und man konnte nicht zu ihnen gelangen, aber sie fanden den Weg auch nicht mehr heraus. Sie hausten und kochten eine Zeitlang, und ein Kindlein nach dem andern fiel über die Wand herunter ins Wasser hier und ertrank. Zuletzt waren nur noch Vater und Mutter übrig und hatten nichts mehr zu essen und nichts zu trinken, und zeigten sich als zwei Jammergerippe am Eingange und starrten auf das Grab ihrer Kinder, zuletzt fielen sie vor Schwäche auch herunter, und die ganze Familie liegt in diesem tiefen, tiefen Wasser; denn hier geht es so weit hinunter, als der Stein hoch ist!«

Wir schauten, im Schatten sitzend, in die Höhe, wo der obere Teil des grauen Felsens im Sonnenscheine glänzte und die seltsame Vertiefung erhellt war. Wie wir so hinschauten, sahen wir einen blauen glänzenden Rauch aus der Heidenstube dringen und längs der Wand hinsteigen, und wie wir länger hinstarrten, sahen wir ein fremdartiges Weib, lang und hager, in der webenden Rauchwolke stehen, herabblicken aus hohlen Augen und wieder verschwinden. Sprachlos sahen wir hin, Anna schmiegte sich dicht an mich, und ich legte meinen Arm um sie; wir waren erschreckt und doch glücklich, und das Bild der Höhle schwamm verwirrt und verwischt vor unseren emporgerichteten Augen, und als es wieder klar wurde, standen ein Mann und ein Weib in der Höhe und schauten auf uns herab. Eine ganze Reihe von Knaben und Mädchen, halb oder ganz nackt, saß unter dem Loche und hing die Beine über die Wand herunter. Alle Augen starrten nach uns, sie lächelten schmerzlich und streckten die Hände nach uns aus, wie wenn sie um etwas flehten. Es ward uns bange, wir standen eilig auf, Anna flüsterte, indem sie perlende Tränen vergoß: »O, die armen, armen Heidenleute!« Denn sie glaubte fest, die Geister derselben zu sehen, besonders da manche glaubten, daß kein Weg zu jener Stelle führe. »Wir wollen ihnen etwas opfern«, sagte das Mädchen leise zu mir, »damit sie unser Mitleid gewahr werden!« Sie zog eine Münze aus ihrem Beutelchen, ich ahmte ihr nach, und wir legten unsere Spende auf einen Stein, der am Ufer lag. Noch einmal sahen wir hinauf, wo die seltsame Erscheinung uns fortwährend beobachtete und mit dankenden Gebärden nachschaute.

Als wir im Dorfe anlangten, hieß es, man habe eine Bande Heimatloser in der Gegend gesehen, und man würde dieselben nächster Tage aufsuchen, um sie über die Grenze zu bringen. Anna und ich konnten uns nun die Erscheinung erklären; es mußte doch ein geheimer Weg dorthin führen, welcher nur unter dem unglücklichen Volke, das solche Schlupfwinkel braucht, bekannt sein mochte. Wir gaben uns in einem einsamen Winkel feierlich das Wort, den Aufenthalt der Armen nicht zu verraten, und hatten nun ein wichtiges Geheimnis zusammen.

Viertes Kapitel

Totentanz

So lebten wir, unbefangen und glücklich, manche Tage dahin; bald ging ich über den Berg, bald kam Anna zu uns, und unsere Freundschaft galt schon für eine ausgemachte Sache, an der niemand ein Arges fand, und ich war am Ende der einzige, welcher heimlich ihr den Namen Liebe gab, weil mir einmal alles sich zum Romane gestaltete.

Um diese Zeit erkrankte meine Großmutter, nach und nach, doch immer ernstlicher, und nach wenigen Wochen sah man, daß sie sterben würde. Sie hatte genug gelebt und war müde; solange sie noch bei guten Sinnen war, sah sie gern, wenn ich eine Stunde oder zwei an ihrem Bette verweilte, und ich fügte mich willig dieser Pflicht, obgleich der Anblick ihres Leidens und der Aufenthalt in der Krankenstube mich ungewohnt und trübselig dünkten. Als sie aber in das eigentliche Sterben kam, welches mehrere Tage dauerte, wurde mir diese Pflicht zu einer ernsten und strengen Übung. Ich hatte noch nie jemanden sterben sehen und sah nun die bewußtlose, oder wenigstens so scheinende Greisin mehrere Tage röchelnd im Todeskampfe liegen, denn ihr Lebensfunke mochte fast nicht erlöschen. Die Sitte verlangte, daß immer mindestens drei Personen in dem Gemache sich aufhielten, um abwechselnd zu beten und den fremden Besuchern, welche unablässig eintraten, die Ehren zu erweisen und Nachricht zu geben. Nun hatten aber die Leute, bei dem goldenen Wetter, gerade viel zu arbeiten, und ich, der ich nichts versäumte und geläufig las, war ihnen daher willkommen und wurde den größten Teil des Tages am Todesbette festgehalten. Auf einem Schemel sitzend, ein Buch auf den Knien, mußte ich mit vernehmlicher Stimme Gebete, Psalmen und Sterbelieder lesen und erwarb mir zwar durch meine Ausdauer die Gunst der Frauen, wofür ich aber den schönen Sonnenschein nur von ferne und den Tod beständig in der Nähe betrachten durfte.

Ich konnte mich gar nicht mehr nach Anna umsehen, obschon sie mein süßester Trost in meiner asketischen Lage war; da erschien sie, schüchtern und manierlich, unversehens auf der Schwelle der Krankenstube, um die ihr sehr entfernt Verwandte zu besuchen. Das junge Mädchen war beliebt und geehrt unter den Bäuerinnen und daher jetzt willkommen geheißen, und als sie sich, nach einigem stillen Aufenthalte, anbot, mich im Gebete abzulösen, wurde ihr dies gern gestattet, und so blieb sie die noch übrige Sterbenszeit an meiner Seite und sah mit mir die ringende Flamme verlöschen. Wir sprachen selten miteinander, nur wenn wir uns die geistlichen Bücher übergaben, flüsterten wir einige Worte, oder wenn wir beide frei waren, ruhten wir behaglich nebeneinander aus und neckten uns im stillen, da die Jugend einmal ihr Recht geltend machte. Als der Tod eingetreten und die Frauen laut schluchzten, da zerfloß auch Anna in Tränen und konnte sich nicht zufrieden geben, da sie doch der Todesfall weniger berührte als mich, der ich als Enkel der Toten, obgleich ernst und nachdenklich, trockenen Auges blieb. Ich wurde besorgt für das arme Kind, welches immer heftiger weinte, und fühlte mich sehr niedergeschlagen und betreten. Ich führte sie in den Garten, streichelte ihr die Wangen und bat sie inständigst, doch nicht so sehr zu weinen. Da erheiterte sich ihr Gesicht, wie die Sonne durch Regen, sie trocknete die Augen und sah mich urplötzlich lächelnd an.

Wir genossen nun wieder freie Tage, und ich begleitete Anna zur Erholung sogleich nach Hause, um dort zu weilen bis zum Leichenbegängnis. Ich blieb die Zeit über ziemlich ernst, da der ganze Verlauf mich angegriffen und mir überdies die Großmutter sehr lieb und verehrungswürdig gewesen, ungeachtet ich sie seit kurzem kannte. Diese Stimmung war nun wiederum meiner Freundin unbehaglich, und sie suchte mich mit tausend Listen aufzuheitern und glich hierin den übrigen Frauen, welche alle wieder plaudernd und schwatzend vor ihren Häusern standen.

Der Mann der toten Großmutter tat nun, während er sich bequem fühlte, als ob er sehr viel verloren und seine Frau im Leben wert gehalten hätte. Er ordnete eine pomphafte Leichenfeier ein, woran über sechzig Personen teilnehmen sollten, und ließ es an nichts fehlen, alle alten Gebräuche in ihrem vollen Umfange zu beobachten.

Am bezeichneten Tage begab ich mich mit dem Schulmeister und mit Anna auf den Weg; er trug einen feierlichen schwarzen Frack mit sehr breiten Schößen und eine gestickte weiße Halsbinde, Anna ebenfalls ihr schwarzes Kirchengewand und eine ihrer eigentümlichen Krausen, worin sie aussah wie eine Art Stiftsfräulein. Den Strohhut hingegen ließ sie zu Hause und trug ihre Haare besonders kunstreich geflochten, dazu durchdrang sie heut eine tiefe Frömmigkeit und Andacht, sie war still und ihre Bewegungen voll Sitte, und dieses alles ließ sie in meinen Augen in neuem, unendlichem Reize erscheinen. In meine traurig festliche Stimmung mischte sich ein süßer Stolz, mit diesem liebenswürdigen und seltenen Wesen so vertraut zu sein, und zu diesem Stolze gesellte sich eine innige Verehrung, daß ich meine Bewegungen ebenfalls maß und zurückhielt und mit eigentlicher Ehrerbietung neben ihr her ging und ihr dienstbar war, wo es der unebene Weg erforderte.

Wir machten vorerst im Hause meines Oheims halt, dessen Familie schon gerüstet war und sich, als die Totenglocke läutete, uns anschloß. Im Sterbehause wurde ich von meinen sämtlichen Begleitern getrennt, da meine Stellung als Enkel die Gegenwart unter den nächsten Leidtragenden mit sich brachte, und als der jüngste und unmittelbarste Nachkomme befand ich mich in meinem grünen Habit an der Spitze der ganzen Trauergesellschaft und war den umständlichen und langwierigen Zeremonien zuerst ausgesetzt. Die nähere Verwandtschaft war in der geräumten großen Wohnstube versammelt und harrte auf das weibliche Geschlecht, welches erscheinen sollte, um hier seine Beileidsbezeugungen abzustatten. Nachdem wir eine geraume Weile stumm und aufrecht längs den Wänden gestanden, traten nach und nach viele bejahrte Bäuerinnen herein, in schwarzer Tracht, fingen bei mir an, eine um die andere, indem sie mir die Hand boten, ihren Spruch sagten und zum nächsten fortschritten auf gleiche Weise. Diese Matronen gingen größtenteils gebückt und zitternd und sprachen ihre Worte mit Rührung als alte Freundinnen und Bekannte der Seligen und als solche, welche die Nähe des Todes doppelt empfanden. Sie sahen mich alle fest und bedeutungsvoll an, ich mußte jeder einzelnen danken und sie ebenfalls ansehen, was ich ohnehin getan hätte. Manchmal war eine noch hohe und kraftvolle alte Frau darunter, welche aufrecht heranschritt und mit Seelenruhe auf mich sah; dann folgte aber gleich wieder ein gebeugtes Mütterchen, welches an seinen eigenen Leiden dasjenige der Geschiedenen zu kennen und zu schätzen schien. Doch wurden die Frauen immer jünger, und in gleichem Verhältnisse mehrte sich die Zahl; die Stube war nun vollständig mit dunklen Gestalten angefüllt, die sich herbeidrängten, Weiber von vierzig und dreißig Jahren, voll Beweglichkeit und Neugierde, die verschiedenen Leidenschaften und Eigentümlichkeiten waren kaum durch die gleichmachende Trauerhaltung verschleiert. Der Andrang schien kein Ende nehmen zu wollen; denn nicht nur das ganze Dorf, sondern auch viele Frauen aus der Umgegend waren erschienen, weil die Verstorbene eines großen Ruhmes unter ihnen genoß, der, zum Teil verjährt, jetzt noch einmal in vollem Glanze sich geltend machte. Endlich wurden die Hände glätter und weicher, das jüngste Geschlecht zog vorüber, und ich war schon ganz mürbe und müde, als meine Basen herzutraten, mir aufmunternd und freundlich die Hand reichten, und gleich hinter ihnen, wie ein Himmelsbote, die allerliebste Anna, welche, blaß und aufgeregt, mir flüchtig das Händchen reichte und schimmernde Tränen darüber fallen ließ. Weil ich seltsamerweise gar nicht an sie gedacht und auf sie gehofft hatte, schwebte sie mir jetzt umso überraschender vorüber.

Zuletzt erschöpfte sich doch die Frauenwelt, und wir traten vor das Haus, wo eine unabsehbare Schar bedächtiger Männer harrte, um mit uns, die wieder eine Reihe bildeten, den gleichen Gebrauch vorzunehmen. Sie machten es zwar bedeutend kürzer und rascher, als ihre Weiber, Töchter und Schwestern, allein dafür gebrauchten sie ihre schwieligen harten Hände wie Schmiedezangen und Schraubstöcke, und aus mancher Faust brauner Ackermänner glaubte ich meine Hand nicht mehr heil zurückzuziehen.

Endlich schwankte der Sarg vor uns her, die Weiber schluchzten, und die Männer sahen bedenklich und verlegen vor sich nieder; der Geistliche erschien auch und machte seine Würde geltend, und ohne viel zu wissen, wie es zugegangen, sah ich mich endlich an der Spitze des langen Zuges auf dem Kirchhofe und dann in die kühle Kirche versetzt, welche von der Gemeinde ganz angefüllt wurde. Ich hörte nun mit Verwunderung und Aufmerksamkeit den ursprünglichen Familiennamen, die Abstammung, das Alter, den Lebenslauf und das Lob der Großmutter von der Kanzel verkünden, und stimmte von Herzen in das Versöhnungs- und Ruhelied, welches zum Schlusse gesungen wurde. Als ich aber die Schaufeln klingen hörte vor der Kirchentür, dränge ich mich hinaus, um in das Grab zu schauen. Der einfache Sarg lag schon darin, viele Menschen standen umher und weinten, die Schollen fielen hart auf den Deckel und verbargen ihn allmählich; ich sah erstaunt hinein und kam mir fremd, und verwundert vor, und die Tote in der Erde erschien mir auch fremd und ich fand keine Tränen. Erst als es mir durch den Sinn fuhr, daß es die leibliche Mutter meines Vaters gewesen, und an meine Mutter dachte, welche einst auch also in die Erde gelegt werde, da vergegenwärtigte sich mir wieder mein Zusammenhang mit diesem Grabe und das Wort: Ein Geschlecht vergeht und das andere entsteht!

Der eingeladene Teil der Versammlung begab sich nun wieder nach dem Trauerhause, dessen Räume alle von den Vorrichtungen des Leichenmahles belebt waren. Als man zu Tische saß, versetzte mich die Sitte wieder an die Seite des finstern Witwers, wo ich zwei volle Stunden aushalten mußte, ohne mit jemanden sprechen zu können, solange die erste herkömmliche Essenszeit mit allen ihren unvermeidlichen Gerichten dauerte. Ich sah die lange Tafel hinunter und suchte den Schulmeister und sein Kind, welche auch anwesend waren; sie mußten aber im anstoßenden Zimmer sein, denn ich fand sie nicht.

Anfänglich wurde mäßig und bedächtig gesprochen und die Speisen in großer Ehrbarkeit eingenommen. Die Bauern saßen aufrecht an ihre Stühle oder an die Wand gelehnt, in beträchtlichem Abstand vom Tische, und stachen die Fleischbissen mit feierlich ausgestrecktem Arme an, die Gabel am äußersten Ende haltend. So führten sie ihre Beute auf dem weitesten Wege zum Munde und tranken den Wein in kleinen, züchtigen, aber häufigen Zügen. Die Aufwärterinnen trugen die breiten Zinnschüsseln in erhobenen Händen in der Höhe ihres Gesichtes heran, mit gemessenem Paradeschritt, die Hüften gewaltig hin und her wiegend. Wo sie die Tracht auf den Tisch setzten, mußten die beiden Zunächstsitzenden einen Wettstreit beginnen, indem sie ihnen ihre Gläser zum Trinken boten und jeder wenigstens zwei gute Witze flüsterte; dieser kleine Kampf wurde dann dadurch geschlichtet, daß die Aufwärterin aus jedem Glase nippte und mehr oder weniger zufrieden mit der Ausführung dieser Etikette sich zurückzog.

Nach Verfluß zweier langen Stunden näherten sich die Roheren unter den Gästen immer mehr dem Tische, legten die Arme darauf, und begannen nun erst ein fleißiges Essen, wozu sie den Wein in tiefen Zügen schluckten. Die Gesetzteren aber wurden lauter im Gespräche, rückten ihre Stühle mehr zusammen, und ließen die Unterhaltung allmählich in eine mäßige Fröhlichkeit übergehen. Diese war wohl zu unterscheiden von einer gewöhnlichen lustigen Stimmung und eine symbolische Absicht, welche eine heitere Ergebung in den Lauf der Dinge und das Recht des Lebens gegen den Tod bedeuten sollte.

Ich fand nun endlich Raum, meinen Platz zu verlassen und umherzugehen. Im nächsten Zimmer fand ich an einer kleineren Tafel Anna neben ihrem Vater sitzen, welcher im Kreise einiger Klugen und Frommen die weise und fröhliche Ergebung in das Unvermeidliche mit ausgezeichneter Kunst übte. Er machte einigen bejahrten Frauen den Hof und wußte jeder noch zu sagen, was sie vor dreißig Jahren gern gehört; dafür schmeichelten sie der kleinen Anna, lobten ihre Manieren und priesen den Alten glücklich. Zu dieser Gruppe setzte ich mich und horchte neben Anna auf die beschaulichen Reden der Alten. Dabei hielten wir zwei, denen nun erst vergnüglich zu Mute wurde, noch eine kleine Mahlzeit aus der gleichen Schüssel und tranken zusammen ein Glas Wein.

Auf einmal fing es über unseren Köpfen an zu brummen und zu pfeifen. Geige, Baß und Klarinette wurde angestimmt, und ein Waldhorn erging sich in schwülen Tönen. Während der rüstige Teil der Versammlung aufbrach und nach dem geräumigen Boden hinaufstieg, sagte der Schulmeister: »So muß es also doch getanzt sein? Ich glaubte, dieser Gebrauch wäre endlich abgeschafft, und gewiß ist dies Dorf das einzige weit und breit, wo er noch manchmal geübt wird! Ich ehre das Alte, aber *alles,* was so heißt, ist doch nicht ehrwürdig und tauglich! Indessen mögt ihr einmal zusehen, Kinder, damit ihr später noch davon sagen könnt; denn hoffentlich wird das Tanzen an Leichenbegängnissen endlich doch verschwinden!«

Wir huschten sogleich hinaus, wo auf dem Flur und der Treppe, die nach oben führte, die Menge sich zu einem Zuge ordnete und paarte, denn ungepaart durfte niemand hinaufgehen. Ich nahm daher Anna bei der Hand und stellte mich in die Reihe, welche sich, von den Musikanten angeführt, in Bewegung setzte. Man spielte einen elendiglichen Trauermarsch, zog nach seinem Takte dreimal auf dem Boden herum, der zum Tanzsaal umgewandelt war, und stellte sich dann in einen großen Kreis. Hierauf traten sieben Paare in die Mitte und führten einen schwerfälligen alten Tanz auf von sieben Figuren mit schwierigen Sprüngen, Kniefällen und Verschlingungen, wozu schallend in die Hände geklatscht wurde. Nachdem dies Schauspiel seine gehörige Zeit gedauert hatte, erschien der Wirt, ging einmal durch die Reihen, dankte den Gästen für ihre Teilnahme an seinem Leid und flüsterte hier und dort einem jungen Burschen, daß es alle sahen, in die Ohren, er möchte sich die Trauer nicht allzusehr zu Herzen gehen und ihn in seinem Schmerze jetzt nur allein und einsam lassen, er empföhle ihm vielmehr, sich nun wieder des Lebens zu freuen. Hierauf schritt er wieder gesenkten Hauptes von dannen und stieg die Treppe hinunter, als ob es direkt in den Tartarus ging. Die Musik aber ging plötzlich in einen lustigen Hopfer über, die Älteren zogen sich zurück, und die Jugend brauste jauchzend und stampfend über den dröhnenden Boden hin. Anna und ich standen, noch immer Hand in Hand, verwundert an einem Fenster und schauten dem dämonischen Wirbel zu. Auf der Straße sahen wir die übrige Jugend des Dorfes dem Geigenklange nachziehen; die Mädchen stellten sich vor die Haustür, wurden von den Knaben heraufgeholt, und wenn sie einen Tanz getan, hatten sie das Recht erworben, aus den Fenstern die Burschen, die noch unten waren, heraufzurufen. Es wurde Wein gebracht und in allerhand Dachwinkeln kleine Trinkstätten hergestellt, und bald verschmolz alles in Einen rauschenden und tobenden Wirbel der Lust, welche sich in ihrem Lärm umso sonderbarer ausnahm, als es Werktag war und das Feld weit herum in gewöhnlicher stiller Arbeit begriffen.

Nachdem wir lange Zeit zugeschaut, fortgegangen und wieder gekommen waren, sagte Anna errötend, sie möchte einmal probieren, ob sie in der großen Menge tanzen könne. Dieses kam mir sehr gelegen, und wir drehten uns im selben Augenblicke in den Kreisen eines Walzers dahin. Von nun an tanzten wir eine gute Weile ununterbrochen, ohne müde zu werden, die Welt und uns selbst vergessend.

Wenn die Musik eine Pause machte, so standen wir nicht still, sondern setzten unsern Weg durch die Menge fort in raschem Schritte und fingen mit dem ersten Tone wieder zu tanzen an, wir mochten gerade gehen, wo es war.

Mit dem ersten Tone der Abendglocke aber stand auf einmal der Tanz still mitten in einem Walzer, die Paare ließen ihre Hände fahren, die Mädchen wanden sich aus den Armen der Tänzer, und alles eilte, sich ehrbar begrüßend, die Treppe hinunter, setzte sich noch einmal hin, um Kaffee und Kuchen zu genießen und dann ruhig nach Hause zu gehen. Anna stand, mit glühendem Gesichte, noch immer in meinem Arme, und ich schaute verblüfft umher. Sie lächelte und zog mich fort; wir fanden ihren Vater nicht mehr im Hause und gingen weg, ihn beim Oheim aufzusuchen. Es war Dämmerung draußen, und die allerschönste Nacht brach an. Als wir auf den Kirchhof kamen, lag das frische Grab einsam und schweigend, vom aufgehenden goldenen Monde bestreift. Wir standen vor dem braunen, nach feuchter Erde duftenden Hügel und hielten uns umfangen; zwei Nachfalter flatterten durch die Büsche, und Anna atmetete erst jetzt schnell und stark. Wir gingen zwischen den Gräbern umher, für dasjenige der Großmutter einen Strauß zu sammeln, und gerieten dabei, im tiefen Grase wandelnd, in die verworrenen Schatten der üppigen Grabgesträuche. Da und dort blinkte eine matte goldene Schrift aus dem Dunkel oder leuchtete ein Stein. Wie wir so in der Nacht standen, flüsterte Anna, sie möchte mir jetzt etwas sagen, aber ich müßte sie nicht auslachen und es verschweigen. Ich fragte: Was? und sie sagte, sie wolle mir jetzt den Kuß geben, den sie mir von jenem Abend her schuldig sei. Ich hatte mich schon zu ihr geneigt, und wir küßten uns ebenso feierlich als ungeschickt.

Fünftes Kapitel

Beginn der Arbeit. Habersaat und seine Schule

Als Anna mit ihrem Vater noch spät sich verabschiedete, war ich in dem Augenblicke nicht zugegen, und sie konnte mir daher nicht Lebewohl sagen. Obgleich ich schmerzlich betroffen war, sie nicht mehr zu finden, überwog doch mein junges Seelenglück; auf meiner Kammer lag ich noch eine volle Stunde unter dem Fenster und sah die Gestirne ihren fernen Gang tun, und die Wellen unter mir trugen das Mondensilber auf ihren klaren Schultern hastig und kichernd zu Tal, als ob sie es gestohlen hätten, warfen hier und da einige Schimmerstücke ans Ufer, als ob sie ihnen zu schwer würden, und sangen fort und fort ihr mutwilliges Wanderlied. Auf meinem Munde lag es unsichtbar, aber süß und warm und doch frisch und taukühl.

Als ich schlafen ging, spukte und rauschte es die ganze Nacht auf meinen Lippen, durch Traum und Wachen, welche oft und heftig wechselten; ich sank von Traum zu Traum, farbig und blitzend, dunkel und schwül, dann wieder sich erhellend aus dunkelblauer Finsternis zu blumendurchwogter Klarheit; ich träumte nie von Anna, aber ich küßte Baumblätter, Blumen und die lautere Luft und wurde überall wieder geküßt; fremde Frauen gingen über den Kirchhof und wateten durch den Fluß mit silberglänzenden Füßen; die eine trug Annas schwarzes Gewand, die andere ihr blaues, die dritte ihr grünes mit den roten Blümchen, die vierte ihre Halskrause, und wenn mich dies ängstigte und ich ihnen nachlief und darüber erwachte, war es, als ob die wirkliche Anna von meinem Lager soeben und leibhaftig wegschliche, daß ich verwirrt und betäubt auffuhr und sie laut beim Namen rief, bis mich die stille Glanznacht, welche im Tale lag, zu mir selbst brachte und in neue Träume hüllte.

So ging es in den hellen Morgen hinein, und beim Erwachen war ich wie von einem heißen Quell der Glückseligkeit durchtränkt und berauscht.

Ich ging noch immer trunken und träumend unter meine Verwandten und fand in der Wohnstube den benachbarten Müller vor, welcher mit einem leichten Fuhrwerke meiner harrte, um mich mit nach der Stadt zu nehmen. Meine Rückkehr war nämlich, seit einiger Zeit bestimmt, an die Geschäftsreise dieses Mannes geknüpft und verabredet worden, da das Fahren mit ihm einige Bequemlichkeit bot. Ich fragte nach dieser ohnehin nicht viel, der Müller schien zudem unerwartet und früher, als man geglaubt, mein Oheim und seine Sippschaft forderten mich auf, ihn fahren zu lassen und zu bleiben, in meinem Herzen schrie es nach Anna und nach dem stillen See – aber ich versicherte ernsthaft, daß meine Verhältnisse geböten, diese Gelegenheit zu benutzen, frühstückte eilig, nahm meine Sachen zusammen und von den Verwandten Abschied und setzte mich mit dem Müller auf das Wägelchen, welches ohne Aufenthalt zum Dorfe hinaus und bald auf der Landstraße dahinrollte. Dies alles tat ich in der Verwirrung, zum Teil, weil ich wähnte, man würde mir auf der Stelle ansehen, daß ich wegen Anna bliebe und daß ich sie wirklich liebe, und endlich auch aus unerklärlicher Laune.

Sobald ich hundert Schritte vom Dorfe entfernt war, bereute ich meine Abreise; ich wäre gern vom Wagen gesprungen, drehte den Kopf immerwährend zurück nach den Höhen, welche um den See lagen, und schaute sie an, ohne zu gewahren, wie sie unter meinen Augen blau und klein wurden und das Hochgebirge aus größern und tiefern Seen emporstieg.

Ich konnte mich in den ersten Tagen meiner Rückkehr kaum zurechtfinden. Im Angesichte der großartigen Landschaft, welche die Stadt umgibt, schwebte mir nur die verlassene Gegend wie ein Paradies vor, und ich fühlte erst jetzt jeden Reiz ihrer einfachen und anspruchlosen, aber so ruhigen und lieblichen Bestandteile. Wenn ich auf der höchsten Höhe über unserer Stadt in das Land hinaussah, so war mir der kleine versteckte Strich blauen Fernegebietes, wo das Dorf und nicht weit davon des Schulmeisters See zu vermuten waren, die schönste Stelle des Gesichtskreises, die Luft wehte reiner und glücklicher von dort her, der mir unsichtbare Aufenthalt Annas in jener entlegenen bläulichen Dämmerung wirkte magnetisch über alles dazwischen liegende Land her; ja wenn ich, in der Tiefe gehend, jenen glücklichen Horizont nicht sah, so suchte und fühlte ich doch die Himmelsgegend und sah mit Heimweh und Sehnsucht das dorthin gehende Stück Himmel von näheren Bergen begrenzt.

Indessen erneuerte sich die Frage über meine Berufswahl und machte sich täglich dringender geltend, da man mich nicht länger müßig und planlos sehen konnte. Ich war einmal an den Türen des Fabrikgebäudes vorbeigestrichen, wo der eine Gönner hauste. Ein häßlicher Säuregeruch drang mir in die Nase, und bleiche Kinder arbeiteten innerhalb und lachten mit rohen Grimassen. Ich verwarf die Hoffnungen, die sich hier darboten, und zog es vor, lieber ganz von solchen halbkünstlerischen Ansprüchen fern zu bleiben und mich dem Schreibertume entschieden in die Arme zu werfen, wenn einmal entsagt werden müsse, und ich gab mich diesem Gedanken schon geduldig hin. Denn nicht die mindeste Aussicht tat sich auf, bei irgend einem guten Künstler untergebracht zu werden.

Da gewahrte ich eines Tages, wie eine Menge der gebildeten Leute der Stadt in einem öffentlichen Gebäude aus und eingingen. Ich erkundigte mich nach der Ursache und erfuhr, daß in dem Hause eine Kunstausstellung stattfinde, welche durch die Städte zirkuliere. Da ich sah, daß nur fein gekleidete Leute hineingingen, lief ich nach Hause, putzte mich ebenfalls möglichst heraus, als ob es in die Kirche ginge, und wagte mich alsbald in die geheimnisvollen Räume. Ich trat in einen hellen Saal, in welchem es von allen Wänden und von großen Gerüsten in frischen Farben und Gold erglänzte. Der erste Eindruck war ganz traumhaft; große klare Landschaften tauchten von allen Seiten, ohne daß ich sie vorerst einzeln besah, auf und schwammen vor meinen Blicken mit zauberhaften Lüften und Baumwipfeln; Abendröten brannten, Kinderköpfe, liebliche Studien guckten dazwischen hervor, und alles entschwand wieder vor neuen Gebilden, so daß ich mich ernstlich umsehen mußte, wo denn dieser herrliche Lindenhain oder jenes mächtige Gebirge hingekommen seien, die ich im Augenblicke noch zu sehen geglaubt? Dazu verbreiteten die frischen Firnisse der Bilder einen sonntäglichen Duft, der mir angenehmer dünkte, als der Weihrauch einer katholischen Kirche.

Es wurde mir kaum möglich, endlich vor einem Werke stillzustehen, und als dies geschah, da vergaß ich mich vor demselben und kam nicht mehr weg. Einige große Bilder der Genfer Schule, mächtige Baum- und Wolkenmassen in mir unbegreiflichem Schmelze gemalt, waren die Zierden der Ausstellung; eine Menge Genrebildchen und

Aquarellen reizten dazwischen als leichtes Plänklervolk, und ein paar Historien und Heiligenscheine wurden auch bewundert. Aber immer kehrte ich zu jenen großen Landschaften zurück, verfolgte den Sonnenschein, welcher durch Gras und Laub spielte, und prägte mir voll inniger Sympathie die schönen Wolkenbilder ein, welche von Glücklichen mit leichter und spielender Hand hingetürmt schienen.

Ich stak, solange es dauerte, den ganzen Tag in dem wonniglichen Saale, wo es fein und anständig herging, die Leute sich höflich begrüßten und vor den glänzenden Rahmen mit zierlichen Worten sich besprachen. Nach Hause gekommen, saß ich nachdenklich da und beklagte fortwährend mein Schicksal, daß ich auf das Malen verzichten müsse, so daß es meiner Mutter durchs Herz ging und sie nochmals eine Rundschau anstellte mit dem Vorsatze, mir meinen Willen zu tun, möchte es gehen, wie es wolle.

So trieb sie endlich einen Mann auf, welcher in einem alten Frauenklösterlein vor der Stadt, wenig beachtet, einen wunderlichen Kunstspuk trieb. Es war ein Maler, Kupferstecher, Lithograph und Drucker in Einer Person, indem er, in einer verschollenen Manier, vielbesuchte Schweizerlandschaften zeichnete, dieselben in Kupfer kratzte, abdruckte und von einigen jungen Leuten mit Farben überziehen ließ. Diese Blätter versandte er in alle Welt und führte einen dankbaren Handel damit. Dazu machte er, was ihm unter die Finger kam, sonst noch, Taufscheine mit Taufstein und Gevattersleuten, Grabschriften mit Trauerweiden und weinenden Genien; wenn dazwischen ein Unkundiger gekommen wäre und ihm gesagt hätte: »Könnt Ihr mir ein Bild malen, so schön es zu haben ist, das unter Kennern zehntausend Taler wert ist? Ich möchte ein solches!« so würde er die Bestellung unbedenklich angenommen und sich, nachdem jener die Hälfte des Preises zum voraus bezahlt, unverweilt an die Arbeit gemacht haben. Bei diesem Treiben unterstützte ihn ein tapferes Häuflein Gerechter, und der Schauplatz ihrer Taten war das ehemalige Refektorium der frommen Klosterfrauen. Dessen beide Langseiten waren jede mit einem halben Dutzend hoher Fenster versehen mit runden Scheibchen, die das Licht wohl ein-, aber bei ihrer wellenförmigen Oberfläche keinen Blick hinausließen, was auf den Fleiß der hier waltenden Kunstschule wohltätigen Einfluß übte. Jedes dieser Fenster war mit einem Kunstbeflissenen besetzt, welcher, dem Hintermanne den Rücken zukehrend, dem Vordermanne ins Genick sah. Das Haupttreffen dieser Armee bildeten vier bis sechs junge Leute, teils Knaben, welche die Schweizerlandschaften blühend kolorierten; dann kam ein kränklicher, hustender Bursche, der mit Harz und Scheidewasser auf kleinen Kupferplatten herumschmierte und bedenkliche Löcher hineinfressen ließ, auch wohl mit der Radiernadel dazwischen stach und der Kupferstecher genannt wurde. Auf diesen folgte der Lithograph, ein froher und unbefangener Geist, der verhältnismäßig das weiteste Gebiet umfaßte, nächst dem Meister, da er stets gegenwärtig und bereit sein mußte, das Bildnis eines Staatsmannes oder eine Weinkarte, den Plan einer Dreschmaschine, wie das Titelblatt für eine Erbauungsschrift junger Töchter auf den Stein zu bringen mit Kreide, Feder, graviert oder getuscht. Im Hintergrunde des Refektoriums arbeiteten mit breiten Bewegungen zwei schwärzliche Gesellen, der Kupfer- und der Steindruckergehilfe, jeder an seiner Presse, indem sie die Werke jener Künstler auf feuchtes Papier abzogen. Endlich, im Rücken der ganzen Schar und alle übersehend, saß der Meister, Herr Kunstmaler und Kunsthändler Habersaat, Besitzer einer Kupfer- und Steindruckerei und sich zu allen gefälligen Aufträgen empfehlend, an seinem Tische mit den feinsten und schwierigsten Aufgaben, meistens jedoch mit seinem Buche, mit Briefschreiben und dem Verpacken der fertigen Sachen beschäftigt.

Es herrschte ein streng ausgeschiedener Geist in den Ansprüchen und Hoffnungen des Refektoriums. Der Kupferstecher und der Lithograph waren fertige Leute, die selbständig in die Welt schauten, bei Meister Habersaat um einen Gulden täglich ihre acht Stunden arbeiteten und sich weiter weder um ihn was bekümmerten, noch große Hoffnungen nährten. Mit den jungen Koloristen hingegen verhielt es sich anders. Diese lustigen Geister gingen mit wirklichen, leichten und durchsichtigen Farben um, sie handhabten den Pinsel in Blau, Rot und Gelb, und das umso fröhlicher, als sie sich um Zeichnung und Anordnung nicht zu bekümmern hatten und mit ihrem buntflüssigen Elemente obenhin über die düstern Schwarzkünste des Kupferstechers wegeilen durften. Sie waren die eigentlichen Maler in der Versammlung; ihnen stand noch das Leben offen, und jeder hoffte, wenn er nur erst aus diesem Fegefeuer des Meisters Habersaat entronnen, noch ein großer Künstler zu werden. In dieser Gruppe erbte sich durch alle Generationen, welche schon im Dienste des Meisters durch das Refektorium gegangen, die große Künstlertradition von Samtrock und Barett fort, aber nur selten erreichte einer dies Ziel, indem immer der Flug vorher ermüdete und die Mehrzahl der Getäuschten nach ihrem Austritte noch ein gutes Handwerk erlernte. Es waren immer Söhne blutarmer Leute, welche, in der Wahl eines Unterkommens verlegen, von dem rührigen Manne in sein Refektorium gelockt worden mit der Aussicht, eine Art Maler und Herren zu werden, die ihr Auskommen finden und immer noch etwas über dem Schneider und Schuster stehen würden. Da sie gewöhnlich keine Gelder beibringen konnten, so mußten sie sich verbindlich machen, den Unterricht in der »Malerkunst« abzuverdienen und vier Jahre für den Meister zu arbeiten. Er richtete sie dann vom ersten Tage an zum Färben seiner Landschaften ab und brachte sie, ungeachtet ihrer gänzlichen Unberufenheit, durch Strenge so weit, daß sie ihre Arbeit bald reinlich und nett und nach den überlieferten Gebräuchen verrichteten. Nebenbei durften sie, wenn sie wollten, an Feiertagen ein verkommenes oder zweckloses Blatt nachzeichnen zur weiteren Ausbildung, und sie wählten meistens solche Gegenstände, welche nichts zu lernen darboten, aber für den Augenblick am meisten Effekt machten, und die ihnen der Meister korrigierte, wenn er nicht allzu beschäftigt war. Er sah es aber nicht einmal gern, wenn sie diesen Privatfleiß zu weit trieben; denn er hatte schon einigemal erfahren, daß solche, welche Geschmack daran fanden und eine künstlerische Ader in sich entdeckten, beim Kolorieren seiner Prospekte unreinlich und verwirrt geworden. Sie mußten streng und anhaltend arbeiten und steckten umsomehr voll Possen und Schwänke, die sich in jedem freien Augenblicke Luft machten, und erst gegen das vierte Jahr hin, wenn die schönste Zeit zur Erlernung von etwas Besserem verflossen war, wurden sie gebeugt und gedrückt, von den Eltern mit Vorwürfen geplagt, daß sie immer noch von ihrem Brote äßen, und dachten ernstlich darauf, während sie noch pinselten, bei guter Zeit noch etwas Einträglicheres zu ergreifen. Die Jugendjahre von wohl dreißigen solcher Knaben und Jünglinge hatte Habersaat schon in blauen Sonntagshimmeln und grasgrünen Bäumen auf sein Papier gehaucht, und der hüstelnde Kupferstecher war sein infernalischer Helfershelfer, indem er mit seinem Scheidewasser die schwarze Unterlage dazu ätzte, wobei die melancholischen Drucker, an das knarrende Rad gefesselt, füglich eine Art gedrückter Unterteufel vorstellten, nimmermüde Dämonen, die unter der Walze ihrer Pressen die zu färbenden Blätter unerschöpflich, endlos hervorzogen. So begriff er vollständig das Wesen heutiger Industrie, deren Erzeugnisse umso wertvoller und begehrenswerter zu sein scheinen für die Käufer, je mehr schlau entwendetes Kinderleben darin aufgegangen ist. Er machte auch ganz ordentliche Geschäfte und galt daher für einen Mann, bei dem sich was lernen ließe, wenn man nur wolle.

Von irgend einer Seite her war meiner Mutter angeraten worden, sich mit ihm zu besprechen und sein Geschäft einmal anzusehen, da es wenigstens für den Anfang eine Zuflucht zu weiterem Vorschreiten böte, zumal wenn man mit ihm übereinkäme, daß er mich nicht zu seinem Nutzen verwende, sondern gegen genügende Entschädigung nach seinem besten Wissen unterrichte. Er zeigte sich gern bereit und erfreut, einen jungen Menschen einmal als eigentlichen Künstler heranzubilden, und belobte meine Mutter höchlich für ihren kundgegebenen Entschluß, die nötigen Summen hieran wenden zu wollen; denn jetzt schien ihr der Zeitpunkt gekommen zu sein, wo die Frucht ihrer unablässigen Sparsamkeit geopfert und auf den Altar meiner Bestimmung gelegt werden müsse. Es wurde also ein Vertrag geschlossen auf zwei Jahre, welche ich gegen regelmäßige Quartalzahlungen im Refektorium zubringen sollte unter den zweckdienlichsten Übungen. Nach gegenseitiger Unterschreibung desselben verfügte ich mich eines Montagmorgens in das alte Kloster und trug meine sämtlichen bisherigen Versuche und Arbeiten in bunter Mischung bei mir, um sie auf Verlangen des neuen Meisters vorzuzeigen. Er bezeugte, indem meine wunderlichen Blätter herumgingen, nachträglich seine Zufriedenheit mit meinem Eifer und meinen Absichten, und stellte mich dem Personale, das sich erhoben hatte und neugierig herumstand, als einen wahren Bestrebten vor, wie er beschaffen sein müsse schon vor dem Eintritte in eine Kunsthalle. Sodann erklärte er, daß es ihm recht zum Vergnügen gereichen werde, einmal eine ordentliche Schule an einem Schüler durchzuführen, und sprach seine Erwartungen hinsichtlich meines Fleißes und meiner Ausdauer feierlich aus.

Einer der Koloristen mußte nun seinen Platz am Fenster räumen und sich neben einen andern setzen, indessen ich dort eingerichtet wurde; und hierauf, als ich erwartungsvoll der Dinge, die da kommen sollten, vor dem leeren Tische stand, brachte Herr Habersaat eine landschaftliche Vorlage aus seinen Mappen hervor, den Umriß eines einfachen Motives aus einem lithographierten Werke, wie ich es schon in den Schulen vielfach gesehen hatte. Dies Blatt sollte ich vorerst aufmerksam und streng kopieren. Doch bevor ich mich hinsetzte, schickte mich der Meister wieder fort, Papier und Bleistift zu holen, an welche ich nicht gedacht, da ich überhaupt keinen Begriff von dem ersten Beginnen gehabt hatte. Er beschrieb mir das Nötige, und da ich kein Geld bei mir trug, mußte ich erst den weiten Weg nach Hause machen und dann in einen Laden gehen, um es gut und neu einzukaufen, und als ich wieder hinkam, war es eine halbe Stunde vor Mittag. Dieses alles, daß man mir für diesen Anfang nicht einmal ein Blatt Papier und einen Stift gab, sondern mich fortschickte, es zu holen, ferner das Herumschlendern in den Straßen, das Geldfordern bei der Mutter und endlich das Beginnen kurz vor der Stunde, wo alles zum Essen auseinander ging, erschien mir so nüchtern und kleinlich und im Gegensatze zu dem Treiben, das ich mir dunkel in einer Künstlerbehausung vorgestellt hatte, daß es mir das Herz beengte.

Jedoch wurde es bald von diesem Eindrucke abgezogen, als die unscheinbaren Aufgaben, die mir gestellt wurden, mir mehr zu tun gaben, als ich mir anfänglich eingebildet; denn Habersaat sah vor allem darauf, daß jeder Zug, den ich machte, genau die gleiche Größe des Vorbildes maß und das Ganze weder größer noch kleiner erschien. Nun kamen aber meine Nachbildungen immer größer heraus, als das Original, obgleich in richtigem Verhältnisse, und der Meister nahm hieran Gelegenheit, seine Genauigkeit und Strenge zu üben, die Schwierigkeit der Kunst zu entwickeln und mich behaglich fühlen zu lassen, daß es doch nicht so rasch ginge, als ich wohl geglaubt hätte.

Doch fand ich mich wohl und geborgen an meinem Tische (die Abwesenheit von Staffeleien, die ich mir als besondere Zierde einer

Werkstatt gedacht, empfand ich freilich) und arbeitete mich tapfer durch diese kleinlichen Anfänge hindurch. Ich kopierte getreulich die ländlichen Schweineställe, Holzschuppen und derlei Dinge, aus welchen, in Verbindungen mit allerlei magerem Strauchwerk, meine Vorbilder bestanden, und die mir umso mühseliger wurden, je verächtlicher sie meinen Augen erschienen. Denn bei dem Eintritte in den Saal des Meisters hatte sich mit der Pflicht und dem Gehorsame zugleich der Schein der Nüchternheit und Leerheit über diese Dinge ergossen für meinen ungebundenen und willkürlichen Geist. Auch kam es mir fremd vor, den ganzen Tag, an meinen Platz gefesselt, über meinem Papiere zu sitzen, zumal man nicht im Zimmer umhergehen und unaufgefordert nicht sprechen durfte. Nur der Kupferstecher und der Lithograph führten einen bescheidenen Verkehr unter sich und den betreffenden Druckergesellen und richteten das Wort auch an den Meister, wenn es ihnen gut dünkte, ein bißchen zu plaudern. Dieser aber, wenn er guter Laune war, erzählte allerlei Geschichten und geläufige Kunstsagen, auch Schwänke aus seinem früheren Leben und Züge von der Herrlichkeit der Maler. Sowie er aber bemerkte, daß einer zu eifrig aufhorchte und die Arbeit darüber vergaß, brach er ab und beobachtete eine geraume Zeit weise Zurückhaltung.

Ich erhielt nach einiger Zeit das Recht, meine Vorlagen selbst hervorzuholen und die vorhandenen Schätze durchzugehen. Sie bestanden aus einer großen Menge zufällig zusammengeraffter Gegenstände, aus leidlichen alten Kupferstichen, einzelnen Fetzen und Blättern ohne Bedeutung, wie sie die Zeit anhäuft, Zeichnungen von einer gewissen Routine, ohne Naturwahrheit, und einem übrigen Mischmasch. Handzeichnungen nach der Natur, Blätter, die um ihrer selbst willen da waren und denen man angesehen hätte, daß sie freie Luft und Sonne getrunken, fanden sich nicht ein einziges Stück vor; denn der Meister hatte seine Kunst und seinen Schlendrian innerhalb vier Wänden erworben und begab sich nur hinaus, um so schnell als möglich eine gangbare Ansicht zu entwerfen. Eine gewandte, obschon falsche Technik war das eigentliche Wissen meines Meisters, und er legte alles Gewicht seines Unterrichtes auf diesen Punkt.

Anfänglich hielt er mich eine Weile in Abhängigkeit, indem ich den Unterschied zwischen einem transparenten scharfen und einem rußigen stumpfen Vortrage nicht recht begriff und mehr auf Form und Charakter sah; doch endlich, durch das fortwährende Pinseln, geriet ich hinter das Geheimnis, und nun fertigte ich in einem fixen Jargon eine Menge Tuschzeichnungen an, ein Blatt ums andere. Schon sah ich nur auf die Zahl des Gemachten und hatte meine Freude an der anschwellenden Mappe; kaum daß bei meiner Wahl die wirkungsvollsten und auffallendsten Gegenstände mir noch eine weitere Teilnahme abgewannen. So war, noch ehe der erste Winter ganz zu Ende, meines Lehrers Vorrat an Vorlagen von mir beinahe durchgemacht, und zwar auf eine Weise, wie er es selbst ungefähr konnte; denn nachdem ich einmal die Handgriffe und Mittel einer sorgfältigen und reinlichen Behandlung gemerkt, erstieg ich bald den Grad geläufiger Pinselei, welchen der Meister selbst innehatte, umso schneller, als ich in dem wahren Wesen und Verständnis gänzlich zurückblieb. Habersaat war daher schon nach dem ersten halben Jahre in einiger Verlegenheit, was er mir vorlegen sollte, da er mich aus Sorge für sich selbst nicht schon in seine ganze Kunst einweihen mochte; denn er hatte nur noch seine Behandlung der Wasserfarben im Hinterhalte, welche, wie er sie verstand, ebenfalls keine Hexerei war. Weil Nachdenken und geistige Gewissenhaftigkeit im Refektorium nicht gekannt waren, so bestand alles Können in demselben aus einer bald erworbenen leeren Äußerlichkeit. Doch fand ich selbst einen Ausweg, als ich erklärte, eine kleine Sammlung großer Kupferstiche mit meinem Tuschpinsel vornehmen zu wollen. Er besaß in derselben etwa sechs schöne Blätter, nach Claude Lorrain gestochen, zwei große Felsenlandschaften mit Banditen nach Salvator Rosa und einige Stiche nach Ruisdael und Everdingen. Diese Sachen kopierte ich der Reihe nach in meiner geläufigen frechen Manier. Die Claudes und Rosas gerieten nicht so übel, da sie, abgesehen davon, daß sie selbst etwas konventionell gestochen waren, auch sonst mehr in symbolischen und breiten Formen sich darstellten; die feinen und natürlichen Niederländer hingegen zerarbeitete ich auf eine greuliche Weise, und niemand sah diese Lasterhaftigkeit ein.

Doch legte sich durch diese Arbeit in mir ein Grund edlerer Anschauung, und die schönen und durchdachten Formen, die ich vor mir hatte, hielten dem übrigen Treiben ein wohltätiges Gegengewicht und ließen die Ahnung des Besseren nie ganz in mir verlöschen. Auf der anderen Seite aber heftete sich an die Errungenschaft sogleich wieder ein Nachteil, indem sich die alte voreilige Erfindungslust regte und ich, durch die einfache Größe der klassischen Gegenstände verführt, zu Hause anfing, selber dergleichen Landschaftsbilder zu entwerfen, und diese Tätigkeit bald in der eigentlichen Arbeitszeit bei dem Meister fortsetzte, meine Entwürfe in anspruchsvollem Format mit der eingelernten Fertigkeit ausführend. Herr Habersaat hinderte mich in diesem Tun nicht, sondern sah es vielmehr gern, da es ihn der weiteren Sorge um zweckdienliche Vorbilder enthob; er begleitete die ungeheuerlichen und unreifen Gedanken, welche ich zu Tage brachte, mit ansehnlichen Redensarten von Komposition, historischer Landschaft und dergleichen, und das alles brachte ein gelehrtes Element in seine Werkstatt, daß ich bald für einen Teufelsburschen galt und auch die lustigen Aussichten der Zukunft, Reise nach Italien, Rom, große Ölbilder und Kartons, was man mir alles vormalte, geschmeichelt hinnahm. Doch überhob ich mich nicht in diesen Dingen, sondern lebte in Eintracht und Schelmerei mit meinen jungen Genossen, und war oft froh, das ewige Sitzen unterbrechen zu können, indem ich ihnen, die zugleich der Hausfrau untertänig waren, einen Haufen Brennholz unter Dach bringen half. Überhaupt drängte sich die Frau, eine zungenfertige und streitbare Dame, mit Hauswesen und Familiengeschichten, Kind und Magd, häufig in das Refektorium und machte es zum Schauplatze heißentbrannter Kämpfe, in welche nicht selten die ganze Mannschaft verwickelt wurde. Dann stand der Mann an der Spitze einer ihm ergebenen Gruppe der Frau gegenüber, welche mit mächtigem Geräusche vor ihrem Anhange sich aufstellte und nicht eher abzog, als bis sie alles niedergesprochen hatte, was sich ihr entgegensetzte; manchmal befand sich auch das Ehepaar zusammen gegen das ganze übrige Haus im Streite, oft auch begann der Kupferstecher oder der Lithograph eine drohende Bewegung als Vasall, indessen die gemeinen Sklavenempörungen der Koloristen mit Macht niedergeschlagen wurden. Ich selbst kam mehr als einmal in gefährliche Lage, indem mich die heftigen Szenen belustigten und ich dies zu unvorsichtig kundgab und zum Beispiel einst eine solche theatralisch nachbildete und in dem halb verfallenen Kreuzgange des Hauses mit den jungen Malern zur Aufführung brachte. Denn obgleich ich um diese Zeit empfänglich und geneigt gewesen wäre, ein feines und reinstrebendes Leben zu führen, da während der schönen Tage auf dem Lande ein starkes Ahnen in mir erwacht war, so sah ich mich doch, von entsprechendem Verkehr entblößt, an das derbe Treiben des Refektoriums gewiesen und machte allen Unfug getreulich und lebhaft mit, weil ich des Umganges und der Mitteilung bedurfte und am wenigsten mich auf weise Zurückhaltung und halbe Teilnahme verstand.

Daß aber das Heulen mit den Wölfen mir nicht Schaden tat, wie ich glaube, verhütete der freundliche Stern Anna, der immer in meiner Seele aufging, sobald ich in dem Hause meiner Mutter oder auf einsamen Gängen wieder allein war. An sie knüpfte ich alles, wessen ich über den Tag hinaus bedurfte, und sie war das stille Licht, welches das verdunkelte Herz jeden Abend erleuchtete, wenn die Sonne niederging, und in der erhellten Brust wurde mir dann immer auch unser guter Freund, der liebe Gott, sichtbar, der um diese Zeit mit erhöhter Klarheit begann, seine ewigen Rechte auch an mir geltend zu machen.

Ich hatte, nach Büchern herumspürend, einen Roman des Jean Paul in die Hände bekommen. In demselben schien mir plötzlich alles tröstend und erfüllend entgegenzutreten, was ich bisher gewollt und gesucht, oder unruhig und dunkel empfunden. Diese Herrlichkeit machte mich stutzen, dies schien mir das Wahre und Rechte! Und inmitten der Abendröten und Regenbogen, der Lilienwälder und Sternensaaten, der rauschenden und blitzenden Gewitter, inmitten all des Feuerwerkes der Höhe und Tiefe, in diesen saumlosen schillernden Weltmantel gehüllt, der Unendliche, groß, aber voll Liebe, heilig, aber ein Gott des Lächelns und des Scherzes, furchtbar von Gewalt, doch sich schmiegend und bergend in eine Kinderbrust, hervorguckend aus einem Kindesauge, wie das Osterhäschen aus Blumen! Das war ein anderer Herr und Gönner, als der silbenstecherische Patron im Katechismus!

Früher hatte ich dergleichen etwas geträumt, die Ohren hatten mir geläutet, nun ging mir ein Morgen auf in den langen Winternächten, welche hindurch ich an dreimal zwölf Bände des Propheten las. Und als der Frühling kam und die Nächte kürzer wurden, las ich von neuem in den köstlichen Morgen hinein und gewöhnte mir darüber an, lange im Bette zu liegen und am hellen Tage, die Wange auf dem geliebten Buche, den Schlaf des Gerechten zu schlafen. Wenn ich dann erwachte und endlich doch an die Arbeit ging, war ich von einem Geiste träumerischer Willkür und Schrankenlosigkeit besessen, der noch bedenklicher war, als die früheren Auflehnungen.

SECHSTES KAPITEL

Schwindelhaber

Als der Frühling kam, welchen ich voll Ungeduld erwartet hatte, begab ich mich in den ersten warmen Tagen ins Freie, ausgerüstet mit der erworbenen Fertigkeit, um an die Stelle der papiernen Vorbilder die Natur selbst zu setzen. Das Refektorium sah voll Achtung und mit geheimem Neide auf meine umständlichen Zurüstungen; denn es war das erste Mal, daß eines seiner Mitglieder die Sache so großartig betrieb, und das Zeichnen »nach der Natur« war bisher ein wunderbarer Mythus gewesen. Ich selbst ging nicht mehr mit der unverschämten, aber gut gemeinten Zutraulichkeit des letzten Sommers vor die runden, körperlichen und sonnebeleuchteten Gegenstände der Natur, sondern mit einer weit gefährlicheren und selbstgefälligen Borniertheit. Denn was mir nicht klar war oder zu schwierig erschien, das warf ich, mich selbst betrügend, durcheinander und verhüllte es mit meiner unseligen Pinselgewandtheit, da ich, anstatt bescheiden mit dem Stifte anzufangen, sogleich mit den angewöhnten Tuschschalen, Wasserglas und Pinsel hinausging und bestrebt war, ganze Blätter in allen vier Ecken bildartig anzufüllen. Ich ergriff entweder ganze Aussichten mit See und Gebirgen, oder ging im Walde den Bergbächen nach, wo ich eine Menge kleiner und hübscher Wasserfälle fand, welche sich ansehnlich zwischen vier Striche einrahmen ließen. Das lebendige und zarte Spiel des Wassers im Fallen, Schäumen und eiligen Weiterfließen, seine Durchsichtigkeit und tausendfältige Widerspiegelung ergötzte mich, aber ich bannte es in die plumpen Formeln meiner Virtuosität, daß Leben und Glanz verloren gingen, während meine Mittel nicht hinreichten, das bewegliche Wesen wiederzugeben. Leichter hätte ich die mannigfaltigen Steine und Felstrümmer der Bäche, in reicher Unordnung übereinander geworfen, beherrschen können, wenn nicht mein künstlerisches Gewissen verdunkelt gewesen wäre. Wohl regte sich dieses oft mahnend, wenn ich perspektivische Feinheiten und Verkürzungen der Steine, trotzdem daß ich sie sah und fühlte, überging und verhudelte, statt den bedeutenden Formen nachzugehen, mit der Selbstentschuldigung, daß es auf diese oder jene Fläche nicht ankomme und die zufällige Natur ja auch so aussehen könnte, wie ich sie darstellte; allein die ganze Weise meines Arbeitens ließ solche Gewissensbisse nicht zur Geltung kommen, und der Meister, wenn ich ihm meine Machwerke vorzeigte, war nicht darauf eingerichtet, der fehlenden Naturwahrheit nachzuspüren, die sich gerade in den vernachlässigten Zügen hätte zeigen sollen; sondern er beurteilte die Sachen immer von seiner Stubenkunst aus.

Abgesehen von seinem Grundsatze der Reinlichkeit und Durchsichtigkeit des Vortrages, hegte er nur noch eine einzige Tradition, die er mir zu überliefern für angemessen hielt, nämlich die des Sonderbaren und Krankhaften, was mit dem Malerischen verwechselt wurde. Er ermunterte mich, hohle, zerrissene Weidenstrünke, verwitterte Bäume und abenteuerliche Felsgespenster aufzusuchen mit den bunten Farben der Fäulnis und des Zerfalles, und pries mir diese Dinge als interessante Gegenstände an. Das sagte mir sehr zu, indem es meine Phantasie reizte, und ich begab mich eifrig auf die Jagd nach solchen Erscheinungen. Doch die Natur bot sie mir nur spärlich, sich einer volleren Gesundheit erfreuend, als mit meinen Wünschen verträglich war, und was ich an unglücklichem Gewächse vorfand, das wurde meinen überreizten Augen bald zu blöde und harmlos, wie einem Trinker, der nach immer stärkerem Schnapse verlangt. Das blühende Leben in Berg und Wald fing daher an, mir gleichgültig zu werden im einzelnen, und ich streifte vom Morgen bis zum Abend in der Wildnis umher. Ich drang immer tiefer in bisher nicht gesehene Winkel und Gründe; fand ich eine recht abgelegene und geheimnisvolle Stelle, so ließ ich mich dort nieder und fertigte rasch eine Zeichnung eigener Erfindung an, um ein Produkt nach Hause zu bringen. In derselben häufte ich die seltsamsten Gebilde zusammen, die meine Phantasie hervorzutreiben vermochte, indem ich die bisher wahrgenommenen Eigentümlichkeiten der Natur mit meiner erlangten Fertigkeit verschmolz und so Dinge hervorbrachte, die ich Herrn Habersaat als in der Natur bestehend vorlegte und aus denen er nicht klug werden konnte. Er gratulierte mir zu meinen Entdeckungen und fand seine Aussprüche über meinen Eifer und mein Talent bestätigt, da ich hiermit beweise, daß ich unverkennbar ein scharfes und glückliches Auge für das Malerische hätte und Dinge auffände, an welchen tausend andere vorübergingen. Diese gutmütige Täuschung erweckte mir eine üble Lust, dergleichen fortzusetzen und es förmlich darauf anzulegen, den guten Mann zu hintergehen. Ich erfand, irgendwo im Dunkel des Waldes sitzend, immer tollere und mutwilligere Fratzen von Felsen und Bäumen und freute mich im voraus, daß sie mein Lehrer für wahr und in nächster Umgegend vorhanden erachten würde. Doch mag es mir zu einiger Entschuldigung gereichen, daß ich in alten Kupferblättern, zum Beispiel von Swanefeldt, die abenteuerlichsten Formationen als löbliche Meisterwerke vorgebildet sah und selbst der guten Meinung lebte, dieses sei das Wahre und immerhin eine treffliche Übung. Denn schon waren die edlen und gesunden Formen Claude Lorrains im flüchtigen Jugendgemüte wieder unter die Oberfläche getreten. Während der Winterabende war im Refektorium etwas Figurenzeichnen getrieben worden, und ich hatte mir, als ich eine Menge radierter, bekleideter Staffagefiguren kopierte, einige oberflächliche Übung im Entwerfen solcher erworben. So erfand ich nun zu meinen wunderlichen Landschaftsstudien noch viel wunderlichere Menschen, zerlumpte Kerle, die ich dem Refektorium zutrug, um ein tüchtiges Gelächter einzuheimsen. Es war ein nichtsnutziges und verrücktes Geschlecht, welches in Verbindung mit der seltsamen Lokalität eine Welt bildete, die nur in meinem Gehirne vorhanden war und endlich doch meinem Vorgesetzten verdächtig wurde. Doch bemerkte er nicht viel hierüber, sondern ließ mich meine Wege gehen, da ihm einerseits das frische Gemüt mangelte, um den Ränken meines Treibens nachzuspüren und mich darüber zu ertappen, und anderseits die Überlegenheit des eigenen Wissens. Diese beiden Vermögen bilden ja das Geheimnis aller Erziehung: unverwischte lebendige Jugendlichkeit, welche allein die Jugend kennt und durchdringt, und die sichere Überlegenheit der Person in allen Fällen. Eines kann oft das andere zur Notdurft ersetzen, wo aber beide fehlen, da ist die Jugend eine verschlossene Muschel in der Hand des Lehrers, die er nur durch Zertrümmerung öffnen kann. Beide Eigenschaften gehen aber nur aus einem und demselben letzten Grunde hervor: aus unbedingter Ehrlichkeit, Reinheit und Unbefangenheit des Bewußtseins.

Der Sommer war nun auf seine volle Höhe geschritten, als ich meinem geheimen Verlangen nach der andern Heimat, dem entlegenen Dorflande, nachgab und mit meinen Siebensachen hinauszog. Die Mutter blieb wieder zurück in entsagender Unbeweglichkeit und Selbstbeschränkung, ungeachtet aller freundlichen Aufforderungen, die Wohnung doch ganz zu schließen und wieder einmal an den Orten ihrer Jugend sich zu ergehen. Ich aber führte die umfangreichen Früchte meiner zwischenweiligen Tätigkeit mit mir, da ich mittelst derselben ein günstiges Aufsehen zu erregen gedachte.

Die zahlreichen, kräftig geschwärzten Blätter verursachten im Hause meines Oheims allerdings einige Verwunderung, und im allgemeinen sah man die Sache mit ziemlichem Respekt an; als jedoch der Oheim die Zeichnungen betrachtete, welche ich nach der Natur gefertigt haben wollte (denn ich glaubte als eine Art Münchhausen nachgerade selbst daran, vorzüglich weil die Sachen doch unter freiem Himmel entstanden waren), da schüttelte er bedenklich den Kopf und wunderte sich, wo ich denn meine Augen gehabt hätte. In seinem realistischen Sinne, als Land- und Forstmann, fand er trotz aller Unkunde in Kunstdingen den Fehler schnell und leicht heraus.

»Diese Bäume«, sagte er, »sehen ja einer dem andern ähnlich und alle zusammen gar keinem wirklichen! Diese Felsen und Steine könnten keinen Augenblick so aufeinanderliegen, ohne zusammenzufallen! Hier ist ein Wasserfall, dessen Masse einen der größeren Fälle verkündet, die aber über kleinliche Bachsteine stürzt, als ob ein Regiment Soldaten über einen Span stolperte; hierzu wäre eine tüchtige Felswand erforderlich; indessen nimmt es mich eigentlich wunder, wo zum Teufel in der Nähe der Stadt ein solcher Fall zu finden ist!

Dann möchte ich auch wissen, was an solchen verfaulten Weidenstücken Zeichnenswertes ist, da dünkte mich doch eine gesunde Eiche oder Buche erbaulicher u. s. f.«

Die Frauensleute hingegen ärgerten sich über meine Vagabunden, Kesselflicker und Fratzengesichter, und begriffen nicht, warum ich im Felde nicht lieber ein artiges vorübergehendes Landmädchen oder einen anständigen Ackersmann abgebildet habe, als mich fortwährend mit solchen Unholden zu beschäftigen; die Söhne belachten meine ungeheuerlichen Berghöhlen, die unmöglichen und lächerlichen Brücken, die menschenähnlichen Steinköpfe und Baumkrüppel, und gaben jeder solchen Tollheit einen lustigen Namen, dessen Lächerlichkeit auf mich zu fallen schien. Ich stand beschämt da als ein Mensch, der voll närrischer und eitler Dinge ist, und die mitgebrachte künstliche Krankhaftigkeit verkroch sich vor der einfachen Gesundheit dieses Hauses und der ländlichen Luft.

Gleich am ersten Tage nach meiner Ankunft stellte mir der Oheim, um mich wieder auf eine reale Bahn zu leiten, die Aufgabe, seine Besitzung, Haus, Garten und Bäume, genau und bedächtig zu zeichnen und ein getreues Bild davon zu entwerfen. Er machte mich aufmerksam auf alle Eigentümlichkeiten und auf das, was er besonders hervorgehoben wünschte, und wenn seine Andeutungen auch eher dem Bedürfnisse eines rüstigen Besitzers, als demjenigen eines Kunstverständigen entsprachen, so ward ich doch dadurch genötigt, die Gegenstände wieder einmal genau anzusehen und in allen ihren eigentümlichen Oberflächen zu verfolgen. Die allereinfachsten Dinge am Hause selbst, sogar die Ziegel auf dem Dache, gaben mir nun wieder mehr zu schaffen, als ich je gedacht hatte, und veranlaßten mich, auch die umstehenden Bäume in gleicher Weise gewissenhafter zu zeichnen; ich lernte die aufrichtige Arbeit und Mühe wieder kennen, und indem darüber eine Arbeit entstand, die mich in ihrer anspruchlosen Durchgeführtheit selbst unendlich mehr befriedigte, als die marktschreierischen Produkte der jüngsten Zeit, erwarb ich mir mit saurer Mühe den Sinn des Schlichten, aber Wahren.

Inzwischen erfreute ich mich des Wiederfindens alles dessen, was ich im letzten Jahre hier verlassen, beobachtete alle Veränderungen, welche etwa vorgefallen, und harrte im stillen auf den Augenblick, wo ich Anna wiedersehen oder wenigstens zuerst ihren Namen hören würde. Aber schon waren einige Tage verflossen, ohne daß die geringste Erwähnung fiel, und je länger dies andauerte, desto minder brachte ich die Frage nach ihr hervor. Man schien sie völlig vergessen zu haben, als wäre sie niemals da gewesen, und, was mich innerlich kränkte, niemand schien im geringsten zu ahnen, daß ich irgend eine Berechtigung oder ein Bedürfnis besitzen könnte, von ihr zu hören. Wohl ging ich halbwegs über den Berg oder in den Schatten des Flußtales, allein jedesmal kehrte ich plötzlich um aus unerklärlicher Furcht, ihr zu begegnen. Ich ging auf den Kirchhof und stand an dem Grabe der Großmutter, welche nun schon seit einem Jahre in der Erde lag; aber die Luft war windstill vom Gedächtnisse Annas, die Gräser begehrten nichts von ihr zu wissen, die Blumen flüsterten nicht ihren Namen, Berg und Tal schwiegen von ihr, nur mein Herz tönte ihn laut hinaus in die undankbare Stille.

Endlich wurde ich gefragt, warum ich den Schulmeister nicht besuche? und da ergab es sich zufällig, daß Anna schon seit einem halben Jahre nicht mehr im Lande sei und daß man meine Kunde hierüber vorausgesetzt habe. Ihr Vater hatte, in seiner steten Sehnsucht nach Bildung und Feinheit der Seele und in Betracht, daß nach seinem Tode sein Kind, das einmal für eine Bäuerin zu zart sei, verlassen in der rauhen dörflichen Umgebung bleiben würde, sich plötzlich entschlossen, Anna in eine Bildungsanstalt der französischen Schweiz zu bringen, wo sie sich bessere Kenntnisse und Selbständigkeit des Geistes erwerben sollte. Er ließ sich, als sie ihre Abneigung dagegen aussprach, durch ihre Tränen nicht erweichen, allein auf die Befriedigung seiner Wünsche bedacht, und begleitete das ungern scheidende Kind in das Haus des fernen, vornehmreligiösen Erziehers, wo sie nun noch wenigstens ein volles Jahr zu bleiben hatte. Diese Nachricht traf mich wie ein Schlag aus blauem Himmel.

Ich ging nun alle Tage zu ihrem Vater, begleitete ihn auf seinen Wegen und hörte von ihr sprechen; oft blieb ich mehrere Tage dort, alsdann wohnte ich in ihrem Kämmerchen, wagte mich jedoch fast nicht zu rühren darin und betrachtete die wenigen einfachen Gegenstände, welche es enthielt, mit heiliger Scheu. Es war klein und enge; die Abendsonne und der Mondschein füllten es immer ganz aus, daß kein dunkler Punkt darin blieb und es bei jener wie ein rotgoldenes, bei diesem wie ein silbernes Juwelenkästchen aussah, dessen Kleinod ich nicht verfehlte mir hineinzudenken.

Wenn ich nach malerischen Gegenständen umherstreifte, so suchte ich vorzüglich die Stellen auf, wo ich mit Anna geweilt hatte; so war die geheimnisvolle Felswand am Wasser, wo ich mit ihr geruht und jene Erscheinung gesehen, schon von mir gezeichnet worden, und ich konnte mich nun nicht enthalten, auf der schneeweißen Wand des Kämmerchens ein sauberes Viereck zu ziehen und das Bild mit der Heidenstube so gut ich konnte hineinzumalen. Dies sollte ein stiller Gruß für sie sein und ihr später bezeugen, wie beständig ich an sie gedacht.

Diese fortwährende Erinnerung an sie und ihre Abwesenheit machten mich insgeheim immer kecker und vertraulicher mit ihrem Bilde; ich begann lange Liebesbriefe an sie zu schreiben, die ich zuerst verbrannte, dann aufbewahrte, und zuletzt wurde ich so verwegen, alles, was ich für Anna fühlte, auf ein offenes Blatt zu schreiben, in den heftigsten Ausdrücken, mit Vorsetzung ihres vollen Namens und Unterschrift des meinigen, und dies Blatt auf das Flüßchen zu legen, daß es vor aller Welt hinabtrieb, dem Rheine und dem Meere zu, wie ich kindischerweise dachte. Ich kämpfte lange mit diesem Vorsatze, allein ich unterlag zuletzt; denn es war eine befreiende Tat für mich und ein Bekenntnis meines Geheimnisses, wobei ich freilich voraussetzte, daß es in nächster Nähe niemand finden würde. Ich sah, wie es gemächlich von Welle zu Welle schlüpfte, hier von einer überhängenden Staude aufgehalten wurde, dann lange an einer Blume hing, bis es sich nach langem Besinnen losriß; zuletzt kam es in Schuß und schwamm flott dahin, daß ich es aus den Augen verlor. Allein der Brief mußte unterwegs doch wieder irgendwo gesäumt haben, denn erst tief in der Nacht gelangte er zu der Felswand der Heidenstube, an die Brust einer badenden Frau, welche niemand anders als Judith war, die ihn auffing, las und aufbewahrte.

Dies erfuhr ich erst später, denn während meines jetzigen Aufenthaltes im Dorfe ging ich nie in ihr Haus und vermied den Weg desselben sorgfältig. Das Jahr, um welches ich älter geworden, ließ mich mit Beschämung auf das vertrauliche Verhältnis von früher zurückblicken und flößte mir eine trotzige Scheu ein vor der kräftigen und stolzen Gestalt; ich verbarg mich, ohne zu grüßen, rasch, als sie einmal am Hause vorüberging, und sah ihr doch neugierig nach, wenn ich sie von fern durch Gärtchen und Kornfelder schreiten sah.

Siebentes Kapitel

Fortsetzung

Ich kehrte diesmal früher nach der Stadt zurück mit einer tiefen Sehnsucht im Gemüte, welche sich nun gänzlich ausgebildet hatte und alles umfaßte, was mir fehlte und was ich in der Welt doch als vorhanden ahnte.

Mein Lehrer führte mich jetzt auf die letzten Stufen seiner Kunst, indem er mir die Behandlung seiner Wasserfarben mitteilte und mich mit aller Strenge zu deren sauberer und flinker Anwendung hielt. Da jedoch die Natur wieder nicht in Frage kam, so lernte ich bald gefärbte Zeichnungen hervorbringen, wie sie ungefähr im Hause verlangt wurden, und ehe das zweite bedungene Jahr zu Ende war, sah ich nicht viel mehr zu lernen, ohne doch etwas Rechtes zu können. Ich langweilte mich in dem alten Kloster und blieb wochenlang zu Hause, um dort zu lesen oder Arbeiten zu beginnen, die ich vor dem Meister verbarg. Dieser suchte meine Mutter auf, beschwerte sich über meine Zerstreutheit, rühmte meine Fortschritte und schlug vor, ich sollte nun in ein anderes Verhältnis zu ihm treten, in seinem Geschäfte für ihn arbeiten, fleißig und pünktlich, aber gegen Entschädigung. Es sei dies, erklärte er, das zweite Stadium, wo ich, indessen ich mich vorläufig immer mehr ausbilde, mich an vorsichtige Arbeit gewöhnen und zugleich Ersparnisse machen könne, um in einigen Jahren in die Welt zu gehen, wozu es doch noch zu früh sei. Er versicherte, daß es nicht die Schlechtesten unter den berühmten Künstlern wären, welche sich durch jahrelange anspruchlosere Arbeit endlich auf die Höhe der Kunst geschwungen, und eine mühevolle und bescheidene Betriebsamkeit dieser Art lege manchmal einen tüchtigeren Grund zur Ausdauer und Unabhängigkeit, als eine vornehme und ausschließliche Künstlererziehung. Er habe, sagte er, talentvolle Söhne reicher Eltern gekannt, die es nur deswegen zu nichts gebracht hätten, weil sie nie zu Selbsthilfe und raschem Erwerb gezwungen gewesen und in ewiger Selbstverhätschelung, falschem Stolze und Sprödigkeit sich verloren hätten.

Diese Worte waren sehr verständig, obgleich sie auf einigem Eigennutze beruhen mochten; allein sie fanden keinen Anklang bei mir. Ich verabscheute jeden Gedanken an Tagelohn und kleine Industrie und wollte allein auf dem geraden Wege ans Ziel gelangen. Das Refektorium erschien mir mit jedem Tage mehr als ein Hindernis und eine Beengung; ich sehnte mich danach, in unserem Hause mir eine stille Werkstatt einzurichten und mir selbst zu helfen, so gut es ginge; und eines Morgens verabschiedete ich mich, noch vor Beendigung meiner Lehrzeit, bei Herrn Habersaat und erklärte der Mutter, ich würde nun zu Hause arbeiten; wenn sie verlange, daß ich etwas verdienen solle, so könne ich dies auch ohne ihn tun, zu lernen wüßte ich nichts mehr bei ihm.

Vergnügt und hoffnungsvoll schlug ich meinen Sitz zu oberst im Hause auf, in einer Dachkammer, welche über einen Teil der Stadt weg weit nach Norden hin sah, deren Fenster am frühen Morgen und am Abend den ersten und letzten Sonnenblick auffingen. Es war mir eine ebenso wichtige als angenehme Arbeit, hier eine eigene Welt zu schaffen, und ich brachte mehrere Tage mit der Einrichtung der Kammer zu. Die runden Fensterscheiben wurden klar gewaschen, vor dieselben auf ein breites Blumenbrett ein kleiner Garten gepflanzt. Die geweißten Wände behing ich teils mit Kupferstichen und solchen Zeichnungen, welche irgend einen abenteuerlichen Knalleffekt enthielten, teils zeichnete ich mit Kohle seltsame Masken oder schrieb Lieblingssprüche und gewaltsame Verse, die mir imponiert hatten, darauf. Ich stellte die ältesten und ehrwürdigsten unserer Geräte hinein, schleppte herzu, was nur irgend einem Buche gleichsah, und türmte es auf die gebräunten Möbeln; die verschiedensten Gegenstände häuften sich nach und nach an und vermehrten den malerischen Eindruck; in der Mitte aber wurde eine Staffelei aufgepflanzt, das Ziel meiner langen Wünsche.

Ich war nun ganz mir selbst überlassen, vollkommen frei und unabhängig, ohne die mindeste Einwirkung und ohne Vorbild noch Vorschrift. Ich knüpfte abwechselnden Verkehr an mit jungen Leuten, an denen mich ein verwandter Hang oder ein freundliches Eingehen anzog, am liebsten mit ehemaligen Schulgenossen, die in der Zeit ihre Studien fortsetzten und mir, mich in meiner Klause besuchend, getreulich Bericht erstatteten von ihren Fortschritten und von allem, was in den Schulen vorkam. Diese Gelegenheit benutzte ich, noch ein und andere Brocken aufzuschnappen, und sah öfter schmerzlich durch die verschlossenen Gitter in den reichen Garten der reiferen Jugendbildung, erst jetzt recht fühlend, was ich verloren. Doch lernte ich durch meine Freunde manches Buch und manchen Anknüpfungspunkt kennen, von wo aus ich weiter tappte am dürftigen Faden, und das Gefundene verschmelzend mit dem phantastischen Wesen meiner Abgeschiedenheit, gefiel ich mir in einer komischen, höchst unschuldigen Gelehrsamkeit, welche meine Beschäftigungen seltsam bereicherte und vermehrte. Ich schrieb an frühen stillen Morgen oder in später Nacht hochtrabende Aufsätze, begeisterte Schilderungen und Ausrufungen und war besonders eitel auf tiefsinnige Aphorismen, die ich, mit Zeichnungen und Schnörkeleien vermischt, in Tagebüchern anbrachte. So glich meine Zelle dem Küchenwinkel eines Alchimisten, auf dessen Herd ein ringendes Leben gebraut wurde. Das Anmutige und Gesunde und das Verzerrte und Sonderbare, Maß und Willkür brodelten durcheinander und mischten sich oder schieden sich in Lichtblicken aus.

Und ungeachtet meines äußerlich stillen Lebens trat doch manche frühe Trübung hinzu, welche mich sorgenvoll oder leidenschaftlich bewegte.

Ich hatte um die Zeit einen feurigen und lebhaften Freund, welcher meine Neigungen stärker teilte, als alle anderen Bekannten, viel mit mir zeichnete und poetisch schwärmte und, da er noch die Schulen besuchte, reichlichen Stoff von da in meine Kammer brachte. Zugleich war er lebenslustig und trieb sich ebenso oft mit flotten Leuten in Wirtshäusern herum, von deren Herrlichkeiten und energischen Gelagen er mir dann erzählte. Ich blieb meistens wehmütig zu Hause, da mich meine Mutter in dieser Beziehung äußerst knapp hielt und keine Notwendigkeit einer geringsten Ausgabe solcher Art einsah. Darum schaute ich dem froh sich Herumtummelnden nach wie ein gefangener Vogel einem in der Höhe fliegenden, und träumte von der Freiheit einer glänzenden Zukunft, wo ich eine Zierde der Zechgelage zu werden mir vornahm. Inzwischen aber mißbilligte ich, wie der Fuchs, dem die Trauben zu sauer sind, öfter die Wildheit meines Freundes und suchte ihn mehr an meine stille Wohnung zu fesseln. Dies verursachte manche Mißstimmung zwischen uns, und ich freute mich endlich innerlich seiner Abreise in die Ferne, welche zu einem feurigen Briefwechsel willkommene Gelegenheit gab. Wir erhoben nun unser Verhältnis zu einer idealen Freundschaft, nicht getrübt von dem persönlichen Zusammensein, und boten in regelmäßigen Briefen die ganze Beredsamkeit jugendlicher Begeisterung auf. Nicht ohne Selbstzufriedenheit suchte ich meine Episteln so schön und schwungreich als immer möglich zu schreiben, und es kostete mich Übung, meine unerfahrene Philosophie einigermaßen in Form und Zusammenhang zu bringen. Leichter wurde es, einen Teil der Briefe in ein Gewand ausschweifender Phantasie zu hüllen und mit dem meinem Jean Paul nachgemachten Humor zu verbrämen; allein wie sehr ich mich auch erhitzte und allen meinen Eifer aufbot, so übertrafen die Antworten des Freundes dieses alles jedesmal sowohl an reiferen und gediegenen Gedanken, als an wirklichem Witze, der beschämend das Schreiende und Unruhige meiner Ergüsse hervorhob. Ich bewunderte meinen Freund, war stolz auf ihn und nahm mich doppelt zusammen, indem ich mich an seinen Briefen bildete, würdige und ebenbürtige Sendungen aufzubringen. Doch je mehr ich mich erhob, umso höher und unerreichbarer wich er zurück, wie ein glänzendes Luftbild, welches ich fruchtlos zu ergreifen strebte. Dazu trugen seine Gedanken die abwechselndsten Farben gleich dem ewigen Meere, ebenso reizend launenhaft und überraschend und ebenso reich an Quellen, die aus der Tiefe, von Gebirgen herab und vom Himmel zugleich zu strömen schienen; ich staunte den fernen Genossen an wie eine geheimnisvolle großartige Erscheinung, deren herrliche Entwickelung von Tag zu Tag Größeres versprach, und rüstete mich mit Bangen, an ihrer Seite ins Leben hinaus möglichst Schritt zu halten.

Da fiel mir eines Tages Zimmermanns Buch über die Einsamkeit in die Hände, von welchem ich schon viel gehört, und das ich deshalb nun mit doppelter Begierde las, bis ich auf die Stelle traf, welche anfängt: »Auf deiner Studierstube möchte ich dich festhalten, o Jüngling!« Jedes Wort ward mir bekannter, und endlich fand ich einen der ersten Briefe meines Freundes hier wortgetreu abgeschrieben. Bald darauf entdeckte ich einen anderen Brief in Diderots unmaßgeblichen Gedanken über die Zeichnung, welche ich bei einem Antiquar erworben, und fand so die Quelle jener Schärfe und Klarheit, die mich so erregt hatten. Und wie lange säumende Ereignisse und Zufälle plötzlich haufenweise zu Tage treten, so trat nun rasch eine Entdeckung nach der anderen hervor und enthüllte eine seltsame Mystifikation. Ich fand Stellen aus Rousseau, wie aus dem Werther, aus Sterne und Hippel sowohl, wie aus Lessing, glänzende Gedichte aus Byron und Heine in briefliche Prosa umgewandelt, sogar Aussprüche tiefsinniger Philosophen, die, unverstanden, mich mit Achtung vor dem Freunde erfüllten.

Mit solchen Sternen hatte ich ohnmächtig gerungen; ich war wie vom Blitz getroffen, ich sah im Geiste meinen Freund über mich lachen und konnte mir seine Handlungsweise nur durch eigenen Unwert erklären. Doch fühlte ich mich schmerzlich beleidigt und schrieb nach einigem Schweigen einen anzüglichen Brief, mittelst dessen ich seine angemaßte geistige Herrschaft abzuwerfen, doch nicht unsere Freundschaft aufzuheben, vielmehr ihn zu treuer Wahrheit zurückzuführen gedachte. Allein mein verletzter Ehrgeiz ließ mich zu heftige und spitze Ausdrücke wählen; mein Gegner hatte sich nicht über mich lustig machen, sondern nur mit wenig Mühe meinem Eifer die Waage halten wollen, wie er sich auch nachher, in ernsteren Dingen, immer mit solchen Mitteln zu helfen suchte, obgleich er die Talente zu wirklichem Streben in vollem Maße und daher auch Selbstgefühl besaß. So kam es, daß er, um seine Verlegenheit zu bedecken und ärgerlich über meine Auflehnung, noch gereizter und beleidigter antwortete. Es stieg ein mächtiges Zorngewitter zwischen uns auf; wir schalten uns rücksichtslos, und je mehr wir uns zugetan gewesen, mit desto mehr Aufwand an tragischen Worten kündeten wir uns die Freundschaft auf und bestrebten uns blindlings, jeder der erste zu sein, der den andern aus seinem Gedächtnis verbanne!

Aber nicht nur seine, sondern auch meine eigenen harten Worte schnitten mir ins Herz; ich trauerte mehrere Tage lang, indessen ich den Geschiedenen zu gleicher Zeit noch achtete, liebte und haßte; ich empfand nun zum zweiten Male, in vorgerückterem Alter, das Weh beim Brechen einer Freundschaft, aber umso schmerzlicher, als das Verhältnis edler gewesen war. Daß mir nur die Possen wiedervergolten worden, die ich meinem Lehrer Habersaat mit jenen schwindelhaften Naturstudien gespielt hatte, daran dachte ich nicht im Traume.

Achtes Kapitel

Wiederum Frühling

Der Frühling war gekommen; Schlüsselblümchen und Veilchen waren im erstarkten Grase verschwunden, niemand beachtete ihre kleinen Früchtchen. Hingegen breiteten sich Anemonen und die blauen Sterne des Immergrün und die lichten Stämme junger Birken aus, am Eingange der Gehölze; die Lenzsonne durchschaute und überschien die Räumlichkeiten zwischen den Bäumen; denn noch war es hell und geräumig, wie in dem Hause eines Gelehrten, dessen Liebste dasselbe in Ordnung gebracht und aufgeputzt hat, ehe er von einer Reise zurückkommt und bald alles in die alte tolle Verwirrung versetzt. Bescheiden und abgemessen nahm das zartgrüne Laubenwerk seinen Platz und ließ kaum ahnen, welcher Überdrang in ihm heranwuchs. Die Blättchen saßen symmetrisch und zierlich an den Zweigen, zählbar, ein wenig steif, wie von der Putzmacherin angeordnet, die Einkerbungen und Fältchen noch höchst exakt und sauber, wie in Papier geschnitten und gepreßt, die Stiele und Zweigelchen rötlich lackiert, alles äußerst aufgedonnert. Frohe Lüfte wehten, am Himmel kräuselten sich glänzende Wolken, es kräuselte sich das junge Gras an den Rainen, die Wolle auf dem Rücken der Lämmer, überall bewegte es sich leise mutwillig; die losen Flocken im Genicke der jungen Mädchen kräuselten sich, wenn sie in der Frühlingsluft gingen, es kräuselte sich in meinem Herzen. Ich lief über alle Höhen und blies an einsamen, schön gelegenen Stellen stundenlang auf einer großen Flöte, welche ich seit einem Jahre besaß. Nachdem ich die ersten Griffe dem Verkäufer, einem musikalischen Nachbarn, abgelernt, war an weiteren Unterricht nicht zu denken, und die ehemaligen Schulübungen waren längst in ein tiefes Meer der Vergessenheit geraten. Darum bildete sich, da ich doch bis zum Übermaß spielte, eine wildgewachsene Fertigkeit aus, welche sich in den wunderlichsten Trillern, Läufen und Kadenzen erging. Ich konnte ebenso fertig blasen, was ich mit dem Munde pfeifen oder aus dem Kopfe singen konnte, aber nur in der härteren Tonart, die weichere hatte ich allerdings empfunden und wußte sie auch hervorzubringen, aber dann mußte ich langsam und vorsichtiger spielen, so daß diese Stellen gar melancholisch und vielfach gebrochen sich zwischen den übrigen Lärm verflochten. Musikkundige, welche in entfernterer Nachbarschaft mein Spiel hörten, hielten dasselbe für etwas Rechtes, belobten mich und luden mich ein, an ihren Unterhaltungen teilzunehmen. Als ich mich aber mit meiner braunen einklappigen Röhre einfand und verlegen und mit bösem Gewissen die Ebenholzinstrumente mit einer Unzahl silberner Schlüssel, die großen Notenblätter sah, bedeckt von schwarzem Gewimmel, da stellte es sich heraus, daß ich zu nichts zu gebrauchen, und die Nachbarn schüttelten verwundert die Köpfe. Desto eifriger erfüllte ich nun die freie Luft mit meinem Flötenspiele, welches dem schmetternden und doch monotonen Gesange eines großen Vogels gleichen mochte, und empfand, unter stillen Waldsäumen liegend, innig das schäferliche Vergnügen eines andern Jahrhunderts.

Um diese Zeit hörte ich ein flüchtiges Wort, Anna sei in ihre Heimat zurückgekehrt. Ich hatte sie nun seit zwei Jahren nicht gesehen; wir beide gingen unserem sechzehnten Geburtstage entgegen. Sogleich rüstete ich mich zur Übersiedelung nach dem Dorfe und machte mich eines Sonnabends wohlgemut auf die geliebten Wege. Meine Stimme war gebrochen, und ich sang, dieselbe mißbrauchend, mich müd durch die hallenden Wälder. Dann hielt ich inne, und die Tiefe meiner Töne bedenkend, dachte ich an Annas Stimme und suchte mir einzubilden, welchen Klang sie nun haben möge. Darauf bedachte ich ihre Größe, und da ich selbst in der Zeit rasch gewachsen, so konnte ich mich eines kleinen Schauers nicht erwehren, wenn ich mir die Gestalt sechzehnjähriger Mädchen unserer Stadt vorstellte. Dazwischen schwebte mir immer das halbkindliche Bild am See oder auf jenem Grabe vor, mit seiner Halskrause, seinen Goldzöpfen und freundlich unschuldigen Augen. Dies Bild verscheuchte einigermaßen die Unsicherheit, welche sich meiner bemächtigen wollte, daß ich getrost fürbaß schritt und das Haus meines Oheims in alter Ordnung und lauter Fröhlichkeit fand.

Doch nur die älteren Personen waren sich eigentlich ganz gleich geblieben; das junge Volk führte einen etwas veränderten Ton in Scherz und Reden. Als nach dem Nachtessen sich die Eltern zurückgezogen und einige junge Dorfbewohner beiderlei Geschlechtes dafür ankamen, um noch einige Stunden zu plaudern, bemerkte ich, daß die Liebesangelegenheiten nun ausschließlicher und ausgeprägter der Stoff der neckischen Gespräche geworden, aber so, daß die Jünglinge mit etwas spöttischer Galanterie den Schein tieferer Empfindung zu verhüllen, die Mädchen eine große Sprödigkeit, Männerverachtung und jungfräuliche Selbstzufriedenheit an den Tag zu legen bemüht schienen; und an der Art und Weise, wie die sich kreuzenden Scherze und Angriffe da reizten, dort scheinbar verletzten, war nicht zu verkennen, daß hier die Kristallelemente zusammenzuschießen auf dem Punkte waren.

Ich war anfangs still und suchte mich in den mehr wort- als sinnreichen Scharmützeln zurechtzufinden; die Mädchen betrachteten mich als einen anspruchslosen Neutralen und schienen einen frommen und bescheidenen Knappen an mir gewinnen zu wollen. Doch unversehens nahm ich, das Scheingefecht für vollen Ernst haltend, die Partei meines Geschlechts. Die vermeintliche Bedürfnislosigkeit und stolze Selbstverklärung der Schönen dünkte mir gefährlich und beleidigend und entsprach nicht im mindesten meinen Gefühlen. Aber leider setzte ich, anstatt mich der praktischeren und beliebteren Waffen meiner Genossen zu bedienen, knabenhafter- und ungalanterweise den Mädchen ihre eigene Kriegführung entgegen. Der trotzige Stoizismus, welchen ich gegen das jungfräuliche Selbstgenügen aufwandte, warf mich umso schneller in eine einsame und gefährliche Stellung, als ich in meiner Einfalt augenblicklich selber daran glaubte und mit heftigem Ernste verfuhr. Ich vereinigte sogleich alle Pfeile des Spottes auf mich, als ein nicht zu duldender Aufrührer; die männlichen Teilnehmer ließen mich auch im Stich oder hetzten mich fälschlicherweise auf, um bei den erzürnten Mädchen desto besser ihre Rechnung zu finden, worüber ich wieder verdrießlich und eifersüchtig wurde, und es ärgerte mich gewaltig, wenn ich bemerkte, wie mitten im Kriege die verständnisvollen Blicke häufiger fielen und der schöne Feind seine Hände den Burschen immer anhaltender und williger überließ. Kurz, als die Gesellschaft auseinander ging und ich die Treppe hinanstieg als ein erklärter Weiberfeind, verfolgten mich die drei Basen, jede ihr Nachtlämpchen tragend, spottend bis vor die Tür meines Schlafzimmers. Dort wandte ich mich um und rief: »Geht, ihr törichten Jungfrauen mit euren Lampen! Obgleich jede nur zu bald ihren irdischen Bräutigam haben wird, fürchte ich doch, das Öl eurer Geduld reiche nicht aus für die kürzeste Frist; löscht eure Lichter und schämt euch im Dunklen, so spart ihr das bißchen Öl, ihr verliebten Dinger!«

Eine Magd trug gerade ein Becken mit Wasser hinein; sie tauchten ihre Finger in das Wasser und spritzten mir dasselbe ins Gesicht, während sie mit ihren brennenden Lämpchen mir um Haar und Nase herumzündeten und mich hart bedrängten. »Mit Feuer und Wasser«, sagten sie, »weihen wir dich zu ewigem Frauenhasse! Nie soll eine wünschen, diesen Haß schwinden zu sehen, und das Licht der Liebe soll dir für immerdar erlöschen! Schlafen Sie recht wohl, gestrenger Herr, und träumen Sie von keinem Mädchen!« Hiermit bliesen sie meine Kerze aus und huschten auseinander, daß ihre Lichtchen in dem dunklen Hause verschwanden und ich im Finstern stand. Ich tappte in das Zimmer, stieß an alle Gegenstände und streute in der Dunkelheit mißmutig meine Kleider auf dem Boden umher. Und als ich endlich das Kopfende des Bettes gefunden und mich rasch unter die Decke schwingen wollte, fuhr ich mit den Füßen in einen verwünschten Sack, daß ich sie nicht ausstrecken konnte, sondern in meiner gewaltsamen Bewegung auf das unangenehmste gehemmt und zusammengebogen wurde. Die Leintücher waren, infolge einer ländlich-sittlichen Neckerei, so künstlich ineinander geschürzt und gestaltet, daß es allen meinen ungeduldigen Bemühungen nicht gelang, sie zu entwirren, und ich mußte mich in der unbequemsten und lächerlichsten Lage von der Welt zum Schlafe zusammenkauern. Allein dieser wollte trotz meiner Müdigkeit sich nicht einfinden; ein ärgerliches und beschämendes Gefühl, daß ich mich in eine schiefe Stellung geworfen, die Besorgnis, wie Anna sich zu all diesem verhalten würde, und das verhexte Bett ließen mich die Augen nur auf Augenblicke schließen, wo dann die verworrensten Traumbilder mich verfolgten. Die Nacht im Tale war unruhig und geräuschvoll, denn es war diejenige des Sonnabends auf den Sonntag, in welcher die ledigen Bursche bis zum Morgen zu schwärmen und ihren Liebeswegen nachzugehen pflegen. Ein Teil derselben durchzog in Haufen singend und jauchzend die nächtliche Gegend, bald fern, bald nah hörbar werdend; ein anderer Teil schlich einzeln um die Wohnungen her, mit verhaltner Stimme Mädchennamen rufend, Leitern anlegend, Steinchen an Fensterladen werfend. Ich stand auf und öffnete das Fenster; balsamische Mailuft strömte mir entgegen, die Sterne zwinkerten verliebt hernieder, ein Kätzchen duckte sich um die eine Hausecke, um die andere bog ein schlanker Schatten mit einer langen Leiter und lehnte sie an das Haus, drei oder vier Fenster von mir. Rüstig klomm er die Sprossen entlang und rief halblaut den Namen der ältesten Base, worauf das Fenster leise aufging und ein trauliches Geflüster begann, von einem Geräusche unterbrochen, welches von demjenigen feuriger Küsse nicht im geringsten zu unterscheiden war. Oho! dachte ich, das sind feine Geschichten! und indem ich so dachte, sah ich einen anderen Schatten von dem Fenster der mittleren Base, welche eine Treppe tiefer schlief, sich auf den Ast eines nahen Baumes schwingen und flink zur Erde gleiten; kaum war er aber fünfzig Schritte entfernt, so brach er, den fernen Nachtschwärmern antwortend, in ein mörderliches Jauchzen aus, welches weithin widerhallte.

Mit sehr ungewohnten Empfindungen machte ich vorsichtig das Fenster zu und suchte in meinem boshaften Leinwandlabyrinth Mädchen, Liebe, Mainacht und Verdruß zu vergessen.

Noch gemischtere Gefühle jedoch kehrten zurück, als ich am Morgen meine nächtlichen Erfahrungen bedachte. Zuerst befiel mich eine bekümmerte Entrüstung gegen meine Basen und ihre Liebhaber.

Es machte mir den Eindruck, wie wenn in einem verschlossenen Garten allerlei Freimaurerei getrieben würde und ich als ein Verhöhnter vor dem Tore stände.

Indessen beschloß ich, als es darauf ankam, in die große Wohnstube zu gehen und mein nächstes Benehmen zu ordnen, vorderhand gänzliche Verschwiegenheit zu üben, und dieser Entschluß kam mir so edel und großmütig vor, daß ich, ganz aufgebläht davon, wähnte, die Mädchen müßten mir meine Großmut auf der Stelle ansehen, als ich in die Stube trat. Ich erregte jedoch nicht die mindeste Aufmerksamkeit; wohl aber sah ich an einem der Fenster eine schlank aufgewachsene jungfräuliche Gestalt stehen, umgeben von meinen drei Basen. An ihren eigentümlichen Zügen und der veränderten und doch gleich lieblich gebliebenen Stimme erkannte ich sogleich Anna; sie sah fein und nobel aus, und ich blieb ganz ratlos und verblüfft stehen. Still und bescheiden schaute sie in die Landschaft hinaus, und die Basen sprachen gedämpft, zierlich und vertraulich mit ihr, wie es die Weiber zu tun pflegen, wenn sie einen Besuch haben, der ihrer Gesellschaft zum Schmucke gereicht. Es ging so freundlich andächtig zu, als ob die vier hübschen Kinder geraden Weges aus einer Klosterschule kämen, und besonders die Töchter des Hauses schienen nicht die leiseste Erinnerung an den Ton des gestrigen Abends zu hegen. Unbefangen grüßten sie mich, als ich endlich bemerkt wurde, und stellten mich der Anna vor. Wir sahen auf den Boden und boten uns die Fingerspitzen, die sich kaum berührten, wobei sie, wie ich glaube, einen kleinen höflichen Knicks machte. Ich sagte ganz verlegen: »Sie sind also wieder zurückgekehrt?« worauf sie erwiderte: »Ja« – mit dem Tone eines Glöckchens, welches nicht recht weiß, ob es anfangen soll, Mittag oder Vesper zu läuten. Hierauf sah ich mich wieder aus dem Mädchenkreise herausversetzt, ohne zu wissen, auf welche Weise, und machte mir eifrig mit einer Katze zu schaffen, indessen ich Anna verstohlen betrachtete. Sie war eine ganz andere Gestalt geworden, von einem schwarzen Seidenkleide umwallt, ihr Goldhaar lag schlicht und vornehm gebunden und ließ eine sorgfältige Behandlung ahnen, während früher manche Löckchen sich auf eigne Hand gekräuselt und zwischen den Flechten hervorgeguckt hatten. Die Gesichtszüge waren in ihrer Eigentümlichkeit ganz gleich geblieben, nur hielten sie sich viel ruhiger, und die armen, schönen blauen Augen hatten ihre Freiheit verloren und lagen in den Banden bewußter Sitte. Dies alles unterschied ich im Augenblick nicht genau, allein es machte zusammen einen solchen Eindruck auf mich, daß ich erschrak, als ich mich zum Frühstück, welches inzwischen aufgetragen war, neben sie setzen mußte; denn der Oheim hatte, da Anna aus Welschland kam, seine französischen Künste aus der eleganten Zeit des Pfarrhauses wieder zusammengelesen und zu mir gesagt: »*Eh bien! monsieur le neveu! prenez place auprès de mademoiselle votre cousine, s'il vous plaît, parbleu! est-ce que vous n'avez pas bien dormi? Paraît que vous faites la triste figure!*« und zu Anna, mit einem komischen Kratzfuße, indem er mit seinem Waldhörnchen salutierte: »*Veuillez accepter les services de ce pauvre jeune homme de la triste figure, mademoiselle! Souffrenz, s'il vous plaît, qu'il fasse votre galant, pour que notre maison illustre revisse les beaux jours d'autrefois! Allons parler français, toute la compagnie!*« Nun begann eine drollige Unterhaltung in französischen Brocken, welche sich auf die lustigste Weise kreuzten, weil niemand sich schämte, seine Schwerfälligkeit und Unkunde zu verraten, und der Scherz als eine Art Huldigung der Anna Gelegenheit geben sollte, ihre erworbene Bildung zu zeigen. Auch nahm sie bescheiden, aber sicher an dem seltsamen Gespräche teil und brachte ihre Reden mit artigem Akzente vor, geziert mit den Wendungen welscher Konversation; als: *En vérité! tenez! voyez!* u. s. f., wozwischen der Oheim, seine Geistlichkeit vergessend, einige *diables!* einfügte. Mir waren diese Formen keineswegs geläufig, und ich konnte meine Meinungen nur in strikter und nackter Übertragung vorbringen, dazu nicht in dem lieblichsten Akzente; daher sagte ich nur dann und wann *oui* und *non* oder *je ne sais pas!* Die einzige Redensart, welche mir zu Gebote stand, war: *Que voulez-vous que je fasse!* und ich brachte diese Blüte mehrere Male an, ohne daß sie gerade paßte. Als hierüber gelacht wurde, machte mich dies trübselig und verstimmt; denn mit jedem Augenblicke, seit ich an das seidene Kleid Annas streifte, wurde es mir bänger, daß ich als gänzlich wertlos und unbedeutend zum Vorschein käme, während ich doch bisher überzeugt war, das Beste und Höchste schätzen und erstreben zu wollen und gerade dadurch selber einen nicht unerheblichen Wert in mir zu tragen. In der Theorie hatte ich schon die Welt erobert und auch verdient und besonders über Anna durchaus verfügt; da nun aber die Praxis begann, so beschlich mich gleich im Anfange eine verzagte Demut, welche ich ungefähr in folgende trotzige und gewaltige Rede zusammenfaßte: »*Moi, j'aime assez la bonne et vénérable langue de mon pays, qui est heureusement la langue allemande, pour ne pas plaindre mon ignorance du français. Mais mademoiselle ma cousine ayant le goût français et comme elle doit fréquenter l'église de notre village, c'est beaucoup à plaindre qu'elle n'y trouvera point de ses orateurs vaudois, qui sont si élevés, savants et dévots. Aussi, que son déplaisir ne soit trop grand, je vous propose, monsieur mon oncle, de remonter en chaire, nous ferons un petit auditoire et vous nous ferez de beaux sermons français! Que voulez-vous que je fasse*«, fügte ich etwas verlegen hinzu, als ich diese Rede so hastig und fließend als möglich gehalten hatte. Die Gesellschaft war sehr verwundert über diese langatmige Phrase und betrachtete mich als einen unvermuteten Teufelskerl von Franzosen, besonders da sie wegen der Schnelligkeit, mit der ich sprach, nichts davon verstanden hatten, außer dem Oheim, welcher vergnüglich lachte. Man ahnte freilich nicht, daß ich die Rede im stillen förmlich ausgedacht und daß ich keineswegs mit dieser Geläufigkeit fortzufahren imstande wäre. Anna war die einzige Person, welche alles verstanden, und sie sagte kein Wort hierauf und schien innerlich beleidigt zu sein; denn sie ward rot und sah verlegen vor sich nieder. Sie verstand nämlich keinen Spaß in Bezug auf die waadtländischen Geistlichen, weil sie nebst dem Französischen einen Anflug orthodox kirchlichen Wesens davon getragen hatte. Da ich bemerkte, daß die verkehrte Art, meine innere Mutlosigkeit zu äußern, fast einen üblen Eindruck gemacht, so flüchtete ich mich sobald möglich vom Tische hinweg. Es läutete nun das letzte Zeichen zur Kirche, und die ganze Familie rüstete sich zum Kirchgange. Anna zog helle glänzende Lederhandschuhe an, und die drei Mädchen des Hauses, welche bisher, obgleich städtisch gekleidet, wie die Landmädchen ohne Handschuhe zur Kirche gegangen, brachten nun ebenfalls deren gestrickte aus Seide oder Baumwolle zum Vorschein und putzten sich damit aus. Anna zeigte, als man zum Gehen bereit war, ein gesammeltes und andächtiges Wesen, sprach nicht mehr viel und sah vor sich nieder; und die übrigen Bäschen, welche von jeher lachend und fröhlich zur Kirche gegangen, gaben sich nun auch ein feierliches Ansehen, daß ich ganz aus der Verfassung kam und nicht wußte, wie ich mich gebärden sollte. Ich stand aus Verlegenheit am Ofen, obschon die junge Sommersonne auf dem Garten sich lagerte; man fragte mich, ob ich denn nicht mitginge? worauf ich, um endlich mir wieder etwas Geltung zu verschaffen, mit Wichtigkeit sprach: nein, ich hätte nicht Zeit, ich müßte schreiben!

Heute ging das ganze Haus zur Kirche, wohl Anna zu Ehren, und nur ich allein blieb zurück. Durch das Fenster sah ich dem Zuge nach, welcher sich durch die Wiesen unter den Bäumen hin bewegte und dann auf der Höhe des Kirchhofes zum Vorschein kam, um endlich in der Kirchentür zu verschwinden. Diese wurde bald darauf geschlossen, das Geläute schwieg, der Gesang begann und hallte deutlich und schön herüber. Auch dieser schwieg, und nun verbreitete sich ein Meer von Stille über das Dorf, nur hie und da, wie von Mövenschrei, durch einen kräftigeren Ruf des Predigers unterbrochen. Das Laub und die Millionen Gräser waren mäuschenstill, trieben aber nichtsdestoweniger mit Hin- und Herwackeln allerlei lautlosen Unfug, wie mutwillige Kinder während einer feierlichen Verhandlung. Die abgebrochenen Töne der Predigt, welche durch einen offenen Fensterflügel sich in die Gegend verloren, klangen seltsam und manchmal wie hollaho! manchmal wie juchhe oder hopsa! bald in hohen Fisteltönen, bald tief grollend, jetzt wie ein nächtlicher Feuerruf und dann wieder wie das Gelächter einer Lachtaube. Während der Pfarrer predigte und ich Anna in Gedanken aufmerksam und still dasitzen sah, nahm ich Papier und Feder und schrieb meine Gefühle für sie in feurigen Worten nieder. Ich erinnerte sie an die zärtliche Begebenheit auf dem Grabe der Großmutter, nannte sie mit ihrem Namen und brachte so häufig als möglich das Du an, welches ehedem zwischen uns gebräuchlich gewesen. Ich ward ganz beglückt über diesem Schreiben, hielt manchmal inne und fuhr dann in umso schöneren Worten wieder fort. Das Beste, was in meiner zufälligen und zerstreuten Bildung angesammelt lag, befreite sich hier und vermischte sich mit der Empfindung meiner augenblicklichen Lage.

Überdies wob sich eine schwermütige Stimmung durch das Ganze, und als das Blatt vollgeschrieben war, durchlas ich es mehrere Male, als ob ich damit jedes Wort der Anna ins Herz rufen könnte. Dann reizte es mich, das Blatt offen auf dem Tische liegen zu lassen und in den Garten zu gehen, damit es der Himmel oder sonst wer durch das offene Fenster lesen könne; aber nur die völlige Sicherheit, daß jetzt doch keine menschliche Seele in der Nähe sei, gab mir diese Verwegenheit, mit welcher ich zwischen den Beeten auf und nieder spazierte, nach dem Fenster hinauf schauend, hinter welchem meine schöne Liebeserklärung lag. Ich glaubte etwas Rechtes getan zu haben und fühlte mich zufrieden und befreit, verfügte mich aber bald wieder in die Stube, da ich dem Frieden doch nicht recht traute, und kam gerade dort an, als das Blatt, durch den Luftzug getragen, zum Fenster hinaussäuselte. Es setzte sich auf einem Apfelbaume nieder; ich lief wieder in den Garten; dort sah ich es sich erheben und mit einem gewaltigen Schusse auf das Bienenhaus zufliegen, wo es hinter einem vollen summenden Bienenkorbe sich festklemmte und verschwand. Ich näherte mich dem Korbe; allein die Bienen waren, in Betracht der kurzen Sommerzeit, polizeilich von der Sonntagsfeier dispensiert, ihre Arbeit als Notwerk erklärt; es summte und kreuzte sich vor dem Hause, daß an kein Durchkommen zu denken war. Unschlüssig und ängstlich blieb ich stehen; doch ein empfindlicher Stich auf die Wange bedeutete mir, daß meine Liebeserklärung für einmal der bewaffneten Obhut dieses Bienenstaates anheimgegeben sei. Für einige Monate lag sie allerdings sicher hinter dem Korbe; wenn aber der Honig ausgenommen wurde, so kam sicher auch mein Blatt zu Tage, und was dann? Indessen betrachtete ich diesen Vorfall als eine höhere Fügung und war halb und halb froh, meine Erklärung aus dem Bereiche meines Willens einer allfälligen Entdeckung ausgesetzt zu wissen. Meine gestochene Wange reibend, verließ ich endlich die Bienen, nicht ohne genau nachzusehen, ob nirgends ein Zipfelchen des weißen Blattes hervorgucke. Der Gesang in der Kirche ertönte wieder, die Glocken läuteten, und die Gesellschaft kam in einzelnen Gruppen zerstreut nach Hause. Ich stand wieder oben am Fenster und sah Annas Gestalt durch das Grüne allmählich herannahen. Ihren weißen Hut abnehmend, stand sie vor dem Bienenhause einige

Zeit still und schien die fleißigen Tierchen mit Wohlgefallen zu betrachten; mit noch größerem Wohlgefallen betrachtete ich jedoch sie, welche so ruhig vor meinem verborgenen Geheimnisse stand, und ich bildete mir ein, daß die Ahnung desselben sie an der blühenden und lieblichen Stelle festhalte. Als sie heraufkam, zeigte sie jene zufriedene Fröhlichkeit Andächtiger, welche aus der Kirche kommen, und machte sich nun ein wenig lauter und zugänglicher, als vorher. Beim Mittagessen, wo ich wieder neben sie zu sitzen kam, begann jedoch meine herbe süße Schule wieder. An Sonn- und Festtagen glich der Tisch meines Oheims ganz seinem Hause und zeigte dessen merkwürdige und malerische Zusammensetzung in allen Stücken. Drei Vierteile desselben, von der Jugend und den Dienstleuten besetzt, trugen große ländliche Schüsseln mit den entsprechenden Speisen: mächtige Stücke Rindfleisch und gewaltige Schinken. Neuer Wein aus einem großen Kruge wurde in einfache grünliche Gläser geschenkt, Messer und Gabeln waren aufs billigste beschaffen und die Löffel von Zinn. Nach der Spitze der Tafel zu, wo der Oheim und die allfälligen Gäste saßen, veränderte sich die Gestalt dieser Dinge. Dort waren die Ergebnisse der Jagd oder des Fischfanges nebst anderen guten Dingen in kleinen Portionen aufgestellt; denn da die Muhme dem Zubereiten und Essen solcher Sachen nicht grün war, so behandelte sie dieselben apothekerhaft und spitzfingerig, gleich einem Grobschmied, der eine Uhr zusammensetzen will. Auf einem bunten alten Porzellanteller lag hier ein gebratener Vogel, dort ein Fisch, einige rote Krebse oder ein feines Salätchen. Alter starker Wein stand in kleineren Flaschen, uralte Ziergläser der verschiedensten Form dabei; die Löffel waren von Silber und das übrige Besteck bestand aus den Trümmern früherer Herrlichkeit, hier ein Messer mit einem Elfenbeinhefte, dort eine kurzgezackte Gabel mit Emailgriff. Aus dem Gewimmel dieser Zierlichkeiten ragte das ungeheure Brot wie ein Berg empor, als ein mächtiger Ausläufer des unteren Speisengebirges, dessen Anwohner sich an der Ausschließlichkeit der oberen Feinschmecker dadurch rächten, daß sie eine scharfe Kritik über deren Geschicklichkeit im Essen ausübten. Wer nicht rasch und reinlich einen Fisch zu verzehren oder die Knöchelchen eines Vogels zu zerlegen wußte, hatte für den Spott nicht zu sorgen. Bei der Mutter an die einfachste Lebensweise gewöhnt, war meine Gewandtheit in Fisch- und Vogelessen nur gering, und ich sah mich daher am meisten den Witzen der Tischgenossen ausgesetzt. So hielt mir auch heute ein Knecht einen Schinken her und bat mich, ihm diesen Taubenflügel zu zerlegen, da ich so geschickt hierin sei; ein anderer hielt mich für vortrefflich geeignet, den Rückgrat einer Bratwurst zu benagen. Dazu sollte ich als angeblicher Galan meine Schöne bedienen, was mir durchaus unbequem war; denn außer daß es mir lächerlich vorkam, ihr ein Gericht vorzuhalten, das ihr vor der Nase stand, und ich ihr lieber mit dem Herzen, als mit den Händen dienen wollte, wo es nicht nötig war, reichte meine Kenntnis hierfür nicht aus, sondern ich präsentierte manchmal den Schwanz eines Fisches, wo der Kopf gut war, und umgekehrt. Ich ließ sie auch bald unbedient sitzen und freute mich unbeschwert ihrer Nähe; aber der Oheim weckte mich aus diesem Vergnügen, als er mich aufforderte, Anna einen Hechtkopf auseinander zu legen und ihr die Symbole des Leidens Christi zu zeigen, welche darin enthalten sein sollten. Allein ich hatte diesen Kopf unbesehens gegessen, obschon man früher davon gesprochen, und stellte mich nun zugleich als einen unwissenden Heiden dar; darüber ärgerlich, ergriff ich mit der Faust den mittlerweile entblößten Schinkenknochen, hielt ihn der Anna unter die Augen und sagte, hier wäre noch ein heiliger Nagel vom Kreuze. Ich behielt nun freilich wieder recht in den Augen der Spötter, doch Anna hatte gerade solche Grobheit nicht verdient, da sie mich nicht verspottet und ganz still neben mir gesessen hatte. Sie wurde über und über rot, ich fühlte augenblicklich mein Unrecht und hätte aus Reue gern den Knochen verschlungen. Das ersparte mir aber nicht einen kleinen Verweis des Oheims, welcher mich ersucht haben wollte, dergleichen Mitteilungen zu unterlassen. Das Rotwerden war nun an mir, und ich sagte nichts mehr während der übrigen Zeit, die man am Tische zubrachte. Ich zog mich zurück in bitterem Unmute und gedachte mich nicht mehr sehen zu lassen, bis meine Basen mich aufsuchten und mich aufforderten, mit ihnen und ihren Brüdern Anna nach Hause zu begleiten und den Schulmeister zu besuchen. Da ich in eine beschämende Lage geraten, so fanden sie es angemessen, mich durch diese Freundlichkeit daraus zu ziehen; denn sie wußten wohl, daß ich sonst nach der Sitte jenes Alters nicht mitkommen konnte, wo das Schmollen eine Ehrensache und an bestimmte Gesetze gebunden ist.

Wir zogen also aus und gingen dem Flüßchen nach durch den Wald. Ich blieb still, und als wir durch die Enge des Weges getrennt hintereinander gehen mußten, marschierte ich als der letzte hintendrein, dicht nach Anna, aber immer in tiefem Schweigen. Meine Augen hingen mit Andacht und Liebe an ihrer Gestalt, immer bereit, sich abzuwenden, sobald sie zurückschauen würde. Doch tat sie dies nicht ein einziges Mal; hingegen bildete ich mir mit innerlichem Vergnügen ein, daß sie hie und da mit einer kaum sichtbaren Absicht, zu gefallen, sich über schwierige Stellen hinbewegte. Ich machte ein paarmal schüchterne Anstalten, ihr behilflich zu sein, allein immer kam sie meinen Händen zuvor. Da stand an einer erhöhten Stelle des Weges die schöne Judith unter einer dunklen Tanne, deren Stamm wie eine Säule von grauem Marmor emporstieg. Ich hatte sie lange nicht mehr gesehen; sie schien mit der Zeit noch immer schöner zu werden und hatte die Arme übereinander geschlagen, eine Rosenknospe im Munde, mit welcher ihre Lippen nachlässig spielten. Sie grüßte eines um das andere, ohne sich in ein Gespräch einzulassen, und als ich schließlich auch an die Reihe kam, nickte sie mir leicht zu mit einem etwas ironischen Lächeln.

Der Schulmeister begrüßte uns mit Freuden und vor allen seine Tochter, die er sehnlich zurück erwartet. Denn sie war nun die Erfüllung seines Ideales geworden, schön, fein, gebildet und von andächtigem, edlem Gemüte, und mit dem bescheidenen Rauschen ihres Seidenkleides war, nicht in schlimmem Sinne, eine neue schöne Welt für ihn aufgegangen. Er hatte zu seinem bisherigen Vermögen noch eine gute Erbschaft gemacht und benutzte diese, ohne Vornehmtuerei, sich mit allerhand anständigen Bequemlichkeiten zu umgeben. Was seine Tochter nach den aus Welschland mitgebrachten Bedürfnissen irgend wünschen konnte, schaffte er augenblicklich an und überdies eine Anzahl schöner Bücher für seine eigenen Wünsche. Auch hatte er seinen grauen Frack mit einem feinen schwarzen Leibrock vertauscht, wenn er ausging, und im Hause trug er einen ehrbaren talarartigen Schlafrock, um mehr das Ansehen eines würdigen, halbgeistlichen Privatgelehrten zu gewinnen. Was irgend mit einer Stickerei geziert werden konnte an seiner Person oder an seinem Geräte, das zeigte diesen Schmuck in allen Manieren und Farben, da ihm solcher ausnehmend gefiel und Anna reichlich dafür sorgte. In dem kleinen Orgelsaale stand nun ein prächtiges Sofa mit buntgestickten Kissen und vor demselben lag ein großblumiger Teppich von Annas Hand. Diese reiche Farbenpracht, an einer Stelle zusammengehäuft, nahm sich vortrefflich und eigentümlich aus im Gegensatze zu dem einfachen weißgetünchten Saale. Nur die Orgel bot noch einigen Schmuck in glänzenden Pfeifen und mit ihren bemalten Türflügeln. Anna erschien nun in einem weißen Kleide und setzte sich an die Orgel. Sie hatte in der Pension Klavier spielen müssen, lehnte es aber ab, ein Klavier zu haben, als ihr Vater sogleich ein solches anschaffen wollte; denn sie war zu klug und zu stolz, die gewöhnliche Klimperei fortzusetzen. Dagegen wandte sie das Erlernte dazu an, sich für einfache Lieder auf der Orgel einzuüben; sie begleitete also jetzt unseren Gesang, und der Schulmeister weilte dafür singend in unserm Kreise. Er schaute fortwährend seine Tochter an und ich ebenfalls, da wir ihr im Rücken standen; sie sah wirklich aus, wie eine heilige Cäcilie, während die Stellung ihrer weißen Finger auf den Tasten noch etwas Kindliches ausdrückte. Als wir des musikalischen Vergnügens satt waren, gingen wir vor das Haus; dort war auch vieles verändert. Auf dem Treppchen standen Granat- und Oleanderbäumchen, das Gärtchen war nicht mehr ein krauses Rosen- und Gelbveigeleingärtchen, sondern Annas jetziger Erscheinung mehr angemessen mit fremden Gewächsen und einem grünen Tische nebst einigen Gartenstühlen versehen. Nachdem wir hier eine kleine Abendmahlzeit eingenommen, gingen wir an das Ufer, wo ein neuer Kahn lag; Anna hatte auf dem Genfersee fahren gelernt und der Schulmeister deswegen das Fahrzeug machen lassen, das erste, welches auf dem kleinen See seit Menschengedenken zu sehen war. Außer dem Schulmeister stiegen wir alle hinein und fuhren auf das ruhige glänzende Wasser hinaus; ich ruderte, da ich als Anwohner eines größeren Sees auch meine Künste zeigen wollte, und die Mädchen saßen dicht beisammen, die Bursche aber hielten sich unruhig und suchten Scherz und Händel. Endlich gelang es ihnen, das Gefecht wieder zu eröffnen, zumal sich ihre Schwestern aus der gemessenen Haltung heraus nach freier Bewegung sehnten. Sie hatten sich nun genug darin gefallen, mit Anna die Feinen und Gestrengen zu machen, und wünschten vorzüglich die Früchte des Spukes, welchen sie sich mit meinem Bette erlaubt hatten, mit Glanz einzuernten. Deshalb wurde ich bald der Gegenstand des Gespräches; Margot, die älteste, berichtete Anna, daß ich mich als einen strengen Feind der Mädchen dargestellt hätte und wohl nicht zu hoffen wäre, daß ich jemals mich eines schmachtenden Herzens erbarmen würde; sie warne daher Anna zum voraus, sich nicht etwa früher oder später in mich zu verlieben, da ich sonst ein artiger junger Mensch sei. Darauf bemerkte Lisette, es wäre dem Schein nicht zu trauen; sie glaube vielmehr, daß ich innerhalb lichterloh brenne vor Verliebtheit, in wen, wisse sie freilich nicht; allein ein sicheres Zeichen davon wäre mein unruhiger Schlaf, man habe am Morgen mein Bett im allersonderbarsten Zustande gefunden, die Leintücher ganz verwickelt, so daß zu vermuten, ich habe mich die ganze Nacht um mich selbst gedreht wie eine Spindel. Scheinbar besorgt fragte Margot, ob ich in der Tat nicht gut geschlafen? Wenn dem so wäre, so wüßte sie allerdings nicht, was sie von mir halten müßte. Sie wolle inzwischen hoffen, daß ich nicht ein solcher Heuchler sei und den Mädchenfeind spiele, während ich vor Liebe nicht wüßte, wo hinaus! Überdies wäre ich doch noch zu jung für solche Gedanken. Lisette erwiderte, eben das sei das Unglück, daß ein Grünschnabel wie ich schon so heftig verliebt sei, daß er nicht einmal mehr schlafen könne. Diese letzte Rede brachte mich endlich auf, und ich rief: »Wenn ich nicht schlafen konnte, so geschah das, weil ich durch euere eigene Verliebtheit die ganze Nacht gestört wurde, und ich habe wenigstens nicht allein gewacht!« »O gewiß sind wir auch verliebt, bis über die Ohren!« sagten sie etwas betroffen, faßten sich aber sogleich, und die ältere fuhr fort: »Weißt du was, Vetterchen, wir wollen gemeinsam zu Werke gehen; vertraue uns einmal deine Leiden, und zum Danke dafür sollst du unser Vertrauter werden und unser Rettungsengel in unseren Liebesnöten!« »Es dünkt mich, du hast keinen Rettungsengel notwendig«, antwortete ich, »denn an deinem Fenster steigen die Engel schon ganz lustig die Leiter auf und nieder!« »Hört, nun redet er irre, es muß schon arg mit ihm stehen!« rief Margot, rot werdend, und Lisette, welche noch beizeiten sich verschanzen wollte, setzte hinzu:

»Ach, laßt den armen Jungen in Ruh, er ist mir recht lieb und dauert mich!« »Schweig du!« sagte ich noch mehr erbost, »dir fallen die Liebhaber von den Bäumen in die Kammer!«

Die Bursche klopften in die Hände und riefen: »Oho, steht es so? Der Maler hat gewiß etwas gesehen, freilich, freilich, freilich! Wir haben's schon lange gemerkt!« und nun nannten sie die begünstigten Liebhaber der beiden Dämchen, welche uns den Rücken wandten mit den Worten: »Larifari! ihr seid alle verlogene Schelme und der Maler ein recht böser Hauptlügner!« Lachend und flüsternd unterhielten sie sich hierauf mit den anderen beiden Mädchen, die nicht recht wußten, woran sie waren, und alle würdigten uns keines Blickes mehr. So hatte ich das Geheimnis, das ich am Morgen großmütig zu verschweigen gelobt, noch vor Untergang der Sonne ausgeplaudert. Dadurch war der Krieg zwischen mir und den Schönen erklärt, und ich sah mich plötzlich himmelweit von dem Ziele meiner Hoffnungen gerückt; denn ich dachte mir alle Mädchen als eng verbündet und gleichsam Eine Person, mit welcher man im ganzen gut stehen müsse, wenn man ein Teilchen gewinnen wolle.

Neuntes Kapitel

Der Philosophen- und Mädchenkrieg

Um diese Zeit wurde der zweite Lehrer des Dorfes versetzt, und an seine Stelle kam ein blutjunges Schulmeisterlein von kaum siebzehn Jahren, welches bald ein Aufsehen in der Gegend machte. Es war ein wunderhübsches Bürschchen mit rosenroten Wänglein, einem kleinen lieblichen Munde, mit einem kleinen Stumpfnäschen, blauen Augen und blonden gelockten Haaren. Er nannte sich selbst einen Philosophen, weshalb ihm dieser Name allgemein zuteil wurde, denn sein Wesen und Treiben war in allen Stücken absonderlich. Mit einem vortrefflichen Gedächtnisse begabt, hatte er die zu seinem Berufe gehörigen Kenntnisse bald erworben und sich im Seminare daher mit dem Studium von allen möglichen Philosophien abgegeben, welche er den Worten nach auswendig lernte; denn er behauptete, der beste

Volksschulmeister sei nur derjenige, welcher auf dem höchsten und klarsten Gipfel menschlichen Wissens stände, mit dem umfassenden Blicke über alle Dinge, das Bewußtsein bereichert mit allen Ideen der Welt, zugleich aber in Demut und Einfalt, in ewiger Kindlichkeit wandelnd unter den Kleinen, womöglichst mit den Kleinsten. Demgemäß lebte er wirklich; aber dies Leben war seiner großen Jugend wegen eine allerliebste Travestie in Miniatur. Gleich einem Stare wußte er alle Systeme von Thales bis auf heute herzusagen; allein er verstand sie immer im wörtlichsten und sinnlichsten Sinn, wobei besonders seine Auffassung der Gleichnisse und Bilder einen komischen Unfug hervorbrachte. Wenn er von Spinoza sprach, so war ihm nicht etwa die Idee aller möglichen Stühle der Welt, als ein Stück zweckmäßig gebrauchter Materie, der Modus, sondern der einzelne Stuhl, der gerade vor ihm stand, war ihm der fertige und vollständige Modus, in welchem die göttliche Substanz in wirklichster Gegenwart steckte, und der Stuhl wurde dadurch geheiligt. Bei Leibniz fiel ihm nicht etwa die Welt in einem greulichen Monadenstaub auseinander, sondern die Kaffeekanne auf dem Tisch, mit welcher er gerade exemplierte, drohte auseinander zu gehen und der Kaffee, welcher im Gleichnis nicht mitbegriffen, auf den Tisch zu fließen, so daß der Philosoph sich beeilen mußte, durch die prästabilierte Harmonie die Kanne zusammenzuhalten, wenn wir den erquickenden Trank genießen wollten. Bei Kant hörte man das göttliche Postulat so leibhaftig und zierlich erklingen, wie ein Posthörnchen, aus der tiefen Ferne der innersten Brust; bei Fichte verschwand wieder alle Wirklichkeit gleich den Trauben in Auerbachs Keller, nur daß wir nicht einmal an unsere Nasen glauben durften, welche wir in den Händen hielten; wenn Feuerbach sagte: »Gott ist nichts anderes, als was der Mensch aus seinem eigenen Wesen und nach seinen Bedürfnissen abgezogen und zu Gott gemacht hat, folglich ist niemand als der Mensch dieser Gott selbst«, so versetzte sich der Philosoph sogleich in einen mystischen Nimbus und betrachtete sich selbst mit anbetender Verehrung, so daß bei ihm, indem er die religiöse Bedeutung des Wortes immer beibehielt, zu einer komischen Blasphemie wurde, was im Buche die strengste Entsagung und Selbstbeschränkung war. Am drolligsten nahm er sich jedoch aus in seiner Anwendung der alten Schulen, deren Lebensregeln er in seinem äußeren Behaben vereinigte. Als Zyniker schnitt er alle überflüssigen Knöpfe von seinem Rocke, warf die Schuhriemen weg und riß das Band von seinem Hute, trug einen derben Prügel in der Hand, welcher zu seinem zarten Gesichtchen seltsam kontrastierte, und legte sein Bett auf den bloßen Boden; bald trug er sein schönes Goldhaar in langen tausendfach geringelten Locken, weil die Schere überflüssig sei, bald schnitt er es so dicht am Kopfe weg, daß man mit dem feinsten Zängelchen kaum ein Härchen hätte fassen können, indem er die Locken als schnöden Luxus erklärte, und er sah dann mit seinem kahlen Rosenköpfchen noch viel lustiger aus. Im Essen war er hinwieder Epikureer, und die gewöhnliche Dorfkost verschmähend, schmorte er sich ein saures Eichhörnchen, briet ein Fischchen oder eine Wachtel, die er gefangen hatte, und aß ausgesuchte kleine Böhnchen, junge Kräutchen und dergleichen, wozu er ein halbes Gläschen alten Wein trank. Als Stoiker hingegen richtete er allerhand spaßhafte Händel an und brachte die Leute in Harnisch, um in dem entstandenen Lärm dann einen kalten Gleichmut zu behaupten und sich nichts anfechten zu lassen; insbesondere aber erklärte er sich als einen Verächter der Frauen und führte einen beständigen Krieg mit ihnen, welche mit ihren sinnlichen Reizen und ihrem eitlen Wesen die Männer ihrer Tugend und Ernsthaftigkeit berauben wollten. Als Zyniker verfolgte er die Frauen und Mädchen überall mit Natürlichkeiten, als Epikureer mit erotischen Witzen, und als Stoiker sagte er ihnen Grobheiten, war aber immer zu finden, wo drei beieinander standen. Sie wehrten sich mit geräuschvollem Entsetzen gegen ihn, so daß überall, wo er erschien, ein lustiger Spektakel losging; nichtsdestoweniger sah man ihn ziemlich gern; die Männer achteten nicht auf ihn, und die Kinder hingen mit großer Liebe an ihm; denn mit diesen war er auf einmal wie ein Lamm und stand in dem besten Verhältnisse zu ihnen. Er hatte die Allerkleinsten zu besorgen, und er tat dies so vortrefflich, daß man noch nie einen so wohlgearteten Schlag kleiner Jüngelchens und Dirnchens im Dorfe gesehen hatte. Deshalb übersah man seine übrigen Geschichten, die er anrichtete und die man seiner tollen Jugend zuschrieb; und selbst, daß er sich für einen Atheisten ausgab, konnte ihn der Gunst des weiblichen Dorfes nicht berauben.

Er fand sich auch im Hause meines Oheims ein, wo eine gute Anzahl Mädchen und junger Bursche, die durch vielfältigen Besuch noch verstärkt wurde, für seine Aufführungen empfänglich war. Ich gesellte mich dem Philosophen bei, einesteils von seinem Philosophieren angezogen, andernteils von seinem Weiberkriege, da dieser gerade mit meiner schiefen Lage zu den Mädchen zusammentraf. Wir machten große Spaziergänge, auf welchen er mir die Systeme der Reihe nach vortrug, wie er sie im Kopfe hatte und wie ich sie verstehen konnte. Es kam mir alles äußerst wichtig und erbaulich vor, und ich ehrte bald, gleich ihm, jede Lehre und jeden Denker, gleichviel, ob wir sie billigten oder nicht. Über den christlichen Glauben waren wir bald einig und machten in die Wette unsern Krieg gegen Pfaffen und Autoritätsleute jeder Art; als ich aber den lieben Gott und die Unsterblichkeit aufgeben sollte und der Philosoph dieses mit höchst unbefangenen Auseinandersetzungen verlangte, da lachte ich ebenso unbefangen, und es kam mir nicht einmal in den Sinn, die Sache ernstlich zu untersuchen. Ich sagte, am Ende wäre die Hauptformel einer jeden Philosophie, und sei diese noch so logisch, eine ebenso große und greuliche Mystik, wie die Lehre von der Dreieinigkeit, und ich wollte von gar nichts wissen, als von meiner persönlichen angebornen Überzeugung, ohne mir von irgend einem Sterblichen etwas dazwischen reden zu lassen. Außerdem, daß ich nicht wußte, was ich anfangen sollte ohne Gott, und der Meinung war, daß ich einer Vorsehung im Leben noch sehr benötigt sein würde, band mich eine Art künstlerischen Fühlens an diese Überzeugung. Ich glaubte, daß alles, was Menschen zuwege bringen, seine Bedeutung nur dadurch habe, daß sie es zuwege zu bringen vermochten und daß es ein Werk der Vernunft und des freien Willens sei; deshalb konnte mir die Natur, an die ich gewiesen war, auch nur einen Wert haben, wenn ich sie als das Werk eines mir gleichfühlenden und voraussehenden Geistes betrachten durfte. Ein sonnedurchschossener Buchengrund konnte nur dann ein Gegenstand der Bewunderung sein, wenn ich ihn mir durch ein ähnliches Gefühl der Freude und der Schönheit geschaffen dachte. »Sehen Sie diese Blume«, sagte ich zum Philosophen, »es ist gar nicht möglich, daß diese Symmetrie mit diesen abgezählten Punkten und Zacken, diese weiß und roten Streifchen, dies goldene Krönchen in der Mitte nicht vorher gedacht seien! Und wie schön und lieblich ist sie, ein Gedicht, ein Kunstwerk, ein Witz, ein bunter und duftender Scherz! So was macht sich nicht selbst!« – »Auf jeden Fall ist sie schön«, sagte der Philosoph, »sei sie gemacht oder nicht gemacht! Fragen Sie einmal! Sie sagt nichts, sie hat auch nicht Zeit dazu, denn sie muß blühen und kann sich nicht um Ihre Zweifel kümmern! Denn da sind alles Zweifel, was Sie vorbringen, Zweifel an Gott und schnöde Zweifel an der Natur, und es wird mir übel, wenn ich nur einen Zweifler höre, einen empfindsamen Zweifler! O weh!« Er hatte diesen Trumpf beim Disputieren älterer Leute gehört und brachte denselben wie ähnliche Fechterkünste, die er sich angeeignet, gegen mich vor, so daß ich schließlich geschlagen wurde; besonders sagte er zuletzt immer, ich verstehe eben die Sache noch nicht und wüßte nicht richtig zu denken, was mich dann gewaltig erboste, und wir gerieten manchmal in grimmigen Zank. Doch vereinigten wir uns immer wieder, wenn wir mit den Mädchen zusammentrafen, wo wir einen gemeinsamen Kampf zu bestehen hatten, von allen Seiten angegriffen. Wir schlugen unsere Feinde eine Zeitlang mit unseren Sarkasmen siegreich zurück; wenn sie aber nicht mehr weiter konnten und zu sehr gereizt waren, so ging der Krieg in Tätlichkeiten über; eine einzelne begann damit, einem von uns unversehens ein Glas Wasser über den Kopf zu gießen, und alsobald war ein hitziges Jagen und Verfolgen durch Haus und Gärten im Gange. Andere Bursche machten sich schnell herbei, denn fünf bis sechs zornige Mädchen waren eine zu reizende Gelegenheit für sie. Man warf sich mit Früchten, schlug sich mit ausgerissenen Nesselstauden, suchte sich gegenseitig ins Wasser zu drängen, wobei man ins allerengste Handgemenge kam, und ich war sehr verwundert, die tollen Kinder so rührig und wehrbar zu finden. Wenn ich eine junge Wilde mit aller Kraft umfaßt hielt, um sie zu bändigen, während sie mich böslich zu schädigen begehrte, so stritt ich ganz ehrlich und tapfer, ohne irgend einen Nebenvorteil zu suchen, und ich wußte gar nicht, daß ich ein Mädchen in den Arm preßte. Solche Gefechte geschahen immer in Annas Abwesenheit; einst aber entzündete sich der Streit in ihrer Gegenwart, ohne daß man es gewollt hatte, und sie wollte sich schleunigst salvieren; ich aber, der eben hitzig einer anderen nachstellte, um sie für eine meuchlerische

Bosheit zu bestrafen, kriegte plötzlich Anna zu fassen und ließ erschrocken meine Hände sinken.

So mutig ich an der Seite des Philosophen war, umso kleinlauter war ich, wenn ich den Mädchen allein gegenüberstand; denn alsdann war keine Rettung, als alles über sich ergehen zu lassen. Der Philosoph fürchtete sich vor dieser Feuertaufe nicht und tummelte sich manchmal furchtlos in einer Hölle von zwölf jungen und alten Weibern umher, und er triumphierte umso lauter, je übler er von ihren Zungen und Händen zugerichtet wurde, wenn er ihnen weiberschmähende Aussprüche aus der Bibel und weltliche Argumente an den Kopf warf. Ich hingegen räumte das Feld, wenn mir die Sache zu arg wurde, oder ich stellte mich, als ob ich nicht ungeneigt wäre, mich belehren und bekehren zu lassen. Wenn ich vollends mit einem der Mädchen ganz allein war, so wurde stets ein Waffenstillstand geschlossen, und ich war immer halb bereit, unsere Sache zu verraten und mich unter den Schutz des Feindes zu stellen. Ich wünschte durch diesen gemäßigten und freundlichen Verkehr allmählich dahin zu gelangen, auch mit Anna wieder im einzelnen und allein zu sprechen, und glaubte dies törichterweise immer am besten auf weitläufigem Wege zu bewerkstelligen, indem ich mich an die anderen hielt, statt Anna einfach einmal bei der Hand zu nehmen und anzureden. Allein dies letztere schien mir eben noch himmelweit zu liegen und eine reine Unmöglichkeit; lieber hätte ich einen Drachen geküßt, als so leichtsinnig die Schranke gebrochen, obgleich es vielleicht nur an diesem Drachenkuß, an diesem ersten Worte hing, die schöne Jungfrau Vertraulichkeit aus der Verzauberung wiederzugewinnen.

Allein wer konnte wissen! Ein Sperling in der Hand ist besser, als ein Adler auf dem Dache! Lieber noch dies stumme Nahsein sicher behalten, als durch die beleidigte Ehre genötigt zu sein, auf immer zu scheiden! Dadurch wurde ich immer mehr und mehr verhärtet und endlich unfähig, das gleichgültigste Wort an Anna zu richten; so kam es, als sie auch nichts zu mir sagte, daß nach einer sehr stillschweigenden Übereinkunft wir füreinander gar nicht da waren, ohne uns deswegen zu meiden. Sie kam ebenso oft zu uns herüber, wenn ich da war, wie sonst, und ich besuchte den Schulmeister nach wie vor, wo sie sich dann zufrieden herumzubewegen schien, ohne sich um mich zu bekümmern. Indessen kam es mir wunderlich vor, daß kein Mensch unsere seltsame Haltung zu bemerken schien, obgleich es doch gewiß auffallen mußte, daß wir auch gar nie etwas zueinander sagten. Die älteste Base, Margot, hatte sich diesen Sommer mit dem jungen Müller verlobt, welcher ein stattlicher Reitersmann war; die mittlere duldete offen die Bewerbungen eines reichen Bauernsohnes, und die jüngste, ein Ding von sechzehn Jahren, welches sich im Kriege immer am wildesten und feindseligsten gebärdet, war unmittelbar nach einem der hitzigsten Gefechte überrascht worden, wie sie in der Laube sich schnell von dem Philosophen küssen ließ; die Wolken der Zwietracht hatten sich daher verzogen, der allgemeine Friede war hergestellt, nur zwischen mir und Anna, welche nie im Kriege gelegen miteinander, war kein Friede oder vielmehr ein sehr stiller; denn unser Verhältnis blieb sich immer gleich. Anna hatte die äußerlichen Welschlandsmanieren schon abgelegt und war wieder frischer und freier geworden; allein sie blieb doch ein feines und sprödes Kind, das überhaupt nicht viel sprach, leicht beleidigt und gereizt wurde, was ein schnelles Erröten immer anzeigte, und besonders stellte sich ein leichter Stolz heraus, der sich mit etwas Eigensinn verband. Desto verliebter aber wurde ich mit jedem Tage, so daß ich mich fortwährend mit ihr beschäftigte, wenn ich allein war, mich unglücklich fühlte und einsam Wälder und Höhen durchstreifte; denn da ich nunmehr wieder der einzige war, welcher seine Gedanken verbergen mußte, wie ich wenigstens glaubte, so ging ich auch vorzugsweise wieder allein und auf mich selbst angewiesen.

Zehntes Kapitel

Das Gericht in der Laube

Ich brachte die Tage im tiefen Walde zu, mit meinem Handwerkszeuge versehen; allein ich zeichnete nur wenig nach der Natur, sondern wenn ich eine recht geheime Stelle gefunden, wo ich sicher war, daß niemand mich überraschte, zog ich ein schönes Stück englisches Papier hervor, auf welchem ich Annas Bildnis aus dem Gedächtnis in

Wasserfarben malte. Es war für mich das allergrößte Glück, wenn ich mich an einem klaren Spiegelwässerchen unter dichtem Blätterdache so wohnlich eingerichtet hatte, das Bild auf den Knien. Ich konnte nicht erheblich zeichnen, daher fiel das Ganze etwas byzantinisch aus, was ihm bei der Fertigkeit und dem Glanz der Farben ein eigenes Ansehen gab. Jeden Tag betrachtete ich Anna verstohlen oder offen und verbesserte danach das Bild, bis es zuletzt ziemlich ähnlich wurde. Es war in ganzer Figur und stand in einem Blumenbeete, dessen hohe Stengel und Kronen mit Annas Haupt in den tiefblauen Himmel ragten; der obere Teil der Zeichnung war bogenförmig abgerundet und mit Rankenwerk eingefaßt, in welchem glänzende Vögel und Schmetterlinge saßen, deren Farben ich noch mit Goldlichtern erhöhte. Alles dies, sowie Annas Gewand, welches ich phantastisch erfand und schmückte, war mir die angenehmste Arbeit während vieler Tage, die ich im Walde zubrachte, und ich unterbrach diese Arbeit nur, um auf meiner Flöte zu spielen, welche ich beständig bei mir führte. Auch des Abends nach Sonnenuntergang ging ich oft mit der Flöte noch aus, strich hoch über den Berg, bis wo der See in der Tiefe und des Schulmeisters Haus daran lag, und ließ dann meine wildgewachsenen Weisen oder auch ein schönes Liebeslied durch Nacht und Mondschein ertönen.

So gingen die Sommermonate vorüber; ich verbarg das Bild sorgfältig und gedachte es noch lange zu verbergen, da es von jedermann als ein ziemlich deutliches Geständnis der Liebe angesehen werden mußte. An einem sonnigen Septembernachmittage, als der herbstliche Schein mild auf dem Garten lag und das Gemüt zur Freundlichkeit stimmte, wollte ich eben ausgehen, als ein ganz kleines Knäbchen mir die Botschaft brachte, ich möchte in die größere Gartenlaube kommen. Ich wußte, daß sämtliche Mädchen dort mit Margots Aussteuer beschäftigt waren und daß Anna ihnen half; das Herz klopfte mir daher sogleich, weil ich irgend etwas ahnte; doch ging ich erst nach einer kleinen Weile mit gleichgültiger Miene hin. Die Mädchen saßen in einem Halbkreise um das weiße Leinenzeug herum, unter dem grünen Rebendache, und sie sahen alle schön und blühend aus.

Als ich eintrat und fragte, was sie begehrten, lächelten und kicherten sie eine Zeitlang verlegen, daß ich trotzig schon wieder umkehren und weggehen wollte. Jedoch Margot ergriff das Wort und rief: »So bleib doch hier, wir werden dich nicht essen!« und nachdem sie sich geräuspert, fuhr sie fort:

»Es sind mannigfaltige Klagen über dich angesammelt, und wir haben daher uns als eine Art Gerichtshof hierher gesetzt, um dich zu richten und ins Verhör zu nehmen, lieber Vetter! und wir fordern dich hiermit auf, uns auf alle Fragen treu, wahr und bescheiden zu antworten! Erstlich wünschen wir zu wissen – je, was wollten wir denn zuerst fragen, Caton?«

»Ob er gern Aprikosen esse«, erwiderte diese, und Lisette rief: »Nein, wie alt er sei, müssen wir zuerst fragen, und wie er heiße!«

»Bitte, macht euch nicht gar zu unnütz«, sagte ich, »und rückt heraus mit eurem Anliegen!«

Doch Margot sagte: »Kurz und gut, du sollst einmal sagen, was du gegen die Anna hast, daß du dich so gegen sie benimmst?«

»Wieso?« antwortete ich verlegen, und Anna wurde ganz rot und sah auf ihre Leinwand.

Margot fuhr fort: »Wieso? das möchte ich auch noch fragen! Mit Einem Wort, was hast du für einen Grund, seit deiner Ankunft bei uns kein Sterbenswörtchen zur Anna zu sagen und zu tun, als ob sie gar nicht in der Welt wäre? Dies ist nicht nur eine Beleidigung für sie, sondern für uns alle, und schon des öffentlichen Anstandes wegen muß es gehoben werden auf irgend eine Weise; wenn Anna dich beleidigt hat, ohne es zu wissen, so erkläre es, damit sie dir demütige Abbitte tun kann. Übrigens brauchst du hierauf nicht stolz zu sein oder zu glauben, es sei auf deine kostbare Gunst abgesehen! Einzig und allein muß durch gegenwärtige Verhandlung die Schicklichkeit und das gute Recht gewahrt werden!«

Ich erwiderte, daß ich die Gründe für mein Benehmen gegen Anna angeben könne, sobald sie mir diejenigen für ihr eigenes Verhalten mitteilen wolle, indem ich mich ebensowenig eines an mich gerichteten Wortes rühmen dürfe. Auf diese Rede ward mir vorgehalten: ein Frauenzimmer könne immer noch tun, was sie wolle; jedenfalls müßte ich den Anfang machen, worauf dann Anna sich verpflichten würde, in einem gesellschaftlich freundlichen und zuvorkommenden Verkehr mit mir zu leben, wie mit anderen.

Dies ließ sich hören und schien mir ganz in dem Sinne gesagt zu sein, in welchem ich die Frauen als eine verschworene Einheit betrachtet hatte; es klang mir wie ein angenehmer Beweis davon, daß es gut sei, wenn sie eine Sache wohlwollend an die Hand nähmen. Ihre hochtrabenden Worte beirrten mich nicht, und ich bildete mir gleich ein, daß man mich sehr nötig habe. Lächelnd erwiderte ich, daß ich mich einem vernünftigen Wort gern füge und daß ich nichts Besseres verlange, als mit aller Welt in Frieden zu leben. Nun stand ich aber wieder da, ohne Anna weiter anzusehen, welche emsig nähte. Lisette ergriff nun das Wort und sagte: »Um einen Anfang zu machen, gib nun der Anna die Hand und versprich ihr mit deutlichen Worten, jedesmal, wo du mit ihr zusammentriffst, sie mit ihrem Namen zu grüßen und sie zu fragen, wie es ihr geht; hierbei soll festgesetzt sein, daß alle Tage, wo und wann ihr euch zuerst begegnet, die Hand gereicht werde, wie es unter Christen gebräuchlich ist!«

Ich näherte mich Anna, hielt meine Hand hin und sprach eine verworrene kleine Rede; ohne aufzusehen, gab sie mir die Hand, wobei sie die Nase ein bißchen rümpfte und ein wenig lächelte.

Als ich hierauf mich aus der Laube entfernen wollte, begann Margot wieder: »Geduld, Herr Vetter! Es kommt nun der zweite Punkt, welcher zu erledigen ist.« Sie schlug die Tücher, welche den Tisch bedeckten, auseinander und enthüllte mein Bild Annas.

»Wir wollen«, fuhr sie fort, »nicht lange erörtern, wie wir zu diesem geheimnisvollen Werke gelangt sind; es ist entdeckt, und wir wünschen nun zu wissen, mit welchem Recht und zu welchem Zweck harmlose Mädchen ohne ihr Wissen abkonterfeit werden?«

Anna hatte einen flüchtigen Blick auf das bunte Wesen geworfen und saß ebenso verlegen und unruhig da, als ich beschämt und trotzig war. Ich erklärte, daß das Blatt mein Eigentum und ich keiner sterblichen Seele eine Verantwortung darüber schuldig wäre, gleichviel ob es ans Tageslicht getreten oder noch im Verborgenen liege, wo ich künftig meine Sachen zu lassen bitte. Damit wollte ich meine Zeichnung ergreifen; allein die Mädchen deckten sie schleunig mit Leinwand zu und türmten die ganze Aussteuer darauf.

Es könne ihnen nicht gleichgültig sein, sagten sie, ob ihre Bildnisse heimlich und zu unbekanntem Zwecke angefertigt würden. Ich müßte also bestimmt erklären, für wen ich besagtes Werk angefertigt habe oder was ich damit zu machen gedenke; denn daß ich es für mich behalten wolle, sei nach meinem bisherigen Verhalten nicht wohl anzunehmen; auch wäre dies nicht zu gestatten.

»Die Sache ist sehr einfach«, erwiderte ich endlich, »ich habe dem Schulmeister, Annas Vater, eine kleine Freude zu seinem Namenstage machen wollen und gedachte dies am besten durch ein Porträt seiner Jungfrau Tochter zu erreichen; habe ich damit unrecht getan, so ist es mir leid, ich werde es nicht wieder tun! Ich kann vielleicht durch eine Abbildung seines Hauses und Gartens am See dem Herrn Vetter den gleichen Dienst leisten, mir verschlägt es nichts!«

Durch diese Ausflucht beraubte ich mich zwar selbst des Bildes, das mir auch der Mühe und Arbeit wegen lieb geworden war; zugleich aber schnitt ich der unbequemen Verhandlung den Faden ab, indem die Mädchen hiegegen nichts mehr einzuwenden wußten und meine aufmerksame Gesinnung für den Schulmeister noch zu loben veranlaßt wurden. Doch beschlossen sie, die Malerei aufzubewahren bis zum bestimmten Tage, wo wir es sämtlich dem Schulmeister feierlich überbringen würden.

So kam ich um meinen Schatz, verhehlte aber meinen Verdruß, indessen die kleine Caton, noch nicht zufrieden, wieder anfing: »Ihm verschlägt es nichts! ob er das Haus zeichne oder Anna, sagte er! Was soll das wohl heißen?«

Und Margot erwiderte: »Das soll heißen, daß er ein hochmütiger Gesell ist, welchem ein Haus und ein schönes Mädchen gleich unbedeutend sind! Hauptsächlich aber soll es heißen: Glaubt ja nicht etwa, daß ich das mindeste besondere Interesse an diesem Gesichtchen hatte, als ich es malte! Dies ist eine neue Beleidigung, und der armen Anna gebührt eine glänzende Genugtuung!«

Margot zog nun ein zusammengelegtes Blatt aus dem Busen, entfaltete es und beauftragte Lisette, es laut und feierlich vorzulesen. Ich war sehr begierig, was es sein möchte; Anna wußte ebenfalls nicht, was das bedeute, und sah ein wenig auf; nach den ersten Worten aber erkannte ich, daß es meine Liebeserklärung aus dem Bienenhause war. Es wurde mir kalt und heiß während des Lesens; Anna kam, soviel ich in meiner Verwirrung bemerken konnte, erst nach und nach auf die Spur; die übrigen Mädchen, welche anfangs übermütige und lachende Gesichter zeigten, wurden durch die Stille während des Lesens und durch die ehrliche Kraft jener Worte überrascht und beschämt, und sie erröteten der Reihe nach, wie wenn die Erklärung sie selber betroffen hätte. Indessen gab mir die Angst schon eine neue List ein, die Angst, welche ich vor dem Verklingen des letzten Wortes empfand. Als die Leserin schwieg, selbst in nicht geringer Verlegenheit, sagte ich so trocken als möglich: »Teufel! das kommt mir ganz bekannt vor, zeigt einmal her! – Richtig! das ist ein altes Blatt Papier, von mir beschrieben!«

»Nun? Weiter?« sagte Margot etwas verblüfft, denn sie wußte nun ihrerseits nicht, wo es hinaus sollte.

»Wo habt ihr das gefunden?« fuhr ich fort, »das ist ein Stück Übersetzung aus dem Französischen, das ich schon vor zwei Jahren hier im Hause gemacht habe. Die ganze Geschichte steht in dem alten vergoldeten Schäferroman, der im Dachstübchen liegt bei den alten Degen und Folianten; ich habe damals statt des Namens Melinde den Namen Anna hingesetzt zum Spaße. Hole einmal das Buch herunter, kleine Caton! ich will euch die Stelle französisch vorlesen.«

»Hol' einmal selbst, kleiner Heinrich, wir sind gerade gleich alt!« versetzte die Kleine, und die übrigen machten ganz enttäuschte Gesichter, da meine Erfindung zu natürlich und wahrhaft aussah. Nur Anna mußte wissen, daß die Erklärung doch ausschließlich an sie gerichtet war, weil sie allein an der Berufung auf das Grab der Großmutter erkennen konnte, daß Stoff und Datum neu waren. Sie rührte sich nicht. So war nun der Inhalt des fliegenden Blattes doch noch an seine rechte Bestimmung gelangt, und ich konnte seine Wirkung sich selbst überlassen, ohne mit meiner Person unmittelbar dazu zu stehen und ohne daß die Mädchen einen Triumph davon hatten. Ich wurde so sicher und kühn, daß ich das Papier nahm, zusammenfaltete und es der Anna mit einer komischen Verbeugung und den Worten überreichte:

»Da man dieser Stilübung einmal einen höheren Zweck zugeschrieben hat, so geruhen Sie, verehrtes Fräulein! dem irrenden Blatte ein schützendes Obdach zu geben und dasselbe als eine Erinnerung an diesen denkwürdigen Nachmittag von mir anzunehmen!«

Sie ließ mich erst eine Weile stehen und wollte das Papier nicht nehmen; erst als ich eben links abschwenken wollte, nahm sie es rasch und warf es neben sich auf den Tisch.

Mein Witz war indessen zu Ende, und ich suchte mit guter Manier aus der Laube zu kommen. Mit einer zweiten scherzhaften Verbeugung empfahl ich mich; sämtliche Mädchen standen zierlich auf und entließen mich unter spöttisch-höflichen Verneigungen. Der Spott kam von ihrem weiblichen Grolle, daß sie mich nicht gedemütigt und untergekriegt hatten, die Höflichkeit von der Achtung, welche ihnen mein Benehmen einflößte; denn während das Bild sowohl wie das beschriebene Blatt von dem Vorhandensein einer bestimmten Neigung zeugten, hatte ich trotz der Öffentlichkeit der Verhandlung das Geheimnis so zu schützen gewußt, daß unter dem Mantel des Scherzes nicht nur ich, sondern auch Anna die volle Freiheit behalten hatte, anzuerkennen, was ihr beliebte.

Höchst zufrieden zog ich mich in das Dachstübchen zurück, wo ich meinen Sitz aufgeschlagen hatte, und verträumte dort eine kleine Stunde in der größten Seligkeit. Anna kam mir so liebenswert und köstlich vor, wie noch niemals, und indem mein eigensüchtiger Sinn sie sich nun unentrinnbar verfallen dachte, bedauerte ich sie in ihrer Feinheit beinahe und fühlte eine Art zärtlichen Mitleidens mit ihr. Doch machte ich mich bald wieder auf die Beine und schlich, da die Septembersonne sich schon zu neigen begann, dem Garten zu, um dem Tage die Krone aufzusetzen und zu sehen, ob ich Anna nach Hause geleiten könnte, zum ersten Male wieder seit den schönen Kindertagen. Sie aber war schon fort und allein über den Berg gegangen; die Basen räumten ihre Arbeit zusammen und taten sehr gleichmütig und ruhig; ich überblickte den leeren Tisch, hütete mich aber wohl zu fragen, ob Anna das Papier wirklich mitgenommen habe, und schlenderte unmutig das Tal hinauf in den Schatten hinein.

Die nächsten Tage kam sie nicht zu uns, und ich getraute mir auch nicht zum Schulmeister zu gehen; sie hatte jetzt ein schriftliches Geständnis von mir in den Händen, weswegen mir nun unser beider Freiheit verloren und deshalb unser Benehmen schwieriger schien, weil ich die Gewaltsamkeit einer solchen Erklärung wohl fühlte. Wie nun ein Tag nach dem andern vorüberging, verschwand meine vergnügte Sicherheit wieder, besonders da ich gar keinerlei Erwähnung und Spuren von dem Vorgange in der Laube erfuhr, und ich war eben wieder auf dem Punkte, in meinem Herzen trotzig zu verstocken, als der Namenstag des Schulmeisters, welchen ich in der Not angerufen hatte, wirklich da war und die Bäschen erklärten, wir würden auf den Abend alle hingehen, um ihn zu beglückwünschen. Erst jetzt bekam ich mein Bild wieder zu sehen, welches ganz fein eingerahmt war. An einem verdorbenen Kupferstiche hatten die Mädchen einen schmalen, in Holz auf das zierlichste geschnittenen Rahmen gefunden, welcher wohl siebzig Jahre alt sein mochte und eine auf einen schmalen Stab gelegte Reihe von Müschelchen vorstellte, von denen eines das andere halb bedeckte. An der inneren Kante lief eine feine Kette mit viereckigen Gelenken herum, die äußere Kante war mit einer Perlenschnur umzogen. Der Dorfglaser, welcher allerlei Künste trieb und besonders in verjährten Lackierarbeiten auf altmodischem Schachtelwerk stark war, hatte den Muscheln einen rötlichen Glanz gegeben, die Kette vergoldet und die Perlen weiß gemacht und ein neues klares Glas genommen, so daß ich höchst erstaunt war, meine Zeichnung in diesem Aufputze wieder zu finden. Sie erregte die Bewunderung aller ländlichen Beschauer, und besonders meine Blumen und Vögel, sowie die Goldspangen und Edelsteine, womit ich Anna geschmückt, auch die fromme und sorgfältige Ausarbeitung ihrer Haare und ihrer weißen Halskrause, die schönblauen Augen und die rosenroten Wangen, der kirschrote Mund, alles entsprach dem phantasiereichen Sinne der Leute, welche ihre Augen an den mannigfaltigen Gegenständen vergnügten. Das Gesicht war fast gar nicht modelliert und ganz licht, und dies gefiel ihnen nur umso mehr, obgleich dieser vermeintliche Vorzug in meinem Nichtkönnen seinen einzigen Grund hatte.

Ich mußte das Werk eigenhändig tragen, als wir fortgingen, und wenn die Sonne sich in dem glänzenden Glase spiegelte, so erwies es sich recht eigentlich, daß kein Fädelein so fein gesponnen, das nicht endlich an die Sonne käme. Auch machten die Mädchen reichliche Witze, wenn sie sich nach mir umsahen, der den Rahmen sorgfältig in acht nehmen mußte und daher aussah, als ob ich eine Altartafel im Schweiße meines Angesichts über den Berg trüge. Aber die Freude, welche der Schulmeister bezeugte, entschädigte mich reichlich für alles, sowie über den Verlust des Bildes, zumal ich mir vornahm, für mich selbst noch ein viel schöneres zu entwerfen. Ich war der Held des Tages, als das Bild nach genugsamem Betrachten über dem Sofa im Orgelsaale aufgehängt wurde, wo es sich wie das Bild einer märchenhaften Kirchenheiligen ausnahm.

Elftes Kapitel

Die Glaubensmühen

Doch dies alles trug dazu bei, meine Annäherung an Anna zu erschweren; es war mir unmöglich, die Gelegenheit zu benutzen und mit ihr schön zu tun; ich begriff, daß sie jetzt eben sich sehr gemessen benehmen mußte, und ich erkannte, daß es eigentlich gar kein Spaß sei, einem Mädchen seine Neigung so bestimmt kundzugeben. Desto besser stand ich mich mit dem Schulmeister, mit welchem ich vielfach disputierte. Sein Bildungskreis umfaßte hauptsächlich das christlich moralische Gebiet in einem halb aufgeklärten und halb mystisch andächtigen Sinne, wo der Grundsatz der Duldung und Liebe, gegründet auf Selbsterkenntnis und auf das Studium des Wesens Gottes und der Welt, zu oberst stand. Daher war er bewandert in den Denkwürdigkeiten und Aufzeichnungen geistreich andächtiger Leute aus verschiedenen Nationen, und er besaß und kannte seltene und berühmte Bücher dieser Art, die ihm die Überlieferung gleicher Bedürfnisse in die Hände gegeben hatte. Es war viel Schönes und Erbauliches zu lesen in diesen Büchern, und ich hörte mit Bescheidenheit und Wohlgefallen seinen Vorträgen zu, da ja das Grübeln nach dem Wahren und Guten mich unerläßlich dünkte. Meine Einsprachen bestanden darin, daß ich gegen das spezifisch Christliche protestierte, welches das alleinige Merkzeichen alles Guten sein sollte. Ich befand mich in dieser Hinsicht in einem peinlichen Zerwürfnisse. Während ich die Person Christi liebte, wenn sie auch, wie ich glaubte, in der Vollendung, wie sie dasteht, eine Sage sein sollte, war ich doch gegen alles, was sich christlich nannte, feindlich gesinnt geworden, ohne recht zu wissen warum, und ich war sogar froh, diese Abneigung zu empfinden; denn wo sich Christentum geltend machte, war für mich reizlose und graue Nüchternheit. Ich ging deswegen schon seit ein paar Jahren fast nie in die Kirche, und die religiöse Unterweisung besuchte ich sehr selten, obgleich ich dazu verpflichtet war; im Sommer kam ich durch, weil ich größtenteils auf dem Lande lebte; im Winter ging ich zwei- oder dreimal, und man schien dies nicht zu bemerken, wie man mir überhaupt keine Schwierigkeiten machte, aus dem einfachen Grunde, weil ich der grüne Heinrich hieß, das heißt weil ich eine abgesonderte und abgeschiedene Erscheinung war; auch machte ich ein so finsteres Gesicht dazu, daß die Geistlichen mich gern gehen ließen. So genoß ich einer vollständigen Freiheit, und wie ich glaube nur dadurch, daß ich mir dieselbe, trotz meiner Jugend, entschlossen angemaßt; denn ich verstand durchaus keinen Spaß hierin. Jedoch ein- oder zweimal im Jahre mußte ich genugsam bezahlen, wenn nämlich an mich die Reihe kam, in der Kirche aufzutreten, das heißt in der öffentlichen Kirchenlehre nach vorhergegangener Einübung einige auswendig gelernte Fragen zu beantworten. Dies war vor Jahren schon eine Pein für mich gewesen, nun aber geradezu unerträglich; und doch unterzog ich mich dem Gebrauche oder mußte es vielmehr, da, abgesehen von dem Kummer, den ich meiner Mutter gemacht hätte, das endliche gesetzliche Loskommen daran geknüpft war. Auf die nächste Weihnacht sollte ich nun konfirmiert werden, was mir ungeachtet der gänzlichen Freiheit, welche mir nachher winkte, große Sorgen verursachte. Daher äußerte ich mein Antichristentum jetzt gegen den Schulmeister mehr, als ich sonst getan haben würde, obgleich es in ganz anderer Weise geschah, als wenn ich mit dem Philosophen zusammen war; ich mußte nicht nur den Vater Annas, sondern überhaupt den bejahrten Mann ehren; und besonders seine duldsame und liebevolle Weise schrieb mir von selber vor, mich in meinen Ausdrücken mit Maß und Bescheidenheit zu benehmen und sogar zuzugestehen, daß ich als ein junger Bursche noch was zu lernen möglich fände. Auch war der Schulmeister eher froh über meine abweichenden Meinungen, indem sie ihm Veranlassung zu geistiger Bewegung gaben und er umso mehr Ursache bekam, mich lieb zu gewinnen, der Mühe wegen, die ich ihm machte. Er sagte, es sei ganz in der Ordnung, ich sei wieder einmal ein Mensch, bei welchem das Christentum das Ergebnis des Lebens und nicht der Kirche sein würde, und werde noch ein rechter Christ werden, wenn ich erst etwas erfahren habe. Der Schulmeister stand sich nicht gut mit der Kirche und behauptete, ihre gegenwärtigen Diener wären unwissende und rohe Menschen. Ich habe ihn aber ein wenig im Verdacht, daß dies nur darin seinen Grund hatte, daß sie Hebräisch und Griechisch verstanden, was ihm verschlossen blieb.

Indessen war die Ernte längst vorüber, und ich mußte an die Rückkehr denken. Mein Oheim wollte mich diesmal nach der Stadt bringen und zugleich seine Töchter mitnehmen, von denen die zwei jüngeren noch gar nie dort gewesen. Er ließ eine alte Kutsche bespannen, und so fuhren wir davon, die Töchter in ihrem besten Staate, zum Erstaunen aller Dorfschaften, durch welche wir kamen. Der Oheim fuhr am gleichen Tage mit Margot zurück, Lisette und Caton blieben eine Woche bei uns, wo die Reihe an ihnen war, die Blöden und Schüchternen zu spielen, denn ich zeigte ihnen mit wichtiger Miene alle Herrlichkeiten der Stadt und tat, als ob ich dies alles erfunden hätte.

Nicht lange, nachdem sie fort waren, kam eines Morgens ein leichtes Fuhrwerk vor unser Haus gerollt, und heraus stiegen der Schulmeister und sein Töchterchen, letzteres durch einen fliegenden grünen Schleier gegen die kühle Herbstluft geschützt. Eine lieblichere Überraschung hätte mir gar nicht widerfahren können, und meine Mutter hatte die größte Freude an dem guten Kinde. Der Schulmeister wollte sich umsehen, ob für den Winter eine geeignete Wohnung zu finden wäre, indem er doch allmählich sein Kind mit der Welt mehr in Berührung bringen mußte, um ihre Anlagen nach allen Seiten sich entwickeln zu lassen. Es sagte ihm jedoch keine Gelegenheit zu, und er behielt sich vor, lieber im nächsten Jahre ein kleines Haus in der Nähe der Stadt zu kaufen und ganz überzusiedeln. Diese Aussicht erfüllte mich zwar mit plötzlicher Freude; aber ich hätte mir Anna doch lieber für immer als das Kleinod jener grünen entlegenen Täler gedacht, die mir einmal so lieb geworden. Indessen hatte ich das heimliche Vergnügen, zu sehen, wie meine Mutter Freundschaft schloß mit Anna, und wie diese eben so tiefen Respekt als herzliche

Zuneigung zu jener bezeigte und zu meiner allergrößten Genugtuung gern zu zeigen schien. Wir wetteiferten nun förmlich, ich, dem Schulmeister meine Achtung darzutun, und sie meiner Mutter, und über diesem angenehmen Streite fanden wir keine Zeit, miteinander selbst zu verkehren, oder wir verkehrten vielmehr nur dadurch miteinander. So schieden sie von uns, ohne daß ich mit ihr einen einzigen besondern Blick gewechselt hätte.

Nun rückte der Winter heran und mit ihm das Weihnachtsfest. Wöchentlich dreimal früh um fünf Uhr mußte ich in das Haus des Pfarrhelfers gehen, wo in einer langen schmalen riemenförmigen Stube an vierzig junge Leute zur Konfirmation vorbereitet wurden. Wir waren Jünglinge, wie man uns nun nannte, aus allen Ständen; am oberen Ende, wo einige trübe Kerzen brannten, die Vornehmen und Studierenden, dann kam der mittlere Bürgerstand, unbefangen und mutwillig, und zuletzt, ganz in der Dunkelheit, arme Schuhmacherlehrlinge, Dienstboten und Fabrikarbeiter, etwas roh und schüchtern, unter denen wohl dann und wann eine plumpe Störung vorfiel, während weiter oben man sich mit Anstand einer ruhigen Unaufmerksamkeit hingab. Diese Ausscheidung war gerade nicht absichtlich angeordnet, sondern sie hatte sich von selbst gemacht. Wir waren nämlich nach unserem Verhalten und nach unserer Ausdauer geordnet; da nun die Vornehmsten von Haus aus zum äußeren Frieden mit der Kirche streng erzogen wurden und die meiste Sicherheit im Sprechen besaßen und dies Verhältnis durch alle Grade herunterging, so war dem Scheine nach die Rangordnung ganz natürlich, besonders da die Ausnahmen sich dann von selbst zu ihresgleichen hielten und durchaus nicht sich unter die anderen Stände mischen wollten.

Schon das pünktliche Aufstehen und Hingehen am kalten dunklen Wintermorgen, an regelmäßigen Tagen, und das Hinsetzen an einen bestimmten Platz war mir unerträglich, da ich seit der Schulzeit dergleichen nicht mehr geübt. Nicht daß ich gänzlich unfügsam war für irgend eine Disziplin, wenn ich einen notwendigen und vernünftigen Zweck einsah; denn als ich zwei Jahre später meiner Militärpflicht genügen und als Rekrut mich an bestimmten Tagen auf die Minute am Sammelplatze einfinden mußte, um mich nach dem Willen eines verwitterten Exerziermeisters sechs Stunden lang auf dem Absatze herumzudrehen, da tat ich dies mit dem größten Eifer und war ängstlich bestrebt, mir das Lob des alten Kommißbruders zu erwerben. Allein hier galt es, sich zur Verteidigung des Vaterlandes und seiner Freiheit fähig zu machen; das Land war sichtbar, ich stand darauf und nährte mich von seiner Frucht. – Dort aber mußte ich mich gewaltsam aus Schlaf und Traum reißen, um in der düsteren Stube zwischen langen Reihen einer Schar anderer schlaftrunkener Jünglinge das allerfabelhafteste Traumleben zu führen unter dem eintönigen Befehl eines geistlichen Ministers, mit dem ich sonst auf der Welt nichts zu schaffen hatte.

Was unter fernen östlichen Palmen vor Jahrtausenden teils sich begeben, teils von heiligen Träumern geträumt und niedergeschrieben worden war, ein Buch der Sage, das wurde hier als das höchste und ernsthafteste Lebenserfordernis, als die erste Bedingung, Bürger zu sein, Wort für Wort durchgesprochen und der Glaube daran auf das genaueste reguliert. Die wunderbarsten Ausgeburten menschlicher Phantasie, bald heiter und reizend, bald finster, brennend und blutig, aber immer durch den Duft einer entlegenen Ferne gleichmäßig umschleiert, mußten als das gegenwärtigste und festeste Fundament unseres ganzen Daseins angesehen werden und wurden uns nun zum letzten Male und ohne allen Spaß bestimmt erklärt und erläutert, zu dem Zwecke, im Sinne jener Phantasien ein wenig Wein und ein wenig Brot am richtigsten genießen zu können; und wenn dies nicht geschah, wenn wir uns dieser fremden wunderbaren Disziplin nicht mit oder ohne Überzeugung unterwarfen, so waren wir ungültig im Staate, und es durfte keiner nur eine Frau nehmen. Von Jahrhundert zu Jahrhundert war dies so geübt, und die verschiedene Auslegung der symbolischen Vorstellung hatte schon ein Meer von Blut gekostet; der jetzige Umfang und Bestand unseres Staates war größtenteils eine Folge jener Kämpfe, so daß für uns die Welt des Traumes auf das engste mit der gegenwärtigen und greifbarsten Wirklichkeit verbunden war. Wenn ich den widerspruchlosen Ernst sah, mit welchem ohne Mienenverzug das Fabelhafte behandelt wurde, so schien es mir, als ob von alten Leuten ein Kinderspiel mit Blumen getrieben würde, bei welchem jeder Fehler und jedes Lächeln Todesstrafe nach sich zieht.

Das erste, was uns der Lehrer als christliches Erfordernis bezeichnete und worauf er eine weitläufige Wissenschaft gründete, war das Erkennen und Bekennen der Sündhaftigkeit. Nun war die Aufrichtigkeit gegen sich selbst, die Kenntnis der eigenen Fehler und Untugenden mir keineswegs fremd, das Andenken an die kindlichen Übeltaten und moralischen Schulabenteuer noch so frisch, daß ich auf dem Grunde meines Bewußtseins sogar deutlich ein angehendes Sünderlein herumgehen sah, welches mir demütige Reue verursachte. Dennoch wollte mir das Wort nicht gefallen; es hatte einen zu handwerksmäßigen Anstrich, einen widerlich technischen Geruch wie von einer Leimsiederei oder von dem säuerlich verdorbenen Schlichtebrei eines Leinewebers. Daß die göttliche Manipulation mit dem Sündenfall in dem muffigen Wesen fortmüffelte, kam mir damals nicht recht zum Verständnis, weil uns die letzten Feinheiten der theologischen Gemütlichkeit noch nicht zugänglich waren. So ließ ich die Sache ohne Hochmut und in dem Gefühle auf sich beruhen, daß es jedenfalls sich um einen schwierigen Punkt handle und es bedenklich wäre, gelegentlich etwa aus dem Kreise der Rechtschaffenen und Braven wegzufallen. Auch dämmerte mir wohl die Ahnung auf, daß selbst der Gerechte manchen Unordentlichkeiten ausgesetzt sei und jede derselben ihr eigenes Maß der Verantwortung in sich habe.

Nach der Lehre von der Sünde kam gleich die Lehre vom Glauben, als der Erlösung von jener, und auf sie wurde eigentlich das Hauptgewicht des ganzen Unterrichtes gelegt; trotz aller Beifügungen, wie daß auch gute Werke vonnöten seien, blieb der Schlußgesang doch immer und allein: Der Glaube macht selig! und dies uns einleuchtend zu machen als herangewachsenen jungen Leuten, wandte der geistliche Mann die möglichst annehmliche und vernünftig scheinende Beredsamkeit auf. Wenn ich auf den höchsten Berg laufe und den Himmel abzähle, Stern für Stern, als ob sie ein Wochenlohn wären, so kann ich darunter kein Verdienst des Glaubens entdecken, und wenn ich mich auf den Kopf stelle und den Maiblümchen unter den Kelch hinaufgucke, so kann ich nichts Verdienstliches am Glauben ausfindig machen. Wer an eine Sache glaubt, kann ein guter Mann sein, wer nicht, ein ebenso guter. Wenn ich zweifle, ob zwei mal zwei vier seien, so sind es darum nicht minder vier, und wenn ich glaube, daß zwei mal zwei vier seien, so habe ich mir darauf gar nichts einzubilden, und kein Mensch wird mich darum loben. Wenn Gott eine Welt geschaffen und mit denkenden Wesen bevölkert hätte, alsdann sich in einen undurchdringlichen Schleier gehüllt, das geschaffene Geschlecht aber in Elend und Sünde verkommen lassen, hierauf einzelnen Menschen auf außerordentliche und wunderbare Weise sich offenbart, auch einen Erlöser gesendet unter Umständen, welche nachher mit dem Verstande nicht mehr begriffen werden konnten, von dem Glauben daran aber die Rettung und Glückseligkeit aller Kreatur abhängig gemacht hätte, alles dieses nur, um das Vergnügen zu genießen, daß an Ihn geglaubt würde, Er, der seiner doch ziemlich sicher sein dürfte: so würde diese ganze Prozedur eine gemachte Komödie sein, welche für mich dem Dasein Gottes, der Welt und meiner selbst alles Tröstliche und Erfreuliche benähme. Glaube! O wie unsäglich blöde klingt mich dies Wort an! Es ist die allerverzwickteste Erfindung, welche der Menschengeist machen konnte in einer zugespitzten Lammslaune! Wenn ich des Daseins Gottes und seiner Vorsehung bedürftig und gewiß bin, wie entfernt ist dies Gefühl von dem, was man Glauben nennt! Wie sicher weiß ich, daß die Vorsehung über mir geht gleich einem Stern am Himmel, der seinen Gang tut, ob ich nach ihm sehe oder nicht nach ihm sehe. Gott weiß, denn er ist allwissend, jeden Gedanken, der in meinem Inneren aufsteigt, er kennt den vorigen, aus welchem er hervorging, und sieht den folgenden, in welchen er übergeht; er hat allen meinen Gedanken ihre Bahn gegeben, die ebenso unausweichlich ist, wie die Bahn der Sterne und der Weg des Blutes; ich kann also wohl sagen: ich will dies tun oder jenes lassen, ich will gut sein oder mich darüber hinwegsetzen, und ich kann durch Treue und Übung es vollführen; ich kann aber nie sagen: ich will glauben oder nicht glauben; ich will mich einer Wahrheit verschließen oder ich will mich ihr öffnen! Ich kann nicht einmal bitten um Glauben, weil, was ich nicht einsehe, mir niemals wünschbar sein kann, weil ein klares Unglück, das ich begreife, noch immer eine lebendige Luft zum Atmen für mich ist, während eine Seligkeit, die ich nicht begriffe, Stickluft für meine Seele wäre.

Dennoch liegt in dem Worte: Der Glaube macht selig! etwas Tiefes und Wahres, insofern es das Gefühl unschuldiger und naiver Zufriedenheit bezeichnet, welches alle Menschen umfängt, wenn sie gern und leicht an das Gute, Schöne und Merkwürdige glauben, gegenüber denjenigen, welche aus Dünkel und Verbissenheit oder aus Selbstsucht alles in Frage stellen und bemäkeln, was ihnen als gut, schön oder merkwürdig erzählt wird. Wo das religiöse Glauben bei mangelnder Überlegungskraft seinen Grund in jener liebenswürdigen und gutmütigen Leichtgläubigkeit hat, da sagt man mit Recht, es mache selig, und denjenigen Unglauben, welcher aus der anderen Quelle herrührt, kann man billig unselig nennen. Allein mit der eigentlichen dogmatischen Lehre vom Glauben haben beide rein *nichts* zu tun; denn während es christlich Gläubige gibt, welche in allen anderen Dingen die unangenehmsten Bezweifler und Bemäkler sind, gibt es ebenso viele Ungläubige, sogar Atheisten, welche sonst an alles Hoffnungsvolle und Erfreuliche mit allbereiter Leichtigkeit glauben, und es ist ein beliebtes Argument der kirchlichen Polemiker, daß sie solchen höhnisch vorhalten, wie sie jeden auffallenden Quark als bare Münze annehmen und sich von Illusionen nähren, während sie nur das Große und Eine nicht glauben wollen. So haben wir das komische Schauspiel, wie Menschen sich der abstraktesten Ideologie hingeben, um nachher jeden, der an etwas erreichbar Gutes und Schönes glaubt, einen Ideologen zu nennen. Will man die Bedeutung des Glaubens kennen, so muß man nicht sowohl die orthodoxen Kirchenleute betrachten, bei denen alles über Einen Kamm geschoren ist und das Eigentümliche daher zurücktritt, als vielmehr die undisziplinierten Wildlinge des Glaubens, welche außerhalb der Kirchenmauern frei umherschwirren, sei es in entstehenden Sekten, sei es in einzelnen Personen. Hier treten die rechten Beweggründe und das Ursprüngliche in Schicksal und Charakter hervor und werfen Licht in das verwachsene und fest gewordene Gebilde der großen geschichtlichen Masse.

Es lebte in unserer Stadt ein fremder Mann, namens Wurmlinger, welcher sich ein Vergnügen daraus machte, den Leuten, welche sich mit ihm abgaben, allerlei Erfindungen und Aufschneidereien vorzutragen, um sie nachher ihrer Leichtgläubigkeit wegen zu verhöhnen, indem er erklärte, die Geschichte sei gar nicht wahr. Jemand anders aber mochte erzählen, was er wollte, so stellte der Mann es in Abrede, und er hatte eine ganz eigene tückische Manier, die Treuherzigkeit, mit welcher ihm etwas gesagt wurde, ins Lächerliche zu ziehen, auf die gleiche Weise, wie er die Treuherzigkeit derer, welche ihm glaubten, spöttisch zu machen wußte. Er aß keine Krume Brotes, die er sich nicht durch eine Lüge verschafft; denn er wäre lieber Hungers gestorben, eh er in ein auf geradem Wege erworbenes Stück Brot gebissen hätte. Aß er aber sein Brot, so sagte er, es sei gut, wenn es schlecht war, und schlecht, wenn es gut war. Überhaupt ging sein ganzes Streben dahin, sich immer für etwas anderes zu geben, als er war, was ihm ein fortgesetztes Studium verursachte, so daß er, der eigentlich nichts tat und nie etwas genützt hatte, doch zu jeder Minute in der verwickelsten Tätigkeit begriffen war. Hierzu bedurfte er eines fortgesetzten Schleichens und Lauerns, teils um die günstigen Momente zu erhaschen, seine Narrheiten vorzubringen, teils um andere auf schwachen Seiten zu ertappen, da eine Hauptleidenschaft von ihm darin bestand, die ganze Welt der Unwahrheit und Lüge zu überführen; und es war nichts Lustigeres zu sehen, als wenn er, soeben hinter einer Tür, wo er gelauert hatte, auf den Zehen hervorhüpfend, plötzlich strack und steif da stand, mit rollenden Augen um sich stierte und mit bombastischen Worten seine Geradheit, Ehrlichkeit und arglose Derbheit anrühmte. Da er bei alledem wohl fühlte, daß jedermann besser daran war als er, so erfüllte ein unnennbar neidisches Wesen seine Seele, welches ihn verzehrte wie ein glühendes Feuer, und sich dadurch zu erkennen gab, daß sein drittes Wort immer das Wort »Neid« war. Er versicherte, sich in einer ewig glückseligen moralischen Überlegenheit zu befinden, und sah daher in jedem Blatte, das nicht nach seiner Weise säuselte, einen neidischen Widersacher, und die ganze Welt war nur ein vor Neid zitternder Wald für ihn. Widersprach ihm jemand, so schrieb er jeden Widerspruch dem Neide zu; schwieg man während seiner Vorträge, so wurde er wütend und konnte kaum das Weggehen des Schweigenden abwarten, um denselben des Neides zu beschuldigen, so daß seine ganze Rede durch das unaufhörlich wiederkehrende Wort Neid recht eigentlich zum tönenden Gesange des Neides selbst wurde. So war er in allem der persönliche Feind der Wahrheit und atmete nur in Abwesenheit derselben, wie die Mäuse auf dem Tische tanzen, wenn die Katze nicht zu Hause ist, und die Wahrheit rächte sich auf die einfachste Weise an ihm. Sein Grundübel war, daß er schon im Mutterleibe hatte gescheiter sein wollen als seine Mutter, und infolgedessen konnte er nur leben, wenn er nichts zu glauben brauchte, was irgend ein Mensch sagte, alle Menschen aber glaubten, was Er sagte. Nun konnte er sich freilich stellen, als ob dem so wäre, und er tat es auch, was schon eine energische Zusammenfassung der einzelnen Verlogenheiten und seine Hauptlüge war; allein der Beweis vom wahren Sachverhalte machte sich doch zu offenbar im Gelächter seiner Nebenmenschen. Daher fand er kurz und gut seinen besten Stützpunkt in derjenigen Lehre, welche den unbedingten Glauben zum Panier erhebt. Schon daß die allgemeine Richtung der Zeit sich vom Glauben abwandte und die Mehrzahl der denkenden Menschen, wenn sie sich auch nicht dagegen aussprachen, doch denselben gut sein ließen und nur auf das Begreifliche und Erkennbare bauten, war ihm Grund genug, sich dieser Richtung schnurstracks entgegenzustellen und dabei zu behaupten, der Hang und Drang der Zeit ginge unverkennbar auf den erneuten Glauben los; denn er konnte das Lügen nirgends lassen. Diejenigen, welche wirklich glaubten, waren ihm höchst langweilig, und er bekümmerte sich nicht um sie, daher er auch nie in einer Kirche oder religiösen Gemeinschaft gesehen wurde. Dagegen hatte er es umsomehr mit denen zu tun, welche nicht glaubten. Nicht daß er sich um das Seelenheil derselben viel gekümmert hätte, obgleich er die Sache mit ängstlicher Hast verfolgte; seine Angst war die: Hatte er einmal gesagt, daß Er glaube, so mußten für ihn alle, welche nicht glaubten, Esel sein, und wenn dies auf sein Wort hin nicht angenommen wurde, so glaubte er selbst als etwas derartiges dazustehen. In der Tat könnte man den unseligen Streit die Eselfrage nennen, da gewiß von tausend Fanatikern, welche für ihre religiöse Meinung im Blute wateten, neunhundertneunundneunzig nur aus dem Grunde den Frieden verrieten und Scheiterhaufen anzündeten, weil ihnen aus dem Trotze der Verfolgten das Wort *Esel* entgegen zu tönen schien. Nichts haßte der Mann mehr, als die gewissenhafte und redliche Forschung und die Entdeckungen der Wissenschaft; wenn irgend ein Ergebnis derselben bekannt wurde, so zappelte er mit Händen und Füßen dagegen und suchte es lächerlich zu machen, und wenn es sich als richtig erwies und seine bedeutenden Folgen auf allen Gassen zu sehen und zu greifen waren, so tobte er erst recht und nannte es ins Angesicht eine Lüge. Das Einmaleins und eine chemische Schale waren ihm unerträglicher, als dem Teufel Vaterunser und Weihkessel; aber auch die Natur rächte sich lächelnd an ihm. Denn während er die fünf Sinne nicht gelten ließ, war er stets bemüht, dieselben durch einige erfundene Sinne zu vermehren, durch deren possierliche Ausmalung er die christliche Wunderwelt erklären wollte. Wenn er hiedurch vielfach gegen den christlichen Geist verstieß und man ihm dies durch das Neue Testament bewies, so sagte er, er pfeife auf das Neue Testament, er habe seinen eigenen Kopf, im gleichen Augenblicke, wo er es das Buch des Lebens genannt hatte. Trotz alledem glaubte er aufrichtig, denn nach irgend einer Seite hin muß jeder Mensch sich ergeben, und er glaubte umso aufrichtiger, als einesteils der Gegenstand des Glaubens unerwiesen, unbegreiflich und überirdisch war, andernteils ihn das innere Gefühl seines verunglückten Witzes hilflos und weinerlich machte.

Eines Tages ging er mit einer lustigen Gesellschaft über eine Felsenhöhe am Seeufer. Er war ursprünglich gut gewachsen; doch die andauernde Verdrehtheit seiner Seele hatte seinen Körper ganz windschief gemacht, daß er aussah wie ein verbogener Wetterhahn. Sein schöner Wuchs war aber ein Lieblingsthema seiner Rede, und jeden Augenblick war er bereit, sich auszukleiden und ihn zu zeigen, während er an allen Sterblichen etwas auszusetzen hatte, ungefragt diesem einen Höcker andichtete, jenem krumme Beine. Als er nun etwas verstimmt vor den übrigen Gesellen herging, die ihn schon verschiedentlich aufgezogen hatten, rief plötzlich einer, welcher ihn zum erstenmal genauer ins Auge faßte: »Sie, Herr Wurmlinger! Sie sind eigentlich verteufelt krumm!« Erstaunt kehrte er sich um und sagte: »Sie träumen wohl, oder soll das ein Witz sein?« Der andere wandte sich aber zur Gesellschaft und forderte sie auf, ihn ebenfalls näher zu betrachten; man hieß ihn einige Schritte vorwärts gehen; er tat es, und jedermann bestätigte nun: Ja, er sei schief! Aufgebracht stellte er sich sogleich neben den Angreifer und wollte ihm beweisen, daß dieser selbst der Mißgewachsene sei. Der war aber schlank wie eine Tanne, und die Gesellschaft fing an zu lachen. Sprachlos und hastig kleidete er sich aus und ging splitternackt vor den übrigen her; die rechte Schulter war vom unaufhörlichen spöttischen Achselzucken höher als die linke, die Ellbogen von seiner eitlen Gespreiztheit nach auswärts gedreht und die Hüften verschoben; dazu wurde er durch das Bestreben, gerade zu scheinen, nur noch krummer; er machte in seiner Nacktheit die wunderlichsten Beine, als er so dahin schritt und sich dann und wann ängstlich umsah, ob ihm noch nicht Beifall und Achtung der Gesellschaft nachfolge. Als diese aber in ein maßloses Gelächter ausbrach, geriet er in großen Zorn und begann, um sich Achtung zu erzwingen, ungeheuerliche Sprünge und Kunststücke zu machen, um die Stärke seines Körpers zu zeigen. Das Gelächter wurde immer größer, und die Lachenden mußten sich die Seite halten. Wie nun der nackt Umhertanzende sah, daß die lachenden Menschen sich zur Bequemlichkeit niedersetzten, sprang er plötzlich in einem Anfall von unsäglicher Wut und irgend etwas *Wunderbares* erzwingend wollend, mit einem mächtigen Satz über den Rand hinaus, hoch hinunter in den See. Glücklicherweise fiel er in den Bereich eines weitläufigen Fischernetzes, das die in zwei Kähnen arbeitenden Fischer in eben diesem Augenblicke zusammenzogen und den Mann buchstäblich als einen zappelnden Fisch einheimsten und retteten. Schlotternd mußte er in seinem nackten Zustande dann eine Strecke am Ufer hintraben, bis er in ein Haus flüchten, und dort seine Kleider erwarten konnte. Gleich darauf verschwand er aus der Gegend.

Die dritte Hauptlehre, welche der Geistliche uns als christlich vortrug, handelte von der Liebe. Hierüber weiß ich nicht viel Worte zu machen; ich habe noch keine Liebe betätigen können, und doch fühle ich, daß solche in mir ist, daß ich aber auf Befehl und theoretisch nicht lieben kann. Schon die unmittelbare Rücksicht auf den lieben Gott ist mir gewissermaßen hinderlich und unbequem, wenn sich die natürliche Liebe in mir geltend machen will. Es ist mir begegnet, daß ich einen armen Mann auf der Straße abwies, weil ich, während ich ihm eben etwas geben wollte, zugleich an das Wohlgefallen Gottes dachte und nicht aus Eigennutz handeln mochte. Dann dauerte mich aber der Arme, ich lief zurück; allein während des Zurücklaufens dünkte mich gerade dieses Bedauern wieder zu geziert, ich kehrte nochmals um, bis ich endlich auf den vernünftigen Gedanken kam: Möge dem sein, wie ihm wolle, der arme Mensch müsse jedenfalls zu seiner Sache kommen, das sei die erste Frage! Manchmal kommt dieser Gedanke aber zu spät, und die Gabe bleibt ungegeben. Daher freue ich mich immer, wenn es geschieht, daß ich unbedacht meine Pflicht erfüllt habe und es mir erst nachträglich einfällt, daß das etwas Verdienstliches sein dürfte; ich pflege dann höchst vergnügt ein Schnippchen gegen den Himmel zu schlagen und zu rufen: Siehst du, alter Papa! nun bin ich dir doch durchgewischt! Das höchste Vergnügen erreiche ich aber, wenn ich mir in solchen Augenblicken denke, wie ich ihm nun sehr komisch vorkommen müsse; denn da der liebe Gott alles versteht, so muß er auch Spaß verstehen, obgleich man auch wieder mit Recht sagen kann, der liebe Gott verstehe keinen Spaß!

Das Heiterste und Schönste war mir die Lehre vom Geiste, als welcher ewig ist und alles durchdringt. Freilich fürchte ich, daß ich die Lehre ein wenig mißverstand und nicht von dem rechten, geistlichen Geiste ergriffen war. Denn Gott schien mir nicht geistlich, sondern ein weltlicher Geist, weil er die Welt ist und die Welt in ihm; Gott strahlt von Weltlichkeit.

Alles in allem genommen, glaube ich doch, daß ich unter Menschen, welche in einem geistigen Christentum lebten, zu bestehen vermöchte, und wenn ich dies Annas Vater, dem Schulmeister, einräumen mußte, forderte er, das Wunderbare und die Glaubensfragen einstweilen freisinnig beiseite setzend, mich auf, das Christentum wenigstens dieser geistigen Bedeutung nach anzuerkennen und darauf zu hoffen, daß es in seiner wahren Reinheit erst noch erscheinen und seinen Namen behaupten werde; etwas Besseres sei einmal nicht da, noch abzusehen. Hierauf erwiderte ich aber: der Geist könne wohl durch einen Menschen leidlich schön geäußert, niemals aber erfunden werden, da er von jeher und unendlich sei; daher die Bezeichnung der Wahrheit mit einem Menschennamen einem Raub am unendlichen Gemeingute gleichkomme, aus welchem der fortgesetzte Raub des Autoritätswesens aller Art entspringe. In einer Republik, sagte ich, fordere man das Größte und Beste von jedem Bürger, ohne ihm durch den Untergang der Republik zu vergelten, indem man seinen Namen an die Spitze pflanze und ihn zum Fürsten erhebe; ebenso betrachte ich die Welt der Geister als eine Republik, die nur

Gott als Protektor über sich habe, dessen Majestät in vollkommener Freiheit das Gesetz heilig hielte, das er gegeben, und diese Freiheit sei auch unsere Freiheit, und unsere die seinige! Und wenn mir jede Abendwolke eine Fahne der Unsterblichkeit, so sei mir auch jede Morgenwolke die goldene Fahne der Weltrepublik! »In welcher jeder Fähndrich werden kann!« sagte freundlich lachend der Schulmeister; ich aber behauptete: die moralische Wichtigkeit dieses Unabhängigkeitssinnes scheine mir sehr groß und größer zu sein, als wir es uns vielleicht denken könnten.

Zwölftes Kapitel

Das Konfirmationsfest

Der geistliche Unterricht ging nun zu Ende; wir mußten auf unsere Ausstattung denken, um würdig bei der Festlichkeit zu erscheinen. Es war unabänderliche Sitte, daß die jungen Leute auf diese Tage den ersten Frack machen ließen, den Hemdekragen in die Höhe richteten und eine steife Halsbinde darum banden, auch die erste Hutröhre auf den Kopf setzten; zudem schnitt jeder, wer jugendlich lange Haare getragen, dieselben nun kurz und klein, gleich den englischen Rundköpfen. Dies waren mir alles unsägliche Greuel, und ich schwur, dieselben nun und nimmermehr nachzumachen. Die grüne Farbe war mir einmal eigen geworden, und ich wünschte nicht einmal, meinen Übernamen abzuschaffen, der mir noch immer gegeben wurde, wenn man von mir sprach. Leicht wußte ich meine Mutter zu überreden, grünes Tuch zu wählen und statt eines Frackes einen kurzen Rock mit einigen Schnüren machen zu lassen, dazu statt des gefürchteten Hutes ein schwarzes Sammetbarett; da Hut und Frack doch selten getragen und wegen meines Wachstums also eine unnütze Ausgabe sein würden. Es leuchtete ihr umsomehr ein, als die armen Lehrlinge und Tagelöhnersöhne auch keinen schwarzen Habit zu tragen pflegten, sondern in ihren gewöhnlichen Sonntagskleidern erschienen, und ich erklärte, es sei mir vollkommen gleichgültig, ob man mich zu den ehrbaren Bürgerskindern zähle oder nicht. So breit ich konnte, schlug ich den Halskragen zurück, strich mein langes Haar kühn hinter die Ohren und erschien so, das Barett in der Hand, am heiligen Abend in der Stube des Geistlichen, wo noch eine vertrauliche Vorbereitung stattfinden sollte. Als ich mich unter die feierliche steif geputzte Jugend stellte, wurde ich mit einiger Verwunderung betrachtet; denn ich stand allerdings in meinem Aufzuge als ein vollendeter Protestant da; weil ich aber ohne Trotz und Unbescheidenheit mich eher zu verbergen suchte, so verlor ich mich wieder und wurde nicht weiter beachtet. Die Ansprache des Geistlichen gefiel mir sehr wohl; ihr Hauptinhalt war, daß von nun an ein neues Leben für uns beginne, daß alle bisherigen Vergehungen vergeben und vergessen sein sollten, hingegen die künftigen mit einem strengeren Maße gemessen würden. Ich fühlte wohl, daß ein solcher Übergang notwendig und die Zeit dazu gekommen sei; darum schloß ich mich mit meinen ernsten Vorsätzen, welche ich insbesondere faßte, gern und aufrichtig diesem öffentlichen Vorgange an und war auch dem Manne gut, als er angelegentlich uns ermahnte, nie das Vertrauen zum Besseren in uns selbst zu verlieren. Aus seiner Behausung zogen wir in die Kirche vor die ganze Gemeinde, wo die eigentliche Feier vor sich ging. Dort war der Geistliche plötzlich ein ganz anderer; er trat gewaltig und hoch auf, holte seine Beredsamkeit aus der Rüstkammer der bestehenden Kirche und führte in tönenden Worten Himmel und Hölle an uns vorüber. Seine Rede war kunstvoll gebaut und mit steigender Spannung auf Einen Moment hin gerichtet, welcher die ganze Gemeinde erschüttern sollte, als wir, die in einem weiten Kreise um ihn herumstanden, ein lautes und feierliches Ja aussprechen mußten. Ich hörte nicht auf den Sinn seiner Worte und flüsterte ein Ja mit, ohne die Frage deutlich verstanden zu haben; jedoch durchfuhr mich ein Schauer, und ich zitterte einen Augenblick lang, ohne daß ich dieser Bewegung Herr werden konnte. Sie war eine dunkle Mischung von unwillkürlicher Hingabe an die allgemeine Rührung und von einem tiefen Schrecken, welcher mich über dem Gedanken ergriff, daß ich, so jung noch und unerfahren, doch einer so uralten Meinung und einer gewaltigen Gemeinschaft, von der ich ein unbedeutendes Teilchen war, abgefallen gegenüberstand.

Am Weihnachtsmorgen mußten wir wieder im vereinten Zuge zur

Kirche gehen, um nun das Abendmahl zu nehmen. Ich war schon in der Frühe guter Laune; noch ein paar Stunden, und ich sollte frei sein von allem geistigen Zwange, frei wie der Vogel in der Luft! Ich fühlte mich daher mild und versöhnlich gesinnt und ging zur Kirche, wie man zum letztenmal in eine Gesellschaft geht, mit welcher man nichts gemein hat, daher der Abschied aufgeräumt und höflich ist. In der Kirche angekommen, durften wir uns unter die älteren Leute mischen und jeder seinen Platz nehmen, wo ihm beliebte. Ich nahm zum ersten- und letztenmal den Männerstuhl in Beschlag, welcher zu unserem Hause gehörte und dessen Nummer mir die Mutter in ihrem häuslichen Sinne sorglich eingeprägt hatte.

Er war seit dem Tode des Vaters, also viele Jahre, leer geblieben, oder vielmehr hatte sich ein armes Männchen, das sich keines Grundbesitzes erfreute, darin angesiedelt. Als er herankam und mich in dem Gehäuse vorfand, ersuchte er mich mit kirchlicher Freundlichkeit, »seinen Ort« räumen zu wollen, und fügte belehrend hinzu, in diesem Reviere seien alles eigengehörige Plätze. Ich hätte als ein grüner Junge füglich dem bejahrten Männchen Platz machen und mir eine andere Stelle suchen können; allein dieser Geist des Eigentums und des Wegdrängens mitten im Herzen christlicher Kirche reizte meine kritische Laune; auch wollte ich den frommen Kirchgänger für seine gemütliche Anmaßung bestrafen, und endlich tat ich dieses nur in dem Bewußtsein, daß der Abgewiesene alsobald wieder und für immer seinen gewohnten Platz einnehmen könne, und dieser Gedanke machte mir das größte Vergnügen. Als ich ihn meinerseits auch belehrt und ihn ganz verblüfft und traurig eine entfernte Stelle unter den unstet herumwandernden Besitzlosen aufsuchen sah, nahm ich mir vor, ihm am anderen Tage anzudeuten, daß er sich immerhin meines Stuhles bedienen solle, indem ich denselben nicht brauche. Ein Mal aber wollte ich darin sitzen und stehen, wie es mein Vater getan. Derselbe besuchte an allen Festtagen die Kirche, denn alle hohen Feste erfüllten ihn mit heiterer Freude und tapferem Mute, indem er den großen und guten Geist, welchen er in aller Welt und Natur sich erfüllen sah, alsdann besonders fühlte und verehrte. Weihnachten, Ostern, Himmelfahrt und Pfingsten waren ihm die herrlichsten Freudentage, an welchen er, mit Betrachtungen, Kirchenbesuch und frohen Spaziergängen auf grüne Berge hoch herging. Diese Vorliebe für Festtage hatte sich auf mich vererbt, und wenn ich an einem Pfingstmorgen auf einem Berge stehe in der kristallklaren Luft, so ist mir das Glockengeläute in der fernen Tiefe die allerschönste Musik, und ich habe schon oft darüber spintisiert, durch welchen Gebrauch bei einer allfälligen Abschaffung des Kirchentumes das schöne Geläute wohl erhalten werden dürfte. Es wollte mir jedoch nichts einfallen, was nicht töricht und gemacht ausgesehen hätte, und ich fand zuletzt immer, daß der sehnsüchtige Reiz der Glockentöne gerade in dem jetzigen Zustande bestehe, wo sie fern aus der blauen Tiefe herüberklangen und mir sagten, daß dort das Volk in alten gläubigen Erinnerungen versammelt saß. In meiner Freiheit ehrte ich dann diese Erinnerungen, wie diejenigen der Kindheit, und eben dadurch, daß ich von ihnen geschieden war, wurden mir die Glocken, die so viele Jahrhunderte in dem alten schönen Lande klangen, wehmütig ergreifend. Ich empfand, daß man nichts »machen« kann, und daß die Vergänglichkeit, der ewige Wandel alles Irdischen schon genugsam für poetisch sehnsüchtigen Reiz sorgen.

Der Freiheitssinn meines Vaters in religiöser Hinsicht war vorzüglich gegen die Übergriffe des Ultramontanismus und gegen die Unduldsamkeit und Verknöcherung reformierter Orthodoxen gerichtet, gegen absichtliche Verdummung und Heuchelei jeder Art, und das Wort Pfaff war bei ihm daher öfter zu hören. Würdige Geistliche ehrte er aber und freute sich, ihnen Ergebenheit zu zeigen, und wenn es womöglich ein erzkatholischer, aber ehrenwerter Priester war, welchem er Ehrerbietung beweisen konnte, so machte ihm dies umso größeres Vergnügen, gerade weil er sich im Schoße der Zwinglischen Kirche sehr geborgen fühlte. Das Bild des humanen und freien Reformators, der auf dem Schlachtfelde gefallen, war meinem Vater ein geliebter sicherer Führer und Bürge. Ich aber stand nun auf einem anderen Boden und fühlte wohl, daß ich bei aller Verehrung für den Reformator und Helden doch nicht Eines Glaubens mit meinem Vater sein würde, während ich seiner vollkommenen Duldsamkeit und Achtung für die Unabhängigkeit meiner Überzeugung gewiß war. Dieses friedliche Ausscheiden in Glaubenssachen zwischen Vater und Sohn, welches ich arglos voraussetzte, feierte ich nun in dem Kirchenstuhle, indem ich mir den Vater noch lebend vorstellte und ein geistiges Gespräch mit ihm führte; und als die Gemeinde sein ehemaliges Lieblings- und Weihnachtslied: Dies ist der Tag, den Gott gemacht! anstimmte, sang ich es für meinen Vater laut und froh mit, obgleich ich Mühe hatte, den richtigen Ton zu halten; denn rechts stand ein alter Kupferschmied, links ein gebrechlicher Zinngießer, welche mich mit den seltsamsten Arabesken von der rechten Bahn zu locken suchten, und dies umso lauter und kühner, je standhafter ich blieb. Dann hörte ich aufmerksam auf die Predigt, kritisierte sie und fand sie gar nicht übel; je näher das Ende rückte und mir die Freiheit winkte, desto trefflicher fand ich die Predigt, und ich nannte in meinem Herzen den Pfarrer einen wackeren Mann.

Meine Stimmung wurde immer heiterer; endlich fand das Abendmahl statt; aufmerksam verfolgte ich die Zurüstungen und beobachtete alles sehr genau, um es nicht zu vergessen; denn ich gedachte nicht mehr dabei zu erscheinen. Das Brot besteht aus weißen Blättern von der Größe und Dicke einer Karte und sieht feinem glänzendem Papiere ähnlich. Der Küster backt es, und die Kinder kaufen sich bei ihm die Abfälle als einen unschuldigen Leckerbissen, und ich selbst hatte mir manchmal eine Mütze voll erworben und mich gewundert, daß man eigentlich doch nichts daran äße. Zahlreiche Kirchendiener teilen es aus, den Reihen entlang, worauf die Andächtigen eine Ecke davon brechen und die Blätter weitergeben, während andere Beamtete den Wein in hölzernen Bechern nachfolgen lassen. Manche Leute, besonders die Frauen und Mädchen, behalten gern ein Blättchen zurück, um es andächtig in ihr Gesangbuch zu legen. Auf ein solches, das ich im Buche einer meiner Basen gefunden, hatte ich einst ein Osterlämmchen gemalt mit einem Amor, der darauf reitet, und bei der Entdeckung ein strenges Verhör nebst Verweis zu bestehen gehabt; als ich jetzt mehrere solcher Blätter in der Hand hielt, erinnerte ich mich daran und mußte lächeln; auch gelüstete es mich einen Augenblick lang, eines zurückzubehalten, um irgend ein lustiges Erinnerungszeichen an meinen Abschied von der Kirche darauf zu malen. Aber ich besann mich, daß ich in dem väterlichen Stuhle stand, und gab das Brot weiter, nachdem ich eine Ecke davon in den Mund gesteckt, zum andächtigen, aber allerletzten Abschiede von der Kinderzeit und der Kinderspeise, die ich beim Küster gekauft hatte.

Als ich den Becher in der Hand hielt, blickte ich fest in den Wein, ehe ich trank; aber es rührte mich nicht, ich nahm einen Schluck, gab die Schale weiter, und indem ich, mit den Gedanken schon weit auf dem Wege nach Hause, den Wein hinabschluckte, drehte ich ungeduldig mein Sammetbarett in der Hand und mochte kaum das Ende des Gottesdienstes abwarten, da es anfing, mich gewaltig an den Füßen zu frieren, und das Stillstehen schwierig wurde.

Als die Kirchentüren sich auftaten, drängte ich mich geschmeidig durch die vielen Leute, ohne die Freude meiner Freiheit sichtbar werden zu lassen und ohne jemanden anzustoßen, und war bei aller Gelassenheit doch der erste, der sich in einiger Entfernung von der Kirche befand. Dort erwartete ich meine Mutter, welche sich endlich in ihrem schwarzen Gewande demütig aus der Menge hervorspann, und ging mit ihr nach Hause, gänzlich unbekümmert um meine geistlichen Unterrichtsgenossen. Es war kein einziger darunter, mit welchem ich in näherer Berührung stand, und viele derselben sind mir bis jetzt noch gar nicht wieder begegnet. In unserer warmen Stube angekommen, warf ich vergnügt mein Gesangbuch hin, indessen die Mutter nach dem Essen sah, welches sie am Morgen in den Ofen gesetzt hatte. Es sollte heute so reichlich und festlich sein, wie unser Tisch seit den Tagen des Vaters nie mehr gesehen, und eine arme Witwe war dazu eingeladen, die der Mutter manche kleine Dienste leistete und sich jetzt pünktlich einfand. Am Weihnachtstage wird immer das erste Sauerkraut genossen, und so wurde es auch hier aufgestellt mit schmackhaften Schweinsrippchen. Die Beurteilung desselben gab den Frauen einen guten Anfang zum Gespräche. Die Witwe war von ebenso gutmütiger als polternder Gemütsart; als hierauf eine kleine Pastete kam, schlug sie die Hände über dem Kopfe zusammen und versicherte, sie esse gewiß nichts davon, es wäre schade dafür. Den Schluß machte ein gebratener Hase, den der Oheim gesendet hatte. Diesen, ermahnte die Frau, sollten wir unangetastet lassen und auf den zweiten Feiertag versparen, es sei nun schon mehr als genug; trotzdem aßen wir alle und saßen lange bei Tisch, aufs beste unterhalten von der armen Frau, welche die Tischreden mit der Erzählung ihres Schicksales durchflocht und die Schleusen ihres Herzens weit öffnete. Sie hatte vor langer Zeit einmal ein Jahr lang einen nichtsnutzigen Mann gehabt, der in alle Welt gegangen mit Hinterlassung eines Sohnes, welchen sie mit großer Not so weit gebracht, daß er als Geselle bei Dorfschneidern sich kümmerlich umhertreiben konnte, während sie in der Stadt ihr Brot mit Wassertragen, Waschen und solchen Dingen verdienen mußte. Schon die Beschreibung ihres Mannes, des Lumpenhundes, wie sie ihn nannte, machte uns höchlich lachen, doch noch mehr das Verhältnis, in welchem sie zu ihrem Sohne stand. Während sie ihn als eine Frucht des Lumpenhundes mit der größten Verachtung bezeichnete, war derselbe doch der einzige Gegenstand ihrer Liebe und ihrer Sorge, so daß sie fortwährend von ihm sprach. Sie gab ihm alles, was sie irgend konnte, und gerade die Kleinheit dieser Gaben, die für sie so viel waren, mußte uns rühren und zugleich zum Lachen reizen, wenn sie die »Opfer«, welche sie fortwährend bringe, mit gutmütiger Prahlerei aufzählte. Letzte Ostern, erzählte sie, habe er ein rot und gelbes Kattunfoulard von ihr erhalten, auf Pfingsten ein Paar Schuh' und zu Neujahr hätte sie ihm ein Paar wollene Strümpfe und eine Pelzkappe bereit, dem miserablen Kerl, dem Knirps, dem Milchsuppengesicht! Seit drei Jahren hätte er an zwei Louisdor nach und nach von ihr empfangen, der Säuerling, die elende Krautstorze. Aber für alles müsse er ihr eine Bescheinigung zustellen, denn so wahr sie lebe, müsse ihr Mann, der Landstreicher, ihr jeden Liard ersetzen, wenn er sich nur einmal sehen ließe. Die Bescheinigungen ihres Sohnes, des Stuhlbeines, seien sehr schön, denn derselbe könne besser schreiben als der eidgenössische Staatskanzler; auch blase er die Klarinette gleich einer Nachtigall, daß man weinen müsse, wenn man ihm zuhöre. Allein er sei ein ganz miserabler Bursche, denn nichts gedeihe bei ihm, und so viel Speck und Kartoffeln er auch verschlinge, wenn er mit seinem Meister bei den Bauern auf Kundschaft gehe, nichts helfe es, und er bleibe mager, grün und bleich, wie eine Rübe. Einmal habe er die Idee ausgeheckt, zu heiraten, da er nun doch dreißig Jahr alt sei. Weil aber gerade ein Paar Strümpfe für ihn fertig geworden, habe sie selbige unter den Arm genommen, auch eine Wurst gekauft, und sei auf das Dorf hinaus gerannt, um ihm die saubere Idee auszutreiben. Bis er die Wurst fertig gegessen, habe er auch sich endlich in sein Schicksal ergeben, und nachher habe er noch auf das schönste die Klarinette geblasen. Er könne nähen wie der Teufel, so wie auch sein Vater nicht auf den Kopf gefallen sei, und die besten Garnhäspel zu machen verstehe weit und breit; allein es wäre einmal ein böses Blut in diesen verteufelten Burschen, und daher müsse der junge Säuberling im Zaume gehalten und mit dem Heiraten vorsichtig verfahren werden. Sie lobte das Essen unaufhörlich und pries jeden Bissen mit den überschwenglichsten Worten, nur bedauernd, daß sie ihrem Galgenstrick nichts davon geben könne, obschon er es nicht verdiene. Dazwischen brachte sie die Geschichte von drei oder vier Meisterfamilien an, bei denen ihr Söhnchen gearbeitet, die unschuldigen Zerwürfnisse mit denselben und lustige Vorfälle, welche sich in den Dörfern ereignet, wo Meister und Geselle geschneidert hatten, so daß die Schicksale einer großen Menge unser Mahl würzten, ohne daß diese etwas davon ahnte. Nach dem Essen nahm die Frau, durch ein paar Gläser Wein lustig geworden, meine Flöte und suchte darauf zu blasen, gab sie dann mir und bat mich, einen Tanz aufzuspielen. Als ich dies tat, faßte sie ihre Sonntagsschürze, und tanzte einmal zierlich durch die Stube herum; wir kamen aus dem Lachen nicht heraus und waren alle höchst zufrieden. Sie sagte, seit ihrer Hochzeit habe sie nicht mehr getanzt; es sei doch der schönste Tag ihres Lebens, wenn schon der Hochzeiter ein Lumpenhund gewesen; und am Ende müsse sie dankbar bekennen, daß der liebe Gott es immer gut mit ihr gemeint und für ihr Brot gesorgt, auch ihr noch jederzeit eine fröhliche Stunde gegönnt habe; so hätte sie noch gestern nicht gedacht, daß sie einen so vergnügten Weihnachtstag erleben würde. Dadurch wurden die beiden Frauen veranlaßt, ernsthaftere und zufriedene Betrachtungen anzustellen, indessen ich Gelegenheit fand, einen Blick in das Leben einer Witwe zu werfen, welche aus ihrem Sohne einen Mann machen möchte und hierzu nichts tun kann, als demselben Strümpfe stricken. Auch mußte ich gestehen, daß meine Lebensverhältnisse, welche mir oft arm und verlassen schienen, wahrhaftes Gold waren im Vergleich zu der dürftigen Verlassenheit und Getrenntheit, in welcher die Witwe und ihr armer magerer Sohn lebten.

Dreizehntes Kapitel

Das Fastnachtsspiel

Einige Wochen nach Neujahr, als ich eben den Frühling herbeiwünschte, erhielt ich vom Dorfe aus die Kunde, daß mehrere Ortschaften jener Gegend sich verbunden hätten, dieses Mal zusammen die Fastnachtsbelustigungen durch eine großartige dramatische Schaustellung zu verherrlichen. Die einstige katholische Faschingslust hat sich als allgemeine Frühlingsfeier bei uns erhalten und seit einer Reihe von Jahren die derbe Volksmummerei nach und nach in vaterländische Aufführungen unter freiem Himmel verwandelt, an welchen erst nur die Jugend, dann aber auch fröhliche Männer teilnahmen; bald wurde eine Schweizerschlacht dargestellt, bald eine Handlung aus dem Leben berühmter Helden, und nach dem Maßstabe der Bildung und des Wohlstandes einer Gegend wurden solche Aufzüge mit mehr oder weniger Ernst und Aufwand vorbereitet und ausgeführt. Einige Ortschaften waren schon bekannt durch dieselben, andere suchten es zu werden. Mein Heimatdorf war nebst ein paar anderen Dörfern von einem benachbarten Marktflecken eingeladen worden zu einer großen Darstellung des Wilhelm Tell, und infolgedessen war ich wieder durch meine Verwandten aufgefordert worden, hinauszukommen und an den Vorbereitungen teilzunehmen, da man mir einige Erfahrung und Fertigkeit besonders als Maler zutraute, umsomehr, als unser Dorf in einer fast ausschließlichen Bauerngegend lag und in solchen Dingen wenig Gewandtheit besaß. Ich war vollständig Herr meiner Zeit, auch eine Unterbrechung zu solchem Zwecke zu sehr im Geiste meines Vaters, als daß die Mutter dagegen Bedenken erhoben hätte; also ließ ich es mir nicht zweimal sagen und ging jede Woche für einige Tage hinaus, wobei mir schon das stete Wandern zu dieser Jahreszeit, manchmal durch die schneebedeckten Felder und Wälder, die größte Freude machte. Ich sah nun das Land auch im Winter, die Winterbeschäftigungen und Winterfreuden der Landleute und wie dieselben dem erwachenden Frühling entgegengehen.

Man legte der Aufführung Schillers Tell zu Grunde, welcher in einer Volksschulausgabe vielfach vorhanden war, darin nur die Liebesepisode zwischen Berta von Bruneck und Ulrich von Rudenz fehlte. Das Buch ist den Leuten sehr geläufig, denn es drückt auf eine wunderbare Weise ihre Gesinnung und alles aus, was sie durchaus für wahr halten; wie denn selten ein Sterblicher es übel aufnehmen wird, wenn man ihn dichterisch ein wenig oder gar stark idealisiert.

Weitaus der größere Teil der spielenden Schar sollte als Hirten, Bauern, Fischer, Jäger das Volk darstellen und in seiner Masse von Schauplatz zu Schauplatz ziehen, wo die Handlung vor sich ging, getragen durch solche, welche sich zu einem kühnen Auftreten für berufen hielten. In den Reihen des Volks nahmen auch junge Mädchen teil, sich höchstens in den gemeinschaftlichen Gesängen äußernd, während die handelnden Frauenrollen Jünglingen übertragen waren. Der Schauplatz der eigentlichen Handlung war auf alle Ortschaften verteilt, je nach ihrer Eigentümlichkeit, so daß dadurch ein festliches Hin- und Herwogen der kostümierten Menge und der Zuschauermassen bedingt wurde.

Ich erwies mich als brauchbar bei den Vorbereitungen und wurde mit manchen Geschäften betraut, welche in der Stadt zu besorgen waren. Ich stöberte alle Magazine durch, wo sich etwa Flitter- und Maskenwerk vorfinden mochte, und suchte das Tauglichste vorzuschlagen, besonders da andere Beauftragte geneigt waren, zuerst nach dem Grellen und Auffallenden zu greifen. Ja ich kam sogar mit den Beamten der Republik in Berührung und fand Gelegenheit, mich als einen tapferen Vertreter meiner Landesgegend zu zeigen, da mir die Auswahl und Übernahme der alten Waffen übergeben wurde, welche die Behörde unter der Bedingung treuer Sorgfalt bewilligte. Weil aber gerade diesmal mehrere ähnliche Feste stattfanden, so mußten beinahe alle Vorräte geräumt werden, und nur die wertvollsten Trophäen, an welche sich bestimmte Erinnerungen knüpften, blieben zurück. Überdies stritten sich die Abgeordneten der Gemeinden um die Waffen; alle wollten dasselbe haben, obschon es nicht für alle sich schickte; eine Anzahl großer Schlachtschwerter und Morgensterne, welche ich für meine Eidgenossen ausgesucht, wollte mir von einem Gegner durchaus abgerungen werden, ungeachtet ich ihm vorstellte, daß er für die Zeit, aus welcher seine Leute eine Handlung darstellen wollten, ganz anderer Gegenstände bedürfe. Ich berief mich endlich auf den Zeugwart, welcher mir recht gab, und der ansehnliche starke Wirt aus den Dörfern, welcher hinter mir stand, um die Sachen wegzuführen, triumphierte und belobte mich freundlich. Allein die Gegner hielten mich nun für einen gefährlichen Burschen, der das Beste vorwegnähme, und gingen mir auf Schritt und Tritt nach in dem alten Zeughause, gerade das ausersehend, was ich ins Auge faßte, so daß ich nur mit der äußersten Beharrlichkeit noch einen Wagen voll Eisenhüte und Halmbarten für meine reisigen Tyrannenknechte zur Seite brachte. So kam ich mir sehr wichtig vor, als ich mit den Aufsehern das Verzeichnis der verabfolgten Sachen feststellte, obgleich der Wirt der eigentliche Gewährsmann war und dasselbe unterschrieb.

Dann hatte ich wieder auf dem Lande vollauf zu tun und begab mich mit einigen Paketen Farbstoff und mächtigen Pinseln hinaus, um ein neues Bauernhaus an der Straße noch völlig in Stauffachers Wohnung umzuwandeln mittelst bunter Zieraten und Sprüche; denn nicht nur sollte da die Unterredung zwischen Stauffacher und seinem Weibe stattfinden, sondern der Zwingherr vorher selbst heranreiten und seine böse Harangue loslassen.

Im Hause des Oheims war ich ein eigentliches Faktotum und eifrig bestrebt, die Kleidung der Söhne so historisch als möglich zu machen und die Töchter, welche sich sehr modern aufputzen wollten, von solchem Beginnen abzuhalten. Mit Ausnahme der Braut wollten sich alle Kinder des Oheims beteiligen, und sie suchten auch Anna zu überreden, welche überdies von dem leitenden Ausschusse dringend eingeladen war. Allein sie wollte sich durchaus nicht dazu verstehen, ich glaube nicht nur aus Zaghaftigkeit, sondern auch ein wenig aus Stolz, bis der Schulmeister, für diese Veredelung der alten roheren Spiele langher begeistert, sie entschieden aufforderte, auch das Ihrige beizutragen. Nun war aber die große Frage, was sie vorstellen sollte; ihre Feinheit und Bildung sollte dem Feste zur Zierde gereichen, während doch alle hervorragenden Frauenrollen jungen Männern zuteil geworden. Ich hatte mir aber längst etwas für sie ausgedacht und überzeugte bald meine Basen und den Schulmeister von der Trefflichkeit meines Vorschlages. Obgleich die Rolle der Berta von Bruneck gänzlich wegfiel, so konnte sie doch als stumme Person das ritterliche Gefolge Geßlers verherrlichen. Dieses war sonst vom Volkshumor ziemlich schofel und wild, und besonders der Tyrann sehr fratzenhaft und lächerlich dargestellt worden; dagegen hatte ich nun durchgesetzt, daß der Aufzug des Landvogts recht glänzend und herrisch sein müsse, weil der Sieg über einen elenden Widersacher nichts Absonderliches sei. Ich selbst hatte den Rudenz übernommen; auch sein Verhältnis zum Attinghausen fiel weg, und erst am Schlusse hatte er zum Volke überzugehen, so daß mir viel Freiheit und Zeit zu mancher Aushilfe und vor allem wenig zu sprechen blieb. Einer der Vettern machte Rudolf den Harras, und Anna konnte also sich im Schutze von zwei Verwandten befinden. Zufällig war die Originalausgabe von Schiller gar nicht bekannt im Hause, und selbst der Schulmeister las diesen Dichter nicht, weil seine Bildung nach anderen Seiten hinstrebte; also ahnte kein Mensch die Beziehungen, welche ich in meinen Plan legte, und Anna ging arglos in die ihr gestellte Falle. Das Schwerste war, sie zum Reiten zu bringen; ein kugelrunder gemütlicher Schimmel stand im Stalle meines Oheims, welcher nie jemandem ein Haar gekrümmt hatte und auf welchem der Oheim über Land zu reiten pflegte. Auf dem Boden befand sich ein vergessener Damensattel aus der alten Zeit; dieser wurde mit rotem Plüsch neu bezogen, den man einem ehrwürdigen Lehnstuhle entnahm, und als Anna zum erstenmal sich darauf setzte, ging es ganz trefflich, besonders da der reitkundige Nachbar Müller einige Anleitung gab, und Anna fand zuletzt großes Vergnügen an dem guten Schimmel. Eine mächtige hellgrüne Damastgardine, welche einst ein Himmelbett umgeben hatte, wurde zerschnitten und in ein Reitkleid umgewandelt; auch besaß der Schulmeister als ein altes Erbstück eine Krone von silbernem Flechtwerke, wie sie ehemals die Bräute getragen; Annas goldglänzendes Haar wurde nur zunächst der Schläfe zierlich geflochten, unterhalb aber in seiner ganzen Länge frei ausgebreitet und dann die Krone aufgesetzt, auch ein breites goldenes Halsband umgetan, auf meinen Rat einige Ringe über die weißen Handschuhe gesteckt, und als sie zum erstenmal diesen ganzen Anzug probierte, sah sie nicht nur aus wie ein Ritterfräulein, sondern wie eine Feenkönigin, und das ganze Haus war in ihrem lieblichen

Anblick verloren. Aber jetzt weigerte sie sich aufs neue, an dem Spiele teilzunehmen, weil sie sich selber so fremd vorkam, und wenn nicht die ganze Bevölkerung in ihren ehrbarsten Familien bei der Sache gewesen wäre, so hätte man sie nicht dazu gebracht. Unterdessen hatte ich nicht geruht und mit meinen Herren Vettern ein wenig ins Sattlerhandwerk gepfuscht, indem wir die nicht sehr sauberen Zügelriemen des Oheims mit rotem Seidenzeuge umnähten, welches wir von einem Juden billig gekauft; denn Annas Hände sollten das alte Lederwerk nicht unmittelbar berühren.

Meinen eigenen Anzug hatte ich längst in Ordnung gebracht und denselben grün und jägermäßig gewählt, da dadurch eine größere Einfachheit möglich war für meine geringen Mittel. Doch war er noch erträglich getreu, eine große zimmetfarbene Decke, ohne Beschädigung in einen faltenreichen Mantel umgewandelt, verhüllte die Unvollkommenheiten; auf dem Rücken trug ich eine Armbrust und auf dem Kopfe einen grauen Filz. Allein da der Mensch immer eine schwache Seite haben muß, so schnallte ich den langen Toledodegen aus der Dachkammer um; ich hatte alle anderen zu historischer Treue ermahnt, zeitgemäße Waffen in Menge selbst aus dem Zeughause geholt, und doch wählte ich diesen spanischen Bratspieß, ohne daß ich mir heute klar machen kann, was ich mir dabei dachte!

Der wichtige und ersehnte Tag brach an mit dem allerschönsten Morgen; der Himmel glänzte wolkenlos, und es war in diesem Hornung schon so warm, daß die Bäume anfingen auszuschlagen und die Wiesen grünten. Mit Sonnenaufgang, als eben der Schimmel an dem funkelnden Flüßchen stand und gewaschen wurde, tönten Alpenhörner und Herdengeläute durch das Dorf herab, und ein Zug von mehr als hundert prächtigen Kühen, bekränzt und mit Glocken versehen, kam heran, begleitet von einer großen Menge junger Bursche und Mädchen, um das Tal hinauf zu ziehen in die anderen Dörfer und so eine Bergfahrt vorzustellen. Die Leute hatten nur ihre altherkömmliche Sonntagstracht anzulegen gebraucht, mit Ausschluß aller eingedrungenen Neuheiten und Hinzufügung einiger Prachtstücke ihrer Eltern oder Großeltern, um ganz festlich und malerisch auszusehen, und der stärkste Anachronismus waren die Tabakspfeifen, welche die Bursche unbekümmert im Munde trugen. Die frischen Hemdärmel der Jünglinge und Mädchen, ihre roten Westen und blumigen Mieder leuchteten weithin in frohem Gewimmel, und als sie vor unserem Hause und der benachbarten Mühle anhielten und unter den Bäumen plötzlich das bunteste Gewühl entstand, von Gesang, Jauchzen und Gelächter begleitet, als sie mit lautem Grüßen einen Frühtrunk verlangten, da fuhren wir vom reichlichen Frühstück, um welches wir, mit Ausnahme Annas, schon angekleidet versammelt waren, lustig auf, und die Freude überraschte uns in ihrer Wirklichkeit viel gewaltiger und feuriger, als wir bei aller Erwartung darauf gefaßt waren. Schnell begaben wir uns mit den bereit gehaltenen Weingefäßen und einer Menge Gläser in das Gewimmel, der Oheim und seine Frau mit großen Körben voll ländlichen Backwerkes. Dieser erste Jubel, weit entfernt, eine frühe Erschöpfung zu bedeuten, war nur der sichere Vorbote eines langen Freudentages und noch größerer Dinge. Die Muhme prüfte und pries das schöne Vieh, streichelte und kraulte berühmte Kühe, welche ihr wohlbekannt waren, und machte tausend Späße mit dem jungen Volke; der Oheim schenkte unaufhörlich ein, seine Töchter boten die Gläser herum und suchten die Mädchen zum Trinken zu überreden, während sie wohl wußten, daß ihr ehrsames Geschlecht am frühen Morgen keinen Wein trinkt. Desto munterer sprachen die Hirtinnen den schmackhaften Kuchen zu und versorgten mit denselben die vielen Kinder, welche nebst ihren Ziegen den Zug vergrößerten. In der Mitte des Gedränges stießen wir auf die Müllersleute, welche den Feind von der anderen Seite her angegriffen hatten, angeführt vom jungen Müller, der als geharnischter Reiter schwer einherklirrte und sein verjährtes Eisengewand andächtig verehren und betasten ließ. Auf einmal zeigte sich Anna, schüchtern und verschämt; doch ihre Zaghaftigkeit ward von der Gewalt der allgemeinen Freude sogleich vernichtet, und sie war in einem Augenblicke wie umgewandelt. Sie lächelte sicher und wohlgemut, ihre Silberkrone blitzte in der Sonne, ihr Haar wehte und flatterte schön im Morgenwind, und sie ging so anmutig und sicher in ihrem aufgeschürzten Reitkleide, das sie mit den ringgeschmückten Händen hielt, als ob sie ihr Lebenlang ein solches getragen hätte. Sie mußte überall herumgehen und wurde mit staunender Bewunderung begrüßt. Endlich aber bewegte sich der Zug weiter, und mit seinem Aufbruche teilte sich auch unser Hausstand. Die zwei jüngeren Basen und zwei ihrer Brüder schlossen sich demselben an, die verlobte Schwester und der Schulmeister setzten sich in ein leichtes Fuhrwerk, um als Zuschauer ihren eigenen Weg zu fahren und uns gelegentlich zu treffen, auch um Anna aufzunehmen, im Falle ihr die Sache nicht zusagen würde. Der Oheim und die Frau blieben zu Hause, um andere Herumschwärmer zu bewirten und abwechselnd etwa sich in der Nähe umzusehen. Anna, Rudolf der Harras und ich aber setzten uns nun zu Pferde, eskortiert von dem klirrenden Müller. Dieser hatte für mich unter seinen Pferden einen ehrlichen Braunen ausgesucht und über den Sattel zu mehrerer Sicherheit einen Schafpelz geschnallt. Doch kümmerte ich mich im mindesten nicht um die Reitkunst, und da auch kein Mensch sich um dergleichen bekümmerte, so schwang ich mich ganz unbefangen auf den Braunen und tummelte denselben mit großer Keckheit herum. Auf dem Lande kann jedermann reiten, der von einem dressierten Pferde herunterfallen würde. So ritten wir stattlich das Dorf hinauf und gaben nun selbst ein Schauspiel für die Leute, die zurückblieben, und für eine Menge Kinder, welche uns nachliefen, bis eine andere Gruppe ihre Aufmerksamkeit erregte.

Vor dem Dorfe sahen wir es bunt und schimmernd von allen Seiten her sich bewegen, und als wir eine Viertelstunde weit geritten waren, kamen wir an eine Schenke an einer Kreuzstraße, vor welcher die sechs barmherzigen Brüder saßen, die den Geßler wegtragen sollten. Dies waren die lustigsten Bursche der Umgegend; sie hatten sich unter den Kutten ungeheure Bäuche gemacht und schreckliche Bärte von Werg umgebunden, auch die Nasen rot gefärbt; sie gedachten den ganzen Tag sich auf eigene Faust herumzutreiben und spielten gegenwärtig Karten mit großem Halloh, wobei sie andere Spielkarten aus den Kapuzen zogen und statt der Heiligen an die Leute verschenkten. Auch führten sie große Proviantsäcke mit sich und schienen schon ziemlich angeglüht, so daß wir für die Feierlichkeit ihrer Verrichtung bei Geßlers Tod etwas besorgt wurden.

Im nächsten Dorf sahen wir den Arnold von Melchthal ruhig einem Stadtmetzger einen Ochsen verkaufen, wozu er schon seine alte Tracht trug; dann kam ein Zug mit Trommel und Pfeife und mit dem Hut auf der Stange, um in der Umgegend das höhnische Gesetz zu verkünden. Denn dies war das Schönste, daß man sich nicht an die theatralische Einschränkung hielt, daß man es nicht auf Überraschung absah, sondern sich frei herumbewegte und wie aus der Wirklichkeit heraus und wie von selbst an den Orten zusammentraf, wo die Handlung vor sich ging. Hundert kleine Schauspiele entstanden dazwischen, und überall gab es was zu sehen und zu lachen, während doch bei den wichtigen Vorgängen die ganze Menge andächtig und gesammelt erschien.

Schon war unser Zug ansehnlich gewachsen, um mehrere Berittene und auch durch Fußvolk verstärkt, was alles zu dem Ritterzuge gehörte; wir kamen an eine neue Brücke, die über den großen Fluß führt; von der anderen Seite näherte sich ein starker Teil der Bergfahrt, um das Vieh nach Hause zu bringen und nachher wieder als Volk zu erscheinen. Nun war ein knauseriger Zolleinnehmer auf der Brücke, welcher durchaus von Kühen und Pferden den Zoll erheben wollte, gemäß dem Gesetze, weil die Tiere nach seiner Behauptung auf dem Transport begriffen seien; er hatte den Schlagbaum heruntergelassen und ließ sich durchaus nicht bereden, diesmal von seiner Forderung abzustehen, indem man jetzt nicht eingerichtet und aufgelegt sei, diese Umständlichkeiten zu befolgen. Es entstand ein großes Gedränge, ohne daß man jedoch wagte, mit Gewalt durchzukommen.

Vierzehntes Kapitel

Der Tell

Da erschien unversehens der Tell, welcher mit seinem Knaben einsam des Weges ging. Es war ein berufener fester Wirt und Schütze, ein angesehener und zuverlässiger Mann von etwa vierzig Jahren, auf welchen die Wahl zum Tell unwillkürlich und einstimmig gefallen war. Er hatte sich in die Tracht gekleidet, in welcher sich das Volk die alten Schweizer ein für allemal vorstellt, rot und weiß mit vielen Puffen und Litzen, rot und weiße Federn auf dem eingekerbten rot und weißen Hütchen. Überdies trug er noch eine seidene Schärpe über der Brust, und wenn dies alles nichts weniger als dem einfachen Weidmann angemessen war, so zeigte doch der Ernst des Mannes, wie sehr er das Bild des Helden in seinem Sinn durch diesen Pomp ehrte; denn in diesem Sinne war der Tell nicht nur ein schlichter Jäger, sondern auch ein politischer Schutzpatron und Heiliger, der nur in den Farben des Landes, in Sammet und Seide, mit wallenden Federn denkbar war. Aber in seiner braven Einfalt ahnte unser Tell die Ironie seines prächtigen Anzuges nicht; er trat mit seinem eigenen Knaben, der wie eine Art Genius aufgeputzt war, besonnen auf die Brücke und fragte nach der Verwirrung. Als man ihm die Gründe angab, setzte er dem Zöllner auseinander, daß er gar kein Recht habe, den Zoll zu erheben, indem sämtliche Tiere nicht aus der Ferne kämen oder dahin gingen, sondern als im gewöhnlichen Verkehr zu betrachten seien. Der Zollmann aber, erpicht auf die vielen Kreuzer, beharrte spitzfindig darauf, daß die Tiere in einem großen Zuge los und ledig auf der Straße getrieben würden und gar nicht vom Felde kämen, also er den Zoll zu fordern berechtigt sei. Hierauf faßte der wackere Tell den Schlagbaum, drückte ihn wie eine leichte Feder in die Höhe und ließ alles durchpassieren, die Verantwortung auf sich nehmend. Die Bauern ermahnte er, sich zeitig wieder einzufinden, um seinen Taten zuzusehen; uns Rittersleute aber grüßte er kalt und stolz, und er schien uns auf unseren Pferden für wirkliches Tyrannengesindel anzusehen, so sehr war er in seine Würde vertieft.

Endlich gelangten wir in den Marktflecken, welcher für heute unser Altorf war. Als wir durch das alte Tor ritten, fanden wir die kleine Stadt, welche nur Einen mäßig großen Platz bildete, schon ganz belebt, voll Musik und Fahnen, und Tannenreiser an allen Häusern. Eben ritt Herr Geßler hinaus, um in der Umgegend einige Untaten zu begehen, und nahm den Müller und den Harras mit; ich stieg mit Anna vor dem Rathause ab, wo die übrigen Herrschaften versammelt waren, und begleitete sie in den Saal, wo sie von dem Ausschusse und den anwesenden Gemeinderatsfrauen bewunderungsvoll begrüßt wurde. Ich war hier nur wenig bekannt und lebte nur in dem Glanze, welchen Anna auf mich warf. Jetzt kam auch der Schulmeister angefahren mit seiner Begleiterin; sie gesellten sich zu uns, nachdem das Gefährt notdürftig untergebracht, und erzählten, wie soeben auf der

Landschaft dem jungen Melchthal die Ochsen vom Pfluge genommen, er flüchtig geworden und sein Vater gefangen sei; wie die Tyrannen überhaupt ihren Spuk trieben und vor dem Stauffacherschen Hause merkwürdige Szenen stattgefunden hätten vor vielen Zuschauern. Diese strömten auch bald zum Tore herein; denn obgleich nicht alle überall sein wollten, so begehrte doch die größere Zahl die ehrwürdigen und bedeutungsvollen Hauptbegebenheiten zu sehen und vor allem den Tellenschuß. Schon sahen wir auch aus dem Fenster des Rathauses die Spießknechte mit der verhaßten Stange ankommen, dieselbe mitten auf dem Platze aufpflanzen und unter Trommelschlag das Gesetz verkünden. Der Platz wurde jetzt geräumt, das sämtliche Volk, mit und ohne Kostüm, an die Seiten verwiesen, und vor allen Fenstern, auf Treppen, Holzgalerien und Dächern wimmelte die Menge. Bei der Stange schritten die beiden Wachen auf und ab; jetzt kam der Tell mit seinem Knaben über den Platz gegangen, von rauschendem Beifall begrüßt; er hielt das Gespräch mit dem Kinde nicht, sondern wurde bald in den schlimmen Handel mit den Schergen verwickelt, dem das Volk mit gespannter Aufmerksamkeit zusah, indessen Anna und ich nebst anderm zwingherrlichen Gelichter uns zur Hintertür hinausbegaben und zu Pferde stiegen, da es Zeit war, uns mit dem Geßlerschen Jagdzuge zu vereinigen, der schon vor dem Tore hielt. Wir ritten nun unter Trompetenklang herein und fanden die Handlung in vollem Gange, den Tell in großen Nöten und das Volk in lebhafter Bewegung und nur zu geneigt, den Helden seinen Drängern zu entreißen. Doch als der Landvogt seine Rede begann, wurde es still. Die Rollen wurden nicht theatralisch und mit Gebärdenspiel gesprochen, sondern mehr wie die Reden in einer Volksversammlung, laut, eintönig und etwas singend, da es doch Verse waren; man konnte sie auf dem ganzen Platze vernehmen, und wenn jemand, eingeschüchtert, nicht verstanden wurde, so rief das Volk: »Lauter, lauter!« und war höchst zufrieden, die Stelle noch einmal zu hören, ohne sich die Illusion stören zu lassen.

So erging es auch mir, als ich einiges zu sprechen hatte: ich wurde aber glücklicherweise durch einen komischen Vorgang unterbrochen. Es trieben sich nämlich ein Dutzend Vermummte der alten Sorte herum, arme Teufel, welche weiße Hemden über ihre ärmlichen Kleider gezogen hatten, ganz mit bunten Läppchen besetzt; auf dem Kopfe trugen sie hohe kegelförmige Papiermützen, mit Fratzen bemalt, und vor dem Gesicht ein durchlöchertes Tuch. Dieser Anzug war sonst die allgemeine Vermummung gewesen zur Fastnachtszeit und in derselben allerlei Spaß getrieben worden; auch liebten die armen Butzen die neueren Spiele nicht, da sie in dieser seltsamen Maskierung sich Gaben zu sammeln gewohnt und daher für deren Erhaltung begeistert waren. Sie stellten gewissermaßen den Rückschritt und die Verkommenheit vor und tanzten jetzt wunderlich genug mit Pritschen und Besen umher. Besonders zwei derselben störten das Schauspiel, als ich eben reden sollte, indem sie einander am Rückteile des Hemdes herumzerrten, welches mit Senf bestrichen war. Jeder hielt eine Wurst in der Hand und rieb sie, eh er einen Biß tat, an dem Hemde des andern, während sie fortwährend sich im Kreise drehten, wie zwei Hunde, die einander nach dem Schwanze schnappen. Auf diese Weise tanzten sie zwischen Geßler und Tell vorbei und glaubten wunder was zu tun in ihrer Unwissenheit; auch erfolgte ein schallendes Gelächter, weil das Volk im ersten Augenblicke seinen alten Nücken nicht widerstehen konnte. Doch alsobald erfolgten auch derbe Püffe und Stöße mit Schwertknäufen und Partisanen; die erschrockenen Spaßmacher suchten sich unter die Zuschauer zu retten, wurden aber überall mit Gelächter zurückgestoßen, so daß sie längs der fröhlichen Reihen kein Unterkommen fanden und ängstlich umherirrten, mit zerzausten Mützen und furchtsam ihre Verhüllung an das Gesicht drückend, damit sie nicht erkannt würden. Anna empfand Mitleiden mit ihnen und beauftragte Rudolf den Harras und mich, den mißhandelten Fratzen einen Ausweg zu verschaffen, und so wurde ich meiner Rede enthoben. Dies störte übrigens nicht, da man gar nicht die Worte zählte und manchmal sogar die Schillerschen Jamben mit eigenen Kraftausdrücken verzierte, so wie es die Bewegung eben mit sich brachte. Doch machte sich der Volkshumor im Schoße des Schauspieles selbst geltend, als es zum Schusse kam.

Hier war seit undenklichen Zeiten, wenn bei Aufzügen die Tat des Tell auf alte Weise vorgeführt wurde, der Scherz üblich gewesen, daß der Knabe während des Hin- und Herredens den Apfel vom Kopfe nahm und zum großen Jubel des Volkes gemütlich verspeiste. Dies

Vergnügen war auch hier wieder eingeschmuggelt worden, und als Geßler den Jungen grimmig anfuhr, was das zu bedeuten hätte, erwiderte dieser keck: »Herr! Mein Vater ist ein so guter Schütz, daß er sich schämen würde, auf einen so großen Apfel zu schießen! Legt mir einen auf, der nicht größer ist, als Euere Barmherzigkeit, und der Vater wird ihn umso besser treffen!«

Als der Tell schoß, schien es ihm fast leid zu tun, daß er nicht seine Kugelbüchse zur Hand hatte und nur einen blinden Theaterschuß absenden konnte. Doch zitterte er wirklich und unwillkürlich, indem er anlegte, so sehr war er von der Ehre durchdrungen, diese geheiligte Handlung darstellen zu dürfen. Und als er dem Tyrannen den zweiten Pfeil drohend unter die Augen hielt, während alles Volk in atemloser Beklemmung zusah, da zitterte seine Hand wieder mit dem Pfeile, er durchbohrte den Geßler mit den Augen, und seine Stimme erhob sich einen Augenblick lang mit solcher Gewalt der Leidenschaft, daß Geßler erblaßte und ein Schrecken über den ganzen Markt fuhr. Dann verbreitete sich ein frohes Gemurmel, tief tönend, man schüttelte sich die Hände und sagte, der Wirt wäre ein ganzer Mann, und solange wir solche hätten, tue es nicht not!

Doch wurde der wackere Mann einstweilen gefänglich abgeführt, und die Menge strömte aus dem Tore nach verschiedenen Seiten, um anderen Auftritten beizuwohnen oder sich sonst nach Belieben umherzutreiben. Viele blieben auch im Orte, um dem Klange der Geigen nachzugehen, welche da und dort sich hören ließen.

Um die Mittagsstunde machte sich aber alles bereit, auf dem Rütli einzutreffen, wo der Bund beschworen wurde, mit Weglassung der Schillerschen Stellen, die sich auf die Nacht bezogen. Eine schöne Wiese an dem breiten Fluß, von ansteigendem Gehölz umschlossen, war dazu bestimmt, wie der Fluß auch überhaupt den See ersetzen mußte und den Fischern und Schiffleuten zum Schauplatz diente. Anna setzte sich zu ihrem Vater in das Gefährt, ich ritt nebenher, und so begaben wir uns gemächlich auf den Weg dahin, um als Zuschauer auszuruhen und ausruhend zu genießen. Auf dem Rütli ging es sehr ernst und feierlich her; während das bunte Volk auf den Abhängen unter den Bäumen umhersaß, tagten die Eidgenossen in der Tiefe. Man sah dort die eigentlichen wehrbaren Männer mit den großen Schwertern und Bärten, kräftige Jünglinge mit Morgensternen und die drei Führer in der Mitte. Alles begab sich auf das beste und mit vielem Bewußtsein, der Fluß wogte breit glänzend und zufrieden vorüber; nur tadelte der Schulmeister, daß die Jungen und die Alten bei der feierlichen Handlung kaum die Pfeifen aus dem Munde täten und der Pfarrer Rösselmann unaufhörlich schnupfte.

Als der Schweizerbund unter donnerndem Zuruf des lebendigen Berges umher beschworen war, setzte sich die ganze Menge, Zuschauer und Spieler untereinander gemischt, in Bewegung; der größte Teil wogte wie eine Völkerwanderung nach dem Städtchen, wo ein einfaches Mahl bereitet und fast jedes Haus in eine Herberge umgewandelt war, sei es für Freunde und Bekannte, sei es für Fremde gegen einen billigen Zehrpfennig; denn so unbefangen, wie wir die Aufzüge des Stückes durcheinander geworfen, hielten wir auch für gut, sie durch eine Erholungsstunde zu unterbrechen, um nachher die gewaltsamen Schlußereignisse mit desto frischerem Mute herbeizuführen. Die Wirte hatten in Betracht des ungewöhnlich warmen Wetters rasch den inneren Raum des Städtchens in einen Speisesaal umgeschaffen; lange Tischreihen waren errichtet und gedeckt für diejenigen der »Verkleideten« und sonstigen Ehrenpersonen, die das gemeinsame Essen teilen wollten; die übrigen besetzten die Häuser und viele einzelne vor diese gestellten Tische. So gewann das Städtchen doch wieder das Ansehen einer einzigen Familie; aus allen Fenstern blickten die abgesonderten Gesellschaften auf die große Haupttafel, und diejenigen vor den Häusern sahen bald wie deren Verzweigungen aus. Den Stoff zu den lauten Gesprächen lieh die allgemeine Theaterkritik, die sich über alle Tische verbreitete, und deren mündliche Artikel die Künstler selbst verfaßten. Diese Kritik befaßte sich weniger mit dem Inhalte des Dramas und der Darstellung desselben, als mit dem romantischen Aussehen der Helden und der Vergleichung mit ihrem gewöhnlichen Behaben. Daraus entstanden hundert scherzhafte Beziehungen und Anspielungen, von denen kaum der Tell allein freigehalten wurde; denn dieser schien unangreifbar. Aber der Tyrann Geßler geriet in ein solches Kreuzfeuer, daß er in der Hitze des Gefechtes einen kleinen Rausch trank und seinen blinden Ingrimm bald auf sehr natürliche Weise darzustellen imstande war.

Aber dies alles belustigte mich nicht sehr, da ich mich genug um Anna zu kümmern hatte. Sie saß am Ehrenplatze zwischen ihrem Vater und dem Regierungsstatthalter, gegenüber dem Tell und seiner wirklichen anwesenden Ehefrau. Nachdem sie schon ihrer reizenden und vornehmen Erscheinung wegen die allgemeine Aufmerksamkeit erregt, machte sich nun auch der ehrbare Ruf ihres Vaters, ihre feine Erziehung und im Hintergrunde ihr artiges Erbe geltend; ich mußte zu meiner großen Bekümmernis sehen, wie der Platz, wo sie saß, von allerhand hoffnungsvollen Gesellen belagert wurde, ja wie fast alle vier Fakultäten sich bestrebten, dem gravitätischen Schulmeister zu Gefallen zu leben, da ein junger Landarzt, ein Gerichtsschreiber, ein Pfarrvikar und ein studierter Landwirt sich herbeigemacht hatten und schließlich alle der Anna ihre Visitenkarten schenkten, die sie beim Abgang von der Schule hatten stechen lassen. Alle waren stattliche blühende Bursche mit einer behaglichen Zukunft, während ich einen Beruf gewählt hatte, der nach allgemeinen Begriffen mit ewiger Armut verbunden sein sollte. Ich entdeckte daher zum erstenmal mit Schrecken, welch einer geschlossenen Macht ich gegenüberstand, und ich geriet, hinter Annas Sitz stehend, in eine trübe Verfinsterung und wollte mich wegwenden.

Auf einmal kehrte sich Anna um und bat mich, ihr die Karten aufzubewahren; sie bemerkte lächelnd, ich möchte ja recht Sorge dazu tragen, und als ich sie einsteckte, war mir, als ob ich alle vier Helden in der Tasche trüge.

Fünfzehntes Kapitel

Tischgespräche

Während man nun von allen Seiten aufbrach, hatte sich in unserer Nähe, wo der Statthalter, Wilhelm Tell, der Wirt, und andere Männer von Gewicht saßen, eine bedächtige Unterhaltung entsponnen. Es handelte sich um die Richtung einer neuen Landstraße, welche von der Hauptstadt her durch diese Gegend an die Grenze geführt werden sollte. Zwei verschiedene Pläne standen sich in bezug auf unser engeres Gebiet entgegen, welche mit gleichwiegenden Vorteilen und Schwierigkeiten verbunden waren; die eine Richtung ging über eine gedehnte Anhöhe, fast zusammenfallend mit einer älteren Straße zweiten Ranges, mußte aber im Zickzack geführt werden und stellte bedeutende Kosten in Aussicht; die andere ging mehr gerad und eben über den Fluß, allein hier war das anzukaufende Land teurer und überdies ein Brückenbau notwendig, so daß die Kosten sich also gleich kamen, während die Verkehrsverhältnisse sich ebenfalls ziemlich gleich stellten. Aber an der älteren Straße auf der Anhöhe lag das Gasthaus des Tell, weit hinschauend und viel besucht von Geschäftsmännern und Fuhrleuten; durch die große Straße in der Niederung würde sich der Verkehr dort hingezogen haben und das alte berühmte Haus vereinsamt worden sein; daher sprach sich der wackere Tell, an der Spitze eines Anhanges anderer Bewohner der Anhöhe, energisch für die Notwendigkeit aus, daß die neue Straße über dieselbe gezogen werde. In der Tiefe hingegen hatte ein reicher Holzhändler, die Schiffahrt abwärts benutzend, seine weitläufigen Räume angelegt, dem nun die Straße zum Transport aufwärts unentbehrlich schien. Er war seit einer Reihe von Jahren Mitglied des Großen Rates und einer jener Männer, die weniger ideellen Stoff in eine gesetzgebende Behörde bringen, als durch geschäftliche Sach- und Lokalkenntnis ebenso schlichte als unentbehrliche und darum stehende Erscheinungen in denselben und allen Parteien gleichmäßig von Nutzen sind. Er war radikal und stimmte in den politischen Fragen im Sinne des Fortschrittes, aber ohne viel Umstände, indem er mehr durch sein Beispiel, als durch Reden wirkte. Nur wenn eine Frage in den Geldbeutel eingriff, pflegte er die Debatte mit genauen Erörterungen und Bedenklichkeiten aufzuhalten; denn auch der Freisinn war ihm ein Geschäft und er der Meinung, mit den Ersparnissen, die man an den Kosten von sechs Unternehmungen erzielt, könne man eine siebente obendrein ermöglichen. Er wollte die Sache der Freiheit und Aufklärung nach der Weise eines klugen Fabrikanten betrieben wissen, welcher nicht darauf ausgeht, mit ungeheuren Kosten auf Ein Mal ein kolossales Prachtgebäude herzustellen, in welchem er die Arbeiter zur Not beschäftigen könnte, sondern der es vorzieht, unscheinbare räucherige Gebäude, Werkstatt an Werkstatt, Schuppen an Schuppen zu reihen, wie es Bedürfnis und Gewinn erlauben, bald provisorisch, bald solid, nach und nach, aber immer rascher mit der Zeit, daß es raucht und dampft, pocht und hämmert an allen Ecken, während jeder Beschäftigte in dem lustigen Wirrsal seinen Griff und Tritt kennt. Deswegen eiferte er immer gegen die schönen großen Schulhäuser, gegen die erhöhten Besoldungen der Lehrer und dergleichen, weil ein Land, welches mit einer Menge bescheidener, mit wenigen guten Mitteln versehener Schulstuben gespickt sei, in bequemer Nähe überall, wo ein paar Kinder wohnen, und wo an allen Ecken und Enden tapfer und emsig gelernt würde in aller Unscheinbarkeit, erst die wahre Kultur aufzeige. Der prahlerische Aufwand, behauptete der Holzhändler, behindere nur die tüchtige Bewegung; nicht ein goldenes Schwert tue not, dessen mit Edelsteinen besetzter Griff die Hand drücke, sondern eine scharfe leichte Axt, deren hölzerner Stiel, vom rüstigen Gebrauche geglättet, der Hand vollkommen gerecht sei zur Verteidigung wie zur Arbeit, und die ehrwürdige Politur an einem solchen Axtstiele sei ein viel schönerer Glanz, als Gold und Steine jenes Schwertgriffes darböten. Ein Volk, welches Paläste baue, bestelle sich nur zierliche Grabsteine, und der Wandelbarkeit könne noch am besten widerstanden werden, wenn man sich unter ihrem Panier schlau durch die Zeit bugsiere, leicht und behende; erst ein Volk, das dies begriffen, immer bewaffnet und marschfertig, ohne unnützes Gepäck, aber mit gefüllter Kriegskasse versehen, dessen Tempel, Palast, Festung und Wohnhaus in Einem Stück das leichte, luftige und doch unzerstörbare Wanderzelt seiner geistigen Erfahrung und Grundsätze sei, überall mitzuführen und aufzuschlagen, könne sich Hoffnung auf wahre Dauer machen, und selbst seinen geographischen Wohnsitz vermöge ein solches länger zu behaupten. Besonders von den Schweizern wäre es ein Unsinn, wenn sie ihre Berge mit schönen Gebäuden bekleben wollten; höchstens am Eingange wären allenfalls ein paar ansehnliche Städte zu dulden, sonst aber müßten wir es ganz der Natur überlassen, die Honneurs zu machen; dies sei nicht nur das Billigste, sondern auch das Klügste. Von den Künsten ließ er einzig Beredsamkeit und Gesang gelten, weil sie seinem »Wanderzelte« entsprachen, nichts kosten und keinen Platz einnehmen. Sein eigenes Besitztum sah ganz nach seinen Grundsätzen aus; Brenn-

und Bauholz, Kohlen, Eisen und Steine bildeten in mächtigen Vorräten eine große Lagerstatt; dazwischen grünten kleine und große Gärten, denn wenn ein Platz für einen Sommer frei war, so wurde schnell Gemüse darauf gepflanzt; hie und da beschatteten große Tannen, die er noch hatte stehen lassen, eine Sägemühle oder Schmiede. Sein Wohnhaus lag mehr wie eine Arbeiterhütte, als wie ein Herrenhaus dazwischen hingeworfen, und seine Frauensleute mußten für ein bescheidenes Ziergärtchen einen fortwährenden Krieg führen und mit demselben stets um das Haus herum flüchten; bald wurde es an diese, bald an jene Ecke geschoben, von Hecken oder Geländern war auf dem ganzen Grundstück nichts zu sehen. Es lag ein großer Reichtum darin, aber dieser änderte täglich seine äußere Gestalt; selbst die Dächer von den Gebäuden verkaufte der Mann manchmal, wenn sich günstige Gelegenheit bot, und doch saß er seit langer Zeit auf diesem Besitze, und die fragliche Straße schien ihm die Krone aufzusetzen; denn eine gute Straße dünkte ihn das beste Ding von der Welt, nur müsse sie ohne kostspielige Meilenzeiger und ohne Akazienbäumchen und derlei Firlefanz sein. Auch war er fast immer auf der Straße in einem leichten, einfachen, aber vortrefflichen Fuhrwerke, dessen Remise ebenfalls auf steter Wanderung begriffen war und lediglich aus losen Bauhölzern bestand. Der Holzhändler meinte nun, der Wirt müssen oben seine Hütte zuschließen und einen Gasthof unten an die neue Straße und Brücke bauen, wo ein bedeutenderer Verkehr zu erwarten wäre, da hier noch die Schiffleute hinzukämen. Allein der Wirt war der entgegengesetzten Gesinnung. Er saß in dem Hause seiner Väter, welches seit alten Zeiten immer ein Gasthaus gewesen; von seiner sonnigen Höhe pflegte er weit über das Land hinzublicken, und das Haus hatte er mit schönen Schweizergeschichten bemalen lassen. Von der Verteidigung mit einer schlechten Axt wollte er nichts hören, dieselbe sei höchstens zum gelegentlichen Erschlagen eines Wolfenschießen gut; sonst bedurfte er einer trefflichen und fein gearbeiteten Büchse, ihre Handhabung war ihm der edelste Zeitvertreib. Er war auch der Meinung, ein freier Bürger müsse arbeiten und sorgen, sich ein unabhängiges Auskommen zu schaffen und zu erhalten, aber nicht mehr, als nötig sei; und wenn die Sache in sicherem Gange, so zieme dem Mann eine anständige Ruhe, ein vernünftiges Wort beim Glase Wein, eine erbauliche Betrachtung der Vergangenheit des Landes und seiner Zukunft. Er betrieb einen beschränkten Weinhandel, nur mit gutem und wertvollem Wein, mehr gelegentlich als geschäftsmäßig, und in seinem Hause ging alles seinen Weg, ohne daß er viel umhersprang. Auch er war ein Mann des Rates und der Tat, aber mehr in der moralischen Welt, und in politischen Dingen ein einflußreicher Volksmann, obgleich er nicht im Großen Rate saß. Bei den Wahlen hörten viele auf ihn; daher mochte die Regierung ihn so wenig gegen sich aufbringen als den Holzhändler. Der Statthalter hatte jetzo die Gelegenheit ergriffen, zwischen den beiden Männern über fraglichen Straßenbau eine Verständigung herbeizuführen. Als ein freundlicher und wohlbeleibter Mann mit einem hübschen Gesichte und vornehm grauen Haaren, welche an Puder erinnerten, trug er feine Wäsche und einen feinen Rock, an der weißen Hand goldene Ringe, und lachte gern. Immer war er gelassen, führte seine Geschäfte mit Festigkeit durch, ohne sich auf die Gewalt zu berufen und als Regierungsperson zu brüsten. Staatswissenschaftlich gebildet, zeigte er davon jederzeit nur, so viel nötig war, und tat dies auf eine Weise, als ob er den Bauern nur etwas erzählte, das er zufällig erfahren und sie ebensogut wissen könnten, wenn es sich just gefügt hätte. Mit seinem feinen Rock und seinen Manschetten ging er überall hin, wo ein Bauersmann hinging, nahm seinen Putz nicht in acht dabei und verdarb ihn doch nicht. Zu den Leuten verhielt er sich nicht wie ein Vogt zu seinen Untergebenen, oder wie ein Offizier zu seinen Soldaten, auch nicht wie ein Vater zu den Kindern oder ein Patriarch zu seinen Hirten, sondern unbefangen wie ein Mann, der mit dem andern ein Geschäft zu verrichten und eine Pflicht zu erfüllen hat. Er strebte weder herablassend noch leutselig zu sein, am wenigsten suchte er den besoldeten Diener des Volkes zu affektieren. Seine Festigkeit gründete er nicht auf die Amtsehre, sondern auf das Pflichtgefühl; doch wenn er nicht *mehr* sein wollte als ein anderer, so wollte er auch nicht weniger sein.

Und doch war er kein unabhängiger Mann; einer reichen, aber verschwenderischen Familie entsprossen und in seiner Jugend selbst ein lustiger Vogel, kehrte er mit erlangter Besonnenheit gerade in das väterliche Haus zurück, als dasselbe in Verfall geriet; so sah sich der junge Mann genötigt, gleich ein Amt zu suchen, und war endlich unter vielen Wechseln und Erfahrungen einer von denen geworden, die ohne ihr Amt Bettler und also Regierungspersonen von Profession sind. Er konnte aber als eine Ehrenrettung und Verklärung dieser verrufenen Lebensart gelten; den ersten Schritt hatte er in der Jugend und in der Not getan, und als es nachher nicht mehr zu ändern war, zog er sich wenigstens mit Ehre und wahrer Klugheit aus der Sache. Der Schulmeister pflegte von ihm zu sagen, er sei einer von den wenigen, die durch das Regieren weise werden.

Doch alle Weisheit half ihm jetzt nicht, den Holzhändler und den Wirt zu einer Verständigung zu bringen, damit er der Regierung berichten könne, welcher Zug der Straße in der Gegend allgemein gewünscht werde. Jeder der beiden Männer verteidigte hartnäckig seinen Vorteil; der Holzhändler hielt sich schlechtweg an den Vernunftgrund, daß die Wahl zwischen einer ebenen und geraden Linie und zwischen einem Berge heutzutage unzweifelhaft sein müsse, und barg so seinen eigenen Vorteil hinter die Vernunft; auch ließ er merken, daß er als Mitglied der Behörde jener zum Siege zu verhelfen hoffe. Der Wirt dagegen sagte geradezu, er wolle sehen, ob er es um den Staat verdient habe, daß man ihm das Haus seiner Väter in eine Einöde setze! Herabzusteigen und an dem feuchten Wasser sich anzunisten, wie ein Fischotter, dazu werde man ihn nicht überreden; oben, wo es trocken und sonnig, sei er geboren, und dort werde er auch bleiben! Hierauf versetzte sein Gegner lächelnd: Das möge er unbehindert tun und von der Freiheit träumen, während er ein Untertan seiner Vorurteile sei; andere zögen es vor, in der Tat frei zu sein und sich munter umherzutreiben.

Schon fing die Gelassenheit an zu weichen und bei den beiderseitigen Anhängern Worte wie: Starrsinn und Eigennutz! laut zu werden, als ein fröhlicher Haufe den Tell zur Fortsetzung seiner Taten abholte, denn er sollte noch auf die Platte springen und den Vogt erschießen. Etwas zornig brach er auf, indes auch die übrigen sich zerstreuten und nur Anna mit ihrem Vater und ich sitzen blieben. Die Unterredung hatte einen peinlichen Eindruck auf mich gemacht; besonders am Wirt verletzte mich dies unverhohlene Verfechten des eigenen Vorteiles, an diesem Tage und in so bedeutungsvollem Gewande; solche Privatansprüche an ein öffentliches Werk, von vorleuchtenden Männern mit Heftigkeit unter sich behauptet, das Hervorkehren des persönlichen Verdienstes und Ansehens widersprachen durchaus dem Bilde, welches von dem unparteiischen Wesen des Staates in mir lebte und das ich mir auch von den berühmten Volksmännern gemacht hatte. Ich äußerte diesen Eindruck in vorlauten Worten gegen Annas Vater, hinzufügend, daß mir der Vorwurf der Kleinlichkeit, des Eigennutzes und der Engherzigkeit, welcher den Schweizern zuweilen gemacht würde, nun bald gerecht erschiene. Der Schulmeister milderte in etwas meinen Tadel und forderte mich zur Duldsamkeit auf mit der menschlichen Unvollkommenheit, welche auch diese sonst wackeren Männer überschatte. Übrigens, meinte er, sei nicht zu leugnen, daß unsere Freiheitsliebe noch zu sehr ein Gewächs der Scholle sei und daß unseren Fortschrittsmännern die wahre Religiosität fehle, welche in das schwere politische Leben jenen heiteren, frommen, liebevollen Leichtsinn bringe, der aus warmem Gottvertrauen entspringe und erst die rechte Opferfreudigkeit, die allerfreieste Beweglichkeit von Leib und Seele möglich mache. Wenn unsere fleißigen Männer einmal einsähen, daß im Evangelio noch eine viel aufgewecktere und schönere Beweglichkeit gelehrt würde, als diejenige sei, welche der Holzhändler predige, so werde das Politisieren noch viel erklecklicher von statten gehen und erst die reifen Früchte bringen. Ich wollte eben hiegegen mein rundes Veto einlegen, als jemand mir auf die Achsel klopfte; als ich mich umwandte, stand der Statthalter hinter uns, welcher freundlich sagte: »Obgleich ich nicht der Ansicht bin, daß man in einer guten Republik stark auf die Meinungen der Jugend achte, solange die Alten das Salz nicht verloren haben und Toren geworden sind, so will ich doch versuchen, junger Herr! Eueren Kummer zu lindern, damit Euch über vermeintlichen trüben Erfahrungen nicht dieser schöne Tag zu schanden gehe; zudem habt Ihr noch nicht einmal jenes Jugendalter erreicht, welches ich eigentlich meine, und da Ihr schon so kräftig zu tadeln wißt, so versteht Ihr gewiß noch ebensogut zu lernen. Vor allem freut es mich, Euch in betreff der beiden Männer, welche soeben weggingen, Euren Mut wieder aufzurichten; es mögen allerdings nicht alle gleich sein in unserem Schweizerlande; doch vom Herrn Kantonsrat, wie vom Leuenwirt mögt Ihr sicher glauben, daß sie Hab und Gut sowohl dem Lande in Gefahr hingeben, als es einer für den andern opfern würden, wenn er ins Unglück geriete, und das vielleicht gerade desto unbedenklicher, als dieser andere sich heute kräftiger um die Straße gewehrt hat. Sodann merkt Euch für Eure künftigen Tage: Wer seinen Vorteil nicht mit unverhohlener Hand zu erringen und zu wahren versteht, der wird auch nie imstande sein, seinem Nächsten aus freier Tat einen Vorteil zu verschaffen! Denn es ist (hier schien sich der Statthalter mehr an den Schulmeister zu wenden) ein großer Unterschied zwischen dem freien Preisgeben oder Mitteilen eines erworbenen, errungenen Gutes, und zwischen dem trägen Fahrenlassen dessen, was man nie besessen hat oder zu verteidigen zu blöd ist. Jenes gleicht dem großmütigen Gebrauche eines wohlerworbenen Vermögens, dieses aber der Verschleuderung ererbter oder gefundener Reichtümer. Einer, der immer und ewig entsagt, überall sanftmütig hintenansteht, mag ein guter harmloser Mensch sein; aber niemand wird es ihm Dank wissen und von ihm sagen: Dieser hat mir einen Vorteil verschafft! Denn so etwas kann, wie schon gesagt, nur der tun, der den Vorteil erst zu erwerben und zu behaupten weiß. Wo man das aber mit frischem Mute und ohne Heuchelei tut, da scheint mir Gesundheit zu herrschen, und gelegentlich ein tüchtiger Zank um den Vorteil ein Zeichen von Gesundheit zu sein. Wo man nicht frei heraus für seinen Nutzen und für sein Gut einstehen kann, da möchte ich mich nicht niederlassen; denn da ist nichts zu erholen, als die magere Bettelsuppe der Verstellung, der Gnadenseligkeit und der romantischen Verderbnis; da entsagen alle, weil allen die Trauben zu sauer sind, und die Fuchsschwänze schlagen mit bittersüßem Wedeln um die dürren Flanken. Was aber die Meinung der Fremden betrifft (hier wandte er sich wieder mehr an mich), so werdet Ihr einst auf Euren Reisen lernen, weniger darauf zu achten!«

Nach dieser Rede schüttelte uns der Statthalter die Hände und entfernte sich. Ich war indessen nicht überzeugt worden, so wenig als dem Schulmeister die Wendung des Gespräches zu behagen schien. Doch kamen wir darin überein, daß er ein liebenswürdiger und kluger Mann sei, und indem ich ihm, mich durch seine Ansprache geehrt fühlend, wohlwollend nachblickte, pries ich ihn gegen den Schulmeister als einen verdienstvollen und daher gewiß glücklichen Mann. Der Schulmeister schüttelte aber den Kopf und meinte, es wäre nicht alles Gold, was glänze. Er hatte seit einiger Zeit angefangen, mich zu duzen, und fuhr daher jetzt fort: »Da du ein nachdenklicher Jüngling bist, so gebührt es dir auch, einen Blick in das Leben der Menschen zu gewinnen; denn ich halte dafür, daß die Kenntnis recht vieler Fälle und Gestaltungen jungen Leuten mehr nützt, als alle moralischen Theorien; diese kommen erst dem Manne von Erfahrung zu, gewissermaßen als eine Entschädigung für das, was nicht mehr zu ändern ist. Der Statthalter eifert nur darumso sehr gegen das, was er Entsagung nennt, weil er selbst eine Art Entsagender ist, das heißt weil er selbst diejenige Wirksamkeit geopfert hat, die ihn erst glücklich machen würde und seinen Eigenschaften entspräche. Obgleich diese Selbstverleugnung in meinen Augen eine Tugend ist und er in seiner jetzigen Wirksamkeit so verdienstlich und nützlich dasteht, als er es kaum anderswie könnte, so ist er doch nicht dieser Meinung, und er hat manchmal so düstere und prüfungsreiche Stunden, wie man es seiner heiteren und freundlichen Weise nicht zumuten würde. Von Natur nämlich ist er ebenso feuriger Gemütsart, als von einem großen und klaren Verstande begabt, und daher mehr dazu geschaffen, im Kampfe der Grundsätze beim Aufeinanderplatzen der Geister einen tapferen Führer abzugeben und im Großen Menschen zu bestimmen, als in ein und demselben Amte ein stehender Verwalter zu sein. Allein er hat nicht den Mut, auf einen Tag brotlos zu werden; er hat gar keine Ahnung davon, wie sich die Vögel und die Lilien des Feldes ohne ein fixes Einkommen nähren und kleiden, und daher hat er sich der Geltendmachung seiner eigenen Meinungen begeben. Schon mehr als einmal, wenn durch den Parteienkampf Regierungswechsel herbeigeführt wurden und der siegende Teil den unterlegenen durch ungerechte Maßregeln zwacken wollte, hat er sich wie ein Ehrenmann in seinem Amte dagegen gestemmt; aber das, was er seinem Temperament nach am liebsten getan hätte, nämlich der Regierung sein Amt vor die Füße zu werfen, sich an die Spitze einer Bewegung zu stellen und mittelst seiner Einsicht und seiner Energie die Gewalthaber wieder dahin zu jagen, von wannen sie gekommen: das hat er unterlassen, und dies Unterlassen kostet ihn zehnmal mehr Mühe, als seine ununterbrochene arbeitsvolle Amtsführung. Den Landleuten gegenüber braucht er nur zu leben, wie er es tut, um in seiner Würde fest zu stehen. Bei den Behörden aber und in der Hauptstadt braucht er manches verbindliche Lächeln, manche, wenn auch noch so unschuldige Schnörkelei, wo er lieber sagen würde: Herr! Sie sind ein großer Narr! oder: Herr! Sie scheinen ein Spitzbube zu sein! Denn wie gesagt, er hat ein dunkles Grauen vor dem, was man Brotlosigkeit nennt.«

»Aber zum Teufel!« sagte ich, »sind denn unsere Herren Regenten zu irgend einer Zeit etwas anderes, als ein Stück Volk, und leben wir nicht in einer Republik?«

»Allerdings, mein lieber Sohn!« erwiderte der Schulmeister; »allein es bleibt eine wunderbare Tatsache, wie besonders in neuerer Zeit ein solches Stück Volk, ein repräsentativer Körper durch den einfachen Prozeß der Wahl sogleich etwas ganz merkwürdig Verschiedenes wird, einesteils immer noch Volk, und andernteils etwas dem ganz Entgegengesetztes, fast Feindliches wird. Es ist wie mit einer chemischen Materie, welche durch das bloße Eintauchen eines Stäbchens, ja sogar durch bloßes Stehen auf geheimnisvolle Weise sich in ihren Verbindungen verändert. Manchmal will es fast scheinen, als ob die alten patrizischen Regierungen mehr den Grundcharakter ihres Volkes zu zeigen und zu bewahren vermochten. Aber lasse dich ja nicht etwa verführen, unsere repräsentative Demokratie nicht für die beste Verfassung zu halten! Besagte Erscheinung dient bei einem gesunden Volke nur zu einer wohltätigen Heiterkeit, da es sich mit aller Gemütsruhe den Spaß macht, die wunderbar verwandelte Materie manchmal etwas zu rütteln, die Phiole gegen das Licht zu halten, prüfend hindurch zu gucken, und sie am Ende doch zu seinem Nutzen zu verwenden.«

Den Schulmeister unterbrechend, fragte ich, ob denn der Statthalter als ein Mann von solchen Kenntnissen und solchem Verstande sich nicht reichlicher durch eine Privattätigkeit ernähren könnte als durch ein Amt? Worauf er antwortete: »Daß er dies nicht kann oder nicht zu können glaubt, ist wahrscheinlich eben das Geheimnis seiner Lebenslage! Der freie Erwerb ist eine Sache, für welche manchen Menschen der Sinn sehr spät, manchen gar nie aufgeht. Vielen ist es ein einfacher Tick, dessen Verständnis ihnen durch ein Handumdrehen, durch Zufall und Glück gekommen, vielen ist es eine langsam zu erringende Kunst. Wer nicht in seiner Jugend durch Übung und Vorbild seiner Umgebung, sozusagen durch die Überlieferung seines Geburtshauses, oder sonst im rechten Moment den rechten Fleck erwischt, wo der Tick liegt, der muß manchmal bis in sein vierzigstes oder fünfzigstes Jahr ein umhergeworfener und bettelhafter Mensch sein, oft stirbt er als ein sogenannter Lump. Viele Personen des Staates, welche zeitlebens tüchtige Angestellte waren, haben keinen Begriff vom Erwerbe; denn alle öffentlich Besoldeten bilden unter sich ein Phalansterium, sie teilen die Arbeit unter sich, und jeder bezieht aus den allgemeinen Einkünften seinen Lebensbedarf ohne weitere Sorge um Regen oder Sonnenschein, Mißwachs, Krieg oder Frieden, Gelingen oder Scheitern. Sie stehen so als eine ganz verschiedene Welt dem Volke gegenüber, dessen öffentliche Einrichtung sie verwalten. Diese Welt hat für solche, die von jeher darin lebten, etwas Entnervendes in bezug auf die Erwerbsfähigkeit. Sie kennen die Arbeit, die Gewissenhaftigkeit, die Sparsamkeit, aber sie wissen nicht, wie die runde Summe, welche sie als Lohn erhalten, im Wind und Wetter der Konkurrenz zusammengekommen ist. Mancher ist sein Leben lang ein fleißiger Richter und Exekutor in Geldsachen gewesen, der es nie dazu brächte, einen Wechsel auszustellen und rechtzeitig einzulösen. Wer essen will, der soll auch arbeiten; ob aber der verdiente Lohn der Arbeit sicher und ohne Sorgen sein, oder ob er außer der einfachen Arbeit noch ein Ergebnis der Sorge, des Geschickes und dadurch zum Gewinnst werden soll, welches von beiden das Vernünftige und von höherer Absicht dem Menschen Bestimmte sei: das zu entscheiden wage ich nicht, vielleicht wird es die Zukunft tun. Aber wir haben beide Arten in unseren Zuständen und dadurch ein verworrenes Gemisch von Abhängigkeit und Freiheit und von verschiedenen Anschauungen. Der Statthalter glaubt sich abhängig und enthält sich während jeder Krise verschlossenen Sinnes gleichmäßig aller eigenen Kundgebung und weiß dabei nicht einmal, wie viele sich bemühen, hinter seinem Rücken seine innersten Gedanken zu erfahren, um sich danach zu richten.«

Ich empfand eine große Teilnahme für den Statthalter und ehrte ihn, ohne mir darüber Rechenschaft geben zu können; denn ich mißbilligte höchlich seine Scheu vor der Armut, und erst später wurde es mir klar, daß er das Schwerste gelöst habe: eine gezwungene Stellung ganz so auszufüllen, als ob er dazu allein gemacht wäre, ohne mürrisch oder gar gemein zu werden. Indessen waren mir die Reden des Schulmeisters über das Erwerben und über den rechten Tick keine liebliche Musik; es wurde mir fraglich, ob ich diesen auch erwischen würde, da ich einzusehen begann, daß für alles dies rüstige Volk die Freiheit erst ein Gut war, wenn es sich seines Brotes versichert hatte, und ich fühlte vor den langen nun leeren Tischreihen, daß selbst dieses Fest bei hungrigem Magen und leerem Beutel ein sehr trübseliges gewesen wäre.

Ich war froh, daß wir endlich aufbrachen. Annas Vater schlug vor, wir beide sollten uns zu ihm ins Fuhrwerk setzen, damit wir zusammen dem Schauspiele nachführen; doch gab sie den Wunsch zu erkennen, lieber den ausgeruhten Schimmel zu besteigen und noch ein wenig umherzureiten, da es später unter keinem Vorwande mehr geschehen würde. Hiermit war der Schulmeister auch zufrieden und erklärte: so wolle er wenigstens mit uns fahren, bis er etwa Gelegenheit finde, einer bejahrten Person den Heimweg zu erleichtern, da ihn die Jungen alle im Stiche ließen. Ich aber lief mit frohen Gedanken nach dem Hause, wo unsere Pferde standen, ließ dieselben auf die Straße bringen, und als ich Anna in den Sattel half, klopfte mir das Herz vor heftigem Vergnügen und stand wieder still vor angenehmem Schreck, weil ich voraussah, bald allein neben ihr durch die Landschaft zu reiten.

Sechzehntes Kapitel

Abendlandschaft. Berta von Bruneck

Dies traf auch ein, obgleich noch auf andere Weise, als ich es gehofft hatte. Wir waren noch nicht weit aus dem Tore, als der gastliche Schulmeister sein Wägelchen schon mit drei alten Leutchen beladen hatte und in lustigem Trabe vorausfuhr, der angenommenen hohlen

Gasse zu. Still ritten wir nun im Schritte dahin und grüßten sehr beflissen die fröhlichen Leute, denen wir begegneten, links und rechts, bis wir in die Nähe der wogenden und summenden Menge kamen und dieselbe beinahe erreichten. Da stießen wir auf den Philosophen, dessen schönes Gesichtchen vor Mutwillen glühte und den tollen Spuk verkündete, welchen er schon ausgeübt. Er war in gewöhnlicher Kleidung und trug ein Buch in der Hand, da er nebst einem anderen Lehrer das Amt eines Einbläsers übernommen, um überall zur Hand zu sein, wenn einen Helden die Erinnerung verlassen sollte. Doch erzählte er jetzt, wie die Leute gar nichts mehr hören wollten und alles von selber seinen ziemlich wilden Gang ginge; er habe daher, rief er, nun die schönste Muße, uns beiden zu der Jagdszene zu soufflieren, die wir ohne Zweifel aufzuführen so einsam ausgezogen wären; es sei auch die höchste Zeit dazu und wir wollten uns ungesäumt ans Werk machen!

Ich wurde rot und trieb die Pferde an; aber der Philosoph fiel uns in die Zügel; Anna fragte, was denn das wäre mit der Jagdszene, worauf er lachend ausrief: er werde uns doch nicht sagen müssen, was alle Welt belustige und uns ohne Zweifel mehr, als alle Welt! Anna wurde nun auch rot und verlangte standhaft zu wissen, was er meine. Da reichte er ihr das aufgeschlagene Buch, und während mein Brauner und ihr Schimmel behaglich sich beschnupperten, ich aber wie auf Kohlen saß, las sie, das Buch auf dem rechten Knie haltend, aufmerksam die Szene, wo Rudenz und Berta ihr Bündnis schließen, von Anfang bis zu Ende, mehr und mehr errötend. Die Schlinge kam nun an den Tag, welche ich ihr so harmlos gelegt, der Philosoph rüstete sich sichtbar zu endlosem Unfuge, als Anna plötzlich das Buch zuschlug, es hinwarf und höchst entschieden erklärte, sie wolle sogleich nach Hause. Zugleich wandte sie ihr Pferd und begann feldein zu reiten auf einem schmalen Fahrwege, ungefähr in der Richtung nach unserem Dorfe. Verlegen und unentschlossen sah ich ihr eine Weile nach; doch faßte ich mir ein Herz und trabte bald hinter ihr her, da sie doch einen Begleiter haben mußte; während ich sie erreichte, sang uns der Philosoph ein loses Lied nach, welches jedoch immer schwächer hinter uns verklang, und zuletzt hörten wir nichts mehr als die muntere, aber ferne Hochzeitsmusik aus der hohlen Gasse und vereinzelte Freudenrufe und Jauchzer an verschiedenen Punkten der Landschaft. Diese erschien aber durch die Unterbrechungen nur umso stiller und lag mit Feldern und Wäldern friedevoll im Glanze der Nachmittagssonne, wie im reinsten Golde. Wir ritten nun auf einer gestreckten Höhe, ich hielt mein Pferd immer noch um eine Kopflänge hinter dem ihrigen zurück, und wagte nicht, ein Wort zu sagen. Da gab Anna dem Schimmel einen kecken Schlag mit der Gerte und setzte ihn in Galopp, ich tat das gleiche; ein lauer Wind wehte uns entgegen, und als ich auf einmal sah, daß sie, ganz gerötet die balsamische Luft einatmend, vergnügt vor sich hin lächelte, den Kopf hoch aufgehalten mit dem funkelnden Krönchen, während ihr Haar waagrecht schwebte, schloß ich mich dicht an ihre Seite, und so jagten wir wohl fünf Minuten lang über die einsame Höhe dahin. Der Weg war noch halb feucht und doch fest; rechts unter uns zog der Fluß, wir blickten seine glänzende Bahn entlang; jenseits erhob sich das steile Ufer mit dunklem Walde, und darüber hin sahen wir über viele Höhenzüge weg im Nordosten ein paar schwäbische Berge, einsame Pyramiden, in unendlicher Stille und Ferne. Im Südwesten lagen die Alpen weit herum, noch tief herunter mit Schnee bedeckt, und über ihnen lagerte ein wunderschönes mächtiges Wolkengebirge im gleichen Glanze, Licht und Schatten ganz von gleicher Farbe, wie die Berge, ein Meer von leuchtendem Weiß und tiefem Blau, aber in tausend Formen gegossen, von denen eine die andere übertürmte. Das Ganze war eine senkrecht aufgerichtete glänzende und wunderbare Wildnis, gewaltig und nah an das Gemüt rückend und doch so lautlos, unbeweglich und fern. Wir sahen alles zugleich, ohne daß wir besonders hinblickten; wie ein unendlicher Kranz schien sich die weite Welt um uns zu drehen, bis sie sich verengte, als wir allmählich bergab jagten, dem Flusse zu. Aber es war uns nur, als ob wir im Traume in einen geträumten Traum träten, als wir auf einer Fähre über den Fluß fuhren, die durchsichtig grünen Wellen sich rauschend am Schiffe brachen und unter uns wegzogen, während wir doch auf Pferden saßen und uns in einem Halbbogen über die Strömung weg bewegten. Und wieder glaubten wir uns in einen andern Traum versetzt, als wir, am andern Ufer angekommen, langsam einen dunklen Hohlweg emporklommen, in welchem schmelzender Schnee lag.

Hier war es kalt, feucht und schauerlich; von den dunklen Büschen tropfte es und fielen zahlreiche Schneeklumpen, wir befanden uns ganz in einer kräftig braunen Dunkelheit, in deren Schatten der alte Schnee traurig schimmerte, nur hoch über uns glänzte der goldene Himmel. Auch hatten wir den Weg nun verloren und wußten nicht recht, wo wir waren, als es mit einem Male grün und trocken um uns wurde. Wir kamen auf die Höhe und befanden uns in einem hohen Tannenwald, dessen Stämme drei bis vier Schritte auseinander standen, auf einem dicht mit trockenem Moose bedeckten Boden und die Äste hoch oben in ein dunkelgrünes Dach verwachsen, so daß wir vom Himmel fast nichts mehr sehen konnten. Ein warmer Hauch empfing uns hier, goldene Lichter streiften da und dort über das Moos und an den Stämmen, der Tritt der Pferde war unhörbar, wir ritten gemächlich zwischen durch, um die Tannen herum, bald trennten wir uns, und bald drängten wir uns nahe zusammen zwischen zwei Säulen durch, wie durch eine Himmelspforte. Eine solche Pforte fanden wir aber gesperrt durch den quergezogenen Faden einer frühen Spinne; er schimmerte in einem Streiflichte mit allen Farben, blau, grün und rot, wie ein Diamantstrahl. Wir bückten uns einmütig darunter weg und in diesem Augenblicke kamen sich unsere Gesichter so nah, daß wir uns unwillkürlich küßten. Im Hohlweg hatten wir schon zu sprechen angefangen und plauderten nun eine Weile ganz glückselig, bis wir uns darauf besannen, daß wir uns geküßt, und sahen, daß wir rot wurden, wenn wir uns anblickten. Da wurden wir wieder still. Der Wald senkte sich nun auf die andere Seite hin und stand wieder im Schatten. In der Tiefe sahen wir ein Wasser glänzen, und die gegenüberstehende Berghalde, ganz nah, leuchtete mit Felsen und Fichten im hellen Sonnenscheine durch die dunklen Stämme, unter denen wir zogen, und warf ein geheimnisvolles Zwielicht in die schattigen Hallen unseres Tannenwaldes. Der Boden wurde jetzt so abschüssig, daß wir absteigen mußten. Als ich Anna vom Pferde hob, küßten wir uns zum zweiten Male, sie sprang aber sogleich weg und wandelte vor mir über den weichen grünen Teppich hinunter, während ich die beiden Tiere führte. Wie ich die reizende, fast märchenhafte Gestalt so durch die Tannen gehen sah, glaubte ich wieder zu träumen und hatte die größte Mühe, die Pferde nicht fahren zu lassen, um mich von der Wirklichkeit zu überzeugen, indem ich ihr nachstürzte und sie in die Arme schloß. So kamen wir endlich an das Wasser und sahen nun, daß wir uns bei der Heidenstube befanden, in einem wohlbekannten Bezirke. Hier war es womöglich noch stiller, als in dem Tannenwalde, und am allerheimlichsten; die besonnte Felswand spiegelte sich in dem reinen Wasser, über ihr kreisten drei große Habichte in der Luft, sich unaufhörlich begegnend, und das Braun auf ihren Schwingen und das Weiß an der inneren Seite wechselten und blitzten mit dem Flügelschlage und den Schwenkungen im Sonnenscheine, während wir unten im Schatten waren. Ich sah dies alles in meinem Glücke, indessen ich den guten Gäulen, welche nach dem Wasser begehrten, die Zäume abnahm. Anna erblickte ein weißes Blümchen, ich weiß nicht was für eines, brach es und trat auf mich zu, es auf meinen Hut zu stecken; ich sah und hörte jetzt nichts mehr, als wir uns zum dritten Male küßten. Zugleich umschlang ich sie mit den Armen, drückte sie mit Heftigkeit an mich und fing an, sie mit Küssen zu bedecken. Erst hielt sie zitternd einen Augenblick still, dann legte sie ihre Arme um meinen Hals und küßte mich wieder; aber bei dem fünften oder sechsten Kusse wurde sie totenbleich und suchte sich loszumachen, indessen ich ebenfalls eine sonderbare Verwandlung fühlte. Die Küsse erloschen wie von selbst, es war mir, als ob ich einen urfremden, wesenlosen Gegenstand im Arme hielte, wir sahen uns fremd und erschreckt ins Gesicht, unentschlossen hielt ich meine Arme immer noch um sie geschlungen und wagte sie weder loszulassen, noch fester an mich zu ziehen. Mich dünkte, ich müßte sie in eine grundlose Tiefe fallen lassen, wenn ich sie losließe, und töten, wenn ich sie ferner gefangen hielt; eine große Angst und Traurigkeit senkte sich auf unsere kindischen Herzen. Endlich wurden mir die Arme locker und fielen auseinander, beschämt und niedergeschlagen standen wir da und blickten auf den Boden. Dann setzte sich Anna auf einen Stein, dicht an dem klaren tiefen Wasser, und fing bitterlich an zu weinen. Erst als ich dies sah, konnte ich mich wieder mit ihr beschäftigen, so sehr war ich in meine eigene Verwirrung und in die eisige Kälte versunken, die uns überfallen hatte. Ich näherte mich dem schönen, trauernden Mädchen und suchte eine Hand zu fassen, indem ich zaghaft ihren Namen nannte. Aber sie hüllte ihr Gesicht fest in die Falten des langen grünen Kleides, fortwährend reichliche Tränen vergießend. Endlich erholte sie sich ein wenig und sagte bloß: »O! wir waren so froh bis jetzt!« Ich glaubte sie zu verstehen, weil ich ziemlich das gleiche fühlte, nur nicht so tief wie sie; daher erwiderte ich nichts, sondern setzte mich still etwas von ihr entfernt halb gegenüber, und so blickten wir mit düsterm Schweigen in das feuchte Element. Von dessen Grunde sah ich ihr Spiegelbild mit dem Krönchen heraufleuchten wie aus einer andern Welt, wie eine fremde Wasserfei, die nach einem Vertrauensbruch in die Tiefe zu fliehen droht.

Indem ich sie so gewaltsam an mich gedrückt und geküßt und sie in der Verwirrung dies erwidert, hatten wir den Becher unserer unschuldigen Lust zu sehr geneigt; sein Trank überschüttete uns mit plötzlicher Kälte, und das fast feindliche Fühlen des Körpers riß uns vollends aus dem Himmel. Diese Folgen einer so unschuldigen und herzlichen Aufwallung zwischen zwei jungen Leutchen, welche einst als Kinder schon genau dasselbe getan ohne alle Bekümmernis, würden vielen närrisch vorkommen; uns aber dünkte die Sache nicht spaßhaft, und wir saßen mit wirklichem Grame an dem Wasser, das um keinen Grad reiner war, als Annas Seele. Den wahren Grund der schreckhaften Begebenheit ahnte ich gar nicht; denn ich wußte nicht, daß in jenem Alter das rote Blut weiser sei, als der Geist, und sich von selbst zurückdämme, wenn es in ungehörige Wellen geschlagen worden. Anna hingegen mochte sich hauptsächlich vorwerfen, daß sie nun doch für ihr Nachgeben, dem Feste beizuwohnen, bestraft und ihre eigene Art und Weise gröblich und roh gestört worden sei.

Ein gewaltiges Rauschen in den Baumkronen rings umher weckte uns aus der melancholischen Versenkung, die eigentlich schon wieder an eine andere Art von schönem Glück streifte; denn meiner Erinnerung sind die letzten Augenblicke, ehe uns der starke Südwind wach rauschte, nicht weniger lieb und kostbar, als jener Ritt auf der Höhe und durch den Tannenwald. Auch Anna schien sich zufriedener zu fühlen; als wir uns erhoben, lächelte sie flüchtig gegen mein eigenes verschwindendes Bild im Wasser; doch schienen ihre anmutig entschiedenen Bewegungen zu sagen: Wage es ferner nicht, mich zu berühren!

Die Pferde hatten längst zu trinken aufgehört und standen verwundert in der engen Wildnis, wo sie zwischen Steinen und Wasser beinahe keinen Raum fanden, sich zu regen; ich legte ihnen das Gebiß an, hob Anna auf den Schimmel, und denselben führend, suchte ich auf dem schmalen, oft vom Flüßchen beeinträchtigten Pfade so gut als möglich vorwärts zu dringen, während der Braune geduldig und treulich nachfolgte. Wir gelangten auch wohlbehalten auf die Wiesen und endlich unter die Bäume vor dem alten Pfarrhause. Kein Mensch war daheim, selbst der Oheim und seine Frau waren auf den Abend fortgegangen und alles still um das Haus. Dieweil Anna sogleich hineineilte, zog ich den Schimmel in den Stall, sattelte ihn ab und steckte ihm sein Heu vor. Dann ging ich hinauf, um für den Braunen etwas Brot zu holen, da ich auf ihm noch dem Schauspiele zuzueilen gedachte. Auch forderte mich Anna gleich dazu auf, als ich in die Stube kam. Sie war schon umgekleidet und flocht eben ihr Haar etwas hastig in seine gewohnten Zöpfe; über dieser Beschäftigung von mir betroffen, errötete sie aufs neue und wurde verlegen.

Ich ging hinab, den Braunen zu füttern, und während ich ihm das Brot vorschnitt und ein Stück um das andere in das Maul steckte, stand Anna an dem offenen Fenster, ihr Haar vollends aufbindend, und schaute mir zu. Die gemächliche Beschäftigung unserer Hände in der Stille, die über dem Gehöfte lagerte, erfüllte uns mit einer tiefen und von Grund aus glücklichen Ruhe, und wir hätten jahrelang so verharren mögen; manchmal biß ich selbst ein Stück von dem Brote, ehe ich es dem Pferde gab, worauf sich Anna ebenfalls Brot aus dem Schranke holte und am Fenster aß. Darüber mußten wir lachen, und wie uns das trockene Brot so wohl schmeckte nach dem festlichen und geräuschvollen Mahle, so schien auch die jetzige Art unseres Zusammenlebens das rechte Fahrwasser zu sein, in welches wir nach dem kleinen Sturme eingelaufen und in welchem wir bleiben sollten. Anna gab ihre Zufriedenheit auch dadurch zu erkennen, daß sie das Fenster nicht verließ, bis ich weggeritten war.

Siebzehntes Kapitel

Die barmherzigen Brüder

Gleich vor dem Dorfe kam der Schulmeister gefahren mit dem oheimlichen Ehepaar, denen ich sagte, daß Anna schon zu Hause sei; und ein Stück weiter stieß ich auf des Müllers Knecht, welcher dessen Pferd nach Hause führte. Da ich vernahm, daß schon alles bei der Zwinguri versammelt und dort ein großes Halloh sei, auch der Weg dahin nicht mehr weit war, gab ich meinen Gaul auch dem Knecht und eilte zu Fuß weiter. Zur Zwinguri hatte man eine verfallene Burgruine bestimmt, welche auf dem höchsten Punkte einer Bergallmende steht und eine weite Aussicht ins Gebirge hinüber gewährt. Die Trümmer waren durch einiges Stangen- und Brettergerüst so bekleidet, als ob sie eben im Aufbau statt im Verfalle wären, und mit den Kränzen der triumphierenden Tyrannei behangen. Die Sonne ging eben unter, als ich ankam und sah, wie das Volk das Gerüste zusammenbrach und mit den Kränzen auf einen gewaltigen Holz- und Reisighaufen warf und diesen anzündete. Hier ging auch die Verherrlichung des Tell vor sich, statt vor seinem Hause, doch nicht mehr nach der geschriebenen Ordnung, sondern infolge einer allgemeinen Erfindungslust, wie der Augenblick sie in den tausend Köpfen erweckte, und der Schluß der Handlung ging unbestimmt in eine rauschende Freudenfeier über. Die weggejagten Zwingherren mit ihrem Trosse waren wieder herangeschlichen und gingen um unter dem Volke als vergnügte Gespenster; sie stellten die harmloseste Reaktion vor. Auf allen Hügeln und Bergen sahen wir jetzt die Fastnachtsfeuer brennen, und das unsrige flammte bereits in großem Umfange; wir standen in einem Kreise hundertweise darum, und Tell, der Schütz, zeigte sich jetzt auch als einen guten Sänger, sogar als einen Propheten, indem er ein kräftiges Volkslied von der Sempacherschlacht vorsang, dessen Chorzeilen von allen wiederholt wurden. Wein war in Menge vorhanden; es bildeten sich mehrere Liederkreise, schlichte, einstimmige, welche alte Lieder sangen, wie vierstimmige Männerchöre mit neuen Liedern, gemischte Singschulen von Mädchen und Jünglingen, Kinderscharen, alles sang, klang und wogte durcheinander auf der Allmende, über welche das Feuer einen rötlichen Schein verbreitete. Vom Gebirge herüber wehte immer stärker und wärmer der Föhn und wälzte große Wolkenzüge über den Himmel; je dunkler die Luft wurde, desto lauter ward die Freude, die zunächst um Burgtrümmer und Feuer in einem großen Körper lagerte, dann die Halde hinab sich in viele Gruppen und einzelne auflöste, die hier noch im rötlichen Scheine streiften, dort in der Dunkelheit jauchzten. Noch weiterhin summte die Lust aus den dunklen Gefilden und glänzte zuletzt wieder sichtbar in den zahlreichen Flammen am Horizonte. Der uralte gewaltige Frühlingshauch dieses Landes, obschon er Gefahr und Not bringen konnte, weckte ein altes, trotzig frohes Naturgefühl, und indem er in die Gesichter und in die heißen Flammen wehte, ging die Ahnung zurück vom Feuerzeichen des politischen Bewußtseins, über die Christenfeuer des Mittelalters zu dem Frühlingsfeuer der Heidenzeit, das vielleicht zur selben Stunde, auf derselben Stelle gebrannt. In den dunklen Wolkenlagern schienen Heerzüge verschwundener Geschlechter vorüberzuziehen, manchmal anzuhalten über dem nächtlich singenden und tönenden Volkshaufen, als ob sie Lust hätten, herabzusteigen und sich unter die zu mischen, welche ihre Spanne Zeit am Feuer vergaßen. Es war aber auch eine köstliche Stelle, diese Allmende; der bräunliche Boden, vom ersten Anflug des ergrünenden wilden Grases überschossen, dünkte uns weicher und elastischer als Sammetpolster, und vor der fränkischen Zeit schon war er für die Bewohner der Gegend dasselbe gewesen, was heute.

Die Stimmen der Weiber waren mit der Nacht lauter geworden; während die älteren schon fortgegangen und die verheirateten Männer sich zusammentaten, um vertraute Zechstuben aufzusuchen, begannen die Mädchen ihre Herrschaft unbefangener auszuüben, erst in lachenden Kreisen, bis zuletzt alles beieinander war, was zusammengehörte, und jedes Paar auf seine Weise sich zeigte oder verbarg. Doch als das Feuer zusammenfiel, lösten sich die verschlungenen Menschenkränze und begannen in großen und kleinen Gruppen dem Städtchen zuzuziehen, wo auf dem Rathause, sowie in einigen Gasthäusern Trompeten und Geigen sie erwarteten. Ich hatte mich in dem Gedränge unstet herumgetrieben und vergnügte mich nun an der verlöschenden Glut, um welche außer einigen Knaben nur noch jene

Fratzgestalten herumtanzten, weil der Spaß sie nichts kostete. Sie sahen in den flatternden Hemden und mit den hohen Papiermützen aus wie Gespenster, die dem grauen Gemäuer entstiegen. Einige zählten auch die Münzen, welche sie etwa erhascht; andere suchten aus dem Feuer noch ein verkohltes Holzscheit zu ziehen, und besonders einen sah ich, welcher sich zu den tollsten Sprüngen angestrengt und den ich für einen jungen Taugenichts gehalten, nunmehr nach der Entlarvung als ein eisgraues Männchen zum Vorschein kommen und sich hastig mit einem rauchenden Fichtenklotze abquälen.

Ich wandte mich endlich hinweg und ging langsam davon, unschlüssig, ob ich nach Hause kehren oder dem Städtchen zusteuern solle. Mein Mantel, der Degen und die Armbrust waren mir längst hinderlich; ich nahm alles zusammen unter den Arm, und als ich rascher von der Allmende hinunterschritt, fühlte ich mich so munter und lebenslustig, wie am frühen Morgen, und je länger ich ging, desto stärker erwachte mir das kühne Verlangen, einmal die Nacht zu durchschwärmen, und zugleich die Reue, daß ich Anna so leichten Kaufes entlassen. Ich bildete mir ein, ganz der Mann dazu zu sein, ein Liebchen eine festliche Nacht entlang zu führen, unter Tanz, Becherklang und Scherz. Ich machte mir die bittersten Vorwürfe, den einzigen Tag so ungeschickt und schwachmütig verpfuscht zu haben, und stellte mir zugleich voll Eitelkeit vor, daß es Anna ebenso ergehe und sie vielleicht schlaflos sich nach mir sehne; denn es mochte schon neun Uhr vorüber sein.

Unversehens war ich in dem Flecken angelangt, welcher von Musik ertönte, und als ich in einen übervollen Saal trat, in welchem die blühenden Paare sich drehten, da klopfte mein Blut immer unwilliger und heißer; ich bedachte nicht, daß wir die einzigen sechzehnjährigen Leutchen gewesen wären, die sich im offenkundigen Vereine zeigten, noch weniger, daß unsere heutigen Erlebnisse zehnmal schöner waren, als alles, was diese lärmende Jugend hier genießen konnte, und daß ich mich in der Erinnerung derselben reich und glücklich genug hätte fühlen sollen. Ich sah nur die Freude der Volljährigen, der Verlobten und Selbständigen, und maßte mir ihr Recht an, ohne im mindesten zu merken, daß mein prahlerisches Blut, sobald ich Anna wirklich zur Seite gehabt hätte, augenblicklich wieder zahm geworden wäre. Es gereicht mir auch nicht zur Ehre, daß es ihrer leibhaften Gegenwart bedurfte, mich zur Bescheidenheit zurückzuführen. Doch als ich von meinen Vettern und Bekannten als ein verloren Geglaubter tapfer begrüßt und in den Strudel gezogen wurde, blendete mich das Licht der Freude, daß ich mich und meinen Ärger vergaß und der Reihe nach mit den drei Basen tanzte. Ich erhitzte mich immer mehr, ohne zufrieden zu sein; die Lust, welche im ganzen so viel Geräusch machte, ging mir im einzelnen viel zu langsam und nüchtern vor sich. So freudestrahlend alle die jungen Leute drein blickten, schien es mir doch nur ein matter Schimmer zu sein gegen den Glanz, der in meiner Phantasie wach geworden. Unruhig streifte ich durch einige Trinkstuben, die neben dem Saale waren, und wurde von einer Gesellschaft junger Burschen angehalten, welche purpurroten Wein tranken und dazu sangen. Hier schien meine Sehnsucht endlich ein Ziel zu finden; ich trank von dem kühlen Wein, dessen schöne Farbe meinen Augen sehr wohl gefiel, und fing leidenschaftlich an zu singen. Kaum hatte ein Lied geendet, so begann ich ein anderes, schlug ein rascheres Tempo an und erhob bei ausdrucksvollen Stellen die Stimme, daß sie bald die anderen übertönte. Verwundert, daß der Duckmäuser aus der Stadt noch besser trinken und lärmen könne, als sie, wollten die Burschen nicht zurückbleiben; wir feuerten uns gegenseitig an, ich sang und sang immer zu und bemerkte erst bei einem Rundgesange, wo ich eine Weile schweigen mußte, daß sämtliche Bäschen durch die Türe guckten und mich mit Erstaunen in meiner Herrlichkeit sitzen sahen. Sie lachten mir zu, winkten drohend, weil ich ihr Panier verlassen, und forderten mich auf, wieder zu tanzen. Aber ich war nun ein gemachter und angesehener Mann unter meinen Gesellen, ganz wie einst als Knabe, wo ich eine Zeitlang den Renommisten gespielt, und als einige davon sich wieder nach Mädchen umsahen, brach ich mit zwei wilden Jünglingen auf, das Städtchen zu durchziehen. Arm in Arm stürmte ich mit den gesunden Bauerssöhnen über die Straße; wir gaben uns die lustigsten Redensarten zum besten, sangen und empfanden das gefällige Behagen, welches entsteht, wenn Ungleiches sich eint und zusammen freut.

Doch schon im nächsten Tanzhause, in das wir traten, verlor ich einen um den anderen meiner neuen Freunde, indem sie hier fanden, was sie wahrscheinlich gesucht hatten, und ich setzte allein, aber rastlos, den Streifzug fort. Hie und da schaute ich einen Augenblick zu, erwiderte ungesäumt die Späße, die man an mich richtete, bis ich in eine Stube kam, wo an einem großen runden Tische noch vier von den barmherzigen Brüdern saßen. Zwei waren schon abgefallen und verschwunden; die hier weilten, hatten bereits einen zweiten Rausch hinter sich und befanden sich nun in jenem lässigen Zustande, in welchem erfahrene Zechbrüder einen lustigen Tag austönen lassen, fragwürdige Witze machen und ihren Wein so trinken, als ob sie nicht mehr viel darum gäben, sich aber wohl hüten, schließlich einen Tropfen zu verlieren.

Etwas entfernt von ihnen saß am gleichen Tische die Judith, welcher die Brüder der Sitte gemäß ein Glas geboten. Sie schien sich ganz allein bei dem Feste umgesehen und nun ein Gefallen daran zu haben, die Witze und Verfänglichkeiten dieser Herren schlagfertig zurückzugeben und sie in Respekt zu halten, wozu es keiner geringen Gewandtheit und Kraft bedurfte. Sie saß ebenso lässig da, zurückgelehnt und halb abgewandt und warf ihre Erwiderungen gleichmütig hin. Die Mönche hatten die Flachsbärte abgelegt und die gefärbten Nasen gewaschen; nur der älteste, welcher einen angehenden Kahlkopf und eine natürliche Feuernase besaß, prangte noch mit dem hohen Rot derselben. Dies war der unnützeste und rief mir zu, als ich vorübergehen wollte: »Heda, Grünspecht! wo hinaus?« Ich stand still und erwiderte: »Guter Freund! Ihr habt vergessen, den Zinnober von Eurer Nase zu wischen, wie die anderen Brüder doch getan! Ich mache Euch hiermit aufmerksam, damit Ihr nicht etwa Euer Kopfkissen rot macht.«

Das Gelächter der übrigen nahm mich sogleich in den holden Bund auf; ich mußte mich setzen und ein Glas annehmen, worauf sie sagten: »Und dennoch, könnt Ihr glauben, daß dieser Kerl es noch für nötig befunden hat, heut seine Nase zu schminken?« – »Das war freilich«, erwiderte ich, »ebenso töricht, als wenn man eine Rose schminken wollte!«

»Und dazu viel gefährlicher«, versetzte ein anderer, »denn eine Rose schminken, heißt ein Werk Gottes verbessern wollen, und der liebe Gott verzeiht! Aber eine rote Nase schminken, heißt den Teufel verhöhnen, und der verzeiht nicht!«

So ging es fort; sie verhandelten nun seinen Kahlkopf, wobei ich aber bald weit zurückblieb, indem sie über diesen Gegenstand allein wohl zwanzig verschiedene Witze machten, welche in der Phantasie die lächerlichsten Vorstellungen erregten, und von denen einer den andern an Neuheit und Kühnheit der Bilder überbot. Judith lachte, als die Taugenichtse über sich selbst herfuhren, und als der Angegriffene dies sah, suchte er sich aus dem Feuer zu retten, indem er sich gegen sie wendete. Sie saß da in einem schlichten braunen Kleide, die Brust mit einem weißen Halstuche bedeckt, welches ein wenig ihren prächtigen Hals sehen ließ; um diesen lag eine feine Goldkette und verlor sich im Halstuche; sonst trug sie keinen Putz, als ihr schönes braunes Haar. Der Kahlkopf blinzelte mit den Augen und sang:

Mein Schatz, um deinen weißen Hals
Geht eine Schnur von Katzengold,
Die führt an deinem Busam
Teuf in dein falsches Herz!

Judith erwiderte schnell: »Damit Ihr meinen weißen Hals einmal vergeßt, will ich Euch auch ein Lied von etwas Weißem berichten!« und sie sang nicht, sondern sagte einfach wohlklingend:

Es ist eine üble Zeit!
Luna, die weiland keusche Maid,
Liebäugelt auf den Köpfen alter Sünder
Am hellen Tag und höhnt uns arme Kinder.
Schäm' dich, Mondschein!

Ich tat das Fenster auf
In dunkler Nacht und suchte Lunas Lauf;
Da glänzt sie frech an meines Hauses Schwelle,
Wild goß ich Wasser auf die weiße Stelle.
Schäm' dich, Mondschein!

Ihre Mutter war gestorben, auch hatte sie seither in einer ausländischen Lotterie mehrere tausend Gulden gewonnen, da sie aus langer

Weile sich mit dergleichen Dingen befaßte. So schien sie nun mehr als je für schwere und leichte Schnapphähne ein guter Fang, und der Kahle glaubte sie, nachdem er verschiedene Anleihen bei ihr gemacht, welche sie ihm lachend gewährte, im Sturme nehmen zu können, ward aber ebenso lachend abgewiesen. Das obige Liedchen aber schien sogar auf ein schlimmes Abenteuer zu deuten, welches er auf seiner Freite bestanden. Denn mit einer ganz heillosen Diskretion sahen sich die drei übrigen an, mit funkelnden Augen und mühsam verhaltenem Munde, indem sie anfingen, halblaut zu summen:

hm! hm! – hm! hm! hm!
hm! hm! hm! – hm! hm! hm!

Der Rhythmus dieses Gesummes war so verführerisch, daß ich mit einstimmte und eine stolze Glückseligkeit empfand, mit den Spöttern singen zu dürfen: hm hm hm! hm hm hm! – es war still und feierlich in der nur noch schwach erleuchteten Stube, und mit feierlicher Behaglichkeit setzten wir die seltsamen Takte fort. Judith lachte hell auf und rief: »O ihr Kindsköpfe!« Da brachen wir laut aus: Ha ha ha! – ha ha ha!

Der Gehöhnte aber spähte umher, zog unversehens dem lautesten Spötter ein hervorguckendes Blatt aus der Kutte und las dessen Überschrift: »Christliche Wochenbötin, ein konservatives Volksblättlein.« Der Spott entlud sich nun auf den Überraschten, dessen schwache Seite sein Konservatismus war, den er weder genugsam zu erklären noch zu verteidigen vermochte. Diese Benennung war erst seit einiger Zeit im Umlauf und fing einige Leute, welche vorher im Nebelhaften geschwebt. Der Kahle forderte den Konservativen auf, er solle einmal sagen, was er sich eigentlich darunter denke, wenn er behaupte, konservativ zu sein. Dieser wollte tun, als ob er hierin keinen Spaß verstehe, und wünschte mit wichtigem Gesicht, nicht zu politisieren! Doch ein anderer rief: »Die Erklärung ist schon im Paradies zu suchen! Als Adam den Tieren ihren Namen gab, war eines darunter, das wedelte gar bedächtig mit den Ohren und sagte, es sei konservativ; es konnte aber keinen Grund hierfür angeben, und Adam sagte: Du sollst Esel heißen!« Erbost rückte dieser nun mit seinem innersten und eigentlichen Grunde, der seine fixe Idee war, heraus und warf dem Radikalismus vor, daß er den Wein versäuert und verteuert hätte. Wenn man noch ein süßes und billiges Glas trinken wolle, so sei dieses einzig in den abgelegenen altväterischen Wirtschaften zu finden, wo die alten Zöpfe hinkröchen, sich vor der Welt zu verbergen. »Sauft«, schrie er, »den radikalen Rachenputzer eurer berühmten politischen Wirte! Ich halt' es mit den Zöpfen!« Da allerdings etwas Wahres in diesem Vorwurfe lag, so entbrannten die drei übrigen ihrerseits im Zorne, schalten den Konservativen einen Verleumder und suchten ihm zu beweisen, daß er ohne den Radikalismus gar keinen Wein zu riechen bekäme, weder guten, noch schlechten; daß er selbst als konservativer Parteibedienter völlig überflüssig wäre und von seinen Zöpfen den Schuh unter den Rücken erhielte statt des stärkenden Weinchens der Proselytenbelohnung. Dies führte zu einem hitzigen Gefechte, worin die Herren gegenseitig ihre Grundsätze, Tatsachen und Parteiführer herunter machten, und das in Ausdrücken, Vergleichungen und Wendungen, Schlag auf Schlag, wie sie kein dramatischer Dichter für seine Volksszenen treffender und eigentümlicher erfinden könnte; nicht einmal nachzuschreiben wären sie, so leicht und blitzähnlich entsprangen die Witze aus den Voraussetzungen, welche bald wahr und richtig, bald böslich ersonnen, doch immer sich auf die Verhältnisse und Personen gründeten. Ein Leitartikel oder eine Rede wäre zwar aus diesem Turnier nicht zu schöpfen gewesen; doch konnte man sehen, welch eine ganz vertrackte Kritik das Volk auf seine Weise führt, und wie sehr sich derjenige trügt, welcher, von der Tribüne herunter zu zweifelhaften Zwecken das »biedere, gute Volk« anrufend, ein allzu wohlwollendes und naives Pathos voraussetzt. Selbst Äußerlichkeiten, Angewöhnungen und körperliche Gebrechen wurden in einen solchen Zusammenhang mit den Worten und Handlungen hervorragender Männer gebracht, daß die letzten nur eine notwendige Folge der ersten zu sein schienen und man glaubte, in den ungelehrten, aber phantasiereichen Volksleuten die doktrinärsten Physiognomisten vor sich zu sehen. Mancher angesehene Mann ward hier zu einem lächerlichen oder unheimlichen Popanz umgeschaffen, daß er leibhaft zu sehen war, und selbst die Verteidigung desselben hätte etwas Demütigendes für ihn gehabt, wenn er sie gehört hätte.

Wie in einer ganz anderen Welt war ich hier, als bei dem Schulmeister; und doch fühlte ich mich gleich zu Hause und schlürfte die starken und rücksichtslosen Redensarten, die spöttischen und wilden Einfälle ebenso andächtig ein, wie die gewählten ruhigen Worte von Annas Vater. Ich schien mir dort ein anderer und hier ein anderer und doch immer der gleiche zu sein. Ich freute mich, daß mein Leben eine Seite um die andere vor mir auftat, und war stolz darauf, indem ich mir einbildete, daß diese lustigen Männer mich ihrer Gesellschaft würdig achteten und ihre Witze vor mir nicht zurückhielten. Mit Vergnügen dachte ich an den Schulmeister und wie ich fürder ernsthaft und anständig mit ihm disputieren wolle, während ich doch noch von was anderem wüßte; denn es schien mir nur darauf anzukommen, nirgends ausgeschlossen zu sein und alles zu übersehen.

Achtzehntes Kapitel

Judith

Die barmherzigen Brüder waren durch die Politik wieder rüstig und munter geworden und hatten die Flaschen neu füllen lassen, obgleich Mitternacht lange vorüber, als Judith plötzlich aufbrach und sagte: »Frauen und junge Knaben gehören nun nach Hause! Wollt Ihr nicht mitkommen, Vetter, da wir den gleichen Weg haben?« Ich sagte Ja, doch müßte ich erst nach meinen Verwandten sehen, welche wahrscheinlich auch mitkommen würden. »Die werden wohl schon fort sein«, erwiderte sie, »denn es ist spät; wenn ich nicht darauf gerechnet hätte, daß ich mit Euch gehen könnte, so wäre ich auch längst fort.« »Oho!« riefen die Zecher, »als ob wir nicht auch da wären! Wir alle begleiten Euch! Das soll nicht gesagt sein, daß die Judith nicht Begleiter zur Auswahl habe!« Sie erhoben sich und sorgten, noch den frischen Wein unterzubringen, während Judith mir winkte und, auf dem Flur angekommen, sagte: »Dies vier Heiden wollen wir schön anführen!« Auf der Straße sah ich, daß der Saal, wo meine Vettern und Basen sich aufgehalten, schon dunkel war, und mehrere Leute bestätigten ihre Heimkehr. So mußte ich der Judith folgen, als sie mich durch ein dunkles Seitengäßchen ins Freie und durch einige Feldwege auf die Landstraße führte, daß wir einen Vorsprung gewannen und die vier Männer hinter uns rufen hörten. Indem wir eilend weiterschritten, gingen wir um einige Spannen entfernt nebeneinander her; ich hielt mich spröde zurück, während mein Ohr keinen Ton ihres festen und doch leichten Schrittes verlor und begierig das leise Rauschen ihres Kleides vernahm. Die Nacht war dunkel, aber das Frauenhafte, Sichere und die Fülle ihres Wesens wirkte aus allen Umrissen ihrer Gestalt wie berauschend auf mich, daß ich alle Augenblicke hinüberschielen mußte, gleich einem angstvollen Wanderer, dem ein Feldgespenst zur Seite geht. Und wie der Wanderer mitten in seiner Angst sein christliches Bewußtsein wachruft zum Schutze gegen den unheimlichen Begleiter, trug ich während des verlockenden Ganges einen geistlichen Hochmut der Sprödigkeit und der Unfehlbarkeit in mir. Judith sprach von den Männern und lachte über sie, erzählte mir unbefangen die Dummheiten, die der eine ihr gemacht, und fragte mich, ob Luna nicht eine alte Mondgöttin wäre? Wenigstens habe sie das immer vermutet, wenn sie jenes Lied in einem Buche gelesen; es habe auch gut für den Schlingel gepaßt. Dann fragte sie mich plötzlich, warum ich so stolz geworden sei und sie so lange nie mehr angesehen, viel weniger besucht habe? Ich wollte mich damit entschuldigen, daß sie keinen Verkehr mit dem Hause meines Oheims pflege und ich daher schicklicherweise auch nicht veranlaßt sei, sie zu sehen.

»Ach was!« sagte sie, »Ihr seid ja ebensogut mein Vetter und könnt mich von Rechts wegen wohl heimsuchen, wenn Ihr wollt! Damals, wo Ihr so jung gewesen, habt Ihr mich so gern gehabt, und Ihr seid mir immer ein wenig lieb; aber jetzt habt Ihr ein Schätzchen, in welches Ihr verliebt seid, und meint keine andere Frau mehr ansehen zu dürfen!«

»Ich ein Schätzchen?« erwiderte ich, und als sie diese Behauptung wiederholte und Anna nannte, leugnete ich die Sache auf das bestimmteste. Wir waren unversehens beim Dorfe angekommen, in welchem noch viele Stimmen laut wurden und die jungen Leute über die Gasse gingen; Judith wünschte ihnen aus dem Wege zu gehen, und obgleich ich nun füglich meine Straße hätte ziehen können, leistete ich doch keinen Widerstand und folgte ihr unwillkürlich, als sie mich bei der Hand nahm und zwischen Hecken und Mauern durch ein dunkles Wirrsal führte, um ungesehen in ihr Haus zu gelangen. Sie hatte ihre Äcker verkauft und nur einen schönen Baumgarten nächst dem Hause behalten, in welchem sie ganz allein wohnte. Der genossene Wein erhöhte die Aufregung, in welcher ich mich befand, wie wir so durch die engen Wege hinschlüpften, und als, bei dem Hause angekommen, Judith sagte: »Kommt herein, ich will noch einen Kaffee kochen!« und ich hineinging und sie die Haustüre fest hinter uns verriegelte, da klopfte mir das Herz mit ungewisser Furcht, während ich mich übermütig des Abenteuers freute und mich vermaß, dasselbe zu meiner Ehre, aber verwegen zu bestehen. An Anna dachte ich gar nicht, mein wallendes Blut verfinsterte ihr Bild und ließ nur den Stern meiner Eitelkeit durchschimmern; denn, genau erwogen, wollte ich nur um meiner selbst willen meine Standhaftigkeit erproben. Doch darf ich mir gestehen, daß es im Grunde eine Art romantischen Pflichtgefühls war, welches mich antrieb, keiner merkwürdigen Erfahrung auszuweichen. Auch verlor sich die unheimliche Aufregung, sobald Judith Licht angezündet und ein helles Feuer entflammt hatte. Ich saß auf dem Herde und plauderte ganz vergnüglich mit ihr, und indem ich fortwährend in ihr vom Feuer beglänztes Gesicht sah, glaubte ich stolz mit der Gefahr spielen zu können und träumte mich in die Lage der Dinge zurück, wie ich vor zwei Jahren noch ihr Haar auf- und zugeflochten hatte. Während der Kaffee singend kochte, ging sie in die Stube, um ihr Halstuch abzulegen und ihr Sonntagskleid auszuziehen, und kam im weißen Untergewande zurück, mit bloßen Armen, und aus der schneeweißen Leinwand enthüllten sich mit blendender Schönheit ihre Schultern. Sogleich ward ich wieder verwirrt, und erst allmählich, indem ich unverwandt sie anschaute, entwirrte sich mein flimmernder Blick an der ruhigen Klarheit dieser Formen. Ich hatte sie schon als Knabe ein- oder zweimal so gesehen, wenn sie beim Ankleiden nicht sehr auf mich achtete, und obgleich ich jetzt anders sah, als damals, schien doch die gleiche Vorwurfslosigkeit auf diesem Schnee zu ruhen; auch bewegte sich Judith so sicher und frei, daß diese Sicherheit auch auf mich überging. Sie trug den fertigen Kaffee in die Stube, setzte sich neben mich, und indem sie das herbeigeholte Kirchenbuch aufschlug, sagte sie: »Seht, ich habe alle die Bildchen noch, die Ihr mir gezeichnet habt!« Wir betrachteten die kindischen Dinger, eins ums andere, und die unsicheren Striche von damals kamen mir höchst seltsam vor, wie vergessene Zeichen einer unabsehbar entschwundenen Zeit. Ich erstaunte vor diesen Abgründen der Vergessenheit, die zwischen den kurzen Jugendjahren liegen, und betrachtete die Blättchen sehr nachdenklich; auch die Handschrift, womit ich die Sprüche hineingeschrieben, war eine ganz andere und noch diejenige aus der Schule. Die ängstlichen Züge sahen mich traurig an; Judith sah auch eine Zeitlang still auf das gleiche Bildchen mit mir, dann sah sie mir plötzlich dicht in die Augen, indem sie ihre Arme um meinen Hals legte, und sagte: »Du bist immer noch der gleiche! An was denkst du jetzt?« – »Ich weiß nicht«, erwiderte ich; »weißt du«, fuhr sie fort, »daß ich dich gleich fressen möchte, wenn du so studierst, ins Blaue hinaus!« und sie drückte mich enger an sich, während ich sagte: »Warum denn?« – »Ich weiß selbst nicht recht; aber es ist so langweilig unter den Leuten, daß man oft froh ist, wenn man an etwas anderes denken kann; ich möchte dies auch gern, aber ich weiß nicht viel und denke immer das gleiche, obschon mir etwas Unbekanntes im Kopfe herumgeht; wenn ich dich nun so staunen sehe, so ist es mir, als ob du gerade an das denkst, woran ich auch gern sinnen möchte; ich meine immer, es müßte einem so wohl sein, wenn man mit deinen geheimen Gedanken in die Weite spazieren könnte!« So etwas hatte ich noch niemals zu hören bekommen; obgleich ich wohl einsah, daß die Judith sich allzusehr zu meinen Gunsten täuschte, was meine inneren Gedanken betraf, und ich tief beschämt errötete, daß ich glaubte, die Röte meiner brennenden Wange müsse ihre weiße Schulter anglühen, an welcher sie lag: so sog ich doch Wort für Wort dieser süßesten Schmeichelei begierig ein, und meine Augen ruhten dabei auf der Höhe der Brust, welche still und rein aus dem frischen Linnen emporstieg und in unmittelbarster Nähe vor meinem Blicke glänzte wie die ewige Heimat des Glückes. Judith wußte nicht, oder wenigstens nicht recht, daß es jetzt an ihrer eigenen Brust still und klug, traurig und doch glückselig zu sein war. Ich fühlte mich ganz außer der Zeit; wir waren gleich alt oder gleich jung in diesem Augenblicke, und mir ging es durch das Herz, als ob ich jetzt die Ruhe vorausnähme für alles Leid und alle Mühe, die noch kommen sollten. Ja dieser Augenblick schien so sehr seine Rechtfertigung in sich selbst zu tragen, daß ich nicht einmal aufschreckte, als Judith, in dem Gesangbuch blätternd, ein zusammengefaltetes Blatt hervorzog, es aufmachte, mir vorhielt und ich nach langem Sinnen jenes beschriebene und an Anna gerichtete Liebesbriefchen erkannte, daß ich vor Jahren einst den Wellen übergeben hatte. »Leugnest du noch, daß dies gute Kind dein Schätzchen sei?« sagte sie, und ich leugnete es aus Mutwillen zum zweiten Male, das Blatt als eine vergessene Kinderei erklärend.

In diesem Augenblick riefen Stimmen vor dem Hause, welche wir als diejenigen der vier Männer erkannten. Sogleich löschte sie das Licht aus, daß wir im Dunkeln saßen; doch die unten begehrten nichtsdestominder Einlaß, indem sie riefen: »So macht doch auf, schöne Judith, und wartet uns mit einer Tasse heißen Kaffees auf! Wir wollen uns ehrbar benehmen und noch ein vernünftiges Wort sprechen! Aber macht auf, zum Lohn dafür, daß Ihr uns so angeführt habt; es ist Fastnacht, und Ihr dürft ohne Gefährde einmal die vier ruhmwürdigsten Kumpane des Landes bewirten!«

Wir hielten uns aber ganz still; schwere Regentropfen schlugen an die Scheiben, es wetterleuchtete sogar, und in der Ferne donnerte es, daß es klang, als wäre es Mai oder Juni. Um Judith kirre zu machen, sangen die Männer mit heuchlerischer Sorgfalt ein vierstimmiges Lied, so schön sie konnten, und ihr überwachter Zustand gab ihren Stimmen wirklich etwas gerührt Vibrierendes. Als dies alles nichts half, fingen sie an zu fluchen, und einer kletterte am Spalier zum Fenster empor, um in die dunkle Stube zu sehen. Wir bemerkten wohl seine spitzige Kapuze, die er über den Kopf gezogen hatte; da erhellte mit einemmal ein Blitz die Stube und der Späher konnte Judith ihres weißen Zeuges wegen erkennen.

»Die verwünschte Hexe sitzt ganz aufrecht und munter am Tisch!« rief er gedämpft hinunter; ein anderer sagte: »Laß mich einmal sehen!« Doch während sie sich ablösten und die Stube wieder finster war, huschte Judith schnell zu ihrem Bett, nahm die weiße Decke desselben und warf sie über den Stuhl, worauf sie mich leis nach dem Bett hinzog, welches man vom Fenster aus nicht sehen konnte. Als jetzt ein zweiter, noch stärkerer Blitz die Stube ganz klar machte, sagte der Mann, welcher die Augen wie eine Doppelbüchse auf den Stuhl gerichtet hatte: »Sie ist es nicht, es ist nur ein weißes Tuch; das Kaffeegeschirr steht auf dem Tisch, und das Kirchenbuch liegt dabei. Der Himmelteufel ist am Ende frömmer, als man glaubt!«

Judith aber flüsterte mir ins Ohr: »Der Schelm hätte dich jetzt ganz gewiß erblickt, wenn wir sitzen geblieben wären!«

Doch die gewaltigen Regengüsse, Blitz und Donner, die nun hereinbrachen, vertrieben den Späher vom Fenster; wir hörten, wie sie ihre Kutten schüttelten und auseinander sprangen, um im Dorfe ein Unterkommen zu suchen, da sie alle weit von Hause waren. Als wir nichts mehr von ihnen hörten, saßen wir noch eine Weile ganz still auf dem Bette und lauschten auf das Gewitter, welches das Häuschen erzittern machte, so daß ich mein eigenes leises Zittern nicht recht davon unterscheiden konnte. Ich umfaßte Judith, um nur dies beklemmende Zittern zu unterbrechen, und küßte sie auf den Mund; sie küßte mich wieder, fest und warm; doch dann löste sie meine Arme von ihrem Hals und sagte: »Glück ist Glück, und es gibt nur Ein Glück; aber ich kann dich nicht länger hier behalten, wenn du mir nicht gestehen willst, daß du und des Schulmeisters Tochter einander gern habt! Denn nur das Lügen macht alles schlimm!«

Ohne Rückhalt begann ich nun, ihr die ganze Geschichte zu erzählen von Anfang bis zu Ende, alles, was je zwischen Anna und mir vorgefallen, und verband die beredte Schilderung ihres Wesens mit derjenigen der Gefühle, die ich für sie empfand. Ich erzählte auch genau die Geschichte des heutigen Tages und klagte der Judith meine Pein in betreff der Sprödigkeit und Scheue, welche immer wieder zwischen uns traten. Nachdem ich lange so erzählt und geklagt, antwortete sie auf meine Klagen nicht, sondern fragte mich: »Und was denkst du dir jetzt eigentlich darunter, daß du bei mir bist?« Ganz verwirrt und beschämt schwieg ich und suchte ein Wort; dann sagte ich endlich zaghaft: »Du hast mich ja mitgenommen!« – »Ja«, erwiderte sie, »aber wärest du mit jeder anderen hübschen Frau ebenso gegangen, die dich gelockt hätte? Besinne dich einmal hierauf!« Ich besann mich in der Tat und sagte dann ganz entschieden: »Nein, mit gar keiner!« »Also bist du mir auch ein bißchen gut?« fuhr sie fort. Jetzt geriet ich in die größte Verlegenheit; denn die Frage zu bejahen, fühlte ich nun deutlich, würde die erste eigentliche Untreue gewesen sein, und doch, als ich versuchte, ehrlich nachzudenken, vermochte ich noch weniger ein Nein hervorzubringen. Endlich konnte ich doch nicht anders und sagte: »Ja – aber doch nicht so, wie der Anna!« – »Wie denn?« Ich umschlang sie ungestüm, und indem ich sie streichelte und ihr auf alle Weise schmeichelte, fuhr ich fort: »Siehst du! für die Anna möchte ich alles mögliche ertragen und jedem Winke gehorchen; ich möchte für sie ein braver und ehrenhafter Mann werden, an welchem alles durch und durch rein und klar ist, daß sie mich durchschauen dürfte wie einen Kristall; nichts tun, ohne ihrer zu gedenken, und in alle Ewigkeit mit ihrer Seele leben, auch wenn ich von heute an sie nicht mehr sehen würde! Dies alles könnte ich für dich nicht tun! Und doch liebe ich dich von ganzem Herzen, und wenn du zum Beweis dafür verlangtest, ich sollte mir von dir ein Messer in die Brust stoßen lassen, so würde ich in diesem Augenblicke ganz still dazu halten und mein Blut ruhig auf deinen Schoß fließen lassen!«

Ich erschrak sogleich über diese Worte und entdeckte zugleich, daß sie nichts weniger als übertrieben, sondern ganz der Empfindung gemäß waren, die ich von jeher für Judith unbewußt getragen.

Mit meinen Liebkosungen plötzlich innehaltend, ließ ich die Hand auf ihrer Wange liegen, und in diesem Augenblicke fühlte ich eine Träne darauf fallen. Zugleich seufzte sie und sagte: »Was tue ich mit deinem Blute! – O! nie hat ein Mann gewünscht, brav, klar und lauter vor mir zu erscheinen, und doch liebe ich die Wahrheit wie mich selbst!«

Betrübt sagte ich: »Aber ich könnte doch nicht dein ernsthafter Liebhaber oder gar dein Mann sein?« – »O das weiß ich wohl und fällt mir auch gar nicht ein!« erwiderte sie, »ich will dir auch sagen, was du von mir zu denken hast! Ich habe dich zu mir gelockt, erstens, weil ich wieder einmal ein wenig küssen wollte, was ich auch gleich hernach tun will, du bist mir dazu gerade recht! Zweitens wollte ich dich als ein hochmütiges Bürschchen ein wenig in die Schule nehmen, und drittens macht es mir Vergnügen, in Ermangelung eines anderen, den Mann zu lieben, der noch in dir verborgen ist, wie ich dich schon als Kind gern gesehen habe.« Mit diesen Worten packte sie mich und fing an mich zu küssen, daß es mir glutheiß wurde und ich nur, um die Glut zu fühlen, ihre feuchten Lippen festhalten und wieder küssen mußte. Als ich Anna geküßt, war es gewesen, als ob mein Mund eine wirkliche Rose berührt hätte; jetzt aber küßte ich eben einen heißen, leibhaften Mund, und der geheimnisvolle balsamische Atem aus dem Inneren eines schönen und starken Weibes strömte in vollen Zügen in mich über. Dieser Unterschied war so spürbar, daß mitten im heftigen Küssen Annas Stern aufging, eben als Judith mehr wie für sich flüsterte: »Denkst du nun auch an dein Schätzchen?« – »Ja«, erwiderte ich, »und ich geh' nun!« und wollte mich losmachen. »So geh!« sagte sie lächelnd, doch löste sie ihre weichen bloßen Arme auf eine so sonderbare Weise auseinander, daß es mir schneidend weh tat, mich frei zu fühlen, und eben wieder im Begriffe war, in dieselben zu sinken, als sie aufsprang, mich noch einmal küßte und dann von sich stieß, indem sie leise sagte: »Nun pack' dich, es ist jetzt Zeit, daß du heimkommst!« Beschämt suchte ich meinen Hut und eilte davon, daß sie laut lachte und mir kaum nachkommen konnte, um mir die Haustüre aufzumachen. »Halt«, flüsterte sie, als ich davonlaufen wollte, »geh da oben durch den Baumgarten hinaus und ein wenig ums Dorf herum!« und sie kam mit mir durch den Garten in ihrem leichten Gewande, obgleich es regnete und stürmte, was vom Himmel herunter mochte. Am Gatter stand sie still und sagte: »Hör' einmal! ich sehe nie einen Mann in meinem Hause, und du bist der erste, den ich seit langer Zeit geküßt! Ich habe Lust, dir nun erst recht treu zu bleiben, frage mich nicht warum, ich muß etwas probieren für die lange Zeit, und es macht mir Spaß. Dafür verlange ich aber, daß du jedesmal zu mir kommst, wenn du im Dorfe bist, in der Nacht und heimlich; am Tage und vor den Leuten wollen wir tun, als ob wir uns kaum ansehen möchten. Ich verspreche dir, daß es dich nie gereuen soll. Es wird in der Welt nicht so gehen, wie du es denkst, und vielleicht auch mit Anna nicht; das alles wirst du schon sehen; ich sage dir nur, daß du später froh sein sollst, wenn du zu mir gekommen bist!« – »Nie komme ich wieder!« rief ich etwas heftig. – »Bst! nicht so laut«, sagte sie; dann sah sie mir ernsthaft in die Augen, daß ich trotz Sturm und Dunkelheit die ihrigen glänzen sah, und fuhr fort: »Wenn du mir nicht heilig und auf deine Ehre versprichst, daß du wiederkommen willst, so nehm' ich dich sogleich wieder mit, nehme dich zu mir ins Bett, und du mußt bei mir schlafen! Das schwör' ich bei Gott!«

Es kam mir gar nicht in den Sinn, über diese Drohung zu lachen oder dieselbe zu verachten; vielmehr versprach ich, so schnell ich konnte, in Judiths Hand, daß ich wieder kommen wollte, und eilte davon.

Ich lief zu, ohne zu wissen wohin; denn der strömende Regen tat mir wohl; so war ich bald aus dem Dorfe und auf eine Höhe gekommen, auf welcher ich weiterging. Der Morgen graute und warf ein schwaches Licht in das Unwetter; ich machte mir die bittersten Vorwürfe und fühlte mich ganz zerknirscht, und als ich plötzlich zu meinen Füßen den kleinen See und des Schulmeisters Haus erblickte, kaum erkennbar durch den grauen Schleier des Regens und der Dämmerung, da sank ich erschöpft auf den Boden und brach gar jämmerlich in Tränen aus.

Es regnete immerfort auf mich nieder, die Windstöße fuhren und pfiffen durch die Luft und heulten erbärmlich in den Bäumen, ich weinte dazu wie ein Kind; gehörigerweise machte ich niemandem Vorwürfe, als mir selbst, und dachte nicht daran, der Judith irgend eine Schuld beizumessen. Ich fühlte mein Wesen in zwei Teile gespalten und hätte mich vor Anna bei der Judith und vor Judith bei der Anna verbergen mögen. Aber ich gelobte, nie wieder zu jener zu gehen, und mein Gelöbnis zu brechen; denn ich empfand ein grenzenloses Mitleid mit Anna, die ich in der grauen feuchten Tiefe zu meinen Füßen jetzt so still schlafen wußte. Endlich raffte ich mich auf und stieg wieder ins Dorf hinunter; der Rauch stieg aus den Schornsteinen und kroch in wunderlichen Fetzen durch den Regen; etwas gefaßter sann ich darüber nach, was ich im Hause des Oheims über mein nächtliches Ausbleiben vorgeben wolle, etwa ich hätte mich verirrt und sei die ganze Nacht umhergestreift. Dies war seit den kritischen Kinderjahren das erste Mal, wo ich zu einem Zwecke wieder lügen mußte; mehrere Jahre hindurch hatte ich nicht mehr gewußt, was lügen sei, und diese Entdeckung machte mir vollends zu Mute, als ob ich aus einem schönen Garten hinausgestoßen würde, in welchem ich eine Zeitlang zu Gast gewesen.

Dritter Teil

Erstes Kapitel

Arbeit und Beschaulichkeit

Ich schlief fest und traumlos bis zum Mittag; als ich erwachte, wehte noch immer der warme Südwind, und es regnete fort. Ich sah aus dem Fenster und erblickte das Tal auf und nieder, wie Hunderte von Männern am Wasser arbeiteten, um die Wehren und Dämme herzustellen, da in den Bergen aller Schnee schmelzen mußte und eine große Flut zu erwarten war. Das Flüßchen rauschte schon stark und graugelblich daher; für unser Haus war gar keine Gefahr, da es an einem sicher abgedämmten Seitenarme lag, der die Mühle trieb; doch waren alle Mannspersonen fort, um die Wiesen zu schützen, und ich saß mit den Frauensleuten allein zu Tische. Nachher ging ich auch hinaus und sah die Männer ebenso rüstig und entschlossen bei der Arbeit, als sie gestern die Freude angefaßt hatten. Sie schafften in Erde, Holz und Steinen, standen bis über die Knie in Schlamm und Wasser, schwangen Äxte und trugen Faschinen und Balken umher, und wenn so acht Mann unter einem schweren langen Baume einhergingen, konnte man glauben, sie hielten wieder einen Aufzug; doch der Unterschied war gegen gestern, daß man keine Tabakspfeifen sah. Ich konnte nicht viel helfen und war den Leuten eher im Wege; nachdem ich daher eine Strecke weit das Wasser hinaufgeschlendert, kehrte ich oben durch das Dorf zurück und sah auf diesem Gange die Tätigkeit auf allen ihren gewohnten Wegen. Wer nicht am Wasser beschäftigt war, der fuhr ins Holz, um die dortige Arbeit noch schnell abzutun, und auf einem Acker sah ich einen Mann so ruhig und aufmerksam pflügen, als ob es weder der Nachtag eines Festes, noch eine Gefahr im Lande wäre. Ich schämte mich, allein so müßig und zwecklos umherzugehen, und um nur etwas Entschiedenes zu tun, entschloß ich mich, sogleich nach der Stadt zurückzukehren. Zwar hatte ich leider nicht viel zu versäumen, und meine ungeleitete haltlose Arbeit bot mir in diesem Augenblicke gar keine lockende Zuflucht, ja sie kam mir schal und nichtig vor; da aber der Nachmittag schon vorgerückt war und ich durch Kot und Regen in die Nacht hinein wandern mußte, so ließ eine asketische Laune mir diesen Gang als eine Wohltat erscheinen, und ich machte mich trotz aller Einreden meiner Verwandten ungesäumt auf den Weg.

So stürmisch und mühevoll dieser war, legte ich doch die bedeutende Strecke zurück wie einen sonnigen Gartenpfad; denn in meinem Innern erwachten alle Gedanken und spielten fort und fort mit dem Rätsel des Lebens, wie mit einer goldenen Kugel, und ich war nicht wenig überrascht, mich unversehens in der Stadt zu befinden. Als ich vor unser Haus kam, merkte ich an den dunkeln Fenstern, daß meine Mutter schon schlief; mit einem heimkehrenden Hausgenossen schlüpfte ich ins Haus und auf meine Kammer, und am Morgen tat meine Mutter die Augen weit auf, als sie mich unerwartet zum Vorschein kommen sah.

Ich bemerkte sogleich, daß in unserer Stube eine kleine Veränderung vorgegangen war. Ein Lotterbettchen stand an der Wand, welches die Mutter billigen Preises von einem Bekannten gekauft, der es nicht mehr unterzubringen wußte; es war von der größten Einfachheit, leicht gebaut und nur mit weiß und grünem Stroh überflochten und doch ein ganz artiges Möbel. Aber auf ihm lag ein ansehnlicher Stoß Bücher, an die fünfzig Bändchen, alle gleich gebunden, mit roten Schildchen und goldenen Titeln auf dem Rücken versehen und durch eine starke vielfache Schnur zusammengehalten. Es waren Goethes sämtliche Werke, welche ein Trödler, der mich mit alten Büchern und vergilbten Kupferblättern in ein vorzeitiges gelindes Schuldentum zu verlocken pflegte, hergebracht hatte, um sie mir zur Ansicht und zum Verkauf anzubieten. Vor einigen Jahren hatte ein deutscher Schreinergeselle, welcher in unserer Stube etwas zurecht hämmerte, dabei von ungefähr gesagt: »Der große Goethe ist gestorben«, und dies Wort klang mir immer wieder nach. Der unbekannte Tote schritt fast durch alle Beschäftigungen und Anregungen, und überall zog er angeknüpfte Fäden an sich, deren Enden in seiner unsichtbaren Hand verschwanden. Als ob ich jetzt alle diese Fäden in dem ungeschlachten Knoten der Schnur, welche die Bücher umwand, beisammen hätte, fiel ich über denselben her und begann hastig ihn aufzulösen, und als er endlich aufging, da fielen die goldenen Früchte des achtzigjährigen Lebens auf das schönste auseinander, verbreiteten sich über das Ruhbett und fielen über dessen Rand auf den Boden, daß ich alle Hände voll zu tun hatte, den Reichtum zusammenzuhalten. Ich entfernte mich von selber Stunde an nicht mehr vom Lotterbettchen und las vierzig Tage lang, indessen es noch einmal Winter und wieder Frühling wurde; aber der weiße Schnee ging mir wie ein Traum vorüber, den ich unbeachtet von der Seite glänzen sah. Ich griff zuerst nach allem, was sich durch den Druck als dramatisch zeigte, dann las ich manches Gereimte, dann die Romane, dann die italienische Reise, und als sich der Strom hierauf in die prosaischen Gefilde des täglichen Fleißes, der Einzelmühe verlief, ließ ich das weitere liegen und fing von vorn an und entdeckte diesmal die ganzen Sternbilder in ihren schönen Stellungen zueinander und dazwischen einsame seltsam glänzende Sterne, wie den Reineke Fuchs oder den Benvenuto Cellini. So hatte ich noch einmal diesen Himmel durchschweift und vieles wieder doppelt gelesen und entdeckte zuletzt noch einen ganz neuen hellen Stern: Dichtung und Wahrheit. Ich war eben mit diesem zu Ende, als der Trödler hereintrat und sich erkundigte, ob ich die Werke behalten wolle, da sich sonst ein anderweitiger Käufer gezeigt habe. Unter diesen Umständen mußte der Schatz bar bezahlt werden, was jetzt über meine Kräfte ging: die Mutter sah wohl, daß er mir etwas Wichtiges war, aber mein vierzigtägiges Liegen und Lesen machte sie unentschlossen, und darüber ergriff der Mann wieder seine Schnur, band die Bücher zusammen, schwang den Pack auf den Rücken und empfahl sich.

Es war, als ob eine Schar glänzender und singender Geister die Stube verließen, so daß diese auf einmal still und leer schien; ich sprang auf, sah mich um, und würde mich wie in einem Grabe gedünkt haben, wenn nicht die Stricknadeln meiner Mutter ein freundliches Geräusch verursacht hätten. Ich machte mich ins Freie; die alte Bergstadt, Felsen, Wald, Fluß und See und das formenreiche Gebirge lagen im milden Schein der Märzsonne, und indem meine Blicke alles umfaßten, empfand ich ein reines und nachhaltiges Vergnügen, das ich früher nicht gekannt. Es war die hingebende Liebe an alles Gewordene und Bestehende, welche das Recht und die Bedeutung jeglichen Dinges ehrt und den Zusammenhang und die Tiefe der Welt empfindet. Diese Liebe steht höher als das künstlerische Herausstehlen des einzelnen zu eigennützigem Zwecke, welches zuletzt immer zu Kleinlichkeit und Laune führt, sie steht auch höher, als das Genießen und Absondern nach Stimmungen und romantischen Liebhabereien, und nur sie allein vermag eine gleichmäßige und dauernde Glut zu geben. Es kam mir nun alles und immer neu, schön und merkwürdig vor, und ich begann, nicht nur die Form, sondern auch den Inhalt, das Wesen und die Geschichte der Dinge zu sehen und zu lieben. Obgleich ich nicht stracks mit einem solchen fix und fertigen Bewußtsein herumlief, so entsprang das nach und nach Erwachende doch durchaus aus jenen vierzig Tagen, sowie deren Gesamteindrucke noch folgende Ergebnisse ursprünglich zuzuschreiben sind.

Nur die Ruhe in der Bewegung hält die Welt und macht den Mann; die Welt ist innerlich ruhig und still, und so muß es auch der Mann sein, der sie verstehen und als wirkender Teil von ihr sie widerspiegeln will. Ruhe zieht das Leben an, Unruhe verscheucht es; Gott hält sich mäuschenstill, darum bewegt sich die Welt um ihn. Für den künstlerischen Menschen nun wäre dies so anzuwenden, daß er sich eher leidend und zusehend verhalten und die Dinge an sich vorüberziehen lassen, als ihnen nachjagen soll; denn wer in einem festlichen Zuge mitzieht, kann denselben nicht so beschreiben, wie der, welcher am Wege steht. Dieser ist darum nicht überflüssig oder müßig, und der Seher ist erst das ganze Leben des Gesehenen, und wenn er ein rechter Seher ist, so kommt der Augenblick, wo er sich dem Zuge anschließt mit seinem goldenen Spiegel, gleich dem achten Könige in Macbeth, der in seinem Spiegel noch viele Könige sehen ließ. Auch nicht ohne *äußere* Tat und Mühe ist das Sehen des ruhig Leidenden, gleichwie der Zuschauer eines Festzuges genug Mühe hat, einen guten Platz zu erringen oder zu behaupten. Dies ist die Erhaltung der Freiheit und Unbescholtenheit unserer Augen.

Ferner ging eine Umwandlung vor in meiner Anschauung vom Poetischen. Ich hatte mir, ohne zu wissen, wann und wie, angewöhnt, alles, was ich in Leben und Kunst als brauchbar, gut und schön befand, poetisch zu nennen, und selbst die Gegenstände meines erwählten Berufes, Farben wie Formen, nannte ich nicht malerisch, sondern immer poetisch, so gut wie alle menschlichen Ereignisse, welche mich anregend berührten. Dies war nun, wie ich glaube, ganz in der Ordnung, denn es ist das gleiche Gesetz, welches die verschiedenen Dinge poetisch oder der Widerspiegelung ihres Daseins wert macht; aber in bezug auf manches, was ich bisher poetisch nannte, lernte ich nun, daß das Unbegreifliche und Unmögliche, das Abenteuerliche und Überschwengliche nicht poetisch ist und daß, wie dort die Ruhe und Stille in der Bewegung, hier nur Schlichtheit und Ehrlichkeit mitten in Glanz und Gestalten herrschen müssen, um etwas Poetisches oder, was gleichbedeutend ist, etwas Lebendiges und Vernünftiges hervorzubringen, mit Einem Wort, daß die sogenannte Zwecklosigkeit der Kunst nicht mit Grundlosigkeit verwechselt werden darf. Dies ist zwar eine alte Geschichte, indem man schon im Aristoteles ersehen kann, daß seine stofflichen Betrachtungen über die prosaisch-politische Redekunst zugleich die besten Rezepte auch für den Dichter sind.

Denn wie es mir scheint, geht alles richtige Bestreben auf Vereinfachung, Zurückführung und Vereinigung des scheinbar Getrennten und Verschiedenen auf Einen Lebensgrund, und in diesem Bestreben, das Notwendige und Einfache mit Kraft und Fülle und in seinem ganzen Wesen darzustellen, ist Kunst; darum unterscheiden sich die Künstler nur dadurch von den anderen Menschen, daß sie das Wesentliche gleich sehen und es mit Fülle darzustellen wissen, während die anderen dies wieder erkennen müssen und darüber erstaunen, und darum sind auch alle die keine Meister, zu deren Verständnis es einer besonderen Geschmacksrichtung oder einer künstlichen Schule bedarf.

Ich hatte es weder mit dem menschlichen Wort, noch mit der menschlichen Gestalt zu tun und fühlte mich nur glücklich und zufrieden, daß ich auf das bescheidenste Gebiet mit meinen Fuß setzen konnte, auf den irdischen Grund und Boden, auf dem sich der Mensch bewegt, und so in der poetischen Welt wenigstens einen Teppichbewahrer abgeben durfte. Goethe hatte ja viel und mit Liebe von landschaftlichen Sachen gesprochen, und durch diese Brücke glaubte ich ohne Unbescheidenheit mich ein wenig mit seiner Welt verbinden zu können.

Ich wollte sogleich anfangen, nun so recht mit Liebe und Aufmerksamkeit die Dinge zu behandeln und mich ganz an die Natur zu halten, nichts Überflüssiges oder Müßiges zu machen und mir bei jedem Striche ganz klar zu sein. Im Geiste sah ich schon einen reichen Schatz von Arbeiten vor mir, welche alle hübsch, wert- und gehaltvoll aussahen, angefüllt mit zarten und starken Strichen, von denen keiner ohne Bedeutung war. Ich setzte mich ins Freie, um das erste Blatt dieser vortrefflichen Sammlung zu beginnen; aber nun ergab es sich, daß ich eben da fortfahren mußte, wo ich zuletzt aufgehört hatte, und daß ich durchaus nicht imstande war, plötzlich etwas Neues zu schaffen, weil ich dazu erst etwas Neues hätte sehen müssen. Da mir aber nicht Ein Blatt eines Meisters zu Gebote stand und die prächtigen Blätter meiner Phantasie sogleich in nichts sich auflösten, wenn ich den Stift auf das Papier setzte, so brachte ich ein trübseliges Gekritzel zustande, indem ich aus meiner alten Weise herauszukommen suchte, welche ich verachtete, während ich sie jetzt sogar nur verdarb. So quälte ich mich mehrere Tage herum, in Gedanken immer eine gute und sachgemäße Arbeit sehend, aber ratlos mit der Hand. Es wurde mir angst und bange, ich glaubte, jetzt sogleich verzweifeln zu müssen, wenn es mir nicht gelänge, und seufzend bat ich Gott, mir aus der Klemme zu helfen. Ich betete noch mit den gleichen kindlichen Worten, wie schon vor zehn Jahren, immer das gleiche wiederholend, so daß es mir selbst auffiel, als ich halblaut vor mich hin flüsterte. Darüber nachsinnend hielt ich mit der hastigen Arbeit inne und sah in Gedanken verloren auf das Papier.

Zweites Kapitel

Ein Wunder und ein wirklicher Meister

Da überschattete sich plötzlich der weiße Bogen auf meinen Knien, der vorher von der Sonne beglänzt war; erschrocken schaute ich um und sah einen ansehnlichen, fremd gekleideten Mann hinter mir stehen, welcher den Schatten verursachte. Er war groß und schlank, hatte ein bedeutsames und ernstes Gesicht mit einer stark gebogenen Nase und einem sorgfältig gedrehten Schnurrbart und trug sehr feine Wäsche.

In hochdeutscher Sprache redete er mich an: »Darf man wohl ein wenig Ihre Arbeit besehen, junger Mann?« Halb erfreut und halb verlegen hielt ich meine Zeichnung hin, welche er einige Augenblicke aufmerksam besah; dann fragte er mich, ob ich noch mehr in meiner Mappe bei mir hätte und ob ich wirklicher Künstler werden wollte. Ich trug allerdings immer einen Vorrat des zuletzt Gemachten mit mir herum, wenn ich nach der Natur zeichnete, um jedenfalls etwas zu tragen, wenn ich einen unergiebigen Tag hatte; und während ich nun die Sachen nach und nach hervorzog, erzählte ich fleißig und zutraulich meine bisherigen Künstlerschicksale; denn ich merkte sogleich an der Art, wie der Fremde die Sachen ansah, daß er es verstand, wo nicht selbst ein Künstler war.

Dies bestätigte sich auch, als er mich auf meine Hauptfehler aufmerksam machte, die Studie, welche ich gerade vor hatte, mit der Natur verglich und mir an letzterer selbst das Wesentliche hervorhob und mich es sehen lehrte. Ich fühlte mich überglücklich und hielt mich ganz still, wie jemand, der sich vergnüglich eine Wohltat erzeigen läßt, als er einige Laubpartien auf meinem Papiere mit ihrem Vorbilde zusammenhielt, Licht und Formen klar machte und auf dem Rande des Blattes mit wenigen mühlosen Meisterstrichen das herstellte, was ich vergeblich gesucht hatte.

Er blieb wohl eine halbe Stunde bei mir, dann sagte er: »Sie haben vorhin den wackern Habersaat genannt; wissen Sie, daß ich vor siebzehn Jahren auch ein dienstbarer Geist in seinem verwünschten Kloster war? Ich habe mich aber beizeiten aus dem Staube gemacht und bin seither immer in Italien und Frankreich gewesen. Ich bin Landschafter, heiße Römer, und gedenke mich eine Zeitlang in meiner Heimat aufzuhalten. Es soll mich freuen, wenn ich Ihnen etwas nachhelfen kann; ich habe manche Sachen bei mir, besuchen Sie mich einmal oder kommen Sie gleich mit mir nach Hause, wenn's Ihnen recht ist!«

Ich packte eilig zusammen und begleitete in feierlicher Stimmung den Mann, und mit nicht geringem Stolze. Ich hatte oft von ihm sprechen gehört; denn er war eine der großen Sagen des Refektoriums, und Meister Habersaat tat sich nicht wenig darauf zu gut, wenn es hieß, sein ehemaliger Schüler Römer sei ein berühmter Aquarellist in Rom und verkaufe seine Arbeiten nur an Fürsten und Engländer.

Auf dem Wege, solange wir noch im Freien waren, zeigte mir Römer allerlei gute Dinge in der Natur. Aufmerksam begeistert sah ich hin, wo er mit der Hand fein wegstreichend hindeutete; ich war erstaunt, zu entdecken, daß ich eigentlich, so gut ich erst kürzlich noch zu sehen geglaubt, noch gar nichts gesehen hatte, und ich staunte noch mehr, das Bedeutende und Lehrreiche nun meistens in Erscheinungen zu finden, die ich vorher entweder übersehen, oder wenig beachtet. Jedoch freute ich mich, leidlich zu verstehen, was mein Begleiter jeweilig meinte, und mit ihm einen kräftigen und doch klaren Schatten, einen milden Ton oder eine zierliche Ausladung eines Baumes zu sehen, und nachdem ich erst einige Male mit ihm spaziert, hatte ich mich bald gewöhnt, die ganze landschaftliche Natur nicht mehr als etwas rund in sich Bestehendes, sondern nur als Ein gemaltes Bilder- und Studienkabinett, als etwas bloß vom richtigen Standpunkte aus Sichtbares zu betrachten und in technischen Ausdrücken zu beurteilen.

Als wir in seiner Wohnung anlangten, welche aus ein paar eleganten Zimmern in einem schönen Hause bestand, setzte Römer sogleich seine Mappen auf einen Stuhl vor das Sofa, hieß mich auf dieses neben ihn sitzen und begann, die Sammlung seiner größten und wertvollsten Studien eine um die andere umzuwenden und aufzustellen. Es waren alles umfangreiche Blätter aus Italien, auf starkes grobkörniges Papier mit Wasserfarben gemalt, doch auf eine mir ganz neue Weise und mit unbekannten kühnen und geistreichen Mitteln, so daß sie ebensoviel Schmelz und Duft, als Klarheit und Kraft zeigten und vor allem aus in jedem Striche bewiesen, daß sie vor der lebendigen Natur gemacht waren. Ich wußte nicht, sollte ich über die glänzende und angenehm nahe tretende Meisterschaft der Behandlung oder über die Gegenstände mehr Freude empfinden, denn von den mächtigen dunklen Zypressengruppen der römischen Villen, von den schönen Sabinerbergen bis zu den Ruinen von Pästum und dem leuchtenden Golf von Neapel, bis zu den Küsten von Sizilien mit den zauberhaften hingehauchten, gedichteten Linien, tauchte Bild um Bild vor mir auf mit den köstlichen Merkzeichen des Tages, des Ortes und des Sonnenscheins, unter welchem sie entstanden. Schöne Klöster und Kastelle glänzten in diesem Sonnenschein an schönen Bergabhängen, Himmel und Meer ruhten in tiefer Bläue oder in heitrem Silberton, und in diesem badete sich die prächtige, edle Pflanzenwelt mit ihren klassisch einfachen und doch so vollen Formen. Dazwischen sangen und klangen die italischen Namen, wenn Römer die Gegenstände benannte und Bemerkungen über ihre Natur und Lage machte. Manchmal sah ich über die Blätter hinaus im Zimmer umher, wo ich hier eine rote Fischerkappe aus Neapel, dort ein römisches Taschenmesser, eine Korallenschnur oder einen silbernen Haarpfeil erblickte; dann sah ich meinen neuen Beschützer aufmerksam und von Grund aus wohlwollend an, seine weiße Weste, seine Manschetten; und erst, wenn er das Blatt umwandte, fuhr mein Blick wieder auf dasselbe, um es noch einmal zu überfliegen, ehe das nächste erschien.

Als wir mit dieser Mappe zu Ende waren, ließ mich Römer noch flüchtig in einige andere blicken, von denen die eine einen Reichtum farbiger Details, die andere eine Unzahl Bleistiftstudien, eine dritte lauter auf das Meer, Schiffahrt und Fischerei Bezügliches, eine vierte endlich verschiedene Phänomene und Farbenwunder, wie die blaue Grotte, außergewöhnliche Wolkenerscheinungen, Vesuvausbrüche, glühende Lavabäche u. s. w. enthielten. Dann zeigte er mir noch im andern Zimmer seine gegenwärtige Arbeit, ein größeres Bild auf einer Staffelei, welches den Garten der Villa d'Este vorstellte. Dunkle Riesenzypressen ragten aus flatternden Reben und Lorbeerbüschen, aus Marmorbrunnen und blumigen Geländern, an welchen eine einzige Figur, Ariost, lehnte, in schwarzem ritterlichen Kleide, den Degen an der Seite. Im Mittelgrunde zogen sich Häuser und Bäume von Tivoli hin, von Duft umhüllt, und darüber hinweg dehnte sich das weite Feld, vom Purpur des Abends übergossen, in welchem am äußersten Horizonte die Peterskuppel auftauchte.

»Genug für heute!« sagte Römer, »kommen Sie öfter zu mir, alle Tage, wenn Sie Lust haben; bringen Sie mir Ihre Sachen mit, vielleicht kann ich Ihnen dies und jenes zum Kopieren mitgeben, damit Sie eine leichtere und zweckmäßigere Technik erlangen!«

Mit der dankbarsten Verehrung verabschiedete ich mich und sprang mehr, als ich ging, nach Hause. Dort erzählte ich meiner Mutter das glückliche Abenteuer mit den beredtesten Worten und verfehlte nicht, den fremden Herrn und Künstler mit allem Glanz auszustatten, dessen ich habhaft war; ich freute mich, ihr endlich ein Beispiel rühmlichen Gelingens als einen Trost für meine eigene Zukunft vorführen zu können, besonders da ja Römer ebenfalls aus Herrn Habersaats kümmerlicher Pflanzschule hervorgegangen war. Allein die fünfzehn in der weiten Ferne zugebrachten Jahre, welche zu diesem Gelingen gebraucht worden, leuchteten meiner Mutter nicht sonderlich ein; auch hielt sie dafür, daß es noch gar nicht ausgemacht wäre, ob der Fremde sich wirklich wohl befinde, indem er als solcher so einsam und unbekannt in seiner Heimat angekommen sei. Ich hatte aber ein anderweitiges geheimes Zeichen von der Richtigkeit meiner Hoffnungen, nämlich das plötzliche Erscheinen Römers unmittelbar, nachdem ich gebetet hatte, da ich ungeachtet meines unkirchlichen Rebellentums noch immer ein richtiger Mystosoph war, sobald es sich um mein persönliches Wohl oder Weh handelte.

Hiervon sagte ich aber nichts zu meiner Mutter; denn erstens war zwischen uns nicht herkömmlich, daß man viel von solchen Dingen sprach; und dann baute die Mutter wohl fest auf die Hilfe Gottes, aber es würde ihr nicht gefallen haben, wenn ich mich eines so merkwürdigen und theatralischen Falles gerühmt hätte. Sie war froh, wenn Gott das Brot nicht ausgehen ließ und für schwere Leiden, für Fälle auf Leben und Tod seine Hilfe in Bereitschaft hielt, und sie hätte mich wahrscheinlich ziemlich ironisch zurechtgewiesen; desto mehr beschäftigte ich mich den Abend hindurch mit dem Vorfalle und muß gestehen, daß ich dabei doch eine zweifelhafte Empfindung hatte. Ich konnte die Vorstellung eines langen Drahtes nicht unterdrükken, an welchem der fremde Mann auf mein Gebet herbeigezogen sei, während, gegenüber diesem lächerlichen Bilde, mir ein Zufall noch weniger munden wollte, da ich mir sein Ausbleiben nun gar nicht mehr denken mochte. Seither habe ich mich gewöhnt, dergleichen Glücksfälle, sowie ihr Gegenteil, wenn ich nämlich ein unangenehmes Ereignis als die Strafe für einen unmittelbar vorhergegangenen, bewußten Fehler anzusehen mich immer wieder getrieben fühle, als vollendete Tatsachen einzutragen und Gott dafür dankbar zu sein, ohne mir des genaueren einzubilden, es sei unmittelbar und insbesondere für mich geschehen. Doch kann ich mich bei jeder Gelegenheit, wo ich mir nicht zu helfen weiß, nicht enthalten, von neuem durch Gebet solche Lösungen anzustreben und für die Zurechtweisungen des Schicksals einen Grund in meinen Fehlern zu suchen und Besserung zu geloben.

Ich wartete ungeduldig einen Tag und ging dann am darauf folgenden mit einer ganzen Last meiner bisherigen Arbeiten zu Römer. Er empfing mich freundlich zuvorkommend und besah die Sachen mit aufmerksamer Teilnahme. Dabei gab er mir fortwährend guten Rat, und als wir zu Ende waren, sagte er, ich müßte vor allem die ungeschickte alte Manier, das Material zu behandeln, aufgeben, denn damit ließe sich gar nichts mehr ausrichten. Nach der Natur sollte ich fleißig vor der Hand mit einem weichen Blei zeichnen und für das Haus anfangen, seine Weise einzuüben, wobei er mir gerne behilflich sein wolle. Auch suchte er mir aus seinen Mappen einige einfache Studien in Bleistift sowie in Farben, welche ich zur Probe kopieren sollte, und als ich hierauf mich empfehlen wollte, sagte er: »O! bleiben Sie noch ein Stündchen hier, Sie werden den Vormittag doch nichts mehr machen können; sehen Sie mir ein wenig zu und plaudern wir ein bißchen!« Mit Vergnügen tat ich dies, hörte auf seine Bemerkungen, die er über sein Verfahren machte, und sah zum erstenmal die einfache, freie und sichere Art, mit der ein Künstler arbeitet. Es ging mir ein neues Licht auf, und es dünkte mich, wenn ich mich selbst auf meine bisherige Art arbeitend vorstellte, als ob ich bis heute nur Strümpfe gestrickt oder etwas Ähnliches getan hätte.

Rasch kopierte ich die Blätter, die Römer mir mitgab, mit aller Lust und allem Gelingen, welche ein erster Anlauf gibt, und als ich sie ihm brachte, sagte er: »Das geht ja vortrefflich, ganz gut!« An diesem Tage lud er mich ein, da das Wetter sehr schön war, einen Spaziergang mit ihm zu machen, und auf diesem verband er das, was ich in seinem Hause bereits eingesehen, mit der lebendigen Natur, und dazwischen sprach er vertraulich über andere Dinge, Menschen und Verhältnisse, welche vorkamen, bald scharf kritisch, bald scherzend, so daß ich mit einemmal einen zuverlässigen Lehrer und einen unterhaltenden und umgänglichen Freund besaß.

Bald fühlte ich das Bedürfnis, immer und ganz in seiner Nähe zu sein, und machte daher immer häufiger von meiner Freiheit, ihn zu besuchen, Gebrauch, als er eines Tages, nachdem er gründlich und schon etwas strenger eine Arbeit durchgesehen, zu mir sagte: »Es würde gut für Sie sein, noch eine Zeit ganz unter der Leitung eines Lehrers zu stehen; es würde mir auch zum Vergnügen und zur Erheiterung gereichen, Ihnen meine Dienste anzubieten; da aber meine Verhältnisse leider nicht derart sind, daß ich dies ganz ohne Entschädigung tun könnte, wenigstens wenn es nicht durchaus sein muß, so besprechen Sie sich mit Ihrer Frau Mutter, ob Sie monatlich etwas daran wenden wollen. Ich bleibe jedenfalls einige Zeit hier, und in einem halben Jahre hoffe ich Sie so weit zu bringen, daß Sie später besser vorbereitet und selbst imstande, einigen Erwerb zu finden, Ihre Reisen antreten könnten. Sie würden jeden Morgen um acht Uhr kommen und den ganzen Tag bei mir arbeiten.«

Ich wünschte nichts Besseres zu tun und lief eiligst nach Hause, den Vorschlag meiner Mutter zu hinterbringen. Allein sie war nicht so eilig, wie ich, und ging, da es sich um Ausgabe einer erklecklichen Summe handelte und ich selbst einen Teil des an Habersaat Bezahlten für verlorenes Geld hielt, erst jenen vornehmen Herrn, bei dem sie schon früher einmal gewesen, um Rat zu fragen; denn sie dachte, derselbe werde jedenfalls wissen, ob Römer wirklich der geachtete und berühmte Künstler sei, für welchen ich ihn so eifrig ausgab. Doch man zuckte die Achseln, gab zwar zu, daß er als Künstler talentvoll und in der Ferne renommiert sei; über seinen Charakter jedoch hüllte man sich ins Unklare, wollte nicht viel Gutes wissen, ohne etwas Näheres angeben zu können, und meinte schließlich, wir sollten uns in acht nehmen. Jedenfalls sei die Forderung zu groß, unsere Stadt sei nicht Rom oder Paris, auch hielte man dafür, es wäre geratener, die Mittel für meine Reisen aufzusparen und diese desto früher anzutreten, wo ich dann selbst sehen und holen könne, was Römer besäße.

Das Wort Reisen war nun schon wiederholt vorgekommen und war hinreichend, meine Mutter zu bestimmen, jeden Pfennig zur Ausstattung aufzubewahren. Daher teilte sie mir die bedenklichen Äußerungen mit, ohne zu viel Gewicht auf die den Charakter betreffenden zu legen, welche ich auch mit Entrüstung zunichte machte; denn ich war schon dagegen gewaffnet, indem ich aus verschiedenen rätselhaften Äußerungen Römers entnommen, daß er mit der Welt nicht zum besten stehe und viel Unrecht erlitten habe. Ja, es hatte sich schon eine eigene Sprache über diesen Punkt zwischen uns ausgebildet, indem ich mit ehrerbietiger Teilnahme seine Klagen entgegennahm und so erwiderte, als ob ich selbst schon die bittersten Erfahrungen gemacht oder wenigstens zu fürchten hätte, welche ich aber festen Fußes erwarten und dann zugleich mich und ihn rächen wollte. Wenn Römer hierauf mich zurechtwies und erinnerte, daß ich die Menschen doch nicht besser kennen werde, als er, so mußte ich dies annehmen und ließ mich mit wichtiger Miene belehren, wie es anzufangen wäre, sich gehörig zu stellen, ohne daß ich eigentlich wußte, warum es sich handelte und worin jene Erfahrungen denn beständen.

Ich entschloß mich kurz und sagte zur Mutter, ich wolle das Gold, welches in meinem ehemals geplünderten Sparkästchen übrig geblieben, für die Sache opfern. Hiergegen hatte sie nichts einzuwenden; ich nahm also die Schaumünze und einige Dukaten, welche dabei waren, und trug alles zu einem Goldschmied, welcher mir den Wert in Silber dafür bezahlte, brachte das Geld zu Römer und sagte, das sei alles, was ich verwenden könnte, und ich wünschte wenigstens vier Monate seines Unterrichts dafür zu genießen. Zuvorkommend sagte er, das sei gar nicht so genau zu nehmen! Da ich tue, was ich könne, wie es einem Kunstjünger gezieme, so wollte er nicht zurückbleiben und ebenfalls tun, was er könne, solange er hier sei, und ich solle nur gleich morgen kommen und anfangen.

So richtete ich mich mit großer Befriedigung bei ihm ein. Den ersten und zweiten Tag ging es noch ziemlich gemütlich zu; allein schon am dritten begann Römer einen ganz anderen Ton zu singen, indem er urplötzlich höchst kritisch und streng wurde, meine Arbeit erbarmunglos heruntermachte und mir bewies, daß ich nicht nur noch nichts könnte, sondern auch lässig und unachtsam sei. Das kam mir höchst wunderlich vor; ich nahm mich ein wenig zusammen, was aber nicht viel Dank einbrachte; im Gegenteil wurde Römer immer strenger und ironischer in seinem Tadel, den er nicht in die rücksichtsvollsten Ausdrücke faßte. Da nahm ich mich ernstlicher zusammen, der Tadel wurde ebenfalls ernstlich und fast rührend, bis ich endlich mich ganz zerknirscht und demütig daran machte, mir bei jedem Striche den Platz, wo er hin sollte, wohl besah, manchmal ihn zart und bedächtig hinsetzte, manchmal nach kurzem Erwägen plötzlich wie einen Würfel auf gut Glück hinwarf und endlich alles genau so zu machen suchte, wie Römer es verlangte. So erreichte ich endlich etwelches Fahrwasser, auf welchem ich ganz still dem Ziele einer leidlichen Arbeit zusteuerte. Der Fuchs merkte aber meine Absicht und erschwerte mir unversehens die Aufgaben, so daß die Not von neuem anging und die Kritik meines Meisters schöner blühte, denn je. Wiederum steuerte ich endlich nach vieler Mühe einer angehenden Tadellosigkeit entgegen und wurde nochmals durch ein erschwertes Ziel zurückgeworfen, statt daß ich, wie ich gehofft, ein Weilchen auf den Lorbeeren einer erreichten Stufe ausruhen konnte. So erhielt mich Römer einige Monate in großer Unterwürfigkeit, wobei jedoch die mystischen Gepräche über die bitteren Erfahrungen und über dies und jenes fortdauerten, und wenn die Tagesarbeit geschlossen war oder auf unseren Spaziergängen blieb unser Verkehr der alte. Dadurch entstand eine seltsame Weise, indem Römer mitten in einer traulichen und tiefsinnigen Unterhaltung mich jählings andonnerte: »Was haben Sie da gemacht! Was soll denn das sein! O Herr Jesus! Haben Sie Ruß in den Augen?« so daß ich plötzlich still wurde und voll Ingrimm über ihn und mich selbst meine Arbeit mit verzweifelter Aufmerksamkeit wieder aufnahm.

So lernte ich endlich die wahre Arbeit und Mühe kennen, ohne daß sie mir lästig wurde, da sie in sich selbst den Lohn der immer neuen Erholung und Verjüngung trägt, und ich sah mich in den Stand gesetzt, eine große Studie Römers, welche schon mehr ein Bild zu nennen war, vornehmen zu dürfen und so zu kopieren, daß mein Lehrer erklärte, es sei nun genug in dieser Richtung, ich würde ihm sonst seine ganzen Mappen nachzeichnen; dieselben seien sein einziges Vermögen, und er wünsche bei alle Freundschaft doch nicht, eine förmliche Dublette in anderen Händen zu wissen.

Durch diese Beschäftigung war ich wunderlicherweise im Süden weit mehr heimisch geworden, als in meinem Vaterlande. Da die Sachen, nach welchen ich arbeitete, alle unter freiem Himmel und sehr trefflich gemacht waren, auch die Erzählungen und Bemerkungen Römers fortwährend meine Arbeit begleiteten, so verstand ich die südliche Sonne, jenen Himmel und das Meer beinahe, wie wenn ich sie gesehen hätte.

Einen besonderen Reiz gewährten mir die Trümmer griechischer Baukunst, welche sich da und dort fanden. Ich empfand wieder Poesie, wenn ich das sonnige Marmorgebälke eines dorischen Tempels vom blauen Himmel abheben mußte. Die horizontalen Linien an Architrav, Fries und Kranz, sowie die Kannelierungen der Säulen mußten mit der zartesten Genauigkeit, mit wahrer Andacht, leis und doch sicher und elegant hingezogen werden; die Schlagschatten auf diesem goldenen edlen Gestein waren rein blau, und wenn ich den Blick fortwährend auf dies Blau gerichtet hatte, so glaubte ich zuletzt wirklich einen leibhaften Tempel zu sehen. Jede Lücke im Gebälke, durch welche der Himmel schaute, jede Scharte an den Kannelierungen war mir heilig, und ich hielt genau ihre kleinsten Formen fest.

Im Nachlasse meines Vaters fand sich ein Werk über Architektur, in welchem die Geschichte und Erklärung der alten Baustile nebst guten Abbildungen mit allem Detail enthalten waren. Dies zog ich nun hervor und studierte es begierig, um die Trümmer besser zu verstehen und ihren Wert ganz zu kennen. Auch erinnerte ich mich der italienischen Reise von Goethe, welche ich gelesen; Römer erzählte mir viel von den Menschen und Sitten und der Vergangenheit Italiens. Er las fast keine Bücher, als die deutsche Übersetzung von Homer und einen italienischen Ariost. Den Homer forderte er mich auf zu lesen, und ich ließ mir dies nicht zweimal sagen. Im Anfange wollte es nicht recht gehen, ich fand wohl alles schön, aber das Einfache und Kolossale war mir noch zu ungewohnt, und ich vermochte nicht lange nacheinander auszuhalten. Aber Römer machte mich aufmerksam, wie Homer in jeder Bewegung und Stellung das einzig Nötige und Angemessene anwende, wie jedes Gefäß und jede Kleidung, die er beschreibe, zugleich das Geschmackvollste sei, was man sich denken könne, und wie endlich jede Situation und jeder moralische Konflikt bei ihm bei aller fast kindlichen Einfachheit von der gewähltesten Poesie getränkt sei. »Da verlangt man heutzutage immer nach dem Ausgesuchten, Interessanten und Pikanten und weiß in seiner Stumpfheit gar nicht, daß es gar nichts Augesuchteres, Pikanteres und ewig Neues geben kann, als so einen homerischen Einfall in seiner einfachen Klassizität! Ich wünsche Ihnen nicht, lieber Lee, daß Sie jemals die ausgesuchte pikante Wahrheit in der Lage des Odysseus, wo er nackt und mit Schlamm bedeckt vor Nausikaa und ihren Gespielen erscheint, so recht aus Erfahrung empfinden lernen! Wollen Sie wissen, wie dies zugeht? Halten wir das Beispiel einmal fest! Wenn Sie einst getrennt von Ihrer Heimat und allem, was Ihnen lieb ist, in der Fremde umherschweifen, und Sie haben viel gesehen und viel erfahren, haben Kummer und Sorge, sind wohl gar elend und verlassen: so wird Ihnen des Nachts unfehlbar träumen, daß Sie sich Ihrer Heimat nähern; Sie sehen sie glänzen und leuchten in den schönsten Farben; holde, feine und liebe Gestalten treten Ihnen entgegen; da entdecken Sie plötzlich, daß Sie zerfetzt, nackt und staubbedeckt einhergehen; eine namenlose Scham und Angst faßt Sie, Sie suchen sich zu bedecken, zu verbergen und erwachen in Schweiß gebadet. Dies ist, solange es Menschen gibt, der Traum des kummervollen umhergeworfenen Mannes, und so hat Homer jene Lage aus dem tiefsten und ewigen Wesen der Menschheit herausgenommen!«

Inzwischen war es gut, daß das Interesse Römers, hinsichtlich des Kopierens seiner Sammlungen, sich mit dem meinigen vereinigte; denn als ich nun, gemäß seiner Aufforderung, mich wieder vor die Natur hinsetzte, erwies es sich, daß ich Gefahr lief, meine ganze Kopierfertigkeit und mein italienisches Wissen zu einer wunderlichen Fiktion werden zu sehen. Es kostete mich die größte Beharrlichkeit und Mühe, ein nur zum zehnten Teile so anständiges Blatt zuwege zu bringen, als meine Kopien waren; die ersten Versuche mißlangen fast gänzlich, und Römer sagte schadenfroh: »Ja, mein Lieber, das geht nicht so rasch! Ich habe es wohl gedacht, daß es so kommen würde; nun heißt es auf eigenen Füßen stehen, oder vielmehr mit eigenen Augen sehen! Eine gute Studie leidlich kopieren, will nicht so viel heißen! Glauben Sie denn, man läßt sich ohne weiteres für andere die Sonne auf den Buckel zünden?« u. s. f. Nun begann der ganze Krieg des Tadels gegen das Bemühen, demselben zuvorzukommen und ihm boshafte Streiche zu spielen, von neuem; Römer ging mit hinaus und malte selbst, so daß er mich immer unter seinen Augen hatte. Es war hier nicht geraten, die Torheiten und Flausen zu wiederholen, die ich unter Herrn Habersaat gespielt hatte, da Römer durch Steine und Bäume zu sehen schien und jedem Striche anmerkte, ob derselbe gewissenhaft sei oder nicht. Er sah es jedem Aste an, ob er zu dick oder zu dünn sei, und wenn ich meinte, der Ast könnte ja am Ende so gewachsen sein, so sagte er: »Lassen Sie das gut sein! Die Natur ist vernünftig und zuverlässig; übrigens kennen wir solche Finessen wohl! Sie sind nicht der erste Hexenmeister, welcher der Natur und seinem Lehrer ein X für ein U machen will!«

Drittes Kapitel

Anna

Weil ich die mir durch den Aufenthalt Römers zugemessene Zeit wohl benutzen mußte, so konnte ich nicht daran denken, das Dorf zu besuchen, obschon ich verschiedene Grüße und Zeichen von daher erhalten hatte. Umso fleißiger dachte ich an Anna, wenn ich arbeitete und die grünen Bäume leise um mich rauschten. Ich freute mich für sie meines Lernens und daß ich in diesem Jahre so reich an Erfahrung geworden gegen das frühere Jahr; ich hoffte einigen wirklichen Wert dadurch erhalten zu haben, der in ihren Augen für mich spräche und in ihrem Hause die Hoffnung begründe, die ich selbst für mich zu hegen mir erlaubte.

Der Herbst war gekommen, und als ich eines Mittags zum Essen nach Hause ging und in unsere Stube trat, sah ich auf dem Ruhbettchen einen schwarzseidenen Mantel liegen. Freudig betroffen eilte ich auf denselben zu, hob das leichte angenehme Ding in die Höhe und untersuchte es von allen Seiten. Ich eilte damit in die Küche, wo ich die Mutter beschäftigt fand, ein besseres Essen als gewöhnlich zu bereiten. Sie verkündigte mir die Ankunft des Schulmeisters und seiner Tochter, fügte aber sogleich mit besorgtem Ernst bei, daß sie leider nicht zum Vergnügen gekommen wären, sondern um einen berühmten Arzt zu besuchen. Während die Mutter in die Stube ging und den Tisch deckte, deutete sie mir mit einigen Worten an, daß sich bei Anna seltsame und beängstigende Anzeichen eingestellt hätten, der Schulmeister sehr bekümmert sei und sie, die Mutter, selbst nicht minder; denn nach der ganzen Erscheinung des armen Mädchens könne es sich ereignen, daß das zarte Wesen nicht alt werde.

Ich saß auf dem Ruhbette, hielt den Mantel fest in meinen Händen und hörte ganz verwundert auf diese Worte, die mir so unerwartet und fremd klangen, daß sie mir mehr merkwürdig als erschreckend vorkamen. In diesem Augenblicke ging die Tür auf, und die ebenso geliebten, als wahrhaft geehrten Gäste traten herein. Überrascht stand ich auf und ging ihnen entgegen, und erst als ich Anna die Hand geben wollte, sah ich, daß ich immer noch ihren Mantel hielt. Sie errötete und lächelte zugleich, während ich verlegen dastand; der Schulmeister warf mir vor, daß ich mich den ganzen Sommer über nie sehen lassen, und so vergaß ich über diesen Begrüßungen die Mitteilung der Mutter, an welche mich auch nichts Auffallendes erinnerte. Erst als wir am Tische saßen, wurde ich durch eine gewisse vermehrte Liebe und Aufmerksamkeit, mit welcher meine Mutter Anna behandelte, gemahnt und glaubte jetzt nur zu sehen, daß sie gegen früher fast größer, aber auch zugleich zarter und schmächtiger erschien; ihre Gesichtsfarbe war wie durchsichtig geworden, und um ihre Augen, welche erhöht glänzten, bald in dem kindlichen Feuer früherer Tage, bald in einem träumerischen tiefen Nachdenken, lag etwas Leidendes. Sie war heiter und sprach ziemlich viel, während ich schwieg, hörte und sie ansah; auch der Schulmeister war heiter und ganz wie sonst; denn bei den Schicksalen und Leiden, welche uns Angehörige betreffen, benehmen wir uns nicht lamentabel, sondern fast vom ersten Augenblicke an mit der gleichen Gefaßtheit, mit dem gleichen Wechsel von Hoffnung, Furcht und Selbsttäuschung, wie die Betroffenen selbst. Doch ermahnte er jetzt seine Tochter, nicht zu viel zu sprechen, und mich fragte er, ob ich die Ursache der kleinen Reise schon kenne, und setzte hinzu: »Ja lieber Heinrich! meine Anna scheint krank werden zu wollen! Doch laßt uns den Mut nicht verlieren! Der Arzt hat ja gesagt, daß vorderhand nicht viel zu sagen und zu tun wäre. Er hat uns einige Verhaltungsregeln gegeben und anbefohlen, ruhig zurückzukehren und dort zu leben, anstatt hierher zu ziehen, da die dortige Luft angemessener sei. Für unsern Doktor will er uns einen Brief mitgeben und von Zeit zu Zeit selbst hinauskommen und nachsehen.«

Ich wußte hierauf rein nichts zu erwidern, noch meine Teilnahme zu bezeugen; vielmehr wurde ich ganz rot und schämte mich nur, nicht auch krank zu sein. Anna hingegen sah mich bei den Worten ihres Vaters lächelnd an, als ob sie Mitleid mit mir hätte, so peinliche Dinge hören zu müssen.

Nach dem Essen verlangte der Schulmeister, von meinen Beschäftigungen zu wissen und etwas zu sehen; ich brachte eine wohlgefüllte Mappe herbei und erzählte von meinem Meister; doch verweilte er nicht lang dabei, sondern machte sich bereit, einige Gänge zu tun und Einkäufe zu besorgen. Meine Mutter begleitete ihn, und ich blieb allein mit Anna zurück. Sie fuhr fort, meine Sachen aufmerksam zu beschauen; auf dem Ruhbett sitzend, ließ sie sich alles von mir vorlegen und erklären. Während sie auf meine Landschaften sah, blickte ich auf *sie* nieder, manchmal mußte ich mich beugen, manchmal hielten wir ein Blatt zusammen in den Händen lange Zeit, doch ereignete sich sonst gar nichts Zärtliches zwischen uns; denn während sie für mich nun wieder ein anderes Wesen war und ich mich scheute, sie nur von ferne zu verletzen, häufte sie alle Äußerungen der Freude und der Aufmerksamkeit allein auf meine Arbeiten, und wollte sich nicht von denselben trennen, während sie mich selbst nur wenig ansah.

Plötzlich sagte sie: »Unsere Tante im Pfarrhaus läßt dir sagen, du sollest mit uns sogleich hinausfahren, sonst sei sie böse! Willst du?« Ich erwiderte: »Ja, jetzt kann ich schon!« und setzte hinzu: »Was fehlt dir denn eigentlich?« »Ach, ich weiß es selbst nicht, ich bin immer müde und leide manchmal ein wenig; die anderen machen mehr daraus, als ich selbst!«

Meine Mutter und der Schulmeister kamen zurück; neben den fremdartigen pharmazeutischen Paketen, die er mit einem verstohlenen Seufzer auf den Tisch legte, brachte er einige Geschenke für Anna mit, gute Kleiderstoffe, einen großen warmen Shawl und eine goldene Uhr, als ob er mit diesen kostbaren und auf die Dauer berechneten Gaben eine günstige Wendung des Geschickes erzwingen wollte. Als Anna darüber erschrak, sagte er, sie habe die Dinge schon lange verdient, und das bißchen Geld hätte gar keinen Wert für ihn, wenn er nicht ihr eine kleine Freude dadurch verschaffen könnte.

Er zeigte sich zufrieden, daß ich mitfahre; meine Mutter sah es auch gern und legte mir einige Sachen zurecht, indessen ich das Gefährt aus dem Gasthause holte, wo es eingestellt war. Anna sah allerliebst aus, als sie wohl vermummt und verschleiert dem Schulmeister zur Seite saß. Ich nahm den Vordersitz und hatte das Leitseil des gutgenährten Pferdes ergriffen, das schon ungeduldig scharrte; die Mutter machte sich noch lange am Wagen zu schaffen und wiederholte dem Schulmeister ihre Anerbietungen zu jeglicher Hilfe, und wenn es notwendig würde, hinzukommen und Anna zu pflegen; die Nachbaren steckten die Köpfe aus den Fenstern und vermehrten mein Selbstbewußtsein, als ich endlich mit meiner liebenswürdigen und anmutigen Gesellschaft die enge Straße entlang fuhr.

Es glänzte ein sonniger Herbstnachmittag auf dem Lande. Wir fuhren durch Dörfer und Felder, sahen die Gehölze und Anhöhen im zarten Dufte liegen, hörten die Jägerhörnchen in der Ferne, begegneten überall zahlreichem Fuhrwerke, welches den Herbstsegen einbrachte; hier machten die Leute die Gefäße zur Weinlese zurecht und bauten große Kufen, dort standen sie reihenweise auf den Äckern und hoben die Wurzelfrüchte aus; andeswo wieder pflügten sie die Erde um, und die ganze Familie war dabei versammelt, von der Herbstsonne hinausgelockt; überall war es lebendig und zufrieden bewegt. Die Luft war so mild, daß Anna ihren grünen Schleier zurückschlug und ihr liebliches Gesicht zeigte. Wir vergaßen alle drei, warum wir eigentlich auf diesen Wegen fuhren; der Schulmeister war gesprächig und erzählte uns viele Geschichten von den Gegenden, durch welche wir kamen, zeigte uns die Wohnungen, wo berühmte Männer hausten, deren wohlgeordnete saubere Hofstätten die weise Klugheit ihrer Besitzer verkündeten. Da und dort wohnte eine hübsche Tochter oder deren zwei, von denen etwas zu erblicken wir im Vorüberfahren uns bemühten, und wenn dies gelang, so grüßte Anna mit dem bescheidenen Anstande derjenigen, welche selbst Blumen des Landes sind.

Doch dunkelte es eine geraume Weile, ehe wir ans Ziel gelangten, und mit der Dunkelheit fiel es mir plötzlich ein, daß ich Judith das Versprechen gegeben, sie jedesmal zu besuchen, wenn ich ins Dorf käme. Anna hatte sich wieder verhüllt, ich saß nun neben ihr, da der Schulmeister, welcher die Wege besser kannte, die Zügel genommen;

und weil wir der Dunkelheit wegen nun schweigsamer waren, so hatte ich Zeit, darüber nachzudenken, was ich tun wollte.

Je untunlicher es mir schien, mein Versprechen zu halten, je weniger ich das Wesen, welches ich mir zur Seite fühlte und das sich nun sanft an mich lehnte, auch nur in Gedanken beleidigen mochte, desto dringender ward auf der andern Seite die Überzeugung, daß ich am Ende doch mein Wort nicht brechen dürfe, da mich Judith nur im Vertrauen auf dasselbe in jener Nacht entlassen, und ich zögerte nicht, mir einzubilden, daß der Wortbruch sie kränken und ihr weh tun würde. Ich mochte um alles in der Welt gerade vor ihr nicht unmännlich als einer erscheinen, welcher aus Furcht ein Versprechen gäbe und aus Furcht dasselbe bräche. Da fand ich einen sehr klugen Ausweg, wie ich dachte, der mich wenigstens vor mir selbst rechtfertigen sollte. Ich brauchte nur bei dem Schulmeister zu wohnen, so war ich nicht im Dorfe, und wenn ich am Tage dieses besuchte, so mußte ich Judith nicht sehen, welche sich nur meinen nächtlichen und geheimen Besuch während eines Aufenthaltes im Dorfe ausbedungen hatte.

Als wir daher in des Schulmeisters Haus ankamen und dort die Muhme mit einem Sohne und zwei Töchtern vorfanden, welche uns erwarteten und mich mit dem Fuhrwerk gleich mitnehmen wollten, erklärte ich unversehens, hier bleiben zu wollen, und die alte Katherine eilte, mir ein Unterkommen zu bereiten, indessen Anna, die ganz ermüdet und angegriffen war und von Husten befallen wurde, sich sogleich zu Bett begeben mußte. Sie führte mich an einen artig eingerichteten Tisch, auf welchem ihre Bücher und Arbeitssachen, auch Papier und Schreibzeug lagen, setzte Licht darauf und sagte lächelnd: »Mein Vater bleibt alle Abend bei mir, bis ich eingeschlafen bin, und liest mir manchmal etwas vor. Hier kannst du dich vielleicht so lange beschäftigen. Sieh, hier mache ich etwas für dich!« und sie zeigte mir eine Stickerei zu einer kleinen Mappe, welche sie nach jener Blumenzeichnung verfertigte, die ich vor mehreren Jahren in der Weinlaube gemacht und ihr geschenkt hatte. Das naive Bild hing über ihrem Tische. Dann gab sie mir die Hand und sagte wehmütig leise und doch so freundlich: »Gut' Nacht!« und ich sagte ebenso leise: »Gut' Nacht!«

Einige Augenblicke nachher kam der Schulmeister herein, und ich sah, daß er ein schön eingebundenes Andachtsbuch mitnahm, als er sich wieder entfernte, um in Annas Zimmer zu gehen. Ich hingegen beschaute alle Sächelchen, welche auf dem Tische lagen, spielte mit ihrer Schere und konnte mir gar nicht ernstlich denken, daß irgend eine Gefahr für Anna sein sollte.

Viertes Kapitel

Judith

Da ich in dem Hause meines Liebchens zu Gaste war, so erwachte ich am Morgen sehr früh, noch eh eine Seele sich regte. Ich machte das Fenster auf und sah lange auf den See hinaus, dessen waldige Uferhöhen vom Morgenrote beglänzt lagen, indessen der späte Mond noch am Himmel stand und sich ziemlich kräftig im dunklen Wasser spiegelte. Ich sah ihn nach und nach erbleichen vor der Sonne, welche nun die gelben Kronen der Bäume vergoldete und einen zarten Schimmer über den erblauenden See warf. Zugleich aber begann die Luft sich wieder zu verhüllen, ein leiser Nebel zog sich erst wie ein Silberschleier um alle Gegenstände, und indem er ein glänzendes Bild um das andere auslöschte, daß sich rings ein Reigen von aufleuchtendem Scheiden und Verschwinden bewegte, wurde der Nebel plötzlich so dicht, daß ich nur noch das Gärtchen vor mir sehen konnte, und zuletzt verhüllte er auch dieses und drang feucht an das Fenster. Ich schloß dieses zu, trat aus der Kammer und fand die alte Katherine in der Küche an dem traulichen hellen Feuer.

Ich plauderte lange mit ihr; sie ergoß sich in zärtlichen Klagen über Annas bedenklichen Zustand, berichtete mir, seit wann derselbe begonnen, ohne daß ich jedoch über seine eigentliche Beschaffenheit klar wurde, da sie sich mancher dunkeln und geheimnisvollen Anspielung bediente. Dann begann sie mit rührender, aber ganz trefflicher Beredsamkeit das Lob Annas zu verkünden und ihr bisheriges Leben zu beschauen bis in die Kinderjahre zurück, und ich sah deutlich vor mir das dreijährige Engelchen umherspringen, in genau beschriebener Kleidung, aber freilich auch ein frühes und leidenvolles Krankenlager, auf welches das kleine Wesen dann jahrelang gelegt wurde, so daß ich nun ein schlohweißes, länglichgestrecktes Leichnamchen erblickte, mit geduldigem, klugem und immer lächelndem Angesicht. Doch das kranke Reis erholte sich, der wunderbare Ausdruck der durch das Leiden hervorgebrachten frühen Weisheit verschwand wieder in seine unbekannte Heimat, und ein rosig unbefangenes Kind blühte, als ob nichts vorgefallen wäre, der Zeit entgegen, wo ich es zuerst sah.

Endlich zeigte sich der Schulmeister, welcher, da seine Tochter nun des Morgens im Bette bleiben mußte und länger schlief als sonst, sich des frühen Aufstehens auch nicht mehr freute und in seiner Zeiteinteilung ganz nach derjenigen seines kranken Kindes richtete. Nach einer guten Weile erschien auch Anna und nahm ihr besonders vorgeschriebenes Frühstück, indessen wir das gewöhnliche verzehrten. Es verbreitete sich dadurch eine gewisse Wehmut über den Tisch, welche nach und nach in eine ernste Beschaulichkeit überging, als wir drei sitzen blieben und uns unterhielten. Der Schulmeister nahm ein Buch, die Nachfolge Christi von Thomas a Kempis, und las einige Seiten daraus vor, indessen Anna ihre Stickerei vornahm. Dann hob ihr Vater über das Gelesene ein Gespräch an und suchte mich an demselben zu beteiligen und nach der herkömmlichen Weise meine Urteilskraft zu prüfen, zu mildern und zu gemeinsamer Erbauung auf einen belehrenden Vereinigungspunkt zu lenken. Aber ich hatte durch den letzten Sommer die Lust an solchen Erörterungen fast gänzlich verloren, mein Blick war auf sinnliche Erscheinung und Gestalt gerichtet, und selbst die rätselhaften Betrachtungen über die Erfahrungen, die ich mit Römer anstellte, gingen in einem durchaus weltlichen Sinne vor sich. Außerdem fühlte ich, daß ich nun die größte Rücksicht auf Anna nehmen mußte, und als ich bemerkte, daß sie sogar froh schien, mich hier eingefangen und einem angehenden Bekehrungswerke preisgegeben zu sehen, hütete ich mich, einen Widerspruch zu äußern, gab denjenigen Stellen, welche eine Wahrheit enthielten oder tief, schön und kraftvoll ausgedrückt waren, meinen aufrichtigen Beifall, oder ich überließ mich einer reizenden Muße, die schönen Farben an Annas Seidenknäulchen beschauend.

Sie hatte wohl ausgeruht und schien ziemlich munter zu sein, so daß kein großer Unterschied gegen ihr früheres Wesen während des Tages bemerklich war. Das machte mich so froh, daß ich aufbrach, um am hellen Tage, vor Judith sicher, ins Pfarrhaus zu gelangen und von da zurückzukehren.

Als ich in den dichten Nebel hinausging, war ich sehr guter Dinge und mußte lachen über meine seltsame List, zumal das verborgene Wandeln in der grau verhüllten Natur meinen Gang einem Schleichwege noch völlig ähnlich machte. Ich ging über den Berg und gelangte bald zum Dorfe; doch verfehlte ich hier des Nebels wegen die Richtung und sah mich in ein Netz von schmalen Garten- und Wiesenpfaden versetzt, welche bald zu einem entlegenen Hause, bald wieder gänzlich zum Dorfe hinausführten. Ich konnte nicht vier Schritte weit sehen; Leute hörte ich immer, ohne sie zu erblicken, aber zufälligerweise traf ich niemanden auf meinen Wegen. Da kam ich zu einem offenstehenden Pförtchen und entschloß mich, hindurchzugehen und alle Gehöfte gerade zu durchkreuzen, um endlich wieder auf die Hauptstraße zu kommen. Ich geriet in einen prächtigen großen Baumgarten, dessen Bäume alle voll der schönsten reifen Früchte hingen. Man sah aber immer nur Einen Baum ganz deutlich, die nächsten standen schon halb verschleiert im Kreise umher, und dahinter schloß sich wieder die weiße Wand des Nebels. Plötzlich sah ich Judith mir entgegenkommen, welche einen großen Korb mit Äpfeln gefüllt in beiden Händen vor sich her trug, daß von der kräftigen Last die Korbweiden leise knarrten. Das Einsammeln des Obstes war fast die einzige Arbeit, der sie sich mit Liebe und Eifer hingab. Sie hatte ihr Kleid des nassen Grases wegen etwas aufgeschürzt und zeigte die schönsten Füße; ihr Haar war von Feuchte schwer und die Wange von der Herbstluft mit reinem Purpur gerötet. So kam sie gerade auf mich zu, auf ihren Korb blickend, sah mich plötzlich, stellte erst erbleichend den Korb zur Erde und eilte dann mit den Zeichen der herzlichsten und aufrichtigsten Freude herbei, fiel mir um den Hals und drückte mir ein halbes Dutzend Küsse auf die Lippen. Ich hatte Mühe, dies nicht zu erwidern, und rang mich endlich von ihrer Brust los.

»Sieh, sieh! du gescheites Bürschchen!« sagte sie froh lachend, »du bist heute gekommen und machst dir gleich den Nebel zu nutze, mich noch vor Nacht heimzusuchen; das hätte ich dir nicht einmal zugetraut!« – »Nein«, erwiderte ich zur Erde blickend, »ich bin gestern gekommen und wohne beim Schulmeister, weil Anna krank ist. Unter diesen Umständen kann ich jedenfalls nicht zu Euch kommen!« Judith schwieg eine Weile, die Arme übereinander geschlagen, und sah mich klug und durchdringend an, daß mein Blick in die Höhe gezogen und auf den ihrigen gerichtet wurde.

»Das wäre allerdings noch gescheiter, als wie ich es meinte«, sagte sie endlich, »wenn es dir nur etwas helfen würde! Doch weil unser armes Schätzchen krank ist, so will ich billig sein und unsere Übereinkunft abändern. Der Nebel wird sich wenigstens eine Woche lang täglich mehrere Stunden auf dieselbe Weise zeigen. Wenn du jeden Tag zu mir kommst, so will ich dich für die Nacht deiner Pflicht entbinden und dir zugleich versprechen, dich nie zu liebkosen und dich selbst zurecht zu weisen, wenn du es tun wolltest; nur mußt du mir jedesmal auf ein und dieselbe Frage ein einziges Wörtchen antworten, ohne zu lügen!« »Welche Frage?« sagte ich. »Das wirst du schon sehen!« erwiderte sie; »komm, ich habe schöne Äpfel!«

Sie ging mir voran zu einem Baume, dessen Äste und Blätter edler gebaut schienen, als die der übrigen, stieg auf einer Leiter einige Sprossen hinan und brach einige schön geformte und gefärbte Äpfel. Einen davon, der noch im feuchten Dufte glänzte, biß sie mit ihren weißen Zähnen entzwei, gab mir die abgebissene Hälfte und fing an die andere zu essen. Ich aß die meinige ebenfalls und rasch; sie war von der seltensten Frische und Gewürzigkeit, und ich konnte kaum erwarten, bis sie es mit dem zweiten Apfel ebenso machte. Als wir drei Früchte so gegessen, war mein Mund so süß erfrischt, daß ich mich zwingen mußte, Judith nicht zu küssen und die Süße von ihrem Munde noch dazu zu nehmen. Sie sah es, lachte und sprach: »Nun sage: bin ich dir lieb?« Sie blickte mich dabei fest an, und ich konnte, obgleich ich jetzt lebhaft und bestimmt an Anna dachte, nicht anders und sagte Ja! Zufrieden sagte Judith: »Dies sollst du mir jeden Tag sagen!«

Hierauf fing sie an zu plaudern und sagte: »Weißt du eigentlich, wie es mit dem guten Kinde steht?« Als ich erwiderte, daß ich allerdings nicht klug daraus würde, fuhr sie fort: »Man sagt, daß das arme Mädchen seit einiger Zeit merkwürdige Träume und Ahnungen habe, daß sie schon ein paar Dinge vorausgesagt, die wirklich eingetroffen, daß manchmal im Traume, wie im Wachen sie plötzlich eine Art Vorstellung und Ahnung von dem bekomme, was entfernte Personen, die ihr lieb sind, jetzt tun oder lassen oder wie sie sich befinden, daß sie jetzt ganz fromm sei und endlich auf der Brust leide! Ich glaube dergleichen Sachen nicht, aber krank ist sie gewiß, und ich wünsche ihr aufrichtig alles Gute, denn sie ist mir auch lieb um deinetwillen. – Aber alle müssen leiden, was ihnen bestimmt ist!« setzte sie nachdenklich hinzu.

Während ich ungläubig den Kopf schüttelte, durchfuhr mich doch ein leichter Schauer, und ein seltsamer Schleier der Fremdartigkeit legte sich um Annas Gestalt, welche meinem inneren Auge vorschwebte. Und fast in demselben Augenblicke war es mir auch, als ob sie mich jetzt sehen müsse, wie ich vertraulich bei der Judith stand; ich erschrak darüber und sah mich um. Der Nebel löste sich auf, schon sah man durch seine silbernen Flöre den blauen Himmel, einzelne Sonnenstrahlen fielen schimmernd auf die feuchten Zweige und beglänzten die Tropfen, welche sich fallend ablösten; schon sah man den blauen Schatten eines Mannes vorübergehen, und endlich drang die Klarheit überall durch, umgab uns und warf, wie wir waren, unser beider Schlagschatten auf den matt besonnten Grasboden.

Ich eilte davon und hörte in dem Hause meines Oheims die Bestätigung dessen, was mir Judith mitgeteilt; wohl aufgehoben in dem lebendigen Hause und beruhigt durch das vertrauliche Gespräch, lächelte ich wieder ungläubig und war froh, in meinen jungen Vettern Genossen zu finden, welche sich auch nicht viel aus dergleichen machten. Doch blieb immer eine gemischte Empfindung in mir zurück, da schon die Neigung zu solchen Erscheinungen, der Anspruch darauf mir beinahe eine Anmaßung zu sein schien, die ich der guten Anna zwar keineswegs, aber doch einem mir fremden und nicht willkommenen Wesen zurechnen konnte, in welchem ich sie jetzt befangen sah. So trat ich ihr, als ich abends zurückkehrte, mit einer gewissen Scheu entgegen, welche jedoch durch ihre liebliche Gegenwart bald wieder zerstreut wurde; und als sie nun selbst, in

Gegenwart ihres Vaters, leise anfing, von einem Traume zu sprechen, den sie vor einigen Tagen geträumt, und ich daher sah, saß sie willens sei, mich in das vermeintliche Geheimnis zu ziehen, glaubte ich unverweilt an die Sache, ehrte sie und fand sie nur umso liebenswürdiger, je mehr ich vorhin daran gezweifelt.

Als ich mich allein befand, dachte ich mehr darüber nach und erinnerte mich, von solchen Berichten gelesen zu haben, wo, ohne etwas Wunderbares und Übernatürliches anzunehmen, auf noch unerforschte Gebiete und Fähigkeiten der Natur selbst hingewiesen wurde, sowie ich überhaupt bei reiflicher Betrachtung noch manches verborgene Band und Gesetz möglich halten mußte, wenn ich meine größte Möglichkeit, den lieben Gott, nicht zu sehr bloßstellen und in eine öde Einsamkeit bannen wollte.

Ich lag im Bette, als mir diese Gedanken klar wurden und ich der Unschuld und Redlichkeit Annas gedachte, als welche doch auch zu berücksichtigen wären; und nicht so bald befiel mich diese Vorstellung, so streckte ich mich anständig aus, kreuzte die Hände zierlich über der Brust und nahm so eine höchst gewählte und ideale Stellung ein, um mit Ehren zu bestehen, wenn Annas Geisterauge mich etwa unbewußt erblicken sollte. Allein das Einschlafen brachte mich bald aus dieser ungewohnten Lage, und ich fand mich am Morgen zu meinem Verdrusse in der behaglichsten und trivalsten Figur von der Welt.

Ich raffte mich hastig zusammen, und wie man des Morgens Gesicht und Hände wäscht, so wusch ich gewissermaßen Gesicht und Hände meiner Seele und nahm ein zusammengefaßtes und sorgfältiges Wesen an, suchte meine Gedanken zu beherrschen und in jedem Augenblicke klar und rein zu sein. So erschien ich vor Anna, wo mir ein solch gereinigtes und festtägliches Dasein leicht wurde, indem in ihrer Gegenwart eigentlich kein anderes möglich war. Der Morgen nahm wieder seinen Verlauf wie gestern, der Nebel stand dicht vor den Fenstern und schien mich hinauszurufen. Wenn mich jetzt eine Unruhe befiel, Judith aufzusuchen, so war dies weniger eine maßlose Unbeständigkeit und Schwäche, als eine gutmütige Dankbarkeit, die ich fühlte und die mich drängte, der reizenden Frau für ihre Neigung freundlich zu sein; denn nach der unvorbereiteten und unverstellten Freude, in welcher ich sie gestern überrascht, durfte ich mir nun wirklich einbilden, daß sie mir herzlich gut war. Und ich glaubte ihr unbedenklich sagen zu können, daß sie mir lieb sei, indem ich sonderbarerweise dadurch gar keinen Abbruch meiner Gefühle für Anna wahrnahm und es mir nicht bewußt war, daß ich mit dieser Versicherung fast nur das Verlangen aussprach, ihr recht heftig um den Hals zu fallen. Zudem betrachtete ich meinen Besuch als eine gute Gelegenheit, mich zu beherrschen und in der gefährlichsten Umgebung doch immer so zu sein, daß mich ein verräterischer Traum zeigen durfte.

Unter solchen Sophismen machte ich mich auf, nicht ohne einen ängstlichen Blick auf Anna zu werfen, an welcher ich aber keinen Schatten eines Zweifels entdeckte. Draußen zögerte ich wieder, fand aber den Weg unbeirrt zu Judiths Garten. Sie selbst mußte ich erst eine Weile suchen, weil sie, mich gleich am Eingang sehend, sich verbarg, in den Nebelwolken hin und her schlüpfte und dadurch selbst irre wurde, so daß sie zuletzt stillstand und mir leise rief, bis ich sie fand. Wir machten beide unwillkürlich eine Bewegung, uns in den Arm zu fallen, hielten uns aber zurück und gaben uns nur die Hand. Sie sammelte immer noch Obst ein, aber nur die edleren Arten, welche an kleinen Bäumen wuchsen; das übrige verkaufte sie und ließ es von den Käufern selbst vom Baume nehmen. Ich half ihr einen Korb voll brechen und stieg auf einige Bäume, wo sie nicht hingelangen konnte. Aus Mutwillen stieg ich auch in die oberste Krone eines hohen Apfelbaumes hinauf, daß ich im Nebel verschwand. Sie fragte mich unten, ob ich sie lieb hätte, und ich antwortete gleichsam aus den Wolken mein Ja. Da rief sie schmeichelnd: »Ach, das ist ein schönes Lied, das hör' ich gern! Komm herunter, du junger Vogel, der so artig singt!«

So brachten wir alle Tage eine Stunde zu, eh ich zu meinem Oheim ging; wir sprachen dabei über dies und jenes, ich erzählte viel von Anna, und sie mußte alles anhören und tat es mit großer Geduld, nur damit ich dabliebe. Denn während ich in Anna den besseren und geistigeren Teil meiner selbst liebte, suchte Judith wieder etwas Besseres in meiner Jugend, als ihr die Welt bisher geboten; und doch sah sie wohl, daß sie nur meine sinnliche Hälfte anlockte; und wenn sie auch ahnte, daß mein Herz mehr dabei war, als ich selbst wußte, so hütete sie sich wohl, es merken zu lassen, und ließ mich ihre tägliche Frage in dem guten Glauben beantworten, daß es nicht so viel auf sich hätte.

Oft drang ich auch in sie, mir von ihrem Leben zu erzählen und warum sie so einsam sei. Sie tat es, und ich hörte ihr begierig zu. Ihren verstorbenen Mann hatte sie als junges Mädchen geheiratet, weil er schön und kraftvoll ausgesehen. Aber es zeigte sich, daß er dumm, kleinlich und klatschhaft war und ein lächerlicher Topfgucker, welche Eigenschaften sich alle hinter der schweigsamen Blödigkeit des Freiers versteckt hatten. Sie sagte unbefangen, sein Tod sei ein großes Glück gewesen. Nachher bewarben sich nur solche Männer um sie, welche ihr Vermögen im Auge hatten und sich schnell anderswohin richteten, wenn sie ein paar hundert Gulden mehr verspürten. Sie sah, wie blühende, kluge und handliche Männer ganz windschiefe und blasse Weibchen heirateten mit spitzigen Nasen und vielem Gelde, weswegen sie sich über alle lustig machte und sie schnöde behandelte. »Aber ich muß selbst Buße tun«, fügte sie hinzu, »warum hab' ich einen schönen Esel genommen!«

Fünftes Kapitel

Torheit des Meisters und des Schülers

Nach acht Tagen kehrte ich zur Stadt zurück und nahm meine Arbeit bei Römer wieder auf. Da es mit dem Zeichnen im Freien vorbei und auch nichts weiter zu kopieren war, leitete mich Römer an, zu versuchen, ob ich aus dem Gewonnenen ein Ganzes und Selbständiges herstellen könne. Ich mußte unter meinen Studien ein Motiv suchen und selbiges zu einem kleinen Bilde ausdehnen und abgrenzen. »Da wir hier ohne alle Mittel sind«, sagte er, »außer meiner eigenen Mappe, welche Sie mir diesen Winter hindurch in die Ihrige hinüberpinseln würden, wenn ich es zugäbe, so ist es am besten, wir machen es so: Sie sind zwar noch zu jung dazu und werden noch ein- oder zweimal mit neuen Erfahrungen von vorn anfangen müssen, ehe Sie etwas Dauerhaftes machen. Indessen wollen wir immerhin versuchen, ein Viereck so auszufüllen, daß Sie es im Notfall verkaufen können!«

Mit der ersten Probe ging es ganz ordentlich; ebenso mit der zweiten und dritten. Die frische Luft, die Einfachheit des Gegenstandes und Römers sichere Erfahrung ließen die Gründe sich wie von selbst aneinander fügen, das Licht wurde ohne Schwierigkeit verteilt und jede Partie in Licht und Schatten vernünftig und klar ausgefüllt, so daß keine nichtssagenden und verworrenen Stellen übrig blieben. Großes Vergnügen gewährte es mir, wenn ich einen oder einige Gegenstände, zu denen die vorliegenden Studien im Licht gehalten waren, in Schatten setzen mußte oder umgekehrt, wo dann durch eigenes Nachdenken und Berechnung ein Neues und doch einzig Notwendiges bezweckt wurde, nach den Bedingungen der Lokalfarbe, der Tageszeit, des blauen oder bewölkten Himmels und der benachbarten Gegenstände, welche mehr oder weniger Licht und Farbe zurückwerfen mußten. Gelang es mir, den wahrscheinlichen Ton zu treffen, der unter ähnlichen Verhältnissen über der Natur selbst geschwebt hätte – was man gleich sah, indem ein wahrer Ton immer einen ganz eigentümlichen Zauber übt –, so beschlich mich ein stolzes Gefühl, in welchem mir meine Erfahrung und das Weben der Natur eins zu sein schienen.

Allein das Vergnügen erwies sich schwieriger, als umfang- und inhaltsreichere Sachen unternommen wurden und, durch diese Tätigkeit hervorgerufen, meine Erfindungslust wieder auftauchte und überwucherte. Das gewichtige Wort Komponieren summte mir mit prahlerischem Klang in den Ohren, und ich ließ, als ich nun förmliche Skizzen entwarf, die zur Ausführung bestimmt waren, meinem Hange den Zügel schießen. Überall suchte ich poetische Winkel und Plätzchen, geistreiche Beziehungen und Bedeutungen anzubringen, welche mit der erforderlichen Ruhe und Einfachheit in Widerspruch gerieten. Römer ließ mich eine solche Skizze unbeschnitten ausführen, und als das Machwerk mir selbst nicht behagen wollte, ohne daß ich wußte warum, zeigte er mir triumphierend, daß die technischen Mittel und die Naturwahrheiten im einzelnen der anspruchsvollen und gesuchten Komposition wegen keine Wirkung tun, zu keiner Gesamtwahrheit werden könnten und um meine hervorstechende Zeichnung hingen, wie bunte Flitter um ein Gerippe, ja daß sogar im einzelnen keine frische Wahrheit möglich sei, auch bei dem besten Willen nicht, weil vor der überwiegenden Erfindung, vor dem anmaßenden Spiritualismus (wie er sich ausdrückte) die Naturfrische sich sozusagen aus der Pinselspitze in den Pinselstiel spröde zurückziehe.

»Es gibt allerdings«, sagte Römer, »eine Richtung, deren Hauptgewicht auf der Erfindung, auf Kosten der unmittelbaren Wahrheit, beruht. Solche Bilder sehen aber eher wie geschriebene Gedichte, als wie wirkliche Bilder aus, wie es ja auch Gedichte gibt, welche mehr den Eindruck einer Malerei machen möchten, als eines geistig tönenden Wortes. Wenn Sie in Rom wären und die Arbeiten des alten Koch oder Reinhards sähen, so würden Sie, Ihrer deutlichen Neigung nach, sich entzückt den alten Käuzen anschließen; es ist aber gut, daß Sie nicht dort sind, denn dies ist eine gefährliche Sache für einen jungen Künstler. Es gehört dazu eine durchaus gediegene, fast wissenschaftliche Bildung, eine strenge, sichere und feine Zeichnung, welche noch mehr auf dem Studium der menschlichen Gestalt, als auf demjenigen der Bäume und Sträucher beruht, mit Einem Wort: ein großer Stil, welcher nur in dem Werte einer ganzen reichen Erfahrung bestehen kann, um den Glanz gemeiner Naturwahrheit vergessen zu lassen; und mit allem diesem ist man erst zu einer ewigen Sonderlingsstellung und Armut verdammt, und das mit Recht, denn die ganze Art ist unberechtigt und töricht!«

Ich fügte mich diesen Reden aber nicht, weil ich ihm schon abgemerkt hatte, daß das Erfinden nicht seine Stärke war; denn schon mehr als einmal hatte er, meine Anordnungen korrigierend, Lieblingsstellen in Bergzügen oder Waldgründen, die ich recht bedeutsam glaubte, gar nicht einmal gesehen, indem er sie mit dem markigen Bleistifte schonungslos überschraffierte und zu einem kräftigen, aber nichtssagenden Grunde ausglich. Wenn sie auch störten, so hätte er meiner Meinung nach wenigstens sie bemerken, mich verstehen und etwas darüber sagen müssen.

Ich wagte daher zu widersprechen, schob die Schuld auf die Wasserfarben, in welchen keine Kraft und Freiheit möglich sei, und sprach meine Sehnsucht aus nach guter Leinwand und Ölfarben, wo alles schon von selbst eine respektable Gestalt und Haltung gewinnen würde. Hiermit griff ich aber meinen Lehrer in seiner Existenz an, indem er glaubte und behauptete, daß die ganze und volle Künstlerschaft sich hinlänglich und vorzüglich nur durch etwas weißes Papier und einige englische Farbentäfelchen betätigen und zeigen könne. Er hatte seine Bahn abgeschlossen und gedachte nichts anderes mehr zu leisten, als er schon tat; daher beleidigte ihn, wie ich nun zu erkennen gab, daß ich das durch ihn Gelernte nur als eine Staffel betrachte und bereits mich darüber hinweg zu etwas Höherem berufen fühle. Er wurde umso empfindlicher, als ich einen lebhaften und wiederholten Streit über diesen Gegenstand hartnäckig aushielt, von meinen Hoffnungen nicht abließ und seine Aussprüche, wenn sie ins Allgemeine gingen, nicht mehr unbedingt annahm, vielmehr ungescheut bestritt. Hieran war hauptsächlich der Umstand schuld, daß seine sonstigen Gespräche und Mitteilungen immer sonderbarer und auffallender geworden und meine Achtung vor seiner Urteilskraft geschwächt hatten. Manches fiel zusammen mit den dunklen Gerüchten, die über ihn ergingen, so daß ich eine Zeitlang in der peinlichsten Spannung mich befand, aus einem geehrten und zuverlässigen Lehrer die seltsamste und rätselhafteste Gestalt sich herausschälen zu sehen.

Schon seit einiger Zeit wurden seine Äußerungen über Menschen und Verhältnisse immer härter und zugleich bestimmter, indem sie sich ausschließlicher auf politische Dinge bezogen. Er ging alle Abende in einen Lesezirkel unserer Stadt, las dort die französischen und englischen Blätter und pflegte sich vieles zu notieren, sowie er auch in seiner Wohnung allerlei geheimnisvolle Papierschnitzel handhabte und sich oft über wichtigem Schreiben betreffen ließ. Vorzüglich machte er sich mit dem Journal des Débats zu schaffen. Unsere Regierung nannte er einen Trupp ungeschickter Krähwinkler, den Großen Rat aber ein verächtliches Gesindel und unsere heimischen Zustände im ganzen dummes Zeug. Darüber ward ich stutzig und hielt mit meinen Zustimmungen zurück oder verteidigte unsere Verhältnisse und hielt ihn für einen malkontenten Menschen, welchen der lange Aufenthalt in fremden großen Städten mit Verachtung der engen Heimat angefüllt habe. Er sprach oft von Louis Philipp und tadelte dessen Maßregeln und Schritte, wie einer, der eine geheime Vorschrift nicht pünktlich befolgt sieht. Einst kam er ganz unwirsch nach Hause und beklagte sich über eine Rede, welche der Minister Thiers gehalten. »Mit diesem vertrackten kleinen Burschen ist nichts anzufangen!« rief er, indem er ein Zeitungsexzerpt zerknitterte, »ich hätte ihm diese eigenmächtige Naseweisheit gar nicht angesehen! Ich glaubte in ihm den gelehrigsten meiner Schüler zu haben.« »Zeichnet denn der Herr Thiers auch Landschaften?« fragte ich, und Römer erwiderte, indem er sich bedeutungsvoll die Hände rieb: »Das eben nicht! lassen wir das!«

Doch bald darauf deutete er mir an, daß alle Fäden der europäischen Politik in seiner Hand zusammenliefen und daß ein Tag, eine Stunde des Nachlassens in seiner angestrengten Geistesarbeit, die seinen Körper aufzureiben drohe, sich alsobald durch eine allgemeine Verwirrung der öffentlichen Angelegenheiten bemerklich mache, daß eine konfuse und ängstliche Nummer des Journal des Débats jedesmal bedeute, daß Er unpäßlich oder abgespannt und sein Rat ausgeblieben sei. Ich sah meinen Lehrer ernsthaft an; er machte ein unbefangenes und ernsthaftes Gesicht, die gebogene Nase stand wie immer mitten darin, darunter der wohlgepflegte Schnurrbart, und über die Augen flog auch nicht das leiseste ungewisse Zucken.

Mein Erstaunen gewann nicht Zeit, sich aufzuhellen, indem ich ferner erfuhr, daß Römer, während er der verborgene Mittelpunkt aller Staatsregierung, zugleich das Opfer unerhörter Tyranneien und Mißhandlungen war. Er, der vor aller Augen auf dem mächtigsten Throne Europas hätte sitzen sollen von mehr als Eines Rechtes wegen, wurde durch einen geheimnisvollen Zwang gleich einem gebannten Dämon in Verborgenheit und Armut gehalten, daß er kein Glied ohne den Willen seiner Tyrannen rühren konnte, während sie ihm täglich gerade so viel von seinem Genius abzapften, als sie zu ihrer kleinlichen Weltbesorgung gebrauchten. Freilich, wäre er zu seinem Recht und zu seiner Freiheit gekommen, so würde im selben Augenblicke die Mäusewirtschaft aufgehört haben und ein freies, lichtes und glückliches Zeitalter angebrochen sein. Allein die winzigen Dosen seines Geistes, welche nun so tropfenweise verwendet würden, sammelten sich doch langsam zu einem allmächtigen Meere, indem es ihre Art sei, daß keine davon wieder vergehen oder aufgehoben werden könne, und in jenem allbezwingenden Meere werde sein Wesen zu seinem Rechte kommen und die Welt erlösen, daher er gerne seine körperliche Person wolle verschmachten lassen.

»Hören Sie diesen verfluchten Hahn krähen?« rief er, »dies ist nur ein Mittel von tausenden, die sie zu meiner Qual anwenden; sie wissen, daß der Hahnenschrei mein ganzes Nervensystem erschüttert und mich zu jedem Nachdenken untauglich macht; deshalb hält man überall Hähne in meiner Nähe und läßt sie spielen, sobald man die verlangten Depeschen von mir hat, damit das Räderwerk meines Geistes für den übrigen Tag stillstehe! Glauben Sie wohl, daß dies Haus hier ganz mit verborgenen Röhren durchzogen ist, daß man jedes Wort hört, was wir sprechen, und alles sieht, was wir tun?«

Ich sah mich im Zimmer um und versuchte einige Einwendungen zu machen, welche jedoch durch seine stechenden, geheimnisvollen und wichtigen Blicke und Worte unterdrückt wurden. Solange ich mit ihm sprach, befand ich mich in der wunderlichen Stimmung, in welcher ein Knabe halbgläubig das Märchen eines Erwachsenen anhört, welcher ihm lieb ist und seiner Achtung genießt; war ich aber allein, so mußte ich mir gestehen, daß ich das Beste, was ich bisher gelernt, aus der Hand des Wahnsinns empfangen habe. Dieser Gedanke empörte mich, und ich begriff nicht, wie jemand wahnsinnig sein könne. Eine gewisse Unbarmherzigkeit erfüllte mich, ich nahm mir vor, mit Einem klaren Worte die ganze unsinnige Wolke gewiß zu zerstreuen; stand ich aber dem Wahnsinne gegenüber, so mußte ich seine Stärke und Undurchdringlichkeit sogleich fühlen und froh sein, wenn ich Worte fand, welche, auf die verirrten Gedanken eingehend, dem Leidenden durch Mitteilung einige Erleichterung gewähren konnten. Denn daß er wirklich unglücklich und leidend war und alle eingebildeten Qualen auch fühlte, konnte ich nicht verkennen.

Ich verschwieg Römers Torheit lange gegen jedermann und selbst gegen meine Mutter, weil ich meine eigene Ehre dabei beteiligt glaubte, wenn ein so trefflicher Lehrer und Künstler als verrückt erschien, und weil es mir widerstrebte, den schlimmen Gerüchten, die über ihn im Umlauf waren, entgegenzukommen. Doch verlockte mich einst ein gar zu lächerliches Vorkommnis zum Plaudern. Nachdem er nämlich öfter bedeutungsvoll bald von den Bourbonen, bald von den Napoleoniden, bald von den Habsburgern gesprochen, ereignete es sich, daß eine Königin-Mutter aus irgend einem monarchischen Staate, eine alte Frau mit vielen Dienern und Schachteln, einige Tage sich in unserer Stadt aufhielt. Sogleich geriet Römer in große Aufregung, lenkte auf Spaziergängen unsern Weg an dem Gasthofe vorbei, wo sie logierte, ging in das Haus, als ob er mit der Dame, die er als sehr intrigant und seinetwegen hergekommen schilderte, wichtige Unterredungen hätte, und ließ mich lange unten warten. Doch bemerkte ich an dem Dufte, den er zurückbrachte, daß er sich lediglich in der Kutscherstube aufgehalten und dort wohl eine Knoblauchwurst nebst einem Glase Wein zu sich genommen haben mußte. Diese Narrenpossen, von einem Manne mit so edlem und ernstem Äußern getrieben, empörten mich umsomehr, als sie mit einer lächerlichen Listigkeit verbunden waren. Ich begann daher, mich zu Hause und auch anderwärts über die Angelegenheit zu äußern, und erfuhr nun mit Verwunderung, daß Römers seltsames Wesen wohl bekannt war, aber statt Mitleiden und hilfreiche Teilnahme zu erregen, als eine Art böswilligen Lasters, als wissentliche Verlogenheit betrachtet wurde, darauf berechnet, die Menschen zu betrügen und auf ihre Kosten etwas Falsches vorzustellen. Irgend eine im fernen Auslande begangene Verletzung der Bescheidenheit oder guten Sitte oder eine eingegangene Schuld, die er nicht lösen konnte, mußte mit dem Beginne der Krankheit zusammengefallen sein, ohne daß man dahinter kommen konnte, was es eigentlich gewesen. Der Betroffene, der die Kenntnis davon in geheimer Weise unterhielt und von Zeit zu Zeit erneuerte, wollte doch den Anschein eines nachtragenden Verfolgers nicht auf sich nehmen und wußte den Kranken auf eine Art zu isolieren, daß fast nicht von der Sache gesprochen wurde und jener selbst keine Ahnung davon hatte. Aber während viel unbedeutendere Künstler sich behaglich durchbringen konnten, tat man, als ob Römer gar nicht da wäre, und keine Gunst, keine Anerkennung, keine gefällige Fürsprache kam seinem untadelhaften Fleiße entgegen, der bei aller Geistesverwirrung niemals einschlief. Ich erfuhr erst später, daß Römer während unsers Verkehrs fast immer gehungert und dabei seine spärlichen Mittel beinahe nur für den Unterhalt einer sauberen äußeren Erscheinung geopfert hatte.

Wenn ich nun die umlaufenden Nachreden auch nicht für bare Münze nahm und den Mann gegen das Gerücht verteidigte, so beeinträchtigte es doch mein Vertrauen und den jugendlich ehrerbietigen Aufblick zu dem Lehrer, und ich wurde bis zu einem gewissen Grade mit gegen ihn eingenommen, nur mit dem Unterschiede, daß ich seinen Wert als Künstler nach wie vor hochhielt.

Nachdem ich vier Monate unter seiner Leitung zugebracht, wollte ich mich zurückziehen, indem ich die bezahlte Summe nun als ausgeglichen betrachtete. Doch er äußerte wiederholt, daß es hiermit nicht so genau zu nehmen und die Studien deshalb nicht abzubrechen wären; es sei ihm im Gegenteil ein angenehmes Bedürfnis, unsern Verkehr fortzusetzen. So arbeitete ich zwar nicht mehr in seiner Wohnung, besuchte ihn aber zuweilen und empfing seinen Rat. Weitere vier Monate vergingen so, während welcher er, durch die Not gezwungen, aber leichthin und beiläufig mich anfragte, ob meine Mutter ihm mit einem etwelchen Darlehen auf kurze Zeit aushelfen könne? Er bezeichnete ungefähr eine gleiche Summe, wie die schon empfangene, und ich brachte ihm das Geld noch am gleichen Tage. Im Frühjahr endlich gelang es ihm mit Mühe, wieder einmal eine Arbeit zu verkaufen, wodurch er etwas reichlichere Mittel in die Hände bekam. Mit diesen beschloß er, nach Paris zu gehen, da ihm hier kein Heil blühen wollte und ihn sonst auch der Wahn forttrieb, durch Ortsveränderung ein besseres Los erzwingen zu können. Denn trotz allem scharfsinnigen Instinkte, den ein Irrsinniger und Unglücklicher hat, ahnte er von ferne nicht, daß sein wirkliches Geschick viel schlimmer, als sein eingebildetes Leiden, und daß die Welt übereingekommen war, seine armen schönen Zeichnungen und Bilder entgelten zu lassen, was man von seiner vermeintlichen Schlechtigkeit hielt.

Ich fand ihn, wie er seine Sachen zusammenpackte und einige Rechnungen bezahlte. Er kündigte mir seine Abreise an, die am andern Tage erfolgen sollte, und verabschiedete sich zugleich freundlich von mir, noch einige geheimnisvolle Andeutungen über den Zweck der Reise beifügend. Als ich meiner Mutter die Nachricht mitteilte, fragte sie sogleich, ob er denn nichts von dem geliehenen Gelde gesagt habe?

Ich hatte bei Römer einen entschiedenen Fortschritt gemacht, mein ganzes Können und meinen Blick erweitert, und es war gar nicht zu berechnen und schon nicht mehr zu denken, wie es ohne dies alles mit mir hätte gehen sollen. Deswegen hätten wir das Geld füglich als eine wohlangewandte Entschädigung ansehen dürfen, und dies umsomehr, als Römer mir die letzte Zeit nach wie vor seinen Rat gegeben hatte. Allein wir glaubten nur einen Beweis von der Richtigkeit jener Gerüchte zu sehen und wußten auch dazumal noch nicht, wie kümmerlich er lebte; wir dachten ihn im Besitze guter Mittel, denn er hatte seine Armut sorgfältig verborgen. Meine Mutter bestand darauf, daß er das Geliehene zurückgeben müsse, und war zornig, daß jemand von dem zum Besten ihres Söhnleins bestimmten kleinen Geldvorrate sich ohne weiteres einen Teil aneignen wolle. Was ich gelernt, zog sie nicht in Betracht, weil sie es für die Schuldigkeit aller Welt hielt, mir mitzuteilen, was man irgend Gutes wußte.

Ich dagegen, teils weil ich zuletzt auch gegen Römer eingenommen war und ihn für eine Art Schwindler hielt, teils weil ich meine Mutter zur Herausgabe der Summe beredet, und endlich aus Unverstand und Verblendung, hatte nichts einzuwenden und empfand eher eine Genugtuung, mich für alle Unbill zu rächen. Als daher die Mutter ein Billett an ihn schrieb und ich einsah, daß er, wenn er entschlossen war, das Geld zu behalten, die Mahnung einer in seinen Augen gewöhnlichen Frau nicht beachten werde, kassierte ich das Schreiben meiner Mutter, welche ohnedies verlegen war, an einen so ansehnlichen und fremdartigen Mann zu schreiben, und entwarf ein anderes, welches, ich muß es zu meiner Schande gestehen, höchst zweckmäßig eingerichtet war. In höflicher Sprache berechnete ich seine fixen Ideen, seinen Stolz und sein Ehrgefühl, und indem das bescheidene Billett erst zu einer Bitterkeit wurde, wenn es unberücksichtigt blieb, war es, wenn Römer alles das verlachen sollte, schließlich so beschaffen, daß er doch nicht lachen, sondern sich durchschaut sehen konnte. So viel brauchte es indessen gar nicht; denn als wir das Machwerk hinschickten, kehrte der Bote augenblicklich mit dem Gelde zurück. Ich war etwas beschämt; doch sprachen wir jetzt alles

Gute von ihm, er sei doch nicht so übel u. s. f., nur weil er uns das elende Häufchen Silber herausgegeben.

Ich glaube, wenn Römer sich eingebildet hätte, ein Nilpferd oder ein Speiseschrank zu sein, so wäre ich nicht so unbarmherzig und undankbar gegen ihn gewesen; da er aber ein großer Prophet sein wollte, so fühlte sich meine eigene Eitelkeit dadurch verletzt und waffnete sich mit den äußerlichen scheinbaren Gründen.

Nach einem Monate erhielt ich von Römer folgenden Brief aus Paris:

»Mein werter junger Freund!

Ich bin Ihnen eine Nachricht über mein Befinden schuldig, da ich gern annehme, mich Ihrer ferneren Teilnahme und Freundschaft erfreuen zu dürfen. Bin ich Ihnen doch meine endliche Befreiung und Herrschaft schuldig. Durch Ihre Vermittlung, indem Sie das Geld von mir zurückverlangten (welches ich nicht vergessen hatte, aber Ihnen in einem freieren Augenblicke zurückgeben wollte), bin ich endlich in den Palast meiner Väter eingezogen und meiner wahren Bestimmung anheimgegeben! Aber es kostete Mühseligkeit. Ich gedachte jene Summe zu meinem ersten Aufenthalte hier zu verwenden; da Sie aber selbige zurückverlangten, so blieb mir nach Abzug der Reisekosten noch ein Frank übrig, mit welchem ich von der Post ging. Es regnete sehr stark und verwandte ich daher den besagten Frank dazu, nach dem *Mont piété* zu fahren und dorten meine Koffer zu versetzen. Bald darauf sah ich mich genötigt, meine Sammlungen einem Trödler für ein Trinkgeld zu verkaufen, und erst jetzt, als ich endlich von aller angenommenen Künstlermaske und allem Kunstapparate glücklich befreit und hungernd in den Straßen umherlief, ohne Obdach, ohne Kleider, doch jubelnd über meine Freiheit, da fanden mich treue Diener meines erlauchten Hauses und führten mich im Triumph heim! Aber noch beobachtet man mich zuweilen, und ich benutze eine günstige Gelegenheit, dies Zeichen zu senden. Sie sind mir wert geworden, und ich habe etwas Gutes mit Ihnen vor! Inzwischen nehmen Sie meinen Dank für die günstige Wendung, die Sie herbeigeführt! Möge alles Elend der Erde in Ihr Herz fahren, jugendlicher Held! Mögen Hunger, Verdacht und Mißtrauen Sie liebkosen und die schlimme Erfahrung Ihr Tisch- und

Bettgenosse sein! Als aufmerksame Pagen sende ich Ihnen meine ewigen Verwünschungen, mit denen ich mich bis auf weiteres Ihnen treulichst empfehle!

Ihr wohlgewogener Freund.

Dies nur in Eile, ich bin zu sehr beschäftigt!«

Erst später erfuhr ich, daß Römer in einem französischen Irrenhause verschollen sei. Wie es dazu kam, wird in obigem Briefe ziemlich klar. Meine Mutter, welcher ich alles verhehlte, konnte keine Schuld treffen, als diejenige aller Frauen, welche aus Sorge für ihre Angehörigen engherzig und rücksichtslos gegen alle Welt werden. Ich hingegen, der ich gerade zu dieser Zeit mich gut und strebsam glaubte, sah nun ein, welche Teufelei ich begangen hatte. Ich log, verleumdete, betrog oder stahl nicht, wie ich es als Kind getan, aber ich war undankbar, ungerecht und hartherzig unter dem Scheine des äußeren Rechtes. Ich mochte mir lange sagen, daß jene Forderung ja nur eine einfache Bitte um das Geliehene gewesen sei, wie sie alle Welt versucht, und daß weder meine Mutter, noch ich je gewaltsam darauf bestanden hätten; ich mochte mir lange sagen, daß Erfahrung den Meister mache und man auch diese Art Unrecht, als die häufigste und am leichtesten zu begehende, am besten durch ein Erlebnis recht einsehen und vermeiden lerne; mochte ich mich auch überreden, daß Römers Wesen und Schicksal mein Verhalten hervorgerufen und auch ohne diesen Vorgang seine Erfüllung erreicht hätte: alles dies hinderte nicht, daß ich mir doch die bittersten Vorwürfe machen mußte und mich schämte, so oft Römers Gestalt vor meinen Sinn trat. Wenn ich auch die Welt verwünschte, welche dergleichen Handlungen als klug und recht anerkennt (denn die rechtlichsten Leute hatten uns zu der Wiedererlangung der Summe beglückwünscht), so fiel doch alle Schuld wieder auf mich allein zurück, wenn ich an die Anfertigung jenes Billets dachte, welches ich ohne die mindeste Mühe geschrieben und gleichsam aus dem Ärmel geschüttelt hatte. Ich war bald achtzehn Jahre alt und entdeckte erst jetzt, wie ruhig und unbefangen ich seit den Knabensünden und Krisen gelebt, sechs lange Jahre! Und nun plötzlich diese Untat! Wenn ich schließlich bedachte, wie ich jenes unverhoffte Erscheinen Römers als eine höhere Fügung angesehen, so wußte ich nicht, sollte ich lachen oder weinen über den Dank, den ich dafür gespendet. Den unheimlichen Brief wagte ich nicht zu verbrennen und fürchtete mich, ihn aufzubewahren; bald begrub ich ihn unter entlegenem Gerümpel, bald zog ich ihn hervor und legte ihn zu meinen liebsten Papieren, und noch jetzt, so oft ich ihn finde, verändere ich seinen Ort und bringe ihn anderswo hin, so daß er auf steter Wanderschaft ist.

Sechstes Kapitel

Leiden und Leben

Diese Demütigung traf mich umso stärker, als ich, in Annas Träumen und Ahnungen rein und gut zu erscheinen, den Winter über ein puritanisches Wesen angenommen hatte und nicht nur meine äußerliche Haltung, sondern auch meine Gedanken sorgfältig überwachte und mich bestrebte, wie ein Glas zu sein, das man jeden Augenblick durchschauen dürfe. Welche Ziererei und Selbstgefälligkeit dabei tätig war, wurde mir jetzt erst bei dieser gewaltsamen Störung deutlich, und meine Selbstanklage wurde noch durch das Gefühl der Narrheit und Eitelkeit verbittert.

Anna hatte während des Winters streng das Zimmer hüten müssen und wurde im Frühling bettlägerig. Der arme Schulmeister kam in die Stadt, um meine Mutter abzuholen; er weinte, als er in die Stube trat. Wir schlossen also unsere Wohnung zu und fuhren mit ihm hinaus, wo meine Mutter wie ein halbes Meerwunder empfangen und geehrt wurde. Sie enthielt sich jedoch, alle die Orte, die ihr teuer waren, aufzusuchen und ihre gealterten Bekannten zu sehen, sondern eilte, sich bei dem kranken Kinde einzurichten; erst nach und nach benutzte sie günstige Augenblicke, und es dauerte monatelang, bis sie alle Jugendfreunde gesehen, obgleich die meisten in der Nähe wohnten.

Ich hielt mich im Hause des Oheims auf und ging alle Tage an den See hinüber. Anna litt morgens und abends und in der Nacht am meisten; den Tag über schlummerte sie oder lag schweigend im Bette, und ich saß an demselben, ohne viel zu wissen, was ich sagen sollte. Unser Verhältnis trat äußerlich zurück vor dem schweren Leiden und der Trauer, welche die Zukunft nur halb verhüllte. Wenn ich manchmal ganz allein auf eine Viertelstunde bei ihr saß, so hielt ich ihre Hand, während sie mich bald ernst, bald lächelnd ansah, ohne zu sprechen, oder höchstens, um ein Glas oder sonst einen Gegenstand von mir zu verlangen. Auch ließ sie sich oft ihre Schächtelchen und kleinen Schätze auf das Bett bringen, kramte dieselben aus, bis sie müde war, wo sie mich dann alles wieder einpacken ließ. Dies erfüllte uns beinahe mit einem stillen Glücke, und wenn ich dann fortging, so konnte ich nicht begreifen, wie und warum ich Anna in Erwartung schmerzenvoller Qualen zurückließ.

Der Frühling blühte nun in aller Pracht; aber das arme Kind konnte kaum und selten ans Fenster gebracht werden. Wir füllten daher die Wohnstube, in welcher ihr weißes Bett stand, mit Blumenstöcken und bauten vor dem Fenster ein breites Gerüste, um auf demselben durch größere Töpfe möglichst einen Garten einzurichten. Wenn Anna an sonnigen Nachmittagen eine gute Stunde hatte und wir der warmen Maisonne das Fenster öffneten, der silberne See durch die Rosen und Oleanderblüten hereinglänzte und Anna in ihrem weißen Krankenkleide dalag, so schien hier ein sanfter trauernder Kultus des Todes begangen zu werden.

Manchmal aber wurde Anna in solchen Stunden ganz munter und verhältnismäßig redselig; wir setzten uns dann um ihr Bett herum und führten ein gemächliches Gespräch über Personen und Begebenheiten, bald heiterer Natur, und bald ernster, so daß Anna Bericht erhielt von dem, was unsere kleine Welt bewegte. Eines Tages, als meine Mutter in das Dorf gegangen war, fiel das Gespräch auf mich selbst, und der Schulmeister wie seine Tochter schienen es auf diesem Gegenstande so wohlwollend festhalten zu wollen, daß ich mich äußerst geschmeichelt fühlte und aus behaglicher Dankbarkeit die größte Aufrichtigkeit entgegenbrachte. Ich benutzte den Anlaß, mein Verhältnis zu dem unglücklichen Römer zu erzählen, über welches ich seit jenem Briefe mit niemanden gesprochen, und ich brach in die heftigsten Klagen über den Vorfall und mein Verhalten aus. Der Schulmeister verstand mich aber nicht recht; denn er wollte mich beruhigen und die Sache als nicht halb so schlimm darstellen, und was darin noch gefehlt war, sollte mich aufmerksam machen, daß wir eben allzumal Sünder und der Barmherzigkeit des Erlösers bedürftig seien. Das Wort Sünder war mir aber ein für allemal verhaßt und lächerlich und ebenso die Barmherzigkeit; vielmehr wollte ich ganz unbarmherzig die Sache mit mir selbst ausfechten und mich verurteilen auf gut weltlich gerichtliche Art und durchaus nicht auf geistliche Weise.

Plötzlich aber bekam Anna, welche sich bisher still verhalten, aufgeregt durch meine Erzählung und durch mein Gebaren, einen heftigen Anfall ihrer Krämpfe und Leiden, daß ich das arme zarte Wesen zum erstenmal seiner ganzen hilflosen Qual verfallen sah. Große Tränen, durch Not und Angst erpreßt, rollten über ihre weißen Wangen, ohne daß sie dieselben aufhalten konnte. Sie war ganz durch die Bewegungen ihrer Leiden beschäftigt, so daß bald alle Rücksicht und Haltung verschwinden mußten, und nur dann und wann richtete sie einen kurzen irrenden Blick auf mich, wie aus einer fremden Welt des Schmerzes heraus; zugleich schien sie dann eine zarte Scham zu ängstigen, so maßlos vor mir leiden zu müssen; und ich muß bekennen, daß meine Verlegenheit, so gesund und ungeschlacht vor dem Heiligtume dieser Marterstätte zu stehen, fast so groß war, als mein Mitleiden. Überzeugt, daß ich ihr dadurch wenigstens einige Befreiung verschaffe, ließ ich sie in den Armen ihres Vaters und eilte bestürzt und beschämt davon, meine Mutter herbeizuholen.

Nachdem diese mit einer Nichte sich fortbegeben, um das kranke Kind zu pflegen, blieb ich den Rest des Tages im Hause des Oheims, mir Vorwürfe machend über mein plumpes Ungeschick. Nicht nur mein Unrecht gegen Römer, sondern sogar das Bekenntnis desselben und seine heutigen Folgen warfen einen gehässigen Schein auf mich, und ich fühlte mich gebannt in einer jener dunklen Stimmungen, wo einem der Zweifel aufsteigt, ob man wirklich ein guter, zum Glück bestimmter Mensch sei? wo es scheint, als ob nicht sowohl eine Schlechtigkeit des Herzens und des Charakters, als eine gewisse Schlechtigkeit des Kopfes, des Geschickes einem anhafte, welch noch unglücklicher macht, als die entschiedene Teufelei. Ich konnte nicht einschlafen vor dem Bedürfnisse, mich zu äußern, da das immerwährende Verschweigen wie die mißlungene Aufrichtigkeit das Gefühl des Unheimlichen noch vermehrt. Ich stand nach Mitternacht auf, kleidete mich an und schlich mich aus dem Hause, um Judith aufzusuchen. Ungesehen kam ich durch Gärten und Hecken, fand aber alles dunkel und verschlossen bei ihr. Ich stand einige Zeit unschlüssig vor dem Hause; doch kletterte ich zuletzt am Spalier empor und klopfte zaghaft an das Fenster; denn ich fürchtete mich, das schöne und kluge Weib aus dem geheimnisvollen Schleier der Nacht aufzuschrecken. Sie hörte und erkannte mich sogleich, stand auf, zog sich leicht an und ließ mich zum Fenster herein. Dann machte sie Licht, Helle zu verbreiten, weil sie glaubte, ich sei in der Absicht gekommen, irgend einige Liebkosungen zu wagen. Aber sie war sehr verwundert, als ich anfing, meine Geschichten zu erzählen, erst die gewaltsame Störung, welche ich heute in die stille Krankenstube getragen, und dann die unglückliche Geschichte mit Römer, deren ganzen Verlauf ich schilderte. Nachdem ich meinen kunstreichen Mahnbrief und den darauf erhaltenen Pariser Brief beschrieben, aus dessen Inhalt wir wohl Römers Schicksal ahnen konnten, nur daß wir statt des Irrenhauses gar ein Gefängnis vermuteten, rief Judith: »Das ist ja ganz abscheulich! Schämst du dich denn nicht, du Knirps?« Und indem sie zornig auf und nieder ging, malte sie recht genau aus, wie Römer sich vielleicht erholt hätte, wenn man ihm nicht die Mittel zu seinem ersten Aufenthalte in Paris entzogen, wie ihn der Erhaltungstrieb vielleicht, ja sicher eine Zeitlang hätte klug sein lassen und hieraus unberechenbar eine bessere Wendung auf diese oder jene Weise möglich gewesen.

»O hätte ich den armen Mann pflegen können«, rief sie aus, »gewiß hätte ich ihn kuriert! Ich hätte ihn ausgelacht und ihm geschmeichelt, bis er klug geworden wäre!«

Dann stand sie still, sah mich an und sagte: »Weißt du wohl, Heinrich, daß du allbereits ein Menschenleben auf deiner grünen Seele hast?«

Diesen Gedanken hatte ich mir noch nicht einmal klar gemacht, und ich sagte betroffen: »So arg ist es wohl nicht! Im schlimmsten Falle wäre es ein unglücklicher Zufall, den ich herbeizuführen nie wähnen konnte!«

»Ja«, erwiderte sie sachte, »wenn du eine einfache, sogar grobe Forderung gestellt hättest! Durch deinen sauberen Höllenzwang aber hast du ihm förmlich den Dolch auf die Brust gesetzt, wie es auch ganz einer Zeit gemäß ist, wo man sich mit Worten und Brieflein tot sticht! Ach, der arme Mann! Er war so fleißig und gab sich Mühe, aus der Patsche zu kommen, und als er endlich ein Röllchen Geld erwarb, nimmt man es ihm weg! Es ist so natürlich, den Lohn der Arbeit zu seiner Ernährung zu verwenden; aber da heißt es: Gib erst zurück, wenn du geborgt hast, und dann verhungere!«

Wir saßen beide eine Weile düster und nachdenklich da; dann sagte ich: »Das hilft nichts, geschehene Dinge sind einmal nicht zu ändern. Die Geschichte soll mir zur Warnung dienen; aber ich kann sie nicht ewig mit mir herumschleppen, und da ich mein Unrecht einsehe und bereue, so mußt du es mir endlich verzeihen und mir die Gewißheit geben, daß ich deswegen nicht hassenswert und garstig aussehe!«

Ich merkte nämlich erst jetzt, daß ich darum hergekommen und allerdings bedürftig war, durch Mitteilung und durch die Vermittlung eines fremden Mundes die Vertilgung eines drückenden Gefühles oder Verzeihung zu erlangen, wenn ich mich auch gegen des Schulmeisters christliche Vermittlung sträubte. Aber Judith antwortete: »Daraus wird nichts! Die Vorwürfe deines Gewissens sind ein ganz gesundes Brot für dich, und daran sollst du dein Leben lang kauen, ohne daß ich dir die Butter der Verzeihung darauf streiche! Dies könnte ich nicht einmal; denn was nicht zu ändern ist, ist eben deswegen auch nicht zu vergessen, dünkt mich, ich habe dies genugsam erfahren! Übrigens fühle ich leider nicht, daß du mir irgend widerwärtig geworden wärest; wozu wäre man da, wenn man nicht die Menschen, wie sie sind, lieb haben müßte?«

Diese seltsame Äußerung in Judiths Munde machte mich tief betroffen und verursachte mir ein langes Nachsinnen; je länger ich sann, desto gewisser wurde es mir, daß Judith das Rechte getroffen, und ich gelangte zu einem Schluß, welcher, indem er zugleich zu einem Entschluß wurde, nämlich das Bewußtsein des begangenen Unrechtes nie mehr vergessen und immer in seiner ganzen Frische tragen zu wollen, mir die einzig mögliche Ausgleichung zu sein schien.

Es ist merkwürdig, daß die Menschen immer nur große Dummheiten, die sie begangen, nicht glauben vergessen zu können, sich bei deren Erinnerung vor den Kopf schlagen und kein Hehl daraus machen, zum Zeichen, daß sie nun klüger geworden; begangenes Unrecht aber machen sie sich weis, allmählich vergessen zu können, während es in der Tat nicht so ist, schon deswegen, weil das Unrecht mit der Dummheit nahe verwandt und ähnlicher Natur ist. Ja, dachte ich, so unverzeihlich mir meine Dummheiten sind, wird es auch mein Unrecht sein! Was ich an Römer getan, werde ich von nun an nie mehr vergessen und, wenn ich unsterblich bin, in die Unsterblichkeit hinübernehmen, denn es gehört zu meiner Person, zu meiner Geschichte, zu meinem Wesen, sonst wäre es nicht geschehen! Meine einzige Sorge wird sein, noch so viel Rechtes zu tun, daß mein Dasein erträglich bleibt!

Ich sprang auf und verkündete der Judith diese Ausführung und Anwendung ihrer einfachen Worte; denn es dünkte mir ein wichtiges Ereignis, so für immer auf das Vergessen einer Übeltat zu verzichten. Judith zog mich nieder und sagte mir ins Ohr: »Ja, so wird es sein; du bist jetzt erwachsen und hast in diesem Handel schon deine moralische Jungfernschaft verloren! Nun kannst du dich in acht nehmen, Bürschchen, daß es nicht so fort geht!« Der drollige Ausdruck, den sie gebrauchte, stellte mir die Sache noch in ein neues und lächerlich deutliches Licht, daß ich einen großen Ärger empfand und mich einen ausgesuchten Narren, Laffen und aufgeblähten Popanz schalt, der sich so blindlings habe übertölpen lassen. Judith lachte und rief: »Denke daran, wenn man am gescheitesten zu sein glaubt, so kommt man am ehesten als ein Esel zum Vorschein!« – »Du brauchst nicht zu lachen!« erwiderte ich ärgerlich, »ich habe dir soeben, als ich kam, auch einen Tort angetan; ich habe gefürchtet, daß du vielleicht einen fremden Mann bei dir haben könntest!«

Sie gab mir sogleich eine Ohrfeige, doch wie es mir schien, mehr aus Vergnügen, als aus Zorn und sagte: »Du bist ein recht unverschämter Gesell und glaubst wohl, du brauchst deine schändlichen Gedanken nur einzugestehen, um von mir absolviert zu sein! Freilich sind es nur die beschränkten und vernagelten Leute, welche nie etwas eingestehen wollen; aber die übrigen machen deswegen damit auch nicht alles gut! Zur Strafe gehst du mir jetzt gleich zum Tempel hinaus und machst, daß du nach Hause kommst! In der künftigen Nacht darfst du dich wieder zeigen!«

Ich begab mich nun, so oft es anging, des Nachts zu ihr; sie brachte den Tag meistens allein und einsam zu, während ich entweder weite Streifzüge unternahm, um zu zeichnen, oder in des Schulmeisters Haus, als in einer Schule des Leidens, mich still und gemessen halten mußte. So hatten wir in diesen Nächten vollauf zu plaudern und saßen oft stundenlang am offenen Fenster, wo der Glanz des nächtlichen Himmels über der sommerlichen Welt lag; oder wir machten dasselbe zu, schlossen die Läden und setzten uns an den Tisch und lasen zusammen. Ich hatte ihr im Herbst auf ihr Verlangen nach einem Buche eine deutsche Übersetzung des rasenden Roland zurückgelassen, welchen ich selbst noch nicht näher kannte; Judith hatte aber den Winter über oft darin gelesen und pries mir jetzt das Buch als das allerschönste in der Welt an. Judith zweifelte nicht mehr an Annas baldigem Tod und sagte mir dies unverhohlen, obgleich ich es nicht zugeben wollte; durch diesen Gegenstand und meine Berichte von jenem Krankenlager wurden wir trübselig und düster, jedes auf seine Weise, und wenn wir nun im Ariost lasen, so vergaßen wir alle Trübsal und tauchten uns in eine frische glänzende Welt. Judith hatte das Buch erst ganz volkstümlich als etwas Gedrucktes genommen, wie es war, ohne über seinen Ursprung und seine Bedeutung zu grübeln; als wir aber jetzt zusammen darin lasen, verlangte sie manches zu wissen, und ich mußte ihr, so gut ich konnte, einen Begriff geben von der Entstehungsweise und der Geltung eines solchen Werkes, von dem Wollen und den bewußten Absichten des Dichters, und ich erzählte, soviel ich wußte, von Ariost. Nun wurde sie erst recht fröhlich, nannte ihn einen klugen und weisen Mann und las die Gesänge mit verdoppelter Lust, da sie wußte, daß diesen so heiteren und so tiefsinnigen Wechselgeschichten eine heitere Absicht zu Grunde lag, ein Wollen, Schaffen und Gestalten, eine Einsicht und ein Wissen, das ihr in seiner Neuheit wie ein Stern aus dunkler Nacht erglänzte. Wenn die in Schönheit leuchtenden Geschöpfe rastlos an uns vorüberzogen, von Täuschung zu Täuschung, und leidenschaftlich sich jagend und haschend, immer eins dem anderen entschwand und ein drittes hervortrat, oder wenn sie in kurzen Augenblicken bestraft und trauernd ruhten von ihrer Leidenschaft, oder viel mehr sich tiefer in dieselbe hinein zu ruhen schienen an klaren Gewässern, unter wundervollen

Bäumen, so rief Judith: »O kluger Mann! Ja, so geht es zu, so sind die Menschen und ihr Leben, so sind wir selbst, wir Narren!«

Noch mehr glaubte ich selbst der Gegenstand eines poetischen Scherzes zu sein, wenn ich mich neben einem Weibe sah, welches ganz wie jene Fabelwesen auf der Stufe der vollentfalteten Kraft und Schönheit stillzustehen und dazu angetan schien, unablässig die Leidenschaft fahrender Helden zu erregen. An ihrer ganzen Gestalt hatte jeder Zug ein siegreiches festes Gepräge, und die Faltenlagen ihrer einfachen Kleider waren immer so schmuck und stattlich, daß man durch sie hindurch in der Aufregung wohl goldene Spangen oder gar schimmernde Waffenstücke zu ahnen glaubte. Entblößte jedoch das üppige Gedicht seine Frauen von Schmuck und Kleidung und brachte ihre bloßgegebene Schönheit in offene Bedrängnis oder in eine mutwillig verführerische Lage, während ich mich nur durch einen dünnen Faden von der blühendsten Wirklichkeit geschieden sah, so war es mir vollends, als wäre ich ein törichter Fabelheld und das Spielzeug eines ausgelassenen Dichters. Nicht nur das platonische Pflicht- und Treuegefühl gegen das von christlichen Gebeten umgebene Leidensbett eines zarten Wesens, sondern auch die Furcht, schlechtweg durch Annas krankhafte Träume verraten zu werden, legten ein Band um die verlangenden Sinne, während Judith aus Rücksicht für Anna und mich und aus dem Bedürfnisse sich beherrschte, in dem zierlich platonischen Wesen der Jugend noch etwas mit zu leben. Unsere Hände bewegten sich manchmal unwillkürlich nach den Schultern oder den Hüften des anderen, um sich darum zu legen, tappten aber auf halbem Wege in der Luft und endigten mit einem zaghaften abgebrochenen Wangenstreicheln, so daß wir närrischerweise zwei jungen Katzen glichen, welche mit den Pfötchen nach einander auslangen, elektrisch zitternd und unschlüssig, ob sie spielen oder sich zerzausen sollen.

Siebentes Kapitel

Annas Tod und Begräbnis

Zu diesen so ganz entgegengesetzten Aufregungen der Tage und Nächte kamen im Sommer noch verschiedene Auftritte im ländlichen Familienleben, welche bei aller Einfachheit doch den gewaltigen Wechsel des Lebens und sein unaufhaltsames Vorübergehen ins Licht stellten. Der Haushalt des jungen Müllers ließ seine Heirat nicht länger aufschieben, und es wurde also eine dreitägige Hochzeit gefeiert, bei welcher die spärlichen Überreste städtischen Gebrauches, so die Braut aus ihrem Hause mitbrachte, gar jämmerlich dem ländlichen Pomp unterliegen mußten. Die Geigen schwiegen nicht während der drei Tage; ich ging mehrmals hin und fand Judith festlich geschmückt unter dem Gedränge der Gäste; ein und das andere Mal tanzte ich bescheiden und wie ein Fremder mit ihr, und auch sie hielt sich zurück, obgleich wir während der geräuschvollen Nächte Gelegenheit genug hatten, uns unbemerkt nahe zu sein.

Kaum war die Hochzeit vorüber, so erkrankte die Muhme, welche kaum fünfzig Jahre alt war, und starb in Zeit von drei Wochen. Sie war eine starke Frau, daher ihre Todeskrankheit umso gewaltsamer, und sie starb sehr ungern. Sie litt heftig und unruhig und ergab sich erst in den letzten zwei Tagen; und an dem Schrecken, der sich im Hause verbreitete, konnte man erst sehen, was sie allen gewesen. Aber wie nach dem Hinsinken eines guten Soldaten auf dem Felde der Ehre die Lücke schnell wieder ausgefüllt wird und der Kampf rüstig fortgeht, so erwies sich die Art des Lebens und des Todes dieser tapfern Frau auch auf das schönste dadurch, daß die Reihen ohne Lamentieren rasch sich schlossen; die Kinder teilten sich in Arbeit und Sorge und versparten den beschaulichen Schmerz bis auf die Tage der Ruhe, wo man die Marksteine des Lebens deutlicher ragen sieht. Nur der Oheim äußerte erst einige tiefere Klagen, faßte diese aber bald in das Wort »meine selige Frau« zusammen, das er nun bei jeder Gelegenheit anbrachte. An dem Leichenbegängnisse sah ich Judith unter den fremden Frauen. Sie trug ein städtisches schwarzes Kleid bis unter das Kinn zugeknöpft, sah demütig auf den Boden und ging doch hoch einher.

So war in kurzer Zeit die Gestalt des oheimlichen Hauses verändert und durch die verschiedenen Vorgänge alles älter und ernster geworden. Von der traurigen Schaubühne ihres Krankenbettes sah die arme Anna diese Veränderungen, aber schon mehr als äußerlich getrennt von den Ereignissen. Sie hatte eine geraume Zeit im gleichen Zustande verharrt, und alle hofften, daß sie am Ende wieder aufleben würde. Aber da man es am wenigsten dachte, erschien eines Morgens im Herbste der Schulmeister schwarz gekleidet bei dem Oheim, welcher selbst noch schwarz ging, und verkündete ihren Tod.

In einem Augenblicke war nicht nur das Haus von Klagen erfüllt, sondern auch die benachbarte Mühle, und die Vorübergehenden verbreiteten das Leid im ganzen Dorfe. Seit bald einem Jahre war der Gedanke an Annas Tod groß gezogen worden, und die Leute schienen sich ein rechtes Fest der Klage und des Bedauerns aufgespart zu haben; denn für eine allgemeine Totentrauer war dieser anmutige, schuldlose und geehrte Gegenstand geeigneter, als die eigenen Verluste.

Ich hielt mich ganz still im Hintergrunde; wenn ich auch bei freudigen Anlässen laut wurde und unwillkürlich eine anmaßende Rolle spielte, so wußte ich dagegen, wo es traurig herging, mich gar nicht vorzudrängen und geriet immer in die Verlegenheit, für teilnahmlos und verhärtet angesehen zu werden, und dies umsomehr, als mir von jeher nur die aus Schuld und Unrecht entstandenen Mißstimmungen, die innere Berührung der Menschen, nie aber das unmittelbare Unglück oder der Tod Tränen zu entlocken vermochten.

Jetzt aber war ich erstaunt über den frühen Tod und noch mehr darüber, daß dies arme tote Mädchen meine Geliebte war. Ich versank in tiefes Nachdenken darüber, ohne Schrecken oder heftigen Schmerz zu empfinden, obgleich ich das Ereignis mit meinen Gedanken nach allen Seiten durchfühlte. Nicht einmal die Erinnerung an Judith verursachte mir Unruhe. Nachdem der Schulmeister seine Anordnungen getroffen, wurde ich endlich aus meiner Verborgenheit hervorgezogen, indem er mich aufforderte, nunmehr mit ihm zurückzugehen und einige Zeit bei ihm zu wohnen. Wir machten uns auf den Weg, indessen die übrigen Verwandten, besonders die noch im Hause lebenden Töchter, versprachen, sogleich nachzukommen.

Auf dem Wege faßte der Schulmeister sein Leid zusammen und gab ihm durch die nochmalige Schilderung der letzten Nacht und des Sterbens, das gegen Morgen eintraf, Worte. Ich hörte alles aufmerksam und schweigend an; die Nacht war beängstigend und leidenvoll gewesen, der Tod selbst aber fast unmerklich und sanft.

Meine Mutter und die alte Katherine hatten die Leiche schon geschmückt und in Annas Kämmerchen gelegt. Da lag sie, nach des Schulmeisters Willen, auf dem schönen Blumenteppich, den sie einst für ihren Vater gestickt und man jetzt über ihr schmales Bettchen gebreitet hatte; denn nach solchem Dienste gedachte der gute Mann diese Decke immer zunächst um sich zu haben, solange er noch lebte. Über ihr an der Wand hatte Katherine, deren Haar nun schon ganz ergraut war und die aufs heftigste und zärtlichste lamentierte, das Bild hingehängt, das ich einst von Anna gemacht, und gegenüber sah man immer noch die Landschaft mit der Heidenstube, welche ich vor Jahren auf die weiße Mauer gemalt. Die beiden Flügeltüren von Annas Schrank standen geöffnet, und ihr unschuldiges Eigentum trat zu Tage und verlieh der stillen Totenkammer einen wohltuenden Schein von Leben. Auch gesellte sich der Schulmeister zu den beiden Frauen, die vor dem Schranke sich aufhielten, und half ihnen, die zierlichsten und erinnerungsreichsten Sächelchen, deren die Selige von früher Kindheit an gesammelt, hervorziehen und beschauen. Dies gewährte ihm eine lindernde Zerstreuung, welche ihn doch nicht von dem Gegenstande seines Schmerzes abzog. Manches holte er sogar aus seinem eigenen Verwahrsam herbei, wie zum Beispiel ein Bündelchen Briefe, welche das Kind aus Welschland an ihn geschrieben; diese legte er, nebst den Antworten, die er nun im Schranke vorfand, auf Annas kleinen Tisch, und ebenso noch andere Sachen, ihre Lieblingsbücher, angefangene und vollendete Arbeiten, einige Kleinode, jene silberne Brautkrone. Einiges wurde sogar ihr zur Seite auf den Teppich gelegt, so daß hier unbewußt und gegen den sonstigen Gebrauch von diesen einfachen Leuten eine Sitte alter Völker geübt wurde. Dabei sprachen sie immer so miteinander, als ob die Tote es noch hören könnte, und keines mochte sich gern aus der Kammer entfernen.

Indessen verweilte ich ruhig bei der Leiche und beschaute sie mit unverwandten Blicken; aber ich ward durch das unmittelbare Anschauen des Todes nicht klüger aus dem Geheimnis desselben, oder vielmehr nicht aufgeregter, als vorhin. Anna lag da, nicht viel anders, als ich sie zuletzt gesehen, nur daß die Augen geschlossen waren und das blütenweiße Gesicht beständig zu einem leisen Erröten bereit schien. Ihr Haar glänzte frisch und golden, und ihre weißen Händchen lagen gefaltet auf dem weißen Kleide mit einer weißen Rose. Ich sah alles wohl und empfand beinahe eine Art glücklichen Stolzes, in einer so traurigen Lage zu sein und eine so poetisch schöne tote Jugendgeliebte vor mir zu sehen.

Meine Mutter und der Schulmeister schienen stillschweigend mir ein nahes Recht auf die Verstorbene zuzugestehen, als man verabredete, daß fortwährend jemand bei der Toten weilen und ich die erste Wache halten sollte, damit die übrigen sich in ihrer Erschöpfung einstweilen zurückziehen und etwas erholen konnten.

Ich blieb aber nicht lange allein mit der Anna, da bald die Basen aus dem Dorfe kamen und nach ihnen manche andere Mädchen und Frauen, denen ein so rührendes Ereignis und eine so berühmte Leiche wichtig genug waren, die drängendste Arbeit liegen zu lassen und dem ehrfurchtsvollen Dienste des Menschengeschickes nachzugehen. Die Kammer füllte sich mit Frauensleuten, welche erst einer feierlich flüsternden Unterhaltung pflagen, dann aber in ein ziemliches Geplauder gerieten. Sie standen dicht gedrängt um die stille Anna herum, die jungen mit ehrbar aufeinander gelegten Händen, die ältern mit untergeschlagenen Armen. Die Kammertür stand geöffnet für die Ab- und Zugehenden, und ich nahm die Gelegenheit wahr, mich hinauszumachen und im Freien umherzuschlendern, wo die nach dem Dorfe führenden Wege ungewöhnlich belebt waren.

Erst nach Mitternacht traf mich die Reihe wieder, die Totenwache zu versehen, welche mir seltsamerweise nun einmal eingerichtet. Ich blieb nun bis zum Morgen in der Kammer; aber so schnell mir die Stunden vorübergingen, wie ein Augenblick, so wenig wüßte ich eigentlich zu sagen, was ich gedacht und empfunden. Es war so still, daß ich durch die Stille hindurch glaubte, das Rauschen der Ewigkeit zu hören; das tote weiße Mädchen lag unbeweglich fort und fort, die farbigen Blumen des Teppichs aber schienen zu wachsen in dem schwachen Lichte. Nun ging der Morgenstern auf und spiegelte sich im See; ich löschte die Lampe ihm zu Ehren, damit er allein Annas Totenlicht sei, saß nun im Dunkeln in meiner Ecke und sah nach und nach die Kammer sich erhellen. Mit der Dämmerung, welche in das reinste goldene Morgenrot überging, schien es zu leben und zu weben um die stille Gestalt, bis sie deutlich im hellen Tage dalag. Ich hatte mich erhoben und vor das Bett gestellt, und indem ihre Gesichtszüge klar wurden, nannte ich ihren Namen, aber nur hauchend und tonlos; es blieb totenstill, und als ich zugleich zaghaft ihre Hand berührte, zog ich die meinige entsetzt zurück, als ob ich an glühendes Eisen gekommen wäre; denn die Hand war kalt wie ein Häuflein kühler Ton.

Wie dies abstoßende kalte Gefühl meinen ganzen Körper durchrieselte, ließ es mir nun auch plötzlich das Gesicht der Leiche so seelenlos und abwesend erscheinen, daß mir beinahe der erschreckte Ausruf entfuhr: »Was hab' ich mit dir zu schaffen?« als aus dem Saale her die Orgel in milden und doch kräftigen Tönen erklang, welche nur manchmal in leidvollem Zittern schwankten, dann aber wieder zu harmonischer Kraft sich ermannten. Es war der Schulmeister, welcher in dieser Morgenfrühe seinen Schmerz und seine Klagen durch die Melodie eines alten Liedes zum Lob der Unsterblichkeit zu lindern suchte. Ich lauschte der Melodie; sie bezwang meine körperlichen Schrecken, ihre geheimnisvollen Töne öffneten die unsterbliche Geisterwelt, und ich glaubte derselben durch ein neues Gelöbnis mit der Entschlafenen umso sicherer anzugehören. Das schien mir wiederum ein bedeutungsvoller und feierlicher Vorgang zu sein.

Aber zugleich wurde mir nun der Aufenthalt in der Totenkammer zuwider, und ich war froh, mit dem Gedanken der Unsterblichkeit hinauszukommen ins lebendige Grüne. Es erschien an diesem Tage ein Schreinergesell aus dem Dorfe, um hier den Sarg zu machen. Der Schulmeister hatte vor Jahren schon eigenhändig eine saubere Tanne gefällt und zu seinem Sarge bestimmt. Dieselbe lag in Bretter gesägt hinter dem Hause, durch das Vordach geschützt, und hatte immer zu einer Ruhebank gedient, auf welcher der Schulmeister zu lesen und seine Tochter als Kind zu spielen pflegte. Es zeigte sich nun, daß die obere schlankere Hälfte des Baumes den schmalen Totenschrein Annas abgeben könne, ohne den zukünftigen Sarg des Vaters zu beeinträchtigen; die wohlgetrockneten Bretter wurden abgehoben und eines nach dem anderen entzwei geschnitten. Der Schulmeister vermochte aber nicht lange dabei zu sein, und selbst die Frauen im Hause klagten über den Ton der Säge. Der Schreiner und ich trugen daher die Bretter und das Werkzeug in den leichten Nachen und fuhren an eine entlegene Stelle des Ufers, wo das Flüßchen aus dem Gehölze hervortritt und in den See mündet. Junge Buchen bilden dort am Wasser eine lichte Vorhalle, und indem der Schreiner einige der Bretter mittelst Schraubzwingen an den Stämmchen befestigte, stellte er eine zweckmäßige Hobelbank her, über welcher die Laubkronen der Buchen sich wölbten. Zuerst mußte der Boden des Sarges zusammengefügt und geleimt werden. Ich machte aus den ersten Hobelspänen und aus Reisig ein Feuer und setzte die Leimpfanne darauf, in welche ich mit der Hand aus dem Bache Wasser träufelte, indessen der Schreiner rüstig darauf los sägte und hobelte. Während die gerollten Späne sich mit dem fallenden Laube vermischten und die Bretter glatt wurden, machte ich die nähere Bekanntschaft des jungen Gesellen. Es war ein Norddeutscher von der fernsten Ostsee, groß und schlank gewachsen, mit kühnen und schön geschnittenen Gesichtszügen, hellblauen, aber feurigen Augen und mit starkem goldenem Haar, welches man immer über die freie Stirne zurückgestrichen und hinten in einen Schopf gebunden zu sehen glaubte, so urgermanisch sah er aus. Seine Bewegungen bei der Arbeit waren elegant, und dabei hatte sein Wesen doch etwas Kindliches. Wir wurden bald vertraut, und er erzählte mir von seiner Heimat, von den alten Städten im Norden, vom Meere und von der mächtigen Hansa. Wohl unterrichtet, erzählte er mir von der Vergangenheit, den Sitten und Gebräuchen jener Seeküsten; ich sah den langen und hartnäckigen Kampf der Städte mit den Seeräubern, den Vitalienbrüdern, und wie Klaus Stürzenbecher mit vielen Gesellen von den Hamburgern geköpft wurde; dann sah ich wieder, wie am ersten Mai aus den Toren von Stralsund der jüngste Ratsherr mit einem glänzenden Jugendgefolge im Waffenschmuck zog und in den prächtigen Buchenwäldern zum Maigrafen gekrönt wurde mit einer grünen Laubkrone, und wie er abends mit einer schönen Maigräfin tanzte. Auch beschrieb er die Wohnungen und Trachten nordischer Bauern, von den Hinterpommern bis zu den tüchtigen Friesen, bei welchen noch Spuren männlichen Freiheitssinnes zu finden; ich sah ihre Hochzeiten und Leichenbegängnisse, bis der Geselle endlich auch von der Freiheit deutscher Nation redete und wie bald die stattliche Republik eingeführt werden müßte. Ich schnitzte unterdessen nach seiner Anleitung eine Anzahl hölzerner Nägel; er aber führte schon mit dem Doppelhobel die letzten Stöße über die Bretter, feine Späne lösten sich gleich zarten glänzenden Seidenbändern und mit einem hell singenden Tone, welcher unter den Bäumen ein seltsames Lied war. Die Herbstsonne schien warm und lieblich drein, glänzte frei auf dem Wasser und verlor sich im blauen Duft der Waldnacht, an deren Eingang wir uns angesiedelt. Jetzt bauten wir die glatten weißen Bretter zusammen, die Hammerschläge hallten wider durch den Wald, daß die Vögel überrascht aufflogen und erschreckt über den Seespiegel streiften, und bald stand der fertige Sarg in seiner Einfachheit vor uns, schlank und ebenmäßig, der Deckel schön gewölbt. Der Schreiner hobelte mit wenigen Zügen eine schmale zierliche Hohlkehle um die Kanten, und ich sah verwundert, wie die Linien sich spielend dem weichen Holze eindrückten; dann zog er zwei Stücke Bimsstein hervor und rieb sie aneinander, indem er sie über den Sarg hielt und das weiße Pulver über denselben verbreitete, ich mußte lachen, als er die Stücke gerade so gewandt handhabte und abklopfte, wie ich bei meiner Mutter gesehen, wenn sie zwei Zuckerschollen über einem Kuchen rieb. Als er aber den Sarg vollends mit dem Steine abschliff, wurde derselbe so weiß, wie Schnee, und kaum der leiseste rötliche Hauch des Tannenholzes schimmerte noch durch, wie bei einer Apfelblüte. Er sah so weit schöner und edler aus, als wenn er bemalt, vergoldet oder gar mit Erz beschlagen gewesen wäre. Am Haupte hatte der Schreiner der Sitte gemäß eine Öffnung mit einem Schieber angebracht, durch welche man das Gesicht sehen konnte, bis der Sarg versenkt wurde; es galt nun noch eine Glasscheibe einzusetzen, welche man vergessen, und ich fuhr nach dem Hause, um eine solche zu holen. Ich wußte schon, daß auf einem Schranke ein alter kleiner Rahmen lag, aus welchem das Bild lange verschwunden. Ich nahm das vergessene Glas, legte es vorsichtig in den Nachen und fuhr zurück. Der Geselle streifte ein wenig im Gehölze umher und suchte Haselnüsse; ich probierte indessen die Scheibe, und als ich fand, daß sie in die Öffnung paßte, tauchte ich sie, da sie ganz bestaubt und verdunkelt war, in den klaren Bach und wusch sie sorgfältig, ohne sie an den Steinen zu zerbrechen. Dann hob ich sie empor und ließ das lautere Wasser ablaufen, und indem ich das glänzende Glas hoch gegen die Sonne hielt und durch dasselbe schaute, erblickte ich das lieblichste Wunder, das ich je gesehen. Ich sah nämlich drei musizierende Engelknaben; der mittlere hielt ein Notenblatt und sang, die beiden anderen spielten auf altertümlichen Geigen, und alle schauten freudig und andachtsvoll nach oben; aber die Erscheinung war so lustig und zart durchsichtig, daß ich nicht wußte, ob sie auf den Sonnenstrahlen, im Glase, oder nur in meiner Phantasie schwebte. Wenn ich die Scheibe bewegte, so verschwanden die Engel auf Augenblicke, bis ich sie plötzlich mit einer anderen Wendung wieder bemerkte. Ich habe seither erfahren, daß Kupferstiche oder Zeichnungen, welche lange Jahre hinter einem Glase ungestört liegen, während der dunklen Nächte dieser Jahre sich dem Glase mitteilen und gleichsam ihr Spiegelbild in demselben zurücklassen. Ich ahnte jetzt auch etwas dergleichen, als ich die Schraffierung alter Kupferstecherei und in dem Bilde die Art van Eyckscher Engel erkannte. Eine Schrift war nicht zu sehen und also das Blatt vielleicht ein seltener Probedruck gewesen. Jetzt aber galt mir die kostbare Scheibe als die schönste Gabe, welche ich in den Sarg legen konnte, und ich befestigte sie selbst an dem Deckel, ohne jemandem etwas von dem Geheimnis zu sagen. Der Deutsche kam wieder herbei; wir suchten die feinsten Hobelspäne, unter welche sich manches rötliche Laub mischte, zusammen und breiteten sie zum letzten Bett in den Sarg; dann schlossen wir ihn zu, trugen ihn in den Kahn und schifften mit dem weißen Gerät über den glänzenden stillen See, und die Frauen mit dem Schulmeister brachen in lautes Weinen aus, als sie uns heranfahren und landen sahen.

Am folgenden Tage wurde die Ärmste in den Sarg gelegt, von allen Blumen umgeben, welche in Haus und Garten augenblicklich blüheten; aber auf die Wölbung des Sarges wurde ein schwerer Kranz von Myrtenzweigen und weißen Rosen gebreitet, welchen die Jungfrauen aus der Kirchengemeinde brachten, und außerdem noch so viele einzelne Sträuße blasser herbstlicher Blüten aller Art, daß die ganze Oberfläche davon bedeckt wurde und nur die Glasscheibe frei blieb, durch welche man das weiße zarte Gesicht der Leiche sah.

Das Begräbnis sollte vom Hause des Oheims aus stattfinden, und zu diesem Ende hin mußte Anna erst über den Berg getragen werden. Es erschienen daher Jünglinge aus dem Dorfe, welche die Bahre abwechselnd auf ihre Schulter nahmen, und unser kleines Gefolge der nächsten Angehörigen begleitete den Zug. Auf der sonnigen Höhe des Berges wurde ein kurzer Halt gemacht und die Bahre auf die Erde gesetzt. Es war so schön hier oben! der Blick schweifte über die umliegenden Täler bis in die blauen Berge, das Land lag in glänzender Farbenpracht rings um uns. Die vier kräftigen Jünglinge, welche die Bahre zuletzt getragen, saßen ruhend auf den Tragewangen derselben, die Häupter auf ihre Hände gestützt, und schauten schweigend in alle vier Weltgegenden hinaus. Hoch am blauen Himmel zogen leuchtende Wolken und schienen über dem Blumensarge einen Augenblick stillzustehen und neugierig durch das Fensterchen zu gucken, welches fast schalkhaft zwischen den Myrten und Rosen hervorfunkelte im Widerscheine der Wolken. Wenn Anna jetzt die Augen hätte aufschlagen können, so würde sie ohne Zweifel die Engel gesehen und geglaubt haben, daß sie hoch im Himmel schwebten. Wir saßen, wie es sich traf, umher, und mich rührte jetzt eine große Traurigkeit, so daß mir einige Tränen entfielen, als ich bedachte, daß Anna nun zum letztenmal und tot über diesen schönen Berg gehe.

Als wir ins Dorf hinunter gestiegen, läutete die Totenglocke zum erstenmal; Kinder begleiteten uns in Scharen bis zum Hause, wo man den Sarg unter die Nußbäume vor die Tür hinstellte. Wehmütig gewährten die Verwandten der Toten das Gastrecht bei dieser letzten Einkehr; es waren nun kaum anderthalb Jahre vergangen, seit jener fröhliche Festzug der Hirten sich unter diesen selben Bäumen bewegte und mit bewundernder Lust Annas damalige Erscheinung begrüßte. Bald war der Platz voll Menschen, welche sich herandrängten, um der Seligen zum letztenmal ins Angesicht zu schauen.

Nun ging der Leichenzug vor sich, der außerordentlich groß war; der Schulmeister, welcher dicht hinter dem Sarge ging, schluchzte fortwährend wie ein Kind. Ich bereute jetzt, keinen schwarzen ehrbaren Anzug zu besitzen; denn ich ging unter meinen schwarz gekleideten Vettern in meinem grünen Habit, wie ein fremder Heide. Nachdem die Gemeinde den gewohnten Gottesdienst beendigt und mit einem Choral beschlossen, scharte man sich draußen um das Grab, wo die ganze Jugend, außergewöhnlicherweise, einen sorgfältig eingeübten Grabgesang mit gemäßigter Stimme sang. Jetzt ward der Sarg hinabgelassen; der Totengräber reichte den Kranz und die Blumen herauf, daß man sie aufbewahre, und der arme Sarg stand nun blank in der feuchten Tiefe. Der Gesang dauerte fort, aber alle Frauen schluchzten. Der letzte Sonnenstrahl leuchtete nun durch die Glasscheibe in das bleiche Gesicht, das darunter lag; das Gefühl, das ich jetzt empfand, war so seltsam, daß ich es nicht anders, als mit dem fremden und kalten Worte »objektiv« benennen kann, welches die Gelehrsamkeit erfunden hat. Ich glaube, die Glasscheibe tat es mir an, daß ich das Gut, was sie verschloß, gleich einem hinter Glas und Rahmen gebrachten Teil meiner Erfahrung, meines Lebens, in gehobener und feierlicher Stimmung, aber in vollkommener Ruhe begraben sah; noch heute weiß ich nicht, war es Stärke oder Schwäche, daß ich dies tragische und feierliche Ereignis viel eher genoß, als erduldete und mich beinahe des nun ernst werdenden Wechsels des Lebens freute.

Der Schieber wurde zugemacht; der Totengräber und sein Gehilfe stiegen herauf, und bald war der braune Hügel aufgebaut.

Achtes Kapitel

Auch Judith geht

Am anderen Tage, als der Schulmeister zu erkennen gab, daß er nun seinen Schmerz in der Einsamkeit allein mit seinem Gott überwinden wolle, schickte ich mich an, mit der Mutter nach der Stadt zurückzukehren. Vorher ging ich zur Judith und fand sie beschäftigt, ihre Bäume zu mustern, da die Zeit wieder gekommen war, wo man das Obst einsammelte. Der Herbstnebel traf gerade heute zum erstenmal ein und verschleierte schon den Baumgarten mit seinem silbernen Gewebe. Judith war ernst und etwas verlegen, als sie mich sah, da sie nicht recht wußte, wie sie sich zu dem traurigen Erlebnis stellen sollte.

Ich sagte aber ernsthaft, ich wäre gekommen, um Abschied von ihr zu nehmen, und zwar für immer; denn ich könnte sie nun nie wieder sehen. Sie erschrak und rief lächelnd, das werde nicht so unwiderruflich feststehen; sie war bei diesem Lächeln so erbleicht und doch so freundlich, daß der Zauber mich beinahe umkehrte, wie man einen Handschuh umkehrt. Doch ich bezwang mich und fuhr fort: daß es ferner nicht so gehen könne, daß ich Anna von Kindheit auf gern gehabt, daß sie mich bis zu ihrem Tode wahrhaft geliebt und meiner Treue versichert gewesen sei. Treue und Glauben müßten aber in der Welt sein, an etwas Sicheres müßte man sich halten, und ich betrachte es nicht nur für meine Pflicht, sondern auch als ein schönes Glück, in dem Andenken der Verstorbenen, im Hinblick auf unsere gemeinsame Unsterblichkeit, einen so klaren und lieblichen Stern für das ganze Leben zu haben, nach dem sich alle meine Handlungen richten könnten.

Als Judith diese Worte hörte, erschrak sie noch mehr und wurde zugleich schmerzlich berührt. Es waren wieder von den Worten, von denen sie behauptete, daß niemals jemand zu ihr solche gesagt habe. Heftig ging sie unter den Bäumen umher und sagte dann: »Ich habe geglaubt, daß du mich wenigstens auch etwas liebtest!«

»Gerade deswegen«, erwiderte ich, »weil ich wohl fühle, daß ich an dir hange, muß ein Ende gemacht werden!«

»Nein, gerade deswegen mußt du erst anfangen, mich recht und ganz zu lieben!«

»Das wäre eine schöne Wirtschaft!« rief ich, »was soll dann aus Anna werden?«

»Anna ist tot!«

»Nein! Sie ist nicht tot, ich werde sie wiedersehen, und ich kann doch nicht einen ganzen Harem von Frauen für die Ewigkeit ansammeln!«

Bitter lachend stand Judith vor mir still und sagte:

»Das wäre allerdings komisch! Aber wissen wir denn, ob es eigentlich eine Ewigkeit gibt?«

»So oder so«, erwiderte ich, »gibt es eine, und wenn es nur diejenige des Gedankens und der Wahrheit wäre! Ja, wenn das tote Mädchen für immer in das Nichts hingeschwunden und sich gänzlich aufgelöst hätte, bis auf den Namen, so wäre dies erst ein rechter Grund, der armen Abwesenden Treue und Glauben zu halten! Ich habe es gelobt, und nichts soll mich in meinem Vorsatz wankend machen!«

»Nichts!« rief Judith, »o du närrischer Gesell! Willst du in ein Kloster gehen? Du siehst mir darnach aus! Aber wir wollen über diese heikle Sache nicht ferner streiten; ich habe nicht gewünscht, daß du nach der traurigen Begebenheit sogleich zu mir kommest, und habe dich nicht erwartet. Geh nach der Stadt und halte dich ein halbes Jahr still und ruhig, und dann wirst du schon sehen, was sich ferner begeben wird!«

»Ich seh' es jetzt schon«, erwiderte ich, »du wirst mich nie wieder sehen und sprechen, dies schwöre ich hiermit bei Gott und allem, was heilig ist, bei dem besseren Teil meiner selbst und –«

»Halt inne!« rief Judith ängstlich und legte mir die Hand auf den Mund; »du würdest es sicher noch einmal bereuen, dir selbst eine so grausame Schlinge gelegt zu haben! Welche Teufelei steckt in den Köpfen dieser Menschen! Und dazu behaupten sie und machen sich selber weis, daß sie nach ihrem Herzen handeln. Fühlst du denn gar nicht, daß ein Herz seine wahre Ehre nur darin finden kann, zu lieben, wo es geliebt wird, wenn es dies kann? Du kannst es und tust es heimlich doch, und somit wäre alles in der Ordnung! Sobald du mich nicht mehr leiden magst, sobald die Jahre uns sonst auseinander führen, sollst du mich ganz und für immer verlassen und vergessen, ich will dies über mich nehmen; aber nur jetzt verlaß mich und zwinge dich nicht, mich zu verlasen; dies allein tut mir weh, und es würde mich wahrhaft unglücklich machen, allein um unserer Dummheit willen nicht einmal ein oder zwei Jahre noch glücklich sein zu dürfen!«

»Diese zwei Jahre«, sagte ich, »müssen und werden auch so vorübergehen, und gerade dann werden wir beide glücklicher sein, wenn wir jetzt scheiden; es ist nun gerade noch die höchste Zeit, es ohne spätere Reue zu tun. Und wenn ich dir es deutsch heraussagen soll, so wisse, daß ich mir auch *dein* Andenken, was immer ein Andenken der Verirrung für mich sein wird, doch noch so rein als möglich retten und erhalten möchte, und das kann nur durch ein rasches Scheiden in diesem Augenblicke geschehen. Du sagst und beklagst es, daß du nie teil gehabt an der edleren und höheren Hälfte der Liebe! Welche bessere Gelegenheit kannst du ergreifen, als wenn du aus Liebe mir freiwillig erleichterst, deiner mit Achtung und Liebe zu gedenken und zugleich der Verstorbenen treu zu sein? Wirst du dich dadurch nicht an jener tieferen Art der Liebe beteiligen?«

»O alles Luft und Schall!« rief Judith, »ich habe nichts gesagt, ich will nichts gesagt haben! Ich will nicht deine Achtung, ich will dich selbst haben, solange ich kann!«

Sie suchte meine beiden Hände zu fassen, ergriff dieselben, und während ich sie ihr vergeblich zu entziehen mich bemühte, indes sie mir ganz flehentlich in die Augen sah, fuhr sie mit leidenschaftlichem Tone fort:

»O liebster Heinrich! Geh nach der Stadt, aber versprich mir, dich nicht selbst zu binden und zu zwingen durch solche schreckliche Schwüre und Gelübde! Laß dich –«

Ich wollte sie unterbrechen, aber sie verhinderte mich am Reden und überflügelte mich:

»Laß es gehen, wie es will, sag' ich dir! Auch an mich darfst du dich nicht binden, du sollst frei sein, wie der Wind! Gefällt es dir –«

Aber ich ließ Judith nicht ausreden, sondern riß mich los und rief:

»Nie werd' ich dich wieder sehen, so gewiß ich ehrlich zu bleiben hoffe! Judith! leb' wohl!«

Ich eilte davon, sah mich aber noch einmal um, wie von einer starken Gewalt gezwungen, und sah sie in ihrer Rede unterbrochen dastehen, die Hände noch ausgestreckt von dem Losreißen der meinigen und überrascht, kummervoll und beleidigt zugleich mir nachschauend, ohne ein Wort hervorzubringen, bis mir der von der Sonne durchwirkte Nebel ihr Bild verschleierte.

Eine Stunde später saß ich mit meiner Mutter auf einem Gefährt, und einer der Söhne des Oheims führte uns nach der Stadt. Ich blieb den ganzen Winter allein und ohne allen Umgang; meine Mappen und mein Handwerkszeug mochte ich kaum ansehen, da es mich immer an den unglücklichen Römer erinnerte und ich mir kaum ein Recht zu haben schien, das, was er mich gelehrt, fortzubilden und anzuwenden. Manchmal machte ich den Versuch, eine neue und eigene Art zu erfinden, wobei sich aber sogleich herausstellte, daß ich selbst das Urteil und die Mittel, die ich dazu verwandte, nur Römern verdankte. Dagegen las ich fort und fort, vom Morgen bis zum Abend und tief in die Nacht hinein. Ich las immer deutsche Bücher und auf die seltsamste Weise. Jeden Abend nahm ich mir vor, den nächsten Morgen, und jeden Morgen, den nächsten Mittag die Bücher beiseite zu werfen und an meine Arbeit zu gehen; aber die Stunden stahlen sich fort, indem ich die Buchseiten umschlug, ich vergaß sie buchstäblich; die Tage, Wochen und Monate vergingen so sachte und heimtückisch, als ob sie, leise sich drängend, sich selbst entwendeten und zu meiner fortwährenden Beunruhigung lachend verschwänden.

Jedoch brachte der Frühling eine kräftige Erlösung aus diesem unbehaglichen Zustande; ich hatte nun das achtzehnte Jahr überschritten, war militärpflichtig geworden und mußte mich am festgesetzten Tage in der Kaserne einfinden, um die kleinen Geheimnisse der Vaterlandsverteidigung zu lernen. Ich stieß auf ein summendes Gewimmel von vielen hundert jungen Leuten aus allen Ständen, welche jedoch bald von einer Gruppe grimmiger Kriegsleute zur Stille gebracht, abgeteilt und während vieler Stunden als ungefüger Rohstoff hin und her geschoben wurden, bis sie das Brauchbare zusammengestellt hatten. Als sodann die Übungen begannen und die Abteilungen zum erstenmal unter den einzelnen Vorgesetzten, welches vielumhergeratene Soldatennaturen waren, zusammenkamen, wurde mir, der ich nichts bedacht hatte, unter Gelächter mein langes Haar dicht am Kopfe weggeschnitten. Aber ich legte es mit dem größten Vergnügen auf den Altar des Vaterlandes und fühlte behaglich die frische Luft um meinen geschorenen Kopf wehen. Jetzt mußten wir aber auch die Hände darstrecken, ob sie gewaschen und die Nägel ordentlich beschnitten seien, und nun war die Reihe an manchem biederen Handarbeiter, sich geräuschvoll belehren zu lassen. Dann gab man uns ein kleines Büchelchen, das erste einer ganzen Reihe, in welchem Pflichten und Haltung des angehenden Soldaten in wunderlichen Sätzen als Fragen und Antworten deutlich gedruckt und numeriert waren. Jeder Regel war aber eine kurze Begründung beigefügt, und wenn auch manchmal diese in den Satz der Regel, die Regel aber hintennach in die Begründung hineingeraten war, so lernten wir doch alle jedes Wort andächtig auswendig und setzten eine Ehre darein, das Pensum ohne Stottern herzusagen. Endlich verging der Rest des ersten Tages über den Bemühungen, von neuem stehen und einige Schritte gehen zu lernen, was unter dem Wechsel von Mut und Niedergeschlagenheit sich vollendete.

Es galt nun, sich einer eisernen Ordnung zu fügen und sich jeder Pünktlichkeit zu befleißen; obgleich dies mich aus meiner vollkommenen Freiheit und Selbstherrlichkeit herausriß, so empfand ich doch einen wahren Durst, mich der Strenge hinzugeben, so komisch auch ihre nächsten kleinen Zwecke waren, und als ich einige Male nahe an der Strafe hinstreifte, und zwar nur aus Versehen, überkam mich ein wahrhaftes Schamgefühl vor den Kameraden, welche sich ihrerseits ganz ähnlich verhielten.

Als wir soweit waren, mit Ehren über die Straße zu marschieren, zogen wir jeden Tag auf den Exerzierplatz, welcher im Freien lag und von einer Landstraße durchschnitten wurde. Eines Tages, als ich mitten in einem Gliede von etwa fünfzehn Mann nach dem Kommando des Instruktors, der unermüdlich rückwärts vor uns herging, schreiend und mit den Händen das Tempo schlagend, so schon stundenlang den weiten Platz nach allen Richtungen durchmessen hatte, kamen wir plötzlich dicht an die Landstraße zu stehen und machten dort Halt und Front gegen dieselbe. Der Exerziermeister, welcher hinter der Front stand, ließ uns eine Weile regungslos verharren, um einige Ausstellungen an unseren Gliedmaßen anzubringen. Während er hinter unserm Rücken lärmte und schalt, soweit es ihm Gesetz und Sitte nur immer erlaubten, und wir so mit dem Gesichte gegen die Straße gewendet ihm zuhörten, kam ein großer, mit vier Pferden bespannter Wagen angefahren, wie die Auswanderer ihn herzurichten pflegen, welche sich nach den Seehäfen begeben. Dieser Wagen war mit ansehnlichem Gute beladen und schien mehreren Familien zu dienen, die nach Amerika zogen. Kräftige Männer gingen neben den Pferden, vier oder fünf Frauen saßen auf dem Wagen unter einem bequemen

Zeltdache, nebst mehreren Kindern und selbst einem Greise. Aber diesen Leuten hatte sich Judith angeschlossen; denn ich entdeckte sie, als ich zufällig hinsah, hoch und schön unter den Frauen, mit Reisekleidern angetan. Ich erschrak heftig und das Herz schlug mir gewaltig, während ich mich nicht regen noch rühren durfte. Judith, welche im Vorüberfahren, wie mir schien, mit finsterem Blicke auf die Soldatenreihe sah, erschaute mich mitten in derselben und streckte sogleich die Hände nach mir aus. Aber im gleichen Augenblicke kommandierte unser Tyrann »Kehrt euch!« und führte uns wie ein Besessener im Geschwindschritte ganz an das entgegengesetzte Ende des weiten Platzes. Ich lief immer mit, die Arme vorschriftsmäßig längs des Leibes angeschlossen, »die Daumen auswärts gekehrt«, ohne mir was ansehen zu lasen, obgleich ich heftig bewegt war; denn in diesem Augenblicke war es mir, als ob sich mir das Herz in der Brust drehen wollte. Als wir endlich das Gesicht wieder der Straße zuwandten, nach den maßgebenden Zickzackgedanken im Gehirne des Führers, verschwand der Wagen eben in weiter Ferne.

Glücklicherweise ging man nun auseinander, und indem ich mich sogleich entfernte und die Einsamkeit suchte, fühlte ich, daß jetzt der erste Teil meines Lebens abgeschlossen sei und ein anderer beginne.

Neuntes Kapitel

Das Pergamentlein

Wie lange ist es her, seit ich das Vorstehende geschrieben habe. Ich bin kaum derselbe Mensch, meine Handschrift hat sich längst verändert, und doch ist mir zu Mut, als führe ich jetzt fort zu schreiben, wo ich gestern stehen blieb. Dem unveränderlichen Lebenszuschauer sind Stern und Unstern gleich kurzweilig, und er zahlt seinen wechselnden Platz unbesehen mit Tagen und Jahren, bis seine fliehende Münze zu Ende geht.

Der Wendepunkt, welcher mit dem Entschwinden der ersten Jugendzeit und der Judith unvermerkt genaht war, zeigte sich in der Notwendigkeit, meine Kunstübungen nunmehr einem Abschluß entgegenzuführen. Es galt, jenen Weg in die weite Welt anzutreten, nach welcher so viele tausend Jünglinge täglich ausfahren, von denen so mancher nie mehr wiederkommt. Diese alltägliche Angelegenheit war meinesteils so beschaffen, daß ich für eine beschränkte Zeit ohne Nahrungssorgen noch dem Lernen obliegen konnte, mit der Aussicht jedoch auf einen bestimmten Tag, an welchem ich auf mir selber zu stehen hatte.

Eine von Vaterseite vor Jahren mir zugefallene geringe Erbsumme lag nach gesetzlichen Vorschriften in der Verwaltung des Oheims, welcher mir zum Vormunde bestellt war, obgleich er sich selten in meine Sachen mischte. Da fragliches Geld aber den Aufenthalt an der Künstlerschule ermöglichen sollte, die ich in herkömmlicher Weise gewählt, so war eine vormundschaftliche Verhandlung nötig, um dasselbe flüssig machen und aufbrauchen zu dürfen. Der Fall war im ländlichen Heimatorte ganz neu, und niemand vermochte sich zu erinnern, daß jemals die schlichten Landmänner der Waisenbehörde darüber zu Gericht gesessen seien, ob ein junger Musensohn sein Vermögen zusammenpacken und aus dem Lande fahren dürfe, um es buchstäblich zu verzehren. Dagegen hatten sie seit einiger Zeit das lebendige Beispiel eines Menschen unter sich, der dieses Geschäft ohne ihr Zutun verrichtet hatte und der Schlangenfresser genannt wurde. An entfernten Orten unter dem Schutze leichtsinniger und unwissender Eltern aufgewachsen, hatte er gleich mir ein Maler werden wollen und sich in Sammetröcken und engen Beinkleidern, mit langen Locken und Sporen an den Füßen auf Akademien herumgetrieben, bis das Gut und die Eltern verschwunden waren. Dann schien er noch jahrelang mit einer Gitarre auf dem Rücken sich beholfen zu haben, ohne jedoch auch auf diesem Instrumente etwas Ordentliches vorbringen zu können, bis er unlängst als ein alternder Mensch in das Dorf heimgeschoben und in das Armenhäuslein gesteckt wurde, wo ein Dutzend alter Weiber, Idioten und ausgeglühte Lebenskünstler der untersten Ordnung zusammenhausten und zuweilen schrien und lärmten, als ob sie im Fegefeuer säßen. Seine Vergangenheit war wie eine dunkle Sage. Niemand wußte etwas Bestimmtes davon, ob er jemals Talent besessen und etwas gekonnt habe oder nicht, und er selbst schien auch keine Erinnerung daran mehr zu besitzen. Keine Äußerung oder Handlung verriet, daß er einst unter gebildeten Menschen gewesen und einer Kunst obgelegen, außer wenn er gelegentlich sich rühmte, daß er einmal schöne Kleider getragen habe. Seine einzige Geschicklichkeit bestand darin, sich auf tausend Wegen einen Schluck Branntwein zu verschaffen und Schlangen zu fangen, die er wie Aale briet und schmauste; auch machte er sich auf den Winter einen Topf voll Blindschleichen ein, als ob es Neunaugen wären, und schleppte denselben aus einer Ecke in die andere, um den Schatz vor den Nachstellungen seiner Hausgenossen zu sichern, die im Punkte des Eigennutzes nicht harmloser waren, als die Lebensvirtuosen höheren Ranges.

Wie nun ein einziger Unhold dieser Art eine ganze Gegend verwüsten und alle Herzen gegen das Musenzeug aufbringen kann, so war auch mir der Schlangenfresser nicht zur guten Stunde im Dorfe aufgetaucht, als ich mich jetzt einfand, um der besagten Verhandlung beizuwohnen. Er erschien mir selbst wie ein böser Dämon, da ich am Wege eine große vorjährige Distel, die aussah, wie der Tod von Ypern, ins Büchlein zeichnete und der Kerl, zwei tote Schlangen an einer Gerte über der Schulter tragend, einen Augenblick stillstand, mir zusah, grinste und kopfschüttelnd weiterging, als ob ihm etwas Kurioses durch die Erinnerung liefe. Er trug einen langen zerlöcherten Rock von ehmals rostbrauner Farbe, bis oben zugeknöpft, an den nackten Beinen Pantoffeln, die mit verblichenen Rosen gestickt waren, und auf dem Kopfe eine österreichische Soldatenmütze; ich seh' ihn noch heute davonschlurfen.

Dieses Gespenst rumorte offenbar in den Köpfen der drei oder vier Gemeindevorsteher, welche als Waisenamt um einen Tisch versammelt saßen und meine Person mit vorsichtiger Neugier einen Augenblick betrachteten; denn der Oheim hatte für gut befunden, mich selbst einzuführen und vorzustellen, damit ich im Notfall seinen Vortrag ergänzen und näher beleuchten möge. Die Männer schienen mir aber Gesichter zu machen wie solche, die eine unliebsame Sache halb und halb kommen sahen und nun sagen: da haben wir's! Sie mochten wohl mit Verwunderung beobachtet haben, wie ich schon seit Jahren allsommerlich Feld und Wald durchstreifte und da oder dort den weißen Leinwandschirm aufspannte, ohne daß ihre Gemarkung dadurch zu besonderem Rufe zu gelangen schien oder fremde Reisende kamen, das merkwürdige Land aufzusuchen. Die Frage, ob ich bei dem lustigen Handwerk eigentlich etwas verdiene und mein Brot erwerbe, hatten sie einstweilen auf sich beruhen lassen, da niemand etwas von ihnen verlangte; jetzt kam der Handel an den Tag.

Sie benahmen sich zwar anfänglich sehr zurückhaltend, als der Oheim die Sache dargelegt und erklärt hatte. Keiner mochte zuerst einen Mangel an Verstand und Einsicht beurkunden oder sich als einen unbescheidenen Verächter dessen zeigen, was ihm unbekannt war. Nichtsdestoweniger prägten sie sich deutlich ein, daß ein rundes Stück Vermögen, das jetzt so sicher in der Schirmlade lag, wie Lazarus in Abrahams Schoß, binnen einer gegebenen Zeit tatsächlich verschwinden sollte. Schnell stellte sich jeder, nach seiner eigenen Lage und Persönlichkeit, vor, zu was ein solches Geld nützlich wäre. Der eine hätte eine Wiese gekauft, als Erbstück für Kind und Kindeskind, eine Wiese, die einige Stücke Vieh nährte; der andere warf sein Auge auf eine Kammer Rebenlandes an vorzüglicher Lage, wo auch im schlimmsten Falle noch ein trinkbarer Wein wuchs; der dritte kaufte in Gedanken dem Nachbar ein Wegrecht ab, welches seinen Feldbesitz der Länge nach durchschnitt, und der vierte endlich vermutete, er würde den betreffenden Werttitel, welcher ein altes Pergamentlein war, als ein gutes Zinsstück, desgleichen man nie weggeben sollte, einfach behalten. Indem sie dergestalt ihre Maßstäbe an die unsichtbare Sache legten, für welche ich die Wiese, den Weinberg, das Wegrecht und das Pergamentlein hingeben wollte, stellte jene sich immer sichtbarer dar, aber als ein nichtiger Nebel, ein ungreifbarer Dunst, und der älteste gewann den Mut, seine Bedenken mit einem trockenen Hüsteln verziert zu äußern. Ihm folgte einer um den andern.

Es scheine doch, hieß es, nicht ratsam, das einzige und wenige, was man besitze und sicher in der Hand habe, an ein Ungewisses zu tauschen, da es keineswegs verbürgt sei, daß ich meinen Zweck erreichen und das Gewünschte wirklich erlernen werde. Für diesen Fall wäre es vielleicht klüger, jetzt schon anzunehmen, ich besäße das Geld nicht, und mir sonstwie zu behelfen. Dann würde es für Tage der Krankheit, der Not oder Verarmung einst plötzlich willkommen sein und mit Vorsicht verwendet werden können.

Man habe auch etwa gehört, daß bedeutende Gelehrte oder Künstler, von frühsten Jahren an in die Welt gestellt, sich durch ihren Arbeitsfleiß haben ernähren und ihre Kunst dabei zugleich erlernen und groß machen müssen, ja daß gerade die dadurch angewöhnte unablässige Tätigkeit und Emsigkeit solchen Leuten ihr Leben lang zustatten gekommen und sie das Größte habe erringen lassen. Dies Lied hörte ich nun zum zweitenmal in meinem kurzen Leben, und es gefiel mir noch immer nicht.

Die Männer, welche also verhandelten, saßen um einen runden Tisch herum und hatten ihr Glas dünnen säuerlichen Weines vor sich stehen; ich dagegen, als der Gegenstand der Beratung, saß allein an einem langen Tische, dessen Ende sich in der Gegend der Türe im Halbdunkel verlor. In dieser Dämmerung hockte der Schlangenmann; der sich unbemerkt hereingeschlichen hatte, während ich mich oben im helleren Lichte befand, ein Fläschchen dunkelroten Weines vor mir. Das war freilich ein großer Taktfehler, obgleich er der Gemeindewirtin zur Last fiel, die mir den Wein vorgesetzt und die ich abzuweisen nicht besonnen genug war. Der Oheim, der bei den Vorstehern saß, trank von dem nämlichen Weine, eines kleinen Magenleidens wegen, wie er den Bauern sagte.

Einer der letztern, der sein Stückchen Weißbrot wie Marzipan behandelte und die auf den Tisch gefallenen Krümchen mit dem Handbissen so sorglich auftupfte, als ob es Goldstaub wäre, fuhr nun fort:

Er verstehe nichts von der Sache, aber allerdings schiene es ihm auch zweckmäßiger gewesen zu sein, wenn der junge Mann, statt sich auf das kleine Erbe zu verlassen, die Jahre her, da er bei der Mutter gelebt, sich auf den Erwerb eingeübt und auf die bequemlichste Weise der Welt diejenige Summe zusammengespart hätte, deren er nun bedürfe. So wäre nun bereits für die Zukunft gesorgt; denn wer sich bei guter Zeit angewöhnt habe, an den kommenden Tag zu denken und keine Arbeit ohne Hinblick auf ihren Wert zu verrichten, der könne von dieser Gewohnheit gar nicht mehr lassen und wisse sich überall zu helfen, wie ein Soldat im Felde. Das sei auch eine gute Kunst, die je früher je besser erlernt werde; er möchte deshalb geradezu raten, daß ich mich frischen Mutes mit einem bescheidenen Reisegelde und dem Vorsatze auf den Weg mache, mich jetzt schon durch die Welt zu bringen. Ich werde doch wohl die ganzen Jahre her irgend etwelche Fertigkeiten erworben haben, oder ob dies nicht der Fall sei?

Auf diese Frage, welche ebenso richtig wie unrichtig gestellt war, wendete sich alles und blickte nach mir herüber. Der Schlangenfresser war aus seiner Dämmerung allmählich in meine Nähe gerutscht und belauerte aufmerksam meinen Wein und die Verhandlung zugleich; so wurden wir auch alle drei, der rote Wein, der Schlangenfresser und ich, ins Auge gefaßt, und ich fühlte, daß ich so rot wurde, wie der Wein, als eine vielsagende Stille eintrat. Das wackere Getränke zeugte gegen meine Bescheidenheit und Sparsamkeit, der Genosse an meiner Seite gegen meine Lebenspläne, und zwar so laut, daß niemand für nötig hielt, ein Wort hinzuzufügen.

Es blieb deshalb, nachdem der Eindringling hinausgeschickt worden, noch ein gutes Weilchen still, bis der Oheim das Wort ergriff, um das festgefahrene Schifflein wieder flott zu machen. Man könne das nicht so nehmen, wie die Herren Vorsteher meinen, sagte er; das wäre, wie wenn ein Bauer sein Scheffel Korn, anstatt es zur Aussaat zu verwenden, aufbewahren wollte, bis eine Hungersnot käme, und dazwischen bei andern Leuten auf Tagelohn ginge. Zeit sei bekanntlich auch Geld, und es wäre nicht wohlgetan, einen jungen Menschen zu zwingen, jahrelang sich mühselig durchzuschleppen, um das zu erlernen, was er in kürzerer Zeit erreichen könne mit frischem Einsatz eines kleinen Erbgutes. Auf dieses sei man nicht planlos verfallen, sondern man habe von Anfang an darauf gerechnet, es zur rechten Zeit zu verwenden; übrigens möge man den Neffen selbst auch hören und derselbe vorbringen, was er etwa zu bemerken wisse.

Der Vorsitzende gab mir hierauf das Wort, mit welchem ich, halb schüchtern, halb empört, einige Prahlereien zustande brachte. Die Zeit sei längst vorbei, da die Kunst mit dem Handwerk verbunden gewesen und der Scholare von Stadt zu Stadt habe wandern können wie jeder andere Handwerksgesell. Es gebe jetzo kein solches stufenweises Nacheinander mehr, sondern mit einem einzigen wohlvorbereiteten Erstlingswerke müsse sich der Anfänger auf eigene Füße stellen. Das sei aber nur möglich an einem Kunstorte; dort finde man nicht nur die nötigen Vorbilder für alle Arten der Kunstübung, sondern auch den lehrreichen Wetteifer vieler Mitstrebenden, endlich aber zugleich die Anerkennung des zu Leistenden, den Markt für geschaffene Werke und die Pforte des Wohlergehens für die Zukunft. An dieser Pforte sinke nieder und gehe unter, wer nicht berufen sei, die hehre Flamme des Genius nicht in sich trage, wie zum Beispiel der arme Schlangenspeiser, der vorhin da gesehen worden. Die andern aber schreiten kühn hindurch und gelangen rasch zu Wohlstand und Ehre, so daß es noch die Bescheideneren unter ihnen seien, welchen bald der Verkaufspreis eines einzigen Werkes die aufgewendeten Kosten ersetze, den Wertbetrag einer Wiese, eines Weinberges oder Ackerstückes erreiche!

Wie es das Schicksal des guten Landvolkes ist, daß es in seiner Gläubigkeit immer wieder den großen Worten zuversichtlicher Menschen unterliegt, so wurden auch die Männer durch meine Reden unsicher, wenn nicht etwa gar gelangweilt. Es fand abermals eine kurze Pause statt, während welcher das Gehörte lakonisch beräuspert wurde, worauf der Obmann unversehens sagte, er wolle gewärtigen, ob der Oheim als Vormund auf seinem Antrage beharre; denn am Ende liege es in dessen Befugnis und sei er auch der Mann dazu, ein maßgebendes Wort zu sprechen. Der Oheim bestätigte nochmals seine Meinung mit dem Beifügen: Fort müsse ich, das sei notwendig; allein weder sei vorgesehen worden, noch eigne ich mich dazu, wie die Dinge ständen, ohne Mittel auf die Wanderschaft zu gehen und ohne weiteres sofort mein Brot zu suchen. Wären die Mittel nicht da und ich überhaupt ganz verwaist und ohne Freunde, so würde ich mich, das traue er mir zu, frischen Mutes dem Schicksal unterziehen; ohne Not aber zwinge man zu so etwas einen unvorbereiteten Jüngling nicht.

Auf die Umfrage des Vorsitzenden erwiderten die anderen Vorsteher, sie hätten ihre Ansicht nach ihrem Sachverstande geäußert und fühlten sich nicht gedrungen, einen besondern Widerstand zu leisten, zumalen man gern auf Begabung, Fleiß und tugendhafte Führung des in Rede stehenden Herren Vögtlings vertrauen wolle, der freilich, wenn er die Pforte des Wohlergehens zu durchschreiten gedenke, sich vor der Hand abgewöhnen müsse, gleich vom besseren Wein zu trinken, wo er absitze.

Während ich diese Andeutung verschluckte, wurde über die Herausgabe des kleinen Vogtgutes Beschluß gefaßt, derselbe zu Protokoll gebracht und von meinem Oheim mit unterschrieben.

Die Schirmlade, in welcher die Wertschriften der unter Vormundschaft Stehenden aufbewahrt wurden, befand sich anderer Geschäfte wegen bereits zur Stelle, und die Behörde erklärte, es sei am besten, das Stück jetzt gleich herauszunehmen, so sei man dieser Angelegenheit hoffentlich für immer enthoben.

Der hölzerne, mit drei Schlössern versehene Kasten wurde auf den Tisch gestellt und geöffnet, indem der Vorsitzende, der Säckelmeister und der Schreiber, jeder einen Schlüssel aus der Tasche zog, in das entsprechende Loch steckte und bedächtig umdrehte. Der Deckel ging auf, und da lag nun an einem Häuflein das Vermögen der Witwen und Waisen, gleich einer kleinen Schafherde in der Ecke zusammengedrängt, wie es das Tragen und Rütteln des Kastens gefügt hatte. »Es ist schon viel Schicksal durch diese Lade gegangen!« sagte der Schreiber, als er die Überschriften der verschiedenen Pakete zu lesen begann; es bezogen sich nicht alle auf Frauen und Minderjährige, auch die Vermögensteile von gefangenen, verschwenderischen oder geisteskranken Männern waren dabei. Endlich stieß er auf ein kleines Wesen, las »Lee, Heinrich, Rudolfen sel.« und reichte es dem Vorsitzenden. Dieser enthüllte ein gebräuntes altes Pergament, an welchem ein halbzerbröckeltes Siegel von grauem Wachse hing. Er legte sein messingenes Brillengeschirr um das Haupt und entfaltete das ehrwürdige Schriftstück, dasselbe weit von sich abhaltend. »Dem Landschreiber, der die Gült ausgefertigt hat, tun die Zähne auch nicht mehr weh!« bemerkte er, »sie ist von Martini 1539 datiert, ein gutes altes Wertstück.« Zugleich richtete er einen ernsten Blick auf mich, der ihm jedoch durch die Brille, die nur zum Lesen gut war, ganz nebelhaft erscheinen mußte.

»Seit dreihundert Jahren«, fuhr er fort, »ist dieser ehrwürdige Brief von Geschlecht zu Geschlecht gegangen und hat immer fünf von hundert Zinsen getragen!«

»Wenn wir sie nur hätten«, warf mein Oheim lachend ein, um die abermals auf mich gerichtete Aufmerksamkeit zu stören; »mein Neffe besitzt das Brieflein ja erst seit etwa zehn Jahren, und vor nicht vierzig Jahren noch gehörte es dem Kloster, dessen Abt es zur Zeit der Revolution verkaufte. Man kann überhaupt nicht auf solche Weise rechnen; es ist ebenso unrichtig, wie wenn man immer sagt, diese drei Greise sind zusammen zweihundertsiebzig Jahre oder jene zwei Eheleutchen einhundertsechzig Jahre alt! Nein, jene Greise sind alle drei zusammen nur neunzig Jahre alt, Mann und Frau achtzig, da es genau dieselben Jahre sind, die sie verlebt haben. So vertut der junge Künstler hier nicht die Zinsen von drei Jahrhunderten, wenn er das Brieflein verkauft, sondern nur den einfachen Betrag desselben!«

Das wußten die Männer freilich wohl; weil aber jeder von ihnen auf seinem Hofe solche uralte unablösliche Schuldverpflichtungen hatte und sich selbst als den Bezahler aller der ewigen Zinsen betrachtete, so hielten sie die nehmende Hand der wechselnden Gläubiger für etwas ebenso Unsterbliches und legten dem betreffenden Instrumente einen geheimnisvollen höhern Wert bei, als ihm zukam. So fiel endlich das Wichtigkeitsgefühl der Verhandlung auch auf mich nieder und beengte mir den Sinn. Ich sah mich als Gegenstand ernster Anrede und rechtlichen Verfahrens, leidend und verantwortlich zugleich, ohne daß ich etwas begangen hatte oder zu begehen willens war, nach meiner Ansicht, und strebte mit verdoppeltem Eifer, aus der unfreien Lage hinauszukommen. »Sie wissen den Teufel, was Freiheit heißt!« singt der Student von den Philistern, nicht merkend, daß er selber erst auf dem Wege ist, es zu lernen.

Zehntes Kapitel

Der Schädel

Das alte Pergament war nun an einen Sammler solcher Stücke mit einigem Vorteil verkauft worden und die Zeit gekommen, wo die Abreise wirklich vor der Türe stand. Am letzten Tage des Monats April, welcher auf den Sonnabend fiel, packte ich die mitzuführenden Habseligkeiten zusammen, was in unserer Wohnstube einen niegesehenen Auftritt gab und meine Mutter in Aufregung setzte. Eine große Mappe mit den zweifelhaften Früchten meiner bisherigen Tätigkeit lehnte schon in Wachstuch gewickelt an der Wand, zu einigem

Troste wenigstens von bedeutendem Gewicht; mitten im Gemache aber stand der geöffnete Koffer, eine kleine Arche von Tannenholz. Auf dem Boden derselben hatte ich bereits eingeschichtet, was ich an Büchern mitnehmen wollte, und mit ihnen auch ein festes Verlies für einen Totenschädel gebaut, damit er sicher auf dem Grunde verwahrt sei. Dieser Schädel diente seit einiger Zeit zur Zierde meiner Arbeitskammer, sowie auch zum angehenden Studium der menschlichen Gestalt, das für einmal freilich gleich mit dem Unterkiefer ein Ende genommen hatte, so daß ich vorläufig bloß die verschiedenen Kopfknochen zu benennen wußte. Ich hatte den Überrest in der Ecke eines Friedhofes bemerkt, wo ihn der Totengräber seiner Wohlerhaltenheit wegen hingelegt haben mochte; denn es war der Schädel eines jungen Mannes und wies noch alle Zähne auf. In der Nähe lag ein beseitigter alter Grabstein, der vor ungefähr achtzig Jahren errichtet worden mit der Inschrift auf einen dazumal verstorbenen Albertus Zwiehan. Obgleich es keineswegs erwiesen war, daß der Schädel diesem Zwiehan angehört hatte, nahm ich das doch für ein Faktum, weil sich laut der handschriftlichen Familienchronik eines benachbarten Hauses die wunderlichste kleine Geschichte mit jenem Namen verband.

Es handelte sich, soviel entwirrbar ist, um den Bastardsohn eines Zwiehans, der lange Jahre in Asien zugebracht hatte und dort verstorben war. Die holländische Person, mit welcher er den Sohn gezeugt, besaß aber von einem verschollenen Menschen noch einen anderen unehelichen Knaben, namens Hieronymus, den sie mehr liebte, als den jungen Zwiehan, und aus Liebe zu ihr und von ihr überredet, adoptierte er diesen andern Knaben in rechtlicher Form an Kindesstatt, während er hinwieder verabsäumte, das Weib nachträglich zu ehelichen und sein eigenes Kind zu Ehren zu ziehen. Der adoptierte Bastard aber entfernte sich, als er größer geworden, aus dem Hause und verscholl gleich seinem eigenen natürlichen Vater spurlos, und als endlich der alte Zwiehan und seine Beihälterin bald nacheinander das Zeitliche segneten, befand sich der erblos gebliebene Sohn Albertus allein bei dem herrenlosen Hause und Gute und zögerte nicht, sich auf geschickte Weise an Stelle des allein erbberechtigten Adoptivsohnes zu setzen, von dem erworbenen Vermögen des

Alten zusammenzuraffen, was er konnte, und die asiatische Kolonie rasch zu verlasen, um die alte Heimat seines Vaters aufzusuchen.

Da er einst geträumt hatte, sein Halbbruder sei im Meere untergegangen, und fest an seine Träume glaubte, so tat er alles dies nicht gerade mit bösem Gewissen, obgleich er schlau genug war, in der alten Vaterstadt, die ihn noch nie gesehen, sein eigenes Dasein zu verschweigen und sich auf Grund der mitgebrachten Papiere für den andern auszugeben. Er kaufte sich ein geräumiges Haus mit einem stillen freundlichen Garten, in welchem er gar anständig auf und nieder spazierte. Hier wurde er freilich von den Nachbarn neugierig beobachtet, aber ohne daß er es bemerkte, und erst nachdem er sich ordentlich eingerichtet hatte, begann die Nachbarschaft sich zu beleben, wie wenn auf einer Insel für die dorthin verschlagenen Reisenden allmählich die Eingeborenen zum Vorschein kommen. Durch Geschäftsleute wurde es ruchbar, daß der neue Ankömmling ansehnliche Bezüge und Geldanlagen mache, welche auf geregelten Verhältnissen beruhen. So wurde er denn auf der Straße hie und da schon zutraulich gegrüßt, und jenseits der Gasse, welche er bewohnte, belebte sich mehr als ein Fenster, wenn er sich an dem seinigen blicken ließ, um nach dem Wetter zu sehen. In einem schmalen Erker saß den ganzen Tag, mit dem Rücken gegen die Straße gewendet, ein junges Frauenzimmer am Spinnrad, ohne umzuschauen, und er konnte ihr Gesicht nie entdecken. So vergaffte er sich, da er schon seines leidenschaftlichen Ursprungs wegen verliebter Natur war, einstweilen in den zierlichen Rücken der Spinnerin und in die anmutig geneigte Haltung ihres Kopfes. Als er aber eines Tages, hierüber nachdenkend, auf der andern Seite seines Hauses im Garten weilte, hörte er unversehens von einer weiblichen Stimme den Namen Cornelia rufen, auf welchen im Nachbargarten eine andere Stimme antwortete. Das wiederholte sich mehrmals während der nächsten Tage, so daß Albertus Zwiehan den Rücken der Spinnerin vergaß und sich in den schönen Namen der unsichtbaren Cornelia verliebte. Denn sie war hinter einer Wand von Jasminbüschen verborgen. Wie erstaunte er aber, als diese plötzlich sich auseinander bogen und eine weibliche Gestalt auf das Zwiehansche Gebiet herübertrat, durch ein bisher unbemerktes Gittertürchen. Das Haus, zu welchem der jenseitige

Garten gehörte, lag nämlich nicht an der gleichen Straße, sondern auf einer andern Seite des ganzen Straßenviertels, und es haftete an beiden Häusern von altersher das Recht des Durchganges durch Gärten, Höfe und Hausflüre, zu gewissen Zwecken und Tageszeiten.

Es war ein nicht eben schönes, aber mit lachenden Augen begabtes längliches Wesen, das vor dem Überraschten stand und ihn von der bestehenden Servitut unterrichtete, als die Nachbarin seine Unwissenheit bemerkte. Auch er müsse einen Schlüssel zu dem Pförtchen besitzen, sagte sie ihm; er holte einen Kasten mit allerlei alten Schlüsseln herbei und fand mit ihrer Hilfe richtig denjenigen heraus, welcher in das Schloß paßte. Wie sie so mit spitzen weißen Fingern sich bemühte, betrachtete er mit Wohlgefallen den mägerlichen Wuchs, der durch sehr knappes Gewand fast einen Eindruck von geschmeidiger Fülle machte. Jetzt aber, indem sie ihn mit seinem Namen grüßte und ihm den ihrigen nannte, der auf jenes wohlklingende Cornelia hinauslief, gab sie ihr Anliegen kund. Sie beanspruchte höflich das Recht, von dem reich mit Wasser versehenen Brunnen in seinem Hofe eine bewegliche Leitung nach ihrer Waschküche anzulegen, um für die vorzunehmende große Halbjahrwäsche das Hauptelement zu gewinnen, gemäß dem verbrieften Herkommen. Da Albertus ebenso höflich bat, sich ganz nach Bequemlichkeit einzurichten, eilten alsbald auf ein Zeichen der Cornelia mehrere Waschfrauen herbei mit hölzernen und blechernen Rinnen und Röhren, fügten sie zusammen und stellten einen schwebenden Aquäduktum her, mit welchem sie wieder im Gebüsche verschwanden, aus dem sie hervorgebrochen waren. Auch die Cornelia schlüpfte hindurch, nachdem sie sich verneigt hatte, und Herr Zwiehan stand einsam an dem Gerinnsel seines schönen Brunnenwassers und wünschte, mit hinüber gehen zu können. Am andern Tage jedoch erschienen abermals die Wäscherinnen, brachen die Wasserleitung ab und machten einer großen schweren Frau Platz, welche sich jetzt durch das Pförtchen arbeitete. Sie gewährte eine tröstliche Vorstellung davon, wie stattlich dünne Fräuleins mit der Zeit bei guter Nahrung werden können; denn sie gab sich als die Frau Mutter der bewußten Cornelia zu erkennen, welche sich nicht getraue, schon wieder den Herrn Nachbar mit einer Unbequemlichkeit zu belästigen. Es sei nämlich zweifelhaft, ob die Sonne den ganzen Tag scheine, und darum wünschenswert, die Wäsche in einem Mal zu trocknen, was hinwieder ermöglicht würde durch die Erlaubnis, einen Teil derselben in dem Zwiehanschen Garten und Hof aufzuhängen. Es sei dies in früheren Jahren auch etwa geschehen, obwohl nicht zu einer Servitut erwachsen, wie das Wasserleitungsrecht, und also komme sie selbst pflichtschuldig, um die freundliche Vergünstigung anzufragen. Mit großem Vergnügen entsprach Albertus Zwiehan sofort dem Ansuchen, worauf die Frau sich dankend zurückzog und dafür das Fräulein an der Spitze einiger Waschkörbe aus den Jasminbüschen hervortrat, sie selbst das auf eine Kurbel gewickelte Trockenseil tragend. Dieses an den vorhandenen Pfosten, Haken und Baumästen anzubinden reichte jedoch ihre Körperlänge nicht überall aus, so sehr sie sich auch auf die Zehen stellte, und so ergab es sich von selbst, daß Albertus aushalf und das Seil im Zickzack herumführte und festmachte, Cornelia aber dasselbe hinter ihm her trug und abhaspelte. Sie bewegte sich dabei mit viel Anmut und Lieblichkeit, und der junge Mann wurde darüber so eifrig und warm, daß er hie und da eine Levkoje oder Nelke zertrat. Als es nun ans Aufhängen der Wäsche ging, blieb er in unmännlicher Weise im Garten und war wiederum behilflich, die Körbe zu schleppen und andere Handreichung zu tun. Das Fräulein bemerkte freundlich, daß sie ihre eigene und beste Leibgewandung herüber gebracht und das ältere Zeug jenseits gelassen habe, um auf dem fremden Gebiete nicht allzu schofel zu erscheinen. Der ganze Raum füllte sich also mit ihren Hemden, Strümpfen, Busentüchern und Nachthäubchen, und da eine frische Brise aufging, begann das blütenweiße Zeug so mutwillig zu flattern, daß alle Hände zu tun bekamen, das lustige Segelwerk festzuhalten.

In großer Aufregung zog er sich nach getaner Arbeit in seine Zimmer zurück, von deren Fenstern aus er unablässig den inhaltreichen Garten bewachte. Niemand war jetzt dort und alles still; nur die wie von Luftdämonen beseelten Weiberhülsen säuselten sachte hin und her; bis ein Windstoß sie plötzlich emporwirbelte, die langen weißen Strümpfe gleich Geisterbeinen um sich stießen und schon ein losgerissenes Häubchen wie ein kleiner Luftballon über das Dach wegstieg. Da eilte Albertus Zwiehan besorgt wieder hinunter, um zu retten, was ihm bereits näher zu liegen dünkte, als die eigene Haut. Er schlug sich tapfer mit dem Winde herum; allein die Strümpfe schlugen ihm an die Ohren, die Hemden flatterten um seinen Kopf und verhüllten ihm die Augen, und er wurde mit der wilden Leinwand nicht fertig, bis die lachenden Frauen herbeikamen und die Wäsche zusammenrafften.

Einige Tage später wurde er von den Nachbarinnen förmlich zum Kaffee eingeladen, um den Dank für seine Gefälligkeit zu empfangen. Zum erstenmal betrat er den jenseitigen Garten und fand den Tisch in einem offenen Sälchen gedeckt, das hinter der Jasminwand verborgen war. Die alte und die junge Dame beflissen sich auf das freundlichste um ihn, und nachher mußte er noch in ihre Wohnung hinaufsteigen und sich mit einem kleinen Nachtmahl bewirten lassen. Natürlich erwiderte er solche Höflichkeiten und lud die Nachbarinnen seinerseits zu einer Gastlichkeit ein, so gut er diese mit Hilfe einer alten Küchenmagd aufzubieten vermochte; kurz, es entstand ohne weiteren Verzug ein häufiger Verkehr, und das Fräulein sowohl wie Albertus Zwiehan trugen den Schlüssel zum Durchgangstürchen beständig bei sich. Bald ließ die Mutter ihre Tochter allein mit dem Fremden, und sie verloren sich in hundert trauliche Gespräche; Cornelia fragte nach allem, was Albertus je erlebt oder ihn sonst betraf; er dagegen fühlte sich durch diese Neugierde und Teilnahme geehrt und beglückt und vertraute ihr alles, um ihre Freundschaft zu erwidern und gewissermaßen sich ganz hinzugeben, ohne allen Rückhalt, sein Herkommen, seinen Besitzstand und sein letztes Geheimnis, das letztere einzig mit der Abweichung, daß sein verschollener Halbbruder wirklich ertrunken sei, statt nur in einem Traume.

Die neue Freundschaft verfehlte nicht, ruchbar und als eine bereits abgeschlossene oder wenigstens bevorstehende Verlobung angesehen zu werden. Das bewiesen dem Verliebten einige nicht unterschriebene Briefe, die er nacheinander erhielt und die ihn vor der Verbindung warnten, welche er einzugehen im Begriffe stehe.

Die beiden Frauenzimmer, hieß es, seien nur scheinbar in guten Umständen; in Wirklichkeit hätten sie nichts oder nicht viel mehr, als einen großen Fleiß im Geldborgen, das sie allerdings aus dem Grunde verständen. Sie wüßten es allerwärts so einzurichten, daß man nicht davon spreche, indem sie sich immer edeldenkende und verschwiegene Opfer aussuchten, auch im Notfall hie und da etwas zurückzahlten auf Kosten dritter Leute; allein die Sache sei dennoch ein öffentliches Geheimnis, und man könne nicht zusehen, wie ein so ausgezeichneter Mitbürger, dem die besten Häuser sich auftäten, in sein Verderben renne. Denn wo eine Untugend hause, sei die zweite und dritte nicht weit, und der Geldmangel sei aller Sünden Angel. Mehr wolle man nicht andeuten.

Als Albertus diese Briefe gelesen, wurde er weder betrübt noch zornig, sondern fröhlichen Herzens, weil er sie für Ausflüsse des Neides hielt und als ein Zeichen betrachtete, daß er nur zuzugreifen brauche, da eine Heirat in der öffentlichen Meinung für so wahrscheinlich und nah bevorstehend galt. Von zärtlichem Mitleide bewegt, wünschte er einen angeblichen Notstand der beiden Frauen als wirklich bestehend herbei, um sich als Hilfespender recht weich in die Arme dankbarer Liebe betten zu können. Selbst für den Fall, daß jene in der Tat etwas viel Geld brauchen sollten, entwarf er sofort Pläne, seine Mittel nach Notdurft zu vermehren; er hatte ja ohnedies die Absicht, seine Kenntnis der östlichen Handelsbeziehungen zu verwerten und mit aller Bequemlichkeit und Vorsicht ein Haus zu gründen und eine seinen noch jungen Jahren angemessene Tätigkeit zu eröffnen. Von solchen Gedanken getrieben, schritt er aufgeregt in seiner Wohnstube umher und arbeitete gleichmäßig den Geschäftsplan und das glänzende Bild der Zukunft aus dem Rohen heraus, wobei ihn immer wärmer das Gefühl eines einflußreichen Beschützers und Retters, eines Beglückers und mächtigen Schöpfers aufschwellte. Um auf diesen Wogen einen Augenblick auszuruhen, stellte er sich an ein Fenster und sah zufällig, wie gegenüber die Spinnerin, die er ganz vergessen, in den Erker trat und ebenso zufällig ihn erblickte, ehe sie sich an ihr Rädchen setzte. Schon hatte sie, wie gewöhnlich, ihm wieder den Rücken zugekehrt, der ihm so wohlbekannt war, als sie nochmals umschaute und, mit einem langen Blick ihn betrachtend, das mysteriöse Gesicht nun voll und ruhig zeigte, das er vorhin nur wie einen Blitz hatte aufleuchten gesehen. Das Antlitz, fast herzförmig, endigte in ein feines kleines Kinn und schien eher wie eine Miniatur auf weißes Elfenbein gemalt als aus Fleisch und Blut zu bestehen; nur der Mund war rötlich wie ein geschlossenes Rosenknöspchen, das viel kleiner erschien, als die großen dunkeln Augen, und alles dies umgab fremdartig eine Hülle von Batistleinwand. Endlich wandte sie sich wieder ab und setzte ihr Rad in Gang; aber als ob sie spürte, daß die Augen des Nachbars an ihr hängen blieben, erhob sie sich und ging nach der dämmernden Tiefe des Zimmers. Dort öffnete sie die Türe und schritt einen von der Abendsonne durchleuchteten Korridor entlang, bis sie in der jenseitigen Dämmerung wie ein Geist verschwand.

Hiermit lösten sich auch seine vorhinigen Pläne und Luftschlösser in nichts auf, und Albertus hatte sie in diesem Augenblicke schon so vollständig vergessen, als ob statt einiger Minuten hundert Jahre verflossen wären. Er stand und starrte hinüber, wo der Abendschein im Hintergrunde allmählich verblich und die Dämmerung das Zimmer füllte, bis es völlig dunkel war, wie die Stube, in welcher er selber weilte. Nur der Blick jener geheimnisvollen Augen leuchtete noch in seinem Gehirne fort, und zwar auch während des nächtlichen Schlafes, bis der Morgenstern am Himmel glänzte, dessen Licht seine Augenlider berührt haben mochte; denn er sah es unmittelbar, als er aufwachte. Ihm hatte soeben geträumt, er sitze tief verborgen in dem Gartensälchen der Cornelia zwischen dieser und der unbekannten Spinnerin, die jedoch wie jene seine angetraute Frau sei, und von beiden werde er geliebkost, während er um jede von ihnen einen Arm geschlungen hielt. Das schien ihm eine sehr annnehmbare und preiswürdige Sachlage zu sein, und er hielt sich dabei so still wie die Luft und die reglosen Jasmingebüsche, als plötzlich die Unbekannte sich erhob und ihm mit einem unaussprechlich lieblichen Blicke zuwinkte, ihr zu folgen. Allein die Cornelia umklammerte ihn so fest, daß er sich nicht zu bewegen vermochte und sehen mußte, wie jene durch einen unendlich langen Baumgang fortschwebte, ein helles Licht in der Hand tragend, welches im Vorübereilen einen Baum nach dem andern beglänzte und wieder im Dunkeln ließ. Zuletzt verschwand sie in der blauen Nacht, in der das Licht allein hängen blieb und das eben der Morgenstern oder Luzifer war, den er beim Erwachen erblickte. Voll unerträglicher Sehnsucht mochte er kaum die schickliche Zeit abwarten, um sich endlich näher nach der Unbekannten zu erkundigen und einen Zugang zu ihr zu finden. Sonderbarerweise ergriff er zu allererst den Schlüssel des cornelianischen Nachbarpförtchens, schlüpfte hindurch und machte den dortigen Frauen einen Morgenbesuch. Er traf sie am Packen einiger Koffer, da sie auf acht oder vierzehn Tage nach einem kleinen Badeort reisen wollten und die alte Mietkutsche, die sie jährlich dahin brachte, schon erwarteten. Als Zwiehan mit seinen Fragen nach der spinnenden Nachbarin begann, hielt Cornelia ein kleines Weilchen mit ihrer Arbeit inne und sah dem Frager, an einem Koffer kniend, stutzig ins Gesicht. »Das wird wohl die Afra Zigonia Mayluft sein!« sagte sie weniger erstaunt als überrascht; denn schon früher hatte sie sich gewundert, daß er die wunderlich schöne Person noch nicht zu kennen schien. Wie sie aber bemerkte, daß er die gehörten Namensworte mit glänzenden Augen wiederholte, unterbrach sie ihn mit der plötzlichen Einladung, sie und die Mutter nach dem Kurorte zu begleiten. Wenn er sich für das Frauenzimmer interessiere, fügte sie errötend hinzu, werde man ihm unterwegs weiteres mitteilen können, und überdies werde dasselbe, soviel man wisse, in wenigen Tagen auch in das Bad kommen, um mit Freunden zusammenzutreffen. Da habe er dann die beste Gelegenheit, die Schöne in freiem Verkehre zu sehen und kennen zu lernen. Unverzüglich rannte Albertus in seine Behausung zurück, einiges Gepäck zu holen, und eine Stunde später saß er bei den zwei Frauen im Reisewagen und vernahm nun, daß die Fräulein Afra Zigonia Mayluft eigentlich nicht in unserer Stadt gebürtig sei, sondern nur als eine verwaiste Verwandte sich seit einiger Zeit in dem betreffenden Nachbarhause aufhalte und im übrigen für eine Fromme und Heilige gelte, ja sogar bereits halb und halb der evangelischen Brüdergemeinde, die man die Herrenhuter nenne, angehören solle. Cornelia und ihre Mutter betrachteten hierauf Herrn Zwiehan genau, um die abschreckende Wirkung zu gewahren, welche sie von diesen Tatsachen erhofften. Aber er schaute nur umso träumerischer vor sich hin, in süßen Gedanken verloren; was er vernommen, schien ihm vielmehr die verlockende Aussicht zu eröffnen, sich an irgend einer unbekannten Glückseligkeit beteiligen zu können. In dem Badeort angelangt, zogen ihn daher seine Freundinnen, um ihn zu zerstreuen, sogleich in einen Kreis lustiger Badegäste, von welchen getrennt eine kleine Gruppe einfach gekleideter Männer und Frauen der Gesundheit pflegte. Immer wurde er andere

Wege geführt, als diejenigen, auf welchen diese Stillen in gemäßigten Gesprächen lustwandelten, und so kam es, daß, als eines Abends die sogenannte Afra Zigonia in der Tat angekommen war, er dieselbe erst entdeckte, als sie am andern Morgen früh mit zweien von den religiösen Personen in einen Reisewagen stieg. Er hatte kaum noch die gemessene, aber innige Freundlichkeit gesehen, mit welcher die Zurückbleibenden die in Reisekleider gehüllte Gestalt umgaben und begleitet hatten, als der Wagen auch schon davonrollte und bald aus dem Gesichte verschwand, während jene Zurückbleibenden mit andächtig zufriedener Miene an ihm vorübergingen wie Leute, die eine ihnen am Herzen liegende und teure Sache wohl verrichtet haben. »Nun ist das liebe Kind gut aufgehoben!« hörte er sagen, »nun geht sie ihrem Heil entgegen und wird bald in den Gärten des Herrn wandeln!«

Eine unaussprechliche Vorstellung überfiel ihn mit diesen Worten; er eilte beklemmten Herzens, seine Gönnerinnen aufzusuchen und sich nach der Bedeutung des soeben erlebten Vorganges zu erkundigen. Lächelnd teilten sie ihm mit, die Neuigkeit werde just überall besprochen: es heiße, die Afra Zigonia sei nach Sachsen verreist, um in die Brüdergemeinde zu Herrnhut aufgenommen zu werden und dort ihr Leben zu verbringen. »Das ist mein Traum!« sagte er sich; »sie wandelt mit dem Lichte durch die Nacht in den Morgenstern hinein, aber ich lasse mich nicht zurückhalten von dieser Cornelia, sondern folge ihr diesmal nach!« Mit verstellter Ruhe blieb er noch ein paar Tage in dem Bade; dann aber begab er sich ohne Abschied eines frühen Morgens nach Hause, übergab seine Vermögensangelegenheiten dem öffentlichen Notarius, das Haus der Köchin, auch versah er sich mit Geldmitteln und verschwand darauf aus der Stadt, seinem Traumbilde nachzujagen. Da ihm aber die geographischen Verhältnisse der abendländischen Welt nicht geläufig waren und er das Ziel seiner Reise niemandem verraten mochte, gelangte er erst nach einigen Irrfahrten in die Gegend von Herrnhut. Er umkreiste diese Niederlassung der Gottseligen immer näher, drang endlich hinein und bewarb sich um die Aufnahme in ihre Gemeinschaft. Weil er nun weder in seinem Äußern noch in seiner Sprache, weder in seinen Blicken noch in seinen Bewegungen irgend eine Verwandtschaft oder Kenntnis dessen verriet, was er erlangen zu wollen vorgab, und sich überhaupt als ein unbeholfener Himmelsbarbar darstellte, so wurde er befremdlich und verdächtig angesehen und nach einigen Fragen mit einer Ablehnung entlassen. Betrübt und unentschlossen stand er da und hatte sogar Tränen in den Augen wegen seiner vergeblichen Reise, als ein Chor lediger Frauen vorüberging, deren letzte die Afra Zigonia war. Als diese ihn erblickte, schien sie ihn zu erkennen oder sich zu besinnen, wo sie den Mann schon gesehen habe; denn sie stand einen Augenblick still, ihn aufmerksam betrachtend, was er sogleich benutzte, sich ihr demütig grüßend zu nähern und das Bekenntnis zu stammeln, daß er aus heftiger Liebe ihr gefolgt, aber mit seiner Bitte um Aufnahme als Bruder abgewiesen sei. Ebenso betroffen als mitleidig liebevoll, wie ihm schien, ließ sie ihr Auge auf ihm ruhen, wie von einem inneren Lichte sanft erglänzend, und sagte dann mit leiser und doch wohltönender Stimme, ihm sei mehr die Liebe zum Herrn und Erlöser als irdische Liebe vonnöten; aber er solle nicht verstoßen werden und möge einen oder zwei Tage noch im Gasthause warten. Hierauf grüßte sie ihn mit mildem Ernste und ging ihren Schwestern nach. Schon am nächsten Morgen wurde Albertus von einem der Vorsteher aufgesucht und nochmals abgehört und geprüft. Sei es nun, daß er durch die träumerischsüße Hoffnung, die ihn von neuem erfüllte, ein etwas andächtigeres Aussehen gewonnen, oder daß die Mayluftin einen so bedeutenden Einfluß übte: er wurde auf Probe zugelassen und der untersten Klasse von Neulingen beigestellt, immerhin in der Meinung, daß er sich nach Verlauf einiger Zeit dem Entscheide des Loses über seine endgültige Aufnahme zu unterwerfen habe, wie denn dieses Mittel in wichtigeren Angelegenheiten bekanntlich angewendet wurde, um dem unmittelbaren Kundgeben des göttlichen Willens Raum zu gestatten.

Er mußte nun auf die rechte Art lesen, beten, singen lernen, bescheiden, still und arbeitsam sein und vor allem über sein sündhaftes und elendiges Wesen nachdenken; da er aber von alledem inwendig nichts fühlte und nur an die, wie er glaubte, von ihm geliebte Afra dachte, so wurde ihm die Sache sehr schwierig, und er verriet sich täglich mit barbarischen Blicken und Worten. Die Geliebte bekam er nur von weitem in den gottesdienstlichen Versammlungen zu sehen, wo sie in den Reihen der Unvermählten saß, während er im Chore der ledigen Mannsbilder seufzte. Sie schien ihn aber jedesmal mit den Augen zu suchen und einen Augenblick zu betrachten, ob er noch da sei, immer mit jenem großen Kinderblick, der ihn zum erstenmal schon so plötzlich gerührt hatte. Dann faßte er stets wieder Mut und fuhr in seinem Werke der Heiligwerdung fort. Es gelang aber so kümmerlich, daß nach Verfluß einiger Monate, bevor man weitere Mühen an ihn verschwenden wollte, das Befragen des göttlichen Orakels wirklich angeordnet wurde. In feierlicher Versammlung, in welcher eine kleine Zahl ähnlicher Fälle entschieden werden sollte, beim Schimmer geheimnisvoller Kerzen kniete er abgesondert auf dem Boden, während Gebet und Gesang den Raum erfüllte, bis er an die Urne geführt wurde und in tiefer Stille sein Los zog. Dasselbe war ihm günstig und entschied für seinen Eintritt in eine etwas vorgerücktere Prüfungsklasse. Als er jetzt wieder in den Reihen der Genossen saß, war er so erschüttert, daß er das Singen und Beten versäumte, welches abermals begann, da nun ein angesehener und vielgereister Missionär an der Stelle kniete, welche Albertus Zwiehan vorhin innegehabt. Bei diesem Missionär handelte es sich darum, ob er eine afrikanische Station mit höchst ungesundem Klima übernehmen dürfe, wie er durchaus begehrte, oder ob er sich mit einer gesünderen Luft begnügen solle, wie die Gemeinde seiner etwas erschöpften Kräfte wegen verlangte. Das Orakel entsprach seinem Begehren, worauf er an den alten Ort zurückkehrte und abermals hinkniete; die Gesänge erschallten von neuem, und Albertus Zwiehan, der sich inzwischen etwas gesammelt, benutzte die wachsende Begeisterung, um den Anblick der Afra Zigonia Mayluft aufzusuchen, die er noch nicht gesehen. Er fand sie nicht an ihrem gewohnten Platze, weil sie still an der Seite des Sendboten kniete, wo das herumschweifende Auge Alberts sie unversehens entdeckte. Denn bei ihr handelte es sich darum, ob es im Willen der Vorsehung liege, daß sie jenem als Ehefrau in die heiße und rauhe Wüste hinaus folgen solle, oder ob ihre Person nicht vielmehr zu fein und zart, zu innerlich und vornehm hierfür beschaffen sei. Aber auch ihre Wünsche erfüllte das Los, als sie zur Urne geführt wurde, und wie sie nun mit dem Erwählten Hand in Hand zur sofortigen Verlobung schwebte, leuchteten ihre sonst so ruhigen Augen beinah um ein Weniges zu warm und zu hell für eine irdische Angelegenheit.

Mit offenem Munde und totenbleich saß Albertus, und nur seine Unfähigkeit, auch nur aufzuatmen oder zu seufzen, verhinderte, daß er eine Aufmerksamkeit erregte. Nachdem alles vorüber, schlich er lautlos auf sein Lager und brachte eine schreckliche Nacht zu; seine ungeschulte, unwissende Selbstsucht würgte ihm wie eine ringelnde Schlange fast das Herz ab; dazwischen sah er immer die Afra mit dem Missionär an der Hand davon schweben. Das war also das Licht, welches sie in jenem trügerischen Traume in der Hand getragen hatte! Ganz abgemattet und niedergeschlagen kam er andern Tages zum Vorschein, so daß er als zum Durchbruche reif erachtet wurde. Um ihn in eine erfrischende Bewegung und Tätigkeit zu versetzen, wurde er zum dienenden Gehilfen eines andern Missionsbeamten bestimmt, welcher auf dem Punkte war, die Niederlassungen in Grönland, Labrador und der Kalmückei, zu bereisen. Ohne jeglichen Widerstand ließ er sich dazu vorbereiten und fuhr mit seinem geistlichen Seelenmeister davon, ohne daß er die Afra wieder zu sehen bekommen hätte. Nur ein schön gebundenes, kleines, dickes Büchlein hatte sie ihm zum Andenken gesendet; es enthielt für jeden Tag im Jahr einen Spruch oder Gedicht und überdies war ein Stäbchen von Elfenbein zum prophetischen Zwischenstechen daran befestigt. Mit dem Büchlein in der Hand saß er einige Monate später eines Tages an einem grönländischen Seestrande in der Nähe von St. Jan; schwächlicher Sonnenschein beleuchtete die Gewässer, aus denen hie und da ein Seehund emportauchte. In dieser schläfrigen Lage stach er von ungefähr in das Buch; denn er war von der Arbeit in Magazin und Schreibstube ein wenig ermüdet, und träumte noch so hin, als er eine wunderliche Liederstrophe las:

In einem Gärtlein, wo du weißt,
Da blüht der Seelen Paradeis,
Da bad't im Brunn' der heilig Geist
Die Taubenflüglein silberweiß.
Da riecht der himmlische Jasmin,
Die Seel' spazieret süß erbaut
In Zimmetröslein her und hin,
Da küßt der Bräutigam die Braut.

Durch die letzteren Zeilen wurde er zuerst halb und dann ganz munter; plötzlich sah er den Garten hinter seinem Hause und in demselben die schlanke Nachbarin Cornelia durch die Jasminbüsche schlüpfen, und obgleich das Büchlein, das er in der Hand hielt, schon seit manchem Jahre gedruckt war, hielt er doch den Liedervers sogleich für eine unmittelbare Eingebung oder vielmehr für einen durch die Afra wunderbar bewirkten Aufruf zur Heimkehr und Heirat mit der Cornelia, die ihm mit jedem Augenblicke, den er darüber nachdachte, wieder wünschenswerter erschien. Aber auch gegen Afra Zigonia empfand er, zum ersten Male seit dem Abenteuer des Losziehens, ein dankbares Wohlwollen, überzeugt, daß sie weiser sei, als er, und ihn schließlich auf den Weg geleitet habe, den er nie hätte verlassen sollen. Das sei der Sinn ihres Wegganges im Traume und des Lichtes, das sie ihm aufgesteckt. Er packte in der Nacht seine Habseligkeiten zusammen, lief seinem Vorgesetzten davon, fuhr mit einem Walfischfänger südwärts und strebte unaufhaltsam der Heimat zu, wo er an seinem Hause eines Abends anschellte, gerade als er die einst mitgenommene Barschaft gänzlich aufgezehrt hatte; denn er war jetzt schon im zehnten Monat von Hause abwesend. Er überlegte soeben, ob er, bei anbrechender Dämmerung, noch heute durch das Gartenpförtchen gehen und die verlassene Freundin wohltätig überraschen solle, als die Haustüre sich öffnete und ein fremdartiger Mensch vor ihm stand, ein blatternarbiger, gelbbrauner Mann mit gebogener Nase, starkem Schnurrbarte und runden Augen, der als Haustracht türkische Pantoffeln an den Füßen und eine lang herabhängende rote Kappe auf dem Kopfe trug, wie sie in den Ländern des mittelländischen Meeres und weiterhin häufig bei Seeleuten gesehen wird. Der fragte nach dem Begehren desjenigen, der geläutet habe.

»In mein Haus will ich!« antwortete dieser verwundert, »ich bin der Herr Hieronymus Zwiehan!«

»Der bin ich selbst«, sagte jener barsch und schlug die Türe zu.

Noch einige Minuten stand Albertus, bis ihm einfiel, er wolle den Notar aufsuchen, der wohl wissen werde, von welchem Insassen sein Haus besetzt sei. Allein der öffentliche Schreiber, der an seinem Abendessen gestört wurde, sah ihn groß an und rief: ob er sich endlich sehen lasse, nachdem er so lange nichts von sich habe hören lassen? (Denn damals gab es noch nicht die vielen Publikationsmittel, um einen unbekannt Abwesenden aufzurufen.) Im Hause sitze kein anderer, als der Adoptivsohn und einzige Erbe des verstorbenen Zwiehan, oder wenigstens einer, der sich gleichmäßig dafür ausgebe, wie Albertus, und ganz die gleichen Schriften besitze. Bereits habe die Mamsell Cornelia So-und-so, die man für die Verlobte des letzteren gehalten, gerichtlich bezeugt, daß sie von Albertus selbst auf dem Wege des Vertrauens das Geheimnis erfahren habe, wie er nicht sein Halbbruder, der ertrunkene Hieronymus, sondern der eigene natürliche Sohn des alten Zwiehans sei. Auf dieses Zeugnis hin habe man dem unvermutet angekommenen Hieronymus einstweilen den Aufenthalt in dem Hause gestattet; denn wenn es sich so verhalte, so sei nach hiesigem Erbrecht nicht der natürliche Sohn Albertus, sondern der Adoptivsohn rechtmäßiger Erbe, und jener könne gehen, wo er wolle, das heißt, insofern er nicht etwa wegen Fälschung des Familienstandes eingesperrt werde. Was er nun dazu sage? Albertus hatte zwar wenig Ursache mehr, auf seine Träume zu bauen; allein die grimmige Notwendigkeit zwang ihn, diesmal noch den Hieronymus für ertrunken zu halten; verwirrt und aufgebracht stotterte er, das sei alles nicht wahr und nicht möglich und werde sich leicht aufklären; aber der Notar zuckte die Achseln und ließ sich kaum herbei, dem Unglücklichen aus dem ihm anvertrauten Vermögen etwas Weniges an Geld zu verabreichen, damit er eine Herberge suchen konnte. In der Tat war der verschollen gewesene Bruder bald nach der Abreise des Albertus in Ostindien unversehens erschienen und den Spuren des letzteren nach der Schweiz gefolgt. Wo er die vielen Jahre sich umgetrieben, wurde nie völlig klar, unter der Hand aber behauptet, er sei bei den Piraten gewesen und habe einen ordentlichen Beutel voll Dukaten zusammengerafft.

Es kam nun zum gerichtlichen Austrag des Streites, welcher von den beiden Halbbrüdern und Bastarden der Adoptivsohn des leichtsinnigen toten Vaters sei. Jeder von ihnen hatte einen Advokaten, der sich um die zu erhoffende Beute tüchtig wehrte, und eine Zeitlang schien bei der Entfernung des ursprünglichen Schauplatzes und dem Mangel an Zeugen der Kampf inne zu stehen, bis der Advokat des Hieronymus, nach Anleitung der Cornelia, einige ältere Männer herbeibrachte, welche den alten Zwiehan in seinen jüngeren Jahren, vor der Zeit der Auswanderung, noch wohl gekannt hatten. Diese Männer bezeugten, daß Albertus der eigene Sohn des Alten sein müsse, weil er demselben ihrer deutlichen Erinnerung nach so ähnlich sehe, wie ein Ei dem andern, wodurch der Streit zu Gunsten des wahren Hieronymus entschieden und dieser in das ganze Erbe, wie Albertus es hergeschleppt hatte, eingesetzt, der letztere aber wegen seines betrüglichen Vorgebens, zwar mit Annahme mildernder Umstände, für ein Jahr ins Gefängnis geworfen wurde. So war Albertus Zwiehan um sein natürliches Recht gekommen und sah den Abkömmling eines wildfremden Abenteurers, der selbst ein solcher war, durch die Schuld seiner leiblichen Mutter in den Besitz des ganzen von seinem Vater erworbenen Vermögens gebracht, während er selbst ein Bettler geworden. Cornelia dagegen, deren schön klingender Name einst den einfältigen Albertus so bestochen hatte, vermählte sich unverzüglich mit dem Piraten, dessen mangelhafte und rauhe Sitten sie nicht abschreckten. Um den unglücklichen Albertus auch nach Verbüßung seiner Strafe noch weiter quälen zu können, beredete sie ihren Mann, ihn um Gotteswillen in das Haus aufzunehmen, was auch geschah. Er mußte nun die Arbeit eines Knechtes oder eher einer Magd verrichten; denn er besaß zunächst nicht einen Pfennig, mit welchem er hätte verreisen oder ein Geschäft beginnen können, und war daher genötigt, sich allem zu unterziehen. Unkraut jäten, Salat putzen, Wasser tragen ärgerten ihn weniger, als das Einrichten jener Wasserleitung und das Aufhängen der Wäsche, zu welchem ihn die Madame Cornelia Zwiehan regelmäßig mit boshaftem Lächeln anhielt. Eine Abwechslung gewährte ihm das Abschreiben der Familienchronik, welche im Besitze einer alten Frau von Zwiehanscher Abstammung war und dem Hieronymus Zwiehan geliehen wurde. Dieser, als der letzte nun legitime Stammhalter des früher nicht unbedeutenden Geschlechtes, wollte sich auf dem Wege der Abschrift seiner Vorfahren versichern, da die eigensinnige Alte das Dokument nicht abtrat. Er selbst verstand nicht deutlich zu schreiben, und die Cornelia, die sich ganz einem bequemen Wohlsein ergeben, weigerte sich, die Kopie anzufertigen.

Durch das Abschreiben lernte Albertus erst Ansehen und Würde der Familie kennen, aus welcher er abstammte und nun verstoßen war; denn nicht einmal seine Eigenschaft als illegitimer Abkömmling konnte er beweisen, weil hierfür nicht eine einzige Urkunde mehr vorhanden war. Durch die Unterdrückung seines wahren Familienstandes hatte der arme Tor sich selbst heimatlos gemacht, und die Ähnlichkeit mit seinem Vater, welche hingereicht, ihm das Erbe zu rauben, wurde nicht für genügend erachtet, ihm Namen und Bürgerrecht des Vaters zu verschaffen, weil hierüber kein Spruch und keine Notiz vorhanden war.

Um wenigstens eine Spur von seinem Dasein zu hinterlassen, schrieb er heimlich sein Schicksal in das Original der Aufzeichnungen hinein, wozu eine Reihe leer gebliebener Blätter genügenden Raum bot, und brachte das Buch nach beendigter Arbeit sofort jener Alten zurück. Sie las die eingeschaltete Geschichte mit aller Teilnahme, besonders da sie den neuen Stammhalter nicht leiden konnte, und als Albertus Zwiehan bald darauf aus Verdruß über den Verlust seines Daseins, ja seiner Person und Identität krank wurde und starb, ließ sie ihm einen Grabstein setzen und schrieb in die Chronik, mit ihm sei der letzte wirkliche Zwiehan begraben worden, und was allfällig in Zukunft noch unter diesem Namen herumlaufen werde, sei die Abkommenschaft eines landstreicherischen fremden Seeräubers.

Es war eine warme Sommernacht, als ich mich dazumal über die Kirchhofmauer schwang und den Schädel, den ich mir bei Anlaß eines Leichenbegängnisses gemerkt, abholte. Er lag in einem hohen grünen Unkraut, die Kinnlade daneben, und war inwendig von einem schwachen bläulichen Lichte erhellt, das leise durch die Augenhöhlen drang, wie wenn das leere Kopfhäuschen des Albertus Zwiehan, insofern es wirklich das seinige gewesen, noch von einstigen Traumgeistern bewohnt wäre. Zwei Glühwürmchen saßen nämlich darin, vielleicht in Hochzeitsgeschäften; ich nahm jedoch an, es seien die Seelen der Cornelia und der Afra, und steckte sie zu Hause in ein Fläschlein mit Weingeist, um ihnen endlich den Garaus zu machen; denn ich glaubte fest, auch die fromme Afra habe den unhaltbaren Menschen absichtlich mit ihrem Rücken angelockt und irregeführt.

Nachdem der Grund des Reisekastens, mit dem eingemauerten Totenkopfe, dermaßen gelegt war, kam die Mutter heran, um die neue Leibwäsche in gebührlicher Weise hineinzuschichten und mir die solchen Dingen zukommende Sorgfalt einzuprägen. Alles, was sie zum Vorschein brachte, hatte sie selbst gesponnen und weben lassen, eine Anzahl feinere Hemden noch in jungen Jahren; denn da der Anwachs des Hauses so früh abgebrochen worden, so waren die Vorräte ihres Fleißes zum guten Teile verschont geblieben, und ich nahm auch von diesem wiederum nur einen Teil mit, indessen die Mutter das übrige für meine, wie sie hoffte, rechtzeitige Rückkehr zur Erneuerung bereit hielt.

Dann kam ein Feiertagskleid, zum erstenmal in anständigem Schwarz; galt es ja nun, nicht durch Verletzung der Sitte vom Wege des guten Fortkommens abgedrängt zu werden; überdies glaubte die Mutter, daß ich durch den Besitz eines Sonntagskleides eher im Zusammenhange mit der göttlichen Weltordnung leben würde, wie sie sich auch nicht vorstellen mochte, daß ich in fremden Ländern einstmals Sonn- und Werktags im gleichen Rocke herumlaufen könnte. Sie wiederholte daher während des Packens die schon oft erteilten Ermahnungen über das Instandhalten der Kleider, wie mit einer einmaligen Vernachlässigung, einem kurzen Mißbrauche schon der frühe Untergang eines Stückes eingeleitet würde, und wie wenig ehrenhaft es sei, einen weggelegten Rock später aus Armut doch wieder anziehen zu müssen, anstatt ihn von Anfang an zu schonen und möglichst lang in einem ordentlichen Mittelstande zu erhalten. Hierdurch verschaffe man dem Schicksal genügenden Spielraum, sich zu wenden, während beim schnellen Ruinieren eines Kleides ja gar nichts Rechtes vorgehen könne, eh es abgetragen und verlöchert sei.

Nachdem endlich die übrigen Gewandstücke, sowie die Ausstattung an kurzer Ware hineingebreitet und allerlei Wertlosigkeiten des ärmlichen Bedürfnisses dazwischen gesteckt worden, schlossen wir den Koffer, und ein Mann schaffte die kleine Arche zur Post, mit welcher ich am nächsten Morgen abreisen sollte. Mit Schreck blickte die Mutter, die sich gesetzt hatte, auf den leeren Fleck des Stubenbodens, auf welchem der Kasten den ganzen Tag gestanden; auch die Mappen waren schon weggetragen und somit von allem, was mich anging, nur noch meine Person, und auch die bloß für eine kurze Nacht vorhanden. Aber die Mutter überließ sich nicht lange diesem Vorgefühl der

Einsamkeit, sondern raffte sich, da es Sonnabend war, nochmals auf, um die Stube in gewohnter resoluter Weise zu reinigen und nicht zu ruhen, bis alles getan war und die stille Sauberkeit der Sonntagsfrühe harrte.

Die stieg denn auch mit dem schönsten Maientag herauf, als ich bei dem ersten Morgengrauen erwacht und aus der Stadt auf eine benachbarte Anhöhe gelaufen war, nur um in meiner Ungeduld die Zeit zu verbringen und den letzten Blick auf die Heimat zu werfen. Ich stand unter den Vorbäumen des Waldes; hinter demselben lag der Osten mit dem erschimmernden Morgenrot; zugleich aber erglühten die obersten Spitzen, Kämme und Wände des Hochgebirges im Süden, die dem Osten zugekehrt waren, in ungewohnten Formen, da ich sie zufällig nie so gesehen. Abstürze und Klüfte, allmählich auch ganz hochliegende Gefilde und Ortschaften kamen zum Vorschein, von denen ich keine Vorstellung gehabt; und als endlich auch die alten Kirchen der mir zu Füßen liegenden Stadt durch irgend einen Bergeinschnitt östlich beglänzt wurden, dazu ein wolkenloser Äther sich über das Land ergoß und rings um mich her der Gesang der Vögel ertönte, da erschien mir diese Heimat so neu und fremdartig, als ob ich sie, statt sie zu verlassen, erst jetzt kennen zu lernen hätte. Es war einer jener Fälle, wo ein Altgewohntes, Naheliegendes erst in dem Augenblicke, in welchem wir uns von ihm wenden, einen unbekannten Reiz und Wert enthüllt und die schmerzliche Erfahrung unserer Flüchtigkeit und Beschränktheit wachruft. Hier reichte der bloße Umstand, die Sache einmal im wörtlichsten Sinne von der anderen Seite beleuchtet zu sehen, hin, mir den Abschied zu erschweren und ein Gefühl der Reue und Unsicherheit zu erwecken, ja mich den fruchtlosesten aller Vorsätze fassen zu lassen, ein fleißiger Frühaufsteher und Zeitbenutzer zu werden, wie wenn ich ein Ackersmann, Jäger oder Soldat wäre, die allerdings mit der ersten Morgenfrühe aufs Feld gehören. Als ein Zeugnis meines Vorsatzes und der besseren Pflichttreue hob ich das weiß und blau gestreifte Federchen eines Hähers vom Boden auf, welches die Farben unseres alten eidgenössischen Standes zeigte, und steckte es auf meine Sammetmütze. Damit eilte ich wieder in die Stadt hinunter, in deren Gassen jetzt die Morgensonne webte und die ersten Kirchenglocken erklangen. Während die Mutter das letzte Frühstück bereitete, machte ich den Umgang, mich bei den Hausgenossen zu verabschieden, welche die einzelnen Stockwerke als Mieter bewohnten.

Zu unterst hauste ein Spenglermeister, ein Bearbeiter jenes nützlichen Materials, das an sich fast wertlos, nur durch unendliches Schneiden, Klopfen und Löten etwas wird und nie zum zweiten Male gebraucht werden kann. Es beruht somit alles auf der zuwege gebrachten Form, mit welcher tausend hohle Räume umschlossen werden, und, da wegen des geringen Stoffes niemand viel Geld daran wenden will, auf einer von früh bis spät andauernden rastlosen Arbeit, damit durch die Menge des Gehämmerten ein bedürfnisgemäßer Ertrag ermöglicht wird. Hiedurch, sowie durch die stete Vorsicht, welche beim gefährlichen Anschlagen von Dachrinnen erforderlich ist, war der Meister ein etwas grämlicher Formalist geworden, der, streng gegen seine Gesellen, mit Frau und Kindern auch nicht freundlich tat. Aus mißtrauischer Bescheidenheit hatte er nie gewagt, etwa einen Verkaufsladen zu eröffnen und sein Geschäft auszudehnen, sondern beschränkte sich darauf, in seiner dunkeln Werkstatt, die in einer entlegenen Gasse lag, vom frühsten Morgen bis in die Nacht zu arbeiten, auch wenn seine Gesellen schon im Bette oder im Wirtshaus waren. Er bezahlte den Mietzins immer pünktlich und verhielt sich der Mutter gegenüber gut und geziemend; mich aber sah er mehr von der Seite an und behandelte mich abgemessen und trocken, weil er, wie ich längst bemerkt, mein bisher so freies und sorgenloses Leben, meinen Beruf, überhaupt alles, was ich tat, mißbilligte. Umso überraschter war ich, als er mich jetzt ganz aufgeräumt und freundschaftlich empfing und seine unverhoffte Heiterkeit durch ein frisch rasiertes Gesicht und sonntäglichen Anzug noch verklärt wurde, was ihn freilich nicht hinderte, einen kleinen Knaben durch eine Ohrfeige schnell zum Weinen zu bringen, der, beim Frühstück sitzend, noch mehr Milch verlangte. Gleich darauf begann auch ein Mädchen unterdrückt zu schluchzen, das er plötzlich am Zopf gezerrt, weil es sein Brot hatte auf die Erde fallen lassen. Nachdem auf einen strengen Blick des Mannes die Frau sich mit den Kindern in die Küche zurückgezogen, besprach er in heiterem Ton meine Reise, die Städte, welche ich sehen würde, die Wahrzeichen derselben, die ich besichtigen solle, und nannte mehrere, wie die Handwerksburschen auf der Wanderschaft sie sich zu überliefern pflegen, hier einen steinernen Mann, dort einen schiefen Turm, anderswo einen hölzernen Affen am Rathaus. Dann brachte er Speis und Trank zur Sprache, was hier oder dort gut zu trinken oder zu meiden sei, die leckeren Nationalgerichte, die er nie vergessen und auf die ich stoßen werde, je nach Landesart. Da möge ich mir nichts abgehen lassen.

Bedächtig schritt er unversehens zu seinem Schreibtisch, nahm ein Papierchen heraus, in welches ein Brabantertaler gewickelt war, und überreichte es mir als bescheidenes Reisegeschenk, wie er sagte, mit der Aufforderung, es mit guter Gesundheit fröhlich zu verzehren. Ich durfte es nach der Sitte nicht ablehnen, sondern behielt es mit höflichem Dank in der Hand und stieg eine Treppe höher. Später habe ich erst erfahren, welche Bewandtnis es mit seiner Freundlichkeit hatte. Er war so fröhlich und scheinbar wohlwollend, weil er der Überzeugung lebte, ich werde nun lernen, was Leben und Arbeiten sei, und in der Schicksalsschule, der ich so harmlos entgegenreiste, gehörig gemaßregelt werden; denn es war mit den nationalen Leckerbissen, die er auf der Wanderschaft genossen haben wollte, nicht weit her; Hunger und Durst hatte er gelitten und jegliche Not durchgemacht, nicht aus eigenem Verschulden, sondern aus Unstern. Sein heiterer Abschied war daher eine Art Verwünschung, die er mir auf den Weg gab, obgleich zu meinem Besten, wie er meinte.

Auf dem nächsten Stocke, den ich nun besuchte, wohnte ein kleiner Mechanikus, welcher mit allerlei volkstümlichen Genauigkeitswerkzeugen, wie Waagen, Maßstäben, Zirkeln, dann mit Kaffeemühlen, Waffeleisen, Äpfelschälmaschinen handelte, dergleichen auf Verlangen auch ausbesserte mit Hilfe eines alten Arbeiters. Zugleich aber bekleidete er das Amt eines Eichmeisters über einen Kreis, prüfte Maß und Gewicht und kerbte, schlug und schliff die Zeichen in die betreffenden Gegenstände. Vorzüglich mit den vielen Schenkwirten führte er einen beständigen Krieg, wenn sie mit allen Ränken und öfterem Wechsel ihres Glasgeschirres das Gesetz zu umgehen suchten. Nun trieb ihn die Leidenschaft, nicht nur darüber zu wachen, daß das Geschirr richtig geeicht sei, sondern auch darüber, daß es gehörig gefüllt werde, und er zog von einem Wirtshaus ins andere, um nachzusehen, wo das Getränke unter dem Strich blieb und die Gäste sich das gefallen ließen. Bei dieser Gelegenheit verlor er selbst das Maß und verfiel einem Trinken unzähliger halber Schöppchen, aus dem er sich nicht mehr losnesteln konnte, so genau und scharf er auch jedes einzelne betrachtete, bevor er es zu sich nahm. Noch unrasiert und im Werktagshabit wartete er jetzt auf seinen Morgenkaffee, welchen die Frau still bereitete; denn sie hielt mit ihren spitzigen Strafreden klug zurück, bis der letzte Rest der Weinlaune, aus welchem er noch Kraft zum Widerstande schöpfen konnte, abgestorben und nur noch die Schwäche übrig war, die sie jeden Tag nutzlos mit Worten zusammenhieb. Der Eichmeister goß in ein zylindrisches Gläschen, das zum Ausgleichen und Abwägen kleiner Mengen diente, etwas Kirschgeist, da die Frau aus Neid oder Bosheit sein letztes Kelchgläschen zerbrochen hatte.

Diese metrische Erquickung setzte er mir vor, während er sich selbst einen tüchtigen Schluck in ein größeres Glas schenkte als willkommenes Mittel, den Zustand seiner Wehrbarkeit etwas zu verlängern. Im ungekämmten Haare kratzend, sah er mich aus geröteten Augen blitzelnd an, seufzte und beklagte die Unsitte, sich den Sonntagmorgen immer durch das lange Sitzen in der Samstagsnacht zum voraus zu verderben. Dann sagte er:

»Ich bin Euerer Mutter, Herr Lee, noch den letzten Hauszins schuldig; es wäre daher nicht schicklich, wenn ich Euch ein noch so bescheidenes Reisegeschenk anbieten wollte. Dafür will ich Euch aber einen guten Rat auf den Weg geben, der Euch, insofern Ihr ihn befolget, nützlich sein wird. Haltet immer auf rechte Gesellschaft und einen fröhlichen Sinn; aber Ihr möget reich oder arm, beschäftigt oder müßig, geschickt oder ungeschickt sein, geht niemals am Tage ins Wirtshaus, sondern wartet den Abend ab! Das ist der Standpunkt eines gesitteten und gebildeten Mannes, was ich leider nicht mehr bin! Und auch am Abend gehet eher spät als früh; es gibt nichts, das so ehrbar und angenehm wäre, als der zuletzt erscheinende Gast, vorausgesetzt, daß er nicht aus andern Wirtshäusern kommt. Freilich kann nicht jeder nach dieser Ehre trachten, weil auch einer oder mehrere die Ersten sein müssen, andere die Mittleren u. s. w.; dann aber nehmt Euer beschiedenes Maß entschlossen zu Euch und brecht ebenso entschlossen wieder auf, oder wenigstens hockt nicht mit langweiligem Geschwätz vor leeren Gläsern; lieber lasset diese nochmals füllen, als daß Ihr dem Wirte auf so niederträchtige Art die Nacht stehlet, wie die Tagediebe dem Herrgott den Tag! Und nun will ich Euch zum guten Abschied noch eichen, daß Ihr in allen Dingen Maß haltet!«

Er holte ein längliches Futteral herbei, nahm aus demselben ein amtliches Urmaß, fein aus glänzendem Metalle gearbeitet, legte es mir an den Hals und sagte:

»Bis hier hinauf und nicht weiter dürfen Glück und Unglück, Freude und Kummer, Lust und Elend gehen und reichen! Mag's in der Brust stürmen und wogen, der Atem in der Kehle stocken! Der Kopf soll oben bleiben bis in den Tod!«

Da der blanke Metallstab sich kalt anfühlte, so hatte ich am Halse die Empfindung, wie wenn eine gebieterische Einwirkung in der Tat stattgefunden hätte, und ich wußte nicht, ob Torheit oder Weisheit aus dem Manne sprach. Auch lachte er gleich mir, als er sich zu seinem Frühstück setzte und ich meines Weges weiterging.

Nun kam ich an eine verschlossene Türe, was ich eigentlich hätte vermuten können. Dort wohnte nämlich ein unverheirateter kleiner Beamter, der jeden Sonntag, wenn das Wetter es irgend erlaubte, früh wegging und den ganzen Tag fortblieb, um ja nicht zu irgend einer unvorhergesehenen Verrichtung oder Arbeit geholt zu werden. So warf er auch jeden Tag, sobald es sechs Uhr schlug, die Feder weg und verließ das Lokal, mochte die Arbeit noch so dringend sein. Den Posten, den er bekleidete, verfluchte er unablässig, obgleich er ihm jahrelang nachgelaufen war und fast kniefällig darum angehalten hatte. Er nannte sich ein Opfer »enttäuschter Grundsätze« und besuchte nur solche Gesellschaften, wo seine Vorgesetzten geschmäht wurden, und er verbreitete dort die Meinung, daß er nicht an bessere Stellen befördert werde, weil er den Rücken nicht zu beugen verstehe. Der eigentliche Grund seines Sitzenbleibens war freilich die Unfähigkeit, etwas Besseres zu leisten, wie er ja schon durch seine Redeblume der »enttäuschten Grundsätze« bewies, daß ihm die Kenntnis des richtigen Sprachgebrauchs fehlte. Trotz aller Unzufriedenheit hing er aber wie eine Klette an seinem Posten und wäre mit Feuerhaken nicht von demselben loszureißen gewesen; denn er gewährte ihm, wenn auch kein glänzendes, so doch ein sicheres und gemächliches Auskommen. Auch hütete er sich, da seine Trägheit eine vorsätzliche war und er es in diesem Punkte halten konnte, wie er wollte, er hütete sich vorsichtig, unter die Linie hinabzugehen, wo er weggeschickt worden wäre, wogegen er sich aus periodischen Verweisen und Aufmunterungen nichts machte. Ich liebte diesen Hausgenossen umso weniger, als er zuweilen ein stiller Vorwurf für mich war, trotz seines keineswegs mustergültigen Charakters; denn meine Mutter hatte, im Hinblick auf sein sorgloses und geruhiges Leben, schon mehr als einmal die schüchterne Frage aufgeworfen, ob es doch nicht vielleicht besser gewesen wäre, wenn wir, dem Rate jenes Magistraten folgend, eine solche Laufbahn gewählt hätten, auf der ein so dummer Mensch so behaglich einherwandle, während ich in die weite Welt müsse und nicht wisse, wie es mir ergehen werde. Ich hatte mich aber begnügt, auf die miserable Figur hinzuweisen, die ein solcher Kerl mache, der nichts Höheres kenne und nichts erfahren habe. Als ich nun vor der Türe stand, an welcher ein artiges Messingplättchen seinen Namen und den Titel seines Ämtchens zeigte, hörte ich im Innern den Pendelschlag der Wanduhr langsam und friedlich hin und her gehen. Es herrschte eine so tiefe Stille und Ruhe in dem Gemach, daß die Uhr sich der Abwesenheit des unzufriedenen Gesellen förmlich zu freuen schien. An dem Türpfosten lehnend, horchte ich eine Weile dem eintönig vielsagenden Liede der Zeitmesserin, die niemals denselben Augenblick zweimal mißt. Ich hörte wohl etwas heraus, aber nicht das Rechte, weil ich jung war, und stürmte endlich in unsere eigene Wohnung hinauf.

Dort harrte die Mutter mit der letzten kleinen gemeinsamen Mahlzeit, die sie bereitet; die nächste sollte sie nun allein verzehren. Die Morgensonne erfüllte das Gemach mit ihrem Scheine, und ich betrachtete, als wir einsilbig am Tische saßen, durch die Stille wie befremdet, die schlichten weißen Vorhänge, das alte Wandgetäfer, das Hausgeräte, wie wenn ich alles dies nie wieder sehen sollte. Das Frühstück war etwas reichlicher als gewöhnlich bedacht, hauptsächlich damit ich nicht in den nächsten Stunden schon hungrig zu werden und Geld auszugeben brauchte, aber auch weil die Mutter sich mit dem Reste den übrigen Tag hindurch nähren und heute für sich allein nicht mehr kochen wollte. Als sie das beiläufig sagte, ward ich ganz betreten und wollte erwidern, sie müsse das ja nicht tun, wenn ich nicht eine traurige Vorstellung mit mir nehmen sollte. Allein ich brachte kein Wort hervor, an dergleichen Äußerungen nicht gewöhnt, indessen die Mutter nach Worten suchte, um diejenigen letzten Ermahnungen an mich zu richten, die sonst einem Vater obliegen. Da sie aber die Welt nicht kannte, noch die Tätigkeiten und Lebensarten, denen ich entgegenging, und doch wohl fühlte, daß etwas nicht richtig sei in meinen Geschichten und Hoffnungen, ohne daß sie nachweisen konnte, worin es lag, so beschränkte sie sich schließlich auf den kurzen Zuspruch, ich solle Gott nie vergessen. Dieses Allgemeine, welches freilich alles umfaßte und ausdrückte, was sie mir hätte sagen können, weil ich ein ungebrochenes theistisches Glauben und Fühlen in mir trug, nahm ich mit dem Schweigen entgegen, das von selbst eine Bejahung ist. Und da zugleich die Kirchenglocken einfielen und eine um die andere rasch zusammenklangen, so blieb jenes Wort das letzte zwischen uns gesprochene; denn die Minute war da, wo ich aufzubrechen hatte. Ich sprang auf, nahm Mantel und Tasche und gab der Mutter die Hand zum Lebewohl. Unter der Stubentüre, als sie mich begleiten wollte, drängte ich sie sanft zurück, zog die Türe zu und eilte allein auf die Post, von wo ich bald darauf in einem der schweren mit fünf Pferden bespannten Eilwagen saß, die jeden Morgen im Trabe die steilen, schlecht gepflasterten Gassen der Bergstadt hinunter rasselten.

Etwa fünf Stunden später fuhr ich über eine lange hölzerne Brükke. Als ich mich aus dem Schlage bog, sah ich einen starken Strom unter mir daherziehen, dessen an sich klargrünes Wasser, das junge Buchenlaub, das die Uferhänge bedeckte, sowie die tiefe Bläue des Maihimmels vermischt widerstrahlend, in einem so wunderbaren Blaugrün heraufleuchtete, daß der Anblick mich wie ein Zauber befiel und erst, als die Erscheinung rasch wieder verschwand und es hieß: »Das war der Rhein!« mir das Herz mit starken Schlägen pochte. Denn ich befand mich auf deutschem Boden und hatte von jetzt an das Recht und die Pflicht, die Sprache der Bücher zu reden, aus denen meine Jugend sich herangebildet hatte und meine liebsten

Träume gestiegen waren. Daß es nicht in meinem Erinnern leben konnte, ich sei nur von einem Gau des alten Alemanniens in den andern hinüber, aus dem alten Schwaben in das alte Schwaben gegangen, dafür hatte der Lauf der Geschichte gesorgt, und darum war mir das herrliche Funkeln der grünblauen Flamme des Rheinwassers wie der Geistergruß eines geheimnisvollen Zauberreiches gewesen, das ich betreten.

Ich sollte freilich auf unerwartete Weise aus solchen Träumen geweckt und meine Weiterreise zur seltsamsten Pönitenzfahrt werden, die je einer gemacht. Denn bei der ersten Wechselstelle der nachbarländischen Post lag auch die Zollstätte mit dem fürstlichen Kronwappen, und während das Gepäck der übrigen Reisenden kaum geöffnet und leichthin geprüft wurde, erregte mein unförmlicher Koffer eine genauere Aufmerksamkeit der Zollbeamten; was am gestrigen Abend so sorglich eingepackt worden, mußte unbarmherzig herausgenommen und auseinander gelegt werden bis auf die Bücher am Grunde, und diese wurden erst recht abgedeckt. So kam der Schädel des armen Zwiehan zu Tage und erweckte wiederum eine Neugierde anderer Art, kurz, es wurde nicht geruht, bis der ganze Inhalt meiner Kiste auf dem fremden Boden umhergestreut lag. Mit kaltem Lächeln schauten sodann die martialischen Grenzwächter zu, als ich hastig und bekümmert meine Habseligkeiten wieder in den Kasten warf und preßte und kaum alles unterbringen konnte, während die übrigen Reisenden bereits im neuen Postwagen saßen und der Wagenführer mich zur Eile antrieb. Er half mir noch den Deckel zudrücken und schließen, und als die Bediensteten das schwere Möbel wegtrugen, lag richtig der Schädel auf der leeren Stelle und war, hinter dem Koffer versteckt, vergessen worden. Er hätte auch nicht mehr Platz gefunden. So hob ich ihn denn auf, nahm ihn unter den Arm, trug ihn zum Wagen und hielt ihn auf der ganzen Reise auf dem Schoße, in ein Tuch gewickelt, das ich für etwaigen Nachtfrost zum Schutze des Halses mit mir führte. Eine Art natürlicher Pietät oder Gewissensfurcht hielt mich ab, das unbequeme Wesen unterwegs auf gute Weise wegzuwerfen oder zurückzulassen, nachdem ich es einmal zu leichtsinnig vom Friedhofe geraubt hatte; wie ja auch der verworrenste Mensch immer noch Anlaß findet, mit einem Zuge der

Menschlichkeit, wenn auch noch so wunderlich angewendet, sich auszuweisen.

Mit dem Sonnenuntergange des zweiten Tages erreichte ich das Ziel meiner Reise, die große Hauptstadt, welche mit ihren Steinmassen und großen Baumgruppen auf einer weiten Ebene sich dehnte. Meinen verhüllten Totenkopf in der Hand, suchte ich bald das notierte Wirtshaus und durchwanderte so einen guten Teil der Stadt. Da glühten im letzten Abendscheine griechische Giebelfelder und gotische Türme; Säulenreihen tauchten ihre geschmückten Häupter noch in den Rosenglanz, helle gegossene Erzbilder, funkelneu, schimmerten aus dem Helldunkel der Dämmerung, wie wenn sie noch das warme Tageslicht von sich gäben, indessen bemalte offene Hallen schon durch Laternenlicht erleuchtet waren und von geputzten Leuten begangen wurden. Steinbilder ragten in langen Reihen von hohen Zinnen in die dunkelblaue Luft, Paläste, Theater, Kirchen bildeten große Gesamtbilder in allen möglichen Bauarten, neu und glänzend, und wechselten mit dunklen Massen geschwärzter Kuppeln und Dächer der Rats- und Bürgerhäuser. Aus Kirchen und mächtigen Schenkhäusern erscholl Musik, Geläute, Orgel- und Harfenspiel; aus mystisch-verzierten Kapellentüren drangen Weihrauchwolken auf die Gasse; schöne und fratzenhafte Künstlergestalten gingen scharenweise vorüber, Studenten in verschnürten Röcken und silbergestickten Mützen kamen daher, gepanzerte Reiter mit glänzenden Stahlhelmen ritten gemächlich und stolz auf ihre Nachtwache, während Kurtisanen mit blanken Schultern nach erhellten Tanzsälen zogen, von denen Pauken und Trompeten herabtönten. Alte dicke Weiber verbeugten sich vor dünnen schwarzen Priestern, die zahlreich umhergingen; in offenen Hausfluren dagegen saßen wohlgenährte Bürger hinter gebratenen jungen Gänsen und mächtigen Krügen; Wagen mit Mohren und Jägern fuhren vorbei, kurz, ich hatte genug zu sehen, wohin ich kam, und wurde darüber so müde, daß ich froh war, als ich endlich in dem mir angewiesenen Zimmer des Gasthofes Mantel und Totenkopf ablegen konnte.

Elftes Kapitel

Die Maler

Gehe ich mit der Erinnerung meinem damaligen Wandel nach, so gestaltet sich derselbe erst um die Zeit wieder etwas deutlicher, wo ich gegen anderthalb Jahre am Musenorte mehr oder weniger inkognito zugebracht. Denn weder meine Vorbereitung noch meine Lebenskunde waren geeignet gewesen, mein Tun und Lassen rasch in eine feste Form zu leiten.

In diesem Übergangsschatten herumsuchend, sehe ich mich eines Nachmittags bei guter Zeit die Palette reinigen und die Pinsel auswaschen, mit denen ich den Kampf mit einem auf Hörensagen begonnenen Ölmalen führte. Ich sehe mich noch den schlichten breitrandigen Hut ergreifen, den ich längst statt des sentimentalen Sammetbarettes trug, und den Weg zu einem neuen Bekannten antreten, um denselben noch bei der Arbeit zu finden und ihm eine flüchtige Weile zuzuschauen, ehe wir den verabredeten Gang ins Freie unternahmen. Ohne alle Empfehlungen angekommen und auch ohne Mittel, mich in die Werkstatt eines in der Wolle des Gelingens sitzenden Meisters einzudingen, war ich darauf angewiesen, in den Vorhöfen des Tempels zu stehen und da oder dort durch die Vorhänge zu gucken, was immer seine Schwierigkeit hatte. Denn von den Scholaren, wie sie im Durchschnitte sind, war nichts zu lernen, und sobald die jungen Leute durch den Verkauf eines Werkleins sich als angehende Meister betrachten lernten, wurden sie in der Mitteilung ihrer Kunstgeheimnisse zugeknöpft und einsilbig. Schon war ich einmal zurückgeschreckt worden, als ich mich auf ausdrückliche Einladung hin bei einem derartigen schüchtern zum Besuche meldete und er mich an der Türe mit der hochmütigen Entschuldigung abwies, er halte soeben Konferenz mit seinem Literaten, um »den Mann« für die Besprechung eines neuen Bildes zu instruieren. Auch in der Idealwelt der Kunst sind Kümmel und Salz reichlicher als Ambrosia, und wenn die Leute wüßten, wie klein und ordinär es in den Köpfen mancher Maler, Dichter und Musikanten aussieht, so würden sie einige dem Völklein nur schädliche Vorurteile aufgeben.

Mein neuer Freund, Oskar Erikson, war jedoch eine gerade und einfache Natur. Mit seiner ganzen langen und breitschultrigen Gestalt und in seinem dichten Goldhaar, welches vom hoch einfallenden Lichte gestreift wurde, saß er vor einem winzigen Bildchen, an dem er malte. Sonst war außer einigen Skizzenbüchlein in dem geräumigen Zimmer nichts zu erblicken, als ein paar Jagdflinten an der Wand, auf dem Boden ausgestreckte Wasserstiefel und auf dem Tische liegende Pulverhörner und Schrotbeutel neben einigen Büchern. Eine kurze Jägerpfeife im Munde, rückte die Hünengestalt eben, als ich eintrat, mächtige Rauchwolken ausstoßend, auf dem Stuhle stöhnend und brummend hin und her, stand auf, setzte sich wieder, warf die Pfeife weg, daß das glimmende Kraut umherfuhr, zielte mit dem Pinsel und rief in abgebrochener Weise: »O heiliges Donnerwetter! Welcher Teufel mußte mir einblasen, ein Maler zu werden! Dieser verfluchte Ast! Da hab' ich zu viel Laub angebracht, ich kann in meinem Leben nicht eine so ansehnliche Masse Baumschlag zusammenbringen! Welcher Hafer hat mich gestochen, daß ich ein so kompliziertes Gesträuch wagte? O Gott, o Gott! wär' ich, wo der Pfeffer wächst! ei, ei, ei ei! Das ist eine saubere Geschichte – wenn ich nur diesmal noch aus der Tinte komme!«

Plötzlich fing er aus Verzweiflung an zu singen:

O, wär' ich auf der hohen See
Und säße fest am Steuer!

was ihm zum Durchbruch zu verhelfen schien; denn der Pinsel saß jetzt an der rechten Stelle und arbeitete mehrere Minuten gemächlich fort, indessen Erikson die angefangene Melodie immer ruhiger und gedämpfter wiederholte und endlich verstummte und still weiter malte. Aber offenbar, um Gott nicht allzulange zu versuchen, sprang er unversehens auf und betrachtete, einen Schritt zurücktretend, mit höchster Zufriedenheit, den alten Dessauermarsch pfeifend, sein Werk. Dann setzte er das Gepfiffene in Worte um und sang, indem er das Rauchzeug wieder zusammensuchte: »So leben wir, so leben wir, so leben wir alle Tage« u. s. f., wobei er endlich meine Anwesenheit entdeckte.

»Sehen Sie, wie ich mich plagen muß!« rief er, mir unbefangen die Hand schüttelnd; »seien Sie froh, daß Sie ein gelehrter Komponist und

Kopfmaler sind, der nichts zu können braucht, während so ein armer Teufel von Handelsmaler nicht weiß, wo er die Tausende von bargültigen Halbtönchen, Druckerchen und Lichtchen auftreiben soll, um seine kabinettsfähigen vierzig Quadratzoll nicht allzu schwindelhaft zu überstreichen!«

Das war durchaus nicht ironisch gemeint; vielmehr betrachtete er seine Arbeit von neuem mit mißtrauischen Augen und setzte sich wieder hin, um noch ein bißchen sein Heil zu versuchen, indessen ich ihm gespannt zuschaute, wie er auf der großen Palette mit ängstlicher Vorsicht reine und sichere Tinten aussonderte, mischte und in der beschriebenen Weise auftrug. Wie er später, bei entwickelter Vertraulichkeit, von sich selbst behauptete, war er nicht etwa ein schlechter Maler (dazu war er allerdings zu geistreich), sondern im wesentlichen Sinne der Frage gar keiner. Ein Kind der nördlichen Gewässer, von der Grenzmark zwischen den Deutschen und Skandinaviern herstammend, Sohn eines in guten Umständen lebenden Seefahrtsmannes, hatte er in den ersten Jugendjahren ein anmutiges Geschick bekundet, mit gewandtem Stifte zu skizzieren, was ihm vor die Augen kam, und hauptsächlich für das jährliche Schulexamen prunkende Schaustücke in schwarzer Kreide angefertigt. Durch den Einfluß eines jener verkümmerten Zeichenlehrer, welche die Dürftigkeit ihrer Existenz mit unversieglicher Begeisterung zu verhüllen oder zu verbessern trachten und überall mit unseligem Aufstacheln zur Hand sind, war er vom freisinnigen Mut einer glücklichen Familie, sich selbst nur halb bewußt, der Kunst zugewendet worden, nicht ohne daß jener Lehrer hierbei manches kräftige Liebesmahl und auch klingenden Lohn für allerlei Rat und Tat zu genießen wußte. Die ungewöhnliche Laufbahn schien auch dem hellen und fröhlichen Sinn des Jünglings, seiner unbändig emporwachsenden Kraft eher zu entsprechen, als der Aufenthalt in der väterlichen Schreibstube. So wurde er denn, im Widerspiel mit so vielen andern Jünglingen in ähnlicher Lage, unter bester Zustimmung und Hoffnung, wohl ausgestattet und empfohlen, zur Reise nach den berühmtesten Kunstschulen entlassen, und fand bei den namhaftesten Meistern, welche ihre Werkstätten zu öffnen pflegten, willige Aufnahme. Im Anfange ging die Entwicklung ganz frisch und ohne Unterbruch vonstatten, besonders da der junge

Mann, zwar nicht übereifrig und mehr lebenslustig, doch keine wirklichen Pausen in seinem Fleiße eintreten ließ und sowohl mit seiner prächtigen Gestalt als seinem heiter frohen Ernste eine Zierde der Ateliers bildete. Aber die Fortschritte gingen nur bis zu einer gewissen Grenze und standen dann unerbittlich still, auf geheimnisvolle Weise, da jedermann die schönsten Hoffnungen hegte und in der Führung des männlich ruhigen Scholaren keine Änderung eingetreten war. Erikson ward des Phänomens zuerst inne, glaubte aber dagegen ankämpfen, dasselbe überwinden und beseitigen zu sollen. Er veränderte den Ort, versuchte sich auf allen Gebieten, wechselte Meister um Meister – umsonst, er fühlte, daß ihm die Gewalt zur Erfindung sowohl wie zur Fülle der Ausführung abging, daß ihn das innere Sehen auf einem deutlich erkennbaren Punkte verließ oder höchstens sich vereinzelt gleich einem glücklichen Würfelspiel einstellte, welches sich nicht wiederholte, und schon hatte er sich entschlossen, den beschämenden Kampf aufzugeben und heimzukehren, als ihn die Nachricht von dem Ruin des väterlichen Hauses ereilte. Derselbe war so vollständig und hoffnungslos, wenigstens auf Jahre hinaus, daß die Heimkehr des Sohnes als eine Vermehrung des Übels betrachtet und bestimmt gewünscht wurde, er möge zusehen, wie er sich mit den Früchten seines bisher so löblichen Fleißes nun weiter helfe.

So war denn sein Entschluß bald verändert. Mit unbestechlich bedächtiger Selbstkritik durchsuchte und verglich er das ganze Gebiet dessen, was in seinem Vermögen stand, und gelangte nach reiflichem Nachdenken zu dem Ergebnisse, daß er mit Sicherheit und Verständnis allereinfachste Landschaftsbilder im kleinsten Maßstabe, belebt mit vorsichtig hingesetzten Figürchen, alles dies mit einem gewissen Reiz ausgeführt, hervorbringen könne. Ohne Zaudern machte er sich daran, und zwar mit redlichem und anständigem Sinne. Denn anstatt mit leichter Arbeit auf falsche Effekte und irgend ein manieriert modisches Gepinsel loszugehen, das sich sozusagen von selbst hinschmiert (gerade das wäre für manchen andern so recht angezeigt gewesen), blieb er wie ein wahrer Gentleman den Grundsätzen einer ehrlichen Vorbereitung und Vollendung getreu, und hiermit erneuerte sich bei jedem neuen Bildchen für ihn Arbeit und Mühe. Glücklicherweise gelang die Sache. Gleich das erste Produkt, das er ausstellte, wurde rasch verkauft, und es dauerte nicht lange, so suchten die für feinere Kenner geltenden Sammler die sogenannten Eriksons zu guten Preisen zu erwerben.

Ein solcher Erikson enthielt etwa im Vordergrunde ein helles Sandbord, einige Zaunpfähle mit Kürbisranken, im Mittelgrunde eine magere Birke, dann aber einen weiten flachen Horizont, dessen wenige Linien mit weiser Berechnung angelegt und in Verbindung mit der einfach gehaltenen Luft die Hauptwirkung des Werkleins hervorbrachten.

Obgleich dergestalt Erikson als echter Künstler angesehen wurde, verleitete ihn das weder zur Selbstüberschätzung noch zum Geiz; sobald seinem Ausgabenbedürfnisse genügt war, warf er Pinsel und Palette hin und ging ins Gebirge, wo er sich als Jagdgenosse so einheimisch gemacht, daß er sogar zur Bärenjagd, wenn sich eine solche auftat, zugelassen wurde. Den größeren Teil des Jahres brachte er, fern von der Stadt, auf diese Weise zu.

Es gehörte nur zum Bilde des allgemeinen Lebens und seines Haushaltes, wenn ich jetzt genötigt war, dem wackeren Gesellen, der sich selbst nicht für einen Meister hielt, die Geheimnisse des Handwerks abzulauschen.

»Nun ist's aber genug!« rief Erikson plötzlich, »auf die Art kommen wir nicht fort. Überdies wollen wir im Vorbeigehen einen Kameraden abholen, bei dem Sie Besseres sehen können, heißt das, wenn wir Glück haben! Kennen Sie Lys, den Niederländer?«

»Nur vom Hörensagen«, versetzte ich, »ist es der Sonderling, von dem niemand weiß, was er malt? der niemanden in seine Werkstatt läßt?«

»Mich läßt er schon hinein, weil ich kein Maler bin! Sie vielleicht auch, weil Sie noch nichts können und es noch unentschieden ist, ob Sie überhaupt je ein Maler sein werden! Na, werden Sie nur nicht mauserig, etwas werden Sie schon werden und sind es ja bereits. Lys hat's Gott sei Dank nicht nötig, er ist reich und kann schon alles, was er will, nur ist es nicht viel; denn er tut fast nichts. Am Ende ist er auch kein Maler, wenigstens sollte man keinen so heißen, der nicht wirklich malt, er müßte denn Abhaltungen haben, wie jener Leonardo, der Talerstücke an die Domkuppel warf!«

Ich half ihm rasch sein Zeug reinigen, das er stets in so guter Ordnung hielt, daß er auch jetzt nachsah, wie ich es gemacht. »Denn es ist nicht gleichgültig«, sagte er, »ob man mit Mist malt, wenn man doch die Absicht hat, einen lauteren Ton zu treffen. Wer immer Dreck in seinem Zeug hat, oder das Unverträgliche mischt, ist wie ein Koch, der das Rattengift zwischen die Gewürze stellt. Aber die Pinsel sind rein, Gott segne Sie! von diesem Punkte aus kann man Sie unbescholten nennen! Sie haben eine ordentliche Mutter, oder ist sie tot?«

Nachdem wir einige Straßen zurückgelegt, betraten wir die Niederlassung des mysteriösen Niederländers, welche so gewählt war, daß die Fenster des geräumigen, von ihm allein bewohnten Stockwerkes auf den freien Horizont und offenen Himmel hinausgingen und von der Stadt selbst nichts zu sehen war, als ein paar edle Architekturen und massige Baumgruppen. Befand man sich in dieser Gegend auf freier Erde, so sah man nur den unfertigen Rand einer Stadt mit Bretterwänden, alten Baracken und Wirtschaftlichkeiten versetzt; die Fenster des Herrn Lys, welche nichts als jene in einer Flut goldenen Lichtes ruhenden idealen Gegenstände zeigten, schienen daher mit sorgfältigem Geschmacke herausgefunden zu sein. Wenigstens wirkte die glänzende Durchsicht der großen Fenster durch eine offenbar bewußte Einfachheit und Ruhe in der Ausstattung der Zimmer in doppeltem Maße.

Zu meiner Verwunderung hatte Lys, der uns freundlich empfing, nichts Holländisches an sich, wie man sich dieses vorzustellen pflegt. Ein mittelgroßer schlanker Mann von vielleicht achtundzwanzig Jahren, war er dunkel an Haar und Augen, letztere von einem fast melancholischen Ausdruck gleich dem hübsch lächelnden Munde. Noch mehr wunderte ich mich, daß das Zimmer, in welchem wir uns befanden, keine Spur von Kunsttätigkeit verriet, vielmehr dem Aufenthalt eines Gelehrten oder Politikers glich. Große mit Gardinen verhangene Regale bargen eine Menge Bücher, worunter, wie ich später erfuhr, manche Raritäten und erste Ausgaben. An den Wänden hingen nicht etwa Bilder oder Studien, sondern Landkarten, auf einem Tische lag ein Haufen Journale verschiedener Sprachen, und an einem breiten Schreibtische schien Lys soeben gearbeitet zu haben.

»Ich bin mir noch den Nachmittagskaffee schuldig«, sagte er, als wir uns setzten, »halten die Herren mit?«

»Da wir vermuten, er werde nicht schlecht sein, gewiß!« antwortete Erikson für uns beide, und Lys klingelte einem jungen Menschen, der ihn bediente. Inzwischen sah ich mich immer noch im Raume um, nicht eben im Besitze des guten Tones.

»Der wundert sich auch«, rief Erikson, »wo die Staffeleien und Bilder dieses Kunsttempels seien! Nur Geduld, junger Herr von Strebsam, der Mann zeigt sie uns noch, wenn wir schön bitten! Aber wahr ist es, lieber Lys, bei Ihnen sieht's aus, wie im Arbeitszimmer eines großen Publizisten oder eines Ministers!«

Etwas düster lächelnd versetzte der andere, er sei nicht aufgelegt, seine Arbeiten heute noch zu sehen; schon zum dritten Male müsse der Bursche die Paletten unverrichteter Dinge abends wieder absetzen, und unter solchen Umständen sei es wohl verzeihlich, daß er nicht gern ins Atelier hinübergehe, sei es allein oder mit Fremden. Wirklich erteilte er dem Diener, als der mit dem Kaffeebrett erschien, den Auftrag. Brett und Geschirr aber glänzten, mit Ausnahme der chinesischen Tassen, in schwerem Silber und waren in dem nüchternen neugriechischen Stile früherer Jahrzehnte gearbeitet, ein Zeugnis, daß Eltern und Familie des Niederländers von der Erde verschwunden waren und er als allein Übriggebliebener das Erbstück mit sich führte, um einen letzten Schimmer des verlorenen Vaterhauses um sich zu haben. Bei einer späteren Gelegenheit behauptete Erikson vertraulich, Lys bewahre in seinem Schreibtische auch das goldbeschlagene Kirchenbuch seiner Mutter auf.

Das braune Getränke war das feinste, was ich in meinen einfachen Verhältnissen bis anhin genossen; allein das Ungewohnte, ein so kostbares Familiengeräte bei einem fahrenden Künstler in täglichem Gebrauche zu finden, schüchterte mich etwas ein, und als Lys, meine abermals herumschweifenden Blicke bemerkend, mich anredete: »Nun, Herr Lehmann, können Sie sich noch nicht mit dem unmalerischen Anblick meiner Wohnung befreunden?« reizte mich das Vergessen oder Nichtbeachten meines Namens, sowie die Weigerung, seine Arbeiten zu zeigen, zu einem kleinen Ausfalle. Die Art seiner Einrichtung, versetzte ich, werde vielleicht mit einem andern Wesen zusammenhängen, das ich seit einiger Zeit beobachtet habe, nämlich die wunderliche Manier, in welcher die verschiedenen Künste ihre technische Ausdrucksweise vertauschen. So hätte ich kürzlich die Kritik einer Sinfonie gelesen, worin nur von der Wärme des Kolorites, Verteilung des Lichtes, von dem tiefen Schlagschatten der Bässe, vom verschwimmenden Horizonte der begleitenden Stimmen, vom durchsichtigen Helldunkel der Mittelpartien, von den gewagten Konturen des Schlußsatzes und dergleichen die Rede sei, so daß man durchaus die Rezension eines Bildes zu lesen glaube; gleich darauf hätte ich den rhetorischen Vortrag eines Naturforschers, der den tierischen Verdauungsprozeß beschrieb, mit einer gewaltigen Sinfonie, ja mit einem Gesange der göttlichen Komödie vergleichen hören, während an einem andern Tische des öffentlichen Lokales einige Maler die neue historische Komposition des berühmten Akademiedirektors besprochen und von der logischen Anordnung, der schneidenden Sprache, der dialektischen Auseinandersetzung der begrifflichen Gegenstände, der polemischen Technik bei einem dennoch harmonischen Ausklingen der Skepsis in der bejahenden Tendenz des Gesamttones zu reden gewußt hätten, kurz, es scheine keiner Zunft mehr wohl in ihrer Haut zu sein und jede im Habitus der andern einherziehen zu wollen. Wahrscheinlich handle es sich um das Ermitteln und Feststellen eines neuen Inhaltes für sämtliche Wissenschaften und Künste, wobei man sich beeilen müsse, nicht zu kurz zu kommen.

»Ich sehe schon«, rief Lys mit Lachen, »wir müssen doch noch hinübergehen, damit Sie sehen, daß wir wenigstens noch mit Farben malen!«

Er ging voran und öffnete die Türe zu einer Reihe von Räumen, in welchen je eines seiner Bilder, an denen er arbeitete, ganz allein und in der besten Beleuchtung aufgestellt war, so daß der Blick durch nichts anderes abgezogen und zerstreut wurde. Die spätere Nachmittagssonne, die auf den Wolken draußen, auf der weiten Landschaft und den tempelartigen Gebäuden lag, ließ die an sich schon leuchtenden Bilder durch ihren hereinfallenden Reflex noch verklärter erscheinen, so daß sie in der Stille des Raumes einen seltsam feierlichen Eindruck machten. Das erste war ein Salomo mit der Königin von Saba, ein Mann von eigentümlicher Schönheit, der sowohl das hohe Lied gedichtet als geschrieben haben mußte: Alles ist eitel unter der Sonne! Die Königin war als Weib, was er als Mann, und beide, in reiche Gewänder gehüllt, saßen allein und einsam sich gegenüber und schienen, die glühenden Augen eines auf das andere geheftet, in heißem, fast feindlichen Wortspiele sich das Rätsel ihres Wesens, der Weisheit und des Glückes herauslocken zu wollen. Das Merkwürdige dabei war, daß der schöne König in seinen Gesichtszügen ein verschönter und idealisierter Lys zu sein schien. Im Zimmer war sonst nichts, als eine flache blankgeputzte Messingschüssel von alter Arbeit mit einigen Orangen, die zufällig auf einem Ecktischchen stehen mochte. Die Figuren des Bildes waren von halber Lebensgröße.

Das Bild im nächsten Raume stellte Hamlet den Dänen dar, aber nicht nach einer Szene des Trauerspieles, sondern als das von einem guten Künstler gemalte Bildnis gedacht, als das Porträt des in seine Staatsgewänder gekleideten noch ganz jungen und blühenden Prinzen, um dessen Stirn, Augen und Mund jedoch schon das verschleierte Schicksal der Zukunft schwebte. Dieser Hamlet erinnerte ebenfalls an den Maler selbst, aber mit so großer Kunst verhüllt, daß man nicht wußte, woran es lag. In einer Ecke des Zimmers lehnte ein Schwert mit reich in Stahl und Silber gearbeitetem Korbe, welches offenbar zum Modell gedient hatte oder noch diente. Dieser vereinzelte Gegenstand erhöhte noch den Eindruck der Einsamkeit und sanften Trauer, der von des Bildes stillem Leuchten ausströmte. Im übrigen hatte das Kniestück die volle Lebensgröße.

Von diesem Raume ging es endlich in den letzten hinüber, der schon ein Saal zu nennen war. Gleich den übrigen Bildern bereits mit dem schweren Schmuckrahmen versehen, stand hier die größte Komposition, deren Veranlassung die Bibelworte gegeben: Wohl dem, der nicht sitzet auf der Bank der Spötter! Auf einer halbkreisförmigen Steinbank in einer römischen Villa, unter einem Rebendache, saßen vier bis fünf Männer in der Tracht des achtzehnten Jahrhunderts, einen Marmortisch vor sich, auf welchem Champagnerwein in hohen venezianischen Gläsern perlte. Vor dem Tische, mit dem Rücken gegen den Beschauer gewendet, saß einzeln ein üppig gewachsenes junges Mädchen festlich geschmückt, welches eine Laute stimmt und, während sie mit beiden Händen damit beschäftigt ist, aus einem Glase trinkt, das ihr der nächste der Männer, ein kaum neunzehnjähriger Jüngling, an den Mund hielt. Dieser sah beim lässigen Hinhalten des Glases nicht auf das Mädchen, sondern fixierte den Beschauer, indessen er sich zu gleicher Zeit an einen silberhaarigen Greis mit rötlichem Gesicht lehnte. Der Greis sah ebenfalls auf den Beschauer und schlug dazu spöttisch mutwillig ein Schnippchen mit der einen Hand, während die andere sich gegen den Tisch stemmte. Er blinzelte ganz verzwickt freundlich mit den Augen und zeigte allen Mutwillen eines Neunzehnjährigen, indessen der Junge, mit trotzig schönen Lippen, mattglühenden schwarzen Augen und unbändigen Haaren, deren Ebenholzschwärze durch den verwischten Puder glänzte, die Erfahrungen eines Greises in sich zu tragen schien. Auf der Mitte der Bank, deren hohe, zierlich gemeißelte Lehne man durch die Lücken bemerkte, saß ein ausgemachter Taugenichts und Hanswurst, welcher mit offenbarem Hohne, die Nase verziehend, aus dem Bilde sah und seinen Hohn dadurch noch beleidigender machte, daß er sich durch eine vor den Mund gehaltene Rose das Ansehen gab, als wolle er denselben gutmütig verhehlen. Auf diesen folgte ein stattlicher Mann in Uniform; dieser blickte ruhig, fast schwermütig, aber doch mit mitleidigem Spotte drein, und endlich schloß den Halbkreis, dem Jüngling gegenüber, ein Abbé in seidener Soutane, welcher, wie eben erst aufmerksam gemacht, einen forschenden stechenden Blick auf den Beschauer richtete, während er eine Prise zur Nase führte und in diesem Geschäft einen Augenblick anhielt, so sehr schien ihn die Lächerlichkeit, Hohlheit oder Unlauterkeit des Beschauers zu frappieren und zu bösen Witzen aufzufordern. So waren alle Blicke, mit Ausnahme derjenigen des Mädchens, auf den gerichtet, der vor das Bild trat, und sie schienen mit unabwehrbarem Durchdringen jede Selbsttäuschung, Halbheit, Schwärmerei, jede verborgene Schwäche, jede unbewußte oder bewußte Heuchelei aus ihm herauszufischen. Auf ihren eigenen Stirnen, um ihre Mundwinkel ruhte zwar unverkennbare Hoffnungslosigkeit; aber trotz der Blässe, die ohne den rötlichen Greis alle überzog, steckten sie in einer unverwüstlichen Gesundheit, wie die Fische im Wasser, und der Betrachter, der seiner nicht ganz bewußt war, befand sich so übel unter diesen Blicken, daß man eher versucht war auszurufen: Weh dem, der vor der Bank der Spötter steht!

Waren nun Absicht und Wirkung dieses Bildes verneinender Natur, so war dagegen die Ausführung mit dem wärmsten Leben getränkt. Jeder Kopf zeigte eine inhaltvolle wirkliche Persönlichkeit und war für sich eine ganze tragische Welt oder eine Komödie und nebst den feinen arbeitlosen Händen vortrefflich beleuchtet und gemalt. Die gestickten Kleider der wunderlichen Herren, die altrömische Tracht des Weibes, ihr blendender Nacken, die Korallenschnur darum, die schwarzen Zöpfe und Locken, die Bildhauerarbeit an dem alten Marmortische, selbst der glänzende Sand des Bodens, in welchen sich der Fuß des Mädchens drückte, diese Knöchel im blaßroten Seidenschuh: alles dies war so breit und sicher und doch ohne Manier und Unbescheidenheit, sondern aus dem naivsten Wesen heraus gemalt, daß der Widerspruch zwischen dem freudigen Glanz und dem kritischen Gegenstand des Bildes die sonderbarste Wirkung hervorrief. Lys nannte dies Bild seine »hohe Kommission«, den Ausschuß der Sachverständigen, vor welchen er sich selbst zuweilen mit bangem Herzen stelle; auch führte er etwa einen armen Sünder, dessen Wohlweisheit und Salbung nicht aus dem lautersten Himmel zu stammen schien, vor die Leinwand und beobachtete die verlegenen Gesichter, die er schnitt.

Als wir wiederholt von einem Bilde zum andern gingen, ich dazwischen auch bei diesem oder jenem allein zurückblieb, wußte ich nicht ein Wort zu dem Gespräche beizutragen, sondern unterlag schweigend dem Eindrucke, den ein so entschiedenes Können auf den machte, der es nicht übersah. Erikson dagegen, welcher ein so beschränktes und bescheidenes Arbeitsfeld besorgte, hatte so vieles geübt und gesehen, daß er sich mit Leichtigkeit und Verständnis aussprechen konnte. Er pflegte auch zu sagen, er verstehe nun gerade genug von der Kunst, um ein anständiger Liebhaber und Sammler zu sein, wenn das Glück ihn reich machen wollte, und um diesen Preis würde er sofort seine Palette an den Nagel hängen. In der Tat wußte er Altes und Neues wohl zu beurteilen und zu würdigen, ungleich so manchen Künstlern, die alles hassen oder geringschätzen oder einfach nicht verstehen, was nicht in ihrer Richtung liegt. Diese leidenschaftliche Beschränktheit ist freilich für manche notwendig, wenn sie auf dem Punkte beharren sollen, dem sie allein gewachsen sind, weil Anspruch und Bescheidung sich selten glücklich mischen. Auf jene Äußerung erwiderte dann Lys zuweilen, es sollte allerdings ab und zu einer von der Ausübung freiwillig zurücktreten, um der Kennerschaft frisches Blut zuzuführen; die Literaten seien wohl nützlich für das Logische und Chronologische, das Graphische und Biographische, für das Eintragen des Festgesetzten; vor dem Gegenwärtigen, sofern es als neu oder überraschend erscheine, ständen sie in der Regel unproduktiv und ratlos, und die ersten Stichworte müßten immer von den Künstlerkreisen ausgehen und seien daher meistens parteiisch, welche Parteilichkeit von den Literaten, nachdem die erste Kopflosigkeit überwunden, weiter ausgesponnen werde, bis der Gegenstand der Vergangenheit angehöre und einer verständigen Registrierung fähig geworden. Es sei das ein verdrießlicher Handel! Er habe Maler gekannt, die den verwichenen Raffael einen unangenehmen Kerl gescholten und dabei auf ihre grausam kritische Ader sich Wunder was eingebildet haben; hinwieder seien ihm Kollegien lesende Professoren vorgekommen, welche an älteren Bildern eine wirkliche metallische Vergoldung nicht von gemaltem Golde zu unterscheiden wußten und in technischer Hinsicht überhaupt auf dem Standpunkte von Kindern und Wilden standen, die in einem gemalten Gesichte den Nasenschatten für einen schwarzen Fleck anzusehen pflegen.

Ich bemerkte wohl, daß Lys mit seinen Bildern in eigentümlicher Weise durch die Schule der großen Italiener hindurchgegangen sei, ohne sie im Unmöglichen gerade nachmachen zu wollen, erfuhr nun aber, er habe früher sich zum strengen deutschen Zeichner ausgebildet, der es im sichern Führen von Stift und Kohle fast seinem berühmten Meister gleichgetan und die Farbe für ein mehr oder weniger notwendiges Übel gehalten habe. Nach einem mehrjährigen Aufenthalt in Italien sei er gänzlich umgewandelt zurückgekommen, mit Geringschätzung auf die frühere Weise herabsehend. Als hievon die Rede war und Erikson bedauerte, daß Lys die edle Kunst der deutschen Zeichnung, die doch in ihrer Art ein unersetzliches Gut und Wahrzeichen der Nation sei, so ganz beiseite werfe, erwiderte dieser:

»Ei was! Wer einmal recht zu malen versteht, kann erst recht zeichnen, und zwar alles, was er will! Übrigens übe ich das Ding manchmal noch, freilich nur zu meinem eigenen Spaß.«

Er holte ein ziemlich großes Album vom besten Papier herbei, das in Leder gebunden und mit einem stählernen Schlosse versehen war. Mit dem Schlüsselchen, das an seinem Uhrgehänge befestigt, geöffnet, zeigte sich Blatt um Blatt eine Welt von Schönheit und zugleich der Verspottung derselben, wie sie nicht leicht wieder in solcher Weise sich zusammenfinden mag. Es war die Geschichte einer Reihe von Liebschaften, welche er erlebt und in das Buch gezeichnet hatte mit feinstem Stifte und im solidesten deutschen Stil, als ob Dürer und Holbein, Overbeck oder Cornelius den Dekameron illustriert und die Zeichnungen für den Grabstichel unmittelbar fertig gebracht hätten. Eine solche Geschichte bestand je nach ihrer Dauer aus mehr oder weniger zahlreichen Blättern; jede begann mit dem Bildniskopfe des betreffenden Frauenzimmers und einigen Variationen desselben in verschiedener Auffassung; dann folgte die ganze Figur, wie man wohl einer schönen Person zum erstenmal auf dem Markte, in der Kirche oder im öffentlichen Garten ansichtig wird; dann entwickelte sich die Bewegung und das Verhältnis zum Helden, immer Lys selbst, bis zum Sieg und Triumph der Liebe, worauf der Niedergang sich einleitete mit Gezänkszenen, Abenteuern der einseitigen oder gegenseitigen Untreue bis zur unvermeidlichen Trennung, die entweder mit einer jähen Verstoßung des scheinbar zerknirschten Helden oder mit einer komischen Gleichgültigkeit beider Teile vor sich ging. In diesem Verlaufe glänzte besonders eine Anzahl Einzelfiguren von schmollenden oder weinenden Schönen als wahre kleine Monumente des anmutig strengen Stiles. Eine entfesselte Haarflechte, eine Verschiebung der Gewänder an Schulter oder Fuß erhöhte stets den Eindruck der Bewegtheit, wie das zerrissen flatternde Segel eines Fahrzeuges von überstandenem Unwetter Kunde gibt. Es war nicht zu entscheiden, ob diese tragischen Situationen eine andächtig mitfühlende Hand geschildert, oder ob eine leise Ironie ihren Teil daran hatte; unbestritten dagegen strahlten die weiblichen Ehren einiger Wesen, welche auf der Höhe ihres Triumphes in mythologischen Gestaltungen verklärt wurden.

Lys schlug so unbefangen ein Blatt nach dem andern um, als ob er ein Schmetterlingsbuch vorwiese, und nannte nur zuweilen den Namen einer der Schönen: das ist die Teresa, das die Marietta, das war in Frascati, das in Florenz, das in Venedig!

Wir schauten ebenso erstaunt als sprachlos dem Umwenden der Blätter zu, auf welchen so viel Schönheit und Talent vorüberschwirrte, und nur Erikson legte zuweilen die Hand auf ein Blatt, um dasselbe einen Augenblick festzuhalten. »Ich muß gestehen«, sagte er endlich, »es ist mir nicht ganz begreiflich, wie man so viel Genie unterdrücken oder höchstens zu geheimen Allotria verwenden kann! Wie viel Vergnügen vermöchten Sie zu verbreiten, wenn Sie all dies Können einem ernsten Zwecke zu gut kommen ließen!«

Lys zuckte die Achseln: »Genie? Wo ist es? Das ist eben die Frage! Auch das wildeste Wesen dieses Geschlechtes muß fromm sein und einfältig wie ein Kind, wenn es allein ist und arbeitet. Mir fehlt vielleicht die Frommheit oder Frommkeit; ich bin nie allein, sondern alle Hunde sind bei mir, mit denen ich gehetzt bin!«

Wir verstanden diese Worte, die zudem im Widerspruche mit der früheren Äußerung standen, daß man alles könne, nicht sonderlich wohl, und ich selber wußte vollends nicht, was ich von der ganzen Sache halten sollte. Ich fühlte mich zu dem hübschen, ruhigen, ja ernsten Manne hingezogen, während der Inhalt des Buches auf eine gewisse Art von Ruchlosigkeit deutete, die mancher wohl sich selber verzeihen mag, aber nicht an einem ernsthaften Freunde liebt. Es war etwas von jenem schrecklichen Prinzipe, das die beiden Geschlechter als zwei sich feindlich entgegenstehende Naturgewalten betrachtet, wo es heißt, Hammer oder Amboß sein, vernichten oder vernichtet werden, oder einfacher gesagt, wer sich nicht wehrt, den fressen die Wölfe.

Inzwischen waren wir beim letzten der gezeichneten Blätter angelangt, auf welches noch einige leere folgten, und Lys wollte das Album rasch zuschlagen. Erikson hielt ihn jedoch auf und verlangte das letzte Bild genauer zu sehen; denn alle bisher aufgetretenen Personen waren italienischen Ursprungs, jene aber offenbar von deutscher Art. Der Kopf war nicht, wie bei den andern, zuerst als Studie besonders gezeichnet, sondern es erschien gleich, als ob das Haupt nicht wohl abzusondern wäre, die ganze stehende Figur des schlanksten jungen Mädchens, dessen in großen Zöpfen aufgewundenes Haar so reich, daß das Haupt beinahe zu schwanken schien, wie eine Nelke auf ihrem Stengel, obgleich der fein gerundete Hals und Nacken nur aus natürlicher Anmut sich leise neigte. Außer zwei unschuldigen großen Sternenaugen war fast kein Inhalt in dem Gesicht, dessen zarte Züge kaum mit dem Silberstifte leicht genug anzudeuten waren, den der Zeichner dazu gewählt hatte. Desto sicherer und fester, immer zwar mit zarter Hand, wuchs die herb jungfräuliche Erscheinung durch die strengen Gewänderfalten ins Licht, an denen kein Strich zu viel und keiner zu wenig war.

»Ei der Tausend!« rief Erikson, »wo steht diese Blume?«

»Die steht hier in der Stadt!« versetzte Lys, »ihr könnt sie gelegentlich sehen, wenn ihr brav seid!«

Ich jedoch, gerührt von der elementarischen Unschuld des Gebildes, rief unbedacht und flehentlich: »Der tun Sie aber kein Leid an, nicht wahr?«

»Oho«, sagte Lys lachend, indem er mir auf die Schulter klopfte, »was sollt' ich ihr denn zu leid tun?«

Auch Erikson lachte, und somit brachen wir auf, unseren Abendgang in Begleitung des Niederländers anzutreten. Im Vorübergehen sahen wir die drei schönen Bilder wieder aufleuchten, ich für meine Person zum letzten Male; denn ich bekam sie später nur in einer grauen Morgendämmerung nochmals zu Gesicht, als ich kaum darauf achten konnte. Wo sie seither geblieben sind, weiß ich nicht; sie sind niemals an die Öffentlichkeit gelangt, und Lys selber hat sich in der Folge durch ein Schwanken seines Wesens von der Kunst abgewendet. Wenn es Sterne gibt, wie gesagt wird, welche man einen Augenblick lang deutlich hat schwanken sehen, warum sollte ein schwacher Mensch nicht von seiner Bahn abweichen?

Wir gingen nun zu dritt vom nördlichen Teile der Stadt an den Westrand hinüber, um da allmählig am Ufer des südwärts herkommenden Flusses eine behagliche Ruhestatt aufzusuchen. Unterwegs kamen wir an dem Hause vorbei, darin ich wohnte. »Halt!« sagte Erikson, als wir andere vorübergehen wollten, »wir wollen bei diesem auch noch schnell nachsehen, was er schafft! Die untergehende

Sonne, die ihm grad in sein unpraktisches Fenster schaut, wird ihm zu Hilfe kommen, daß wir wenigstens etwas Farbe vor Augen haben!« Zögernd und doch nicht ungern ging ich voran, das Zimmer zu öffnen, und sah allerdings meine ungeheuerlichen Schildereien im Abendrote stehen gleich einer brennenden Stadt, so daß wir alle drei hoch auflachten. Da waren zwei große Kartons, eine altdeutsche Auerochsenjagd in einem von Formen angefüllten gewaltigen Bergtale, und ein germanischer Eichenwald mit Steinmälern, Heldengräbern und Opferaltären. Ich hatte die beiden Sachen mit großer Schilffeder auf die mächtigen Papierflächen gezeichnet und markig schraffiert, auch breite Schattenmassen mit grauer Wasserfarbe angelegt, darauf die Kartons mit Leimwasser überzogen und auf diesem Grund sodann mit Ölfarben lustig herumgewirtschaftet in der Weise, daß in den helldunkeln durchsichtigen Teilen überall die Schilffederzeichnung durchblickte. Nicht eine einzige Naturstudie hatte ich dazu benutzt, sondern in meinem ungezügelten Schaffensdrang den ersten und letzten Strich frei erfunden, und da diese Art von Arbeit ebenso leicht als fröhlich vor sich ging, so sahen die zwei farbigen Kartons nach etwas aus, ohne daß viel davon zu sagen war. Denn ob ich auch imstande gewesen wäre, solche Bilder wirklich auszuführen, konnte man zunächst nicht wissen. Die acht Zoll großen Figuren hatte ich mir durch einen jungen Landsmann hineinzeichnen lassen, der als Schüler auf die Akademie ging und schon keck zu skizzieren verstand. Sie waren aber noch ungefärbt und trieben sich einstweilen als weiße Gespenster in den Wäldern herum.

Hinter diesen Fahnen, von welchen die eine kulissenartig halb hinter der andern verborgen stand, ragte an der Wand eine dritte über sie hinaus, in gleicher Weise angelegt, aber noch ohne Farben. Eine von gewaltigen breiten Linden umgebene kleine Stadt baute sich zwischen den Stämmen und aus den Wipfeln heraus an einer Berglehne hinan, dicht gedrängt mit zahlreichen Türmen, Giebelhäusern, Wimpergen, Zinnen und Erkern. Man sah in die engen, krummen und mit Treppen verbundenen Gassen hinein, auf kleine Plätze, wo Brunnen standen, und durch die Glockenstuben des Münsters hindurch, hinter welchen die hellen Sommerwolken zogen, wie auch hinter den offenen Trinklauben, die sich in die Luft hinaus profilierten und Gesellschaften kleiner Männlein meiner eigenen Arbeit beherbergten. Ich hatte die merkwürdige Stadt mit Hilfe eines architektonischen Sammelwerkes zusammengebaut und die Formen der romanischen und gotischen Baustile in bunter Gruppierung und Übertreibung so gehäuft, wie kaum jemals vorkam, und dabei die Entstehungsweise chronologisch angedeutet, indem die Burg und die untern Teile der Kirche das höchste Alter in der Bauart zeigten. Der hochgerückte Horizont zog sich noch über die Linden weg und schloß ein weites Gelände ab, das Meierhöfe, Mühlen, Gehölze und in einem düstern Schattenwinkel das Hochgericht umzirkte. Vorn sollte aus dem offenen Tore eine mittelalterliche Hochzeit über die Fallbrücke kommen und sich mit einem einziehenden Fähnlein bewaffneter Stadtknechte kreuzen. Dies Figurengewimmel fügte ich mit erklärenden Worten hinzu, da einstweilen bloß der Platz dazu offen war.

»Vortrefflich!« sagte Lys, »eine gedachte Staffage, das ist das Leichteste und Duftigste, was es gibt! Übrigens glüht Ihre Stadt in der verfluchten Himbeerbrühe dieses Abendrotes wie das brennende Troja! Doch fällt mir ein: Sie müssen alles aufgetürmte Mauerwerk aus rotem Sandstein bestehen lassen, das wird den kolossalen Bäumen gegenüber und in Verbindung mit den weißglänzenden Wolken einen eigentümlichen Effekt machen! Doch was haben wir hier wieder?«

Er meinte einen gegen die Wand lehnenden kleineren Karton, der sich grau in grau als eine Darstellung meiner Heimatsgegend zur Zeit der Völkerwanderung auswies. Über die bekannten Landformen zogen sich Urwälder neben- und übereinander hin, zwischen deren Furchen ein ferner Heerbann sich bewegte; auf einer Berghöhe rauchte ein römischer Wachtturm. Doch schon hatte Lys einen zweiten Entwurf umgedreht, eine sozusagen geologische Landschaft. Durch neuere Gebirgsarten, die sich schulgerecht unterscheiden lassen, ist ein kronenartiges Urgebirge gebrochen, welches mit jenem zusammen doch eine malerische Linie zu bilden sucht. Kein Baum oder Strauch belebt die harte öde Wildnis; nur das Tageslicht bringt einiges Leben, das mit dem dunkeln Schatten einer über dem höchsten Gipfel ruhenden Wetternacht ringt. Im Gestein aber beschäftigt sich Moses auf den Befehl Gottes mit der Herrichtung der Tafeln für die zehn Gebote, die zum zweiten Male aufgeschrieben werden sollen, nachdem die ersten Tafeln zerbrochen worden.

Hinter dem riesigen Manne, der in tiefem Ernste über den Tafeln kniet, steht auf einem Granitstück, ohne daß er es ahnt, das prästabilierte Jesuskind, unbekleidet, und schaut, die Händchen auf dem Rücken, dem gewaltigen Steinmetzen ebenso ernsthaft zu. Ich hatte, weil es sich nur um einen ersten Entwurf handelte, die Figuren selbst erschaffen, so gut ich es vermocht, was sie der Epoche der Erdrevolutionen noch näher rückte. Da der Moses mit den Strahlenhörnern und das Kind mit der Glorie versehen waren, so erkannte Lys zu meiner Genugtuung sofort den Gegenstand, rief gleich darauf: »Da ist der Schlüssel! Wir haben also einen Spiritualisten vor uns, einen, der die Welt aus dem Nichts hervorbringt! Sie glauben wahrscheinlich heftig an Gott?«

»Allerdings«, sagte ich, neugierig zu wissen, wo er hinauswolle; Erikson aber unterbrach uns, indem er zu Lys gewendet sagte: »Lieber Freund! Plagen Sie sich doch nicht immer mit der Ausreutung des lieben Gottes! Sie machen es sich wahrhaftig saurer, als der ärgste Fanatiker mit der Einpflanzung desselben!«

»Ruhig, Indifferentist!« versetzte Lys und fuhr fort: »Da haben wir es also! Sie wollen sich nicht auf die Natur, sondern allein auf den Geist verlassen, weil der Geist Wunder tut und nicht arbeitet! Der Spiritualismus ist diejenige Arbeitsscheu, welche aus Mangel an Einsicht und Gleichgewicht der Erfahrung hervorgeht und den Fleiß des wirklichen Lebens durch Wundertätigkeit ersetzen, aus Steinen Brot machen will, anstatt zu ackern, zu säen, das Wachstum der Ähren abzuwarten, zu schneiden, zu dreschen, mahlen und backen. Das Herausspinnen einer fingierten, künstlichen, allegorischen Welt aus der Erfindungskraft, mit Umgehung der guten Natur, ist eben nichts anderes, als jene Arbeitsscheu; und wenn Romantiker und Allegoristen aller Art den ganzen Tag schreiben, dichten, malen und operieren, so ist dies alles nur Trägheit gegenüber derjenigen Tätigkeit, welche nichts anders ist, als das notwendige und gesetzliche Wachstum der Dinge. Alles Schaffen aus dem Notwendigen heraus ist Leben und Mühe, die sich selbst verzehren, wie im Blühen das Vergehen schon herannaht; dies Erblühen ist die wahre Arbeit und der wahre Fleiß; sogar eine simple Rose muß vom Morgen bis zum Abend tapfer dabei sein mit ihrem ganzen Korpus und hat zum Lohne das Welken. Dafür ist sie aber eine wahrhaftige Rose gewesen!«

Da ich ihn nur halb verstand, indem ich doch glaubte, gearbeitet zu haben, so sagte ich ihm dies.

»Das geht so zu«, antwortete er: »Die geognostische Landschaft, die Sie darstellen wollen, haben Sie nie gesehen und werden sie, ich will wetten, auch niemals sehen. Dahinein setzen Sie zwei Figuren, mit denen Sie teils die Schöpfungsgeschichte und den Schöpfer feiern, teils aber ironisieren; das ist ein gutes Epigramm, aber keine Malerei; und endlich könnten Sie, wie man wohl sieht, die Figuren, wenigstens jetzt, gar nicht selbst ausführen, ihnen folglich nicht diejenige Bedeutung geben, die Sie sich geistreich denken; folglich stehn Sie mit dem ganzen Handel in der Luft; es ist ein Spiel und keine Arbeit! Nun aber genug hievon, und lassen Sie sich sagen, daß ich meine Predigt nicht gegen Sie, sondern gegen die ganze Gattung richte; denn an sich betrachtet, machen mir Ihre Sachen schon deswegen Vergnügen, weil sie einen Kontrast zu den meinigen bilden. Wir sind allzumal dualistische Tröpfe, wir mögen es anfangen, wie wir wollen. Was haben Sie hier für einen Schädel, der war nie präpariert, kommt also aus der Erde?«

Er deutete auf den Schädel des Albertus Zwiehan, der in einer Ecke am Boden lag.

»Der gehörte auch einem Dualisten an in gewissem Sinne«, erwiderte ich und erzählte, indem wir fortgingen, mit einigen Worten die Geschichte von den zwei Weibern, zwischen denen jener hin und her gezogen worden. »Ich sag' es ja!« lachte Lys, »nehmen wir uns in acht, daß wir nicht zwischen zwei Stühle fallen!«

Wir blieben bis tief in die Nacht alle drei beieinander und verabredeten, uns öfter zu treffen, was denn auch geschah, so daß wir bald gute Freunde und überall zusammen gesehen wurden.

Zwölftes Kapitel

Fremde Liebeshändel

Die räumliche Entfernung unserer Heimatlande untereinander, indem sie im äußersten Norden, Westen und Süden des ehemaligen Reichsrandes liegen, verband uns mehr, als daß sie uns trennte. Alle drei von einem gleichen inneren Zuge der gemeinsamen Abstammung beseelt und an den großen Binnenherd der Völkerfamilie gekommen, befanden wir uns in der Lage weitläufiger Vettern, die im Gedränge eines gastfreien Hauses unbeachtet die Köpfe zusammenstecken und sich Lob oder Tadel dessen, was ihnen gefiel oder mißfiel, gegenseitig anvertrauen. Wir hatten freilich schon ein und anderes Vorurteil mitgebracht, ohne unsere Schuld. Es war jene Zeit, da Deutschland von seinen dreißig oder vierzig Inhabern so engsinnig und ungeschickt verwaltet wurde, daß Scharen von Vertriebenen jenseits der Grenzen umherzogen und die Fremden im Schmähen und Schelten gegen ihr Vaterland förmlich unterrichteten. Sie setzten Spottworte in Umlauf, welche den Nachbaren bisher unbekannt gewesen waren und nur aus dem Innern des gescholtenen Landes kommen konnten, und da die Gaben der Selbstironie, deren Übertreibung das Phänomen am Ende war, außerhalb Deutschlands nur spärlich verstanden und geschätzt werden, so nahm der Fremde das Unwesen zuletzt für bare Münze und lernte es selbständig gebrauchen oder mißbrauchen, zumal man sich mit solchem Tun förmlich einschmeicheln konnte bei den Unglücklichen, die in ihrer Weltunkenntnis hievon Hilfe und Beistand erwarteten. Jeder von uns hatte dergleichen gehört und in sich aufgenommen. Mit der Zeit aber führte uns das vertraute Gespräch zu der Verständigung, daß die Ausgewanderten und die Daheimgebliebenen jederzeit verschiedene Leute seien, und daß, um den Charakter eines Volkes recht zu kennen, man dasselbe bei sich und an seinem Herd aufsuchen müsse. Es sei geduldiger und darum auch besser, als die Ausgeschiedenen, und stehe daher nicht unter, sondern über ihnen, trotz des gegenteiligen Anscheines, den es schließlich immer zu vernichten wisse.

Waren wir nun hierüber beruhigt, so plagte uns wieder ein anderes Übel, nämlich der Gegensatz zwischen den Südlichen und Nördlichen. Bei Völkerfamilien und Sprachgenossenschaften, welche zusammen ein Ganzes bilden sollen, ist es ein wahres Glück, wenn sie einander etwas aufzurücken und zu sticheln haben; denn wie durch alle Welt und Natur bindet auch da die Verschiedenheit und Mannigfaltigkeit, und das Ungleiche und doch Verwandte hält besser zusammen. Das aber, was wir die Nord- und Südländer sich vorwerfen hörten, war gröblich beleidigend und lieblos, indem diese jenen Herz und Gemüt, jene diesen Geist und Verstand absprachen, und so unbegründet die Tradition war, gab es nur wenige tüchtige Personen beider Hälften, welche nicht daran glaubten. Oder jedenfalls zeigten nur wenige den Mut, die schlendrianischen Reden solcher Art zu unterbrechen, wenn sie unter den Ihrigen waren. Um für unser Bedürfnis den vermißten idealen Zustand herzustellen, gaben wir uns das Wort, jedesmal wenn der Fall eintrat, als Unparteiische aufzutreten, ob wir einzeln oder in Kompanie zugegen seien, und für den, wie wir glaubten, mißhandelten Teil einzustehen. Zuweilen gelang es uns, einige Verblüffung zu erregen oder gar eine wohlwollende Wendung hervorzurufen; andere Male dagegen wurden wir selbst da oder dorthin klassifiziert und je nach unserer Herkunft als einfältige Biederleute und Gemütsduseler oder als überkritische, geistreiche Hungerschlucker bezeichnet. Weil das aber uns keineswegs unglücklich machte, vielmehr unsere Heiterkeit wachrief, so wurde wenigstens der schneidende Ton der Unterhaltung gemildert und ein leidlicher Ausgleich zustande gebracht.

Unser Mittleramt wurde aber eines Tages überflüssig und zugleich schönstens belohnt, als die ganze reich geartete Künstlerschaft, die kommende Faschingszeit zu feiern, sich zusammentat, um in einem großen Schau- und Festzuge ein Bild untergegangener Herrlichkeit zu schaffen, nicht mit Leinwand, Pinsel und Meißel, sondern mit Einsetzung der lebendigen Person. Es sollte das alte Nürnberg wieder auferweckt werden, wie es in beweglichen Menschengestalten sich darstellen konnte und wie es zu der Zeit war, als der letzte Ritter, Kaiser Maximilian I., in ihm Festtage feierte und seinen Sohn Albrecht Dürer mit Ehren und Wappen bekleidete. In einem einzelnen Kopfe entstanden, wurde die Idee sogleich von achthundert Männern und

Jünglingen, Kunstbeflissenen aller Grade, aufgenommen und als tüchtiger Handwerksstoff ausgearbeitet und ausgefeilt, als ob es gälte, ein Werk für die Nachwelt zu schaffen, und es erwuchs in der sachgerechten und allseitigen Vorbereitung eine Lust und Geselligkeit, welche wohl an Macht von der Freude des Festtages überboten wurde, in der Erinnerung jedoch ein lieblich heller Teil des Ganzen blieb.

Der Festzug zerfiel in drei Hauptzüge, von denen der erste die nürnbergische Bürger-, Kunst- und Gewerbswelt, der zweite den Kaiser mit den Fürsten, Reichsrittern und Kriegsmännern und der dritte einen alten Mummenschanz umfaßte, wie er von der bedeutenden Reichsstadt dem gekrönten Gast vorgeführt wurde. In diesem letzten Teile, welcher recht eigentlich ein Traum im Traume genannt werden konnte, hatten wir dreie unsern Standort gewählt, um als verdoppelte Phantasiegebilde im Schattenbilde der Vergangenheit mitzuziehen.

Der Ernst und die feierliche Pracht, womit die Unternehmung von vornherein angelegt war, hatten die Teilnahme des weiblichen Geschlechtes nicht ausgeschlossen; Frauen, Töchter, Bräute der Künstler und deren Freundinnen aus den andern Ständen bereiteten demnach ihre festliche Umkleidung vor, und es gehörte nicht zu den geringsten Vorfreuden der Männer, an der Hand der alten Trachtenbücher das wichtige Geschäft zu leiten und darüber zu wachen, daß die Sammet- und Goldstoffe, die schweren Brokate und die duftigen Flore für die schlanken Gestalten richtig zugeschnitten und zusammengesetzt, die Haare in gehöriger Weise geflochten oder ausgebreitet wurden, die Federhüte, die Barette, Hauben und Häubchen aller Art Form und Stil bekamen und gut saßen. Zu diesen Beglückten zählten sich auch meine Freunde Erikson und Lys, von denen jeder in seiner Weise auf einem Liebeswege ging.

In die jährliche Verlosung, welche mit der Gemäldeausstellung verbunden war, hatte Erikson eines seiner kleinen Bilder verkauft, und dasselbe war von der Witwe eines großen Bierbrauers gewonnen worden, die nicht gerade im Rufe einer Kunstfreundin stand, sondern mehr in Erfüllung einer Anstandspflicht reicher Leute sich an diesen Dingen beteiligte. Da es öfters vorkam, daß so gewonnene Gegenstände an zudringliche Händler verschleudert wurden, so suchten die

Künstler ihr Werk in solchem Falle wieder zu erwerben, um den Gewinn selbst zu machen. Auch Erikson hatte bei gedachter Gelegenheit den Versuch gewagt und gehofft, das Bild um ermäßigten Preis an sich zu bringen, um es abermals zu verkaufen und der Mühsal der Erfindung und Ausführung eines neuen Werkleins für einmal enthoben zu sein. Denn er war bescheiden und hielt nicht dafür, daß das Bestehen der Welt von der Unerschöpflichkeit seines Fleißes abhänge. Er suchte also die Wohnung der Gewinnerin unverweilt auf und stand bald auf dem Vorsaale des Witwensitzes, dessen Stattlichkeit das Gerücht von dem Reichtum des verstorbenen Brauers zu bestätigen schien. Eine alte Dienerin, welcher er sein Anliegen mitteilen mußte, brachte ihm ohne Zögern den Bericht, daß die Herrin das Bild mit Vergnügen abtrete, daß er aber ein andermal wieder vorsprechen möge. Weit entfernt, über solche Willfährigkeit und Geringschätzung empfindlich zu sein, ging Erikson ein zweites und drittes Mal hin, und erst jetzt wurde er etwas betroffen und erbost, als die Dienerin endlich kund tat, die bequeme Dame verkaufe das Bild um ein Vierteil des angegebenen Wertes und bestimme das Geld für die Armen; der Herr Maler möge, um nicht fernere Mühe zu haben, es am anderen Tage bestimmt abholen und das Geld mitbringen. Er tröstete sich indessen mit der Aussicht, nun jedenfalls ein Vierteljahr nicht malen zu müssen, und das Wetter ausspähend, ob es gute Jagdtage verspreche, machte er sich zum vierten Male auf den Weg.

Die unvermeidliche Alte führte ihn in ihr kleines Dienstgemach und ließ ihn da stehen, um das Kunstwerkchen herbeizuholen. Dieses war aber nirgends zu finden; immer mehr Bedienstete, Köchin, Kammermädchen, Hausknecht und Kutscher, rannten umher und suchten in Küche, Keller, Kammern und Remisen. Endlich rief das Geräusch die Witwe herbei, und als sie, die nach dem kleinen Bildchen urteilend gewähnt hatte, einen ebenso kleinen und dürftigen Urheber zu finden, nun den mächtigen Erikson dastehen sah, dessen Goldhaar glänzend auf die breiten Schultern fiel, geriet sie in die größte Verlegenheit, zumal er, aus einem ruhigen Lächeln erwachend, sie mit festem offenem Blicke betrachtete wie eine Erscheinung. Sie war aber auch des längsten Anschauens wert; von der Rosenfarbe der Gesundheit und Lebensfrische überhaucht, kaum vierundzwanzig Sommer alt, vom reinsten Ebenmaß an Gestalt und Gliedern, mit braunem Seidenhaar und braunen lachenden Augen, konnte ihr Wesen kurz und gut als ein aphroditisches im besten Sinne bezeichnet werden, ein solches nämlich, das der Eignerin wohl bewußt war und von ihr selbst darum mit edler Sitte gehütet wurde.

Um die gegenseitige Verwunderung und Verlegenheit zu endigen, lud die Errötende mit zurückgekehrter Geistesgegenwart den Maler ein, in das Zimmer zu treten, und wie sie dort waren, entdeckte er die kleine Gemäldekiste, welche als Fußschemel unter dem Arbeitstischchen der Witwe stand, von dieser nicht beachtet oder vergessen.

»Hier ist's ja!« sagte Erikson und zog das Kistchen hervor. Es war noch nicht einmal geöffnet worden; denn der Deckel haftete noch leicht aufgeschraubt an demselben. Erikson machte ihn mit wenig Mühe los, und das kleine Bild glänzte nun in seinem Rahmen, der nach einem alten reichen Muster gearbeitet war, mit aller Frische im Tageslichte. Inzwischen hatte die junge Frau die Lage der Dinge schnell zu erfassen gesucht und wünschte vor allem der Beschämung zu entgehen, die ihr die nachlässige Art, eine Kunstsache zu behandeln, zuziehen konnte. Von neuem errötend, sagte sie, sie habe in der Tat nicht gewußt, um was es sich handle; nun aber, obgleich sie keine Kennerin sei, scheine ihr doch das Bildchen von vorzüglichem Werte, und sie glaube, den Schöpfer desselben zu beleidigen, wenn sie nicht mindestens die Hälfte des Ankaufspreises verlange. Besorgt, sie möchte ihre Forderung abermals erhöhen, beeilte sich Erikson, die Börse zu ziehen und die Goldstücke hinzulegen, indes die Dame das einfache Landschäftlein immer aufmerksamer betrachtete und die schönen Augen in dem sonnigen Gefildchen spazieren gehen ließ, wie wenn sie Land und Meer des Golfes von Neapel vor sich hätte. Dann blickte sie wie verschüchtert zu dem Recken empor und begann wieder: Je mehr sie das Bild ansehe, desto besser gefalle es ihr, und sie müsse nun die volle Summe dafür fordern!

Seufzend bot er drei Vierteile, um wenigstens etwas zu retten. Allein sie scheute sich keineswegs, auf ihrer Wortbrüchigkeit zu beharren, und erklärte, das Bild lieber behalten, als es unter dem Werte hingeben zu wollen. »In diesem Falle wäre es lieblos von mir«, versetzte Erikson, »mein kleines Werk einer so guten Stelle zu berauben;

auch habe ich keine weitere Ursache mehr, auf einem Handel zu bestehen, der mir keinen Gewinn bringt!«

Er strich hiemit sein Geld wieder ein und machte Anstalt, sich zu entfernen. Doch die Schöne, den Blick auf das Bildchen gerichtet, bat ihn mit einiger Verlegenheit, noch einen Augenblick zu verziehen. Erst jetzt bot sie ihm einen Stuhl an, um Zeit zu gewinnen, ihre Genugtuung für den solchem Manne angetanen Affront vollständig zu machen. Endlich besann sie sich auf den schicklichsten Ausweg und fragte Erikson mit höflichen Worten, ob sie ein Gegenstück zu dem Bilde bei ihm bestellen dürfe, das ebenso freundlich und friedlich auf das Auge wirke, so daß sie sozusagen für jedes Auge einen solchen Ruhepunkt hätte, wenn sie an ihrem Schreibtische säße, über welchem sie die Bildchen aufzuhängen gedenke. Dieser optische Unsinn erweckte eine vergnügliche innere Heiterkeit des Malers, und obgleich er hergekommen war, um eine Verminderung statt Vermehrung der Arbeit zu erzielen, bejahte er natürlich die Frage in verbindlicher Weise, worauf aber die Witwe plötzlich die Unterhaltung abbrach und den Maler mit zerstreutem Wesen entließ.

Diesen bisherigen Verlauf hatte uns Erikson am Abend des gleichen Tages als hübsches Abenteuer selbst erzählt; in der folgenden Zeit aber kam er nicht mehr darauf zurück, sondern beobachtete über den Gegenstand ein sorgfältiges Schweigen. Wir errieten trotzdem an einem Zeichen, wie es stand, als er eines Tages, von dem fertiggewordenen zweiten Bildchen sprechend, nicht vermeiden konnte, der Bestellerin zu erwähnen, und sie dabei unvorsichtig bei ihrem Taufnamen Rosalie nannte. Wir andere sahen uns schweigend an; denn wir mochten ihn als aufrichtige Freunde, die ihm verdientermaßen zugetan waren, auf seinen Wegen nicht stören.

Selbst einer reichen Brauersfamilie entsprossen, war das junge Mädchen in Befolgung einer alten Hauspolitik dem Bräuherren verbunden worden, da die Grundlage des klassischen Nationalgetränkes an sich von öffentlicher Bedeutung und wichtig genug war, derartige Überlieferungen zu tragen. Nachdem aber der kräftige Bräuherr unversehens von einem gefährlichen Fieber dahin gerafft worden, sah sich die Witwe mit einem Schlage in voller Freiheit und Selbständigkeit versetzt, mit welcher sich das inzwischen gereifte Bewußtsein der Person verband. Mit jener außergewöhnlichen Schönheit begabt, die ebenso selten als dann auch vollkommen erscheint, von innen heraus zugleich von dem Bedürfnis harmonischen Lebens beseelt, hatte sie sich zunächst mit den leichten und doch starken Schranken ruhiger Absichtslosigkeit, ja Resignation umgeben, um jeder Reue bringenden Übereilung und Gewaltsamkeit aus dem Wege zu gehen, wahrscheinlich aber doch mit dem Vorbehalte entschiedener Wahl, sobald die rechte Stunde käme. Diese war mit der Erscheinung Eriksons unvermutet da; in Erkennung oder Ahnung derselben hatte Rosalie den ersten Augenblick nicht verscherzt, nachher aber mit aller Ruhe und Umsicht sich weiter benommen. Sie wußte Erikson nach und nach Gelegenheit zu geben, mit allerlei Rat bei ihr zu erscheinen; das gab sich ungezwungen von selbst, da sie in der Tat begriffen war, die zufällige und bunte Art ihres Hausrates und Wohnsitzes umzuwandeln, zu vereinfachen und doch zu bereichern. Mit geheimer Freude bemerkte sie die ruhige Sicherheit in Eriksons Auskünften und Hilfeleistungen, und wie er ganz an seiner Stelle schien, wenn er über Mittel und Raum in zweckmäßiger Weise verfügen konnte. Daß er von guter Familie und Erziehung war, blieb ihr nicht verborgen, soweit sie das aus eigener Erfahrung zu beurteilen vermochte, und so ging sie Schritt für Schritt weiter in der Absicht, den Bären zu fangen, dessen Gefangene sie schon war. Sie zog mehr Gäste herbei, um ihn öfter einladen zu können und ihn bei Tische zu sehen; auch veranlaßte sie ihn, Freunde bei ihr einzuführen, so daß ich ebenfalls einoder zweimal in ihr Haus geriet, wobei es mir zustatten kam, daß ich nach dem Wunsche meiner Mutter mich immer noch im Besitze eines geschonten Sonntagskleides befand. Unsern Freund Lys hingegen brachte er kein einziges Mal hin, des verschlossenen Albums wegen, wie er mir anvertraute, was ich mit ernster Miene billigte. Ich glaube beinahe, daß ich eine Art pharisäischer Eitelkeit über meine Bevorzugung beherbergte und mir etwas darauf zu gut tat, daß ich noch nie durch Reichtum, Freiheit, Weltkenntnis und geeignete Persönlichkeit in die Lage gekommen war, die eigene Tugend zu bewähren. Denn meine frühen judithischen Abenteuer brachte ich keineswegs in Anschlag; ich lebte auf jenem Punkte, wo man die sogenannten Kindereien für geraume Zeit vergessen und in selbstgerechter Härte alles verurteilt, was man noch nicht erfahren hat. Als jetzt das Künstlerfest vorbereitet wurde, standen die Sachen zwischen Rosalie und Erikson so, daß jene halbwegs als seine Partnerin daran teilnehmen konnte, wie man etwa der Einladung zu einem Balle folgt.

Auf einem anderen Wege wandelte Lys, um seine Festgefährtin zu holen. In einem altertümlichen Teile der inneren Stadt, auf einem kleinen Seitenplatze stand ein schmales Haus von geschwärztem Backstein erbaut und nur drei Stockwerke hoch, jedes nur von der Breite eines einzigen, freilich ansehnlichen Fensters. Nicht nur die Fenster waren reich in ihrer Einfassung gegliedert, sondern in die Höhe laufend unter sich mit Zierrat verbunden, der wiederum verdunkelte Mauergemälde einfaßte. So bildete das Haus einen kleinen Turm oder vielmehr ein schlankes Monument, wie etwa Künstler vergangener Jahrhunderte mit besonderer Liebe für sich selber erbaut haben. Über der Haustüre reichte ein Marienbild von schwarzem Marmor, das auf einem vergoldeten Halbmonde stand, bis zum ersten Stockwerke, und an der Türe glänzte noch der ursprüngliche Türklopfer, der ein kühn sich hinausbiegendes Meerweibchen darstellte. Das untere Gemälde über dem ersten Fenster enthielt den Perseus, wie er die Andromeda von dem Drachen befreit, dasjenige über dem zweiten Fenster den Kampf des heiligen Georg, der die libysche Königstochter aus der Gewalt des Lindwurmes erlöst, und auf die spitze Giebelmauer war der Engel Michael gemalt, der zu Gunsten der Jungfrau über der Haustüre ebenfalls ein Ungeheuer mit der Lanze niederstieß. Vor vielen Jahren, als solche Denkmäler, wie dies zierliche Häuschen, verachtet und niedergerissen oder übertüncht wurden, hatte ein kleiner Baumeister dasselbe für wenig Geld an sich gebracht, sorglich erhalten und seinem Sohne hinterlassen, der ein mittelmäßiger Bildnismaler und zugleich ein Ersatzmann in des Königs Hartschiergarde gewesen, da er ein stattlicher Mann war. Die Witwe dieses malenden Hartschiers lebte mit ihrer Tochter in dem alten Hause von einem kleinen Witwengehalt und einer gewissen Summe, welche ihr jährlich dafür bezahlt wurde, daß sie ohne höhere Bewilligung das Haus nicht verkaufte, noch an der Fassade etwas zerstören oder ändern ließ.

Die Tochter, Agnes geheißen, war das Urbild jener letzten Zeichnung in dem Album des schönheitskundigen Lys, der erst das Haus und sodann, das Innere desselben beschauend, auch das Juwel entdeckt hatte, den das Kästchen umschloß; die Mutter war nicht nur die Hüterin der Schönheit von Kind und Haus, sondern auch ihrer eigenen, soweit sie noch in einem lebensgroßen Bildnisse von der Hand ihres toten Eheherrn erglänzte. Von einem hohen Kamme überragt, zu jeder Seite der Stirn drei querliegende Locken, beherrschte sie im Schimmer ihres Brautstandes das Gemach, und vor dem Bilde standen jederzeit zwei rosenrote Wachskerzen, die noch nie gebrannt hatten. Trotz der flachen und schwächlichen Malerei machte sich die ehemalige Schönheit geltend; es war dabei nicht zu erkennen, ob eine gewisse Seelenlosigkeit mehr von dem Ungeschick des Malers oder dem Wesen der Frau herrührte; dennoch regierte sie mit dem Bilde noch immer das Haus und brauchte bloß einen Blick darauf zu werfen im Vorübergehen, um die Schönheit der Tochter sich nicht über den Kopf wachsen zu lassen. Diese Blicke wiederholten sich während des Tages ebenso regelmäßig, wie das Eintauchen ihrer Fingerspitzen in das Weihwasserkesselchen neben der Stubentüre. Von der Seele aber, die in der Reihenfolge des Werdens ihr ohne Aufenthalt entschlüpft, war ein Teil in der Tochter wieder zum Vorschein gekommen, freilich so schwank, still und elementarisch, wie das Leibliche, in dem sie wohnte.

Als Lys mit gewandten und angenehmen Sitten sich so weit eingeführt hatte, daß er jene Figur zeichnen durfte, zwar nicht in das bewußte Buch, sondern vorerst in größerer Form auf ein besonderes Studienblatt, fand er weder den Mut noch den Anlaß, den gewohnten Zyklus durchzuführen, und es blieb bei dem einzigen Eintrag in das Album, den er nach der Studie mit Liebe und Sorgfalt vornahm. Er verbrachte zuweilen einen Abend bei den Frauen, führte sie auch einmal in das Theater oder in einen Lustgarten, und wo sie erschienen, erregte die seltene Erscheinung der Agnes ein so allgemeines und zugleich reines Wohlgefallen, daß sich keinerlei Nachrede oder Mißdeutung vernehmen ließ. Alle ihre ruhigen Bewegungen waren einfach und kurz nur auf den nächsten Zweck gerichtet und daher voll Anmut; ihre Augen glänzten, wenn sie von irgend einem Reiz angesprochen wurde, mit der treuherzigen Unschuld eines jungen Tieres, das noch keine Mißhandlung erfahren hat, und so kam es, daß Lys, anstatt eine seiner früheren Liebeleien anzufangen, unwillkürlich in einen ehrenhaften ernsteren Verkehr hineingeriet, der ihm zum bisher unbekannten Bedürfnis wurde. Seine Befangenheit mehrte sich, wenn die Mutter in der Absicht, die Bravheit des Kindes zu rühmen, in dessen Abwesenheit erzählte, wie es nie imstande gewesen sei, die kleinste Lüge auch nur zum Scherz aufzubringen, und schon in frühsten Jahren jede Übertretung selbst angezeigt habe, und zwar mit einer solchen Ruhe, wenn nicht Neugierde über den Erfolg, daß die Strafe als unmöglich oder überflüssig erschien. Die Mutter konnte dann in ihrer Weise, um nicht selbst für unklug zu gelten, die Andeutung nicht unterlassen, das Kind dürfte allerdings keines der geistreichsten, dafür aber umso ehrlicher und vollkommen aufrichtig sein. Lys wußte aber bereits, daß Agnes klüger war, als die Mutter, wenn sie dessen auch noch nicht inne geworden; nicht minder übertraf sie dieselbe an Geschicklichkeit; denn er bemerkte, daß sie häusliche Geschäfte rasch und geräuschlos besorgte, ohne je etwas zu zerbrechen, während die Mutter alles mit beträchtlichem Aufwand von Hin- und Hergehen, Reden und Klappern verrichtete und ihre Taten nicht selten mit dem Klirren eines entzwei gegangenen Geschirres abschloß. Alsdann pflegte die Tochter eine erklärende oder tröstliche Bemerkung zu machen, welche dem graziösesten Witze gleich und doch mit tiefem Ernste rein sachlich gemeint und gegeben war. Allein welcher Art der Geist oder das Wesen dieses Geschöpfes sei, blieb ihm unbekannt, und wenn man ihn wegen seiner Entdeckung beglückwünschte und erklärte, die Agnes werde das beste Malerfrauchen abgeben, das man finden könne, still, harmonisch und eine unerschöpfliche Quelle schöner Bewegung, so schüttelte er den Kopf und meinte, er könne doch nicht ein Naturspiel heiraten!

Dennoch setzte er seine Besuche in dem schlanken Häuschen, drin das schlanke Wesen wohnte, fort und hütete sich nur, etwas Verliebtes zu tun oder zu sagen. Die Augen des Mädchens kamen ihm vor wie ein stilles Wasser, das wohl widerstandslos, aber auch für einen guten Schwimmer nicht gefahrlos ist, da man nicht wissen kann, welche Pflanzen oder Tiere es in seiner Tiefe verbirgt. Von der unbestimmten Vorstellung solcher Fährlichkeiten bedrückt, geriet er in ungewohnte Sorgen und stieß hie und da einen Seufzer aus, ohne es zu wissen; diese Seufzer aber entfachten die geheime Glut einer herzlichen Neigung, die seit geraumer Zeit in dem kaum siebzehnjährigen Mädchen entzündet war, zur lebendigen Flamme. Jedermann konnte das liebliche Feuer sehen; auch wir Freunde sahen es, als Lys bei den beiden Frauen zuweilen eine kleine Abendbewirtung anstellte und uns dazu einlud, um nicht allein dort zu sein und doch das Haus nicht meiden zu müssen. Wir sahen, wie sie stets die Augen auf ihn richtete, sich traurig wegwendete und doch immer wieder näherte, während er sich zwang, es nicht zu bemerken, aber sichtlich sich hundertmal zurückhalten mußte, sie mit der zuckenden Hand nicht zu berühren. Gelang es ihr dagegen einmal, sich so zu stellen, als ob sie seine trockene väterliche Art verstehe und würdige, und dabei ein Weilchen die Hand auf seiner Schulter liegen zu lassen oder gar sich wie ein unbefangenes Kind einen Augenblick an ihn zu lehnen, so leuchtete das Glück aus ihren Augen, und sie blieb den ganzen Abend hindurch zufrieden und genügsam.

Das Verhältnis begann für alle schwierig und bedenklich zu werden, die Mutter ausgenommen, welche die Belebung ihres Hauses angenehm empfand und nicht zweifelte, daß Lys eines Tages mit einem ernsten Antrage sich einstellen werde, gerade weil er so zurückhaltend sei. Auch Erikson mühte sich, anderweitig in Anspruch genommen, nicht stark um die Sache, und besonders wenn wir das zierliche Haus zusammen verließen, ging er unverweilt seine eigenen Wege, während ich mit Lys bald vor seine, bald vor meine Haustüre zu wandeln und dort noch stundenlange zu verhandeln und zu streiten pflegte. Ich wagte gar nicht, ihn des Mädchens wegen offen zur Rede zu stellen; denn er war hierin kurz abgebunden und stellte sich, je unentschlossener er sich fühlte, umso fester als einer, der wisse, was er tue und zu tun habe. Dafür nahm ich den Umweg durch metaphysische Disputationen, weil ich die Leichtfertigkeit, deren ich ihn mit aufrichtigen Schmerzen bezüchtigte, mit der Gottlosigkeit zusammenwarf, welche er in so später Stunde ebenso eifrig und närrisch verteidigte, wie ich sie unaufhörlich angriff. Wir sprachen zuweilen so lange und so laut durch die Stille der Nacht, daß die Scharwächter der Stadt uns zur Schonung der schlafenden Bürger vermahnten. Plötzlich aber, zur Zeit, da das Künstlerfest vorbereitet wurde, unterbrach Lys einmal meine Rede, von der er wohl merkte, wo sie hinaus wollte, und kündigte mit ruhigen Worten an, daß er die Agnes als seine Festgefährtin einladen und auf den Verlauf des Festes abstellen wolle, ob eine bleibende Verbindung zwischen ihnen sich ergeben werde. Bei derartigen Anlässen, sagte er, pflegen die befangenen Menschenkinder aus sich heraus zu gehen und schicksalsfähiger zu sein, als in gewöhnlichen Tagen. Auch für ihn stehe die Sache so, daß er einer zufälligen Entscheidung bedürfe, indem die Kraft des Wunsches und die Besorgnis eines Fehltrittes sich vollkommen die Waage hielten.

Agnes blühte augenblicklich in neuer Hoffnung auf, als der Geliebte das Wort des Heiles an sie richtete; denn sie hatte schon in stiller Trauer dem Gedanken entsagt, im Glanze jener Festfreuden ihm auch nur nahe sein zu können. Aber sie wollte das Heil nicht berufen und fügte sich still und demütig allen seinen Anordnungen, als er mit den reichen Stoffen zu ihren Gewändern erschien, welche die schlanke Gestalt umspannen, ihren Wuchs zum Ausdrucke rein geprägter Schönheit bringen sollten. Aber während er ihre schwarzen Haarwellen, die für drei Mädchenköpfe ausgereicht hätten, vorprüfend durch die Hände laufen ließ und in neue Lagen ordnete und sie lautlos das Haupt dazu hinhielt, beschloß sie in diesem selben jungen Haupte stumm und feierlich, nur danach zu trachten, wie sie ihn im rechten Augenblick in ihre Arme zwingen und ihr Leben unauflöslich mit dem seinigen verbinden möge. Der kühne Vorsatz konnte nur die Ausgeburt des kindlich einfachen, aber in Aufregung geratenen Wesens sein.

Dreizehntes Kapitel

Wiederum Fastnacht

Das größte Theater der Residenz war in einen Saal umgewandelt und hatte, voll erleuchtet, bereits die beiden Körper des Festheeres, die Darstellenden und die Zuschauer, in sich aufgenommen. Während auf den Galerien und in den Logenreihen die schauende Welt versammelt harrte und einstweilen sich selbst in ihrem Schmucke betrachtete, summten die Seitensäle und Gänge dicht angefüllt von den sich ordnenden Künstlerscharen. Hier wogte es hundertfarbig und schimmernd durcheinander. Jeder war für sich eine inhaltvolle Erscheinung und Person, und indem er selber etwas Rechtem gleichsah, schaute er freudig den Nächsten, welcher in der schönen Tracht nun ebenfalls so vorteilhaft und kräftig erschien, wie man gar nicht hinter ihm gesucht hätte, trotzdem der Kern der Festgebenden nicht aus leeren Figuranten und Lebemenschen, sondern aus schwungvollen, vom Genius gehobenen Jünglingen und längst in gediegener Arbeit ausgereiften Männern bestand, welche einen rechtsgültigen Anspruch besaßen, die bewährten Vorfahren darzustellen. Außer den Malern und Bildhauern gingen im Zuge Baumeister, Erzgießer, Glas- und Porzellanmaler, Holzschneider, Kupferstecher, Steinzeichner, Medailleure und viele andere Angehörige eines voll ausgegliederten Kunstlebens. In den Gießhäusern standen zwölf Ahnenbilder für den Königspalast, soeben vollendet, jedes zwölf Fuß hoch und im Feuer vergoldet. Zahlreiche Statuen von Landes- und Geistesfürsten eigener und fremder Nationalität, zu Roß und Fuß, samt den Bildwerken ihrer Fußgestelle, waren schon vollendet und in der Welt zerstreut, riesenhafte Unternehmungen begonnen, und es ging in den Feuerhäusern wohl schon so gewaltsam und kraftvoll her, wie an jenem Gußofen zu Florenz, als Benvenuto seinen Perseus goß. In Fresko und Wachs waren schon unabsehbare Wände bemalt; haushohe gemalte Fenster wurden gebrannt und zusammengesetzt in einem Farbenfeuer, das der Auferstehung einer untergegangenen Kunst angemessen war, um sie würdig zu feiern. Was die Gemäldesammlungen an seltenen und unersetzbaren Schätzen auf vergänglicher Leinwand bewahrten, wurde zur Erhaltung in dauernder Wiedergabe von geübten Arbeitern mit anspruchlosem Fleiße auf Porzellantafeln und edle Gefäße übergetragen mit einer Kunst, die erst seit wenig Jahren in solchem Grade bestand. Was nun der ganzen Trägerschaft dieser Kunstwelt, den großen und kleineren Meistern, den Gesellen und Schülern einen erhöhten Wert verlieh, das war der reinere Abglanz der ersten Jugendreife einer solchen Epoche, deren ideale Freudigkeit im selben Zeitalter selten wiederkehrt, eher schon von dem leichten Schatten der Verbildung und Ausartung da und dort umschwebt wird. Alle, auch die bejahrteren, waren noch jung, weil die ganze Zeit jung und die Spuren eines bloßen Könnens ohne Gefühl noch wenig zahlreich war.

Jetzt öffneten sich die Türen, und die Trompeter und Pauker, welche klangvoll erschienen, verbargen mit ihren Reihen den hinter ihnen anschwellenden Zug, so daß man erwartungsvoll harrte, bis sie, vorgeschritten, der reichen Entfaltung Raum gaben. Ihnen folgten zwei Zugführer mit dem Nürnberger Wappen, dem Jungfernadler auf den weiß und roten Röcken, und hinter diesen schritt schlank und zierlich einher, einen mächtigen Laubkranz auf dem Haupte, den goldenen Stab in der Hand, der Führer der stattlichen Zunft der Meistersänger. Alle bekränzt, ging die gute Schar derselben daher mit ihrer Spruchtafel, voran die wanderlustige Jugend in kurzer Tracht, welcher die Alten folgten, den ehrwürdigen Hans Sachs umgebend, der sich im dunkelfarbigen Pelzmantel wie ein wohlgelungenes Leben mit dem Sonnenschein ewiger Jugend um das weiße Haupt darstellte.

Aber das bürgerliche Lied war dazumal so reich und überquellend, daß es jede Meisterschaft begleitete und hauptsächlich auch unter dem Banner der nun folgenden Baderzunft hinter Schermesser und Bartbecken herging. Da war Hans Rosenblüth, der Schnepperer, der viel gewanderte Schalks- und Wappendichter, ein krummbuckliger munterer Gesell mit einer großen Klistierspritze im Arm. Mit langen Schritten folgte diesem der hochbeinige Hans Foltz von Worms, der berühmte Barbier und Dichter der Fastnachtsspiele und Schwänke und als solcher Genoß des Rosenblüth und Vorzünder des Hans Sachs. Zwei Bartscherer und ein Schuhmacher pflegten so das junge Schoß der deutschen Bühne.

Liederreich waren alle die anderen Zünfte, die nun folgten in ihren bestimmten Farben an Kleid und Banner, die Schäffler und Brauer, die Metzger in rot und schwarzem mit Fuchspelz verbrämtem Zunftgewande, die hechtgrauen und weißen Bäcker, die Wachszieher lieblich in Grün, Weiß und Rot und die berühmten Lebküchler hellbraun und dunkelrot gekleidet; die unsterblichen Schuster schwarz und grün, wie Pech und Hoffnung, buntflickig die Schneider. Mit den Damast- und Teppichwirkern erschienen schon namhafte Meister des höheren Gewerbes; denn sie brachten die fürstlichen Teppiche und Tücher hervor, mit denen die Häuser der Kaufherren und Patrizier geschmückt waren.

Alle jetzt erscheinenden Zünfte waren ausgefüllt von einer wahren Republik kraftvoller, erfindungsreicher Handwerks- und Kunstmänner. Die Tüchtigkeit teilte sich unter die Gesellen, welche manchen berufenen Burschen aufzuweisen hatten, wie unter die Meister. Schon die Dreher zeigten als Genossen Hieronymus Gärtner, welcher mit kindlicher Andacht, als ein Werklein zum Preise Gottes, aus einem Stückchen Holz eine Kirsche schnitzte, die auf dem Stiele schwankte, und eine Fliege, die darauf saß, so zart, daß die Flügel und die Füße sich bewegten, wenn man sie anhauchte – der aber zugleich ein erfahrener Meister in Wasserwerken und kunstreichen Brunnen war.

Aus der wirren Fülle von Erscheinungen, deren fast jede ihre anmutige Legende hatte, leben jetzt noch manche in meinem Gedächtnisse, und doch sind es wenige im Vergleich zum Ganzen. Unter den Hufschmieden, rot und schwarz gekleidet wie Feuer und Kohle, ging Meister Melchior, der die großen eisernen Schlangengeschütze aus freier Hand schmiedete; unter den Büchsenmachern der erfindungsreiche Geselle Hans Danner, der schon dazumal von den Metallen Späne trieb, als hätte er weiches Holz unter den Händen, und sein Bruder Leonhard, der Erfinder von mauerstürzenden Brechschrauben. Da ging auch Meister Wolff Danner, der Erfinder des Feuersteinschlosses, und neben ihm Böheim, der Meister der Geschützgießer, welche ihre gleißenden, wohlverzierten Geschützröhren, Kanonen, Metzen und Kartaunen durch alle Welt berühmt machten.

Die Zunft der Schwertfeger und Waffenschmiede allein umfaßte eine gegliederte Welt kunstreicher Metallarbeiter. Der Schwertfeger, der Haubenschmied, der Harnischmacher, jeder von diesen brachte den Teil der kriegerischen Rüstung, der seinem Namen entsprach, zur größten Gediegenheit und bewährte darin ein nachhaltiges Künstlerdasein. Wunderbar löste sich die strenge Einteilung in die Freiheit und Vielseitigkeit auf, mit welcher die schlichten Zunftmänner wieder zu den wichtigsten Taten und Erfindungen vorschritten und alle wieder alles konnten, oft ohne des Lesens und Schreibens mächtig zu sein. So der Schlosser Hans Bullmann, der Verfertiger großer Uhrwerke mit Planetensystemen, und der Vervollkommner derselben, Andreas Heinlein, welcher auch so kleine Uhren zuwege brachte, daß sie im Knopfe der Spazierstöcke Platz hatten; auch Peter Hele, der eigentliche Erfinder der Taschenuhren, ging hier unter dem handfesten Namen eines Schlossermeisters.

Noch seh' ich auch unter den Holzschneidern ein kleines Männchen in einem Mäntelchen von Katzenpelz, den Hieronymus Rösch, den Katzenfreund, in dessen stiller Arbeitsstube überall jene spinnenden Tiere saßen. Und gleich hinter dem grauschwarzen Katzenmännchen erblicke ich die lichte Erscheinung der Silberschmiede in himmelblauem und rosenrotem Gewande mit weißem Überwurf, und die Goldschmiede, hochrot gekleidet, mit schwarz damastenem, reich mit Gold gesticktem Mantel. Silberne Bildtafeln und goldgetriebene Schalen wurden ihnen vorangetragen; die plastische Kunst lachte hier in silberner Wiege, und die neugeborene Kupferstecherei hatte hier ihren metallischen Ursprung, getrennt von dem Holzschnitt, welcher mit der schwärzlichen Buchdruckerei wandelte.

Noch sehe ich auch einen feinen Mann, dessen Legende mich besonders rührte, unter den Kupfertreibern, den Sebastian Lindenast, der seine kupfernen Gefäße und Schalen so schön und kostbar arbeitete, daß der Kaiser ihm das Vorrecht verlieh, sie zu vergolden, was sonst keiner durfte. Welch ein schönes Verhältnis zwischen dem Werkmann und dem obersten Haupte der Nation, diese Befugnis, ein geringes Metall um der edeln Form willen zum Goldrange zu erheben!

Gleich neben diesem sah ich den Veit Stoß, einen Mann von seltsamster Mischung. Er schnitt aus Holz so holde Marienbilder und

Engel und bekleidete sie so lieblich mit Farben, güldenem Haar und Edelsteinen, daß damalige Dichter begeistert seine Werke besangen. Dazu war er ein mäßiger und stiller Mann, der keinen Wein trank und fleißig seiner Arbeit oblag, immer neue fromme Bilder für die Altäre erschaffend. Aber des Nachts machte er eifrig falsche Wertpapiere, um sein Gut zu mehren, und als er ertappt wurde, durchstach man ihm öffentlich mit einem glühenden Eisen beide Wangen. Weit entfernt, von solcher Schmach gebrochen zu werden, erreichte er in aller Gemächlichkeit ein Alter von fünfundneunzig Jahren und schnitt nebenbei Reliefkarten von Landschaften und Städten, Gebirgen und Flüssen; auch malte er und stach in Kupfer.

Doch als ein ganzer und klassischer Genoß trat nun unter dem schlichten Namen eines Gelb- und Rotgießers Peter Vischer einher mit seinen fünf Söhnen, die Hantierer im glänzendem Erze. Er sah aus mit seinem kräftig gelockten Bart, der runden Filzmütze und seinem Schurzfell wie der wackere Hephästos selber. Sein freundlich großes Auge verkündete, daß es ihm gelang, sich im Sebaldusgrabe ein unvergängliches Denkmal zu setzen, reich an Arbeit vieler Jahre und beschienen vom Abglanz griechischen Lebens, ein Wohnsitz vieler Bildwerke, die im lichten Raume den silbernen Sarg des Heiligen hüten. So wohnte der Meister selbst mit seinen fünf Söhnen samt ihren Weibern und Kindern in Einem Hause und derselben Werkstatt, im Glanz neuer Werke.

Einer, der mir nicht viel weniger gefiel, war im Zuge der Maurer und Zimmerleute Georg Weber, groß und stark heranschreitend, zu dessen grauem Kleide es einer Unzahl von Ellen Tuches bedurfte. Der war freilich ein Wäldervertilger; denn mit seinen Werkleuten, die er alle so groß und stark aussuchte, wie er selber war, mit dieser Riesenschaft arbeitete er mächtig in Bäumen und Balken, sinnreich und künstlich, und fand nicht seinesgleichen. Er war jedoch ein trotziger Volksmann und machte im Bauernkrieg den Bauern Geschütze aus grünen Waldbäumen. Er sollte deshalb zu Dinkelsbühl geköpft werden; allein der Rat von Nürnberg löste ihn wegen seiner Kunst und Nützlichkeit aus und ernannte ihn zum Stadtzimmermeister. Er baute nicht nur schönes und festes Sparren- und Balkenwerk, sondern auch Mühl- und Hebemaschinen und gewaltige, lasttragende Wagen, und fand für jedes Hindernis, jede Gewichtsmasse einen Anschlag unter seiner starken Hirnschale. Bei alledem konnte er weder lesen noch schreiben.

So folgten sich, da man eine ganze Zeit zusammenfaßte, Scharen von ausdrucksvollen Gestalten, die alle im Leben gestanden hatten, bis dieser Teil des Zuges mit der Zunft der Maler und Bildhauer und der Erscheinung Albrecht Dürers abschloß. Unmittelbar voran ging ihm der Edelknabe mit dem Wappenschilde, der in blauem Felde drei silberne Schildchen zeigt und von Maximilian dem großen Meister für die ganze Künstlerschaft gegeben worden ist. Dürer selbst schritt zwischen seinem Lehrer Wohlgemuth und Adam Kraft; die eigenen hellen Ringellocken des Darstellers fielen nach beiden Seiten gleich gescheitelt ganz so auf die breiten mit Pelz bedeckten Schultern, wie im bekannten Selbstbildnis, und mit anmutiger Geschicklichkeit trug der geschmeidige Mann die feierliche Würde, die auf ihm lastete.

Nachdem nun, was eine Stadt baut und ziert, vorangegangen, trat gewissermaßen die Stadt selbst auf. Von zwei bärtigen Hellebardieren begleitet, wurde ihr das große Banner vorgetragen. Hoch trug der kecke Fähndrich die wallende Fahne, im üppig geschlitzten Kleide, die linke Faust stattlich in die Seite gestemmt. Alsdann kam der Stadthauptmann, kriegerisch prächtig in Rot und Schwarz gekleidet, mit dem Brustharnisch angetan und den Kopf mit breitem von Federn wogenden Baretthute bedeckt. Ihm folgten Bürgermeister, Syndikus und Ratsherren, unter ihnen manch ein im weiten Reich angesehener und ersprießlicher Mann, und endlich die festlichen Reihen der Geschlechter. Seide, Gold und Juwelen glänzten hier in schwerem Überfluß. Die kaufmännischen Patrizier, deren Güter auf allen Meeren schwammen, die zugleich in streitbarer Haltung mit dem selbstgegossenen Geschütze die Stadt verteidigten und an den Reichskriegen teilnahmen, übertrafen den mittleren Adel an Pracht und Reichtum wie in Gemeinsinn und sittlicher Würde. Ihre Frauen und Töchter rauschten wie große lebende Blumen einher, einige mit goldenen Netzen und Häubchen um die schön gezöpften Haare, andere mit federwallenden Hüten, diese den Hals mit feinsten Linnen umschlossen, jene die entblößten Schultern mit köstlichem Rauchwerk eingerahmt. Inmitten dieser glänzenden Reihen gingen einige venezianische Herren und Maler, als Gäste gedacht, poetisch in ihre welschen, purpurnen oder schwarzen Mäntel gehüllt. Diese Gestalten lenkten die Phantasie auf die Lagunenstadt und von da in die Weite an alle Küsten des Mittelmeeres.

Eine zweite breite Reihe von Trompetern und Paukern, überragt vom Doppelaar, führte endlich schmetternd das Reich heran, mit allem, was es an Tapferkeit und Glanz um den Kaiser zu scharen hatte. Ein Haufen Landsknechte mit seinem robusten Hauptmann gab sogleich ein lebendiges Bild jener Kriegszeit und ihres unruhigen, wilden und singlustigen Volkstumes. Durch den Wald von achtzehn Schuh langen Spießen, unter dem sie einhermarschierten, sah der innere Blick Berg und Tal, Wälder und Felder, Burgen und Festen, deutsches und welsches Land sich ausbreiten, nachdem die mauerumschlossene reichgebaute Stadt sich vorhin kundgetan. Die Schar der Kriegsgesellen, aus dem jungen Volke und einigen ältern Schnapphähnen bestehend, hatte sich so eifrig in Tracht, Sitten und Lieder des geschichtlichen Vorbildes eingelebt, daß von diesem Feste her sich eine eigene Landsknechtkultur in Wort und Bild auftat und die bloßen sonnverbrannten Nacken der Schwartenhälse, ihre zerschnittenen Bauschkleider und kurzen Schwerter noch langehin überall zu sehen waren.

Nun wurde es aber wieder feierlicher und stiller. Vier Edelknaben mit den Wappenschilden von Burgund, Holland, Flandern und Österreich, dann vier Ritter mit den Bannern von Steier, Tirol, Habsburg und mit dem kaiserlichen Paniere traten auf, dann ein Schwertträger und zwei Herolde. Nach der Flamberge tragenden Leibwache des Kaisers kam eine Schar Edelknaben in kurzen goldstoffenen Wämsern, goldene Pokale tragend, dem kaiserlichen Mundschenk vorauf, und ebenso gingen Jäger und Falkoniere dem Oberjägermeister vorauf. Fackelträger mit vergittertem Gesicht umgaben den Kaiser. Rock und Hermelinmantel von schwarzdurchwirktem Goldstoff, einen goldenen Brustharnisch tragend, auf dem Barett den königlichen Reif, ging Maximilian I. heroisch daher, das Angesicht auf das Heldenmütige, Ritterhafte und Sinnreiche gerichtet. So konnte man selbst von dem lebenden Konterfei sagen. Denn es hatte sich für das Bild des Kaisers ein junger Maler von den fernsten Grenzen des ehemaligen Reiches gefunden, der in Haltung und Angesicht ohne alle Zutat wie dazu geschaffen war.

Unmittelbar hinter dem Kaiser ging sein lustiger Rat Kunz von der Rosen, aber nicht gleich einem Narren, sondern wie ein kluger und wehrbarer Held launiger Weisheit. Er war ganz in rosenroten Samt gekleidet, knapp am Leibe, doch mit weiten ausgezackten Oberärmeln. Auf dem Kopfe trug er ein azurblaues Hütchen mit einem Kranze von je einer Rose und einer goldenen Schelle; an der Hüfte indessen hing an rosenfarbenem Gehänge ein breites, langes Schlachtschwert von gutem Stahl. Wie sein Held und Kaiser war er nicht sowohl ein Dichter, als selbst ein Gedicht.

Nun schritt in Stahl gehüllt und waffenklirrend einher, was von der Lüneburger Heide bis zum alten Rom, von den Pyrenäen bis zur türkischen Donau gefochten und geblutet hatte, die glänzende Führerschaft des Reiches: der Erbschenk und Statthalter Siegmund von Dietrichstein und der zum zeitweiligen Feldherrn gediehene Jurist Ulrich von Schellenberg, Georg von Frundsberg, Erich von Braunschweig, Franz von Sickingen, das Freundespaar Roggendorf und Salm, Andreas von Sonnenburg, Rudolf von Anhalt und die übrigen, jeder mit seinen Waffen- und Trophäenträgern, überschattet von den Fahnen mit den Namen der Schlachten und Belagerungen, begleitet von Schilden mit kühnen oder edelsinnigen Wahlsprüchen. In diesem Aufzuge sah man vorzugsweise schöne und kräftige Männergestalten, da hier meistens solche ihren Platz genommen, die als die Schmiede ihres Glückes sich auf die Höhe des Lebens und Gelingens durchgekämpft hatten und in jeder Hinsicht geeignet waren, das Tüchtigste vorzustellen. Ich hatte mich an meinem noch verborgenen Platze etwa vorgedrängt, um besser sehen zu können, was uns voranzog, und verschlang alles mit den Augen, wie einer, der das zweite Gesicht hat. Meine eigene Mitspielerschaft ganz vergessend, erlabte ich mich an dem Anblick der Herrlichkeit; als ob ich selbst ein Nachkomme der verschwundenen Reichsgenossen wäre, atmete ich voll stolzer Freude, die sich womöglich noch steigerte, als nun unter den gelehrten Räten des Königs der berühmte Wilibald Pirkheimer auftrat, der in dem sogenannten Schwabenkriege den nürnbergischen Zuzug in der Heerfolge Maximilians gegen die Schweizer geführt und jenen

Feldzug beschrieben hat. Denn plötzlich fiel mir nun ein, wie dieser selbe Ritterkönig mit allen diesen Kriegsherren, als er mein Vaterland hatte zum Reiche zurückzwingen wollen, das gegen meine Vorfahren aufgerichtete Reichsbanner hatte niederlassen und ohne Erfolg abziehen müssen, in die Klage ausbrechend, er könne die Schweizer nicht ohne Schweizer schlagen. So vermochte ich umso ungetrübter, mich allen nationalen Selbstzufriedenheiten hinzugeben, und bedachte nicht, wie unablässig die Eimer des Geschickes steigen und fallen, und wie wenig, was meine alten Eidgenossen betraf, dieselben eigentlich trotz ihrer Tapferkeit von allen ihren Nachbaren geliebt und geschätzt waren.

Ich hätte auch beinahe übersehen, daß der lange Prachtzug des letzten Ritters zu Ende ging und, während die Scharen der bisher Vorübergezogenen im weiten Rundgange sich kreuzten, schon der Mummenschanz heranrauschte, in welchem alles sich auftat, was die Künstlerschaft an übermütigen Sonderlingen, Witzbolden, Lückenbüßern und Kometennaturen vermochte.

Auf einem störrischen Esel eröffnete der Mummereienmeister den träumerischen Zug, und hinter ihm tanzten die bunten Narren Gylyme, Pöck und Guggerillis, die Zwergschälke Metterschi und Duweindl und viele andere Narren daher, unter welche ich als ein ziemlich stiller Narr zurückgeschlüpft war. Dann kam der bekränzte Thyrsusträger, welcher die behaarte, gehörnte und geschwänzte Musikbande führte. In ihren Bockshäuten nach der eigenen Musik hüpfend und hopsend, brachten diese Gesellen eine uralte, seltsam schreiende und brummende Musik hervor, bald in der Oktave, bald in lauter Quinten pfeifend und schnurrend, aus der obersten Höhe in die unterste Tiefe springend.

Mit goldenem umlaubtem Thyrsusstabe schritt der Anführer des Bacchuszuges vor. Ein Kranz blauer Trauben umschattete seine glühende Stirn; von den Schultern flatterte und wallte eine festliche Last buntgestreifter Seidenbänder bis auf die Füße und verhüllte wehend den schlanken Körper. Nur die Füße waren mit goldenen Sandalen bekleidet. Halb mittelalterlich, halb antik geschürzte Winzer umschwärmten die biblischen Kundschafter aus dem gelobten Lande, welche an tief gebogener Stange die große Traube trugen, gefolgt von vier noch kernhafteren Männern, die zwischen vier aufrechten Fichten eine noch viel mächtigere Traube daherbrachten. Alle übrige Zubehör eines bacchantischen Getümmels mit Becken, Schalen und Stäben zog und schob den Wagen des efeubekränzten Gottes, über dem sich ein dunkelblauer Himmel von Trauben wölbte.

Dem Triumphwagen der Venus, welcher sich hierauf nahte, gingen als Diener des Mars zwei zarte in Landsknechttracht gekleidete Knaben mit Trommeln und Pfeife voraus, die gekerbten Federhüte auf dem Rücken tragend, daß das bunte Gefieder auf dem Boden schleifte. Mit schelmischer Feierlichkeit ließen sie ihren Kriegsmarsch ertönen, wobei die mehr sanfte als schrille Flöte immer denselben sehnsüchtigen Satz wiederholte. Könige mit Krone und Szepter, zerlumpte Bettler mit dem Schnappsack, Pfaffen und Juden, Türken und Mohren, Jünglinge und Greise zogen den Wagen herbei. Die auf ihm ruhende Venus war niemand anders als die schöne Rosalie, halb liegend auf einem Rosenlager unter durchsichtiger Blumenlaube. Ihr Kleid war von Purpurseide, aber vom Schnitte eines patrizischen Festkleides der damaligen Zeit, wie etwa Albrecht Dürer eine mythologische Gestalt zu zeichnen liebte. Der schwere Stoff bildete sogar getreu den prächtigen gebrochenen Faltenwurf an den weiten langen Ärmeln und der königlichen Schleppe, und ein breiter Damenhut von Purpursamt, mit weißen Federn umsäumt, überschattete waagrecht das Haupt, von einem goldenen Stern überstrahlt. In der Hand hielt sie eine große Weltkugel, auf welcher zwei mit den Flügeln schlagende und sich schnäbelnde Tauben saßen. Unter ihren Gefangenen gingen zu beiden Seiten des Wagens der heidnische Philosoph Aristoteles und der christliche Dichter Dante Alighieri, welche in ehrwürdigster Haltung ihr zu besonderem Schutz und Handreichung dienten. Sie aber schaute dann und wann rückwärts, da gleich hinter ihrem Wagen der starke Erikson als wilder Mann einherkam, der den Zug der Diana anführte, Lenden und Stirn in dichtes Eichenlaub gehüllt, ein Bärenfell um die Schultern geschlagen. Viele Jäger folgten ihm mit grünen Zweigen auf Hüten und Kappen, die großen Hifthörner mit Laubwerk umwunden, das Jagdkleid mit Iltisfellen, Luchsköpfen, Rehfüßen und Eberzähnen besetzt. Einige führten Rüden und Windspiele, einige mit Steigeisen am Gürtel trugen Gemsböcke auf dem Rücken, andere Auerhähne und Bündel von Fasanen, und wieder andere auf Bahren Schwarzwild und Hirsche mit versilberten Hauern, Geweihen und Schalen. Dann trug eine Schar wilder Männer ein wanderndes Gehölz belaubter Bäume verschiedener Art, in welchen Eichhörnchen kletterten und Vögel nisteten. Durch die Stämme dieses Waldes sah man schon die silberne Gestalt der Diana schimmern, der schmalen Agnes, wie sie von Lys gekleidet und geschmückt worden. Ihr Wagen war von allem möglichen Wilde bedeckt, und dessen Köpfe umkränzten ihn mit vergoldetem Horn und bunten Federn. Sie selbst saß mit Bogen und Pfeil auf einem Felsen, aus welchem ein Quell in ein Becken von Tropfsteinen sprang; wilde Männer, Jäger und Nymphen nahten sich in buntem Gedränge, um aus hohler Hand den Durst zu stillen.

Agnes war in ein Gewand von Silberstoff gekleidet, das bis an die Hüften sich knapp anschmiegte und alle ihre geschmeidigen Formen wie aus demselben Metalle gegossen erscheinen ließ. Die kleine klare Brust war wie von einem Silberschmied zierlich getrieben. Vom Schoße abwärts, den ein grüner Florgürtel mehrfach umwand, floß das Gewand weit und faltig, wiederholt geschürzt, doch bis auf die Füße, die mit silbernen Sandalen keusch hervorsahen. Im schwarzen griechisch aufgebundenen Haare machte sich mit Mühe die blanke Mondsichel sichtbar, und wenn der Kopf sich ein wenig regte, wurde sie von den Locken zeitweise ganz bedeckt. Das Gesicht der Agnes war weiß wie Mondschein und noch blasser als gewöhnlich; ihr Auge flammte dunkel und suchte den Geliebten, während in dem silberglänzenden Busen der kühne Anschlag, den sie gefaßt, das Herz pochen machte.

Der geliebte Lys aber, der den Aufzug eines alten der Jagd obliegenden Assyrerkönigs gewählt, um seiner Diana zur Seite gehen zu können, hatte, sobald er die Rosalie-Venus erblickt, jene verlassen, sich unter den Triumphzug der letzteren gemischt, betrachtete sie unverwandt gleich einem Nachtwandler und wich keinen Schritt von ihrem Wagen, ohne seines Tuns bewußt zu werden.

Meinerseits hatte ich mich, meinem alten Zunamen getreu, in ein laubgrünes Narrenkleid gesteckt und um die Schellenkappe ein Geflecht von Disteln und Stechpalmzweigen mit roten Beeren geschlungen. Diese jagdverwandte Tracht benutzte ich nun, als ich sah, wie die Dinge standen oder vielmehr gingen, um ab und zu durch den wandelnden Wald zu huschen und der ärmsten Diana zur Seite zu bleiben, da sonst kein Befreundeter um sie war; denn Erikson, der wilde Mann, hielt sein Auge auf Lys und Rosalien gerichtet, ohne indessen stark aus seiner Gemütsruhe zu geraten.

Den südlich-griechischen Bildern folgte als nordisch-germanisches Märchen der Zug des Bergkönigs. Ein Gebirge von Erzstufen und Kristallen war auf seinem Wagen errichtet, und darauf thronte die riesige Gestalt in grauem Pelztalar, den schneeweißen Bart wie das Haar bis auf die Hüften gebreitet und diese davon umwallt. Das Haupt trug eine hohe goldene Zackenkrone. Um ihn her schlüpften und gruben kleine Gnomen in den Höhlen und Gängen und waren wirkliche Bübchen; aber ein kleiner Berggeist, welcher vorn auf dem Wagen stand, ein strahlendes Grubenlicht auf dem Kopf, den Hammer in der Hand, war ein kaum drei Spannen langer, völlig ausgewachsener Künstler, ebenmäßig fein gebaut, mit männlich sauberem Gesichtchen, blauen Augen und blondem Zwickelbart. Das kleine Wesen, einem Zaubermärchen gleichend, war nichts weniger als eine bloße Seltsamkeit, sondern ein solider und rühmlicher Maler, ein lebendiges Zeugnis, daß diese bedeutende Künstlerschaft nicht nur alle Gliederungen eines großen Volkes, sondern auch alle Gestaltungen des körperlichen Daseins umfaßte.

Hinter dem Bergkönig auf demselben Wagen schlug der Prägemeister aus Silber und blankem Kupfer kleine Denkmünzen auf das Fest; ein Drache spie sie in ein klingendes Becken, und zwei Pagen, Gold und Silber genannt, warfen die Schimmerstücke unter das schauende Volk. Ganz zuletzt und einsam schlich der Narr Gülichisch daher und schüttelte traurig den leeren Beutel.

Freilich folgte dem hinkenden Narren auf dem Fuße wieder der glanzvolle Anfang; wieder gingen die Zünfte, das alte Nürnberg, Kaiser und Reich und die Fabelwelt vorüber, und so zum dritten Male, und immer ging Lys neben dem Wagen der Venus, schritt Erikson aufmerksam dahinter her und schaute Agnes, welche in ihrem Walde nicht sehen konnte, was vorging, bald ratlos umher, bald schlug sie traurig die Augen nieder.

Die ganze Masse reihte sich nun in eine gedrängte Ordnung und ließ ein volltöniges Festlied erschallen, um dem wirklichen Könige, in dessen Machtkreis zuletzt diese ganze Traumwelt hing, ihre Huldigung darzubringen. Dann bewegte sich der lange Zug an der im Logensaal versammelten Familie des Landesherren vorbei und auf bedeckten Gängen in das Königsschloß hinüber, durch dessen Säle und Korridore, welche alle von Zuschauern angefüllt waren. Der zufriedene, ja vergnügt scheinende Monarch, welcher die rauschende und farbenstrahlende Festfreude gewissermaßen als den Lohn seines eigenen Verdienstes betrachten durfte, saß auf goldenem Sessel in der Mitte der Seinigen und besah sich nun diese und jene Erscheinung des vorüberwallenden Zuges genauer und richtete an manchen einzelnen ein Scherzwort. Als ich in seine Nähe kam, hatte ich ein kleines Hühnchen mit ihm zu pflücken. Denn vor kurzer Zeit, da ich nach dem Rate des trinksamen Eichmeisters in der Abenddämmerung durch eine stille Straße ging, um den bescheidenen Abendtrunk aufzusuchen, begegnete ich dem mir unbekannten schlank hageren Manne, der plötzlich seinen raschen Schritt anhielt und mich achtlos Vorübergehenden fragte, warum ich ihm nicht die gebührende Ehre erweise? Erstaunt sah ich ihn an; aber schon hatte er mir den Hut vom Kopfe genommen, mir in die Hand gegeben und sagte: »Kennen Sie mich nicht? Ich bin der König!« worauf er seinen Weg in die Dämmerung hinein fortsetzte. Ich brachte meinen Hut wieder, wo er hingehörte, sah dem schattenhaften Wandler noch verblüffter nach und wußte nicht, was zu tun sei. Endlich sagte ich mir, wenn es ein Spaßvogel gewesen, der sich einen Scherz gemacht, so handle es sich nicht um die Ehre; sei es aber wirklich der König, dann auch nicht; denn wenn die Könige nicht beleidigt werden dürfen, so können sie auch nicht beleidigen noch beschimpfen, da ihre einsame Willkür jede gewöhnliche Wirkung aufhebe. Heute erkannte ich, als ich an ihm vorüberging, sogleich, daß es der König gewesen. Die Narrenfreiheit benutzend, sprang ich aus dem Zuge heraus, trat vor ihn, streckte meinen Kopf dar und rief fröhlich: »Hei, Bruder König! warum greifst du nicht an meinen Hut?« Er sah mich aufmerksam an, erinnerte sich offenbar und verstand auch, daß ich die Disteln und Stechpalmen meinte, an denen er sich verletzen würde. Aber er sagte kein

Wort, sondern faßte lächelnd mit spitzen Fingern zwei der aufragenden Schellenzipfel meiner Kappe, hob sie ganz sachte in die Höhe, so daß ich barhäuptig dastand, und ließ sie ebenso sanft wieder nieder. Da sah ich, daß hier nicht aufzukommen war, ließ den Handel fallen und trollte weiter.

Die Prachttreppen hinunter, doch Bogengänge und Säulenhallen, über die von Pechflammen erleuchteten Plätze, von den Wogen des Stadtvolkes angefüllt, überall gingen die Künstler an ihren Werken vorbei, bis der Zug in dem großen Festgebäude mündete, dessen Räume für die weiteren Taten zubereitet und geschmückt waren. Der größte Saal war zu Bankett, Spiel und Tanz eingerichtet, und zwar ganz im Stile des gefeierten Zeitalters, eine Reihe von Nischen und Nebengemächern für den Aufenthalt einzelner Gruppen und Gesellschaften gartenähnlich verkleidet. Nachdem die allgemeine Tafelfreude genugsam vorgerückt, begann auch unverweilt Tanz und Spiel jeder Art an allen Enden. Die Meistersänger hielten bei offener Türe Singschule in einem kleineren Saale. Es wurde nach den zünftigen Gebräuchen wettgesungen, ein Schulfreund oder Singer zum Meister gesprochen und dergleichen mehr. Die vorgetragenen Gedichte enthielten hauptsächlich Hecheleien der verschiedenen Kunstrichtungen gegeneinander, Verspottung anmaßlichen oder eigensinnigen Wesens an Leuten und Schulen, Klagen über gesellschaftliche Übelstände, dann auch den Preis des Unbestrittenen, Anerkannten. Es war sozusagen eine allgemeine Abrechnung, bei welcher jede Richtung und jede Größe ihren Vertreter mit fertigem Spruche unter die Singer gestellt hatte. Der Inhalt der lebhaften satirischen Verse nahm sich höchst seltsam aus in der Form, in welcher er vorgebracht wurde. Denn während alle Singenden in denselben einförmigen und hölzern trockenen Knittelversen ihre angeblichen Stollen und Abgesänge vortrugen, wurde doch jeder einzelne unter Ankündigung einer neuen Weise aufgerufen. Da wurde gesungen in Orpheus' sehnlicher Klagweise, der gelben Löwenhautweise, der schwarzen Agtsteinweise, der Igelweise, verschlossenen Helmweise, überhohen Bergweise, krummen Zinkenweise, glatten Seidenweise, Strohhalmweise, spitzigen Pfriemweise, stumpfen Pinselweise, blauen Berlinerweise, rheinischen Senfweise, glitzerigen Turmgockelweise, sauren Zitronenweise, zähen Honigweise u. s. w., und das Gelächter war groß, wenn nach diesen pomphaften Ankündigungen immer der alte grämliche Leierton sich von neuem hören ließ. Einige Singer packten auch ihren Gegenstand unmittelbar aus dem gegenwärtigen Augenblicke; so rächte sich ein Schuster für den Stolz, mit welchem eine Edelfrau, ihrer Rolle getreu, ihm soeben den Tanz verweigert, durch lautes Anrühmen der Gunst, die bei mehr als einer goldenen Dame zu holen sei, wenn man es nur recht anzufangen wisse, worauf ein Weißgerber mit Aufwerfung der alten Frage antwortete, ob Keckheit oder Bescheidenheit eher zum Ziele führe, und ein Wachszieher schließlich die Frauen für solche Wesen erklärte, welche stets die eine Art vorzögen, wenn die andere gerade nicht zu haben wäre.

So grobe Reden durfte die Frau Venus, die mit einem Teile ihres Gefolges der Singschule beigewohnt, nicht anhören. Sie brachte mit verstellter Entrüstung auf und zog sich in eines der Seitengemächer zurück, wo sie ihren durch ein paar anmutige Frauen vermehrten Hof hielt. In einer anstoßenden ganz grünen Nische hatten die Jäger ihren Sitz aufgeschlagen, und ihrer Diana dienten einige junge Nymphen zur Gesellschaft; sie ließen sie aber meistens allein sitzen und schwärmten mit den wilden Jagdgenossen auf den Tanz aus. Ich setzte mich daher öfter neben sie und suchte ihre Verlassenheit durch Gespräch und übliche Dienstleistungen so ungesehen als möglich zu machen, bis die zu erhoffende Wendung der Dinge herbeikäme. Erikson ging ab und zu; er konnte seiner Wildemannstracht halber nicht wohl tanzen, noch sich in zu große Nähe der Frauen setzen. Die Rolle war ihm erst in den letzten Tagen durch eingetretenen Notfall aufgedrängt worden, und er hatte sie nicht ungern übernommen, weil sie ihn von der Frau Rosalie etwas getrennt hielt und hiedurch das zwischen ihnen waltende Verhältnis nicht zu früh ganz offenkundig wurde, und Rosalie war damit einverstanden. Jetzt bereute er fast sein Verfahren, als er sah, wie Lys fort und fort dicht in ihrer Nähe blieb, wie sie lachte, scherzte, von freundlichem Liebreize strahlte und den eifrig sie unterhaltenden Untreuen mit anmutig naiven Fragen in einer Bewegung erhielt, deren Verblendung die schöne Sicherheit nicht ahnte, in welcher die Frau lebte. Weder er noch Erikson bemerkten den scheinbar zufälligen, flüchtigen, aber zufriedenen Blick, mit welchem sie mitten im Gespräche der Gestalt des wilden Mannes folgte, wenn er zuweilen in einiger Entfernung vorbeiging.

Agnes hatte schon lange stumm neben mir gesessen, während die kostbare Zeit dieser Nacht unaufhaltsam vorrückte. Sie wiegte, den Busen von ungestümen Gefühlen bewegt, das schwarz gelockte Haupt, und nur zuweilen schoß sie einen flammenden Blick zu Lys und Rosalien hinüber, zuweilen auch sah sie ruhig verwundert hin, aber stets erblickte sie dasselbe Schauspiel. Zuletzt verstummte auch ich und versank in trübes Sinnen über eine so große Schwäche des von mir hochgehaltenen Freundes. Wie eine unheimliche Naturerscheinung beunruhigte mich dieser rücksichtslose Wankelmut, der zu einer Art frecher Kühnheit wurde, und ich litt unter dem Eindruck, mit welchem man im Traum einen Sinnlosen sich in den Abgrund stürzen sieht.

Ein tiefer Seufzer weckte mich auf; Agnes hatte gesehen, wie Lys mit Rosalien zum Tanze schritt, der im nahen Hauptsaale rauschte und wogte; plötzlich forderte sie mich auf, sie ebenfalls hinzuführen und mit ihr zu tanzen. Schon drehten wir uns mit der buntschimmernden Menge und begegneten zweimal der rosigen Venus, deren Purpurgewand flog und den mit ihr tanzenden Lys zeitweile halb bedeckte. Dieser grüßte uns froh und zufrieden, wie man Kinder grüßt, die sich gut zu unterhalten scheinen. Wieder trafen wir am Ende des Walzers zusammen; Rosalien gefiel das zierliche Kind und verlangte es in ihrer Nähe zu haben, während ich an den Narrenspielen teilnehmen mußte, die den Tanz jetzt ablösten.

An einem langen Seile führte Kunz von der Rosen alle vorhandenen Narren durch das Gedränge. Jeder trug auf einer Tafel geschrieben den Namen seiner Narrheit, und von den leichtern schied der lustige Rat neun schwere aus und stellte sie vor dem Kaiser als Kegelspiel auf. So standen da vor aller Augen Hochmut, Neid, Grobheit, Eitelkeit, Vielwisserei, Vergleichungssucht, Selbstbespiegelung, Halsstarrigkeit und Wankelmut. Mit einer mächtigen Kugel, welche die übrigen Narren mit komisch heftigen Gebärden herbeiwälzten, versuchte nun mancher Ritter und Bürger nach den neun Kegelnarren zu schieben, aber nicht einer wankte, bis endlich der heroische Max, welcher das ganze deutsche Volk darstellte, sie alle mit einem Wurfe über den Haufen warf, daß sie übereinander purzelten. Aus dieser Niederlage entwickelte sich eine scherzhafte Auferstehung, indem Kunz dem sieghaften König als Belohnung die wiedererstandenen Bildwerke der alten Welt vor Augen brachte und zunächst die gefallenen Narren als Niobidengruppe aufrichtete, welche freilich zur Zeit Maximilians noch in der Erde lag. Aus der tragischen Darstellung löste sich unversehens die Gruppe der Grazien, von drei jungen, zierlich feinen Narren gebildet, welche sich nach einmaligem Umdrehen wieder um einen Mann verminderten und als Amor und Psyche umfingen, bis diese sich auflösten und nur ein Narzissus übrig blieb. Aber auch dieser schwand hinweg, und an seiner Stelle lag jener kleinste Zwerg als sterbender Fechter am Boden und machte seine Sache so vortrefflich, daß alle Zuschauer zu lautem Beifall gerührt wurden und die gesamte Narrenschaft herbeieilte, ihn samt der umgekehrten Fischschüssel, auf welcher er lag, emporhob und im Triumph davontrug.

Als auch diese Wolke sich verzogen, wurde eine Laokoonsgruppe sichtbar, von Erikson und zwei jungen Satyrn mit Hilfe zweier großen Schlangen dargestellt, die man aus Draht und Leinwand gemacht hatte. Es war keine leichte Anstrengung, mit gespannten Muskeln in der vorgeschriebenen Lage zu verharren; dieser wurde aber noch schwieriger, als er in dem krampfhaft zurückgebogenen Kopfe die Augen einmal abwärts bewegte und in dem nunmehrigen augenblicklichen Gesichtsfelde Rosalien sah, wie sie von Lys am Arme vorübergeführt wurde, sich lächelnd, aber flüchtig nach ihm wendete und dann mit ihrem Führer plaudernd sich im Gedränge verlor. Auch hörte er in der Nähe sagen: »Da geht ja die schöne Venus die ganze Zeit mit dem reichen Fläming oder Friesen oder was er ist! Gut genug sieht er übrigens aus, und sie wird denken: Schön und reich, sind beide gleich!«

Sobald er die Schlangen abgestreift hatte und frei war, stürmte Erikson durch das Haus und bettelte von zechenden Bekannten entbehrliche Gewandstücke zusammen. Wunderlich gekleidet, teilweise ein Bischof, ein Jäger und ein wilder Mann, den Kopf noch grün belaubt, suchte er die Verschwundenen auf und fand sie in dem größeren Kreise, in welchem die Bacchusleute, der Hof der Venus und die Jäger sich vereinigt hatten. Er war nicht eifersüchtig und schämte sich sogar des Gedankens, daß er es je sein könnte, weil die begründete wie die grundlose Eifersucht diejenige Würde vernichtet, deren die gute Liebe bedarf. Er wußte nur, daß in der Welt alles möglich sei und das Folgenreichste oft von einer kleinen Unterlassung abhänge, welche die Dinge ohne Not verändere, und überdies war er zu dieser Zeit noch ungewiß, ob das Verraten von Ruhe oder Unruhe: welches von beiden für Rosalien eher beleidigend sein könnte. Denn wenn sie sich die Mühe gab, die Bewerbungen des Niederländers so offenkundig zu ertragen, und dabei eine geheime Absicht verbarg, so mußte Erikson sich artigerweise auch die Mühe geben, einen solchen Vorgang zu verstehen.

Die Ruhe gewann indessen die Oberhand, als er das vermißte Paar mitten in unserem mythologischen Kreise sitzen sah; er nahm gleichmütig in der Nähe Platz, mußte aber alsobald seine Aufmerksamkeit wieder anstrengen. Lys führte seine Reden über durchaus unverfängliche, ja gleichgültige Dinge, aber mit jenem unmittelbar an die Frau gerichteten vertrauten Tone, welchen solche Eroberer anzuschlagen pflegen, um die Welt an das Unvermeidliche beizeiten zu gewöhnen. Erikson ertrug manches an ihm, ohne zu richten; jetzt aber stieg ihm doch der Gedanke auf, ob der Freund nicht doch einer von den Tröpfen sein dürfte, deren Hauptstück darin besteht, goldene Uhren zu stehlen oder einem andern das Weib zu nehmen. Es gibt ja, dachte er, bei beiden Geschlechtern solche Raub- und Wechseltiere, die nur dann glücklich sind, wenn sie erst fremdes Glück zerstört haben! Freilich nehmen sie nur, was sie kriegen können, und die Ware ist auch meistens danach! Allein dies Mal wäre es wirklich schade! Und er betrachtete mit neuer Besorgnis und Bewunderung Frau Rosalien, wie sie mit unverwüstlicher Holdseligkeit Lysens Gespräch anhörte und ihn mit unwiderstehlichem Lächeln zu klugen und zuversichtlichen Redensarten verlockte. Derart beschäftigt, konnte er nicht beachten, was mit Agnes vorging und wie ich als ihr Abgesandter abermals zu Lys herüberkam und ihn leise, aber inständig bat, nur ein einziges Mal mit ihr zu tanzen. Da Lys eben eine kleine Pause machte, schreckte er auf wie ein balzender Auerhahn, aber nicht um davon zu fliegen, sondern mich mit unterdrückter

Stimme anzufahren: »Was ist denn das für eine Sitte an einem jungen Mädchen? Tanzt miteinander und laßt mich zufrieden!«

Ich ging hin, um das schmerzlich erregte Wesen so gut als möglich zu trösten und hinzuhalten; doch war mir Erikson schon zuvorgekommen, welchem Rosalie, während ich mit Lys gesprochen, einige Worte zugeflüstert hatte, die ihn munter zu machen schienen. Er führte die schimmernde Gestalt in die Tanzreihen und schwang sich mit ihr ebenso kraftvoll als leicht herum, und Agnes flog in eigener Kraft mit ihm und um ihn herum, wie wenn ihre feinen Knöchel von Stahl gewesen wären. Hernach wurde sie von Herrn Franz von Sickingen aufgefordert, der noch nicht gewillt war, sich in einem Harnischkasten begraben zu lassen. Sie erschien auch in dem Figurentanze, der aufgeführt wurde, wieder so fremdartig reizend, daß der große Meister Dürer selbst sich an den Weg stellte und seiner Rolle getreu kein Auge von ihr verwandte, sein Büchlein hervorzog und eifrig zu zeichnen begann. Der artige Einfall rief großes Vergnügen hervor; man hielt inne, und es sammelte sich eine beifällige, fast ehrfürchtige Menge, etwa wie wenn der alte Meister leibhaftig erschienen und zeichnend gesehen worden wäre.

Es war noch nicht der Gipfel der Ehren, die Agnes heute erlebte; der kaiserliche Weißkunig ließ sich im Vorbeispazieren von seinem Gefolge über den Auftritt Bericht geben, die schlanke Diana sich vorstellen und bat den von Sickingen mit huldreichen Worten, sie ihm für einen Rundgang zu überlassen. Unter dem Einfallen des vollen Orchesters ging sie an der Hand des festlichen Traumköniges um den Saal, während überall auf ihrem Wege die Ritter, Edeldamen und Patrizierinnen sich verbeugten, die Bürger ihre Mützen zogen.

Ihr Gesicht war blühend gerötet vor Erregung und Hoffnung, als sie mit so rühmlichem Erfolge, nachdem der Kaiser sie an Sickingen, dieser an Erikson feierlich abgegeben hatte, von letzterem an ihren Platz zurückgeführt wurde. Allein der Geliebte hatte nichts von allem gesehen und nahm auch ihre Rückkehr nicht wahr. Rosalie hatte sich während der Zeit ihres breiten Federhutes entledigt und denselben Lysen zum Halten gegeben; und wie sie nun mit freiem Kopfe dasaß und ihr ambrosisches Haar mit den weißen Fingern ordnete, wirkte ihre Schönheit mit erneuter Betörung auf ihn ein.

Jetzt erblaßte Agnes, wendete sich zu mir und bat mich, ihm zu sagen, sie wünsche nach Hause gebracht zu werden. Sogleich eilte er herbei, besorgte den warmen Mantel des Mädchens und ihre Überschuhe, und als sie gut verhüllt war, führte er sie, mich hinzuwinkend, in den Hof, legte ihren Arm in den meinigen und ersuchte mich, indem er sich von Agnes in freundlich väterlicher Weise verabschiedete, seine kleine Schutzbefohlene recht sorgsam und wacker nach Hause zu geleiten.

Zugleich verschwand er, nachdem er uns beiden die Hände gedrückt, wieder in der Menge, welche die breite Treppe auf und nieder stieg.

Da standen wir nun auf der Straße; der Wagen, welcher Agnesen mit ihrem Liebesentschlusse hergebracht, war nicht zu finden, und nachdem sie traurig an das erleuchtete Haus, in welchem es sang und klang, hinaufgesehen, kehrte sie ihm noch trauriger den Rücken und trat, von mir geführt, den Rückweg durch die stillen Gassen an, in denen der Morgen zu dämmern begann.

Sie hielt das Köpfchen tiefgesenkt; in der Hand trug sie unbewußt den großen Hausschlüssel, ein altes Stück Arbeit, welches ihr Lys in der Zerstreuung anstatt mir zugesteckt hatte. Sie trug den Schlüssel fest umschlossen in dem dunklen Gefühle, daß Lys ihr das kalte, rostige Eisen gegeben; es war doch etwas, das von ihm kam, sonst hatte er heute nicht viel an sie gewendet. An dem Festmahle hatte sie beinahe nichts genossen, und das wenige, mit dem sie seither etwa ihre Lippen erfrischt, war von mir besorgt worden.

Als wir vor dem Hause angelangt, stand sie schweigend und rührte sich nicht, obgleich ich sie wiederholt fragte, ob ich die Glocke ziehen oder vielmehr mit dem zierlichen Meerfräulein des Türklopfers Lärm machen solle, und erst als ich den Schlüssel in ihrer Hand entdeckte, aufschloß und sie bat, hineinzugehen, legte sie langsam beide Arme mir um den Hals und fing an, erst wie im Traume zu stöhnen, dann mit den Tränen zu ringen, die nicht fließen wollten. Ihr Mantel sank von den Schultern; ich wollte ihn aufhalten, umfing sie aber statt dessen brüderlich und streichelte ihr den Kopf und den Hals, denn den Wangen konnte ich nicht beikommen. In der feinen Silberbrust, die an mir lag, fühlte und hörte ich die Seufzer sich heraufarbeiten und das Herz klopfen; es war wie das Murmeln eines verborgenen Quells, den man im Walde an der Erde liegend etwa zu hören bekommt. Ihr heißer Atem strömte in mein Ohr, es wurde mir zu Mute, als ob ich ein selig trauriges Märchen, wie es in alten Liedern steht, wirklich erlebte, und ich seufzte unwillkürlich auch. Endlich konnte das ärmste Wesen zum Weinen kommen, und es begann ein bitterliches Schluchzen. Die klagenden Naturlaute, keineswegs schön, aber unendlich rührend, wie der Kummer eines Kindes, drängten und brachen sich in der feinen Kehle und in der nächsten Nähe meines Ohres. Sie warf den Kopf herum auf meine andere Schulter und ich legte meinen Kopf in absichtsloser Bewegung auch darauf, wie um ihren Schmerz zu bestätigen. Da zerstachen ihr die Distelblätter und Stechpalmen an meiner Kappe Hals und Wange, sie fuhr zurück, erwachte und erkannte plötzlich, mit wem sie war. Hilflos stand das doppelt getäuschte Mädchen da und sah weinend zur Seite. Ich gab ihr den Mantel auf den Arm, nur um sie mit etwas zu beschäftigen, führte sie sanft zur Treppe und ging dann hinaus, die Türe zuziehend. Alles war noch still in dem Hause, die Mutter schien fest zu schlafen, und ich hörte nur, wie Agnes stöhnend die Treppe hinaufstieg und sich wiederholt an den Stufen stieß. Endlich ging ich weg und kehrte langsam in den Festsaal zurück.

Vierzehntes Kapitel

Das Narrengefecht

Die Sonne ging eben auf, als ich in den Saal trat. Alle Frauen und älteren Leute waren schon weggegangen; die Menge der jüngeren aber, von höchster Lust bewegt, wogte durcheinander und schickte sich an, eine Reihe von Wagen zu besteigen, um unverzüglich, ohne auszuruhen, ins Land hinauszufahren und das Gelage in den Forsthäusern und Waldgärten fortzusetzen, welche an den Ufern des breiten Bergflusses gelegen waren.

Rosalie besaß in jener Gegend ein Landhaus, und sie hatte die fröhlichen Leute der Mummerei eingeladen, sich am Nachmittage dort einzufinden, bis wohin sie als bereite Wirtin ebenfalls da sein würde. Insbesondere waren dazu noch einige Frauen gebeten, und diese hatten ausgemacht, da es einmal Fasching sei, in der alten Tracht hinauszufahren; denn auch sie wünschten so lang als möglich sich des glänzenden Ausnahmezustandes zu erfreuen.

Erikson war in seine Wohnung gegangen, um sich in seine gewohnten Kleider zu werfen, die er nur etwas sorgfältiger als sonst auswählte. Da auch Rosalie später in moderner Toilette erschien, wie sie der Jahreszeit und dem Tage einfach angemessen war, ließ sich denken, daß hierin entweder eine Verständigung stattgefunden oder ein übereinstimmendes Gefühl waltete, beides schlichte Anzeichen, die von ruhigen Beobachtern nicht übersehen wurden.

Auch Lys war nach Hause geeilt, doch in entgegengesetztem Sinne. Er hatte seinerzeit zu Studien für das Bild mit dem Salomo versuchsweise ein altorientalisches Königskostüm anfertigen lassen; das lange Gewand war von weißem feinem Batistleinen in viele Falten gelegt und mit purpurfarbigen, blauen und goldenen Borten, Troddeln und Fransen besetzt. Kopf- und Fußbekleidung entsprachen ebenfalls dem ungefähren vorderasiatischen Stile des Altertums. Die betreffende Studie hatte er in der Ausführung zwar nicht benutzt; jetzt aber schien ihm das Kleid tauglich, um darin einen Scherz vorzubringen und am Hofe der Liebesgöttin sich als gestriger Jagdkönig im Hofgewande einzufinden. Dazu ließ er Haar und Bart mit Brenneisen und duftenden Ölen formieren und kräuseln und legte schließlich um die nackten Vorderarme abenteuerliche Spangen und Ringe. Das alles beschäftigte ihn reichlich bis zur Mitte des Tages, nachdem er in der leidenschaftlichen Verirrung, die ihn befallen, wenig genug geschlafen haben mochte.

Meinerseits hatte ich gar nicht geschlafen, sondern fuhr gleich in der Morgenfrühe mit der Hauptschar hinaus. Große Wagen, mit Landsknechten beladen und von deren Spießen starrend, rasselten voraus und ihnen nach eine lange Reihe von Fuhrwerken aller Art in die helle Morgensonne hinein, am Rande der schönen Buchenwälder, hoch auf den Uferhängen des Stromes, der in glänzenden Windungen um die Geschiebe- und Gebüschinseln rauschte.

Es war ein milder Februartag und der Himmel blau; die Bäume

wurden bald von der Sonne durchschossen, und wenn ihnen das Laub fehlte, so glänzte das weiche Moos auf dem Boden und auf den Stämmen umso grüner, und in der Tiefe leuchtete das blaue Bergwasser.

Das bunte Volk ergoß sich über eine malerische Gruppe von Häusern, welche vom Walde umgeben auf der Uferhöhe lag. Ein Forsthof, ein altertümliches Wirtshaus und eine Mühle am schäumenden Waldbach waren bald in ein gemeinsames Lustlager verwandelt und verbunden; die stillen Bewohner sahen sich von dem berühmten Feste gleichsam in Person überrascht und umklungen und hatten genug zu tun mit Sehen und Hören, Bewundern und Belachen alles dessen, was sie in hundert Gestalten so plötzlich von allen Seiten umgab. Den Künstlern aber weckte die freie Natur, der erwachende Lenz den Witz in der tiefsten Seele; die frische Luft legte die beweglichsten Fühlfäden der Freude bloß, und wenn die Lust der entschwundenen Nacht auf Verabredung und geplanter Einrichtung beruhte, so lockte die jetzige Tageslust zufällig und frei zum lässigen Pflücken, wie die Frucht am Baume. Die dem phantasierenden Fühlen und Genießen angemessenen Kleider waren nun wie etwas Hergebrachtes, das schon nicht mehr anders sein kann, und in ihnen begingen die Glücklichen tausend neue Scherze, Spiele und Torheiten von der geistreichsten wie von der kindlichsten Art, oft plötzlich unterbrochen durch einen wohlklingenden, festen Gesang, hier unter Bäumen, dort aus einer Schenkstube oder aus dem Ringe von Landsknechten, welche die Müllerstochter umstellt hatten. Aber bei allem Selbstvergessen blieb jeder, was er war, und huschten die ewigen Menschlichkeiten wie leise Schatten über die frohen Gesichter. Der Mürrische schmollte ein weniges bei Gelegenheit, der Mutwillige reizte den Übelnehmer, der Sorglose den Tadelsüchtigen zu einem kleinen Gezänk; der Gedrückte dachte unversehens einmal an seine Sorgen und tat einen tieferen Atemzug. Der Sparsame und Ängstliche überzählte verstohlen seine Barschaft, und der Leichtsinnige, der schon fertig war, überraschte und kränkte ihn durch ein Darlehensbegehren. Aber alles dieses kräuselte sich im Fluge vorüber, wie der Lufthauch auf dem Glanze eines Wasserspiegels.

Auch ich geriet eine Weile in einen solchen Wolkenschatten. Ich war dem Mühlbache nach tiefer in das Gehölz gegangen und wusch mir das Gesicht mit den frischklaren Wellen; dann setzte ich mich auf das Holzwerk einer Wasserschwelle und überdachte die vergangene Nacht und das seltsame Abenteuer im Hausflur der Agnes. Das sanfte Rauschen des Wassers brachte mich in einen Halbschlummer, in welchem meine Gedanken wie träumend in die Heimat wanderten; ich glaubte an der Seite der toten Anna an dem stillen Waldwasser zu sitzen in der Tracht des Tellenspieles; dann sah ich mich an ihrer Seite durch die Abendlandschaft reiten und sah alles mit ruhigem Herzen wie eine Erscheinung verschollener Tage, welche für sich abgeschlossen und nicht mehr zu ändern ist. Unversehens aber verlor sich und verblich das Bild vor der Gestalt der Judith, mit der ich durch die Nacht wandelte; ich war bei ihr im Hause, während die barmherzigen Brüder es belagerten, ich sah sie in ihrem Baumgarten aus dem Herbstdufte hervortreten und endlich auf dem Wagen der Auswanderer in die Ferne verschwinden. Wo ist sie? Was ist aus ihr geworden? rief es in mir, und das Heimweh nach ihr machte mich plötzlich munter. Im hellsten Tageslicht sah ich sie vor mir stehen und gehen, aber ich sah keine Erde unter ihren lieben Füßen, und es war mir, als ob ich das Beste, was ich je gehabt und noch haben könnte, gewaltsam und unwiederbringlich mit ihr verloren hätte.

Ich dachte an die Flucht der räuberischen Zeit, seufzte und schüttelte leise den Kopf, und erst jetzt wurden durch den Klang der Schellen meine Gedanken ganz wach und geordnet, daß ich endlich auch der Mutter gedachte, freilich nur wie eines Selbstverständlichen und Unverlierbaren, wie eines guten Hausbrotes; denn daß ein solches eines Tages am ehesten abhanden kommen kann, hatte ich noch nicht erfahren. Dennoch dachte ich mit ziemlichem Ernste an die Frau in der stillen Stube; schon ging ich in meinem zweiundzwanzigsten Jahre, und noch hatte ich ihr keine klare Rechenschaft ablegen können über den Stand meiner irdischen Aussichten, über die Frage des Fortkommens in der Welt. Rasch rückte ich das Täschchen herum, das an meinem Gurte hing und neben dem Schnupftuch und anderen Dingen einen Teil der letzten Barschaft enthielt, die ich noch zu verzehren und die mir die Mutter, wie die früheren Summen, pünktlich und getreulich vor kurzer Zeit gesendet hatte. Freilich nützte das Zählen jetzt nichts, und ich schob die Tasche wieder zurück, verhehlte mir aber nicht, daß meine kleine Hausvorsehung zu Hause die Teilnahme an dem Feste nicht billigen werde. Das Narrenkleid kostete zwar nicht viel, und ich hatte es auch hauptsächlich aus diesem Grunde gewählt; dennoch konnte die Stunde kommen, wo ich den bescheidenen Betrag bitter entbehren mußte. Doch jetzt verstand ich besser als die Mutter, was nötig und ersprießlich war für einen jungen Gesellen, besonders als ein frisches Lied aus dem Lager der Freude herübertönte. Ich schüttelte abermals den Kopf, daß die Schellen klangen, sprang auf und eilte davon.

Ich trieb mich vergnüglich herum und machte allerlei Gänge in die Landschaft hinein, bald mit andern, bald allein. Gegen Mittag lief ich dem stattlichen Erikson in die Hände, der eben aus der Stadt geschritten kam. Unser erstes Gespräch war das Benehmen unseres Freundes Lys. Erikson zuckte die Achsel und sagte nicht viel, während ich mein Erstaunen ausdrückte und viele Worte machte, wie jener so schmählich handeln könne. Ich ergoß mich im schärfsten Tadel und umso lauter, als ich das dunkle Gefühl empfand, ich sei bei der verwirrten Umhalsung Agnesens in verwichener Nacht einer unerlaubten Anwandlung nur mit Not entgangen. Meine Selbstgerechtigkeit stand ja auf festen Füßen, weil ich durch das erwachte Andenken an Judith und ein starkes Heimweh nach ihr mich jetzt sicher fühlte. Und allerdings war es eigentümlich, daß Erlebnisse, die in vergangenen Tagen gefährlich und ungehörig für mich gewesen, jetzt dazu dienen mußten, mich gegen Verlockungen der heutigen Stunde zu schützen.

»Ich will wetten«, unterbrach mich Erikson, »daß er das arme Ding heute sitzen läßt und nicht mitbringt. Wir sollten ihm aber einen Streich spielen, damit er zur Vernunft kommt. Nimm einen Wagen, fahre in die Stadt und sieh ein wenig zu! Findest du den Tollkopf nicht zu Hause, noch bei dem Mädchen, so bring' dieses ohne weiteres mit, und zwar in Rosaliens Namen und Auftrag, so kann die Mutter nichts dagegen haben; ich werde das verantworten. Zu Lys wirst du nachher einfach sagen, daß du für deine Pflicht gehalten, dem Gebote nachzukommen, da er dir die Schöne in letzter Nacht so beharrlich anvertraut.«

Ich fand diesen Einfall nur in der Ordnung und fuhr sogleich in die Stadt. Auf dem Wege begegnete ich Lys, der ganz allein in einer Kutsche saß, in einem warmen Mantel gehüllt; die kegelförmige Königsmütze mit ihren Anhängseln, der wunderlich gelockte schwarze Bart verrieten aber genugsam den festschwärmenden Nachzügler.

»Wohin willst du?« rief er mir zu. »Ich soll«, erwiderte ich, »dich aufsuchen und sehen, daß du das gute Mädchen Agnes mitbringst, im Falle du es nicht ohnehin tun würdest! Dies scheint nun so zu sein, und ich will sie holen, wenn du nichts dagegen hast, und in deinem Namen. Eriksons schöne Witwe wünscht es.«

»Tu das, mein Sohn!« sagte Lys möglichst gleichgültig, obschon er sichtlich etwas überrascht war. Er hüllte sich dichter in den Mantel, indem er seinem Kutscher barsch befahl, weiter zu fahren, und ich hielt bald nachher vor Agnesens Wohnung. Das Pferdegetrampel und Rollen der Räder sowie das plötzliche Stillstehen widerhallte in ungewohnter Weise auf dem still entlegenen Plätzchen, so daß Agnes im selben Augenblicke mit strahlenden Augen ans Fenster fuhr. Als sie mich aussteigen sah, verschleierte sich der Blick wieder, doch harrte sie noch erwartungsvoll, als ich in die Stube trat.

Ihre Mutter war auch da, beschaute mich von allen Seiten, und indem sie fortfuhr, mit einer alten Straußenfeder ihren Altar, das darüber hängende Bild, die Porzellantassen und Prunkgläser, auch die Wachslichter abzustäuben und zu reinigen, fing sie an zu plaudern: »Ei, da kommt uns ja auch ein Stück Karneval ins Haus, gelobt sei Maria! Welch allerliebster Narr ist der Herr! Aber was Tausend habt ihr denn? was hat Herr Lys nur mit meiner Tochter angefangen? Da sitzt sie den ganzen Morgen, ißt nichts, schläft nicht, lacht nicht und weint nicht! Dies ist mein Bild, Herr, wie ich vor zwanzig Jahren gewesen bin! Doch Sie haben es, glaub' ich, auch schon gesehen! Dank unserm Herrn und Heiland, man darf es noch betrachten! Sagen Sie nur, was ist es mit dem Kinde? Gewiß hat Herr Lys sie zurechtweisen müssen, ich sag' es immer, sie ist noch zu dumm und ungebildet für den feinen Herrn! Sie lernt nichts und beträgt sich unschicklich. Ja, ja, sieh nur zu, Agnes! lernst du das von mir? Siehst du nicht auf diesem Bild, welchen Anstand ich hatte, als ich jung war? Sah ich nicht aus, wie eine Edelfrau?«

Ich antwortete auf alles dies mit meiner Einladung, die ich sowohl in Lysens als in Frau Rosaliens Namen ausrichtete; auch brachte ich einige Gründe vor, warum jener nicht selbst kommen könne, indes die Mutter einmal über das andere rief: »So mach', so mach', Nesi! Jesus Maria, wie reiche Leute sind da beisammen! Ein bißchen zu klein, ein bißchen zu klein ist die gnädige Frau, sonst aber reizend! Nun kannst du nachholen, was du gestern etwa versäumt und verbrochen! Geh, kleide dich an, Undankbare! mit den kostbaren Sachen, die Herr Lys dir geschenkt! Da liegt der Halbmond am Boden! Aber zuerst muß ich dir das Haar machen, wenn's der Herr erlaubt!«

Agnes setzte sich mitten in die Stube, und ihre Wangen röteten sich leise von wieder aufkeimender Hoffnung. Die Mutter frisierte sie nun mit großer Geschicklichkeit. Sie führte nicht ohne Anmut den Kamm, und als ich die hochgewachsene Frau betrachtete und die immer noch schönen Anlagen und Züge ihres Gesichtes sah, mußte ich gestehen, daß ihre Eitelkeit einst berechtigt gewesen sei.

Agnes saß mit bloßem Halse, von der Nacht der aufgelösten Haare überschattet, und es gewährte mir einen lieblich ruhevollen Anblick, wie die Mutter die langen Stränge kämmte, salbte und flocht und dabei weit zurücktreten mußte. Sie sprach fortwährend, indessen wir andere schwiegen und wohl wußten warum. Ich merkte aus allen den Reden, daß Agnes ihrer eigenen Mutter von dem Unsterne der Nacht noch nichts anvertraut hatte, und entnahm daraus, wie grausam die Sache sie würgen mußte.

Endlich war das Haar ungefähr so gemacht, wie es gestern gewesen, und Agnes ging mit der Mutter nach ihrem gemeinsamen Schlafzimmer, das Dianengewand wieder anzuziehen; sobald sie aber damit nur einigermaßen zustande gekommen, erschienen sie wieder und vollendeten den Anzug in meiner Gegenwart, weil die Alte sich unterhalten und so viel wie möglich von dem Feste, und wie alles verlaufen sei, erfahren wollte. Dann aber brachte sie schnell eine kräftige Schokolade, ihre Lieblingsnahrung, deren Bestandteile nebst Gebäck sie schon seit dem frühen Morgen in Bereitschaft gehalten für den erwarteten Besuch des assyrischen Königs.

Jetzt mußte das duftende Getränk der genügsamen Frau zugleich das Mittagsmahl versehen, und sie ließ es sich eifrig schmecken, denn sie hatte eine ausreichende Menge gebraut; auch Agnes nahm zwei Tassen zu sich und aß ein gutes Stück Kuchen, und ich hielt vergnüglich mit, obgleich ich schon verschiedenes genossen hatte. So erlebt der Mensch mancherlei Unterkunft in seinen Tagen; es ist mir kaum mehr glaublich, daß ich einst in solcher Tracht, in einem so kunstreich zierlichen Baudenkmälchen, zwischen der Diana und der alten Sibylle gesessen und friedlich gefrühstückt habe.

Weil das Wetter so schön war und die Alte es verlangte, um vor ihren Nachbaren zu triumphieren, wurde die Decke des Wagens niedergelassen, als wir wegfuhren, und sie schwenkte ihr Tuch aus dem offenen Fenster unter Abschiedsgrüßen und Glückwünschen. Agnes aber seufzte dabei verstohlen und atmete erst etwas freier, als wir vor dem Tore waren. Ohne der Vorfälle der letzten Nacht mit einem Worte zu gedenken, fing sie an zu plaudern. Ich mußte berichten, wie die heutige Lustbarkeit sich veranlaßt habe, wer draußen zu treffen sei und wann wir wieder zurückkehrten? Denn sie wagte noch nicht, offen vorauszusetzen, wie sie hoffte, daß sie nicht mit mir, sondern mit Lys heimfahren werde. Ich wußte noch weniger einen Aufschluß zu erteilen und sprach die allgemeine Vermutung aus, es werde die ganze Gesellschaft zusammen aufbrechen, und wenn es auf mich ankomme, so gehe man heute überhaupt noch nicht heim!

Da sei sie auch dabei, sagte sie fast so fröhlich, wie wenn es ihr Ernst wäre. Als wir schon das weiße Landhaus in einiger Entfernung glänzen sahen, geriet Agnes aufs neue in Bewegung; sie wurde rot und blaß, und da sich zur Seite der Straße auf einem kleinen Hügel eine Kapelle zeigte, verlangte sie auszusteigen.

Sie eilte, ihr Silbergewand zusammenfassend, den Stufenweg hinan und ging in das Kirchlein; der Kutscher nahm seinen Hut ab, stellte ihn neben sich auf den Bock, bekreuzte sich und betete, die fromme Muße benutzend, ein Vaterunser. So blieb mir nichts übrig, als verlegen unter die Kapellentür zu treten und zu warten, bis die unerwartete Zwischenhandlung vorüber war. An einem der Türpfosten sah ich ein gedrucktes Gebet hinter Glas gefaßt aufgehängt, welches ungefähr folgende Überschrift trug: Gebet zur allerlieblichsten, allerseligsten und allerhoffnungsreichsten heiligen Jungfrau Maria, der gnadenreichen und hilfespendenden Fürbitterin Mutter Gottes. Approbiert und zum wirksamen Gebrauche empfohlen für bedrängte weibliche Herzen durch den hochwürdigsten Herrn Bischof u. s. f. Dazu war noch eine Gebrauchsanweisung gefügt, wie viele Ave und andere Sprüche herzusagen seien. Dasselbe Gebet lag auf Pappe gezogen auf einigen alten Holzbänken umher. Sonst zeigte das Innere der Kapelle nichts, als einen einfachen Altar, der mit einer verblichenen veilchenfarbigen Decke behangen war. Das Altarbild zeigte den englischen Gruß, von roher Hand gemalt, und vor demselben stand noch ein kleines Marienbildchen im starren Reifröckchen von Seide und Metallflittern in allen Farben. Rings um den Altar hingen an der Wand geopferte Herzen von Wachs, in allen Größen und auf die mannigfaltigste Weise verziert; im einen stak ein seidenes Blümchen, im andern eine Flamme von Rauschgold, das dritte durchbohrte ein Pfeil. Wieder ein anderes war ganz in rote Seidenläppchen gewickelt und mit Goldfaden umwunden, und eines war gar mit großen Stecknadeln besetzt wie ein Nadelkissen, wohl zur Schilderung der schmerzlichen Pein seiner Spenderin; dagegen schien ein mit grüner Farbe und vielen roten Röschen bemaltes Herz von der zur Zufriedenheit gelungenen Heilung Kunde zu geben.

Leider versäumte ich, den Text des Gebetes selbst zu lesen, weil ich nur auf die Beterin sehen mußte, die in ihrem heidnischen Göttergewande, den keuschen Halbmond über der Stirne, auf der Altarstufe vor dem wächsernen Frauenbilde kniete, mit zitternden Lippen das Gebet von einem der Pappdeckel ablas, dann die Hände faltete, zu dem Bilde aufblickte und die vorgeschriebene Zahl der übrigen Sprüche, die zum Glücke nicht groß war, leise murmelte oder flüsterte. In dieser großen Stille und bei diesem Anblicke fühlte ich das Ineinanderweben der Zeiten, und es war mir fast zu Mut, als lebte ich vor zweitausend Jahren und stünde vor einem kleinen Venustempel irgendwo in alter Landschaft. Ich dünkte mich jedoch unendlich erhaben über die Szene, so artig sie war, und dankte meinem Schöpfer für das stolze und freie Gefühl, das mich beseelte.

Endlich schien Agnes sich der Hilfe der Himmelskönigin genugsam versichert zu haben; sie erhob sich mit einem Seufzer und ging nach dem in meiner Nähe hängenden Weihkessel. Da sah sie mich in der Türe gelehnt, wie ich sie aufmerksam betrachtete, und erinnerte sich über meiner ganzen Haltung daran, daß ich ein Ketzer war. Ängstlich tauchte sie den Wedel tief in den Kessel, eilte mir damit entgegen und besprengte mir das Gesicht über und über mit Wasser, indem sie mit dem Wedel viele Kreuze schlug. So hatte sie mich in weniger als zwölf Stunden zum zweiten Male durchnäßt, erst mit ihren Tränen und nun mit dem Weihwasser, und ich rückte doch den Hals etwas unbehaglich her und hin, da mir die Feuchte in den Nacken rieselte. Das doppelt mythologische Geschöpf aber war nun über die schädliche Einwirkung meiner Ketzerei beruhigt; sie ergriff meinen Arm und ließ sich wieder in die Kutsche bringen, deren Lenker seine geistliche Erquickung längst beendigt hatte und zur Weiterfahrt bereit war. Er machte ein kurios lächelndes Gesicht gegen mich, weil er den Volksglauben natürlich kannte, der an dem kleinen Gnadenörtchen haftete. Er selbst mochte den weiblichen Liebessegen nur mitgenommen haben, wie ein derberer Trinker etwa aus Versehen ein Gläschen süßen Likörs schnappt, das gerade dasteht.

Der Landsitz, bei dem wir anlangten, war schon ziemlich belebt; in einem geräumigen Gartenland gelegen, zeigte seine gemischte Bauart, daß er früher den Zwecken einer Gastwirtschaft gedient und erst seit neuerer Zeit und jetzt noch in der Umwandlung zum Sommerhaus einer Familie begriffen war, wo ein Pächter oder Wirtschaftsführer zugleich für allerhand haushälterischen Nutzen sorgte. So kam jetzt vorzüglich der gute Rahm bei dem erquicklichen Kaffeetrinken zustatten, welches Frau Rosalie für den Empfang der Gäste veranstaltet hatte. Die Sonne schien so warm, daß mehrere den Trank im Freien, vor den Türen der neueingerichteten Gartenzimmer genossen, während andere inwendig um die Kaminfeuer oder gar in einer alten Wirtsstube beim geheizten Ofen saßen.

Ich war nicht viel kecker als meine Schutzbefohlene und drang sachte mit ihr vor; doch wurden wir bald von der schönen Wirtin entdeckt, die jetzt im stattlichern Seidenkleide sich munter bewegte und Agnesen unverweilt ins Innere des Hauses führte.

»Die Göttertracht«, sagte sie, »will sich doch nicht recht für unser Klima schicken, besonders für uns Frauen! Gehen wir hinein, wo es ein Feuer gibt! Auch der König von Babylon oder Ninive, Herr Lys, ist drinnen, denn er würde hier erfrieren.«

Lys hatte es in der Tat mit seinen bloßen Armen und im Batisthabit nicht im Freien ausgehalten und saß nicht eben in bester Laune an einem großen Ofen; auch der Kaffee, für uns andere gut genug, vermochte nicht, die Sorgen zu zerstreuen, die auf seiner Stirne lagerten. Die Alltagstracht, in welcher er unerwartet nicht nur Frau Venus, sondern auch Erikson angetroffen, hatte diese Sorgen heraufbeschworen, und mehr noch die rüstige Tätigkeit des guten Freundes, den man bald ein Faß des besten Bieres über den Hof rollen, bald einige Brote zerschneiden oder sonst etwas hantieren sah, als stände er da im Tagelohn. Der Anblick Agnesens war dem düstern Assyrer unter solchen Umständen nicht unwillkommen. Er bot ihr sofort freundlich den Arm als einer schicklichen Ergänzung für die Zeit der Einsamkeit oder Abwesenheit Rosaliens, welche sich vor dem Hause aufhielt, um nicht nur die vom Walde herbeikommenden Festgenossen, sondern auch verschiedene ihr verwandte und befreundete Personen zu empfangen; denn auch solche hatte sie in der Schnelligkeit herbeirufen lassen. Gerade die ungewohnte Heftigkeit der Leidenschaft, die Lys befallen, hieß ihn auch, wie einen Kriegshelden im Felde, eine verdoppelte Wachsamkeit üben; er konnte jetzt eine gefährliche Erkältung oder gar tödliche Krankheit nicht brauchen und mußte die Torheit seiner Kleidung durch vorsichtige Zurückhaltung gut machen; und da diente ihm nun die silberne Diana, deren Gewänder er ja gekauft hatte, trefflich zur Verhüllung seiner Lage.

So war sie jetzt an seiner Seite, in der Heimat ihrer Liebe, und schien zu ihrem Rechte zu kommen. Aber sie zeigte keinen Triumph, keine Überhebung, sondern atmete nur etwas ruhiger auf, die innere Glut bis auf weiteres verschließend; denn sie hatte in kurzer Zeit zu Schlimmes erfahren, um es schon vergessen zu können. Sie ging vielmehr mit gesammeltem Ernste am Arme des schönen Großkönigs durch die Zimmer, der sich scherzend für den alten Nimrod ausgab und behauptete, er habe mit bekanntem Jägerglück die Göttin der Jagd selbst gefangen. Erst als sie an einem großen Spiegel vorübergingen, erkannte sie deutlicher seine veränderte, glänzende Tracht und Gestalt, sah sich selber daneben und die Blicke der Anwesenden, welche das eigentlich leuchtende Paar mit Verwunderung verfolgten. Da überflog eine leichte heitere Röte das weiße Gesicht; allein sie hielt sich tapfer zusammen und bewahrte das gleichmütige Aussehen, obschon sie vielleicht die einzige Person im Hause war, auf welche Lysens auffälliger Putz in dem verführerischen Sinne wirkte, wie seine Verirrung es wollte.

Inzwischen ertönte aus den entlegeneren Räumen des Hauses eine lockende Tanzmusik, wie es von dem jungen Volke und der Karnevalszeit nicht anders zu erwarten war. In einem ehemaligen Wirtschaftssaale war noch die kleine Tribüne der Spielleute vorhanden, mit bunten Teppichen behängt und mit Topfpflanzen verziert worden. Auf diesem Gestelle saßen vier musizierende Kunstgesellen, die ihre Instrumente herbeigeschafft hatten, auf denen sie an manchen Abenden zusammen zu spielen pflegten, als unter sich verbundene, sinnig lebende Leute. Sie wurden die vier frommen Geiger genannt, weil sie teils aus Liebhaberei, teils auch um einen kleinen Nebengewinn zu erzielen, Sonntags auf dem Chore einer der vielen Kirchen der Stadt mitspielten. Ihr Hauptmann war ein hübscher bräunlicher Rheinländer von etwas untersetzter Gestalt, mit heitern Augen und treuherzigem Munde, der von krausligem Barte umgeben war. Er hieß bei der Künstlerschaft der Gottesmacher, weil er nicht nur silberne Kirchengeräte von guter Form schmiedete, sondern auch Kruzifixe und Muttergottesbilder sauber in Elfenbein schnitt und zur tieferen Ausbildung in diesen Übungen vom Rheine herübergekommen war. Überall wohlgelitten, bezeigte er keineswegs eine fanatische Gesinnung und wußte eine Menge lustiger Pfaffenstücklein zu erzählen. Dergestalt logierte er in dem katholischen Wesen wie in einer alten Gewohnheit, die nicht zu ändern ist, dachte darüber niemals nach und führte übrigens stets ein Faß eigenen Weines aus der Heimat mit sich, das er schleunigst zum Füllen sandte, wenn es leer geworden.

Der Gottesmacher handhabte das Cello, und zwar in der Tracht eines Winzers aus dem Bacchuszuge: die erste Violine spielte der lange Bergkönig, der seinen Bart beiseite gelegt hatte und nun als ein junger Bildhauer zum Vorschein kam. Er modellierte, wie man sagte, seit zwei Jahren an einer Kreuztragung, konnte aber nicht von einem bekannten klassischen Vorbilde abkommen; dafür strich er umso fertiger die Geige. Die mittleren Spieler waren zwei Glasmaler; sie machten an den Kirchenfenstern die prächtigen Teppichmuster und anderes Beiwerk und ließen sich nie einer ohne den andern sehen. Sie waren zu uns aus dem Zug der Nürnberger Zünfte herübergekommen, wo sie unter den Meistersingern gegangen; ich aber kannte die ganze Musik vom Mittagstische her, den ich in einer billigen Wirtschaft aufzusuchen gewohnt war. Viele gute Brüder lösten sich dort an den stets vollbesetzten Tischen täglich ab; aber die beiden Glasmaler waren die einzigen, welche ihr Geld in rundlichen wohlverschnürten Lederbeutelchen führten; denn sie freuten sich ihres bescheidenen, aber sicheren Erwerbes, lebten sparsam und verdienten jeden Sonntag einen Extragulden mit der Kirchenmusik.

Doch heute taten die Vier um der Freude willen ein übriges und lockten mit recht wohlgezogenem Tone das Volk zum Tanze. Bald drehte sich ein halbes Dutzend Paare bequemlich im weiten Raume, darunter Agnes mit Lys, in dessen Arm sie mit erwachender Glückseligkeit dahin schwebte, zum ersten Male seit dem Beginne des ganzen Festes. Das Gebet in der Kapelle schien geholfen zu haben; freilich gehörten auch so fromme Spielleute dazu, und besonders der Gottesmacher, der die Gestalt mit glänzenden Augen verfolgte, drückte jedesmal, wenn sie in seine Nähe kam, den Cellobogen mit vollerer und doch weicher Kraft auf die Saiten und gab seinem Wohlgefallen auf diese Weise den zierlichsten Ausdruck. Ich saß ausruhend bei einem Krüglein frischen Bieres an einem Tischchen, beobachtete ihn mit Vergnügen und begriff vollkommen, wie dem Arbeiter in Silber und Elfenbein das feine Wesen einleuchten mußte.

Nun ging es diesem während ein paar Stunden nach Wunsch; die frommen Geiger spielten als Freiwillige nicht zu oft, so daß niemand ermüdet wurde und genugsam Zeit zu geruhiger Unterhaltung übrig blieb. Die Sonne ging dem Untergange entgegen, und im Hause begann es zu dämmern; Erikson erschien an allen Enden gleich einem Haushofmeister und ließ die Lichter anzünden, aufhängen, hinstellen, wie es gehen wollte. Dann verschwand er wieder, um in einem neueren Saale das einfache Abendessen zu ordnen, mit welchem die frohsinnige Witwe ihre Eingeladenen bewirten wollte: so gut es sich in der Eile habe tun lassen, teilte der Unermüdliche entschuldigend mit, als ob es bereits seine eigene Angelegenheit wäre.

Lys indessen ging ab und zu, sich anderwärts umzusehen; endlich aber kam er nicht mehr zurück. Wir harrten seiner beinah eine Stunde; Agnes verhielt sich schweigend und gab mir kaum eine Antwort, wenn ich das Wort an sie richtete; auch mit andern wollte sie weder plaudern noch tanzen. Zuletzt, da ich sah, daß sie des Wartens müde war und wieder zu leiden begann, schlug ich ihr vor, in die anderen Teile des Hauses zugehen und zu betrachten, was alles dort vorfiele. Das nahm sie an, und ich führte sie langsam durch verschiedene Räume, wo sich überall einzelne Gesellschaften vergnügten, bis wir in ein Kabinett gelangten, in welchem an zwei oder drei kleinen Tischen behaglich gespielt wurde. An einem derselben saß Lys, der Hausherrin gegenüber und zwischen zwei älteren Herren, und spielte eine Partie Whist; denn die letzteren gehörten zu Rosaliens Verwandten, welchen sie die Zeit so angenehm als möglich zu vertreiben wünschte, und natürlich hatte sich Lys beeilt, das Opfer mit ihr zu teilen. Er war so glücklich und in seine Lage vertieft, daß er gar nicht bemerkte, wie wir dem Spiele zuschauten und sich noch andere Zuschauer sammelten.

Die Partie ging zu Ende; Lys und Rosalie hatten den alten Herren einige Louisdor abgenommen, was den Unverbesserlichen als ein günstiges Zeichen so bewegte, daß er seine Freude nicht verbergen konnte. Doch Rosalie nahm die Karten zusammen und bat die Spieler, zu welchen auch die von den andern Tischen getreten waren, eine kleine Rede von ihr anzuhören.

»Ich habe mich«, begann sie mit artiger Beredsamkeit, »bisher arg gegen die Kunst versündigt, indem ich, obgleich mit Glücksgütern gesegnet, soviel wie nichts für sie getan habe! Ich bin umso tiefer beschämt, als es mir so gut unter den Künstlern ergeht, und ich glaube auch schon meine Dankbarkeit für die ehrenvolle Anwesenheit so fröhlicher Musenkinder am besten einigermaßen abzutragen, wenn ich endlich beginne, etwas Nützliches zu tun. Nun aber ist es eine bekannte Eigenschaft der Protektoren und Gutesstifter, daß sie für ihre Sache stets Teilnehmer anwerben und möglichst ins Breite wirken müssen, damit das Gute umsomehr Boden gewinne. So hören Sie denn, werte Freunde! Am heutigen Nachmittage, als ich um das Haus herumging, irgend einen Dienstboten zu rufen, fand ich in einer verborgenen Ecke des Gartens den jüngsten und zierlichsten unserer Gäste, den Pagen Gold des Herren Bergkönigs, der am Zuge so großmütig seine Schätze ausgestreut hat. Der noch nicht siebzehn Jahre zählende Knabe stand bei seinem Genossen, dem Pagen Silber, einen offenen Brief in der Hand, bleich und entsetzt und schwere heiße Tränen in seinen hübschen Augen zerdrückend. In der offenen und teilnehmenden Stimmung, in der wir uns ja alle befinden, konnte ich mich nicht enthalten, hinzuzutreten und mich nach der Ursache solchen Leidwesens freundlich zu erkundigen. Da vernehme ich, daß schon in den gestrigen Abendzeitungen die Nachricht von einem großen Feuer gestanden hat, welches seit Tagen in der fernen Vaterstadt des trauernden Knaben wütet, während wir in unserem Freudengedränge hiervon keine Ahnung hatten. Und heute bringt der Silberpage, der in der Morgenfrühe ordentlich schlafen gegangen ist und mittags seinen Freund abholen wollte – denn beide sind Zöglinge unserer Akademie und arbeiten nebeneinander, heute nachmittags bringt er jenen Brief hier hinaus, wo er den Freund aufgesucht hat. In dem Briefe steht, daß auch die Straße, darin jener geboren und seine alternde Mutter wohnt, bereits in Asche liegt und die Mutter ohne Obdach ist. Ich lasse durch Herrn Erikson in der Eile weitere Nachfrage halten. Der blutjunge Mensch, ungewöhnlich begabt, ist in ungewohnt frühem Alter hierher gesandt worden, um mit Hilfe einiger geringer Sparmittel sich frühzeitig emporzubringen, ein Wagnis, welches sich bis jetzt durch den glücklichen Fleiß des Schülers zu rechtfertigen schien. Nun ist alles in Frage gestellt! Nicht nur sind vielleicht die Existenzmittel durch das Feuer für immer verloren, sondern der arme Gesell kann im Augenblicke nicht einmal hineilen und sein Mütterchen in dem Elend und Wirrsal aufsuchen, weil er die paar Taler, die hiezu dienen würden, an die Kosten dieses Karnevals gewendet hat, überredet von andern, die seine glückliche Knabengestalt nicht entbehren mochten, und weil er ohnedies gerade einer Sendung von Hause entgegensah, die nun nicht kommen kann. Und eben über seinen vermeintlichen Leichtsinn macht er sich die bittersten Vorwürfe und will in Selbstanklagen vergehen, wie wenn er das entsetzliche Feuer selber angezündet hätte! Ich habe den unseligen Pagen, dem das Goldausstreuen so schlecht bekommen ist, sogleich veranlaßt, nach seiner Wohnung zu gehen und seine Sachen zu packen; allein mich dünkt, man sollte trachten, daß er auch wieder kommen und weiter lernen kann, sobald das Mütterchen versorgt und beruhigt ist. Mit einem Wort: ich möchte für den Unglücksvogel eine bescheidene Pension stiften, die ein paar Jährchen hinreicht, und hier den Anfang machen! Ich lege die Karten aus, halte Bank, wie ich es leider an Badeorten gesehen habe, als ich meine seligen Eltern dahin begleiten mußte. Wer verliert, muß es verscherzen; wer gewinnt, legt die Hälfte des Gewinnes in diese Schale, die den Pensionsfonds vorstellt! Spielen dürfen nur Nichtkünstler; Herr Lys ist ausgenommen, der nicht von seiner Kunst lebt, wie ich höre!«

Nach diesen Worten zog sie eine beschwerte Börse und legte sie vor sich auf den Tisch. Dann mischte sie die Karten und rief: »Also machen Sie Ihr Spiel, Herren und Damen! Rot oder Schwarz?«

Die etwas überraschte Gesellschaft zögerte ein paar Sekunden; da setzte Lys ritterlich ein Goldstück und gewann. Rosalie zahlte ihm die Hälfte und warf die andere in eine geleerte Zuckerschale, die gerade zur Hand war.

»Schönsten Dank, Herr Lys! wer jetzt weiter?« sagte sie fröhlich und huldvoll.

Ein älterer Mann, den sie mit »Brav, Herr Oheim!« anredete, setzte ein Zweiguldenstück und gewann auch. Sie legte einen Gulden in die Schale und gab ihm den andern, samt seinem Einsatz. Drei oder vier Damen, hiedurch ermutigt, wagten gleichzeitig ein Guldenstück und verloren; Rosalie warf lachend für jede einen halben Gulden in das Gefäß. Die Frauen zu rächen, wie er sagte, legte Lys abermals einen Louisdor hin, worauf einige Herren sich mit doppelten Talerstücken einstellten und auch die Frauen sich wieder mit einzelnen halben, ja ganzen Gulden hervorwagten. Das Gewinnen und Verlieren wechselte ziemlich gleichmäßig, aber stets fiel etwas in die Zuckerbüchse, und wenn auch langsam, wuchs der Pensionsfonds, wie Rosalie es nannte, doch sichtbarlich an.

Doch Lys rief jetzt: »Das geht zu sachte voran!« und setzte vier Goldstücke, den Rest des Bargeldes, das er in seiner Börse trug. »Schönen Dank abermals!« sagte Rosalie, als sie gewann und die Hälfte in die Schale warf. Es war nicht recht ersichtlich, ob Lys sich mit ihr freute; doch ergriff er einen Stuhl und setzte sich der schönen Frau gegenüber, indem er rief: »Noch immer besser muß es kommen!« Er pflegte niemals auszugehen, ohne eine größere Summe Geldes in Noten bei sich zu tragen, einer langjährigen Reisegewohnheit zufolge. Auch jetzt hielt er die Brieftasche in seinen Gewändern irgendwo versorgt, zog sie hervor und legte eine Note von hundert rheinischen Gulden hin, dann, als er sie verlor, die zweite, dritte u. s. w. bis zur zehnten, welches die letzte war. Der ganze Vorgang, Zug um Zug, dauerte nicht länger, als zwei Minuten, so daß Rosalie mit einem einzigen strahlenden Blicke und einem einzigen Lächeln, das sie fast ohne zu atmen auf Lysen gerichtet hielt, ausreichte von der ersten bis zur letzten Note, welche sie ohne Abzug einer Hälfte vorweg in die Schale warf. Die blitzartige Schnelligkeit, mit welcher der Zufall spielte, verlieh der Szene eine eigentümliche Anmut und brachte den Eindruck hervor, wie wenn die rosige Bankhalterin mehr als Brot essen könnte, das heißt geheimnisvoller Künste mächtig wäre.

»Wir haben genug!« rief sie, »tausend Gulden ohne das Bare! Mehr als fünfhundert Gulden soll ein so junger Bursch im Jahr nicht vertun. Also können wir ihn zwei Jahre durchbringen und wollen das Geld beim Bankier hinterlegen. Morgen aber soll er vorerst nach Hause reisen!«

Dann malte sie sich und uns die Erkennungsszene aus, welche zwischen der abgebrannten Mutter und dem unverhofft mit Hilfe erscheinenden Sohne stattfinden werde; sie beschrieb nochmals, wie der blühende Junge, fern von der Heimat, mitten im Jubel eines Maskenfestes von der Schreckenskunde überfallen, verzweifelt dagestanden und mit den bitteren Tränen gekämpft habe. Sie war in ihrer Freude jetzt so schön, daß sie den Höhepunkt weiblichen Reizes erreichte und einen Abglanz ihrer Schönheit auf Lysens Gesicht warf, als sie ihm über den Tisch weg die Hand bot, die seinige drückte und herzlich schüttelte, indem sie sagte: »Freuen Sie sich nicht auch an dem bißchen Sonnenschein, das wir Ihnen danken? Ohne Ihren raschen Edelmut wäre ja nicht so bald geholfen! Sie sollen auch unser Vorsteher sein und mich heut abend zu Tisch führen!«

Bei diesen Worten schienen ihre Gedanken eine andere Richtung zu nehmen; sie erhob sich, bat um Entschuldigung und zog sich zurück. Gleich darauf eilte auch Lys durch die gleiche Türe fort, als ob er etwas Vergessenes zu sagen hätte. Es dauerte eine halbe Stunde, bis Rosalie an Eriksons Arm wieder erschien, um an der Spitze ihrer lustigen Hausbesatzung zu Tisch zu gehen. Lys kam nicht wieder; man hörte, er sei in das Waldlager hinüber, das er auch noch habe in seiner Lustbarkeit sehen und studieren wollen.

Was inzwischen vorgefallen, wurde später ziemlich im Zusammenhange denjenigen bekannt, die von den Dingen in dieser oder jener Weise berührt waren. Lys hatte mit stürmischen Schritten, mit plötzlicher Entschlossenheit die Verschwundene verfolgt und in einem einsamen Zimmer erreicht, wo sie mit einem andern als ihm eine kurze Zwiesprache zu halten dachte. Ihre beiden Hände ergreifend, erklärte er seine ernste und heilige Liebe und forderte sein Lebensglück und seine Ruhe von ihr, die einzig sie ihm geben könne. Sie sei das Weib der Weiber, die göttliche Frau, die immer nur Ein Mal in der Welt sei, schön und hell und heiter, wie der Stern der Venus, klug und gütig und nur sich selber gleich. Er wisse jetzt, warum er sich in Irrsal und Wankelmut umgetrieben, indem er das Beste geahnt und gesucht, aber nicht habe finden können; aber nun habe er auch die unerbittliche Pflicht und das unveräußerliche Recht, es zu erringen. Keine Rücksicht dürfe ihn hindern, in so entscheidender Stunde den Schritt über die schwanke, schmale Brücke zum Dasein zu tun und ihr das ungeteilte und ganze, von keinen Zufälligkeiten getrübte Leben anzubieten, ein Leben, das die Notwendigkeit, nicht die eiserne, sondern die goldene, selbst sein würde. Denn es sei nicht möglich, daß irgend ein Lebendiger sie so zu kennen und zu würdigen vermöge, wie er, das fühle er untrüglich und glühend, wie ein lohendes Feuer, eine Glut, die zugleich ein Licht, das Licht des Urteils sei, das gegenseitig sein müsse.

Und was solcher großen Worte mehr sein mochten, ihm selbst ungewohnt; denn er soll dabei so gut und begeistert, ja hinreißend ausgesehen haben, daß es Rosalien unmöglich war, den Überfall mit einer schalkhaften oder verletzenden Wendung abzuweisen, obgleich sie sich schon durch den Anzug, in welchem er heute in ihrem Hause erschienen, unangenehm betroffen fand.

Sie entzog ihm erschreckt die Hände, trat zurück und rief: »Bester Herr Lys! ich verstehe von Ihren geheimnisvollen Reden nur so viel, daß das Licht, das gegenseitige Urteil, von dem Sie sprechen, uns gänzlich fehlt. Ich bin nicht das Weib der Weiber, behüte mich Gott davor, da müßte ich ja die Summe aller Schwachheit sein! Ich bin ein einfaches beschränktes Wesen und kann zunächst keine Spur einer Neigung zu Ihnen entdecken, und Sie können mich ebensowenig kennen, da Sie mich vor noch nicht vierundzwanzig Stunden zum erstenmal gesehen haben!«

Er unterbrach sie jedoch, suchte wieder ihre Hände zu fassen und fuhr fort: er kenne sie wohl, samt ihrer Vergangenheit und Zukunft. Eben daß sie in Demut und Verkennung dahingelebt, sei das Wahrzeichen ihrer Bestimmung, siegreich zur Klarheit und zum Glanze ihres Rechtes zu kommen! Das sei ja das Tiefsinnige in so vielen Götter- und Menschensagen, daß die himmlische Güte und Schönheit in Dunkelheit und Dienstbarkeit niedergestiegen und aus der rührenden Unkenntnis ihrer selbst zum Bewußtsein gerufen worden seien, das Wesenhafte sich aus dem Staube des Unwesentlichen habe befreien müssen.

Plötzlich schlug sie die Hände zusammen und rief mit klagendem Tone: »Himmel, welch ein Unglück! Hätt' ich das nur vor acht Tagen gewußt – jetzt ist es wieder einmal zu spät! Ich bin verlobt, raten Sie, mit wem?«

»Mit Erikson!« versetzte er mit einiger Heftigkeit. »Ich habe mir's halb gedacht! Aber das tut nichts! die echten Schicksalswandlungen gehen über dergleichen hinweg, wie ein Morgenwind über das Gras! Vor dem Entschlusse von heute muß der verjährte Wille von gestern verbleichen.«

»Nein!« erwiderte sie mit Kopfschütteln und scheinbar trauriger Verlegenheit, »ich gehöre zu dem Geschlechte derer, die Wort halten; ich kann nicht anders, ich gehöre zum Grase!«

Sie schwieg einen Augenblick, wie um sich zu besinnen, während er mit dringlichen Reden wieder begann; doch sie unterbrach ihn abermals, als ob sie einen guten Gedanken gefunden hätte.

»Ich habe gehört oder gelesen von ausgezeichneten Frauen, welche mit unbedeutenden Männern friedlich gelebt, indessen sie aber mit höchst bedeutenden Geistern eine Seelenfreundschaft gepflegt haben, wozu jedoch für den Anfang eine beträchtliche Entfernung gehört, bis das beruhigende Alter die rechte Weihe bringt. Solche Frauen, wenn sie genugsam Kinder geboren und wohl erzogen haben, sollen alsdann nicht selten zum höchsten Verständnis jener Geister sich emporschwingen, da es ihnen nicht mehr an Zeit gebricht, den großen Dingen nachzuleben. Nun sehen Sie, wir schön wir es doch noch einrichten könnten, wenn wir nur wollten. Sollte wirklich etwas so Außerordentliches in mir sein, wie Sie mich bald glauben machen, so kann ich ja einstweilen meinen unbedeutenden Erikson heiraten, Sie entfernen sich für ein paar Jahrzehnte –«

Sie schwieg nicht ohne Besorgnis, als Lys mit einem schmerzlichen Seufzer auf einen Stuhl sank und vor sich niedersah. Er merkte erst jetzt, daß die reizende Frau ihr Spiel trieb, und da er zugleich sein Kleid gewahrte, mochte er der bedenklichen Lage inne werden, in die seine Schwäche ihn geführt, vielleicht auch zum erstenmal ihn die Empfindung von der dunkeln leeren Stelle in seinem sonst so reichen Wesen überschatten.

Ungehört auf den weichen Teppichen des kleinen Zimmers war Erikson schon vor einigen Minuten eingetreten und hinter dem Freunde gestanden, und Rosalie hatte ihre schalkischen Reden in seiner Gegenwart gehalten, die sie mit keinem Zwinkern ihrer Augen verriet.

»Aber närrischer Kauz«, sagte er, indem er jenem die Hand auf die Schulter legte, »wer wird denn seinen Kameraden die Bräute wegschnappen?«

Lys schnellte sich herum und sprang auf. Zur Rechten sah er die Frau, zur Linken den Nordländer stehen, die sich zulächelten.

»Da!« sagte er mit Lippen, die nicht nur von Reue und Verlegenheit, sondern auch ein wenig von Herzenstrauer verbittert schienen, »da hab' ich's nun! das ist die Folge, sobald man sich einmal selbst hingibt. Nun erfahr' ich, wie es tut, wenn einer in die Verbannung geht. Ich wünsch' euch übrigens Glück!« Damit wandte er sich rasch und ging fort!

Als es später zur Tafel ging, welche zu einem mehr traulichen als prunkenden Mahle gerüstet war, und Lys nicht wieder erschien, fiel mir abermals die Sorge für die gute Agnes anheim. Sie hatte lautlos neben mir stehend dem Spiele zugeschaut, dann während der langen

Pause meinen Arm ergriffen und war mit mir herumgegangen, ohne ein Wort zu sagen. Ich hatte noch in keiner Weise mit ihr über ihre Sache und ihren Zustand zu reden gewagt und fühlte auch kein Bedürfnis oder Geschick dazu; aber ich spürte wohl, wie es in ihrem Busen fortwährend arbeitete, zornige und wehmütige Seufzer sich bekämpften und miteinander zerdrückt und hinuntergepreßt wurden.

Ich begleitete sie an den Tisch und kam an ihre Seite zu sitzen. Als jetzt Erikson eine kurze Rede hielt, das Ereignis der Verlobung verkündigte und die Bitte beifügte, die fröhliche Gesellschaft möchte sein Glück bei dieser guten Gelegenheit mit feiern helfen, hörte ich, wie Agnes mitten im Geräusch der allgemeinen Überraschung, des Gläserklingens und Hochrufens tief aufatmete. Wie von einer Last befreit, saß sie einige Minuten in sich gekehrt; doch da Lys nicht wieder zum Vorschein kam, half ihr ja alles nichts; sein Abfall trat durch den Vorgang, den sie ahnte, nur umso heller ins Licht, und ihre einfache Seele war nicht geartet, auf sein Mißgeschick neue Pläne zu gründen. Doch bezwang sie ihren Kummer und hielt tapfer aus, ohne nach Hause zu begehren. Sie folgte mir sogar, als ich sie zum Anschlusse einlud, da sich alle von ihren Plätzen erhoben, um an der bräutlichen Wirtin glückwünschend und grüßend vorüberzuziehen.

Rosalie war zunächst von ihren Verwandten umgeben, welche von der unerwarteten Verlobung nicht sonderlich erfreut schienen und ziemlich ernsthafte Gesichter machten; denn die kluge Frau hatte den Tag benutzt, sie in die Falle zu locken und sie zu zwingen, ihrem Verlobungsfeste in ehrbarer Weise beizuwohnen, ohne daß sie, schon der Menge der Gäste wegen, den geringsten Widerstand zu leisten vermochten mit unwillkommenen Warnungen oder Ratschlägen. Umso lieblich heiterer nahm sich die Zufriedene unter den verdrossenen Vettern und Basen aus.

Nun war es aber ein ergreifender Anblick, wie in der bunten Reihe der vielgestaltigen Gäste auch die Agnes herantrat und das verlassene Weib dem siegreichen seinen Gruß darbrachte. Sie beugte sich nieder und küßte der Braut die Hand, wie das demütige Unglück dem Glücke. Rosalie sah sie betroffen an und drückte ihr dann teilnehmend die Hand. Sie hatte das Mädchen ganz vergessen, wie sie in diesem Augenblick auch den schlimmen Lys schon vergessen, und man konnte bemerken, daß sie sich irgend etwas vornahm; allein die nächste Sekunde entführte ihr das weitereilende Trauerwesen und gab sie selbst ihrer glückseligen Zerstreuung zurück.

Nachdem alle Gäste ihre Plätze wieder eingenommen und eine gleichmäßige, schließlich auch von den doch lebenslustigen Vettern geteilte Heiterkeit sich eingestellt, gab es bald eine neue Unterbrechung. Die Kunde von dem Glückswechsel eines Genossen war rasch in das große Lustlager im Walde gedrungen, wo die unverwüstliche Jugend noch immer hauste. So marschierte denn jetzt mit Trommel und Pfeife und fliegender Fahne ein Zug Landsknechte zur einen Türe herein, während in der andern eine Schar lustiger Zunft- und Handwerksgesellen mit ihrer Musik erschien. Beide Parteien zogen um die Tafel herum, mit Hüteschwingen und lautem Zuruf, und führten sich auf biedere Art zu einem Ehrentrunk ein. Die bisherige Ordnung ward dadurch aufgehoben, und Erikson hatte samt den Hausbedienten genug zu tun, den Zuwachs unterzubringen, der so ziemlich alle Räume füllte. Doch ging alles mit froher und guter Laune vonstatten, die Denkwürdigkeit des Tages steigerte sich zusehends.

Ich fragte Agnes, was sie vornehmen wolle, ob sie nach Hause zu kehren oder noch zu bleiben wünsche? Mir wäre das erstere nicht unwillkommen gewesen; denn so lieblich und ehrenvoll mich die fortgesetzte Obhut eines so unschuldig reizenden Geschöpfes dünkte, empfand ich doch nach Art junger Deutschgesellen den Wunsch, das bisher Versäumte nachzuholen und die letzten Stunden doch noch unter meinesgleichen, ein Freier unter Freien zu verbringen.

Agnes zögerte mit ihrem Entschlusse; sie schauderte heimlich vor dem Alleinsein in ihrem Hause, wo sie keines rechten Trostes gewärtig war, und mochte sich auch sträuben, die Stelle zu verlassen, wo in jüngster Zeit noch der Geliebte geweilt und sie in neuer Hoffnung gelebt hatte. So führte ich sie einstweilen in den verschiedenen Gemächern, zwischen den malerischen Zechergruppen herum, überall wo es etwas Merkwürdiges zu sehen gab, wie der unermüdliche Einfall einzelner oder vieler es stets neu gebar.

Auf unserer Wanderung hörten wir einen wohltönenden vierstimmigen Gesang und gingen ihm nach. Am Ende eines schwacherleuchteten Flures fanden wir einen erkerartigen Ausbau, der wegen seiner Fenster zu einer kleinen Orangerie diente; denn er war mit etwa einem Dutzend Orangen-, Granat- und Myrtenbäumen besetzt, zwischen welche der Gottesmacher und seine Leute ein Tischchen gestellt und sich niedergelassen hatten. Über dem Eingange hing ein altes eisernes Schenkezeichen in Gestalt eines Pentagramms oder Drudenfußes, das von ihnen in irgend einem Winkel aufgefunden und herbeigebracht worden. Da saßen sie nun, der rheinische Winzer, der Bergkönig und zwei glasmalenden Meistersinger, und zeigten, daß sie im vierstimmigen Zusammensingen nicht minder geübt waren, als im Saitenspiel. Als wir vor ihrer Herberge standen und zuhörten, nötigten sie uns sofort, bei ihnen Platz zu nehmen, indem sie zusammenrückten und Stühle herbeiholten. Zu meiner Verwunderung ließ Agnes sich das gern gefallen; der Gesang schien ihr Herz anzulocken, zu beschäftigen und still zu machen. Um jene Zeit waren einige alte deutsche Volkslieder zuerst wieder hervorgezogen und von lebenden Komponisten sangbar gemacht worden. Ebenso wurde, was von Eichendorff, Uhland, Kerner, Heine, Wilhelm Müller im Tone jener Lieder vorhanden, von den Sangmeistern in mehr oder minder schwermütige Noten gesetzt und eben als das Neuste von der geschulten Männerjugend gesungen, eh es, teils zum zweiten Male, ins Volk überging. Noch nie hatte Agnes dergleichen gehört. Soeben war das Lied »Am Brunnen vor dem Tore, da steht ein Lindenbaum« zu Ende, und es kam »Es fiel ein Reif in der Frühlingsnacht«. Alte Scheidelieder, Todeskundschaften, Klagen um entschwundenes Glück, Lenzverheißungen, die Lieder vom Mühlrad und vom Tannenbaum, Uhlands »Nun, armes Herz, vergiß der Qual, nun muß sich alles, alles wenden«, eins nach dem andern kam zum reinen und ausdrucksvollen Vortrag, wobei der Gottesmacher mit seinem hellen Tenor die Oberstimme führte, der Bergkönig den Baß sang und die Glasmaler andächtig dazwischen mitliefen, zuverlässig auf Ton und Takt haltend.

Agnes lauschte unverwandt, und alles, was sie hörte, schien wie für sie gemacht und aus ihrer eigenen Brust zu kommen. Indem sie nach jedem Liede erleichternde Atemzüge tat, wurde sie zusehends ruhiger und freier. Ein sonniger Frohsinn ging um unsere kleine halb verborgene Tafelrunde; es war, wie wenn alle stillschweigend fühlten, daß ein bedrängtes Herz sich entlastete, obgleich eigentlich außer mir keiner etwas wußte. Jetzt trat noch der herumstreifende Erikson herzu, entdeckte unsere Niederlassung und eilte, als er die Art derselben erkannte, von dannen, um einige Flaschen französischen Schaumweines herbeizuschaffen, worauf er seinen vorsorglichen Rundgang im Dienste der Gebieterin des Hauses fortsetzte.

Agnes und die meisten von uns hatten noch niemals Champagner gesehen, noch weniger getrunken, und schon die nach damaliger Mode noch ganz hohen Gläser, in welchen die Perlen unaufhörlich stiegen, erhöhten unsere Stimmung bis zur Feierlichkeit. Nun kam Rosalie selbst und brachte der Agnes einen Teller süßes Backwerk und Früchte und empfahl uns, mit der feinen Diana ja recht fröhlich und galant zu sein.

Das waren wir denn auch in der besten und ziemlichsten Weise. Vor allen bezeigte sich der Gottesmacher aufmerksam und höflich gegen sie; aber auch die andern wurden ebenso aufgeräumt, als sie in heiterer Ehrerbietung verharrten, stolz darauf, daß eine so poetisch schöne Erscheinung, wie sie's nannten, ihre kleine Kompanie zierte. Als alle auf ihr Wohl mit ihr anstießen, trank sie den schlanken Kelch bis auf den Grund leer, oder vielmehr floß ihr die perlende Süße wie ein Schlänglein in den Mund, ohne daß sie es wußte; wenigstens behauptete der Gottesmacher nachher, er habe an ihrer weißen Kehle gesehen, wie es durchgeschlüpft sei. Nun fing sie an zu zwitschern und meinte, hier wäre es gut, es sei ihr zu Mut, wie wenn sie aus winterlichem Schlackerwetter in ein warmes Stübchen gekommen wäre; aber sie wisse schon, was das sei, immer machten einige gute Menschen zusammen ein warmes Stübchen aus, auch ohne Ofen, Dach und Fenster!

»Alle guten Leute sollen leben!« rief sie und trank, als die Gläser zusammenklangen, das ihrige abermals auf einen Zug leer und setzte hinzu: »Ei wie lieb ist dieser Wein! der ist auch ein guter Geist!«

Das gefiel uns ausnehmend wohl; die vier Sänger huben ohne Verabredung alsogleich mit voller Kraft an: »Am Rhein, am Rhein, da wachsen unsre Reben.« Kaum war das ehrliche Trinklied verklungen, so sangen sie, auf eine ernst gehaltene Weise übergehend, obgleich nicht in schleppendem Tempo, das andere schöne Lied von Claudius:

Der Mensch lebt und bestehe!
Nur eine kleine Zeit,
Und alle Welt vergehet
Mit ihrer Herrlichkeit u. s. w.

Als dann die Motette mit dem schwungvollen Halleluja Amen schloß und bei uns eine plötzliche Stille eintrat, hörte man aus den übrigen Räumen her, wie aus der Ferne, das Geräusch der summenden Stimmen, durcheinander tönender Lieder und einer Tanzmusik, welche dunkel fortrollende Tonmasse übrigens in jeder Pause hörbar wurde, die wir machten. In diesem Augenblicke aber machte uns die Sache durch den Kontrast einen feierlichen Eindruck; es war, wie wenn wir den Lärmen der Welt rauschen hörten, während wir in traulicher Beschaulichkeit in unserem Myrten- und Orangenwäldchen saßen. Wir horchten eine Weile mit Behagen auf das wunderliche Tosen und gerieten dann in ein unterhaltliches Gespräch, in welchem wir die Köpfe über dem Tische zusammensteckten und jeder eine heitere oder traurige Geschichte oder Erinnerung zum Vorschein brachte, besonders aber der Gottesmacher eine Menge anmutiger Schwänke von der Mutter Gottes zu erzählen wußte, wie sie einmal einen Kongreß ihrer Vertreterinnen an den berühmtesten Wallfahrtsorten der Welt veranstaltet habe und wie es da zugegangen und ein großer Zwist entstanden sei, wie nicht anders möglich, wo so viele Frauenzimmer zusammenkämen; was sie alles auf der Hin- und Rückreise erlebt und verrichtet hätten; wie die eine als große Fürstin mit verschwenderischer Pracht, die andere aber wie ein schäbiger Filz gereist sei und in den Herbergen, wo sie übernachtet, ihre Engel in den Hühnerstall gesperrt und am Morgen auch wie Hühner abgezählt habe, ob keiner fehle. So seien auch zwei andere große Frauen, die zum Kongreß reisten, die Mutter Gottes von Czenstochau in Polen und die Maria zu den Einsiedeln, mit ihrem Gefolge bei einem Wirtshause zusammengetroffen und hätten im Garten das Mittagessen eingenommen. Als nun eine Schüssel mit Leipziger Lerchen, worauf eine gebratene Schnepfe gelegen, aufgetragen worden, habe die Polackin die Schüssel sofort an sich genommen und gesprochen: Soviel sie wisse, sei sie die vornehmste Person am Tische und gebühre ihr hiermit das Störchlein, das da obenauf liege! Denn wegen des langen Schnabels habe sie die Schnepfe für einen jungen Storch gehalten, dieselbe auch mit der Gabel angestochen und auf ihren Teller getan. Die Schweizerin hingegen, über solche Anmaßung entrüstet, habe nur: »Swips!« gemacht, und die gebratene Schnepfe sei lebendig und gefiedert vom Teller auf und davon geflogen. Inzwischen habe die Maria von Einsiedeln die Schüssel an sich genommen und sämtliche Lerchen auf ihren und der Ihrigen Teller gestreift, die Frau von Czenstochau aber »Tirili« gepfiffen, und die Lerchen seien ebenso, wie vorhin die Schnepfe, aufgeflattert und singend in der Höhe verschwunden, und somit hätten sich die Herrschaften gegenseitig aus Eifersucht das Mittagessen verdorben und sich nachher mit einer dicken Milch begnügen müssen, wozu die schwarzbraunen Gesichter beider Damen sich possierlich verzogen haben.

Agnes saß wie ein Kamerad zwischen uns, einen Arm auf den Tisch und die Wange auf die Hand gestützt. Sie konnte aber nicht recht klug daraus werden, wie alle die heiligen Marienfrauen, die doch nur ein und dasselbe seien, als so viele unterschiedene Personen herumreisen, sich versammeln und sogar bekriegen können, und sie gab ihrem Zweifel unverhohlenen Ausdruck.,

Der Winzer legte den Finger an die Nase und sagte nachdenklich: »Das ist eben das Mysterium, das Geheimnis, das wir mit unserm Verstande nicht zu erklären vermögen.«

Allein der Bergkönig, der in fremdartigen Dingen umso beredter war, je weniger er mit seiner Kreuztragungsgruppe von Raffaels berühmtem Bilde wegkommen konnte, ergriff das Wort und sagte: »Die Sache bedeutet nach meiner Ansicht die ungeheure Allgemeinheit, Allgegenwart, Teilbarkeit und Wandlungsfähigkeit der Himmelskönigin; sie ist alles in allem, wie die Natur selbst, und steht dieser schon als Frau am nächsten auch in Hinsicht der unaufhörlichen Veränderlichkeit, wie sie denn auch außerdem in allen möglichen Gestalten aufzutreten liebt und sogar als streitbarer Soldat gesehen worden ist. Hierin gerade mag sie einen Zug ihres Geschlechtes bewähren, wenigstens der vorzüglicheren Mitglieder desselben, nämlich einen gewissen Hang, Mannskleider anzuziehen.«

Einer der Glasmaler lachte bei diesen Worten: »Mir fällt ein drolliges Beispiel solcher Verkleidungskunst ein«, sagte er und erzählte: »In meiner Vaterstadt, in welcher besonders im Herbst große Märkte stattfinden, waren wir Gassenbuben scharenweise dahinter her, auf diesen Märkten die häufig auf die Erde rollenden Äpfel, Birnen, Pflaumen und andere Früchte, wenn sie umgeladen und ausgemessen wurden, zu haschen und solche auch vom Haufen wegzustibitzen. Da lief dann immer ein Junge zwischen uns mit, den keiner kannte, der aber immer zuvorderst und am behendesten von allen war, sich die Taschen füllte, verschwand und bald wieder erschien, um sie abermals zu füllen. Auch wenn der neue Wein von den Bauern in die Stadt geführt und vor den Bürgerhäusern abgezapft wurde und wir mit langen hohlen Schilfrohren unter die Wagen hockten, die Röhrchen heimlich in die untergestellten Bütten und Kübel steckten, um den von den Küfern beim Abmessen einstweilen dorthin gegossenen überschüssigen Most aufzusaugen, war der unbekannte Junge bei der Hand, schluckte den Wein aber nicht hinunter, wie wir taten, sondern ließ das vollgesogene Rohr weislich in eine Flasche ablaufen, die er in seiner Jacke verborgen trug. Der Kerl war nicht größer, aber etwas stärker als wir, hatte ein sonderbares ältliches Gesicht, aber eine helle Kinderstimme, und als wir ihn einmal drohend fragten, wie er eigentlich heiße, nannte er sich kurzweg Jochel Klein. Nun, dieser Jochel war ein künstlicher Gassenjunge, nämlich eine klein gewachsene arme Witwe aus der Vorstadt, die nichts zu beißen und zu brechen hatte und von der Not und ihrem Genie gedrungen die Kleider eines verstorbenen zwölfjährigen Sohnes anzog, den Zopf abschnitt und sich so zu gewissen Stunden auf die Straße wagte und sich unter die Buben mischte. Als sie ihre Kunst auf die Spitze trieb, wurde sie entdeckt. Auf dem Käsemarkt, wo die Käsehändler ihren Verkehr hielten, hatte sie beobachtet, wie diese Männer mit hohlen Käsestechern aus den großen Schweizerkäsen zum Behufe des Kostens ihrer Qualität runde Stäbchen oder Zäpfchen herausstachen, davon ein Endchen säuberlich vorn abbrachen, kosteten, und das Zäpfchen im übrigen wieder in das Loch steckten, daß der Käse wieder ganz war., Also versah sie sich mit einem gewöhnlichen Nagel, strich um die Käse herum und erspähte die Stellen, wo eine zarte Kreislinie ein solches Stäbchen anzeigte. Dann steckte sie im geeigneten Momente den

Nagel hinein und zog es heraus, und oftmals trug sie wohl ein halbes Pfund trefflichen Käses nach Haus. Endlich aber, da die Käsehändler überall auf ihren Vorteil erpichter und unduldsamer sind, als andere Kaufherren, wurde sie erwischt und der Polizei übergeben und bei dieser Gelegenheit ihr wahrer Stand entdeckt. Man nannte sie aber den Jochel Klein, solang sie lebte.«

Agnes ergötzte sich an der einfachen und harmlosen List der armen Frau und bedauerte nur den schlechten Ausgang. Der andere Glasmaler hingegen meldete sich auch mit einer Verkleidungsgeschichte eines Weibes, die aber grauslicher sei, als die von dem weiblichen Gassenjungen.

»Es ist aber eine alte Geschichte aus dem sechzehnten Jahrhundert«, sagte er; »im Jahre 1560 oder 62 laut der Chronik geschah es in der Stadt Nimwegen, im Geldernschen gelegen, daß der Scharfrichter nach dem Städtlein Grave an der Maas, auf der brabantischen Grenze, berufen wurde, um drei Missetäter zu richten. Der Nachrichter von Nimwegen lag aber krank und schwach im Bett, weil ihm sein eigener Knecht mit einem vergifteten Süppchen vergeben hatte, um seine Stelle zu bekommen. Denn, sagte der Chronist, es ist kein Amt so elend, daß nicht einer da wäre, der es auf Kosten seiner Seele erhaschen möchte. Der Meister berichtete also an den Rat zu Grave, er könne nicht kommen, werde aber seine Frau stracks an den Scharfrichter von Arnheim senden, mit dem er einen Vertrag zu gegenseitiger Aushilfe geschlossen habe, und es werde derselbe rechtzeitig sich stellen und zu Gebote sein. Der Frau befahl er, sich unverweilt nach Arnheim zu begeben und den dortigen Geschäftsfreund in Kenntnis zu setzen. Doch die Frau, ein wohlgewachsenes, schönes und freches Weib, war geizig und wollte den Lohn eines so einträglichen Geschäftes nicht fahren lassen. Statt nach Arnheim zu gehen, zog sie heimlich die Kleider ihres Mannes an, nachdem sie Hemd und Wams der Brust wegen erweitert hatte, setzte seinen Federhut auf den schnell geschorenen Kopf, gürtete das breite Richtschwert um und machte sich bei Nacht und Nebel auf den Weg nach Grave, wo sie zur rechten Stunde eintraf und sich bei dem Burgermeister meldete. Ihm fiel zwar ihr glattes Gesicht und die junge helle Stimme auf, und er fragte, ob sie oder vielmehr er, der angebliche

Scharfrichter, auch die hinreichende Kraft und Übung zu dem vorhabenden Werke besitze? Aber sie versicherte mit frechen Worten, daß sie das Spiel genugsam kenne und es schon manchmal getrieben habe. Sie griff auch gleich nach dem Stricke, an welchem der erste der armen Sünder hinausgeführt wurde, und setzte sich so in den Besitz desselben. Als es aber so weit gekommen, daß der Mann auf dem Stuhle saß und sie ihm die Augen verband, ward er etwas unruhig; sie bückte sich tiefer über ihn her, um zu sehen, ob die Binde überall gut schließe, und so spürte er ihre weiche Brust an seinem Kopfe. Sogleich schrie er, es sei ein Weib da! Er wolle aber nicht von einem solchen, sondern von einem ordentlichen Nachrichter getötet werden, das sei sein Recht! Der arme Mensch hoffte durch den Umstand einen Aufschub zu gewinnen. In der entstehenden Verwirrung schrie er immer lauter, man solle ihr die Kleider herunterreißen, so werde man sehen, daß es ein Weibsbild sei. Da die Sache endlich die Umstehenden nicht unwahrscheinlich dünkte, wurde einem Henkersknecht geboten, sich zu überzeugen, und mit der Schere, mit welcher er soeben dem Übeltäter das Haar abgenommen, schnitt er dem Weibe auf Brust und Rücken Wams und Hemd auf und streifte es ihr von den Schultern, so daß sie vor allem Volke mit entblößtem Oberkörper dastand und mit Schmach von der Richtstätte gejagt wurde. Die Verbrecher mußten wieder ins Gefängnis geführt werden; das aufgebrachte Volk aber wollte das Weib ins Wasser werfen und ließ sich nur mit Mühe daran verhindern. Dennoch stürzten die Frauen und Mägde aus den Häusern, verfolgten die fliehende Scharfrichterin mit Kunkeln und Besenstielen bis vor die Stadt und zerbleuten ihr den glänzend weißen Rücken. So nahm diese Verkleidung ein schlechtes Ende für die verwegene Amazone. Als ihr Mann bald darauf starb, wurde wirklich der falsche Knecht, der ihn vergiftete, an seiner Stelle Nachrichter zu Nimwegen, heiratete die Witwe, und hatte demnach der Henker eine Frau, die seiner wert war.«

Mit dieser derben Geschichte hatte unser Geplauder die Grenze fast überschritten, die wir dem anwesenden Mädchen schuldig waren. Sie schüttelte schauernd den Kopf und säumte nicht, ihr Glas auszutrinken, als wir zusammen anstießen. Während der ganzen Unterhaltung hatte jeder seinen langen Kelch fest in der Hand gehalten, damit er nicht umfalle und zu gelegentlichem Zuspruch dem Munde möglichst nah sei, und Agnes hatte in ihrer Unerfahrenheit und im glücklichen Vergessen aller Not uns getreulich nachgeahmt. Als unwissenden Junggesellen war uns unbekannt, wie man sich in solchem Falle mit einem weiblichen Wesen zu benehmen hat, und füllten alle Gläser, so oft sie sich leerten, uns der wachsenden Aufregung und Fröhlichkeit des guten Kindes erfreuend.

Reinhold, der Gottesmacher, hatte während der langen Plauderei von einem hinter der Agnes stehenden Orangenbäumchen blühende Zweige gebrochen, sie zu einem Kränzlein verflochten, und drückte ihr jetzt dasselbe auf den Kopf. Zugleich bat er sie, ihn mit einem Tänzchen zu beglücken, zu welchem einer oder zwei von den andern aufspielen sollten.

»Nein!« rief sie, »zuerst will ich euch einmal einen Ländlertanz allein vorführen, den ihr alle vier spielen sollt!« Die Gesellen gehorchten, nahmen die Instrumente aus den Futteralen und stimmten sie wieder. Ich rückte zur Seite, sie spielten einen damals sehr beliebten Volkstanz jener Gegend, und Agnes tanzte auf dem kleinen Raume, der zwischen den Bäumchen übrig war, mit aller Anmut die langsame und eine gewisse Sehnsucht ausdrückende Weise. Kaum war der letzte Takt verklungen, so verlangte sie, indem sie sich das schäumende Glas geben ließ und es mit dürstenden Lippen leerte, einen Walzer, den sie noch allein tanzen wolle. Die guten Junggesellen geigten, so kräftig sie vermochten, und Agnes drehte sich, die Hände in die schlanken Hüften stützend, mit glänzenden Augen um sich selber. Auf einmal griff sie mit den Armen in die Luft, als suche sie jemanden, stand still, nahm den Kranz vom Kopfe, besah ihn, setzte ihn wieder auf und fing darauf an zu schwanken. Ich sprang schnell hinzu und führte sie zu ihrem Stuhle; die Musiker hielten erschreckt inne, das arme Mädchen aber warf Kopf und Arme auf den Tisch, daß alle Gläser umstürzten, und begann überlaut mit herzzereißendem Jammer zu weinen und nach ihrer Mutter zu rufen. Sie weinte und rief so durchdringend, daß andere Gäste herbeikamen und wir in der größten Bestürzung und Ratlosigkeit herumstanden. Wir versuchten sie aufzurichten; allein sie sank uns aus den Händen und zu Boden, wo sie leichenblaß mit zitternden Lippen und Händen ausgestreckt lag und bald gänzlich leblos schien, so daß jetzt eine ängstliche Stille eintrat.

Endlich mußten wir uns entschließen, das arme reglose Wesen wegzutragen und im bewohnten oder zur Hilfe bereiten Teile des Hauses eine Stätte zu suchen. Der Bergkönig faßte sie unter den Armen, der Gottesmacher nahm die Füße, und so trugen sie die leichte silberschimmernde Last sorgsam davon. Ich ging voraus, und die zwei Glasmaler folgten, ihre Violinen unter dem Arm, die sie einzupacken keine Zeit fanden und doch nicht zurücklassen wollten, weil es gute Instrumente waren.

Frau Rosalie war leider in Eriksons Begleitung schon nach der Stadt gefahren, ohne von irgendwem Abschied zu nehmen, damit nicht gegen ihren Willen ein Aufbruch stattfände und die Lustbarkeit gestört würde. Umso willkommener war die Hausmeisterin oder Verwalterin, die herbeikam und unsern Trauerzug in ihre eigene Wohnstube leitete, wo die Regungslose auf ein bequemes Ruhbett und einige herbeigeholte Kissen gelegt wurde.

»Es ist nicht so schlimm«, sagte die beratene Frau, als sie unsern Schrecken bemerkte; »das Fräulein wird einen Rausch haben, das wird bald vorübergehen!«

»Nein, sie hat einen Kummer!« flüsterte ich ihr zu.

»Dann hat sie eben in den Kummer hinein getrunken«, versetzte sie; »wer gibt einem jungen Mädchen denn so viel zu trinken?«

Erst jetzt erröteten wir und standen in Beschämung und Verlegenheit, bis uns die wackere Frau fortschickte, nachdem sie sich noch erkundigt hatte, wo die Erkrankte hingehöre. »Der Wagen der Herrschaft«, sagte sie, »wird noch einmal herauskommen, um etwa nötig werdende Dienste zu leisten; also werden wir für alles besorgt sein.« Reinhold anerbot sich und ließ es sich nicht nehmen, im Hause zu bleiben; er drang in mich, ihm den ferneren Schutz der Verlassenen anheimzustellen, und ich war es zufrieden, da er für einen wohlbeschaffenen braven Mann galt. Agnes ging also, um ihr Schicksal zu erfüllen, in ihrer Bewußtlosigkeit und überhaupt während des ganzen Festes von einer Hand in die andere, wie ehmals eine in die Sklaverei geratene Königstochter.

Ich trennte mich von den Geigern, die für Unterbringung ihrer Instrumente zu sorgen hatten, und machte mich auf den Weg. Übrigens wurde sowohl hier als am Walde drüben allgemein aufgebrochen, und die Straße war von den Wagen der Heimkehrenden bedeckt. Da ich nicht gleich eine Unterkunft fand, zog ich vor, zu Fuß zu gehen, und um nicht von den Fuhrwerken, die im Trabe fuhren und sich jagten, gefährdet zu werden, betrat ich den Seitenpfad, der sich auf dem Waldboden längs der Straße hinzog. Der abnehmende Mond erhellte den Weg einigermaßen durch die Bäume; immerhin behinderte das Gestrüppe des Unterholzes da und dort die Schritte, und ich holte denn auch einen einsamen Wandler ein, der sich mit Weißdornruten und Brombeerstauden ärgerlich herumschlug. Es war Lys, unter dessen dunklem Mantel das feine Leinwandkleid hervorschimmerte und an den Dorngeflechten hängen blieb.

Nachdem wir uns erkannt, erzählte ich das Vorgefallene in einem Tone, der ihn erraten ließ, wo ich hinauswollte. Lys, der ein ausdauernder Trinker war, aber alle Betrunkenheit schon an Männern verabscheute, empfand einen tiefen Verdruß und benutzte denselben überdies, weitere Vorwürfe oder unliebe Bemerkungen abzuschneiden. »Das ist eine saubere Geschichte!« rief er, »sind das nun euere Heldentaten, ein unerfahrenes Mädchen berauscht zu machen? Wahrhaftig, ich habe das arme Kind guten Händen übergeben!«

»Übergeben!« erwiderte ich gereizt; »verlassen, verraten willst du sagen!« und ich übergoß ihn mit einer Flut von Vorwürfen, die über meine Berechtigung weit hinaus gingen. »Ist es denn so schwer«, schloß ich vorläufig, »seinen Neigungen einen festen Halt zu geben und sich mit einiger dankbaren Treue an einer so reichen Gabe Gottes genügen zu lassen? Muß denn die ganze Welt durcheinander rennen und sich überall selbst im Lichte stehen und sich betrüben?«

Lys hatte sich indessen von den Dornen losgewickelt. Da er sah, daß er mich nicht einschüchtern konnte, ergab er sich und sagte ruhig, indem wir einer hinter dem andern weitergingen: »Laß mich zufrieden, du verstehst das nicht!«

Aufbrausend antwortete ich: »Lange genug habe ich mir eingebildet, daß in deiner Sinnesart etwas liege, was ich mit meiner Erfahrung nicht übersehen und beurteilen könne! Jetzt aber gewahre ich nur zu deutlich, daß es die trivialste Selbstsucht und Rücksichtslosigkeit ist, welche dich beherrscht, so leicht erkennbar, als verabscheuungswert. O wenn du wüßtest, wie tief dich diese Art entstellt und deinen Freunden weh tut, du würdest schon aus der gleichen Eigenliebe dich ändern und den häßlichen Makel von dir tun!«

»Ich sage noch einmal«, erwiderte Lys, sich halb nach mir umwendend, »du versteht das nicht! Und das ist in meinen Augen die beste Entschuldigung für deine unziemlichen Reden. Nun, du Tugendheld! hast du jemals etwas anderes getan, als was du nicht lassen konntest? Du tust es jetzt nicht, und wirst es noch weniger tun, wenn du erst einmal etwas erlebst!«

»Ich hoffe wenigstens, daß ich zu jeder Zeit das lassen kann, was schlecht und verwerflich ist, sobald ich es nur als solches erkenne!«

»Du wirst jederzeit«, sagte Lys hierauf kaltblütig, indem er sich wieder vorwärts wandte, »du wirst jederzeit das lassen, was dir nicht angenehm ist!«

Ungeduldig wollte ich ihn nochmals unterbrechen; allein er übertönte mich und fuhr fort: »Gerätst du einst zwischen zwei Weiber, so wirst du wahrscheinlich beiden nachlaufen, wenn dir beide angenehm sind, das ist einfacher, als sich für Eine zu entschließen! Und vielleicht wirst du recht haben! Was mich betrifft, so wisse: das Auge ist der Urheber und der Erhalter oder Vernichter der Liebe; ich kann mir vornehmen, treu zu sein, das Auge nimmt sich nichts vor, das gehorcht der Kette der ewigen Naturgesetze. Luther hat nur als Normalmensch gesprochen, wenn er sagte, er könne kein Weib ansehen, ohne ihrer zu begehren! Erst durch ein Weib von solcher Reinheit von allem eigensinnigen, kränklichen und absonderlichen Beiwerke, durch ein Weib von so unverwüstlicher Gesundheit, Heiterkeit, Güte und Klugheit, wie diese Rosalie, könnte ich für immer gefesselt werden. Wie beschämt sehe ich nun ein, welch eine vergängliche Spezialität ich in jener Agnes mir zu verbinden im Begriffe war! Du aber schäme dich ebenfalls, als ein leeres Schema in der Welt herumzulaufen, wie ein Schatten ohne Körper! Suche, daß du endlich einen Inhalt, eine ausfüllende Leidenschaft bekommst, anstatt andern mit deinem Wortgeklingel beschwerlich zu fallen!«

Mehrfach beleidigt schwieg ich einige Minuten. Ohne es zu wissen, hatte Lys mit den zwei Weibern, die er mir in Aussicht stellte, etwas Wahres getroffen, insofern ich ja noch als halbes Kind schon auf ähnlichen Wegen geirrt war. Und doch wollte ich mich nicht mit ihm vergleichen lassen; der genossene Wein, die mehr als vierundzwanzigstündige mannigfache Aufregung taten auch das Ihrige, meine Streitlust zu entflammen, und ich begann daher wieder mit entschiedener Stimme: »Nach deiner vorhinigen Äußerung zu urteilen, bist du also nicht sehr willens, dem Mädchen die Hoffnungen, die du ihr leichtsinnigerweise erregt, zu erfüllen?«

»Ich habe keine Hoffnungen gemacht«, sagte Lys, »ich bin frei und Herr meines Willens, gegen jedes Frauenzimmer sowohl, wie gegen alle Welt! Wenn ich übrigens für das gute Kind etwas tun kann, so werde ich ihr ein wahrer und uneigennütziger Freund sein, ohne Ziererei und ohne Phrasen! Und zum letztenmal gesagt: Kümmere dich nicht um meine Liebschaften oder Nichtliebschaften, ich weise es durchaus ab!«

»Ich werde mich aber darum kümmern!« rief ich, »entweder sollst du einmal Treu und Ehre halten, oder ich will es dir in die Seele hinein beweisen, daß du unrecht tust! Das kommt aber nur von dem trostlosen Atheismus! Wo kein Gott ist, da ist kein Salz und kein Halt!«

Lys lachte laut auf, da er antwortete: »Nun, dein Gott sei gelobt! Dacht' ich doch, daß du schließlich noch in diesen Hafen der Glückseligkeit einlaufen würdest! Ich bitte dich aber jetzt, grüner Heinrich, laß den lieben Gott aus dem Spiele, der hat hier ganz und gar nichts zu schaffen! Ich versichere dich, ich würde mit ihm, wie ohne ihn ganz der gleiche sein! Das hängt nicht von meinem Glauben, sondern von meinen Augen, von meinem Hirn, von meinem ganzen körperlichen Wesen ab!«

»Jedenfalls von deinem Herzen!« rief ich zornig und außer mir; »ja, sagen wir es nur heraus, nicht dein Kopf, sondern dein Herz kennt keinen Gott! Dein Glauben oder vielmehr Nichtglauben ist dein Charakter!«

»Nun hab' ich genug!« donnerte Lys mit starker Stimme und kehrte sich stehenbleibend gegen mich; »obgleich es ein Unsinn ist, den du sprichst, der an sich nicht beschimpfen kann, so weiß ich, wie du es meinst; denn ich kenne diese unverschämte Sprache der Hirnspinner und Fanatiker, die ich dir nie zugetraut hätte! Sogleich nimm zurück, was du gesagt hast! Ich lasse nicht ungestraft meinen Charakter antasten!«

»Nichts nehm' ich zurück! Nun wollen wir sehen, wie weit deine gottlose Tollheit dich führt!« Dies sagte ich mit wilder Streitlust; Lys aber antwortete mit bitterer verdrußvoller Stimme: »Genug des Scheltens! Du bist von mir gefordert! Und zwar mit Tagesanbruch halte dich bereit, einmal mit der Waffe in der Hand für deinen Gott einzustehen, für den du so weidlich zu schimpfen weißt. Sorge für deinen Beistand, der meinige wird in zwei Stunden da und da zu finden sein, um alles übrige zu besorgen.« Er bezeichnete einen Ort, wo voraussichtlich die ganze Nacht der Verkehr des Festes mit seinen Nachklängen fortdauerte. Dann wandte er sich und ging mit raschen Schritten vorwärts, da der Weg besser geworden. Ich selber sprang auf die Straße hinüber, die während unseres Streites längst leer und still geworden. Das war nun das Ende des schönen Festes! Der Mond warf meinen eigenen Schatten vor mir her, als ich mitten auf der Straße ging, und ich sah die Zipfel meiner Narrenkappe deutlich auf derselben abgezeichnet. Allein das half nichts; das Licht der Vernunft war erloschen; ich eilte meines Weges, um für den Zweikampf meine Helfershelfer zu suchen.

Schon vor wenigstens sechs Jahren hatte ich von einem Polen, der in unserm Hause ein kleines Zimmer bewohnte, etwas fechten gelernt. Es war einer jener stattlichen, hochgewachsenen Militärs, wie sie aus der Revolution von 1831 als Flüchtlinge bekannt geworden und seither ziemlich aus der Welt oder wenigstens aus der Emigration verschwunden sind. Von vornehmer Geburt und ein gewesener Reiteroffizier, brachte er sich geschickt und redlich durch und fügte sich in die bescheidenste Lebensart, in jede Arbeit, war immer heiter und liebenswürdig, ausgenommen, wenn er von den Schlachten und dem Unglücke seines Vaterlandes, von seinem Hasse gegen Rußland sprach. Obgleich gut katholisch erzogen, rief er dann jedesmal voll Bitterkeit, es sei kein Gott im Himmel, sonst hätte er die Polen nicht in die Hand des Russen gegeben. Der mochte mich wohl leiden, und um mir irgend eine Freundlichkeit oder Wohltat zu erweisen und weil er gerade nichts anderes hatte, ruhte er nicht, bis er mir einigen

Unterricht in der Fechtkunst geben konnte. Aus eigener Tasche kaufte er zwei Stoßrapiere oder Fleuretts, Drahtmasken und anderen Zubehör und ging mit mir täglich eine Stunde auf den großen Estrich unter dem Dache, wo er mich dazu brachte, eine erste Schule notdürftig durchzumachen, und er tat es mit solcher Liebe und Ausdauer, als ob es sich um das Goldmachen handelte, bis ihn eine Schicksalswendung aus unserer Gegend hinwegführte. In der Stadt, wo ich jetzt lebte, hatte ich bei studierenden Landsleuten, mit denen ich zuweilen verkehrte und die sich Fechtapparate auf dem Zimmer hielten, manchmal wieder den einen oder anderen Gang versucht, ohne an etwas anderes, als an einen vorübergehenden Zeitvertreib zu denken. Einen oder zwei der jungen Leute dachte ich jetzt sicher noch an ihrem gewohnten Versammlungsorte zu treffen, um ihren Beistand in Anspruch zu nehmen, und fand sie auch in der verwegenen Stimmung, welche der späten Stunde und meinen Wünschen entsprach. Sie begaben sich sofort dahin, wo die Vertrauten meines Gegners sie erwarteten.

Bald kamen sie mit der Verabredung zurück, daß der Duellhandel morgens um sechs Uhr in Lysens Wohnung vor sich gehen solle. Lys habe hervorgehoben, daß er ganz allein darin hause und also keine Zeugen zu befürchten seien; ferner könne er, wenn er verwundet werde, sich gleich in sein eigenes Bett legen und in der Stille geheilt werden oder sterben, der Gegner aber mit aller Sicherheit und Muße abreisen. Treffe es aber mich, so könne ich dort an seiner Stelle mich zunächst hinlegen, indessen er sich aus dem Staube mache.

Für einen Arzt, hieß es, sei auch schon gesorgt, ebenso für die Waffen, als welche ich Stoßdegen oder sogenannte Pariser, die einzigen, die ich etwas zu führen verstand, vorgeschlagen hatte, zumal ich wußte, daß auch Lys damit umgehen konnte.

Wie er den kurzen Rest der Nacht verbracht, habe ich nicht erfahren; was mich betrifft, so blieb ich mit meinen Ratgebern sitzen, da wir fanden, das gefährliche Abenteuer sei besser als Schluß der ganzen Feststrapaze zu bestehen, mit der es sozusagen in einem hinginge, als wenn ich nach unzureichender Ruhe, aus tiefem Schlafe geweckt und ohne Zusammenhang der Gedanken fechten müßte. So kam ich nicht einmal dazu, den Anzug zu wechseln, und wenn mich das Geschick getroffen hätte, so wäre ich in der Gestalt eines erstochenen Narren weggetragen worden.

Trotzdem überfiel mich die Müdigkeit; ich schlummerte ein und lag zuletzt mit dem Kopfe schlafend auf dem Tische, während die andern mit ab- und zugehenden Nachzüglern und Spätlingen eine Bowle heißen Punsch tranken. Auch ich stürzte noch ein Glas hinunter, als ich mit dem Morgengrauen aufgerüttelt wurde, mich aber durch den kurzen Schlaf keineswegs erquickt oder ernüchtert fand. Doch erinnere ich mich wie aus einem Traume, daß ich gleich den zweien, die mit mir kamen, mit tiefem Ernst durch die Straßen ging und in Lysens stille Wohnung trat, wo er mit zwei oder drei jungen Männern ebenso ernst und kalt uns erwartete.

Wir standen alle in dem geräumigsten seiner Zimmer, vor dem Bilde mit den Spöttern; die Morgendämmerung ließ die aus dem Dunkel hervorleuchtenden Figuren wie belebt erscheinen, als ob sie der Dinge gewärtig wären, die da kommen sollten.

Nun wurden aus einem langen Kistchen zwei glänzend polierte dreieckige und nadelspitze Klingen, zwei mit Silberdraht übersponnene Griffe und zwei vergoldete halbkugelförmige Glocken zum Schutze der Hand ausgepackt und ineinander geschraubt. Nachdem gefragt worden, ob keine Versöhnung oder anderweitige Verständigung möglich sei, und keiner von uns beiden sich gerührt hatte, gab man uns die Waffen in die Hand und wies jedem seinen Platz an. Ich warf einen Blick auf Lys; er sah ebenso blaß und überwacht aus, wie ich selbst. Jeder Zug von Wohlwollen oder freundschaftlicher Gesinnung war aus unsern Gesichtern verschwunden, während auch der ursprüngliche Zorn verraucht war und nur die erstarrte Menschentorheit auf den Lippen saß. Da stand ich nun mit dem Eisen in der Hand bereit, das Blut eines Freundes zu vergießen, um ihm die Wahrheit meines Gottesglaubens zu beweisen, und der Freund bedurfte meines Blutes zur Verteidigung der moralischen Ehre seiner Weltanschauung, und jeder hatte sich sonst für die Vernunft, Freiheit und Menschlichkeit selbst gehalten. Eine unglückliche Sekunde, und der gleißende Stahl war in ein warmes Herz geglitten!

Aber zu einer heilsamen Überlegung war keine Zeit mehr. Das Zeichen wurde gegeben, wir machten mit den Degen den üblichen

Gruß und setzten uns in Positur, aber nicht wie geübte Duellanten, sondern mehr wie etwas unsichere Schüler. Unsere Hände zitterten fast gleichmäßig, als wir die Degenspitzen sich umeinander drehen ließen, um den Anfang zu finden, und der erste Stoß, den ich tat, war auch richtig der erste Schulstoß, wie er der Nummer nach auf dem Fechtsaale gezeigt wird. Lys parierte ihn ebenso schulmäßig, da er ihn von weitem kommen sah; er erwiderte den Ausfall, und ich wies ihn etwas schwerfälliger, aber noch gerade zeitig genug ab. Der liebe Gott, um den wir uns schlugen, mochte wissen, wie ein Paar so friedlicher Fechter in eine so gefährliche Lage geraten war. Allein gefährlich war sie nichtsdestoweniger; denn mit dem Geräusch der gleitenden Klingen wurde das Gefecht belebter und rascher, so daß schon wegen der Notwehr die Stöße zahlreicher und fester wurden. Da blitzten plötzlich Stahl und Glocken unserer Waffen mit einem rötlichen Schimmer auf, und gleichzeitig begann das Bild im Hintergrunde des Zimmers sachte zu leuchten, beides vom Glühen einer Wolke, die im Widerscheine der anbrechenden Morgenröte stand. Lys warf unwillkürlich einen Blick seitwärts auf sein Bild und sah die Blicke seiner Sachverständigen, wie er sie nannte, auf uns gerichtet. Er ließ seinen Degen sinken, und mir, der ich eben wieder auszufallen im Begriffe war, wurde ein »Halt!« zugerufen. Lys, der im übrigen vollkommen nüchtern geblieben, war der Nichtigkeit unseres Tuns durch den Anblick zuerst inne geworden.

»Ich nehme meine Herausforderung zurück«, erklärte er mit ernstem, aber ruhigem Tone, »und will das Vorgefallene vergessen, ohne daß Blut fließen soll!«

Er trat mir einen Schritt entgegen und bot mir die Hand. »Laß uns schlafen gehen, Heinrich Lee!« sagte er, »und zugleich leb' wohl! Da ich einmal zur Abreise gerüstet bin, so will ich heute für einige Zeit fort.«

Damit ging er, nachdem er die Anwesenden gegrüßt, nach seinem Schlafzimmer, und wir verließen uns trotz der unerwarteten Aussöhnung ohne Freundlichkeit, weil wir uns eigentlich selbst beleidigt hatten und zur Stunde keiner mit sich im reinen war. Die Zeugen und der Arzt, welche in den Verlauf der Streitigkeit überhaupt keinen klaren Einblick hatten, verabschiedeten sich vor dem Hause stillschweigend, und jeder ging seines Weges, ich überdies mit einem Gefühle, wie wenn ich von der moralischen Überlegenheit eines Gegners, den ich hatte schulmeistern wollen, heimgeschickt worden wäre.

Als ich meine Wohnung betrat, wurde ich von den Wirtsleuten, die an ihrem Frühstücke saßen, als ein ausdauernder Lustigmacher begrüßt. Obschon ich erschöpft und müde war, konnte ich beinahe nicht einschlafen, und als es geschah, träumte mir, ich hätte den Freund totgestochen, blutete aber statt seiner selbst und werde von meiner weinenden Mutter verbunden. Indessen würgte ich an einem geträumten Schluchzen herum, über welchem ich erwachte. Ich fand die Augen und das Kissen zwar trocken, dachte aber über die möglich gewesenen Folgen nach, bis ich endlich fester einschlief.

Fünfzehntes Kapitel

Der Grillenfang

Ich schlief bis in den Nachmittag hinein, und als ich erwachte, wußte ich nichts mit mir anzufangen; die Welt und mein Kopf schienen mir beide leer und ausgestorben. Ich dachte an das Ende des Kadettenfestes in meiner Knabenzeit, an dasjenige des Tellenspieles, und sagte mir: Wenn alle deine Freudenfeste einen solchen Ausgang nehmen, so wird es besser sein, du gehst nicht mehr hinzu, wo es dergleichen gibt! Zunächst las ich das Narrenkleid zusammen, das zerstreut am Boden lag, und hing es im Atelier als malerischen Gegenstand an einen Nagel, und den Distel- und Stechpalmenkranz legte ich um den Zwiehansschädel, den ich auf die Kommode des kleinen Schlafzimmers setzte, um dergestalt ein heilsames Memento zu errichten. Das Spielerische und Ziersüchtige in uns bleibt in allem Elende und unter allen Gestalten lebendig, bis wir zerbrochen sind. Vielleicht ist es ein Teil des Gewissens; denn wie das Tier nicht lacht, so spielt der ganz Gewissenlose nicht, es sei denn um Gewinn.

In meiner dunkel müßigen Lage war mir der Besuch Reinholds des Winzers und Geigenspielers willkommen, der mich aufsuchte und einen Liebesdienst von mir verlangte. Er berichtete, daß der hilflose

Zustand Agnesens noch stundenlange gedauert und sie sich erst gegen Morgen soweit erholt habe, daß die Heimschaffung möglich geworden, und zwar bereits bei Tageshelle. Allein nachteilige Gerüchte von einem sozusagen zuchtlosen Benehmen, von einer Berauschung, in deren Folge sie von einem reichen Bewerber sofort verlassen und aufgegeben worden sei, wären schon vorausgedrungen, und als das Gefährt vor dem Hause angekommen und das Mädchen, matt und niedergeschlagen, ausgestiegen sei, hätten sich die Nachbarfenster geöffnet und die Leute mit sichtlicher Verachtung oder wenigstens Mißbilligung zugeschaut. Er selbst habe nebst einer Magd vom Landhause die Arme begleitet, sich aber natürlich sofort wegbegeben, ohne mit in das Haus zu treten. Aber auch dies Erscheinen eines neuen Beschützers habe den bösen Schein noch verschlimmert, und es liege wohl an uns, die wir das Unsrige beigetragen, den Leumund des unschuldigen Wesens zu verteidigen. Er habe nun den Plan gefaßt und mit seinen Freunden verabredet, heute abend unter dem Fenster des geprüften Fräuleins eine ernsthafte und ehrbare Musik, eine Serenade in würdigster Form abzuhalten; um jede Störung zu vermeiden und das Ansehen der Sache zu erhöhen, sei schon die amtliche Erlaubnis eingeholt. Nach Schluß der Serenade aber gedenke er stracks hinaufzugehen und der Verlassenen feierlich seine Hand anzutragen.

»Absichtlich«, fuhr er fort, »will ich von allem, was vorausgegangen, nichts wissen, was man auch munkeln mag! Wie sie ist, in diesem Augenblicke, mit ihrem Gesichtchen, ihrer leichten Gestalt, mit ihrem ganzen Wesen und ihrem kleinen Schicksal gefällt sie mir und dünkt mich unentbehrlich! Und wenn ich mich irre, so wird es nur in dem Sinne sein, daß sie mehr ist, als ich geglaubt habe! Etwas warme Sonne, ein wenig Glück, was man so nennt, gleichsam ein Gläschen guten Rheinweins werden sie munter machen!«

»Und was soll ich hiebei tun?« fragte ich verwundert, aber auch mit Teilnahme, da mir das Vorhaben des gemütlichen Mannes als die beste Hilfe in der Not erschien.

»Was ich von Ihnen wünsche«, versetzte er, »ist, daß Sie gegen Abend in das schmale Haus, in das Juwelenkästchen gehen und die Frauen suchen hinzuhalten, damit sie es nicht verlassen und doch von der Musik überrascht werden. Ferner sollen Sie, wenn es nicht von selbst geschieht, das Gespräch auf mich bringen, in nicht auffälliger Weise, und mich ein bißchen anrühmen, das heißt, nicht meine Person, sondern meine Verhältnisse, ich will sagen, meinen bescheidenen Wohlstand, der mir erlaubt, unbesorgt eine Frau heimzuführen. Ich wünsche, daß Sie das ganz beiläufig tun, jedoch als von etwas Bekanntem, sozusagen außer Zweifel Stehendem sprechen, so daß diese Voraussetzung bereits vorhanden ist, wenn ich komme, und ich nicht selbst davon anfangen muß. Es ist solches wichtig und in dergleichen Verwicklungen meistens von entscheidendem Einfluß. Und Sie werden nicht lügen, sofern Sie nicht etwa aufschneiden, ich geb' Ihnen mein Wort darauf! Etwas Grundeigentum und mein Kunsterwerb reichen zu einem bürgerlichen, doch keineswegs knauserigen Leben hin, und für die Zukunft ist mir das Erbe einer alten Tante sicher, die mich immer wegen des Heiratens plagt und eine Aussteuer bereit hält, wie für eine einzige Tochter. Halt – diesen Umstand könnten Sie etwas ausmalen! Es ist wirklich komisch, wie die Gute immer noch Einkäufe macht, sobald sie etwas sieht, wovon sie denkt, es wäre in meinem dereinstigen Haushalt zu brauchen, und so stapelt sie in ihrem von alters her angefüllten Hause stets neue Vorräte von kleinen und großen Dingen auf. – Also reden Sie, sprechen Sie! wollen Sie meine Wünsche erfüllen? Ich kann Ihnen sagen, es ist mir zu Mute wie einem, der einen Diamant, den ein Dummkopf weggeworfen hat, liegen sieht und nun fürchtet, es möchte ihn ein anderer finden, eh er selbst zur Stelle ist!«

Ich mußte innerlich lächeln über dies treffliche Stückchen Weltlauf, das sich so artig selbst berichtigte, wenn Reinholds Pläne gelangen. Gern sagte ich ihm zu, seine Wünsche zu erfüllen, so gut ich es verstände, und er eilte nach der weiter nötigen Verabredung in Hoffnung davon.

Mir konnte für den leeren öden Tag der Auftrag nur willkommen sein, so neu es mir war, eine Art Kuppelei zu betreiben. »Nachdem du fast zwei Tage lang das hintangestellte Schätzchen eines Don Juans gehütet hast«, sagte ich mir, »kannst du dies Altweibergeschäft dir auch noch gefallen lassen, es paßt zum andern, auch zu dem gefehlten Duell!«

Mit anbrechender Dämmerung begab ich mich auf den Weg und stand alsbald vor der Stubentüre der Frauen, die in tiefster Stille saßen; denn kein Laut war zu vernehmen. Erst auf ein Anklopfen hörte ich ein mattes »Herein!« und als ich eintrat, sah ich in dem halbdunkeln Gemache nur die Frau Mutter in ihrem Lehnsessel, den Kopf in beide Hände gestützt. Auf dem Tische vor ihr lag ein kleines Kästchen. Mich erkennend, sagte sie mit heiserer Stimme nichts, als: »Ein schönes Fest für uns! Eine schöne Nacht und ein schöner Tag!«

»Ja«, antwortete ich kleinlaut, »es war etwas verhext und ist manchem wunderlich gegangen!«

Sie schwieg eine kleine Weile und fuhr dann geläufiger fort: »Eine schöne Wunderlichkeit! Wenn ich den Kopf vor die Türe strecke, so zeigen die Nachbarn mit Fingern auf mich! Eine Gevatterin nach der andern, die sich sonst nie sehen lassen, ist heute eingedrungen, um sich an der Schande zu weiden! Da schleppt man das Kind zwei Nächte herum und schickt es mir betrunken nach Haus und durch fremde Leute! Und der hübsche reiche Bewerber, dieser Herr Lys, hat natürlich genug an der Aufführung, sagt ab und macht sich davon! Da sehen Sie, was wir alles erlebt haben!«

Sie zog einen Brief hervor, der unter dem Kästchen lag, und entfaltete ihn; es war aber zu dunkel, um lesen zu können. »Ich will Licht holen!« sagte sie, ging müde und verdrossen hinaus und kehrte mit einem bescheidenen Küchenlämpchen zurück, da es nicht der Mühe wert schien, einem von der schnöden Gesellschaft ein besseres Licht vorzusetzen. Ich las den kurzen Brief, worin Lys mit wenigen Zeilen anzeigte, daß er auf unbestimmte Zeit, vielleicht für immer abreisen müsse, für gute Freundschaft, die er genossen, herzlich dankte, Glück und Wohlergehen wünschte und die Tochter bat, ein kleines Andenken freundlich anzunehmen. Als ich das gelesen, öffnete die betrübte Frau das Kästchen, in welchem eine ziemlich kostbare Uhr mit feiner Kette glänzte.

»Ist dies reiche Geschenk«, rief sie, »nicht ein Beweis, wie ernst er gesinnt war, da er sich sogar jetzt noch so edel benimmt, trotz der Schmach, die man ihm angetan?«

»Sie irren sich!« sagte ich; »niemand hat sich etwas vorzuwerfen, am allerwenigsten das gute Fräulein! Lys hat Ihre Tochter von Anfang an sitzen lassen und ist einer andern Schönheit nachgelaufen; und weil er von dieser zurückgewiesen wurde, denn es ist kurz gesagt die nunmehrige Braut seines Freundes Erikson, hat er sich von hier entfernt. Ich weiß bestimmt, daß er für Ihr Kind verloren war, eh dasselbe aus Kummer und Aufregung unwohl wurde. Und es ist wahrscheinlich ein Glück für das Fräulein, nach meiner Meinung sogar gewiß!«

Die Frau sah mich groß an; aus dem Hintergrunde des schmalen, aber tiefen Zimmers ertönte ein stöhnender Laut. Erst jetzt gewahrte ich, daß Agnes in einem Winkel neben dem Ofen saß. Ihr Haar war aufgelöst, aber nicht wieder geflochten worden und bedeckte das Gesicht und die Hälfte der gebeugten Gestalt. Überdies hatte sie ein Tuch um Kopf und Schultern geworfen und in das Gesicht gezogen; das letztere drückte sie, vom Zimmer abgewendet, an die Wand und verharrte so ohne Bewegung.

»Sie getraut sich nicht mehr am Fenster zu sitzen!« sagte die Mutter.

Ich ging hin, sie zu begrüßen und ihr die Hand zu reichen; allein sie wendete sich noch tiefer ab und begann leise in sich hinein zu weinen. Verlegen ging ich zum Tische zurück, und da ich von meinen eigenen Abenteuern moralisch geschwächt war, so kamen mir selbst Tränen in die Augen. Das führte hinwieder die Witwe, daß auch sie anfing, wobei sich ihr Gesicht so stark verzerrte, wie man es nur an flennenden kleinen Kindern sieht. Es war ein ganz merkwürdiger, unbehaglicher Anblick, über welchem sich meine Augen schnell trockneten. Aber auch bei der Frau war der Gewitterschauer wie bei Kindern rasch zu Ende, und mit ganz veränderter Stimme lud sie mich erst jetzt zum Sitzen ein. Zugleich fragte sie, wer eigentlich der Fremde gewesen, der Agnesen in der Frühe heimbegleitet habe? Ob der die Unglücksgeschichte nicht noch weiter verbreiten werde? Keineswegs, antwortete ich; denn das sei ein gutbestellter braver Mensch; und ich säumte nun nicht, mit anscheinend gleichgültigen Worten und mit der nötigen Vorsicht diejenige Beschreibung des Gottesmachers und seiner Verhältnisse anzubringen, die seinen Wünschen entsprechen mochte. Nur bei der Schilderung der Tante und ihrer Ausstattungssucht, welche es einer dereinstigen Frau des Neffen fast unmöglich mache, außer ihrer Person etwas im Hause unterzustellen, zu legen, aufzuschichten oder zu hängen, wurde mein Vortrag belebter, weil er mich selber belustigte. Übrigens, schloß ich, werde Herr Reinhold mit der Erlaubnis der Frauen heute abend seinen Besuch abstatten, um der Anstandspflicht zu genügen und sich nach dem Befinden des erkrankten Fräuleins zu erkundigen, und weil er wisse, daß ich die Ehre hätte, im Hause eingeführt zu sein, so habe er mich ersucht, die Erlaubnis auszuwirken und ihn alsdann vorzustellen. Diese höfliche Ankündigung gab der Frau einen Teil ihres Selbstvertrauens zurück.

»Kind!« rief sie auffahrend, »hörst du? Wir bekommen Besuch; geh, zieh dich an, mache dein Haar auf, du siehst ja aus wie eine Hexe!«

Aber Agnes regte sich nicht, und auch als die Mutter hinging und sie sanft rüttelte, wehrte sie ab und bat wimmernd, sie ruhig zu lassen, oder das Herz breche ihr entzwei. In ihrer Verzweiflung begann jene den Tisch zu decken und den Tee zu bereiten; sie holte ein paar Schüsseln mit kalten Speisen und eine Torte herbei und setzte alles auf den Tisch. Schon für gestern abend, klagte sie, habe sie ein Tütchen des feinsten Tees gekauft und etwas zum Knuspern bereit gehalten, da sie auf die frühzeitigere Rückkunft der jungen Leutchen gehofft habe; jetzt möge die kleine Mahlzeit uns doch noch dem erwarteten Besuch zu Ehren nützlich werden; verdorben sei nichts.

Wir saßen und das Wasser kochte in dem blanken wenig gebrauchten Teekesselchen seit geraumer Zeit, und noch meldete sich kein Besuch, weil es überhaupt noch zu früh war. Die gute Frau wurde ungeduldig; sie fing an zu zweifeln, ob Reinhold wirklich kommen werde; ich suchte sie zu beruhigen, und wir warteten wieder eine gute Weile. Endlich wurde sie Wartens satt und machte den Tee fertig; wir tranken eine Tasse, aßen etwas weniges und harrten wieder, plauderten mit zerstreuten Worten und Gedanken, bis die ermüdete Frau über meiner Einsilbigkeit einnickte. So trat jetzt eine tiefe Stille ein, und nach einiger Zeit merkte ich an den sanften regelmäßigen Atemzügen, die ich vom Ofenwinkel her vernahm, daß auch Agnes schlummerte. Da ich selbst keineswegs genug geschlafen hatte, fielen mir die Augen ebenfalls zu, und ich schlief zur Gesellschaft mit, während die kleine Lampe das Zimmer schwach erleuchtete.

Wir mochten ein Stündchen einträchtig geschlummert haben, als wir durch eine volltönige, aber sanfte Musik geweckt wurden und gleichzeitig das Fenster von rotem Glanze erhellt sahen. Die überraschte Witwe und ich eilten zum Fenster. Auf dem kleinen Platze standen acht Musizierende vor einigen Musikpulten, vier Knaben hielten brennende Fackeln empor, und am Eingange des Platzes gingen zwei Polizeimänner auf und ab, welche die rasch sich sammelnden Zuhörer in Ordnung hielten. Zu den Geigern hatte Reinhold noch einige Bläser mit Horn, Hoboen und Flöte angeworben; er selbst saß auf einem Feldstühlchen und handhabte das Violoncell.

»Jesus Maria! was ist das?« sagte die erstaunte Mutter Agnesens.

»Zünden Sie Lichter an!« erwiderte ich; »das ist eben der Herr Reinhold mit seinen Freunden, der Ihrer Tochter eine Serenade bringt! Ihr gilt die Musik, um ihr vor der Welt und dieser Stadt eine Ehre zu erweisen!«

Ich öffnete einen Flügel des Fensters, indessen die Frau nach ihren Staatsleuchten eilte und die rosenroten Kerzen entflammte, welche jetzt trefflich zustatten kamen. Das Adagio aus einem ältern Italiener floß mit dem lauen frühzeitigen Lenzhauche gar prächtig herein.

»Kind!« flüsterte die Mutter dem aufhorchenden Mädchen zu, »wir haben ein Ständchen, wir haben ein Ständchen! Komm, sieh nur hinaus!« Ich hörte ihre Stimme zum erstenmal so herzlich erfreut und wirklich beseelt zu dem Kinde reden, so erlösend wirkte der musikalische Vorgang auch auf sie, und Agnes wandte ihr bleiches Gesicht stumm nach dem Fenster. Dann erhob sie sich langsam und ging heran. Sowie sie aber die vielen Gesichter auf der Straße und unter allen Nachbarfenstern im Fackellichte erblickte, floh sie wieder nach ihrem Sitze, legte die gefalteten Hände in den Schoß und neigte das Haupt leise zur Seite, um keinen Ton der schönen Musik zu verlieren. So blieb sie, bis die drei Stücke, welche die Männer aufführten, zu Ende waren und die Musik mit einer melodisch heitern, fast reigenartigen Wendung geschlossen hatte, die Musikanten aufbrachen und still hinweggingen, während das Volk auf der Gasse lauten Beifall klatschte. Auch die sauberen Kästchen und Futterale, in welchen sie ihre Instrumente trugen, erhöhten beim Publikum den Eindruck des Außergewöhnlichen und Vornehmen; die Leute betrachteten, indem sie sich langsam zerstreuten, neugierig das merkwürdige Haus, und die am Fenster stehende Frau genoß alles bis zum letzten Momente; selbst das Forttragen der Pulte dünkte ihr das Feierlichste und Großartigste, was sie erleben konnte.

Als sie endlich das Fenster zumachte und sich umwandte, stand Reinhold in der Stube und begrüßte sie ehrerbietig, und ich nannte zugleich seinen Namen. Dann entschuldigte er sich wegen der Freiheit, die er sich genommen, eine so aufdringliche Störung zu bringen, welche sie der allgemeinen Karnevalsstimmung zu gut halten wolle; und sie erwiderte ihm mit großen Komplimenten und Danksagungen, wobei sie in einen so glückselig singenden Ton geriet, daß es beinahe klang, wie wenn einer in Flageolettönen auf der Geige spielen würde. Plötzlich unterbrach sie sich, um die Tochter herbeizurufen, die ihr ungebührlich lang im Winkel zu säumen schien. Diese war aber unbemerkt hinausgeschlüpft und kam jetzt wieder herein. Sie hatte über ihr Morgenkleid, in welchem sie den Tag über getrauert, einen weißen Shawl geschlagen und die Enden auf den Rücken gebunden. Das schwarze Haar hatte sie einfach zusammengefaßt und im Nacken in einen mächtigen Knoten geschlungen, alles in einer Minute und wahrscheinlich ohne in den Spiegel zu sehen. In Haltung und Gesichtsausdruck schien sie um zehn Jahre älter; selbst die Mutter sah sie mit großen Augen an, wie wenn sie einen Geist erblickte. Aufrechten Ganges trat Agnes dem Gottesmacher entgegen, richtete mit ruhigem Ernste die Augen auf ihn und gab ihm die Hand. Wäre sie in Samt und Seide gehüllt gewesen, so hätte sie den Blick Reinholds nicht so bannen können, wie sie jetzt mit ihrer einfachen Erscheinung tat, und ich selbst mußte sogleich denken: Gott sei Dank, daß Lys fort ist und sie nicht mehr sieht, sonst ginge das Unheil von neuem an!

Reinhold aber betete mit stummer Anschauung sein eigenes Werk an; denn buchstäblich zu sagen, hatte er die geknickte Blume aufgerichtet, daß sie wieder leben konnte. Die Ehren, die er ihr gegeben, leuchteten so rein von ihrer Stirn und um die stillen dunkeln Augensterne, daß er demütig betreten nicht zu Worte zu kommen wußte, auch als wir nun am Tische saßen und die Mutter neuen Tee machte.

Es ging etwas verlegen und einsilbig zu, bis die Alte auf die rheinische Heimat des Gastes zu reden kam und ihn fragte, ob es wahr sei, daß sein hiesiger Aufenthalt nicht mehr lange dauere und er dorthin zurückkehre? Das löste ihm die Zunge, indem er dartat, wie Kirchen und Prälaten mit ihren Bestellungen seiner harrten und auf die gewonnenen Fortschritte in der Arbeit zählten. Dann freute er sich des Lobes der schönen Heimat. »Mein Haus«, sagte er, »liegt außerhalb des alten Städtchens am sonnigen Abhang, wo man den Rheingau hinauf und hinunter schaut; Türme und Felsen schwimmen in bläulichem Dufte, durch welchen das breite Wasser zieht. Hinter dem Garten legt sich der Wein an den aufsteigenden Berg, und oben steht eine Kapelle unserer lieben Frau, die weit über das Land hinschaut und sich ins letzte Abendrot taucht. Dicht daneben habe ich ein kleines Lusthäuschen gebaut und unter demselben ein Kellerchen in den Stein gehauen, wo stets ein Dutzend Flaschen klaren Weines liegen. Wenn ich nun einen neuen Kelch fertig habe, so steige ich, eh ich die innere Vergoldung anbringe, hier hinauf und leere das Gefäß drei- oder viermal auf das Wohl aller Heiligen und aller frohen Leute. Denn ich will nur gestehen, meine Silberarbeit, etwas Musik und der Wein sind meine einzige Freude gewesen und meine besten Tage die sonnigen Feiertage der Mutter Gottes, wenn ich zu ihrem Preise in den benachbarten Kirchen spielte, während unten auf bekränztem Altare meine Gefäße glänzten; und ich muß bekennen, daß nachher ein Räuschchen an heiterer Pfaffentafel mir als der Gipfel des Daseins erschien. Das wird freilich nicht mehr so sein, ich weiß jetzt etwas Besseres –«

Er stockte bei diesen Worten, die er mit wachsender Wärme gesprochen, ermannte sich aber sogleich, erhob sich vom Stuhle und wendete sich an die Frauen: »Was soll ich längere Umschweife machen? Ich bin hier, um dem Fräulein ein redliches Herz anzubieten, mit allem Zubehör von Hand, Haus und Hof; kurz, ich bin gekommen, einen Heiratsantrag zu machen! Ich bitte um gütiges Gehör und bitte, sofern meine Handlungsweise allzurasch und verwegen erscheint, zu bedenken, daß gerade solche Festivitäten, wie die soeben beendigte, nicht selten mit derartig unvorgesehenen Ereignissen abschließen!«

Die gute Witwe, an die äußerste Sparsamkeit gewöhnt, hatte soeben ein Stückchen Zucker, der ihr wider Willen in die Tasse gefallen, mit dem Löffelchen herausgefischt und im stillen auf die Untertasse gelegt, um zu retten, was noch nicht geschmolzen war. Sie leckte das Löffelchen schnell und zierlich ab und begann darauf, vor Vergnügen errötend, in ihren schönsten Tönen von der großen Ehre zu singen, aber auch von der nötigen Bedenkzeit und Überlegung, die man sich gestatten müsse. Allein die Tochter unterbrach sie, womöglich noch blasser als bisher: »Nein, liebe Mama! Auf die Frage des Herrn Reinhold muß nach allem, was wir erlebt und was er für mich getan, sogleich die Antwort folgen, und mit deiner Erlaubnis sage ich ja! Ich habe das Mißgeschick nicht verdient, das mich betroffen; umso williger muß der Dank für meinen Retter sein, der mich aus Verlassenheit und Verachtung emporhebt!«

Mit Tränen der Rührung, die ihr aus den Augen quollen, schritt sie dicht an den glücklichen Freier heran, legte die Arme um seinen Hals und drückte die sehnend geöffneten Lippen, die noch nie geküßt, auf die seinigen.

Er streichelte mit schüchterner Zärtlichkeit ihre Wangen, verwandte aber kein Auge von ihr. Erstaunt und ratlos sah die Witwe zu, und Agnes rief: »Sei nur ruhig und zufrieden, Mutter! Gestern noch habe ich zur heiligsten Jungfrau gebetet, sie möchte meinem Herzen geben, was ihm gebührt; heut hab' ich den ganzen Tag geglaubt, sie habe mich unerhört gelassen, und jetzt halt' ich es doch im Arm, was mir gehört und mir besser zum Heile dient, als das, was ich meinte!«

Jetzt schien mir der Zeitpunkt gekommen, wo ich mich schicklich als überflüssig entfernen konnte; denn ich wußte nicht, wo ich hinblicken sollte. Schnell gab ich allen die Hand und eilte davon, ohne mich halten zu lassen oder gehalten zu werden. Auf der Straße sah ich nochmals an das Haus hinauf, wo das Mondlicht auf dem schwarzen Madonnenbilde über der Haustüre lag und den goldenen Halbmond sowie die Krone schwach beglänzte.

»Himmel, welch katholische Wirtschaft!« sagte ich zu mir selbst und schüttelte den Kopf über das krause Leben. Beim Morgengrauen dieses Tages hatte ich den spitzigen Degen auf einen Gottesleugner gezückt, und nun, da es Nacht war, lachte ich wieder über diese Heiligenanbeter.

Am nächsten Morgen war es mir weniger lächerig zu Mut, als es galt, die unterbrochene Arbeit wieder aufzunehmen. Während die Künstlerschaft wohl in ihrer großen Mehrheit fest und unbekümmert auf der gewohnten Bahn weiterschritt, fand ich mich unschlüssig, was zunächst zu tun sei. Als ich mich umsah, hatte ich die Empfindung, als ob ich monatelang nicht in dem Zimmer gewesen, meine halbfertigen Sachen Denkmäler einer verschollenen Zeit wären. Eines nach dem andern zog ich hervor, und alles dünkte mich schal und unnötig, wie eine bloße Liebhaberei. Ich grübelte und grübelte, konnte aber dem grauen Wesen, das mich beschlich, nicht auf den Grund kommen. Dazu kam das Gefühl der Vereinsamung; Lys war fort und verloren, wahrscheinlich auch für die Kunst, da er in letzter Zeit hatte durchblicken lassen, daß er bei der ersten geringen Erschütterung das Glas fallen lassen werde. Aber auch Erikson hatte mir gestern in einem flüchtig der Freude abgewonnenen Augenblick anvertraut, er beabsichtige gleich nach der Hochzeit seine verzwickte Malerei an den Nagel zu hängen und mit den großen Mitteln seiner Frau das Seefahrtsgeschäft seines heimatlichen Hauses wieder aufzunehmen und in Flor zu setzen. Die Zeit sei günstig, und in mäßiger Frist wolle er selbst reich sein. Und nun wackelte ich auch, und alle drei Peripherie-Germanen, die wir uns in gewissem Sinne besser geschienen hatten, als die feste große Heerschar des Binnenvolkes, fielen ab, wie Feilenspäne, fuhren auseinander, um keiner den andern wahrscheinlich jemals wieder zu sehen!

Fröstelnd schleppte ich, um eine Zuflucht zu suchen, einen neuen kaum angefangenen Karton hervor, eine auf den Rahmen gespannte graue Papierfläche von mindestens acht Schuh Breite und entsprechender Höhe. Es war nichts darauf zu sehen, als ein begonnener Vordergrund mit je einem verwitterten Fichtenbaume zu beiden Seiten des künftigen Bildes, dessen Idee ich damals vor Monaten aufgegeben und die mir gänzlich aus der Erinnerung geschwunden ist. Um nur etwas zu tun und vielleicht meine Gedanken zu beleben, machte ich mich daran, den einen der zwei mit Kohle entworfenen Bäume mit der Schilffeder auszuführen, gewärtig, was dann weiter werden wollte. Aber kaum hatte ich eine halbe Stunde gezeichnet und ein paar Äste mit dem einförmigen Nadelwerke bekleidet, so versank ich in eine tiefe Zerstreuung und strichelte gedankenlos daneben, wie wenn man die Feder probiert. An diese Kritzelei setzte sich nach und nach ein unendliches Gewebe von Federstrichen, welches ich jeden Tag in verlorenem Hinbrüten weiterspann, so oft ich zur Arbeit anheben wollte, bis das Unwesen wie ein ungeheures graues Spinnennetz den größten Teil der Fläche bedeckte. Betrachtete man jedoch das Wirrsal genauer, so entdeckte man den löblichsten Zusammenhang und Fleiß darin, indem es in einem fortgesetzten Zuge von Federstrichen und Krümmungen, welche vielleicht Tausende von Ellen ausmachten, ein Labyrinth bildete, das vom Anfangspunkte bis zum Ende zu verfolgen war. Zuweilen zeigte sich eine neue Manier, gewissermaßen eine neue Epoche der Arbeit; neue Muster und Motive, oft zart und anmutig, tauchten auf, und wenn die Summe von Aufmerksamkeit, Zweckmäßigkeit und Beharrlichkeit, welche zu der unsinnigen Mosaik erforderlich war, auf eine wirkliche Arbeit verwendet worden wäre, so hätte ich gewiß etwas Sehenswertes liefern müssen. Nur hier und da zeigten sich kleinere oder größere Stockungen, gewisse Verknotungen in den Irrgängen meiner zerstreuten gramseligen Seele, und die sorgsame Art, wie die Feder sich aus der Verlegenheit zu ziehen gesucht, bewies, wie das träumende Bewußtsein in dem Netze gefangen war. So ging es Tage, Wochen hindurch, und die einzige Abwechslung, wenn ich zu Hause war, bestand darin, daß ich mit der Stirne gegen das Fenster gestützt den Zug der Wolken verfolgte, ihre Bildung betrachtete und indessen mit den Gedanken in der Ferne schweifte.

So arbeitete ich eines Tages wieder mit eingeschlummerter Seele, aber großem Scharfsinn an der kolossalen Kritzelei, als an die Türe geklopft wurde. Ich erschrak und fuhr zusammen; aber schon war es zu spät, den Rahmen wegzuschaffen. Reinhold und Agnes traten herein, und kaum hatten wir uns begrüßt, so erschien Erikson mit seiner nunmehrigen Frau Rosalie, und ich sah mich von Geräusch, Leben und Schönheit wachgerüttelt. Beide Paare hatten nämlich die Hochzeit bereits hinter sich und in der Stille abgetan. Reinhold aus Ungeduld, um seine Liebesbeute rasch zu bergen, Erikson aber, weil die Verwandten Rosaliens und die Geistlichen erst nachträglich konfessionelle Schwierigkeiten zu machen versuchten. Allein Rosalie war, im geheimen und von einflußreicher Seite gefördert, schnell zu Eriksons Glaubenspartei übergetreten, behauptend, wie Paris seiner Zeit eine Messe, sei ihr Schatz eine Beichte wert und noch eher, und die Trauung war alsobald gefolgt. »Wir sind demnach schon auf der Hochzeitsreise!« schloß Erikson seinen kurzen Bericht: »einstweilen nur auf den Gassen dieser Stadt, morgen aber auf der Landstraße und bald, so hoff' ich, schon im eigenen Schiff!«

Seine Gattin hatte inzwischen das andere Paar begrüßt und sich mit der ganz glücklichen und wohlaussehenden Agnes unterhalten. Erikson aber stand vor der Staffelei und beschaute höchst verwundert meine neueste Arbeit. Dann betrachtete er mich mit bedenklichem Gesichte, und wie ich verlegen und rot wurde, und sagte, erst den Kopf schüttelnd, dann mit demselben schalkhaft nickend:

»Du hast, grüner Heinrich, mit diesem bedeutenden Werke eine neue Phase angetreten und begonnen, ein Problem zu lösen, welches von größtem Einflusse auf die deutsche Kunstentwicklung sein kann. Es war in der Tat längst nicht mehr auszuhalten, immer von der freien und für sich bestehenden Welt des Schönen, welche durch keine Realität, durch keine Tendenz getrübt werden dürfe, sprechen und räsonieren zu hören, während man mit der gröbsten Inkonsequenz doch immer Menschen, Tiere, Himmel, Sterne, Wald, Feld und Flur und lauter solche trivial wirkliche Dinge zum Ausdrucke gebrauchte. Du hast hier einen gewaltigen Schritt vorwärts getan von noch nicht zu bestimmender Tragweite. Denn was ist das Schöne? Eine reine Idee, dargestellt mit Zweckmäßigkeit, Klarheit, gelungener Absicht. Die Million Striche und Strichelchen, zart und geistreich oder fest und markig, wie sie sind, in einer Landschaft auf materielle Weise placiert, würden allerdings ein sogenanntes Bild im alten Sinne ausmachen und so der hergebrachten gröblichsten Tendenz frönen! Wohlan! Du hast dich kurz entschlossen und alles Gegenständliche, schnöd Inhaltliche hinausgeworfen! Diese fleißigen Schraffierungen sind Schraffierungen an sich, in der vollkommenen Freiheit des Schönen schwebend; dies ist der Fleiß, die Zweckmäßigkeit, die Klarheit an sich, in der reizendsten Abstraktion! Und diese Verknotungen, aus denen du dich auf so treffliche Weise gezogen hast, sind sie nicht der triumphierende Beweis, wie Logik und Kunstgerechtigkeit erst im Wesenlosen ihre schönsten Siege feiern, im Nichts sich Leidenschaften und Verfinsterungen gebären und sie glänzend überwinden? Aus nichts hat Gott die Welt geschaffen! Sie ist ein krankhafter Abszeß dieses Nichtses, ein Abfall Gottes von sich selbst. Das Schöne, das Poetische, das Göttliche besteht eben darin, daß wir uns aus diesem materiellen Geschwür wieder ins Nichts resorbieren, nur dies kann eine Kunst sein, aber auch eine rechte!«

»Aber liebster Mann, wo willst du hin!« rief Frau Erikson, die, aufmerksam geworden, sich zu uns gewendet hatte. Der Gottesmacher sperrte Mund und Augen auf; denn die schnurrigen Redensarten waren seinem einfachen Gemüt in Scherz und Ernst unverständlich und fremd. Ich selbst fühlte mich etwas erheitert durch Eriksons Munterkeit, stand jedoch verlegen am Fenster.,

»Aber mein Lob«, fuhr er feierlich fort, »muß sogleich einen Tadel gebären oder vielmehr die Aufforderung zu weiterem energischen Fortschritt! In diesem reformatorischen Versuch liegt noch immer ein Thema vor, welches an etwas erinnert; auch wirst du nicht umhin können, um dem herrlichen Gewebe einen Stützpunkt zu geben, dasselbe durch einige verlängerte Fäden an den Ästen dieser alten, verwetterten, aber immer noch kräftigen Fichten zu befestigen, sonst fürchtet man jeden Augenblick, es durch seine eigene Schwere herabsinken zu sehen. Hiedurch aber knüpft es sich wiederum an die abscheulichste Realität, an gewachsene Bäume mit Jahrringen! Nein, braver Heinrich, nicht also! nicht hier bleibe stehen! Die Striche, indem sie bald sternförmig, bald in der Wellenlinie, bald mäandrisch, bald radial sich gestalten, bilden ein noch viel zu materielles Muster, welches an Tapeten oder gedruckten Kattun erinnert. Fort damit! Fange oben an der Ecke an und setzte einzeln nebeneinander Strich für Strich, eine Zeile unter die andere; von zehn zu zehn mache durch einen verlängerten Strich eine Unterabteilung, von hundert zu hundert eine Oberabteilung, von tausend zu tausend einen Abschluß durch einen dickeren Sparren oder Sperrling. Solches Dezimalsystem ist vollkommene Zweckmäßigkeit und Logik, das Hinsetzen der einzelnen Striche aber der in vollendeter Tendenzfreiheit, in reinem Dasein sich ergehende Fleiß. Zugleich wird dadurch ein höherer Zweck erreicht. Hier in diesem Versuche zeigt sich immer noch ein gewisses Können; ein Unerfahrener, Nichtkünstler hätte die Gruselei nicht zustande gebracht. Das Können aber ist von zu leibhafter Schwere und verursacht tausend Trübungen und Ungleichheiten zwischen den Wollenden; es ruft die tendenziöse Kritik hervor und steht der reinen Absicht fort und fort feindlich entgegen. Das moderne Epos zeigt uns die richtige Bahn! In ihm zeigen uns begeisterte Seher, wie durch dünnere oder dickere Bände hindurch die unbefleckte, unschuldige, himmlischreine Absicht geführt werden kann, ohne je auf die finsteren Mächte irdischen Könnens zu stoßen! Eine goldschnittheitere ewige Gleichheit herrscht zwischen der Brüderschaft der Wollenden. Mühelos und ohne Kummer teilen sie einige tausend Zeilen in Gesänge und Strophen ab, und wer kann ermessen, wie nahe die Zeit ist, wo auch die Dichtung die zu schweren Wortzeilen wegwirft, zu jenem Dezimalsystem der leichtbeschwingten Striche greift und mit der bildenden Kunst in einer identischen äußern Form sich vermählt. Alsdann wird der reine Schöpfer- und Dichtergeist, der in jedem Bürger schlummert, durch keine Schranke mehr gehemmt, zu Tage treten, und wo sich zwei Städtebewohner träfen, wäre der Gruß hörbar: ›Dichter?‹ ›Dichter!‹ oder: ›Künstler?‹ ›Künstler!‹ Ein zusammengesetzter Senat geprüfter Buchbinder und Rahmenvergolder würde in wöchentlichen olympischen Spielen die Würde des Prachteinbandes und des goldenen Rahmens erteilen, nachdem sie sich eidlich verpflichtet, während der Dauer ihres Richteramtes selbst keine Epen und keine Bilder zu machen, und ganze Kohorten verbildeter Verleger würden die gekrönten Werke in stündlich erfolgenden Auflagen über ganz Deutschland hin so tiefsinnig verlegen, daß sie kein Teufel wieder finden könnte!«

»Mann, hör' auf!« rief Rosalie nochmals, »ich kenne dich nicht mehr!«

»Laßt es gut sein!« sagte Erikson; »dieses Geschwätz sei für einmal mein gerührter Abschied von der Kunst! Von nun an wollen wir dergleichen hinter uns werfen und uns eines wohlangewandten Lebens befleißen!«

Dann nahm er mich mit ernsterem Blicke bei der Hand, führte

mich hinter die große Spinnwebe und sagte leise: »Lys kommt nicht mehr zurück; ich habe seine Bilder zusammenrollen, in Kisten pakken und ihm in die Heimat schicken müssen, ebenso seine Bücher und Möbeln. Er hat mir geschrieben, er wolle als Kandidat für die Deputiertenkammer seines Landes auftreten und werde nie mehr malen, weil man die Augen dazu brauche, was ich nicht verstehe. So fällt er aus einer Torheit in die andere, und ich möchte weinen über ihn. Und nun komme ich daher und finde dich an einem abenteuerlichen Grillenfang stehen, wie die Welt noch keinen zweiten geboren hat! Was soll das Gekritzel? Frisch, halte dich oben, mach' dich heraus aus dem verfluchten Garne! Da ist wenigstens ein Loch!« Mit diesen Worten stieß er die Faust durch das Papier und riß es kreuz und quer auseinander. Ich reichte ihm dankbar die Hand; denn seine Worte und energische Bewegung bewiesen mir seine verstehende Teilnahme.

Nachdem wir hinter der Kulisse hervorgetreten und das Loch auch von vorn betrachtet hatten, wurde rasch Abschied genommen, natürlich mit dem Vorbehalte dereinstigen Wiedersehens, obgleich ich von den vier Personen keine einzige je wieder erblickt habe. Eine Minute später war es wieder totenstill in meinem Gemache, und die weißgestrichene Türe, durch welche die schönen Frauen und Männer verschwunden, flimmerte mir vor den Augen, wie eine Leinwand, von welcher mit Einem Zuge ein Bild warmen Lebens weggewischt worden ist.

Vierter Teil

Erstes Kapitel

Der borghesische Fechter

Auf dem niedrigen Ofen meines Arbeitszimmers stand eine fast drei Fuß hohe Gipsfigur des borghesischen Fechters. Der Abguß war vorzüglich, obschon etwas angebräunt; denn er stammte von einem früheren Insassen her und ging von einem Nachfolger zum andern. Jeder übernahm den rüstigen Kämpfer gegen eine Entschädigung an die Wirtsleute, die so von der Arbeit des wackern Agasias nach zweitausend Jahren noch einen periodischen Nutzen zu ziehen wußten.

Als meine Augen von der Türe, hinter welcher Erikson und Reinhold mit ihren Frauen verschwunden waren, hinwegglitten, fielen sie auf den daneben stehenden Fechter und blieben an dem schönen Bildwerke haften. Ich trat ihm näher wie einem willkommenen Hausgenossen in einsamer Stunde und schaute ihn zum ersten Male vielleicht recht an. Rasch räumte ich Bilder und Staffeleien weg, rückte sie an die Wände, trug die Figur in die Mitte des Zimmers auf ein Tischchen und stellte sie ins Licht. Ein helleres Licht ging aber trotz dem geräucherten Zustande von dem Bilde aus, in welchem das Leben im goldenen Zirkel von Verteidigung und Angriff sich selbst erhielt. Von der erhobenen Faust des linken Armes über die Schultern weg bis zur gesenkten des rechten, von der Stirn bis zur Zehe, den Nacken bis zur Ferse wallte von Muskel zu Muskel, von Form zu Form die Bewegung, der Schritt aus der Not zum Siege oder zum rühmlichen Untergange. Und welche Formen in ihrer Verschiedenheit! Alle diese Organe glichen einer kleinen Republik von Wehrmännern, welche von Einem Willen beseelt vorandrangen, um ihren Verband gegen die Zerstörung zu schützen.

Unversehens suchte ich einen reinen Bogen Papier, spitzte einen Kohlenstengel sorgfältig zu und begann mich in den Umrissen dieses und jenes Gliedes zu versuchen, dann, als hiemit nicht viel herauskommen wollte, den linken Arm bis in die Achselhöhle und die von da fortlaufende Bewegung bis in die linke Weichengegend hastiger in ganzer Form rasch zu packen; aber die Hand war ungeübt hiefür, und erst als die Kohle sich etwas abgestumpft hatte, wollte der Strich von selbst leibhafter werden und ein gewisses Leben in die Finger fahren. Aber nun war das Auge nicht gewöhnt, angesichts der menschlichen Gestalt der Hand rasch genug vorzuleuchten; ich mußte aufstehen und die Begrenzungen und Übergänge genauer untersuchen und, weil ich doch schon zu alt war, in einsichtsloser Art fortzufahren, über die Dinge und ihren Zusammenhang nachdenken.

So brachte ich in ein paar Tagen die ganze Figur leidlich zustande, drehte sie und bezwang sie auch von den übrigen Seiten. Da fiel mir plötzlich ein, sie in Gedanken aufzurichten und den Fechter in ruhender Stellung zu zeichnen, gleichsam als Probe der erworbenen Kenntnis. An dem anatomisch gut gearbeiteten Vorbilde hatte ich wohl gesehen, was als Knochen oder Muskel, Sehne oder Gefäß sich darstellte; als es nun aber galt, alles dies in seine veränderte Lage und Form zu bringen, mangelte mir jeder bestimmte Einblick in den Zusammenhang dessen, was unter der Haut ist und vor sich geht, und da es sich nicht um eine unklare freche Skizzierung handeln konnte, die hier keinen Zweck gehabt hätte, so sah ich mich genötigt, den Stift wegzulegen.

Das begab sich in einem Augenblicke, wo ich schon so manches Jahr der Kunst beflissen gewesen und einem ersten Abschluß zusteuern sollte. Ich hätte diesen Erfolg genau voraussehen können, eh ich den Stift angesetzt, und wie ich nun, die Hände im Schoß, über meine Torheit nachsann, wunderte ich mich darüber, daß ich einst nicht die Darstellung des Menschen zum Berufe gewählt hatte anstatt seines bloßen landschaftlichen Wohn- und Schauplatzes. Und als ich über diese unheimliche Zufälligkeit weiter nachdachte, verwunderte ich mich aufs neue, wie es überhaupt möglich gewesen sei, daß ich, noch in den Kinderschuhen stehend, meinen unberatenen Willen so leicht habe durchsetzen können in einer das ganze lange Leben bestimmenden Sache. Ich war noch nicht über die Jugendidee hinaus, daß eine solche Selbstbestimmung im zartesten Alter das Rühmlichste sei, was es geben könne; allein es begann mir jetzt doch unerwartet die Einsicht aufzugehen, das Ringen mit einem streng bedächtigen Vater, der über die Schwelle des Hauses hinauszublicken vermag, sei ein besseres Stahlbad für die jugendliche Werdekraft, als unbewehrte Mutterliebe. Zum ersten Male meines Erinnerns ward ich dieses Gefühl der Vaterlosigkeit deutlicher inne, und es wallte mir augenblicklich heiß bis unter die Haarwurzeln hinauf, als ich mir rasch vergegenwärtigte, wie ich durch das Leben des Vaters der frühen Freiheit beraubt, vielleicht gewaltsamer Zucht unterworfen, aber dafür auch auf gesicherte Wege geführt worden wäre. Indem ich bei dieser Vorstellung von Sehnsucht und Widerspruch, von einem mir unbekannten, aber süßen Gefühle des Gehorsams und trotziger Freiheitslust gleichzeitig erglühte, suchte ich die mir fast gänzlich verwischte Gestalt heraufzuführen, vermochte es aber im Wogen der Gedanken zuletzt nur durch das Auge der Mutter, wie sie den Abgeschiedenen im Traume gesehen.

Im Verlaufe der Zeit hatte sie nämlich wiederholt, aber immer nur nach jahrelangen Unterbrechungen, vom Vater geträumt, vielleicht zwei oder drei Male, gleichsam zum Wahrzeichen, wie selten solche geheimnisvolle Lichtblicke tiefsten Glückes uns vergönnt sind. Jedesmal aber hatte sie am Morgen das Begebnis, das nach langem Ausbleiben so unerwartet gekommen, mit dankbarer Freude erzählt und die Art und Weise der Erscheinung beschrieben.

So war es ihr einst im Schlafe, als ergehe sie sich an einem Sonntage mit dem verstorbenen Gatten im Freien, wie ehmals; aber sie fand ihn doch nicht sich zur Seite, sondern sah ihn plötzlich aus der Ferne herkommen auf einer unabsehbaren Feldstraße. Er war sonntäglich fein gekleidet, trug aber ein schweres Felleisen auf dem Rücken; in der Nähe angelangt, stand er still, nahm den Hut vom Kopfe und wischte den Schweiß von der Stirne; dann winkte er liebevoll gegen die Mutter und sagte mit wohltönender Stimme: »Es ist weit, weit zu gehen!« worauf er an seinem Stabe rüstig weiter wanderte, bis er ihren Augen entschwand. Dieses Gesicht, welches ihr statt eines Ausruhenden einen mit belastetem Rücken in unendliche Fernen Dahinziehenden gezeigt, hatte die Mutter bei näherem Nachdenken traurig gemacht, da sie ohne Aberglauben oder Traumdeuterei doch die Empfindung oder Vorstellung von einer großen Mühsal erlitt, in welcher sich der Abgeschiedene bewege.

Mir hingegen erweckte jetzt das Gedenken dieses unverdrossenen Wanderns des freundlichen Geistes durch die unbekannte Ewigkeit eher das vorbildliche Anschauen eines nicht zu brechenden Lebensmutes, des rastlosen Verfolgens eines Zieles. Ich sah den Mann selbst dahinschreiten und mir zuwinken, und als das Bild allmählich sich von der Tafel der Erinnerung löste und verschwand, sagte ich mir entschlossen: Was kann es helfen! Du darfst nicht länger säumen und mußt die fehlende Kenntnis nachholen!

Ich nahm mir also vor, mich unverweilt an das Studium der Anatomie zu machen, soweit dieselbe wenigstens zu Verständnis und Darstellung der menschlichen Gestalt unentbehrlich ist; und da die öffentliche Kunstschule zwar etwelche unvollkommene Gelegenheit hiefür bot, ich aber nicht zu ihren Angehörigen zählte, so suchte ich sofort einen jener Studierenden auf, die mir in dem unsinnigen Duellhandel mit Ferdinand Lys beigestanden. Es war ein der Medizin Beflissener, dem Ende seiner Studienzeit entgegengehend und fast nur noch in den Krankensälen, sowie an den Operationstischen tätig. Sogleich bereit, mir seine anatomischen Atlanten und Bücher zu leihen und mich vorderhand in ein Hörzimmer der Knochenlehre zu führen, riet er mir jedoch nach einigem Besinnen, mit ihm die soeben beginnenden Vorträge über Anthropologie zu besuchen, die von einem vortrefflichen Lehrer gehalten würden. Er selbst, bemerkte er, gehe hin, nicht um der längst zurückgelegten Lehrstufe willen, sondern wegen der ausgezeichneten Form und des geistigen Gehaltes jener Vorlesungen, welche an sich ein lehrreicher Genuß seien. Übrigens, wie der Anatom ein rückwärtsgehender, sozusagen abtragender Bildhauer zu nennen sei, so gehe der bildende Künstler am besten auf dem entgegengesetzten Wege nicht nur von dem Knochengerüste, sondern von der allgemeinen Anschauung des Organischen und seines Werdens aus, und habe er den Einzug der Sinne in das Gezelt der ehrlichen Menschenhaut mit angesehen, so werde er zwar hiedurch kein Michelangelo werden, wenn es nicht sonst in ihm stecke, aber es könne andere, jetzt verloren gegangene Fakultäten vergangener Zeiten ersetzen.

Ich sah den kundigen Landsmann nun erst recht an und glaubte kaum, daß der Sprecher der gleiche sei, der mir vor Wochen so bereitwillig ein Loch in die Haut eines Menschen wollte stechen helfen. Wenn junge Leute, die sich bei leichtsinnigen Treiben befreundet, nachher ernstere Eigenschaften aneinander entdecken, so gereicht ihnen das immer zur Genugtuung, welche gern einem entschiedenen Einflusse stattgibt. Ich zögerte daher nicht, dem Ratgeber zu folgen, und betrat mit ihm das weitläufige Universitätsgebäude, auf dessen Treppen und Flüren die eigentliche Staatsjugend der verschiedensten Länder durcheinander strömte. In dem betreffenden Hörsaale waren die Bänke noch leer. Die kahle Wand, die schwarze Tafel an derselben, die zerschnittenen und befleckten Tische, alles erinnerte mich beinahe beklemmend an die Schulstube, die ich seit so vielen Jahren schon nicht mehr gesehen. Das unterbrochene Lernen fiel mir aufs Herz und machte mir zu Mut, als ob ich, auf einer dieser Bänke sitzend, plötzlich aufgerufen und beschämt werden könnte; denn ich dachte nicht daran, daß hier jeder in vollkommener Freiheit lebe für eine Spanne Zeit, keiner auf den andern sehe und jedem der Tag seiner Abrechnung noch in der Zukunft schlummere. Doch allmählich füllte sich der Saal, und mit Verwunderung überschaute ich die gedrängte Versammlung. Neben einer Menge junger Leute meines Alters, welche rücksichtslos ihre Plätze einnahmen und behaupteten, erschienen manche in vorgerückteren Jahren, gut oder schlecht gekleidet, die schon stiller und bescheidener unterzukommen suchten; und sogar einige alte Herren mit weißem Haar, selbst rühmliche Lehrer, nahmen entlegene Seitenplätze ein, um zu suchen, was es noch zu lernen gebe. Da ahnte ich freilich meine Beschränktheit, in der ich gewähnt, daß gerade in den Räumen der Wissenschaft das Lernen für irgend jemanden eine Schande sei.

So mochten über hundert Zuhörer versammelt sein, welche des Vortragenden harrten, als derselbe unversehens in die Türe trat, rasch nach seinem Känzelchen eilte und dort mit anständiger Anrede begann, das Bild unserer Leiblichkeit und ihrer Lebensbedingungen zu entwerfen, wie es der damaligen Wissenschaft entsprach, die wie gewöhnlich den bisher denkbar höchsten Stand soeben erstiegen hatte. Allein dergleichen Prunk kehrte er keineswegs hervor, sondern führte seine Hörer mit ruhig und klar ohne irgend einen Anstoß dahinfließender Rede durch das wohlgeordnete Gebiet, ohne Übereilung, sowie ohne unnützen Aufenthalt, ohne das Überraschende oder etwa notgedrungen Witzige mit Reklamen der Gebärde oder des Wortes anzukündigen und zu begleiten.

Auf mich wirkte schon die erste Stunde so, daß ich den Zweck, der mich hergeführt, und alles vergaß und allein gespannt war auf die zuströmende Erfahrung. Hauptsächlich beschäftigte mich alsobald die wunderbar scheinende Zweckmäßigkeit der Einzelheiten des tierischen Organismus; jede neue Tatsache schien mir ein Beweis zu sein von der Scharfsinnigkeit und Geschicklichkeit Gottes, und obgleich ich mir mein Leben lang die Welt nur als vorgedacht und erschaffen vorgestellt hatte, so dünkte mich nun bei diesem ersten Einblicke, als ob ich bisher eigentlich gar nichts gewußt hätte von der Erschaffung der Kreatur, dagegen jetzt mit der tiefsten Überzeugung wider jedermann das Dasein und die Weisheit des Schöpfers behaupten könne und wolle. Aber nachdem der Lehrer die Trefflichkeit und Unentbehrlichkeit der Dinge auf das schönste geschildert, ließ er sie unvermerkt in sich selbst ruhen und so ineinander übergehen, daß die ausschweifenden Schöpfergedanken ebenso unvermerkt zurückkehrten und in den geschlossenen Kreis der Tatsachen gebannt wurden. Und wo ein Teil noch unerklärlich war und in die Dämmerung zurücktrat, da holte der Redner ein helles Licht aus dem Erklärten und ließ es in jene Dunkelheit glänzen, so daß der Gegenstand wenigstens unberührt und jungfräulich seiner Zeit harrte, wie eine ferne Küste im Frühlichte. Selbst da, wo er entsagen zu müssen glaubte, tat er dies mit der überzeugenden Hinweisung, daß doch alles mit rechten Dingen zuginge und in der Grenze des menschlichen Wahrnehmungsvermögens keineswegs eine Grenze der Folgerichtigkeit und Sicherheit der Naturgesetze läge. Hiebei brauchte er keinerlei gewaltsame Reden und vermied gewisse theologische Ausdrücke so sorgfältig wie den Widerspruch dagegen. Die Voreingenommenen merkten auch von allem nichts und schrieben unverdrossen nieder, was ihnen zweckdienlich schien für Eigenliebe und aufzustellende Meinungen, während die Unbefangenen alle Hintergedanken fahren ließen und bei des Lehrers klugen Wendungen mit frohem Sinne die Achtung vor dem reinen Erkennen lernten.

Auch in mir traten die willkürlichen Voraussetzungen und Nutzanwendungen bald in den Hintergrund, ohne daß ich wußte, wie es geschah, als ich mich den Einwirkungen der einfachen oder reichen Tatsachen hingab; das Suchen nach Wahrheit ist ja immer ohne Arg, unverfänglich und schuldlos; nur in dem Augenblicke, wo es aufhört, fängt die Lüge an bei Christ und Heide. Ich versäumte keine Stunde in dem Hörsaal. Wie ein Alp fiel es mir vom Herzen, als ich nun doch etwas zu lernen anfing; das Glück des Wissens gehört auch dadurch zum wahren Glücke, daß es einfach und rückhaltlos und, ob es früh oder spät eintritt, immer ganz das ist, was es sein kann; es weiset vorwärts und nicht zurück und läßt über dem unabänderlichen Leben des Gesetzes die eigene Zerbrechlichkeit vergessen.

Ich wurde von Wohlwollen gegen den beredten Lehrer erfüllt, von dem ich nicht gekannt war; denn es ist wohl nicht die schlimmste Eigenschaft des Menschen, wenn er für geistige Guttaten dankbarer ist als für leibliche, und zwar in dem Maße, daß die Dankbarkeit wächst, je weniger selbst die geistige Wohltat irgend einen unmittelbaren äußerlichen Nutzen mit sich bringt. Nur wenn leibliches Wohltun so beschaffen ist, daß es Zeugnis gibt von einer geistigen Kraft, welche dem Empfänger wiederum zu einer moralischen Erfahrung wird, erreicht seine Dankbarkeit eine schönere Höhe, die ihn selber veredelt. Die Überzeugung, daß reine Tugend und Güte irgendwo sind, ist ja die beste, die uns werden kann, und selbst die Seele des Lasterhaften reibt sich vor Vergnügen ihre unsichtbaren dunklen Hände, wenn sie wahrnimmt, daß andere für sie gut und tugendhaft sind.

Indem die Lehre von unserer Menschennatur sich zusehends abrundete, bemerkte ich nicht ohne Verwunderung, wie die Dinge neben ihrer sachlichen Form in meiner Einbildung zugleich eine phantastisch typische Gestalt annahmen, welche zwar die Kraft des Vorstellens in den Hauptzügen erhöhte, hingegen das genauere Erkennen des Einzelkleinen gefährdete. Das rührte von der Gewöhnung des malerischen Bildwesens her, die sich jetzt einmischte, wo das Gedankenwesen herrschen sollte, während dieses sich wiederum an die Stelle drängte, die jenem gebührte. So sah ich den Kreislauf des Blutes gleich in Gestalt eines prächtigen Purpurstromes, an welchem wie ein bleiches Schemen das weißgraue Nervenwesen saß, eine gespenstische Gestalt, die, in den Mantel ihrer Gewebe gehüllt, begierig trank und schlürfte und die Kraft gewann, sich proteusartig in alle Sinne zu verwandeln. Oder ich sah die Millionen sphärischer Körper, welche ebenso ungezählt und dem bloßen Auge ebenso unsichtbar, wie die Heerscharen der Himmelskörper, das Blut bilden, durch tausend Kanäle dahinstürmen und auf ihren Fluten unaufhörlich die Blitze des Nervenlebens einherfahren in Zeiträumen, die im Auge der Weltordnung eben so lange oder so kurz sind, wie diejenigen, welche die Sterne zu ihrer Wanderschaft und Geschickserfüllung bedürfen. Auch die Wiederholung der ungeheuren Vielzahl und Zusammengesetztheit der ganzen kosmischen Natur in jedem einzelnen hinfälligen Schädelrunde dehnte sich mir zu der ungeheuerlichen Vorstellung aus, als ob ein monadenkleines Forscherlein tief im Gehirne sitzen und ebenso leicht sein Fernrohr durch freie Räume richten könnte, wie der Astronom das seine durch den Weltäther, trotz aller scheinbaren Dichtigkeit der Materie im erstern Rundgebiete; ja vielleicht sei das Oszillieren der Nervenmassen des Gehirns nichts anderes, als das wirkliche Wandern der Gedanken- oder Begriffskörperchen durch die Räume der Hemisphären, und was dergleichen Späße mehr waren.

Doch der Ernst des Lehrers und die ebenmäßige Ruhe seiner Rede überwanden schließlich solche Störungen und stellten eine Aufmerksamkeit her, die bis zum Schlusse andauerte, hier aber einer gewissen Betroffenheit Platz machte. Denn nachdem er die Lehre von der Sinnesentwicklung mit der Entstehung des menschlichen Bewußtseins abgeschlossen, endigte er, aus seiner Zurückhaltung heraustretend, mit der unverhohlenen Bestreitung der Existenz eines sogenannten freien Willens. Er tat es mit wenigen gemäßigten Worten, die, wenn auch sanft und friedlich, doch keineswegs triumphierend oder selbstzufrieden tönten; vielmehr klang ein so herbes Entsagen deutlich hindurch, daß ich mich sofort dagegen auflehnte, da die Jugend nie gewillt ist, etwas für gut und köstlich Geltendes so leicht dahinzugeben.

Zweites Kapitel

Vom freien Willen

Je höher der Mann in meiner Achtung stand, umso eifriger machte ich mir zu schaffen, die geliebte Freiheit des Willens, welche ich von jeher zu besitzen und tapfer auszuüben glaubte, wiederherzustellen. Unter den wenigen Gegenständen, die sich aus jenen Tagen erhalten, gibt es noch ein kleines Schreibbuch. Es enthält einige hastige Aufzeichnungen, und ich lese die mit Bleistift beschriebenen Seiten jetzt mit bescheideneren Gefühlen, aber nicht ohne Rührung wieder:

»Die Verneinung des Professors ist es an sich nicht, die mich abstößt oder erschreckt. Es gibt eine Redensart, daß man nicht nur niederreißen, sondern auch wissen müsse aufzubauen, welche Phrase von gemütlichen und oberflächlichen Leuten allerwegs angebracht wird, wo ihnen eine sichtende Tätigkeit unbequem entgegentritt. Diese Redensart ist da am Platze, wo obenhin abgesprochen oder aus törichter Neigung verneint wird; sonst aber ist sie ohne Verstand. Denn man reißt nicht stets nieder, um wieder aufzubauen; im Gegenteil, man reißt recht mit Fleiß nieder, um freien Raum für Licht und Luft zu gewinnen, welche überall sich von selbst einfinden, wo ein sperrender Gegenstand weggenommen ist. Wenn man den Dingen ins Gesicht schaut und sie mit Aufrichtigkeit behandelt, so ist nichts negativ, sondern alles ist positiv, um diesen Pfefferkuchenausdruck zu gebrauchen.

Wenn die Freiheit des Willens nun bei den untern Stufen unsers Geschlechtes und verwahrlosten Einzelnen auch nicht vorhanden war, so mußte sie sich doch einfinden und entwickeln, sobald die Frage nach ihr sich einfand, und wenn Voltaires Trumpf: Gäbe es keinen Gott, so müßte man einen erfinden! eher eine Blasphemie als eine ›positive‹ gute Rede war, so verhält es sich nicht also mit der Willensfreiheit, und hier dürfte man nach Menschenpflicht und -recht sagen: Lasset uns diese Freiheit schaffen und in die Welt tragen!

Die Schule des freien Willens kann man am füglichsten mit einer Reitbahn vergleichen. Der Boden derselben ist das Leben dieser Welt, über welches auf gute Manier hinwegzukommen es sich handelt, und er kann zugleich den festen Grund der Materie vorstellen. Das wohlgeartete und geschulte Pferd ist das besondere, immer noch materielle Organ, der Reiter darauf der gute menschliche Wille, welcher jenes zu beherrschen und zum freien Willen zu werden trachtet, um auf edlere Weise über jenen derben Grund hinwegzukommen; der Stallmeister endlich mit seinen hohen Stiefeln und seiner Peitsche ist das moralische Gesetz, das aber einzig und allein auf die Natur und Gestalt des Pferdes gegründet ist und ohne dieses gar nicht vorhanden wäre. Das Pferd aber würde ein Unding sein, wenn nicht der Boden existierte, auf welchem es traben kann, so daß also sämtliche Glieder dieses Kreises durch einander bedingt sind und keines sein Dasein ohne das andere hat, ausgenommen den Boden der Materie, welcher daliegt, ob jemand darüber reite oder nicht. Nichtsdestoweniger gibt es gute und schlechte Reitschüler, und zwar nicht allein nach der körperlichen Befähigung, sondern vorzüglich auch infolge des entschlossenen Zusammennehmens. Den Beweis liefert das erste beste Reiterregiment, das uns über den Weg reitet. Die Scharen der Gemeinen, welche keine Wahl hatten, mehr oder weniger aufmerksam zu lernen, und nur durch eine eiserne Disziplin in den Sattel gewöhnt wurden, sind alle beinahe gleich zuverlässige Reiter; keiner zeichnet sich besonders aus und keiner bleibt zurück, und um das Bild eines ordentlichen Schlendrians des Lebens zu vollenden, kommen ihnen die zusammengedrängten und in die Reihe gewöhnten Pferde auf halbem Wege entgegen; und was etwa der Reiter versäumen sollte, tut sein Organ, das Pferd, von selbst. Erst wo dieser Zwang und Schlendrian, das bitter Notwendige der Masse aufhört, beim löblichen Offizierskorps, gibt es sogenannte gute Reiter, schlechtere und vorzügliche Reiter; denn diese haben es in ihrer Gewalt, über das geforderte Maß hinaus mehr oder weniger zu leisten. Das Ausgezeichnete und Kühne, was der Gemeine erst im Drange der Schlacht, in unausweichlicher Gefahr und Not unwillkürlich und unbewußt tut, die großen Sätze und Sprünge übt der Offizier alle Tage zu seinem Vergnügen, aus freiem Willen und sozusagen theoretisch; doch fern ist es von ihm, daß er deswegen allmächtig sei und nicht trotz allem Mute und aller Kraft einmal abgeworfen oder von seinem allzu widerspenstigen

Tiere bewogen werden könne, durch ein anderes Sträßlein zu reiten, als er gewollt hat. Wird aber der Steuermann, um auf ein anderes Bild zu kommen, zufälliger Stürme wegen, die ihn verschlagen können, der Abhängigkeit wegen von günstigen Winden, wegen schlechtbestellten Fahrzeuges und unvermuteter Klippen, wegen verhüllter Leitsterne und verdunkelter Sonne sagen: ›Es gibt keine Steuermannskunst!‹ und es aufgeben, nach bestem Vermögen sein vorgestecktes Ziel zu erreichen?

Nein, gerade die Unerbittlichkeit, aber auch die Folgerichtigkeit der tausend ineinandergreifenden Bedingungen müssen uns reizen, das Steuer nicht fahren zu lassen und wenigstens die Ehre eines tüchtigen Schwimmers zu erkämpfen, welcher in möglichst gerader Richtung über einen stark ziehenden Strom schwimmt. Nur zwei werden nicht hinübergelangen: derjenige, der sich nicht die Kraft zutraut, und der andere, der vorgibt, er brauche gar nicht zu schwimmen, er wolle fliegen und nur noch warten, bis es ihm recht gefalle.

Ja, ein verantwortlichkeitsschwangeres Wesen treibt in den Dingen und kräuselt den Spiegel der ruhigen Seele: die Frage nach einem gesetzmäßigen freien Willen ist zugleich in ihrem Entstehen die Ursache und Erfüllung desselben, und wer einmal diese Frage getan, hat die Verantwortung für eine sittliche Bejahung auf sich genommen!«

Ich erinnere mich, daß es im Monat August und in abgelegener Gegend eines öffentlichen Parkes war, als ich diese Worte schrieb. Von ihrem Gewichte nicht gerade niedergedrückt, wandelte ich nach vollbrachter Tat gemächlich weiter und gelangte an eine Hecke wilder Rosensträuche, zwischen denen die ausgespannten Netze vieler Spinnen hingen. Es war eine Art kleiner gelber Kreuzspinnen, die hier eine Kolonie zu bilden schienen und alle in wacher Tätigkeit schwebten. Die eine saß still in der Mitte ihres Kunstwerks und lauerte aufmerksam auf einen Fang; die andere klomm geruhig an den Fäden umher, um hie und da einen Schaden auszubessern, während die dritte mit Unfrieden einen bösen Nachbar beobachtete. Denn an der Grenzmark eines jeden Netzes, im Blattwerke verborgen, saßen gleichfarbige, aber ganz dünnleibige Spinnen, welche keine eigenen Netze bauten, sondern sich darauf beschränkten, den Erwerb der fleißigen Künstlerinnen für sich zu packen. Ein leichter Wind bewegte das Gesträuche und mit demselben die lustige Stadt dieser Ansiedler, so daß der allgemeine Weltlauf auch hier in aller Stille Leidenschaft und Unruhe hervorbrachte.

Ich haschte eine Fliege und warf sie auf ein Gewebe, dessen Inhaberin reglos im Mittelpunkte hing. Sogleich stürzte sie über das unglückliche Tier her, drehte und wendete es einigemal zwischen den Pfoten, schnürte ihm mit vorläufigen Stricken Flügel und Beine zusammen, überzog es dann mit dichterem Gespinste, indem sie abermals den Raub mit größter Fertigkeit zwischen den Hinterfüßen drehte gleich dem Braten am Spieße, und stellte so ein handliches Paket her, das sie bequem nach ihrem Sitze schleppte. Aber schon war die parasitische Raubspinne von ihrem Lauerposten mit kurzen Rucken halbwegs heran genaht, bereit, dem rechtmäßigen Jäger die Beute zu entreißen, und kaum ersah dieser den Feind, als er den Weidsack an das Gitter seines Burgsitzes hing und sich wie der Blitz gegen den Angreifer wendete. Mit funkelnden Augen und ausgestreckten Vorderfüßen gingen sie sich entgegen, versuchten sich wie förmliche Fechter und rannten sich an. Die Spinne, die im wohlerworbenen Rechte war, schlug die andere nach entschlossenem Kampfe in die Flucht und kehrte zu ihrer Beute zurück; die war jedoch inzwischen von einem zweiten von entgegengesetzter Seite herbeigekommenen Räuber weggeholt worden, der soeben mit der Fliege nach seinem Schlupfwinkel abzog. Da dieser glücklichere Geselle bereits im Besitze war, so trieb er nun seinerseits die ihn verfolgende rechtmäßige Besitzerin von sich ab und entzog sich ihrer Gewalt, indem er schleunigst das Netz verließ. Aufgeregt ging jene umher, brachte das Gewebe, wo es durch die Ereignisse beschädigt war, in Ordnung und setzte sich endlich wieder in den Mittelpunkt.

Da brachte ich eine neue Fliege herbei; die Spinne packte sie, wie die frühere; allein schon machte sich der erste Wegelagerer wieder herbei, dem der Hunger keine Wahl lassen mochte; und nun, statt das neue Opfer kunstgerecht einzuwickeln, nahm sie es kurzweg zwischen die Freßzangen und trug es, wie der Bär das Lamm, nicht nach dem Mittelsitze, sondern aus dem Netze heraus nach einem Refugium. Sie erreichte es nicht; denn der Feind rannte ihr den Weg ab, so daß sie eine andere Zuflucht suchen mußte, weil sie ihren Fang nicht fahren lassen und deshalb den Kampf nicht aufnehmen konnte. So entwickelte sich ein noch ärgeres Irrsal für das geplagte Tierchen, indem zu gleicher Zeit der Wind stärker wurde und das Netz so heftig schaukeln machte, daß eine Hauptstütze desselben zerriß, nämlich einer der stärkeren Fäden, an welchen es aufgehangen war. Darüber ging die Fliege verloren, der Gegner machte sich aus dem Staube, und nur die Spinne blieb auf dem Platze, um ihre Pflicht zu tun. Wie während des Sturmes ein Matrose im Takelwerk seines Schiffes hängt, so kletterte sie mit zitternden Gliedern an dem schwankenden Netze auf und nieder und suchte zu retten, was zu retten war, unbekümmert um die Windstöße, welche sie samt ihrem Werke umherwarfen. Erst als ich einen Zweig brach und das ganze Gebäude plötzlich hinwegstreifte, floh sie vor der höheren Gewalt in das Gebüsche. Nun wird sie für heute genug haben! dachte ich und ging weiter. Als ich aber eine Viertelstunde später an demselben Ort vorüberkam, hatte die Spinne schon ein neues Werk begonnen und bereits die Radialtaue gespannt. Jetzt zog sie die feineren Querfäden, zwar nicht mehr so gleichmäßig und zierlich wie die zerstörten; es gab lockere oder zu enge Stellen, hier fehlte eine Linie, dort zog sie eine solche zweimal, kurz, sie betrug sich wie einer, über den Schweres und Hartes ergangen ist und der sich bekümmert und mit zerstreuten Sinnen wieder an die Arbeit gemacht hat. Ja freilich, es war unverkennbar, die kleine Kreatur sagte sich: Es hilft nichts! Ich muß in Gottes Namen wieder anfangen!

Hierüber erstaunte ich nicht wenig; denn eine solche Entschlußfähigkeit in dem winzigen Gehirnchen erhob sich beinahe zu der menschlichen Willensfreiheit, die ich behauptete, oder sie zog diese zu sich herunter in den Bereich des blinden Naturgesetzes, des leidenschaftlichen Antriebes. Um diesem zu entrinnen, erhöhte ich sofort meine sittlichen Ansprüche, da es beim Bau von Luftschlössern auf ein Mehr oder Weniger an Unkosten ja niemals ankommt. Ob auch Luftschlösser sich verwirklichen, oder ob sie mindestens dazu dienen, eine goldene Mittelstraße zu schützen, wie das römische Kastrum einst den Heerweg, wird wohl das Geheimnis einer Erfahrung sein, welches erworbene Bescheidenheit nicht immer preisgibt.

So war ich also mit dem glänzenden Schwerte der Willensfreiheit bewaffnet, ohne aber ein Fechter zu sein. Daß ich erst beabsichtigt hatte, einige anatomische Einsicht behufs der Darstellung der menschlichen Gestalt zu holen, wußte ich fast nicht mehr und unterließ jedes weitere Vorgehen in dieser Richtung.

Ohne zu wissen, wie es geschehen, war ich schon im gleichen Sommer in ein vorbereitendes Kollegium über Rechtswissenschaft geraten und hatte nur wenige Stunden versäumt, da mir bald unerträglich dünkte, das nicht zu kennen, wovon ich vor kurzem nichts gewußt und was niemand von mir verlangte. Von neuen Bekanntschaften, die ich dabei gemacht und die jetzt in die Ferien gereist, hatte ich Bücher geliehen und das eine oder andere auch selbst erworben. Darin las ich nun tage- und nächtelang, als ob eine Prüfung vor der Türe stände, und als im Herbste die Säle sich wieder auftaten, fand ich mich bei dem ersten Lehrer des römischen Rechtes als Hörer ein, keineswegs in der Absicht, etwa ein Jurist zu werden, sondern lediglich um zu erfahren, was es mit diesen Dingen auf sich habe, und die Textur derselben zu sehen. Meines Bleibens war hier freilich nur so lange, bis ich ein vernünftigeres Gelüste nach der Geschichte des römischen Staates und Volkes überhaupt empfand, und von hier aus lag es nahe, die Hand auch nach den griechischen Geschichten auszustrecken, welche ich in ihrer ersten dürftigen Schulgestalt mitten im Kurs einst mußte fahren lassen, als ich aus der Schule geschickt worden. Ich verhielt mich jetzt sehr still und ruhig und ließ die Herrlichkeiten mit frohem Behagen auf mich wirken, niemals ohne mir die schönen Landschaften, die Inseln und Vorgebirge zu vergegenwärtigen, wenn ihre wohllautenden Namen genannt wurden.

Unversehens aber stieß ich auf die Bände deutscher Rechtsaltertümer, Weistümer, Sagen und Mythologie, welche damals in der Blüte ihres Ruhmes standen; hier führten alle Pfade wieder in die Urzeit der eigenen Heimat zurück, und ich lernte mit neuer Verwunderung die wachsende Freude an Recht und Geschichte derselben kennen. Zu jener Zeit begann auch schon am Horizonte der Brunhildenkultus als Sehnsucht nach der Germanenjugend aufzutauchen und den Schatten der wackeren Hausfrau Thusnelde zu verdrängen, wie die dämonische Medea dem überreizten Sinne besser gefällt, als die menschliche

Iphigenia. Insbesondere manchem schwächlichen Ritterlein schien für das Herzensbedürfnis die unverstandene gewaltige Heldenjungfrau gerade gut genug, und sie wurde in ihren Wolkenschleiern nachträglich vielfach angeliebelt. Immerhin aber warf das glänzende Luftbild helle Lichtstreifen über die Landschaften der Vorzeit und rief das Gegenpostulat der Siegfriedsgestalt wach, die im Schatten der Wälder verborgen schlief.

So phantasiegeborne Anschauungen verzogen sich jedoch bald vor Gedanken nüchterner Art, als ich mich mehr an das Betrachten der Geschichte gewöhnte und ich wie ein neuer Sancho Pansa beinahe mit ein paar platten Sprüchwörtern ausreichte, um die Ergebnisse zusammenzufassen. Ich sah, daß jede geschichtliche Erscheinung genau die Dauer hat, welche ihre Gründlichkeit und lebendige Innerlichkeit verdient und der Art ihres Entstehens entspricht. Ich sah, wie die Dauer jedes Erfolges nur die Abrechnung der verwendeten Mittel und die Prüfung des Verständnisses ist, und wie gegen die ununterbrochene Ursachenreihe auch in der Geschichte weder Hoffen noch Fürchten, weder Jammern noch Toben, weder Übermut noch Verzagtheit etwas hilft, sondern Bewegung und Rückschlag ihren wohlgemessenen Rhythmus haben. Ich versuchte daher acht zu geben auf dieses Verhältnis in der Geschichte und verglich den Charakter der Ereignisse und Zustände mit ihrer Dauer und dem Wechsel ihrer Folge: Welche Art von länger anhaltenden Zuständen zum Beispiel ein plötzliches oder aber ein allgemaches Ende nehmen, oder welche Art von unerwarteten, rasch einfallenden Ereignissen dennoch einen dauernden Erfolg haben? Welche Bewegungsarten einen schnellen oder langsamen Rückschlag hervorrufen, welche von ihnen scheinbar täuschen und in die Irre führen, und welche den erwarteten Gang offen gehen? In welchem Verhältnisse überhaupt die Summe des moralischen Inhaltes zu dem Rhythmus der Jahrhunderte, der Jahre, der Wochen und der einzelnen Tage in der Geschichte stehen? Hiedurch dachte ich mich zu befähigen, schon im Beginn einer Bewegung je nach ihren Mitteln und nach ihrer Natur die Hoffnung oder Furcht zu beschränken, die auf sie zu setzen war, wie es einem besonnenen freien Weltbürger geziemte. »Denn wie man's treibt, so geht's!« meinte ich, sei auch in der Geschichte glücklicherweise kein Gemeinplatz, sondern eine eiserne Wahrheit. Für das gegenwärtige Leben sei daher die Erkenntnis nützlich: alles, was wir an unsern Gegnern tadelnswert und verwerflich finden, das müssen wir selber vermeiden und nur das an sich Rechte tun, nicht allein aus Neigung, sondern recht aus Zweckmäßigkeit und geschichtlichem Bewußtsein.

Mein liebster Aufenthalt waren nun die Stätten, wo gelehrt wurde, und ich trieb mich als eine Art von Halbstudent um, der da alles zu vernehmen und zu sehen begehrte, gleich einem jungen Herrensohn, der zu seiner allgemeinen Ausbildung auf der hohen Schule weilt, sonst es aber gerade nicht nötig hat. Wo von Physikern, Chemikern, Zoologen oder Anatomen merkwürdige Demonstrationen angekündigt und von Redemeistern besonders berühmte Kapitel abgehandelt wurden, befand ich mich stets im Strome der Neugierigen, welche sich hinzudrängten. Und nach bestandenem Abenteuer war ich inmitten der Studentenhaufen zu sehen, wenn sie vor Tisch ihre burschikosen Frühschoppen tranken. Denn erst jetzt handelte ich dem Rate des Eichmeisters zuwider, vor Abend niemals ins Wirtshaus zu gehen, weil es mich trieb, über das Erfahrene sprechen zu hören und mich selbst auszusprechen. Zuweilen gedich ich im Eifer sogar zum lauten Wortführer, fast genau wie zu jener Zeit, als ich meine Sparbüchse verschwendete, ein Großsprecher unter den Knaben war und einem tragischen Unheil entgegenging.

Drittes Kapitel

Lebensarten

Es gab allerdings wieder eine Sparbüchse, welche ihrer Verwendung harrte. Am Tage nach meiner Abreise vor nunmehr länger als drei Jahren hatte die Mutter sogleich ihre Wirtschaft geändert und beinahe vollständig in die Kunst verwandelt, von nichts zu leben. Sie erfand ein eigentümliches Gericht, eine Art schwarzer Suppe, welches sie jahraus, jahrein, einen Tag wie den andern um die Mittagszeit kochte, auf einem Feuerchen, welches gleichermaßen fast von nichts brannte und eine Ladung Holz eine Ewigkeit dauern ließ. Sie deckte an den Werktagen nicht mehr den Tisch, da sie nun ganz allein aß, nicht um die Mühe, sondern die Kosten der Wäsche zu sparen, und setzte ihr Schüsselchen auf ein einfaches Strohmättchen, das immer sauber blieb, und indem sie ihren abgeschliffenen Dreiviertelslöffel in die Suppe tauchte, rief sie pünktlich den lieben Gott an, denselben für alle Leute um das tägliche Brot bittend, besonders aber für ihren Sohn. Nur an den Sonn- und Festtagen deckte sie den Tisch mit reinlichem Weißlinnen und setzte ein Stückchen Rindfleisch darauf, welches sie am Sonnabend eingekauft. Diesen Einkauf selber machte sie weniger aus Bedürfnis – denn sie hätte sich für ihre Person auch am Sonntage noch mit der spartanischen Suppe begnügt, wenn es hätte sein müssen – als vielmehr einen Zusammenhang mit der Welt und die Gelegenheit zu haben, wenigstens einmal die Woche auf dem alten Markte zu erscheinen und den Weltlauf zu sehen.

So marschierte sie denn still und eifrig, ein Körbchen am Arme, erst nach den Fleischbänken; und während sie dort klug und bescheiden hinter dem Gedränge der großen Hausfrauen und Mägde stand, die lärmend und verwegen ihre Körbe füllen ließen, stellte sie kritische Betrachtungen über das Behaben der Weiber an und ärgerte sich sonderlich über die munteren leichtsinnigen Dienstmägde, welche sich von den lustigen Metzgerknechten also betören ließen, daß diese während des Scherzes und Gelächters unvermerkt eine ungeheure Menge Knochen und Luftröhrenfragmente in die Waagschale warfen, so daß es die Frau Elisabeth Lee fast nicht mit ansehen konnte. Wenn sie die Herrin solcher Mädchen gewesen wäre, so hätten diese ihre Verliebtheit an den Fleischbänken teuer büßen und jedenfalls die Knorpeln und Röhren der trügerischen Gesellen selbst essen müssen. Allein es ist dafür gesorgt, daß die Bäume nicht in den Himmel wachsen, und diejenige, welche von allen anwesenden Frauen vielleicht die gestrengste gewesen wäre, hatte dermalen nicht mehr Macht, als über ihr eigenes Pfündlein Fleisch, das sie mit Umsicht und Ausdauer einkaufte.

Sobald sie es im Körbchen hatte, richtete sie ihren Gang nach dem Gemüsemarkt am Wasser und erlabte ihre Augen an dem Grün der Kräuter, den bunten Farben der Früchte, an allem, was aus Gärten und Feldern herbeigeschafft war. Sie wandelte von Korb zu Korb und über die schwanken Bretter von Schiff zu Schiff, das aufgehäufte Wachstum übersehend und an dessen Schönheit und Billigkeit die Wohlfahrt des Staates und dessen innewohnende Gerechtigkeit ermessend, und zugleich tauchten in ihrer Erinnerung die grünen Landstriche und die Gärten ihrer Jugend auf, in welchen sie einst selbst so gedeihlich gepflanzt hatte, daß sie zehnmal mehr wegzuschenken imstande war, als sie jetzt bedächtig einkaufen mußte. Hätte sie noch große Vorräte für einen zahlreichen Haushalt zu ordnen gehabt, so würde das ein Ersatz gewesen sein für das Säen und Pflanzen; aber auch der war ihr genommen und die Handvoll grüner Bohnen, Spinatblättchen oder gelber Rübchen, welche sie endlich in ihr Körbchen tat, nachdem sie manchen scharfen Zuspruch wegen Überteuerung ausgeteilt, für sie nur ein notdürftiges Symbol der Vergangenheit, samt dem Büschelchen Petersilie oder Schnittlauch, das sie als Dreingabe erkämpfte.

Das weiße Stadtbrot, das bislang in ihrem Hause gegolten, hatte sie auch abgeschafft und bezog alle acht Tage ein billiges rauhes Brot, welches sie so sparsam aß, daß es zuletzt steinhart wurde; aber zufrieden dasselbe bewältigend, schwelgte sie ordentlich in ihrer freiwilligen Askese.

Um die gleiche Zeit wurde sie karg und herb gegen jedermann, im gesellschaftlichen Verkehr vorsichtig und zurückhaltend, um alle Ausgaben zu vermeiden; sie bewirtete niemanden, oder wenn es geschah, so knapp und ängstlich, daß sie bald für geizig und ungefällig gegolten, hätte sie nicht durch eine verdoppelte Bereitwilligkeit mit dem, was sie durch die Mühe ihrer Hände, ohne andere Kosten, bewirken konnte, jene herbe Sparsamkeit aufgewogen.

Überall wo sie mit Rat und Tat beistehen konnte, war sie immer wach und rüstig bei der Hand, keine Ausdauer scheuend, und da sie für sich bald fertig war, so verwendete sie eine schöne Zeit zu solchen Dienstleistungen, bald in diesem, bald in jenem Hause, wo Krankheit oder Tod die Menschen bedrängten.

Aber überallhin brachte sie ihre genaue Einteilungskunst mit, so daß die behäbigeren Leute, während sie dankbar sich die unermüdliche Hilfe gefallen ließen, doch hinter ihrem Rücken sagten, es wäre doch eigentlich eine Sünde von der Frau Lee, daß sie gar so ängstlich, so spröde sei und dem lieben Gott nichts überlasen könne oder wolle. Sie hingegen überließ freilich der Vorsehung Gottes alles, was sie nicht verstand, vorerst die Verwickelungen der moralischen Welt, mit denen sie nicht viel zu tun hatte, weil sie sich nicht in Gefahr begab. Nichtsdestoweniger war Gott auch der Grundpfeiler in der Ernährungsfrage; aber diese schien ihr so wichtig, daß sie niemals zauderte, sich zuerst selber zu wehren, so daß es den Anschein gewann, als ob sie nur auf sich allein vertraute.

Mit eherner Treue hielte sie an ihrer Weise fest; weder durch Sonnenblicke der Fröhlichkeit, noch durch düsteres Unbehagen, weder im Scherz noch im Ernste ließ sie sich verleiten, auch die kleinste unnötige Ausgabe zu machen. Sie legte Groschen zu Groschen, und wo diese einmal lagen, waren sie so sicher aufgehoben, wie im Kasten des eingefleischten Geizes. Mit der Ausdauer des Geizes sammelte sie Geld, aber nicht zur Augenlust; denn das Gesammelte beschaute sie niemals und überzählte es nie, wenigstens nicht zum zweitenmal, und noch weniger stellte sie sich vor, was alles dafür herbeizuschaffen und zu genießen sei.

Ich indessen war seit geraumer Zeit mit den Mitteln an ein Ende gekommen, die zu meiner Ausbildung bestimmt gewesen. Schon saß ich in einem ordentlichen Gewebe von Schuldbeziehungen gefangen und war ohne alle Schwierigkeit hineingeraten, und zwar durch den studentischen Verkehr, der sich von der Lebensart der Kunstjünger wesentlich unterscheidet. Diese sind von Anfang an auf die Benutzung des Tageslichtes durch unausgesetzte Handübung angewiesen; das bringt allein schon einen andern wirtschaftlichen Zustand mit sich, welcher den guten alten Handwerkssitten verwandt ist. Während meines Umganges mit dem reichen Lys und dem an sorgloses Leben auch gewöhnten Erikson war ich meiner bescheidenen Verhältnisse nie inne geworden. Wir sahen uns immer nur des Abends, und da leben sie in der Regel nicht anders, als ich und ähnliche wenig bemittelte Leute auch leben durften; von einem gegenseitigen Anreize zu schädlichen Ausgaben war nicht die Rede, und was gute Laune oder ein Fest etwa an Ausnahmen herbeiführten, störte niemals in nachhaltiger Weise das Gleichgewicht.

Der Student dagegen lebt einstweilen und bis zum Tage des Gerichtes in jedem Sinne unter dem Panier der Freiheit. Er beansprucht, selber in jugendlichem Vertrauen schwärmend, ein außerordentliches Vertrauen; Unfleiß und Geldmangel gereichen ihm nicht zum Nachteil, vielmehr werden beide durch besondere Lieder gefeiert, sogar das Vertun der letzten Habe, das Hänseln der Gläubiger in alten und neuen rituellen Gesängen gepriesen. Ist alles dies bei der heutigen besseren Sitte auch mehr euphemistisch gemeint, so ist es doch immer noch das Wahrzeichen von Freiheiten, die eine gewisse allgemeine Redlichkeit zur Voraussetzung haben.

Da ich mich eines Morgens ohne Vorbedacht und Willen von einigen Schulden belästigt sah, stellte ich nachträgliche Betrachtungen über das Vorkommnis an und setzte mich mit demselben ungefähr folgendermaßen auseinander:

Hätte ich einen Sohn mit guten Lehren zu versehen, so würde ich zu ihm sagen: »Mein Sohn, wenn du ohne Not und sozusagen zu deinem Vergnügen Schulden machst, so bist du in meinen Augen nicht sowohl ein Leichtsinniger, als vielmehr eine niedrige Seele, die ich im Verdachte eines schmutzigen Eigennutzes habe, einer Selbstsucht, die andere unter dem Deckmantel traulicher Hilfsbedürftigkeit absichtlich um das Ihrige bringt. Wenn aber ein solcher von dir borgen will, so weise ihn ab; denn es ist besser, du lachst über ihn, als er über dich! Wenn du hingegen in Not gerätst, so borge, soviel es genau genommen sein muß, und ebenso diene deinen Freunden, ohne zu rechnen, und alsdann trachte, für deine Schulden aufzukommen, Verluste verschmerzen oder zu dem Deinigen gelangen zu können, ohne zu wanken und ohne schimpflichen Zank. Denn nicht nur der Schuldner, der seine Verpflichtungen einhält, sondern auch der Gläubiger, der ohne Zank dennoch zu dem Seinigen kommt, beweist, daß er ein wohlbestellter Mann ist, welcher Ehrgefühl um sich verbreitet. Bitte keinen zweimal, der dir nicht borgen will, und laß dich ebensowenig drängen; denke immer, daß dein guter Ruf an die Bezahlung von Schulden geknüpft, oder vielmehr denke das nicht einmal, denke an gar nichts, als daß so und soviel zu bezahlen sei im Leben oder im Tode. Kann dir aber ein anderer das gegebene Versprechen nicht halten, so richte nicht gleich über ihn, sondern überlaß lieber das Urteil der Zeit. Vielleicht bist du noch einmal froh, wenn er dir als Sparbüchse gedient hat. Nach dem Maße aber, in welchem du dich in Verpflichtungen begibst und die in dir selbst liegenden Kräfte dabei schätzest, wird es sich zeigen, was du wert bist. Du wirst die Abhängigkeit unsers Daseins menschlich fühlen gelernt haben und das Gut der Unabhängigkeit auf eine edlere Weise zu brauchen wissen, als der nichts geben und nichts schuldig sein will. Bedarfst du in der Not das Vorbild und Ideal eines Schuldenmachers, so denke an den spanischen Cid, welcher den Juden eine Kiste voll Sand versetzte und ihnen sagte, es sei gutes Silber darin! Sein Wort war allerdings so gut wie Silber; und doch welche Verdrießlichkeit, wenn ein Neugieriger oder Mißtrauischer vor der Zeit die Kiste geöffnet hätte! Dennoch wäre es derselbe Cid gewesen, dessen Leiche am Schwert rückte, als ein Jude sie am Barte zupfen wollte.«

Diese großen Worte, mit denen ich mir den Rat eines weisen Vaters ersetzte, regten mein Gewissen doch so kräftig an, daß ich Anstalt traf, die Tore des Erwerbes aufzutun. Ohne längeres Säumen machte ich mich an den Entwurf eines Landschaftsbildes von bescheidenem Umfang, dessen Verkauf nicht von vornherein unwahrscheinlich war. Zu Grunde lag ein ansehnliches Studienblatt aus der Heimat, welches einen gerodeten Bergwald darstellte. Von diesem zog sich ein stehengebliebener Saum von Eichbäumen einen höheren Grat entlang und stieg auf demselben ins Tal herunter an einen schäumenden Waldbach, wie ein Zug schreitender Riesen, die sich unten sammeln und Rat halten. Als ich mit dem Entwurfe fertig war, fühlte ich das Bedürfnis, die Ansicht eines Kunstgenossen einzuholen, um nichts zu unterlassen, was ein Gelingen herbeiführen konnte. Denn der Ernst der Sache wurde mir mit jedem Striche fühlbarer.

Glücklicherweise begegnete ich zu dieser Zeit einem eben im Flor stehenden Landschafter, mit dem ich in Eriksons Gesellschaft ein paarmal zusammengetroffen und auf einem gewöhnlichen Bekanntschaftsfuße stand. Der Mann besaß eine sichere und wirksame Technik; er brachte sozusagen keinen Pinselstrich zu viel oder zu wenig an, und jeder leuchtete mit ungebrochener Kraft; also waren auch seine Bilder überall gern gesehen, und er kam mit solchem Fleiße der Nachfrage entgegen, daß er schon begann, Mangel an Gegenständen zu empfinden, und mehr Gemälde lieferte, als er Ideen dazu im Vorrat besaß. Er wiederholte sich öfter und war sogar um einzelne Wolken- oder Erdformen verlegen, da er alle schon ein oder mehrere Male irgendwie gebraucht hatte, obschon er noch nicht vierzig Jahre alt war. Denn er besaß eine stattliche Frau und eine Schar Kinder, die ernährt sein wollten, und da er bei dieser Bemühung einmal im glücklichen Schusse war, so gedachte er gleich auch wohlhabend zu werden. Wenn man für die alten Tage sorgen will, pflegte er zu sagen, so muß man das in den jungen Tagen tun. Auch sei es ihm unmöglich, die einzelnen seiner Kinder in der Armut zu denken; darum müsse er sie alle dagegen schützen und zugleich hiedurch bewirken, daß sie einstmals für ihre Kinder ebenso gesinnt seien; so nähmen die Dinge auf lange hin ihren guten Verlauf, einzig infolge eines entschlossen angewandten Grundsatzes.

Er fragte mich, was ich treibe, und ich benutzte die Gelegenheit, ihn um seinen Rat zu ersuchen. Bereitwillig kam er zu mir und sah etwas überrascht meine Arbeit oder vielmehr die ihr zu Grund liegende Naturstudie. Die Bäume, als die aus einem ehemaligen Hochwalde aufgeschnittenen Überbleibsel, zeigten alle so eigentümlich malerische Formen, wie man sie nicht leicht vorfindet oder zum zweiten Male antrifft, und die lichte Ordnung, in welcher sie sich besonders über die Höhe hin bewegten, war nicht weniger originell. Da überdies die Eichen seither vermutlich auch niedergelegt und in ihrer Entlegenheit von einem anderen Zeichner kaum wiedergegeben worden, so erhielt der Gegenstand der Studie wie des entworfenen Bildes ohne mein Verdienst den Charakter einer wertvollen Seltenheit. Dieser Umstand mochte den erfahrenen Landschafter anregen, sich lebhaft mit dem Entwurfe zu beschäftigen. Er begann erst mit Worten die zu große Fülle desselben, die sich selbst im Wege stand, zu sichten, das Überflüssige oder Hindernde auszusondern und das Wesentliche zusammenzurücken. Dann ergriff er, von Eifer hingerissen, Stift und Papier, und brachte, fortwährend sprechend, mit fester Hand, seine Meinung so trefflich in sichtbare Gestalt, daß binnen einer halben Stunde eine Meisterskizze fertig war, die in jeder Sammlung guter Handzeichnungen ihren bestimmten Rang einnehmen konnte. Ich sah freilich mit geheimem Bedauern mehr als ein sinniges und frommes Motiv, das ich nicht hatte opfern wollen, verschwinden, bemerkte aber auch mit

Wohlgefallen, wie gerade dadurch eine neue stärkere Wirkung des übrigen zum Vorschein gelangte und auch eine glückliche Ausführung erleichtert werden mußte. Ich freute mich, den Mann zu guter Stunde gefunden zu haben, und sah mich schon an der Arbeit. Allerdings mußte ich einen frischen Entwurf herstellen, da der Meister nach beendigter Beratung sein Blatt ruhig zusammenfaltete, in die Tasche steckte und mich freundlich meiner dankbaren Gesinnung überließ.

Bei der Ausführung des Bildes suchte ich nun mein Bestes zu tun und hielt mich fleißig und hoffnungsvoll an die Arbeit, bei welcher ich so gut als möglich der Kritik des Meisters folgte. Es wollte mir zwar nachträglich vorkommen, als ob in der Komposition etwas allzu stark aufgeräumt worden sei für meine bescheidene Farbengebung, bei der ich, da es sich endlich um ein ordentliches Vollenden handelte, mit den ersten Regeln zu kämpfen hatte. Dennoch war ich nach Verfluß einer Anzahl Wochen nicht unzufrieden mit dem Erzeugnis, wie es sich innerhalb meiner vier Wände darstellte; ich ließ es mit einem einfachen, unvergoldeten Rahmen versehen, der den Ernst künstlerischer Gesinnung, die nicht nach Prunkmitteln hascht, ausdrücken sollte und auch meinen Verhältnissen entsprach, und sandte das Bild in die Ausstellungsräume, wo das Neueste wöchentlich aufgehangen und der Verkauf vermittelt wurde.

So war nun der Zeitpunkt da, von welchem ich vor der ländlichen Vormundschaftsbehörde so zuversichtlich gesprochen hatte, der Beginn eines rühmlichen Erwerbes. Als ich am nächsten Sonntage die Säle betrat, in denen eine geputzte Menge sich drängte, gedachte ich deutlich jener stolzen Worte, aber jetzt mit kleinem Mute, da schon zu viel von der Sache abhing. Sobald ich das unscheinbare Bild von weitem bemerkte, getraute ich mich nicht, in der Nähe zu weilen, weil ich mir plötzlich wie ein armes Kind vorkam, das sein aus einem Flöcklein Baumwolle und etwas Flittergold verfertigtes Schäfchen am Weihnachtsmarkte mit den vier steifen Beinchen auf einen trockenen Stein gesetzt hat und ängstlich harrt, ob von den tausend Vorübergehenden einer seinen Blick darauf werfe. Das war nicht Hochmut, sondern das Gefühl, daß ich es als einen glücklichen Zufall preisen müßte, wenn sich ein geneigter Käufer für mein Weihnachtslämmchen fände.

Aber auch von einem solchen Zufall konnte schon keine Rede

mehr sein; denn als ich in den nächsten Saal ging, sah ich meine Landschaft, von meinem Ratgeber ausgestellt, mit allem Glanze seines Könnens gemalt, von der Wand leuchten, umgeben von einem Rahmen, der allein mehr kostete, als ich für mein Bild zu fordern wagte. Ein daran hängender Zettel verkündete den bereits erfolgten Ankauf des gelungenen Werkes.

Eine Gruppe von Künstlern unterhielt sich vor demselben. »Woher mag nur das famose Motiv sein?« sagte einer, »er hat schon lange nicht so was Neues gehabt!«

»Dort vorn«, erwiderte ein anderer, der soeben herzugetreten, »dort hängt das Motiv noch einmal, offenbar von einem Neuling, der noch nicht recht zu untermalen und noch weniger zu lasieren versteht!«

»Dann hat er's dem gestohlen, der Spitzbube!« lachten die übrigen und gingen hin, mein Schicksal zu betrachten. Ich blieb vor der siegreichen Arbeit stehen und dachte seufzend: Wer's kann, der macht's! Wie ich aber das Bild länger studierte, glaubte ich zu entdecken, daß die von dem Maler getroffenen Abänderungen wohl für seinen technischen Standpunkt gut und nützlich, dagegen für meine platonische Art eher schädlich gewesen seien. Denn da mir der energische Glanz seines Pinsels nicht zu Gebote stand, so wäre die tiefere Innerlichkeit meines ersten Entwurfes, die nachwirkende Unmittelbarkeit der reichen Naturstudie mit ihrer Formenfülle für den Liebhaber ein etwelcher Ersatz gewesen.

Als ich im Weggehen einen Augenblick vor meinem verlassenen Bilde weilte, überzeugte ich mich, daß es statt besser zu werden durch den Ratschlag des Meisters förmlich verarmt, zum Beweis, daß auch in diesen Dingen der Fink nichts von der Drossel lernt.

Nach der bestehenden Ordnung mußte ich mein Werk acht Tage auf der Ausstellung lassen, während welcher keine Seele nach seinem Preise fragte. Dann holte ich es weg und lehnte es einstweilen an die Wand. Dann ging ich in das nebenliegende Schlafzimmerchen hinein und setzte mich auf meinen dortstehenden Reisekoffer, was meine Gewohnheit war, wenn ich etwas Kritisches zu überlegen hatte, weil der Koffer ein Stück heimatlichen Gerätes war. So verlief der Ausgang meines ersten Versuches, ein Stück Brot zu erwerben.

Was ist Erwerb und was ist Arbeit? fragte ich mich; hier führt ein bloßes Wollen, ein glücklicher Einfall ohne Mühe zu reichlichem Gewinne, dort eine geordnete, nachhaltige Mühe, welche mehr wirklicher Arbeit gleicht, aber ohne innere Wahrheit, ohne notwendigen Zweck, ohne Idee. Hier heißt Arbeit, lohnt sich und wird zur Tugend, was dort Müßiggang, Nutzlosigkeit und Torheit ist. Hier nützt und hilft etwas stückweise, ohne wahr zu sein; dort ist etwas wahr und natürlich, ohne zu helfen, und immer ist der Erfolg der König, der den Ritterschlag erteilt. – Ein Spekulant gerät auf die Idee der Revalenta arabica (so nennt er es wenigstens) und bebaut dieselbe mit aller Umsicht und Ausdauer; sie gewinnt eine ungeheure Ausdehnung und gelingt glänzend; tausend Menschen werden in Bewegung gesetzt und Hunderttausende, vielleicht Millionen gewonnen, obgleich jedermann sagt: Es ist ein Schwindel! Und doch nennt man sonst Schwindel und Betrug, was ohne Arbeit und Mühe Gewinn schaffen soll. Niemand aber wird sagen können, daß das Revalentageschäft ohne Arbeit betrieben werde; es herrschen da gewiß so gute Ordnung, Fleiß und Betriebsamkeit, Um- und Übersicht, wie in dem ehrbarsten Handelshause oder Staatsgeschäfte; auf den Einfall des Spekulanten gegründet, ist eine umfassende Tätigkeit, eine wirkliche Arbeit entstanden.

Die Beschaffung des Mehles, die Anfertigung der Büchsen, das Verpacken und Versenden erhält viele Arbeiter; ebenso viele werden beschäftigt durch die zahllosen marktschreierischen Ankündigungen, mit der größten Mühe und Umsicht betrieben. Keine Stadt der verschiedenen Kontinente gibt es, in welcher nicht Setzer und Drucker mit der Herstellung der Inserate und Reklamen Nahrung finden, kein Dorf, in welchem nicht ein Wiederverkäufer eine kleine Steuer darauf erhebt. Diese läuft in tausend Äderchen zusammen und wird in hundert Bankhäusern von ehrwürdigen Buchhaltern, lakonischen Kassierern weiter geleitet bis an die Quelle der Idee zurück. Dort sitzen die Urheber in ihrem Kontor mit ernster Miene in tiefsinniger Tätigkeit; denn sie haben nicht nur das tägliche Geschäft zu überwachen und fortzuführen, sie haben schon auch ihre Handelspolitik zu studieren, um dem Bohnenmehl neue Bahnen zu eröffnen, es in diesem, in jenem Weltteile vor drohender Konkurrenz zu schützen.

Doch nicht immer waltet die tiefe Geschäftsstille, die unverbrüchliche Strenge der Arbeit in diesen Räumen; es gibt Tage der Erholung, der Freude, der sittlichen Belohnung, welche den heiligen Ernst lieblich unterbrechen. Das Zutrauen der Mitbürger hat das Haupt des Hauses mit magistratischen Würden geehrt, und es findet eine anständige Bewirtung aller Schutzbefohlenen statt. Oder es wird die Hochzeit der ältesten Tochter gefeiert, ein Ehrentag für alle, die es angeht; denn es hat sich die durchaus ebenbürtige Verbindung mit der angesehensten Familie des Stadtviertels vollzogen; die Reichtümer sind auf beiden Seiten so gleichmäßig abgewogen, daß keine vernünftige Störung des ehelichen Glückes denkbar ist. Schon am Vorabend wurden Wagenladungen von Palmen und Myrtenbäumen ins Haus gebracht und die Blumenkränze aufgehangen; am Morgen füllt sich die Gasse mit Neugierigen, und das Volk weicht ehrerbietig vor den Kutschen zurück, die in endloser Reihe auffahren, wegfahren und wieder zurückkehren, bis das Festmahl unter schmetternden Fanfaren seinen Anfang nimmt. Bald aber tritt lautlose Stille ein, als der Brautvater an das Glas schlägt und mit bescheidener Rührung, ohne das Schicksal herauszufordern, seinen Lebensgang schildert und das höhere Walten preist, das ihn, den Unwürdigen, so weit geführt habe, wie jetzt allen Augen sichtbar sei. Mit nacktem Wanderstabe, der noch im stillen Kämmerlein aufbewahrt werde, sei er einst in diese werte Stadt gekommen und habe Schritt für Schritt mit Not und Sorge, aber unverdrossenem Fleiße gekämpft und öfters fast den Mut verloren; allein die edle Gattin, die Mutter seiner Kinder zur Seite, habe er sich immer wieder aufgerichtet und seine Blicke auf das Eine, das Große geheftet, was da not getan! Einsame lange Nächte hindurch habe er mit dem schöpferischen Gedanken gerungen, dessen Früchte nun einer Welt zum Segen gereichen und allerdings nebenbei auch sein redliches Streben gelohnt, einen bescheidenen Wohlstand bereitet haben u. s. w.

So wird aber Revalenta arabica gemacht in noch vielen Dingen, nur mit dem Unterschiede, daß es nicht immer unschädliches Bohnenmehl ist, aber mit der nämlichen rätselhaften Vermischung von Arbeit und Täuschung, innerer Hohlheit und äußerem Erfolg, Unsinn und weisem Betriebe, bis der Herbstwind der Zeit alles hinwegfegt und auf dem Blachfelde nichts übrig läßt, als hier einen Vermögensrest, dort ein verfallendes Haus, dessen Erben nicht mehr zu sagen wissen, wie es vordem entstanden, oder es nicht zu sagen lieben.

Will ich nun, grübelte ich weiter, ein Beispiel wirkungsreicher Arbeit, die zugleich ein wahres und vernünftiges Leben ist, betrachten, so ist es das Leben und Wirken Friedrich Schillers. Dieser, aus dem Kreise hinausfliehend, zu welchem Familie und Landherr ihn bestimmt, alles im Stiche lassend, was ihn nach ihrem Willen beglücken sollte, stellte sich in früher Jugend auf eigene Faust, nur das tuend, was er nicht lassen konnte, und schaffte sich sogar durch eine Ausschweifung, eine überschwengliche und wilde Räubergeschichte Luft und Licht; aber sobald er dies gewonnen, veredelte er sich unablässig von innen heraus, und sein Leben wurde nichts anderes als die Erfüllung seines innersten Wesens, die folgerechte kristallinische Arbeit des Idealen, das in ihm und seiner Zeit lag. Und dieses einfach fleißige Dasein verschaffte ihm endlich alles, was seinem persönlichen Wesen genügte. Denn da er, mit Respekt zu melden, ein gelehrter Stubensitzer war, so lag es eben nicht in ihm, ein reicher und glänzender Weltmann zu sein. Eine kleine Abweichung in seinem leiblichen und geistigen Wesen, die eben nicht Schillerisch war, und er wäre es auch geworden. Aber nach seinem Tode erst, kann man sagen, begann sein ehrliches, klares und wahres Arbeitsleben seine Wirkung und seine Erwerbsfähigkeit zu äußern, und wenn man ganz absieht von der geistigen Erbschaft, die er hinterlassen, so muß man erstaunen über die materielle Bewegung, über den bloß leiblichen Nutzen, den er durch das treue Hervorkehren seiner Ideale hinterließ. So weit die deutsche Sprache reicht, sind in den Städten nicht viele Häuser, in welchen seine Werke nicht stehen, und auf den Dörfern sind sie wenigstens in einem oder zwei Häusern zu finden. Je weiter aber die Bildung der Nation sich verbreitet, desto größer wird diese Vervielfältigung werden und zuletzt in die niederste Hütte dringen. Hundert Gewinnhungrige lauern nur auf das Erlöschen des Privilegiums, um die edle Lebensarbeit Schillers so massenhaft und wohlfeil zu verbreiten, wie die Bibel, und der umfangreiche Nutzverkehr, der während der ersten Hälfte eines Jahrhunderts stattgefunden, wird während der zweiten Hälfte um das Doppelte wachsen. Welch eine

Menge von Papiermachern, Druckersleuten, Verkäufern, Angestellten, Laufburschen, Lederhändlern, Buchbindern verdienten und werden ihr Brot noch verdienen. Dies ist, im Gegensatze zu der Revalenta arabica manches Treibens, auch eine Bewegung und doch nur die rohe Schale eines süßen Kernes, eines unvergänglichen nationalen Gutes.

Das war ein einheitliches organisches Dasein; Leben und Denken, Arbeit und Geist dieselbe Bewegung. Aber es gibt doch auch ein getrenntes, gewissermaßen unorganisches Leben von gleicher Ehrlichkeit und Friedensfülle, das ist, wenn einer täglich ein bescheidenes dunkles Werk verrichtet, um die stille Sicherheit für ein freies Denken zu gewinnen, Spinoza, der optische Gläser schleift. Aber schon bei Rousseau, der Noten schreibt, verzerrt sich das gleiche Verhältnis ins Widerwärtige, da er weder Frieden, noch Stille darin sucht, vielmehr sich wie die anderen quält, er mag sein, wo er will.

Was ist nun zu tun? Wo liegt das Gesetz der Arbeit und die Erwerbsehre und wo decken sie sich?

Dergestalt spintisierte ich über etwas, worin ich zunächst gar keine Wahl hatte; denn die Not und der Ernst des Lebens standen zum erstenmal wirklich vor der Türe. Das fiel mir auch endlich ein; ich gedachte auch jener Spinne, die ihr zerstörtes Netz von neuem herstellte, und sagte mir, indem ich mich erhob: Es hilft nichts, ich muß wieder anfangen! Ich sah mich unter meinen Habseligkeiten um und suchte nach Gegenständen, welche zu einer zierlich bunten Behandlung in anspruchslosen kleinen Schildereien geeignet schienen. Nichts Minderes führte ich plötzlich im Sinne, als eine derartige Praktik aufzutun, welche sich, wie ich wähnte, jederzeit beiseite legen ließ. Es handelte sich nicht um jene höhere Schönmalerei, wie sie der Motive stibitzende Meister handhabte, ich aber nicht bewältigen konnte, sondern um ein Herabsteigen auf eine tiefere Stufe, wo der Glanz der gemalten Teebretter und Dosendeckel beginnt. Freilich nicht ganz so tief wollte ich gehen; ich dachte immerhin einen gewissen Wert zu verarbeiten, dabei aber auf die Unkunde und den roheren Geschmack des untern Marktes Rücksicht zu nehmen mit allerhand billigen Effekten. Aber so eifrig, so ängstlich ich auch in meinen Mappen suchte, so dünkte mich doch alles, was ich in die Hand bekam, jedes Studienblatt, jeder kleine Entwurf zu gut dafür, es war zu schade darum. Wollte ich meine früheren Arbeitsfreuden nicht gewaltsam selbst verderben, so mußte ich noch tiefer gehen und eigene Erfindungen machen, an denen nichts verloren ging.

Indem ich dieses genauer bedachte, trat mein Vorhaben in ein sehr ungünstiges Licht; ich ließ mutlos das Blatt sinken, das ich eben hielt, und setzte mich wieder auf den Reisekoffer. Das sollte also das Ende so langer Lehrjahre und die Erfüllung so großer Hoffnungen und zuverlässiger Worte sein! Der Selbstausschluß vom Gebiete gebildeter Kunst und ein unrühmliches Verschwinden in der Dunkelheit, wo arme Teufel mit Nichtswürdigkeiten das Leben fristen! Ich bedachte nicht einmal, daß ich ja mit einer ernsthaften Arbeit auftreten gewollt, ein diebischer Routinier mich aber des Erfolges beraubt hatte; ich suchte nur den Punkt meiner Fehlbarkeit, weil ich zu hochfahrend war, mich für einen Pechvogel zu halten, und endigte, ohne klar zu sein, mit einem Seufzer nach Aufschub, den ich mir schon früher gewährt und nutzlos vertan hatte, soweit es den nächsten notwendigen Zweck betraf.

Da saß ich nun, den Kopf abermals in die Hände begraben, und schweifte mit den Gedanken umher, bis sie in der Heimat anlangten und mir von dort aus die neue Sorge zusandten, daß die Mutter meine Lage ahnen und sich darüber bekümmern könnte. Ich hatte ihr sonst regelmäßig und in einem heitern Tone geschrieben, ihr allerlei von den fremden Sitten und Gebräuchen erzählt, die ich sah, und manche Schwänke und Schnurren eingeflochten, um sie aus der Ferne zum Lachen zu bringen und wohl auch mit meiner Fröhlichkeit groß zu tun. Sie antwortete mit treulichen Berichten über den Weltlauf zu Hause, und jeden Spaß vergalt sie mit einer Hochzeit oder einem Todesfall, mit dem Schiffbruch einer Haushaltung oder dem verdächtigen Glücke einer anderen. Auch der Oheim war gestorben, und die Kinder hatten sich zerstreut im verworrenen Getümmel der Heerstraße und zogen schon ihre Kinderkärrchen hinter sich her, gleich den Juden in der Wüste. Seit einiger Zeit waren jedoch meine Briefe seltener und einsilbiger geworden; die Mutter schien sich zu scheuen, nach dem Grunde zu fragen, wofür ich ihr dankbar war, da ich doch nichts Rechtes zu melden wußte. Seit einigen Monaten hatte ich gar nicht mehr geschrieben, und sie hielt sich auch still. Als ich jetzt so in der Stille saß, klopfte es sachte an der Türe des äußern Zimmers; ein Kind kam herein und brachte mir einen Brief, der Schrift und Siegel der Mutter zeigte.

Sie wollte die Ungewißheit oder vielmehr die Furcht nicht länger ertragen, daß es nicht nach Wunsch und Hoffnung mit mir stehe; sie verlangte daher Aufschluß über meine Umstände und Aussichten, besorgte, daß ich bereits Schulden habe, weil sie von keinem Erwerb wisse und das kleine Erbe doch lange aufgebraucht sei. Für den Fall der Not habe sie einige Ersparnisse am Überflüssigen gemacht, die jetzt bereit lägen, ihren Dienst zu tun, wenn ich nur offen berichten wolle.

Das Kind, welches den Brief gebracht, stand noch da, als ich ihn schnell gelesen; ich hatte es beim Zeichnen des Jesuskindes in jener christlich-mythologischen oder geologischen Landschaft als Modell benutzt, um ihm die nötigsten Verhältnisse abzusehen, und da das Bild durch mein Herumsuchen zufällig in den Vordergrund geraten, so stand das Knäbchen vor demselben und sagte: »Das bin ich!« indem es den Finger auf das Himmelskind legte. Durch diese anmutige Fügung erhielt der Vorgang einen übernatürlichen Anklang; der kleine Träger der guten Botschaft erschien gewissermaßen als ein Abgesandter der göttlichen Vorsehung selbst, und so wenig ich an ein Wunder, etwa in Gestalt eines allgütigen Scherzes derselben, glaubte, gefiel mir das kleine Abenteuer doch über die Maßen wohl und machte mir den mütterlichen Brief doppelt erquicklich. Es ist nicht anders zu sagen, genau betrachtet mußte die gleiche Figur, mit der ich in dem Entwurf jenes Bildes eine tiefsinnige Ironie zu begehen der Meinung war, jetzt meine Angelegenheiten wenigstens mit einer artigen Parabel verzieren helfen, sie mit einem Bezug auf das Unendliche veredeln.

Alles schien jetzt gut und jede Erfüllung wieder möglich, ja wahrscheinlich zu sein; keinen Augenblick zögerte ich, das Opfer anzunehmen, und schrieb meine Antwort etwas kleinlaut und doch offen und wohlgemut. Dabei ermangelte ich nicht, meiner wunderlichen Universitätsstudien zu erwähnen und dieselben als eine für die Gegenwart allerdings nachteilige, für die Zukunft aber doch irgendwie

Nutzen bringende Störung darzustellen; und schließlich landete ich wieder an dem Kap der guten Hoffnungen und Verheißungen.

Als die Mutter diesen Brief empfing und ihn gelesen hatte, schloß sie die Stubentüre zu und ihren alten Schreibtisch auf und brachte aus dessen Fächern zum erstenmal den Schatz ihrer Ersparnisse ans Licht. Sie fügte die Taler zu Rollen und diese zu einem unförmlichen Pakete, umwand es mehrmals mit starkem Papier und dieses mit Schnüren, beträufelte es überall mit Siegellack und drückte das Petschaft darauf, alles sehr unkaufmännisch mit überflüssiger Mühe, denn es war schon lange fest genug; aber es war doch jedenfalls fest. Dann schob sie das schwere Paket in eine taftene Handtasche oder Ridiküle, legte es auf den Arm und eilte auf Seitenwegen zur Post; denn sie wünschte nicht, gesehen zu werden, weil sie nicht gesonnen war zu antworten, wenn jemand sie befragt hätte, wo sie mit dem Gelde hinwolle. Mühselig und mit zitternder Hand streifte sie das seidene Säcklein von dem Geldkloben, reichte ihn durch das Schiebfensterchen und gab ihn mit einem Gefühl der Erleichterung aus der Hand. Der Beamte besah die Adresse, dann die Frau, machte seine umständlichen Verrichtungen, gab ihr den Empfangschein, und sie begab sich, ohne sich umzuschauen, hinweg, als ob sie so viel Geld jemandem genommen anstatt gegeben hätte. Der linke Arm, auf dem sie die Last getragen, war steif und ermüdet, und so kehrte sie etwas angegriffen in ihre Behausung zurück, stillschweigend durch ein Gedränge von Leuten, welche keinen Gulden für ihre Kinder hergeben, ohne damit zu prahlen, zu lärmen, oder darüber zu jammern und zu klagen. Zu jener Zeit, als mein Oheim lebte und noch predigte, hatte er einmal gesagt: »Gott weiß wohl, welche Leute bescheiden und still sind, und welche nicht, und er zwickt die letztern gelegentlich ein wenig, ohne daß sie wissen, woher es kommt, und ich habe ihn im Verdacht, daß das ihm alsdann einen kleinen Spaß macht!«

Zu Hause fand die Mutter die Klappe des Schreibtisches noch geöffnet und die Schublädchen aufgezogen, die nun leer waren; sie schloß dieselben und öffnete beiläufig dasjenige, in welchem für ihr tägliches Bedürfnis ein unbeträchtliches Häuflein Münze in einem Schälchen lag und verkündigte, daß zunächst nun jede Wahl verschwunden war zwischen Gütlichtun und weiterem Darben, und daß die gute Frau jetzt mit dem besten Willen sich keine guten Tage mehr hätte machen können. Allein das wurde von ihr weder bemerkt, noch kam es in Frage. Sie stieß auch dies Lädchen sogleich wieder zu, versorgte Schreibzeug und Siegellack, verschloß den Schrank und setzte sich auf das alte Sorgenstühlchen ohne Lehnen, um von ihren Taten auszuruhen, aufrecht wie ein Tännlein.

So sehe ich sie jetzt noch, obgleich ich nicht dabei war, dank der Kenntnis ihrer Gewohnheiten, ähnlich wie der Altertumskundige mit seinen Hilfsmitteln und Anhaltspunkten die Ansicht eines zerstörten Denkmales wiederherstellt.

Viertes Kapitel

Das Flötenwunder

Das Geldpaket wurde mir nicht, wie der Brief, von dem Hauswirtskinde, sondern von dem Postboten selbst aufs Zimmer gebracht. Sein gewichtiges Treppensteigen, das so lange ausgeblieben, belebte die Leute sofort mit einer vorläufigen Genugtuung über das ungebrochene Vertrauen, das sie mir geschenkt; mit dankbarer Gesinnung empfingen sie dann ihr ziemlich aufgelaufenes Guthaben, nachdem ich das Geld nicht ohne Mühe von den vielen Hüllen und Schnüren befreit und den neuen Brief rasch durchflogen hatte, der von unsicherer, ihren Gegenstand nicht übersehender Sorge geschrieben war.

Auch der Schneider, der Schuhmacher und die übrigen Lieferanten unterschrieben ihre Rechnungen mit freundlicher Zufriedenheit und empfahlen sich für weitere Kundschaft. Das machte mir alles so viel Vergnügen, als ob es mein eigenes Verdienst wäre und ich die lieben Zahlungsmittel selbst erworben hätte. Fast bedauerte ich, daß nicht noch mehr zu bezahlen und die Herrlichkeit so bald zu Ende war; doch wurde der Übermut gedämpft, als ich noch am gleichen Tage auch bar Geliehenes an gute Bekannte zurückzahlte und dieselben das Geld mit vollkommener Gleichgültigkeit beiseite legten. Hieran sah ich, daß ich in ihren Augen nicht etwas besonders Merkwürdiges getan hatte, und zog die Hörnlein der Selbstzufriedenheit wieder ein. Dennoch war ich leichten Mutes, betrachtete die Zahlungsfähigkeit der Mutter gewissermaßen als meine eigene und feierte am Abend ein kleines Befreiungsfest, mit dessen Aufwand, so bescheiden er war, das Mütterchen sich einen halben Monat lang erhalten konnte. Ich sang sogar in rascherem Takte, als seit manchen Tagen geschehen, ein Lied voll Sorgenverachtung mit, wie wenn ich aller Übel der Welt ledig wäre.

Allein gleich am Morgen gewahrte ich, daß noch ein Ende der Kette vorhanden in Gestalt des Häufleins Taler, welches von meinem Schatze übrig geblieben war. Denn als ich denselben jetzt genauer berechnete und abzählte und die letzte schon angebrochene Papierhülse vollends auseinander schlug, zeigte es sich, daß ich höchstens ein Vierteljahr daran zu leben hatte. Ich wunderte mich nicht wenig, wie die Sorge so behende wieder hereingeschlüpft, und vermutete zuletzt, sie sei gar nicht von der Stelle gegangen, gleich der Frau des Swinegels, die im Wettlaufe mit dem Hasen ruhig in der Furche saß und rief: »Ich bin all hier!«

Doch zögerte ich nicht, einen neuen Auslauf nach dem Erwerbe zu unternehmen; mit Überlegung schlug ich, wie ich glaubte, einen klugen Mittelweg ein, indem ich ein paar kleinere Landschaften ohne Anspruch auf geistreichen Stil oder Phantasie, dagegen mit sorgfältiger Rücksicht auf Gefälligkeit zu malen begann, immerhin aber eine gewähltere Naturwahrheit zu Grunde legte und nicht mit Gewalt das einmal zierlich Gewachsene ins Plumpe, das Geformte ins Formlose verwandelte. Auf diesem Wege vermeinte ich einen glücklicheren Erfolg nicht verfehlen zu können, während mir unter der Hand das angestrebte Gefällige der Ausführung nur zu einer gewissen reinlichen Bescheidenheit geriet, die Form aber für den roheren Blick sofort wieder einen verdächtigen Anschein von Stil gewann. Das war freilich wieder nicht zweckmäßig; denn die gleichen Menschen, welche die Angelegenheiten ihres täglichen Lebens nur mit großen Worten und erhabenen Wendungen behandeln, sind es ja, die sogleich die Nase zurückziehen, wenn sie in der Kunst etwas wittern, das wie Stil oder Form aussieht.

Neben der Vorsicht, die ich an die Arbeit verwandte, beschäftigte mich noch das Abwägen der fliehenden Zeit mit der täglichen Abnahme meines Barvorrates; dies alles mit einem geruhigen Maß von Furcht und Hoffnung durchwirkt, läßt mir jene kleine Spanne Zeit samt ihren kleinen Verhältnissen als ein Stück wohlverbrachten friedlichen Daseins erscheinen, gleichmäßig erfüllt von bescheidenem Anspruch, redlicher Tätigkeit und tröstlicher Erwartung des unbekannten Erfolges. Fehlt einem solchen Zustande einstweilen das tägliche Brot nicht, während das kommende Bedürfnis doch die Seelenkräfte wach erhält, so wäre er lebenslang leicht zu ertragen. Das erkennt man erst, wenn die Hoffnungen gebrochen sind und man den früheren Zustand, wo sie noch ungewiß waren, wieder herbeiwünscht.

Als ich beide Zwillingsbilder fertig hatte, war es mit dem zufriedenen Leben vorbei, und ich mußte auf den Handel ausgehen. Sie der öffentlichen Ausstellung anzuvertrauen, konnte ich mich nach jenem plagiatorischen Unglück nicht schon wieder entschließen, was allerdings ein Zeichen des Anfänger- oder Dilettantentums war; denn eine volle Begabung kann dergleichen leicht verschmerzen und braucht sich nicht darum zu kümmern, wie das Schattenvolk sich um das Eigentum von Ideen und Erfindung zankt.

Ich begab mich nun zu einem angesehenen Händler, Beherrscher der Auktionen und Aufkäufer von Künstlernachlässen, welcher auch ganz neue Bilder kaufte, wenn sie vor seiner Kennerschaft Gnade fanden oder seine Gewinnlust sonst durch irgend einen geheimnisvollen Vorzug reizten. In einem schönen Hause war das Erdgeschoß mit sogenannten alten Meistern und neueren Gemälden angefüllt, und hinter den Fenstern waren stets einige zu sehen, aber niemals etwas, für das der Mann keinen Namen hatte. War es eine gewisse Geziertheit oder war es Schüchternheit, ich ging zuerst ohne meine Landschaften hin, um sie dem Händler anzubieten in der Form, daß ich anfragte, ob ich dieselben herbringen lassen oder seinen Besuch zur Besichtigung erwarten dürfe. Meine Eintreten in die Handelsgalerie blieb gänzlich unbeachtet, da der Inhaber mit einem Häuflein Herren und Kenner dicht vor einem kleinen Rähmchen stand, dessen Inhalt sie mit zusammengesteckten Köpfen und Vergrößerungsgläsern beguckten, während er seine Lehrsätze über die Rarität vortrug. Plötzlich führte er, die Lupe in der Hand, den Trupp in ein anstoßendes Zimmer, um dort vor einem ähnlichen Gegenstande vergleichende Studien vorzunehmen, und ich blieb ein Weilchen allein in dem Raume. Endlich kehrten die Herren in aufgelöster Ordnung, in lebhaftem Gespräche begriffen, zurück, indem sie eine große Heilswahrheit zu vereinbaren und zu redigieren schienen; es handelte sich offenbar weniger um ein Geschäft, als um eine jener Liebhaberkonferenzen, durch die solche Bildermänner ihrem Hasardspiel einen wissenschaftlichen Anstrich zu geben pflegen. Indessen bemerkte der Kaufherr meine Anwesenheit und fragte nach meinem Begehren.

Ich brachte das Anliegen ziemlich betreten vor, im Gefühl, daß ich etwas erbitte, was kein Mensch mir zu gewähren schuldig sei, und hatte es auch kaum getan, als der Mann, ohne nur zu fragen, wer ich sei, kurz und trocken sagte, er kaufe die Sachen nicht, und sich wegkehrte.

Hiermit war mein Geschäft abgetan; ich hatte keine Veranlassung auch nur eine Minute länger da zu bleiben, und befand mich eine Viertelstunde später wieder zu Hause bei den zwei Bildchen.

Ich unternahm an diesem Tage nichts weiteres, durch ein unheimliches Gefühl von Ärger und Sorge beklemmt. Ich konnte mir nicht klar machen, daß das Verhalten des Händlers dasjenige der meisten Leute war, die alles, was sie nicht von sich aus wünschen und suchen, durch die immergrüne Hecke der abschlägigen Antwort von sich abhalten und es darauf ankommen lassen, was zu ihrem Nutzen sich allenfalls dennoch hindurchdrücken wolle und könne.

Am nächsten Tage machte ich mich abermals auf den Weg, nahm aber klüglich die in ein Tuch gewickelten Bilder mit, damit sie wenigstens angesehen wurden. Ich suchte einen Händler von minderem Range auf, bei dem die Verkehrssummen schon beträchtlich niedriger standen, als bei dem vorigen, obschon er mit den Gegenständen besser umzugehen, sie sogar selber zu reinigen, auszubessern und neu zu firnissen verstand. Ich traf ihn in einem ziemlich dunkeln Lokale inmitten seiner Töpfchen und Gläser, wie er eben die Löcher einer alten Leinwand ausflickte. Er hörte mich aufmerksam an und stellte meine Landschaften selbst in ein möglichst günstiges Licht, und nachdem er die Hände an der Schürze abgewischt, schob er sein

Samtkäppchen über den kahlen Vorderkopf zurück, stützte die Hände gegen die Hüfte und sagte sogleich, ohne sich lange zu besinnen: »Die Sachen sind nicht übel, aber sie sind nach alten Kupferstichen gemacht, und zwar nach guten!«

Erstaunt und verdrießlich erwiderte ich: »Nein, diese Bäume habe ich selbst alle nach der Natur gezeichnet, und sie stehen wahrscheinlich jetzt noch; auch das übrige existiert beinahe alles, wie es hier ist, nur liegt's etwas mehr auseinander!«

»In diesem Falle kann ich die Bilder erst recht nicht brauchen!« versetzte er, indem er die betrachtende Stellung aufgab und das Käppchen wieder zurechtrückte; »man wählt nach der Natur keine Motive, die wie aus alten Kupferstichen aussehen! Man muß mit der Zeit leben und vorwärts schreiten!«

Da hatte ich die ganze Stilfrage in einer Nuß. Ich packte meine Bilder zusammen und warf im Abgehen einen wehmütigen Blick auf die Sammlung roher Zufälligkeiten und gemalter Düngerhaufen, welche als Zeitgemäßes oder eigentlich eher die Zukunft Ahnendes die Wände bedeckten, da es die Arbeiten armer Teufel waren, die aus Ungeschick mit billigem Pinsel und im Dunkeln das schufen, was seither anspruchsvoll ans Licht getreten ist. Ich stand allerdings selber höchst kümmerlich auf der Gasse, kehrte jedoch mit dem Stolze eines verarmten Hidalgo dem Hause den Rücken und wanderte weiter. Unentschlossen, ob ich nicht lieber nach meiner Wohnung zurück wolle, durchirrte ich mehrere Straßen und geriet vor den Kaufladen eines israelitischen Schneiders, der zugleich mit neuen Kleidern und mit neuen Bildern handelte. Manche Künstler ließen sich von ihm bekleiden, und er mochte dadurch, indem er an Zahlungsstatt zuweilen eine Malerei zu übernehmen oder zu pfänden genötigt war, zu einem kleinen Galeriebesitzer geworden sein, der schon mehr als einen guten Schnitt gemacht hatte, wenn er entweder die Arbeiten bedrängter Kunstjünger erworben, die nachher zu Ruf gekommen, oder wenn er, ohne es zu wissen, von andern Unkundigen ein wertvolles Stück erwischte. Vor demjenigen Teil seines Geschäftslokales, worin die Bilder aufgestellt waren, sah ich einen Augenblick durch das Fenster, und da der Raum wenigstens von reinlicher Ordnung und Sorgfalt zu zeugen schien, so lockte mich das, einzutreten und mein Angebot abermals vorzubringen. Der Handelsmann zeigte sich gleich bereitwillig, die Sachen anzusehen, betrachtete sie mit lüsterner Neugierde, ließ sich alles Wie, Was und Wo erklären und fragte zuletzt, ob ich die Dinger wirklich selbst gemacht habe und ob sie gut gemalt seien? Das war gar nicht so naiv, wie es aussah; denn er blickte mich in der Zeit genau an, um aus meinen Mienen den Grad eines berechtigten oder eiteln Selbstvertrauens zu lesen, wie er einen andern, der ihm einen goldenen Ring antrug, zunächst fragte, ob derselbe auch echt sei; im letzteren Fall erkannte er das Gold schon vorher und wollte durch die Frage erfahren, mit welchem Menschen er zu tun habe; in meinem Falle dagegen wußte er den Menschen im voraus zu beurteilen, durch dessen Verhalten aber wollte er erfahren, wie er das Handelsobjekt anzufassen habe. Als ich zögernd erwiderte, ich hätte die Bilder so gut gemacht, als es nur möglich gewesen, ohne daß es mir anstehe, sie zu loben; auch werden sie wohl nicht sehr vortrefflich sein, sonst würde ich nicht damit hier stehen; immerhin aber seien sie des bescheidenen Preises wert, den ich verlange – schien ihm das nicht übel zu gefallen, und er wurde freundlich und gesprächig, indem er dazwischen die Bilder ab und zu ebenso unentschlossen als wohlwollend betrachtete. Ich begann die gute Hoffnung zu schöpfen, daß sich jetzt etwas ereignen würde; allein es erfolgte nichts weiter, als das plötzliche Anerbieten, die Bilder in Kommission zu übernehmen, in seinem Lokale auszustellen und so vorteilhaft als tunlich zu verkaufen. Hiebei blieb es denn auch; denn zu etwas weiterem hätte sich der Mann nicht verstanden, und sein Vorschlag war nicht unbillig, sein Verhalten aber menschlich, da es mir Hoffnung ließ und ich mit leichterem Herzen meine Wohnung aufsuchen konnte, als wenn ich die Bilder wieder hätte hintragen müssen.

So blieb mir für einmal die Welt des Erwerbes wie durch eine Mauer verschlossen, an welcher ich keine Türe fand, nicht ein Schlupfloch, durch welches eine Katze gekrochen wäre. Ich hatte freilich auf den drei Gängen gewiß nicht hundert Worte verloren, allein auch ein hundertundeintes hätte nicht geholfen; wäre Erikson noch dagewesen, so würde er mir die Bilder mit wenig Worten verkauft haben, indem er hinging und sagte: »Was fällt Euch ein? Ihr müßt sie nehmen!« Oder Ferdinand Lys hätte sie mich ausstellen lassen und mit seinem Ansehen als reicher Mann einem andern Reichen empfohlen, und ich wäre wie hundert andere auf einen leidlich breiten Weg geraten und auf ihm geblieben. Aber beide Freunde hatten sich von der Kunst selbst abgewendet und lebten, wo ich nicht wußte, gleich Abgeschiedenen, die dem Zurückgebliebenen fernher zuzuwinken schienen: Geh du dort auch weg!

Sonst besaß ich, was man gute Bekanntschaften nennt, in der Künstlerwelt nicht mehr, weil ich fast ausschließlich mit Studierenden und angehenden Gelehrten umging und als ein geselliger Hospitant ihre Spruch- und Lebensarten teilte. In demselben Maße büßte ich erst den äußern, dann auch halbwegs den inneren Habitus eines Kunstjüngers ein. Während Wahl und Pflicht mich an das körperliche Schaffen banden, gewöhnte sich der Geist an das Leben in seiner eigenen Bewegung; das langsame, kaum mehr von Hoffnung beseelte Hervorbringen eines einzigen Gedankens durch die Hände schien voll unnützer Mühsal zu sein, wenn in der gleichen Zeit tausend Vorstellungen auf den Flügeln des unsichtbaren Wortes vorüberzogen. Diese verkehrte Empfindung beschlich mich umso unbewachter, als meine Teilnahme an wissenschaftlichen Dingen sich auf Hören und Lesen, auf bloßes Empfangen und Genießen beschränkte und ich die Arbeit wissenschaftlichen Hervorbringens nicht aus Erfahrung kannte. So drehte ich mich gleich einem Schatten umher, der durch zwei verschiedene Lichtquellen doppelte Umrisse und einen verfließenden Kern erhält.

Mit dieser Beschaffenheit trat ich nun abermals in den unfreien Zustand des Borgens über, als der letzte Taler wirklich ausgegeben war. Der Anfang fiel mir diesmal, als eine untröstliche Wiederholung, schwerer, der Fortgang aber machte sich wie in dumpfem Traume von selbst, bis die Zeit wieder erfüllt war und das Erwachen folgte mit der Not des Bezahlens und des Weiterlebens.

Erst jetzt entschloß ich mich, die Zuflucht nochmals zur Mutter zu nehmen, wie es ja ein Kennzeichen des Menschengeschlechtes ist, daß das Junge, solange es immer angeht, zum Alten zurückkehrt. Jugend, welche sich reiner Absichten und eines guten Willens bewußt ist, weist mit ihrem allgemeinen Weltvertrauen auf ihre lange Zukunft hin, freilich vergessend, daß sie dieselbe leichtlich, ja wahrscheinlich allein erlebt und schließlich die Bitterkeit des Volkswortes nach rückwärts und vorwärts kosten muß, daß eine Mutter eher sieben Kinder erhält, als sieben Kinder die Mutter.

Die neuen Ersparnisse, die sie ohne Zweifel gemacht hatte, konnten nicht so viel betragen, als ich jetzt bedurfte; ich wollte daher gründlich zu Werke gehen und schlug ihr in einem Briefe, worin ich mich noch leichter stellte, als mir zu Mut war, die Erhebung eines Anleihens auf das Haus vor. Das sei, meinte ich, eine unverfängliche ruhige Sache, welche nach gefundenem Glücksanfang durch meinen Fleiß ebenso ruhig wieder ausgeglichen werde und höchstens einige Zinsen koste.

Die Mutter erschrak heftig über diesen Brief, an dessen Statt sie mich selber jeden Tag sehnlich erwartete, wenn auch nicht mit rühmlichem Glücke, so doch in zufriedenem Zustande. Sie sah alles wieder in unbekannte Ferne gerückt. Ersparnisse besaß sie diesmal nur wenige, da sie an unsern Mietern Verluste erlitten; denn der gute Eichmeister war seinen beruflichen Trinkproben erlegen und mit Hinterlassung von Schulden gestorben, und der unzufriedene Beamte hatte in einem Anfalle von Entrüstung über fortwährendes Hintansetzen eine kleine Sportelnkasse geleert und war nach Amerika gegangen, um dort gerechtere Vorgesetzte zu suchen. Dabei hatte er auch meine Mutter mit einem Jahreszinse im Stiche gelassen, so daß mein Unheil sich mit diesen Unglücksfällen in unheimlicher Weise vermengte. Dazu kam die Vereinsamung durch den Tod der Nahestehenden; nach dem Oheim war auch Annas Vater, der Schulmeister, sowie der und jener gute alte Freund gestorben, und noch andere waren aus der Welt gegangen, wie denn zuweilen, wenn die Jahre vorrücken, viele auf einmal gehen, die ihre Zeit erreicht haben. Sie hätte zwar alle diese Toten nicht befragt, was zu tun sei; allein die Einsamkeit vergrößerte ihren Schrecken, und um nur wieder in Bewegung zu kommen und das Lebendige zu spüren, erfüllte sie mein Begehren. Sie suchte einen Geschäftsmann auf, der die verlangte Summe mit allen möglichen Umständen und Formen beschaffte, wobei sie als schüchterne Gesuchstellerin dazustehen hatte. Dann besorgte sie auf erhaltenen Rat mit sauren Gängen noch eine Handelsanweisung, die sie an mich abzusenden endlich froh war. In ihrem Briefe beschränkte sie sich auf eine Beschreibung dieser Mühen, anstatt sich in Ermahnungen und Klagen zu ergehen.

Nun hatte ich, als ich meinen Brief geschrieben, im letzten Augenblicke und in der Furcht, zu viel zu verlangen, die Höhe der berechneten Summe fast auf die Hälfte heruntergesetzt und gedacht, es müsse auch so gehen. Der Betrag des Wechsels reichte daher kaum zur Bezahlung der Schulden aus, und auch so war ich genötigt, wenn ich nur auf kurze Frist etwas übrig behalten wollte, für freundschaftlich Geliehenes da oder dort, wo kein Bedürfnis drängte, um Stundung zu bitten. An dem zögernden Gewähren merkte ich, daß die Bitte unerwartet kam, und so zwang mich die Beschämung, sie zurückzuziehen. Nur einer, der mein Erröten sah, wies das Geld zurück, obschon er in Bälde abzureisen willens war. Ich solle es ihm wiedergeben, wenn es mir leichter falle, er könne es jetzt entbehren und werde schon gelegentlich von sich hören lassen.

Durch diese Nachsicht sah ich mich auf eine Reihe von Wochen noch geborgen. Aber der ganze Vorgang erweckte mir ein ernsteres Nachdenken über meine Lage und über mich selbst nach der inneren Seite hin. Plötzlich kaufte ich einige Bücher Schreibpapier und begann, um mir mein Werden und Wesen einmal recht anschaulich zu machen, eine Darstellung meines bisherigen Lebens und Erfahrens. Kaum war ich aber recht an der Arbeit, so vergaß ich vollkommen meinen kritischen Zweck und überließ mich der bloß beschaulichen Erinnerung an alles, was mir ehedem Lust oder Unlust erweckt hatte; jede Sorge der Gegenwart entschlief, während ich schrieb vom Morgen bis zum Abend und einen Tag wie den andern, aber nicht wie ein Sorgenschreiber, sondern wie einer, der während schöner Frühlingswochen in seinem Gartensaale sitzt, ein Glas alten Landweines zur Rechten und einen Strauß junger Feldblumen zur Linken. Ich hatte in der trüben Dämmerung, die mich schon geraume Zeit umgab, das Gefühl bekommen, als ob ich eigentlich keine Jugend erlebt hätte; und nun entwickelte sich unter meiner Hand eine Bewegung jungen Lebens, die trotz aller Bescheidenheit der Zustände und Verhältnisse mich gefangen nahm, beschäftigte und bald mit glückseligen, bald mit reumütigen Empfindungen erfüllte.

So gelangte ich bis zu der Stunde, da ich als Rekrut auf dem Felde stand und die schöne Judith auswandern sah, ohne mich regen zu dürfen. Hier legte ich die Feder weg, weil das seither Erlebte mir noch gegenwärtig war. Die vielen beschriebenen Blätter brachte ich unverweilt zu einem Buchbinder, um sie mittelst grüner Leinwand in meine Leibfarbe kleiden zu lassen und das Buch in die Lade zu legen. Nach einigen Tagen ging ich vor Tisch hin, es zu holen. Da hatte der Handwerker mich mißverstanden und den Einband so fein und zierlich gemacht, wie es mir nicht eingefallen war, ihn zu bestellen. Statt Leinwand hatte er Seidenstoff genommen, den Schnitt vergoldet und metallene Spangen zum Verschließen angebracht. Ich trug die Barschaft, die ich noch besaß, bei mir; sie hätte noch für mehrere Tage ausreichen sollen, jetzt mußte ich sie bis auf den letzten Pfennig hinlegen, um den Buchbinder zu bezahlen, was ich ohne weitere Besinnung tat, und anstatt zum Mittagessen zu gehen, konnte ich mich mit dem unnützesten Werke der Welt in der Hand nach Hause verfügen. Zum erstenmal in meinem Leben saß ich nicht zu Tisch, wohl fühlend, daß es mit dem Borgen und Bezahlen vorbei sei. In einigen Tagen wäre das merkwürdige Ereignis allerdings doch eingetreten; dennoch überraschte es mich jetzt mit sehr stiller, aber unerbittlicher Gewalt. Ich verbrachte die zweite Hälfte des Tages auf meinem Zimmer und legte mich abends, früher als gewöhnlich, ungegessen zu Bett. Dort erinnerte ich mich plötzlich der weisen Tischreden der Mutter, wenn ich als kleiner Junge das Essen getadelt hatte und sie mir dann vorhielt, wie ich einst vielleicht froh sein würde, nur solches Essen zu haben. Die nächste Empfindung war ein Gefühl der Achtung vor der ordentlichen Folgerichtigkeit der Dinge, wie alles so schön eintreffe; und in der Tat ist nichts so geeignet, den notwendigen Weltlauf gründlich einzuprägen, als wenn der Mensch hungert, weil er nichts gegessen hat, und nichts zu essen hat, weil er nichts besitzt, und dies, weil er nichts erworben hat. An diesen einfachen und unscheinbaren Gedankengang reihen sich von selbst alle weiteren Folgen und Untersuchungen, und indem ich nun völlige Muße hatte und von keiner irdischen Nahrung beschwert war, überdachte ich von neuem mein Leben, trotz des grünseidenen Buches, das auf dem Tische lag, und gedachte meiner Sünden, welche jedoch, da der Hunger mich unmittelbar zum Mitleid mit mir selber stimmte, sich ziemlich glimpflich darstellten.

Hierüber schlief ich friedfertig ein. Zu gewöhnlicher Zeit erwachte ich, auch zum erstenmal ohne zu wissen, was ich am heutigen Tage essen würde. Ich hatte seit einiger Zeit das Frühstück abgeschafft, da ich es überflüssig gefunden; nun wäre ich froh gewesen, es noch zu bekommen, allein die Wirtsleute durften nicht erfahren, daß ich hungerte, sowie es mir jetzt klar wurde, daß das erste Erfordernis meiner neuen Lage die strengste Geheimhaltung sei. Weil ich als ein Überbleibsel schon abgezogener Jugendvölker lebte, besaß ich in diesem Augenblicke nicht einen einzigen Vertrauten, dem man eine so auffällige Tatsache eröffnen konnte. Denn wer, ohne ein Bettler zu sein, eines Tages mitten in der Gesellschaft faktisch nicht mehr essen kann, macht ein Aufsehen, wie ein Hund, dem man den Suppenlöffel an den Schwanz gebunden hat. Statt mich hinter meinen gemalten Wäldern still verborgen halten zu können, war ich daher gezwungen, um die Mittagszeit auszugehen. Es lag die hellste Frühlingssonne auf den Straßen; alles eilte vergnüglich durcheinander, jeder nach seinem Tischorte. Ich ging gefaßt hindurch, ohne mir etwas ansehen zu lassen, und bemerkte hiebei, daß die Begierde zunächst nicht sowohl nach einer guten Mahlzeit, als nach einem der frischen bräunlichen Brote ging, die ich vor den Bäckerläden liegen sah, so schnell richtete sich der Wunsch des Bedürfnisses nur auf dieses einfachste und allgemeinste Nahrungsmittel, das uralte Wort vom täglichen Brot zu Ehren bringend.

Aber nun galt es wieder, im Vorübergehen das gierige Auge nicht eine Sekunde daran haften zu lassen, damit die Herrschaft des geistigen Menschen aufrecht erhalten blieb, und so ging ich auch, anstatt unentschlossen zu schlendern, raschen Schrittes in eine öffentliche Gemäldesammlung, um dort die Zeit anständig mit Betrachtung der Meisterwerke zu verbringen, deren Urheber in ihren Lebtagen auch dies und jenes hatten erfahren müssen. Es gelang mir, die nagenden Naturkräfte während einiger Stunden zu bändigen und den zwischen ihnen und mir schwebenden Streithandel zu vergessen. Als die Säle geschlossen wurden, ging ich sogleich aus der Stadt und lagerte mich am Flusse in einem frischbelaubten Gehölze, wo ich in leidlicher Ruhe verborgen blieb, bis es dunkel war. Seit zwei langen Tagen an den unheimlichen Zustand schon etwas gewöhnt, beschlich mich eine traurige Geduld, welcher derselbe allenfalls erträglich schien, wenn es nur nicht ärger käme. Ich hörte, wie alle Vögel allmählich ihr Zwitschern einstellten und die Nachtruhe der Kreatur eintrat, während das Geräusch der fröhlichen Stadt herüber summte. Als aber in der Nähe plötzlich das Geschrei eines Vogels ertönte, der von einem Marder oder Wiesel erwürgt wurde, raffte ich mich auf und ging nach Hause.

Ähnlich verlief der dritte Tag, nur daß ich jetzt in allen Gliedern müde wurde, langsamer dahinschlenderte und auch in meinen zerstreuten Gedanken zusehends herunterkam. Eine fast gleichgültige Neugierde, wie es eigentlich werden solle, behielt die Oberhand, bis am vorgerückten Nachmittage, als ich ziemlich weit von Hause in einem offenen Garten saß, der Hunger so heftig und peinlich sich erneuerte, daß ich vollständig das Gefühl hatte, wie wenn ich in menschenleerer Wüste von einem Tiger oder Löwen angefallen wäre. Eine Art Todesgefahr war jetzt augenscheinlich; aber sie bezwang gerade in dieser höchsten Not meinen neu bestärkten Vorsatz nicht, keine Hilfe anzusprechen. Ich marschierte so ordentlich, als es gehen wollte, nach meiner Wohnung und legte mich zum dritten Male ungegessen zu Bette; glücklicherweise mit dem Gedanken, daß das kein anderes und kein schmählicheres Abenteuer sei, als wenn ich mich etwa im Gebirge verirrt hätte und dort drei Tage ohne Nahrung zubringen müßte. Ohne diesen Trost würde ich eine sehr schlimme Nacht verlebt haben, während ich wenigstens gegen Morgen in einen schlafähnlichen Zustand geriet, aus welchem ich erst erwachte, als die Sonne schon hoch am Himmel stand. Freilich fühlte ich mich jetzt ernstlich schwach und unwohl und wußte nicht, was zu tun sei.

Erst jetzt wurde ich recht ärgerlich und etwas weinerlich und gedachte der Mutter, nicht viel anders als ein verlaufenes Kind. Wie ich aber dieser Geberin meines Lebens gedachte, fiel mir auch ihr höchster Schutzpatron und Oberproviantmeister, der liebe Gott, wieder ein, der mir zwar immer gegenwärtig war, jedoch nicht als Kleinverwalter. Und da in der Christenheit das objektlose Gebet damals noch nicht eingeführt war, so hatte ich mich auf der glatten See des Lebens aller solchen Anrufungen längst entwöhnt. Diejenige, nach welcher sich unmittelbar der unkluge Römer eingefunden, war meines Erinnerns die letzte gewesen. In diesem Augenblicke der Not aber sammelten sich meine paar Lebensgeister und hielten Ratsversammlung gleich den Bürgern einer belagerten Stadt, deren Anführer darniederliegt. Sie beschlossen, zu einer außerordentlichen verjährten Maßregel zurückzukehren und sich unmittelbar an die göttliche Vorsehung zu wenden. Ich hörte aufmerksam zu und störte sie nicht, und so sah ich denn auf dem dämmernden Grund meiner Seele etwas wie ein Gebet sich entwickeln, wovon ich nicht erkennen konnte, ob es ein Krebslein oder ein Fröschlein werden wollte. Mögen sie's in Gottes Namen probieren, dachte ich, es wird jedenfalls nicht schaden, etwas Böses ist es nie gewesen! Also ließ ich das zustande gekommene Seufzerwesen unbehindert zum Himmel fahren, ohne daß ich mich seiner Gestalt genauer zu erinnern vermöchte.

Ein paar Minuten hielt ich die Augen geschlossen. Du wirst doch aufstehen müssen! sagte ich mir und nahm mich zusammen. Wie ich nun so vor mich hinblickte, sah ich aus einer Ecke des Zimmers einen kleinen Glanz herüberleuchten, wie von einem goldenen Fingerring, nahe dem Boden. Es blinkte ganz seltsam und lieblich, da sonst dergleichen Licht keines im Zimmer war. So stand ich auf, die Erscheinung zu untersuchen, und fand, daß der Glanz von der metallenen Klappe meiner Flöte herrührte, die seit Monaten ungebraucht in jener Ecke lehnte gleich einem vergessenen Wanderstabe. Ein einziger Sonnenstrahl traf das Stückchen Metall durch die schmale Ritze, welche zwischen den verschlossenen Fenstervorhängen offen gelassen war; allein woher, da das Fenster nach Westen ging und um diese Zeit dort keine Sonne stand? Es zeigte sich, daß der Strahl von der goldenen Spitze eines Blitzableiters zurückgeworfen war, die auf einem ziemlich entfernten Hausdache in der Sonne funkelte, und so seinen Weg gerade durch die Vorhangspalte fand. Indessen hob ich die Flöte empor und beschaute sie. »Die brauchst du auch nicht mehr!« dachte ich, »wenn du sie verkaufst, so kannst du wieder einmal essen!« Diese Erleuchtung kam wie vom Himmel, gleich dem Sonnenstrahl. Ich kleidete mich an, trank ein großes Glas Wasser, an welchem ich keinen Mangel litt, und begann die Flöte auseinander zu nehmen und die Stücke vom Staube sorgfältig zu reinigen. Dann rieb ich sie mit einem Restchen Firnis und wollenen Läppchen tüchtig ab, salbte sie auch inwendig mit weißem Mohnöl, in Ermangelung von Mandelöl, das man sonst nimmt, damit das Instrument auch tönte, wenn es etwa geprüft wurde. Dann suchte ich das alte Flötenkästchen hervor und legte die Querpfeife so feierlich hinein, als ob ihr die wunderbarsten Kräfte inwohnten, und nun machte ich mich, ohne längeres Säumen und so rasch mich die matten Beine trugen, auf den Weg, einen Käufer für die alte Jugendfreundin zu suchen.

Es dauerte nicht lange, so stieß ich in einer Seitengasse auf den kleinen dunkeln Laden eines Trödlers, hinter dessen Fenster ich neben etwas altem Porzellangeschirr eine Klarinette stehen sah; an dem andern Fenster hingen ein paar vergilbte Kupferstiche, in einem Rähmchen das verblichene Miniaturbildnis einer Militärperson in verschollener Uniform, sowie eine Taschenuhr, auf deren Zifferblatt eine Schäferszene gemalt war. Hier ging ich hinein und fand inmitten seines Trödels ein seltsames ältliches Männchen, kurz und wohlbeleibt, in einen langen Hausrock gemummt und darüber noch eine weiße Frauenschürze vorgebunden. Auf dem rundlichen Kopfe trug er eine wunderliche Schirmmütze, die wie die Muschel des Papiernautilus gebaut war. Diese Figur stand eben über einem kleinen Kochherd gebückt und rührte in einem Topfe, als ich eintrat. Das Trödelmännchen sah auf und fragte mich nicht unfreundlich, was ich wünsche, worauf ich mit leiser Stimme sagte, ich hätte eine Flöte zu verkaufen. Neugierig öffnete er das Kästchen, gab es aber sogleich zurück und sagte: »Richten Sie einmal das Ding zusammen, so weiß ich ja nicht, was es ist!« Als ich die drei Bestandteile gehörig zusammengesetzt hatte, nahm er das Instrument in die Hand und betrachtete es von allen Seiten, sah auch darüber weg, ob es nicht etwa krumm oder verzogen sei.

»Warum wollen Sie's denn verkaufen?« fragte er, und ich meinte, weil ich's nicht mehr haben wolle. »Aber tönt sie auch, die Flöt'? Dort hab' ich schon lang ein Klarinett stehen, das keinen Laut von sich gibt, da bin ich mit angeschmiert worden. Blasen Sie mal!«

Ich blies eine Tonleiter, er wollte aber ein ganzes Stücklein hören; ich fing also, obschon mir nicht musizierlich zu Mut war, mit schwachem Atem die Arie aus der Freischützoper an:

Und ob die Wolke sie verhülle,
Die Sonne bleibt am Himmelszelt.
Es waltet dort ein heil'ger Wille,
Nicht blindem Zufall dient die Welt.

Es war das erste Musikstück, das ich vor Jahren einst gelernt hatte und das mir daher jetzt am ehesten einfiel. Nicht nur aus Schwäche, sondern auch in einem wehmütigen Gefühl meiner Lage und der Erinnerung an jene sorglose Zeiten fiel der Vortrag ein wenig tremulierend oder zitterhaft aus, und ich gelangte nur bis zum zehnten oder zwölften Takte. Allein das Männchen verlangte die Fortsetzung, und ich blies aus Furcht, der Handel könnte sich zerschlagen, in erbärmlicher Demütigung weiter, indessen der Trödler kein Auge von mir wandte. Ich kehrte mich ab und schaute mit bitter nassen Augen durch das Fenster.

Da blickte gleich einem Sonnenaufgang das schönste Mädchengesicht herein, heiter wie der Frühlingstag, lachte holdselig und klopfte mit fein beschuhter Hand an die Scheibe. Es war ein offenbar vornehmes Frauenzimmer, und der Trödelgreis beeilte sich eifrig, das Fenster so weit zu öffnen, als es wegen der hinter demselben befindlichen Trödelware anging.

»Na, Mannerl, was haben's denn da für ein Konzert?« sagte sie im vertraulichen Landesdialekt, den sie nur aus Freundlichkeit zu brauchen schien; dann aber, eh das überraschte Männlein eine Antwort fand, fragte sie nach gewissen chinesischen Tassen, die er zu liefern versprochen habe. Ich hatte mich inzwischen auf eine Kiste gesetzt und schaute, ausruhend von dem mühseligen Spiele, das liebliche Frauenwesen an, das nach rasch beendigter Rücksprache noch einen unbefangenen Blick in den Raum warf und dessen Glanz auch über meine traurige Person hinlaufen ließ.

»Schaffens, daß ich die alten Tasserl bekomm', und jetzt können's mit der Musik fortfahren!« rief sie noch und verschwand mit anmutigem Gruße vom Fenster. Der Alte war von der unverhofften Erscheinung ganz aufgeregt; der Maienglanz dieses Gesichts hatte ihn unzweifelhaft erwärmt und in die beste Stimmung versetzt.

»Die Flöten geht ja ganz ordentlich«, sagte er zu mir; »was wollen's denn dafür haben?«

Als ich nicht wußte, was ich fordern sollte, holte er einen und einen halben Gulden hervor, in zwei funkelneuen Stücken. »Sein's zufrieden damit?« sagte er, »machen's kein' Umtänd', das ist ein schönes Geld!« Ich war zufrieden und dankte sogar in der Eile aufrichtig nach Maßgabe meines Rettungsgefühles, was in seinem Verkehre nicht oft vorkommen mochte. Er klopfte mir gemütlich auf die Achsel und ließ sich zeigen, wie die Flöte auseinander zu nehmen und in das Futteral zu legen sei. Das Kästchen stellte er sodann geöffnet hinter das Fenster.

Auf der Straße besah ich die beiden Münzen genauer, um mich nochmals zu versichern, daß ich wirklich die Macht in der Hand halte, den Hunger zu stillen. Der helle Silberglanz, der Glanz der vorhin gesehenen, noch nachwirkenden zwei Augen und der Sonnenstrahl, der am Morgen kurz nach dem Gebete mir die vergessene Flöte gezeigt hatte, schienen mir alle aus der nämlichen Quelle zu kommen und eine transzendente Wirkung zu sein. Mit dankbarer Rührung, aller Lebenssorge ledig, wartete ich die Mittagsstunde ab, überzeugt, daß der liebe Gott doch unmittelbar geholfen habe. Es wird deswegen ja doch mit rechten Dingen zugehen, dachte ich in meiner so hart angefochtenen Eigenliebe, und ich kann mir dies still bescheidene Wunder wohl gefallen lassen und darf Gott rechtmäßig danken. Schon der Symmetrie wegen fügte ich dem heutigen Morgengebetchen jetzt ein kurzes Dankgebet bei, ohne den großen Weltherrn mit vielen oder lauten Worten belästigen zu wollen.

Nun aber säumte ich nicht länger, das gewohnte Speisehaus aufzusuchen, das ich seit einem Jahre nicht mehr betreten zu haben glaubte, so lang dünkten mich die drei Tage. Ich aß einen Teller kräftiger Suppe, ein Stück Ochsenfleisch mit gutem Gemüse und eine landesübliche Mehlspeise. Dazu ließ ich mir einen Krug Bier geben, das herrlich schäumte, und alles schmeckte mir so trefflich, wie wenn ich am feinsten Gastmahle gesessen hätte. Ein unverheirateter Arzt, der auch dort zu speisen pflegte, bemerkte freundlich, er habe vorhin geglaubt, ich sei krank, so übel sehe ich aus; allein da ich so frischen Appetit habe, so scheine es doch nicht gefährlich zu sein. Ich entnahm hieraus, daß ich mich wenigstens einer guten Gesundheit erfreute, woran ich bisher nicht gedacht hatte, und hiefür war ich der

Vorsehung auch dankbar; denn einem kränklichen oder schwächlichen Gesellen hätte die Strapaze schlimmer ablaufen können.

Nach Tisch begab ich mich in ein Kaffeehaus, um dort bei einer Tasse schwarzen Trankes auszuruhen und dabei die Zeitungen zu lesen und zu sehen, was in der Welt vorging. Denn auch darin war ich die drei Tage wie in der Wüste gewesen, daß ich mit niemand gesprochen und keinerlei Neuigkeit vernommen hatte. Ich fand auch allerlei Nachrichten und Weltbegebenheiten, die sich in der Zeit angesammelt; über dem behaglichen Lesen kehrten aber zusehends meine Leibes- und Verstandeskräfte zurück, und als ich den Bericht las, wie in einer Stadtkirche das Volk zusammenlaufe, weil ein Marienbild dort die Augen bewegen solle, kam ich betroffen auf mein stilles Privatwunder zu denken und sagte mir nach einigem Besinnen, in ganz verändertem Seelentenor, als ich vor dem Essen gehabt: Bist du denn besser, als diese Bildanbeter? Da kann man wohl sagen, wenn der Teufel hungrig ist, so frißt er Fliegen, und der Heinrich Lee schnappt nach einem Wunder!

Und doch zögerte ich, mich der wohltuenden Empfindung einer unmittelbaren Vorsorge und Erhörung, eines persönlichen Zusammenhanges mit der Weltsicherheit zu entledigen.

Schließlich, um dieses Vorteils nicht verlustig zu gehen und doch das Vernunftgesetz zu retten, erklärte ich mir den Vorgang so, daß die anererbte Gewohnheit des Gebets an die Stelle einer energischen Zusammenfassung der Gedankenkräfte getreten sei, durch die damit verbundene Herzenserleichterung jene Kräfte frei und sie fähig gemacht habe, das einfache Rettungsmittel, das bereit lag, zu erkennen oder ein solches zu suchen; daß aber eben dieser Prozeß göttlicher Natur sei und Gott in diesem Sinne ein für allemal die Appellation des Gebetes den Menschen delegiert habe, ohne im einzelnen Fall einzugreifen, auch ohne sich für den jedesmaligen unbedingten Erfolg zu verbürgen. Vielmehr habe er die Anordnung getroffen, daß um den Mißbrauch seines Namens zu verhüten, Selbstvertrauen und Tatkraft, solange sie irgend ausreichen, Gebeteswert haben und vom Erfolge gesegnet sein sollen.

Noch heute lache ich weder über die Geringfügigkeit jener Not, noch über den vorübergehenden Wunderglauben, noch über die pedantische Abrechnung, die demselben folgte. Ich würde die Erfahrung, einmal im Leben den starken Hunger gespürt zu haben, das Wunder des lieblichen Sonnenblickes nach dem Gebete und die kritische Auflösung desselben nach erfolgter Leibesstärkung nicht hergeben; denn Leiden, Irrtum und Widerstandskraft erhalten das Leben lebendig, wie mich dünkt.

Fünftes Kapitel

Die Geheimnisse der Arbeit

Das Geldchen, das ich für die Flöte erhalten, reichte auch für einen zweiten Tag aus, da ich es klüglich eingeteilt hatte. Ich erwachte also diesmal ohne die Sorge, heute hungern zu müssen, und das war wiederum ein kleines, zum erstenmal erlebtes Vergnügen, da diese Sorge mir früher unbekannt gewesen und ich erst jetzt den Unterschied empfand. Dies neue Gefühl, mich gegen den Untergang mangels Nahrung gesichert zu wissen, gefiel mir so gut, daß ich mich schnell nach weiteren Habseligkeiten umsah, die ich der Flöte nachsenden könne; ich entdeckte aber durchaus nichts Entbehrliches mehr, als den bescheidenen Bücherschatz, der sich über meinen wissenschaftlichen Grenzüberschreitungen aufgestapelt und verwunderlicherweise noch vollständig beisammen war. Ich öffnete einige Bände und las stehend Seite auf Seite, bis es elf Uhr schlug und Mittag heranrückte. Da tat ich mit einem Seufzer das letzte Buch zu und sagte: »Fort damit! Es ist jetzt nicht die Zeit solchen Überflusses, später wollen wir wieder Bücher sammeln!«

Ich holte rasch einen Mann, der den ganzen Pack mit einem Stricke zusammenband, auf den Rücken schwang und mir auf dem Wege zu einem Antiquarius damit folgte. In einer halben Stunde war ich aller Gelehrsamkeit entledigt und trug dafür die Mittel in der Tasche, das Leben während einiger Wochen zu fristen.

Das dünkte mich schon eine unendliche Zeit; allein auch sie ging vorüber, ohne daß meine Lage sich änderte. Ich mußte also auf eine neue Frist denken, um die Wendung zum Bessern und den Glückesanfang abzuwarten. Die einen Menschen verhalten sich unablässig höchst zweckmäßig, rührig und ausdauernd, ohne einen festen Grund unter den Füßen und ein deutliches Ziel vor Augen zu haben, während es andern unmöglich ist, ohne Grund und Ziel sich zweckmäßig und absichtlich zu verhalten, weil sie eben aus Zweckmäßigkeit nicht aus nichts etwas machen können und wollen. Diese halten es dann für die größte Zweckmäßigkeit, sich nicht am Nichtssagenden aufzureiben, sondern Wind und Wellen über sich ergehen zu lassen, jeden Augenblick bereit, das leitende Tau zu ergreifen, wenn sie nur erst sehen, daß es irgendwo befestigt ist. Sind sie dann am Lande, so wissen sie, daß sie wieder Meister sind, indessen jene immer auf ihren kleinen Balken und Brettchen herumschwimmen und aus lauter Ungeduld vom Ufer wegzappeln. Ich war nun allerdings keine große Figur in der Geisterwelt, um ein so vornehmes Mittel, wie die Geduld ist, gebrauchen zu dürfen; allein ich hatte damals kein anderes zur Hand, und im Notfall bindet der Bauer den Schuh mit Seide.

Das letzte, was ich außer meinen unverkäuflichen Bildern und Entwürfen besaß, waren die mit meinen Naturstudien angefüllten Mappen. Sie enthielten fast den ganzen Fleiß meiner Jugend und stellten ein kleines Vermögen dar, weil sie lauter reale Dinge aufwiesen. Ich nahm zwei der besseren Blätter, von ansehnlichem Format, welche ich schon im Freien als Ganzes abgeschlossen und in zufällig glücklicher Weise leicht gefärbt hatte. Dieselben wählte ich, um wegen der größeren Wirkung sicher zu gehen, da ich keinen der oberen Kunsthändler, sondern das freundliche Trödelmännchen heimzusuchen gedachte und von vornherein nicht einen wirklichen Wert zu erhaschen hoffte. Vor seinem Geschäfts- und Wohnwinkel angekommen, sah ich erst durch das Fenster und bemerkte die alten Gegenstände dahinter, die Klarinette wie die Kupferstiche und Bildchen, dagegen nicht mehr das Flötenkästchen. Dadurch ermutigt trat ich bei dem Alten ein, der mich sogleich erkannte und fragte, was ich Neues bringe? Er war günstig gelaunt und ließ mich wissen, daß er jene Flöte längst verkauft habe. Als ich die Blätter entrollt und auf seinem Tisch so gut als möglich ausgebreitet, fragte er zuvörderst, gleich dem israelitischen Bild- und Kleiderhändler, ob ich sie selbst gemacht, und ich zögerte mit der Antwort; denn noch war ich zu hochmütig für das Geständnis, daß die Not mich mit meiner eigenen Arbeit in seine Spelunke treibe. Er schmeichelte mir jedoch ohne Verzug die Wahrheit ab, deren ich mich nicht zu schämen brauche, vielmehr zu rühmen hätte; denn die Sachen schienen ihm in der Tat nicht übel und er wolle es damit wagen und ein Erkleckliches daran wenden. Er gab mir auch so viel dafür, daß ich ein paar Tage davon leben konnte, und mir schien das ein nicht zu verachtender Gewinn, obgleich ich seinerzeit lust- und fleißerfüllte Wochen über den Gebilden zugebracht hatte. Jetzt wog ich das winzige Sümmchen nicht gegen den Wert derselben, sondern gegen die Not des Augenblickes ab, und da erschien mir der ärmliche Handelsgreis mit seiner kleinen Kasse noch als ein schätzenswerter Gönner; denn er hätte mich ja auch abweisen können. Und das wenige, was er mit gutem Willen und drolligen Gebärden gab, war so viel, als wenn reiche Bilderhändler größere Summen für eine unsichere Laune ihres zweifelnden Urteils hingeben.

Aber noch in meiner Anwesenheit befestigte der Kauz die unglücklichen Blätter an seinem Fenster, und ich machte, daß ich fortkam. Auf der Straße warf ich einen flüchtigen Blick auf das Fenster und sah die sonnigen Waldeinsamkeiten aus der Heimat wehmütig an diesem dunkeln Pranger der Armut stehen.

Nichtsdestoweniger ging ich in zwei Tagen abermals mit einem Blatte zu dem Manne, der mich munter und freundschaftlich empfing. Die zwei ersten Zeichnungen waren nicht mehr zu sehen; das Männchen, oder Herr Joseph Schmalhöfer, wie er eigentlich laut seinem kleinen alten Ladenschilde hieß, wollte aber keineswegs sagen, wo sie geblieben seien, sondern verlangte zu sehen, was ich gebracht habe. Wir wurden bald des Handels einig; ich machte zwar eine kleine Anstrengung, einen barmherzigeren Kaufpreis zu erwischen, war aber bald froh, daß der Alte nur kauflustig blieb und mich aufmunterte, ihm ferner zu bringen, was ich fertig machte, immer hübsch bescheiden und sparsam zu sein, wobei aus dem kleinen Anfang gewiß etwas Tüchtiges erwachsen würde. Er klopfte mir wieder vertraulich auf die Achsel und lud mich ein, nicht so trübselig und einsilbig dreinzuschauen.

Der ganze Inhalt meiner Mappen wanderte nun nach und nach in die Hände des immer kaufbereiten Hökers. Er hing die Sachen nicht mehr ans Fenster, sondern legte sie sorgfältig zwischen zwei Pappdeckel, die er mit einem langen Lederriemen zusammenschnallte. Ich bemerkte wohl, daß sich die Blätter, große und kleine, farbige wie Bleistiftzeichnungen, zuweilen längere Zeit ansammelten, bis der Behälter plötzlich wieder dünn und leer war; allein niemals verriet er mit einem Worte, wohin meine Jugendschätze verschwanden. Sonst aber blieb sich der Alte immer gleich; ich fand, solang ich ein Blatt zu verkaufen hatte, eine sichere Zuflucht bei ihm, und endlich war ich froh, auch ohne Handelsverkehr etwa ein Stündchen mit Geplauder bei ihm zu verbringen und seinem Treiben zuzusehen. Wollte ich dann weggehen, so forderte er mich auf, nicht ins Wirtshaus zu laufen und das Geldchen zu vertun, sondern an seinem Tische mitzuhalten, und erzwang es am Ende auch. Übrigens war der allein lebende alte Gnom ein guter Koch und hatte stets ein leckeres Gericht im Hafen auf dem Herde oder im Ofen seines düstern Gewölbes. Bald briet er eine Ente, bald eine Gans, bald schmorte er ein kräftiges Gemüse mit Schöpsenfleisch, oder er verwandelte billige Flußfische durch seine Kunst in treffliche Fastenspeise. Als er mich eines Tages zu seiner Mahlzeit eingefangen hatte, sperrte er plötzlich das Fenster auf, wegen der Wärme, wie er sagte, im Grunde aber, um meinen Bettelstolz zu zähmen und mich den Vorübergehenden zu zeigen. Das merkte ich an seinen schlauen Äuglein und scherzhaften Worten, womit er die Anzeichen von Verlegenheit und Unwillen bekriegte, die ich sehen ließ. Ich ging ihm auch nicht mehr in die Falle und betrachtete meine Bedürftigkeit als mein Eigentum, über das er auf diese Art nicht zu verfügen habe. Seltsamerweise fragte er mich nie, wie oder warum ich arm geworden sei, obgleich er mir Namen und Herkunft längst abgehört. Den Grund seines Verhaltens fand ich in der Vorsicht, jede Erörterung zu vermeiden, um nicht zu etwas menschlicheren Kaufsangeboten moralisch genötigt zu werden. Aus gleicher Ursache beurteilte er auch nie mehr, was ich ihm brachte, als gut oder zufriedenstellend, und mit immer gleicher Beharrlichkeit verschwieg er, wohin er die Sachen verkaufe.

Ich fragte auch nicht mehr darnach. Wie ich nun gestimmt war, gab ich gern alles hin für das kärgliche Brot, das die Welt mir gewährte, und empfand dabei die Genugtuung, es verschwenderisch zu bezahlen. Da konnte ich mir umso eher einbilden, als das Wenige, das ich erhielt, der erste Gewinn war, den ich eigener Arbeit verdankte; denn nur der Gewinn aus Arbeit ist völlig vorwurfsfrei und dem Gewissen entsprechend, und alles, was man dafür einhandelt, hat man sozusagen selbst geschaffen und gezogen, Brot und Wein wie Kleid und Schmuck.

So erhielt ich mich ungefähr ein halbes Jahr, so wenig mir der Alte für die mannigfachen Studienblätter und Skizzen gab; denn sie wollten fast kein Ende nehmen, was freilich eines Tages dennoch geschah. Ich war aber nicht bereit, sofort wieder zu hungern. Daher löste ich meine großen gefärbten oder grauen Kartons von den Blendrahmen, zerschnitt jeden sorgfältig in eine Anzahl gleich großer Blätter, die ich in einen Umschlag aufeinanderlegte, und trug diese merkwürdigen, immer noch stattlichen Hefte eines nach dem andern zu dem Herrn Joseph Schmalhöfer. Er beschaute sie mit großer Verwunderung; sie sahen auch wunderbar genug aus. Die große kecke Zeichnung, die ohne Ende durch die Fragmente ging, die starken Federstriche und breiten Tuschen erschienen auf den kleineren Bruchstücken doppelt groß und gaben ihnen als Teilen eines unbekannten Ganzen einen geheimnisvollen fabelhaften Anstrich, so daß der Alte sich nicht zu helfen wußte und wiederholt fragte, ob das auch etwas Rechtes sei? Ich machte ihm aber weis, das müßte so sein, die Blätter könnten zusammengesetzt werden und machten alsdann ein großes Bild; sie hätten indessen auch einzeln für sich ihre Bedeutung, und es sei auf jedem etwas zu sehen, kurz, ich drehte ihm zum Spaß eine Nase und dachte mir dabei, wenn sie ihm auch auf dem Halse blieben, so sei das nur eine kleine Einbuße an dem Gewinne, den er von mir gezogen. Das Trödelgreischen rieb sich verlegen das Bein, welches mit einer juckenden Flechte behaftet war, ließ aber die sibyllinischen Bücher nicht fahren, sondern verkaufte sie eines Tages alle miteinander, ohne daß ich erfuhr, wohin sie gekommen.

Als ich den Ertrag dieses letzten Verkaufes aufgebraucht hatte, war mein Latein für einmal wieder zu Ende. Versuchsweise ging ich zu dem Bild- und Kleiderhändler, um nach den zwei Ölbildern zu sehen. Sie hingen an der alten Stelle, und ich bot sie dem Manne zu Eigentum an auch für den bescheidensten Preis, den er ansetzen würde. Er war jedoch nicht geneigt, irgend etwas Bares dafür auszulegen, und ermunterte mich zur Geduld, wobei ich ja ein besseres Geschäft machen werde. Ich war das auch zufrieden und hatte somit immer noch eine kleine Hoffnung in der Welt hängen und einen schwebenden Handel. Von da ging ich weiter und kehrte bei meinem Schmalhöfer an, ihm einen guten Tag zu wünschen. Er blickte mir sofort auf die leeren Hände; ich sagte jedoch, ich hätte nichts mehr zu veräußern.

»Nur munter, Freundchen!« rief er und nahm mich bei der Hand; »wir wollen sogleich eine Arbeit beginnen, die sich sehen lassen wird! Jetzt sind wir gerade auf dem rechten Punkt, da darf nicht gefeiert werden!« Und er führte und schob mich in ein noch dunkleres Verlies, das hinter dem Laden lag und sein Licht nur durch eine schmale Schießscharte empfing, die in der feuchten schimmligen Mauer sich auftat. Nachdem ich mich einigermaßen an die Dunkelheit gewöhnt, erblickte ich das Gewölbe angefüllt mit einer Anzahl hölzerner Stäbe und Stangen, ganz neu, rund und glatt gehobelt, von allen Größen lastweise an den Wänden stehend. Auf einer uralten Feueresse, dem Denkmal irgend eines Laboranten, der vielleicht vor hundert Jahren hier sein Wesen getrieben, stand ein Eimer voll weißer Leimfarbe inmitten mehrerer Töpfe mit anderen Farben, jeder mit einem mäßigen Streicherpinsel versehen.

»In vierzehn Tagen«, lispelte und schrie der Alte abwechselnd, »wird die Braut des Thronfolgers in unsere Residenz einziehen! Die ganze Stadt wird geschmückt und verziert werden, Tausende und Abertausende von Fenstern, Türen und Gucklöchern werden mit Fahnen in unsern und den Landesfarben der Braut besteckt; Fahnen von jeder Größe werden die nächsten zwei Wochen die gesuchteste Ware sein! Schon ein paarmal hab' ich die Unternehmung bestanden und ein gut Stück Geld verdient. Wer der erste, schnellste und billigste ist, hat den Zulauf. Drum frisch dran hin, keine Zeit ist zu verlieren! Habe mich schon vorgesehen und Stöcke machen lassen, weitere Lieferungen sind bestellt, das Zuschneiden des Tuches und das Nähen wird ebenfalls beginnen. Ihr aber, Freundchen, seid wie vom Himmel ausersehen, die Stangen anzustreichen.

Bst! nicht gemuckt! Hier für diese großen gebe ich einen Kreuzer das Stück, für diese kleineren einen halben; von diesen ganz kleinen aber, welche für die Mauslöcher und Blinzelfensterchen der armen Reichsleute und Untertanen bestimmt sind, müssen vier Stücke auf den Kreuzer gehen! Jetzt aber merkt auf, wie das zu machen ist, alles will gelernt sein!«

Er hatte schon mehrere Stänglein halb und ganz vorgearbeitet; nachdem der Stecken mit der weißen Grundfarbe bestrichen, welche für beide Königreiche dieselbe war, wurde er mit einer Spirallinie von der andern Farbe umwunden. Der Alte legte eine der grundierten Stangen in die Schießscharte, hielt sie mit der linken Hand waagrecht, und indem er, den Pinsel eintauchend, mich aufmerksam machte, wie dieser weder zu voll noch zu leer sein dürfe, damit eine sichere und saubere Linie in Einem Zuge entstände, begann er, die Stange langsam zu drehen und von oben an die himmelblaue Spirale zu ziehen, womöglich ohne zu zittern oder eine unvollkommene Stelle nachholen zu müssen. Er zitterte aber doch, auch geriet ihm der weiße Zwischenraum und die Breite der blauen Linie nicht gleichmäßig, so daß er das mißlungene Werk wegwarf und rief: »Item! auf diese Art wird's gemacht! Euere Sache ist es nun, das Ding besser anzugreifen; denn wozu seid Ihr jung?«

Ohne mich einen Augenblick zu besinnen, ergriff ich einen Stab, legte ihn auf und versuchte neugierig die seltsame Arbeit, und bald ging sie gut von statten. Eifrig fuhr ich fort, bis um die Mittagszeit; als ich aus dem Finsterloche hervortrat, fand ich den Alten zwischen drei oder vier Nähterinnen hausend, denen er das Fahnenzeug zumaß und hundert Lehren erteilte, wie sie zwar nicht liederlich, doch auch nicht zu gut nähen sollten, sondern so, daß die Arbeit rüstig vorrücke und die Fahnen dennoch zusammenhielten, wenn sie im Winde flatterten, ohne daß sie hinwiederum eine Ewigkeit zu dauern brauchten. Die Weiber lachten, und ich lachte auch, als ich hindurchging und das Männchen mir nachrief, in einer Stunde unfehlbar wieder da zu sein. Das geschah, und ich brachte die folgenden Tage bis ans Ende mit der neuen Beschäftigung zu.

Draußen glänzte anhaltend der lieblichste Spätsommer; Sonnenschein lag auf der Stadt und dem ganzen Lande, und das Volk trieb sich bewegter als sonst im Freien herum. Der Laden des Meister Joseph war fortwährend angefüllt mit Leuten, welche Fahnen holten oder bestellten, mit zuschneidenden und nähenden Mädchen, mit Tischlern, die frische Stangen brachten; der Alte regierte und lärmte in bester Laune dazwischen herum, nahm Geld ein, zählte Fahnen, und ab und zu kam er in das Finsterloch herein, wo ich mutterseelenallein in dem blassen Lichtstrahl der Mauerritze stand, den weißen Stab drehte und die ewige Spirale zog.

Er klopfte mir dann etwas sachte auf die Schulter und flüsterte mir ins Ohr: »So recht, mein Sohn! Dies ist die wahre Lebenslinie; wenn du die recht akkurat und rasch ziehen lernst, so hast du vieles erreicht!« In der Tat fand ich in dieser einfachen Beschäftigung allmählich einen solchen Reiz, daß mir die in dem Loch zugebrachten Tage wie Stunden vergingen. Es war die unterste Ordnung von Arbeit, wo dieselbe ohne Nachdenken und Berufsehre und ohne jeglichen andern Anspruch, als denjenigen auf augenblickliche Lebensfristung, vor sich geht; wo der auf der Straße daherziehende Wanderer die Schaufel ergreift, sich in die Reihe stellt und an selbiger Straße mitschaufelt, solange es ihm gefällt und das Bedürfnis ihn treibt.

Unablässig zog ich das gewundene Band, rasch und doch vorsichtig, ohne einen Klecks zu machen, einen Stab ausschießen zu müssen oder einen Augenblick durch Unschlüssigkeit oder Träumerei zu verlieren, und während sich die bemalten Stäbe unaufhörlich häuften und weggingen, während ebenso beständig neue ankamen, wußte ich doch jeden Augenblick, was ich geleistet, und jeder Stecken hatte seinen bestimmten Wert. Ich brachte es so weit, daß der ganz verblüffte Joseph mir schon am dritten Abend nicht weniger als zwei Kronentaler als Tagelohn auszahlen mußte, mehr, als er mir für die beste Zeichnung gegeben hatte. Erst sperrte er sich dagegen und schrie, er habe sich verrechnet, es sei nicht die Meinung gewesen, daß ich so viel an dem Zeug verdienen solle!

Ich dagegen verstand keinen Spaß und beharrte auf der Abrede mit der Behauptung, die erworbene Fertigkeit ginge ihn nichts an, und er solle froh sein, wenn er, dank derselben, so viele Fahnen liefern könne: genug, ich fühlte mich hier ganz auf einem sicheren Grunde und schüchterte das Männchen dermaßen ein, daß es sich schleunig zufrieden gab und mich aufforderte, nur so fortzufahren, die Sache sei bestens im Gange.

Er hatte auch einen gewaltigen Zulauf und versorgte einen guten Teil der Stadt mit seinen Huldigungspanieren. Ich aber drehte unverdrossen den Stab und durchwanderte mit meinen Gedanken auf der unablässig sich abwickelnden blauen Linie eine Welt der Erinnerung und der Ausschau in die Zukunft. Ich hatte nicht im Sinne, zu Grunde zu gehen, und konnte doch nicht den Ausgang sehen, der ja unzweifelhaft vorhanden war, da der Glaube an eine göttliche Weltordnung mir nach wie vor im Blute wohnte, wenn ich mich auch in acht nahm, abermals die Angel nach einem kleinen Gebetswunder auszuwerfen. Zuletzt begnügte ich mich mit dem Bewußtsein der unmittelbaren Sicherheit, daß ich für diesen und eine Reihe von Tagen ja zu leben habe. Ein ledernes Geldbeutelchen, das ich mir nach Art der Fuhr- und Schiffleute angeschafft, hervorziehend, überzeugte ich mich, wie der bescheidene Schatz von Silberstücken, der wohlverschnürt darin ruhte, sich zusehends vermehrte.

Bis jetzt hatte ich das Geld immer offen in der Westentasche getragen; als ein angehender Geldhamster nahm ich mir nun vor, nie mehr ohne Beutel zu wirtschaften, und setzte eifrig meine ruhmlose und zufriedene Arbeit fort. Am Abend suchte ich dann irgend ein entlegenes Gasthaus, setzte mich unter unbekanntes Volk und verzehrte mein spärliches Nachmahl, welches ich, in meinem Beutel herumklaubend, bedächtig und vorsichtig bezahlte, als einer, der weiß, woher es kommt.

Endlich war indessen der Einzugstag herangerückt. Noch in der letzten Stunde kamen einzelne ärmere oder knauserige Leute, ein Fähnchen oder zwei nach reiflichem Entschlusse zu holen, und feilschten um den Preis; dann wurde der Laden still und leer, der Alte zählte seine Einnahme, und vollauf damit beschäftigt, forderte er mich auf, hinauszugehen, den festlichen Einzug der künftigen Herrscherin mit anzuschauen und mir gütlich zu tun.

»Sie machen sich wohl nichts daraus, wie?« fügte er hinzu, als er sah, daß ich keine besondere Lust bezeigte; »sehen Sie, so wird man gesetzt und klug! Schon weiser geworden in der kurzen Zeit, bei der alten Feueresse! So muß es kommen! Aber geht dennoch ein bißchen hinaus, Lieber, und wäre es nur, um die schöne Luft und die Sonne zu genießen!«

Das fand ich billig und ratsam; ich durchstrich die Stadt, die sich mit Einem Schlage ganz in Farben, Gold und grünes Laub gehüllt hatte, daß es von allen Enden flatterte und schimmerte. Durch die Straßen wogte eine ungezählte Menschenmenge, glänzende Reiterzüge, Fußvolk, Zünfte, Korporationen und Brüderschaften mit allen möglichen seltsamen Fahnen bewegten sich dem Tore zu, und außerhalb desselben, das ich mit durchschritt, ergoß sich dieses Freudenheer nach dem Weichbilde hin auf das freie Feld, in eine Volksmenge hinein, die es schon besetzt hielt, da Bauerschaften, ländliche Schulen, Schützen aus weitem Umkreise herangezogen waren. Dazwischen drängte sich ebenso zahlreich das zuschauende Publikum, mit welchem ich mich schieben ließ.

Plötzlich ertönte Geschützdonner, Glockengeläute über der weitgedehnten Stadt; Musikchöre, Trommelschlag und der betäubende Zuruf des Volkes verkündeten, daß die erwartete Fürstin herannahe. Ich sah im Glanze der Nachmittagssonne die Schwerter der voranrasselnden Reiter blinken und darauf in einem Blumenwagen das junge Frauenwesen vorüberschweben über den Köpfen der wogenden Menge, wie in einem Schiffe, das über ein rauschendes Meer gleitet, da ich weder Pferde noch Räder sehen konnte. Erst erfreute mich das ungeheuere Geräusch, dann aber belästigte es mich als etwas Fremdes und erweckte meine republikanische Eifersucht gegen die Macht eines monarchischen Lebens, mit dem ich nichts zu schaffen hatte, an welchem ich nichts mehren und nichts mindern konnte.

»Freilich hast du geschafft und gemehrt!« rief in mir die Stimme des politischen Gewissens, »du hast seit Wochen davon gelebt und trägst sogar den Sündenlohn noch in der Tasche!«

»So hab' ich wenigstens nicht auf diese Untertanen geschossen«, erwiderte die Selbstbeschönigung, »wie so oft die Schweizergarden im Fürstendienste getan haben; und in diesem Augenblicke stehen noch vollzählige Regimenter am Fuße von Thronen, die schlechter sind, als der hier gefeiert wird!«

Die Vorstellung der Schweizerregimenter in fremden Diensten brachte wieder eine andere Phantasie hervor; ich sah im Geiste die mehreren Tausende der von mir gesprenkelten Fahnenstecken gleich einem unabsehbaren Zaune aufgestellt und mich als den Feldhauptmann der hölzernen Armee mitten vor derselben stehend, den ledernen Geldbeutel in der Hand. Der Vergleich dieses Ehrenpostens mit demjenigen eines weiland schweizerischen Marschalls im französischen oder hispanischen Heere schien zu meinen Gunsten auszufallen, da wenigstens kein Tropfen Blut daran klebte. Mein Bewußtsein erheiterte sich wieder, sprach sich frei, und ich marschierte an der Spitze des Gewalthaufens meiner unsichtbaren Stangengeister durch die langsam zurückflutenden Massen nach der Stadt zurück.

Gemächlich wandelte ich nun durch die geschmückten Straßen und besah mir alle Zierwerke und Veranstaltungen genauer; dann ging ich mit dem sinkenden Abend wieder hinaus, wo alle Trinkstätten und Tanzgärten angefüllt waren. Ich hielt mich aber nirgends auf, bis ich mit aufgehendem Monde zu einer mit hundertjährigen Silberpappeln bewachsenen Flußinsel kam, in deren Mitte ein volkstümliches Zech- und Tanzgebäude hell erleuchtet war und von Geigen, Pauken und Trompeten tönte. Da suchte ich ein einsames Plätzchen unter den Bäumen und möglichst nah am Wasser, dessen fließende Wellen im Mondlichte glänzten. Andere hatten jedoch den gleichen Geschmack, und so ging ich vergeblich an manchen Tischen vorbei; zuletzt mußte ich mich entschließen, an einem Platz zu nehmen, an welchem schon Leute saßen, einige junge Frauenzimmer mit ihren Freunden oder Verwandten. Das Halbdunkel der hohen Bäume war durch eine bunte Papierlaterne etwas erhellt, aber nicht genug, daß das mondbeschienene Wasser um seine freundliche Wirkung gekommen wäre und das Gestirn mater durch die Äste gefunkelt hätte.

Als ich, leicht den Hut rückend, mich niederließ, versicherten mich zwei der Mädchen, die zunächst saßen, mit schalkhaftem Lächeln, es sei für einen guten Bekannten und Arbeitsgenossen Raum genug vorhanden, und erst jetzt erkannte ich in ihnen zwei der Fahnennähterinnen aus Schmalhöfers Laden. Sie hatten sich gar anmutig herausgeputzt, und ich war überrascht, so hübsche Geschöpfe in ihnen zu finden, die ich während der ganzen Zeit kaum angesehen und gegrüßt, wenn ich durch den Laden in das finstre Loch ging oder aus demselben kam. Die ältere von ihnen stellte mich der Gesellschaft, welche aus jungen Arbeitsleuten verschiedener Profession zu bestehen schien, als Standesgenossen vor; denn sie hatten auch von dem Alten meinen Namen erfahren. Man hielt mich offenbar für einen wackeren Tünchergesellen; die jungen Männer boten mir treuherzig ihre Bierkrüge dar, ich tat Bescheid, versah mich selbst mit einem Kruge, und froh, nach langer Einsamkeit unter Menschen zu sein, überließ ich mich der einfachen Geselligkeit, ohne meinen etwas höheren Rang zu verraten, was mir auch übel angestanden hätte.

Der kleine Kreis bestand aus drei Liebespaaren, an der Art kenntlich, wie sie sich unbefangen umfaßt hielten. Zwischen Hoffnung und Furcht schwebend, dauernd verbunden oder wieder getrennt zu werden, verloren sie keine Zeit, sich ihrer Gegenwart zu versichern. Ein viertes Mädchen schien überzählig zu sein; denn es saß ohne Galan zunächst an meiner Seite, vielleicht wegen zu großer Jugend, da es höchstens siebzehn Jahre alt sein mochte. Ich hatte die glänzenden Augen der Kleinen im Trödlerladen schon bemerkt, weil sie immer aufgeblickt, wenn man durch ging. Jetzt sah ich auch ihre außerordentlich feine Gestalt, in einen ziemlich feinen weißen Sonntagsshawl gehüllt; auf dem Tische lag die zierlichste kleine Hand, deren zarte Fingerspitzen freilich von unzähligen Nadelstichen eine rauhere Haut bekommen hatten, und rechnete man hiezu das weiche braune Haar, das unter dem luftigen Hütchen hervorquoll, sowie das Licht des jungen Busens, wenn das helle Tuch sich einen Augenblick lüftete, so erschien hier im Schatten der Armut ein Schatz von Reizen verborgen, wie ihn mancher Reichtum vergeblich wünschte. Selbst die Blässe des Gesichtes, deren ich mich zu erinnern glaubte, diente jetzt einem Lichtspiele zur Unterlage, indem bald der rötliche Schimmer der im Luftzuge schwankenden Papierlaterne, bald der silberbläuliche Abglanz des Flusses darüber flog und zusammen mit dem Lächeln ihres Mundes, wenn sie sprach, ein geheimnisvolles Leben und Weben bildete. Zum Überflusse hieß sie noch Hulda.

Ich frage sie, ob sie wirklich so heiße, oder ob sie den Namen bloß angenommen habe, wie das bei Frauenzimmern des arbeitenden und dienenden Standes, dem wir angehörten, zuweilen vorkomme?

»Nein«, erwiderte sie, »ich habe den Namen nebst vier andern von meinen Eltern bei der Taufe erhalten. Es sind arme Schustersleute gewesen, die bei meiner Taufe weder einen Schmaus auszurichten noch solche Paten herbeizuziehen vermochten, von denen irgend ein Angebinde zu hoffen war. Weil sie nun dennoch einen gewissen vornehmen Tick besaßen, so statteten sie mich dafür mit fünf Namen aus. Ich habe sie aber alle abgeschafft bis auf den kürzesten; denn da unsereins immer zu den Behörden laufen muß, um seine Beschreibung in Ordnung zu erhalten, so wurde ich von den Beamten jedesmal angefahren, ob meine Namen bald zu Ende seien, oder ob sie vielleicht einen neuen Bogen anbrechen müßten, um sie alle aufzuschreiben.«

»Und Sie haben doch den schönsten von den fünf Namen behalten?« fragte ich, von dem Ernste belustigt, mit welchem sie die Geschichte erzählte.

»Nein, nur den kürzesten! Die andern waren alle länger und prachtvoller! Aber Sie tragen ja zu viel Geld bei sich herum, das muß man nicht tun!«

Ich hatte meinen wohlgerundeten Geldbeutel auf den Tisch gestellt, um einen neuen Krug Bier zu zahlen, den man mir brachte, da ich durstig gewesen und mit dem ersten schon fertig geworden.

»Das ist mein Verdienst von den Fahnenstangen«, sagte ich, »ich werd's schon versorgen, wenn ich's nicht brauche!«

»Himmel! So viel haben Sie bei dem Alten verdient? Und ich hab's auf kaum vierzehn Gulden gebracht!«

»Ich hab' es vom Stück, da kann man sich an den Laden legen und dem Patron die Nase lang machen!«

»Hört, Leute, der hat's vom Stück!« rief sie den andern zu, »der verdient ein Geld! Wo stehen Sie eigentlich in Arbeit, oder sind Sie für sich?«

»Ich bin augenblicklich ohne Meister und denke es zu bleiben, solang es geht.«

»Es wird gewiß gehen, denn fleißig sind Sie ja von früh bis spät, das haben wir gesehen und oft zueinander gesagt! ›Wenn er nur nicht so hochmütig wäre‹, meinten die andern, aber ich hielt dafür, Sie seien eher traurig oder langweilig. Haben Sie denn schon zu Nacht gegessen?«

»Noch nicht! Und Sie?«

»Auch noch nicht! Wissen Sie was, da ich allein bin, so könnten wir zusammenlegen und miteinander essen, dann stellen wir auch ein Pärlein vor!«

Ich fand diesen Vorschlag sehr angenehm und klug und wurde von einem Wohlgefühl erwärmt, unversehens so gut untergebracht zu sein. Ich lud die artige Hulda daher ein, mir das Traktament zu überlassen; allein sie tat es durchaus nicht anders, als auf gemeinschaftliche Kosten, und als das bestellte Essen anlangte, holte sie ein anständig versehenes Täschchen hervor und ruhte nicht, bis ich ihren Anteil hinnahm. So spiesen wir denn vertraulich und waren guter Dinge; nur wollte das anziehende Wesen nicht von den Kartoffeln nehmen, die ich zu den Karbonaden, die sie gewünscht, bestellt hatte. Vielmehr sagte sie, es scheine, daß ich noch nie einen Schatz besessen, ansonst mir bekannt wäre, daß Arbeitsmädel, wenn sie Feiertags zum Vergnügen gehen, keine Kartoffeln essen wollen. Wie ich das wissen könne, fragte ich, und was denn das für ein Geheimnis sei?

»Weil sie die Woche hindurch sich fast nur von Kartoffeln nähren und davon genug bekommen!« erklärte sie. Ich drückte mein Mitleid aus, ohne zu gestehen, daß ich schon schlechtere Tage gesehen; denn das hätte mir ihre Achtung schwerlich erworben, wie ich wenigstens dachte.

Inzwischen war von der übrigen Gesellschaft bald das eine, bald das andere Paar zu einem Tanze in den Saal gegangen und wieder erschienen, wodurch unser Tisch abwechselnd leer oder wieder bevölkert wurde. Unerwartet kehrten jetzt zwei Paare in höchster Aufregung zurück und setzten am Tische einen Streit fort, der im Saale ausgebrochen sein mochte. Das eine der Mädchen weinte, die andere schalt, und die dazu gehörigen jungen Männer hatten zu tun, den Sturm zu besänftigen und allerlei Angriffe von sich selbst abzuhalten.

»Da ist die Geschichte wieder los!« sagte Hulda; sich dicht an mich schmiegend, erzählte sie mir mit gedämpfter Stimme, das sei eine Liebschaft übers Kreuz. »Die eine hier hatte nämlich früher den andern zum Schatz und die andere diesen jetzigen; dann haben sie alle vier, hast du nicht gesehen, gewechselt, und es hat diese jenen und jene diesen zum Liebsten. Aber alle Fronfasten gibt's ein jammervolles Gewitter, daß beinah die Welt untergeht. Ein so überzwerches vierspänniges Zeug tut halt nicht gut, es dürfen nur zwei bei einer Sach' sein!«

»Aber warum gehen sie denn zusammen, anstatt sich auszuweichen?«

»Das weiß Gott warum! Immer laufen's an die gleichen Orte hin und hocken beieinander, wie wenn sie behext wären!«

Ich war ebenso verwundert über das Phänomen wie über die Reden meiner blutjungen Freundin. Der Streit, der sich um unverständliche, scheinbar nichtige Dinge drehte, wurde zuletzt so erregt, daß das dritte Liebespaar, welches im Frieden lebte, sich einmischte und mit Mühe einen Waffenstillstand zuweg brachte. Die Krüge, aus denen je zwei der Leutchen tranken, wurden neu gefüllt. Die streitbaren Mädchen schmollten jedoch nicht nur unter sich, sondern auch mit ihren Geliebten. Die Unparteiischen schritten abermals ein, und es wurde auf Huldas Vorschlag beschlossen, die zwei Paare sollten zur gewaltsamen Bezwingung aller Eifersucht und Unfriedfertigkeit einmal wieder jedes mit dem früheren Gesponsen tanzen, und keines dürfe dazu scheel sehen.

Das wurde denn auch ausgeführt; die ausgetauschten Paare kamen nach einem langen Tanze zurück, jedes der Mädchen am Arme seines alten Genossen; allein statt sich nun wieder zu trennen, nahmen beide neu ausgewechselten Parteien ihre Sachen zusammen und zogen, ohne ein Wort zu sagen, auf verschiedenen Wegen von dannen. Ganz verblüfft blickten wir Zurückgebliebenen ihnen nach, bis sie verschwanden, und brachen dann in ein helles Gelächter aus. Nur Hulda schüttelte den Kopf und sagte: »Das Lumpenvolk!« In der Tat hatten sie in dem Tanze nicht die gehoffte sittliche Ausgleichung, sondern lediglich einen neuen Anreiz ihrer Willkür gefunden und mochten sich nun beeilen, nach so langer Trennung die Lustbarkeiten einer Wiedervereinigung zu genießen.

Bevor ich mich von meinem Erstaunen über die freien Sitten dieses einfachen Völkchens erholt hatte, fühlte ich die weiche Hand des jungen Mädchens auf der Schulter, das endlich auch einen Tanz zu tun begehrte. Obgleich ich nicht daran gedacht, dergleichen Belustigung zu suchen oder zu finden, mußte ich dennoch willfahren, da sie das als selbstverständlich ansah, auch Hut und Shawl schon der Freundin anvertraute, die mit ihrem Gesellen noch da war. Erst im Lichte des Tanzsaales, in der freien Bewegung sah ich vollends, wie hübsch sie war. Aber bald sah ich sie nicht mehr, sondern fühlte nur noch ihre leichte Last, weich wie eine Flaumfeder, wenn sie einem Geiste gleich dahinflog. Mußten wir aber anhalten, so sah ich bloß die wohlwollend warmen Augen und das zufriedene Lächeln ihres Mundes, während sie mir die gelockerte Halsbinde ordnete oder mich aufmerksam machte, daß am Hemde ein Knopf fehle.

Ein heißes Leben schien in dem zartgegliederten Geschöpfe zu atmen und sich als hingebende Güte zu äußern für alles, was ihm nahe trat. Eine mir rätselhafte Zärtlichkeit begann das Wesen von den Augen bis in alle Fingerspitzen zu überwallen, ohne mit einer Spur von falscher Schmeichelei oder gar Gemeinheit vermischt zu sein; vielmehr war ihr Regen und Bewegen bei alledem so in anmutige Bescheidenheit gehüllt, daß in dem Gedränge der Tanzenden keine Seele etwas davon wahrnahm. Und doch schien sie nicht der mindesten Vorsicht oder Selbstbeherrschung zu bedürfen.

Als durch das Ungeschick einiger Leute der Tanz ins Stocken geriet und Hulda hart an mich gedrückt wurde, verspürte sie meine klopfenden Pulse, legte die Hand an meine Brust, nickte mit großer Freundlichkeit und sagte: »Lassen's schaun, haben's wirklich ein Herz?«

»Ich glaube ja!« antwortete ich und sah das liebreizende, ganz nahe Gesicht mit offenem Munde an. Sie nickte nochmals, und wir wollten in dem wieder gelösten Tanzwirbel dahinfahren, als Huldas Freundin uns fand, anhielt und ihr Hut und Tuch mit der Ankündigung übergab, sie wolle jetzt heimgehen, da sie in der Frühe wieder zur Arbeit müsse.

»Auch ich muß um sieben Uhr dahinter sein!« rief Hulda lachend; »denn ich habe wegen der Fahnenschneiderei meine gewohnte Kundschaft vertröstet und soll's nun nachholen! Aber ich mag doch nicht gleich jetzt nach Hause!«

»Nun, du kannst ja noch ein Weilchen bleiben«, sagte die andere, »unser guter Bekannter und Freund geleitet dich nachher schon sicher heim, nicht wahr, Sie sind so gut, Herr Stangenmacher?«

Ich versprach gern, den Dienst zu übernehmen, worauf das letzte der Liebespaare sich verabschiedete, Hulda dagegen mit mir an den verlassenen Tisch zurückkehrte. Wir saßen nun allein unter den Silberpappeln; der Mond stand hoch am Himmel, uns daher nur noch durch den grauen Schimmer bemerkbar, der in den obersten Gewölben der Baumkronen lagerte; unten war es ziemlich dunkel, denn auch der Fluß glänzte nicht mehr an jener Stelle, und die Laterne war erloschen.

»Da wollen wir noch ein klein wenig ausruhen und dann auch gehen!« sagte sie und lehnte sich ohne Bedenken in meinen Arm, den ich um ihre Hüften legte. Ich zog indessen den Arm zurück, um ein Glas Punsch oder heißen Wein herbeizuschaffen. Allein sie verhinderte mich und stellte selbst die alte Lage wieder her.

»Nicht trinken!« sagte sie leis, »die Lieb' ist eine ernstliche Sach' und will nicht betrunken sein, auch wenn sie nur Scherz ist!«

»Was wissen Sie denn schon so viel von Liebe, schönstes Kind, das ja in der Tat fast noch ein Kind ist?«

»Ich? Gerade siebzehn Jahre bin ich! Seit fünf Jahren steh' ich ganz einzig in der Welt und habe mich jeden Tag, vom zwölften Jahr an, mit Arbeit ehrlich erhalten und viel erfahren. Darum lieb' ich die Arbeit, sie ist mir Vater und Mutter! Und nur Eines gibt's, das ich ebenso lieb habe, nämlich die Liebe. Eher sterben, als nicht lieben!«

»Ei, du süßes Zuckerbrot!« sagte ich und suchte den rosigen Mund zu erkennen, welcher solche Worte hervorbrachte.

»Bin ich?« flüsterte Hulda; »glauben Sie, ich sei von dem Holz, aus welchem man Essig macht? Schon zwei Liebhaber sind in diesem Herzen gewesen!«

»Himmel, schon zwei! Wo sind die hin?«

»Nun, der erste war noch zu jung und hier in der Fremde; der mußte weiter wandern und hat mir dann geschrieben, daß er in der Heimat ein Liebchen habe, das er einst heiraten werde. Da gab's Tränen; aber das konnte mir nicht helfen. Dann kam der zweite, der wollte aber nicht arbeiten, und ich mußt' ihn beinah ganz erhalten; das ging nicht auf die Dauer, auch schämt' ich mich für ihn und ließ ihn laufen! Denn wer nicht arbeitet, soll nicht nur nicht essen, sondern braucht auch nicht zu lieben!«

»Und läuft dieser hier in der Stadt herum?«

»Leider nicht, denn er ist eingesperrt, weil er etwas Schlechtes verübt hat, als ich ihm nichts mehr gab. Darüber hab' ich mich so geschämt und gegrämt, daß ich ein halbes Jahr lang niemand anzusehen wagte!«

»Aber jetzt kann's wieder angehen?«

»Gewiß! Wer wollte sonst leben?«

Ich wurde immer verwirrter, das jugendliche Geschöpf mit solchem Bewußtsein, solcher Bestimmtheit und Leichtfertigkeit sprechen zu hören, eine so zarte, zerbrechliche Existenz sich erklären zu hören, daß sie in Arbeit und Liebe aufgehe und sonst nichts von der Welt begehre. Und doch war es wiederum wie eine Erscheinung aus der alten Fabelwelt, die ihr eigenes Sittengesetz einer fremden Blume gleich in der Hand trug. Es wurde mir zu Mut, als ob eine wirkliche Huldin sich aus der Luft verdichtet hätte und mit warmem Blute in meinen Armen läge.

Unser Reden war bereits ein leises Kosen geworden; nach einem Weilchen flüsterte sie mir zu: »Und wie steht es denn mit Ihnen? Sind Sie frei?«

»Leider ganz und gar seit Jahren!«

»Nun denn, so lassen Sie uns ganz still und gemächlich eine Bekanntschaft anfangen und ruhig sehen, wohin sie uns führt!«

Diese prosaisch gemeinen Gewohnheitsworte sagte sie aber mit der Stimme und dem Ausdruck eines Mägdleins, das sein erstes Geständnis preisgibt, oder gewissermaßen mit dem Tone eines jener unsterblichen Wesen, das die Gestalt einer armen Dienstmagd angenommen hat, um in ewiger Jugend und Neuheit einen Liebeshandel zu eröffnen. Freilich lag hierin auch die Sicherheit, daß sie über meinen Verlust ebenso unbeschädigt zur Tagesordnung gehen würde, wie über jeden andern. Das fühlte ich deutlich und suchte dennoch ihre kleine Hand und ihren Mund, der mir mit ambrosischer Frische entgegenkam, so rein und duftig wie eine aufgehende Rose.

»Nun wollen wir gehen!« sagte sie; »wenn Sie so gut sein wollen, mich bis zu meiner Wohnung zu begleiten, so sehen Sie das Haus. Sonnabends kommen Sie so um die neun Uhr vor dasselbe, und wir reden alsdann ab, was wir Sonntags beginnen wollen. Die Woche durch aber schaffen wir still und zufrieden drauf los! O wie lieb ist die Arbeit, wenn man dabei an was Liebes zu denken hat und sicher ist, am Sonntag mit ihm zusammen zu sein. Und wenn wir erst so weit sind, daß wir im Stübchen bleiben und uns zusammentun, so mag es regnen und stürmen, wir sitzen ruhig und lachen den Himmel aus!«

»Aber woher weißt du denn, du gutes liebes Kind, daß alles so erwünscht ausfallen und gehen wird, was mich betrifft? Woher kennst du mich denn?«

»Da sei ohne Sorge, ich kenne dich schon so ein wenig, und etwas wagen muß das Herz und früh auf sein, wenn es leben will! Wenn du wüßtest, was ich schon gesehen und erfahren habe! Und wenn es dir an Arbeit fehlen sollte, so kann ich sie dir verschaffen, ich komme weit herum und höre und sehe mehr, als mancher glaubt!«

Sie hatte sich an meinen Arm gehängt und ging fest und munter neben mir her, ein kleines Liebeslied summend und immer dasselbe wiederholend. Ich traute meinen Sinnen kaum, mitten in der Not und Bedrängnis, in die ich geraten war, auf der vermeintlich dunkelsten Tiefe des Daseins so urplötzlich vor einem Quell klarster Lebenswonne, einem Schatze goldenen Reizes zu stehen, der wie unter Schutt und dürrem Moose verborgen hervor blinkte und schimmerte!

»Den Teufel auch!« dachte ich, »das Völklein hat ja wahre Hörselberge unter sich eingerichtet, wo der prächtigste Ritter keine Vorstellung davon hat; wie es scheint, muß man selbst arm werden, um die Herrlichkeit zu finden!«

»Was studieren Sie denn so fleißig?« sagte Hulda, ihr Liedchen unterbrechend.

»Nun, ich betrachte mir eben das schöne Glück, das ich so unverhofft gefunden habe! Darüber darf man doch ein bißchen erstaunt sein?«

»Ei, was sind das für aufgeputzte Worte! Wie aus einem Lesebuch! Aber wenn ich es bedenke, so hab' ich schon ein paarmal gemeint, du redest und tätest nicht wie ein richtiger Arbeitsgesell. Du hast vielleicht schon bessere Zeit gehabt und eigentlich nicht ein Handwerker werden sollen?«

»Ja, es ist so was! Aber nun bin ich zufrieden, besonders heut!«

»Komm, komm!« sagte sie, umhalste mich und küßte mich mit süßester Innigkeit, daß ich wie im Rausche weiter mit ihr ging; denn unser Weg war lang.

Ich hatte aber meine vorhinigen Worte nicht gelogen, sondern setzte sie in Gedanken fort: »Warum sollst du nicht untertauchen in diese glückselige Verborgenheit, allem ideal- und ruhmsüchtigen Treiben entsagend? Warum solltest du nicht gleich morgen wieder solcher Arbeit nachgehen, wie du seit Wochen verrichtet hast, ein Arbeiter unter Arbeitern sein, deines bescheidenen Brotes jeden Tag gewiß und jeden Abend deine stille Ruhe findend an diesem zarten Busen, der einer so langen Jugend entgegenblüht? Schlichte Arbeit, goldene Liebe bei zufriedenem Brot, was willst du mehr! Und kann am Ende nicht noch etwas Besseres dabei herauskommen, insofern es irgend zu wünschen ist?«

Als wir endlich vor der Haustüre der Hulda anlangten, war ich überzeugt, ein echtes und glückhaftes Abenteuer erlebt zu haben, und versprach, am nächsten Samstagabend unfehlbar da zu sein. Andere spät Heimkehrende verhinderten eine letzte Abschiedszärtlichkeit, und sie schlüpfte nach einigen höflichen Dankesworten für die Begleitung rasch neben jenen hinein.

Der Mond näherte sich seinem Untergange. Ein starker Wind bewegte die Tausende von Fahnen in den still gewordenen Straßen, daß es überall, in der Tiefe und auf der Höhe der Häuser und Türme wallte und flatterte, wie von Geisterhänden bewegt. Aber auch in meinem Innern, durch alle Adern wogte und rauschte erst jetzt die erwachte Leidenschaft, wild und sanft, süß und frech zugleich, die Hoffnung, ja Gewißheit, in wenigen Tagen von einem Schatze geheimer Glücksgüter Besitz zu nehmen, die ich mir vor Stunden noch nicht hätte träumen lassen.

So kehrte ich in meine verödete Wohnung zurück, die ich seit der letzten Morgenfrühe nicht mehr betreten hatte.

Sechstes Kapitel

Heimatsträume

Der Tod war in dem Hause eingekehrt, in welchem ich wohnte; ich mußte ihm sozusagen auf der Treppe begegnet sein. Am Nachmittage war die Wirtin in die Wochen gekommen, und nun lag sie mit zerstörtem Leben in der matt erleuchteten Stube neben einem toten Kinde. Ich mußte an der offenen Türe vorübergehen; eine Wehmutter und eine Nachbarin räumten auf und beschwichtigten die weinenden Kinder, die aus ihrer Schlafkammer hervorgebrochen waren. Auf einem Stuhle saß der kurz vor mir heimgekehrte Mann, der seit dem Mittage den Aufzügen und Lustbarkeiten nachgegangen und erst kurz vor mir angekommen, da man ihn an den gewohnten Orten nirgends hatte finden können. Er übte seinen Beruf außer dem Hause auf mir unbekannte Art, und was er verdiente, brauchte er zum größten Teil für sich allein. Die tote Frau war der Eckstein und die Erhalterin der Familie gewesen.

Nun saß der Mann wortlos, ratlos und bleich mitten in dem Jammer; denn die Röte der herumschweifenden Heiterkeit war gründlich aus seinem Gesichte gewichen, und statt den Schlaf suchen zu können, mußte er wach bleiben, ohne zu nützen oder zu helfen. Er betrachtete mit scheuem Blicke das in ein Tüchlein gewickelte undeutliche Wesen, welches in einem Getümmel von Schmerzen und Leiden vergangen war, noch eh es den Tag gesehen. Er schüttelte schaudernd den Kopf und schaute auf die Mutter; die lag starr und teilnahmslos, wie es einer erfahrenen Toten geziemt; weder Mann, noch Kinder, noch Nachbaren rührten sie; selbst das Kleine an ihrer Seite ging sie nichts an, trotzdem sie vor kurzem noch ihr Leben für dasselbe geopfert hatte.

Die Kinder, welche während der Todesnot eingesperrt und vernachlässigt worden, hungerten und schrien mitten in ihren erbärmlichen Klagen um die Mutter nach Nahrung, bis der Mann sich aufraffte und mit gelähmten Gliedern herumtastete, wo die Frau die letzte Speise mochte besorgt oder gelassen haben. Er sah sich unfreiwillig nach ihr um, als ob sie rufen müßte: »Dort geh hin, da steht die

Milch, dort liegt das Brot, in der Mühle steckt noch Kaffee!« Sie sagte aber nichts.

Erschüttert trat ich dem Jammer näher und fragte, ob ich irgend etwas tun könne? Eine der Frauen sagte, die Ärzte hätten die sofortige Überführung nach dem Leichenhause anbefohlen; es wäre gut, wenn die Leichen gleich in der Frühe geholt würden, allein niemand sei da, wenn der Mann nicht hingehe, die Bestellung zu machen. Ich anerbot mich, die Sache zu verrichten, und zog zehn Minuten später die Glocke an der Wachstube des Todes. Nachdem ich dem Wächter das Nötige mitgeteilt, blickte ich durch eine Glastüre in den Saal, wo sie von allen Ständen und Lebensaltern ausgestreckt lagen, wie Marktleute, die den Morgen erwarten, oder Auswanderer, die am Hafenplatz auf ihren Siebensachen schlafen. Darunter sah ich auch ein junges Mädchen auf Blumen ruhen. Die kaum erblühte Brust warf zwei blasse Schatten auf das Totenhemd; da erinnerte ich mich dessen, was ich in dieser Nacht schon erlebt und mir vorgenommen, und eilte voll Zweifel und Unruhe, Schrecken und Müdigkeit, den Schlaf zu finden.

Derselbe war aber stürmisch bewegt und unerquicklich. Bald von den traurigen Vorgängen im Hause geweckt, bald von halbwachen Traumbildern umfangen, in denen Lebendiges und Grabfertiges, buhlende Liebesworte und Totenklagen sich unablässig vermischten, atmete ich auf, als es Tag wurde und ich wenigstens meine Gedanken sammeln konnte.

Sie gerieten jedoch sofort miteinander in Streit; denn als ich mich aufrichtete und, die Hand an der Stirne, mich besann, was eigentlich geschehen und was ich zunächst tun wollte, schwankte ich, ob ich vor den ernsten Todesschatten, die mich gewarnt, zurückweichen oder dem Liebesbild dennoch folgen solle, das mich in Gestalt der arbeitenden Armut lockte. Die Verlockung blieb siegreich; es schien mir gerade das beste zu sein, an dem weichen Busen eines jungen Lebens Trost und Vertrauen und mich selbst wieder zu finden, und je ernster das Gewissen warnte, in solcher Lage den Liebeshandel anzufangen und ein so bedenkliches Bündnis einzugehen, desto reichlicher flossen die Gründe des Worthaltens, der Ehre und Tapferkeit für die Ausführung des Vorsatzes.

Ich beschloß sogar, das reizvolle Geschöpf schon am nächsten Abend aufzusuchen, statt erst zu Ende der Woche, vorher aber den alten Trödler zu beraten, ob er mir ferner dergleichen anspruchslose Beschäftigung zuzuwenden wisse wie neulich.

So schritt ich mit lebensdurstigen Augen und Lippen aus der Trauerwohnung hinweg, aus welcher schon vor Stunden die Leiche der Mutter und ihres letzten Kindes fortgebracht worden. Ich achtete nicht der verlassenen Kleinen, die bei offener Türe still an einem Häuflein saßen. Wie ich dann aus dem Hause trat und die Straße hinunter eilte, stieß ich auf einen jungen Mann, der ein hübsches Frauenzimmer am Arme führte. Beide waren wohl gekleidet in sauberer Reisetracht, augenscheinlich bemüht, eine Hausnummer zu finden, die sie auf einem Zettelchen vor sich hatten. Der Mann kam mir bekannt vor, ohne daß ich in meiner Zerstreutheit etwas dabei dachte; indem ich aber ausweichen wollte, sah er mich genauer an und sagte in den Lauten des Heimatdialektes: »Da ist er ja! Sind Sie nicht der Herr Heinrich Lee, den wir eben suchen?«

Erfreut und erschrocken zugleich erkannte ich einen benachbarten Handwerksmann unserer Stadt, der vor Jahren ungefähr um die gleiche Zeit mit mir in die Fremde gewandert, längst zurückgekehrt und Meister geworden, sein väterliches Geschäft übernommen und ausgedehnt hatte und jetzt auf der Hochzeitsreise begriffen war. Die machte er aber nicht ohne klügliche Nebenzwecke, da die wohlhabende Bürgerstochter, die er als Gattin am Arme führte, ihm die Mittel für alle ersprießlichen Unternehmungen zugebracht.

Er richtete mir nun die Grüße meiner Mutter aus, die er zu diesem Zwecke vor der Abreise besucht hatte. Sie war mit einiger Beschämung gezwungen gewesen, dem Nachbaren zu gestehen, daß sie nicht einmal bestimmt wisse, wo ich sei oder ob ich noch am alten Orte wohne; doch wünschte sie umso sehnlicher Nachricht zu erhalten. Ich aber war ebenso verlegen, viel nach ihr zu fragen, weil ich dadurch verriet, daß ich nichts von ihr wisse; doch widerstand ich dem Bedürfnisse nicht lang und fragte fleißig, was mich zu erfahren verlangte.

»Nun, wir sprechen noch von allem«, sagte der Landsmann, indem er mich aufmerksamer betrachtete. »Ihr habt Euch aber doch ziemlich verändert, nicht wahr, Frau? Du hast doch den Herrn Heinrich früher auch gekannt?«

»Ich glaube mich zu erinnern, obgleich ich damals noch ein Schulkind war!« erwiderte sie, während mir ihre ausgewachsene Fraulichkeit als vollkommen fremd erschien. Indessen fühlte ich, wie ihr Auge die geringe Pracht meines Anzuges überlief, der allerdings weder neu noch wohlgehalten war; zum erstenmal fühlte ich die Demütigung, schlecht gekleidet dazustehen, und noch verlegener ward ich, als der Landsmann fragte, ob wir nicht in meine Wohnung hinaufsteigen wollten? Glücklicherweise diente mir der Todesfall zum Vorwand, daß es jetzt dort nicht wirtlich aussehe und ich selbst deswegen ausgegangen sie.

»So dürfen wir Sie einladen, den Tag mit uns zuzubringen? Wir sind schon gestern angekommen; da hab' ich aber Geschäfte besorgt. Morgen früh reisen wir weiter, so werden Sie mit uns nicht eben viel Zeit verlieren; denn wir möchten Sie in Ihren Arbeiten keineswegs aufhalten!«

Der gute Landsmann ahnte nicht, wie schmerzlich mich diese Rede traf; ich versicherte ihn jedoch, es habe keine Gefahr und ich sei nicht so übermäßig fleißig. Nachdem ich sodann das Reisepaar während einiger Stunden herumgeführt, ging ich mit den Leutchen in das bürgerlich bescheidene Gasthaus, in welchem sie Quartier genommen, und teilte mit ihnen das Mittagsmahl. Die langentbehrte Gewohnheit, in der Mundart des Heimatlandes und von altvertrauten Dingen zu reden, ließ mich die Gegenwart umso leichter vergessen, als eine Flasche guten Rheinweines ihren Duft verbreitete. Das ruhig freundliche Benehmen des Paares, das durch keinerlei lästige Zärtlichkeiten seinen neuen Ehestand verriet, vermehrte das Behagen, welches mich wie ein flüchtiger Sonnenblick überkam aus schwül bewegtem Wolkenhimmel.

Als nun der Landsmann eine zweite Flasche bestellte und die übrigen Gäste die Wirtstafel verlassen hatten, zog sich die junge Frau in ihr Zimmer zurück, um sich ein wenig auszuruhen, wie sie sagte. Wir andern wurden umso gesprächiger, bis der gute Nachbar sich selbst unterbrach und, nach wohlgemeinten Worten suchend, begann:

»Ich will es Ihnen nicht verhehlen, Herr Lee, daß Ihre Mutter sehr

Ihrer Rückkunft bedarf, und ich würde Ihnen raten, so bald als möglich heimzukommen; denn während die brave Frau den tiefsten Kummer und die Sehnsucht nach Ihnen zu verbergen sucht, sehen wir wohl, wie sie sich darin aufzehrt und Tag und Nacht nichts anderes denkt. Ich weiß nicht, ob ich mich irre, aber es will mir fast scheinen, es stehe nicht zum besten mit Ihnen, und erachte ich, daß Sie in dem Stadium sind, wo die Herren Künstler allerlei durchmachen müssen, um endlich mit stattlichem Ansehen aus dem Kampfe hervorzugehen. Allein es hat alles sein Maß! Sie sollten eine Unterbrechung machen und einmal die Heimat wieder sehen, auch wenn Sie nicht als ein Sieger kommen. Die Dinge lassen sich da öfter von einer neuen Seite betrachten und anpacken.«

Er ergriff sein Glas und stieß mit mir auf das Wohl von Heimat und Mutter an, besann sich ein weniges und fuhr fort:

»Vorlaute und unverständige Weibsen und auch ebensolche Männer in unserer Stadt, wo es ruchbar geworden, daß Ihre Mutter gewisse Summen an Sie gewendet und ihr eigenes Auskommen bedeutend dadurch geschmälert hat, ließen es sich einfallen, dieselbe hinter ihrem Rücken hart zu tadeln und auch ungefragt ihr ins Gesicht zu sagen, daß sie unrecht getan und sowohl ihrem Sohne schlecht gedient, als sich selbst überhoben habe. Jeder, der die Frau kennt, weiß, daß alles eher als dieses der Fall ist; aber das unverständige Geschwätz hat sie vollends eingeschüchtert, daß sie fast mit niemand zusammenkommt und so in Einsamkeit und Selbstverleugnung dahinlebt.

Sie sitzt den ganzen Tag am Fenster und spinnt; sie spinnt jahraus und -ein, als ob sie sieben Töchter auszusteuern hätte, damit doch mittlerweile etwas angesammelt würde, wie sie sagt, und wenigstens der Sohn für sein Leben lang und für sein ganzes Haus genug Leinwand finde. Wie es scheint, glaubt sie, durch diesen Vorrat weißen Tuches, das sie jedes Jahr weben läßt, Ihr Glück herbeizulocken, gleichsam wie in ein aufgespanntes Netz, damit es durch einen tüchtigen Hausstand ausgefüllt werde, wie die Gelehrten und Schriftsteller etwan durch ein Buch weißes Papier gereizt werden sollen, ein gutes Werk darauf zu schreiben, oder die Maler durch eine ausgespannte Leinwand, ein Bild darauf zu malen.«

Bei diesem letzteren Vergleich des wackern Redners konnte ich mich eines bittern Lächelns nicht enthalten. Das schien ihm wohl die Richtigkeit seiner Vermutungen zu bestätigen, und er fuhr fort:

»Zuweilen stützt sie ausruhend den Kopf auf die Hand und blickt unverwandt in das Feld hinaus, über die Dächer weg, oder in die Wolken; wenn es aber dämmert, so läßt sie das Rad stillstehen und bleibt so im Dunkeln sitzen, ohne Licht anzuzünden, und wenn der Mond oder ein fremder Lichtstrahl auf ihr Fenster fällt, so kann man alsdann unfehlbar ihre Gestalt in demselben sehen, wie sie immer gleicherweise ins Weite schaut.

Wahrhaft melancholisch aber ist es anzusehen, wenn sie die Betten sonnt; anstatt sie mit Hilfe anderer auf unseren Platz hin zu tragen, wo der große Brunnen steht, schleppt sie dieselben auf das hohe schwarze Dach Eueres Hauses, breitet sie dort an der Sonnenseite aus, geht emsig auf dem abschüssigen Dache umher, ohne Schuhe zwar, aber bis an den Rand hin, klopft die Kissen und Pfühle aus, kehrt sie, schüttelt sie und hantiert so seelenallein in der Höhe unter dem offenen Himmel, daß es höchst verwegen und sonderbar anzusehen ist, zumal wenn sie innehaltend die Hand über die Augen hält und droben in der Sonne stehend nach der Ferne hinausblickt. Ich konnt' es einst nicht länger ansehen von meinem Hofe aus, wo ich bei den Gesellen stand; ich ging hinüber, stieg bis unter das Dach hinauf und hielt unter der Luke eine Anrede an sie, indem ich ihr die Gefahr ihres Tuns vorstellte. Sie lächelte aber nur und bedankte sich für die gute Meinung. Es ist daher meine Ansicht, daß Sie nach Haus reisen sollten, je eher, je lieber! Kommen Sie gleich mit uns!«

Ich schüttelte aber den Kopf; denn ich konnte mich nicht entschließen, meinen Schiffbruch kundzutun und so aus der Schule zu laufen. Ich gedachte das Übel allein zu verwinden und mit geklärtem Schicksal, so oder anders, zur geeigneten Zeit zurückzukehren. Mit unbestimmten Reden, in denen ich weder ein zu großes Selbstvertrauen heuchelte, noch meine wirkliche Lage eingestand, behalf ich mir den übrigen Teil des Tages, bis ich am späten Abend von den Landsleuten Abschied nahm, die am frühen Morgen wegreisen wollten.

Dennoch hatte das Bild der in die Ferne schauenden Mutter ein starkes Gefühl von Heimweh wachgerufen, das mich bisher nur im

Schlafe besuchte. Seit ich nämlich die Phantasie und ihr angewöhntes Gestaltungsvermögen nicht mehr am Tage beschäftigte, regen sich ihre Werkleute während des Schlafes mit selbständigem Gebaren und schufen mit anscheinender Vernunft und Folgerichtigkeit ein Traumgetümmel in den glühendsten Farben und buntesten Formen. Ganz wie es wiederum jener irrsinnige Meister und erfahrene Lehrer mir vorausgesagt, sah ich nun im Traume bald die Vaterstadt, bald das Dorf auf wunderbare Weise verklärt und verändert, ohne je hineingelangen zu können, oder wenn ich endlich dort war, mit einem plötzlichen freudelosen Erwachen. Ich durchreiste die schönsten Gegenden des Vaterlandes, die ich in Wirklichkeit nie gesehen, schaute Gebirge, Täler und Ströme mit unerhörten und doch wohlbekannten Namen, die wie Musik klangen und doch etwas Lächerliches an sich hatten.

Über den Mitteilungen des Landsmannes waren mir das Mädchen Hulda von gestern abend und die heutigen Morgenpläne aus dem Gedächtnisse geschwunden; ermüdet eilte ich, den Schlaf zu suchen, und verfiel auch gleich wieder dem geschäftigen Traumleben. Ich näherte mich der Stadt, worin das Vaterhaus lag, auf merkwürdigen Wegen, am Rande breiter Ströme, auf denen jede Welle einen schwimmenden Rosenstock trug, so daß das Wasser kaum durch den ziehenden Rosenwald funkelte. Am Ufer pflügte ein Landmann mit milchweißen Ochsen und goldenem Pfluge, unter deren Tritten große Kornblumen sproßten. Die Furche füllte sich mit goldenen Körnern, welche der Bauer, indem er mit der einen Hand den Pflug lenkte, mit der andern aufschöpfte und weithin in die Luft warf, worauf sie als ein goldener Regen auf mich niederfielen. Ich fing ihrer mit dem Hute auf, soviel ich konnte, und sah mit Vergnügen, daß sie sich in lauter goldene Schaumünzen verwandelten, auf welchen ein alter Schweizer mit langem Barte und zweihändigem Schwerte geprägt war. Ich zählte sie eifrig und konnte sie doch nicht auszählen, füllte aber alle Taschen damit; die ich nicht mehr hineinbrachte, warf ich wieder in die Luft. Da verwandelte sich der Goldregen in einen prächtigen Goldfuchs, der wiehernd an der Erde scharrte, aus welcher dann der schönste Hafer hervorquoll, den das Pferd mutwillig verschmähte. Jedes Haferkorn war ein süßer Mandelkern, eine Rosine und ein neuer Pfennig, die zusammen in rote Seide gewickelt und mit einem Endchen Schweinsborste eingebunden waren, welches das Pferd angenehm kitzelte, als es sich darin wälzte, so daß es rief: »Der Hafer sticht mich!«

Ich jagte aber den Goldfuchs auf, bestieg ihn, da er schön gesattelt war, ritt beschaulich am Ufer hin und sah, wie der Bauersmann in die schwimmenden Rosen hinein pflügte und mit seinem Gespann darin versank. Die Rosen nahmen ein Ende, zogen sich zu dichten Scharen zusammen und schwammen in die Ferne, am Horizonte eine Röte ausbreitend; der Fluß aber erschien jetzt als ein unermeßliches Band fließenden blauen Stahles. Der Pflug des Landmannes hatte sich inzwischen in ein Schiff verwandelt; darin fuhr derselbe, steuerte mit der goldenen Pflugschar, und sang: »Das Alpenglühen rückt aus und geht um das Vaterland herum«!« Hierauf bohrte er ein Loch in den Schiffsboden; darein steckte er das Mundstück einer Posaune, sog kräftig daran, worauf es mächtig erklang gleich einem Harsthorn und einen glänzenden Wasserstrahl ausstieß, der den herrlichsten Springbrunnen in dem fahrenden Schifflein bildete. Der Bauer nahm den Strahl, setzte sich auf den Rand des Schiffes und schmiedete auf seinen Knien und mit der rechten Faust ein mächtiges Schwert daraus, daß die Funken stoben. Als das Schwert fertig war, prüfte er dessen Schärfe an einem ausgerissenen Barthaare und überreichte es höflich sich selbst, indem er sich plötzlich in den Wilhelm Tell verwandelte, welchen jener beleibte Wirt im Tellenspiel vorgestellt hatte, zur Zeit meiner frühern Jugend. Dieser nahm das Schwert, schwang es und sang mächtig:

Heio, heio! bin auch noch do
Und immer meines Schießens froh!
Hei, heio! die Zeit ist weit,
Der Pfeil des Tellen fliegt noch heut!

Wo guckt ihr hin? Seht ihr ihn nicht?
Dort oben tanzt er hoch im Licht!
Man weiß nicht, wo er stecken bleibt,
Heio, 's ist immer, wie man's treibt!

Dann hieb der dicke Tell mit dem Schwerte von der Schiffswand, die nun eine Speckseite war, einen tüchtigen Span herunter und trat mit demselben feierlich in die Kajüte, einen Imbiß zu halten.

Indessen ritt ich auf dem Goldfuchs weiter und befand mich unversehens mitten in dem Dorfe, darin der Oheim gewohnt. Ich erkannte es kaum wieder, da fast alle Häuser neu gebaut waren. Die Bewohner saßen alle hinter den hellen Fenstern um die Tische herum und aßen, und niemand blickte auf die menschenleere Straße. Dessen war ich aber höchlich froh; denn erst jetzt entdeckte ich, daß ich auf meinem glänzenden Pferde in alten anbrüchigen Kleidern saß. Ich bestrebte mich daher, ferner ungesehen hinter das Haus des Oheims zu gelangen, das ich fast nicht finden konnte. Zuletzt erkannte ich es, wie es über und über mit Efeu bewachsen und außerdem von den alten Nußbäumen überhangen, so daß weder Stein noch Ziegel zu sehen war und nur hie und da ein handgroßes Stückchen Fensterscheibe durch das Grüne blinkte. Ich sah, daß sich etwas dahinter bewegte, konnte aber nichts Deutliches wahrnehmen. Der Garten war von einer Wildnis wuchernder Feldblumen bedeckt, aus denen die aufgeschossenen Gartengewächse baumhoch emporragten, Rosmarin und Fenchelstauden, Sonnenblumen, Kürbisse und Johannisbeeren. Schwärme wild gewordener Bienen brausten auf der Blumenwildnis umher; im Bienenhause aber lag der alte Liebesbrief, den der Wind einst dahin getragen, verwittert und offen, ohne daß ihn die Jahre her jemand gefunden. Ich nahm ihn und wollte ihn einstecken, da wurde er mir aus der Hand gerissen, und als ich mich umsah, huschte Judith damit lachend hinter das Bienenhaus und küßte mich dabei durch die Luft, daß ich es auf meinem Munde fühlte. Der Kuß war aber eigentlich ein Stück Apfelkuchen, welches ich begierig aß. Da es jedoch den Hunger, den ich im Schlafe empfand, nicht stillte, überlegte ich, daß ich wahrscheinlich träume, und daß der Kuchen wohl von den Äpfeln herrühre, die ich einst küssend mit der Judith zusammen gegessen. Ich fand es also umso geratener, in das Haus zu gehen, wo gewiß eine Mahlzeit bereit sein würde. Ich packte einen schweren Mantelsack aus, der sich plötzlich auf dem Pferde zeigte, als ich es an den zerfallenden Gartenzaun band. Aus dem Mantelsack rollten die schönsten Kleider hervor und ein feines neues Hemde, dessen Brust mit einer Stickerei von Weinträubchen und Maiglöckchen verziert war. Wie ich aber dies Staatshemd auseinander faltete, wurden zweie daraus, an den zweien vier, aus den vieren acht, kurz eine Menge der schönsten Leibwäsche breitete sich aus, welche wieder in den Mantelsack zu schieben ich mich vergeblich abmühte. Immer wurden es mehr Hemden und Kleidungsstücke und bedeckten den Boden umher; ich empfand die größte Angst, von meinen Verwandten bei dem sonderbaren Geschäft überrascht zu werden. In der Verzweiflung ergriff ich endlich eines von den Hemden, um es anzuziehen, und stellte mich schamhaft hinter einen Nußbaum; allein man konnte aus dem Hause an diese Stelle sehen, und ich schlüpfte beschämt hinter einen andern, und so immer fort von einem Baume zum andern, bis ich dicht an das Haus und in den Efeu hineingedrückt in Verwirrung und Eile den Anzug wechselte, die schönen Kleider anzog und doch fast nicht fertig werden konnte, und als ich es endlich war, befand ich mich wieder in größter Not, wo ich das traurige Bündel der alten Kleider bergen solle. Wohin ich es auch trug, immer fiel ein zerlumptes Stück auf die Erde; zuletzt gelang es mit saurer Mühe, das Zeug in den Bach zu werfen, wo es aber durchaus nicht weiterschwimmen wollte, sondern sich auf der gleichen Stelle gemächlich herumdrehte. Ich erwischte eine vermorschte Bohnenstange und quälte mich, die dämonischen Fetzen in die Strömung zu stoßen; aber die Stange brach und brach immer wieder bis auf das letzte Stümpfchen.

Da berührte ein Hauch meine Wangen, und Anna stand vor mir und führte mich in das Haus. Ich stieg Hand in Hand mit ihr die Treppe hinauf und trat in die Stube, wo der Oheim, die Tante, die Basen und Vettern sämtlich versammelt waren. Aufatmend sah ich mich um; die alte Stube war sonntäglich geputzt und so sonnenhell, daß ich nicht begriff, wo all das Licht durch den dichten Efeu hindurch herkomme. Oheim und Tante waren in ihren besten Jahren, die Bäschen und Vettern blühender als je, der Schulmeister ebenfalls ein schöner Mann und aufgeräumt wie ein Jüngling, und Anna sah ich als Mädchen von vierzehn Jahren im rotgeblümten Kleide mit der lieblichen Halskrause.

Was aber sehr sonderbar war, alle, Anna nicht ausgenommen, trugen lange irdene Pfeifen in den Händen und rauchten einen wohlriechenden Tabak, und ich desgleichen. Dabei standen sie, die Verstorbenen und die Lebendigen, keinen Augenblick still, sondern gingen mit freundlich frohen Mienen unablässig die Stube auf und nieder, hin und her, und dazwischen niedrig am Boden hin die Jagdhunde, das Reh, der zahme Marder, Falken und Tauben in friedlicher Eintracht, nur daß die Tiere den entgegengesetzten Strich der Menschen verfolgten und so ein wunderbares Gewebe durcheinander lief.

Der schwere Nußbaumtisch auf seinen gewundenen Füßen war mit einem weißen Damasttuche gedeckt und mit einem aufgerüsteten duftenden Hochzeitsessen besetzt. Mir wässerte der Mund, und ich sagte zum alten Oheim: »Ei, Ihr scheint Euch da recht wohl sein zu lassen!« »Versteht sich!« erwiderte er, und alle wiederholten: »Versteht sich!« mit angenehm klingenden Stimmen. Plötzlich befahl der Oheim, daß man zu Tische sitze; alle stellten die Pfeifen pyramidenweise zusammen auf den Boden, je drei und drei, wie Soldaten ihre Gewehre. Darauf schienen sie schon wieder zu vergessen, daß sie essen gewollt; denn sie gingen zu meinem Verdrusse nach wie vor umher und fingen allmählich an zu singen.

Wir träumen, wir träumen,
Wir träumen und wir säumen,
Wir eilen und wir weilen,
Wir weilen und wir eilen,
Sind da und sind doch dort,
Wir gehen bleibend fort,
Wem konveniert es nicht?
Wie schön ist dies Gedicht!
Hallo, hallo!
Es lebe, was auf Erden stolziert in grüner Tracht,
Die Wälder und die Felder, die Jäger und die Jagd!

Weiber und Männer sangen mit rührender Harmonie und Lust, und das Hallo stimmte der Oheim mit gewaltiger Stimme an, daß die ganze Schar mit verstärktem Gesange darein tönte und rauschte und zugleich blaß und blässer werdend sich in einen wirren Nebel auflöste, während ich bitterlich weinte und schluchzte. Ich erwachte in Tränen gebadet, und auch das Kopfkissen war davon benetzt. Als ich mich mit Mühe gesammelt, war das erste, dessen ich mich erinnerte, der wohlgedeckte Tisch; denn ich hatte nach den Eröffnungen des Landsmannes am Abend nichts mehr essen können und war erst im Schlafe wieder hungrig geworden. Wie ich nun die Gier bedachte, mit welcher ich trotz des Schmuckes der unbeherrschten Phantasie gezwungen war, schließlich immer nur von Geld und Gut, Kleidern und Essen zu träumen, brach ich über diese Erniedrigung neuerdings in Tränen aus, bis ich abermals einschlief.

Siebentes Kapitel

Weiterträumen

In einem großen Walde fand ich mich wieder und ging auf einem wunderlichen schmalen Brettersteige, welcher sich hoch durch die Äste und Baumkronen wand, eine Art endlosen hängenden Brückenbaues, indessen der bequeme Boden unten nach richtiger Traumesart unbenutzt blieb. Aber es war schön hinabzuschauen auf den Waldgrund, da er ganz aus grünem Moose bestand, das in tiefer Dunkelheit lag. Auf dem Moose wuchsen viele einzelne sternförmige Blumen auf schwankem Stengel, und sie wendeten sich immer nach dem oben gehenden Beschauer; bei jeder Blume stand ein kleines Erdmännchen oder Moosweiblein, das mittelst eines in goldenem Laternchen strahlenden Karfunkels die Blume beleuchtete, daß sie aus der Tiefe herauf schimmerte wie ein blauer oder roter Stern, und indem sich diese Blumengestirne, welche oft in schönen Bildern zusammen standen, langsamer oder schneller drehten, gingen die winzigen Leutchen mit ihren Laternchen um sie herum und lenkten sorgfältig den Lichtstrahl auf die Kelche. So sah sich das kreisende Leuchten in der Tiefe von dem hohen Balken- oder Bretterwege wie ein unterirdischer Sternenhimmel an, nur daß er grün war und die Sterne in allen Farben strahlten.

Entzückt ging ich auf der Hängebrücke weiter und schlug mich tapfer durch die Buchen- und Eichenkronen, da ich begriff, ein so zierlicher Grund und Boden sei nicht dazu da, darauf mit Füßen zu wandeln. Manchmal kam ich in eine Föhrengruppe hinein, welche etwas lichter war; das rote, von der Sonne durchglühte stark duftende Holzwerk der Fichtenkronen bot einen fabelhaften Anblick und Aufenthalt, weil es wie künstlich bearbeitet, gezimmert und mit seltsamem Bildwerk verziert schien und doch ein natürliches Ästewesen war. Manchmal führte der Steg auch ganz über die Bäume hinweg unter den offenen Himmel und Sonnenschein, und ich stellte mich auf das schwanke Geländer, um zu sehen, wo es eigentlich hinausginge; allein nichts war zu erblicken als ein endloses Meer von grünen Baumwipfeln, soweit das Auge reichte, auf dem ein heißer Sommertag flimmerte und Tausende von wilden Tauben, Hähern, Mandelkrähen, Spechten und Weihen herumschwärmten, und das Wunderbare war nur, daß man auch die allerfernsten Vögel deutlich erkannte und ihre Gestalt und Farben unterscheiden konnte. Nachdem ich mich sattsam umgeschaut, blickte ich wieder in die dunkle Tiefe, wo ich jetzt eine Felsschlucht entdeckte, die für sich allein von der Sonne erhellt war. Auf dem tiefsten Grunde lag eine kleine Wiese an einem klaren Bache; mitten auf derselben saß auf ihrem kleinen Strohsessel meine Mutter in einem braunen Einsiedlerkleide und mit eisgrauen Haaren. Sie war alt und gebeugt, und ich konnte ungeachtet der fernen Tiefe jeden ihrer Züge genau erkennen. Mit einer grünen Rute hütete sie eine kleine Herde Silberfasanen, und wenn einer weglaufen wollte, schlug sie leise auf seine Flügel, worauf einige glänzende Federn emporschwebten und in der Sonne spielten. Am Bächlein aber stand ihr Spinnrad, das rings mit Schaufeln versehen und eigentlich ein kleines Mühlrad war und sich blitzschnell drehte. Sie spann nur mit der einen Hand den glänzenden Faden, der sich nicht auf die Spule wickelte, sondern kreuz und quer an dem Abhange herumzog und sich da sofort zu großen Flächen blendender Leinwand gestaltete. Diese stieg höher und höher heran; plötzlich fühlte ich ein schweres Gewicht auf der Schulter und merkte, daß ich den vergessenen Mantelsack trug, der von den feinen Hemden ganz geschwollen war. Jetzt sah ich freilich, woher dieselben kamen. Während ich mich mühselig damit schleppte, entdeckte ich, daß die Fasanen alles schöne Bettstücke waren, welche die Mutter eifrig sonnte und ausklopfte. Dann raffte sie dieselben zusammen und trug sie geschäftig herum und eines ums andere in den Berg hinein. Wenn sie wieder herauskam, so schaute sie mit der Hand über den Augen sich um und sang leise, was ich aber deutlich vernahm:

Mein Sohn, mein Sohn,
O schöner Ton!
Wann kommt er bald,
Geht durch den Wald?

Da ersah sie mich in der Höhe wie in der Luft schwebend und sehnlich zu ihr hinabblickend. Sie stieß einen lauten Freudenruf aus und huschte wie ein Geist davon über Feld und Stein, ohne zu gehen, daß sie mir immer ferner zu entschwinden drohte, während ich vergeblich rufend nacheilte und der Steg sich bog und krachte, die Baumkronen schwankten und rauschten.

Da war der Wald aus, und ich sah mich auf dem Berge stehen, welcher der Heimatstadt gegenüber liegt; aber welchen Anblick bot diese! Der Fluß war zehnmal breiter als sonst und glänzte wie ein Spiegel; die Häuser waren alle so groß, wie sonst die Münsterkirche, von der fabelhaftesten Bauart, und glänzten im Sonnenschein, die Fenster mit einer Fülle von Blumen geziert, die schwer über die mit Bildwerken bedeckten Mauern herabhingen. Die Linden stiegen unabsehbar in den dunkelblauen durchsichtigen Himmel hinein, der ein einziger Edelstein schien, und die riesigen Lindenwipfel wehten dran hin und her, als ob sie ihn noch blanker fegen wollten, und zuletzt wuchsen sie in die durchsichtige blaue Kristallmasse hinein.

Zwischen den grünen Laubgebirgen der Linden stiegen die Münstertürme empor, während das ungeheure Steinschiff unter Hügeln von Millionen herzförmiger Lindenblätter lag und nur da oder dort eine purpurrote oder blaue Glasscheibe hervorfunkelte, von einem verlorenen Sonnenstrahl durchschossen. Die goldenen Kronen aber, welche die Turmknöpfe bildeten, schimmerten in der Himmelshöhe und waren voll junger Mädchen; die streckten ihre Lockenköpfe rings durch den gotischen Zierat in die Welt hinaus. Obgleich ich jedes Lindenblatt scharf umrissen erkannte, vermochte ich doch nicht zu sehen, wer alle diese Mädchen waren, und ich beeilte mich, hinüberzukommen, da es mich sehr wunder nahm, wer alle diese Mitbürgerinnen sein möchten.

Zur rechten Zeit sah ich den Goldfuchs neben mir stehen, legte ihm den Mantelsack auf und begann den jähen Staffelweg hinunterzureiten, der zur Brücke führte. Jede Staffel war aber ein geschliffener Bergkristall, und darin eingeschlossen lag ein spannelanges Weibchen gleichsam schlafend, von unbeschreiblichem Ebenmaß und Schönheit der Gliederchen. Während der Goldfuchs den halsbrechenden Weg hinunterstieg und jeden Augenblick seinen Reiter in die Tiefe zu stürzen drohte, bog ich mich links und rechts vom Sattel und suchte mit sehnsuchtsvollen Blicken in den Kern der Kristallstufen zu dringen.

»Tausend noch einmal!« rief ich lüstern vor mich hin, »was mögen das nur für allerliebste Wesen sein in dieser verwünschten Treppe?«

Ohne daß ich mich im geringsten wunderte, fing das Pferd plötzlich an zu sprechen, indem es den Kopf zurückwandte und antwortete: »Was wird's sein? Das sind nur die guten Dinge und Ideen, welche der Boden der Heimat in sich schließt, und die derjenige herausklopft, der im Lande bleibt und sich redlich nährt!«

»Zum Teufel!« rief ich, »ich werde gleich morgen hier herausgehen und mir einige Stufen aufschlagen!«

Und ich konnte meine Blicke nicht wegwenden von der langen Treppe, die sich schon glänzend hinter mir den Berg hinan schmiegte. Das Pferd aber sagte, das sei nur eine leichte Anschürfung, der ganze Boden stecke voll von solchen Sachen. Wir langten jetzt unten bei der Brücke an. Das war aber nicht mehr die alte Holzbrücke, sondern ein Marmorpalast, der in zwei Stockwerken eine endlose Säulenhalle bildete und so als eine nie gesehene Prachtbrücke über den Fluß führte. »Was sich doch alles verändert und vorwärts schreitet, wenn man nur einige Jahre weg ist!« dachte ich, als ich gemächlich und neugierig in die weite Brückenhalle ritt. Während das Gebäude von außen nur in weißem, rötlichem und schwarzem Marmor glänzte, waren die Wände des Innern mit zahllosen Malereien bedeckt, welche die ganze Geschichte und alle Tätigkeiten des Landes darstellten. Das ganze abgeschiedene Volk war sozusagen bis auf den letzten Mann, der soeben gegangen, an die Wand gemalt und schien mit dem lebendigen, das auf der Brücke verkehrte, Eines zu sein; ja manche der gemalten Figuren traten aus den Bildern heraus und wirkten unter den Lebendigen mit, während von diesen manche unter die Gemalten gingen und an die Wand versetzt wurden. Beide Parteien bestanden aus Helden und Weibern, Pfaffen und Laien, Herren und Bauern, Ehrenleuten und Lumpenhunden; der Eingang und Ausgang der Brücke aber war offen und unbewacht, und indem der Zug über dieselbe beständig im Gange blieb und der Austausch zwischen dem gemalten und wirklichen Leben unausgesetzt stattfand, schien auf dieser wunderbar belebten Brücke Vergangenheit und Zukunft nur Ein Ding zu sein.

»Nun möcht' ich wohl wissen, was das für eine muntere Sache ist!« summte ich in mich hinein, und das Pferd antwortete auf der Stelle:

»Dies nennt man die Identität der Nation!«

»Ei du bist ein sehr gelehrter Gaul!« rief ich, »der Hafer muß dich wirklich stechen! Woher nimmst du derartige Brocken?«

»Erinnere dich«, sagte der Goldfuchs, »auf wem du reitest! Bin ich nicht aus Gold entstanden? Gold aber ist Reichtum und Reichtum ist Einsicht.«

Bei diesen Worten merkte ich sogleich, daß mein Mantelsack statt mit Gewand jetzt gänzlich mit jenen goldenen Münzen angefüllt war. Statt zu grübeln, woher sie so unvermutet wieder gekommen, fühlte ich mich höchst zufrieden in ihrem Besitze, und obschon ich dem weisen Gaule nicht mit gutem Gewissen recht geben konnte, daß Reichtum Einsicht sei, fand ich mich doch unvermutet so einsichtsvoll, daß ich wenigstens nichts erwiderte und gemütlich weiterritt.

»Nun sage mir, du weiser Salomo!« begann ich nach einer Weile von neuem: »Heißt eigentlich die Brücke die Identität oder die Leute, so darauf sind? Welches von beiden nennst du so?«

»Beide zusammen sind die Identität, sonst spräche man ja nicht davon!«

»Der Nation?«

»Der Nation, versteht sich!«

»Also ist die Brücke auch eine Nation?«

»Ei seit wann«, rief das Pferd unwillig, »kann denn ein Vehikel, so schon es ist, eine Nation sein? Nur Leute können eine sein, folglich sind es die Leute hier!«

»So! und doch sagtest du eben, die Nation und die Brücke machen zusammen eine Identität aus!«

»Das sagt' ich auch und bleibe dabei!«

»Nun also?«

»Wisse«, antwortete der Gaul bedächtig, indem er sich auf allen Vieren spreizte, »wisse, wer diese heikle Frage zu beantworten und den Widerspruch zu lösen versteht, der ist ein Meister und arbeitet an der Identität selber mit. Wenn ich die richtige Antwort, die mir wohl so im Munde herumläuft, rund zu formulieren verstände, so wäre ich nicht ein Pferd, sondern längst hier an die Wand gemalt. Übrigens erinnere dich, daß ich nur ein von dir geträumtes Pferd bin und also unser ganzes Gespräch eine Ausgeburt und Grübelei deines eigenen Gehirnes ist. Mithin magst du fernere Fragen dir nur selbst beantworten aus der allerersten Hand!«

»Ha! du widerspenstige Bestie!« schrie ich und stieß dem Tiere die Fersen in die Weichen, »umsomehr, du undankbarer Klepper! bist du mir zur Red' und Antwort verpflichtet, da ich dich aus meinem so mühselig ergänzten Blute erzeugen und diesen Traum lang speisen und nähren muß!«

»Hat auch was Rechtes auf sich!« sagte das Pferd gelassen. »Dieses ganze Gespräch, überhaupt unsere ganze werte Bekanntschaft ist das Werk und die Dauer von kaum drei Sekunden und kostet dich kaum einen Hauch von deinem geehrten Körperlichen!«

»Wie, drei Sekunden? Ist es nicht schon wenigstens eine Stunde, seit wir auf dieser endlosen Brücke reiten?«

»Drei Sekunden dauert der Hufschlag des nächtlichen Reiters, der meine Erscheinung in dir hervorgerufen; mit ihm wird sie verschwinden und du kannst wieder zu Fuß gehen!«

»Um des Himmels willen! So verliere keine weitere Zeit, sonst geht der Augenblick vorüber, eh ich über diese schöne Brücke im reinen bin!«

»Es eilt gar nicht! Alles, was wir für jetzt zu erleben und zu erfahren haben, geht vollkommen in das Maß des wackeren Pferdetrittes hinein, und wenn der richtig denkende Psalmist den Herren seinen Gott anschrie: Tausend Jahre sind vor dir wie ein Augenblick! so ist diese Hypothese von hinten gelesen eine und dieselbe Wahrheit: Ein Augenblick ist wie tausend Jahre! Wir könnten noch tausendmal mehr sehen und hören während dieses Hufschlages, wenn wir nur das Zeug dazu in uns hätten, lieber Mann! Alles Drängen oder Zögern hilft da nichts, alles hat seine bequemliche Erfüllung, und wir können uns ganz gemächlich Zeit lassen mit unserm Traum, er ist, was er ist, und nicht mehr noch minder!«

Ich hörte nicht länger auf die Rede des Pferdes, weil ich bemerkte, daß ich von allen Seiten mit biederer Achtung begrüßt wurde; denn schon mehr als einer der Vorübergehenden hatte mit eigentümlichem Griffe meinen strotzenden Mantelsack betastet, ungefähr wie die Metzger tun, wenn sie in den Bauernställen oder auf Märkten ein Stück Rindvieh auf seine Fettigkeit prüfen und ihm Kreuz und Lenden bekneifen.

»Das sind ja absonderliche Manieren!« sagte ich endlich; »ich glaubte, es kenne mich kein Mensch hier!«

»Es gilt auch nicht dir«, meinte der Goldfuchs, »sondern deinem Quersack, deiner dicken Goldwurst, die mir das Kreuz drückt!«

»So? Also das ist die Lösung und das Geheimnis deiner ganzen Identitätsfrage, das gemünzte Gold? Denn du bist ja aus gleichem Stoffe, ohne daß dich ein einziger betastet!«

»Hm!« machte das Pferd, »das ist nicht so genau zu nehmen. Die Leute haben allerdings ihr Augenmerk darauf gerichtet, ihre Identität, die sie in diesem Falle Unabhängigkeit nennen, zu behaupten und gegen jeglichen Angriff zu verteidigen. Nun wissen sie aber, daß ein kampffähiger guter Soldat wohlgenährt und ein Frühstück im Magen haben muß, wenn er sich schlagen soll. Da dies aber nur durch allerhand Gemünztes zu erreichen und zu sichern ist, so betrachten sie jeden, der damit versehen, als einen gerüsteten Verteidiger und Unterstützer der Identität und sehen ihn drum an. Da läuft es denn freilich mit unter, daß sie ihre Privatsachen mit den öffentlichen Dingen für identisch halten, wie man denn in der Übung jeglicher Energie nicht leicht zu viel tun kann, und so gewinnt dieser oder jener das Ansehen eines habsüchtigen Esels. Sei dem, wie ihm wolle, ich rate dir, dein Kapital hier noch ein wenig in Umlauf zu setzen und zu vermehren. Wenn die Meinung der Leute im allgemeinen auch eine irrige ist, so steht es doch jedem frei, sie für sich zu einer Wahrheit und so seine Stellung zu einer angenehmen zu machen.«

Ich griff in den Sack und warf einige Hände voll Goldmünzen in die Höhe, welche sogleich von hundert in der Luft zappelnden Händen aufgefangen und weiter geworfen wurden, nachdem jeder das Gold erst besehen und an seinem eigenen Golde gerieben hatte, wodurch beide Stücke sich verdoppelten. Bald kehrten alle meine Münzen in Gesellschaft von anderem Golde zurück und hingen sich an das Pferd; es regnete förmlich Gold, welches sich klumpenwiese an alle seine vier Beine setzte gleich dem Blumenstaub, der den Bienen Höschen macht, so daß es bald nicht mehr gehen konnte. Es bildeten sich aber noch große Flügel an dem Tiere, und es glich zuletzt einer Riesenbiene und flog wie eine solche über die Köpfe des Volkes weg. Erst jetzt schütteten wir zusammen einen rechten Goldregen nieder, so daß zuletzt ein ungeheures Gesindel von Goldhungrigen hinter uns her war. Alte und Junge, Weiber und Männer purzelten übereinander, das Gold zu raffen. Diebe, die von Wächtern transportiert wurden, stürzten sich samt diesen in den Haufen; Bäckerlehrlinge warfen ihr Brot in das Wasser und füllten ihre Körbe mit Gold; Priester, die zur Kirche gingen, um zu predigen, schürzten ihre Talare, wie bohnenpflückende Bäuerinnen die Röcke, und schöpften Gold hinein; Magistratspersonen, die vom Rathause kamen, schlichen herbei und schoben verschämt ein paar zur Seite rollende Stücklein in die Tasche; selbst aus einem an die Wand gemalten Gerichte liefen die toten Richter vom Tische, ließen den Angeklagten stehen und stiegen herunter, um hinter mir her zu streichen, und schließlich kam der gemalte Verbrecher auch noch gesprungen, um nach Gold zu schreien.

Ganz geschwollen vom Bewußtsein des Reichtums schwebte ich endlich aus der Brückenhalle hinaus und schwang mich auf dem goldenen Bienenpferde hochmütig in die Luft, wo ich hoch über den Münsterkronen kreiste wie ein Falke, mich bald wählig niederließ, bald wieder aufstieg und das kindische Traumvergnügen des Fliegens und Reitens zugleich in vollen Zügen genoß. Aus den Kronen fingerten hundert weiße Hände nach meinem Golde empor, Augen und Wänglein blühten wie Vergißmeinnicht und Rosen im Sonnenschein. Das Pferd sagte: »Nun wähle, das sind die heiratsfähigen Mägdlein des Landes! Das beste ist eine artige Frau!« Ich äugelte auch richtig stolz und lüstern auf sie hinunter und gedachte, meine Irrfahrten und erlebten Kümmernisse mit einer konvenablen Heirat abzuschließen, als plötzlich eine harte Stimme erscholl, die rief: »Ist denn niemand da, den Landverderber aus der Luft herabzuholen?«

»Ich bin schon da!« antwortete der dicke Wilhelm Tell, der in einer Lindenkrone verborgen saß, die Armbrust auf mich anlegte und mich mit seinem Pfeile herunterschoß. Ein neuer Ikarus, stürzte ich samt dem Goldfuchs prasselnd aufs Kirchendach und rutschte von dort jämmerlich auf die Straße hinab, woran ich erwachte und mich erschüttert fand, wie wenn ich wirklich gefallen wäre. Der Kopf schmerzte mich fieberhaft, während ich das Geträumte zusammenlas. Diese verkehrte Welt, in welcher das im Wachen müßige Gehirn bei nachtschlafender Zeit auf eigene Faust zusammenhängende Märchen und buchgerechte Allegorien nach irgendwo gelesenen Mustern, mit Schulwörtern und satirischen Beziehungen ausheckte und fortspann, begann mich zu ängstigen, wie der Vorbote einer schweren Krankheit; ja, es beschlich mich sogar wie ein Gespenst die Furcht, auf diese Art könnten meine dienstbaren Organe mich, das heißt meinen Verstand, zuletzt ganz vor die Türe setzen und eine tolle Dienstbotenwirtschaft führen.

Als ich der Sache weiter nachdachte, empfand ich die Gefahr, die darin liegt, sich gegen Natur und Gewohnheit mit dem völlig Geistlosen beschäftigen und nähren zu wollen, und doch wußte ich nicht, wie aus dem Banne hinauszukommen wäre. Darüber schlief ich wieder ein, und das Träumen ging neuerdings an; doch verlor sich das unheimliche Allegorienwesen, und das Gesetzlose regierte fort.

Ich trieb jetzt das halbzerbrochene und schwer mit Säcken beladene Pferd eine bergige Straße hinauf nach dem Hause der Mutter; es dauerte eine qualvolle Ewigkeit, bis ich endlich anlangte. Da fiel das Tier zusammen und verwandelte sich in die schönsten und reichsten Gegenstände und Merkwürdigkeiten aller Art, von welchen sich auch die Säcke entleerten, Dinge, wie man sie von großen Reisen als

Geschenke mitzubringen pflegt. Ich stand aber peinlich verlegen bei dem aufgetürmten Haufen von Kostbarkeiten, der sich offen auf der Straße ausbreitete, und ich suchte vergeblich den Drücker der Haustüre und den Glockenzug. Ratlos und ängstlich die Reichtümer hütend, sah ich an dem Hause empor und bemerkte erst jetzt, wie seltsam es sich darstellte. Es war gleich einem alten edeln Schrank- und Täferwerke ganz von dunkelm Nußbaumholz gebaut mit unzähligen Gesimsen, Kassettierungen, Füllungen und Galerien, alles auf das feinste gearbeitet und spiegelhell poliert. Es war eigentlich das nach außen gekehrte Innere eines Hauses. Auf den Gesimsen und Galerien standen altertümliche silberne Kannen und Becher, Porzellangefäße und kleine Marmorbilder aufgereiht. Fensterscheiben von Kristallglas funkelten mit geheimnisvollem Glanz vor einem dunkeln Hintergrunde zwischen gemaserten Zimmer- oder Schranktüren, in denen blanke Stahlschlüssel steckten. Über dieser seltsamen Fassade wölbte sich der Himmel dunkelblau, und eine halbnächtliche Sonne spiegelte sich in der dunkeln Pracht des Nußbaumholzes, im Silber der Krüge und in den Fensterscheiben.

Endlich sah ich auch, daß reich geschnitzte Treppen zu den Galerien hinaufführten, und bestieg dieselben, Einlaß suchend. Wenn ich aber eine Türe öffnete, so sah ich nichts als ein Gelaß von mir, welches mit Vorräten der verschiedensten Art angefüllt war. Hier tat sich eine Bücherei auf, deren Lederbände von Vergoldung strotzten; dort war Geräte und Geschirr übereinander geschichtet, was man nur wünschen mochte zur Annehmlichkeit des Lebens; dort wieder türmte sich ein Gebirge feiner Leinwand, oder ein duftender Schrank öffnete sich mit hundert Kästchen voll Spezereien. Ich machte eine Türe nach der andern wieder zu, wohlzufrieden mit dem Gesehenen und nur ängstlich, weil ich nirgends die Mutter fand, um mich in dem trefflichen Heimwesen sofort einrichten zu können. Suchend drückte ich mich an eines der Fenster und hielt die Hand an die Schläfe, um die Spiegelung der Kristallscheibe aufzuheben; da sah ich statt in ein Gemach hinein in einen reizenden Garten hinaus, der im Sonnenlichte lag, und dort glaubte ich zu sehen, wie die Mutter im Glanze der Jugend und Schönheit, angetan mit seidenen Gewändern, zwischen Blumenbeeten wandelte. Ich wollte das Fenster aufmachen, ihr zurufen, fand aber durchaus keinen Riegel oder Knopf, denn ich war ja außerhalb des Hauses, obschon ich aus dem Innern nach einem Garten hinausschaute. Am Ende stand ich nur an einer reich getäferten Wand auf einem schmalen Gesimse, das meinen Füßen kaum genügenden Raum bot. Als ich mich hinausbog, um zu sehen, wie ich von der gefährlichen Stelle hinuntersteigen könne, sah ich auf der Gasse einen verkniffenen Knirps von Knaben mit grauen verwelkten Haaren, der mit einem Stecken meine Herrlichkeiten auseinanderstörte.

Sogleich erkannte ich den Jugendfeind, jenen vom Turme gestürzten Knaben Meierlein, und kletterte eilig hinunter, ihn zu verjagen. Der aber fing wütend an zu schelten und als Kindswucherer und Gläubiger aufs neue, nach so viel Jahren, seine Forderung geltend zu machen, indem er die Hand an den vom Sturze zerschlagenen Kopf drückte. Er wolle mich jetzt endlich auspfänden, rief er mit giftigen Worten, daß er zu seiner verschriebenen Sache komme; seine Rechnung sei pünktlich in Ordnung.

»Du lügst, du kleiner Schuft!« schrie ich ihm zu, »mach', daß du fortkommst!« Da erhob er seinen Stock gegen mich, wir gerieten einander in die Haare und rauften uns unbarmherzig. Der wütende Gegner riß mir alle die schönen Kleider, die ich trug, in Fetzen, und erst als ich ihn keuchend und verzweifelnd am Halse würgte, entschwand er mir unter den Händen und ließ mich in der schattigen kalten Straße stehen. Ermattet sah ich mich mit bloßen Füßen dastehen. Das Haus war aber das wirkliche alte Haus, jedoch halb verfallen, mit zerbröckelndem Mauerkalk, erblindeten Fenstern, in denen leere oder verdorrte Blumenscherben standen, und mit Fensterläden, die im Winde klapperten und nur noch an einer Angel hingen.

Von meiner trefflichen Traumeshabe war nichts mehr zu sehen, als einige zertretene Reste auf dem Pflaster, welche von nichts Besonderem herzurühren schienen, und in der Hand hielt ich nichts, als den meinem bösen Feinde abgerungenen Stecken.

Ich trat entsetzt auf die andere Seite der Straße und blickte kummervoll nach den öden Fenstern empor, wo ich deutlich meine Mutter, alt und grau und bleich, hinter der dunkeln Scheibe sitzen sah, wie sie in tiefem Sinnen ihren Faden spann.

Ich streckte die Arme nach dem Fenster empor; als sich die Mutter aber leis bewegte, verbarg ich mich hinter einem Mauervorsprung und suchte bang aus der stillen dämmerigen Stadt zu entkommen, ohne gesehen zu werden. Ich drückte mich längs den Häusern hin und wanderte alsbald an meinem schlechten Stabe auf einer unabsehbaren Landstraße dahin zurück, woher ich gekommen war. Ich wanderte und wanderte rastlos und mühselig, ohne mich umzusehen. In der Ferne sah ich auf einer ebenso langen Straße, die sich mit der meinigen kreuzte, meinen Vater vorüberwandern mit seinem schweren Felleisen auf dem Rücken.

Als ich erwachte, fiel mir ein Stein vom Herzen, so traurig war mir dieser letzte Teil der geträumten Abenteuer.

So ging es nächtelang fort, obgleich zuweilen auch etwas mäßiger, so daß der erträumte Zustand an eine Art ruhiger Zufriedenheit grenzte. Einmal träumte mir, daß ich an dem Rande des Vaterlandes auf einem Berge säße, der von Wolkenschatten verdunkelt war, während das Land in hellem Scheine vor mir ausgebreitet lag. Auf den weißen Straßen, den grünen Fluren wallten und zogen Scharen von Volk und Leuten und sammelten sich zu heiteren Festen, zu verschiedenen Handlungen und Lebensübungen, was alles ich aufmerksam beobachtete. Wenn aber solche Scharen oder Aufzüge nah an mir vorübergingen und ich von den Leuten erkannt wurde, schalten sie mich im Vorbeigehen, wie ich, teilnahmslos in Trauer verharrend, nicht sehe, was um mich her geschehe, und sie forderten mich auf, ihnen zu folgen. Ich verteidigte mich aber freundlich und rief ihnen zu, ich sähe alles genau, was sie bewege, und nehme teil daran. Nur sollten sie sich jetzt nicht um mich kümmern, so sei mir wohler.

Diese Vorstellung hatten meine emsigen Traumgeister offenbar folgenden Versen eines Unbekannten entwendet, die ich am Abend vorher in einigen zerrissenen Druckblättern gelesen:

Klagt mich nicht an, daß ich vor Leid
Mein eigen Bild nur könne sehen!
Ich seh' durch meines Leides Flor
Wohl euere Gestalten gehen.

Und durch den starken Wellenschlag
Der See, die gegen mich verschworen,
Geht mir von euerem Gesang,
Wenn auch gedämpft, kein Ton verloren.

Und wie die müde Danaide wohl,
Das Sieb gesenkt, neugierig um sich blicket,
So schau' ich euch verwundert nach,
Besorgt, wie ihr euch fügt und schicket!

Achtes Kapitel

Der wandernde Schädel

So ging es in den Nächten zu. Wie ich die Tage damals verbracht, weiß ich mir kaum mehr vorzustellen; es war die verwunderlichste Übung der Geduld mit dem Schicksal, das will sagen mit sich selbst. Und wie ich vorahnend gedacht, löste sich der Ausgang auf diese Weise am leichtesten von den Dingen. Es dauerte nicht viele Tage, so zeigte es sich, daß mein verwitweter Hauswirt ohne seine Frau nicht bestehen konnte und sich genötigt sah, die Haushaltung aufzulösen, die Kinder einstweilen den Eltern der Verstorbenen zuzuschicken und die Wohnung zu räumen. Schon waren die Kleinen fort, als der Mann mir mürrisch und gleichgültig anzeigte, ich habe eine andere Unterkunft zu suchen, da er selbst am nächsten Tage ausziehe.

Ich hatte nun alle die Jahre her in dem Hause gewohnt, und da ein übles Geschick meine fahrende kleine Habe auseinander geblasen, so beschloß ich auf der Stelle, nach der Heimat zu gehen, statt einen bettelhaften Einzug in eine neue Wohnung zu halten. Ich änderte auch den Entschluß nicht, als mir nach Abtrag dessen, was ich dem Manne und andern noch etwa schuldig war, von dem bei Herrn Joseph Schmalhöfer erworbenen Reichtum nicht so viel übrig blieb, womit ich hätte fahren können. Es reichte vielmehr zur Not für eine Fußwanderung hin, wenn ich das Geld genau einteilte, Tag und Nacht im Freien blieb und nur wenig Nahrung genoß.

Um nun aber in den abgetragenen Kleidern nicht völlig einem Landfahrer ähnlich zu sehen, griff ich zum letzten Hilfsmittel, nämlich zu den Bildchen, die ich bei dem jüdischen Kunstschneider hängen hatte. Ohne Zeit zu verlieren, ging ich zu ihm, nahm auch jenes etwas größere auf der Ausstellung verunglückte Stück mit und frug ihn, ob er mich für die drei Malereien neu und gut kleiden, und was er noch an barem Gelde herauszahlen wolle.

Zu letzterem war er natürlich nicht zu bewegen; dafür fiel der Anzug leidlich gut aus, den zu liefern er nach seiner Geschäftsmaxime gleich bereit war; er ließ sich sogar zur Leistung eines festen stattlichen Hutes herbei, dessen Rand den Hals gegen den Regen zu schützen versprach. Ich fand mich bei alledem wohl bedient und beraten und schied zufrieden von dem Nothelfer, nachdem ich in einer Hinterstube die Kleider gewechselt und ihm den abgelegten Habit als Zeichen meiner Erkenntlichkeit für menschenfreundliche Behandlung überlassen.

Auf dem Rückwege schwankte ich, ob ich nicht den alten Schmalhöfer noch aufsuchen und von ihm Abschied nehmen solle. Ich besorgte jedoch, er könnte mich von neuem zu einem nichts entscheidenden und geisttötenden Arbeitsgewinne verlocken; also vermied ich sein Haus, holte bei der Behörde noch meine Ausweispapiere und eilte, da der Abend nahte, nach Hause; denn ich wollte mit angebrochener Nacht unverweilt die Wanderschaft antreten.

Das war auch geraten, da der Wirt bereits den sämtlichen Hausrat fortgebracht und auch mein Bett weggeräumt hatte, unbekümmert, wo ich diese letzte Nacht noch schlafen möge. Ich fand ihn, wie er ganz allein in der stillen Wohnung stand, die von unsern Tritten und Worten einen ungewohnten Widerhall hören ließ, weil sie gänzlich leer war. Nur etwas Kleider und kleines Geräte lagen noch beieinander, was er nicht zusammen zu packen wußte, da es ihm an einer Kiste fehlte. Ich sagte ihm, er könne sich meines großen Koffers bedienen, den ich zunächst nicht brauche. Das nahm er ohne Dank an, wofür ich ihm auch einen Streich spielte. Denn als ich nun in meine zwei Zimmer ging, in eine Reisetasche ein Restchen Wäsche und meine schön gebundene Jugendgeschichte gesteckt hatte und mich umsah, was etwa noch zu tun wäre, entdeckte ich zu meinem Schrekken noch den Schädel des Albertus Zwiehan, der allein unversorgt zurückblieb.

Erschüttert nahm ich das unselige Sphäroid, das nicht zur Ruhe kommen konnte, in die Hand, und fühlte Gewissensbisse. »Armer Zwiehan!« dachte ich, »du bist einst von Ostindien nach der Schweiz gereist, von da nach Grönland und wieder zurück, dann hierher, und nun mag Gott wissen, was aus dir wird, den ich so leichtfertig vom Friedhofe genommen habe!«

Aber das half nun nichts; ich hob den Deckel meines leeren Koffers und legte den alten Schädel hinein, die weitere Fürsorge dem auf dem Sprunge stehenden Hauwirt überlassend, der sich in seinem Unstern so wenig liebenswürdig gegen mich benahm, obgleich ich seit länger als fünf Jahren an den Unterhalt seiner Familie so manchen guten Taler beigetragen.

Dann trat ich mit umgehängter Tasche aus meiner besonderen Trauerwohnung in die allgemeine hinaus, gab dem Manne rasch die Hand und stieg die Treppe hinunter. Kaum war ich aber auf dem Flur angelangt, so rief der Unhold von oben her meinen Namen und schrie: »Da, nehmen's den auch mit, der gehört Ihnen!« Gleichzeitig kollerte und polterte der Totenkopf die lange hölzerne Treppe herunter und schlug mir gar unsanft an die Fersen.

Ich hob ihn auf; in der vorgerückten Dämmerung ließ er erbärmlich den Unterkiefer fallen, der in Drähten hing, und schien so zu bitten, ihn nicht zurückzulassen.

»So kommt mit«, sagte ich, »wir wollen wieder zusammen heimgehen! Es war eine merkwürdige Reise!«

Ich zwängte den Schädel mit Mühe in die Wandertasche, wodurch diese ein unförmliches Aussehen gewann, wie wenn ein Kommißbrot oder ein Kohlkopf darin steckte.

Nun hatte ich noch ein einziges Geschäft zu verrichten, das mir nicht leicht fiel. Seit dem sonderbaren und unverhofften Liebesabenteuer mit Hulda war ein Sonnabend von mir unbenutzt verstrichen und jetzt eben der zweite da. Durch die Nachrichten des hochzeitreisenden Landsmannes, sowie durch die erfahrenen Traumgesichte waren mir Mut und Lust zur Verwirklichung der tannhäuserlichen Glückspläne vergangen; und doch drängte mich jetzt ein Gefühl warmer Dankbarkeit, selbst von zärtlicher Zuneigung und Erinnerung, nicht ohne ein Wort des Abschiedes, der Verständigung davonzugehen. Ich hoffte, das süße und ehrenwerte Geschöpf mit dem Geständnisse, daß ich kein Handwerksgeselle, sondern ein verarmter Künstler sei, der nicht wisse, was noch aus ihm werden solle, und vorerst das Land verlassen müsse, unschwer von seinen Gedanken abzubringen, über den abermaligen Verlust eines Liebhabers zu trösten und so im Frieden zu scheiden. Mit Tasche und Stab schon auf der Wanderschaft, schlug ich die Richtung nach der Straße ein, wo sie wohnte. Da es noch etwas zu früh war, trat ich in ein Gasthaus, um ein letztes Abendbrot in dieser Stadt zu mir zu nehmen. Dann fand ich bald im Laternenlichte das Haus und setzte mich im Schatten einer gegenüberstehenden Brunnensäule auf ein kleines Bänklein. Nun kam die anmutige Gestalt geschritten, im Werkeltagsgewande, aber nicht allein; ein schlanker junger Mensch begleitete sie, dem Anscheine nach ein Studierender oder Künstler, der eindringlich zu ihr redete. In der Nähe der Haustüre ging sie etwas langsamer, und ich vernahm, da sie jetzt zu sprechen anfing, die mir bekannte liebliche und offenherzige Stimme, die nur etwas trauriger oder weicher klang, als an jenem Abend.

»Die Lieb' ist eine ernstliche Sache«, sagte sie, »selbst im Scherze! Aber es gibt wenig Treu und Ehrlichkeit in der Welt. Nun, wir wollen die Bekanntschaft probieren, wenn Sie mich morgen auf den Tanz führen mögen; es wundert mein Herz, wie es ist, wenn es mit einem Herrn geht!«

Der neue Sponsierer antwortete mit leiser Flüsterstimme etwas, was ich nicht verstand; ich hörte einen leisen Kuß, ein »Gute Nacht!«, worauf das Mädchen hinter der Haustüre verschwand und dieselbe zuschlug, der junge Mann aber raschen Schrittes seiner Wege ging.

Das ist auch eine Freisprechung! dachte ich und erhob mich mit erleichtertem Gewissen, jedoch mit einer sehr krausen Empfindung. Ohne mich indessen weiter umzusehen oder eine Minute länger in der Stadt aufzuhalten, eilte ich dem Tore zu und wanderte wenige Zeit später auf der nächtlichen Heerstraße in der Richtung meines Heimatlandes fort.

Zufrieden mit der klaren und fertigen Form, welche mein Geschick nun angenommen hatte, setzte ich ohne Hast und ohne Aufenthalt Fuß für Fuß, als einziges Ziel im Auge, unter das Dach der Mutter zu treten, gleichviel ob arm oder reich. Stundenlang ging es so weiter; ich beachtete nicht, daß ich auf einem Kreuzungspunkte war und von der Hauptstraße auf eine unmerklich schmälere Seitenstraße geriet, daß sich eine solche Abzweigung nochmals wiederholte, bis ich mich auf einem ländlichen Fahrweg befand. Da ich aber nach dem Stande der Gestirne ungefähr nach der richtigen Himmelsgegend zog, so kam es mir nicht so sehr darauf an, ich rechnete eine etwelche Abirrung zu den nötigen Erlebnissen eines Landfahrers. Ich ging durch Gehölze, über Feld- und Wiesenfluren, an Dörfern vorbei, deren schwache Umrisse oder verlorene Lichter weit vom Wege lagen. Die tiefste Einsamkeit waltete auf Erden, als es Mitternacht wurde und ich über weite Feldgemarkungen ging; umso belebter waren die mit den langsam rückenden Sternbildern durchwirkten Lüfte, denn die unsichtbaren Schwärme der Zugvögel rauschten und lärmten in der Höhe. Noch nie hatte ich diesen herbstlichen Nachtverkehr des Himmels so deutlich wahrgenommen.

Ich kam in einen großen Forst, und die Dunkelheit wurde vollkommen. Still huschte der Kauz an meinem Gesichte vorüber, und aus der Tiefe schrie der Uhu. Als ich aber durchfröstelt und ermüdet war, stieß ich in einer Waldlichtung auf einen rauchenden Kohlenmeiler, dessen Hüter in seiner Erdhütte lag und schlief. Ich setzte mich still an den heißen Meiler, wärmte mich und schlief ein, bis ein Flug hellschreiender Wanderfalken, deren silberblaue Flügel und weiße Brüste im ersten Frührot blitzten, über den Wald flog und mich weckte. Wie ich mich ermunterte, begann der Köhler aus der Hütte zu kriechen, die Füße voran; vor ihm stehend wie ein eben angekommener Wandersmann, wünschte ich ihm einen guten Morgen und fragte nach der Gegend und der rechten Straße. Er wußte nicht viel zu sagen, als daß ich mehr westwärts zu gehen habe.

Der Wald nahm ein Ende, und ich trat in eine weite deutsche Herbstmorgenlandschaft hinaus. Waldige und dunkle Gebirgszüge streckten sich am Horizont; durch das Land wand sich ein rötlicher Fluß, weil der halbe Himmel im Morgenrot flammte und die pur-

purn angeglühten Wolkenschichten über Feldern, Höhen, Dörfern und einer betürmten Stadt hingen. Die Nebel rauchten an den Waldhängen und zu Füßen der schwarzblauen Berge. Schlösser, Stadttore und Kirchtürme glänzten rot; dazu entrollte sich ein hallender Jagdlärm in den Wäldern, Hörner tönten, Hunde musizierten fern und nah, und ein schöner Hirsch sprang an mir vorüber, als ich eben den Forst verließ.

Das Morgenrot verkündete freilich ein nasses Abendbrot und gab mir keine gute Aussicht. Wenn ich meinen Wanderplan innehalten wollte, so durfte ich nicht daran denken, ein Nachtlager zu suchen, weil das mich für einen Tag der Nahrung berauben konnte. Ich dachte daher mit einigem Schrecken an die kommenden Fluten, und daß ich durchnäßt die zweite Nacht hindurch wandern müsse. Die Nässe und der Schmutz besiegeln jeglichen schlechten Humor des Schicksals und nehmen dem Verlassenen noch den letzten Trost, sich etwa auf die mütterliche Erde zu werfen, wo es niemand sieht. Überall kältet ihm die unerbittliche Feuchte entgegen, und er ist genötigt, aufrecht zu bleiben.

In wenigen Stunden verhüllte auch ein graues Nebeltuch alles Licht, und das Tuch begann sich langsam in nasse Fäden zu entfasern, bis ein gleichmäßiger starker Regen weit und breit herniederfuhr, der den ganzen Tag anhielt. Nur manchmal wechselte das naßkalte Einerlei mit noch kräftigeren Regengüssen, die, vom Winde gepeitscht, einen bewegteren Rhythmus in das Wasserleben brachten, das Land und Wege überschwemmte. Ich schritt unverdrossen durch die Fluten, froh, daß ich meinen neuen Anzug von tüchtigem Stoffe gewählt, der etwas aushielt. Erst zur Mittagszeit, dann aber pünktlich, kehrte ich in einem Dorfe ein und aß eine warme Suppe mit etwas Fleisch und Gemüse, nebst einem großen Stück Brot. Auch ruhte ich eine Stunde und ging darauf wieder in den Regen hinaus. Denn wenn ich in acht Tagen, welche ich mindestens brauchte, nach Hause gelangen wollte, so mußte ich mich genau in jeder Hinsicht an die vorgesteckte Ordnung halten und durfte dabei nicht einmal erschöpft oder gar krank werden. Nur so blieb ich bis zuletzt Meister meiner selbst und hatte niemanden zu fürchten.

Nach einigen Stunden ging ich abermals auf einem Waldwege, immer bestrebt, die große Hauptstraße zu erreichen, mit deren Längsachse meine Richtung allmählich wieder zusammenfallen mußte. Als ich abseits vom Wege eine große Buche sah, deren gelbes Laub noch genügend dicht saß, ging ich hin und fand auf einer ihrer aus dem Boden ragenden Wurzeln eine ziemlich geschützte Ruhestelle und ließ mich nieder. Da kam ein altes Mütterchen dahergetrippelt, welches mit der einen Hand ein elendes Bündelchen kurzen Reisigs auf dem grauen Kopfe trug, dessen Haare so rauh und zerzaust waren, wie das Gestrüppe darauf; mit der andern Hand schleppte sie mühselig ein abgebrochenes kleines Birkenbäumchen hinter sich her. Mit zitternden Schrittchen zerrte sie emsig und keuchend, viele ängstliche Seufzer ausstoßend, den widerspenstigen Busch über alle Hindernisse weg, gleich der Ameise, die einen zu schweren Halm nach dem Bau schafft. Ich sah dem armen Weibe voll Mitleid zu und mußte mir gestehen, daß es dieser Kreatur wohl noch schlimmer ging, als mir, und sie doch nicht rastete, sich zu wehren. Und doch war ich wiederum elend genug daran, da ich ihr nicht einmal irgend etwas helfen oder geben konnte. Wie ich über diese Ohnmacht beschämt hinstarrte, kam soeben ein Waldhüter des Weges, wohl so alt wie das Weib, aber mit rotem Gesicht, großem Schnurrbart, kleinen Ringen in den Ohren und töricht rollenden Augen. Der machte sich sogleich über die Frau her, welche den Busch erschrocken fahren ließ, und schrie:

»Hast wieder Holz gestohlen, du Strolchin?«

Bei allen Heiligen beteuerte die Alte, daß sie das Birkenbäumchen also geknickt auf dem Wege gefunden habe. Er rief aber:

»Lügen tust du auch noch? Wart, ich will dir's austreiben!«

Und der alte Mann nahm die alte Graue beim vertrockneten Ohr, das unter einem verschobenen Kattunkäppchen hervorguckte, zerrte sie daran und wollte sie dergestalt mit sich fortschleppen, daß es unnatürlich anzusehen war. Durch einen plötzlichen Einfall erleuchtet, holte ich meinen Totenkopf aus der Reisetasche, stülpte ihn auf den Stock und streckte ihn durch das Laubwerk des Unterholzes, hinter welchem ich selbst verborgen war. Zugleich rief ich mit zorniger Stimme: »Laß das Weib gehen, du schlechter Kerl!« und schüttelte den Schädel ein wenig, daß die Zähne zusammenklappten und das Laub raschelte, aus welchem er hinausguckte. Es mußte für die Leutchen draußen aussehen, wie wenn der Tod in dem Busch wäre.

Der Waldhüter blickte nach dem Orte hin, woher die Stimme erscholl, erstarrte förmlich, wurde fahl wie schlecht gebackenes Brot, und ließ das Ohr des Mütterchens fahren. Ich zog das Gespenst sachte zurück; der Waldhüter starrte bewegungslos her; als ich es aber weiter oben aus dem Gebüsche tauchen ließ, irrten seine rundlichen Augen ihm dorthin nach, worauf er, so schnell ihn die schlotternden Beine tragen wollten, sich davon machte, ohne einen Laut von sich zu geben. Erst in bedeutender Entfernung, wo der Weg sich abbog, blieb er einen Augenblick stehen und schaute behutsam zurück. Da ließ ich den Schädel etwas wackeln, und sogleich verschwand der Flüchtling um die Ecke und war nicht mehr zu sehen. Er hatte freilich durchaus keinen Grund anzunehmen, daß bei diesem Wetter und zu Gunsten des armen Weibchens ein bloßer Hokuspokus im tiefen Walde aufgeführt werde, und überdies zeigten die Ohrringe genugsam an, daß er ein abergläubischer Mensch war. Das alte Mütterchen, das in seinem Schrecken nichts als die Flucht des Peinigers gesehen, wußte nicht, wie ihm geschah, ließ alles liegen und machte sich ebenfalls aus dem Staube; mit den zitternden Händen ruderte sie eifrig in der Luft und redete vor sich hin.

Meinesteils packte ich das alte gelbliche Kopfgeräte wieder ein, das so gute Dienste geleistet. Ich war von dem Scherze ordentlich erwärmt worden und ruhte noch ein Weilchen aus, wie ein Sieger auf dem Kampfplatz, mit dem erquicklichen Gefühle, daß selten einer so übel daran sei, der nicht durch irgend eine kleine Wendung über die Dinge gestellt werden könne. Ich betrachtete in Gedanken den aus dem Felde geschlagenen Unhold und bemühte mich, die Grundlage seines bestialischen Wesens aufzufinden. Ich sah die rund glänzenden Augen, die hochroten Gesichtspolster, den grauen, trefflich gepflegten Schnurrbart, die blanken Knöpfe seines Dienstrockes, und glaubte zu fühlen, daß das Fundament all des anmaßlich brutalen Gebausches eine grenzenlose Eitelkeit sei, die sich, als einem dumm rohen Menschen innewohnend, nicht anders als in solcher Weise zu äußern wußte.

Dieser Kerl, dachte ich, welcher vielleicht der sorglichste Vater und

Gatte ist und ein guter Gesell unter seinesgleichen, insofern er nur nicht im Prahlen und Ausbreiten seiner Art behindert wird, dieser Kerl gefiel sich ausnehmend wohl und hielt sich nach Maßgabe seiner Dummheit für einen Helden, als er das schwache Weib am Ohr zerrte. Nicht daß er etwa in der Kirche oder im Beichtstuhle nicht zuweilen einsähe, daß er fehlbar sei; der Rausch der Eitelkeit und Selbstgefälligkeit ist es, der ihn alle Augenblicke fortreißt und seinem Götzen frönen läßt. Umso genauer sieht er das Laster an seinem Vorgesetzten, dieser an dem seinigen, und so stufenweise fort, indem einer es am andern gar wohl bemerkt, aber nie unterläßt, der eigenen Unart voll Wut den Zügel schießen zu lassen, um nicht zu kurz zu kommen und sich herrlich darzustellen. Alle die tausend voneinander Abhängigen, die sich gegenseitig so erziehen, streichen ihre grauen Schnurrbärte und lassen die Augen rollen, nicht aus Bosheit, sondern aus kindischer Eitelkeit. Sie sind eitel im Befehlen und im Gehorchen, eitel im Stolz und in der Demut; sie lügen aus Eitelkeit und sagen die Wahrheit nicht um ihrer selbst willen, sondern weil sie ihnen für diesmal gut ansteht. Neid, Habsucht, Hartherzigkeit, Verleumdungssucht, Trägheit, alle diese Laster lassen sich bändigen oder einschläfern; nur die Eitelkeit ist immer wach und verstrickt den Menschen unaufhörlich in tausend lügenhafte oder wenigstens unnötige Dinge, Brutalitäten und kleinere oder größere Gefahren, die alle zuletzt ein ganz anderes Wesen aus ihm machen, als er eigentlich zu sein wünscht. Das ist dann die Folge, eine krankhafte Abirrung von seinem Selbst, statt der angestrebten Befestigung desselben.

Das ist aber nur die gröbere Hälfte, die Schar der Armen im Geiste. Die feinere Hälfte, die Schar der Begabten und Gebildeten irrt nicht von sich ab, die hat einen Zaubersegen, der heißt: Wir wissen es und wollen es sein, nämlich eitel! »Die unschuldige Eitelkeit, sie ist die gutartige Verzierung des Daseins! Das goldene Hausmittelchen der Menschlichkeit und das Gegengift für die grobe, bösartige Eitelkeit! Die schöne Eitelkeit, als die zierliche Vervollkommnung und Ausrundung des eigenen Wesens, bringt alle Keimlein zum Blühen, die uns brauchbar und annehmlich machen für die Welt; sie ist zugleich der feinste Richter und Regulator ihrer selbst, und treibt uns an, das Gute und Wahre, das sonst verborgen bliebe, in edler Gestalt an den Tag zu bringen. Selbst Christus war ein bißchen eitel, denn er hielt Haar und Bart gelockt und ließ sich die Füße salben!«

So klingt dieses schöne Lied, und diese Eitelkeit ist erst der wahre Moloch, dessen gelindes Feuer Menschen und Kieselsteine frißt. Er bleibt stets er selbst, der Moloch, und fürchtet sich nicht und lächelt sein ehernes Lächeln, während sein heißhungriger Bauch glüht. An ihm versengen sich Freundschaft, Liebe, Freiheit und Vaterland und alle guten Dinge, und wenn er nichts mehr zu fressen hat, wird er ein kalter Ofen voll Asche.

Während dieser eifrigen Predigt, die ich mir selber hielt, war ich weitergewandert, und da mir das Gedankenspinnen die kühle Zeit vertrieb, so setzte ich es fort. Ich prüfte nun mich selber und meine Manieren und untersuchte für den Fall, daß ich von dem Laster mäßig frei sein sollte oder je würde, die Stellung, in welcher man sich der eiteln Welt gegenüber befindet. Gewiß ist, dachte ich, daß die Eiteln die Sklaven der Freien sind, um deren Beifall sie buhlen; aber Sklaven empören sich und werden grausam wie die Neger von St. Domingo. In beiden Fällen gilt es, durch sie hindurchzugehen und mit ihnen auszukommen, ohne Schaden an der Seele oder am Leibe zu nehmen. Aber warum soll man sich denn von ihnen unterscheiden, sich über sie erheben? Um auf dieses Erhobensein selbst wieder eitel zu werden?

Hier befand ich mich in einer Sackgasse, und indem ich den Ausgang suchte, wurde die Grübelei von einem Windstoße unterbrochen, der einen Baum so gewaltig schüttelte, daß dieser seine aufgesammelten Wasser mir jählings auf Schultern und Rücken warf. Ich schüttelte mich ebenfalls und sah mich nach einer Zuflucht um, die aber nicht vorhanden und mir auch nicht gestattet war. Dennoch verlangte mich nach irgend einer Erleichterung; zuletzt fand ich dieselbe in dem Zwiehansschädel, der mehr seiner unbequemlichen Form als seines Gewichtes wegen mich zu drücken begann. Allein im Begriff, ihn seitwärts in einem Dickicht sachte niederzulegen, überkam mich plötzlich der Wunsch und das Bedürfnis, in meiner Zwangslage etwas Freiwilliges zu tun und mich dadurch, wenn auch nur eines Daumens hoch, über dieselbe emporzuheben. Also packte ich den asketischen Gegenstand wieder auf und setzte die mühselige Wanderschaft fort, die mich zum Überfluß noch auf allerlei verlorene und schwierige Pfade brachte.

Neuntes Kapitel

Das Grafenschloß

So ging es bis zur Abenddämmerung, wo die Ermüdung, Frost und jegliche Schwäche so überhandnahmen, daß ein moralischer Zusammenbruch nur durch die ärgerliche Betrachtung verhindert wurde: es könne ja keine Rede davon sein, etwa umzukommen oder unterzugehen, und das schlechte Abenteuer wäre also als bloße Vexation durchaus entbehrlich. Ich raffte mich nochmals zusammen und bekam wieder die Oberhand.

Endlich trat ich aus den Forsten heraus und sah ein breites Tal vor mir, in welchem ein großes Herrengut zu liegen schien; denn schöne Parkbäume zeigten sich anstatt des Waldes und umgaben eine Dächergruppe, und weiterhin lag zwischen Feldern und Weidegründen eine weitläufige Dorfschaft zerstreut. Zunächst vor mir sah ich eine kleine Kirche stehen, deren Türen geöffnet waren.

Ich ging hinein, wo es schon ziemlich dunkel war und das ewige Licht wie ein trübrötlicher Stern vor dem Altar schwebte. Die Kirche war offenbar sehr alt, die Fenster zum Teil noch aus gemalten Scheiben bestehend und Wand und Boden mit Grabsteinen und Mälern bedeckt.

»Hier will ich die Nacht zubringen«, sagte ich zu mir selbst, »und mich im Schatten dieses Tempels ausruhen!«

Ich setzte mich in einen schrankartigen Beichtstuhl, in welchem ein dickes Kissen lag, und wollte eben das Vorhängelchen zuziehen, um augenblicklich einzuschlafen, als eine Hand das grüne Seidenfähnchen festhielt und der Küster, der mir in weichen Hausschuhen nachgegangen, vor mir stand und sagte:

»Wollt Ihr etwa hier übernachten, guter Freund? Ihr könnt nicht da bleiben!«

»Warum nicht?« sagte ich.

»Weil ich sogleich die Kirche schließen werde! Geht nur hinaus!« erwiderte der Küster.

»Ich kann nicht gehen«, sagte ich, »laßt mich hier sitzen, nur einige Stunden, die Mutter Gottes wird es Euch nicht übelnehmen!«

»Geht jetzt sogleich!« rief er, »Ihr könnet durchaus nicht hier bleiben!«

Ich schlich also trübselig aus der Kirche, und der wachsame Seilzieher machte sich daran, die Türen zu verschließen. Ich stand jetzt auf dem Kirchhofe, welcher einem wohlgepflegten Garten glich; jedes Grab war für sich oder mit andern zusammen ein Blumenbeet, in freier Anordnung; besonders die Kindergräblein waren anmutig verteilt, bald als eine kleine Versammlung auf einer Raseninsel, bald einsam in einem lieblichen Schmollwinkel unter einem Baume, bald zwischen Gräbern der Alten, gleich Kindern, die den Müttern an der Schürze hangen. Die Wege waren mit Kies bedeckt und sorgfältig gerechet und führten ohne Scheidemauer unter die dunkeln Bäume eines Lustwaldes, Ahorne, Ulmen und Eschen. Der Regen hatte nachgelassen; doch fielen noch zahlreiche Tropfen, indes im Westen ein Streifen feurigen Abendrotes lag und einen schwachen Schein auf die Leichensteine warf. Ich ließ mich unwillkürlich auf eine Gartenbank nieder, die mitten in den Gräbern stand.

Da kam ein schlankes weibliches Wesen aus dem tiefen Schatten der Bäume hervor, mit raschen Schritten, welches reiche dunkle Locken im Winde schüttelte und mit der einen Hand eine Mantille über der Brust zusammenhielt, während die andere einen leichten Regenschirm trug, der aber nicht aufgespannt war. Diese sehr anmutige Gestalt eilte gar wohlgemut zwischen den Gräbern herum und schien dieselben aufmerksam zu besichtigen, ob die Gewächse von Sturm und Regen nicht gelitten hätten. Hie und da kauerte sie nieder, warf den leichten Schirm auf den Kiesweg und band eine flatternde Spätrose frisch auf oder schnitt mit einem glänzenden Scherchen eine Aster oder dergleichen ab, worauf sie weitereilte. Erschöpft wie ich war, sah ich die schöne Erscheinung vor mir hinschweben und dachte nicht viel dabei, als der Küster wieder zum Vorschein kam.

»Hier könnt Ihr auch nicht bleiben, guter Freund!« redete er mich abermals an; »dieser Gottesacker gehört gewissermaßen zu den herrschaftlichen Gärten, und kein Fremder darf sich da zur Nachtzeit herumtreiben.«

Ich antwortete gar nichts, sondern sah ratlos vor mich hin; denn ich konnte mich beinah nicht entschließen aufzustehen.

»Nun, hört Ihr nichts? Auf! Steht in Gottes Namen auf!« rief er etwas lauter und rüttelte mich an der Schulter, wie man einen auf der Wirtsbank Eingeschlafenen aufmuntert.

In diesem Augenblicke kam die Dame in die Nähe und hielt ihren sorglosen Gang an, um dem Handel zuzuschauen. Ihre Neugierde war von so kindlich anmutiger Gebärde und die Person so schönäugig, soviel in der Dämmerung zu sehen, von so unverhohlener natürlicher Freundlichkeit, daß ich für den Augenblick neu belebt mich erhob und mit dem Hut in der Hand vor ihr stand. Ich schlug jedoch verlegen die Augen nieder, als sie mich in meinem durchnäßten und beschmutzten Aufzuge aufmerksam betrachtete.

Inzwischen sagte sie zu dem Kirchendiener:

»Was gibt es hier mit diesem Manne?«

»Ei, gnädiges Fräulein!« antwortete der Küster, »Gott weiß, was das für ein Mensch sein mag! Er will durchaus hier einschlafen; das kann doch nicht geschehen, und wenn er ein armer Vagabund ist, so schläft er gewiß besser im Dorf in irgend einer Scheuer!«

Die junge Dame sagte freundlich, zu mir gewendet: »Warum wollen Sie denn hier schlafen? Lieben Sie die Toten so sehr?«

»Ach, mein Fräulein«, erwiderte ich aufblickend, »ich hielt sie für die eigentlichen Inhaber und Gastwirte der Erde, die keinen Müden abweisen; aber wie ich sehe, sind sie nicht viel vermögend und wird ihre Intention ausgelegt, wie es denen gefällt, die über ihren Köpfen einhergehen!«

»Das sollen Sie nicht sagen«, versetzte lächelnd das Fräulein, »daß wir hier zu Lande schlimmer gesinnt seien, als die Toten! Wenn Sie sich nur erst ein bißchen ausweisen wollen und sagen, wie es Ihnen geht, so werden Sie uns Lebendige hier schon als leidliche Leute finden!«

»Darf ich Ihnen zum Anfang meine Schriften vorweisen?«

»Die können falsch sein! Verfahren Sie lieber mündlich!«

»Nun, ich bin guter Leute Kind und eben im Begriff, so sehr ich kann zu laufen, woher ich gekommen bin! Leider geht es nicht unaufgehalten, wie es scheint!«

»Und woher kamen Sie denn?«

»Aus der Schweiz. Seit einigen Jahren lebte ich als Künstler in Ihrer Hauptstadt, um zu entdecken, daß ich keiner sei. So bin ich nun ohne bequeme Reisemittel auf dem Heimwege und glaubte, ohne jemandem lästig zu fallen, nur so durchlaufen zu können. Das hat der Regen verhindert; darum hoffte ich, ungesehen die Nacht in dieser Kirche zuzubringen und in aller Frühe still weiterzuziehen. Wenn hier ganz in der Nähe ein Vordach oder ein offener Schuppen ist, denn weiter kann ich nicht mehr, so befehlen Sie großmütig, daß man mich dort ruhen läßt und tut, als ob ich gar nicht da wäre, und am Morgen werde ich dankbar wieder verschwunden sein!«

»Sie sollen ein besseres Quartier haben, kommen Sie jetzt mit mir, ich will es vorläufig über mich nehmen, bis mein Vater erscheint, der bald von seiner Jagdpartie zurückkehren wird.«

Obschon ich vor kalter Nässe schlotterte, seit ich dastand, zögerte ich doch, ihr zu folgen. Als das Fräulein mich wartend ansah, bat ich um Entschuldigung, ich sei trotz meiner wunderlichen Lage kein Bettler, und ihr Anerbieten kreuze meinen Plan, ohne fremde Hilfe nach Hause zu gelangen.

»Sie sind aber ja ganz durchnäßt und frieren, wie ein Pudel, mein stolzer Herr! Wenn Sie im Freien bleiben, so können Sie bis zum Morgen das schönste Fieber haben und sind dann erst recht verhindert, ohne Hilfe und Pflege weiterzukommen. Sie sollen sich vorderhand auch nur in einem Gartenhause aufhalten, wo ich den Tag zugebracht habe und ein warmes Feuer brennt. So sperren Sie sich denn nicht länger, damit wir Sie nach Ihrem Wunsche am sichersten und aufs bäldeste wieder los werden! Und Ihr, Küster, folgt uns als dienstbare Begleitung zur Strafe dafür, daß Ihr diesen frommen Pilgrim so ungastlich behandelt habt!«

»Und was würde man mir sagen, gnädigstes Fräulein«, brummte der Küster ganz unwirsch, »was würde man mit mir anfangen, wenn ich nachts die Kirche offen ließe oder einen Fremden darin einschlösse? Hat man noch nie von nächtlichem Kirchenraub gehört?

Wurden noch keine Leuchter, Kelche und Patenen gestohlen?« Hier mußte ich lachen und sagte: »Haltet Ihr mich für einen Shakespeareschen Bardolph, der in Frankreich wegen der gestohlenen Monstranz gehenkt wurde?«

»Nachdem er schon in England einen Lautenkasten entwendet, zwölf Stunden weit getragen und für drei Kreuzer verkauft hatte?« fügte das vortreffliche Frauenzimmer bei, indem sie mit einem hellen Antwortlachen mich anblickte. Da versetzte ich meinerseits:

»Wenn Sie im Gebrauch gemeinschädlicher Zitate so schlagfertig sind, darf ich es doch wagen, Ihnen zu folgen; denn wir gehören ja einem öffentlichen Geheimorden an, der sein Dasein billig durch gegenseitiges Wohltun nützlich machen mag.«

»Sehen Sie, so hat alles in der Welt seine gute Seite!« sagte sie und schritt vorwärts; ich ging mit, und der Küster folgte uns verblüfft und mißtrauisch durch den dunkeln Park. Bald leuchteten durch die Bäume die erhellten Fenster eines geräumigen Gartenhauses, das in einiger Entfernung vom Wohngebäude stehen mochte. Wir traten in einen kleinen Saal, der nur durch eine Glastüre vom Parke getrennt war; ein schönes Feuer brannte im Kamin, die Dame rückte einen Lehnstuhl von Rohrgeflecht herbei und forderte mich auf, nunmehr auszuruhen. Ohne Säumen setzte ich mich in den Stuhl, fand mich aber durch meine unförmige Reisetasche einigermaßen belästigt.

»So legen Sie doch die Tasche ab!« sagte die Herrschaftstochter, »oder tragen Sie wirklich einen gestohlenen Lautenkasten darin herum, weil Sie sich nicht davon trennen können?«

»Es ist so was!« meinte ich dagegen, entledigte mich aber des von dem Schädel geschwollenen Umhängsels, welches der Küster auf einen Wink des Fräuleins mir abnahm und in einen Winkel lehnte. Mit der Fußspitze befühlte er dabei fast unmerklich die rundliche Erhöhung, ob nicht wenigstens eine geraubte Melone dahinter stecke, da er aus dem Lautenkasten nicht klug wurde.

Das Fräulein, das inzwischen sich zu schaffen gemacht, kam jetzt wieder, stellte sich vor mich hin und frug mitleidig: »Wie heißen Sie denn? Oder wollen Sie ganz inkognito reisen?

»Heinrich Lee«, sagte ich.

»Herr Lee, geht es Ihnen durchaus schlecht? Ich habe keinen rechten Begriff davon. Sie sind doch am Ende nicht so arm, daß Sie auch nichts zu essen haben?«

»Es hat nichts zu bedeuten, aber im Augenblicke ist es allerdings so; denn wenn ich mehr als einmal im Tag esse, so reicht meine Kriegskasse nicht aus, bis ich nach Hause komme.«

»Aber warum tun Sie das? Wie kann man sich so der Not aussetzen?«

»Nun, mit Absicht habe ich es gerade nicht getan; da es aber einmal so ist, so nehme ich es sogar dankbar hin, insoweit der Zwang einen Dank verdient. Man lernt an allem etwas. Für Frauen sind dergleichen Übungen nicht notwendig, da sie immer nur tun, was sie nicht lassen können; für unsereinen sind so recht handgreifliche Exerzitien gut; denn was wir nicht sehen und fühlen, sind wir selten zu glauben geneigt oder halten es für unvernünftig und nicht der Beachtung wert!«

Sogleich holte sie mit Hilfe des Küsters einen kleinen Tisch herbei, auf welchem ein paar Teller mit einigem Essen standen.

»Hier ist zum Glück gerade mein Abendbrot. Nehmen Sie vorläufig etwas zu sich, bis Papa nach Haus kommt und für Sie sorgt. Geht schnell ins Haus hinüber, Küster, und laßt Euch von der Haushälterin eine Flasche Wein geben, hört Ihr? Trinken Sie lieber weißen oder Rotwein, Herr Lee?«

»Roten!« sagte ich unhöflich, weil ich jetzt wieder verlegen war, in diesem Zustande zwischen einem hilfsbedürftigen und unbekannten Landfahrer und einem gut behandelten Angehörigen der Gesellschaft das rechte Wort zu treffen.

»So soll man Euch von unserm roten Tischwein geben!« rief sie dem abgehenden Küster nach und zog dann an einer Klingelschnur, worauf ein ländlich gekleidetes Mädchen herbeigelaufen kam, welches von meinem Anblick überrascht stehen blieb und mich mit Erstaunen betrachtete. Es war die Tochter eines Gärtners, der unter dem gleichen Dache seine Wohnung hatte; wie sich mit der Zeit ergab, stellte sie die Dienerin und Vertraute des Fräuleins in einer Person vor und stand mit der Herrentochter auf Du und Du.

»Wo steckst du, Röschen?« rief die letztere, »hurtig zünde Licht an, wir haben eine Heimsuchung und bleiben vorerst noch hier!«

Ich unterdessen hatte Gabel und Messer ergriffen, um einer Schnitte kalten Bratens zuzusprechen, war aber neuerdings verlegen. Das silberne Werkzeug war ein offenbar lange gebrauchtes Kinderbesteck; auf der kleinen Gabel war in gotischer Schrift der Name »Dorothea« sauber eingegraben, und da das neu angekommene Röschen die Herrin soeben Dortchen nannte, hielt ich unzweifelhaft ihr eigenes Eßgeräte in der Hand. Ich legte dasselbe nieder; Röschen bemerkte gleichzeitig den Umstand und rief: »Was machst du denn, Dortchen? Du hast ja dem Manne dein eigenes Besteck gegeben!«

Leicht errötend sagte das sogenannte Fräulein Dortchen: »Wahrhaftig, so geht es, wenn man zerstreut ist! Entschuldigen Sie, daß ich Sie mit meinen Kinderwaffen versehen habe! Sollten Sie indessen nicht davor ekeln, so dürften Sie nur ruhig fortfahren, und ich selbst gewänne das Ansehen einer heiligen Elisabeth, welche die Armen aus ihrem eigenen Teller speist.«

Auf diesen artigen Scherz wußte ich nichts mehr einzuwenden. Doch wollte es mit dem Essen nicht recht gehen; ich empfand auf einmal keinen Appetit, vielmehr bedrückte mich ein Gefühl, als ob ich am unrechten Orte wäre, und wünschte, draußen auf der Landstraße und in der Freiheit zu sein, wußte aber freilich, daß es nicht gut gehen würde. Es wurde mir etwas behaglicher zu Mute, als ich ein Glas Wein ausgetrunken, das mir Röschen eingeschenkt, mich mit kritischen Äuglein musternd. Dann lehnte ich mich zurück und sah dem Treiben der beiden Personen zu. Das Fräulein hatte sich inmitten des Saales an einen großen runden Tisch gesetzt, und die Gärtnerstochter stand neben ihr. Auf dem Tische befanden sich allerlei Gläser und Krügelchen mit Blumen und bunten Waldsachen, wie sie der Herbst zu bringen pflegt, rote und schwarze Beerenbüschel. Dazwischen lag merkwürdiges, purpurrotes oder goldgelbes Blattwerk, gefiedert und herzförmig, glänzend grüne Efeublätter von besonderer Schönheit, Schilf, alles bereit, zu einem Strauße vereinigt zu werden oder auch so zur Augenweide zu dienen. Die Blumen schienen von dem Kirchhofe zu kommen, wie ich denn sah, daß das Fräulein auch die heute gepflückten eben in ein Glas mit frischem Wasser stellte. Einige Sträußchen waren frisch, andere verwelkt oder halb verwelkt, was anzuzeigen schien, daß die Schöne eine liebevolle

Freundin und Pflegerin der Toten sein müsse. Das erinnerte mich an die Sage von der heiligen Elisabeth, die als Kind mit ihren Genossen gern auf Gräbern gespielt und von den Toten gesprochen hatte, und da diese Dorothea selbst in jenen Legenden bewandert war, so verlieh dies alles ihrem Wesen den Goldglanz einer tieferen Gemütsart, während ihr freies und entschiedenes Benehmen die Voraussetzung einer kirchlichen Bigotterie nicht aufkommen ließ.

Ich blickte mit einer Art einschläfernden Wohlgefallens nach dem Tische hin, sah und hörte mit halboffenen Augen und Ohren noch eine Weile, was sie taten und sprachen, ohne darauf zu merken, bis ich wirklich einschlief. Auf einem Stuhle neben sich hatte das Fräulein eine umfangreiche Mappe stehen, aus welcher sie größere und kleinere Blätter nahm, die auf Bogen starken Papieres zu heften sie beschäftigt war, daß die Blätter geschützt und mit einem breiten Rande versehen wurden. Das bewerkstelligte sie mit kleinen Papierstreifchen und etwas arabischem Gummi, und Röschen hielt ihr diese Dinge bereit.

»Nun müssen wir wieder Papier zuschneiden«, sagte sie, als der Vorrat der Unterlagen soeben zu Ende ging. Sie schoben die hindernde Unordnung des Tisches eifrig zur Seite, um Raum zu gewinnen, legten neue Bogen auf und begannen mit ihren Arbeitsscheren darin zu wirtschaften, wie wenn sie Leinwand vor sich hätten und Handtücher zuschnitten. Da das Papier keine leitenden Fäden besaß, so schrumpfte es stellenweise auf der Klinge zusammen, oder die Scheren fuhren ins Krumme, und die Mädchen erlitten allerhand kleinen Verdruß, den sie sich scherzend vorwarfen.

»Ei, Kind«, rief Dorothea, »du machst ja lauter gefranzte Ränder, Papa wird unsere Arbeit gewiß kassieren, wenn er sie sieht, und sich endlich selbst dahinter machen!«

»Und du mit deinem Augenmaß! Sieh, wie schief die Landkarte dort sitzt! Da machen wir's besser, der Vater und ich, wenn wir die Gemüsebeete abteilen!«

»So schweig doch, ich weiß es ja schon! Es sind aber auch gar zu große Dinger darunter, man kann sie gar nicht ordentlich übersehen! Da haben wir im Institut vernünftigeres Format gehabt, wenn wir unsere Blumenbildchen malten; nun, der Papa bringt die Sachen nachher schon mit Lineal und Bleistift in die Richte. Die Hauptsache ist, daß wir kein Blatt zu klein schneiden; denn er will alle von der gleichen Größe haben. Er hat schon einen Kasten dafür machen lassen, worin sie liegen sollen, wie in Abrahams Schoß; auch ein paar hölzerne Rahmen mit Gläsern hat er für sein Studierzimmer bestellt, um abwechselnd dies oder jenes darin aufzuhängen, das ihm besonders gefällt. Diese Rahmen werden auf der Rückseite mit bequemen Schiebern versehen sein.«

»Was nur an diesen Sachen zu gucken ist? Zu was braucht man sie denn?«

»Ei, du Närrchen, zum Vergnügen! Man muß sie kennen oder verstehen, das ist das Vergnügen! Siehst du denn nicht, wie lustig dies aussieht, alle diese Bäume, wie das kribbelt und krabbelt von Zweigen und Blättern und wie die Sonne darauf spielt? Und alles das hat einer lernen müssen, um es hervorzubringen!«

Röschen legte die Arme auf den Tisch, neigte das Näschen gegen ein Blatt und sagte: »Wahrhaftig, ja, ich seh's! Wie meines Vaters grüne Sonntagsweste! Ist das hier ein See?«

»Warum nicht gar ein See, du Heuschreck! Das ist ja der blaue Himmel, der über den Bäumen steht! Seit wann sind denn die Bäume unten und das Wasser oben?«

»Geh doch, der Himmel ist ja rund und gewölbt, und das Blaue hier ist flach und viereckig, wie unser großer Teich, wo der Herr die jungen Linden drum hat pflanzen lassen. Gewiß hast du das Bild verkehrt aufgeklebt! Wend' es einmal um, dann ist das Wasser unten und die Bäume sind ordentlich oben!«

»Ja, auf dem Kopf stehend! Das ist ja nur ein Stück vom Himmel, du Kind! Guck' durchs Fenster, so siehst du auch nur ein solches Viereck, du Viereck!«

»Und du Fünfeck!« sagte Röschen und schlug der Herrin mit der flachen Hand sanft auf den Rücken.

Ich schlief über dem Mädchengezwitscher, das sich bis hieher ohne meine Teilnahme mir ins Gehör geschmeichelt, wirklich ein, erwachte aber einige Minuten später über einer ganz nah vor mir stattfindenden wohllautenden Ausrufung meines Namens. Die Gärtnerin hatte nämlich nach einem Weilchen, indem sie das aufgezogene

Blatt weglegte, in einer Ecke desselben Namen und Jahreszahl zufällig bemerkt und gesagt: »Was steht denn hier geschrieben?«

»Was wird da stehen!« hatte Dorothea erwidert, »der Name des Künstlers, der die Studien gemacht hat; denn das nennt man Studien, Landschaftsstudien! Heinrich Lee heißt er, alles in dieser Mappe ist von ihm!« Dann hatte sie sich plötzlich selbst unterbrochen, nach mir hergesehen und gerufen: »Wie kann man so gedankenlos sein! Das sind ja meistens Schweizerlandschaften, wie Papa sagt!«

Als ich jetzt die Augen aufschlug, stand sie dicht vor mir und hielt einen großen Bogen, zierlich an den obern Ecken gefaßt, vor der Brust, wie eine Kirchenstandarte, den schönen Mund noch geöffnet von dem Ausrufe: »Herr Heinrich Lee!«

Ich war aber schon so schlaftrunken, daß ich die ersten Augenblicke nicht wußte, wo ich mich befand. Ich sah nur ein reizendes Wesen vor mir stehen, das mit freundlichen Augensternen über ein Bild herblickte. Voll traumhafter Neugierde beugte ich mich vor und starrte auf das Bild, bis mir erst die Waldlandschaft als bekannt erschien und ich mich dann auch meiner Jugendarbeit erinnerte. Es war ein überhöhtes Bild, welches zwischen schlanken Stämmen eine helvetische Schneefirne schimmern ließ. Ich erkannte es besonders auch an einer großen, breit wuchernden Schierlingspflanze, deren weiße, auf tiefem Helldunkel schwebende Blütenbüschel hell vom Lichte gestreift wurden. Diese malerische Pflanze hatte mir in jenen vergangenen Tagen so viel Freude gemacht, daß ich sie mit glücklicherem Fleiße, als gewöhnlich, nachgebildet, und sie war auch so reichhaltig und gelungen in ihren speziellen Stengel- und Blätterkünsten, daß ich nie einer zweiten Schierlingsstudie bedurfte, solang ich dieses Blatt besaß. Auch hatte ich ihr ein wehmütiges Fahrewohl gesagt, als ich mich davon trennte.

Aber von dem Bilde weg blickte ich in das Gesicht hinauf, welches darüber lächelte, und auch dieses erschien mir in dieser Nähe und der glänzenden Beleuchtung des Feuers plötzlich als alt vertraut; und doch wußte ich nicht, wo ich es schon gesehen. Ich sann und sann, denn die Erscheinung reichte über diesen Tag, dessen Erlebnisse mir übrigens auch nicht gleich gegenwärtig waren, in das Vergangene zurück. Unversehens erkannte ich an einem grüßenden Winken der

Augen und der geöffneten Lippen das schöne Frauenzimmer, welches einst bei dem alten Trödler ins Fenster geschaut und nach chinesischen Tassen gefragt hatte; und nun zweifelte ich nicht länger, daß ich noch in einem jener Träume von der mißlungenen Heimkehr begriffen sei, und hielt demnach die ganze Erscheinung für ein nekkendes Traumbild und meine Gedanken hierüber für das scheinbare Bewußtwerden des Träumenden, der zu erwachen und sich im alten Elende zu finden fürchtet. Da ich aber in der Tat erwacht war und mit lebendigem Verstande arbeitete, so empfand ich alles umso deutlicher und stärker, und als ich den Blick wieder auf die unschuldige Landschaft wandte, in welcher ich jeden bunten Stein und jedes Gras wieder zu erkennen mir bewußt war, wurden mir die Augen naß, und ich drehte den Kopf zur Seite, um das Traumbild verschwinden zu lassen.

Nach Jahren noch entnehme ich dieser kleinen Begebenheit, daß das Erlebte zuweilen doch so schön ist, wie das Geträumte, und dabei vernünftiger; und auf die Dauer kommt es ja nicht an.

Dorothea war verstummt und sah mit Rührung und Teilnahme meinem Verhalten zu; sie vermochte sich nicht zu bewegen und verharrte daher eine Minute in ihrer anmutvollen Stellung.

Endlich rief sie wiederholt meinen Namen und sagte: »So sprechen Sie doch! Sind Sie es, der dies gemacht hat?«

Von dem vollen Ton ihrer Stimme ermuntert, stand ich auf, ergriff den Bogen und nahm denselben prüfend in beide Hände. »Gewiß hab' ich das gemacht«, sagte ich; »wie kommen Sie dazu?« Zugleich wurde ich nachträglich auch der übrigen Sachen vollständig gewahr, mit denen ich die Frauenzimmer im Halbwachen hatte hantieren sehen; ich ging zum Tische hin, nahm einige Blätter in die Hand, störte auch mit ein paar Griffen in der Mappe herum, alle waren es meine Zeichnungen und Studien; nichts schien zu fehlen, sie lagen beieinander, wie sie einst in meinem Besitz getan.

»Welch ein Abenteuer!« rief ich nun selbst voll Verwunderung; »wer würde glauben, dergleichen zu erfahren!«

Dann blickte ich wieder auf das Fräulein, das meinen Bewegungen mit ebenso gespannter als erfreuter Neugierde und offenen Auges folgte; und ich sagte: »Aber auch Sie hab' ich schon gesehen, und ich weiß jetzt, wo Sie die Sachen geholt haben! Haben Sie nicht eines Tages dem alten Joseph Schmalhöfer ins Fenster gesehen und nach alten Tassen gefragt, als einer dort auf der Flöte blies?«

»Freilich, freilich!« rief sie; »aber lassen Sie mal sehen!«

Ohne sich zu scheuen, schaute sie mich genau an, indem sie die Hände auf meine Schultern legte.

»Wo hab' ich heute nur meine Gedanken?« sagte sie mit neuem Erstaunen; »es ist so! Ich habe dies Gesicht gesehen in der Höhle des Hexentrödlers, wie ihn der Vater nennt. ›Und ob die Wolke sie verhülle‹, haben Sie geflötet, nicht wahr, Herr Heinrich – Herr Heinrich Lee? Wie heißt es nur weiter?«

»›Die Sonne bleibt am Himmelszelt! Es waltet dort ein heil'ger Wille, nicht blindem Zufall dient die Welt!‹ Was soll ich nun davon denken?«

»Nun, wenn wir durchaus Mythologie treiben wollen, so mag die allerliebste Gottheit des Zufalls herrschen, solange sie so artige Streiche macht! Man sollte ihr nur junge Rosen und Mandelmilch opfern, damit sie immer so leicht, so leis und so wohltätig regiert! Jetzt aber sollen Sie auch in aller Ordnung aufgenommen sein, wie es der denkwürdigen Begebenheit und den Umständen gemäß ist! Im Hause hier ist ein einfaches Gastzimmer. Ich will sogleich die nötige Vorkehr treffen, daß Sie sich vorderhand umkleiden können. Bleibe so lang hier, Röschen, daß dem ärmsten Herrn Lee niemand etwas tut!« Worauf sie forteilte.

Ich wußte nicht, ob ich diese neue Wendung für ein Glück erachten sollte, und beschaute seufzend meine Zeichnungen, die ich so unerwartet wieder gefunden, um sie abermals zu verlieren. Das Mädchen Rosine, welches sich schnell in die gute Laune der Herrin gefunden und mich für schüchtern halten mochte, sagte freundlich: »Machen Sie sich gar nichts daraus! Der Herr Graf und das Fräulein tun immer, was ihnen beliebt und was recht ist. Und wie sie es tun, so meinen sie es auch und kümmern sich nicht um das, was andere Herrschaften sagen.«

»Also bin ich gar noch bei einem Grafen?« versetzte ich mehr erschrocken als angenehm überrascht.

»Das wissen Sie nicht? Beim Grafen Dietrich zu W...berg!«

Da kam nun nach allem noch die Unkunde hinzu, mit Leuten mir gänzlich fremder Rangklassen umzugehen; ich hatte in meinem Leben nie mit einem sogenannten Grafen verkehrt und hegte abenteuerliche Vorstellungen von den persönlichen Lebensarten und Ansprüchen solcher Herren, die meinen angeborenen bürgerlichen Gleichheitssinn beeinträchtigten. Bedachte ich aber, daß ich, selbst wenn der Hausherr ein Bauer wäre, in meinen Schuhen schon nicht mehr auf gleichen Füßen mit ihm stände, so geriet ich in neue Verwirrung über die Wendung, die meine Wanderschaft genommen. Das Mädchen fuhr jedoch gutmütig fort, mir Mut einzuflößen.

»Der Herr wird sich ganz gewiß verwundern und freuen, Sie so unvermutet zu finden; denn als er seinerzeit die ersten Bilder aus der Residenz gebracht und später immer noch welche anlangten, hat die Herrschaft sie alle Tage betrachtet, und die Mappe mußte immer bereit stehen.«

Nach einiger Zeit kam Dortchen zurück. »Tun Sie mir nur den Gefallen und gehen Sie eine Treppe höher!« sagte sie; »Röschen wird Ihnen hinaufleuchten und ihr Vater die weitere Handreichung tun. Machen Sie sich so bequem, als es in der Schnelligkeit möglich ist, damit Sie in guter Verfassung noch den Papa begrüßen können und ich keinen Verweis wegen versäumter Menschenpflichten erhalte!«

Ich ergriff meine Reisetasche, welche mir Röschen jedoch abnahm und nebst einem Leuchter vorantrug, und so wanderte ich in Gottes Namen in den oberen Stock des Gartenhauses und in die Wohnstube des Gärtners. Dieser saß mit dem Küster beim Abendtrunk und empfing mich schon als einen Ankömmling, bei dem alles in Ordnung ist; auch der Küster betrachtete mich jetzt als einen Gast, der wohl empfohlen und erwartet wurde, sich aber offenbar mit der Art seines Auftretens einen eigentümlichen Scherz gemacht hat. Der Gärtner führte mich noch einige Stufen höher, wo auf der dem Schlosse zugewendeten Rückseite des Gartenhauses ein auf hölzernen Säulen ruhendes Sälchen hinausgebaut war. Dies angehängte Lustgebäudchen war außen von den Säulenfüßen bis zum Dache mit purpurrotem Geißblatt bekleidet; inwendig enthielt das Gemach ein Bett und anderes Geräte in so genügender Wahl, daß man nicht nur Nächte, sondern auch Tage darin wohnen konnte.

Auf Stühlen lagen schon bequemliche Kleidungsstücke bereit, deren mich zu bedienen der Gärtner die Einladung ergehen ließ. Um sie nicht anziehen zu müssen, zog ich jedoch vor, mich gleich zu Bette zu legen, zumal ich die Augen zu schließen wünschte, und bat den Gärtner, meine nassen Kleider zu holen, sobald jenes geschehen sei, damit sie getrocknet und gereinigt würden. Als ich nach allem diesem endlich im Dunkeln lag, hörte ich Geräusch von Pferden und Wagen, auch Gebell von Hunden. Das war ohne Zweifel der heimkehrende vornehme Herr, vor welchen heute nicht mehr hintreten zu müssen, ich als schätzbaren Aufschub betrachtete.

Zehntes Kapitel

Glückswandel

Der Schlaf war so fest und andauernd, daß ich erst um die Mitte des Vormittags munter wurde. Meine Kleider waren in gutem Zustande längst geräuschlos in das Zimmer gebracht worden; als ich sie erblickte, pries ich den Handel, den ich mit dem freundlichen Hebräer abgeschlossen. So gibt der Augenblick den Dingen stets ihren besondern Wert. Der geringe Ertrag meiner Arbeit erschien mir jetzt in Gestalt eines anständigen Kleides willkommener, als mir die doppelte oder vierfache Summe zu anderer Zeit gewesen wäre.

Während ich mit dem Anziehen beschäftigt war, klopfte jemand an der Türe. Auf mein Herein öffnete sich dieselbe weit, und ein großer schöner Mann stand darin, die Klinke in der Hand, das Gemach samt seinem Insassen aufmerksam überschauend. Er trug einen damals noch ungewöhnlichen Vollbart, der wie das Haupthaar leicht angegraut war, und einen grauen kurzen Jagdrock mit Knöpfen von Hirschhorn.

»Guten Tag! lassen Sie sich nicht stören!« sagte er mit frischem kräftigem Klang der Stimme; »ich will nur sehen, wie es meinem Gaste geht!«

»Es geht mir ja sehr wohl, Herr Graf, insofern ich die Ehre habe, in Ihnen wirklich den Herrn des Hauses zu begrüßen!« antwortete ich etwas verlegen, indem ich den Kamm weglegte, den ich gerade handhabte, und mich verbeugte, so gut ich es verstand.

»Bitte, fahren Sie fort in Ihrem Geschäfte und tun Sie nicht anders, als wenn Sie zu Haus wären! Zuerst aber seien Sie mir willkommen!«

Er trat mit diesen Worten vollends in das Zimmer und schüttelte mir die Hand, und von dem Augenblick an verlor ich ihm gegenüber jede Befangenheit, denn in seiner Hand, seinem Blicke und seiner Stimme kündigte sich der freie Mensch an, der über den zufälligen Dingen steht.

»Nun sagen Sie aber«, rief er lebhaft, indem er sich ans offene Fenster setzte, um mir Raum zu lassen, »sind Sie in der Tat unser Mann, unser Heinrich Lee, der auf den Zeichnungen überall geschrieben steht? Ihre Bestätigung würde mir das größte Vergnügen machen. Ich habe nämlich in früheren Jahren selbst dergleichen getrieben, gab es aber wegen zu großer Ungeschicklichkeit auf; dagegen freute ich mich jedesmal, wenn es mir gelang, das eine und andere nach der Natur geschaffene Blatt zu erwerben, was indessen nicht oft vorkommt. Nichts konnte mir daher willkommener sein, als der Besitz sozusagen eines ganzen derartigen Vermögens, das die vollständige Entwicklung eines redlich Strebenden und zugleich eine Menge reeller Gegenstände in sich begreift. Als wir die Gelegenheit bei dem schnurrigen Winkelmäzenaten aufstöberten, sorgte ich sogleich dafür, daß alles in meine Hand gelange, suchte auch die Quelle direkt zu erfahren; allein der Alte wußte sie beharrlich geheim zu halten!«

Ich hatte aus meiner Reisetasche ein Päcklein hervorgesucht, das neben den Briefen der Mutter meinen Reisepaß erhielt. Denselben entfaltend, hielt ich dem Grafen die Urkunde hin, welche meinen Namen und Stand amtlich bezeichnete.

»Es ist nicht anders, Herr Graf!« sagte ich wohlgemut lachend; »ein romantisches Geschick vergönnt mir, die bescheidenen Früchte meiner Jugendjahre nochmals zu sehen und gut verwahrt zu wissen, eh ich dahin zurückkehre, wo sie entstanden sind.«

Der Graf nahm den Paß und las ihn aufmerksam, um sich die Tatsache recht einzuprägen, und nicht aus Zweifel an meinen Worten, wie er sich ausdrückte.

»Es ist ein köstlicher Zufall«, setzte er hinzu; »nun kann aber zunächst von Weiterreisen keine Rede sein, wenn wir ihm die gebührende Ehre antun wollen! Mich wundert, wie Sie in Ihre mißliche Lage geraten sind und wie sich ein solches Leben gestaltet, was Sie ferner zu tun gedenken, und alles ist vergnüglich zu besprechen, während Sie sich bei uns soviel als nötig ist erholen –«

Plötzlich blickte er mit großen Augen auf den Tisch, von dem ich achtlos ein Handtuch weggenommen, um die Hände zu trocknen, die ich inzwischen gewaschen. Dieses Tuch hatte ich vorhin rasch über den Inhalt meiner Wandertasche geworfen, als an der Türe geklopft wurde, und nun lagen der Schädel und das eingebundene Manuskriptum meiner Jugendgeschichte offen da.

»Das ist ja ein mysteriöses Reisegepäck!« rief er, an den Tisch herantretend, »ein Totenschädel und ein grünseidener Quartant mit goldenem Schloß! Sind Sie ein Geisterbeschwörer und Schatzgräber?«

»Leider nicht, wie Sie sehen!« erwiderte ich und gab in wenigen Zügen die verdrießliche Geschichte mit dem Schädel zum besten, und da das bißchen Sonnenschein mich schon fröhlicher und redseliger machte, so erzählte ich auch noch den gestrigen Scherz, den ich mit dem Waldhüter vorgehabt. Mit seinen ruhig leuchtenden Augen sah mich der Graf durchdringend an.

»Und das Buch, was ist's mit dem?«

»Das hab' ich geschrieben, als ich nichts mehr zu tun und zu leben wußte; es enthält einfach die Beschreibung meiner jungen Jahre, mit welcher ich mir eine Selbstprüfung auferlegte; es ist dann aber ein bloßes Erinnerungsvergnügen daraus geworden. An dem tollen Einband bin ich nicht schuld.«

Ich erzählte, wie ich durch das Mißverständnis des Buchbinders um meine letzten Gulden gekommen, alsdann den Hunger kennen gelernt habe und durch das Flötenwunder zu dem Trödler geraten sei.

»Also das ist die Geschichte, wo Dorothea Sie die Flöte blasen hörte?« rief der Graf mit herzlichem Lachen; »aber weiter! Was ist seither geschehen?«

Ich fügte noch das Abenteuer mit den Fahnenstangen hinzu, und die stille Befriedigung, die mir dasselbe gebracht, sowie den Tod der Hauswirtin u. s. w. bis zum Schädelwurf des Wirtes, den ich schon erzählt hatte. Die kurze Begegnung mit Hulda und das übrige verschwieg ich.

Der Graf ergriff das Buch. »Darf man es aufmachen oder gar darin lesen?« frug er, und ich bejahte es gern, wenn es ihm nicht zu langweilig sei.

»So wollen wir jetzt hinübergehen und etwas frühstücken, denn wir essen erst in drei Stunden.«

Er nahm das Buch unter den einen Arm, mich unter den andern, und wir begaben uns nach dem Schlosse, wie das Hauptgebäude genannt wurde, das zu Anfang des vorigen Jahrhunderts erbaut sein mochte. Der Graf führte mich in seine Zimmer im Erdgeschosse, deren Mittelpunkt ein heller Bibliotheksaal mit geräumigen Arbeitstischen bildete. Auf einem derselben stand ein Frühstück bereit, und daneben lag auch schon die Mappe mit meinen Studien. Während Graf Dietrich kameradschaftlich die Erfrischung mit mir teilte, schlug er die Mappe auf.

»Sie müssen mir die Sachen ordnen«, sagte er, »und können sich zunächst die Zeit damit vertreiben. Viele der Blätter tragen kein Datum, während die Manieren und Fertigkeiten, Sorgfältiges und Nachlässiges, glücklich Gelungenes und Mißratenes, alles zugleich mit ungleicher Sicherheit oder Unsicherheit begleitet, so durcheinander gehen, daß ich die gewünschte Einordnung nach der Zeitfolge nicht recht zustande bringe. Ich weiß nicht, ob Sie mich verstehen! Hier ist ein Blatt, welches bei unentwickeltem Können, das offenbar auf frühere Anfänge zurückweist, dennoch den Nagel auf den Kopf getroffen hat und mit anmutigem naivem Gelingen gekrönt ist; dort paart eines mit vorgeschrittener Sicherheit des Machwerks ein sichtliches Fiasko des Gewollten, kurz, alles dies ist mir interessant, und ich wünschte die Sammlung so chronologisch genau als möglich geordnet zu sehen, das heißt, dasjenige vorbehalten, was wir überhaupt darüber noch beschließen werden. Ich habe heut früh schon in dieser Hinsicht nachgedacht!«

Ich war überrascht von dem richtigen Verständnis, mit welchem er durch hervorgezogene Beispiele sein Urteil belegte. Doch holte er aus einem Schranke noch einige Hefte herbei.

»Hier ist aber noch ein Fall, aus dem ich nicht recht klug werde;

sind diese Gebilde wirklich auch von Ihnen? Ich sehe, daß es zerschnittene Sachen sind, weiß sie aber nicht zusammenzubringen.«

Es waren meine gewesenen Kartonkompositionen. Das Trödelmännchen hatte aber die Blätter der verschiedenen Hefte durcheinander geworfen, bunte und grau in grau gehaltene, größere und kleine jedem Hefte zugeteilt und so nach seiner Meinung einen gleichmäßigeren Wert der Mannigfaltigkeit in die tolle Sammlung gelegt. Auch mochte der Graf dieselbe noch nicht gründlich untersucht haben, und ich begriff, daß auf diese Weise es schwierig war, einen Zusammenhang herauszufinden. Ich begann, die vielen Blätter rasch auszusondern, wählte eine hinlänglich freie Fläche des Zimmerbodens und fügte dort den altgermanischen Eichenhain zusammen.

Der Graf betrachtete das große Wesen stillschweigend, bis er sagte: »Also dergleichen haben Sie getrieben? Warum ist es denn zerschnitten?«

»Weil ich es nur auf diese Art dem Alten aufbinden konnte; denn er hätte mir für diesen ganzen bunten Karton kaum mehr gegeben, als ich dann für die einzelnen Bruchstücke erhielt. Auch hätte ich offen gestanden nicht gewünscht, daß die ungeheuerlichen Fahnen in seiner Unglücksspelunke gesehen und von da weiß Gott wohin verschlagen worden wären. Es konnte ja einem Bierwirt einfallen, seine Kegelbahn damit zu tapezieren, und ich wäre, da das Vorhandensein dieser Versuche in der Künstlerschaft nicht unbekannt geblieben ist, auf eine melancholische Weise sprichwörtlich geworden! So aber war es weniger wahrscheinlich!«

Ich nahm die Blätter wieder auf und legte die Urstierjagd hin, dann die mittelalterliche Stadt und die übrigen Erfindungen.

»Nun weiß ich doch, was Sie gewollt haben!« sagte der Graf; »Sie sind aber ein Barbar, denn wie können wir die Schilderei wieder herstellen ohne Verderbnis?«

»Man läßt beim nächsten Schreiner leichte Blendrahmen von Tannenholz anfertigen, bespannt diese mit einem billigen Gewebe und leimt einfach die Blätter darauf, wie sie gewesen sind; es wird ein Netz von feinen Fugen sichtbar bleiben, das nichts schadet. Aber was in aller Welt wollen Sie damit anfangen?«

»Über den Bücherschränken hier sollen sie hängen. Dunkelfarbig eingerahmt und übrigens teilweise nicht ganz fertig, wie sie sind, werden sie als Denkmale des Studiums und der Arbeit an ihrem Platze und für mich, zumal der Urheber selbst in diesem Hause gewohnt hat, ein stattliches Konkretum sein.«

In der Tat boten die Wände des hohen Zimmers oberhalb der eichenen Schränke noch hinlänglichen Raum; wenn ich mir die seltsamen Früchte meiner Arbeit dort aufbewahrt vorstellte, so mußte ich mich des freundlichen Geschickes erfreuen, das ihnen doch noch vergönnt war. Denn über ihnen erhob sich feierlich die halb gewölbte Decke des Saales, und einige antike Büsten, Globen und dergleichen, die auf den Eichenschränken standen, zierten und schmückten die Bilder eher, als daß sie dieselben verbargen oder verunstalteten.

Der Graf jedoch fuhr fort: »Ihre Frage muß ich Ihnen zurückgeben: Was gedenken Sie denn mit sich selbst jetzt anzufangen?«

»Das ist mir in diesem Augenblicke zum Teil klar geworden, insoweit ich jetzt mit äußerlichen Ehren, sozusagen mit versöhntem Herzen, der Halbheit, die ich betrieben, Valet sagen und mich in letzter Stunde einem Leben zuwenden kann, das mir besser ziemt, wenn es auch bescheidener ist. Was es sein wird, weiß ich freilich noch nicht; doch werde ich nicht lange zaudern.«

»Entscheiden Sie sich nicht zu früh, obgleich ich Ihre Stimmung zu verstehen glaube! Vor allem wollen wir, fällt mir ein, das Geschäft bereinigen! Wollen Sie die Studien wieder haben, und wenn nicht, unter welchen Bedingungen wollen Sie mir dieselben lassen?«

»Sie sind ja Ihr Eigentum!« sagte ich verwundert.

»Was Eigentum! Sie werden doch nicht glauben, daß ich, nun ich Sie kenne und in meinem Hause habe, Ihre Mappe um das geringe Geld behalten will; denn denken Sie nicht etwa, daß ich dem Kauze viel habe bezahlen müssen; er hat sich mit einem höchst bescheidenen Gewinne begnügt. Oder wollen Sie mich etwa schon beschenken?«

»Ich meine, daß die Mappe ihr Schicksal erfüllt und ihren Dienst geleistet hat. Sie hat mir zur Zeit der Not das Leben gefristet; jeder Groschen, den sie mir eintrug, hatte für mich den Wert eines Talers, und so habe ich mich ihrer zu Recht bestehend entäußert. Was hin ist, soll man fahren lassen!«

»Dies würde mir gefallen, wenn die Umstände anders beschaffen wären. So aber ist es eine Ziererei, die wir lassen wollen. Ich bin reich und würde die Sammlung um jeden annehmbaren Preis kaufen, auch wenn Sie selber gar nichts davon bekämen, also ohne Rücksicht auf Sie. Lernen Sie auf Ihrem Rechte bestehen, wenn es niemand drückt und ängstigt, auch wenn es nur ein moralisches ist, und nehmen Sie den Wert, der Ihnen gebührt, ohne Scheu; nachher können Sie damit tun, was Sie wollen! Also nennen Sie einen Preis, wie er Ihnen gut dünkt, und ich werde froh sein, die Sachen zu behalten!«

»Gut denn«, erwiderte ich lächelnd und nicht ohne geheime Lust, meine Umstände so schnell gebessert zu sehen, »so wollen wir den Handel gründlich abschließen! Es müssen ungefähr achtzig ausgeführtere gute Blätter sein, die durchschnittlich in einem ordentlichen Verkehre, bei gerechter Schätzung, jedes seine zwei Louisdors gelten dürften, einzelne mehr, andere weniger; dann werden gegen hundert geringere Abschnitte und Skizzen da sein, die teilweise bis zur Wertlosigkeit herabreichen. Diese rechnen wir zu einem Gulden ineinander, und von der Summe, welche sich ergibt, ziehen Sie diejenige ab, die Sie dem Herrn Schmalhöfer im ganzen bezahlt haben!«

»Sehen Sie«, sagte der Graf, »das ist vernünftig gesprochen! Ich kann Ihnen gleich sagen, daß ich dem Trödler für die Sachen, die Kartons mit eingeschlossen, dreihundert und zweiundfünfzig Gulden und achtundvierzig Kreuzer bezahlt habe.«

»Dann hat er wirklich nicht so viel verdient, wie ich gedacht«, versetzte ich, »da ich ungefähr die Hälfte dieser Summe erhalten habe.«

»Das macht, er hat sich eben auf diesen Zweig seines blühenden Geschäftes nicht sonderlich verstanden! Um aber auf die Kartons zurückzukommen, die Sie beinah vernichtet haben, so verhandeln wir dieselben später, wann sie wieder hergestellt sind. Jetzt zählen wir den Inhalt der Mappe ab, damit Sie, wenn wir zu Tisch sitzen, Ihr Vermögen kennen und der Sorge dieses Tages ledig sind!«

Ich errichtete nun zwei Haufen für die leichtere und schwerere Ware und warf die Blätter nach ihrer Beschaffenheit ohne langes Besinnen auf einen derselben. Der Graf rettete mehrmals ein zu leicht erfundenes Blatt und legte es auf die bessere Seite. Am Ende wurden beide Haufen gezählt und berechnet, worauf der Mann sich in ein inneres Zimmer begab und mit der Summe, die über anderthalbtausend Gulden anstieg, zurückkehrte. Er legte sie in Gold aufgezählt vor mich hin; ich dankte ihm mit freudeheißem Gesicht, zog mein Lederbeutelchen hervor, in welchem das kümmerliche Reisegeldchen weilte, nahm dieses heraus und tat das Gold hinein, von dem der Beutel ganz rund anschwellte. Ich wußte nun, daß ich in bessern Umständen nach Hause gehen und der Mutter einen Teil des für mich Geopferten wiederbringen konnte.

»Wie ist Ihnen jetzt zu Mut?« sagte der Graf, als er meine frohe Zufriedenheit bemerkte, da ich eine wirkliche Handvoll jenes Traumgoldes in der Tasche barg; »fühlen Sie nicht die Lust, abermals umzukehren und die Sache doch noch ein Weilchen fortzusetzen? Denn nach diesem Anfang, den herbeizuführen mir vergönnt ist, kann ja die Wendung zum Bessern leicht ihren Fortgang haben!«

»Nein, das wird sie nicht! Dazu trägt mir das ganze Abenteuer zu sehr das Gepräge einer Einzigkeit, die sich nicht wiederholt. Auch liegt mein Entschluß bereits in einer tieferen Schicht, als in derjenigen des leidlichen Fortkommens; ich habe bessere Leute gesehen, als ich bin, die ihn ausgeführt haben, mitten in lohnender Tätigkeit, weil ihre Seele eben nicht recht dabei war.«

Ich erzählte ihm die Geschichte von Erikson und Lys. Er schüttelte aber den Kopf und meinte: »Diese Fälle sind ja unter sich verschieden und beide wieder von dem Ihrigen! Allerdings sind auch Sie nicht einfach ein dummer Pfuscher, und wären Sie ein solcher, so hätte das Verlassen des Berufes gar keine Bedeutung und könnte uns hier nicht weiter beschäftigen. Allerdings, ich gestehe es, gefällt es mir unter Umständen sehr wohl und erscheint mir als ein Zug geistiger Kraft, ein Handwerk, das man versteht, durchschaut und empfindet, wegzuwerfen, weil es uns nicht zu erfüllen vermag. Allein Sie haben sich, wie mich dünkt, noch nicht genug geprüft. Gerade weil Sie die äußere Höhe, die Sicherheit beider Männer noch nicht erreicht haben, scheinen Sie mir noch nicht berechtigt zu sein, den stolzen Schritt der Resignation zu tun!«

Ich lachte, indem ich an die Kostspieligkeit eines derartigen Verfahrens für meine Umstände dachte, sagte aber hievon nichts, sondern bemerkte bloß: »Sie täuschen sich, Herr Graf! Ich habe meinen bescheidenen Höhepunkt erreicht und kann wirklich nichts Besseres machen; ich würde auch unter günstigeren Verhältnissen höchstens ein dilettantischer Akademist werden, der etwas Absonderliches vorstellen will und nicht in Welt und Zeit paßt!«

»Nicht so! Ich sage Ihnen, es war nur Ihr guter Instinkt, der Sie nicht das Gewünschte zuweg bringen ließ. Ein Mensch, der zum Besseren taugt, macht das Schlechtere immer schlecht, solang er es gezwungen macht. Denn nur das Höchste, was er überhaupt hervorbringen kann, macht der Unbefangene recht; in allem andern macht er Unsinn und Dummheiten. Ein anderes ist es, wenn er aus purem Übermut das Beschränktere wieder vornimmt, da mag es ihm spielend gelingen. Und dies wollen wir, denk' ich, noch versuchen! Sie müssen nicht so jämmerlich davonlaufen, sondern mit gutem Anstand von dem Handwerk Ihrer Jugend scheiden, daß keiner Ihnen ein schiefes Gesicht nachschneiden kann! Auch was wir aufgeben, müssen wir mit freier Wahl aufgeben, nicht wie der Fuchs die Trauben!«

Zu diesen Worten schüttelte ich meinerseits den Kopf, nur darauf bedacht, mit meiner unverhofften Beute die Heimat so bald als möglich zu erreichen. Doch wurde das Gespräch durch die Ankunft eines geistlichen Herren, des Ortskaplanes, unterbrochen, der, durch den Küster von dem Erscheinen des abenteuerlichen Gastes unterrichtet, von seinem Rechte, sich nach Gefallen etwa zur Tafel einzufinden, Gebrauch machte, um die Neugierde zu stillen. Die Beine in hohe glänzende Stiefel gestellt, im wohlgebürsteten schwarzen Rokke, Hut und Stock in der einen Hand, schwenkte er die andere im Bogen und stellte sich mit humoristisch tiefen Verbeugungen als den Abgesandten der Schloßdame dar. Sie ließ sagen, daß der Tisch gedeckt sei und sie uns auf der Gartenterrasse erwarte. »Denn«, sagte er scherzend, »ich ermüde nicht, ihre Ketten so lang zu tragen, bis ich sie daran in den Himmel hinaufgezogen habe!«

Ich wurde vorerst dem Herren bekannt gemacht, worauf wir uns nach dem bezeichneten Orte begaben. Das Fräulein spazierte auf der Terrasse in dem milden Sonnenscheine, der heut auf dem Lande lag. Sie begrüßte mich freundlich, sagte, wir hätten uns ja eine Ewigkeit nicht gesehen, und frug, wie es mir gehe. Statt aber die Antwort abzuwarten, forderte sie den Kaplan auf, ihr den Arm zu geben, was derselbe mit einer sich immer gleich bleibenden spaßhaften Umständlichkeit tat, und so schritt sie dem Grafen und mir voran in das Haus und die breite Treppe hinauf, bis wir in das Speisezimmer gelangten. Schon dieser kleine Aufzug durch das stattliche Treppenhaus und die langen Korridore ließ mich an den Pfad der Mühsal denken, den ich vor kaum vierundzwanzig Stunden gewandelt, und als wir vier Personen nun um den runden Tisch saßen, von einem schwarz gekleideten stillen Manne bedient, der weiße Handschuhe trug, war ich ganz betreten von dem wunderlichen Schicksalswechsel, der doch wiederum mit meiner Hände Arbeit und den entschwundenen eigenen Lebensjahren zusammenhing. Das Mittagsmahl war indessen so wenig prunkhaft und weitläufig und der Ton so frei und unbefangen, daß ich mich bald dem ruhigsten Behagen hingab und den lieben Gott einen guten Mann sein ließ. Der Kaplan trug hauptsächlich die Kosten der Unterhaltung, indem er mit dem Fräulein zahlreiche Witzworte wechselte, deren Bedeutung mir nicht klar wurde.

»Sie müssen nämlich wissen«, wandte er sich unversehens zu mir, »daß unsere Gnädigste mich zu ihrem lustigen Rat, zu deutsch zu ihrem geistlichen Hofnarren erkoren hat, und daß ich mich diesem schwierigen Amte nur unterziehe, um doch noch dero ungläubige Seele zu erretten, was keineswegs ausbleiben wird!«

»Glauben Sie's nicht!« sagte Dorothea; »Se. Ehrwürden spielen im Gegenteil mit mir, deren Seele sie ohnehin für verloren halten, wie ein mutwilliges Kätzlein einen Schmetterling zerpflückt!«

»Laßt euch nicht zu stark auf mit eueren Witzen, Leutchen!« warf der Graf dazwischen; »unser Freund hat's auch hinter den Ohren und führt ebenfalls einen Schalksnarren mit sich, mit dem er sich sogar in die Weltregierung einmischt.«

Er teilte den Tischgenossen den Vorfall mit dem Waldhüter und dem Totenkopfe mit. Die Verwunderung und der Beifall, welchen die Begebenheit fand, verlockten mich, nun die eigentliche Geschichte des Albertus Zwiehan, wie sie mir ein für allemal als *fable convenue* galt, vorzubringen, namentlich wie er durch die beiden Schönen, Cornelie und Afra, oder vielmehr durch das Schwanken zwischen ihnen um Erbe und Leben gekommen sei. Dorothea hörte mit halbgeöffnetem Munde zu, während die blühenden Lippen ein Lächeln umspielte und in der Kehle kleine abgebrochene Glockentöne ein wirkliches Lachen verrieten, das sie aber nicht aufkommen ließ.

»Dem ist aber recht geschehen!« rief sie aus, »der war ja ein schändlicher Patron!«

»Ich möchte ihn nicht so grausam verurteilen«, wagte ich zu antworten; »nach Herkommen und Erziehung war er ja ein halber Wilder und tappte mit dem Egoismus eines Kindes nach jeder Flamme, die vor ihm aufleuchtete, ohne zu wissen, was Liebe ist und daß die Dinger brennen!«

Über diesen kennerhaften Ausspruch wurde ich jedoch selbst ganz heiß im Gesicht und bereute sogleich, ihn zum besten gegeben zu haben; nicht nur bemerkte ich, daß der Kaplan mit seiner von einem studentischen Säbelhiebe eingedrückten Nase ein humoristisches Gesicht gegen das Fräulein machte, sondern ich fühlte auch die Schwächen meiner eigenen Lebensgeschichten, ohne welche ich ja nicht hierher verschlagen worden wäre. Ich nahm mir im stillen vor, den Stab so bald als möglich weiter zu setzen, und als nach Tisch davon die Rede war, wie der Rest des Tages zuzubringen sei, drückte ich den Wunsch aus, vor allem einen Handwerker zu finden, der die Blendrahmen für die wiederherzustellenden Kartons anfertigen könne. Der Kaplan anerbot sich, mich zum Dorfschreiner zu bringen, welcher der einfachen Arbeit ohne Zweifel gewachsen sei. Als man nun auch der Unterlage für die zusammenzufügenden Fragmente gedachte, zeigte es sich, daß in der Pfarrwohnung, deren Unterhaltungspflicht dem Grafen als Patronatsherren oblag, soeben ein Tapezierer aus der Nachbarstadt beschäftigt war, die Wohnstube des Kaplans mit einem frischen Wandschmucke zu versehen.

»Er hat genug Papierwerk bei sich, um die Rahmen zu beziehen«, sagte der Geistliche, »langes Maschinenpapier, das er unter die Tapete legt, damit ich hübsch warm bekomme!«

»Das genügt mir nicht«, versetzte der Graf, »es muß ein festes Tuch sein, damit es vorhält. Da der Mann zugleich Matratzen macht, so wird er dergleichen wohl beibringen können. Indessen macht ihm Herr Lee vorläufig die nötige Bestellung. Dann mögen beide, der Tischler und der Tapezierer, jener mit den gehobelten Leisten, dieser mit dem Tuche, hieher kommen und die Rahmen unter Aufsicht nach den genauen Maßen zuschneiden und fertig machen!«

Der Betätigung froh begab ich mich mit dem Kaplan auf den Weg nach dem sehr ansehnlichen Dorfe, in welchem die Hauptkirche von neuerer Bauart stand. Den Namen führte es gemeinschaftlich mit dem Grafen- oder früheren Freiherrengeschlecht, und der Kaplan, der mich fortwährend kurzweilig unterhielt, zeigte mir auf einem Bergrücken die grauen Trümmer des ursprünglichen Stammsitzes. Vergnüglich besorgte ich unter seiner Führung das kleine Geschäft und kehrte nach einem langen Spaziergange, den ich für mich allein unternahm, in das Schloß zurück.

Der Graf war ausgeritten; nach dem Fräulein zu fragen, hielt ich nicht für schicklich. Ich verweilte daher einsam auf der Terrasse und besah mir die Abendwolken, diese freundlichen Begleiter, die sich unermüdlich auflösen und wieder bilden, um zu Tausenden von Malen die irrenden Augen an sich zu ziehen und auf sich ruhen zu lassen. Welch ein Haushalt, dachte ich, drin das unentbehrlichste Existenzmittel zugleich einen unerschöpflichen Überfluß an Schaugebilden schafft für arm und reich, jung und alt, in allen Lagen ein Spiegel des Gemütes und sein stiller Richter, der alles sieht!

Aus dieser sanftmütigen Betrachtung weckte mich Dorotheas elastischer Schritt, der mir bereits nicht mehr unbekannt war. Sie stieg rasch die Stufen der Terrasse herauf, mein schönes grünes Buch in der Hand.

»So allein läßt man Sie?« rief sie mir entgegen; »wissen Sie, wo ich herkomme? Von dem Kirchhof, dort habe ich in Ihrem Schreibbuche gelesen, die Geschichte von der kleinen Meret, die nicht beten wollte! Durfte ich es auch und darf ich mehr darin lesen? Papa hat ein paar Stunden heute nachmittag darüber zugebracht und mir dann das Buch gegeben, damit ich die Geschichte lese. Sehen Sie, hier hab' ich ein Efeublatt von einem Kindergrabe hineingelegt! Aber nun müssen Sie unsereinem auch die Hand geben, wenn man sich begegnet; denn nun sind Sie uns schon näher bekannt!«

Elftes Kapitel

Dortchen Schönfund

Nach einigen Tagen war ich mit dem Ordnen der Studienblätter und der Wiederherstellung der größeren und kleineren Kartonlandschaften zu Ende. Die letzteren waren vorläufig, bis die aus der Hauptstadt zu beziehenden Einfassungen anlangten, an die ihnen bestimmten Orte gehängt worden, wo der Graf sie abwechselnd mit Zufriedenheit betrachtete. Ohne einen größeren Wert beanspruchen zu können, erhöhten sie in der Tat den malerisch ernsten Anblick des Bibliotheksaales und verschafften mir das wohltuende Gefühl, sie als Zeugnisse ehrlichen Wollens an solcher Stelle gerettet zu wissen, wie ich schon bemerkt habe. Dazu ließ es der Graf nicht an aufrichtenden Äußerungen fehlen.

»Mögen Sie die künstlerische Laufbahn fortsetzen oder nicht«, sagte er, »so werden mir die Bilder fast gleich wert bleiben, im ersten Falle als Wegezeichen eines Entwicklungsganges, im andern als Illustration oder Ergänzung Ihrer Jugendgeschichte, die ich nun durchgelesen habe. Jeder braucht Liebhabereien; die meinigen dehne ich nun aus auf das Wahrnehmen eines Lebensganges, wie der Ihrige sich darbietet. Sie sind ein wesentlicher Mensch, aber Sie leben in Symbolen, sozusagen, und das ist ein gefährliches Handwerk, besonders wenn es in so naiver Weise geschieht! Doch wollen wir darüber uns jetzt keine grauen Haare wachsen lassen, wenigstens nicht Sie; denn was mich betrifft, so kann ich dies Sprichwort leider nicht mehr gut anwenden. Was mir zunächst obliegt, ist die Vergütung, die ich Ihnen für diesen Schmuck meines Büchersaales zu leisten habe!«

»Das haben Sie ja schon getan!« sagte ich fast erschrocken, daß ich schon wieder Geld erhalten solle, so verdächtig war mir dies ungewohnte Glück; und doch zierte ich mich eher, als daß es mir ernst war, ohne doch die Ziererei zu beabsichtigen. Denn der Graf dauerte mich in meine eigene Armut hinein ob so starken Ausgaben.

Er rief aber: »Machen Sie keine Umstände, mein Lieber! Es soll nicht ein Kaufpreis sein, denn ich weiß wohl, daß solche Sachen nicht leicht an Mann zu bringen und für jedermann brauchbar wären; es ist vielmehr eine Diskretionsfrage für mich und für Sie eine Notwendigkeit. Da das also so zusammentrifft und außerdem zur Durchführung unseres ungewöhnlichen Abenteuers beiträgt, warum sollten wir demselben die Ehre nicht antun?«

Hiermit schob er mir eine Papierhülle voll Banknoten in die Brusttasche; es war, wie ich später fand, eine gleiche Summe, wie er mir schon ausbezahlt, so daß ich also schon doppelt so reich dastand, als nur vor einigen Tagen.

»Nun«, fuhr er fort, »sprechen wir von der Hauptsache, davon nämlich, was Sie beginnen wollen? Ich fühle auch, daß Sie umsatteln sollten; für einen biedern Landschafter ist Ihre Einrichtung zu weitläufig, zu winkelig, zu irrgänglich und unruhig, da muß ein anderer Hausmeister hinein! Aber nicht so trübselig und unfreiwillig muß es geschehen, sondern, wie wir schon gesagt, mit dem Anstand eines freien Entschlusses, der allenfalls auch anders zu fassen war!«

»Dem Anstand ist ja schon Genüge getan durch die Aufnahme, welche Sie meinen zweifelhaften Erzeugnissen gewähren!«

»Nein, in meinem Sinne nicht! Sie müssen sich selbst noch den Beweis leisten, daß Sie, wenn auch nicht glänzend, doch mit Ehren bestehen könnten bei dem Berufe, den Sie gewählt; dann erst mögen Sie sich bedanken und daran vorbeigehen! Malen Sie bei uns ein fertiges Bild, mit gesammelter Kraft, aber leichten Herzens, keck und ohne Sorgen, und ich will wetten, wir verkaufen es!«

Ich schüttelte abermals den Kopf, da ich an die Monate dachte, welche ein solches Unterfangen noch kosten würde.

»Diese Tat«, sagte ich, »selbst wenn sie gelänge, würde ja wieder nichts anderes als eines der Symbole sein, von denen Sie sagen, Herr Graf, daß ich in ihnen lebe, und in diesem Falle eines, das mir doch zu kostspielig wäre! Auch haben Sie selbst mit Ihrer Großmut dahin gewirkt, daß die Heimreise mir nun in den Gliedern liegt!«

»Hören Sie an!« versetzte er, »wir wollen ohne längeres Zaudern vorgehen! Aber eine Nacht müssen Sie die Frage noch beschlafen. Machen Sie sich auf morgen früh reisefertig, der Wagen soll bereit stehen; dann bringe ich Sie je nach Ihrem letzten Worte entweder zur Station der nach der Schweiz durchgehenden Post, oder wir fahren zusammen nach der Hauptstadt, wo ich ohnedies zu tun habe und

Sie die für Ihre Arbeit nötigen Einkäufe besorgen. Soll es gelten?« Ich schlug ein, zweifelte aber nicht, daß ich den Weg in die Heimat wählen werde.

Diesen Tag sollte das Essen in dem sogenannten Rittersaale eingenommen werden, einem in den oberen Stockwerken liegenden und mir noch unbekannten Raume. Dorothea kam in die Bibliothek, uns das zu verkünden. Es sei dort vermöge der Sonnenseite heute eine so milde Temperatur, daß der Saal nicht brauche geheizt zu werden und der schöne Herbsttag zu den Fenstern hereinspazieren könne. Sie selber sah, wie ich mit stillem Erstaunen wahrnahm, einem hellen Junitage gleich; auch der Graf betrachtete sie überrascht einen Augenblick. Sie war in schwarzen Atlas gekleidet, trug um Hals und Brust eine vornehme Spitzenzierde, und in dieser verlor sich eine Perlenschnur. Die dunkle Lockenlast aber war heut mit besonderem Schwunge nach dem Nacken zurückgeworfen, während die hiedurch zu Tage tretenden lichten Felder der Schläfengegend dem Kopfe einen Ausdruck von Freiheit, wo nicht von Stolz verliehen.

»Was hast du denn vor, daß du dich so aufgeputzt?« sagte der Graf, »erwartest du Gäste, von denen ich nichts weiß?«

»Nichts weiter hab' ich vor«, erwiderte sie, »als daß ich dem schönen Wetter und dem Saale zu Ehren ein bißchen Staat machen will. Dazu hoff' ich, durch das Ensemble aller dieser Dinge unserm Freunde, dem Herrn Lee, einen bunten Eindruck zu verschaffen; vielleicht, wenn er seine Geschichten fortsetzt, beschreibt er es einst auf einer halben Seite, und mit dem Saale schmuggelt sich meine fragwürdige Figur zugleich in das Buch hinein! Heut steht überdies Narzissus im katholischen und im protestantischen Kalender, und da dürfen wir uns allerseits ein wenig der Eitelkeit hingeben, nicht so, Herr Heinrich?«

Obgleich sie diese Rede in einer halb weichmütig ernsten, halb anmutig lächelnden Weise vorbrachte, welche keine bösliche Absicht verriet, so schien mir doch das Wort Narziß eine Stichelei auf die Selbstbespiegelung meines Schreibbuches zu sein, zumal mir nicht recht wohl dabei war, es aus der Hand gegeben zu haben. Aus welcher Tiefe, sei es des Urteils oder des bloßen Scherzes, solche Stichelei aufsteigen mochte, sie dünkte mich gleichermaßen beschämend, und ich fühlte die Röte im Gesicht, ohne ein Wort der Erwiderung zu finden. Sie beachtete das aber nicht und merkte nichts davon, so daß ich ihr wohl zu viel Absicht zugetraut haben mochte.

Der erwähnte Saal war wirklich bunt genug, aber mit Würde und Feierlichkeit. Ein scharlachroter Teppich spannte sich über den ganzen Fußboden; der Plafond war in seiner Länge und Breite von einem einzigen Freskogemälde bedeckt, der Wandraum zwischen demselben und der etwa mannshohen dunkeln Holzbekleidung durchaus mit den Bildnissen der Vorfahren behangen. Über einem schwarzen Marmorkamine türmten sich alte Waffen und Rüstungen empor; andere feinere Waffen glänzten in Glasschränken, besonders kostbare Degen und Schwerter, deren Abbilder man auf manchem Bildnisse ihrer ehemaligen Träger wiedererkannte. Aber es waren auch Waffenstücke aus Jahrhunderten da, in welche keine Bilder zurückreichten. So zeigte ein kleiner dreieckiger Schild noch kaum erkennbar das älteste einfache Wappenbild des Geschlechtes, das nur eines von den zwanzig Feldern des jetzigen Wappenschildes ist, auf dessen oberem Rande vier gekrönte Helme sitzen wie vier Hähne auf einer Stange.

Ich konnte mich nicht enthalten, eifrig umherzugehen und die Augen an all den schönen Dingen zu weiden; der Graf erklärte mir ein und anderes, Dorothea brachte Schlüssel herbei und öffnete die wohlverwahrten Schränklein eines großen Büfetts, in welchen ein altertümlicher Silberschatz schimmerte. Andere Schränke waren in das Holzgetäfer der Wände eingelassen und enthielten Handschriften auf Pergament mit glänzenden Miniaturen, viele Urkunden mit hängenden Siegeln in Holz- oder Silberkapseln, auch ohne Kapseln und halb zerbröckelt. Der Graf zog ein paar solcher Urkunden hervor und entfaltete sie; ich konnte sie aber nicht lesen, denn sie stammten aus dem zwölften oder gar elften Jahrhundert und waren kaiserliche Briefe, die sich auf den Fleck Landes bezogen, auf welchem wir standen. Als ich meine Verwunderung über so reiche Erinnerungen und Denkmäler bezeugte, dergleich ich noch nie gesehen, bemerkte der Graf, er habe eben den ganzen Familienkram in diesem Saale aufgestapelt, wo derselbe sein Dasein genießen möge, ohne die Lebenden auf Schritt und Tritt zu behelligen. Seine Freude daran sei nur eine mäßige und nicht größer, als sie etwa jeder Sammler auch empfinde. »Ei«, sagte ich, »solche Anschaulichkeit und Durchsichtigkeit einer langen Vergangenheit, die sich auf uns selbst bezieht, läßt sich doch nicht willkürlich vergessen und verwischen, und man sollte sich ihrer freuen können, ohne sie unfreisinnig zu mißbrauchen!«

»Man sollte es denken; wer aber die Erfahrung davon hat, weiß, daß man unter Umständen der sechs oder sieben Jahrhunderte müde werden kann. Ich habe mir auch schon gewünscht, in einem freien Rechtsstaate einer erhaltenden Aristokratie anzugehören vermöge der Abkunft, das Wort Aristokratie natürlich nur im Sinne erhöhter freiwilliger Leistungen verstanden. Allein das sind Träume, aus verschiedenen Gründen, und so bleibt einem Adelsmüden nur der Ausweg, gelegentlich im allgemeinen Volkstume aufzugehen. Das hat aber auch seine Schwierigkeiten und ist ohne glückliche Ereignisse nicht so leicht auszuführen, und so läßt sich auch hier das Schicksal weniger lenken, als man glauben sollte. Mein Vater, der lediglich durch seine Geburt ein Reiterführer war, ist in der Heeresfolge des französischen Revolutionswesens in Rußland elend ums Leben gekommen. Mein älterer Bruder, der für einen Querkopf galt, ging nach Südamerika, um in seiner Art ein neues Leben zu beginnen; allein da fiel er erst recht dem unvernünftigen Zufall anheim und verlor frühzeitig in dortigen Händeln das Leben. Von einer iberischen Adelsdame, mit der er sich kurz vorher ehelich verbunden haben soll, ist uns niemals eine weitere Nachricht zugekommen. Nun bin ich der Majoratsherr, und die ganze Herrlichkeit steht auf meinen zwei Augen, da ich absolut der Letzte unserer Linie bin. Hätte ich einen Sohn, so wäre ich schon mit ihm nach der neuen Welt gegangen, um in der verjüngenden Volksflut unterzutauchen. Für mich allein lohnt es nicht mehr der Mühe, sintemal ich im übrigen mich mit dem Leben nicht unzufrieden fühle! Doch setzen wir uns zu Tisch, da es unserer Dame einmal gefällt, die Ahnfrau zu spielen!«

»Das tu' ich! Mir gefällt es einstweilen recht wohl in diesem Saale, der nicht zu unterschätzen ist!« ließ sich Dorothea mit einiger Gemessenheit vernehmen, die mich wieder verlegen machte, weil ich diese neue Laune nicht verstand und sie weder tadeln noch bewundern konnte. Indessen war der Aufenthalt in der Tat feierlich sowohl durch die hereinflutende sonnige Luft als durch den Duft eines feinen Räucherwerkes, das vorher in dem Raum verbrannt worden war. Die Farbenpracht, die uns umgab, schien hiedurch noch an Kraft und Tiefe zu gewinnen.

Nachdem wir eine Weile in mehr abgebrochener flüchtiger Unterhaltung gesessen, wendete sich Dorothea mit freundlich herablassendem, jedoch halb gleichgültigem Wesen, ganz wie eine große Dame, an mich und sagte: »Nun, Herr Lee, auch Sie sind ja nicht unempfindlich für ein gutes Herkommen, und in Ihrem bürgerlichen Stande freuen Sie sich Ihrer wackern Eltern und versichern sich beim Beginn Ihrer Aufzeichnungen, daß Sie wohl auch zweiunddreißig brave Ahnen besitzen; wenn auch unbekannterweise?«

»Allerdings«, gab ich mit Selbstzufriedenheit und gelindem Trotze zur Antwort, »allerdings bin ich auch nicht auf der Straße gefunden!«

Da klatschte sie plötzlich jubelnd in die Hände, indem sie ihre gewöhnliche natürliche Art wieder aufnahm, und rief fröhlich: »Nun hab' ich Sie gefangen, mein wohlgeborner Herr! Ich bin nämlich auf der Straße gefunden, wie Sie mich da sehen!«

Ich sah sie verblüfft an und wußte nicht, was das heißen sollte, indessen sie fortfuhr sich zu freuen und sagte: »Ja, ja, mein gestrenger Herr von braver Abkunft! Ich bin das richtigste Findelkind und heiße mit Namen Dortchen Schönfund und nicht anders, so hat mich mein lieber Pflegevater getauft!«

Nun blickte ich verwundert den Grafen an, der lachte: »Ist das also nun das Ziel deines Witzes? Wir mußten nämlich dieser Tage lachen, als wir Ihre Worte lasen: wenn Sie sich selbst bei der Nase nehmen, so seien Sie sattsam überzeugt, daß Sie zweiunddreißig Ahnen besitzen. Als wir dann weiter lasen, wie Sie sich doch nicht enthalten können, über die Vorfahren einige Betrachtungen anzustellen, schmollte unser Kind hier und klagte, daß alle, Adelige wie Bürger und Bauern, sich ihrer Abkunft freuen und nur sie allein sich schämen müsse und gar keine Herkunft habe. Denn ich habe sie wirklich auf der Straße gefunden, und sie ist meine brave und kluge Pflegetochter!«

Er strich ihr liebevoll die Locken zurück, die aus ihrer Verbannung im wohlgebauten Nacken an den gebührenden Platz neben den errötenden Wangen zurückstrebten. Betroffen und gerührt bat ich um Verzeihung für die unbewußte Verletzung ihrer Gefühle, die ich begangen. Meine eigene Beschämung, fügte ich bei, habe ich verdient, da ich mich verlocken ließ, die vermeintliche stolze Gräfin abtrumpfen zu wollen, anstatt sie in ihrer Art und Weise ungeschoren zu lassen. Übrigens sei ihr Herkommen doch noch das vornehmste, denn sie komme so recht unmittelbar aus Gottes Hand, und man könne sich ja die höchsten und wunderbarsten Dinge darunter denken!

»Nein«, versetzte der Graf, »wir wollen keine verwunschene Prinzessin aus ihr machen. Der einfache Hergang ist hier jedermann bekannt, und was jedes Kind weiß, dürfen Sie auch erfahren. Vor zwanzig Jahren, als meine Frau, die einzige, gestorben war, trieb ich mich schmerzlich und trostlos im Lande herum. Eines Abends stieg ich an der österreichischen Donau in einem unserer Stadthäuser ab, das die Geliebte gern und häufig bewohnt hatte. Als ich ins Haus ging, sah ich ein schönes zwei- bis dreijähriges Kind still auf der Steinbank neben dem Portale sitzen, ohne seiner zu achten. Ich ging nochmals aus, um das Abendrot über dem breiten Strome zu sehen, das die Verstorbene so oft aufgesucht; das Kind schlief nun. Als ich eine halbe Stunde später zurückkam, weinte es leise und furchtsam. Ich rief jetzt den Hausmeister herbei, der in seiner Teilnahmlosigkeit von nichts wissen wollte, als daß ein Haufen Auswanderer die Stadt durchschwärmt habe, denen das Kind wohl angehöre. Ich befahl, es ins Haus zu nehmen und zu pflegen, und da die Sache langsam und widerwillig vonstatten ging, nahm ich es zu mir und gab ihm von meinem eigenen Essen. Die Auswanderer waren allerdings dagewesen, aber schon auf Flößen und Schiffen die Donau hinuntergefahren. Laut den erhobenen polizeilichen Nachforschungen kamen sie aus Schwaben und gingen nach dem südlichen Rußland; allein weder in ihrer alten noch in der neuen Heimat wollte jemand etwas von dem Kinde wissen; nirgends wurde ein solches vermißt, nirgends war es in Büchern oder Schriften der Ausgewanderten eingetragen. Eine Bande Zigeuner, die in der Nähe der Stadt erschien, gab Anlaß zu neuen Untersuchungen. Aber auch da kam nichts heraus. Kurz, das

Kind verblieb mir als Findelkind schönster Sorte, wie Sie's da vor sich sehen! Ich verschaffte ihm eine schöne gesicherte Findlingsexistenz, erklärte meine tote Frau zu seiner Patin und nannte es mit ihrem Namen Dorothea. Den Zunamen Schönfund ließ ich durch Amtsgewalt festsetzen, und als die Person sich später gar so gut anließ und ich sie an Kindesstatt in aller Form Rechtens adoptierte, ließ ich noch den hiesigen Orts- und Hausnamen dranhängen. So heißt sie nun Schönfund-W...berg. Zu einer Gräfin konnt' ich sie freilich nicht machen, es ist auch nicht nötig!«

»Bin ich nun mehr zu bemitleiden oder zu beneiden?« fragte mich das schöne Wesen mit leicht geneigtem Haupte.

»Gewiß nur zu beneiden«, sagte ich, aus meiner gerührten Verwunderung erwachend; »Sie gleichen einfach einem Stern, der aus der Tiefe des Himmels neu erschienen ist und dem man einen Namen gegeben hat. Ein Stern kann aber wieder verschwinden, während die unsterbliche Seele, die jetzt Ihren Namen trägt, nie mehr vergeht.«

Sie bewegte aber den Kopf leise wie zu einem Nein und sagte: »Mit diesem Trost wollen wir uns nicht stark brüsten! Der Findling wird sich so still wieder drücken, wie er gekommen ist!«

Als ich diese Worte nicht recht zu deuten wußte, weil ich die eigene Rede, die sie hervorgerufen, über ihrem Anblicke schon vergessen hatte, sagte der Graf zu mir: »Sie müssen nämlich wissen, es ist Dortchens Wahrzeichen, daß sie ganz auf eigene Faust nicht an Unsterblichkeit glaubt, und zwar nicht etwa infolge eingeschulter Dinge oder durch fremden Einfluß, sondern auf ursprüngliche Weise, sozusagen von Kindsbeinen auf!«

Dorothea schämte sich wie über ein verratenes Herzensgeheimnis; sie drückte das errötende Gesicht auf den Damast des Tischtuches, daß die Locken sich auf dessen Fläche ausbreiteten. Auf mich aber machte der Vorgang einen Eindruck, welcher dem uns befallenden sanften Schreck oder Schauder gleicht, wenn ein Wesen, das uns bereits mit Wohlgefallen umsponnen hat, mit irgend einer entschiedenen Eigenschaft plötzlich dicht an die Seele herantritt.

»Da ich nun ganz erkannt bin und durchschaut werde«, sagte sie unversehens sich mit holdem Lächeln aufrichtend, »will ich mich zurückziehen und sorgen, daß wir einen traulichen Winkel für unsern Kaffee finden.«

Als ich später den Grafen auf seinen Geschäftsgängen begleitete, da er die Hauptaufsicht über seine Güter selber führte, befrug ich ihn um das Nähere.

»Es ist in der Tat so«, antwortete er, »seit sie ihr Urteil nur ein wenig rühren konnte und diese Dinge nennen hörte, wir wissen die Zeit kaum anzugeben, sagte sie mit aller Unbefangenheit, aus dem kindlichsten und reinsten Herzen heraus, daß sie gar nicht absehen und glauben könne, wie die Menschen unsterblich sein sollten. Es kommt allerdings nicht selten vor, daß rechtliche Leute aus allen Ständen dies ursprüngliche schlichte Vergänglichkeitsgefühl ohne weiteres aus der Mutter Natur schöpfen und, ohne skeptischer oder kritischer Art zu sein, dasselbe unbekümmert bewahren wie eine harmlose Selbstverständlichkeit. Aber so lieblich und natürlich, wie bei diesem Kinde, ist mir die Erscheinung noch nie vorgekommen, und ihre unschuldige Überzeugung veranlaßte mich, der ich Gott und Unsterblichkeit hatte liegen lassen, wie sie lagen, meinen philosophischen Bildungsgang noch einmal vorzunehmen, und als ich auf dem Wege des Denkens und der Bücher wieder da anlangte, wo das Mädchen von Hause aus gewesen, und Dortchen mir über die Schultern mit in die Bücher guckte, da war es erst merkwürdig, wie sich das gedanklich bestärkte Gefühl in ihr gestaltete. Wer sagt, daß es ohne Unsterblichkeitsglauben weder Poesie noch Lebensweihe in der Welt gebe, der hätte sie sehen müssen; nicht nur Natur und Leben um sie herum, sondern sie selbst wurde wie verklärt. Das Licht der Sonne schien ihr tausendmal schöner, als andern Menschen, das Dasein aller Dinge wurde ihr heilig und ebenso der Tod, den sie sehr ernsthaft nimmt, ohne ihn zu fürchten. Sie gewöhnte sich, zu jeder Stunde an ihn zu denken, mitten in der heiteren Freude und im Glücksgefühl, und daß wir einst ohne allen Spaß und für immer abscheiden müssen. Das ganze vorübergehende Dasein unserer Persönlichkeit und ihr Begegnen mit den anderen vergänglichen, belebten und unbelebten Dingen, unser aufblitzendes und verschwindendes Tanzen im Weltlichte hat für sie einen zarten leichten Anhauch bald von milder Trauer, bald von zierlicher Fröhlichkeit, welche den Druck der schwerfälligen

Ansprüche des einzelnen nicht aufkommen läßt, während das Gesamtwesen doch besteht. Und welche Pietät und Teilnahme hegt sie für die Sterbenden und Toten! Ihnen, welche ihren Lohn dahin haben und abziehen mußten, wie sie sagt, schmückt sie die Gräber, und es vergeht kein Tag, an welchem sie nicht eine Stunde auf dem Kirchhofe zubringt. Dieser ist ihr Lustgarten und ihr Schmollwinkel, und bald kehrt sie fröhlich und übermütig, bald still und nachdenklich davon zurück.«

Solche anmutige Art eignete sich freilich einstweilen nur für ein so sorgloses, leidenfreies und feingebildetes Leben und für die gesunde Jugendkraft; dennoch vermehrte die Schilderung derselben meine Teilnahme und Befangenheit.

»Glaubt sie denn auch nicht an Gott?« fragte ich.

»Schulgerecht«, erwiderte der Graf, »sind allerdings beide Fragen unzertrennlich; nach Frauenart macht sie sich jedoch nicht viel aus der Logik, da sie hier mit ihren Begriffen nicht fertig ist. Du lieber Gott, sagt sie, was kann ich ärmstes Ding wissen! Bei Gott ist alles möglich, auch daß er existiert! Weiter geht sie aber mit so drolligen Wendungen nicht, vielmehr verursacht ihr in Gespräch und Lektüre eine zu große Freiheit oder Frechheit im Ausdrucke nur Mißbehagen, und allzu große Ausfälle duldet sie nicht. Sie sehe nicht ein, sagt sie, warum man gegen den lieben Gott, auch wenn man von seiner Abwesenheit überzeugt sei und ihn nicht fürchte, brauche grob und unverschämt zu sein. Das erscheine ihr mehr als eine schäbige, denn tapfere Manier.«

Nach der Rückkehr von unserem Gange suchte ich mein idyllisches Quartier im Gartenhaus auf, wo ich mich zu lassen gebeten hatte, als ich nach dem Schlosse übersiedeln sollte. Ich fand jedoch das kleine Gemach bewohnt; denn Dorothea, die sich nach ihrer Übung wieder einmal im untern Saale aufgehalten, war mit der Gärtnerstochter hinaufgestiegen, um nachzusehen, ob es an nichts fehle. Als ich eintrat, sah ich, daß zwei prachtvolle hohe Schilfrohre mit ihren Blütenbüscheln kreuzweise hinter den Spiegel gesteckt waren. Unter dem Spiegel, der in einem verblichenen Rahmen von versilbertem getriebenem Kupfer steckte, lag der Zwiehanschädel auf der Kommode, auf einem Postamente von grünem Moose weich gebettet, und um den Scheitel wand sich ein Kränzlein von Immergrün. Mit den Ellbogen auf das bauchig geschweifte Möbel gestützt, stand Röschen übergelehnt und betrachtete den Kopf aufmerksam mit gerümpftem Näschen und possierlich gespitztem Munde. Etwas zurück stand die Herrin, die Hände auf dem Rücken verschränkt, wie es schien in ernsthaften Gedanken das Werk ihrer Hände gleichfalls beschauend.

»Bewundern Sie unsre Tapezierkünste!« wandte sie sich zu mir, »wir haben Ihrem stummen Reisekameraden den Aufenthalt etwas verschönert und Sie dabei mitgemeint. Soeben bedenke ich aber, daß Sie sich des Gefährten entledigen und ihm die Ruhe gönnen sollten. Wir wollen ihn gelegentlich auf unserem Gottesacker begraben, ich habe just eine wohlgeborgene kleine Kopfstelle unter den Bäumen für ihn ausgedacht, die niemals umgegraben wird.«

Dieses »gelegentlich«, das wie ein Rosenblatt ohne alles Gewicht von ihren Lippen fiel, erklang so gastfreundlich, daß es mir sogleich das Herz erfreute. Doch erwiderte ich, der Schädel müsse nach meinem Vorsatze mit mir in die Heimat zurück, und dort wolle ich ihn endlich wieder der Erde übergeben, wenn das auch als eine leere und unnütze Handlung erscheine.

»Wann gehen Sie denn?« sagte Dortchen.

»Ich denke morgen, wie ausgemacht!«

»Sie gehen nicht, sondern tun, was der Papa rät! Kommen Sie, ich zeig' Ihnen was Hübsches!« Sie öffnete ein altes eingelegtes Schränkchen, das in der Ecke stand, und nahm einige sehr bunte feine und echte chinesische Täßchen aus demselben hervor. Sehen Sie, die hab' ich von Ihrem und unserm Trödelmännchen erwischt; er hat mir noch mehrere in Aussicht gestellt, aber nicht Wort gehalten bis jetzt. Wir haben sie hieher gebracht, damit Sie uns einmal zum Kaffee bei sich einladen können oder unten im Saal, und damit auch etwas Artiges in Ihrem Zimmer ist! Schau auf, Röschen, so hat Herr Lee Flöte gespielt, als ich ihn zuerst gesehen!«

Sie nahm meinen Stock, hielt ihn wie eine Flöte an den Mund und sang dazu ein paar Zeilen der Freischütz-Arie »Und ob die Wolke sie verhülle«, und den Stock weglegend, sang sie in beschleunigtem Tempo, sie übermütig abhaspelnd, die Schlußverzierung mit einer Schönheit und Sicherheit der Stimme, die mich in neues Erstaunen versetzte. Sie sang aber keine Note länger, als sich mit einer kurzen Aufwallung guter Laune vertrug, und das Lied verklang ebenso unerwartet, wie es begonnen. Plötzlich sah sie den Kaplan über den Platz gehen und rief ihm aus dem Fenster zu: »Ehrwürden! kommen Sie ein bißchen zu uns herauf, wir schwatzen hier, bis wir zum Tee wandern, und machen unserm herrlichen Dulder Odysseus den Hof. Röschen stellt die Nausikaa vor, Sie die heilige Macht Alkinoos', des edlen Phäakenbeherrschers, und ich die Mama Arete, Tochter des göttergleichen Rexenor!«

»Da wären Sie ja meine Gemahlin, gnädigste Heidin!« sagte der geistliche Herr schnaufend, als er in der Tat herangestiegen kam.

»Merken Sie was, o geschorner Diener der heiligen Jungfrau«, lachte sie »welche den Äther beherrscht und thronet auf goldnen Altären?«

»Diese Unterhaltung geht über meinen Horizont!« rief Röschen, nachdem sie dem Kaplan einen der wenigen Stühle zugerückt hatte, und zog sich zurück, indessen jener ein lustiges Plaudern begann und den Krieg mit dem Fräulein fortführte. Schließlich kam noch der Graf, um zu sehen, wo wir alle blieben, und nahm an dem Geplauder teil, bis es dunkelte und der Mond über den Parkbäumen stand, der seinen Schein in das Zimmer hereinsandte. An seiner Gestalt erkannte ich, daß nun vier Wochen verflossen seien, seit ich mit den Arbeitermädchen unter den Silberpappeln am Flusse gesessen, und wunderte mich über den Wechsel der Dinge in einem so einfachen Lebenslauf.

Im Schlosse saß die kleine Gesellschaft dann noch lange beisammen. Im Anfange schien Dortchen noch aufgeregt fröhlich; allmählich wurde sie stiller und begnügte sich, zuweilen an dem großen Flügel kurze Sätze anzuschlagen; zuletzt verschwand sie ohne Abschied.

Ich konnte in jener Nacht keinen Schlaf finden, bis der Morgen graute, ohne daß ich mich deswegen übel befand. Kaum hatte ich eine kurze Zeit geschlafen, so wurde ich geweckt, weil die Stunde der Abreise da war. Verwirrt und in Übereilung kleidete ich mich an und lief hinüber, wo der Graf schon beim Frühstücke saß, der Wagen vor der Türe stand und der Kutscher bei den Pferden. Als wir eingestiegen waren, sagte der Graf: »Nun, wohin soll's gehen?« Keine Dorothea ließ sich sehen, und doch wagte ich weder nach ihr zu fragen, da ich die Unbefangenheit allbereits eingebüßt, noch vermochte ich ohne Abschied aus dem Lande zu gehen. Ich sagte daher, nachdem ich mich eine Minute besonnen, im letzten Augenblicke, ich wolle dem Vorschlage des Herrn Grafen folgen.

»Gut so!« erwiderte er und ließ die Richtung nach der Stadt einschlagen, von welcher ich hergekommen.

Zwölftes Kapitel

Der gefrorne Christ

Auf der Nordseite des Schlosses bezeichnete ein höheres Fenster den Raum, in welchem die Hauskapelle eingebaut war. In diesem Jahrhundert hatte sie schwerlich noch einen Gottesdienst gesehen; doch war kirchlicher Zier- und Hausrat noch an den Wänden vorhanden, das Gewölbe noch bemalt und nur der Fliesenboden längst von der Bestuhlung geräumt. Dafür stand jetzt in der Mitte desselben ein eiserner Ofen, der den Raum mit seinem Körper und seinen Rohren sattsam erwärmte, und auf einer großen Strohmatte eine Staffelei, vor welcher ich saß und ziemlich rührig arbeitete, während ein leichter Schnee auf der Landschaft lag.

Die lange Unterbrechung, die Erlebnisse, der Beschluß der Entsagung hatten ohne Zweifel eine Freiheit des Blickes und eine Neuheit der Dinge in mir bewirkt oder vielmehr aus dem Schlafe gerufen, die mir jetzt zustatten kamen. Schon während des letzten Aufenthaltes in der Residenz hatte ich alte und neue Bilder gewissermaßen mit neuen Augen angesehen; es war mir wie Schuppen von denselben gefallen und fiel so noch fort, da ich jetzt eifrig und kühl, stürmisch, sorglos und vorsichtig zugleich arbeitete, indem bei jedem Zug ich an den folgenden dachte, ohne durch Zögern den Fluß erstarren zu lassen. Die Erscheinung, daß man später etwas kann, und zwar ohne Zwischenübung, was man früher nicht zustande gebracht, sei es durch bloße Ruhe der Geisteskräfte, sei es durch Geschickeswechsel, mag wohl öfter vorkommen, als man annimmt. Hier war es der Fall, natürlich innerhalb der Grenzen, die mir überhaupt gezogen sind.

Ich hatte zwei Bilder zugleich begonnen, welche auf diese Weise ordentlich vorwärts schritten, von einer nachhaltig erhellten und erwärmten Stimmung getragen. Das eigentliche schaffende Feuer jedoch war die erwachte Neigung, Liebe oder Verliebtheit, oder wie man den Zustand nennen mag, der erst zu nennen, wenn er durch die Zeit zum Austrag gekommen, stets aber eine alltägliche Erscheinung ist, wie alle großen Notwendigkeiten. Ich hatte meinerzeit das Herz auch einen Muskel und ein mechanisches Pumpwerk nennen gelernt; nun unterlag ich dennoch der Täuschung, daß es das Wohnhaus der Bewegungen sei, die von den Liebeshändeln ausgehen; und trotz der üblichen Scherze über seine heraldische Form auf den Lebkuchen, Spielkarten und andern Volkssymbolen behauptete es sein altes Ansehen, als Dorotheas Gestalt mit dem Nimbus ihrer dunkeln Geburt, ihrer eigentümlichen Weltanschauung, Schönheit und Bildung den Einzug scheinbar in das Herz und nicht in den Kopf hielt; oder wenigstens verrichtete dieser in seinen offenen Licht- und Schallstübchen einen bloßen Pförtner- und Wahrnehmungsdienst, um das Wahrgenommene in die dunkle Purpurmühle der Leidenschaft hinunterzusenden.

Selbst die Vernunft leistete ihre Frondienste und tat ein übriges, ihr gerecht zu werden. Die Vergänglichkeit und Unwiederbringlichkeit des Lebens, durch Dortchens Augen gesehen, ließ mir die Welt bald ebenso in einem stärkeren und tieferen Glanze erscheinen, wie es bei ihr der Fall war; ein sehnsüchtiges Glücksgefühl durchschauerte mich, wenn ich mir nur die Möglichkeit dachte, für das kurze Leben mit ihr in dieser schönen Welt zusammen zu sein. Ich hörte daher ohne alle Bedenklichkeit vom Sein oder Nichtsein jener Dinge sprechen und fühlte ohne Freude oder Schmerz, ohne Spott und ohne Schwere die anerzogenen Gedanken von Gott und Unsterblichkeit sich in mir lösen und beweglich werden. Die Veranlassung solcher Freiheit war allerdings eine Unfreiheit und für einen Mann nicht gerade rühmlich; im Gefühle hievon suchte ich mich mit Gründen zu schulen und nahm die Zuflucht zu der Bücherei des Grafen. Ich kannte die groben Umrisse der philosophischen Geschichte, aus denen die letzten Fragen für den Unerfahrenen nicht klar hervorgehen. Jetzt griff ich zu den eben in der Verbreitung begriffenen Werken des lebenden Philosophen, der nur diese Fragen in seiner klassisch monotonen, aber leidenschaftlichen Sprache, dem allgemeinen Verständnisse zugänglich, um und um wendete und gleich einem Zaubervogel, der in einsamem Busche sitzt, den Gott aus der Brust von Tausenden hinwegsang.

Der Graf gehörte geistig und zum Teil auch persönlich dem Verbande von Männern an, welche den begeisterten Kultus des Philosophen förderten, wenn er auch nicht die Ansicht und die Hoffnung teilte, daß er zunächst die politische Freiheit unfehlbar bringen müsse. Er hatte mich als Gastfreund nicht auf die Sache stoßen wollen; als ich aber jetzt den gewöhnlichen Anfangswiderstand gegen die neuen Einflüsse erhob und die Veränderungen untersuchte, welchen ich in moralischer Hinsicht ausgesetzt sein dürfte, begann ein gewisses Kannegießern über den lieben Gott, welches mich freilich von den Kinderschuhen an begleitet hat.

Über diese Dinge längst beruhigt, ward der Graf etwas ungeduldig und sagte:

»Es ist mir ganz gleichgültig, ob Sie an den lieben Gott glauben oder nicht! Denn ich halte Sie für einen Menschen, bei welchem es nicht darauf ankommt, ob er den Grund seines Daseins und Bewußtseins außer sich oder in sich verlegt, und wenn dem nicht so wäre, wenn ich denken müßte, Sie wären ein anderer mit Gott und ein anderer ohne Gott, so würde ich nicht das Vertrauen zu Ihnen hegen, das ich wirklich empfinde. Dies ist es auch, was diese Zeiten zu vollbringen und herbeizuführen haben: nämlich vollkommene Sicherheit von Recht und Ehre bei jedem Glauben und jeder Anschauung, und zwar nicht nur im Staatsgesetz, sondern auch im persönlichen vertraulichen Verhalten der Menschen zueinander. Es handelt sich nicht um Atheismus und Freigeisterei, um Frivolität, Zweifelsucht und Weltschmerz und welche Spitznamen man alles erfunden hat für kränkliche Dinge! Es handelt sich um das Recht, ruhig zu bleiben im Gemüt, was auch die Ergebnisse des Nachdenkens und des Forschens sein mögen. Übrigens geht der Mensch in die Schule alle Tage, und keiner vermag mit Sicherheit vorauszusagen, was er am

Abend seines Lebens glauben werde. Darum wollen wir die unbedingte Freiheit des Gewissens nach allen Seiten. Aber dahin muß die Welt gelangen, daß sie mit eben der guten Ruhe, mit welcher sie ein unbekanntes Naturgesetz, einen neuen Stern am Himmel entdeckt, auch die Vorgänge und Ergebnisse des geistigen Lebens hinnimmt und betrachtet, auf alles gefaßt und stets sich selbst gleich, als eine Menschheit, die in der Sonne steht und sagt: Hier steh' ich!«

Es dauerte jedoch nicht lang, so bedurfte ich der Zurechtweisungen des freidenkenden Grafen nicht mehr, sondern wandelte selbständig auf demselben Pfade weiter und fand mich in der eintönig erregten Sprache des großen Gottesfreundes zurecht, wenn man ironischer- oder auch ernsthafterweise denjenigen so nennen darf, der sich ein Leben lang von seinem geliebten Gegenstande nicht trennen konnte. Wie alle Neubekehrten wurde ich sogar eifriger als die andern, und die Fackel, mit der ich in meine alten Gedankenwälder hineinleuchtete, brannte umso heißer, als sie an dem Feuer der Liebe angezündet war. Ich kannegießerte nun in entgegengesetztem Sinne, besonders während der länger gewordenen Abende, wo der wunderliche Kaplan, angezogen von dem Streite, sich einfand, um den neuen Abgefallenen in seiner Art zur Rechenschaft zu ziehen.

Dieser Mann war vorzüglich drei Dringe, nämlich ein leidenschaftlicher Esser und Trinker, ein großer religiöser Idealist und ein noch größerer Humorist, und zwar letzteres fast nur in dem Sinne, daß er alle Viertelstunden das Wort Humor gebrauchte und es zum Maßstabe und Kriterium alles dessen machte, was irgendwie vorfiel und gesprochen wurde. Alles was er selbst tat, redete und fühlte, gab er zunächst für humoristisch aus, und obgleich es dies nur in den minderen Fällen war und mehr in einem maßlosen Klappern und Feuerwerken mit Gegensätzen, Bildern und Gleichnissen bestand, so erzeugte dies Wesen dennoch einen gewissen Humor, besonders wenn wir alle zusammensaßen und er uns mit ungeheurem Wortschwall erklärte, was Humor sei und wie wir dieser Gottesgabe auch nicht eines Senfkörnleins groß besäßen.

Er las eifrigst alle humoristischen Schriften und alle, welche vom Humor handelten, und hatte ein ordentliches System über dies Feuchte, Flüssige, Ätherische, Weltumplätschernde, wie er es nannte, aufgebaut, das ziemlich mit dem Charakter seiner Theologie zusammenhing. Cervantes führte er ebenso oft im Munde, wie Shakespeare, aber er fand den größten Gefallen an den unzähligen Prügeln, welche Sancho und der Ritter bekommen, an den Einseifungen, Prellereien und derben Sachen aller Art. So wenig er die Schätze von Weisheit und Edelsinn bemerkte, die dem manchanischen Herren vom Autor in den Mund gelegt waren, in rapidem Wechsel mit den Ausbrüchen der Torheit, so wenig konnte oder wollte er den feineren Spott sehen, besonders wenn er wie auf ihn selbst gemünzt erschien, was dann zu den Versicherungen seines eigenen Humors den ergötzlichen Gegensatz bildete. So sah er in dem Abenteuer in der Höhle des Montesino nur eine äußerliche komische Schnurre. Den Humor, der in dem langen Seile liegt, das ganz nutzlos abgerollt wird, indessen der Ritter schon im Anfange die Augen schließt, wie alle, die sich selbst belügen und damit andere terrorisieren, und die Art, wie er sich nachher immer wieder wegen des in der Höhe Gesehenen benimmt, dies alles gewahrte er nicht oder rümpfte unmerklich die Nase dazu.

Sein Idealismus, und er nannte sich bald rühmend, bald entschuldigend einen Idealisten, bestand darin, daß er gegenüber seinen Zuhörern, welche alles Wirkliche und Geschehende, sofern es sein eigenes Wesen ausreichend und gelungen ausdrückt und darstellt, für ideal hielten, eben dieses Wirkliche und Gewordene materiellen und groben Mist oder Staub schalt und dagegen alles Niegesehene, Nichtbegriffene, Namenlose und Unaussprechliche ideal hieß, was ebenso gut war, als wenn man einen leeren Raum am Himmel Vorpommern nennen wollte. So nannte er auch jedes dilettantische pfuschende Treiben, aus dem nichts werden konnte, eine ideale Bestrebung, wenn es auch noch so verkehrt und anmaßlich war; die aufopfernde ernste Arbeit in Wissenschaft und Kunst dagegen, die zum Gelingen führte, war ihm ein am Irdischen klebendes Haschen nach Erfolg, nach Ehre und Gut. Den Baumeister, dessen Kirchtürme zusammenfielen, pries er als einen tragisch gestellten Idealisten, denjenigen, dem sie stehen blieben, einen materialistischen Glücksjäger.

Als katholischer Priester war er duldsam und über seine Kirche hinaus; hierüber schwieg er bescheiden und rühmte sich nicht. Den aufgeklärten Deismus aber, welchem er huldigte, vertrat er fanatischer als irgend ein Pfaffe seine Satzungen. Er suchte einen rechten Höllenzwang auszuüben mit idealen und humoristischen Redensarten und baute seine Scheiterhaufen aus Antithesen, hinkenden Gleichnissen und gewaltsamen Witzen, auf denen er den Verstand, guten Willen und sogar das Gewissen der Gegner zu verbrennen trachtete, seiner eigenen Meinung zum angenehmen Brandopfer.

Diese tapfere Lieblingsbeschäftigung, nebst der Gastfreundschaft des Grafen, führte ihn häufig in das Haus, und da er zugleich ein ehrlicher Gesell und redlicher Helfer bei wohltätigen Unternehmungen war, so gereichte er zum Nutzen wie zur bleibenden Heiterkeit des Hauses. Besonders Dorothea wußte ihn mit der leichtesten Anmut in den Irrgärten seines fanatischen Humors herumzuführen, neckisch vor ihm her zu huschen und durch die Buschwerke seines krausen Witzes zu schlüpfen. Unergründlich war es dabei, ob mehr ein heiteres Wohlwollen oder ein bedenklicher Mutwillen im Spiele lag; denn ebenso oft, als sie dem Kaplane Gelegenheit gab zu glänzen, verlockte sie seine Eitelkeit auf das Eis, wo sein Witz das Bein brach.

Das war nun der richtige Mann, an welchem ich meine neuen Waffen zu üben Gelegenheit fand, und ich tat es umso rücksichtsloser, als ich gegen Unarten focht, denen ich selber schon in mehr als einer Hinsicht gefrönt hatte. Nach dem ersten wehmütigen Erstaunen über meinen Abfall holte er mit verdoppelter Kraft aus, um mich niederzustrecken; da ich aber das schonende Maß, dessen er gewohnt war, mit weniger Lebensart als neophytischer Kampflust überschritt, ihm phantastische Ausfälle und humoristische Stiche in gleicher schlechter Münze zurückgab, wurde er verstimmt und ging mehr als einmal der geselligen Erholung verlustig, welche er nach tagelangem Messelesen und Ministrieren gesucht hatte. Hierüber wurde ich meinerseits betroffen; ich verwunderte mich, wie wenig der Mensch sich zu ändern imstande ist, wenn ich an das Erlebnis mit Ferdinand Lys zurückdachte, wo ich mich sogar einer schlimmern Aufführung schuldig gemacht und mit einem Degen in der Hand auf der entgegengesetzten Seite, derjenigen des Kaplans gestanden hatte. Ich faßte den Vorsatz, mich zu mäßigen und zu bessern, verfiel aber von neuem in den alten Fehler. Dadurch wurde ich als ein angehender Ruhestörer selbst der Schonung bedürftig, fühlte es und wurde selber betrübt.

Allein es war schon dafür gesorgt, daß dem bedrängten Kaplan eine unerwartete Hilfe kommen sollte. Eines Tages rasselte ein offenes Fuhrwerk, bespannt mit einem schwerfälligen Bauernpferde, vor das Schloß. Auf dem Bock saß ein ländlicher Kutscher mit einer Tabakspfeife im Munde, in dem beckenförmigen Kasten dagegen, wie in der Muschel der Venus, ein seltsamer Mann mit einem großen Schlapphute, ebenfalls eine Pfeife im Munde tragend. Neben ihm lehnte ein mannshoher Kornsack, der aber mit vielen größeren und kleineren, eckigen und runden Gegenständen gefüllt schien und oben mit Mühe zusammengeschnürt war, so daß sich auf dem Haupte nur ein niedriges Faltenkrönlein hatte bilden können. Diesen Sack hielt der Insasse des Fuhrwerkes mit der einen Hand aufrecht, vor allem besorgt, daß er mit Vorsicht abgeladen würde. Als das geschehen, sprang er gleich nach und blieb bei dem Sacke stehen, denselben aufrecht haltend, weil er ihn um keinen Preis auf die etwas feuchte Erde wollte fallen lassen. Das machte ihm den nun folgenden Wortwechsel mit dem Fuhrmann schwierig zu führen, der sich wegen der Bezahlung des Fahrgeldes nicht wollte aufhalten lassen, während der Reisende sowohl die Höhe des geforderten Lohnes bestritt, als einen Aufschub verlangte, bis er seine Briefe abgegeben und seine Ankunft auf dem Grafensitze gehörig ausgeführt habe. Mit sprudelndem Munde, immer neben der Pfeife redend, suchte er sich mit dem Fahrknechte zu verständigen, sah sich aber stets in den nötigen Gebärden und im Hervorsuchen der Briefe gehindert, weil der Sack umfallen wollte, wenn er ihn losließ. Endlich kam ein Hausdiener herbei, der nach seinen Angelegenheiten fragte.

»Dies ist mein Gepäcke, guter Freund!« sagte der Mann, »halten Sie's ein wenig, damit ich meine Empfehlungsbriefe an den Herren Grafen finden kann, den ich herbeizurufen bitte!«

Der Diener hielt den Sack, der Reisende holte ein paar Briefe aus einer dicken Brieftasche und gab sie dem Diener, worauf dieser ins Haus ging und jener den Sack wieder selbst hielt. Nach einiger Zeit erschien der Graf mit einem der Briefe in der Hand, um nach dem Ankömmling zu sehen. Dieser streckte ihm, an seiner Sacksäule stehend, die freie Hand entgegen und rief:

»Ich grüße Sie, edler Mann und Genosse! Ist es nicht eine Freude zu leben, mit Hutten zu reden?«

»Habe ich die Ehre, Herrn Peter Gilgus zu sehen, der mir hier von den Freunden empfohlen wird?« antwortete Graf Dietrich.

»Der bin ich! Ist es nicht eine Freude zu leben?«

»Gewiß! Aber machen Sie es sich doch etwas bequemer! Wollen Sie Ihr Gepäcke nicht abgeben und ins Haus treten?«

»Ich kann nicht, bevor ich ein Wort mit Ihnen gesprochen!«

Der Graf näherte sich dem Manne, der ihm eine vertrauliche Mitteilung machte, worauf jener dem Fuhrmann bedeutete, daß er werde zufriedengestellt werden und mit seinem Fahrzeuge nur vorerst nach den Wirtschaftsgebäuden gehen und samt dem Pferde etwas zu sich nehmen möge.

Hierauf wurde der Sack wohlbehalten von zwei Leuten in das Haus getragen und der Fremde vom Grafen auf sein Zimmer genommen, wo er weitere Rücksprache mit demselben pflag.

Herr Peter Gilgus war ein im mittleren Deutschland weggelaufener Schullehrer und ein Apostel des Atheismus, der im wörtlichen Sinne ausgezogen war, die Welt zu sehen und zu genießen, nachdem der liebe Gott aus derselben weggeschickt worden. Dies Ereignis hielt er für einen unberechenbaren Glücksfall, und er rief unaufhörlich, wo er hinkam: »Es ist eine Freude zu leben!« als ob die Welt in der Tat von ihrem größten Feinde und Bedrücker soeben befreit worden wäre, seit er die Werke des Philosophen gelesen. Er betrug sich demgemäß, wie wenn es fortwährend Sonntag und der Braten am Spieße wäre, oder wie die Bevölkerung eines kleinen Herzogtums, dessen Tyrann entflohen, oder wie ein Nest voll Mäuse, wenn die Katz aus dem Hause ist.

Als Schulmeister mochte er von der Geistlichkeit freilich arg gedrückt worden sein; allein er freute sich über die Vertreibung Gottes doch mehr als billig. Immer von neuem erstaunte er über die Herrlichkeit des Gedankens, von dem unseligen Begriffe frei und jeder größern oder kleineren Abhängigkeit von demselben ledig zu sein. Immer wieder ballte er die Faust gegen die ganze lange Vergangenheit voll anthropomorphischer Götter; aufs neue bestieg er jeden kleinen Hügel, reckte die Hand aus und pries die Schönheit der grünen Welt, jubelte über die wolkenlose tiefe Bläue des entgötterten Himmels und trank bäuchlings liegend aus Quellen und Bächen, welche noch nie so reines und frisches Wasser geliefert hätten, wie jetzt. Das hinderte ihn jedoch nicht, sobald eine anhaltende Kälte oder ein langes Regenwetter eintrat, sehr ungehalten zu werden und einen persönlichen Groll mit altherkömmlichen Fluchworten zu äußern, wie man sie nur gegen persönlich existierende Urheber von widerwärtigen Wirkungen braucht.

Nach seinem Auszuge hatte er zuerst das Haupt der Schule, den Philosophen, aufgesucht, acht Tage lang verehrt und ihm zur Weiterreise die geringe Barschaft abgeborgt, welche der in freiwilliger Armut und Bedürfnislosigkeit lebende Weltweise gerade besaß. Derselbe gab ihm ein paar Briefe an wohlhabendere Verehrer mit, diese sandten ihn wieder andern Freunden zu, und so zog er seit einem Jahre von Stadt zu Stadt, von einem Landgut zum andern, lebte herrlich und in Freuden und lobte die angebrochene neue Ära. Jetzt war er endlich auch zum Grafen Dietrich gekommen, der schon von ihm wissen mochte. Als er mit dem neuen Gaste zu Tisch kam, war er schon ein wenig ermüdet von dessen lauten Gesprächen und Ausrufungen; der Gast aber, indem er den Löffel in die gute Suppe tauchte, rief und sprudelte über die Lippen hinaus: »Es ist eine Freude zu leben!«

In mir witterte er augenblicklich einen Schützling und Mitgast des Hauses, machte sich nach dem Essen an mich und zwang mich, ihn auf das ihm bestimmte Zimmer zu begleiten; unter tausend Fragen begann er sich einzurichten und seinen Sack auszupacken, der ihm als Reisekoffer diente. Neben einer Anzahl verschiedener Kleidungsstücke, von denen keines zum andern recht paßte, kamen die wunderlichsten Habseligkeiten zum Vorschein, und auf jedes Stück legte er einen Affektionswert. Jeden Band in ein besonderes Tüchlein gewickelt, förderte er die in rotes Leder gebundenen Werke des Meisters zu Tage und stellte sie feierlich auf den Schreibtisch, der im Zimmer war. Dann zog er ein dickes Stück von ungebleichtem Zwilch, viele Ellen, heraus, wovon er sich im Sommer eine deutsche Turnerkleidung dachte anfertigen zu lassen. Hierauf kamen andere Bücher; hierauf rollten einige Metzen schöne Borsdorfer Äpfel hervor, von einer schönen Gutsfrau geschenkt, wie er sagte; sodann folgte ein Stück Pökelfleisch, in Papier gewickelt; hierauf eine blaue zusammengelegte Steppdecke, zwischen welcher ein Bund Strickgarn lag zu neuen Strümpfen. Beim Anblick aller dieser Dinge mußte man ihm lassen, daß er die Vorsehung Gottes leidlich zu ersetzen und an alles zu denken verstehe, dessen er etwa bedürftig werden könnte. Nachdem er noch einiges aus der Tiefe des Sackes hervorgeholt, unter anderm eine kleine Schwarzwälder Uhr, kroch er mit dem Kopfe hinein und zog aus dem untersten Grunde einen zusammengerollten rotblumigen Hausrock hervor. Denselben entfaltend, enthüllte er eine mäßige Schachtel, in welcher das Modell eines Auges von der Größe eines Kindskopfes gebettet lag.

Gilgus öffnete die Schachtel und nahm das Auge sorgfältig heraus, um zu sehen, ob es nicht Schaden gelitten. Es war von Wachs und Glas angefertigt und konnte zerlegt werden, um zu Unterrichtszwekken den Bau des menschlichen Auges vorzuweisen. Bei seinem Auszug hatte er das Auge aus der kleinen Naturaliensammlung seiner Schule mitlaufen lassen, und es liefen deshalb überall kleine amtliche Verfolgungen hinter ihm drein, so oft sein Aufenthalt ausgemittelt wurde; allein er gab es nicht wieder her.

Jetzt blies er den Staub davon, setzte es feierlich auf den Schreibtisch und rief: »Das ist das wahre Auge Gottes!«

Dieses Auge Gottes hatte natürlich nur die allergröbste Einrichtung, und Gilgusens Kenntnis ging über dieselbe nicht hinaus; dennoch mußte sie ihm dazu dienen, seine Freudenbotschaft mit dem Mantel der Naturwissenschaften zu schmücken, und er führte das Auge gleichsam als Wahrzeichen mit sich für jene Erscheinung im großen, wenn die gedachten Wissenschaften beim Beginn einer neuen Reihe von Entdeckungen dem Unendlichen jedesmal zuschreien: Holla! Wir wissen jetzt, wie's gemacht wird.

Außerdem diente ihm das Auge noch als Geheimarchiv und Schatzkammer. Er öffnete den Apfel und leerte den hohlen Innenraum, dessen Inhalt vom Fahren durcheinander gerüttelt worden. Aus einer großen Flocke Baumwolle wickelte er eine goldene Busennadel, ein silbernes Uhrkettchen, ein paar Fingerringe, und zeigte mir diese Schätze mit Wohlgefallen. Auf ein Bündelchen Rechnungen, ein Punschrezept, ein Bündelchen Liebesbriefe, die er von den Stubenmädchen seiner Gastfreunde erhalten, wies er mehr andeutend hin, wogegen er ein Lotterielos mit ernster Miene entfaltete, wie wenn es eine Staatsobligation wäre, und es standen allerdings mehrere Hunderttausende im großen und kleinen Posten darauf gedruckt; eine kleine in Papier eingeschlagene Barschaft bezeichnete er als Reservefonds, welchen er unter keinen Umständen angreife und deshalb hier aufbewahre. Ein vertrocknetes Blumensträußchen ergänzte die Sammlung und knüpfte versöhnend an das menschlich Liebenswürdige an.

Alles das war in dem Auge, und er legte das Gefüllsel nun in die leere Schachtel und verschloß diese in einer Schublade; denn er dachte das anatomische Modell in den bevorstehenden lehrreichen Gesprächen zum Vorschein zu bringen.

Gleich am ersten Abend, als der Kaplan zur Gesellschaft kam, nahm er diesen zum Zielpunkt seines apostolischen Eifers, und es entstand ein gewaltiger Lärm, bis der Geistliche die Karikatur in dem Ankömmling erkannte, plötzlich mit vergnügtem Augenblinzeln seine Fechtart veränderte und dem lärmenden, mit blasphemischen Kühnheiten um sich werfenden Peter Gilgus zu schmeicheln begann. Er schätze sich glücklich, sagte er, eine so ausgesprochene und in ihrer Art vollkommene Erscheinung begrüßen und studieren zu können; alles absolut Entgegengesetzte müsse sich stärker anziehen, als das Halbe, und sich schließlich in einem höheren Elemente vereinigen. Ein leidenschaftlicher Liebhaber Gottes und ein leidenschaftlicher Leugner Gottes zögen im Grunde an demselben Wagen, von dem der eine so wenig loskommen könne, als der andere, und so biete er ihm als treuer Gefährte seine Freundschaft an. Eine so fleißige und beharrliche Gottesleugnerei sei eigentlich nur eine andere Art von versteckter Gottesfurcht, wie es in den ersten Zeiten Heilige gegeben habe, welche den Schein großer Lasterhaftigkeit zur Schau trugen, um in der Verachtung umso ungestörter der göttlichen Inbrunst sich hinzugeben.

Der verdutzte Gilgus wußte nicht, wie ihm geschah, und suchte sich mit sprudelnder Ungebärdigkeit zu helfen; doch der fröhliche Kaplan umwickelte ihn so dicht mit hundert zärtlichen Späßchen, tröstete ihn, der Herrgott habe schon längst ein Auge auf ihn und es werde noch alles gut werden, daß er sich doch gewissermaßen geschmeichelt fühlte und sich auf den nächsten Tag zu einem guten Pfarrfrühstück bei dem Kaplan einladen ließ. Dort lieferten sie sich zuerst wieder eine Wortschlacht; dann zechten sie und schlossen Freundschaft, zogen miteinander über Feld und in den Wirtshäusern herum, wo der Kaplan immer neue Späße mit seinem Freunde anstellte; denn er blieb immer bei Sinnen und boshaft, während der Gilgus den Verstand verlor, sobald er angetrunken war, und über die Größe seines Schicksals, über die Feierlichkeit der Zeit, wo es eine Freude zu leben sei, jämmerlich zu weinen begann. Wenn der Kaplan ihn in solcher Verfassung abends oder mittags ins Schloß bringen konnte, so erreichte sein Vergnügen den höchsten Gipfel. Der Graf lächelte bald heiter, bald verdrießlich, Dorothea dagegen lachte voll neugieriger Lustbarkeit, da sie dergleichen noch nie gesehen, besonders wenn Gilgus vor ihr auf die Knie fiel und weinend den Saum ihres Gewandes küßte; denn er hatte die Gärtnerstochter, mit der er zuerst schön getan, sogleich stehen lassen, als er vernahm, daß Dortchen keine Gräfin und eine starkgeistige, freigesinnte Person sei, und offenbar hielt er sie vorläufig für dazu bestimmt, die Freude am großen Weltaugenblick und am Leben mit ihm zu teilen.

War er dann nach manchem Auftritte derart wieder nüchtern geworden, so verfiel er in tiefsinnige Trauer, und um die Scharte auszuwetzen, beging er allerhand Kraftstücke. Trotz der kühlen Jahreszeit stürzte er sich badend in Teiche und Mühlbäche, so daß man in der Nähe oder Ferne unvermutet seine nackte Gestalt auf- und untertauchen sah. Mt blauem Gesicht und nassen Haaren stellte er sich dann als neu- und wiedergeboren vor, und der Kaplan sowohl als Dortchen und selbst das mutwillige Röschen fanden ihre tägliche Belustigung an seinem Treiben. Der Kaplan wußte bereits, daß die Bauern davon sprachen, den heidnischen Wassermann einmal aufzufischen und mit Haferstroh trocken zu bürsten, und auch hierauf freute er sich im voraus.

Ich aber wurde durch den ganzen Vorgang nicht nur veranlaßt, die eigene Streitlust zu mäßigen, ja sogar mich stillzuhalten, sondern ich fühlte mich beschämt, neben dem sonderbaren Gesellen als ein kaum minder abenteuerlicher Gast dazustehen. Vollends die Art, wie jener sein Auge auf die Schönheit des Hauses geworfen, erinnerte mich daran, daß ich selbst ja das gleiche getan und noch tue, wenn ich auch noch nichts verraten oder zu verraten bis zur Stunde willens gewesen sei. Und das holde Gelächter, welches Dorothea in allen Züchten öfter hören ließ, verdiente ich ja selbst schon in meinem innersten Herzen. Wenn ich aufrichtig gegen mich sein wollte, so mußte ich gestehen, ich sei allein um Dorotheas willen noch dageblieben, nur besaß ich nicht den Mut, es merken zu lassen oder etwas zu hoffen. Ich war also womöglich noch närrischer als der Peter Gilgus.

Ich geriet durch alle diese widersprechenden Empfindungen und Gedanken in eine Art von Erstarrung, in welcher ich mich auf meine Arbeit und das stille Studium der philosophischen Bücher zurückzog, ohne an den Disputationen weiter teilzunehmen. Die Verliebtheit dauerte dabei fort, aber wie das Blühen der Pflanzen, das in eingetretener Frühlingskühle eine Weile unentschieden bei halbgeöffneten Kelchen anhält. Und gleichmäßig verharrte ich in der Verachtung einer Nebenbuhlerschaft, als welche ich das Verhalten des Gilgus hinsichtlich der neuen Weltanschauung sowohl, als dem Weibe gegenüber betrachtete, was freilich weder zeitgemäß noch sehr menschlich war.

Eines Vormittags kam er aufgeregt und geputzt zu mir gestürzt, als ich ziemlich gesammelt und dennoch herb wie eine alte Jungfer an meiner Arbeit saß. Er trug auf dem Leibe einen braunen Frack mit vergoldeten Knöpfen, auf dem Kopf eine hellfarbige Reisemütze, obgleich es Winter war. Die Angelegenheit mit Dorothea, rief er, müsse sich entscheiden; eine Verbindung eines Mannes wie er mit einer Person wie Dorothea wäre zu typisch, als daß sie unterbleiben dürfte; sie sei geradezu eine philosophiegeschichtliche Pflicht, denn die Erlösung der Welt von der Gottesidee müsse sich erst recht vollziehen durch die Vermählung freier Geschlechtsrepräsentanten, und so weiter. Ich war von der schlechten Gesellschaft in meiner Neigung so beschämt und vergrämt, daß ich über die Narrheit nicht einmal zu lachen imstande war. Überhaupt belustigte mich die Sache keineswegs, indem sie selbst einen leichten Schatten auf das unbefangene Dortchen zu werfen schien.

Ich fragte ihn daher unwirsch, ob er in seinem Fracke schon auf dem Weg sei, den Heiratsantrag zu machen?

»Nein«, sagte er, »heute noch nicht! Ich will mich erst einige Tage nur etwas sorgfältiger tragen, wie es sich auf Freiersfüßen geziemt. Steht mir dieser Frack nicht gut? Ich habe ihn von einem atheistischen Bankier geschenkt bekommen, einem großen Gönner unsers Bundes, der freilich des Sonntags noch in die Kirche geht; denn er hat Rücksichten zu nehmen. O, wenn mein armes Mütterchen das Glück noch erlebt hätte, das ich haben werde!«

»Ihr Mütterchen? Ist es tot?«

»Schon seit zwei Jahren! Sie hat die Befreiung des Menschengeschlechtes nicht mehr gesehen! Die trockenen Blumen, die ich im Auge Gottes aufbewahre, hat sie mir noch an meinem letzten Geburtstage geschenkt, den sie erlebte! Sie hat dieselben um einen Kreuzer auf dem Markte eingehandelt!«

Ein neuer Stich ging mir ins Herz; auch auf eine liebende Mutter behauptete der Narr Anspruch zu machen, und am Ende war er noch ein besserer Sohn als ich, der ich dasaß und die meinige so gut als vergaß, obschon ich wußte, daß sie meiner harrte. So ist unser Leben aus Wirrsal gewebt, daß wir dem Nächsten kaum einen Tadel zuwenden, den wir nicht, noch eh er ihn vernommen, auf uns selbst beziehen können.

Einige Minuten, nachdem Gilgus fortgestürmt war, trat Dorothea mit einem Körbchen voll schöner Trauben und Birnen herein.

»Sie sind jetzt so fleißig und zurückgezogen«, sagte sie, »daß man Ihnen die kleinen Erquicklichkeiten nachtragen muß. Essen Sie von diesen Früchten, sonst werden Sie mir zu trocken! Dafür sollen Sie uns einen guten Rat geben! Malen Sie jedoch weiter, ich seh' Ihnen gerne zu!«

Sie nahm einen Stuhl und setzte sich zu mir.

»Papa schreibt Briefe«, fuhr sie fort, »mit denen er Herrn Gilgus fortschicken will; denn er mag ihn nicht mehr da haben. Gilgus hat heute früh die Ackerleute, die auf dem Felde pflügen, angepredigt wie Jonas die Leute zu Ninive, sie sollten Buße tun und von ihrem heidnischen Gottesglauben ablassen. Das kann so nicht weitergehen. Papa will ihn heute noch wegschicken, in ziemliche Entfernung, und mit wohlmeinenden Uriasbriefen dahin wirken, daß er weiterhin versorgt und an eine vernünftige Beschäftigung gebunden wird.«

»Und was kann ich denn dazu raten?« frug ich.

»Nicht sowohl raten, als helfen! Sie sollen ihm, sofern er sich sträubt, zureden und die Reise als etwas Notwendiges und Vergnügliches darstellen. Dann stehen ein paar Koffer bereit, welche den Inhalt seines schrecklichen Sackes wohl aufnehmen werden. Da Sie ihm in seinem letzten Stündlein beistehen werden, so müssen Sie ihn überzeugen, daß der Sack unschicklich und verdächtig sei, und wie zufällig die Koffer herbeischaffen. Es könnte sich nämlich ereignen, daß er störrisch wäre und sie nicht wollte, und doch mag der Vater ihn nicht mit dem Kornsacke aus seinem Hause abreisen sehen.«

Ich befürchtete zwar nicht, daß Gilgus die Koffer zurückweise, versprach aber, mein Bestes zu tun. Sie aber sagte: »Nun schau' ich noch ein wenig zu, wenn es erlaubt ist!« schlug die Arme ineinander und saß eine Viertelstunde neben mir, ohne daß sie oder ich etwas dazu sprach.

Als ich endlich einen mißlungenen Stein, der im Vordergrunde meines Bildes lag, mit der Spachtel wegräumte, sagte sie: »Hopsa! Weg damit!« Dann erhob sie sich, dankte mir für geneigte Audienz und zog sich zurück, indem sie mir zugleich empfahl, mich vor Tisch sehen zu lassen, um so zu erfahren, wie es gehe in der bewußten Sache.

Es ging auch ohne Schwierigkeit alles vonstatten, wie man wünschte; Gilgus fuhr ganz still und weichmütig mit wohlbepacktem Gefährte von hinnen, nach der nächsten Posthalterei, um dort am frühen Morgen weiterzureisen. Als der Kaplan abends zum Tee erschien, fand er es so still und friedlich, wie wenn eine Mühle abgestanden wäre. Er hatte in der letzten Zeit zuweilen einen der älteren deutschen Mystiker mitgebracht in der Absicht, das grundtiefe und kühne Wesen solcher Geister dem neuesten Geiste gegenüberzustellen, der ebenso tiefgehend und kühn war selbst in der verzerrten Darstellung durch Gilgus, und da es ihm hauptsächlich um das Phantasienährende und Parabolische zu tun war, dem er nachjagte, so gab es manche Ausbeute bald zu seinen Gunsten, bald zu Gunsten der andern. Für heute hatte er des Angelus Silesius Cherubinischen Wandersmann aufgegriffen und bedauerte, daß Gilgus nicht mehr da war, da er denselben durch den Vortrag der wunderlichen Reime zugleich zu reizen und zu bannen, uns aber in spaßhafte Verlegenheit zu setzen hoffte.

Wir baten ihn, dennoch vorzulesen, und die kleine Gesellschaft empfand die größte Freude über den vehementen Gottesschauer, seine lebendige Sprache und poetische Glut. Das wollte ihm aber auch nicht recht passen; er begann immer eifriger und nachdrücklicher zu lesen, und mit jeder Seite, die er umschlug, erhöhte sich die Teilnahme an der munteren Geisteserscheinung, bis er das Büchlein halb ärgerlich und ermüdet weglegte.

Nun nahm es der Graf in die Hand, blätterte darin und sagte dann: »Es ist ein recht wesentliches und charaktervolles Büchlein! Wie richtig und trefflich fängt es gleich an mit dem Reimpaar:

Rein wie das feinste Gold, steif wie ein Felsenstein,
Ganz lauter wie Kristall soll dein Gemüte sein.

Kann man treffender die Grundlage aller solcher Übungen und Denkarten, seien sie bejahend oder verneinend, und den Wert bezeichnen, den man von vornherein hinzubringen muß, wenn die ganze Sache erheblich sein soll? Wenn wir uns aber weiter umsehen, so finden wir mit Vergnügen, wie die Extreme sich berühren und im Umwenden eines in das andere umschlagen kann. Glaubt man nicht unsern Ludwig Feuerbach zu hören, wenn wir die Verse lesen:

Ich bin so groß als Gott, Er ist als ich so klein,
Er kann nicht über mich, ich unter Ihm nicht sein?

Ferner:

Ich weiß, daß ohne mich Gott nicht ein Nun kann leben,
Werd' ich zunicht', Er muß von Not den Geist aufgeben.

Auch dies:

Daß Gott so selig ist und lebet ohn' Verlangen,
Hat er sowohl von mir, als ich von Ihm empfangen.

Oder:

> Ich bin so reich als Gott, er kann kein Stäublein sein,
> Daß ich (Mensch glaube mir) mit Ihm nicht hab' gemein.

Und nun gar:

> Was man von Gott gesagt, das g'nüget mir noch nicht;
> Die Über-Gottheit ist mein Leben und mein Licht.
> – Wo soll ich dann nun hin?
> Ich muß noch über Gott in eine Wüsten ziehn.

Und wie einfach wahr findet man das Wesen der Zeit besungen in diesem Sinngedichtchen: Man muß sich überschwenken:

> Mensch! Wo du deinen Geist schwingst über Ort und Zeit,
> So kannst du jeden Blick sein in der Ewigkeit.

Dann: Der Mensch ist Ewigkeit:

> Ich selbst bin Ewigkeit, wann ich die Zeit verlasse
> Und mich in Gott und Gott in mich zusammenfasse.

Und: Die Zeit ist Ewigkeit:

> Zeit ist wie Ewigkeit und Ewigkeit wie Zeit,
> So du nur selber nicht machst einen Unterscheid.

Alles dies macht beinahe vollständig den Eindruck, als ob der gute Angelus nur heute zu leben brauchte und er nur einiger veränderter äußerer Schicksale bedürfte, und der kräftige Gottesschauer wäre ein ebenso kräftiger und schwungvoller Philosoph unserer Zeit geworden!«

»Das wird mir denn doch zu bunt«, rief der Kaplan; »aber Sie vergessen nur, daß es zu Schefflers Zeiten doch auch schon Denker, Philosophen und besonders auch Reformatoren gegeben hat, und daß eine kleinste in ihm vorhandene Ader von Verneinung vollkommen Gelegenheit gehabt hätte, sich auszubilden!«

»Sie haben recht!« erwiderte ich, »aber nicht ganz in Ihrem Sinne. Was ihn abgehalten hätte und wahrscheinlich noch heute abhalten würde, ist der Gran von Frivolität und Geistreichigkeit, mit welcher sein glühender Mystizismus versetzt ist; diese kleinen Elementchen würden ihn bei aller Energie des Gedankens auch jetzt noch im mystagogischen Lager festhalten!«

»Frivolität!« rief der Kaplan, »immer besser! Was wollen Sie damit sagen?«

»Auf dem Titel«, versetzte ich, »benennt der fromme Dichter sein Buch mit dem Zusatz: Geistreiche Sinn- und Schlußreime. Allerdings hat das Wort geistreich im damaligen Sprachgebrauch nicht ganz die jetzige Bedeutung; wenn wir aber das Büchlein aufmerksamer durchgehen, so finden wir, daß es in der Tat auch im heutigen Sinne etwas allzu geistreich und zu wenig einfach ist, so daß jene Bezeichnung jetzt wie eine ironische Voraussage erscheint. Dann sehen Sie aber auch die Widmung an, die Dedikation, worin der Mann seine Verse dem lieben Gott dediziert, indem er ganz die Form nachahmt, selbst in der Anordnung des Drucksatzes, in welcher man damals großen Herren ein Buch zuzueignen pflegte, bis zur Unterschrift: Sein Allezeit sterbender Johannes Angelus.

Betrachten Sie den bitterlich ernsten Gottesmann, den heiligen Augustinus, und gestehen Sie aufrichtig, trauen Sie ihm zu, daß er ein Buch, worin er sein religiöses Herzblut ergossen, mit solch einer witzelnden, affektierten Dedikation versehen hätte? Glauben Sie überhaupt, daß es demselben möglich gewesen wäre, ein so kokett launiges Büchlein zu schreiben, wie dies eines ist? Er hatte Geist so gut als einer, aber wie streng hält er ihn in der Zucht, wo er es mit Gott zu tun hat. Lesen Sie seine Bekenntnisse, wie rührend und erbaulich ist es, wenn man sieht, wie ängstlich er alle sinnliche und geistreiche Bilderpracht, alle Selbsttäuschung oder Täuschung Gottes durch das sinnliche Wort flieht und meidet. Wie er vielmehr jedes seiner strikten und schlichten Worte unmittelbar an Gott selbst richtet und unter dessen Augen schreibt, damit ja kein ungehöriger Schmuck, keine Illusion, keine Art von Schöntun mit Unreinem in seine Geständnisse hineinkomme.

Ohne mich zu solchen Propheten und Kirchenvätern zählen zu

wollen, kann ich doch diesen ganzen und ernstgemeinten Gott mitfühlen, und erst jetzt, wo ich ihn nicht mehr habe, erkenne ich die willkürliche und humoristische Manier meiner Jugend, in welcher ich mit meiner vermeintlichen Religiosität die göttlichen Dinge zu behandeln pflegte, und ich müßte mich nachträglich selber der Frivolität zeihen, wenn ich nicht annehmen könnte, daß jene verblümte und spaßhafte Art eigentlich nur die Hülle der völligen Geistesfreiheit gewesen sei, die ich mir endlich erworben habe.«

»Ha ha!« lachte der Priester jetzt aus vollem Halse, »da haben wir's wieder! Geistesfreiheit, Frivolität! Da zappelt der Fisch wieder an der langen Schnur und hält sich für einen Luftspringer! Bald wird er nach Luft schnappen! Den Teufel spürt das Völkchen nie! möchte man fast ausrufen, wenn's nicht den lieben Herrgott anginge, verzeih' mir Gott die Sünde!«

Ärgerlich, daß ich dem humoristischen Fliegenfänger nun doch wieder ins Garn gefallen, entzog ich mich der Unterhaltung und trat schweigend an ein Fenster, wo ich die Sterne des großen Wagens ihren stillen Weg fahren sah. Auf einmal rief Dorothea, welche inzwischen das Buch in die Hand genommen hatte:

»Beim Himmel, da steht das artigste Frühlingsliedchen, das ich je gesehen! Hört:

Blüh' auf, gefrorner Christ!
Der Mai ist vor der Tür,
Du bleibest ewig tot,
Blühst du nicht jetzt und hier!«

Sie eilte ans Klavier, spielte und sang diese Worte in einem altertümlichen Choralsatze von sehnsüchtig lockendem Tone, doch trotz der kirchlichen Form mit einem verliebt zitternden, weltlichen Ausdruck ihrer Stimme.

Dreizehntes Kapitel

Das eiserne Bild

Obgleich noch nicht Weihnacht da war, schien gegen die Ordnung der Natur in der Tat der Lenz kommen zu wollen. Während die Worte und die Melodie von Dorotheas Frühlingslied mir in den Ohren klangen, hörte ich die ganze Nacht den Südwind wehen, den schmelzenden dünnen Schnee von den Dächern tropfen, und am Morgen lag eine unnatürlich warme Sonne auf den getrockneten Gefilden, während die Bäche voller dahinrauschten und murmelten. Nur die Blumen, die Maßliebchen und die Schneeglöckchen fehlten. Dennoch tönte es noch fortwährend in mir: Der Mai ist vor der Tür, du bleibest ewig tot, blühst du nicht *jetzt* und *hier!*

Noch gestern hatte ich geglaubt, mit meiner verschwiegenen Verliebtheit hoch über allem zu stehen, was ich je über Liebe gedacht und empfunden, und nun mußte ich erfahren, daß ich keine Ahnung gehabt von der Veränderung, die in dieser falschen Frühlingsnacht vorging.

Das Gattungsmäßige im Menschen erwachte mit aller Gewalt seines Wesens in mir; das Gefühl der Schönheit und Vergänglichkeit des Lebens verdoppelte sich, und zugleich schien mir alles Heil der Welt nur auf diesen zwei schönen Augen zu stehen; während ich sie aber aus Dankbarkeit schon für ihr bloßes Dasein liebte und ehrte, verschmähte ich, sie auch nur in Gedanken mit meiner Person zu behelligen aus lauter Demut und Furcht, und doch war Demut wie Furcht wieder eine Lüge, wenn sie zwanzigmal mit unbestimmten Hoffnungen, mit Vorstellungen von Glück und Freude wechselten, statt zum Entschlusse weiser Flucht zu führen.

Mit Ruhe und Arbeit war es nun vorbei; denn sowie ich etwas in die Hand nehmen wollte, verirrten sich meine Augen in das Weite, und alle Gedanken flohen dem Bilde der Geliebten nach, welches, ohne einen einzigen Augenblick zu weichen, überall um mich her schwebte, während es zu derselben Zeit schwer wie aus Eisen gegossen in meinem Herzen lag, schön, aber unerbittlich hart und schwer. Von diesem eisernen Drucke, der mir sehr neu und grausam vorkam, war ich nur in Dortchens Gegenwart frei; kaum sah oder hörte ich sie nicht mehr, so stellte er sich wieder ein, und ich konnte ihn füglich ebensowohl als ein körperliches wie als ein moralisches Übel betrachten. Die Heftigkeit des Zustandes wurde keineswegs durch das beschämende Bewußtsein gemildert, daß ich an dem eben verbannten Peter Gilgus einen drolligen Genossen besaß; wie ich überhaupt nicht viel von der Meinung halte, physische oder geistige Leiden seien leichter zu tragen, wenn sie mit andern geteilt werden. War Gilgus auch in seiner Art von mir verschieden, so standen wir uns doch darin gleich, daß beide als arme Zuflüchtige in das Haus gekommen und mit dem Begehren nach der Tochter endeten.

Der unzeitige Frühling hielt wochenlang an; in den Gehölzen blühte schon der Seidelbast, so daß ich am Weihnachtsabend, da ich nichts anderes hatte, eine Handvoll der roten duftenden Zweige auf den Bescherungstisch legen konnte. Es wurde übrigens nur den Angestellten und Dienstleuten beschert und ohne weitere Festlichkeit; denn der Graf sagte, es zieme sich nicht, mit den Kirchlichen nur die Lustbarkeiten, nicht aber die Peinlichkeiten und die Andachten zu teilen. Als der Tisch geleert und das Volk abgezogen war, lag mein Strauß noch da. Dorothea ergriff ihn und sagte: »Wem gehört denn eigentlich die schöne Daphne? Gewiß mir, ich seh's ihr an!«

»Wenn Ihnen die Jahreszeit nicht allzu verdächtig ist«, sagte ich, »so erbarmen Sie sich dieser zu früh gekommenen Sendboten!«

»Ei was, man muß das Gute nehmen, wie's kommt. Haben Sie Dank; wir wollen die Zweige gleich ins Wasser stellen, sie sollen uns das ganze Haus durchduften!«

Dorothea war nicht nur an diesem Abend, sondern über die ganze Festzeit aufgeräumt und von lieblichster Laune, besonders am Neujahrstage, wo zum ersten Male, seit ich im Hause war, sich eine größere Gesellschaft zu einem Festmahle einfand. Nicht nur der Kaplan, sondern auch der Pfarrherr, der Arzt, ein Oberamtmann und einige Edelleute, Jugendgenossen des Grafen, welche trotz seiner verpönten Gesinnungen ihm zugetan blieben, waren da. Selbst ein paar aufgeweckte ältere Damen kamen angefahren und verbreiteten sogleich den guten freien, oder den freien guten Ton, der in gewissen Zeiten oft nur noch in der Gewalt der alten Frauen steht, die andere

Tage gesehen haben und für sich nichts mehr fürchten noch hoffen. Es wurde nichts gesagt, was der einzelne nicht hören durfte, und doch auch nichts verschwiegen, was irgend mit wohlwollender Heiterkeit anzubringen war. Jeder fand seine Gelegenheit, ein Wort mitzusprechen, und keiner mißbrauchte sie, weil das Treffendere und deshalb scheinbar Neuere schon gesagt war, sofern einer darauf ausging, dergleichen zu leisten. Selbst der Kaplan übte seine Künste mit höflicher Mäßigkeit, und der Pfarrherr, ein rechtgläubiger, aber nicht bösartiger Katholik, zog von vornherein eine so generöse Linie des allenfalls zu Duldenden um seine behagliche Person, daß die Überschreitung der Grenzwehr niemandem einfiel und sogar nicht einmal eine merkliche Annäherung versucht wurde.

Ungeachtet dieses heiteren Daseins nahm ich meine Zeit wahr, um mich für einmal zurückzuziehen, da ich durch mein Dableiben weder aufzufallen noch zu stören wünschte. Für den Augenblick etwas ruhiger geworden, begab ich mich in die alte Hauskapelle und machte mir dort einiges mit meinen Bildern zu schaffen, die halb eingetrocknet dastanden.

Wie ich mich so in der Stille befand, kam mir plötzlich die Mutter in den Sinn, welche in der fernen Heimat saß und nicht wußte, wo ich war, indessen es mir hier wohl erging. Längst hätte ich ihr nun Nachricht geben können und sollen, da sich die Umstände ja für einmal tröstlich verändert hatten; daß ich es dennoch immer verschob, geschah aus unklar ineinander fließenden Ursachen. Erstlich hielt ich allerdings meine Angelegenheiten nicht mehr für so sehr wichtig und besprechenswert, seit ich aus der Not erlöst war; dann dachte ich wieder, durch die Freude einer unvermuteten Ankunft alles gut zu machen, bis wohin die kurze Spanne Zeit, gegenüber den verflossenen Jahren, nicht mehr in Betracht käme; endlich aber scheute ich mich unbewußt, bei dem jetzigen inneren Zustande irgend einen Laut von mir zu geben, zumal die geheime Selbstliebe trotz aller gegenteiligen Gedankengänge und Vorsätze sich doch nicht eingestehen wollte, daß jede Entscheidung undenkbar sei. Als ich nun in einiger Ruhe dies Wirrsal beschaute, faßte ich doch den Entschluß, die stille Stunde zu benutzen und der Mutter zu schreiben, wo ich sei, wie es mir gehe und daß ich bald heimkehren werde. Zu diesem

Zwecke ging ich nach dem Gartenhause hinüber, wo ich etwas Bücher und Schreibzeug liegen hatte. Auf dem Wege dahin bemerkte ich, daß die Gesellschaft sich in dem wie im Frühlingslichte ruhenden Park erging; das konnte mir als merkwürdiges Bild eines Neujahrstages und meines Aufenthaltes gleich zum Eingange des Briefes dienen. Kaum war ich aber in meinem Zimmer oder Schlafsälchen angelangt, so klopfte es, und Röschen, die Gärtnerin erschien in der Sonntagstracht der Landesgegend vom zierlichsten Schnitte; die wollene pelzverbrämte Jacke trug sie der warmen Luft wegen nur am Arme, so daß die Brustbekleidung von grüner Seide mit ihren silbernen Häkchen und Knöpfchen den Wuchs des hübschen Mädchens umso feiner zeichnete. Ein kleines Gehäube, von schwarzem Samt und Spitzen zusammengesetzt, bekleidete den Ausgang der starken goldenen Zöpfe, von denen der eine wie aus Übermut über die Schulter nach vorn gezogen war und mit der Jacke auf dem Arme lag.

Sie war von seiten des Fräuleins an mich abgesandt mit der Aufforderung, sogleich nebst der Botin zu ihr zu kommen und den Frauenzimmern den Ort zu zeigen, wo ich den blühenden Seidelbast gefunden habe. Das Mädchen lächelte artig und schalkhaft bei seiner Verrichtung, seines vorteilhaften Aussehens wohl bewußt; der schöne Anblick saß mir auch fest im Auge, doch nahm ich denselben lediglich zu Gunsten der Herrin, deren Schönheit ich ihn zurechnete. Ohne Zögern ließ ich liegen, was ich vorgehabt, und eilte mit dem Mädchen durch Bäume und Herrschaften nach dem Kirchhofe, wo Dorothea wartete.

»Wo stecken Sie denn?« rief sie mir entgegen; »wir wollen noch mehr von dem blühenden Zeiland suchen, das kann man nicht alle Neujahrstage. Überdies sind wir die einzigen jungen Leute hier und dürfen uns auf unsere Weise auch ein bißchen des Lebens freuen!«

Sie ergriff somit meinen Arm, und wir gingen, von Röschen begleitet, nach dem Buchenwald, den wir in acht oder zehn Minuten erreichten. Der Waldboden war trocken wie im Sommer, und sobald wir ihn betraten, fing Dortchen an zu singen, und zwar ein wirkliches Volkslied und im Tone, wie das Volk selber singt, treuherzig und selbst mit den kleinen Schnörkeln verziert, die jenes anzuhängen pflegt. Röschen fiel alsbald mit der zweiten Stimme ein, etwas tief und derb, so daß es klang, wie wenn zwei gesunde Landmädchen durch den sonntäglichen Wald gingen. Natürlich waren es von den wehmütigen Liebesgeschichten, die sie eine nach der andern anstimmten und andächtig zu Ende führten, ohne daß Dortchen meinen Arm fahren ließ, bis ein rötlicher Glanz uns anzeigte, daß einige Sträucher der gesuchten Pflanze in der Nähe waren; denn die sinkende Sonne streifte durch die Buchenstämme und traf die blühenden Zweige der Daphneen, wie Dortchen sie mit dem botanischen Titel nannte, der mir unbekannt gewesen. Sie jauchzte fröhlich auf, und beide Mädchen liefen sogleich hin, von den narkotisch duftenden Zweigen die schönsten zu brechen, während ich mich auf den Stamm eines gefällten Baumes setzte und ihnen zuschaute, mit Wohlgefallen jeder ihrer Bewegungen mit den Augen folgend.

Als sie ihre Ernte gehalten, ging Röschen weiter, noch mehr Sträucher aufsuchend, und das Mädchen verlor sich allmählich hinter den Bäumen. Dorothea hingegen kam und ließ sich bei mir nieder, indem sie mir ihren Blütenstrauß unter die Nase hielt.

»Ist es nun nicht hübsch hier«, sagte sie, »und sind Sie nicht froh, daß wir Sie aus Ihrem Schlupfwinkel geholt haben?«

»Ich wollte an meine Mutter schreiben«, antwortete ich.

»Haben Sie ihr denn nicht schon früher auf den heutigen Tag einen Neujahrsbrief geschickt?«

»Ich habe ihr noch nicht geschrieben, seit ich hier bin; sie weiß gar nicht, wo ich lebe!«

»Sie weiß es gar nicht? Wie können Sie so was tun?«

Ich blickte seitwärts und kratzte mit den Fingern ein kleines Moosgärtlein weg, das auf der silbergrauen Rinde des Stammes saß. Dann sagte ich, daß ich einen so langen Aufenthalt nicht vorhergesehen und endlich gedacht hätte, die Mutter umso froher zu überraschen, wenn ich schließlich selber käme.

»Das muß ich sagen!« rief sie, »morgen müssen Sie aber schreiben, ich leid' es nicht länger! Wer ein solches Mütterchen hat, sollte seinem Schöpfer danken! Wissen Sie, daß Ihr Buch aussieht, wie ein Herbarium? Überall, wo mir etwas Freude machte, oder wo ich Ihnen gern die Leviten gelesen hätte, legte ich ein grünes Blatt oder Gras hinein. Es liegt in meinem Sekretär eingeschlossen. Mehr als einmal, wenn ich von Ihrer Mutter las, dachte ich, könntest du doch bei einem solchen Mütterchen mit unterkriechen, die du keines gekannt hast! Aber morgen wird geschrieben! Sie müssen auf meinem Zimmer schreiben, und ich geh' Ihnen nicht von der Seite, bis der Brief fertig und zugemacht ist, und wenn Sie folgsam sind, so schreib' ich selbst noch einen Gruß mit hinein!«

»Das wird doch nicht wohl angehen!« sagte ich.

»Warum denn nicht? O gefrorner Christ! Warum denn nicht? Darf ich Ihre Mutter nicht grüßen? Und wollen Sie nicht schreiben?«

Statt zu antworten, arbeitete ich fleißig weiter an der Ausreutung des Moosfleckes; denn das eiserne Abbild Dortchens drehte sich in meinem Herzen um, während ich neben dem Urbilde saß, was es sonst nie tat, und es war, als ob es mit furchtbarem Druck der schweren Eisenhände sich gegen die Wände seiner dunklen Behausung stemmte. Indessen ergriff sie meine Hand und wiederholte mit leiserer Stimme:

»Warum wollen Sie nicht? Oder soll ich für Sie schreiben, gleichsam in Ihrem Auftrage? Nein, das geht auch nicht! Aber diktieren will ich Ihnen, was ich denke, daß es der Mutter Vergnügen macht, und Sie brauchen bloß nachzuschreiben! Nun?«

Eh ich aber antworten konnte, war Röschen mit einer ganzen Schürze voll Märzglöckchen herbeigesprungen, die sie gefunden, und es war Zeit, zum Schlosse zurückzugehen. Dortchen ließ das Gespräch fallen. Sie nahm auf dem Rückwege meinen Arm nicht wieder, ging aber dicht neben mir her. Plötzlich sagte sie:

»Röschen, leih mir deine Jacke, wenn du sie nicht brauchst! Es fängt doch an, mich zu frösteln!«

Röschen reichte ihr das Kleidungsstück; es fand sich aber, daß es für den höhern Wuchs der Dorothea zu klein und eng war, so daß sie es nicht anziehen konnte.

»Wollen Sie sich nicht meines Rockes bedienen?« sagte ich mit unbeholfenem Scherze, und sie antwortete: »Nein, in Ihrer Haut mag ich nicht stecken, Sie kalter Fisch!«

Ins Schloß zurückgekehrt, hatte sie dem Tee vorzustehen, der noch eingenommen wurde, und nachher der Verabschiedung der einzelnen Gäste beizuwohnen. Als ich mit dem Grafen und dem Kaplane noch bei einem Glase Punsch zusammensitzen mußte, kam sie, gute Nacht zu wünschen. Sie legte dem erstern den Arm um die Schultern und sagte scherzhaft weinerlich:

»So eine Adoptivtochter führt doch ein elendes Leben! Nicht einmal ihrem Vater darf sie einen Kuß geben, wenn sie zu Bett geht!«

»Was fällt dir ein, du Närrchen?« sagte der Graf lachend; »das geht allerdings nicht und würde sich nicht schicken!«

Hier wendete sich das Eisen wieder in meinem Herzen und drückte mich jämmerlich die ganze Nacht. Dazu fing es an, mir den Hals zuzuschnüren, und ich konnte nicht anders Luft bekommen, als durch den Ausbruch einer Tränenflut und erbärmlichen Schluchzens, zum erstenmal in meinem Leben wegen Liebessachen. Der Unwillen über diese Schwachheit vermehrte das Übel, sowie auch die unliebsame Entdeckung, daß durch die wahre Leidenschaft, als welche ich die Geschichte ansah, die Freiheit der Person und jede vernünftige Selbstbestimmung verloren gehe, mich elend machte.

Als es endlich Tag wurde, war der falsche Lenz vorüber, und es fiel ein mit Schnee vermischter Regen. Dortchen sagte, als ich im Schlosse erschien, nichts mehr vom Schreiben, und ich selbst vermochte erst recht nicht, mich daran zu machen. Eine abermalige neue Erfahrung war der Widerwillen gegen das Essen, welchen aus solchen Ursachen zu empfinden ich nie für möglich gehalten hätte. Denselben zu verbergen, damit er nicht auffiel und weil er ein trübseliges Aussehen mit sich brachte, kostete die größte Mühe, und alles das in einem Alter, wo ich doch auch kein Konfirmand mehr war. Auch bedauerte ich, diese schöne brotsparende Leidenschaft nicht zur Zeit meiner Hungersnot besessen zu haben, wo sie mir die besten Dienste geleistet hätte. Diese realökonomische Observation hinwieder nicht der Dorothea zu ihrer Belustigung mitteilen zu dürfen, drückte mir fast das Herz ab.

Dortchen dagegen schien nicht übel aufgelegt und sogar mit jedem Tag besser, ohne sich stark um mich zu kümmern. Sie machte Geldstücke wie Kreisel über den Tisch tanzen, brachte Kinder herbei und setzte ihnen Papiermützen auf die Köpfe, ließ auf dem Hofe Hunde apportieren und was dergleichen unschuldige Schwänke mehr waren, und alles dünkte mich unergründlich merkwürdig, reizvoll und bestrickte mich. Alle die kleinen Teufeleien verrieten täglich heller eine ursprüngliche Anmut und Beweglichkeit des Gemütes und zeigten mit federleichten Wendungen, daß sie tausend Nücken unter den Locken sitzen hatte. Wenn nun erst die offene, klare Herzensgüte, was man so die Holdseligkeit am Weibe nennt, uns gewinnt, so bringt uns nachher, wenn wir in unserer Einfalt entdecken, daß die Geliebte nicht nur schön und gut, sondern auch gescheit und beweglich ist, die fröhliche Kinderbosheit des Herzens vollends um Ruhe und Verstand; und so ging auch mir ein neues Licht auf, und es befiel mich ein heftiger Schreck, nun gewiß nie wieder ruhig zu werden, da ich gerade dies kurzweilige Frauenleben niemals mein nennen könne. Denn wenn die Liebe nicht nur schön und tief, sondern auch recht eigentlich kurzweilig ist, so erneut sie sich selbst in jedem Augenblick das bißchen Leben hindurch und verdoppelt den Wert desselben, und nichts macht trauriger, als ein solches Leben möglich zu sehen, ohne es zu gewinnen; ja die allertraurigsten Leute sind die, welche glauben, das Zeug dazu zu haben, recht lustig zu sein, und dennoch traurig sein müssen aus Mangel an guter Gesellschaft. So dachte und fühlte ich damals, weil ich nicht wußte, daß es wichtigere und dauerhaftere Dinge in der Welt gibt, als jene jugendliche Kurzweil.

Da das schöne Wesen mir mit jedem Tage anders und unbegreiflicher erschien, obgleich sie immer dieselbe war, so verlor ich zuletzt alle Unbefangenheit des Verkehrs, und um die Heilung meiner Krankheit zu versuchen, zog ich mich wie ein Einsiedler in die Wildnis zurück; das heißt unter dem Vorgeben, die Gegend, Land und Leute recht anzusehen, fing ich an, bei jeder Witterung, gut oder schlecht, den Tag im Freien zuzubringen. Ich hielt mich aber meist auf den waldigen Höhen auf, unter alten Tannenbeständen oder in verlassenen Köhlerhütten, ohne menschliche Gesellschaft, was schon aus dem Grunde gut war, weil ich, immer nur mit dem einen Gegenstande beschäftigt und die Herrschaft über mich selbst vergessend, laut zu denken und zu sprechen begann, besonders mit der Klage über den schmählichen Druck, der mir wie eine fremde Krankheit angeworfen war und den ich hundertmal mit der Hand wegzuwischen suchte.

»Ist diese Teufelei also die wirkliche Liebe?« sagte ich eines Tages laut vor mich hin, als ich unter Bäumen einsam hockte und über das Land wegblickte; »habe ich nur ein Stück Brot weniger gegessen, als Anna krank war? Nein! Habe ich eine Träne vergossen, als sie starb? Nein! Und doch tat ich so schön mit meinen Gefühlen! Ich schwur, der Toten ewig treu zu bleiben; dieser Lebendigen aber Treue zu schwören, wäre mir nicht einmal möglich, da sich das ja von selbst versteht und ich mir nichts anderes denken kann! Wenn diese schwer erkranken oder gar sterben sollte, würde ich dann imstande sein, dem Ereignis so aufmerksam zuzusehen und es gar zu beschreiben? O nein, ich fühle, es würde mich brechen und die Welt verfinstern! Und welch ein praktischer Kerl bin ich dennoch gewesen, als ich so platonisch, so ganz nach dem Schema liebte und ein grüner Junge war! Wie unverschämt hab' ich da geküßt, die Kleine und die Große, zum Morgen- und Abendbrot! Und jetzt, da ich so manches Jahr älter bin und ein Stück Welt gesehen habe, wird es mir schon bang, wenn ich nur daran denke, diese schöne und gute Person zu unbestimmter Zeit irgend einmal küssen zu dürfen!«

Dann starrte ich wieder in die Luft hinaus; doch kaum waren einige Minuten vergangen, während welcher ich neugierig eine Wolke oder einen Gegenstand am Horizont oder ein schwankendes Reis zu meinen Füßen betrachtete, so kehrten die Gedanken wieder zu ihrer alten Last zurück; denn das eiserne Bild erlaubte nicht, daß sie länger anderswo spazieren gingen. Als ich eines Abends einen steilen Klippenpfad hinunterstieg, trat ich in der traurigen Zerstreutheit fehl und torkelte wie ein Sinnloser über die Felsen, daß ich nicht wußte, wie ich unten ankam, und mich zu meiner Kränkung und Beschämung ziemlich verletzte. Ein anderes Mal saß ich im Feld auf einem verlassenen Pfluge, der in der abgebrochenen Ackerfurche stand, und machte wohl ein sehr betrübt dummes Gesicht; denn ein vergnügt grinsender Feldlümmel, der mit einem irdenen Selterskrüglein, das ihm am Rücken hing, daher geschlendert kam, stand vor mir still, gaffte mich an, und begann endlich unbändig zu lachen, indem er sich mit dem Ärmel über Mund und Nase fuhr. Schon das arme Krüglein tat mir in den Augen weh, da es so stillvergnügt und unverschämt von der Schulter dieses Burschen baumelte, der wahrscheinlich seinen Vespertrunk darin mitgeführt hatte. Wie konnt man ein solches

Krügelchen herumtragen, als ob es kein Dortchen in der Welt gäbe? Da der grobe Gesell nicht aufhörte, dazustehen und mir ins Gesicht zu lachen, stand ich auf, trat weinerlich und leidvoll auf ihn zu und schlug ihn dergestalt hinter das Ohr, daß der arme Kerl zur Seite taumelte; und eh er sich wieder fassen konnte, prügelte ich all das Weh auf den fremden Rücken und zerschlug auch seinen Krug, daß mir die Hand blutete, bis der Feldlümmel, welcher glaubte, der Teufel sei hinter ihm her, sich aus dem Staube machte und erst aus einiger Entfernung anfing, mit Steinen nach mir zu werfen. Nach dieser humanen Heldentat ging ich langsam davon, schüttelte den Kopf und seufzte über so viel Herzeleid, das in der Welt sei!

Von solcher Aufführung selbst angegriffen, dachte ich nicht, mich daran aufzureiben, sondern suchte den Weg, mich aus dem Irrsal zu befreien. Ich musterte und verglich alle Umstände, um feststellen zu können, daß ich nicht der Mensch sei, eine Neigung wie diejenige Dortchens erwecken zu können.

Was dem einen recht, ist dem andern billig! und: Wie du mir, so ich dir! sind zwei goldene Sprüche auch in Liebeshändeln, wenigstens für sonst verständige Menschen, und die beste Kur für ein krankes Herz ist die unzweifelhafte Gewißheit, daß sein Leiden nicht geteilt wird. Nur eigensinnige und selbstsüchtige Verfassungen laufen Gefahr sich aufzulösen, wenn sie von denen nicht geliebt werden, die ihnen gefallen. Aber was hätte sein können und nicht geworden ist, macht unglücklich, und der Trost hilft nicht, daß die Welt weit sei und hinter den Bergen auch noch Leute wohnen; nur das Gegenwärtige, was man kennt, ist heilig und tröstlich.

Nachdem ich nun ausgemacht hatte, daß Dortchen nicht an mich denke, ward ich etwas ruhiger und begann zu ratschlagen, ob ich zum Danke für ihre Liebenswürdigkeit ihr die Sache entdecken wolle oder nicht. Ich gedachte im ersten Falle gelegentlich, eh ich abreiste, ihr lachend und manierlich zu gestehen, welchen Rumor sie mir angerichtet, und sie zugleich zu bitten, sich nicht darum zu kümmern; denn nun sei alles wieder gut und ich wohl und munter. Auf der andern Seite aber tauchte die Besorgnis auf, ein derartiges Geständnis möchte doch als schlaue Liebeswerbung angesehen werden und mich in ein schiefes Licht bringen, der Geliebten aber einen trüben Tag bereiten. Ich verfiel daher wieder in ein unruhiges und trauriges Nachsinnen, ob ich es tun solle oder nicht, bis zuletzt es mir doch möglich schien, mit unbefangenem Vertrauen ihr durch offene Darstellung des über mich gekommenen Ungewitters unter Scherz und Lachen eine kleine Erheiterung zu gewähren, die sie wohl verdiene, und mir zugleich die verlorene Ruhe zu verschaffen. Und zwar nahm ich mir vor, es sofort zu tun. Es war eben Sonnabend und das gute Wetter auch für den kommenden Tag in Aussicht. Ich beschloß daher, den Sonntagmorgen mit seinem stillen Glanze zu der verwegenen Verhandlung zu benutzen, heute aber mich nicht mehr sehen zu lassen, um nicht durch neue Eindrücke irre zu werden in meinen Vorsätzen.

Der Morgen geriet auch auf das schönste; ein wirklicher Vorfrühling lachte mit seinem wolkenreinen Himmel durch alle Fenster, und ich war trotz einiger süßen Bangigkeit doch guter Dinge, da ich meiner baldigen Freiheit und Erlösung von der schmählichen Beklemmung entgegensah und mir einbildete, nichts anderes erreichen zu wollen. Und dennoch beruhte die ganze süße Aufregung, in welcher ich mich feiertäglich herausputzte und fortwährend auf neue Scherze sann, die ich in die bevorstehende Plauderei verflechten wollte, auf dem Selbstbetruge, mit dem ich mir verbarg, daß mich nur der Wunsch beseelte, mit Dorotheen wohl oder übel von Liebe zu sprechen.

Aber es fand sich, daß sie schon am Sonnabend meilenweit weggefahren war, um eine Freundin zu besuchen, daß sie von dort nach der Residenz gehen und überhaupt mehrere Wochen abwesend sein werde. Damit war alle meine Hoffnung zunichte und der blaue Himmel in meinen Augen schwarz wie die Nacht. Das erste, was ich tat, war, daß ich wohl zwanzigmal den Weg vom Gartenhaus nach dem Kirchhof hin und zurück ging und mich dabei auf die Seite des Pfades drückte, an welcher Dortchen mit dem Saume ihrer Gewänder hinzustreifen pflegte. Aber auf diesen Stationen brachte ich nichts heraus, als daß das alte Elend mit verstärkter Gewalt wieder da war und die Vernunft wie weggeblasen. Das Gewicht im Herzen war auch wieder da und drückte fleißig darauf los.

Der Graf hatte die ganze Zeit über seiner einzigen Leidenschaft, der

Jagd gelebt, und war daher wenig zu Hause geblieben. Jetzt schien er der Sache etwas müde zu sein und begann mich wieder aufzusuchen. Er fand mich in der Kapelle, da ich keinen Grund mehr hatte, in die Wildnis zu laufen, und hier am einsamsten war.

»Wie steht's denn mit den Bildern, Meister Heinrich?« sagte er, mir auf die Schulter klopfend, »rücken sie vor?«

»Nicht sonderlich!« erwiderte ich kleinlaut und trübselig.

»Es eilt ja nicht, Sie sind uns noch lange willkommen! Dennoch seh' ich Ihnen am Gesicht an, daß es gut ist, wenn Sie von der Sache mit guter Manier bald frei werden.«

»Du triffst es besser, als du weißt!« dachte ich und machte mich plötzlich mit so grimmiger Entschlossenheit an die Arbeit, daß ich vor Ablauf von drei Wochen mit den Bildern fertig war. Während sie zum Trocknen an der Luft standen, bestellte ich beim Tischler die Kisten, in denen sie nach der Hauptstadt gesendet werden sollten. Dann stellte ich einige Streifereien an, um nicht still liegen zu müssen, und als ich eines Abends spät nach Hause kehrte, sah ich vom Garten aus Dorotheens Zimmer erleuchtet. Mit dem Schlaf, den ich während der letzten fleißigen Tage wieder gefunden, war es nun abermals aus, obgleich ich noch nicht wußte, daß sie wirklich da war.

Am Morgen erschien Röschen und berief mich zum Frühstücke, welches ihrer Ankunft zu Ehren gemeinsam eingenommen werde. Als ich ins Schloß kam, erklang ihre Stimme durch das Haus; sie spielte und sang wie eine Nachtigall am Pfingstmorgen, und alles war voll Leben und Fröhlichkeit; nur ich war traurig und einsilbig, da das Scheiden nun doch vor der Türe stand.

Sie schien aber nichts davon zu merken, sondern trieb allerlei Mutwillen, der mich immer wieder aufregte und verwirrte; dabei wandte sie sich immer an andere und brauchte vorzüglich das dienstfertige Röschen als Trägerin und Gehilfin ihrer Possen. Als dieses gelegentlich ein kleines Silberlachen hören ließ, das ich auf meine düstere Laune bezog, lief ich dem Mädchen nach, packte es und faßte es in den Arm, indem ich mit der andern Hand sein Köpfchen festhielt.

»Wer wird hier ausgelacht, und was willst du denn, du Gänseblümchen?« rief ich. Das blühende Kind zappelte und sträubte sich, lachte aber fort. Unversehens hielt es still und flüsterte mir ins Ohr:

»Lassen Sie uns doch lachen! Das gnädige Fräulein ist so vergnügt und zufrieden, daß sie wieder da ist! Wissen Sie warum?«

Als ich das schlimme Geschöpf verblüfft und errötend frei ließ, legte es mir die Hand auf die Schulter und lispelte weiter:

»Sie war so traurig die ganze Zeit, denn sie ist verliebt! Wissen Sie, in wen?«

Ich fühlte das Herz beinah stillstehen und sagte tonlos: »Nun, in wen denn?«

»Ein Rittmeister bei den Kürsassieren!« hauchte sie nun ganz leise, »himmelblaue Tracht, schneeweißer Mantel, Stahlharnisch und hoher Silberhelm, ein geschwungener Kamm darauf und das Ganze schön wie ein Hektor, sagt sie, obgleich unser schwarzer Hund so heißt!«

Damit sprang sie davon und eilte der Herrin nach, die schon vorher entschlüpft war. Ich merkte freilich, daß Scherz getrieben wurde; allein die Schilderung eines schönen Reiteroffiziers bekam mir an sich schon nicht gut in solchem Zusammenhange.

Glücklicherweise langen die Kisten für die Bilder an, welche sofort eingepackt wurden. Ich schlug selbst die Nägel in die Deckel, daß die Kapelle von den zornigen Schlägen widerhallte; denn mit jedem Schlage nahm ich mir gewisser vor, am nächsten Tage fortzugehen, und so dünkte es mir, als nagle ich den eigenen Sarg zu. Aber nach jedem Schlage schallte ein klangreiches Gelächter oder ein fröhlicher Triller von den Korridoren und Treppen her, die Mädchen jagten hin und wieder und schlugen Türen auf und zu.

Das bewirkte, daß ich in meine Gartenwohnung ging und gleich auch den Reisekoffer packte, den ich samt neuem Inhalt bei meinem letzten Aufenthalt in der Residenz gekauft hatte. Als ich damit fertig war, ging ich höchst schwermütig, aber gefaßt ins Freie und nach dem Kirchhofe; dort setzte ich mich auf Dortchens Lieblingsbank und hoffte, sie werde etwa herkommen und ich wenigstens noch einige Minuten bei ihr sitzen können ohne Bosheit und Gefährde, um sie nochmals recht anzusehen. Sie kam auch richtig nach einer Viertelstunde herangerauscht, aber von der Gärtnerstochter und dem schwarzen Hektor begleitet. Da entfernte ich mich eiligst im Glauben, sie hätten mich noch nicht gesehen, und lief hinter die Kirche.

Als ich dort die Mädchen wieder sprechen und lachen hörte, ging ich in der Verwirrung in das Dorf und betrat das Pfarrhaus, um beim Kaplan Zuflucht zu suchen, angeblich aber, um meine Abreise anzukündigen.

Ich fand ihn essend am Tische sitzend, über den die Nachmittagssonne wegschien.

»Ich esse hier mein Vesperbrötchen«, sagte er, »wollen Sie nicht mithalten?«

»Ich danke«, erwiderte ich; »wenn Sie es erlauben, so will ich Ihnen sonst ein wenig Gesellschaft leisten!«

»Das sind mir junge Leute heutzutage«, sagte der Hochwürdige, »das hat ja gar keinen ordentlichen deutschen Appetit mehr! Na, die Gedanken sind auch danach, da kann freilich nicht viel anderes herauskommen, als nichts und wieder nichts!«

»Seit wann sind Hochwürden so materialistisch?«

»Verwechseln Sie mir nicht das Erschaffene mit dem Unerschaffenen, unseliger Adept, und nehmen Sie Platz! Ein Schluck Bier wird Ihnen mindestens nicht zu schwer sein!«

So beschäftigte er sich eifrig weiter mit der großen Schüssel, die vor ihm stand. Dieselbe enthielt die Anhängsel und Profilstücke eines frisch geschlachteten Schweines, die Ohren, die Schnauze und den Ringelschwanz, alles soeben gekocht und dem Geistlichen lieblich in die Nase duftend. Er pries das aufgetürmte Gericht als unübertrefflich an einfacher Zartheit und Unschuld und trank einen tüchtigen Krug golden braunen Bieres dazu.

Als ich etwa zehn Minuten dagesessen hatte, klopfte es an der Türe und Dorothea trat, nur von dem schönen Hunde begleitet, anmutig und höflich herein und schien aber ein klein wenig befangen zu sein.

»Ich will die Herren nicht stören«, sagte sie, »und wollte nur den Herrn Kaplan bitten, heute abend bei uns zu sein, da Herr Lee morgen fortreist. Sie sind doch nicht abgehalten?«

»Gewiß werde ich kommen!« erwiderte der Pfarrer, der sich schon wieder gesetzt hatte und seine angenehme Arbeit fortsetzte, »bitte, mein Liebster, holen Sie doch einen Stuhl für das gnädige Fräulein!«

Das tat ich mit großem Eifer und stellte einen zweiten Stuhl an den

Tisch, mir gerade gegenüber. Dorothea dankte mit freundlichem Lächeln und sah bescheiden vor sich nieder, indem sie Platz nahm. Nun war ich doch glückselig, da ich in der wohnlichen und sonnigen Priesterstube ihr gegenüber saß und sie sich so gutmütig und still verhielt. Der Kaplan sprach essend und immer allein, und wir brauchten ihm nur zuzuhören, indes der Hund mit feurigen Augen und offenem Maule auf Schüssel, Hände und Mund des Hochwürdigen starrte.

»Ach der arme Hund, wie es ihn gelüstet!« sagte Dortchen, »essen Sie dies auch, Herr Kaplan, oder erlauben Sie, daß ich es ihm geben?«

Sie zeigte hiebei auf das krumme Schwänzchen, das sich manierlich auf dem Rande der Schüssel darstellte.

»Dies Sauschwänzchen?« sagte der Kaplan, »nein, mein Fräulein, das können Sie ihm nicht geben, das ess' ich selber! Warten Sie, hier ist etwas für ihn!« und er setzte dem lüsternen Tier einen Teller vor, in welchen er allerhand Knöchelchen und Knorpelwerk geworfen hatte. Dortchen und ich sahen uns unwillkürlich an und mußten lächeln, weil die ungetrübte Freude des Geistlichen an dem bescheidenen Gegenstande uns erheiterte. Auch der Hund, der sich begierig mit seinem Teller unterhielt, vermehrte durch seine Behaglichkeit die gute Stimmung. Dortchen streichelte ihm den Kopf, als ich eben mit der Hand über seinen glänzenden Rücken fuhr, und als sie achtlos Gefahr lief, mir mit ihrer Hand zu begegnen, zog ich die meinige höflich zurück, wofür sie mich schnell mit einem halben Lächeln anblickte.

Am offenen Fenster wehten die Vorhänge sachte von der Luft bewegt, und vor demselben tanzte ein Schwarm schimmernder Mücklein in der Sonne, die einzelnen kaum erkennbar, mit einer Hast und Leidenschaft durcheinander, als ob sie die Kürze der ihnen verliehenen Frist gekannt hätten, die sich vielleicht nach halben Stunden berechnete.

In diesem Augenblick wurde der geistliche Herr von der Haushälterin abgerufen, um an Stelle des abwesenden Pfarrers einem vorbeschiedenen unfriedfertigen Ehepaar Audienz zu erteilen.

»Das muß doch immer gezankt haben, es ist ein Graus mit diesen Eheleuten!« rief der über die Störung ungehaltene Zölibatär; »räumt den Tisch ab, Therese, ich esse nachher nicht mehr!« Damit lief er nach dem Studierzimmer des Pfarrers, ohne uns zu verabschieden, und wir waren so veranlaßt, an dem weißgedeckten Tische sitzen zu bleiben; denn die Wirtschafterin nahm bloß Schüssel und Teller mit und ließ das Tuch liegen. Ich blickte wortlos auf die runde weiße Fläche, die von der jungen Sonne beleuchtet zwischen uns glänzte. Das Wort »Eheleute«, das der Geistliche zuletzt ausgesprochen, klang gleichsam noch in der Luft, da niemand sprach; denn auch Dortchen saß schweigend da, die Hand auf den Kopf des Hundes gelegt, der mit seinem Schmause auch fertig war. Das verfängliche Wort klang aber nicht mit seinem Zusammenhange nach, sondern erweckte mir die Vorstellung von zwei Leutchen, die glücklich in häuslicher Abgeschlossenheit am Tische sich gegenüber sitzen. Es war, als ob das weiße Rund sich mit Bildern des Glückes belebte, und es ergriff mich ein tiefes Leiden um Dortchen, da es mir beim Himmel nicht möglich schien, daß sie anders als an meiner Seite glücklich und zufrieden alt werden könne. Mit einem Seufzer richtete ich die feucht werdenden Augen auf und sah erschrocken, wie Dortchens Augen mit Teilnahme auf mir zu ruhen schienen, während den geschlossenen Lippen ein weicher, nicht unfreundlicher Ernst den schönsten Ausdruck gab und das Haupt nachdenklich sich leicht seitwärts neigte. Auch nachdem ich aufgeblickt, veränderte sie Haltung und Ausdruck nicht sofort, und erst als ihre Augen auch einen feuchteren Glanz bekamen, nahm sie sich zusammen. Das Bild dieses Augenblickes ist mir auch geblieben gleich dem stillen Glanz eines Sternes, den man einmal in ungewöhnlich klarer Luft leuchten sah und niemals vergißt.

Ich rang nach Worten, um das Schweigen zu unterbrechen, und Dortchen, mit dem gleichen Bestreben schneller fertig, öffnete eben den Mund, als die Wirtschafterin des Pfarrhauses wieder eintrat und nicht mehr wegging, da sie sich berufen fühlten mochte, die junge Herrschaftsdame zu unterhalten. Es dauerte nicht lang, so kehrte auch der Kaplan von seinem Geschäft zurück, das er rascher erledigt, als er gehofft hatte, und da sich nun ein haushälterisches Gespräch abzuspinnen begann, benutzte ich die Gelegenheit, grüßte und entfernte mich, um mein volles Herz hinauszuflüchten. Dortchen sah mir nach und rief mir zu, ich möge doch nicht zu spät im Schlosse erscheinen.

Nach einigem Herumstreifen gelangte ich an die Stelle, wo ich bei meiner Ankunft aus dem Walde herausgetreten war und die abendliche Regenlandschaft mit dem Gute und der alten Kirche erblickt hatte. Ich ging auf die Kirche zu und in dieselbe hinein, und da ein altes Mütterchen darin kniete und ihr Gebet murmelte, schlich ich hinter ihr weg in eine Art Krypta, welche den ältesten Teil des Gebäudes und einen halbdunkeln Raum bildete, dessen romanische Fenster zur Hälfte vermauert waren. In diesem Raum waren im Laufe der Zeit eine Menge Gegenstände untergebracht worden, die ihn verengten.

Vorzüglich tat dies ein Grabmal von schwarzem Kalkstein, auf welchem ein langer Ritter ausgestreckt lag, die Hände auf der Brust gefaltet. An seiner Seite, auf dem Rande des Sarkophages, stand eine fest verschlossene und verlötete Büchse von Bronze in Form einer kleinen Urne, zierlich gegossen und ziseliert und mit einer schlanken Kette vom nämlichen Metall an dem Brustharnisch des steinernen Ritters befestigt. Nach der Überlieferung enthielt die Büchse das einbalsamierte und vertrocknete Herz des Beigesetzten, und das Gefäß wie die Kette war gänzlich oxydiert und schillerte grünlich im Zwielicht der Krypta. Das Grabmal aber gehörte einem burgundischen Ritter an, der gegen Ende des fünfzehnten Jahrhunderts, von wilder und unsteter, aber ehrlicher Natur, von allerhand Unstern und Frauenmißhandlung verfolgt, durch die Länder geirrt war und bei den Vorfahren des Grafen hier seine letzte Zuflucht gefunden hatte, wo das Herz dann endlich an einem letzten Verrate gebrochen sein sollte.

Das Grabmal hatte er sich selbst gestiftet und den einsamen Platz dazu ausgebeten; die Gruft des gräflichen Geschlechtes war schon damals in die größere Kirche verlegt worden. An das Herz in der Büchse knüpften sich verschiedene Sagen, die vom Volke erzählt wurden, wie zum Beispiel der »verliebte Burgauner« verordnet habe, sein Herz solle so lang auf seinem Grab angebunden bleiben, bis lebendig oder tot eine gewisse Dame komme und es in das Vaterland heimhole, und geschehe es nicht, so sollte sie so wenig die ewige Ruhe finden, als er sie zu finden hoffe; ein jedes andere Weibsstück aber, so die Büchse mit dem Herzen in die Hand zu nehmen sich erdreiste, soll gehalten sein, dieselbe dreimal zu küssen und drei Vaterunser zu beten, sonst werde der verliebte Burgauner ihr die Hand lahm machen oder ein Knie brechen und dergleichen. Solche Überlieferungen mochten auch bewirkt haben, daß die Kapsel samt der Kette sich so lange Zeit an Ort und Stelle erhalten hatte.

Dem romantischen Denkmale gegenüber saß ich in einem dunkeln Winkel zwischen ausgedienten Tabernakeln und Prozessionsgerätschaften und überließ mich den Gedanken über die bevorstehende Trennung, die umso trauriger waren, als ich in dieser letzten Stunde mir sagen mußte, bei aller Abenteuerlichkeit des Erlebten werde das Glück schwerlich so weit gehen, mir auch noch mit einer Eroberung so glänzender Art aufzuwarten, wie sie mir im Sinne lag. Zu dieser planen Einsicht drängte mich die Not des entscheidenden Augenblickes, und hiezu gesellte sich die Beschämung über die kindische Art, in die ich verfallen, sofort nach dem Glänzenden zu greifen. Mit solchen Gefühlen ringend suchte sich dann die versöhnte Neigung, die nichts für sich hoffend nur dem Geliebten zugetan sein will, emporzuarbeiten, soweit sie nicht auch wieder eine verkleidete Begehrlichkeit war; kurz, ich brachte dergestalt die Zeit in der Dämmerung der Krypta zu, bis ich von der äußern Kirche her ein Getrippel leichter Schritte und zugleich weibliche Stimmen vernahm. Aufhorchend erkannte ich sie als Dorotheas und Röschens Stimmen. Die Mädchen schienen diesmal nicht zu lachen, sondern angelegentlich etwas zu beraten. Doch bald dauerte ihnen der Ernst zu lang; denn sie kamen über die paar Stufen herunter in die Krypta gehuscht, und Dorothea rief: »Komm, Röschen, wir wollen wieder einmal den verliebten Ritter besehen!«

Sie stellten sich vor das Grabmal und schauten dem steinernen Manne neugierig in das dunkle ehrliche Gesicht.

»O Gott! Ich fürchte mich«, flüsterte Röschen und wollte entfliehen. Dortchen aber hielt jene fest und sagte laut: »Warum denn, Närrchen? Der tut niemand was zuleid! Sieh, wie es ein guter Kerl ist!«

Sie nahm das erzene Gefäß in die Hand und wog es bedächtig in derselben, aber plötzlich schüttelte sie es, so stark sie konnte, auf und nieder, daß das eingetrocknete Etwas, das seit vierhundert Jahren darin verschlossen lag, deutlich zu hören war und die Kette dazu klang. Dortchen atmete heftig; da ein Strahl des Tages auf ihr Gesicht fiel, sah ich, wie dasselbe die Farbe wechselte und von einer rosigen Röte in Marmorblässe überging.

»Höre die Klappernuß, wie sie raschelt!« rief sie, »da, klappre auch damit!«

Sie drückte dem zitternden Röschen das Gefäß in die Hände; aber es tat einen Schrei und ließ das Herz fallen, und Dortchen fing es mit aller Gewandtheit auf und ließ es abermals klappern.

Ich, von dessen Gegenwart sie keine Ahnung hatten, schaute ganz erstaunt dem Spiele zu.

»Wart du Teufel!« dachte ich, »dich will ich schön erschrecken!«

Schnell trocknete ich die nassen Augen, stieß einen hohlen Seufzer aus und sprach mit einer traurigen Stimme, die ich gar nicht sehr zu verstellen brauchte, in älterem Französisch: *»Dame, s'il vous plaist, laissez cestuy cueur en repos!«*

Mit einem Doppelschrei flohen die Mädchen aus der Krypta und der Kirche wie besessen, Dortchen voraus, welche mit einem schwungvollen Satz über die Stufen und die Schwelle der Kirchentüre hinaussprang, schneebleich, aber immer noch lachend ihr Kleid zusammennahm und über den Kirchhof wegeilte, bis sie zu ihrer Ruhebank kam und sich auf dieselbe warf, was ich alles durch eines der Fenster beobachten konnte, das ich rasch erklettert hatte.

Dortchen, deren Gesicht fast die Farbe ihrer weißen Zähne hatte, lehnte sich zurück, die Hände um das Knie geschlungen, und Röschen rief:

»Du großer Gott, es hat gespukt!«

»Jawohl, es spukt, es spukt!« sagte Dortchen und lachte wie eine Tolle.

»Du Gottlose! Fürchtest du dich denn gar nicht? Klopft dein Herz nicht schrecklicher, als das tote Herz dort geklappert hat?«

»Mein Herz?« antwortete Dortchen, »ich sage dir, es ist guter Dinge!«

»Was hat es denn gerufen?« fragte Röschen, die immerfort beide Hände an ihr eignes Herz hielt und abwechselnd prüfte, ob sie noch beweglich seien; »was hat das französische Gespenst gesagt?«

»Fräulein, hat es gesagt, wenn es Euch gefällt, so nehmt dies Herz und macht es zu Euerem Nadelkissen! Geh wieder hin und sag', wir wollten uns bedenken! Geh, geh, geh!«

Sie sprang auf, als ob sie die hübsche Dienerin wirklich nach der Kirche zurückschieben wollte, umhalste sie aber unversehens und drückte ihr heftige Küsse auf die Wangen. Dann verschwanden beide unter den Bäumen.

Eine gute Weile später stieg ich auch aus meinem Schlupfwinkel hervor, um die letzten Dinge zu besorgen, die noch übrig waren. Ich ging in das Parkhaus und stellte die Reisefertigkeit vollständig her; richtig war der Schädel beim Packen des Koffers wieder vergessen worden, weshalb ich nochmals Raum schaffen mußte. Zuletzt war auch er untergebracht, und zwar als die einzige Habseligkeit von denen, die ich einst aus der Heimat in die Fremde mitgenommen hatte. Darum war mir auch, als ich es recht bedachte, die arme Scherbe erst jetzt wert; lange Jahre schon hatte sie in der heimatlichen Erde gelegen, dann mit mir die Kammer geteilt und, wenn auch als ein stummes Geräte, meine vergangenen Tage gesehen, und so kehrte ich wenigstens nicht ganz von der alten Ausstattung entblößt zurück.

Dies verrichtet, begab ich mich zum Grafen, die Unterredung mit ihm zu halten, die durch die letzten Stunden meines Hierseins, sowie schon von der Pflicht der Dankbarkeit gefordert wurde. Er wollte aber jetzt nichts von solchen Verhandlungen wissen, sondern bestand darauf, mich abermals nach der Hauptstadt zu begleiten und Zeuge zu sein, wie ich es mit meinen Bildern anfangen und es mir ergehen würde.

Man müsse verhüten, sagte er, daß ich nicht schon nach dem ersten Anlaufe wieder einen Trödler aufsuche. Das wäre nicht zu befürchten, antwortete ich, weil ich ja nun reich genug wäre, die Bilder für einstweilen zu behalten und mit nach Hause zu bringen, wo sie sogar Zeugnis über die Art, wie ich die Zeit verbracht, ablegen könnten. Nichts da, meinte er, in der Kunststadt müßten sie ihre Wirkung tun, sonst habe mein bevorstehender Entschluß nicht die rechte Grundlage.

Vom Grafen hinweg ging ich auf die Terrasse, wo ich die kurze Zeit bis zur Stunde der abendlichen Zusammenkunft zubringen wollte. Auf einem Tische des dahin führenden Gemaches stand eine Schüssel mit feineren Zuckersachen, wie man sie in buntes Papier zu wickeln und mit allerlei Sinnsprüchen oder sogenannten Devisen zu begleiten pflegt. Dorothea hatte die Gewohnheit, dergleichen Naschwerk selber zu wickeln und statt der gewöhnlichen trivialen Reimereien gute Sinngedichte, Distichen und Liederstrophen einzulegen, welche sie aus allen möglichen Dichtern und verschiedenen Sprachen zusammensuchte. Sie ließ ganze Sammlungen solcher Zierlichkeiten auf Bogen drucken, die man nach Bedürfnis zerschneiden konnte, und besaß das Talent, jeweilig eine so artige Auswahl zusammenzubringen, daß die Gesellschaft beim Nachtische durch anmutig heitere oder witzige und spitzige Vorstellungen oder auch beides abwechselnd nicht selten in angeregte Stimmung versetzt wurde. Auch trieb sie allerhand Schwank, indem sie oft zwei Zeilen aus verschiedenen Dichtern zusammenfügte und man glaubte, Bekanntes zu lesen, indessen die neue Wendung, der entgegengesetzte Sinn, welchen das Unbekannt-Bekannte ergab, die Leser in die Irre führte. Einen Vorrat dieses so zubereiteten Naschwerkes, in einem Körbchen von Silberdraht geordnet, das sie beim Gebrauche noch mit Blumen schmückte, hielt sie jederzeit bereit und bot es bei gegebener Veranlassung selbst herum. Mir sagte die Spielerei eigentlich nicht sehr zu; doch hielt ich sie aus verliebter Rechtgläubigkeit wo nicht für großartig, mindestens für verzeihlich und liebenswürdig, wie man ja immer froh ist, kleine Mängel an geliebten Personen zu finden, um sie nur ohne Verzug verzeihen und sogar mitlieben zu können.

Jetzt war Dortchen offenbar beschäftigt, ein solches Körbchen neu zu füllen, und wahrscheinlich von der Arbeit unerwartet abgerufen worden. Da ich mich durch den Auftritt in der Krypta und den bevorstehenden Abschied freier fühlte als sonst und mir nichts daraus machte, von der Zurückkehrenden betroffen zu werden, setzte ich mich an den Tisch und sah mir, was Dorothea heute betrieb. Sie hatte in der Tat schon eine gute Zahl süßer viereckiger Täfelchen in glänzendes Papier eingeschlagen und in das Körbchen gelegt; als ich nachschaute, was für eine Art von Versen und Epigrammen sie bereit hielt, fand ich ein Büschel kleiner auf zartes grünes Papier gedruckter Zettel, auf welchen allen dasselbe und einzige Gedichtlein zu lesen war:

Hoffnung hintergehet zwar,
Aber nur, was wankelmütig;
Hoffnung zeigt sich immerdar
Treugesinnten Herzen gütig;
Hoffnung senket ihren Grund
In das Herz, nicht in den Mund!

Wo ich das kleine Papierbüschel sachte auseinanderschlug (es war von einem grünseidenen Bändchen zusammengehalten), überall blickten mir diese einfachen, treuherzigen und doch so aufregenden Worte entgegen. Vorsichtig griff ich das eine und andere der bereits fertigen Täfelchen aus dem Körbchen, machte es ein wenig auf, und fand in jeder Hülle das gleiche grüne Liedchen. Es klang mir, wie der tröstende Ruf einer Wachtel im einsamen Feld oder der leis anschwellende und traulich abbrechende halbe Gesang einer Drossel in der Tiefe des Waldes.

Da meines Wissens heute keine größere Gesellschaft da war, die einen Nachtisch erheischen konnte, so mußte die Absicht von Dortchens diesmaligem Einfall einer zukünftigen Gelegenheit vorbehalten sein, die mir ein Geheimnis war. Plötzlich ließ ich alles liegen und schlüpfte auf die Terrasse hinaus, wo ich mich auf einen Stuhl warf und mit nachdenklichen Seufzern die noch übrige Zeit verbrachte. Es dauerte nicht lange, so erschien Dortchen mit einigen jungen blaßroten Rosen, die sie ohne Zweifel im Treibhause geholt, und mit einem brennenden Handleuchter, weil die Dämmerung begann zur Dunkelheit zu werden. Sie setzte unbesorgt ihre Arbeit fort, packte noch ein halbes Dutzend Zucker- und Vanillestücke und dergleichen mit den Zetteln zusammen und summte dazu mit halber Stimme mehrmals die zwei Zeilen:

Hoffnung hintergehet zwar,
Aber nur, was wankelmütig,

bis sie mit dem letzten Stücke auf den Schluß übersprang:

Hoffnung lenket ihren Grund
In das Herz, nicht in den Mund!

und denselben mit weiß Gott welcher Melodie und etwas lauter in den tiefsten Tönen erklingen ließ, deren ihre Stimme fähig war. Dann barg sie rasch den ungebrauchten Rest der feinen Zettelchen in einer Tasche ihres Kleides, besteckte das Körbchen mit den Rosen und eilte mit der ganzen reizenden Veranstaltung, den Leuchter zur Hand nehmend, aus dem Saale, und ich hatte dem lieblichen Tun durch eines der hohen Fenster zugeschaut, freilich von den Florbehängen desselben halb verhüllt.

Die vergnügliche Stimme des Kaplans ließ sich hören; ich säumte nicht, über die Terrassenstufen hinunter- und ihm entgegenzugehen, und betrat in seiner Gesellschaft wieder das Haus und die Räume, in welchen die Abende zugebracht wurden. Mit diesem künstlichen Umwege verhütete ich, daß Dortchen irgendwie ahnen könne, ich wisse das sonderbare Geheimnis ihres Körbchens. Als wir nun zu viert am Tische saßen, verlief die Zeit mir nur allzu schnell; denn die Eigenliebe erfreute sich an dem Wohlwollen, welches meine Person zum Gegenstande der letzten Unterhaltung machte, und die Gewißheit, daß ich wirklich zum letzten Male Dortchens Gegenwart genieße, verkürzte die Stunden um das Doppelte. Der Graf meinte, er habe sich an meine Gesellschaft gewöhnt, und wenn es sich nur um ihn handelte, so ließe er mich noch lange nicht ziehen; der Kaplan aber rief nein, ich müsse gehen, damit ich, was er sicher hoffe, durch die Luftveränderung und in meinem schönen Vaterlande die verlorenen Ideale wiederfinde.

Lachend versetzte ich, nach gewissen Weissagungen meiner Träume werde ich jedenfalls zu neuen Ideen kommen, und ich erzählte von der kristallenen Treppe, in deren Stufen die Ideen in Gestalt kleiner Frauensleutchen schliefen. Der Kaplan wunderte sich hierüber und guckte mich immer verdutzter an, als ich fortfuhr, jene Ausgeburten des Schlafes in unglücklicher Zeit zu schildern; denn hiemit bewies ich ihm, daß ich im Schlafe noch toller, das heißt idealischer sein könne nach seinen Begriffen, als er im Wachen. Ich erzählte von der Brücke der Identität, von dem Goldregen, den ich auf dem fliegenden Pferde gemacht, und wie ich über das Kirchendach heruntergepurzelt und endlich in Trübseligkeit vor dem mütterlichen Hause gestanden sei, nachdem mir dasselbe erst wunderbar in die Augen geglänzt habe.

Da ich von dem feurigen Extraweine, welchen wir tranken, etwas vorlauter Laune geworden, schmückte ich diese Dinge noch mit manchen Zutaten und Hirngespinsten aus und endigte zuletzt wie ein Märchenerzähler, der dem Volke seinen blauen Dunst vorgemacht.

»Der hat ja ein Maul, wie eine laufende Schuld!« sagte der Kaplan, in seiner Verwirrung über die großartige Flunkerei zu dem gröblichen Volksausdrucke greifend; denn ich schien ihm arg ins Handwerk gepfuscht zu haben, indem ich ein wirklich Erlebtes schilderte, das doch ein Nichts, ein Traum war; der Graf sagte:

»Diese Beredsamkeit haben wir allerdings bisher an unserm Freunde nicht entdecken können! Ist es aber nun geschehen, so hindert mich nichts, mir zu denken, daß ich sie eines Tages zu ernsteren Dingen verwendet sehe. Wir wollen auf unser aller gute Zukunft anstoßen!«

Er schenkte die Gläser voll, und wir ließen dieselben zusammenklingen, ohne daß ich mich jedoch bemühte, über den Sinn seiner Worte klar zu werden; denn ich sah unversehens Dorothea mit dem rosengeschmückten Körbchen herankommen.

»Auch ich will einen Spruch tun«, sagte sie, als sie mir zur Seite stand; »aber ich überlasse die Abfassung dem Zufall dieses wohlbekannten Orakelkorbes; nehmen Sie sich ein Bonbon heraus, nur eines, aber vorsichtig und bedächtig!«

Ich sah erstaunt und fragend zu ihr auf; denn ich wußte ja, daß in jedem der zierlichen Paketchen der gleiche Spruch lag.

»Welches raten Sie mir denn zu nehmen?« fragte ich mit innerer Bewegung; allein gleichmütig erwiderte sie:

»Ich darf mich nicht darein mischen, wenn das Orakel wirken soll!«

»Soll ich dieses nehmen?«

»Ich weiß nicht!«

»Oder dieses?«

»Ich sage nichts, weder ja noch nein!«

»So nehm' ich dieses und bedanke mich schönstens!« rief ich, indem ich das Papierchen öffnete und Dortchen rasch das Körbchen zurückzog.

»Nun, was steht darin?« rief der Kaplan, über welche Frage ich froh war, da ich die Verse kaum vernehmbar vorzutragen vermochte. Ich gab ihm den Zettel mit der Bitte, denselben selbst zu lesen. Das tat er mit gutem Ausdruck.

»Ein ganz schöner Spruch!« sagte er; »damit können Sie zufrieden sein; er beruht auf einer frommen und getreuen Weltanschauung, dergleich nicht mehr allzu häufig ist! Aber nun, Gnädigste! reichen Sie mir das Körbchen auch dar und lassen Sie mich sehen, was ich als Dableibender erhalten werde!«

Er griff begierig nach dem Körbchen. Sie versetzte aber:

»Nächsten Sonntag dürfen Sie etwas zum Dableiben auswählen, Hochwürden! Heute bekommt nur der, welcher geht!« Damit eilte sie weg und verschloß das Körbchen sorgfältig in einem Schranke.

Als am nächsten Vormittag der Graf und ich bereits in dem bequemen Reisewagen saßen, sagte Dorothea, die uns beiden schon die Hand gegeben und jetzt plötzlich nochmals zum Wagen trat: »Nun ist doch etwas vergessen! Ihr grünes Buch, Herr Heinrich, liegt noch in meiner Verwahrung! Soll ich es rasch holen?«

»Laß nur!« sagte mein Reisegefährte; »es hält uns zu lange auf; wenn er uns, wie zu hoffen, bald schreibt, so können wir ihm das Buch wohlbehalten nachsenden, nicht so?«

Ich nickte nur froh aufatmend meine Zustimmung, da mit dem Buche ein Teil meiner selbst in der unmittelbaren Nähe Dortchens zu bleiben schien.

»Ich will es in sicherem Verschluß halten, und es soll ihm nichts geschehen!« sagte sie und winkte mir, während wir wegfuhren, mit vollem freundlichem Blicke zu. Damals habe ich das schöne Wesen dennoch zum letztenmal in meinem Leben gesehen.

Vierzehntes Kapitel

Die Rückkehr und ein Ave Cäsar

Zwei breite Goldrahmen, im voraus bestellt, waren fertig, als wir in der Stadt ankamen, die wir nun zum zweiten Male gemeinschaftlich besuchten. Mein Beschützer machte sich sofort daran, den Einfluß zu benutzen, der ihm des Titels und auch seiner Person wegen in unverfänglichen Dingen nicht verkümmert war; die Bilder hingen deshalb nach wenigen Tagen im besten Lichte der Ausstellungsräume, in welchen ich einst so ungeschickt und dunkel aufgetreten. Sie waren freilich keine Meisterwerke, aber auch nicht gehaltlos und konnten ebensowohl einen Fortschritt als den Stillstand begrenzter Fähigkeit in sich bergen, das ewige Ausruhen von einem einmaligen Anlaufe, wo der Anläufer in sich gegangen ist und am Wegbord der goldenen Mittelstraße, der vielbegangenen, sitzen bleibt.

Zu meiner Verwunderung hingen auch jene zwei kleinen Bilder daneben, die von mir dem israelitischen Schneider und Gemäldehändler um ein Kleid überlassen worden. Der Graf hatte sie, da er von der Sache wußte, aufgestöbert und aus dritter Hand an sich gebracht. Jetzt waren sie mit Zetteln verziert, worauf das stattliche Wort »Vekauft« geschrieben stand. Diese List des Grafen erweckte ein günstiges Vorurteil für die ganze kleine Sammlung der vier Stükke, und in dem nächsten Kunstbericht einer verbreiteten großen Zeitung war ihrer schon in einigen aufmunternden Zeilen gedacht, wenn auch nicht mit sehr zutreffenden Worten. Kurz, nach wenigen Tagen meldete sich ein bedeutender Kunsthändler, welcher die deutschen Malerschulen bereiste, um ganze Bildersammlungen für entlegene Hinterländer zu erwerben. Durch diesen Käufer, der meine Bilder zu bescheidenem Preise anzukaufen hoffte, würde meine Name den Zusatz »Mitglied der X'er Schule« erhalten haben, eine Ehre, die ich mir nicht hätte träumen lassen. Der Graf jedoch meinte, die Bilder müßten an einen Liebhaber und nicht an einen Handelsmann verkauft werden, und er sei einem solchen bereits auf der Spur.

Nach abermals einigen Tagen aber übergab mir der Kustos der Ausstellung einen für mich aus dem Norden angekommenen Brief.

Er war von Erikson, welcher schrieb: »Lieber Heinrich, ich lese eben in der dortigen Zeitung, die ich meiner Frau wegen halte, daß du noch dort bist und vier Arbeiten ausgestellt hast, zwei kleine und zwei größere. Wenn du für die einen oder andern noch keine Bestimmung weißt, so überlasse mir eines der beiden Paare und schick' es mir; ich zähle darauf! Den Preis setze auf anständigem Fuße und nicht zu schüchtern an; denn du mußt wissen, daß es mir gut geht. Ich habe den Stand unsers Hauses wiederherstellen können, ohne das Geld meiner Frau zu brauchen, und überdies Ersparnisse gemacht, nämlich zwei Bübchen, von denen der ältere neulich schon den Teufel an die Wand gemalt hat, und zwar mit Kirschmus, als er die Mama sagen hörte, man solle das gerade nicht tun. Ein nettes Kräutchen, und ist noch nicht drei Jahr alt! Kann ich die Bilder bekommen, so schreib recht viel dazu!«

Ich entschied mich ohne Zaudern für dies Freundesangebot, das meinen Entschluß, der Kunst zu entsagen, am leichtesten bestehen ließ; denn ein solcher Ankauf aus freundschaftlichem Wohlwollen war ja noch kein Beweis für den wahren Künstlerberuf. Der Graf mußte mir beistimmen, obgleich ich den Verdacht hegte, daß es mit seinem Verkaufsprojekte nicht viel anders beschaffen sein mochte.

Die Bilder wurden an Erikson abgesandt. In meinem Briefe, den ich wegen zu vollen Herzens nicht so ausführlich schrieb, wie er wünschte, bat ich ihn, er möge die Kaufsumme mir in die Heimat schicken, wohin ich abzugehen im Begriffe sei; so brachte ich also nicht nur eine für meine bisherigen Verhältnisse ansehnliche Barschaft mit nach Hause, sondern auch ausstehendes Guthaben, dessen Eingang aus weiter Ferne, nachdem ich selbst so wohlbehalten angekommen und das erste Aufsehen vorüber war, von erfreulichster Wirkung sein mußte.

Allein als ob das unglückliche Träumen von Gold und Gut im kleinen zur Wahrheit werden wollte, war es hiemit noch nicht genug. Nachdem mein neuer Aufenthalt den Behörden bekannt geworden und eben wieder zu Ende gehen sollte, erhielt ich eine gerichtliche Vorladung, um gewisse Eröffnungen entgegenzunehmen. Schon früher hatte ich meinem alten freundlichen Trödelmännchen Joseph Schmalhöfer einen Besuch abstatten wollen, seine dunkle Behausung jedoch verschlossen gefunden und erfahren, daß der einsame Mensch seit vielen Wochen tot sei. Zu meinem großen Erstaunen wurde mir jetzt auf der Gerichtskanzlei mitgeteilt, daß der Alte, der keine Erben hinterließ, sein nicht ganz unbeträchtliches Vermögen einer wohltätigen Stiftung vergabt und meine Person in seinem letzten Willen mit einem Legate von viertausend Gulden bedacht habe. Sofern ich mich nun darüber ausweisen könne, daß ich wirklich die von dem Legator gemeinte Person sei, so liege die genannte Summe zur Auszahlung bereit, nachdem alle bisherigen Erkundigungen nutzlos geblieben seien. Es handle sich namentlich um die Frage, ob ich derjenige wäre, der dem Verstorbenen eine größere Zahl gewisser Handzeichnungen u. s. w. verkauft und bei Gelegenheit einer fürstlichen Vermählungsfeier Fahnenstangen angestrichen habe.

Den durchschlagendsten Nachweis konnte der Graf mit zwei Worten leisten, soweit es die Zeichnungen betraf, und für das übrige genügte seine Glaubwürdigkeit dem Gerichtsbeamten vollkommen, als er erklärte, der, welcher die Stecken bemalt, könne kein anderer sein, als ich.

Also wurden mir vier öffentliche Schuldtitel von je tausend Gulden aushingegeben; der Graf verkaufte dieselben und besorgte mir gute Wechsel für den Betrag, so daß ich nun mit Vermögensteilen in dreifacher Form ausgestattet war; mit barem Gelde, mit Forderungen und mit Wechseln.

»Wenn jetzt nur nicht der dicke Tell mit seinem Pfeil und das Kirchendach kommt!« sagte ich, als wir an der Mittagstafel unsers Gasthofes saßen, wo ich zum Überflusse auch noch der Gast des Grafen war; »ich muß trachten, daß ich fortkomme, sonst zerfließt mir das viele unnatürliche Glück zuletzt doch noch zu einem Traum!«

Ich fühlte mich in der Tat ordentlich beklemmt und fing an, dem Glückswandel nicht mehr recht zu trauen.

»Was spintisieren Sie mir wieder über der Kümmerlichkeit!« sagte der Graf; »bei allem, was Sie nun besitzen und was Ihnen so ungeheuer erscheint, ist nicht ein Pfennig, dessen rechtmäßige Quelle Sie nicht in sich selbst zu suchen haben! Und wie können Sie von Traum und Glücksfall reden, wo Sie gegenüber den paar Gulden mit Ihren schönen Jahren so im Verluste sind?«

»Aber die Geschichte mit dem Legat ist doch gewiß das reine Glücksabenteuer!«

»Auch dies nicht! Auch sie hat ihre Wurzel nur in Ihnen selbst! Ich habe vergessen, Ihnen ein beschriebenes Papier zu geben, das sich in den Falten eines der Schuldbriefe gefunden hat, als ich die Werttitel meinem Bankier brachte. Hier ist der Zettel, den der Alte Ihnen hinterließ!«

Der Graf gab mir ein Fetzchen Papier, auf welchem mit der mir bekannten unbehilflichen Handschrift des Trödlers, die zudem von eingetretener Körperschwäche noch verschlimmert sein mochte, zu lesen war:

»Du bist nicht wieder zu mir gekommen, mein Söhnchen, und ich weiß nicht, wo du zu finden bist. Ich möchte aber, weil ich fürchte, daß der Tod mich bei kurzen Tagen in meinem Kram heimsucht, dir etwas erweisen und zuwenden, was ich nachher doch nicht mehr brauchen kann, leider! Ich tu' es aber, weil du alleweile mit dem zufrieden gewesen bist, was ich dir für deine Malerei gegeben habe, und vornehmlich, weil du so still und fleißig bei mir gearbeitet hast. Wenn es in deine Hände kommt, was ich in langen Jahren erspart habe mit Geduld und Vorsicht und dir jetzt verehren tue, so genieße es mit Gesundheit und Verstand, weil ich leider davon abscheiden muß, und hiemit behüt' dich Gott, mein Männchen!«

»Es ist doch gut«, sagte ich mit neuer Verwunderung, »daß es für alle Gebarungen zweierlei Richter gibt! Was andere mir als Leichtsinn, wo nicht Verkommenheit auslegen würden, erhält von dem braven Alten einen Tugendpreis!«

»Drum wollen wir auf seine Seligkeit anstoßen, weil er so gerecht gerichtet hat!« erwiderte der Graf wohlgemuth; »und jetzt wollen wir unsere Freundschaft leben lassen und Brüderschaft trinken, wenn es Ihnen recht ist!« fuhr er fort, indem er die Gläser von neuem füllte.

Ich stieß an und trank aus, sah dabei aber so überrascht und verschüchtert drein, daß er es wohl bemerkte, als er mir die Hand schüttelte; denn der Unterschied des Alters und der Lebensverhältnisse hatten mich dergleichen doch nicht erwarten lassen.

»Sei nur nicht verdutzt, wenn es gilt, sich zu duzen!« sagte er fröhlich; »ich betrachte es als Gewinn, mit einem Stammesbruder aus anderer Staatsform und von jüngerem Lebensalter auf du und du zu sein. Und auch du darfst dich der guten deutschen Sitte füglich unterwerfen, nach welcher zu Zeiten Jünglinge, Männer und Greise, welche auf dasselbe Ziel losgehen, Brüderschaft schließen. Nun aber wollen wir von dir allein reden! Was gedenkst du zu beginnen in deinem Lande?«

»Ich denke meine unterbrochenen Studien am borghesischen Fechter wieder aufzunehmen!« antwortete ich. Auf seine Frage, was das heiße, erzählte ich kurz, wie ich durch die so genannte Figur auf das Studium des Menschen hinübergeleitet worden sei und nun zwar nicht mehr dessen Gestalt, sondern dessen lebendiges Wesen und Zusammensein zum Berufe wählen möchte. Da mir jetzt Zeit und Mittel durch das Glück gegeben seien, so hoffe ich auf rasche und zweckmäßige Weise noch die nötigen Kenntnisse nachzuholen, um mich dem öffentlichen Dienste widmen zu können.

»So was habe ich mir auch gedacht«, sagte der gräfliche Duzbruder; »allein wie die Dinge einmal stehen, würde ich mit besonderen Studien keine Zeit mehr verlieren, zumal ihr ja keine Hierarchie mit Zwangsfolge habt. An deiner Stelle würde ich mich ruhig erst ein wenig umsehen und dann, nötigenfalls als Freiwilliger, ein unteres Amt übernehmen und schwimmen lernen, indem du sofort ins Wasser springst. Machst du es zur Regel, jeden Tag daneben einige Stunden staatswissenschaftliche Sachen zu lesen und zu überdenken, so bist du in wenig Zeit ein praktischer und hinlänglich gebildeter Amtsmann zugleich, und die Unterschiede der Schulweisheit gleichen sich mit den wachsenden Jahren vollständig aus, während das hervorzutreten beginnt, was den eigentlichen Mann ausmacht. Das Gerichtswesen und was daran hängt, würde ich freilich den gründlich geschulten Juristen überlassen und dahin wirken, daß auch die andern es tun. Die Hauptsache ist, daß du später in der Gesetzgebung weißt, wo sie hingehören und wo ihnen das Wort zu geben ist, und daß du sie in Ehren hältst, solange sie das Recht lebendig machen und nicht es töten und das Volk verderben. Am wenigsten dulde feige Richter im Land, sondern stürze sie und gib sie der Verachtung preis –«

»Halt, Grave!« rief ich, da er sich in lauten Eifer hineinzureden begann und meine gegenwärtige Sache vergaß; »noch bin ich weder Konsul noch Tribun!«

»Gleichviel!« rief er jetzt noch viel lauter; »hast du aber gleichzeitig einen feigen und einen ungerechten Richter nebeneinander, so laß beiden die Köpfe abschlagen, und dann setze dem ungerechten den Kopf des feigen und dem feigen den Kopf des ungerechten auf! So sollen sie weiter richten, so gut sie können!«

Erst jetzt schwieg er, trank und sagte wieder: »Ungefähr so mein' ich's, du wirst mich wohl verstehen!«

Ich hatte den sonst so ruhigen Mann nie so aufgeregt gesehen; die bloße Vorstellung, daß ich unmittelbar in eine Republik gehe und mich an deren öffentlichem Leben beteiligen werde, schien ihm andere verwandte Vorstellungen und alte Leiden der Unzufriedenheit zu erwecken.

Indessen war die Stunde des Abschiedes endlich da und kein Grund des Aufschubes mehr vorhanden. Da er meine Angelegenheit geordnet und mich reisefertig sah, fuhr der Graf gleich nach Tisch weg, um sein Gut am gleichen Tage noch zu erreichen, während ich den Bahnhof suchte, der um diese Zeit zum erstenmal eröffnet worden. Denn einige Bruchstücke von Eisenstraßen des obern Deutschlands hatten ihren ersten Zusammenhang erhalten, und ich konnte auf dem neuen Wege rascher die Schweizergrenze erreichen, wenn auch nicht in gerader Richtung. An dieser Veränderung mochte ich die Länge meiner Abwesenheit bemessen.

Als ich den Rhein überschritt und das Land betrat, war dieses gerade mit dem Getöse jener politischen Aktionen erfüllt, welche mit dem Umwandlungsprozesse eines fünfhundertjährigen Staatenbundes in einen Bundesstaat abschlossen, ein organischer Prozeß, der über seiner Energie und Mannigfaltigkeit die äußere Kleinheit des Landes vergessen ließ, da an sich nichts klein und nichts groß ist und ein zellenreicher, summender und wohlbewaffneter Bienenkorb bedeutsamer ist, als ein mächtiger Sandhaufen. Beim schönsten Frühlingswetter sah ich Straßen und Wirtshäuser angefüllt und hörte das zornige Geschrei über gelungene oder mißlungene Gewalttat. Man lebte mitten in der Reihe von blutigen oder trockenen Umwälzungen, Wahlbewegungen und Verfassungsänderungen, die man Putsche nannte und Schachzüge waren auf dem wunderlichen Schachbrette der Schweiz, wo jedes Feld eine kleinere oder größere Volkssouveränität war, die eine mit Vertretung, die andere demokratisch, diese mit, jene ohne Veto, diese von städtischem Wesen, jene von ländlichem, und wieder eine andere mit theokratischem Öle versalbt, daß sie nicht aus den Augen sehen konnte.

Sogleich übergab ich mein Gepäck der Postanstalt und beschloß, den Rest der Reise zu Fuß zurückzulegen, um unverweilt eine vorläufige Kenntnis der Zustände aus eigener Anschauung zu erwerben; denn gerade auf meinem Wege rauchte und schwelte es an mehreren Orten.

Und doch lag überall das Land in himmelblauem Duft, aus welchem der Silberschein der Gebirgszüge und der Seen und Ströme funkelte, und die Sonne spielte auf dem jungen betauten Grün. Ich sah die reichen Formen der Heimat, in Ebenen und Gewässern ruhig und waagrecht, im Gebirge steil und kühn gezackt, zu Füßen blühende Erde und in der Nähe des Himmels eine fabelhafte Wüste, alles unaufhörlich wechselnd und überall die zahlreich bewohnten Tal- und Wahlschaften bergend. Mit der Gedankenlosigkeit der Jugend und des kindischen Alters hielt ich die Schönheit des Landes für ein historisch-politisches Verdienst, gewissermaßen für eine patriotische Tat des Volkes und gleichbedeutend mit der Freiheit selbst, und rüstig schritt ich durch katholische und refomierte Gebietsteile, durch aufgeweckte und eigensinnig verdunkelte, und wie ich mir so das ganze große Sieb voll Verfassungen, Konfessionen, Parteien, Souveränitäten und Bürgerschaften dachte, durch welches die endlich sichere und klare Rechtsmehrheit gesiebt werden mußte, die zugleich die Mehrheit der Kraft, des Gemütes und des Geistes war, der fortzuleben fähig ist, da wandelte mich die begeisterte Lust an, mich als einzelner Mann und widerspiegelnden Teil des Ganzen zum Kampfe zu gesellen und mitten in demselben mich mit regen Kräften fertig zu schmieden zum tüchtigen und lebendigen Einzelmann, der mit ratet und tatet und rüstig drauf aus ist, das edle Wild der Mehrheit erjagen zu helfen, von der er selbst ein Teil, die ihm aber deswegen nicht teurer ist, als die Minderheit, die er besiegt, weil diese hinwieder mit der Mehrheit vom gleichen Fleisch und Blut ist.

Aber die Mehrheit, rief ich vor mir her, ist die einzige wirkliche und notwendige Macht im Lande, so greifbar und fühlbar, wie die körperliche Natur, an die wir gefesselt sind. Sie ist der einzig untrügliche Halt, immer jung und immer gleich mächtig; daher gilt es, sie unvermerkt vernünftig und klar zu machen, wo sie es nicht ist. Dies ist das höchste und schönste Ziel. Weil sie notwendig und unausweichlich ist, so kehren sich die verkehrten Köpfe aller Extreme gegen sie, indessen sie stets abschließt und selbst den Unterliegenden beruhigt, während ihr ewig jugendlicher Reiz ihn zu neuem Ringen mit ihr lockt und so sein eigenes geistiges Leben erhält und nährt. Sie ist immer liebenswürdig und wünschbar, und selbst wenn sie irrt, hilft die gemeine Verantwortlichkeit den Schaden ertragen. Wenn sie den Irrtum erkennt, so ist das Erwachen aus demselben ein frischer Maimorgen und gleicht dem Anmutigsten, was es gibt. Sie läßt es sich nicht einfallen, sich stark zu schämen, ja die allgemein verbreitete Heiterkeit läßt den begangenen Fehltritt kaum ungeschehen wünschen, da er ihre Erfahrung bereichert, die Lust der Besserung hervorgerufen hat und auf das schwindende Dunkel das Licht erst recht hell erscheinen läßt.

Sie ist die reizende Aufgabe, an welcher sich ihr einzelner messen kann, und indem er dies tut, wird er erst zum ganzen Mann, und es tritt eine wundersame Wechselwirkung ein zwischen dem Ganzen und seinem lebendigen Teile.

Mit großen Augen beschaut sich erst die Menge den einzelnen, der ihr etwas vorsagen will, und dieser, mutig ausharrend, kehrt sein bestes Wesen heraus, um zu siegen. Er denke aber nicht, ihr Meister zu sein; denn vor ihm sind andere dagewesen, nach ihm werden andere kommen, und jeder wurde von der Menge geboren; er ist ein Teil von ihr, welchen sie sich gegenüberstellt, um mit ihm, ihrem Kind und Eigentum, ein Selbstgespräch zu führen. Jede wahre Volksrede ist nur ein Monolog, den das Volk selber hält. Glücklich aber, wer in seinem Lande ein Spiegel seines Volkes sein kann, der nichts widerspiegelt, als das Volk, während dieses selbst nur ein kleiner Spiegel der weiten lebendigen Welt ist und sein soll.

Dergestalt redete ich mich in eine hohe Begeisterung hinein, je blauer der Himmel glänzte und je näher ich der Vaterstadt kam.

Freilich ahnte ich nicht, daß Zeit und Erfahrung die idyllische Schilderung der politischen Mehrheiten nicht ungetrübt lassen würden; noch weniger merkte ich, daß ich im gleichen Augenblicke, wo ich mich selbsttätig zu verhalten gedachte, auch schon die Lehren der Geschichte vergaß, noch bevor ich nur den ersten Schritt getan. Daß große Mehrheiten von einem einzigen Menschen vergiftet und verdorben werden können und zum Danke dafür wieder ehrliche Einzelleute vergiften und verderben – daß eine Mehrheit, die einmal angelogen, fortfahren kann, angelogen werden zu wollen, und immer neue Lügner auf den Schild hebt, als wäre sie nur ein einziger bewußter und entschlossener Bösewicht – daß endlich auch das Erwachen des Bürgers und Bauersmannes aus einem Mehrheitsirrtum, durch den er sich selbst beraubt hat, nicht so rosig ist, wenn er in seinem Schaden dasteht – das alles bedachte und kannte ich nicht.

Aber auch mit diesen Schatten wäre ja das Unausweichliche und Notwendige der Mehrheit, ohne deren Zustimmung der mächtigste Selbstherrscher in Rauch aufgeht, und ihre reine Größe, wenn sie unverderbt ist, stark genug gewesen, meine Vorsätze zu tragen und den Durst nach der neuen Lebenslust nicht erlöschen zu lassen. So griffen denn meine Schritte immer kecker und unternehmungslustiger aus, bis ich plötzlich das Pflaster der Stadt unter den Füßen fühlte und ich doch mit klopfendem Herzen ausschließlicher der Mutter gedachte, die darin lebte.

Meine Sachen mußten inzwischen auf der Post angekommen sein. Ich lenkte die Schritte zuerst dahin, um sogleich eine Schachtel an Hand zu nehmen, die meine bescheidenen Reisegrüße für sie enthielt, nämlich den Stoff für ein feineres Kleid, welches zu tragen ich sie zu überreden hoffte, und einen Vorrat ausländischen Gebäckes, das, würzig und haltbar, ihr einen guten Mund machen sollte.

Diese Schachtel an der Hand ging ich am noch lichten Nachmittage durch unsere alte Straße; sie erschien mir belebter als vor Jahren; auch sah ich, daß manche neue Verkaufsmagazine errichtet und alte rußige Werkstätten verschwunden, mehrere Häuser umgebaut und andere wenigstens frisch verputzt waren. Nur das unsrige, ehemals eines der saubersten, sah schwarz und räucherig aus, als ich mich näherte und an die Fenster unserer Stube hinaufblickte. Sie standen offen und waren mit Blumentöpfen besetzt; aber fremde Kindergesichter schauten heraus und verschwanden wieder. Niemand bemerkte oder kannte mich, als ich eben in die bekannte Türe treten wollte, ein Mann ausgenommen, der mit einem Zollstab und Bleistift in der Hand über die Gasse geeilt kam. Es war der Handwerksmeister, der mich einst auf seiner Hochzeitsreise besucht hatte.

»Seit wann sind Sie da, oder kommen Sie eben?« rief er, eilig mir die Hand reichend.

»Diesen Augenblick komme ich«, sagte ich, und er antwortete und bat mich, schnell eine Minute bei ihm drüben einzutreten, eh ich hinaufginge.

Ich tat es mit ängstlicher Spannung und fand mich in einem schönen Verkaufsladen, in dessen Hintergrund die junge Frau am Schreibpulte saß. Sofort kam auch sie mir entgegen und sagte: »Um Gotteswillen, warum kommen Sie so spät?«

Erschreckt stand ich da, ohne noch erraten zu können, was es sein möchte, das die Leute so erregte. Der Nachbar aber säumte nicht, mich aufzuklären.

»Ihre gute Mutter ist erkrankt, so schwer, daß es vielleicht nicht ratsam ist, wenn Sie unangekündigt und plötzlich bei ihr erscheinen. Seit heute früh haben wir nichts gehört; nun aber ist's am besten, meine Frau geht schnell hinüber und sieht nach, wie es steht. Sie warten indessen hier!«

Ohne an eine so traurige Wendung glauben zu wollen, und doch bekümmert, ließ ich mich wortlos auf einen Stuhl sinken, die Schachtel auf den Knien. Die Frau lief über die Gasse und verschwand in der Türe, die mir wie einem Fremden noch verschlossen sein sollte. Die Augen voll Tränen kehrte die Nachbarin zurück und sagte mit verschleierter Stimme:

»Kommen Sie schnell, ich fürchte, sie macht es nicht mehr lang, ein Geistlicher ist dort! Die arme Frau scheint nicht mehr bei Bewußtsein!«

Sie eilte wieder vor mir her, um hilfreich bei der Hand zu sein, wenn es not tat, und ich folgte mit zitternden Knien. Die Nachbarin erklomm rasch und leicht die Treppen; auf den verschiedenen Stockwerken standen feierlich Leute unter ihren Türen, leise sprechend, wie in einem Sterbehause. Auch vor unserer Wohnung standen solche, die ich nicht kannte; meine Führerin im alten Vaterhause eilte auch an diesen vorüber, und ich folgte ihr bis auf den Dachboden, wo ich unsern Hausrat dicht aufeinander stehen sah und die Mutter in einem Kämmerchen wohnte. Leise öffnete die Nachbarin dessen Türe; da lag die Arme auf dem Sterbebett, die Arme über die Decke hingestreckt, das todesbleiche Gesicht weder rechts noch links wendend und langsam atmend. In den ausgeprägten Zügen schien ein tiefer Kummer auszuleben und der Ruhe der Ergebung oder der Ohnmacht Platz zu machen. Vor dem Bette saß der Diakon der Kirchgemeinde und las ein Sterbegebet. Ich war geräuschlos eingetreten und hielt mich still, bis er geendet. Die Nachbarin trat, als er das Buch sachte zuschlug, zu ihm und flüsterte ihm zu, der Sohn sei angekommen.

»In diesem Fall kann ich mich zurückziehen«, sagte er, sah mich einen Augenblick aufmerksam an, grüßte und begab sich hinweg.

Die Nachbarin trat jetzt an das Bett, nahm ein Tüchlein und trocknete sanft die feuchte Stirne und die Lippen der Kranken; dann, während ich noch immer wie ein vor ein Gericht Gerufener dastand, den Hut in der Hand, die Schachtel zu Füßen, neigte sie sich nieder und sagte ihr mit zarter Stimme, welche die Leidende unmöglich erschrecken konnte: »Frau Lee! der Heinrich ist da!«

Obgleich diese Worte bei aller Weichheit so vernehmlich gesprochen waren, daß auch die vor der offenen Türe versammelten Weiber sie hörten, gab sie doch kein anderes Zeichen, als daß sie die Augen leise nach der Sprechenden hin wendete. Indessen benahm mir außer der Trauer auch die dumpfe dämmerige Luft des Kämmerchens den Atem; denn der Unverstand der Wärterin, die in einem Winkel hockte, hielt nicht nur das kleine Fenster verschlossen, sondern auch die grüne Gardine davor, und ich mußte daran erkennen, daß heute noch kein Arzt dagewesen sei.

Unwillkürlich schlug ich die Gardine zurück und öffnete das Fenster. Die reine Frühlingsluft und das mit ihr einströmende Licht bewegten das erstarrende ernste Gesicht mit einem Schimmer von Leben; auf der Höhe der hageren Wangen zitterte leicht die Haut; sie regte energisch die Augen und richtete einen langen fragenden Blick auf mich, als ich mich, ihre Hände ergreifend, zu ihr niederbeugte; das Wort aber, das ihre ebenfalls zitternden Lippen bewegte, brachte sie nicht mehr hervor.

Die Nachbarin nahm die Wärterin mit sich hinaus, drückte leise die Türe zu, und ich fiel an dem Bett nieder mit dem Rufe: »Mutter! Mutter!« und legte den Kopf weinend auf die Decke. Ein röchelndes stärkeres Atmen hieß mich wieder emporschnellen, und ich sah die treuen Augen gebrochen. Ich nahm den leblosen Kopf in die Hände und hielt dies Haupt vielleicht zum ersten Male in meinem Leben so in der Hand, wenigstens so weit ich mich entsinnen konnte. Allein es war für immer vorbei.

Es fiel mir ein, daß ich ihr wohl die Augen zudrücken sollte, daß ich ja dafür da sei und sie es vielleicht noch fühlen würde, wenn ich es unterließe; und da ich neu und ungeübt in diesem bittern Geschäfte war, so tat ich es mit zager, scheuer Hand.

Die Frauen traten nach einer Weile herein, und als sie sahen, daß die Mutter verschieden war, erboten sie sich, das Nötige zu tun und die Leiche für den Sarg einzukleiden. Da ich einmal da war, verlangten sie von mir die Anweisung eines Totengewandes. Ich öffnete einen der auf dem Dachboden stehenden Schränke, der voll guter Kleider hing, die seit Jahren geschont und gespart und nicht nach der Mode geschnitten waren. Die Wärterin aber sagte, es müsse ein Totenkleid vorhanden sein, von welchem die Selige gesprochen, und wirklich fand man dasselbe, in ein weißes Tuch eingeschlagen, im Fuße des Schrankes liegen. Zu welcher Zeit sie es anfertigen ließ, war mir unbekannt.

Die Frauen sprachen auch davon, wie wenig Mühe die Tote während ihrer Krankheit verursacht, wie still und geduldig sie gelegen und fast nie etwas verlangt habe.

Fünfzehntes Kapitel

Der Lauf der Welt

Während die Frauen nun Bett und Leiche in den erforderlichen Stand brachten, folgte ich der Einladung der Nachbarin, in ihr Haus hinüberzugehen und dort auszuruhen. Der Nachbar suchte vorsichtig, eh er im Gespräche weiterging, meine Glücksumstände und Erlebnisse zu erfahren. Ich verhehlte ihm nicht, daß ich zur Zeit seiner Anwesenheit in jener Stadt übel daran gewesen, ließ ihn dann aber die bessere Wendung der Dinge wissen, erzählte ihm alles, den Liebeshandel ausgenommen, und gleichsam als eine Art Rechtfertigung zeigte ich ihm unter Tränen die Geldwerte, die ich bei mir führte. Ich schob Geld und Papiere weg und stützte den Kopf wieder weinend auf den Tisch des fremden Mannes.

Betroffen und schweigend saß er da, und erst als ich mich etwas beruhigt, zeigte er eine gewisse Entrüstung über den unglücklichen Verlauf der Dinge und konnte sich nicht enthalten, mich damit bekannt zu machen. Nachdem die Mutter schon längere Zeit auf meine Heimkehr oder wenigstens auf Nachrichten geharrt und schon etwas gekränkelt hatte, erhielt sie eines Tages die Aufforderung, vor der Polizeibehörde zu erscheinen. Es war, wie wir jetzt annehmen mußten, die Nachforschung des deutschen Gerichtes nach meiner Person wegen des Legates des Joseph Schmalhöfer. Sei nun die plumpe Versäumnis, die Ursache dieser Nachforschungen anzuzeigen, schon von jener Gerichtsstelle aus begangen worden oder nicht, genug, als meine Mutter, nach meinem Aufenthalte befragt, denselben nicht nennen konnte, erschrocken dastand und zitternd fragte, um was es sich handle, wurde ihr geantwortet, man wisse es nicht, es sei einfach eine Vorladung für mich, vor dem Gerichte zu erscheinen; ich werde wahrscheinlich vor Schulden oder etwas Ähnlichem geflohen sein. Diese Auslegung sprach sich auch weiter herum, und die arme Frau wurde durch allerlei Anspielungen in der Meinung bestärkt, daß ich verschuldet und im Mangel in der Welt herumirre.

Nicht lange darauf, als sie die Zinsen für das auf das Haus entlehnte Kapital, die sie kümmerlich zusammengehalten, abtrug, wurde ihr das letztere gekündigt, und nun mußte sie mitten in ihren kummervollen Sorgen um ein neues Anleihen ausgehen. Es gelang ihr aber nicht, das Geld zu finden, denn es bestand eben die Absicht, sie vom Hause zu bringen, und es steckten Gewinnlustige hinter der Sache, unter denen der inzwischen etwas emporgekommene, immer noch im Hause wohnende Spenglermeister mitwirkte, in der Hoffnung, selber den Sitz zu erwerben. Auch hier war endlich der Bau einer Schienenstraße in Aussicht getreten, der Bahnhof mußte unfern unserer Gasse zu liegen kommen, und es begann der Wert der Grundstücke beinahe täglich zu steigen, ohne daß die Mutter in ihrer Abgeschiedenheit von diesen Dingen wußte.

Die doppelte und dreifache Sorge hat unzweifelhaft ihr Leben verkürzt; denn der Zahlungstermin rückte mit jeder Woche näher.

»Hätte ich eine Ahnung von der Sachlage gehabt«, sagte nun der Nachbar, »so hätte ich leicht raten können; allein die Verschwiegenheit Ihrer Mutter erleichterte das Bestreben der Spekulanten, den Handel geheimzuhalten, und erst seit ein paar Tagen hörte ich zufällig davon, seit die Herren der Beute sicher zu sein glauben. Jetzt, wo Sie da sind, genügt weniger als der zehnte Teil dessen, was da vor Ihnen liegt, die Schuld abzutragen und das Haus wieder freizumachen, das ja sonst unbedeutend belastet ist, soviel ich weiß, und Ihnen jetzt schon einen schönen Gewinn abwerfen würde, wenn Sie es verkaufen wollten. Denn obgleich das Haus alt und unansehnlich aussieht, so ist es dennoch fest gebaut und enthält viel unbenützten Raum, der mit Leichtigkeit wohnbar zu machen ist. Und nun hat es so kommen müssen!«

Der Gedanke, daß unglücklicher Zufall und die Arglist Gewinnsüchtiger die Hand im Spiele gehabt, erleichterte keineswegs die Last, welche jählings auf mein Gewissen fiel mit einem Gewichte, gegen welches der Druck von Dorotheas eisernem Bilde leicht wie eine Flaumfeder schien; oder auch umgekehrt: ich möchte sagen, daß die Schwere in ein Gefühl der Leerheit überging, wie der höchste Kältegrad einem Brennen gleicht. Es war fast, wie wenn meine eigene Person aus mir wegzöge.

Die Aufforderung der freundlichen Nachbarsleute, das Nachtlager bei ihnen zu nehmen, lehnte ich ab, weil es mir unmöglich schien, die

Mutter allein zu lassen. Ich ging mit der anbrechenden Abenddämmerung in unser Haus zurück. Jetzt stand auch der schwärzliche Spenglermeister unter seiner Stubentüre; ich grüßte ihn, und er lud mich mit forschendem Blick ein, bei ihm einzukehren, was ich ausschlug, indem ich nur um ein Licht bat. Mit einem solchen versehen, stieg ich wieder unter das Dach hinauf, trat in das Kämmerchen und zündete das alte Messinglämpchen an, bei dessen Schein ich sie die Jahrzehnte hindurch in den langen Winterabenden hatte sitzen sehen. Das Lämpchen war vernachlässigt und nicht mehr blank, jedoch mit Öl gefüllt. Da lag sie nun in ihrem Frieden, und ich, der ich so gedankenlos gezögert, zu ihr zu kommen, fand jetzt nur noch einigen Trost an ihrer stillen Gegenwart, an deren Aufhören ich nicht denken durfte. Ich machte mir mit meiner unglücklichen Schachtel zu schaffen, öffnete dieselbe und zog den feinen Wollenstoff hervor, den ich zu einem Kleide bestimmt hatte. Im Begriff, das Stück auseinander zu falten und es als leichte schützende Decke über das Bett und die Leiche zu legen, um es ihr nur irgendwie noch nahe zu bringen, fiel mir doch die Nutzlosigkeit einer so gezierten Handlung in so ernster Stunde auf die Seele; ich wickelte das Zeug zusammen und verbarg es wieder in der Schachtel. Obschon ich von der mehrtägigen Fußreise ermüdet war, brachte ich nun die Nacht aufrecht auf dem Strohsesselchen am Fenster zu und schlief dennoch zeitweise, wobei allerdings das Erwachen jedesmal zwiefach schmerzlich war, wenn ich mich aufs neue der Gegenwart der stillen Mutter versicherte.

Am andern Tag kam der Bote eines Begräbnisvereines, den der Vater noch hatte gründen helfen, und traf alle Anordnungen; ich brauchte keinen Schritt zu tun. Auch die Kosten waren schon lange gedeckt durch die pünktlichen Beiträge der Mutter; es wurde nachträglich sogar noch eine kleine Rückzahlung angeboten. So war sie auch in dieser Hinsicht ohne jegliche Beschwernis für andere aus der Welt gegangen.

Als ich die betreffenden Papiere in ihrem Nachlasse suchte, mußte ich überhaupt Schrank und Schreibtisch öffnen und fand manche Heimlichkeiten, die ich noch nie gesehen. In einem mit Zinn verzierten hölzernen Kästchen lagen vergilbte Putzsachen ihrer Jugendzeit, wie künstliche Blumen, ein Paar weiße Atlasschuhe, Bänder zusammengepreßt und kaum oder nie gebraucht. Dabei einige alte vergoldete Almanache, wahrscheinlich längst verjährte Geschenke, und was mich am meisten überraschte, ein Buch mit einer kleinen Sammlung abgeschriebener Gedichte oder Lieder, die ihr als Mädchen mochten gefallen haben. Zwischen den Blättern lag ein zusammengefaltetes loses Blatt, ebenfalls von ihrer damaligen erblichenen Handschrift, worauf zu lesen war:

Verlornes Recht, verlornes Glück

Recht im Glücke, goldnes Los,
Land und Leute machst du groß!
Glück im Rechte, fröhlich Blut,
Wer dich hat, der treibt es gut!

Recht im Unglück, herrlich Schaun,
Wie das Meer im Wettergraun!
Göttlich grollt's am Klippenrand,
Perlen wirft es auf den Sand!

Einen Seemann, grau von Jahren,
Sah ich auf den Wassern fahren,
War wie ein Medusenschild
Der erstarrten Unruh' Bild.

Und er sang: »Viel tausendmal
Glitt ich in das Wellental,
Fuhr ich auf zur Wogenhöh',
Ruht' ich auf der stillen See!

Und die Woge war mein Knecht,
Denn mein Kleinod war das Recht;
Gestern noch mit ihm ich schlief –
Ach, nun liegt's da unten tief!

In der dunklen Tiefe fern
Schimmert ein gefallner Stern;
Und schon ist's wie tausend Jahr',
Daß das Recht einst meines war.

Wenn die See nun wieder tobt,
Niemand mehr den Meister lobt:
Hab' ich Glück, verdien' ich's nicht,
Glück wie Unglück mich zerbricht!«

Welch ein Gefallen war es gewesen, das ein so junges Mädchen einstmals dies seltsame Gedicht hatte abschreiben und aufbewahren lassen?

Ich fand noch andere schriftliche Überbleibsel, und zwar aus den letzten Jahren, wo nicht aus letzter Zeit. In einem Mäppchen, das einen geringen Vorrat von Briefpapier enthielt, lag ein Blatt, das offenbar zu einem Briefe als Fortsetzung gehörte, indem die Schrift ganz oben in der linken Ecke anfing. Das Fragment aber lautete:

»Wenn es nun Gott wirklich geschehen läßt, daß mein Sohn unglücklich werden und ein irrendes Leben führen sollte, so tritt die Frage an mich heran, ob nicht mich, seine Mutter, die Verschuldung trifft, insofern ich es in meiner Unwissenheit an einer festen Erziehung habe mangeln lassen und das Kind einer zu schrankenlosen Freiheit und Willkür anheimgestellt habe. Hätte ich nicht suchen sollen, daß unter Mitwirkung Erfahrener einiger Zwang angewendet und der Sohn einem sicheren Erwerbsberufe zugewendet wurde, statt ihn, der die Welt nicht kannte, unberechtigten Liebhabereien zu überlassen, die nur geldfressend und ziellos sind. Wenn ich sehe, wie wohlgestellte Väter ihre Söhne zwingen, oft schon vor dem zwanzigsten Jahre ihr Brot zu verdienen, und wie das solchen Söhnen nur zu nützen scheint, so fällt der traurige, altbekannte Selbstvorwurf mir doppelt schwer, und ich hätte in meiner Arglosigkeit nie gedacht, daß eine solche Erfahrung mich jemals heimsuchen könnte. Freilich habe ich seinerzeit um Rat gefragt; als man aber den Wünschen des Kindes nicht zustimmte, hörte ich auf zu fragen und ließ es gewähren. Damit habe ich mich über meinen Stand erhoben, und indem ich mir einbildete, ein Genie in die Welt gesetzt zu haben, die

Bescheidenheit verletzt und das Kind geschädigt, daß es sich vielleicht niemals erholen wird. Wo soll ich nun die Hilfe suchen?«

Hier brach die Schrift ab; denn vom nächsten Worte stand nur noch der Anfangsbuchstabe. An wen der Brief gerichtet war, ob er mit oder ohne obiges Bruchstück oder gar nicht abgegangen, wußte ich nicht, und eine Antwort fand sich unter den aufbewahrten Briefschaften nicht vor. Wahrscheinlich hatte sie die Sache doch unterdrückt. Dagegen verschmolz sich nun die in dem Gedichte von dem verlorenen Glücke aufgeworfene wunderliche Rechtsfrage mit derjenigen des Brieffragmentes und fiel mir zu Lasten als dem einzigen haftbaren Inhaber der Schuld.

So war nun der Spiegel, welcher das Volksleben widerspiegeln sollte, zerschlagen und der Einzelmann, der an der Volksmehrheit so hoffnungsreich mitwachsen wollte, rechtlos geworden. Denn da ich die unmittelbare Lebensquelle, die mich mit dem Volke verband, vernichtet hatte, so besaß ich kein Recht, unter diesem Volke mitwirken zu wollen, nach dem Worte: Wer die Welt will verbesern helfen, kehre erst vor seiner Türe.

Nachdem das Grab der Ärmsten sich geschlossen, bewohnte ich einige Zeit das Stübchen, worin sie gestorben. Dann verkaufte ich mit dem Rate des Nachbars das Haus und gewann in der Tat mehrere Tausende an dem Handel, so daß ich nun mit dem, was ich hergebracht, und dem Gewinn zusammen ein kleines Vermögen besaß, aus welchem ich bescheiden und zurückgezogen leben konnte. Das zufällige Wesen aber, das dem winzigen Reichtum anhaftete, ließ mich seiner nicht froh werden, noch weniger ein müßiges Leben darauf bauen; und da überdies der Mensch nicht nur von dem leiblichen, sondern auch von einem moralischen Selbsterhaltungstriebe beseelt ist, so nahm ich doch einige Studien vor, wie der Graf sie mir angeraten, nicht um mich hervorzutun, sondern lediglich soviel nötig war, mich für die Verwaltung eines anspruchslosen und stillen Amtes vorzubereiten und die Ordnung, in welche es eingebaut war, einigermaßen zu übersehen. Im übrigen las ich teils schwerere, teils schönere Sachen allgemeiner Natur, um meinen befangenen und bedrängten Gedanken einige Freiheit und Zerstreuung zu verschaffen. Denn während das Reuleid wegen der Mutter allmählich zu einem düstern, aber gleichmäßig ruhigen Hintergrunde von Freudlosigkeit wurde, begann sich das Bild der Dorothea wieder lebendiger zu regen, ohne Licht in das Dunkel zu bringen.

Ich trug den Spruch von der Hoffnung, auf das grüne Papier gedruckt, noch immer in meinem Brief- und Schreibtäschchen auf der Brust und las ihn zuweilen mit ungläubigem Seufzen und Kopfschütteln. Den Glücksfall vorausgesetzt, den die schlichten Worte zu verkünden schienen, war ich doch in der Lage, ihn fürchten zu müssen, und fast in der Stimmung eines Prahlers, der in der Ferne eine glänzende Schöne an sich gezogen hat, welcher er die schlechte Hütte nicht zeigen darf, darin er wohnt. Sogar zum bloßen freundlichen Verkehr in die Weite schien ich mir jetzt nicht fähig, da ich die Wahrheit meines Zustandes zu gestehen mich scheute und doch auch nicht lügen mochte. Die Zeit zu scherzhaften Flunkereien und Phantasiespielen, auch im harmlosen Sinne des Wortes, war für einmal vorbei.

Es vergingen wohl zehn Monate, bis ich über mich vermochte, an den Grafen zu schreiben, ohne unwahr zu sein oder allzu elend zu erscheinen.

Er vergalt mir die Saumseligkeit nicht mit gleicher Münze; vielmehr erhielt ich bald einen längern Brief von ihm, in welchem er meine Lage, soweit er sie begriff, mit guten Worten besprach und als den Lauf der Welt darstellte, wie er durch Paläste und Hütten gehe, Gerechte und Ungerechte heimsuche und seiner Natur gemäß unablässig sich verändere.

»Was unser Dortchen betrifft«, fuhr er fort, »so erfährt sie, und wir andere mit ihr, in gehäuftem Maße auch ihr Teil. Seit Du weg bist, hat sich das Abenteuer begeben, daß sie – meine blutsverwandte Nichte und nichts anderes geworden ist! Ich kann Dir den Hergang nicht des weitern auseinandersetzen, nur mit ein paar Strichen andeuten: Von der bald nach dem Tode meines in den südamerikanischen Händeln umgekommenen Bruders ebenfalls verstorbenen Witwe ist durch letzten Willen verordnet worden, es solle das Kind durch zuverlässige Leute seinen deutschen Verwandten zugesandt werden. Diese Leute sind aber untreu gewesen. Um gewisse Vermögensteile, die man unvorsichtigerweise ihnen zugleich mitgegeben hat (übrigens unbedeutende Summen), behalten zu können, haben sie mir das Kind auf dem

Wege der Aussetzung in die Hände gespielt. Sie haben sich richtig bei jenen Auswanderern nach Südrußland befunden oder sich ihnen vielmehr auf dem Wege in der Donaugegend angeschlossen und die Sache sehr schlau angestellt. Da aus Amerika nie mehr eine Nachfrage anlangte, sowenig als früher ein Bericht von der Absendung des Kindes und dem Tode der Mutter, so hat alles so geschehen können. Erst neuerlich, weil das altgewordene Sünderpaar vom Gewissen, wahrscheinlich auch von dem Gelüste nach einer Gnadenbelohnung geplagt wurde, haben sich die Leutchen mit allen in solchen Wiederfindungsgeschichten üblichen wohlaufgehobenen Beweisen gemeldet, und wir haben also eine Gräfin mehr im deutschen Vaterlande! Wie lange es dauert, bis sie zum Gegenstande eines oder mehrerer Romane gemacht wird, steht dahin; ich habe sie auch auf einige Volksschauspiele und Melodramen vorbereitet. Allein sie hört nicht darauf, da sie bereits die Ausarbeitung des zweiten Teiles des Romanes begonnen hat. Vor vier Wochen hat sich Gräfin Dorothea W...berg (eigentlich heißt sie von Haus aus Isabel) mit einem jungen Freiherrn Theodor von W...berg verlobt. Das ist nämlich ein hübscher und wackerer Gesell aus einer Linie der so benamsten Leute, welche die unsrige seit Jahrhunderten nichts mehr angeht. Man wird ihm den Grafentitel verschaffen, und ich werde gestatten, daß das Majorat auf ihn übergeht. Denn ich habe ebensowenig Grund, das Fortbestehen des Namens zu hindern, als dasselbe zu wünschen. Wie die Dinge stehen, ist es mir absolut gleichgültig, wenn ich etwa von dem Vergnügen absehe, das ich dem Kinde mache, indem ich seinem Bräutigam gefällig bin.

Nun kommt aber noch eine Betrachtung, die uns beide angeht, lieber Freund Heinrich! Ich habe gut gesehen, daß Du Dich in Dortchen verliebt hast! Ich habe getan, als sähe ich es nicht, weil ich mich in dergleichen nicht mische, wo die Leute sich selbst helfen können und wissen, was sie zu tun haben. Besonders die langhaarige Nation ist so unberechenbar, daß es nicht lohnend ist, sich ohne Not mit gutem Rate bloßzustellen. Auch Du bist dem Kinde nicht gleichgültig gewesen und auch jetzt noch gut angeschrieben, und es stellt sich die Sache ungefähr so: Hättest Du, was Du als ein maßhaltender Mensch nicht getan hast, während Deines Hierseins die Zeit und Deinen Vorteil wahrgenommen, oder hättest Du bald nach der Ankunft in Deinem Vaterlande von Dir hören lassen, so wäre, glaub' ich, Dorothea bis zur Stunde die Deinige geblieben. Nachdem Du aber eine so rätselhafte Zeit hast verstreichen lassen, ist sie über diese Kluft weggesprungen, als der entschlossene Freier erschien, der sie zugleich in so glücklicher Weise wieder in die weltliche Ordnung einreiht.

Aber auch von diesem Begreiflichen abgesehen, müssen wir die Unbeständigkeit des Kindes, soweit eine solche vorhanden ist, nicht hart beurteilen. Die guten Weiblein sind so auf sich selbst angewiesen und müssen im Grunde die Suppe, die sie sich einbrocken, oft so ganz allein ausessen mit allerlei Leiden und Schmerzen, daß sich hieraus die Plötzlichkeit wohl erklären läßt, mit der ihre Instinkte zuweilen umschlagen. Ihre Blütenzeit geht so rasch vorbei, daß sie, solang kein entscheidendes Wort gefallen ist, auf ein Warten, das sich einstellen zu wollen scheint, nicht gut zu sprechen sind und sich jeden Entschluß im stillen vorbehalten. Wenn sie Hoffnung gegeben haben und nicht rechtzeitig dabei behaftet werden, so gehen sie zur Tagesordnung über; denn sie wollen ihre Kinder als junge Weiber und nicht als halbe Matronen haben und erziehen. Gerade die schönsten und gesundesten eilen ihrem Berufe energisch entgegen und verschmähen dann häufig die Heirat, wenn sie den besten Augenblick verfehlt haben.

Meine eigene Ehe galt für eine Art Unikum, und die Leute sagten, es müsse so sein, weil zwei Unika sich geheiratet haben. Soweit das sich auf meine Person bezog, war es natürlich der Spott über meine Abtrünnigkeit von den Vorurteilen; auf die Frau aber war das Wort in seinem besten Sinne gut angewendet; und dennoch hatte es an einem Haar gehangen, daß sie nicht ein anderer heimgeführt.

Das ist eben auch ein Stück Weltlauf.«

Es bedurfte dieser traulichen Vertröstung des älteren Freundes nicht, die Geister der Leidenschaft in mir zu bannen. Die bloße Tatsache, daß Dorothea verlobt war und Isabel Gräfin zu W...berg hieß, vergegenwärtigte mir den Zustand, in welchen ich sie gebracht hätte, selbst wenn sie das Findelkind geblieben, ich weniger zurückhaltend gewesen und eine Verbindung zwischen uns erfolgt wäre. Es kam mir vor, wie wenn man einen großen Sommervogel in einen kleinen Grillenkäfig hätte setzen wollen. Die geheime Sorge, einer solchen Beschämung durch die schönste Glückserfüllung ausgesetzt zu werden, fiel mir wie ein Stein vom Herzen, und in diesem blieb nur die stille Sehnsucht nach der Verlorenen einträchtig neben der Trauer um die Mutter wohnen. Freilich kam mir dieser Weltlauf etwas teuer zu stehen; denn der Umweg über das Grafenschloß hatte mich nicht nur die Mutter, sondern auch den Glauben an ihr Wiedersehen und an den lieben Gott selbst gekostet, alles Dinge indessen, deren Wert nicht aus der Welt fällt und immer wieder zum Vorschein kommt.

Sechzehntes Kapitel

Der Tisch Gottes

Etwa ein Jahr später besorgte ich die Kanzlei eines kleinen Oberamtes, welches an dasjenige grenzte, worin das alte Heimatdorf lag. Hier konnte ich bei bescheidener und doch mannigfacher Wirksamkeit in der Stille leben und befand mich in einer Mittelschicht zwischen dem Gemeindewesen und der Staatsverwaltung, so daß ich den Einblick nach unten und oben gewann und lernte, wohin die Dinge gingen und woher sie kamen. Allein sie vermochten die Schatten nicht aufzuhellen, die meine ausgeplünderte Seele erfüllten, und weil alles, was ich wahrnahm, durch die Düsternis gefärbt wurde, so erschienen mir auch die Menschlichkeiten, denen ich auf dem neuen Gebiete begegnete, dunkler, als sie an sich waren. Wenn ich sah, daß auch hier die Neigung zum Nachlassen und zur Pflichtvergessenheit zum Vorschein kam, oder jeder die Wässerlein auf seine Mühle zu leiten suchte; daß Neid und Eifersucht auch in den kleinsten Amtsverhältnissen störend sich einnisteten, so war ich geneigt, das Übel dem Charakter des ganzen Volkes und Gemeinwesens zuzuschreiben, das in der Erinnerung und aus der Entfernung mich so täuschend angelockt habe. Wenn ich aber meines belasteten Bewußtseins gedachte, so schwieg ich, anstatt bei guter Gelegenheit meine Meinung offen herauszusagen. Ich begnügte mich, meine Obliegenheiten so regelmäßig und geräuschlos als möglich zu erfüllen, um die

Zeit zu verbringen, ohne Unruhe, aber auch ohne Hoffnung eines frischeren Lebens. Das hielten nun die Leute für das Muster einer ordentlichen Amtsführung, und da sie besser und wohlwollender waren, als ich dachte, so machten sie mich nach ein paar weiteren Jahren, ohne mein Zutun und gegen meinen Wunsch, zum Vorsteher des Amtskreises. In dieser Stellung konnte ich nicht umhin, mehr unter die Leute zu gehen und an Zusammenkünften verschiedener Art teilzunehmen, immer als der ziemlich melancholische und einsilbige Amtsmann, der ich war. Jetzt lernte ich, da ich die politische Bewegung im großen und mehr in der Nähe sah, ein Übel kennen, das mir wirklich neu, obgleich es zum Glücke nicht gerade herrschend war. Ich sah, wie es in meiner geliebten Republik Menschen gab, die dieses Wort zu einer hohlen Phrase machten und damit umherzogen, wie die Dirnen, die zum Jahrmarkt gehen, etwa ein leeres Körbchen am Arme tragen. Andere betrachteten die Begriffe Republik, Freiheit und Vaterland als drei Ziegen, die sie unablässig melkten, um aus der Milch allerhand kleine Ziegenkäslein zu machen, während sie scheinheilig die Worte gebrauchten, genau wie die Pharisäer und Tartüffe. Andere wiederum, als Knechte ihrer eigenen Leidenschaften, witterten überall nichts als Knechtschaft und Verrat, gleich einem armen Hunde, dem man die Nase mit Quarkkäse verstrichen hat und der deshalb die ganze Welt für einen solchen hält. Auch dies Knechtschaftswittern hatte einen gewissen kleinen Verkehrswert, doch stand das patriotische Eigenlob immerhin noch höher. Alles zusammen war ein schädlicher Schimmel, der ein Gemeinwesen zerstören kann, wenn er zu dicht wuchert; doch befand sich die Hauptschar in gesundem Zustande, und sobald sie sich ernstlich rührte, stäubte der Schimmel von selbst hinweg. Ich dagegen sah in meiner kranken Stimmung den Schaden des Unechten zehnmal größer, als er war, und schwieg dennoch, anstatt den falschen Schwätzern auf die Füße zu treten; damit verschwieg ich auch manches, was ich mit wirklichem Nutzen hätte sagen können.

Ich fühlte, daß das kein Leben hieß und so nicht fortgehen könne, und begann, darüber zu brüten, wie aus dieser neuen Gefangenschaft des Geistes herauszukommen sei. Zuweilen regte sich, und immer vernehmlicher, der Wunsch, gar nicht mehr da zu sein.

Eines Tages hatte ich mehrere Stunden auf den Straßen meines Verwaltungsbezirkes zugebracht, um in Begleitung des Baumeisters den Zustand derselben zu untersuchen. Nach verrichtetem Geschäfte trennte ich mich von dem Manne, da ich das Verlangen spürte, noch einen Gang in Einsamkeit zu machen. So gelangte ich in ein enges abgeschiedenes Tal zwischen zwei grünen Berglehnen, wo es so still war, daß man die Luft in entfernten Baumwipfeln konnte säuseln hören. Auf einmal erkannte ich das Tal als zu der Heimatgegend gehörig, obgleich es so schlicht von Gestaltung war, daß es nirgends eine eigentümliche Form darbot, und kein menschliches Gebäude zeigte sich dem Auge.

Ungefähr in der Mitte des Weges, der das Tälchen durchschnitt, warf ich mich an eine kleine begrünte Erdwelle und überließ mich der schmerzlichen Erinnerung an alles, was ich schon gehofft und verloren, geirrt und verfehlt hatte. Auch zog ich Dorotheens grünen Zettel einmal wieder hervor, der noch immer zwischen einer Falte meiner Schreibtafel steckte. »Hoffnung zeigt sich immerdar treugesinnten Herzen gütig!« las ich und wunderte mich, daß ich das falsche Wechselchen noch bei mir trug. Da eben ein schwacher Luftzug dicht über der sommerwarmen Erde hinwallte, ließ ich es fahren, und es flatterte gemächlich über Gras und Heideblumen weg, ohne daß ich ihm weiter nachblickte.

»Am besten wäre es«, dachte ich, »du lägest unter dieser sanften Erdbrust und wüßtest von nichts! Still und lieblich wäre es hier zu ruhen!«

Nach diesem mir nicht mehr neuen Seufzer ließ ich die Augen von ungefähr an der gegenüberliegenden Berghalde schweifen, an deren halber Höhe ein Felsband von grauer Nagelfluhe zu Tage trat. Ebenso von ungefähr sah ich eine leichte Gestalt von der gleichen grauen Farbe längs dem Felsbande hingleiten oder schweben, und da die Halde von der Abendsonne beleuchtet war, so sah man gleichzeitig auch den Schatten der Gestalt an der Wand mitgleiten. Ich wußte, daß ein schmaler Pfad dort das Felsgesimse entlang lief, und verfolgte mit den Augen die Erscheinung, die sich mit einem sichtlichen Rhythmus bewegte, der mich an ein irgendwo schon Gesehenes erinnerte. Als die Gestalt, die unverkennbar eine weibliche war, das

Ende der Felswand erreicht hatte, wandte sie sich und kehrte denselben Weg wieder zurück; es sah aus, als ob der Geist des Berges aus dem Gestein herausgetreten wäre, um im Abendscheine auf und ab zu wandeln.

Froh, meine schweren Gedanken ein wenig zu verscheuchen, erhob ich mich, ging über den Weg und drang durch das Gehölz empor, das den Fuß der jenseitigen Berglehne bekleidete bis unterhalb der Nagelfluhe, an welcher der Pfad hinführte. In wenigen Minuten hatte ich diesen erreicht. Man blickte dort aus dem Tal hinaus und sah in der Ferne einerseits die Ortschaft im Abendlichte schimmern, wo mein Amtssitz lag. Dieser Aussicht zugewendet, sah ich die Gestalt an jenem Ende des Felsbandes stehen und hinüberschauen. Dann kehrte sie sich abermals um und kam den Weg zurück, gerade mir entgegen. Kaum war sie mir etwas näher, so erkannte ich die Judith, von der ich seit zehn Jahren nicht ein Wort vernommen, trotz der fremdartigen Tracht, in die sie gekleidet war. Statt der halbländlichen Tracht, in der ich sie zuletzt gesehen, trug sie jetzt ein Damenkleid von leichtem grauem Stoffe und einen grauen Schleier um Hut und Hals gewickelt, alles aber so ungezwungen, ja bequem, daß man sah, ihre ungebrochenen Bewegungen hatten sich in einem reichlicheren und breiteren Faltenwurfe von selbst Raum verschafft, ohne daß sie im mindesten schlotterig oder auch eckig ausgesehen hätte. In jenem Augenblicke stellte ich natürlich derartige Beobachtungen nicht an; sie erklären nur den Eindruck, welchen die unverhoffte Erscheinung auf mich hervorbrachte.

An dem Gesichte hatten die zehn Jahre keine andere Veränderung bewirkt, als daß es selbstbewußter geworden und durch einen sibyllenhaften Anhauch eher veredelt als entstellt war. Erfahrung und Menschenkenntnis lagerten um Stirn und Lippen, und doch leuchtete aus den Augen noch immer die Treuherzigkeit eines Naturkindes.

So sah ich sie, die Augen erstaunt auf sie gerichtet, mir nahe kommen und die Schritte verlangsamen, als sie meiner ansichtig wurde. Mein Anblick mußte sich mehr verändert haben, als der ihre; denn sie schien unschlüssig, ging jetzt etwas rascher und hielt doch wieder an sich, im Begriff, an mir vorüberzugehen. Dadurch wäre ich beinah auch unsicher geworden, und erst als ich ganz dicht vor ihr stand auf dem schmalen Pfade, konnte ich nicht mehr irren und rief: »Judith!«

Aber gleichzeitig überflog eine unverstellte und doch unbeschreiblich milde Freude ihr schönes Gesicht; meine Hand lag in ihrer warmen steifen Hand, und nach alter Volkesweise öffnete sie dieselbe nicht so bald.

»Sind Sie es?« sagte sie, ohne meinen Namen zu nennen, und ich wagte auch nicht, den ihrigen zu wiederholen, da ich noch weniger wußte, wie ich sie eigentlich nennen sollte; denn es war durchaus nicht wahrscheinlich, daß eine solche Person allein geblieben sei. Ich fragte daher unbeholfen nur, wo sie herkomme?

»Aus Amerika!« erwiderte sie; »seit vierzehn Tagen bin ich hier!«

»Wo hier? In unserm Dorf?«

»Wo anders denn? Ich wohne im Wirtshaus, da ich sonst niemanden mehr habe!«

»Sind Sie allein da?«

»Gewiß; wer soll bei mir sein?«

Ohne daß ich irgendwie weiter dachte, machte mich diese Antwort glücklich; Jugendglück, Heimat, Zufriedenheit, alles schien mir seltsamerweise mit Judith zurückgekehrt, oder vielmehr wie aus dem Berge herausgewachsen zu sein. Indessen waren wir ohne Plan auf dem Pfade weiter gegangen, bald dicht aneinander gedrängt, bald eins hinter dem andern, wie es der Raum erlaubte.

»Wissen Sie, wo ich Sie das letzte Mal gesehen habe?« sagte sie jetzt, indem sie sich nach mir zurückwandte; »als ich auf einem Wagen aus dem Lande fuhr und Sie als Soldat auf dem Felde standen in einer kleinen Reihe von Leuten. Da drehtet ihr euch alle wie an einer Schnur gezogen plötzlich um, und ich dachte: Den bekommst du nie mehr zu sehen!«

Ein Weilchen gingen wir schweigend; dann fragte ich, wo sie denn hingehen wolle und ob ich sie eine Strecke begleiten dürfe?

»Ich habe nur einen Spaziergang gemacht«, sagte sie, »und denke, ich muß jetzt wieder nach Haus. Würde es Ihnen zu weit sein, mit mir bis ins Dorf zu gehen?«

»Ich komme gern mit Ihnen und will in Ihrem Wirtshause zu Nacht essen«, antwortete ich; »nachher lasse ich mich in des Wirts kleinem Fuhrwerk heimführen; denn von dort sind es drei gute Wegstunden.«

»O das ist schön von Ihnen! Ich hatte doch heute früh schon eine Ahnung, daß mir etwas Gutes geschehen würde, und nun ist der Heinrich Lee bei mir, der Herr Vetter und Oberamtmann!«

Wir fanden bald einen breitern Weg und wanderten in traulichem Geplauder nach dem Dorfe; aber noch eh wir dasselbe erreichten, hatten wir uns unbewußt zu duzen angefangen, was wir als Blutsverwandte auch füglich tun durften. Das erste Haus, an dem wir vorübergingen, war das meines verstorbenen Oheimes; aber es waren fremde Leute darin, seine Kinder waren zerstoben. Kleine fremde Kinder liefen uns nach und riefen: »Die Amerikanerin!« Einige boten ihr ehrfürchtig die Hand, und sie schenkte ihnen kleine Münzen. Als wir bei ihrem Hause vorbeikamen, standen wir einen Augenblick still. Der jetzige Besitzer hatte es umgebaut, aber der schöne Baumgarten, wo sie einst Äpfel pflückte, stand unverändert. Sie warf nur einen halben Blick auf mich, schlug ihn dann nieder und errötete sanft, indem sie eilig weiterschritt. Da sah ich, daß dieses Weib, das die Meere durchschifft, sich in einer neuen werdenden Welt herumgetrieben und zehn Jahre älter geworden, zarter und besser war, als in der Jugend und in der stillen Heimat.

»Das nennt man Rasse, würden rohe Sportsleute sagen!« dachte ich bei dem lieblichen Anblick.

Im Wirtshause angekommen, wunderte ich mich, mit welcher Umsicht und geräuschlosen Sorgfalt, mit wenig Worten, sie eine gute Bewirtung anzuordnen wußte und so aufmerksam für mich sorgte, wie ein Hausmütterchen. Das ließ mich vermuten, daß sie in Amerika ihre Zeit in Städten und guten Häusern zugebracht habe; allein die Erzählungen und Schilderungen ihres Schicksals, die sie während des Nachtessens mit anmutiger Laune mir sowohl als den mitzuhorchenden Wirtsleuten zum besten gab, deuteten im Gegenteil darauf hin, daß sie im Kampfe mit der Not der Menschen und indem sie ihre Auswanderungsgenossen geradezu erziehen und zusammenhalten mußte, sich selbst notgedrungen veredelt und höher gehoben hatte.

Als sie nämlich mit ihren Landsleuten an Ort und Stelle der Ansiedlung gelangt und andere dazugestoßen waren, zeigte sich fast die ganze Gesellschaft als nicht ausdauernd und ungeschickt bei Widerwärtigkeiten, sowie sich auch die übrigen Eigenschaften, welche die Auswanderung veranlaßt, nicht sogleich verloren. Judith, als die meisten Mittel besitzend, hatte den größten Teil des Bodens angekauft; sie ließ jedoch ihr Land von den andern benutzen und begnügte sich, eine Art Handelskontor für die verschiedenen Bedürfnisse der kleinen Kolonie zu führen. Wie sie aber sah, daß die Genossen sie am Schaden ließen und sie verarmen würde, änderte sie das Verfahren. Sie zog ihr Land wieder an sich, ließ es um den Tagelohn von denen bearbeiten, die für eigene Rechnung zu träg dazu gewesen, und so brachte sie alle miteinander dazu, sich zu rühren. Sie setzte den Weibern die Köpfe zurecht, pflegte die kranken Kinder und erzog die gesunden, kurz, der Selbsterhaltungstrieb war mit einer großen Opferfähigkeit so glücklich in ihr gemischt, daß sie die Leute und mit ihnen sich selbst so lange über Wasser hielt, bis ein bedeutender Verbindungsweg in die Nähe der Ansiedlung kam und mit demselben eine wachsende Zahl von kräftigeren Elementen, die schon geschult waren, so daß zusehends die Wendung zum Bessern für alle eintrat. Während der ganzen Zeit aber hatte sie die Bewerbungen um ihre Person abzuwehren, was sie mehr im Scherze andeutete als ernsthaft erwähnte; zeitweise, wenn gefährliche Abenteurer sich herbeimachten und die Sicherheit bedrohten, hielt sie sich sogar Waffen und verließ sich nur auf sich selber.

Als aber das Kalb durch den Bach gezogen, das Gedeihen begründet und die Ansiedlung mit dem Namen irgend einer berühmten Stadt der Alten Welt vor Christi Geburt versehen war, zog sie sich zurück und überließ sich einer ruhigeren Lebensart; denn sie war weder eine gewohnheitsmäßige Pädagogin noch eine vorsätzliche Tatverrichterin. Dagegen vervielfachte sie durch den Verkauf ihres Landes ihr ursprüngliches Vermögen und beschaute sich zuweilen während einiger Wochen das Leben in der Hauptstadt des Staates oder anderen größeren Städten, oder sie fuhr auf den breiten Flüssen, wenn sich Gesellschaft fand, landeinwärts, bis sie die wilden Indianer zu sehen bekamen.

Alles das erzählte sie bruchstückweise und ungezwungen mit solcher Kurzweiligkeit, daß wir nicht müde wurden, zuzuhören, zumal jedes Wort den Stempel der Wahrheit an sich trug. Inzwischen war die Zeit wie ein Augenblick für mich verstrichen, da ich seit Jahren nicht so sorglos und glücklich an einem Tische gesessen, und der Einspänner des Wirtes, der mich nach Hause bringen sollte, stand bereit, weil ich für die Morgenfrühe mehrere Amtsgeschäfte anberaumt hatte.

Ich dankte der Judith beim Abschiede für die Gastfreundschaft und lud sie ein, sich bald bei mir schadlos zu halten, wo wir zwar auch im Wirtshause essen müßten, weil ich keine Haushaltung führe.

»Ich werde schon in den nächsten Tagen angefahren kommen«, sagte sie, »in diesem gleichen Triumphwagen, und mich bezahlt machen!«

Als ich schon im Gefährte saß, drückte sie mir in der Dunkelheit schweigend die Hand und blieb lautlos stehen, bis ich weggefahren war.

Das neue Glück, das mich erfüllte, trübte sich jedoch schon am andern Morgen, als ich bedachte, daß ich ihr nun das Geheimnis meines Gewissens und das Schicksal der Mutter enthüllen müsse. Denn wenn es jetzt ein Urteil gab, das ich fürchtete, so war es dasjenige dieser einfachen und wundersamen Frauenerscheinung, und doch war mir weder Freundschaft noch Liebe zwischen ihr und mir denkbar, wenn sie nicht alles wußte.

Ich erwartete sie deshalb mit ebensoviel Furcht als Ungeduld, bis sie am zweiten Vormittage kam. Eine gewisse Niedergeschlagenheit war in die Freude des Wiedersehens gemischt, und zwar bei ihr wie bei mir. Nachdem sie sich in meiner Wohnung ein wenig umgeschaut, sagte sie, Hut und Überwurf weglegend:

»Es ist doch recht hübsch in diesem großen Amtsdorfe, fast wie in einer Stadt. Ich hätte Lust, hierher zu ziehen und mehr in deiner Nähe zu sein, wenn nur –«

Sie hielt verschüchtert inne, gleich einem jungen Mädchen, fuhr dann aber fort:

»Sieh, Heinrich, schon mehrmals bin ich seit meiner Ankunft auf dem Bergpfade gewesen, wo du mich getroffen hast, um hier herüber zu schauen, da ich mir nicht zu kommen getraute!«

»Nicht getraut! Eine so tapfere Person!«

»Sieh, das ging so zu: du liegst mir einmal im Blut, und ich habe dich nie vergessen, da jeder Mensch etwas haben muß, woran er ernstlich hängt! Nun erschien vor einiger Zeit in unserer Kolonie ein neuer Landsmann aus dem Dorfe, der sich jedoch auch schon einige Jahre drüben herumgetrieben hat. Da von den heimatlichen Dingen gesprochen wurde, frug ich beiläufig nach dir und ob man im Dorfe nichts von dir wisse, hoffte aber nicht, etwas zu erfahren, woran ich längst gewöhnt war. Der Mann besann sich ein Weilchen und sagte: ›Ja, wartet, wie ist denn das? Ich habe davon gehört‹, und nun erzählte er.«

»Was erzählte er?« fragte ich traurig.

»Er habe gehört, daß du verarmt in der Fremde herumgezogen seist, die Mutter in Schulden gebracht und darüber habest sterben lassen, und daß du dann in elendem Zustande heimgekehrt seiest und als ein Schreiberlein irgendwo dein Leben fristet. Als ich so dein Unglück vernahm, packte ich unverzüglich auf, um zu dir zu kommen und bei dir zu sein!«

»Judith, das hast du getan?« rief ich.

»Was meinst du denn? Sollte ich, die dich als grünen Knaben einst so herzlich geliebt und gekost hat, dich nun in Not und Kummer wissen, ohne zu dir zu kommen? – Aber da ich nun kam, da war alles nicht wahr! Zwar die Mutter ist gestorben, du aber bist in guten Zuständen aus der Fremde gekehrt und stehst jetzt beim Regierungswesen und in Ehr' und Ansehen, wie ich wohl merke, obgleich man sagt, du seiest etwas stolz und unfreundlich! Dies letztere ist nun freilich auch nicht wahr!«

»Und du bist also meinetwegen aus Amerika aufgebrochen, obgleich du mich für schlecht gehalten hast?«

»Wer sagt das? Ich habe dich trotzdem nicht für schlecht, nur für unglücklich gehalten!«

»Das Schlimmste an dem Unglück ist aber dennoch wahr, meine Verschuldung! Ich habe wirklich meine Mutter in Kummer und Sorgen gebracht und bin eben recht gekommen, der daran Sterbenden die Augen zuzudrücken!«

»Wie ist das denn zugegangen? Erzähle mir alles, denke aber nicht, daß ich mich von dir werde abwendig machen lassen!«

»Dann hat dein Urteil keinen Wert, wenn es nur durch deine gütige Zuneigung bedingt wird!«

»Eben diese Neigung ist Urteils genug, und du mußt es anerkennen! Doch erzähle nur!«

Ich tat es in ausführlicher Weise, so ausführlich, daß ich gegen das Ende hin die Aufmerksamkeit auf meine Rede verlor und zerstreut wurde; denn ich spürte inzwischen den alten Druck von der Seele weichen und wußte, daß ich frei und gesund war. Plötzlich unterbrach ich mich und sagte:

»Es nützt nichts, länger zu schwatzen! Du hast mich erlöst, Judith, und dir danke ich's, wenn ich wieder munter bin; dafür bin ich dein, solang ich lebe!«

»Das läßt sich hören!« erwiderte sie mit glänzenden Augen und mit einem Ausdrucke von Zufriedenheit in ihren schönen Gesichtszügen, daß der Anblick mich in der Erinnerung immer wieder irre machte, wenn ich im Laufe der Jahre zu erwägen hatte, wie mit der Schönheit der Dinge doch nicht alles getan und der einseitige Dienst derselben eine Heuchelei sei, wie jede andere. Ja, neben der Erinnerung an Dortchens Angesicht am Tische des Kaplans leuchtet mir Judiths Anblick fort wie ein Doppelstern. Beide Sterne sind gleich schön und doch nicht beide gleich in ihrem wahren Wesen.

»Nun habe ich Hunger und möchte essen, wenn du was hast!« sagte Judith; »aber richte dich ein, den übrigen Tag mit mir im Freien zuzubringen; unter Gottes freiem Himmel wollen wir unsere Sachen zu Ende führen!«

Wir stellten fest, daß ich nach Tisch mit ihr heimwärts fahre, daß wir aber am Eingange des Tales, wo wir uns zuerst getroffen, den Wagen weiter schicken und den Berg mit der Nagelfluhe besteigen wollten.

Fröhlich und zufrieden aßen wir zusammen im Herrenstübchen des Gasthauses zum goldnen Stern. In einem der Fenster leuchtete eine zweihundertjährige gemalte Scheibe mit den Wappen eines Ehepaares, das nun schon lange zu Staub geworden. Über den beiden Wappen stand die Inschrift: »Andreas Mayer, Vogt und Wirt zum gülden Stern, und Emerentia Juditha Hollenbergerin sind ehlich verbunden am 1. Mai 1650.« Der Hintergrund, auf welchem die zwei

Wappen standen, zeigte ein Gartenland mit einer Gesellschaft zechender Engelsfigürchen zwischen Rosenbüschen. Ein geschmücktes Paar, die Handschuhe in den Händen, sah den kleinen Trinkgesellen wohlgefällig zu. Zu unterst aber quer über die Scheibe stand auf einem breiten Bande der Spruch:

Hoffnung hintergehet zwar,
Aber nur, was wankelmütig;
Hoffnung zeigt sich immerdar
Treugesinnten Herzen gütig!
Hoffnung lenket ihren Grund
In das Herz, nicht in den Mund!

Die gemeinsame Quelle, aus welcher beide Schreiber, die so weit auseinander lebten, der alte Glasmaler und das Fräulein im Grafenschloß, geschöpft hatten, mußte somit ein sehr altes Buch sein.

Mich aber berührte diese Aufdringlichkeit des Zufalls, die aus der ganzen Schilderei leuchtete, eher ängstlich und beklemmend, als freudig; denn dieser Machthaber schien sich förmlich zu meinem Führer aufwerfen zu wollen, und der Spruch konnte eine neue Täuschung verkünden. Judith las denselben, ohne auf das Bildwerk zu achten, und sagte lächelnd: »Welch ein schöner Vers und gewißlich wahr; man muß ihn nur richtig verstehen!«

Wir begaben uns also auf den Weg, schickten den Wagen am Fuße jenes mäßigen Berges weg, und wanderten gemächlich hinauf, und zwar auf die Scheitelhöhe. Dort standen, weit in das Land ragend, zwei mächtige uralte Eichbäume, unter welchen eine Bank und ein steinerner ganz bemooster Tisch sich befanden. Vor der christlichen Zeit sollte hier eine Kultusstätte, später eine Dingstätte gewesen sein und von letzterer Bestimmung der Tisch herrühren.

Auf der Bank im Schatten der mächtig ausgreifenden Äste sitzend, schauten wir Hand in Hand in die bläuliche Ferne der Rundsicht. Judith hatte ihren Hut und Sonnenschirm auf den Tisch gelegt. Nach einer Weile, als sie auch den Tisch betrachtet und sich die Bedeutung desselben hatte erklären lassen, sagte sie mit bedächtlichen und bewegten Worten:

»Wie nennt man's denn in den Ländern, wo es Könige gibt, wenn diese gekrönt werden und an den Altären stehen?«

Ich wußte nicht gleich, was sie meinte, und sann nach. Da ich sie aber unverwandt auf den alten Steintisch schauen sah und sie sogar Hut und Schirm wegnahm, wie um die Sache deutlicher zu machen, fiel es mir ein, und ich sagte:

»Es heißt, sie nehmen die Krone von Gottes Tisch!«

Da sah sie mich zärtlich an und flüsterte:

»Ja, so heißt es! Sieh, und nun könnten wir hier auch das Glück von Gottes Tisch nehmen, was die Welt das Glück nennt, und uns zu Mann und Frau machen! Aber wir wollen uns nicht krönen! Wir wollen jener Krone entsagen und dafür des Glückes um so sicherer bleiben, das uns jetzt, in diesem Augenblicke, beseligt; denn ich fühle, daß du jetzt auch glücklich und zufrieden bist!«

Ich schwieg erschüttert still. Doch fuhr sie fort:

»Schau', ich habe es mir schon auf dem Meere und während eines Sturmes überlegt, als die Blitze um die Masten zuckten, die Wellen über Deck schlugen und ich in der Todesangst deinen Namen ausrief, und die letzten Nächte wieder hab' ich es hin und her gewendet und mir gelobt: Nein, du willst sein Leben nicht zu deinem Glücke mißbrauchen! Er soll frei sein und sich durch die Lebenstrübheit nicht noch mehr abziehen lassen, als es schon geschehen ist!«

Ich schüttelte aber den Kopf und sagte betroffen: »Ich will nicht unbescheiden sein, Judith, allein ich habe es mir doch anders gedacht. Wenn du mir in der Tat gut bist, willst du nicht lieber bei mir leben, als immer so einsam sein, so allein stehen in der Welt?«

»Wo du bist, da werde ich auch sein, solange du allein bleibst; du bist noch jung, Heinrich, und kennst dich selber nicht. Aber abgesehen hievon, glaube mir, solange wir so sind, wie jetzt, in dieser Stunde, wissen wir, was wir haben, und sind glücklich! Was wollen wir denn mehr?«

Ich begann zu fühlen und zu verstehen, was sie bewegte; sie mochte zu viel von der Welt gesehen und geschmeckt haben, um einem vollen und ganzen Glücke zu vertrauen. Ich sah ihr ins Gesicht und strich ihr weiches braunes Haar zurück, indem ich rief:

»Ich habe ja gesagt, ich sei dein, und will es auf jede Art sein, wie du es willst!« Sie schloß mich heftig in die Arme und an ihre gute Brust; auch küßte sie mich zärtlich auf den Mund und sagte leis: »Nun ist der Bund besiegelt! Aber für dich nur auf Zusehen hin, du bist und sollst sein ein freier Mann in jedem Sinne!«

Und so ist es auch zwischen uns geblieben. Noch zwanzig Jahre hat sie gelebt; ich habe mich gerührt und nicht mehr geschwiegen, auch nach Kräften dies oder jenes verrichtet, und bei allem ist sie mir nahe gewesen. Wenn ich den Wohnort verändern mußte, so ist sie mir das eine Mal gefolgt, das andere nicht, aber so oft wir wollten, haben wir uns gesehen. Wir sahen uns zuweilen täglich, zuweilen wöchentlich, zuweilen des Jahres nur einmal, wie es der Lauf der Welt mit sich brachte; aber jedesmal, wo wir uns sahen, ob täglich oder nur jährlich, war es uns ein Fest. Und wenn ich in Zweifel und Zwiespalt geriet, brauchte ich nur ihre Stimme zu hören, um die Stimme der Natur selbst zu vernehmen.

Sie starb, als eine verderbliche Kinderkrankheit herrschte und sie sich mit ihren hilfsbereiten Händen in eine ratlose Behausung armer Leute stürzte, die mit kranken Kindern angefüllt und von den Ärzten abgesperrt war. Sonst hätte sie leicht noch zwanzig Jahre leben können und wäre ebensolang mein Trost und meine Freude gewesen.

Ich hatte ihr einst zu ihrem großen Vergnügen das geschriebene Buch meiner Jugend geschenkt. Ihrem Willen gemäß habe ich es aus dem Nachlaß wieder erhalten und den andern Teil dazu gefügt, um noch einmal die alten grünen Pfade der Erinnerung zu wandeln.

Die vorliegende Ausgabe folgt dem Text der Keller-Jubiläumsausgabe (erster bis dritter Band), Stuttgart und Berlin 1919. Wir haben darauf verzichtet, das Werk heute gültigen grammatischen Regeln (Groß- und Kleinschreibung, Zusammenschreibung, Interpunktion) anzugleichen. Nur wo es uns für das leichtere Verständnis unabdingbar schien, wurde in den Text eingegriffen. Dies betrifft jedoch nur ganz wenige Stellen.